新聞出版改革發展項目庫（項目號：0020121580）
財政部文化産業發展專項資金重點資助項目
天一閣藏古籍珍本數字出版工程

龔延明 主编

天一閣藏

明代科舉録選刊

鄉試録（三）

寧波出版社

本册目録

天順六年山東鄉試録

山東鄉試録序

公務除宿弊外而防範則有欽差監察御史李勝左参政柳春右参政李讚黄宗左参議甘敬修右参議賈恪副使張穆徐朝宗僉事王麟劉進莊昇徐毅陳勖王輅周濠罔不協心殫慮贊厥成功撤棘之日得文之明於經術者七十五人登名小録僉謂宗宜序諸首簡予惟聖人之道寓于經術學者必先明經術而後道可明道之不明經術之不明也然自三代而下經術之不明久矣我朝以經術養士以經術取士士皆以經術自期待由是經術始明經術既明而聖人之道斯明焉蓋聖人之道蘊之則爲德行發之則爲文章行之則爲事業今諸士子登名是録皆明乎經術者所蘊固知其爲德行矣所發固知其爲文章矣行將上春官對大廷吐胸中之經術而薦之商鼎爲盐爲梅尚當上以經術而事君下以經術而澤民是經術之效又著之于事業此道之明經術之明也雖然道之明固本於經術經術之明尤本於心術心術正則經術明經術明則道明矣是經術者明道之本正心者其明經術之本乎諸士子其正心哉予日望之

直隷揚州府儒學教授莆田林宗序

天順六年鄉試

監臨官

巡按山東監察御史楊釜（受調福建長泰縣人　甲戌進士）

提調官

山東等處承宣布政使司左布政使原傑（子英山西陽城縣人　乙丑進士）

山東等處承宣布政使司右布政使曾翚（時升江西泰和縣人　癸丑進士）

監試官

山東等處提刑按察司按察使王越（世昌直隸濬縣人　辛未進士）

山東等處提刑按察司副使李琮（廷用山西沁州人　壬子貢士）

考試官

直隸揚州府儒學教授林宗（存敬福建莆田縣人　甲子貢士）

直隸永平府儒學教授周琳（魁琳江西吉水縣人　己酉貢士）

同考試官

河南開封府許州儒學學正黄巖（世瞻福建龍溪縣人　丁卯貢士）

陝西鞏昌府階州儒學學正趙純（希文浙江嘉善縣人　癸酉貢士）

江西贛州府寧都縣儒學教諭楊武（德毅福建漳浦縣人　丁卯貢士）

浙江金華府金華縣儒學訓導張侄（獻銘江西吉水縣人　丁卯貢士）

河南河南府永寧縣儒學訓導郭旻（體仁江西萬安縣人　庚午貢士）

收掌試卷官

兖州府沂州郯城縣主簿王儼（民望江西泰和縣人　壬戌進士）

印卷官

山東等處承宣布政使司經歷司經歷石鼎（宗器山西保德州人　監生）

受卷官

濟南衛經歷司經歷孫賢（良臣河南臨漳縣人　監生）

彌封官

兖州府曹州知州伍禮（天秩江西臨川縣人　儒士）

萊州府膠州同知王鍾（期山直隸静海縣人　壬子貢士）

謄録官

濟南府新城縣知縣白瑛（景玉山西代州人　戊午貢士）

濟南府長山縣知縣丘文聰（守愚順天府通州人　丁卯貢士）

對讀官

兖州府東平州知州潘洪（克寬廣東番禺縣人　丁丑進士）

濟南府武定州商河縣知縣劉俊（朝用河南新鄉縣人　丁丑進士）

巡綽搜檢官

昭勇將軍濟南衛指揮使劉智（宗哲直隸曲州縣人）

懷遠將軍濟南衛指揮同知曹珎（國璽直隸含山縣人）

武德將軍濟南衛中所正千户張忠（克政河南遂平縣人）

武德將軍濟南衛左所正千户余福（壽之江西宜春縣人）

供給官

濟南府經歷司經歷王政（尚德陝西寧州人　監生）

濟南府武定州陽信縣試知縣白旻（彦和陝西保安縣人　監生）

第一場

四書

公叔文子之臣大夫僎與文子同升諸公　合内外之道也故時措之宜也　我善養吾浩然之氣敢問何謂浩然之氣曰難言也其爲氣也至大至剛以直養而無害則塞于天地之間其爲氣也配義與道

易

包荒得尚于中行以光大也　晋康侯用錫馬蕃庶晝日三接彖曰晋進也明出地上順而麗乎大明柔進而上行是以康侯用錫馬蕃庶晝日三接也　無有師保如臨父母　夬者决也决必有所遇故受之以姤姤者遇也物相遇而後聚故受之以萃萃者聚也聚而上者謂之升故受之以升

書

無自廣以狹人　汝劼毖殷獻臣侯甸男衛矧太史友内史友越獻臣百宗工矧惟爾事服休服來矧惟若疇圻父薄違農父若保宏父定辟矧汝剛制于酒　曰其稽我古人之德矧曰其有能稽謀自天　其勿誤于庶獄惟有司之牧夫其克詰爾戎兵以陟禹之迹方行天下至于海表罔有不服以覲文王之耿光以揚武王之大烈嗚呼繼自今後王立政其惟克用常人

詩

十月蟋蟀入我床下穹窒熏鼠塞向墐户嗟我婦子曰爲改歲入此室處　有兔斯首炮之燔之君子有酒酌言獻之有兔斯首燔之炙之君子有酒酌言酢之有兔斯首燔之炮之君子有酒酌言醻之　于周受命自召祖命　於皇來牟將受厥明明昭上帝迄用康年

春秋

鄭伯使宛來歸祊（隱公八年）齊人來歸衛俘（莊公六年）齊人來歸鄆讙龜陰田（定公十年）天王使石尚來歸脤（定公十四年）　郳黎來來朝（莊公五年）介葛盧來介葛盧來（僖公二十九年）　狄伐邢（莊公三十二年）齊人救邢（閔公元年）邢遷于夷儀齊師宋師曹師城邢（僖

公元年）狄圍衛衛遷于帝丘（僖公三十一年）　齊仲孫來（閔公元年）宋公曹伯衛人邾人伐齊宋師及齊師戰于甗齊師敗績（僖公十八年）

禮記

進退有度左右有局各司其局　君子如欲化民成俗其必由學乎玉不琢不成器人不學不知道是故古之王者建國君民教學爲先　故明乎其節之志以不失其事則功成而德行立　臣下竭力盡能以立功於國君必報之以爵禄故臣下皆務竭力盡能以立功是以國安而君寧

第二場

論

聖賢樂善之誠

詔誥表（内科一道）

擬漢宣帝令郡國舉孝弟行義詔　擬唐以陽城爲諫議大夫誥　擬宋蔡抗上書傳表

判語（五條）

貢舉非其人　官文書稽程　市司評物價　出使不復命　不操練軍士

第三場

策（五道）

問　仁者本心之德孝者百行之原考之論語孔子弟子問仁者多矣而孔子獨許回也其心三月不違仁何歟問孝者多矣而獨稱孝哉閔子騫又何與恭惟聖朝以仁孝治天下我太祖高皇帝御製大誥三編其間勸人爲善行孝之實昭如日星可歷指其實歟太宗文皇帝製爲善陰隲書所載有謂仁厚仁恕仁恤仁惠仁直温仁者孝順事實書所載有謂大孝達孝巨孝幼孝純孝貧孝者其人之事實可得而悉數歟宣宗章皇帝纂輯五倫書有止於仁止於孝者亦可得詳其義歟誥書之所著與論語之所記其仁孝果同一道歟抑别有其説歟此皆聖人垂世立教之大典學者不可不講也請悉心以對

問　朱子序中庸既曰道學又曰道統何所别歟説者以爲達而在上謂之道統窮而在下謂之道學果然歟否歟既以道統爲達而在上則如堯舜禹湯文武是已果以何道授受而無事於學歟既以道學爲窮而在下則如孔曾思孟是已果以何學相傳而無與於統歟若以道統爲無與於學則禹之精一

文之敬止武之訪道非學歟若以道學爲無與於統則孔傳之曾曾傳之子思孟子非統歟孟子歿而其傳泯焉則道學之所寄果何在歟至宋濂洛關閩諸儒者出説者謂其接道學之傳可得聞其詳歟洪惟我朝列聖相承接唐虞三代之道統其道學之任不知又何所在歟願聞其説

問　文者貫道之器孔子删詩書定禮樂贊周易修春秋皆所以明斯道也後世諸儒有擬聖而著作者續詩書論禮樂作元經作易贊果足以明斯道歟又有作大玄以準易之象數者作離騷以效詩之比興者易編年爲紀傳之體者補湯征一篇之缺者與夫綿蕞之習河間之獻亦有得於聖人六經之旨歟三代以降著述者非一人豈無得於聖人之意者歟諸士子游心方策非一日矣必能言之請著于篇

問　射者男子之事也論語曰射不主皮中庸曰射有似乎君子孟子曰仁者如射然則射者誠男子之事也射有五射可得詳其目而講其義歟習射必用矢造矢之術相矢之法可得聞歟發矢必用弓弓有六材必歷四時而後成何歟射必以侯爲的侯之取義可得聞歟周人習射乃立侯而射之是何歟其説見於祭侯之禮可得聞其詳歟射一也又有皮侯采侯獸侯三者之不同何歟諸士子皆習男子之事者詳言之以觀所學

問　孔子曰苛政猛于虎然不特苛政也凡足以害人者皆虎也試舉一二以相講一曰盜賊竊發二曰豪俠凌人三曰妄興告訐四曰兵隸侵漁五曰奸吏玩法六曰同寅不恭七曰過客需求是皆非虎似虎以害人者不可以不除也諸士子將有民社之寄抑欲使盜者息豪者懾訟者惧兵爲之斂迹吏爲之縮手同寅更讓過客引避果何道以處之歟詳陳之以觀他日爲政之張本

中式舉人七十五名

第一名　梁謙　武城縣學增廣生　書
第二名　崔森　濟南府學生　詩
第三名　胡浚　茌平縣學生　易
第四名　成章　青城縣學生　春秋
第五名　楊璽　禹城縣學生　禮記
第六名　官廉　平度州學生　書
第七名　石温　昌樂縣學生　詩
第八名　王玘　金鄉縣學生　易

第九名　梁璉　聊城縣學生　春秋
第十名　李穆　青城縣學生　禮記
第十一名　吴溥　德平縣學增廣生　詩
第十二名　吴潤　德平縣學增廣生　書
第十三名　李佐　東平州學生　詩
第十四名　張雄　范縣學增廣生　書
第十五名　張錫　單縣學增廣生　易
第十六名　石温　曲阜縣學生　詩
第十七名　吴哲　遼東廣寧左右中右屯廣寧衛學軍生　書
第十八名　盧瓚　萊州府學軍生　詩
第十九名　曹英　壽張縣學增廣生　春秋
第二十名　韓靦　高苑縣學生　易
第二十一名　沙慶　寧海州學生　禮記
第二十二名　言芳　鄒平縣學生　書
第二十三名　周正　冠縣學生　詩
第二十四名　王珣　曹縣學生　書
第二十五名　王鏜　城武縣學生　詩
第二十六名　鮑克寬　兖州府學生　易
第二十七名　董璽　歷城縣學生　春秋
第二十八名　李聰　膠州學生　詩
第二十九名　陸本正　遼東廣寧左右中右屯廣寧衛學軍生　書
第三十名　潘銓　遼東都司學軍生　詩
第三十一名　蔣昺　丘縣學生　禮記
第三十二名　陳寧　寧陽縣學生　詩
第三十三名　段續　禹城縣學生　書
第三十四名　王雄　夏津縣學生　易
第三十五名　趙鑒　齊河縣學增廣生　詩
第三十六名　李達　濟陽縣學增廣生　書
第三十七名　畢大經　城武縣學增廣生　詩
第三十八名　智深　青城縣學生　春秋
第三十九名　高昇　遼東都司學軍生　詩
第四十名　徐舟　曹州學生　書

第四十一名　靳亮　舘陶縣學生　詩
第四十二名　徐肅　曲阜縣學生　易
第四十三名　王凱　青州府學生　詩
第四十四名　劉恩　德州學生　書
第四十五名　張紀　堂邑縣學生　易
第四十六名　李深　遼東都司學軍生　詩
第四十七名　劉清　壽張縣學生　春秋
第四十八名　劉濱　長清縣學生　禮記
第四十九名　欒琪　禹城縣學生　書
第五十名　孫達　遼東都司學軍生　詩
第五十一名　朱清　沂州學生　書
第五十二名　宋相　即墨縣學生　易
第五十三名　王坦　平原縣學生　詩
第五十四名　王瑛　新泰縣學生　書
第五十五名　李芳　利津縣學生　春秋
第五十六名　朱衡　夏津縣學生　詩
第五十七名　董震　壽張縣學生　書
第五十八名　張文昭　東昌府學生　易
第五十九名　李撝謙　郯城縣學生　書
第六十名　李翺　武城縣學增廣生　詩
第六十一名　李克恭　滋陽縣學生　禮記
第六十二名　馬葳　武定州學生　易
第六十三名　楊潤　莘縣學生　詩
第六十四名　王顥　平度州學增廣生　書
第六十五名　于璧　新城縣學生　易
第六十六名　崔騰　茌平縣學生　詩
第六十七名　佀鍾　鄆城縣學增廣生　書
第六十八名　魏傑　德州學生　詩
第六十九名　高儀　范縣學增廣生　書
第七十名　張明　夏津縣學生　易
第七十一名　張和　陽信縣學生　詩
第七十二名　井儀　東阿縣學生　書

第七十三名　林顯　茌平縣學生　詩
第七十四名　孫瑜　濟南府學生　易
第七十五名　李天錫　高唐州學生　書

第一場

四書

公叔文子之臣大夫僎與文子同升諸公

梁謙

同考試官學正黄批（題本平易作者多浮泛不切此篇辭理俱優宜表出之）

考試官教授周批（辭簡理明可取）

考試官教授林批（融會傳注以成文可佳）

薦私家之臣而同爲公朝之臣此大夫之善也蓋臣之事君莫先於薦賢大夫知家臣之賢得不薦之同進爲公朝之臣哉且公叔文子衛大夫僎則文子之家臣也然大夫之位尊家臣之職賤何文子以大夫之尊而薦家臣之賤乎必其僎之德足以尊主而庇民僎之才足以修政而立事故文子不以己之尊而廢彼之賤舉其德而進之爲大夫其職任與己相似也薦其才而引之于公朝其班列與己相并也由家臣而進爲大夫無一毫嫉賢之心自私家而引于公朝無纖芥蔽賢之意是則不惟有知人之智而又有忘己之公不惟有忘己之公而又有事君之忠文子之善爲何如哉故吾夫子於其既謚之後聞其嘗有此薦賢之美事而稱之曰可以爲文矣以見文子之所爲如此是亦無愧於文之謚矣非指此爲文也學者不可不知

合内外之道也故時措之宜也

崔森

同考試官訓導張批（此題學者但知以仁智爲内外不知其本之於誠此篇體認切實行文通暢宜在前列）

考試官教授周批（此作深合本旨）

考試官教授林批（詞暢而不悖於理佳作也）

理無所殊事無不可一誠之所爲也蓋誠之理包乎仁知而無内外之殊

苟有以得於己則見之於事夫豈不隨時而當其可哉今夫人得誠之理以爲仁知之性今不謂之理而謂之道者蓋以道乃實理之可由也然理無不同則道無不同矣又何以有内外之分歟蓋内者指成己之仁而言外者指成物之知而言内之仁固吾性之本然外之知亦吾性之固有仁存於内而道自行於己知發於外而道亦行於彼兼乎内而道不遺乎知貫乎外而道必本乎仁故曰合内外之道也然仁知具内外合則道有得於己故見之於事如時當孝親也則措之以仁仁必能孝其親如時當用賢也則措之以知知必能用其賢日用之間泛應曲當仁自内而發見云爲之際隨時處中知由外而流通故曰時措之宜也是則内外之合時措之宜何莫而不本於誠哉大抵中庸此章子思子言人道也然誠之所以爲仁知者由成己之仁發而爲成物之知則知固自仁中出矣又能合乎時措之宜則義又從是而生而義亦自仁中出矣仁也知也義也一以貫之皆實理之所爲也

我善養吾浩然之氣敢問何謂浩然之氣曰難言也其爲氣也至大至剛以直養而無害則塞于天地之間其爲氣也配義與道

胡浚

同考試官訓導郭批（長題貴包括此篇辭約理明蓋嘗用心於本領者高薦何忝）

考試官教授周批（此篇優於他作）

考試官教授林批（明白簡當宜置高選）

大賢以養氣爲己任故門人問之而語以難言言之而該夫體用也蓋浩然之氣雖所難言其體段功用則有可言也大賢以是而告門人非善養是氣其能然哉昔孟子告公孫丑若曰浩然之氣天地之正氣人得之以生體具之以充盛大流行本無虧欠但人失養而致其餒我則善養而復其初焉丑聞是言乃謂夫子所養之氣不知何如其浩然也孟子以爲是氣也得之於心無形聲之可驗體之於己非言語之可名然即其體用而言之斯可識矣以言其體則至大初無限量至剛不可屈撓惟其自反而縮不助其長則復全乎本體而不虧充塞乎天地而無間以言其用則養成此氣自有以配乎道義義者人心之裁制道者天理之自然合乎義而爲之助則見義必爲而無所疑合乎道而爲之助則見道必行而無所懼孟子論浩然之氣有及於此則實有是氣可知矣考之是章公孫丑疑孟子動心孟子言知言養氣之功丑又疑其知言養氣之既聖孟子遂極言夫子之聖要之夫子之聖不假乎知言養氣而孟子知言

養氣乃學而至聖也學者不可不知

易

包荒得尚于中行以光大也

胡浚

同考試官訓導郭批（作者止言包荒而不知通解四者之義此篇講貫無遺用録以爲羲經冠）

考試官教授周批（治泰之道本於德深合經旨）

考試官教授林批（辭理明白佳作也）

處泰之道盡其善由德之極其盛也蓋德乃行道之本苟無光大之德則治泰之道豈能合于中行之善哉今夫泰之九二以剛居柔上應六五主乎泰者也周公既以包荒用馮河不遐遺朋亡得尚于中行係其爻吾夫子於此獨舉包荒得尚于中行之一語而通釋四者之義謂夫泰寧之世法度廢弛人情憚於更變故寬則失於柔猛則失於剛然必以包容荒穢之量施馮河果决之勇則剛柔相濟而合于中道矣泰寧之時庶事不周人情肆而無節故忘遠則輕於彼狎邇則重於此然必外不遺遐遠之才内不昵朋比之私則輕重不偏而合乎中行矣處泰之道盡善如此豈無自而然哉由其德之光大耳光則德之昭著于外者有英華之可見即坤六三光大之光也大則德之涵泳於己者無限量之可拘即渙六四光大之大也是則德以行其道道以本諸德治泰之善豈復有加於此哉雖然程子釋泰九二以爲合中行之德朱子以爲合中行之道蓋有其德則道自然而光大盡其道則由於有光大之德也一則推其用一則原其本要之同歸於理而已

無有師保如臨父母

王玘

同考試官訓導郭批（此題似易而實難作者不失之泛則失之略此篇詞理俱到宜表而出之）

考試官教授周批（説出學易者戒惧之意可取）

考試官教授林批（得潔静精微之旨）

不見其所當敬如見其所當親此學易者戒懼之至也蓋師保所當敬而父母所當親也學易君子雖旡師保常若父母臨之則戒懼之意何其至哉今夫師者教之道保者輔其躬人之至敬者莫有過於師保也父□生我母□育我人之至親者莫有過於父母也君子知易之爲書有以明憂患之故有以示吉凶之理

是以嚴恭寅畏而小心翼翼雖旡其師常如父母之在其前一毫放肆之心無有焉憂勤惕厲而終日乾乾雖旡其保常若父母之臨其側一毫怠惰之意無有焉聖人言此以見易之爲書不可遠而人之於易豈可有一時之不戒懼哉抑考此章專論玩辭觀變爲學易之事上言周流六虚上下剛柔唯變所適觀變之事此言明於憂患而如父母之臨玩辭之事下言率辭揆方而有典常終之以苟非其人道不虚行則觀變玩辭之學深有望於其人也學易者勉之

書

曰其稽我古人之德矧曰其有能稽謀自天

梁謙

同考試官學正趙批（召公告成王言老臣能知古知天君當用之而不可遺此作燭理明徹而文足以發之是用録出）

考試官教授周批（燭理既明遣辭亦順宜居前列）

考試官教授林批（辭發乎理可取）

大臣言老成之臣不惟能知古而又能知天蓋知古則事有所證知天則理無所遺君天下者其可遺老成之臣哉昔召公致告成王之意若曰堯舜禹湯之治化皋陶伊傅之事業載諸典册詳矣老成之臣考之熟而聞見遠究之審而知識明人君能親是人則今日所行之事有所據而非臆見今日所施之政有所稽而非私智是固不可遺也若夫天命去留之靡定天心眷顧之無常泯然而無迹矣老成之臣發一謀慮必决諸天意定一議論必合乎天道人君不弃是人則出入起居一循乎理而非人爲之私好惡用舍不違乎天而非一己之謀是尤不可遺也然則繼世之君可不知所務哉抑又論之老臣之有益於人國也尚矣守成之主孰不樂用新進而疏遠老成哉召公知其然故於洛邑既成成王始政因周公之歸作書致告達之于王拳拳以無遺壽耇爲言其知所先務矣噫湯之先民時若武王之訪道箕子同此意也

其勿誤于庶獄惟有司之牧夫其克詰爾戎兵以陟禹之迹方行天下至于海表罔有不服以覲文王之耿光以揚武王之大烈嗚呼繼自今後王立政其惟克用常人

官廉

同考試官學正趙批（此卷七篇俱優而是篇説出周家謹兵刑任常人之意尤佳用録爲壁經冠）

考試官教授周批（經旨詳明可佳）

考試官教授林批（簡潔可取）

大臣既告君致謹於刑而盡治兵之責又告君相繼爲治而嚴用人之道蓋立政以兵刑爲重而尤以得人爲本也人君其可以不知所務哉宜周公舉以爲成王告也其意謂夫刑獄民命所繫政之大者也豈可不謹之邪必也罔兼于兹一委於有司之牧夫而盡信任之道罔知于兹一付於典獄之當職而極委任之專是謹刑有以專其任矣夫刑固所當謹而兵尤刑之大者也安可不治之邪必也整爾戎服修爾兵器于以壯天威以陟禹之迹則弼成五服無尺地而非有于以廣德威而方行天下則華夏蠻貊無一人而不服由是文王耿光有以覲之而益顯不异光于四方之日武王大烈有以揚之而益著無异永清四海之時是治兵有以盡其責矣周公以是告成王可謂至矣而猶以爲未盡其意故又嘆息并周家後王而戒之蓋謂政固莫大於兵刑而尤莫急於得人故自今王以及後王之立政要當任官惟賢位事惟能受刑職者無非宅俊之人任兵責者無非成德之彦夫然則所用皆常人而政無不立矣大抵周公言庶獄而繼以治兵之戒蓋犴獄之間尚恐一刑之誤而六師萬命之衆誠不可不審而舉之也然言兵刑而繼以用人之説又有以見立政以得人爲本而兵刑尤宜任之常人也讀者尚有考焉

詩

有兔斯首炮之燔之君子有酒酌言獻之有兔斯首燔之炙之君子有酒酌言酢之有兔斯首燔之炮之君子有酒酌言醻之

崔森

同考試官訓導張批（此詩述主人之謙辭以見真德實意之所寓是篇合於經旨故録出之）

考試官教授周批（燕飲之禮在誠不在物此作得之）

考試官教授林批（辭婉理順可取）

薦至薄之物以成燕飲之禮此述主人之謙辭也蓋燕飲之禮在誠不在物也今主人以薄物而燕飲夫賓客其真德實意從可知矣詩人述而咏歌之豈不宜哉想夫古人燕飲賓客不貴乎品物之曲全也故其爲肴惟一兔而已是兔也不惟炮之燔之抑且燔之炙之焉不惟燔之炙之抑且燔之炮之焉既炮之以去其毛又燔之以加諸火既燔之以加諸火而又以物貫之加于火上以炙之是治之有其方矣夫一兔至薄之物而治爲燕賓之殽非异饍也似不足以奉乎賓殊不知燕飲之禮在乎誠豈以物之厚薄爲較哉故君子有酒必舉爵而酌是酒以獻于賓賓既卒其爵而酌是酒以酢主人則獻酢之禮行矣

斯時也不徒賓既卒爵而酌是酒以酢主人而主人又自飲復酌是酒以醻於賓焉則醻酢之禮成矣吁以一兔爲肴而行乎燕飲之禮因燕飲之禮而見其誠意之孚先王之愛賓何其至哉大抵此詩極言其燕賓之物薄而魚麗則又極言其燕賓之物豐何耶蓋魚麗道達主人優賓之意故言其豐此則述主人之謙辭故言其薄物雖有厚薄之分盡誠於賓客則一而已讀詩者不可不知

于周受命自召祖命

石温

同考試官訓導張批（此題作者雖知宣王策命穆公而多欠本其祖以寵异之之意獨此篇發揮詳明非熟於葩經者不能宜置前列）

考試官教授周批（此篇寫出宣王策命之意深得本旨）

考試官教授林批（理明辭贍佳作也）

王者錫臣以策命必本其封祖之禮以寵异之也蓋策命者報功之盛典也今宣王報穆公之功本其封祖之禮其寵异之何其至哉思昔召穆公平淮南之夷有功而歸宣王策命之意以爲山川之錫我不敢專必往于岐周以錫之焉土田之賜我不敢擅必至于祖廟以命之焉所以然者何哉蓋以昔爾祖康公輔我文武有循行南國之功我祖文武曾於此而錫命於爾祖康公矣今爾能平服淮夷其功即爾祖康公之功我之錫爾得不用我祖錫命爾祖之所而命之乎我祖文武任爾祖康公有闢國百里之迹爾祖康公嘗於此而受命於我祖文武矣今爾能開復侵地其迹即爾祖康公之迹汝之受賜可不從汝祖受命於我祖之處而受之乎其寵异之至爲何如哉噫斯時也賞非先王之私賞如禀命於乃祖文武也功非穆公之己功如受教於乃祖康公也使穆公思文武康公之德必能盡心盡力以報宣王之德矣不特此也宣王中興北伐玁狁而有吉甫之良臣南征蠻荆而有方叔之賢將諸臣之力皆足以用之而卒致再造之業此穆公有錫命之典宣王爲有周之令主也歟

春秋

鄭伯使宛來歸祊（隱公八年）齊人來歸衛俘（莊公六年）齊人來歸鄆讙龜陰田（定公十年）天王使石尚來歸脤（定公十四年）

成章

同考試官學正黄批（此篇以傳注組織成文深合題意宜置高選）

考試官教授周批（簡潔明白足見筆力）

考試官教授林批（此篇以利禮立説深得屬辭比事之意）

以利而結望國者爲可譏以禮而親望國者爲可予此鄭祊衛俘之人三邑脤肉之至春秋皆書來歸者所以著其好利好禮之殊而美惡不嫌於同辭也思昔春秋之初諸侯放恣鄭輸平而約祊於魯齊納朔而受貨於衛是以鄭莊欲易許田而來歸湯沐之邑齊襄共分軍實而來歸衛朔之寳祊邑歸忘君親之大而紊其制衛寳至貪賄賂之入而動於惡一則備見鄭伯之奸一則結正諸侯之罪春秋於二役皆書來歸深惡其好利之非也若夫春秋之季聖人相魯夾谷會而化行於齊魯國治而風聞於周是以齊景感慕聖化而來歸三邑之田敬王頒賜俎實而來歸祭社之肉三邑歸復王制之正而來謝過脤肉至親兄弟之國而與共福一則齊侯遷善之美一則王室典禮之行春秋於二事皆書來歸深喜其好禮之誠也大抵利者人欲之私放於利而行多怨禮者天理之節文能以禮讓爲國乎何有此春秋之作得不惡利而好禮歟雖然鄭祊衛俘三邑之來無庸論矣獨歸脤不能無議焉是時典禮廢弃之久而能舉而行之是王室可以有爲之秋魯當奉順此意可也惜乎坐受而不知尊事此孔子所以去也此魯所以不復興也噫

齊仲孫來（閔公元年）宋公曹伯衛人邾人伐齊宋師及齊師戰于甗齊師敗績（僖公十八年）

梁璉

同考試官學正黄批（是題當以王澤伯功立説作者多失之此篇説出王伯感人之淺深結語又不終貶伯見春秋所以予伯之意深得其旨取之以冠本經）

考試官教授周批（辭嚴義正可取）

考試官教授林批（得筆削之旨可嘉）

即使命之至而知王澤入人之深即兵患之加而知伯功及人之淺此春秋之作所以貴王而賤伯者聖人之意於斯概可見矣且魯以周公之胄世守文獻之懿逮至閔公嗣位慶父稔惡而難未已於是齊遣仲孫來窺虚實魯於斯時社稷安危未定也幸而先王之遺風尚存伯禽之子孫不替故足以致人之觀感焉是以仲孫歸齊既稱魯秉周禮而國未可動復言務寧魯難而當親有禮我魯由是而獲安矣夫自周公以至閔公相傳十有餘葉尚賴先世之餘澤以維持國家於將危之秋其王澤入人之深也爲何如哉若齊以太公之裔世襲海岱之雄逮至桓公當國首變王道而圖伯業九合諸侯不以兵車齊於斯時威令加于四海也惜乎晚年之立心不恒後嗣之付托非人故有以致人

之加患焉是以殯方在柩宋既連三國之兵而來伐復戰于甗之地以交兵齊師由是而敗績矣夫自桓公以至孝公相傳未及兩葉盡易太公之遺法而四鄰謀動於未貶之日其伯功及人之淺也又何如哉吁魯則重禮教崇信義周公雖遠而人猶慕其澤齊急功利喜夸詐桓公尚近而人已忘其功觀此則王伯之優劣豈不昭昭矣乎雖然仲孫識魯智固可取也使慶父再肆其惡是誰之過歟桓公創伯德固無稱也使夷夏粗得其安是誰之功歟蓋以王較之則伯不足取以時言之則伯有足取焉故北杏之會爵齊者爲世道計予桓公以伯也四國稱人者爲王道計責諸侯推桓爲伯也不然先儒何以曰春秋明王法而不廢五伯之功

禮記

進退有度左右有局各司其局

楊璽

同考試官教諭楊批（此篇能發揮先王行師之法理明詞暢非熟於經者不能宜冠本房）

考試官教授周批（詞健理明禮經之杰作者）

考試官教授林批（寫出行師部伍之法宛然目前可取）

先王之行師戰陣有一定之法監領亦有一定之法蓋行師之道不可不慎也今先王之行師戰陣監領各有其法其戒懼之意爲何如哉記禮者知其然謂夫先王之征伐非私怒也致天討而已當其填然鼓之兵刃既接於斯時也其進止也不愆于六步七步乃止齊焉所以戒其輕進也其攻刺也不過乎四伐五伐乃止齊焉所以正其行列也然進退雖有其度苟左右無局則紀律不明矣是以軍之左者則專於左之部分無相濫泆而左不得以交於右焉軍之右者則專於右之部分無相攙越而右不得以交於左焉然左右雖有其局苟無人以司其局則號令不行矣是以有官以監領之使部分之在左者肅然而不紊有官以統率之使部分之在右者井然而有條先土之行師其戒慎如此宜其戰勝攻取而武功成也抑論此章之旨蓋言行師之法而郊特牲又曰季春出火爲焚也然後簡其車賦而歷其卒伍而君親誓社以習軍旅左之右之坐之起之以觀其習變者因田以習軍旅則戰之備之然則先王設備於不虞而應變於有虞夫豈居安忘危以不教民戰也哉

故明乎其節之志以不失其事則功成而德行立

李穆

同考試官教諭楊批（場中作者多於明乎其節之志以不失其事上體認不真此篇講貫詳明宜取以冠諸作）

考試官教授周批（詞理通暢可取）

考試官教授林批（遣辭老健非穉筆比）

惟上下盡射之禮而各得其道故上下因射之禮而各得其效蓋射之禮必歌詩以爲之節也今上下即明射節之禮而各盡其道則上下又豈不功成德立而各得其效哉且夫射者男子之事然必歌詩以爲發矢之節度焉是故天子之射歌騶虞爲節蓋騶虞乃樂官備之詩天子能明騶虞之節以備官爲志則建官惟百允厘百工而不失其事矣諸侯之射歌貍首爲節蓋貍首乃樂會時之詩諸侯能明貍首之節以會時爲志則春朝夏宗秋覲冬遇而不失其事矣至若卿大夫則歌采蘋爲節也采蘋樂循法之詩卿大夫能明采蘋之節豈不以循法爲志而不失所守乎士則歌采蘩爲節也采蘩樂不失職之詩士能明乎采蘩之節豈不以不失職爲志而敬以從事乎然天子明乎騶虞則功成於天下而天子之德行立矣諸侯明乎貍首則功成於一國而諸侯之德行立矣卿大夫明乎采蘋則功成於一家卿大夫之德行以之而立焉士明乎采蘩則功成於其身士之德行以之而立焉故曰惟上下盡射之禮而各得其道故上下因射之禮而各得其效者以此抑又論之射之容比於禮射之節比於樂所以養人之德使之周旋中禮也天子諸侯卿大夫士苟能相與盡志於射以習禮樂不惟功成而德行立而又至於安樂有名譽也故下文曰射者所以觀盛德也

第二場

論

聖賢樂善之誠

崔森

同考試官訓導張批（諸作於樂善之誠處多欠發越此篇議論層出如萬斛泉源不擇地而施讀之三復令人起敬）

同考試官學正趙批（布置有法立論高古諸作當避地三舍不特出一頭地耳）

考試官教授周批（筆勢滔滔略無雍滯若大地孤熊人皆望而畏之）

考試官教授林批（辭古意深非老於學者不能杰作也）

論曰聖賢之心何心也不自足之心也不自欺之心也蓋自足則不樂人之善自欺則樂善而不誠故樂人之善者必不以己之善而自足樂人之善而誠者必不以己之不善而自欺不自欺以虚一己之心不自足以樂衆人之善微聖賢其孰能之哉且聖賢謂誰舜禹子路也以舜禹之聖子路之賢宜無不善又何待樂人之善歟良由聖賢不以己之善爲善故有以樂人之善苟恃己之善杜人之善則非聖賢矣此樂善之誠必歸之舜禹子路焉然則彈五弦之琴果足以樂善乎未也聲音之善非人之善也卑宫室之制果足以樂善乎未也居止之善非人之善也衣敝緼袍果足以樂善乎未也服被之善非人之善也善者天理之至公人性之固有凡孝弟忠信皆是也仁義禮智皆是也衆人情有所欲而戕其善聖賢心無所私而盡其善故子路聞過則喜禹聞善言則拜大舜善與人同無非樂善之誠也彼勇者曰我能喜聞過子路易爲耳及人告以過不唯不喜且憤怒之是勇者樂善非誠雖賁育無以用其力矣智者曰我能拜善言禹易爲耳及聞善言不唯不拜且拒絶之是智者樂善非誠雖良平無以用其謀矣富貴者曰我能善與人同大舜亦易爲也及其竊人之善則久假而不歸見人之善則娼疾以惡之是富貴者樂善非誠雖晋楚趙孟無以用其勢矣於是有以知子路喜聞過克己之心自然而喜喜其得聞而改之乃喜之發于誠禹拜善言屈己之心自然而拜拜其得聞而受之乃拜之出于誠大舜以渾然天理之心誠於人則善取於己不知其孰爲在人誠於己則善及於人不知其孰爲在己是以不言堯之咨四岳而言舜不言湯之德日新而言禹不言顔淵之不貳過而言子路也推而極之温恭允塞不距朕行德之善也惟精惟一允執厥中道之善也百揆時序六府孔修功業之善四方風動黎民敏德治效之善片言折獄斷之善也肥馬輕裘敝之無憾非義之善乎可使有勇戰之善也未之能行唯恐有聞非行之善乎是則子路無不聞之善禹無不拜之善舜無不同之善而聖賢所爲一樂善之誠爾但以善而論舜之善優於禹禹之善優於子路以誠而論子路之誠不异於禹禹之誠不异於舜善雖有大小之殊誠則無彼此之間樂其善必本於誠盡其誠必原於心誠爲樂善之本而心又誠之本歟雖然聖賢樂善之誠固本於心學聖賢者獨無心乎與其求舜禹之心孰若求吾心自有之舜禹與其求子路之心孰若求吾心自有之子路吾心喜聞過則子路即吾心之子路吾心拜善言則禹即吾心之禹吾心善與人同則舜即吾心之舜矣不必睹重瞳御四載接行行之氣而後謂之舜禹子路也心乎其聖賢知之之事苟欲身體而力行之又必自子路始故曰士希賢賢希聖

表

擬宋蔡抗上書傳表

梁謙

同考試官教諭楊批（得駢儷之體可取）

考試官教授周批（表得體）

考試官教授林批（典雅可録）

精一執中實三聖傳心之大法皇建有極乃百王垂世之常經念先臣親繹於師承而遺帙粗明於宗旨恭逢睿聖敢獻微誠臣竊考典謨訓誥誓命之文無非載道及更劉班賈馬鄭服之手浸以失真二孔注疏之雖存諸家訓詁之愈衆黨同代异訛以相承厭常喜新雜而不粹暨皇圖赤符之鼎立治教始明有大儒朱熹之挺生傳義未備謂先臣沈從游最久見道已深俾加探索之功以遂發揮之志微辭奥義既得於講貫之勤大要宏綱盡授以述作之意六卷著研覃之思半生殫采摭之勞聖賢之言炳若丹青帝王之制坦然明白欲緝熙之一助須上徹於九重兹蓋伏遇皇帝陛下德與日新智由天錫多識前言往行道積厥躬不遺片善寸長言無不用臣謬蒙拔擢獲玷班行自惟章句之徒莫效絲毫之報抱父書而永嘆望宸闕以冒塵願加乙覽之餘庶幸斯文之遇置之座右常聞無荒無怠之規冒于海隅咸仰克寬克仁之治臣無任瞻天仰聖激切屏營之至謹以先臣沈所誤書傳隨表上進以聞

第三場

策

第一問

梁謙

同考試官學正黄批（仁孝一策善答者蓋不多見惟此篇條對詳明文既豐贍事亦有據策手也薦之奚忝）

考試官教授周批（引援切實老於策學者也）

考試官教授林批（條答詳明遣辭蒼古宜表出之）

聖門立教必先於仁孝之言聖朝爲治必本於仁孝之道蓋仁孝之言備於紀述而扶世之功深仁孝之道見於制作而化民之功著此可見聖人曠千載而同一心仁孝亘萬古而同一理也請因明問而言之仁乃天地生物之心而人得以生者所謂元者善之長也故曰仁者本心之德天經地義莫尊乎親

降衷秉彝莫先於孝故曰孝者百行之原稽諸孔門環洙泗之水分杏壇之席三千其偶也其間問仁者多矣若仲弓問仁聖人告之以主敬行恕樊遲問仁告之以先難後獲未嘗許其仁獨許顔淵三月不違仁者蓋以其餘則日月至焉而顔子能久於其德也問孝者多矣若子游問孝聖人告之以當敬子夏問孝而告之以色難未嘗稱其孝而獨稱孝哉閔子騫者蓋以他人處人倫之常而閔子處人倫之變也洪惟聖朝以仁孝治天下我太祖高皇帝御製大誥三編慮士之不知爲政則有以仁之訓慮人之不能順親則有明孝之章既曰惻隱之道無不至仁又曰孝子順孫得奉父母其仁孝化行昭如日星太宗文皇帝御製爲善陰騭孝順事實二書其爲善陰騭所載有若釋衣冠子女之隸葬宗族無後之柩者李大寬之仁厚也補參軍而不忍杖罰一人遷司刑而未嘗冤抑一囚者徐有功之仁恕也還人寶帶理人冤抑非裴度之仁恤乎焚香共誓不妄殺人非曹彬之仁惠乎抗章言歐陽脩之無罪則趙槪之仁直可知蒲鞭示吏民之辱則劉寬之温仁可見矣孝順事實所載有若夔夔齊慄瞽瞍允若虞舜之大孝舉天下無以加視膳問安善繼善述武王之達孝通天下無异稱負母逃難賊不忍害非江革之巨孝乎刀傷其手奉手改容非范宣之幼孝乎親病刺血和藥以進則趙善應之純孝可知紡績蓄財營葬八喪則覃氏之貧孝可見矣宣宗章皇帝纂輯五倫書所載爲人君止於仁言君止於仁是君之至善也爲人子止於孝言子止於孝是子之至善也若以論語所記三月不違仁之仁參之大誥三編惻隱之仁爲政以仁之仁爲善陰騭仁厚仁恕仁恤仁惠仁直温仁之仁五倫書爲人君止於仁之仁其言仁雖有淺深之不同其爲本心之德則一也以論語孝哉之孝徵之大誥三編孝順之孝明孝之孝孝順事實大孝達孝巨孝幼孝純孝貧孝之孝五倫書爲人子止於孝之孝其言孝雖有大小之不同其爲百行之原則一也要之仁者未必不能孝孝者未必不能仁仁不自同而仁亦同於孝孝不自同而孝亦同於仁仁無不同也孝無不同也夫豈别有其説哉愚也於仁孝之道講之未精姑述梗概以對未知執事以爲何如

第二問

梁謙

同考試官訓導張批（發明道學道統之説詳悉無遺文亦豐贍非稚筆也高薦何忝）

考試官教授周批（條對詳明滔滔不滯有學識之士也）

考試官教授林批（分合道學道統深得本旨）

三代而上吾道渾乎元化之盛道統道學之名未聞也三代而下吾道厄於世運之微道統道學之名始立焉故子朱子序中庸首言中庸何爲而作也子思子憂道學之失其傳而作也繼言蓋自上古聖神繼天立極而道統之傳有自來矣然道一也曰道學者學主於知謂能知此道而相傳得其所學也曰道統者統主於行謂能行此道而相傳有所統緒也惟其知之故以窮而在下之聖賢爲道學惟其行之故以達而在上之帝王爲道統達而在上之帝王堯以是傳之舜舜傳之禹湯禹湯傳之文武若可謂之統而無事于學矣然堯舜禹之執中湯之建中文王之敬止武王之訪道非學而何哉窮而在下之聖賢孔子删述六經曾子推明一貫子思之誠孟子之仁義若可謂之學而無事于統矣然孔子傳之曾子曾子傳之子思子思傳之孟子非統而何哉迨夫孟子既没其傳遂泯則吾道之所寄不越乎言語文字之間而异端之説日新月盛以至老佛之徒出則彌近理而大亂真矣幸而文不喪天道不墜地有宋復興真元會合諸儒輩出有濂溪以浚其源伊洛以導其流横渠以助其瀾考亭以揚其波揖堯舜於夢寐之間授孔曾於講論之際景星鳳凰天下快睹泰山北斗學者依歸故周子之學太極圖之易也程子之學中庸之誠也張子作東西二銘朱子注五經四書誠有以接堯舜禹湯之道統明孔曾思孟之道學焉至於我朝列聖相承文風振起繼以聖天子當君師之位作皇極之主其所傳之統即堯舜禹之執中湯之建中文之敬止武之訪道其所傳之學即孔子之六經曾子之一貫子思之誠孟子之仁義道學寓於道統之中道統存乎道學之内道統之外無所學道學之外無所統道統即道學也道學即道統也夫豈可以差殊而觀之哉愚也學不足以知道姑以是復明問惟執事進教之幸甚

第三問

梁謙

同考試官學正趙批（五策皆善答而是策尤詳整可録）

考試官教授周批（考古無遺條對通暢場中似此絶無而僅有也）

考試官教授林批（典故詳明論議允當一薦何忝）

六經之作出於聖人之手而僭經者其言有可議六經之道本於聖人之心而明經者其言無可議蓋經以載道也諸子言戾於經故有僭經之罪言合於經豈非明經之功哉且文者貫道之器六經之文誠有以貫乎道然不知六經何爲而作也良以吾夫子接乎三代之後有典謨訓誥之文有禮樂法度之善天地陰陽之藴已露而未顯三綱五常之道幾墜而未振於是删詩書定禮樂贊周易修春秋聖人蓋爲天地立心生民立極也彼王通何人哉既續詩矣

又續書既元經矣又易贊既禮論矣而又樂論然曹劉沈謝之句安能合鹿鳴四牡大明關雎之旨七制詔志策議之文安能合堯典舜典禹謨伊訓之義達者知幾守者存義果序卦雜卦之蘊乎皇始之帝晋宋之王果獎周室尊中國之筆乎禮之論樂之論果能推明先王政化之意乎侈然以王氏六經自名此特效西子之顰耳安得後人不以六經奴婢誚之哉然不特王通也楊雄作大玄以準易之象數易有彖玄則有首易有爻玄則有贊易之爻有象而玄之贊有測易以理勝玄以數勝是雄蔽於名而作所以後人有吴楚僭王之譏噫畫前元有易何俟於雄之贊哉屈原作離騷以致詩之比興以香草比君子以龍鳳比忠正喻以美人况以惡鳥然詩之體尚忠厚騷之體類迫切是原蔽於怨而作所以或者有异經典之誚噫删後更無詩何待原之效哉春秋游夏尚不能贊一辭司馬遷易編年爲紀傳非春秋之旨也尚書秦魯二篇聖人且繫於帝王之後白居易補湯征一篇之缺非尚書之意也叔孫通綿蕞之習禮不過因秦之儀禮之末耳何有乎聖人之禮河間獻王之獻樂不過歲備其數樂之餘耳何有乎聖人之樂是數子者僭擬聖經正如兒曹斂容危坐以效老成拜伏跪起以效賓主其氣象大不相類尚何以得六經之旨哉至若老杜一集拳拳憂國山谷嘆其有三百篇之旨孔明一表切切愛君子瞻嘆其與説命相表裏康節先天之學觀易而得其心濂溪太極之圖學易而得其理朱考亭作通鑑綱目得褒貶之法蔡西山作律吕新書造淵深之理是皆有以得聖人之意焉雖然諸儒擬經之失固略陳之矣愚於終篇竊有説焉聖經之名固不可擬而所述之道獨不可學乎聖經之體固不可襲而所寓之意獨不可求乎述性命者存乎易讀易而得性命之理雖未必曰易謂之得於易可也咏性情者存乎詩作詩而得性情之旨雖未必曰詩謂之得於詩可也示直筆者在春秋紀政事者在乎書作史而能成實録備故事雖未必曰書曰春秋謂之得於書得於春秋亦可也不敢擬經而能明經雖非儒者是亦儒者之徒歟願執事恕其狂妄進教之幸甚

第四問

梁謙

同考試官教諭楊批（考據切實條答無遺策手也）

考試官教授周批（敷答明白足見作手）

考試官教授林批（能知射義而弓矢造作之法考究明白可取）

有射之禮必有射之義蓋禮以義而行義由禮而起觀其禮而知所取之義考其義而知所行之禮庶可與言射矣請因明問而言之男子始生用桑弧

蓬矢六以射上下四方誠以宇宙内事皆男子之志也故生有懸弧之義非射乃男子之事乎論語曰射不主皮古者射以觀德但主於中而不主於貫革也中庸曰射有似乎君子者謂行有不得則反求諸己亦猶射有不中責己而不責人也孟子曰仁者如射言爲仁由己其幾在我不在人也然射有五一曰白矢二曰參連三曰剡注四曰襄尺五曰井儀白矢者言矢貫侯過見其鏃白也參連者前放一矢後三矢連續而去也剡注者謂羽頭高鏃低剡剡然也襄尺者臣與君射不與君并立讓君一尺而退也井儀者四矢貫侯如井字之容儀也習射必用矢造矢之術前不可弱前弱則俯後不可弱後弱則翔中不可强中强則揚羽不可豐羽豐則遲矣然造既有術而相之亦有法焉又必以指夾而摇之以知輕重之節以手曲而撓之以知强弱之稱則矢無不善矢既善矣弓之不良又何以發其矢焉欲弓之良必具六材六材者幹角筋膠絲漆是也又歷四時而後成之者則冬析幹春液角夏治筋秋合三材春被弦俟一期之久而後可用也矢善弓良射之又必以侯爲的周人習射乃立侯而射之者侯乃今之垜也侯之爲物捍内蔽外以禦敵爲任有諸侯之象故假之以戒勑焉觀其祭侯之辭既戒之曰惟若寧侯毋或若汝不寧侯不屬於王所故抗而射汝又勉之曰强飲强食詒汝曾孫諸侯百福言既醉當以百福遺汝曾孫之爲諸侯焉射一也而又有皮侯采侯獸侯之异者蓋皮侯以皮飾侯而用於大射諸侯以春貢士天子因大射而選士助祭取其有中的之功也采侯以五采飾侯天子張五采侯以行賓射之禮所以象文德也獸侯畫爲熊麋鹿豕虎豹之象天子張獸侯以用之燕射所以示其爲民除害可以休息而燕安也射之禮義於斯概可見焉愚也學識疏淺射有未明惟執事進教之幸甚

第五問

崔森

同考試官訓導郭批（場中多爲時務一策所窘惟此篇善形容非虎似虎之害又以公廉爲去害安民之本驅除有法足見學識推而達之於從政乎何有）

考試官教授周批（時務所以觀學識此策引古證今場中之杰然者也）

考試官教授林批（此篇有筆力有見識足見所學）

安民者必先除其害除害者必先正其己蓋正己爲除害之本除害又安民之本也害不除則民無以安己不正又何以除其害哉嘗觀孔子曰苛政猛於虎蓋虎能害人之身人猶有可避苛政害人之心使人無可避此泰山婦人

所以不避其虎而寧避苛政也今之害人者雖非猛於虎是亦虎焉彼其晝伏夜神以劫掠爲生者盜賊之虎也逞貪婪之心啗孤弱之輩者豪俠之虎也掉難折之舌吐無證之詞以惡枉良善者告訐之虎也以爪牙爲名幸人有罪因以侵漁百姓者兵隸之虎也假威官府舞文弄法以害民者奸吏之虎也據案作威攘臂護失非同僚之虎乎呈妍獻諂需財索食吮咂吾民之膏血者又非過客之虎乎是數者外貌雖人其中何以异於虎哉是皆民之害不可以不除也除之之道何如在守己以廉處事以公而已蓋守己廉則如水之清如玉之瑩無一毫之或玷處事公則如衡之平如鑒之明無一物之可欺廉則生威公則生明威而必嚴明而必能由是以廉爲準繩以公爲羅綱以威爲戈矛以嚴爲弓矢以明爲機械以能爲陷穽以待彼之虎將見盜虎挫其勢而自息豪虎喪其氣而自懾訟虎攖其牙而自懼隸兵之虎截其爪而爲之斂迹奸吏之虎破其膽而爲之縮手同寅之虎服其心而更讓過客之虎曳其尾而引避然後興禮讓之風敦孝弟之行務使盜虎化爲善人豪虎化爲義士訟虎化爲君子兵虎無酷暴之心吏虎有仁厚之意同僚之虎若手足之情過客之虎尚廉耻之節則德威并行害除而民安矣推之天下凡害於政者雖千百其虎以吾道而治之亦易爲也孰謂虎之害而不可除哉愚也管見如斯惟執事進教之幸甚

山東鄉闈小録後序

聖朝以文爲媒以科目爲羅以取天下之材天下之材媒于文羅于科目者後先相望也天順六年山東鄉試開科得齊魯之材七十五人皆文之合乎道者蓋文乃道之著道乃文之藴文而不合于道不足以言文故觀其文則可以知其道矣然道以聖賢爲至聖莫若孔子賢莫若顔曾思孟而孔子顔曾思孟盡生于魯魯封交互于齊是以天下稱文獻之邦必先齊魯齊魯之士後孔子顔曾思孟而生者沐洙泗之餘波聆杏壇之遺響興起于千載之下感發于千載之上如董仲舒孫明復其能文而知道者乎或謂公孫弘亦齊人也何徒文而不知道歟其言固似矣但聖賢之道不過修齊治平本之以誠意正心而已公孫弘習口耳之文不知誠正之學所以悖夫道非道之弊也況聖賢之道通天下貫古今而一致齊魯亦烏能專之哉此特因文以論道因道以論人因人以論地産耳道固不專于文文固不專于人人故不專于地産也凡天下學

者學聖賢之道必學孔子學顔曾思孟文乃合道舍此不楊即墨不佛即老而文非其道焉若文以人求人以地産則周程張朱不生于濂洛關閩矣是齊魯者天下之齊魯非齊魯之齊魯也今諸士子産于齊魯宗于道見取於文之媒科目之羅是所謂材者行將會天下之材相與角藝尚期文由道而益充階由文而益進務誠（此處底本缺頁——編者注）

成化元年山東鄉試録

山東鄉試録序

國家用儒爲治其來尚矣學校以養之者儒之學得正道也科目以取之者儒之進得正路也台揆庶尹胥此焉出儒之職又得乎名器之正也則其重儒而不輕也較然矣欽惟我朝自祖宗有天下傳歷百年用儒之效一本之躬行皇上嗣登大寶尤注意於用儒首幸太學親謁孔子尊儒道也太學生許就鄉試廣儒路也校官九載亦復聽其會試又所以慮儒之有遺才也曠古所無之典皇上毅然行之海内人心踴躍思奮豈偶然而已哉成化紀元之初適當大比山東藩臬重臣恭循故事禮聘儒紳以司文衡至期合六郡及邊徼文學之士一千有奇而群試之于時巡撫左副都御史賈銓綱維經畫百度一新内而提調則左布政使原傑左參政葉冕監試則按察使李裕副使莊歙外而防範贊襄則右參政李贇陳雲鵬副使張稷李琮左參議江玭右參議□愘僉事劉進莊昇徐毅王輅周濠茂彪而巡按監察御史朱暟則嚴考較以杜幸進除宿弊以靖文場實臨莅而總司之暨百執事與啓等亦皆祗承德意務求真儒之選迨撤棘得文之中式者七十五人謹書成録將獻諸上而傳之四方用昭賓興盛舉謂宜有序猥及於啓竊惟儒道與世道相關世道之泰儒道之行也肆唐虞三代世底雍熙萬物得所有堯舜禹湯文武以儒道君天下臯夔稷契伊傅周召以儒道相天下當時嘉謀善政載諸方册足以垂法萬世有周之末先王之教日以湮微於是天生孔子删述六經以儒道師天下譬之規矩準繩必由是而後爲圓爲方爲平直也三代而下享國長久者莫若漢唐宋其間君臣相遇足以有爲于一時蓋亦彷佛乎儒道也我皇上法祖宗而爲治一皆本諸堯舜禹湯文武周公孔子之道以儒道君天下莫盛於今日諸君子作於聖化皆負儒業由鄉舉而捷春闈奉廷對衣被寵光良有日矣尚思躬行儒道以副聖天子崇儒之盛意毋俾唐虞三代之豪傑專美于前斯不負儒者之名矣若然匪直爲科目之光實斯文之光邦家之光也幸相與勉之

山西平陽府霍州儒學學正吴啓謹序

成化元年山東鄉試

監臨官

巡按山東監察御史朱暟（景文直隸高郵州人　庚午貢士）

提調官

山東等處承宣布政使司左布政使原傑（子英山西陽城縣人　乙丑進士）

山東等處承宣布政使司左參政葉冕（拱宸浙江上虞縣人　乙丑進士）

監試官

山東等處提刑按察司按察使季裕（咨德山西豐城縣人　甲戌進士）

山東等處提刑按察司副使莊歈（尚源直隸歙縣人　辛未進士）

考試官

山西平陽府霍州儒學學正吴啓（文舉直隸江陰縣人　丙子貢士）

直隸寧國府宣城縣儒學教諭柴璇（璘正浙江餘姚縣人　己卯貢士）

同考試官

順天府密雲縣儒學教諭徐與寧（文泰河南光山縣人　庚午貢士）

直隸安慶府太湖縣儒學訓導周邦熙（堯佐江西安福縣人　癸酉貢士）

湖廣黄州府黄岡縣儒學訓導羅絢（秉耀江西泰和縣人　癸酉貢士）

河南南陽府汝州魯山縣儒學訓導□□（寬仁直隸淮安府宿遷縣人　癸酉貢士）

湖廣襄陽府竹山縣儒學訓導夏寧（承政江西豐城縣人　庚午貢士）

印卷官

山東等處承宣布政使司經歷司經歷張珣（蘊琿浙江黄巖縣人　監生）

收掌試卷官

東昌府高唐州夏津縣知縣薛正（子貞陝西華亭縣人　丁卯貢士）

濟南府青城縣知縣張紀（叔理直隸常州府武進縣人　監生）

受卷官

山東等處提刑按察司經歷司經歷尹顯（孔昭順天府大興縣人　監生）

濟南府淄川縣知縣劉文（貫道四川重慶府巴縣人　甲子貢士）

彌封官

兖州府曹州同知張浩（文瀚直隸河間府滄州人　庚午貢士）

濟南府章丘縣知縣張慶（景祥河南開封府鈞州人　庚午貢士）

謄録官

山東都指揮使司經歷司經歷鞠恭（尚禮直隸和州人　己酉貢士）

濟南府武定州商河縣知縣寇源（文淙直隸保定府唐縣人　庚午貢士）

對讀官

山東布政司理問所理問楊暟（好善江西南昌縣人　監生）

濟南府鄒平縣知縣李儒（宗學陝西西安府涇陽縣人　監生）

巡綽官

濟南衛指揮使劉喜（廷閱順天府武清縣人）

濟南衛指揮僉事馬英（世雄直隸淮安府邳州人）

搜檢官

濟南衛左所正千户余福（壽之江西袁州府宜春縣人）

濟南衛中所正千户張忠（克正河南汝寧府遂平縣人）

濟南衛前所正千户劉鎧（志堅直隸揚州府江都縣人）

濟南衛後所正千户王恒（志經直隸鎮江府丹徒縣人）

供給官

濟南府同知王璟孟輝（山西太原府陽曲縣人　癸酉貢士）

濟南府經歷司經歷施玘（廷玉浙江湖州府武康縣人　監生）

東昌府廣盈倉大使邢景魁（□□□□□□□□縣人　□□）

第一場

四書

爲仁由己而由人乎哉顔淵曰請問其目子曰非禮勿視非禮勿聽非禮勿言非禮勿動　不誠無物是故君子誠之爲貴誠者非自成己而已也所以成物也　詩云雨我公田遂及我私惟助爲有公田由此觀之雖周亦助也設爲庠序學校以教之庠者養也校者教也序者射也夏曰校殷曰序周曰庠學則三代共之皆所以明人倫也

易

六三觀我生□□象曰觀我生進退未失道也六四□□之光利用賓于王象曰觀國之光尚賓也　利有攸往中正有慶　歸奇於扐以象閏五歲再閏故再扐而後掛乾之策二百一十有六坤之策百四十有四凡三百有六十當期之日理財正辭禁民爲非曰義

書

導沇水東流爲濟入于河溢爲滎東出于陶丘北又東至于菏又東北會于汶又北東入于海　亦越文王武王克知三有宅心灼見三有俊心以敬事上帝立民長伯立政任人準夫牧作三事虎賁綴衣趣馬小尹左右携僕百司庶府大都小伯藝人表臣百司太史尹伯庶常吉士　政貴有恒辭尚體要不惟好异商俗靡靡利口惟賢餘風未殄公其念哉其刑其罰其審克之

詩

孑孑干旄在浚之郊素絲紕之良馬四之彼姝者子何以畀之孑孑干旟在浚之都素絲組之良馬五之彼姝者子何以予之孑孑干旌在浚之城素絲祝之良馬六之彼姝者子何以告之天立厥配受命既固　蓺之荏菽荏菽旆旆禾役穟穟麻麥幪幪瓜瓞唪唪誕后稷之穡有相之道茀厥豐草種之黄茂率履不越遂視既發相土烈烈海外有截帝命不違至于湯齊湯降不遲

春秋

春王正月（隱公元年）滕子來朝（桓公二年）荆人來聘（莊公二十三年）公會晋侯齊侯宋公蔡侯鄭伯衛子莒子盟于踐土 公朝于王所（僖公二十八年）天王使宰周公來聘（僖公三十年）　王人子突求衛（莊公六年）公會王人齊侯宋公衛侯許男曹伯陳世子款盟于洮（僖公八年）會王人晋人宋人齊人陳人蔡人秦人盟于翟泉（僖公二十九年）　宋公齊侯遇于梁丘（莊公三十二年）齊侯宋公江人黄人盟于貫（僖公二年）齊侯宋公江人黄人會于陽穀（僖公三年）遂伐楚楚屈完來盟于師盟于召陵齊人執陳轅濤塗及江人黄人伐陳公孫兹帥師會齊人宋人衛人鄭人許人曹人侵陳（僖公四年）公及齊侯宋公陳侯衛侯鄭伯許男曹伯會王世子于首止諸侯盟于首止鄭伯逃歸不盟楚人滅弦（僖公五年）楚人圍許（僖公六年）　季孫行父臧孫許叔孫僑如公孫嬰齊帥師會晋郤克衛孫良夫曹公子首及齊侯戰于鞌（成公二年）季孫宿叔老會晋士匄齊人宋人衛人鄭公孫蠆曹人莒人邾人滕人薛人杞人小邾人會吴于向（襄公十四年）

禮記

制三公□□□□有加則賜也不過九命　射之以樂也何以聽何以射閏月則闔門左扉立于其中皮弁以日視朝遂以食日中而餕奏而食日少牢朔月大牢五飲上水漿酒醴酏　然則先王之爲樂也以法治也善則行象德矣

第二場

論

德主天下之善

詔誥表（内科一道）

擬漢章帝會諸儒白虎觀議五經同异詔　擬唐以陸贄爲中書侍郎同平章事誥　擬車駕幸太學謝表

判語（五條）

舉用有過官吏　任所置買田宅　禁止師巫邪術　承差轉雇寄人　詐欺官私取財

第三場

策（五道）

問　自古帝王欽慎刑法蓋以法者人之命刑者國之拳苟或失其科條固難以措手足矣恭惟我太祖高皇帝御極之初即命詳定律法太宗文皇帝繼體守成亦許冤抑自陳宣宗章皇帝又製五倫書頒行天下而於君道篇悉載古今慎刑之意以昭鑒戒聖德好生何其至歟然恤刑之條始之以何人之言終之以何人之説下車泣囚其與刑期于無刑之心同與异與納隍致慮其與好生之德協與否與刑罰不中則民無所措手足者其言何三見與死者不可復生其語何四出與今皇上明德慎罰屢詔恤刑固將與祖宗同一盛心矣諸士子佩服聖訓蓋亦有年他日倘爲掌刑之官必將有以處之者願著于篇

問　大學中庸聖賢傳授心法之書其言雖博而誠敬二者足以該之夫敬爲大學之要領何至傳三章始言緝熙敬止未知此章之前亦有敬可言歟誠爲中庸之樞紐何至十六章始言誠不可揜未知此章之前亦有誠可指歟敬之釋先儒有言主一無適者有言整齊嚴肅者有言常惺惺法者又有言收斂不容一物者四言之中奚爲至切誠之釋先儒有以不欺爲言者有以不息爲言者有以無妄爲言者又有以真實無妄爲言者四語之中奚爲至要夫誠敬既爲庸學之要學者欲從事於誠敬果當交致其功歟抑或有先後緩急歟誠敬之説亦未知始於何經歟願詳著之以觀居敬立誠之學

問　明經進士兩科自隋唐以來而始盛論者謂唐重明經而輕進士宋重進士而輕明經何以知其然歟唐有欲罷明經進士之科者其所以欲罷之意可得而言歟其試之之法有以詩賦論策而復加以經義之制者則自何時

而立有臨軒試以詩賦而復定以策試之制者則自何時而始且糊名易書之制既立而諸州之糊名易書則始於何時而易書則又從何人請歟如傳義匿服之有禁冒貢挾書之有條抑因何事而舉歟封印卷首嚴禁秉燭又因何人之言而行歟若受知先朝擢自下第偉有儀狀擢居首選者可知其人歟又若懷州發解素已銓次大名舉子自相推先者其人亦可考歟諸士子於科目必嘗究其實矣請悉以對

問　理學類編一書皆集先儒之格言而示學者以窮理之要也姑舉其概以質之夫編集是書固有次第而其目可歷陳歟講論太極固非一人而精微孰爲得歟天地有闔闢驗之於何物天一而生水徵之於何事陽唱陰和則雨亦有西風而雨者何地歟陰陽氣和乃雨亦有龍能致之者何義歟雷本氣也或擊人與物而成斧石者果神物所主歟電亦氣也或閃爍激疾如金蛇飛騰之狀者何形氣若是歟論陰陽則有以象類言有以動静言有以對待言又有以錯綜言者何不同歟論五行則有以質而語其生之序有以氣而語其行之序有統而言之者又有錯而言之者何相异歟願著于篇以觀窮理之學

問　國家承平之時亦不可忘武備也武備修則教閲有方講習有素萬一不虞用之以禦侮銷患無難事矣稽之成周四時講武所謂振旅茇舍治兵大閲是已其制可得而詳歟秦不師古兹法由廢炎漢之興内則有乘之之制外則有都誠之名李唐之世府兵有一時之講顯德有習射之較并州城北驪山之下又相□有講焉至于有宋四時有講武之□□郊行大閲之禮朱明之池講武之□□相繼有習焉可各指其實而陳之歟抑有優劣之可議歟其亦有合於成周之制否歟逮于我朝重熙累洽有安不忘危之虞治兵有律訓武有方蓋已遠過漢唐宋而與成周匹休矣孔子曰有文事者必有武備諸士子素有志於文武者也其爲我陳之

中式舉人七十五名

第一名　敖山　東昌府學生　易
第二名　王綸　歷城縣學生　書
第三名　朱鼎　濟南府學生　詩
第四名　李瑶　青州府學生　春秋
第五名　楊溥　德州學生　禮記
第六名　邦端　陵縣學生　書

第七名　陳鼎　曹州學生　詩
第八名　李介　高密縣學增廣生　禮記
第九名　白震　堂邑縣學生　易
第十名　趙潤　濟寧州學生　春秋
第十一名　張公玉　平度州學生　詩
第十二名　佟珍　遼東都司學軍生　書
第十三名　金鑾　陵縣學生　詩
第十四名　郭鐙　恩縣學生　書
第十五名　馬惇　臨邑縣學生　春秋
第十六名　李遜　陽信縣學生　易
第十七名　崔晋　單縣學生　詩
第十八名　譚綸　濱州學生　書
第十九名　李健　曹州學生　詩
第二十名　李佳　福山縣學生　禮記
第二十一名　楊光溥　沂水縣學增廣生　書
第二十二名　白鏓　東平州學生　詩
第二十三名　蘇旻　金鄉縣學生　易
第二十四名　毛琦　禹城縣學生　書
第二十五名　奚綬　沂州學生　詩
第二十六名　王章　寧陽縣學生　書
第二十七名　周弁　高密縣學生　詩
第二十八名　王通　利津縣學生　春秋
第二十九名　王彰　嶧縣學生　書
第三十名　王文舉　肥城縣學生　詩
第三十一名　李延壽　新城縣學生　易
第三十二名　袁壽　遼東都司學軍生　書
第三十三名　宫理　德平縣學生　詩
第三十四名　雷升　遼海衛學軍生　禮記
第三十五名　胡海　城武縣學生　詩
第三十六名　秦惠　樂陵縣學生　書
第三十七名　鄭璡　濟寧州人監生　詩
第三十八名　閻江　樂安縣學生　易

第三十九名　袁珍　陽穀縣學生　詩
第四十名　鄭昌　臨清縣學生　書
第四十一名　索慶　聊城縣人監生　春秋
第四十二名　崔臻　膠州學生　詩
第四十三名　解敏　德州學生　詩
第四十四名　陳壽　寧遠衛學軍生　詩
第四十五名　劉瓚　益都縣學生　書
第四十六名　馮徵　高苑縣學生　易
第四十七名　馮正　長清縣學生　禮記
第四十八名　郝禎　諸城縣學增廣生　詩
第四十九名　王與　新泰縣學生　書
第五十名　周宣　濱州學生　春秋
第五十一名　丁璉　東昌府學增廣生　易
第五十二名　范政　廣寧後屯衛學軍生　詩
第五十三名　王凱　歷城縣學生　詩
第五十四名　王舉　鄒縣學生　書
第五十五名　張洪　堂邑縣學生　易
第五十六名　高弼　武城縣學生　書
第五十七名　袁昂　沂州學生　詩
第五十八名　張吉　商河縣學生　書
第五十九名　馬震　青州府學生　易
第六十名　熊佑　博興縣學生　詩
第六十一名　崔珦　東阿縣學增廣生　詩
第六十二名　李憲　青城縣學生　禮記
第六十三名　王琮　莘縣學生　易
第六十四名　畢用　遼東都司學武生　書
第六十五名　侯鏜　鄆城縣學生　詩
第六十六名　姜昺　平陰縣學生　書
第六十七名　程式　寧陽縣學生　詩
第六十八名　張麟　濮州學生　書
第六十九名　曹泰　齊河縣學生　詩
第七十名　榮淮　曹縣學增廣生　春秋

第七十一名　□顯　東阿縣學生　詩
第七十二名　楊若　武定州學生　書
第七十三名　咎誠　高密縣學生　易
第七十四名　李翰章　兖州府學生　書
第七十五名　孫簡　登州府學生　書

第一場

四書

為仁由己而由人乎哉顔淵曰請問其目子曰非禮勿視非禮勿聽非禮勿言非禮勿動

王綸

同考試官訓導羅批（題本平易場中作者冗繁惟此作簡當可采）

考試官教諭柴批（理有定見辭不蹈襲宜置優選）

考試官學正吴批（此篇詞理通暢足見講貫之學）

聖人告大賢爲仁當决其機於已答大賢問目當制其欲於己蓋爲□由己用力之機要也非禮勿視聽言動用力之條目也欲收克復之功豈外是哉昔聖人因顔子問仁而告之及此若曰爲仁之道固在於克己復禮而欲克己復禮果何所用力耶是故仁者本心之全德非由外鑠我也今焉克己以爲仁則克己之功我所當任他人庸得而預之仁者吾心之天理非有待於外也今焉復禮以爲仁則復禮之力己所當盡若人奚得而干之此其機之在我而無難也顔子一聞其言則於天理人欲之際已判然矣故不復有所疑問而直請其條目焉聖人復告之曰目司視而耳司聽也視聽非禮則有以害吾仁矣故非禮之聲色必禁止之而弗視弗聽焉此防其自外入而動於内者爲何如口主言而身主動也言動非禮則有以壞吾仁矣故非禮之念慮必消弭之而不言不動焉此謹其自内出而接於外者又何如内外交進克復之功盡矣仁之爲道孰有加於此哉抑此章問答乃聖門傳授心法切要之言也非顔子至明則準有克己復禮天下歸仁之告必不能察其幾非顔子至健則雖有爲仁由己與夫四勿之説必不能致其决此夫子所以獨告顔子有以夫

不誠無物是故君子誠之爲貴誠者非自成己而已也所以成物也

李瑶

同考試官教諭徐批（中庸一題本於性理場中作者多泛而不切惟此

篇詞理俱到可取）

考試官教諭柴批（理明文暢優於衆作）

考試官學正吴批（此篇得子思語誠之旨而詞又不冗絶异他作）

誠不可無人當實其心誠爲己有自然及於物蓋人心不實則無其物不可不實之也能實其心而自成焉豈不有以及於物哉且夫誠者真實無妄之謂誠在於人則爲實心人心一有不實則雖有所爲亦如無有如事親不誠於孝則孝之一物無有也事兄不誠於弟則弟之一物無有也是以君子知不誠則無是物必以誠之爲貴如事親者當實其孝於己焉知不實則無是事如事兄者當實其弟於己焉蓋人之心能無不實乃爲有以自成而道之在我者亦無不行矣然誠雖所以成己豈徒自成而已哉成不獨成而自有以成乎物也抑豈但成己而已哉立不獨立而自有以立乎彼也如孝能自成孝不爲己有而彼亦得以成其孝焉如弟能自成弟不爲己私而彼亦得以成其弟焉蓋誠能成己則自然及物而道亦行於彼矣誠之爲道豈不盡乎抑中庸是章言人道而以誠論之誠一也在天爲實理在人爲實心如上文所謂誠者自成誠者物之終始此以實理言也所謂而道自道與此節言誠此以實心言也然在天本無不實之理而在人或有不實之心學者果能加誠之之功則心無不實而在天者在我矣尚其勉之

詩云雨我公田遂及我私惟助爲有公田由此觀之雖周亦助也設爲庠序學校以教之庠者養也校者教也序者射也夏曰校殷曰序周曰庠學則三代共之皆所以明人倫也

朱鼎

同考試官訓導夏批（此篇□□□□□）

同考試官訓導吴批（體認親知講貫明白殊异衆作）

考試官教諭柴批（據理命詞發明孟子以教養告滕君之意殆無餘藴）

考試官學正吴批（認理明而文足以發之作手也）

大賢之告嚴君也既釋詩以見前代養民之制復詳言以見前代教民之制蓋助法所以養民而庠序學校所以教民也大賢之於滕君得不無舉以爲告哉昔孟子勸文公之行助法故引大田之詩謂夫雨我公田遂及我私蓋公田爲君子之養在所當先故農人願天之雨必先于是焉私田爲小人之養在所當後故農人欲雨之降遂及于我焉是惟助法之行而有此公田之制然今之助法不行久矣由是詩而觀之則不惟見商之用助而周亦用乎助焉以此

詩而驗之則不惟見殷之行此而周亦行乎此焉前代養民之制如此君其可不行乎然養民固有以遂其生非教民則無以復其性故又告以設爲庠序以教之立爲學校以訓之蓋庠以養老爲義校以教民爲義序以習射爲義鄉學之義固不同也在夏而曰校在殷而曰序在周而曰庠鄉學之名亦有异也以至國學之名則三代有以共之焉然夏商與周學有大小而明倫之道無大小之殊庠序學校制有彼此而教典之意無彼此之間前代教民之制如此君其可不盡乎吁助法行而民有所養學校立而民有所教孟子欲滕君之行仁政豈外是哉抑戰國之時王道不明井田學校不行久矣孟子既告滕君以此而他日又以經界示畢戰雖當制度已廢之餘能因略以致詳推舊而爲新不屑屑於既往之迹而能合乎先王之意者真可謂命世亞聖之才矣

易

利有攸往中正有慶

白震

同考試官訓導周批（發揮卦體卦辭之旨親切簡當視彼騁虚辭戾經旨者逐庭矣宜在選列）

考試官教諭柴批（詞順旨明蓋優於易學者也）

考試官學正吴批（發明卦辭深合本義）

聖人釋卦辭宜往之占必即卦體宜往之善蓋處益之時往無不利所以然者得非由二五之中正有慶乎宜聖人彖傳發揮以示人也且夫益之爲卦合震巽而成體文王繫辭以利有攸往而著其占吾夫子彖傳從而釋之謂夫當損上益下之時民心已説而無疆吾道既大而且光不有攸往則已往則順理而行自與吉會无一而不利焉不有攸行則己行則惠迪之吉勿問可知无一而不宜焉所以然者蓋以卦體二五之中正有慶故爾九五居上體之中而當陽位之正六二居下體之中而當陰位之正五之應二也以此中正之道二之應五也亦此中正之德二五皆得中正是以明良相逢而君臣得以際亨嘉之慶德澤流行而天下有以受康寧之福卦辭利有攸往寧不本於此哉嘗觀易之諸卦言利往不言利涉益彖何以兼而有之蓋益以益下爲本本固則無所不利此所以行則利往濟則利涉也大傳曰益以興利詎不信夫

歸奇於扐以象閏五歲再閏故再扐而後挂乾之策二百一十有六坤之策百四十有四凡三百有六十當期之日

敖山

同考試官訓導周批（融會傳注成文殊勝他作騏驥出而馬群空顧不偉歟）

考試官教諭柴批（蓍法一題衆所窘者惟此作得之）

考試官學正吴批（能説出理數之旨允爲佳作）

聖人即歸餘蓍數以象月之閏合乾坤蓍數以象歲之周蓋蓍策之數與天地之數无往而不合也然皆出於理勢之自然豈人之智力能損益哉且夫揲蓍之法既虛而分既挂而揲各有象矣至歸奇於扐復何所象哉蓋四數兩手之策必有奇餘之數或一二焉或三四焉左手者歸于第四第三指之間以象夫三歲之一閏右手者歸于第三第二指之中以象夫五歲之再閏五歲之中凡有再閏然後别起積分故五者之中凡有再扐然後别起一挂聖人即歸餘蓍數以象月之閏者如此若夫揲蓍三變之末餘三奇則九其過揲之策亦四九三十有六以此計乾之六爻則得二百一十有六焉餘三□□□其過揲之策亦四六□□□□□□坤之六爻則得一百四十有四焉然總計□□之策有三百六十之數而周歲之間由春而夏自秋而冬日亦三百六十而是策足以當之又非聖人合乾坤蓍數以象歲之周乎雖然蓍數與造化相準不但是也就此章論之由虛一而歸奇乃天地四時生萬物者也用奇數策數以定陰陽老少又萬物各正性命於天地者也吁蓍策造化妙契无間非翼易聖人發明於大傳其孰能知之

書

導沇水東流爲濟入于河溢爲滎東出于陶丘北又東至菏又東北會于汶又北東入于海

邢端

同考試官訓導羅批（場中作者多爲此題所窘惟是篇深合題意善嘗用心於禹貢者歟）

考試官教諭柴批（鋪叙有條筆勢不窘可取）

考試官學正吴批（場中作此題詞多艱澀是篇平順可觀當是作者）

聖人蓋濟水□□□源之發而順其流之歸也蓋濟水發源於沇而歸宿于海也非聖人浚其源何以得順流而歸于海哉自今言之治水莫先於隨山亦莫先於浚川而禹也施浚川之功尤必先於發源之地焉是故王屋之山泉源所出沇水也浚而滌之則有以去其壅塞矣然發源爲沇既東爲濟而入于河濟水勁疾潛行絶河南溢而爲滎蓋河瀆名也而滎即滎波之滎乎自滎而出于陶丘北濟水至是常見不伏又東而至于菏蓋陶丘地名也而菏即菏澤

之菏乎濟水至菏豈但止於是哉又東北而會于汶夫濟汶二水昔也固嘗同流而异派今則勢均相敵會合而爲一矣濟水會汶豈終于此哉又東北而入于海夫海所以納百川向也濟固顯伏而不常今則以小入大朝宗而有歸矣是則濟水若斷若續而同一其源流必至于海而後已或見或伏而同一其脉絡必有所止而後已聖人導水之條例史臣得不詳記之哉抑考禹貢導水九條或先言山而後水或先言水而後山沇水獨不言山何耶蓋先言山而後水者以水之源出於山也先言水而後山者以水之源非出於山特自其山導之耳沇水不言山者沇水伏流其出非一故不志其源也此禹貢立言之法也不可不知

政貴有恒辭尚體要不惟好异商俗靡靡利口惟賢餘風未殄公其念哉

王綸

同考試官訓導羅批（文詞簡切優於他卷可取）

考試官教諭柴批（理明詞順宜用録出）

考試官學正吴批（題不難□作者多以繁蕪失旨理明詞順僅見此篇）

賢君於大臣也既欲重治體而守常復欲因習俗而致慮蓋治體之大在守常而俗之不美所當慮也聖君於大臣何其戒之切而望之深歟昔康王命畢公若曰公兹保厘東郊必有政以乂其民也政必貴於有恒焉政惟有恒則純清而不擾矣公往撫殷遺民必有辭以播告于下也辭必尚乎體要焉辭惟體要則典重而不浮矣然政不可以好异也使其异而是好則悦須臾而厭持久政安能有恒乎辭不可以喜异也使其异而是喜則言有餘而理不足辭安能體要乎矧商之頑民其俗委靡而盜言孔甘惟以爲賢昔固簡修進良矣其餘風猶未息也公可不爲之慮哉洛之遷民其習流蕩而巧言如簧自以爲能今雖世變風移而遺習猶未泯也公可不爲之念哉使誠能以此爲念則政無不成而民無不化此康王所以望畢公之意歟大抵政令之臧否民俗之美惡皆大臣一身之繫焉且畢公四世元老德業之隆聞望之尊何政辭之不善民俗之不可化也康王之政告戒如此厥後道洽政治澤潤生民以收成終之效謂非得於告戒之力耶

詩

蓺之荏菽荏菽旆旆禾役穟穟麻麥幪幪瓜瓞唪唪誕后稷之穡有相之道茀厥豐草種之黄茂

陳鼎

同考試官訓導夏批（析理詳明措詞簡當宜居高選）

考試官教諭柴批（平順可取）

考試官學正吴批（生民一題寓出后稷□以隽之由佳作也）

聖人之種殖地利者既致生意之盛聖人之相助地利者必盡農事之宜夫種殖而致地利之盛者固由於天性之自然也相助以盡農事之宜者豈非其贊化育之道乎思昔周公制禮尊后稷以配天故推本而言之若曰后稷當夫岐嶷之時而已好夫種殖之事其始而種之以荏菽則荏菽之生旆旆然而枝旟揚起矣繼而樹之以禾稼則禾稼之盛穟穟然而行列美好矣曰麻曰麥雖彼此之异類莫不幪幪而茂密曰瓜曰瓞雖小大之异名莫不唪唪而多實夫后稷之種殖如此者非由於習而後能也蓋出於天性之自然耳夫幼時而好種殖固由其所禀之异及爲成人而教稼穡又能盡夫人事之宜是以人見其穡之盛者莫不以爲生物自然之性而不知其能盡人力之助也人見其穡之美者莫不以爲天地生成之功而不知其能盡相助之道也然所以相之者蓋以豐草之蕪穢所以妨穀者也則必弗治之而後得以布其嘉穀焉豐草之蒙密所以害苗者也則必芟刈之而後可以種之□□焉夫后稷之穡如此者非忽易而爲之也蓋盡乎人力之助耳抑考思文之詩有曰粒我烝民莫匪爾極貽我來牟帝命率育凡吾民得以遂其粒食之願者何莫而非后稷之所賜哉故帝堯以其有功於民而封於邰也周公制禮尊后稷以配天而追言及此不亦宜乎

率履不越遂視既發相土烈烈海外有截帝命不違至於湯齊湯降不遲

朱鼎

同考試官訓導吴批（場中作者泛泛不切惟此篇詞簡理明宜取以爲本房之冠）

考試官教諭柴批（旨明詞順宜在高選）

考試官學正吴批（詞簡而意足一薦何忝）

君德感人而後王之興廣其業上天眷德而聖人之生應其時夫德者得天感人之本也今前王之德既足以感人得天而廣其業矣則聖人之應期而生者又豈偶然者哉且夫玄王之生也既异於人而其德也必由乎禮是故□□而皆理也有典有則不違乎矩範焉行而皆法也可儀可式不越乎禮度焉是以遂視其民而民之得於觀感者莫不起而應之以上臨下而人之獲夫瞻仰者靡不順而從之矣玄王往矣相土繼之其王業至此時也益烈烈然而

光大其國勢於斯時也愈赫赫然而明顯於是諸侯雖衆無不帖然而來歸海外雖遠罔不截然而整齊矣夫人心之所在即天命之所歸是故時雖有先後而皇矣上帝所以眷顧於有商者不以先後而或殊世雖有遠近而彼蒼者天所以默契於商家者不以久遠而或間是以天命方集於商也適湯之生天命至此而大集王業方歸於商也適湯之出王業於此而有成故湯之生也不先時而早焉不後時而遲焉天人符合之妙不期其同而自同彼此感遇之機不期其會而自會故曰湯降不遲良有以夫抑考是詩序以爲大禘之詩或又以爲祫祭之詩首章言浚哲維商長發其祥所以見湯之有賢君也次章言玄王桓撥又所以見湯之有武德也至此又言相土之興有以大其王業下章又言成湯之生有以合乎天命下章又或言湯之載旆秉□□□言伊尹之阿衡左右一詩之中反覆咏嘆之不足登歌之際洋洋盈耳爲商之後王者寧不有感于中乎

春秋

春王正月（隱公元年）滕子來朝（桓公二年）荆人來聘（莊公二十三年）公會晋侯齊侯宋公蔡侯鄭伯衛子莒子盟於踐土 公朝於王所（僖公二十八年）天王使宰周公來聘（僖公三十年）

李瑶

同考試官教諭徐批（此篇能以黜陟朝聘立説卓有定見置之高選允合輿情）

考試官教諭柴批（義理純正詞氣森嚴不啻瓊杯玉斝爛然可珍）

考試官學正吴批（議論英發文氣老成場中似此其可多得也耶）

王道明而黜陟之典行於内外王室尊而朝聘之禮通乎上下此聖人作經之用晋文尊周之效皆春秋之美事也思昔周綱□夷侯度紊壞王道不明久矣尚望其行黜陟之典哉故夫子作經首書春王正月者明王道也以王次春示人君當法天時而賞罰非天不行也以正次王戒諸侯當遵王朔而政教非王不舉也大一統之義著君天下之體存王道於是明矣惟其明王道故滕以侯爵之邦首内朝桓而稱子黜之也黜之何如桓以不義得國滕之朝聖黨□□則必奉天討以行罰焉荆本蠻夷之國繼因聘魯而書人陟之也陟之何如魯乃文獻之邦荆之聘爲慕羲矣則必奉天命以行賞焉黜陟之典行於内外如此豈不由王道明乎若夫齊桓既往中國無伯王室不尊甚矣况望其行朝聘之禮哉故晋文主盟而有踐土之役者尊王室也獻俘衡雍非誇也所以致敵愾之功要言王庭非慢也所以伸同獎之約尊卑之分明上下之禮定王

室於是尊矣惟其尊王室故魯僖以秉禮之君率列辟爲王所之朝是朝之感於義也不然踐土以前玉帛之覲何一不見于周歟宰閲以三公之貴御王命爲聘魯之舉是聘之激於伯也否則王所之先周之□□□一不遣于僖歟朝聘之禮通乎上下如此豈不由王室尊乎雖然以事功論之則文或可與夫子比舉道德論之文豈終夫子匹哉觀其明王道而卒有以感天道故西狩之麟自至尊王室而終有以慢王室故翟泉之分遂犯此王伯所以异者在此與

宋公齊侯遇于梁丘（莊公三十二年）齊侯宋公江人黄人盟于貫（僖公二年）齊侯宋公江人黄人會于陽穀（僖公三年）遂伐楚楚屈完來盟于師盟于召陵齊人執陳轅濤塗及江人黄人伐陳公孫兹帥師會齊人宋人衛人鄭人許人曹人侵陳（僖公四年）公及齊侯宋公陳侯衛侯鄭伯許男曹伯會王世子于首止諸侯盟于首止鄭伯逃歸不盟楚人滅弦（僖公五年）楚人圍許（僖公六年）

馬惇

同考試官教諭徐批（場中作是題者率皆分截不明獨此深得其旨宜冠本房）

考試官教諭柴批（伯主謙驕人心向背之機也此作善於形容允爲佳士）

考試官學正吴批（斷制明而筆力健蓋麟經中之特出者）

伯德謙而人心從遂致外夷之服伯志驕而人心違後啓外夷之横此齊桓謙以得諸侯而制楚驕以失諸侯而縱楚也春秋備書以示勸戒何其至歟且齊桓之圖楚也非一日矣使桓驕矣以處己則人心不服其事有能集乎故梁丘之遇資宋以謀鄭序爵以尊宋不敢以勢而驕人惟欲先彼而後己桓德一謙人心大順始焉盟貫澤而宋公黄自來繼焉會陽穀而宋公江黄復至内舉上公之宋則諸侯無有不服外言遠國江黄則小大無有不孚人心從矣伯討舉焉由是征貢之師方抵于江漢而請盟之使遂致乎屈完退舍召陵而盟禮定强楚貼服而中國安書曰謙受益桓於此得之夫謙德之效至是盛矣使公善於持久則人心自固其事有不終乎何乃怒陳誤軍既執濤塗而復伐以江黄之師未及旋踵而又侵以大夫之衆楚略無□□遺鏃之費陳反被拘執侵陵之患桓志一驕人心□□□止之會尊世子也而蔡卒不與同地之盟□□□而鄭復見逃蔡不與則諸侯無宗伯之心鄭見逃則列國有去齊之志人心違矣楚復横焉故□□之舉敢爲中國之抗圍許之役以兆北圖之機諸侯自救之不暇而桓伯爲之浸衰矣書曰滿招損桓於此失之大抵人道惡盈

而好謙理之常也桓一謙盈而人心所應如此信不誣矣亦豈不由管仲諫否於其間哉始也桓之謙仲必能諫故君臣俱有謙亨之道終也桓之驕仲不能諫故君臣俱墮驕盈之域立心既殊得效亦异此夫子所以大齊桓之功而小管仲之器者有以夫

禮記

制三公一命卷若有加則賜也不過九命

楊溥

考試官教諭柴批（禮經義貴典而有則此作得之）

考試官學正吴批（場中作此題者多體認不真此篇能以詞達理戴絲巾優者）

論大臣命服之□□□出於恩錫分限不可有逾蓋三公有命服之□□□而特恩有加亦止於九命夫豈可又有所逾□記王制者謂夫先王建官而有三公太師太傅□□是也論道經邦任亦大矣燮理陰陽職亦重焉命以授爵而其制膺八命之榮服以顯庸而其制用鷩冕之章若其有一命之加則至於九命之等處上公之位而服有降龍之衮冕同王者之後而被無升龍之衮服若爲三公而有衮冕之加者是出於特恩之賜豈八命當然之例乎如爲三公而有衮服之增者乃由於异寵之錫豈鷩冕當用之制乎然人臣命數止於其九自五命至於七命固有可進矣至於九命之分則截然不可有逾焉自七命至於八命尚有可加矣至於九命之等則斷然不可有過焉此先生命服之制所以優待大臣而致謹於名分之際者何其至歟抑觀古者設官之制其爵以五其命以三自上公九命以及子男之五命自上公衮冕以及子男之毳冕所衣之服必從其命其命不差則其服不僭此先王所以正名分而章服采也讀者宜通考之

閏月則闔門左扉立于其中皮弁以日視朝遂以食日中而餕奏而食日少牢朔月大牢五飲上水漿酒醴酏

李介

考試官教諭柴批（是篇以居養爲主而行文條達非他卷所及）

考試官學正吴批（此篇能融會傳注組織成文且詞氣春容可以想見其人矣）

人君聽朔而因時所居异其常人君視朝而因時所養异其宜蓋人君之居養惟視時之何如耳閏月以聽朔則所居异其常矣視朝而就養又豈不因

時而异其宜哉記玉藻者知其然謂夫天度運行餘分四積三歲一閏五歲再閏而閏月有焉人君聽月朔之事就明堂之室闔門左扉而由其右立于其中而無所偏闔扉必於其左者以左爲陽以陽爲正則所居之异常矣立必於其中者或於太廟或於旁室則以居爲之位矣然所居之禮如此而所養之禮何□是故人君服皮弁之服視常□之朝不敢慢於所養也遂用禮朝之服而□□□□厚於所養也日中之食不別更造乃朝食之□□□□心志而助其氣體又必作夫音樂以侑之焉□□□舉唯具羊豕之少牢非儉也宜也月朔爲重備牛羊豕之太牢非奢也稱也□飲之品以水爲上非以本始爲貴乎漿酒醴酏以次而列非以清濁爲序乎人君聽朔視朝順天時而居養如此可謂盡其禮矣大抵人君一身居九重之尊爲萬民之表苟非以禮自防則無以正心以正朝廷而正天下矣故居養無時不在乎禮而下文又曰動則左史書之言則右史書之其謹於禮至矣哉

第二場

論

德主天下之善

敖山

同考試官訓導周批（作此論者多不能體認主善之旨晚得是篇立論正大遣詞縝密誠場屋中之巨擘也置諸高選公論攸歸）

考試官教諭柴批（燭理既精□文亦□□場之冠）

考試官學正吴批（析理詳明遣詞敷暢其論中之優者乎）

舉天下之善□□□□德莫大焉而謂德主天下之善何也蓋德爲□□□稱善乃德之實行德主於善則德之見於□者無不實善無不主則德之萃於己者無不成德而不主於善焉則無以得一本萬殊之理而德非其德矣此德所以必主於天下之善也與夫所謂德者原於天而具於人也仁義禮智其德之大端與然仁不徒仁必散於事而爲仁之善則自親親而仁民而愛物皆是也義不徒義必散於事而爲義之善則自從兄而敬長而尊賢皆是也以至賓主之敬夫婦之別而凡齊莊中正者何莫非禮之善乎是非之明賢否之辯而凡文理密察者何莫非智之善乎然四德不主於善則無以得一本萬殊之理仁焉或流於姑息義焉或至於無耻與夫禮與夫智亦未必不爲苟簡之行術數之陋也是豈所謂德哉所貴乎德者亦惟以善是主焉仁主仁之善

則凡親親仁民愛物之類皆吾所當擇而自無姑息之弊仁之德不全於我乎義主義之善則凡從兄敬長尊賢之事皆吾所當取而自無無耻之患義之德不備於我乎禮之德何所□□□齊莊中正而苟簡之行不形於身體也智之□□□所主主乎文理密察而術□之陋不萌於心思也博而取之不使一善之或□□以擇之罔俾一行之或乖善隨所主而愈多德由所主而益大將見原於天而具於人者有以復於我矣主善之功其可少耶至哉張子之言發于正蒙實所以明伊尹告太甲之旨彼謂德無常師主善爲師即此德主天下之善與彼謂善惡無常主協于克一即下文所謂善原天下之一與德不主善無以得一本萬殊之理善不原一無以達萬殊一本之妙博而求之於不一之善約而會之于至一之理此聖學始終條理之序與夫子所謂一貫者幾矣吁伊尹張子互相□明然亦可見心契之妙千載之下同一歸矣

表

擬趙潤車駕幸太學謝表

同考試官教諭徐批（得駢儷之體）

考試官教諭柴批（表典雅）

考試官學正吴批（表可觀）

伏以六龍啓運人心仰聖作之時萬乘垂光吾道協文明之應歡騰中外喜溢臣工兹善伏遇聖由天縱德與日新曩在青宫孝友遠聞于四海暨登寶位仁恩覃及於兆民繼體守成崇儒重道首幸太學敦彜教之本原躬謁聖師尊帝王之楷範駕陳鹵薄光添壁水之門墻香覆衮衣輝耀大成之殿廡瞻天顔于尺地荷寵賚于一時盛代奇逢斯□□□某等才猶樗櫟會際風雲既叨列職□□無補所復睹太平優典莫罄揄揚伏願宗社奠安文運與世運而俱泰皇圖鞏固聖壽同國壽以無疆臣某等無任瞻天仰聖激切屏營之至謹奉表稱謝以聞

第三場

策

第一問

王綸

同考試官訓導羅批（考據詳明條答通暢宜置魁選）

考試官教諭柴批（恤刑一篇喜於□答蓋嘗用心於策學者）

考試官學正吴批（寓意歷代恤刑之意求以皋陶釋之定國爲法足見學識策場領□□□）

考帝王愛民□□必觀帝王恤刑之言觀帝王恤刑之言必原帝王恤刑之心得其心則知帝王之用刑誠有出於不得已者何古今之間哉執事策承學以恤刑之説亦可謂仁於用心矣敢不摭所聞以對竊惟自古帝王欽恤刑罰蓋以法者人之命刑者國之拳苟或失其科條則民固難措手足矣欽惟太祖高皇帝御極之初即命相臣詳定律令以爲長久之法欽恤之見于書者至矣太宗文皇帝因法司奏大辟復聽冤抑自陳欽恤之形于言者深矣宣宗章皇帝御製五倫書頒行天下中載古今恤刑之意以昭鑒戒欽恤之典至是備矣列聖好生之德何前後一轍與夫恤刑之條首載虞舜欽恤之戒所以示萬世用刑當以舜爲法終載仁宗昭皇帝帝王愛人爲德之訓所以示後代用刑當以祖爲法出見罪人□□泣之大禹之心也較之帝舜刑期無刑之心一焉一物平所納隍與慮唐高祖之心也比之帝舜好生之德□焉刑罰不中民無所措手足者孔子嘗言之矣厥後一見于光武建武二年之詔再見于□□□建初五年之詔三見于宋仁宗慶曆三年之詔焉□三君者德雖不同而同一欽恤之心□者不右復生淳于意少女嘗陳之矣厥後景帝詔□於元年而宋太祖興國之詔亦以此不惟漢宋二代而我太祖敕諭刑部亦以此古今帝王時雖有异而同一欽恤之念方今皇上嗣登寶位勵精圖治萬幾之中尤重恤刑屢詔有司務行寬恤天下生民何其幸與愚也仰承寶訓朝夕欽誦嘗拜手稽首而言曰大哉王言一哉王□使有國體□足以仁一國有天下體此足以仁天下掌刑者□此亦無不可仁其民矣愚他日倘得進用敢□□遵或憲刑期無刑皋陶可學也天下無冤民張釋之于定國亦可學也竊有志焉幸進教之謹對

第二問

敖山

同考試官訓導周批（發明誠敬之旨殊勝諸作非熟於□理之學者不能權居魁選誰曰不宜）

考試官教諭柴批（繹理條對不爲問且所君可嘉□□）

考試官學正吴批（誠敬□□善於條答其性學之優者乎）

蓋言心無昏昧敬而明也尹和靖謂其心收斂不容一物者蓋言心無動撓敬而專也凡此無非明敬之義求其至切而該乎衆説則莫如主一無適之一言矣先儒之釋誠也李邦直則以不欺言即誠之者人道之意徐仲車則以

不息言近至誠無息之意至於程子又以無妄言者得非以天所賦物所受之正理自然而無僞者乎朱子又以真實加之比之程子之言豈不尤爲親切者乎□□無非明誠之義求其至要而兼乎衆論則□真實無妄之一言矣先儒屢釋誠敬如此豈有他哉無非欲學者收斂畏懼以致夫主敬之功真實不欺以盡夫立誠之方既不可以敬爲急而誠爲緩亦不可以誠爲先而敬爲後要當交致其力焉雖然誠敬固見於二書而切於學者然泝其源流則堯典言敬授人時敬之始也商書言享于克誠誠之始也愚生於聖賢誠敬之門未知所從入敢不佩服□陽朱夫子誠敬之箴以自警哉條答如是未知是否惟執事進而教之

第三問

朱鼎

同考試官訓導夏批（此篇隨問隨答蓋嘗用於策學者也）

同考試官訓導吴批（詳於考據善於敷答置之□□□□輿情）

考試官教諭柴批（歷陳科目□實而貴在得有識之士也）

考試官學正吴批（善答所問策學□□者也）

前代之□□有异制前代之取士無定法夫設科取士無非□□□真才而已又豈拘於一定之以哉執事□□□□爲問甚盛心也愚不敏敢不悉心以對且明經進士肇自于古至隋唐而始盛自宋熙寧以後王荆公以經義試進士於是明經始廢而進士獨行此其大略耳進士之科唐宋兼用然在唐爲輕在宋爲重三十老明經五十少進士此唐人語也以此知進士爲劣而明經爲優矣焚香禮進士撤幕府待經生此宋人語也以此知經生爲輕而進士爲貴矣然□疾進士浮藻而屢請罷之者則有唐之鄭□□有論進士不根藝實而建議以罷之者則有唐之李德裕且以進士科條論之唐試以詩賦策論至宋熙寧中加以經義之制唐臨軒試以詩賦至宋熙寧時始定策試之策糊名之法舊未有也自淳化一行而諸州糊名遂始于明道易書之條昔未行也自祥符一舉而諸州易書即昉于景祐傳義匿服之有禁始自雍熙天禧之時也冒貢挾書之有條昉於慶曆祥符之間也封印卷首□□□仲舒之言而行嚴禁秉燭則由□綸之□□□雖然科目之嚴固在於得人而得人之賢不必乎泥法觀張齊賢受知太祖未及用也太宗則擢自下第而遺言是遵蔡齊偉有儀狀方與選也真宗則拔居首選而德容是重何嘗拘於法乎懷州發解素己銓次則歐公之於王尚恭可謂公矣大名舉子自相推先則寇準張詠之於張覃可謂厚矣何嘗泥於制乎大抵法有一定而在人者通其法人有□□而拘

法者失其人此亦在人處之何如耳惟得賢足矣愚生狂斐敢以是陳于執事而請質焉

第四問

敖山

同考試官訓導周批（五策鑿鑿皆實而誠敬理學一篇尤勝衆作是宜録以□□噫□□孤鳳宜居首選）

考試官教諭柴批（答理學策者率多臆説殊爲可厭惟此篇歷歷陳之皆有所據宜取之以冠名士）

考試官學士吴批（聖學問□□□諸士心體之明場中答者其□詞□俱到節節可觀□讀之令人躍然）

理寓于□□□難窮之妙理載于簡編者有可究之由蓋造化皆理之所寓也然造化之理既微妙而難窮自非著之于書又烏得而可究哉張氏子韶述理學類編意蓋如此今承明問所及請述之以對可乎且理學一書輯爲五類類各有目目各有説天地者陰陽之體故居是編之首鬼神者陰陽之用故居天地之次人物則陰陽之氣聚而成形者所以次鬼神□□□陰陽之理賦而爲性者所以次人物至於异端則非理之正闢之然後可與論理故以之終編焉次第之自得無義乎太極即陰陽之理雖不離乎陰陽而亦不雜乎陰陽自易有太極發于孔子而説者不一有以爲道在太極之先莊子之説是也有以爲天地未分之前元氣混而爲一孔氏之論是也至周子始言理而作圖説朱子專釋理而□圖解此兩説爲最精焉議論得失寧不殊乎方天地未闢陰陽之氣混合幽暗及其已闢□□明朗兩儀始立開闔變化無有終窮□□□□□而夜則循環之理可知矣物之初□□形皆水水生於陽而成於陰氣始動而陽生氣聚而静則成水觀人之哀心動而涙愧心動而汗則天一生水可驗矣東北屬陽西南屬陰陽唱陰和故雨陰唱則陽不和故不雨然則長安西風而雨者豈亦山勢使然乎陽唱陰和流而爲雨固和之所致陽爲陰累相持爲雨亦氣之所爲然則龍亦能致雨者豈非□□相感乎雷者陰陽相擊本氣也至有破山壞廟折樹傷人者蓋謂氣鬱而怒方爾奮擊偶或值之則遭震矣是豈神物所主哉雷者陰陽□□亦氣也或有閃爍激疾如金蛇飛騰之狀者蓋謂興之發也惟光耳適映雲際則如是不當乎雲之際而在同雲之中則無是□□豈形怪可疑哉以陰陽言陽善而陰惡非象類乎陽客而陰主非動静乎如夫婦男女東西南北則陰陽之對待也春夏秋冬弦望晦朔則陰陽之錯綜也以五行□□□而語其生之序則曰水火木金土而水□□□也

火金陰也以氣而語其行之所則曰□火土金水而木火陽也水金陰也統而言之則氣陽而質陰錯而言之則動陽而静陰造化之理豈不備見于是哉雖然儒者之學貴乎窮理故程子有曰物必有理皆所當窮朱子亦曰格物致知之學與世之博物洽聞者异愚也明不足以窮理識不足以格物其於先儒之訓竊有志焉謹對

第五問

趙潤

同考試官教諭徐批（此策條答詳明文亦豐贍）

考試官教諭柴批（事實不遺斷制有識善合策者）

考試官學正吴批（歷代講武之制悉能條合必嘗用心於武事者但從事不俎豆而已哉）

國家之重務莫先於武備歷代之講武莫善於成周甚矣武備國之大事也武備不修無以應□虞之用修武備者豈可舍成周之善而事乎漢唐宋哉□□□舉此爲問誠切要也愚敢不悉心以對乎□□天下無事之日不可□□□□□□武備□則教閲有方以資繼急之用講習有素以爲備禦之計國家久安長治基于是矣考之成周春振旅以搜夏茇舍以苗秋治□以獮冬大閲以狩其辨名號也則有□鄙家鄉官野之异其辨旗物也則有諸侯軍吏鄙野之殊是内外之制各隨時以教閲也四時皆講其肄之也精内外遁教其用之也利此成周所以□□武之善歟秦不師古肄兵之法間見秋冬而四時之制遂廢教閲之制僅行中都而内外之□遂寢漢承泰彝其法稍具在孟秋也則乘□□戎路執弩射在齋東帛賜武官俾肄孫吴之法習戰陣之儀在十月也則車駕幸長安水南門會五營之士爲八陣之法非内有乘之之制乎在諸郡則每歲八月有郡守都尉課都試之功凡車騎材官□船各習焉在王國則講武之秋□内史□□□□都試之事凡平時皆不擅廢焉非外有都□□法乎李唐之世定府兵之制三時務農一□□武太宗嘗較射于顯德殿而高□則講□并州城北非特二君之講而玄宗又講于驪山下焉唐之講武大略可見矣循至有宋藝祖鑒前代之弊收藩鎮之兵其講也有素其練也有法四時講武之儀著□□實通禮嘗親閲西郊矣而又習戰于朱明□既習戰朱明池矣而又閲兵于講武殿焉宋之治兵大率可知矣夫漢唐宋以來講武之制或密于内□□于外或得于此而失于彼互有□□□暇悉論較之成周有合焉者則概乎其未聞也迨我聖朝重熙累洽邦本安固本無俟于用武矣然國家有安不忘危之慮兼文武并用之制内則有親軍總戎之寄外則有都司衛

所之設御將有道而無不能之將訓兵有法而無不教之兵平時則嚴豫習之方遇警則有取捷之效法制周密固非漢唐宋疏闊之比仁義爲本是即成周□兵之□偉哉講武之善千萬□□以加矣嘗聞孔子曰□□□者必有武備非文無以附衆非武無以□□□尚文德君子豈可諉之曰軍旅□事□□學也惠竊有志於以幸執事不鄙而進教之

山東鄉試録後序

國朝法古爲治三歲一賓興賢能而進用之蓋以之輔治化也列聖相承益隆其制百年之内譽髦奮興布列中外所以闡鴻猷□□教化者率由是出皇上出□□□一新治化□經筵以□熙聖學幸太學以丕崇文教優奬忠良黜汰貪墨舉一世而轉移之無非爲治道計也至於賓興之典尤注意焉乃成化紀元之秋適賓興其時山東藩□重臣遵行惟謹於是士之挾筴而就試者餘千人以八月壬午入院自甲申至庚寅凡三試之參互考訂務協于公遂循定額而次其氏名摘其文之優者萃成□□□謂璇宜□□□□□□□國家□□□□□□□□制美知之以德□□□□□□之然德者道之得於心而文者德之形於詞也不明於道德而能暢於文者未之有矣今諸士誦法周孔遨游□□日月刮劘養之有□□□□鞅文場弸中彪外□□□得其所藴固有以見其□□道德矣行將捷春闈對大廷得雋蜚英以膺爵禄有日矣□□□精修實□□諸功業□□□□可□□□□鳳凰□□□之□□□□□□□□□□□瞻視□□□□□□□□□賓而興之者□□□□□□□道足以□君德足以利物而天下有所賴也苟或名浮于實一無所見□不負所以賓興之意□□濫竽較讎□末於諸士□知己故不以歆豔而以規觀云

直隸寧國府宣城縣儒學教諭柴序璇序

成化十年山東鄉試録

山東鄉試録序

□□晋巡按監察□□□□謀曰大比興賢國家億萬年太平之基在兹吾與若同膺重寄于兹藩兹弗可弗慎惟夫貢院狹隘卑濕不足以舒士氣至公堂前舊有應魁樓歲久滋壞且蔽防範皆可更圖之謀既定肆命藩臬諸公作新充廣規制焕然移樓于院之中央高閬明爽非復疇昔求士者得其地爲士者亦得以暢其懷抱也先是僉事楊琅奉敕督學兹一方既□擇士凡千四百有奇至期司□□取者七人弘紀史昱暨教授□文奇學正童蘭教諭周鼎林堂訓導吴文監臨者一人即御史李讓提調者二人右參政陳儼右參議尹淳監試者二人副使陳相僉事張珩嚴督于外者九人右布政使董昱右參政江玭左參議唐瀗按察使王琳副使劉敬僉事陳善劉時敦董琳王綸暨他諸執事一一推擇而來竟試之夕幾二旬矣試其文之合式者七十五人遵定制也自來録必有序弘紀不得辭乃曰天之生方也甚難如木之産於山谷森森然求其可爲楝梁以應匠氏之取者蓋鮮今夫天下郡邑士非不多而才者亦有數才矣苟非學以充之則無以裕于用於是以孔曾思孟之言以明其理以易書詩禮春秋之經以發其迹以議論判策之文以達其枝數者既備斯可以言學學矣苟不際文明之時則徒才徒學終焉沉淪而已將何以哉是必得其時然後獲展其才與學也兹諸士生齊魯文獻之邦樂清時菁莪之化策名于兹録固足以見其才與學矣將由是而會試于禮部以鋪張天子之廷則其時之際遇允在兹也用列有官建勛樹業仰培我國家億萬年太平之基則果若人言爲科目得人之多也否則烏足以言士哉弘紀非無所見也而敢序諸簡首

直隷順德府唐山縣儒學教諭莆田朱弘紀序

成化十年山東鄉試

監臨官

巡按山東監察御史李讓（志德河南鄧州人　庚午貢士）

提調官

山東等處承宣布政使司右參政陳儼（時莊江西廬陵縣人　甲戌進士）

山東等處承宣布政使司右參議尹淳（朴之四川崇慶州人　甲子貢士）

監試官

山東等處提刑按察司副使陳相（廷輔浙江金華縣人　庚辰進士）

山東等處提刑按察司僉事張珩（鳴玉浙江仁和縣人　庚午貢士）

考試官

直隸順德府唐山縣儒學教諭朱弘紀（六紀福建莆田縣人　乙酉貢士）

浙江處州府縉雲縣儒學教諭史昱（元愷直隸吴縣人　庚午貢士）

同考試官

浙江衢州府儒學教諭周文奇（叔英福建候官縣人　庚午貢士）

湖廣荊州府夷陵州儒學學正童蘭（斯馨四川銅梁縣人　己卯貢士）

直隸揚州府如皋縣儒學教諭周鼎（邦器浙江餘姚縣人　庚午貢士）

江西瑞州府上高縣儒學教諭林堂（望由福建莆田縣人　壬午貢士）

河南開封府杞縣儒學訓導吴文（原素山西山陰縣人　庚午貢士）

印卷官

山東等處承宣布政使司經歷司經歷樊輔（廷佐直隸江都縣人　監生）

山東等處承宣布政使司經歷司都事崔潤（澤民直隸海門縣人　監生）

收掌試卷官

青州府知府李昂（文舉浙江仁和縣人　甲戌進士）

受卷官

濟南府知府白行順（致和陝西清澗縣人　戊辰進士）

東昌府知府沈譓（用正直隸合肥縣人　甲戌進士）

彌封官

登州府通判洪清（惟直直隸懷寧縣人　甲申進士）

泰安州知州張玘（廷器順天府霸州人　監生）

謄録官

章丘縣知縣張慶（景祥河南鈞州人　庚午貢士）

茌平縣知縣劉濬（淵深江西新淦縣人　甲申進士）

對讀官

霑化縣知縣劉璟（時瑩湖廣武陵縣人　丙戌進士）

高密縣知縣劉璋（廷圭河南衛輝人　丙戌進士）

巡綽官

濟南衛指揮使馬瑜（公瑾山西懷仁縣人）

濟南衛指揮使鄧滸（朝宗江西南城縣人）

搜檢官

濟南衛指揮僉事杜拯（濟民直隸虹縣人）

濟南衛指揮僉事劉鑑（永明直隸贊皇縣人）

供給官

濟南府同知王璟（孟輝山西陽曲縣人　癸酉貢士）

歷城縣知縣沈瑀（珮玉河南郾城縣人　庚午貢士）

歷城縣縣丞游寬（德厚直隸祁州人　監生）

歷城縣典史谷深（文遠直隸完縣人　監生）

第一場

四書

誰能出不由户何莫由斯道也　修道以仁仁者人也親親爲大　見其禮而知其政聞其樂而知其德由百世之後等百世之王莫之能違也自生民以來未有夫子也

易

聖人以神道設教而天下服矣象曰風行地上觀先王以省方觀民設教　上六井收勿幕有孚元吉　擬之而後言議之而後動擬議以成其變化鳴鶴在陰其子和之我有好爵吾與爾靡之子曰君子居其室出其言善則千里之外應之况其邇者乎　乾以君之坤以藏之帝出乎震齊乎巽

書

同寅協恭和衷哉　惟尹躬暨湯咸有一德克享天心受天明命以有九有之師爰革夏正非天私我有商惟天佑于一德非商求于下民惟民歸于一德　生民保厥居惟乃世王　仰惟前代時若訓迪厥官立太師太傅太保兹

惟三公論道經邦燮理陰陽官不必備惟其人少師少傅少保曰三孤貳公弘化寅亮天地弼予一人冢宰掌邦治統百官均四海司徒掌邦敷五典擾兆民宗伯掌邦禮治神人和上下司馬掌邦政統六師平邦國司寇掌邦禁詰奸慝刑暴亂司空掌邦土居四民時地利六卿分職各率其屬以倡九牧

詩

公孫碩膚赤舄几几　天保定爾以莫不興如山如阜如岡如陵如川之方至以莫不增吉蠲爲饎是用孝享禴祠烝嘗于公先王君曰卜爾萬壽無疆矢詩不多維以遂歌　有駜有駜駜彼乘黄夙夜在公在公明明振振鷺鷺于下鼓咽咽醉言舞于胥樂兮有駜有駜駜彼乘牡夙夜在公在飲酒振振鷺鷺于飛鼓咽咽醉言歸于胥樂兮有駜有駜駜彼乘駽夙夜在公在公載燕自今以始歲其有君子有穀詒孫子于胥樂兮

春秋

公會戎于潜（隱公二年）公會齊侯于夾谷（隱公十年）　齊仲孫來（閔公元年）齊高子來盟（閔公二年）晋士鞅宋樂祁犂衛北宫喜曹人邾人滕人會于扈（昭公二十七年）仲孫何忌會晋韓不信齊高張宋仲幾衛世叔申鄭國參曹人莒人薛人杞人小邾人城成周（昭公三十二年）　齊侯宋人陳人蔡人邾人會于北杏（莊公十三年）公會齊侯宋公陳侯衛侯鄭伯許男曹伯侵蔡蔡潰遂伐楚盟于召陵（僖公四年）公會宰周公齊侯宋子衛侯鄭伯許男曹伯于葵丘（僖公九年）晋侯齊師宋師秦師及楚人戰于城濮（僖公二十八年）公會晋侯齊侯宋公蔡侯鄭伯陳子莒子邾子秦人于温（僖公二十八年）　公如京師公自京師遂會晋侯齊侯宋公衛侯鄭伯曹伯邾人滕人伐秦（成公十三年）公會尹子晋侯齊國佐邾人伐鄭（成公十六年）公會尹子單子晋侯齊侯宋公衛侯曹伯邾人伐鄭公會單子晋侯宋公衛侯曹伯齊人邾人伐鄭（并成公十七年）

禮記

父之齒隨行兄之齒雁行朋友不相逾輕任并重任分斑白者不提挈君子耆老不徒行庶人耆老不徒食　天子樹瓜華不斂藏之種也　聲音之道與政通矣宫爲君商爲臣角爲民徵爲事羽爲物　賓必南鄉東方者春春之爲言蠢也産萬物者聖也南方者夏夏之爲言假也養之長之假之仁也西方者秋秋之爲言愁也愁之以時察守義者也北方者冬冬之爲言中也中者藏也

第二場

論

聖人道全德備

詔誥表（内科一道）

擬漢宣帝博舉吏民詔　擬唐以陸贄同平章事誥　擬宋以范純仁爲尚書右僕射謝表

判語（五條）

舉用有過官吏　私役部民夫匠　守掌在官財物　縱放軍人歇役　子孫違犯教令

第三場

策（五道）

問　唐虞三代之治天下率以善善惡惡敦五倫以成治化稽諸經可見已洪惟我太祖高皇帝御製大誥三編太宗文皇帝御製爲善陰隲孝順事實二書宣宗章皇帝御製五倫一書誠萬世不□之盛典也大誥兼善惡以示勸懲曰善曰惡以何人爲最所言之旨有關於五倫歟三書惟以爲善行孝篤於五倫者爲勸曰善曰孝以何人首與五倫所關者有可指歟五倫書所載篤於五倫者可指其人歟一誥三書頒布傳誦已久子朱子小學一書修身之大法無所不備而以明倫爲要方今教人端本正以是爲急其善行篇具載能盡五倫之道與三書中爲互者亦可歷舉其人歟諸士子日夕之所講習必能知所貫而得其實願明言毋隱

問　釋奠所以報本學者不可不講也蓋東魯聖人吾道宗主功用在人萬古不泯王通氏所謂夫子之道不啻父母其知本矣自是有車駕過魯祀以太牢而見於戎馬未靖之餘何所尚之高邪厥後有追謚之褒有奉祀之典有闕里之祠有諸弟之祀果昉于何時歟有建之廟貌像以衣冠而見於天下甫定之日何所趣之正邪其後有釋奠之禮配享之儀有國學南面之位有群弟封爵之榮果見於何代歟以顔淵爲亞聖優之公爵舊制也何以又進孟子而同列于南面配食之位邪以四科之賢爲十哲而顔子居其首舊制也何以又進顔淵于配享而十哲坐于東西之列邪至于舊制以左丘明而下二十二人圖繪于壁既而以韓昌黎諸賢皆坐于從祀之列是數者時世可詳言歟日何以必用丁時何以必用仲何以雲山之象奇耦之數必寓樽罍籩豆奠幣而後獻爵再獻而後旅爵邪何以合樂以興舞興樂而不舞酒必尚玄幣必以白邪

是皆載之典籍諸士子講之有素矣願著于篇以觀所學

問　薦賢爲國人臣大務也書曰舉能其官惟爾之能稱匪其人惟爾不任孔子曰舉爾所知知爾所不知人其舍諸是未嘗不急於薦賢古之爲大臣者惟知薦賢報國爲事爲士夫者惟知律身行己爲常是故嫌可避也然教子登壇韜略世授卒以一子薦衣鉢相傳勛業無愧卒以猶子薦何嫌之足恤乎讐可恨也廢置之事學爲諫官所攻矣既而復薦其賢燈籠錦之事嘗爲御史所劾矣既而復首以爲薦果何讐之足避乎有以用賢爲大臣之職業而不市私恩者有未嘗顯薦一人而恐恩自己出者蓋杜私門桃李也有以同巷不求見而薦之者有以無書抵政府而薦之者蓋薦不待有求也嗚呼大臣薦舉如此士習其有不厚乎或曰欲息奔競惟公薦舉今日薦舉雖公士習雖厚其間乞墦之風未盡除拜塵之俗亦間有伊欲根去而株拔之其道何由諸士子其詳對以觀稽古酌今之學

問　崇德報功而繪狀貌於臺閣者宜其履行無不善也辯之不可以枚舉試問一端以例其餘漢高祖定天下詔定元勛以酇侯第一何不疑其治宫室而以壯麗爲威以平陽侯第二何不嫌其爲相國而以黄老爲尚宣帝以戎狄賓服圖功臣於麒麟閣蘇武之使匈奴仗節不屈何官止典屬國而居諸臣之末霍光雖有擁立之功臣節不能無虧何待以不名之禮而居諸臣之首李唐兵隋之餘詔圖功臣於凌煙閣有忘君事讐功不贖過者何預阿諛順旨贊立武氏者何取趙宋除五季之亂詔圖功臣於昭勛閣有發再誤之言竟渝金匱之盟者因何元功居首以美珠之賜不諫天書之謬又何相業在列果圖畫其像抑在追念洪勛不在於求全責備歟如此則於定元勛繪麒麟凌煙崇德閣者其名氏位次不可不知也願陳之以觀稽古之學

問　識時務者在俊杰諸生抱藝而來肯有不以俊杰自任者邪事之關於治體者固多姑以所最急者商確之郡縣之設皆以牧民苟守令非人則民受其殃今汰擇非不嚴然貪暴者尚未盡除伊欲使守令皆襲黄卓魯其人而百姓有鼓腹之嬉其道何由衛所之設所以禦侮苟將校非人則軍受其害今簡練非不數然奸蠹者尚或漏網伊欲使將校皆廉頗李牧其人而軍士有超距之樂其術安在堯湯不能免水旱之灾救荒之政不可不講也古人有移民移粟者是特治其末而已今欲里有儲鄉有積卒有水旱而皆免於流離行何政而可唐虞尚或有寇賊之慮弭盗之方不可不豫也古人有鉤距摘發者是特塞其流而已今欲忸怩其心愧耻其志翕然改過而不罹于法網行何德而致諸士子致用有日於是數者必講之有素其詳著于篇

中式舉人七十五名

第一名　石巍　曹縣學生　易
第二名　王敕　濟南府學生　詩
第三名　劉澄　汶上縣學生　書
第四名　徐官　臨清縣學增廣生　春秋
第五名　喬奉先　章丘縣學生　禮記
第六名　司淵　東阿縣學生　詩
第七名　程鎡　廣寧中屯衛學生　易
第八名　陳檠　遼海衛人　監生　春秋
第九名　劉濂　臨清縣學生　書
第十名　杜瑢　臨清縣學軍生　禮記
第十一名　高士通　金鄉縣學生　詩
第十二名　蘇泰　濟南府學生　書
第十三名　趙亮采　齊河縣學生　詩
第十四名　吕正　鄒平縣學增廣生　易
第十五名　柴忠　陽穀縣學生　詩
第十六名　常濟　濟寧州學增廣生　書
第十七名　楊棨　濟寧州學增廣生　春秋
第十八名　陳理　德州學生　詩
第十九名　陳宗器　青城縣人監生　禮記
第二十名　毛忠　掖縣學生　書
第二十一名　王佑　肥城縣學生　詩
第二十二名　李寧　濟寧州學生　易
第二十三名　蘇璽　東阿縣學生　春秋
第二十四名　張鎰　濟寧州學增廣生　詩
第二十五名　梁誠　武城縣學生　書
第二十六名　奚紱　沂州學生　詩
第二十七名　張淮　鉅野縣學生　書
第二十八名　褚敬　恩縣人監生　詩
第二十九名　劉益　汶上縣學生　易
第三十名　劉琉　濟南府學生　詩

第三十一名　喬隆　濱州學生　春秋
第三十二名　王賓　茌平縣學生　詩
第三十三名　楊光澤　沂水縣學增廣生　書
第三十四名　王憲　膠州學生　詩
第三十五名　丁珝　海豐縣學生　易
第三十六名　劉孜　城武縣學生　詩
第三十七名　孫珪　福山縣學生　禮記
第三十八名　李肅　平度州學生　書
第三十九名　楊鋼　齊河縣學生　詩
第四十名　陳庸　滋陽縣學生　書
第四十一名　魏霆　濟寧州學生　詩
第四十二名　袁弼　章丘縣學生　易
第四十三名　馬龍　齊東縣學增廣生　書
第四十四名　馮璟　陵縣學生　詩
第四十五名　李綸　歷城縣學生　春秋
第四十六名　王範　歷城縣人監生　詩
第四十七名　李相　單縣學生　書
第四十八名　劉璣　臨清縣學生　詩
第四十九名　張鑑　濟南府學生　書
第五十名　宋漢　膠州學生　詩
第五十一名　張鼐　濟南府學生　易
第五十二名　孫隆　棲霞縣學生　詩
第五十三名　鮑克敏　兖州府學增廣生　書
第五十四名　祝福　濟寧州學增廣生　禮記
第五十五名　郭著　單縣學生　詩
第五十六名　許嗣慶　長山縣學生　春秋
第五十七名　郝晟　濟南府學生　詩
第五十八名　張信　曹縣學生　書
第五十九名　張謨　蒙陰縣學生　詩
第六十名　朱全　遼東都司學軍生　書
第六十一名　倪源　濟寧州學生　禮記
第六十二名　王廷甫　單縣學生　詩

第六十三名　崔禄　臨清縣學生　書
第六十四名　張應奎　濟南府學增廣生　易
第六十五名　徐卿　博興縣學生　詩
第六十六名　高峻　堂邑縣學生　春秋
第六十七名　崔文翰　兖州府學生　詩
第六十八名　王璟　沂州學生　書
第六十九名　王軒　寧海州學生　詩
第七十名　韋恭　遼東都司學軍生　書
第七十一名　王進　高苑縣學生　易
第七十二名　崔瑗　東阿縣學生　詩
第七十三名　傅綱　鄒縣學生　書
第七十四名　徐拱宸　鄆城縣學生　易
第七十五名　耿福　遼東都司學軍生　詩

第一場

四書義

誰能出不由户何莫由斯道也

石巍

同考試官教授周批（題本平易作者難於遣詞此篇筆力蒼古而理足以發之允宜録出）

考試官教諭史批（詞偉理贍佳作也）

考試官教諭朱批（説出聖人怪嘆之意宛然在目健羡健羡）

人之出必循常行之處而其行乃違當然之理此聖人所以怪而嘆之也蓋道者人所當行之理也人之出固不能以不由户而行乃不由道聖人得不怪而嘆之哉且夫天生烝民有物有則人之有道猶居之有户也彼廬而處者古今同然顧出而必户是由也出而能不由户者果誰其人歟室而居者天下皆是顧出而必户是從也出而能不從户者又誰其人歟人固不能出不由户而於道乃反不由亦獨何哉蓋道者即天下之達道而人所共由者是道也性之德而具於心非外鑠我也今何貿貿焉舍之而不由其自暴自弃孰甚焉原於天而備於己與生俱生也今何冥冥焉放之而不求其弃天褻天孰加焉噫

道不可離人自不察非道遠人人自遠爾夫子怪而嘆之其警當時之切有如是夫抑考中庸有曰道也者不可須臾離也孟子有曰夫道若大路然人病不求爾彼之所謂道即此之道也彼之不可須臾離人病不求即此何莫由斯之意也噫時有先後言歸一軌豈夫子傳之子思而子思授之孟子也歟不可不知

修道以仁仁者人也親親爲大

王敎

同考試官訓導吳批（融會本注組織成文必其用心於理學者也）

考試官教諭史批（委曲詳明殊勝他作）

考試官教諭朱批（性理之學能一意以貫之者僅見此篇）

體夫達道者當全乎生之理具夫生理者必始於親之愛蓋仁者人所以生之理也苟修道而不本於仁不足以言道行仁而不先於親又何足以爲人哉中庸第二十章引夫子答哀公爲政之問而及於此意謂道者人所共由之路也然人之所以修道者莫先於仁焉誠知夫天地所以生物者在此而必有以全於心則道無不修矣知夫人之所得以生者在此而必有以具于身則道無不立矣是則道之修必在於爲仁而仁之成乃所以爲道豈非體夫達道者當全夫生之理乎然是仁也乃人所以生之理也而仁之所以爲人者莫急於親焉是故具此生理自然便有惻怛慈愛之意而生於心者自不能遺其親矣稟此生性自然便有惻隱怵惕之心而見諸行者自不能緩其親矣是則人之生必具夫斯理而生之理莫大於親親又豈非具夫生理者必始於親之愛乎大抵道與仁非有二也道者衆理之總名仁者一心之□德仁與人相爲一也人而非仁則爲血肉之軀仁而非人則爲空虚之物聖人之立言如此而下文又推之以至於尊賢之義等殺之禮知天知人之知于以見仁義禮智根於人心之固有得之而爲達德行之而爲達道列之爲九經總之爲一誠而前所謂爲政在人者盡於此矣子思子引是以爲大舜文武周公繼其意淵哉

見其禮而知其政聞其樂而知其德由百世之後等百世之王莫之能違也自生民以來未有夫子也

石巍

同考試官教授周批（見理明措詞順可取可取）

考試官教諭史批（斂華就實句稱無疵）

考試官教諭朱批（發明夫子之獨盛而以禮樂德政貫之得子貢之意）

即制作而人德政爲可知驗古今而見後聖爲獨盛夫制禮作樂德政之所寓焉以是而驗古今豈有如吾夫子之盛哉宜子貢以爲言而孟子引之也歟昔子貢稱美夫子之意若曰治定而後制禮禮達於政政有不同禮之制因之故大凡見人之禮豈不可以知其政乎功成而後作樂樂本乎德德有不一樂之作象之故大凡聞人之樂豈不可以知其德乎是以我從百世之後差等百世之王政由禮而可知固無有能逃其情於洞察之下者矣德由樂而可知亦無有能遁其實於明照之内者矣自生民以來其間以禮而達政者固衆然未有如吾夫子定禮以寓政而足以開萬世之太平者焉以樂而彰德者實多然未有如吾夫子正樂以寓德而足以立百王之大法者焉子貢之言如此可謂深知聖人孟子引之以告公孫丑所以明其言之可信歟抑世之言夫子者多矣喻之宫墻以言其高喻之江漢以言其深上天以喻其不可及麟鳳以喻其不可常而孟子因公孫丑疑其知言養氣之既聖又引此以明之可謂善觀聖人而善言德行者矣吁識聖人於當時者莫如子貢識聖人於後來者莫如孟子

易義

聖人以神道設教而天下服矣象曰風行地上觀先王以省方觀民設教

程鎡

同考試官教授周批（觀卦一題似易實難措詞簡潔者僅見此篇）

考試官教諭史批（發明觀卦之旨詳盡）

考試官教諭朱批（詞理簡潔者僅見此篇）

彖傳言聖人爲觀而自化乎民象傳言聖人爲觀而先觀乎民甚矣聖人所以爲觀者神也體易聖人欲設教以爲觀可不先省方以觀民哉昔吾夫子傳觀之彖至此極言觀之道若曰大觀在上中正以觀天下者聖人也聖人若何而設教哉彼天道至神莫可名言四時運行無有差忒聖人體其妙用而設教則篤恭淵默不假乎聲色之傳有孚顒若無事乎形迹之著但見天下之人涵泳其德而不知其功鼓舞其人而莫測其用自然仰觀而戴服自爾感化而悦從如上天之載無聲無臭而萬邦作孚是也彖傳言聖人爲觀而自化乎民如此然不觀夫卦象又何以見設教以爲觀在先省方以觀民哉且觀之爲卦貞體坤也其象爲地悔體巽也其象爲風以坤居下而巽居上是風行地上也風行地上周及庶物爲由歷周覽之象聖人體之爲省方之禮於是時邁其邦非慢游以病民也無非視民俗之善否以立教焉巡守四岳非無事而空行也無非觀民風之美惡而設教焉如五載一巡守奢則約之以儉儉則示之以禮

是也象傳言聖人爲觀而先觀乎民如此吁觀之彖傳見聖人神妙無爲之化觀之象傳見聖人巡守方岳之制巡守之制堯舜三代之後無行矣無爲之治去古已遠求其以神道設教而天下服者幸有見於今日

乾以君之坤以藏之帝出乎震齊乎巽

石巍

同考試官教授周批（場中識此題者絶少多以藏物生物言者間有知二老二長者又不知始事繼事之旨忽得此卷體認親切宜録出以範學者）

考試官教諭史批（説卦此卷深得本旨）

考試官教諭朱批（作者多不知二圖之旨此作得之）

先天卦位以二老統收其功後天卦位以二長代主其功蓋乾坤爲六子之父母此先天圖一定之體也後天易置其位豈非以長男長女代父母而用事哉昔吾夫子大傳謂夫伏羲觀變設卦以乾純陽其象爲天有父道也故位於正南之方則凡六子之動之散之潤之晅之止之説之者皆統於乾而動也非乾以君之乎以坤純陰其象爲地有母道也故奠於正北之位則凡萬物之以萌以具以滋以舒以成以遂者皆歸於坤而藏也非坤以藏之乎迨夫文王八卦方位易對待之定體爲流行之妙用謂震爲乾之長男也故置乾於西北而以震代父始事於東方則凡一陽初動而作萬有之胚胎一氣流行而貫四時之終始者皆震有以主之也謂巽爲坤之長女也故退坤於西南而以巽代母繼事於東南則凡萬物之資始於元者至是而畢達庶類之發生於東者至此而潔齊者實帝有以宰之也大哉伏羲之易乎其得天地之體乎至哉文王之易乎其得天地之用乎故乾坤交而爲泰坎離交而爲既濟也乾生于子坤生于午坎終于寅離終于申以應天之時也置乾於西北退坤於西南長子用事而長女代母坎離得位而兑艮爲偶以應地之方也王者之法其盡於是矣噫羲文我師也孔子豈欺我哉

書義

惟尹躬暨湯咸有一德克享天心受天明命以有九有之師爰革夏正非天私我有商惟天佑于一德非商求于下民惟民歸于一德

劉澄

同考試官教諭林批（説出伊尹反覆告君之意場中書經此其巨擘乎）

考試官教諭史批（發明君臣天人一德之故詞簡理贍其書中之錚錚者乎）

考試官教諭朱批（認題親切行文條暢蓋嘗究心於本領者也）

大臣既言君臣同德而獲天人之歸復言天人合應而本一德之故蓋一德者凝天命萃人心之本也君臣同有一德則天佑民歸豈待期而然哉宜伊尹反復言之以爲太甲告也意豈不曰當夏王弗克庸德之日正上天眷求民主之時斯時也臣焉而有尹其德精粹而不雜君焉而有湯其德始終而無間尹之與湯皆有一德故能上當乎啓迪有命之心克享乎上帝眷求之意彼天命之大未易受也今則用集大命而能受之九有之師未易有也今則撫綏萬方而能有之天與民歸九州一統於是改夏建寅之正而爲建丑正也然徒以是告之而不有以申言其意又何以見天與民歸而皆本於一德之故哉是故享天心而受天命此固天之佑我有商也然所以佑之者豈天私于商哉以商君臣有純一之德自不能不佑之耳得人心而有九有此固民之歸我有商也然所以歸之者豈商求于民哉以商君臣有純一之德自不能不歸之耳吁伊尹與湯同一德而得天人之歸如此今太甲新服厥命不純一其德以爲得天得民之本歟抑咸有一德之書伊尹致仕而去恐太甲德不純一及任用非人而作也蓋德原於天而具於人故有一德者感乎天而佑之感乎民而民歸之一自然之理耳伊尹反復以是爲太甲告可謂知所本矣噫若伊尹者真有商佐命之元臣也歟

生民保厥居惟乃世王

劉濂

同考試官教諭林批（此題作者多失經旨惟此篇本傳注立説理致宏深文詞整潔足破群惑）

考試官教諭史批（意高詞婉得召公戒君之旨）

考試官教諭朱批（詞以達意壁經如此卷者罕見）

安民於當世垂統於後世大臣期君慎德之效也蓋君天下者貴乎民生安而王業永也苟德有一之不謹而欲臻兹效者不亦難乎昔西旅貢獒召公以爲非所當受作書以戒武王篇終及此豈不曰人君一身萬化之原一念不謹或以貽四海之憂一日不謹或以基千百年之患其何以致民生安而王業永哉吾王却西旅之獒而存恤民之心則生民之衆歲貢有常横斂無擾熙熙然於無事之天無一人而不安其居皡皡然於太平之世無一人而不樂其業則生民之安也何如吾王還遠人之貢而盡創業之道則子孫之遠不貴异物不作無益可以保至治於無窮非特一世之爲王而且千百世爲王焉可以隆

皇圖於鞏固非特今日之爲君而且億萬世爲君焉則王業之永也何如苟不允迪于兹則民生且不安尚何望其王業之永哉噫武王大聖也受獒細事也以武王之大聖受一獒之細事若無害也而召公一篇之中諄諄告戒不一而足者蓋古之聖人不以細行而不謹大臣不以細過而不諫此有周所以君明臣良而後世鮮儷歟

詩義

天保定爾以莫不興如山如阜如岡如陵如川之方至以莫不增吉蠲爲饎是用孝享禴祠烝嘗于公先王君曰卜爾萬壽無疆

司淵

同考試官訓導吴批（此作説出天與神福君之意詳整照應允宜録出）

考試官教諭史批（得温柔敦厚之體可取）

考試官教諭朱批（形容臣子祝君之意殆無餘藴其熟於葩經者乎）

臣子之祝君既其得天而膺盛福復欲其感神而膺盛福夫臣之願君者福而已矣今也天既眷之神又錫之吾君之福何備哉昔君以鹿鳴以下五詩燕其臣臣受賜者歌此詩以答其君意謂吾君於天既爲之子奉若其道矣天其有不保之乎又代其任總理萬物矣天其有不安之乎保而安之何如言其福之興也則山阜岡陵有不足以喻其豐隆盛大焉言其福之增也則川流方長有不足以喻其進進無已焉吾君天既福之神其有福之耶蓋其睹廟貌而祗承奉祀事而肅敬諏日擇士之善齊戒滌濯之潔而誠寓吉蠲矣酒醴之條暢粢盛之芬芳而誠寓爲饎矣用是孝享春祠夏禴於先公先王者不敢違以之孝祀秋嘗冬烝於先公先王者不敢緩由是尸傳神意以嘏之曰先公享汝矣期爾萬有千歲而永握瑶圖焉先王格汝矣卜爾於萬斯年而長膺寶曆焉噫祝其獲福於天而必祝其錫福於神臣子愛君之意寧有窮乎抑是詩六章皆臣子祝君之福然辭繁不殺豈固爲是諛辭哉蓋赤心之宣炳血忱之呈露自有不能已者夫君既以燕而惠其臣臣又以誠而報其君此上下所以交德業所以成而長享盛大悠久之福也噫八百年蒼姬之籙其有由夫

矢詩不多維以遂歌

王敎

同考試官訓導吴批（臣子告君言有盡而意無窮此作得之）

考試官教諭史批（辭語春容得召公告君之意）

考試官教諭朱批（發明召公賡歌之意殆盡杰作也）

大臣不足其所歌而惟以賡歌也蓋以道事君大臣之職也召公賡歌而自以爲不足焉其忠愛之意爲□如哉昔召康公從成王游歌卷阿之上因王之歌而作此爲戒誠以臣之進戒辭之多庶足以宣衷赤而啓君心也今我所陳之詩雖曰壽考福禄之詞懇懇於歌咏之間然亦不過此數言而已豈足以爲多乎言之備庶足以披血誠而感上聽也今我所陳之詩雖曰任賢圖治之意諄諄於諷誦之表然亦不過此數詞而已豈足以爲備乎詩之不多亦惟以遂歌耳蓋御卷阿而玉音宣暢王之歌亦已成矣我以師保之職左右黼扆得不從而歌乎其所以歌者非宣湮鬱也蓋繼王之聲而足其意耳挹飄風而天語鴻亮王之歌亦已畢矣我以侍從之臣密邇清光得不隨而歌乎其所以歌者非肆逸樂也蓋賡王之歌而成其義耳噫忠已足而心不足古人愛君一至是哉抑論之帝舜作歌虞廷而皋陶賡之此虞之治所以雍熙也成王游歌卷阿而召公和之此周之治所以泰和也上下交而德業成稱盛治者必歸之虞周其有以夫

春秋義

齊仲孫來（閔公元年）齊高子來盟（閔公二年）晋士鞅宋樂祁犂衛北宫喜曹人邾人滕人會于扈（昭公二十七年）仲孫何忌會晋韓不信齊高張宋仲幾衛世叔申鄭國參曹人莒人薛人杞人小邾人城成周（昭公三十二年）

陳槃

同考試官學正童批（題本傳注得旨者鮮惟此發揮先王先公遺澤明白通暢故表而出之）

考試官教諭史批（詞嚴義正得麟經之旨）

考試官教諭朱批（文理淹貫异於衆作）

即霸主恤魯而見先公之澤未泯即霸主寧周而見先王之澤猶存此齊霸迭遣大夫以恤魯晋霸兩率列國以安周有以見文武周公之德澤入人者深矣且夫閔公之時慶父肆奸魯之國勢不安也甚矣幸而齊桓主霸惟魯國是憂首遣仲孫爲省難之舉繼使高子爲平難之行始來也見魯秉周禮而拯焚救溺之是務繼來也因魯國無君而興亡繼絶之是圖卒使僖公之位以定而伯禽之裔復續齊桓之功不爲小矣然是時也以勢言則魯弱而齊强以地言則齊大而魯小而齊人拳拳乎恤之若是者何誠以周公德澤入於人者深人心不能一日忘乎魯故雖政教陵夷之日猶足以維持其國家也非先公之德澤未泯能如是乎若夫敬王之時子朝恃寵周之宗社不寧也久矣幸而晋

侯世霸惟周室是憂始命大夫爲于扈之會再合列國爲成周之城始會也必屯兵聚守以爲之保障繼城也必謀度經營而爲之藩籬卒使郟鄏之鼎不移而共主之名猶存晋霸之功不爲少矣然是時也以周之地不大滕曹以周之民不衆邾莒而列國翼翼乎勤之若此者何良以文武德澤及於人者遠人心不能一日忘乎周故雖威信陵遲之秋尚足以扶植其運祚也非先王之德澤猶存能若此乎吁人徒知齊之恤魯也而不知由先公之澤未泯人徒知晋之寧周也而不知由先王之澤猶存春秋備書而意自見矣雖然王澤未泯不但春秋之世爲然觀夫秦并天下列國皆亡而魯之禮義猶見於澤高之世則周公之澤未泯益可徵矣秦有天下不過二世而周之王業直至八百年之久則文武之澤猶存益可驗矣噫深仁厚澤垂於不朽果若是歟

齊侯宋人陳人蔡人邾人會于北杏（莊公十三年）公會齊侯宋公陳侯衛侯鄭伯許男曹伯侵蔡蔡潰遂伐楚盟于召陵（僖公四年）公會宰周公齊侯宋子衛侯鄭伯許男曹伯于葵丘（僖公九年）晋侯齊師宋師秦師及楚人戰于城濮（僖公二十八年）公會晋侯齊侯宋公蔡侯鄭伯陳子莒子邾子秦人于温（僖公二十八年）

徐官

同考試官學正童批（組織傳注發明桓文正譎殆無餘藴一薦何忝）

考試官教諭史批（斷制分明得褒貶之意）

考試官教諭朱批（會傳立説當是作者）

緩於事功者其心正急於事功者其心譎此桓文心術之正譎惟於事功緩急見之矣且夫春秋之時創霸業齊桓繼霸言晋文在五霸爲盛矣而談者乃謂文非桓匹何耶蓋齊桓自北杏啓霸以言來其欲攘夷尊周以成創霸之業勇於躁就夫豈不能桓乃堅忍□重事不苟爲攘楚也必二十餘年畜威養晦始能問罪于楚而後有召陵之績尊王也亦三十餘年屢盟屢會始經能會宰周公而後有葵丘之盛以桓較文事功似少劣矣然仗義責楚明義尊王功雖不多事雖不速而罪亦不多義亦不壞也視彼文之譎而不正者爲誰優故曰緩於事功者其心正者此也若夫晋文自曲沃入國以來其欲攘外尊周以成繼霸之業緩而不迫夫豈不可文乃狃於速克事多輕舉攘外也未嘗畜威養晦一駕以勝强楚而遽有城濮之功尊王也不俟累盟累會遂致天王下勞而即有于温之會以文較桓事功若爲優矣然陰謀取勝以臣召君功雖多事雖速而罪亦多義亦壞也回視桓之正而不譎爲誰愈故曰急於事功者其心

譎者此也雖然桓文正譎非惟今日爲然觀其得江黄不用於伐楚文公謂非致秦則不可與楚争楚抑而秦興矣此桓公不肯爲也桓公會則不邇三川盟則不加王人文公會畿内則伉矣盟子虎則悖矣此桓公之不敢爲也桓公寧不得鄭不納子華懼其獎臣抑君不可以訓文公爲元咺執君則三綱五常於是廢矣此又桓公不忍爲也噫正譎之辨安能逃吾夫子之斧衮

禮記義

天子樹瓜華不斂藏之種也

喬奉先

同考試官教授周批（此題本大羅氏體天子仁天下之心告貢使歸戒其君惟此篇體貼説出告戒之意佳作也）

考試官教諭史批（能發告使戒君之意當是作者）

考試官教諭朱批（詞婉順而意春容此卷爲最）

舉人君所植之物示以非收藏之利此大羅氏告使歸戒於君也夫潔矩示民之道在不貪所樹之利而已今大羅氏當貢使之歸得不舉示天子所植之物傳命以戒其諸侯乎且夫諸侯鳥獸之貢屬大羅氏之掌當天子大蜡之日受草笠貢獻之餘及其將歸大羅氏舉天子所植之物以示之若曰天子之所樹植惟瓜與果蓏之屬實非收斂久藏之種焉然是物也乃時鮮之物不可以自遠而致不可以收斂而藏天子所以樹植之者非以其味溢珍羞甘怡神爽以自養無非貴其時新以供寢廟之用而已若其物之可斂而藏如穀粟之實倉廩者使黎民所資以爲食未嘗争植以謀其利汝客之還也必曰吾君其體天子之至仁而毋廣樹植可爾物之宜收而蓄如桑麻之爲布帛者俾斑白所資以爲衣未嘗争樹以奪其利汝客之歸也必曰吾君其效天子之寡欲而勿務收斂可爾大羅氏以是告來使戒君如此其愛國仁民之意何其致歟抑考之大羅氏昔焉致鹿與馬戒示其好田好女此又以瓜華之樹示非斂藏之種其意以爲民有終歲之勞而有一日之佚爲之上者其可以好樂無厭而淫德不倦乎其意以爲有終身之勤而有一時之積豈可以好貨無厭而貪利無已乎吁大羅氏其亦可謂賢佐矣

賓必南鄉東方者春春之爲言蠢也産萬物者聖也南方者夏夏之爲言假也養之長之假之仁也西方者秋秋之爲言愁也愁之以時察守義者也北方者冬冬之爲言中也中者藏也

杜瑢

同考試官教授周批（鄉飲一篇作者多前後泛説不知實坐南向位中四方備四時之義寓尊賓之至惟此卷得之故録出以示來學）

考試官教諭史批（分析以破群疑允爲佳作）

考試官教諭朱批（辭簡潔理詳盡宜置前列）

觀鄉飲尊賓於南面也中四方之位備四時之義夫賓位南面之設必左東右西南前北後而四時之義備焉尊賓之至豈不於斯可見乎且夫鄉飲因習射蜡祭而設或三年賓興賢能而飲凡飲必坐賓於南嚮也位必於南嚮之尊義安在乎蓋左爲東東方者春萬物莫不發生之爲蠢也發生出震有聖神之妙此産萬物所以爲聖而賓必南面有左聖之義焉嚮爲南南方者夏萬物莫不茂盛之爲假也生養增長爲盛大之極此假之所以爲仁而賓必南面有嚮仁之義焉若夫位右爲西而西則秋也慘而不舒爲揫揫則揫斂之以秋時嚴肅之氣非所以爲守義而賓之南嚮爲右義乎位後爲北而北主冬也氣閉入内爲中中則隱塞於成冬積聚之終非所以爲藏而賓之南嚮爲背藏乎是則左東右西而爲聖爲義南前北後而爲仁爲藏南面至尊之位賓其有之斯其所以爲尊賓之至者歟大抵南面人君聽治之位故下文言天子之立左聖嚮仁右義背藏于以知天子嚮時而接天下非徒居四方之正以見其尊而德亦於此見焉蓋聖管萬善而象春仁濟萬物而象夏義利萬物秋之象也中藏萬理冬之象也天子以盛德而居尊位今鄉飲亦坐賓於南嚮非爲尊之至乎此記者之微意有寓於斯

第二場

論

聖人道全德備

石巍

同考試官教諭林批（辭氣蒼古大手筆也録爲學者式）

同考試官教授周批（題若近易而聖人道德之奥實難形容此篇議論層出倉然一古作而洗時談者歟）

考試官教諭史批（立意超卓措辭蒼古非老於學者不能）

考試官教諭朱批（意高辭古杰作也）

論曰道德之盛者名言之難也蓋大物不可以小名單道孑德顯的昭灼故人易得而稱之聖人道全德備駢羅叠見舉此則遺彼譽前則失後名之不

亦難哉此吾夫子之聖所以爲至宜有以來黨人之言也蓋嘗論之人中之有聖人猶山之有泰山水之有滄海嘗登泰山矣岧岧嶢嶢凌摩霄漢草木之森欝石礫之巉耀鳥獸之詭异芝術之光燁皆其中所有也泰山兼有乎衆物然以草木石礫鳥獸芝術一物名泰山則狹矣嘗泛滄海矣浩浩茫茫吞吐日月魚龍之出没蛟鰲之翻騰犀貝之隱現珠瑚之輝映皆其中所産也滄海兼産乎衆物然以魚龍蛟鰲犀貝珠瑚一物稱滄海則小矣蓋泰山爲山之至滄海爲水之至聖人爲人之至况吾夫子又至人中之尤至者乎其生也天地之精萃之山岳之英孕之河海之秀鍾之五行範其體萬善羅其躬道體諸身德具於心道其所道浩浩乎無涯涘非單道者之可并駕德其所德渾渾乎無泮岸非孑德者之可齊驅不綱不宿而魚鳥育仁何煦也不聲不色而萊兵却義何肅也亡瞰焉而貨惡馴禮孰加焉服微焉而宋厄解智孰尚焉如扁之蓄藥色色皆有如朱之藏貨物物皆具道德全備於聖人而欲以一道一德目聖人則陋矣泰山有衆山之所有故不以一有名滄海産衆水之所産故不以一産稱聖人具衆人之所具故不以一長目且昆以玉名牛以木名彼所有者玉與木而已若泰山可以玉與木而偏名之乎麗以金稱南以魚稱彼所有者金與魚而已若滄海可以金與魚而偏稱之乎故夷之清尹之任惠之和人皆知其非偶夫子也然而奮乎百世聞者興起蓋其道德局於一偏故其名易浮若吾夫子道全德備可以稱夷惠者稱之耶賜之辯張之儀偃之學人皆知其非肩夫子也然而名播一時見者歆慕蓋其道德拘於一體故其聲易侈若吾夫子道全德備可以名商賜者名之耶吾夫子道德如是彼黨人乃以爲大哉無所成名其亦慕聖人而不知者歟嗚呼陵谷有變遷而泰山之高千古如昨江河有湮塞而滄海之深萬世不改人物有代謝而吾夫子道德之尊窮天地而莫之敢議彼武叔子禽桓魋何人乃從而毁之卑之害之是猶貶泰山滄海以爲不高不深欲從而傾倒之多見其不知量也噫

又

王敎

同考試官訓導吴批（文思滔滔有一瀉千里之勢其翹楚者）

同考試官教授周批（有起伏有照應非稚作也）

同考試官學正童批（造語新奇脱去塵腐讀之自當斂衽）

考試官教諭史批（詞贍理正讀之不覺其繁）

考試官教諭朱批（議論宏深筆力雄健可取）

論曰泰山可以丈尺乎曰不可也滄海可以斗斛乎曰不可也聖人道全德備可以一善名之乎曰是尤不可也蓋泰山巍巍乎其峻草木生之禽獸居之寶藏興焉其高也吾不知其幾許丈尺可得而度乎滄海浩浩乎其洪蛟龍潛之魚鱉生之貨財殖焉其深也吾不知其幾許斗斛可得而量乎聖人道全德備猶泰山也猶滄海也區區之善可得而名之乎善乎先正曰聖人道全德備不可以偏長目之愚請廣其説焉物局於形者皆可名不可名者超乎形之外也人局於善者皆可名不可名者超乎善之外也道德者其不可名之名與其超乎善之外與然而素王之道德果何如耶是故父子之親君臣之義道也人或有親而不能有義者有矣謂之道全不可也吾夫子語父子則極其親語君臣則極其義而曰親曰義之道無不有矣寧有一之不全乎夫婦之别長幼之序朋友之信道也人或有别有序而不能有信者有矣謂之道全不可也吾夫子語夫婦則極其别語長幼則極其序語朋友則極其信而曰别曰序曰信之道無不具矣寧有一之不全乎聖道之全也如此是皆聖德之著也故以言乎仁義之德也雖曰人所固有而與生俱生能備之者鮮矣聖人也仁則極其仁義則極其義而仁義之德無不備矣以言乎禮智之德也雖曰人所同得而粹然至善能備之者寡矣惟聖人也禮則極其禮智則極其智而禮智之德無不備矣聖人全是道也備是德也于以删詩書定禮樂而道德寓於詩書禮樂者渾渾乎其難名于以贊周易修春秋而道德寓於周易春秋者噩噩乎其難見祖述堯舜憲章文武帝王之道德咸萃於夫子之胸襟則夫子不可名之堯舜文武也上律天時下襲水土天地之道德皆蘊於夫子靈扃則夫子不可名之天時水土也仁可名吾夫子仁乃萬善之長也必仁而至於熟然後可以名吾夫子焉聖可以名吾夫子也聖乃大化之謂也必化而至於神然後可以名吾夫子焉柳下惠之和和之至者也和若可以名吾夫子矣伯夷之清清之至者也清若可以名吾夫子矣伊尹之任任之至者也任若可以名吾夫子矣然而夫子可仕則仕可止則止可久則久可速則速蓋兼清任和而時出之清也和也任也又可得而名吾夫子乎黨人慕聖人曰博學而無所成名蓋知夫子之大而未知所以爲大也夫子所以大正在於不可一善名耳彼射如后羿羿以射而得名也射特聖人道德中太倉稊米耳射果足以名吾夫子大全之道德乎御如王良良以御而得名也御特聖人道德中泰山坯土耳御果可以名吾夫子大備之道德乎射不可名特小技耳天能覆而不能載地能載而不能覆聖人道德中之天地能覆能載也覆天之覆載地之載聖人之道德雖天地亦難名焉大莫大於天地也天地既難名區區之小善可得而名之乎御不可

名特小藝耳日照乎晝而不能明乎夜月照乎夜而不能明乎晝聖人道德中之日月能晝能夜也照晝之照明夜之明聖人之道德雖日月亦難名焉大莫大於日月也日月既難名眇眇之微藝可得而名之乎吁可名者拘於形氣然也不可名者超乎形氣然也聖人之道德包羅天地如此泰滄海又天地中之物也曷足以比擬哉大抵有善之可稱不若無善之可稱有善之可名不若無善之可名名之稱者名之衰也大哉帝堯蕩蕩乎民無能名焉堯也其唐之夫子乎聖哉夫子道全德備不可以一善名孔也其周之堯乎嗚呼孔子不可名豈但當時而已千萬載之下道全德備愈不可名謹論

表

擬宋以范純仁爲尚書右僕射謝表

石巍

同考試官教授周批（組織駢儷）

考試官教諭史批（得體）

考試官教諭朱批（典麗可佳）

伏以秉鈞而贊元化清御式序於臺躔當寧而降絲綸霈澤載霑於雨露顧茲寵渥遽及凡庸捫心仰愧於鴻私揣己曷勝於寅負茲蓋伏遇聖由天縱德乃日新睿智聰明聖神文武仁敷率土克寛允邁於成湯孝感慈闈大德同符於虞舜人惟求舊哲以進賢真太平有道之君誠端拱無爲之主臣純仁見聞浸少藝業益荒退迹而遠禁闈憂時已成於皓首聳身而瞻天闕愛君每切於丹衷誤蒙御筆之重除過辱淵衷之大擢置之鈞軸拔自泥塗疲馬倦馳自分已甘於閑散迴鸞示寵詎知仍采於菲葑感洪造之如天顧報恩以無地臣敢不靖恭好直竭忠仰贊於皇猷精白承休效誠力攄於素蘊少效涓滴以助升平伏望聖學緝熙用錫蒼生之福皇風清穆永垂昭代之休臣無任瞻天仰聖激切屏營之至謹奉表稱謝以聞

第三場

策

第一問

石巍

同考試官教授周批（五策敷答詳明不爲問窘此策尤佳是用録出）

考試官教諭史批（條答古今事實殆無餘藴）

考試官教諭朱批（翩翩五策文采爗然而此尤杰然也故録之）

奎璧輝映雲漢昭回大矣哉列聖之制作乎上足以追蹤帝王制治之道下有以符契儒先立教之文蓋列聖制作不過勸懲善惡敦厚彝倫而已帝王之所以制治者以此儒先之所以立教者亦以此文互貫串旨相發明蓋异世而同一道矣請因明問而條陳之自古稱善治曰唐虞曰三代未嘗不以善善惡惡敦厚五倫爲心若堯舜之舉相去凶親族徽典殷周之吊民伐罪修紀重教稽諸經可見已洪惟我太祖高皇帝條陳大誥三編無非褒善貶惡以示勸懲焉若唐鐸爲善之最郭桓爲惡之尤他如申明五常君臣同游之章諭官生身婚姻鄉飲酒禮之條無非善善惡惡而敦五倫者也太宗文皇帝輯成爲善陰隲孝順事實二書陰隲之書首載蔣王靈應其中盛吉平恕陽雍孝敬庭式娶瞽延年好施道琮葬友事實之書首載虞舜大孝其中岳飛盡忠曾參養志甄氏愈姑長孫憐兄弟之幼一德伸主家之枉二書所載如此其有關於五倫也可見至於宣宗章皇帝纂爲五倫一書若君道聖德首黄帝臣道輔德有伊尹他如周公之教子伯奇之履霜冀缺之夫婦相敬夷齊之兄弟讓國鮑叔之朋友遜財五倫書所載如此其篤於五倫者可知有宋五星奎聚賢才挺生朱熹以間世之才著小學之書其善行篇具載可與三書中并稱者盡子道以事親則有江革之負母逃難王祥之求魚歸母盡臣道以事君則有霍光之出入禁闈不失尺寸汲黯爲主爵都尉直諫無隱至於桓氏之修行婦道盧氏之冒死救姑温公事兄伯康如嚴父疏廣日饗故舊無餘金是又盡兄弟朋友之倫者焉噫一誥三書藹然仁義之言純乎倫理之寓帝王之制治儒先之垂訓豈能出於此乎愚生沐浴菁莪之化有年服膺聖制之書有日敢以爲明問復

第二問

劉澄

同考試官教諭林批（歷實祀事以斷所疑足見學識）

考試官教諭史批（釋奠事迹歷舉無遺）

考試官教諭朱批（詳而不泛可佳）

有萬世之大功享萬世之通祀夫生而爲人業而爲士戴天履地靈於萬物而不至斫喪磨滅者誰之力歟發而爲言著而爲經仁義禮智傳諸萬世而不墜者誰之功歟此吾夫子之功所以爲大而河汾王通氏以爲不啻天地父母也其可不嚴報本之禮乎夫干戈未息若未暇於講禮也然車駕過魯祀以太牢此漢高崇尚之高所以開四百年之漢其後元始有追謚之褒有奉祀之

典元和有闕里之祠有諸弟之祀此報本之禮行於漢者大略如此天下甫定若未急於修文也然建之廟貌像以衣冠此唐祖趣向之正所以啓三百年之唐其後貞觀有釋奠之禮配享之儀開元有國學南面之位有群弟封爵之槩此報本之禮行於唐者大略如是然祠禮行於漢而釋奠未講也釋奠講於唐而儀文未稱也至於有宋其文愈侈其儀愈隆是故以顔子爲亞聖優之以公爵此唐舊制也宋則優進孟子而同列於南面配食之位以四科之賢列爲十哲而顔子居其首亦唐舊制也宋則優進顔子於配享而十哲坐于東西之列唐舊制以左丘明而下二十二人圖繪於壁而宋則以韓昌黎諸賢皆列從祀此崇尚之禮行於宋者又如此然究其儀物觀其制度不無深意焉其日用丁以文明之盛也其時用仲以四時之正也雲山之象奇耦之數寓於樽罍籩豆之器以吾道與天地陰陽同一體也奠幣而後獻爵先誠而後物也再獻而後旅爵先尊而後卑也奠爵所以致其厚故合樂以興舞羞菜所以致其薄故興樂而不舞酒必尚玄所以致其虔□必以白所以尚其質嗚呼夫子之道猶元氣然周流兩間成小成大所以答其賜者宜如是其備也洪惟我朝列聖相承崇尚益至以萬乘之尊躬釋奠之禮橋門有輝斯道增氣誠可謂超漢唐而過有宋所以壽億萬年太平之基者端在於是何幸身親見之

第三問

喬奉先

同考試官教授周批（條答無遺優於策學者也）

考試官教諭史批（歷陳古人薦賢之實爲薦舉者勸允爲切當）

考試官教諭朱批（考據精詳足見策手）

人臣報國固莫急於薦賢以公則奔競爲自息夫人臣以報國爲念則所薦無非公人臣□植恩爲念則所薦無非私所薦以公則士習厚所薦以私則奔競起然則爲人臣者可不公於薦賢乎書以舉稱得失皆歸之己孔子以己所不知皆付與人其急於薦賢也有如是夫是故嫌可避也然曹彬以一代名將教子登壇韜略世授卒以瑋薦瑋彬子也吕蒙正以一代賢相衣鉢相傳勛業無愧卒以夷簡薦夷簡蒙正猶子也以子薦以猶子薦公而已矣何親之足嫌乎讐可恨也廢置之事范仲淹嘗攻吕夷簡矣人謂夷簡必□□□□□簡復薦仲淹燈籠錦之事唐介嘗劾□□□矣人謂彦博必啣之既而彦博首薦唐□□而後薦劾而後薦公而已矣何讐之足恤乎李文正公沆以用賢爲大臣之職業而不市私恩王文正公曾未嘗顯拔一人而恐恩自己出曰不市恩曰恐已出蓋公以存心豈肯桃李私門乎吕文靖之薦包孝肅以其同巷不求

見司馬公之薦劉元城以其無書抵政府夫以不求見薦以無書問薦蓋公以爲主豈待有求後舉乎嗚呼古之大臣惟知以薦賢報國爲事爲士夫者惟知以律身行己爲常士風安得而不厚士習安得而不淳此或者所以謂欲息奔競惟公薦舉也今日之司薦舉者固皆存爲國之心爲士夫者亦多敦恬静之節然而乞墦之風未盡除拜塵之俗亦間有是猶大畦而□□□□□而夾片蘠使司薦舉者皆如王李諸□□□□□□渝爲士夫者皆以包劉諸公□□□□□□將見忸怩其心改悔不暇故曰□□□□□而直尚何不根除而株拔哉管見如□□□□□

第四問

徐官

同考試官學正童批（歷對崇報功臣議論切當而且措詞雄健蓋嘗用心於策學者）

考試官教諭史批（策詳悉且才思豐贍蓋非稚學所能到者）

考試官教諭朱批（隨問而答博學士也）

籌策雍容機圖密勿人臣昭濟時之勛鴻名輝焕儀采精神人君隆報功之典夫以慨艱難於興王孰忍背忠義於無事人君於崇報之典固不容己於功成治定之日而麗筆圖寫之輝又豈可以錙銖之失而遽有所遺哉請因明問而條陳之粤自炎漢甫定詔定元勛以酇侯蕭何第一蓋取其給饋餉撫國家以成肇漢之功彼宫室之□持白璧微瑕耳於功之報也何疑以平陽侯□□□□□□□□□戰功善守法以成翼漢之績彼□□□□□□抱寸腐耳於功之報也何□□□□□□□臣於麒麟閣當時蘇武之使□□□□□□□謂全節之臣矣但官止典□□□□□□□□□□示匈奴以平素之畏一□□□□□□□□□□□之下將益信中國人材之盛□然有虎豹在山之勢置之末位意或有在惟霍光獨曰大司馬大將軍博陸侯姓霍氏而待以不名之禮卓然特居諸臣之上臣節雖不能無虧其擁昭立宣功在社稷有非他人所可幾及置之首位孰曰不宜暴隋之末李唐繼興太宗圖功臣於凌煙閣若魏徵之忘君事讐功不贖過宜不預也然其犯顔極諫有裨守成其功豈容掩乎李勣之阿諛順旨贊立武氏宜不取也然其掃除紛亂長城萬里其勛豈容泯乎逮于有宋理宗詔圖功臣於昭勛崇德□當時趙普發再誤之語竟渝金匱之盟實過也然而□勛□□弘濟艱難在所宜敦王旦以美□□□□□□□□□□□□過也然而相業輝赫□□□□□□□□□□□□臺閣本以追念洪□□□□□□□□□□□

耶由是而知□元勛自□□□□□□□□□□張□周勃樊噲與夫酈□□□□□□□□□□□等十有八人固以□□□□□□□□□□□□霍光而下次之以□□□□□□□□□□相與□丙吉劉德梁丘賀杜延年肅望之□十有一人容非以崇德報功爲心乎凌煙之□十四人首之以長孫無忌次之以房玄齡杜如晦李靖魏徵虞世南張公瑾之輩罔不次功□序而表彰之也昭勛崇德□二十三人首之□趙普繼之以薛居正潘仁美李繼隆富弼□□曾公亮之徒又豈不以功爲列而寵异之□□元勛偉赫杰閣巍峨群公先正精爽飛動□□於□鑾之中而嗣臣志士砥礪名節□敦□思奮於觀瞻之下是則報元勛於既往□□所以激後進於將來漢唐宋之所以□□長□□蓋有□矣管見如斯未知是否惟進而□□□

第五問

石巍

□□□□□批（□議論□□真達時務俊杰也）

□□□□□批（□□□□昔時所司之弊舉今日所行之□□宜□□也）

□□□□□批（□□□□世之學）

韋□□□□□□□□之務□茅□策以經濟之略此執事待以豪杰而不以迂腐見□甚盛心也敢不披瀝□□□以復且郡縣之設所以牧民也守令得人則百姓□□福不然則貪暴肆圜扉之威委巷興啼號之□□可勝言耶今日汰擇雖嚴矣然未免莠□□遺誠能純科目之選使皆□行之士則守令皆龔黄卓魯其人庶民何患□□哺□嬉耶衛所之設所以禦侮也將校得□□□□□□□不然則□蠹巧侵漁之術行伍之征取之不□□道耶今日簡汰雖數然未□孰不□□□□勛胄之教使知廉耻之□薄之□安□□□□□□□軍士何患不超距而故□□□□□□□□□□□所不免□荒之□□□□□□□□□□□□□□□□□□□□□□□□□□□□□之□行之□□□□□□□□□□□□凶荒孰不室□□□□而居□□□□□奸宄雖唐虞猶□□□□□□□□□□□□廣漢以鈎距摘□□□□□□□□□□□□□□而已誠能省粟□□家以之給人以之足其見□□□□□□□□豈復罹於法網乎愚也以□□□□□□□豪杰自負然以執事獎許之□□□□罄管蠡□□辛進而教之

山東鄉試録後序

天□□□□賦與之其間秀出而豪□□偉者必加厚焉天豈無意□□□其全所賦與者以職天□□無綏天民焉天意拳拳□□□□□□□也審矣我□□□□□□□□□□法美政充□□□□□□□□事尤加之□□□□□□秀區學宫以處□□□□□啓導之頒經籍以□□□□具而又廩之豐拔之□□□□凡所以栽培扶植者□□□□我（此處底本缺頁——編者注）

成化十六年山東鄉試録

山東鄉試録序

賢才致治之本也自昔御天下者必資之以共理焉周子曰心純則賢才輔賢才輔則天下治於乎人君未嘗不願治也而必藉賢才之輔賢才未嘗不輔世也而必自君心之純君心既純于以用天下之賢才于以大一統之鴻業于以開萬世之太平卓乎不可尚已山東密邇京畿凡百供億倍蓰侯服歲屬庚子適當鄉試之期所司舉行舊典時巡按監察御史張蕙仰體朝廷簡賢圖治之盛心乃協謀於藩臬重臣以爲命鄉論秀事莫重於此者有所容心焉是負國也是怠厥官也毋私毋怠惟公與慎此今日之急務舍是他圖惡在其爲知所重耶因集提學僉事畢瑜預考應試之士千七百有奇偕參政裴慧孫暲參議王道僉事劉璋葉淇羅睿侯恂袁端相與申嚴小試以杜幸進而至公之道如青天白日於是取其通經學古可以備場屋之選□僅七百五十餘人網維防範則巡按御史實監臨之提調則左布政使趙文博左參政邢表監試則副使李讓石渠雖下至受卷彌封諸執事亦必慎柬諸有司之廉慎者充焉凡厥三試天日晴明詳飆披拂諸士子揚眉吐氣有激昂青雲之志比撤棘得其文詞之純如渭之純於清如玉之純於白如黄鐘大吕之純於和者七十五人遵制額也實精選也事竣告成於上而傳示於下昭忝司文衡宜序諸首切惟人以眇然之身可以參天地可以贊元化可以奠安宗社可以康乂生民斯文倚之爲命脉衣冠賴之以維持何莫不自一心始耶二帝純此心以帝天下三王純此心以王天下孔孟純此心以師天下厥後聖學失傳心始雜于刑名于黄老于然于夷君子厭論也至於有□五星聚奎濂洛關□諸君子出闡明心學以覺來世雖不能追復帝王之治於當時猶得以淑人心□□之純厥功偉矣蓋人之心纯則誠否則僞純則正否則邪純則公否則私純則善否則惡純則君子否則小人出乎此則入乎彼甚可畏也爾多士養於庠序以純其心發於文章以純乎理英英乎氣之充也彬彬乎才之碩也亹亹乎論議之正大也登名是録亦榮矣行將角藝春官對揚大廷際雲龍風虎之嘉會有日繼自今宅心制行其必純乎誠而無僞純乎正而無邪純乎公而無私純乎善而無惡

純乎君子而不爲小人之歸弼成化理上侔帝王之盛使天下後世稱之曰齊魯人才功名德業遠可以趾美孔孟高可以仰止泰岱豈惟爾多士之光而昭等亦與有光於無窮也因序兹録庸王汝多士於成

江西廣信府儒學教授福清鄭昭謹序

成化十六年山東鄉試

監臨官

巡按山東監察御史張蕙（廷芳山西忻州人　丙戌進士）

提調官

山東等處承宣布政使司左布政使趙文博（守約山西代州人　甲戌進士）

山東等處承宣布政使司左參政邢表（居正順天府文安縣人　丁丑進士）

監試官

山東等處提刑按察司副使李讓（志德河南鄧州人　庚午貢士）

山東等處提刑按察司副使石渠（翰卿直隸清河縣人　丙戌進士）

巡綽官

山東都指揮使司都指揮僉事金榮（宗顯直隸永平府人）

山東都指揮使署都指揮僉事廉政（廷舉河南光山縣人）

考試官

江西廣信府儒學教授鄭昭（德懋福建福清縣人　壬午貢士）

直隸保定府安州儒學學正章英（伯大直隸績溪縣人　乙酉貢士）

同考試官

廣東潮州府饒平縣儒學教諭劉原弼(□之江西吉水縣人　丙子貢士）

直隸和州含山縣儒學教諭童琚（廷美浙江臨安縣人　癸酉貢士）

浙江寧波府儒學訓導曾顯（克達江西□和縣人　丁酉貢士）

直隸真定府深州儒學訓導雷敏（志學山西陽曲縣人　甲午貢士）

河南開封府歸德州夏邑縣儒學訓導陳信（彦實直隸山陽縣人　庚午貢士）

江西饒州府德興縣儒學訓導李寅（守一浙江黄巖縣人　甲午貢士）

江西饒州府餘干縣儒學訓導左浚（希哲福建寧德縣人　戊子貢士）

印卷官

山東等處承宣布政使司經歷司經歷張宗（廷珍直隸徐州人　吏員）

山東等處承宣布政使司經歷司都事歐鐸（文振福建閩縣人　吏員）

收掌試卷官

東昌府知府吉慶（孟榮陝西長安縣人　庚午貢士）

濟南府通判徐宣（德夫直隸山陽縣人　己卯貢士）

受卷官

山東等處提刑按察司經歷司經歷林烈（元英浙江青田縣人　監生）

濟南府同知衛英（時獻山西洪洞縣人　癸酉貢士）

彌封官

山東都指揮使司斷事司斷事任紀（大綱山西介休縣人　監生）

萊州府通判李塾（時舉直隸高郵州人　壬午貢士）

謄録官

山東等處提刑按察司照磨所照磨李綸（大經山西蒲州人　監生）

萊州府照磨所檢校陸嵩（正邦順天府大興縣人　儒士）

對讀官

濟南府歷城縣縣丞曹冕（宗周陝西河州人　監生）

濟南府臨邑縣縣丞孟翺（騰達河南獲嘉縣人　監生）

搜檢官

濟南衛指揮使劉岱（衆瞻直隸曲陽縣人）

濟南衛指揮使李勛（廷臣順天府大興縣人）

濟南衛指揮僉事杜璋（□□□□）

濟南衛指揮僉事尹琮（廷玉直隸密雲縣人）

供給官

濟南府知府王璟（孟輝山西陽曲縣人　癸酉貢生）

濟南府歷城縣知縣賈宣（文著河南封丘縣人　己卯貢生）

濟南府長清縣知縣朱義（仲宣浙江仁和縣人　己卯貢生）

濟南府齊河縣知縣惠民（濟衆陝西蒲城縣人　壬午貢士）

濟南府歷城縣典史劉儀（仲□山西陽曲縣人　吏員）

兖州府東平州東原馬驛驛丞杜弘道（均穀廣東番禺縣人　承差）

第一場

四書

恭則不侮寬則得衆信則人任焉敏則有功惠則足以使人　故君子之道本諸身徵諸庶民考諸三王而不謬建諸天地而不悖質諸鬼神而無疑百世以俟聖人而不惑　我非堯舜之道不敢以陳於王前故齊人莫如我敬王也

易

觀乎人文以化成天下　九二鳴鶴在陰其子和之我有好爵吾與爾靡之象曰其子和之中心願也　富有之謂大業日新之謂盛德　昔者聖人之作易也將以順性命之理是以立天之道曰陰與陽立地之道曰柔與剛立人之道曰仁與義兼三才而兩之故易六畫而成卦分陰分陽迭用柔剛故易六位而成章

書

誰敢不讓敢不敬應　從諫弗咈先民時若居上克明爲下克忠與人不求備檢身若不及　其克詰爾戎兵以陟禹之迹方行天下至于海表罔有不服以覲起王之耿光以揚武王之大烈　昔君文武丕平富不務咎底至齊信用昭明于天下則亦有熊羆之士不二心之臣保乂王家用端命于上帝皇天用訓厥道付畀四方

詩

淑人君子其儀不忒其儀不忒正是四國　俾爾單厚何福不除　亹亹申伯王纘之事于邑于謝南國是式　王釐爾成來咨來茹嗟嗟保介維莫之春亦又何求如何新畬於皇來牟將受厥明明昭上帝迄用康年命我衆人庤乃錢鎛奄觀銍艾

春秋

公會齊侯鄭伯于中丘翬帥師會齊人鄭人伐宋（俱隱公十年）齊侯衛侯鄭伯來戰于郎（桓公十年）齊人衛人鄭人盟于惡曹（桓公十一年）齊侯宋人陳人蔡人邾人會于北杏（莊公十三年）公會齊侯宋公陳侯衛侯鄭伯許男曹伯侵蔡蔡潰遂伐楚次　于陘齊人執陳轅濤塗（俱僖公四年）公會晋侯齊侯宋公蔡侯鄭伯陳子莒子邾子秦人于温晋人執衛侯歸之于京師（俱僖公二十八年）　城楚丘（僖公二年）諸侯城緣陵（僖

公十四年）蔡侯廬歸于蔡陳侯吴歸于陳（昭公十三年） 公會晋侯齊侯宋公蔡侯鄭伯衛子莒子盟于踐土（僖公二十八年）晋侯伐衛（文公元年）同盟于亳城北（襄公十一年）仲孫羯會晋荀盈齊高止宋華定衛世叔儀鄭公孫段曹人莒人滕人薛人小邾人城杞（襄公二十九年） 楚子陳侯鄭伯盟于辰陵（宣公十一年）公及楚人秦人宋人陳人衛人鄭人齊人曹人邾人薛人鄫人盟于蜀（成公三年）叔孫豹會晋趙武楚屈建蔡公孫歸生衛石惡陳孔奂鄭良霄許人曹人于宋（襄公二十七年）叔孫豹會晋趙武楚公子圍齊國弱宋向戌衛齊惡陳公子招蔡公孫歸生鄭罕虎許人曹人于虢（昭公元年）

禮記

太傅在前少傅在後入則有保出則有師是以教喻而德成也 義生然後禮作禮作然後萬物安 故聽其雅頌之聲志意得廣焉 席小卿次上卿大夫次小卿士庶子以次就位於下獻君君舉旅行酬而后獻卿卿舉旅行酬而后獻大夫大夫舉旅行酬而后獻士士舉旅行酬而后獻庶子俎豆牲體薦羞皆有等差所以明貴賤也

第二場

論

君相以父母天下爲王道

詔誥表（内科一道）

擬漢昭帝舉賢良文學詔 擬唐以顔真卿爲刑部尚書誥 擬宋曾鞏謝賜唐六典表

判語（五條）

官員赴任過限 出納官物有違 丁夫差遣不平 公事應行稽程 子孫違犯教令

第三場

策（五道）

問 聖人之心見於書猶化子之妙著於物聖人之書行於世猶日月之運麗乎□粤自馬圖見而羲卦畫龜書呈而禹疇叙文王因羲畫而繫繇辭武王訪箕子而衍洪範是數聖人之書皆所以爲天地立心爲生民立命爲萬世

開太平者也後世英君誼辟工於辭章者若大風鴻鵠諸歌勤於著述者若金鑒帝範等書果可以比擬前數聖人之書歟洪惟我朝太祖高皇帝御製大誥三編太宗文皇帝御製爲善陰騭孝順事實二書宣宗章皇帝御製五倫書皆垂世之寶訓也列聖之心即古聖人之心列聖之書即古聖人之書然三誥兼紀善惡二書專載善孝五倫書備著五倫之道且兼紀善惡以示勸懲者以孰爲最紀善孝以示勸者以孰爲優盡五倫者孰可爲法歟明著于篇毋隱

問　學莫先於窮理如心性誠敬皆理之所當窮者姑相與論之自大舜開萬世心學之源而後之言心者祖焉成湯發萬世性學之藴而後之言性者祖焉心一也何以有人心道心心爲太極心妙性情之异歟性一也何以有天命氣質善惡三品之分歟六經言誠者有矣言敬者有矣自漢以來無人識誠字先儒有以不欺言者有以不息言者有以無妄言者何説始盡歟自秦以來無人識敬字先儒有以整齊嚴肅言者有以常惺惺法言者有以其心收斂不容一物言者何説始備歟夫心也性也誠也敬也果可一以貫之歟諸士子講學有年幸紬繹以對

問　六經之後而詩文衆體出焉不可以不講也試與諸士子論之文之體有詔制誥□問命表箋者有碑碣誄志記序傳解者有論疏辯説簡狀啓檄露布札子者詩之體有辭賦騷選雅操箴銘者有歌曲行引謡吟古律者有側拗篇咏言謳嘆怨樂府者其命義安在果有得於經之體歟以文而論或對賢良策或爲過秦論或作王命論或作美新或記蘭亭可謂盛矣何前賢獨取孔明之表歟以詩而論或高妙或冲淡或豪邁或峻潔或華麗可謂美矣何先正獨取子美之詩歟我朝文運亨嘉上自臺閣下及衡門之士含英咀華發於詩文率足以鳴國家之盛視前代諸賢著作孰優孰劣必有能辯之者幸明言之

問　有一代之人物必有一代之名譽天下之公論係焉確乎不可誣已唐虞三代之人物名實相孚文德攸濟固不必論矣自漢以來有名著於朝廷者誰歟有名顯於天下者誰歟名揚於郡國與播於外域者可指言歟名形於誦咏與見於并稱者可悉數歟他如名在於票目係於地理者又可得而知其人歟君子之學務實而已何以名爲諸生抱負實學有素於前之諸君子其以何人爲法歟言及之而不言君子不爲也

問　天下事可言者多矣試舉其切於時宜者相與商確之□□因能授官歲計吏治今任賢去邪之法猶□也然一有剌舉賢否混淆登用者未必皆賢被黜者未必皆否伊欲黜陟公而賢否不至混淆何法以處之古者田以井授税以什一今足國裕民之計猶古也然一有調發公私困乏郎階胄

監或鬻於富室賣絲糶穀每□□窮□□欲□慶是而公私不至困乏何道以致之守令民之師帥所以承流而宣化者也今朝廷以守令惟取于監膺慮六事或未修也故兼選進士出補郡邑無非欲得人以安黎庶而已何以能使馴雉却虎之良不垂耳於鹽車乎將帥民之保障所使以身而運臂者也今朝廷以將帥惟取於世襲慮七德或未諳也故請開武舉兼試文藝無非欲得人以衛疆場而已何以能使販繒屠狗之輩不落魄於閭閻乎昔范希文自做秀才時便以天下爲己任爾諸生飽飫經史豈無懷用世之志如希文者願著于篇以俟聞于上

中式舉人七十五名

第一名　高嶽　泰安州學生　易
第二名　劉鎡　壽光縣學增廣生　書
第三名　趙琮　兖州府學生　詩
第四名　鮑瓘　壽光縣學生　春秋
第五名　趙珩　黄縣學生　禮記
第六名　許鋭　登州府學生　易
第七名　楊浩　東阿縣學增廣生　書
第八名　康恕　陵縣學生　書
第九名　張睿　莘縣學生　詩
第十名　于鳳喈　萊陽縣學生　書
第十一名　何循序　膠州學生　詩
第十二名　李鎧　臨清縣學軍生　書
第十三名　左達　莘縣學生　禮記
第十四名　彭壽　東昌府學生　易
第十五名　蕭淵　堂邑縣學增廣生　春秋
第十六名　欒凰　東昌府學增廣生　詩
第十七名　廬亨　商河縣學生　詩
第十八名　鄭安　樂安縣學生　書
第十九名　劉約　東阿縣學增廣生　詩
第二十名　王道　曹縣學生　易
第二十一名　郭鳳　臨清縣學生　詩

第二十二名　殷晙　濟南府學生　禮記
第二十三名　秦玘　濟南府學生　詩
第二十四名　鄧淳　平陰縣學生　書
第二十五名　冀德　齊河縣學生　詩
第二十六名　郭巽　武定州學生　易
第二十七名　傅檜　德州學生　禮記
第二十八名　宋鋭　德州學生　書
第二十九名　馮鋭　濮州學生　詩
第三十名　王旻　高密縣學生　易
第三十一名　王蓁　朝城縣學生　詩
第三十二名　賈鉞　平原縣學生　詩
第三十三名　韓普　滋陽縣學生　書
第三十四名　李燦然　蒙陰縣學生　春秋
第三十五名　姚玉　德州學增廣生　禮記
第三十六名　郭敷澤　招遠縣學生　春秋
第三十七名　馬驄　章丘縣學生　詩
第三十八名　張正學　膠州學生　書
第三十九名　王銘　淄川縣學生　詩
第四十名　魏璞　濟寧州學增廣生　易
第四十一名　冷禄　膠州學生　詩
第四十二名　王智　長清縣學生　詩
第四十三名　梁誼　武城縣學生　書
第四十四名　馬伯昂　臨清縣學生　易
第四十五名　黄泰　安丘縣學生　詩
第四十六名　田弘　肥城縣學生　書
第四十七名　張經　蒲臺縣學生　詩
第四十八名　高璽　武城縣學生　易
第四十九名　王紹　曹州學生　書
第五十名　殷輅　肥城縣學生　詩
第五十一名　高志　兖州府學生　書
第五十二名　常定　堂邑縣學生　易
第五十三名　趙孜　定陶縣學生　詩

第五十四名　蔣顯　東平州學生　詩
第五十五名　王達　嘉祥縣學生　書
第五十六名　郭良　壽張縣學生　書
第五十七名　趙淵　齊東縣學生　詩
第五十八名　傅敏　汶上縣學生　易
第五十九名　李榮　青州府學生　書
第六十名　崔瑄　膠州學生　詩
第六十一名　于寬　濱州學生　春秋
第六十二名　劉慧　陽穀縣學增廣生　詩
第六十三名　張善　濟南府學生　書
第六十四名　楊埜　齊東縣學生　詩
第六十五名　陳偉　東昌府學生　易
第六十六名　曲鋭　萊陽縣學生　書
第六十七名　周王　單縣學生　詩
第六十八名　王淵　遼東都司學軍生　書
第六十九名　張昂　陽信縣學生　詩
第七十名　鄭洪　臨清縣學生　易
第七十一名　匡翼之　膠州學生　詩
第七十二名　張瓛　福山縣學生　禮記
第七十三名　王琮　濟南府學生　書
第七十四名　邢義　濟陽縣學生　春秋
第七十五名　陳福　茌平縣學生　詩

第一場

四書

故君子之道本諸身徵諸庶民考諸三王而不謬建諸天地而不悖質諸鬼神而無疑百世以俟聖人而不惑

鮑瓚

考試官學正章批（理明詞暢且分截不差作手也）

考試官教授鄭批（辭理詳盡是宜録出）

論王者之制作本於德而所驗無不合也蓋制作所以王天下之道也苟

非本於德而驗之無不合又何以行於天下也哉今夫人君中天下而立定四海之民其王天下之道在乎議禮制度考文而已議禮以同其倫制度以同其軌考文以同其文所以新天下之視聽者在是所以一天下之心志者在是可不本於德乎必也本於吾身根於其德仁極仁義極義凡見於三重者皆仁義之發越禮極禮智極智凡形諸三重者皆禮智之流行由是驗之於民是矜是式而無不從徵之於人是遵是守而無不信三王已行之迹以是道而考之則與之吻合而無所差天地自然之道以是道而參之則與之默契而無所拂無形而難知者鬼神也以之而質諸鬼神則幽有以驗乎明而無疑焉未至而難料者後聖也以之而俟諸後聖則遠有以驗乎近而不惑焉吁君子之道本之有其德驗之無不合此其所以爲王天下者之所重歟雖然中庸此□□明居上不驕之意而言及此以見王者之制作不惟本於其德义必達幽明貫古今而無不合斯能行之天下而致聲譽於無窮焉不然下文何以曰君子未有不如此而蚤有譽於天下者也因并及之

我非堯舜之道不敢以陳於王前故齊人莫如我敬王也

高嶽

同考試官訓導李批（敬君□□□□□□佳作也）

同考試官教諭童批（以仁義立説藹然孟子告君子之意且筆力蒼古非初學可到）

考試官學正章批（詞健理明讀之令人起敬）

考試官教授鄭批（説孟子告齊王之意宛然當時氣象健羨健羨）

大賢自言以前聖之道告其君非時人之所能及也蓋堯舜之道仁義之道也大賢以是而告君則敬君之心至矣又豈時人之所能企及哉昔孟子因景子譏已不見齊王而告之若曰奔走承順齊人敬君之小也我之責難於君非帝堯仁義之道則不敢言於前外此而功利之説不言也擎跽曲拳齊人敬君以貌也我之陳善於君非帝舜仁義之道亦不敢言於前舍此而甲兵之事不言也言焉而堯言焉而舜非好迂也非過望也蓋欲以吾君體帝堯仁義之心平章百姓協和萬邦不堯其君不止焉行帝舜仁義之道五典克從百揆時叙不舜其君不止焉彼齊人舍其大而務其小豈如我敬君之大乎以其貌而不以其心豈如我敬君之至乎吁不以戰國之君視其君而以堯舜之君望其君若孟子者可不爲萬世人臣之龜鑒歟雖然時而戰國人皆不知性之本善故孟子道性善言必稱堯舜是以一書之中拳拳以堯舜稱之則知堯舜不獨

爲人君之法臣道也父道也子道也兄弟也朋友也何莫而不以堯舜爲法乎

易

觀乎人文以化成天下

高嶽

同考試官訓導李批（發明賁道之大是作得之）

同考試官教諭童批（作此題者於觀人文處多忽略於化成處多陳腐是篇説理詳盡而化腐爲新當是作手）

考試官學正章批（易義體認明白佳作也）

考試官教授鄭批（發明賁道得聖人俾象之意）

觀人道之賁成世道之賁蓋易卦文明以止此人道之賁也聖人觀之以化成天下豈非世道之賁乎彖傳聖人極言賁道之大如此且夫賁之爲卦離明於内艮止於外文明以止人之文也聖人果何以觀之而化成天下乎誠以父子君臣歡然有禮以相接而尊卑之分不逾此人之文也夫婦長幼朋友秩然有禮以相與而上下之分不瀆亦人之文也聖人爲人文之主宰觀在易之人文以之而化成天下篤之以恩限之以分舊者化而新久而成其俗由是天下之爲父子爲君臣者莫不有親有義而父子君臣同一人文之化也天下之爲夫婦爲長幼爲朋友者莫不有別有序有信而夫婦長幼朋友同一人文之化也家不殊俗人人有君子之行國不异政比屋有可封之俗天下之大一人文之化成世道之賁孰有加於此哉大抵天下之道莫大於人倫人君賁天下之道莫大於明倫人倫明於上則小民親於下矣堯舜之所以帝禹湯文武之所以王用此賁也然則賁道之大非聖人其孰能用之乎

昔者聖人之作易也將以順性命之理是以立天之道曰陰與陽立地之道曰柔與剛立人之道曰仁與義兼三才而兩之故易六畫而成卦分陰分陽迭用柔剛故易六位而成章

許鋭

同考試訓導李批（此題場中作者多分截不明且陳腐可厭晚得是篇深合題意允宜録出以破群疑）

同考試官教諭童批（性命之理即三才之道六畫之成卦成章皆所以順乎此理也是作體認親切分截允當一洗易學之舊習閲之心目豁然）

考試官學正章批（是篇得聖人説卦之旨）

考試官教授鄭批（此作説理詳明蓋精於易學者）

聖人易書之作欲以順乎理故易畫之備有以順乎理蓋性命之理即三才之道也聖人作易兼三才而成卦間六位而成章何莫而非所以順乎是理也歟嘗觀吾夫子説卦之意謂夫昔者聖人之作易也豈徒具卦爻之象哉將以順性命之理而已彼性命之理出於一原而散見於三才者也是以立天之道曰陰與陽而陰陽固此性命之理也立地之道曰柔與剛而剛柔亦此性命之理也立人之道曰仁典義而仁義孰非此性命之理乎惟理不外乎三才故卦必成於六畫故聖人作易總而言之兼天之道而兩之則五爲天之陽上爲天之陰兼地之道而兩之則初爲地之剛二爲地之柔兼人道而兩之則三爲人之仁四爲人之義兩者既兼六者斯備而易之卦體以全細而分之初三五爲陽位二四上爲陰位而陰陽中分位之陽者爲剛位之陰者爲柔而剛柔迭用陰陽相間剛柔相雜而易之文章以著卦畫之成者此理也文章之著者此理也聖人作易以順性命之理豈不於此而可見乎大抵易之未作性命之理見於三才易之既作三才之道具於卦畫見於三才之理即具於卦畫之理故吾夫子贊易一則曰六爻之動三極之道也一則曰六者非他也三才之道也至此又以是發明之先儒謂易者性命之原蓋亦有見於斯云

書

從諫弗咈先民時若居上克明爲下克忠與人不求備檢身若不及

劉鎡

同考試官訓導陳批（此篇發明成湯修人紀之實節節分明殆無餘藴佳作也）

同考試官訓導曾批（於經也明於文也整本房書義之冠外此夫何求）

同考試官教諭劉批（題本平易作者固多求其詞理兼盡者僅見此篇）

考試官學正章批（得成湯修人紀之實而措詞詳盡作手也）

考試官教授鄭批（六事皆湯之自修此篇以人紀貫講得之）

隨所事而各盡其道此前聖修人紀然也蓋前聖以人紀爲一身之任故修之之功隨所事而各盡其道大臣舉以爲賢王告其忠愛之意不既深乎昔伊尹欲太甲立愛敬而謹厥始故告之以此若曰先王成湯肇修人紀果何以見之哉彼其忠言讜論所以扶持人紀者也則樂善不倦從之而弗通焉前輩舊德所以倡率人紀者也則見善必從順之而不悖焉居上也則以人紀之道躬行於臨御之時而無一毫之或昧使在下視效其克明也何如爲下也則以人紀之道敷陳於納誨之際而無一息之或欺使在上有所箴規其克忠也何如在人或能修人紀也則惟善是取不責以他德之未全何嘗有求備之心乎

在已雖能修人紀也尤省察克治惟恐有一善之未實曷嘗有自足之念哉湯之所以修人紀者如此太甲欲謹厥始可不知所取法歟抑太甲以成湯之孫繼天下之大伊尹懼其不能謹之於始故先曰罔不在初立愛惟親立敬惟長故遂繼以成湯之所修人紀者以感動之蓋欲太甲立愛敬而謹厥始也噫伊尹學堯舜者也堯舜之道孝弟而已觀其陳告以此其有意致君爲堯舜之君者歟

昔君文武丕平當不務咎底至齊信用昭明於天下則亦有熊羆之士不二心之臣保乂王家用端命于上帝皇天用訓厥道付畀四方

楊浩

同考試官訓導陳批（場中作者紛無定見求體認真而發明盡者無逾此篇宜録出以□諸作）

同考試官訓導曾批（此題康王求助群臣諸侯□文武資臣之助以見大業□蔡傳釋之詳矣作者多分截不明殊戾本旨□此篇文足以明□言足以達意冠本房宜無忝）

同考試官教諭劉批（此篇本蔡傳作甚得其旨視他卷不及也允宜録出）

考試官學正章批（此題分截真包括盡誠無忝此選）

考試官教授鄭批（此篇文理詳盡隱然見康王求助群臣諸侯之意可取）

前聖仁民之德而著於天下尤得群臣之輔以膺率天眷蓋臣之有益於君也尚矣前聖仁民之德雖足以膺天眷能不資群臣以輔之哉宜康王求助群臣諸侯而報誥之以此也想其意若曰我周文武之爲君以德不可不廣也則□博均平薄斂富民焉以罰不可不謹也則不務咎惡輕省刑罰焉文武務德不務罰之心著於外者推行而底其至存諸中者兼盡而極其誠故光輝發□如日月之照臨光于四方民皆知其尚德而不尚罰也顯于九有人皆知其務德而不務咎也以文武之仁德遠著如此若無待於群臣之輔矣求之當時則亦有熊羆武勇之士戮力同心而翼衛乎王室不二心忠實之臣并力效勞以保乂乎王家由是誕膺天命以撫方夏我文王則有以受正命於上天矣簡畀殷命尹爾多方我武王則有以受端命於上帝焉然上帝不徒保佑命之而又於蒼蒼之表用順其尚德不尚罰之道付之以輿圖之大而尺地莫非其有也自天申之而又於冥冥之中用訓其務德不務咎之心畀之以萬方之廣而一民莫非其臣也文武得群臣之輔而膺天眷之隆如此爾群臣諸侯可不輔導於我以紹於文武乎抑觀康王以繼體守成之君而嗣文武重光之運君臨

之初舉此以告群臣諸侯意以文武之聖尚得群臣之輔而獲乎天眷矧予小子爾可不勉夫承弼厥辟之功哉厥後康王克盡君道爲有周令主可謂有光於文武矣不然何以曰不顯成康上帝是皇

詩

俾爾單厚何福不除

趙琮

同考試官訓導雷批（場中作者多以君之富貴爲講令人厭觀此篇獨能融會傳義化腐爲奇非深得葩經之旨者不能宜冠本房）

考試官學正章批（文理俱到優於衆作健羨健羨）

考試官教授鄭批（善形容臣子祝君之情且詞理俱到可取）

詩人願天眷君以盡厚之福必其福之更新也蓋福之更新乃所以盡厚也詩人以是祝君其忠愛之意一何至哉昔人君以鹿鳴以下五詩燕其臣臣受賜者歌此詩以答其君意謂吾君以萬乘之尊居九重之上燕饗之際待臣之禮至矣今我爲賓客我爲使臣將何以報之乎惟願蒼蒼者天眷顧於冲漠之中使吾君獲福之盡厚焉旅酬之頃優臣之意厚矣今我爲兄弟我爲朋友將何以答之乎惟願皇皇后帝保佑於穹窿之表俾吾君獲福之單厚焉然福之單厚果何如哉彼舊者除而新者不生非單厚也願吾君之福舊者既除而新者又生初無窮已其單厚也爲何如往者消而來者不續非盡厚也願吾君之福往者方消而來者復續初無間斷其盡厚也又何如噫臣子答君之賜者其忠愛之誠有如是夫抑嘗論之君臣之分以嚴爲主朝廷之禮以敬爲主然一於嚴敬則情或不通有周王者制爲燕饗之禮以通上下之情君以恩禮施之臣以祝願報之此盛時君臣所以上下交而德業成也猗歟盛哉

王釐爾成來咨來茹嗟嗟保介維莫之春亦又何求如何新畬於皇來牟將受厥明明昭上帝迄用康年命我衆人庤乃錢鎛奄觀銍艾

趙琮

同考試官訓導雷批（場中作此題者互有得失純正者無如此篇中間戒命之詞和而不迫真高作也）

考試官學正章批（周王戒命農官之意文足以發之）

考試官教授鄭批（詞簡意明蓋熟於本領者）

王者戒農官以求成法必戒其副而詳其事也夫豐穰係農官之勤惰所當戒命也周王既戒以成法當求而復詳言其事其重農之意爲何如哉此戒

農官之詩其意蓋謂我周之先以稼穡教民以農事開國春耕夏耘莫不有一定之成法爾臣工所宜知也今我賜爾以成法爾當夙夜在公是究是圖可焉于耜舉趾莫不有一定之成憲爾臣工所宜度也今我厘爾以成憲爾當夙夜匪懈來咨來度可焉然成法固所當求苟不示以所戒之事孰知何所求哉於是又謂嗟爾保介職副農官當莫春之月乃治田之時斯時也果何求哉亦惟治其新畬之田耳今爾新畬抑何如哉然而麥已將熟則可以受上帝之明賜矣夫來牟可必嘉穀之占而此明昭之上帝又將賜我新畬以豐年也農官於此宜如之何但命我甸徒庤乃錢鎛以致力於新田而銍艾之舉特奄忽之間爾具我農器以致力於畬田而收成之候特頃刻之際爾豈可以爲久而難待而懈於用力也哉周王於農官而戒飭之如此可謂不忘所自矣抑嘗考之有周之興后稷教民稼穡公劉克篤民事文王之即田功武王之重民食歷世相承皆以農事爲重也成王繼之又拳拳焉以戒飭農官可謂能盡繼述之道者矣噫蒼姬永建八百餘年良有以夫

春秋

城楚丘（僖公二年）諸侯城緣陵（僖公十四年）蔡侯廬歸于蔡陳侯吴歸于陳（昭公十二年）

鮑璡

考試官學正章批（此題學者雖知抑齊楚專封面不知存恤患之功泯繼絶之迹此篇得之是宜録出）

考試官教授鄭批（齊桓楚平封衛杞蔡陳之書法是篇發之殆無餘藴）

春秋抑伯主專封而猶存其恤患之功抑外夷專封而必泯其繼絶之迹此楚丘緣陵之城所以不書衛杞而蔡廬陳吴之歸所以不書自楚也聖人之意何如哉昔衛爲狄患杞爲夷患二國嘗淪於危亡矣齊桓主伯責任安攘始率會檉諸侯城楚丘以存衛繼率會鹹諸侯城緣陵以遷杞築斯城也爲之藩籬鑿斯池也爲之□障雖曰爲利於衛爲甚博有功於杞爲甚大然而黼扆不設於王朝策命不作於内史齊桓是舉語功利則高矣語道義則三王之罪人也春秋於此欲詳書歟其罪不彰不可也欲書衛杞歟其功不著不可也故書城楚丘城緣陵而不書衛杞者豈非抑伯主專封而猶存其恤患之功乎至若陳滅於楚蔡滅於楚二國已底於危亡矣弃疾即位欲橋靈惡始以隱太子有之子廬歸于蔡繼以悼太子偃師之子吴歸于陳土地人民悉以與之儀章器物悉以歸之雖曰悔過遷善與滅繼絶然以五等之君非外夷所得制諸夏之國亦非外夷所得封楚平是舉論其事可恕矣論其心實中國之罪人也春秋

於此欲稱復歸歟是與楚之滅不可也欲言自楚歟是與楚之封不可也止書蔡廬陳吴歸其國而不言自楚者又非抑外夷專封而必泯其繼絶之迹乎吁同一專封也恤患也在齊則待之恕在楚則待之嚴其内夏外夷之意可見矣考之先王之世嘗聞荊狄來王來威也傳至後世縱狄縱楚先後横行中國而莫之顧伊誰之責歟噫世道一變而爲伯再變而爲吴楚又變而爲嚴於書法也非孔子莫能修於斯尤信

公會晋侯齊侯宋公蔡侯鄭伯衛子莒子盟于踐土（僖公二十八年）晋侯伐衛（文公元年）同盟于亳城北（襄公十一年）仲孫羯會晋荀盈齊高止宋華定衛世叔儀鄭公孫段曹人莒人滕人薛人小邾人城杞（襄公二十九年）

鮑璘

考試官學正章批（此題作者多不知哉衛盟亳城北爲襄悼尊王事間有知者又欠發揮簡切可觀獨有是作故録以示學者）

考試官教授鄭批（詞簡理當迥异衆作）

伯業成于前而隳于後春秋深致其意焉蓋先人之業不可不修也晋平不能修文襄悼公之業而徒爲私親之計春秋得不備書以致其意哉昔晋文自歸國以來一戰勝楚遂主夏盟於是荷天王下勞盟踐土以著奬王之義襄公懲衛侯不服朝于温達臣下之情已而悼公爲亳城北之盟而申尊奬王室之約修禮文于父子昭信義于後先西周之好音再續中國之風采一新若三公者可謂能盡厥職而成伯業矣以至平公繼悼使能绳其祖武則前人之業于焉不隳前人之績于焉不泯夫何不此之圖乃命列國之臣爲城杞之舉不恤宗周之闕而夏☐是屏本末倒置也輕弃諸姬之國而毋家是親輕重失倫也書曰若考作室厥子弗肯堂厥父菑厥子弗肯播其平公之謂歟春秋於三公書侯書同盟蓋予之也城杞大夫稱名稱人蓋貶之也聖人之意爲何如吁勤于尊王者公也必褒之昵于毋族者私也必貶之春秋之法其嚴乎雖然平公之庸固無容議文公因天王下勞始爲踐土之盟襄公因伐衛興師始有于温之覲悼公因伐鄭同盟始講奬王之信假此欺人實欲遂已私耳故曰有伯非美事不可不知

禮記

太傅在前少傅在後入則有保出則有師是以教喻而德成也

趙珩

同考試官訓導左批（此題本易作者多□德成處欠明惟此作得之是用録出）

考試官學正章批（理明詞切殊勝他卷）

考試官教授鄭批（講出三王教世子之意優於他作）

先王之教世子也惟隨寓有其人故教明而德備蓋世子之所以教明而德備者由乎輔導之有人也使輔導乏其人則教且不喻又何以成其德哉今夫世子君之儲貳國之根本故三王既以禮樂而教之必立太傅少傅師保以養之焉養之何如以言其行步也太傅則在於前示世子以父子君臣之道少傅則在於後奉世子以觀太傅之行一前一後而皆有所養焉以言其居處也入焉有保輔其身而歸諸道出焉有師教以事而喻諸德一出一入而咸有所養焉夫惟前後出入皆有所養是以薰陶之久而心與理融漸染之深而身與道合向於父子之教有未喻也今則曉然知父之當慈子之當孝而慈孝之德成諸□者粹然一中和之著向於君臣之教有未喻也今則洞然知君之當仁臣之當忠而仁忠之德萃諸躬者渾然無駁雜之蔽世子教喻而德成如此此其所以克紹洪業而保有天下之大也歟抑論三王之教世子禮以修其外樂以修其内其道備矣苟非教之之人則道不能以自行是以又立太傅少傅師保之官養之以成其德也及其德成則又有以致夫教尊而官正官正而國治矣語曰樂正司業父師司成一有元良萬以貞詎不信夫

義生然後禮作禮作然後萬物安

趙珩

同考試官訓導左批（此題祖傳注立説作者多引小注殊戾本旨認理明白措詞切當者僅見此篇）

考試官學生章批（此作一依傳注立説爲是宜冠本經）

考試官教授鄭批（文從理順此卷爲優）

惟義立而節文興斯庶物得其所矣蓋義生於父子親而禮作於義生也然禮既由義而作則庶物豈不因之而各得其所哉記者論昏禮之義及此謂夫人道之倫莫先於別男女男女有別而後父子親子親其父必推父所自出而上親於祖以至於高祖父親其子必推子之所生而下親於孫以及於玄孫或親或疏處之而各得其宜或遠或近施之而咸得其當則義之生也爲何如義既生矣故自父而祖自祖以至於高祖各隨其恩之隆殺而著其節文自子而孫自孫以至於玄孫各循其情之戚疏而爲之品節見於日用之間粲然而

有文形於彝倫之際秩然而有序則禮之作也爲何若禮既作矣故上自父祖以及從父從祖莫不由是而各得其所下自子孫以及從子從孫罔不因之而各安其位則萬物之安也又何如哉吁義生而禮作禮作而物安一由於男女有別而起然則大昏之親迎得不執摯相見以敬章別乎大抵昏禮萬世之始人道之原也是以聖王重之而著其禮執摯而後相見敬重而後相親皆所以成男女之別而立夫婦之義也然豈惟禮重之而已易首乾坤而重咸恒詩首關雎而戒淫泆亦所以重其始也讀禮者不可不知

第二場

論

君相以父母天下爲王道

高嶽

同考試官訓導李批（通篇以誠字貫講有定見有抑揚有發越如天馬行空而步驟不凡令人三嘆）

同考試官教諭童批（詞鋒□利議論層見叠出况以誠講王道最爲切當讀之殊有餘味宜居首選）

考試官學正章批（主誠立説優于衆作）

考試官教授鄭批（筆勢滔滔可取）

論曰愛出於誠而無所不愛則愛以天下矣蓋莫大於天下莫誠於父母愛子之心君相推是心以愛天下則愛出於誠而無所不愛矣王道之大豈復有加於此哉張子曰君相以父母天下爲王道請申其説乾稱父坤稱母天地萬物之父母也大君者吾父母宗子大臣者宗子之家相也君相父母天下果何以爲王道乎且天下之大生民之衆饑者欲食吾不能推父母之心以食之弗愛也寒者欲衣吾不能推父母之心以衣之弗愛也老者欲安少者欲懷勞者欲息疲癃殘疾顛連無告者欲遂其生吾不能推父母之心安之懷之息之遂之弗愛也愛其兄之子而不愛其鄰之子非父母天下矣吾之親則愛之人之親則不愛非父母天下矣愛於一家一家而止耳非父母天下矣愛於一國一國而止耳非父母天下矣父母愛子之心無所不至無一不誠彼父兮生我母兮鞠我撫摩鞠育無不遂其欲調護保養無不得其心爲君相者誠不以民視民而以吾子視民不以民愛民而以愛子之誠愛民則天覆地載之間日照月臨之下不必生於吾使彼有怙凡天地之塞吾其體無一不□吾愛之中不必鞠於吾使彼有恃凡天地之帥吾其性無一不在吾愛之内視天下爲一家

不隔藩籬而分此鄰視中國爲一人不梏形骸而分爾汝饑焉井田以食之寒焉桑麻以衣之老焉不負戴以安之少焉均其惠以懷之勞焉節其力以息之顛連而無告者發政施仁以遂之慮性未復設學校以教之慮訟未息明五刑以弼之非徒見於言而必施諸事此心之誠也若秦漢之少恩者無有焉非徒存諸中而必形諸外此心之誠也若五伯之假名者無有焉日出而作日入而息彼以爲己力也而不知所以出所以入者皆吾君相使之名得其所焉耕田而食鑿井而飲彼以爲己功也而不知所以食所以飲者皆吾君相使之各遂其生焉不徒彼疆我里普天之下皆履吾王道蕩蕩平平之域不徒彼國我家率土之濱皆樂吾王道熙熙皡皡之天如是則天地之所以望宗子者始副宗子之所以任家相之責者始得天下之所以仰父母之願者始遂書曰元首明哉股肱良哉此也易曰上下交而其志同者此也非君相愛民之心一出於誠何以能成王道之大若是乎稽之於古以堯舜之爲君而有皋陶稷契之爲相當時萬邦協和黎民於變四方風動萬國咸寧有此心此誠也以禹湯文武之爲君而有伊傳周召之爲相當時地平天成兆民允殖修和有夏四海永清有此心此誠也後世英君誼辟政治或得或失人心或從或違非不能父母天下也有此心無此誠故耳我太宗文皇帝於萬幾之暇命儒臣集先賢格言著爲性理大全頒示天下於治道之篇有取乎此其父母天下之心可以匹休先王可以比隆前古可以垂教萬世者也愚何幸佩服聖訓謹論

詔

擬漢昭帝舉賢良文學詔

馮鋭

同考試官訓導雷批（簡古）

考試官學正章批（得體）

考試官教授鄭批（擬漢詔近之矣）

自古帝王之治天下必籍賢才爲之輔若有虞翕受敷施成周建賢位能當時萬邦咸寧萬姓悦服良有以也朕以凉德纘承丕緒惟日兢業恐負荷弗堪欲得賢才用闡我列聖先王之耿光大烈故特召爾三輔太常舉賢良各一人郡國文學高第各一人乘傳來京朕將用之

誥

擬唐以顔真卿爲刑部尚書誥

左達

同考試官訓導左批（□□）

考試官學正章批（□□）

考試官教授鄭批（得唐體）

朕惟刑期無刑辟以止辟顧兹司寇之任必擇忠良之臣苟非其人曷膺是選具官真卿公勤孝友正大剛明再擢制科尋陞御史平原出守嚴武備以堅城招討加遷振兵威而剿寇不公言不宣諸口不直道不存諸心既賢且能宜加顯擢令特命爾爲刑部尚書爾其恪恭乃職始終一心俾獄無冤抑之言民有協中之化往哉汝諧勿替朕命

表

擬宋曾鞏謝賜唐六典表

劉鎡

同考試官訓導陳批（得體）

同考試官訓導曾批（典雅）

同考試官教諭劉批（切實）

考試官學正章批（可録）

考試官教授鄭批（有事實可取）

伏以皇風清穆隆至治於萬方文運亨嘉重前朝之六典傳述雖舊制度維新顧一介之寒微蒙九重之頒賜感恩有自報德無由兹蓋伏遇聖神文武睿智聰明勤儉同大禹之心寬仁邁成湯之德監兹遺典之故事用飭昭代之文明著述惟艱相傳不易拾其遺補其缺編摩更數十人稽諸古考諸今訂証歷十六載曰理曰教曰政而近載唐規曰刑曰禮曰事而達遵周法六官於是乎備十道於是乎詳幸遇聖明聿修制典示臣民之龜鑒沐雨露之鴻庥臣罔敢不是訓是行竭寸忱之補報恪遵恪守觀萬載之太平無任瞻天仰聖激切屏營之至謹奉表稱謝以聞

第三場

策

第一問

左達

同考試官訓導左批（發明前聖及我列聖經世之書前後貫以心字有學有識之士也允宜高選）

考試官學正章批（叙古頌今最爲切當且文有氣焰有照應策手也）

考試官教授鄭批（敷對詳整可觀）

參天地而贊元化者本於聖人之心垂勸戒而明倫理者本於聖人之書此羲禹文武之書所以繼天立極者此心也我朝列聖之書所以扶世導民者亦此心也孟子曰先聖後聖其揆一也夫豈有异乎哉粤自伏羲繼天而王天不愛道龍馬負圖而出于河其數自一至十因則之以畫八卦禹治水功成地不愛寶神龜戴書而出于洛其數自一至九因依之而叙九疇文王因羲畫繫繇辭於是有先天後天之别武王訪箕子陳洪範於是有先經後傳之分是數聖人之書皆所以爲天地立心爲生民立命爲萬世開太平者也後世美君誼辟工於詞章者若漢高帝之歌大風咏鴻鵠工則工矣於治道乎何補勤於著述者若唐太宗金鑒之書與帝範之作勤則勤矣於躬行乎何有是豈可與前數聖人之書同日而語哉洪惟太祖高皇帝開國之初慮臣民染胡元之陋習故頒大誥三編以訓迪之太宗文皇帝臨御之日慮臣工失性分之正理故集爲善陰騭孝順事實二書以勸諭之宣宗章皇帝繼體守成集五倫書以化導天下列聖之心即羲禹文武之心列聖之書即羲禹文武之書然誥中善可爲法如廣鐸之有德詹徽之執法非善之最者乎惡可爲戒如郭桓之貪污蘇良之不才非惡之最者乎陰騭中善之優者若鄧禹仁恕是已孝順中孝之優者若虞舜大孝是已五倫書如言文王爲人君止於仁爲人臣止於敬爲人子止於孝爲人父止於并與國人交止於信豈非克盡五倫可以爲萬世之法者乎噫□□聖謀洋洋□如日星可以垂□戒于千古可以明倫理于萬世愚也佩服聖訓蓋有年矣兹因明問所及而述其管見如此惟執事進教之幸甚

第二問

趙珩

同考試官訓導左批（策問性理難於條答此篇剖析明白其究心於理學者歟）

考試官學正章批（隨問隨答不爲問目所窘可取）

考試官教授鄭批（策問理學正欲觀士子講貫之功而此篇敷陳明暢有學之士也）

對善學者當窮天不一之理尤當會夫至一之理蓋不一者萬殊之分而至一者一本之同也苟徒求不一之理於萬殊而不能會其理於一本焉惡在其爲善學者哉且自大舜命禹嗣位有人心道心之傳以開萬世心學之源而後之言心者皆本於此自成湯誕告萬方有若有恒性之説以發萬世性學之端而後之論性者皆原於斯心之虚靈知覺一而已但生於形氣之私者則爲

人心原於性命之正者則爲道心非有二心也寂然不動者太極之體感而遂通者太極之用故曰心爲太極主宰仁義禮智之性運用惻隱羞惡恭敬是非之情故曰心妙性情性之渾然至善一而已以太極木然之全體言則爲天命之性以剛柔善惡之一偏言則爲氣質之性非有二性也孟子開悟人心之陷溺則曰性無有不善猶水無有不下其有功於聖門不既大矣乎荀子敢爲大言而不顧則曰人性惡其善者僞也其得罪於聖賢不既多矣乎韓子性有三品之説可以言氣稟之性若天命之性豈可以三品論乎六經中言誠如云享於克誠之類是已言敬如云克敬惟親之類是已雲峰胡氏嘗曰自漢以來無人識誠字李邦直云不欺之謂誠徐仲車云不息之謂誠程子云無妄之謂誠言固善矣而義猶未盡惟朱子真實無妄一言遂爲不易之定論焉程子嘗曰自秦以來無人識敬字既以整齊嚴肅言之矣至其門人謝氏有所謂常惺惺法者焉尹氏有所謂其心收斂不容一物者焉言固當矣而旨猶未精惟朱子主一無適一語遂爲至當之確論焉雖然人之一身心爲之主人之一心敬爲之主性則此心之理而誠則此心之實也真西山曰敬而後能誠夫誠尚由敬而入況心也性也不本於敬可乎故曰敬者一心之主宰萬事之本根聖學所以成始而成終也愚雖不敏請事斯語

第三問

高嶽

同考試官訓導李批（答問詳明蓋嘗用心於詩文者宜録出之以式來學）

同考試官教諭童批（策問歷代詩文士子多爲所窘惟此條陳無遺足見博洽之學）

考試官學正章批（考據精切非直述問目者比）

考試官教授鄭批（場中答策有如是卷者殊少此篇其最優者歟）

吟咏性情而該物理者莫切於詩經緯天地而宣教化者莫大於文蓋詩祖雅頌而後可以爲治世之音文宗典謨而後可以爲垂世之訓否則雖青錢萬選擲地金聲尚可謂之詩文乎哉粤自夫子删述六經之後而詩文衆體出焉由是詞人才子名溢于縹囊染翰舒文卷盈於緗帙以文之衆體言之諭以絲綸之語曰詔布以法度之言曰制而誥則告也持而戒之者謂之敕登而崇之者謂之册而命猶令也攄臣子之心於君后之前者曰表曰箋是也披列事功而揭其行實者曰碑曰碣是也誄者累其實行志者識其名系若記非紀其事乎序者緒而陳之傳者傳而信之若論非言其倫乎别嫌疑而明之者辯也正是非而著之者説也簡者質言之而略也啓者文言之而詳也狀者言之公

上也檄者激發人心也捷書不緘插羽而傳之者非露布乎尺牘無封指事而陳之者非劄子乎文體名目之義如此而曰解曰疏之類可概見矣以詩之衆體言之感傷時事托於文辭謂之辭幽憂憤悱寓之比興謂之騷而箴戒得失非箴乎程事較功考實訂名謂之銘猗吁抑揚永言清濁謂之歌而聲音委曲非曲乎高簡古淡者古也而側非用上去亥之聲乎法律精切者律也而咏非其自咏嘆乎以直而言與衆而歌則曰言曰謳感而發之憤而不怨則曰嘆曰怨詩體命目之義如此而曰行曰引之屬可類推矣書變而爲制爲誥詩變而爲騷爲賦傳志本春秋之遺體也序記即易與記之遺體也以文論人如晁錯賢良策賈誼過秦論班彪王命論楊雄作美新王羲之記蘭亭皆膾炙人口者而東坡獨取孔明之表豈非以其言辭激烈忠肝義膽讀之令人生敬心乎以詩論人如蘇李之高妙陳阮之冲淡曹劉之豪邁謝鮑之峻潔徐庚之華麗皆有聲詩壇者而山谷獨取子美之詩又非以其模寫風景忠君愛國讀之令人生愛心乎我國家列聖繼作文運亨嘉光岳之氣完熙洽之運昌崇經術以涵養天下之士氣重科目以收拾宇宙之人才故上自臺閣下及衡門之士莫不含英咀華發于詩文附翼於李勃之鳳凰騰光于昌黎之山斗變化若雷霆浩博若河漢誠足以鳴國家之盛蓋與孔明二表子美諸詩同一機軸也豈瑣瑣餘子著作所能仿佛其萬一哉謹對

第四問

劉鎡

同考試官訓導陳批（策問歷代人物名譽答者得一漏十此篇考據精詳篇末顧以聖賢自負有志之士也主司寧不爲之刮目）

同考試官訓導曾批（條答所問歷歷無遺該博之學於是乎見）

同考試官教諭劉批（答問滔滔略無阻滯可嘉可取）

考試官學正章批（策有考証宜居前列）

考試官教授鄭批（敷對明白足見所學）

三代以上人務實行不以名爲尚三代以下人少實行斯以名爲尚君子於此可以覘世道之升降矣請因明問所及而陳之有一代之人物必有一代之名譽天下之公論係焉不可誣也觀夫唐虞三代之時大樸未散風俗醇厚教民以六德六行造士以詩書禮樂當時人物名實相孚文德攸濟誠有如執事之所言者自是以來士有抱寸長挾片善者莫不著名當時而馳譽後世如陳平相高祖而有名漢室韓安國舉名士而多爲國器此皆名之著于朝廷者然也李膺稱鍾皓有至德可師謝安處衡門有公輔之望此皆名之顯于天下

者然也以言其名揚于郡國者則有如名聞梁楚之鄭當時進退以禮之雋不疑焉以言其名播於外域者則有如威名流聞匈奴之趙廣漢外夷願得爲師之蕭穎士焉不畏强禦有陳仲舉天下俊秀有王叔茂焉此非名之形于誦詩者乎蘇李則蘇味道李嶠其人也元白則元稹白居易其人也此非名之見於并稱者乎諸葛亮關羽張飛則謂之蜀三傑宋璟張説源乾曜則謂之唐三傑竇武陳蕃之流號爲三君李膺荀昱之流號爲八俊此其名之在於票目者可見矣以馬威卿馬孺卿而謂之鉅下二卿以王敬洪而謂之王山東以王績而號爲東皋子以白履忠而稱爲梁丘子此其名之係于地里者可知矣夫君子之學固貴于務實不徒以名爲也然昌黎有曰實大則聲宏亦理之自然也愚以爲前之諸人固可取以爲法然必志伊尹之志學顔子之學可也等而上之又當如孟子願學孔子焉不然周子何以曰士希賢賢希聖敢以是復明問

第五問

趙琮

同考試官訓導雷批（區處四事切中時宜其積學有素者乎）

考試官學正章批（能言時務鑿鑿可行善答策者也）

考試官教授鄭批（條陳時務而歸之得人灼然有見者宜冠策場）

試士而策以經世之務窮居而懷夫憂世之心是皆爲國爲民而不徇乎一己之私者也然明問彰彰敢默默乎且古者因能授官歲計吏治今任賢去邪之法不异于古然一有剌舉賢否不免混淆登用者未必盡賢能之士被黜者未必皆貪婪之徒不公甚矣要必重連坐之罰采輿論之公而又得人典選如楊綰品裁清允則黜陟自公矣何患乎賢否之混淆哉古者養民以井田取税以什一令足國裕民之計何間乎古然一有□發公私未免困乏郎階胄監或鬻于富室賣絲糶穀每苦於窮蒼弊端多矣要必申義倉之制節浮冗之費而又得人掌賦如劉晏經畫有方則用度自足矣何憂乎公私之困乏哉守令民之師帥所以承流而宣化也今朝廷慮守令惟取胄監廕補之士則恐六事或未修也故近年來兼選進士出補外任無非欲得其人以安黎庶而已然必益嚴考課之法於六事修舉者進之否則退之如此則馴雉知魯恭却虎如宋均者出矣夫何至垂耳於鹽車乎將帥民之保障所使以身而運臂也今朝廷慮將帥惟用膏粱紈綺之流則恐七德或未諳也故邇年來請開武舉兼試文藝無非欲得其人以衛疆場而已然必益慎簡閲之令於七德通曉者予之否則奪之如是則凡販繒如樊噲屠狗如灌嬰者出矣夫何患落魄於閭閻乎是則任賢去邪也足國裕民也重守令也選將帥也四者要必以得人爲本則政

無不舉效無不臻矣故曰爲政在人昔范希文自爲秀才時便以天下之事爲己任厥後出爲世用在朝爲名相在邊爲良將教人爲明師出守爲循吏才氣老成先儒稱之心破膽寒西陲咏之真一代之豪傑也愚也他日倘得效用於明時肯使希文事業專美有宋也哉惟執事進教之幸甚

山東鄉試録後序

天生賢才所以輔相人主共理天下者也人主誕膺天命奄有四海必得賢才以資實用相與贊襄治道黼黻皇猷成一代之化垂萬年之統其所關係不輕而重也審矣我朝稽古爲治三年一大比網羅賢才無非歆得實學之士以資實用而已成化庚子山東藩臬諸臣恪遵成憲禮聘儒紳以司考較應試之士千七百有奇時巡按臬董學政者先試以汰其半抑奔競杜僥幸革奸弊激昂士氣凡貢院堂宇傾頹者新之廢缺者舉之隘陋者擴而大之其防範之周立法之嚴用心之密視昔有加矣撤棘之日得文之典實者七十五人次第爲録英宜序於後夫山東聖賢名邦士由科目出爲世用爲聖天子股肱心膂之臣後先相望諸士子生長於斯涵被風教非一日矣行將享有禄位攄所蘊堅所守施所養見之猷爲措之政事上以堯舜其君下以堯舜其民斯無負平素實學科目實效聖賢之邦實有其人顧不偉歟昔龍虎榜得韓愈制科得陸贄天下後世稱其得人非得人之多也人有其實之謂也諸士子盍亦思務其實俾後之稱科目得人如今之稱昔也

直隸保定府安州儒學學正績溪章英謹序

成化十九年山東鄉試録

山東鄉試録序

皇上嗣大寶之十有九年乃成化癸卯當天下大比巡按山東監察御史宋經預協謀於藩臬重臣以事在招延簡拔而去取焉者不可不慎爰闢貢院嚴小試選文學於衆望杜蹊徑於先幾百物修明有光典故于時適真守太監韋焕雅重儒術樂相厥成恕以菲才與教諭羅玄錫僭司主試而分考則教諭袁魯蔡澤楊塤姜鳳訓導徐哲張守和蕭尋提調監試則左布政使戴珙按察使端宏左參政李昂副使許進贊襄防範則右布政使邢表左右參政張盛劉道孫暲副使石渠潘瑄夏寅左右參議尚絅王道僉事劉墇羅睿侯恂袁端潘禎劉寅至如内外執事亦皆遴選以充而御史實總莅焉先一日御史合凡有事矢心以盟且曰兹弗飭者如盟僉曰敢不夙夜以共天子之休命乃鎖院揭書命題集禎所選六郡遼陽之士凡一千二百有奇三試得七十有五人既録其氏名與其文之可類見者將獻諸天府恕用謹序其端曰化理之術有二焉曰治道曰治才而已矣三代以後人君孰不願治而卒之用人或以該博或以聲望或以詞賦於是有曲學有虚名有綺縟本皉之習未聞有小補焉者我太祖高皇帝具冠絶神人之見以天下之化理弗越乎治道治才而已肆更古科目之制本之經書以觀其道博之策論以盡其才列聖相承率由滋慎百餘年間□才輩出於盛矣哉夫諸士子學聖人之道者也聖人之道載在六經孔子删述之以開詔萬世大賢偉儒相繼發明微辭奥義皆與經表裏誠天地之心生民之紀萬化萬福之原不可一日委焉者也置心於此而心正置身於此而身修置家於此而家齊舉而措之於國於天下謂之治道能舉其國與天下而置之於此謂之治才外此道而别以求治則管商之功利申韓之刑名漢與唐雜霸雜夷之習非治也外此才而求之於該博聲望言語文辭之間則公孫弘之曲學李元成之虚名王楊盧駱之浮文非才也故恕嘗以爲我國家取士之制曠前古而不可及者此也諸士子遭逢聖明荷菁莪樂育之化身斯道而來應賓興而起何其幸也行用矣所以愛其身重其報當何如哉其必無内外無崇卑無險夷終始保心如保位縻道如縻禄恤人言如恤意外

成化十九年山東鄉試

監試官

巡按山東監察御史宋經（大經山西蔚州人　己丑進士）

提調官

山東等處承宣布政使司布政使戴珙（廷璧江南沔池縣人　甲戌進士）

山東等處承宣布政使司左参政李昂（文舉浙江仁和縣人　甲戌進士）

監試官

山東等處提刑按察司按察使端宏（仲仁直隸當塗縣人　丁丑進士）

山東等處提刑按察司副使許進（季升河南靈寶縣人　丙戌進士）

考試官

浙江台州府臨海縣儒學教諭汪恕（秉忠直隸祁門縣人　丙子貢士）

江西饒州府德興縣儒學教諭羅玄錫（公嚴福建閩縣人　己卯貢士）

同考試官

直隸安慶府潛山縣儒學教諭袁魯（希参廣東揭陽縣人　乙酉貢士）

江西瑞州府上高縣儒學教諭蔡澤（居仁廣東海陽縣人　丁酉貢士）

河南汝寧府上蔡縣儒學教諭楊塤（景章山西陽城縣人　丁酉貢士）

直隸廬州府舒城縣儒學教諭姜鳳（廷儀浙江天台縣人　丁酉貢士）

浙江台州府儒學訓導徐哲（伯愚江西樂平縣人　辛卯貢士）

陝西鳳翔府岐山縣儒學訓導張守和（執中河南沔池縣人　丁酉貢士）

湖廣衡州府陽州臨武縣儒學訓導蕭尋（元冠江西泰和縣人　丁酉貢士）

印卷官

山東等處承宣布政使司經歷司經歷張琮（廷珎直隸徐州人　吏員）

山東等處提刑按察司經歷司經歷劉林（文蔚順天府大興縣人　監生）

收掌試卷官

濟南府知府蔡晟（文輝河南睢州人　己丑進士）

萊州府知府戴瑶（仲儀河南汝陽縣人　己丑進士）

受卷官

山東都指揮使司經歷司經歷邢瀚（文淵河南息縣人　監生）

東昌府堂邑縣知縣楊綸（理之直隸丹陽縣人　辛丑進士）
東昌府高唐州夏津縣知縣張恕（希仁順天府霸州人　辛丑進士）
彌封官
青州府通判桂籍（文載浙江慈谿縣人　壬午貢士）
兖州府東平州東阿縣知縣陳貴（大用直隸太和縣人　乙酉貢士）
東昌府博平縣知縣文林（宗儒直隸長洲縣人　壬辰進士）
謄録官
濟南府泰安州知州胡瑄（廷器浙江德清縣人　辛丑進士）
濟南府長山縣知縣趙沄（汝遠直隸山陽縣人　辛卯貢士）
青州府諸城縣知縣馮廣（永公河南鄭州人　壬辰進士）
對讀官
青州府臨朐縣知縣張璉（宗器河南鞏縣人　戊戌進士）
青州府壽光縣知縣周謐（靖之山西群牧所人　辛丑進士）
青州府樂安縣知縣沈清（廉夫浙江歸安縣人　戊戌進士）
巡綽搜檢官
濟南衛指揮使劉岱（衆瞻直隸曲周縣人）
濟南衛指揮使谷瑁（邦信山東臨淄縣人）
青州左衛指揮使高純（德温山東冠縣人）
平山衛指揮使趙輻（良載順天府遵化縣人）
濟南衛後所正千户王恒（志經直隸丹徒縣人）
濟南衛右所副千户周隆（世昌山東曹縣人）
供給官
濟南府同知徐宣（德敷直隸山陽縣人　己卯貢士）
濟南府通判徐三省（誠之直隸興化縣人　監生）
萊州府通判劉緒宗（崇祖直隸青州人　壬午貢士）
濟南府歷城縣知縣詹僩（良弼應天府□□□　己卯貢士）
青州府臨淄縣縣丞徐海（朝宗順天府宛平縣人　秀才）
登州府萊陽縣縣丞劉通（文通直隸定興縣人　秀才）
濟南府濟陽縣縣丞王藩（維翰河南彰德衛人　監生）
濟南府禹城縣主簿史鵬（騰霄山西忻州人　監生）
濟南府齊河縣主簿盧登（宗器山西襄陵縣人　監生）

第一場

四書

仰之彌高鑽之彌堅瞻之在前忽焉在後　德爲聖人尊爲天子富有四海之内　可欲之謂善有諸己之謂信充實之謂美充實而有光輝之謂大大而化之之謂聖聖而不可知之之謂神

易

中正以觀天下　利貞久於其道也天地之道恒久而不已也利有攸往終則有始也　易簡之善配至德　初率其辭而揆其方既有典常苟非其人道不虚行

書

帝光天之下至于海隅蒼生萬邦黎獻共惟帝臣　導弱水至于合黎餘波入于流沙導黑水至于三危入于南海　公不敢不敬天之休來相宅其作周匹休　惟敬五刑以成三德一人有慶兆民賴之

詩

以爲酒食以饗以祀以妥以侑以介景福　王公伊濯維豐之垣四方攸同王后維翰王后烝哉豐水東注維禹之績四方攸同皇王維辟皇王烝哉　既明且哲以保其身夙夜匪解以事一人　念兹戎功繼序其皇之

春秋

公會齊侯宋公陳侯衛侯鄭伯許男曹伯侵蔡蔡潰遂伐楚（僖公四年）齊侯伐衛遂伐晋（襄公二十三年）　齊人侵我西鄙公追齊師至酅弗及（僖公二十六年）　楚師鄭師侵衛（成公二年）公會晋侯宋公衛侯曹伯伐鄭鄭公子去疾帥師伐許鄭伐許（并成公三年）楚子鄭伯伐宋楚人鄭人侵宋（并成公十八年）鄭師伐宋遂城虎牢（并襄公二年）　公會齊侯于夾谷（定公十年）

禮記

故人者天地之心也五行之端也食味别聲被色而生者也　日五盥沐稷而靧粱櫛用樿櫛髪晞用象櫛進禨進羞工乃升歌浴用二巾上絺下綌出杅履蒯席連用湯履蒲席衣布晞身乃屨進飲　樂則安安則久久則天天則神　間歌三終合樂三終

第二場

論

萬世道德宗主

詔誥表（内科一道）

擬漢章帝詔百官各貢忠誠詔　擬唐以姚元之爲兵部尚書同中書門下三品誥　擬賀大有年表

判語（五條）

增減官文書　私借官車船　僧道拜父母　官馬不調習　斷罪引律令

第三場

策（五道）

問　自古帝王之興必有經世之典以風化天下垂鑒萬世如典謨訓誥之書是已洪惟我朝太祖高皇帝條成大誥三編太宗文皇帝御製孝順事實爲善陰隲二書宣宗章皇帝采輯經傳纂爲五倫一書皆欲天下後世曉然知大經所在真古帝王以善養人之盛心也其間大旨果有同歟抑與典謨訓誥相表裏歟大經所在莫重於人倫也請以五倫之一二質之除秦苛虐而約法三章慮民溝壑而議寬賑貸揆之君道何如知效君命而喪首不顧恪守忠義而斷舌不恤律之臣道何如集家誡書於屏風以儉約率其子弟愛之而能勞矣貸錢以葬父傭身以養毋貧不可爲孝乎處田野相敬如賓爵十乘不娶嬪媵德何盛也入帷剔目以明無貳引斧斷臂以示不辱節何壯也以至處兄弟或友愛甚篤或并敦義讓待朋友或同席而食或分屋而居是皆能篤乎倫理者也其人其事可一一而指陳歟其人之行參之三誥二書中有可比倫者歟願著於篇以觀博通之學

問　地志之有名宦人物也尚矣皆所以紀一時之人才而因以見世道之隆污非細故也山東古重地也其名宦人物固不可僂數然姑問一二用啓諸士子尚在之心可乎其名宦有仁惠澤人而去爲老幼所留有恩信綏盗而政爲天下第一者果何人歟有分導水勢而民賴以安有請弛監禁而歲豐乃復者抑何人歟秩滿代去而絶橋以留去官十年而立碑以頌德何深也閉閤自責而吏不忍欺内嚴備禦而寇尋引去政何善也他若不貴刑罰而爲仲淹所薦惟尚寬厚而爲夷簡所賢者可指歟嘗斷冤獄而郡中稱爲神明事至即決而姓名書於殿柱有可詳歟其人物有負薪讀誦而以儒行見稱有躬耕徂

徠而以易經教授者誰歟有父子同時謝事而時有二疏之比有兄弟同日拜官而世有兩鳳之稱者又誰歟九歲能文文章獨步于當時才何高也八十二登第姓名獨冠于天下志何堅也他若有人呼爲皂鵰者□自號爲垂崖者有稱爲謝顔子者有號爲韓夫子者其故何由或名爲墮淚碑或號爲棠棣碑或圖形麒麟閣或繪像凌煙閣其功安在諸士子生長是邦聞之稔矣然而所願學者在是歟抑别有其人歟幸明以告我毋諉之曰未能

問　安上治民莫善於禮禮固君子所當講也有虞命伯夷典三禮周官大宗伯以五禮經邦國王制司徒修六禮以節民性曰三禮五禮六禮其制可得而言歟禮器謂經禮三百曲禮三千其三百之目三千之條可概舉其類歟漢初叔孫通制禮其效至於群臣震恐無敢喧嘩者視古禮同歟异歟唐有開元顯慶二禮宋有開寶及政和五禮其視叔孫通之制何者爲近古歟禮制莫善於古而人之議者往往謂古禮不宜行於後世何歟晦庵朱子蓋嘗論之矣豈無歸一之説歟皇明以禮治天下有令有制有職掌孝慈諸書皆萬世不刊之典而又敕天下臣民冠昏喪祭得用朱子家禮禮制可謂備矣天下守之如一國國守之如一家家守之如一人漢唐以下何足彷彿其萬一哉諸士子服習有年試舉其一二以見今日之盛焉

問　自古列國皆有史春秋亦魯史也筆削於聖人而成經不可尚已後世之爲史者舍春秋將何法乎自漢而下若司馬遷之史記或稱其有良史才或稱其爲實録其果有合於春秋之旨歟或又譏其是非頗謬於聖人然歟否歟班固范曄陳壽之徒相繼而作説者謂其皆依仿遷法而爲之者也其果然歟抑有出於遷之外歟歐陽脩作五代史每篇必以嗚呼發之其有意歟其傳八篇名義亦各有所指歟修學孔子者其書法有得於春秋之遺意歟論者謂其功不在司馬遷下抑果然歟既以爲不在遷下又謂其紀例精密非遷所及何言之戾歟朱子作通鑑綱目識者以爲深得春秋之法固無庸議矣然其義果安在歟請詳言之以觀諸士子考古之□

問　自古無不弊之法非法弊也行之不善斯弊矣君子起而救之法固在也方今朝廷清明法無不善奚容以私議然其中亦有所當講者請商之夫理因莫急於財用今租税之入未嘗有盈縮也而用或不足何歟豈所出者過所入歟當承平而人物夥矣兵甲盛矣用果得已歟伊欲不加賦而用足其術何□平政莫先於賦役今有司之法未嘗無差等也而民多逋負何歟豈所取者過所有歟居中國而有人倫也有國用也事果得已歟伊欲不變法而政平其道何自盗非不治也而攘奪之風尚未能息欲里不聞桴鼓行何法而可荒

非不救也而水旱之灾卒不能禦欲道不見流殍行何政而得學校本以明教化然攻异端者尚有若何而使士皆崇德重行純然道義之正歟鄉飲本以敦和睦然習澆頑者不無若何而使民知禮向義藹然淳厚之風歟諸士子負有用之才應賓興而至於是數者必講之熟矣幸爲我陳之用將采擇而獻於上

中式舉人七十五名

第一名　徐崇德　兖州府學生　詩
第二名　高士達　金鄉縣學生　易
第三名　王景連　德州學增廣生　春秋
第四名　李簡　高密縣學增廣生　禮記
第五名　胡鰲　濱州學生　書
第六名　朱應昌　夏津縣學生　詩
第七名　邢瓘　昌邑縣學增廣生　書
第八名　張鸞　安丘縣學生　易
第九名　張璡　臨邑縣學生　春秋
第十名　劉珩　蒲臺縣學增廣生　禮記
第十一名　申宜　兖州府學增廣生　詩
第十二名　王瓚　蓬萊縣人監生　書
第十三名　賈鋋　商河縣學生　易
第十四名　邢政　臨邑縣學生　詩
第十五名　孔公才　三氏學生　春秋
第十六名　李巖　博平縣學生　詩
第十七名　藥和　樂安縣學生　書
第十八名　范懋　泰安州學生　易
第十九名　臧麟　曲阜縣學增廣生　詩
第二十名　徐霖　德州學生　禮記
第二十一名　劉澄　遼東都司學軍生　書
第二十二名　張經　濱州學生　詩
第二十三名　王廷珪　臨清縣學生　易
第二十四名　杜萱　東阿縣學增廣生　詩
第二十五名　許鵬　樂安縣學生　書

第二十六名　蕭鶚　膠州學生　詩
第二十七名　梁璽　東昌府學生　易
第二十八名　趙琳　高苑縣學生　詩
第二十九名　王龍　泰安州學生　書
第三十名　馬希昂　東阿縣學生　詩
第三十一名　陳鵬　濰縣學生　禮記
第三十二名　李文奎　高唐州學增廣生　易
第三十三名　任翱　濮州學生　書
第三十四名　周具瞻　章丘縣學生　詩
第三十五名　袁汝弼　肥城縣學增廣生　書
第三十六名　宋椝　嘉祥縣學增廣生　詩
第三十七名　朱鋭　齊河縣學生　春秋
第三十八名　張敔　觀城縣學生　詩
第三十九名　朱鑾　高密縣學生　易
第四十名　吕佑　德平縣學生　書
第四十一名　周旻　泰安州學生　詩
第四十二名　王旻　曹州學生　書
第四十三名　冀鳴鳳　齊河縣學增廣生　詩
第四十四名　初賢　福山縣學生　易
第四十五名　杜謹　遼東廣寧後屯衛學軍生　詩
第四十六名　儀通　高密縣學生　書
第四十七名　陳璉　濟寧州學生　禮記
第四十八名　楊珮　陽穀縣儒士　詩
第四十九名　宋表　臨邑縣學生　書
第五十名　馬碁　德州學生　詩
第五十一名　馬魁　禹城縣學生　易
第五十二名　張瀛　臨清縣學生　詩
第五十三名　趙楫　濟寧州學增廣生　春秋
第五十四名　梁忭　武城縣學增廣生　書
第五十五名　王翔鳳　遼東義州衛學武生　詩
第五十六名　王紘　陵縣學生　書
第五十七名　李垣　曹州學生　詩

第五十八名　劉楫　青州府學增廣生　易
第五十九名　王沂　滋陽縣學增廣生　詩
第六十名　冀九皋　青州府學生　書
第六十一名　景芳　定陶縣學生　詩
第六十二名　劉溥　新城縣學生　書
第六十三名　李範　高密縣學生　禮記
第六十四名　光祖　陽信縣學生　詩
第六十五名　戴禮　濟陽縣學生　易
第六十六名　叢蘭　文登縣學生　書
第六十七名　李暄　濟寧州學增廣生　詩
第六十八名　張憲　樂安縣學生　春秋
第六十九名　張奎　海豐縣學增廣生　書
第七十名　宋愷　蒙陰縣學生　詩
第七十一名　蕭雄　武定州學生　易
第七十二名　吴仲紀　寧陽縣學生　書
第七十三名　郭文著　東阿縣學增廣生　詩
第七十四名　胡經　濱州學生　書
第七十五名　曹玉　嘉祥縣學生　詩

第一場

四書

仰之彌高鑽之彌堅瞻之在前忽焉在後

徐崇德

同考試官訓導蕭批（作者多襲陳腐令人厭觀獨此篇説出先難之故之旨可嘉）

同考試官教諭姜批（揭書出題題本正大作者多以中字貫講及於先難之故處尤欠發明此篇獨能説出顔子深知聖道親切有味其亦志顔者與）

同考試官教諭楊批（場中作者多牽强不合題意此作詞不費而理自足佳作也）

考試官教諭羅批（説出顔子善學氣象）

考試官教諭汪批（作者語新可取）

大賢於聖人之道深知其高妙而嘆之也甚矣聖道之高妙也自非大賢深知而嘆之抑何以知其然哉昔顔子學於聖人而有所得一旦嘆之若曰夫子之道本無窮盡不可以人力至本無方體不可以形象求吾嘗容心以仰之意其或可及也然而高不可階仰之愈見其高莫得而及焉嘗致力以鑽之意其或可入也然而堅不可磷鑽之愈見其堅莫得而入焉高焉莫及堅焉莫入其無窮盡也如此是豈可以人力至耶又嘗即而瞻之恍然若見其参於吾前似以爲不及矣非不及也弗得其真而不及耳忽焉又見其在於吾後似有所過也非過也弗得其妙而過耳前焉莫據後焉莫依其無方體也如此又豈可以形象求耶噫非顔子深有所得安能述其先難之故而嘆之親切若是哉雖然聖人之道果終不可至耶博文約禮則聖人之所以教而顔子所以得至乎聖人之域者也學者果由是而學焉卓爾之地可馴至矣故曰聖人可學而至

德爲聖人尊爲天子富有四海之内

胡鰲

同考試官訓導張批（是作本大孝立説詞不浮而理自到表而出之允當）

同考試官教諭袁批（題本平易場中作者類多陳腐殊無可人意者理明詞順僅見此篇）

考試官教諭羅批（説出大孝之實可取）

考試官教諭汪批（不惑於异説取之）

德盛位尊而享有天下此聖人之大孝也蓋孝莫大乎有德有位有天下也大舜兼而有之非大孝而何哉中庸引孔子稱舜之孝以明斯道之費如此吾想其意以爲凡有德者皆可以顯親也舜之德濬哲文明首出乎庶物温恭允塞卓冠乎群倫其德則聖人之德也德而至於聖人德之至也以聖人爲之子顯其親爲聖人之親其顯之也至矣凡有位者皆可以尊親也舜之位恭已南面臨御乎萬方曆數在躬宰制乎群動其位則天子之位也位而至於天子尊之極也以天子爲之子尊其親爲天子之親其尊之也極矣以至凡有禄者孰不可以養其親而舜之富尺地莫非其有惟正之是供一民莫非其臣方物之畢獻其富□四□之富□□□至於四海富之極也養其親以四海之養其養之也無以加矣視彼以一家一國而養者何如哉德則聖人尊則天子富則四海舜之孝兹其所以爲大也歟不特此耳下文有曰宗廟饗之子孫保之則舜之大孝又上格于宗祖下延及于子孫矣舜往矣求其有德有位享有天下而繼舜之大孝者今有聖天子在上

可欲之謂善有諸己之謂信充實之謂美充實而有光輝之謂大大而化之之謂聖聖而不可知之之謂神

高士達

同考試官教諭蔡批（場中作此者多於善信處分截殊戾本旨獨此篇一理貫講不涉陳腐可愛可愛）

考試官教諭羅批（融會傳注成文佳作也）

考試官教諭汪批（一意貫説合旨）

由一理而馴致其極隨所至而歷著其名蓋自善信以至於聖神其理一而已矣大賢歷著其名義以告時人得非欲因之以曉門人也歟昔孟子因浩生不害未喻樂正子善信之意於是告之若曰天下之理善者必可欲惡者必可惡其爲人也可欲而不可惡此所謂善人也天下之人好善未必實惡惡未必誠其於善也皆實有之如惡惡臭如好好色此所謂信人也力行其善至於充滿而積實清和而純懿則美在其中而無待於外矣不謂之美乎充積其善至於和順積中而英華發外暢於四肢而發於事業則德業至盛而不可加矣不謂之大乎大而能化使其大者泯然無迹則不思不勉從容中道而非人力所能爲矣非聖而何聖不可知則聖之至妙無聲無臭有非耳目所能盡心思所能測不可得而名矣非神而何吁孟子因論善信而歷言及此其所以著明造道之義無餘蘊矣雖然理一也善非粗淺神非高虚由善而神顧擴充之何如耳使樂正子因孟子之言而加擴充之功則由善信而美而大而聖神也不難矣惜乎樂正子猶在善信之間即其從子敖一事觀之則其有諸己者尚未實也噫

易

中正以觀天下

高士達

同考試官教諭蔡批（題本平易作者率多牽合不通是篇説理詳盡措詞簡當宜取以冠本房）

考試官教諭羅批（詞語清新優於衆作）

考試官教諭汪批（發明中正爲觀之義最爲親切）

以至德而表儀乎天下此象傳釋觀之名義也蓋德以中正爲至也九五以是德而表儀於天下觀之道大矣哉昔伏羲畫下坤下巽之卦名之曰觀吾夫子舉而傳之謂夫□□□□陰之上爲大觀之主其德則聖人之德其位則

聖人之位其所以爲觀於天下一本於中正焉夫以九居五是其中也中則無過不及而爲天下之大中以陽居陽是其正也正則不偏不倚而爲天下之至正以是中正而恭己南面一神道設教也豈假□爲乎以是中正而凝命九重一神化宜民也奚容智力乎是以營東郊西地里雖有遠近也而中正之敷布不以遠近而有間越南冀北疆域雖有彼此也而中正之流行不以彼此而或殊中則以示天下之不中使不中者取法於此而咸歸於無過不及之域所謂建中于民者是已正則有以示天下之不正俾不正者取則於斯而悉底於不偏不倚之鄉所謂表正萬邦者是已吁爲觀之道何以加於此哉吾夫子舉之以釋觀之名義宜矣抑考九五之爻曰觀我生君子無咎象曰觀我生觀民也其義蓋與此互相發耳夫五有是中正之德固爲人所瞻仰又當驗之於民以自省察也不然何以知民德之善否而驗吾所行之得失哉然則觀民設教者當以中正爲本

易簡之善配至德

張鸞

同考試官教諭蔡批（説易簡至德處真切有味且敷演條暢蓋用心於易者一薦何疑）

考試官教諭羅批（至德不外乎易簡發明可觀）

考試官教諭汪批（體認易簡詳盡）

論在易所言當行之理猶在人所得當然之理夫易與人心相爲流通者也然則易書所言當行之理豈不與人所得當然之理而相似哉昔吾夫子大傳論易之廣大及此謂夫易書之理不但配之天道而人事亦與之配焉是故易之所有陰陽而已凡陽皆乾而乾之德則易觀夫三十有二之陽卦百九十二之陽爻其辭之所命者雖有不一然無一而非此易之善焉凡陰皆坤而坤之德則簡觀夫三十有二之陰卦百九十二之陰爻其辭之所指者雖有不同然無一而非此簡之善焉夫易書所言易簡之善如此果若何而配於至德乎蓋人之所行坦然明白而不艱不深者易之至德也是至德也物莫之似易乃顯微無間故凡言易之善者實相似焉其相似者非牽合也蓋易有此易而人亦有此易耳人之所行截然要約而不煩不擾者簡之至德也是至德也物莫之配易乃廣大悉備故凡言簡之善者實相配也其相配者非附會也蓋易有此簡而人亦有此簡耳吁易書具乎易簡而易簡配乎至德易之所以廣大者有如是夫抑通考之此章首言易之廣大上文既以乾坤廣大實之矣

至此又曰廣大配天地變通配四時陰陽之義配日月而終之以易簡之善配至德由是觀之則知易書之理不徒在於造化而又在於吾心矣

書

帝光天之下至于海隅蒼生萬邦黎獻共惟帝臣

胡鰲

同考試官訓導張批（發揮明德化頑讒宛然虞廷告君氣象且詞理俱到文采燁然故録之以式來學）

同考試官教諭袁批（此題淺近易見學者率能道之然不失之偏枯則涉於陳腐愜意者不少是篇詞不繁而意已足殆壁經之巨擘者歟宜表而出之）

考試官教諭羅批（深得大臣告君之旨佳作也）

考試官教諭汪批（詞理俱到）

惟君德之著極其遠則天下之賢樂於用夫德乃感化人心之本也君德之著既極其遠則天下之賢皆樂於用矣尚何頑讒之足慮哉昔禹因舜慮庶頑讒説而告之以此謂夫頑讒不忠固所當威也孰若明之以德使帝德之光輝達于普天之下遠而至于海隅蒼生之地一皆是德之昭灼而無遠弗届焉頑讒不直固所當懲也孰若化之以德俾帝德之光華被于覆幬之間極而至於海表蒼生之域一皆是德之宣著而無遠弗至焉德之遠著如此由是萬邦黎民之衆有懷忠而晦迹者昔雖永矢弗諼也今則感德輝之昭灼而爲之興起皆有帝臣之願矣天下庶民之廣有秉直而韜光者向雖永矢弗告也今則慕德輝之宣著而爲之奮發咸有事臣之心矣吁此以德感彼以德應賢智奮庸登于至治庶頑讒説豈足慮哉大抵德者爲治之本刑者輔治之具有其本而無其具是謂徒善有其具而無其本是謂徒法禹之意雖欲舜弛其鞭朴之威而益廣其文教之及至舜之意則又稱禹之功叙而尤不廢士師之刑噫德刑并施恩威兼著此有虞所以恭己無爲而卓乎不可及也歟

惟敬五刑以成三德一人有慶兆民賴之

邢瓘

同考試官訓導張批（寫出君慶民賴由於□刑成德詞健而老理明而暢取之前列公論協矣）

同考試官教諭袁批（場中作此題者多於五刑三德混講不明君慶民賴亦罔定見是篇發出穆王訓刑之意殆無餘藴宜録以爲□□）

考試官教諭羅批（得旨）

考試官教諭汪批（得穆王訓刑之意）

賢王於同姓諸侯必勉□用刑之道而期其效焉夫敬刑成德用刑之道也能勉乎此則君慶民賴之效自有不期然而然者矣昔穆王訓刑而告同姓諸侯及此意豈不曰爲治固不廢乎刑而用刑必先本乎敬是刑也有所謂墨劓者焉有所謂剕宫大辟者焉誠能敬乎五刑之用君雖以爲辟也兢兢戒謹不敢以徇君而或辟謹乎五刑之施君雖以爲宥也業業危懼不敢以從君而或宥當重而重當輕而輕于以成夫三德之剛柔夫何有於太苛而太縱宜辟而辟宜宥而宥于以成夫三德之正直未嘗至於或邪而或曲夫敬刑成德如此由是刑期無刑而得以優游乎天位之尊辟以止辟而得以從容乎九重之上則君受其福而慶於上矣四方風動而自不犯于有司萬邦咸寧而罔或干于刑憲則民蒙其惠而賴於下矣吁以一敬用刑而君慶民賴如此汝同姓諸侯可不知所務耶雖然敬以用刑穆王豈無所本乎舜之欽恤文王之敬忌一此心之用也故其訓刑不曰敬忌罔有擇言在身則曰何敬非刑不曰哀敬折獄則曰朕敬于刑敬之之言凡三四致意焉吁穆王於訓刑之際而不忽乎敬之之心此夫子所以筆之於書也歟

詩

王公伊濯維豐之垣四方攸同王后維翰王后烝哉豐水東注維禹之績四方攸同皇王維辟皇王烝哉

朱應昌

同考試官訓導蕭批（雅題正大以王后皇王之號觀之文王遷豐天下有二至武王居豐而天下一統矣作者往往易而忽之間有得焉又不親切惟此作詞理俱到真奇才也故録之）

同考試官教諭姜批（大雅一題場中多以新都舊都立説甚有以遷鎬爲武王克君者深戾厥旨披沙揀金僅得此篇宜録以爲經義式）

同考試官教諭楊批（場中作此題者多不知文王作豐始造王業武王繼之一統天下之意此作得之必用心於本領之學者取之以冠本房）

考試官教諭羅批（詞順理明作詩義當如此）

考試官教諭汪批（説文武盡君道處無餘）

前王作豐而得人心也既見其克君後王居豐而一人心也亦見其克君蓋君道未易盡也文王作豐於前武王繼之於後而人心之歸如此非克盡君道能然哉此詩言文王遷豐武王遷鎬之事至此謂夫遹求厥寧遹觀厥成王公尚未著也今而濯濯然芳勛顯著偉績昭彰者豈無自歟蓋以文王既伐于

崇作邑于豐而成此垣故耳是以此疆爾界四方何廣也皆於是來歸來附而以文王爲之貞幹是臣是僕而以文王爲之依歸豐邑一作人心翕從由是焉三分有二一代之王業振矣則文王克盡君道也何如文王造矣武王繼之豐邑翼翼豐水湯湯人但見豐之美也而不知湯湯然東入於渭而注於河者誰之績歟蓋由神禹疏鑿之功浚導之力而底于成故耳是以普天率土四方何大也皆得以循豐水而来歸戴武王以爲元后仰豐邑而來同媚武王以爲天子豐都如故歸附日新由是焉天下一統一代之王業成矣則武王克盡君道也何如詩人各以烝哉贊之宜矣嗟夫莫爲之前雖美弗彰莫爲之後雖盛弗傳文王伐崇作豐而造王業於始武王續之而成王業於終父子一心文武一道有周王業之成豈偶然哉千載而下讀是詩者猶可想見當時之盛

念茲戎功繼序其皇之

徐崇德

同考試官訓導蕭批（得美盛德而合成功之旨取之）

同考試官教諭姜批（□□□□□□□□王報臣之意筆勁理明家□自别宜録）

同考試官教諭楊批（作此題者於繼序皇之一句多體認不真是篇説出王者報功使諸侯子孫繼序而益大助祭錫福之功之意誠葩經中之杰士也）

考試官教諭羅批（□□□□□）

考試官教諭汪批（道當時周王報臣之意藹然可見）

念其功之大報其後之隆此王者於助祭諸侯然也蓋功之大者報必隆也今諸侯既有助祭錫福之大功王者得不隆其報於後哉此祭於宗廟而獻助祭諸侯之樂歌其意謂夫助祭□爾臣職之常報功寔我王朝之典維爾辟公相予肆祀錫茲祉福而惠我以無疆之休功莫大矣念茲大功獨不有以報之乎助我祭事□以繁祉而延及於後世之遠勛莫隆矣顧茲隆勛獨不思以報之乎將圭爵是予以爲汝報耶汝所已有也匪報也惟使爾子而又子繼斯圭爵而益大其助祭錫福之功不但今日然也將□土是錫以爲汝報耶汝所固有也非報也惟俾汝孫而又孫纘斯茅土而益大其助祭錫福□勛不特一世然也夫如是庶乎他日汝子孫助祭錫福無异乎汝今日之福我我子孫獲福報功不殊乎我今日之報汝君臣先後相爲輝映不爲有周之盛乎雖然周王之待諸侯豈特報其功而已哉下文又舉道德以戒勉之嘆先王以感動之蓋以不能勉乎道德法乎先王則今日之序且不能保况能衍之於無窮乎崇

報之中不忘勸戒之意此所以爲盛時之樂歌也歟

春秋

楚師鄭師侵衛（成公二年）公會晋侯宋公衛侯曹伯伐鄭鄭公子去疾帥師伐許鄭伐許（并成公三年）楚子鄭伯伐宋楚人鄭人侵宋（并成公十八年）鄭師伐宋遂城虎牢（并襄公二年）

王景連

考試官教諭羅批（尋究狄鄭削鄭之由可謂善用傳者也）

考試官教諭汪批（作者體認未真唯是篇合旨他卷莫能或之先也）

貳國行同於外夷春秋黜爵以示貶志附於外夷春秋削地以示譏此可見鄭之附楚以亟病中國春秋得不嚴詞以深責之哉思昔鄭之爵位受之天子子孫世繼率有舊職春秋何爲黜爵以貶之耶蓋鄭自敗邲以來不懲先世之失決意夷楚之從今年因楚救齊遂合兵以伐衛喪明年因晋往討即丘輿以覆晋師未幾怒許不從而君臣相繼以伐許焉導楚以憑陵上國而伐喪背晋不之顧動衆以暴虐鄰邦而凴弱犯寡不之恤夫鄭以王室懿親唯利所在而不擇義之可否以爲去就其所以异於夷者幾希矣故春秋特於鄭襄之伐許黜其本爵比之夷狄例以荊吴而止書國者非黜爵以示貶乎鄭之土地傳之先祖子孫世守罔敢失墜春秋何爲削地以譏之耶蓋鄭自鄢陵以後不改先君之惡唯馳南向之轅今日因楚助魚石之叛兩黨楚以虐宋明日因楚憤彭城之復遂奉命以伐宋已而負固不服晋合諸侯以城虎牢焉弃親暱而從豺狼不思跋扈之臣不可助背諸夏而黨荊楚不惜地險之設不能守夫鄭以天子侯度唯强是與而不裁之以大義以爲從違其辱天子之封守亦甚矣故春秋獨於諸侯之城虎牢削之於鄭歸之中國例以下陽不書國而止書虎牢者非削地以示譏乎吁伯爵鄭之封號也以行同於夷而黜之虎牢鄭之封疆也以志附於夷而削之春秋之法其嚴矣哉或者乃曰貶爵削地天子事也仲尼無天子之位而行天子之事可乎噫不曰春秋天子之事也知我罪我者其惟春秋乎仲尼有德無位不得行天子之法於當時故假魯史修春秋垂天子位於萬世其事雖殊其理一耳夫奚疑

公會齊侯于夾谷（定公十年）

張璡

考試官教諭羅批（説得聖人化齊透徹）

考試官教諭汪批（此題作者雷同而是篇詞獨豐贍故表之）

即二國之好會見聖化之大行此齊魯夾谷之會春秋所以特書之也歟且天下莫大於理而强衆不與焉有如魯定之世齊再伐魯而强於魯魯再侵齊而弱於齊孰不以爲齊勝於魯魯弱於齊耶一旦齊魯相平講會夾谷齊惑犂彌之計欲逞萊夷之兵匿干櫓於好會之間而欲脅我魯以詐諼伏甲胄於揖讓之際而欲迫我魯以威力斯時也魯無人乎定公之側豈不岌岌乎其殆哉幸而魯用宣聖相禮會所以衣冠爲甲胄以禮義爲干櫓出于盟偪好之詞詞何嚴也而萊夷之兵自靡發不祥愆義之言言何順也而野享之設自郤齊君愧悔之不遑齊臣謝過之恐後兵不必交也自足以安我魯於泰山之安刃不必接也自足以固我魯於磐石之固以一會俄頃之間成曠古所無之績聖人以王道而化齊也何其不疾而速之若是耶吁夾谷未會齊欲駕魯而魯有不測之憂夾谷既會魯能化齊而齊有服義之美聖人王道大行於是乎見矣由是而觀魯能終用聖人則文武成康之治可以復見豈直化齊而已哉惜乎天不欲平治我魯而使之不克終用也噫天果無意於聖人耶殆將欲其删述六經垂憲後世以開萬世之太平也歟

禮記

故人者天地之心也五行之端也食味别聲被色而生者也

李簡

同考試官訓導徐批（場中作此題者率指情言理以性爲氣且分裂破碎殊不可人意是篇理明而文足以發之殆知爲人之道者）

考試官教諭羅批（文有頓挫）

考試官教諭汪批（善認理者）

論人具造化理氣之正而資物用之常以有生焉蓋理氣禀於有生之初物用資於有生之後也然則人之生也得不有在於是歟記禮君子謂夫所貴乎人者以其得造化之理氣以爲形性資造化之功用以爲育養焉耳彼天地之心以理言也人何以謂天地之心邪曰元曰亨天地生物之心也而人得之則爲仁爲禮焉曰利曰貞天地成物之心也而人得之則爲義爲智焉此非天地之心而何五行之端以氣言也人何以謂五行之端邪曰木曰火其端見於春夏也而人之肝心屬焉曰金曰水曰土其端見於秋冬與四時也而人之肺腎脾屬焉此非五行之端而何然五行滋而爲酸苦辛鹹甘之五味也人則食之以養其口矣五行感而爲宫商角徵羽之五聲也人則别之以養其耳矣五行形而爲青赤黄白黑之五色也人則被之以爲身之章焉夫既賦之以理氣之正又資之物用之常此人所以參立於天地之間涵育於覆載之内而獨异

於萬物也歟大抵得天地之理氣而有生者人與物皆然也但人得其全而物則僅得其一偏耳此人之爲人所以生於天地而參於天地囿於五行而妙於五行養於萬物而靈於萬物者也學者察此而有得焉則爲人之道其庶幾乎

樂則安安則久久則天天則神

劉珩

同考試官訓導徐批（此作分别安久天神之意而貫以易直慈良之心字字有體認而節節無間斷宜録爲學禮者式）

考試官教諭羅批（始終主心説最是）

考試官教諭汪批（説出致樂治心之妙）

心樂乎善而漸極其妙此致樂之效然也甚矣樂之感化人心也則夫樂善而漸極其妙得非致樂以治心之所致哉今夫樂由中出心以樂治故君子致和平中正之樂生易直慈良之心邪穢蕩滌此心以之怡愉查渣滓消融是心爲之悦豫夫既樂矣由是易直慈良之心從容自得外物莫之摇優游自如非僻莫之干何如其安也既安矣由是易直慈良之心始終一致不或作而或輟先後一念不若存而若亡何如其久也久則一真渾融無事乎勉强衆迹俱泯無待於矯拂豈非易直慈良之心純於天乎天則神妙莫測非耳目所能盡變化無方非心思所能度豈非易直慈良之心入於神乎吁樂之感化人心至於如此此樂所以不可斯須去身也歟大抵内而一心外而一身皆學者所當致力而不可闕焉者故古之君子既致樂以治心而使内無不和又致禮以治躬而使外無不順由是感人動物舉而錯之天下也無難矣

第二場

論

萬世道德宗主

徐崇德

同考試官訓導蕭批（有抑揚有起伏佳作也高薦何疑）

同考試官教諭姜批（議論精詳考據明白况文法章法燦然可觀令人讀之凛若吾夫子之臨於前也千百人中得士如子誰不珍重也耶）

同考試官教諭楊批（文詞蒼古筆力老健必有學之士也褒然舉首孰曰不宜）

考試官教諭羅批（筆力高古議論□□場中之翹楚者也）

考試官教諭汪批（作者詞浮無據是篇推明道德宗主鑿鑿乎其實也且文勢滔滔豈稚筆所能及耶）

論曰平水土以奠民萬世之功也然而不能救人心之陷溺躬稼穡以粒民萬世之功也然而不能保人心之淪亡患可有也人心不可溺也食可去也人心不可亡也然則萬世之功其歸之孔子乎孔子删述六經以爲萬世道德之宗主所以救人心之陷溺者在是所以保人心之淪亡者在是所以參天地贊化育而立人極於千萬世者在是孔子之功萬世之功也使世無孔子則六經不備六經不備則道德蔑聞天下後世之人將貿貿焉如聾如瞶戴天行日而莫之聞見也雖安居於水土之上飽食於稼穡之餘靈於物而實不异於物矣如人心何世道何有若曰自生民以□未有盛於孔子也信乎窮天地亘古今一人而已矣果齋李氏之論如此或者聞而疑焉曰道德之天古今賢愚所同也行之而爲道有之而爲德萬古此天地則萬古此人心萬古此人心則萬古此道德也孔子何以獨爲萬世之宗主乎意不然允執厥中堯傳舜也惟精惟一舜授禹也堯舜禹相傳一道而爲當時道德之宗主世不能皆堯舜禹也歷四百載而始傳之湯建中于民則湯所以爲有商一代之宗主也世不能皆湯也歷六百載而始傳之文武周公懿恭建極思兼三王則文武周公所以爲有周一代之宗主也世不能皆文武周公陵夷而至於春秋之時無傳焉春秋之時何時也諸侯放恣人欲横流道德或幾乎熄矣斯時也誰其宗主乎孔子有德無位不得宗主乎道德於天下將托之書而傳也則易更三古混於八索矣詩書煩亂禮樂散亡而皆莫之正矣於是乎有憂焉乃删詩書定禮樂贊周易修春秋堯舜禹湯文武周公之道既壞而復完既墜而復續凡天地之所以高厚日月之所以照臨山川之所以峙流草木之所以蕃育仁義禮智之所以爲性惻隱羞惡辭讓是非之所以爲情父子君臣夫婦兄弟朋友之所以爲倫理□之爲物人之爲人君子之所以爲君子聖賢之所以爲聖賢何莫不備於斯而萬世道德于焉不宗主於堯舜禹湯文武周公而宗主於六經矣孔子所以爲萬世計者不其至乎自是一變而縱横再變而揚墨春秋下而戰國矣縱横揚墨能變孔子之六經乎孟子生而聞六經之道德於子思之門人於是正人心息邪説距□行一主乎孔子戰國之人得不陷於夷狄禽獸者非孔子之功誰之功也坑焚於秦彼自坑焚耳伏生之口授孰得□坑焚之黄老於漢彼自黄老耳董子之明經孰得而黄老之所以爲秦漢道德之宗主者孔子也不有孔子則伏生董子何所傳秦漢之人何所聞而宗主之乎下是而晋宋教斯

佛矣晋宋而隋唐佛斯盛矣人之去夷狄也其幾何哉昌黎韓子聞道德於孟子之後原道一篇拳拳乎仁義之説佛骨一表汲汲乎正邪之辯非有得於六經之道德能如是耶然則以道德宗主乎南北之間而啓唐者孔子也去是而梁唐壞且亂矣梁唐而漢周壞亂極矣人之去禽獸也其幾何哉有宋諸子倡道德於千載之下濂溪周子繼孟子不傳之緒而兩程得之兩程夫子發前聖未發之藴而朱子足之非本原於六經之旨趣能如是耶然則以道德宗主乎五季之時而啓宋者孔子也宋之有金腥我中原甚矣無足道也然猶能於我朱子問其起居則孔子之道德行乎夷狄矣元以繼宋污我衣冠甚矣何足道哉然猶能用許魯齋教其族類則孔子之道德變乎夷狄矣孔子删述六經以爲萬世道德之宗主詎不信哉雖然孔子不可尚已自其删述之後言之則發明道德者孰有過於有宋諸君子而宋之諸君子孰有備於朱子者哉惜乎不幸而誤以僞學見沮求其能躬行於上推行於下者不可得也孰若我朝太祖高皇帝主之於先列聖相傳繼之於後六經之道行之在上六經之説明之在下上下一心古今一道孔子因萬世道德之宗主而我列聖與今日聖天子又孔子道德之宗主也愚何幸親逢其盛

表

擬賀大有年表

高士達

同考試官教諭蔡批（駢儷可觀）

考試官教諭羅批（得體）

考試官教諭汪批（表佳）

伏以天開景運萃和氣於兩間帝握乾符極豐登於九有萬類戴含宏之化群生囿樂育之仁夷夏騰歡臣民胥慶兹蓋伏遇一德格天重華協帝隆儒重道大恢列聖之良圖敬神恤民允荷上天之寵命在璣衡以齊七政調玉燭以撫五辰三白兆今歲之休徵九垓普及時之厚澤五穀熟而人民育八蜡通而海宇寧無兩界此疆一視盡禾麻菽麥雖際天極也争□多黍稷稻粱瑞麥中生特挺兩岐之秀嘉禾异産還呈九穗之祥崇墉比櫛之弗如千倉萬箱之胥積康衢擊壤比屋謳歌于焉上供則粢盛於潔足以孝享乎九廟于焉國用則儲蓄之隆足以大賚於六師是皆皇上深仁大德之所致以隆我國家億萬載太平之嘉慶也臣等幸逢盛世叨列清班考之春秋則特書以見意徵之雅頌亦迭咏而爲歌况今日之奇逢尤近古所罕見欲罄形容之妙慚非博洽之才伏願以天心而爲心遠紹無窮之大業以民樂而爲樂丕弘莫大之鴻休地

久天長永皇圖於鞏固日升川至綿聖壽於無疆臣等下情無任欣躍感戴之至謹奉表稱賀以聞

第三場

策

第一問

高士達

同考試官教諭蔡批（大經事實歷陳無遺必求盡人道者也）

考試官教諭羅批（敷對詳明可録）

考試官教諭汪批（能道五倫事實詳悉非敷演問目者比也）

天生烝民有物有則而大經之理寓於人天佑下民作君師而大經之理叙於君此古昔聖帝明王相繼而出必有經世之典以風化當時垂憲萬世使人由之而不知化之而莫測也粤自堯舜帝天下而典謨之書以著湯武王天下而訓誥之書以成洪惟我朝太祖高皇帝創造洪業條成大誥三編太宗文皇帝繼志述事御製孝順事實爲善陰騭二書宣宗章皇帝嗣承大統采輯經傳纂爲五倫一書天葩睿藻昭回於雲漢之間宸翰奎章煇煌於宇宙之内皆欲天下後世是行是訓曉然知大經之所在其以善養人之心誠可以追堯舜而齊湯武者也猗歟盛哉然道統相繼歷列聖如一人制作相同閲百世如一日誥編所載申明五常之條五教育民之訓三書所載孝子仁人之事君臣父子之道皆一大經之所在未嘗不相符合也其與典謨所謂親睦九族慎徽五典之詞訓誥所謂肇修人紀重民五教之語同一大經之所在未嘗不相表裏也夫大經莫重於人倫愚請以克盡五倫者爲執事陳之漢高祖初入秦也謂父老苦於苛虐而約法三章文帝始即位也慮鰥寡阽於溝壑而議寬賑貸以君道揆之可謂仁矣張善相知效君命不畏世充之攻願喪首而不顧顔杲卿恪守忠義不從禄山之叛雖斷古而不恤以臣道律之可謂忠矣思驕侈之可懼集家誡書於屏風者房玄齡也知富貴之靡常以儉約率其子弟者王旦也此愛而能勞無愧乎父道焉偕其妻貸錢以葬父者董永也與其婦傭身以養母者姜詩也此貧而能孝無忝乎子職焉常林夫耕妻饁雖處田野而相敬如賓山濤始微終貴雖爵十乘而不娶嬪媵德之盛也可見盧氏泣玄齡之誘言入帷剔目以明無貳李氏歸王凝之遺骨引斧斷臂以示不辱節之壯也可知他若處兄弟不惑母意而友愛甚篤王覽之與兄王祥也相對終日而并敦義讓者非揚播之與弟椿津乎待朋友念其故舊而同席以食樓護之於吕公也

憫其遺孤而分屋以居者非張裔之於楊恭乎此皆能篤乎人倫之常大經之道者也然五倫之道無在而不具故其人之行無往而不合漢高帝爲民而約法三章即誥編與民同樂之條也顔杲卿爲君而恪守忠義即誥編竭忠成全之旨也董永之貸錢葬父盧氏之剔目示夫參之事實所載原平傭作聞氏養姑者何异哉山濤之不娶嬪媵樓護之不忘故舊比之陰鷩所紀叔通娶啞道琮葬友者何殊□其大概之同則其餘可類推矣愚也莊誦聖製雖已有年而博通之學全未有得惟執事進而教之

第二問

胡鰲

同考試官訓導張批（是策隨問隨答考據詳而事實悉足見胸中素蘊他日效用肯不蹈古人之芳躅歟）

同考試官教諭袁批（答歷代名宦人物一策最爲詳悉且筆力老健文采燁然其尚友千古景仰前修久矣置之優選輿論攸歸）

考試官教諭羅批（古人事實條對無遺足見高山仰止之意）

考試官教諭汪批（答者挂一漏十求其條對無遺者惟此非博洽之士能乎）

賢才有關於世道大矣莘此邦而爲名宦也建功業於當時産此邦而爲人物也垂休光於後世故慕其名不可不知其人求其人烏可以不論其世歟噫尚友千古景行先哲學者事也執事以山東之名宦人物詢承學蓋欲啓後生小子尚友之心大哉問也敢不悉心以對乎且以名宦言有仁惠及民而老幼留於既去之日者劉寵也以恩信綏盗而政績稱爲天下之首者李固也水患民憂分導水勢而民賴以安非吕夷簡而何歲饑民盗請弛鹽禁而歲豐乃復非王博文而何曾鞏秩滿代去民猶未忍而絶橋以留高源去官十年民終不忘而立碑以頌德之深也可知吴□遇有人争訟輒閉閤自責吏以是不忍於欺柴禹錫當兵起契丹即内嚴備禦寇由是尋自引去政之善也可見李師中不貴刑罰而范仲淹因薦其有王佐之才李載惟尚寬厚而吕夷簡獨賢其有不苛之政嘗斷冤獄情無遁矣此趙孟頫之神明所以稱於郡中焉事至即决才莫及矣此李參之姓名所以書於殿柱焉以人物言負薪讀誦而儒行見稱於當時者劉智也躬耕徂徠以易經教授乎後學者石介也李東之解組謝事與子基同時故時有二疏之比崔仲文以才拜官與兄悛同日故世有兩鳳之稱九歲能文文章獨步于當時王禹稱之才何高耶八十二登第姓名獨冠于天下梁顥之志何堅耶王志愔以剛鷙爲治故人以皂鵰而見呼張詠以剛

方爲任故自以乖崖而爲號稱曰謝顔子者以顔延之文章冠絶與謝靈運齊名也號曰韓夫子者以韓熙載才氣俊逸與韓昌黎媲美也羊祜政多遺愛人望碑墮淚因以墮淚名賈敦頤與弟剌洺人立碑并頌因以棠棣號圖梁丘賀之形於麒麟閣非以其小心周密乎繪秦瓊之像於凌煙閣非以其戰伐有功乎此皆齊魯之名宦人物功業休光著於當時而垂於後世者也愚也酌幽香而起敬想遺迹而興嗟固未嘗不以諸名宦人物自期待矣嗚呼抑孰知有大於此者乎若吾夫子之生爲天地立心爲生民立命爲往聖繼絶學爲萬世開太平功業與天地而同久休光與日月而并明萬世之下孰不欲景仰而師法哉孟子曰乃所願則學孔子愚亦曰乃所願則學孔子

第三問

李簡

同考試官訓導徐批（考據詳而不泛□□當而不差録之以示行禮者）

考試官教諭羅批（□□□最爲詳備必有識士也）

考試官教諭汪批（條答無遺故録之）

禮本於古而後世之制終有愧於古禮備於今而萬世之制皆莫盛於今甚矣禮之難制也非德則無所本無本則禮不行非位則無所徵無徵則民弗從德位兼隆禮制明備此有虞三代之君與我國朝之列聖所以皆非漢唐宋之所能及也歟蓋嘗聞之天高地下萬物散殊而禮制行矣斯禮也聖人作之明其度數辨其儀文以之而正朝廷井井乎其不可紊以之而定民心秩秩乎其不可亂所謂安上治民莫善於禮而君子之所當講也稽之於古有虞命伯夷以典三禮所謂三禮者祀天神祭地祇享人鬼是也周官大宗伯以五禮經邦國所謂五禮者吉凶軍賓嘉是也王制司徒修六禮以節民性所謂六禮者冠婚喪祭鄉相見是也三禮五禮六禮目雖不同也然無非一德之是將若夫禮器所載經禮者經常之禮也如朝覲會同冠婚喪祭其類有三百之多焉曲禮者委曲之禮也如升降進退俯仰揖遜其類有三千之盛焉經禮三百曲禮三千條目雖多也然無非一敬之是敷非若後世之禮徒事乎繁文末節而已是故炎漢之初叔孫通制綿蕝之禮而其效僅至於群臣震恐無敢喧嘩者蓋當争雄角力之餘一旦見夫禮制之行遽有以銷其暴戾之心收其怠慢之容故遂至於震懼而不敢肆耳漢高以馬上得天下不事詩書非必世能仁之主也此魯兩生所以不至而其禮豈能有合於古歟唐有開元顯慶二禮宋有開寶及政和五禮觀其所制雖曰愈於綿蕝而亦未見其合於古者豈非其德終有愧於古之聖人而其禮自不能備自不可行也歟古之禮信善矣然而有不

能行於後世者非古之禮不可行而行之非其人耳晦庵朱子之論禮制必以古禮爲據而裁之豈無見乎我皇明以禮治天下有令有制有職掌孝慈諸書凡君臣父子之大倫朝覲會同之盛禮冠婚喪祭之大端與凡事物文爲之懿無一不備與有虞三代之諸禮皆相符合誠萬世不刊之典也而又敕天下臣民得參用朱子家禮禮制之備莫備於斯矣天下守之如一國而國不异政國守之如一家而家不殊俗家守之如一人而人不异行囿斯民於天序天秩之中納斯民於五禮五典之内比屋可封人人君子漢唐以下豈足以彷彿萬一而愚生又惡敢舉一二以見其盛哉

第四問

王景連

考試官教諭羅批（能本先儒評史定論可取）

考試官教諭汪批（論作史之法有源委有斷制蓋嘗究心於史學者也）

作史者本於春秋則是非有定見而予奪皆合乎天下之公考史者本於春秋則是非有定論而折衷不謬於聖人之言大哉春秋之義乎其聖人經世之要乎王者本之以修政立事則一代之王法在是也况作史乎本之以垂訓立教則一代之典章在是也况考史乎春秋之義其大如此何以言之聖人之經載乎道聖人之道本諸心心明則道明道明則凡所以爲經者皆欲以明道也春秋列國中之一史爾孔子假而修之以寓一王之法實史外傳心之要典也苟無聖人之心胸而欲讀其書通其義難矣况欲擬之以立言乎先儒病學者不先治經而治史以爲倒學卒無得於是非予奪之公有以也司馬遷非聖人之徒也史記一書其能有合於春秋之旨乎觀其著十二本紀十表八書三十世家七十列傳凡百三十篇馳騁數千載間勤亦至矣劉向楊雄咸稱其有良史才服其善叙事理辯而不華質而不俚其文直其事核不虚美不隱惡謂之實録若有得失矣至其論大道則先黄老而後六經序游俠則退處士而進奸雄傳貨殖則崇勢利而羞貧賤豈能免班固謬於聖人之誚乎所謂不能合於春秋者此也若夫班固范曄陳壽之徒相繼而作則又不過依仿遷法而爲之非遷比也遷且不及况望其過之而有得於春秋之旨哉迨宋歐陽脩作五代史其立例始寓春秋之意至其爲論每篇必以嗚呼發之蓋以爲亂世之書而至嘆也至於叙述則文簡而能暢事增而不贅觀其篇名曰家人傳則帝王正家之義見矣曰梁臣傳唐臣傳則忠臣不事二君之義昭矣曰死節傳死事傳則人臣之伏節死義者傳矣曰一行傳非以著士之高尚者乎曰唐六臣傳非以明臣以背附者乎曰雜傳則歷世累朝之臣無操守者也宜修之言曰

吾用春秋之法師其義不襲其文論者稱其紀述之功不在遷下非以遷與修等也紀例精密非遷所及則稱之本意也觀者不以文害辭可也其後紫陽朱夫子出作爲通鑑綱目表歲以首年而因年以著統大書以提要而分注以備言歲周於上而天道明矣統正於下而人道定矣大綱既舉而鑒戒昭矣衆目畢張而幾微著矣至其大義所在則尊正統即春秋大一統之義也於中宗每歲書帝所在即春秋書公在乾侯之義也至於隨事褒貶若黜曹魏以正僞尊昭烈以明統楊雄仕於漢而曰莽大夫陶潜卒於宋而曰晋徵士誅奸諛於既死發潜德之幽光詞嚴義正炳如日星何莫非春秋之義乎噫以諸子言之遷之博學洽聞固非班輩所能及而修之義例精密又非遷所能及矣然而求其上足以承春秋之墜緒下可以爲萬世之昭鑒者舍綱目其何以哉學孔子者先學朱子可也管見如斯未知是否惟執事其進教之

第五問

徐崇德

同考試官訓導蕭批（時務一策□□□□□措置有方者鮮此作窮之所養即達之所施也歆羡歆羡）

同考試官教諭姜批（策問時務政欲觀士子效用之才此篇斟酌得宜舉而措之無難矣）

同考試官教諭楊批（策有斷制非識時務者不能允宜高薦）

考試官教諭羅批（以得人爲説最是）

考試官教諭汪批（五策俱可見觀惟時務一篇處置尤當不謂之俊杰可乎）

治天下之道存乎法舉天下之法存乎人法者道之寓非法則道不能以自見人者法之具非人則法不能以自行故治天下不可以無法而天下之法在得人而舉之孔子曰文武之政布在方策其人存則其政舉此之謂也方今朝廷清明俊乂在官法皆盡善何有於弊也執事發策顧以救弊之方下詢承學得非謂諸生皆窮經學古之人致用有日所當講明者固不可以不豫耶敢請復其萬一財用重事也周官有司會主理財之職大學以生財爲絜矩之本財用之重於古也尚矣理之可無法乎今租税之入猶昔也非有所盈縮也而國用或有不足者豈生齒日繁兵甲日盛仰給於朝廷者衆歟然京師之稱百萬之號自古然矣孰得而少之哉惟綜理得人如李清臣之爲度支張方平之爲三司帳式有以起仁儉之實心撿會有以節財用之虚耗則不必加賦於什一之外而國用常舒無不足矣賦役重務也漢宣帝有政平共理之□唐太宗

有爲朕養民之言賦役之□□民也大矣今貧富之則有等也非有所□墜也而民或至於逋負者豈軍國有□四方多故賦斂於百姓者過歟然粟帛之征力役之用從古然矣孰得而已之□惟守今得人如朱邑之守桐鄉□□直之在穀城驗田賦以定科差而人心悦均賦役有如衡平而歌謡作則不必變法於九等之外而民力自舒無逋負矣盜非不治也而尚未能息攘奪之風庸非□之者無□禁之者非法乎道不拾遺自不爲盜也如是者本之教養卓茂嘗以之矣□□入境不敢盜也如是者得之嚴明□□乃所長焉使教養威嚴兼修不廢□□□□□□有桴鼓之警哉荒非不救也而□□□禦水旱之灾庸非積之者不預救之者□術乎義倉之政所以備荒也如是者可以行於平日文公嘗舉之矣勸措之方所以救荒也如是者不可廢於臨時范文正蓋嘗用焉使預儲時措兩盡無遺則道路之間安有流殍之見哉孟子曰經正則庶民興庶民興斯無邪慝矣歐陽子曰修其本以勝之此古今闢异端之定論也學校者正經修本之地也我朝之作興於斯至矣使奉行於下者皆能以道爲心以身爲教如文翁如安定則學校於是乎興而一邑一郡皆化於正矣郡邑化之天下同焉异端有不息乎孔子曰吾觀於鄉而知王道之易易也吕氏曰鄉飲行而天下之化行矣此古今設鄉飲之大義也是舉也王者道化之本也我朝之崇重於斯至矣使奉宣於下者皆能以德爲重以敬爲禮如黃霸如劉彝則鄉飲於是乎嚴而郡邑之間尊德尚齒矣郡邑化之天下同焉澆頑有不革乎吁道未嘗資法也待法而立法未嘗遠人也有人則行法有關於道而人有重於法也如是哉故王者以人事天則得三光全而寒暑時大臣以人事君則忠君百官正而萬民理人乎人乎其天地之心國家之本氣化之原不可一日而無者乎愚生請以是爲終篇復惟執事其采擇之

山東鄉試録後序

山東古齊魯名邦走京師才數十舍餘衣被皇明詩書仁義之澤百年於兹如金既冶如泥鈞成周之風宛然目前固宜夫士多學古而志在澤物有聲於時者相後先也玄錫恒竊願游歷其間拜孔子之堂躡岱宗之顛從今之君子而問學焉久矣成化癸卯秋適山東大比巡按監察御史宋經暨藩臬重臣預聘四方之儒以司文衡而濫及於玄錫不遠數千里致篚饒陽玄錫既拜使者之辱欣然就傳至則聞小試甚嚴且公而就比者尚千二百有奇心復偉之

既而連得其所爲文閱焉就其中而拔其尤者則雅者淡如精者栗如浩乎有氣之作人也蔚乎有采之粲目也鏗乎金聲之擲地也健且著焉如萬馬之奔而猝駐也博且約焉如萬水之折而必東也文章之盛曠萬古而僅一見也玄錫傾心於往素者固已不待歷其間覿其人而其所以學所以蘊蓄一旦而盡得之顧非願邪雖然玄錫之所見者文也文者道之器而行則器之實也文與行固不可偏廢孔子曰文莫吾猶人也躬行君子則吾未之有得諸士子其尚躬行君子之道而務於有得哉山東故多君子不可以屈指數若王文正公曾三試名皆第一或者戲其喫着不盡曾曰平生志不在溫飽既其貴也如其言乾興初正色立朝清嚴可憚時倚重焉卒之屏謂除恭成仁祖太平之治若曾庶乎學孔子而躬行者也諸士子生長是邦其志曾之志而允迪之哉若或以科目爲登進之階惟利有官序而已他日備位百司荐列台鼎勢可奪焉利可襲焉威可怵焉使行與言戾終與始違非玄錫所以望於諸士子也幸相與勉旃

江西饒州府德興縣儒學教諭羅玄錫謹序

弘治八年山東鄉試録

山東鄉試録序

弘治八年當天下賓興賢能之期山東守臣豫以試事白鎮守山東都知監太監李全巡撫山東都察院右僉都御史熊翀咸曰重事境内春夏不雨恐費涉于民宜慎行之又白於監察御史周津邵蕃亦曰雨不時若舉兹大事宜慎繼是監察御史曹鳳來按兹土實專監臨之寄憫時不雨百凡之務戒所司務存省約故民心胥悦未幾天乃雨仁等膺聘而來入其境見人皆以得雨爲喜然猶未饒洽也比入院聞垤鸛有聲溽氣鬱蒸而釀雨明日雨下沛然又明日初場猶霏微弗止於是優渥霑足穀秀而實上下交相歡慶諸士在場屋握管對雨亦躍躍有喜色著爲文章理以澤而詞以潤也迨後二場天開雨霽士氣倍奮夫陰陽氣上薄爲雨乘空而墜驟則爲涷小則爲霢霂皆足以澤物我國家養士於學校而取之以科目優其廩復其家給人以代其使令愛護匡翼靡不周至正猶天之於嘉穀既沃以涷又益以霢霂而所以資其發生者厚也况諸齊魯之士生長聖賢之鄉私淑乎時雨之化而修之己者亦自有素焉則夫今日之登名是選信非偶然耶盍亦思乎士之未遇固如穀之未成日望乎雨澤之加及其既遇則如穀之已熟人將仰其澤以爲生矣苟徒僥幸於一得不思推厥素如雨之施以澤物寧不有孤國家養士之盛心哉故古之君子不以登名爲榮而以成功爲慊繼自今諸士將爲時所用必隨厥任盡厥職居民牧則爲百里嵩之隨車雨以蘇一郡一邑之枯槁司風紀則爲顔魯公之御史雨以洗一道之冤滯處廟堂則爲商相之三日雨以慰四海九州之仰望飛甘灑澍作休徵於治世上有以啓沃乎君心下有以膏澤乎民生此則大丈夫之事固諸士之所當自負亦國家之有待於我者也仁昧於知言辱諸士爲集門杞梓敢托諸雨致祝規之意以僭序小録之成凡有事于兹者仁與教諭張澤爲考試官教諭張瀚朱文魁王翰邵清訓導陸紳李士元楊渤爲同考試官左布政使吴珉按察使趙鶴齡左參政林元甫僉事馮鎬則提調監試於内右布政使柳淳左右參政張鋭劉聰副使劉福陳璧廖中王紳郝志義左右參議杜整周紘僉事陳寬鈕清陳嘉謨胡富則防衛贊成於外至於印卷受卷而下亦

各擇人以供事與試之士簡拔於提學副使楊文卿者千三百人來自遼陽者百八十人遵制額取七十五人刻文之醇者二十餘篇皆玉散珠聯如瑞雨焉

直隸蘇州府吴縣儒學教諭李仁謹序

弘治八年山東鄉試

監臨官

巡按山東監察御史曹鳳（鳴岐河南新蔡縣人　辛丑進士）

提調官

山東等處承宣布政使司左布政使吴珉（廷掖山西靈石縣人　己丑進士）

山東等處承宣布政使司左參政林元甫（秉仁福建莆田縣人　乙未進士）

監試官

山東等處提刑按察司按察使趙鶴齡（永年四川瀘州衛人　乙未進士）

山東等處提刑按察司僉事馮鎬（大京河南信陽州人　戊戌進士）

考試官

直隸蘇州府吴縣儒學教諭李仁（善長福建莆田縣人　丁酉貢士）

直隸滁州來安縣儒學教諭張澤（朝與福建莆田縣人　庚子貢士）

同考試官

直隸淮安府邳州宿遷縣儒學教諭張瀚（文淵福建侯官縣人　癸卯貢士）

直隸蘇州府長洲縣儒學教諭朱文魁（汝貴福建莆田縣人　癸卯貢士）

湖廣黄州府黄岡縣儒學教諭王翰（廷用應天府江寧縣人　己酉貢士）

江西九江府德化縣儒學教諭邵清（士廉應天府江寧縣人　壬子貢士）

江西南昌府奉新縣儒學訓導陸紳（薦紳浙江慈谿縣人　己酉貢士）

浙江湖州府烏程縣儒學訓導李士元（春夫直隸高郵州人　癸卯貢士）

江西南昌府儒學訓導楊渤（士容福建莆田縣人　壬子貢士）

印卷官

山東等處承宣布政使司經歷司經歷孫茂先（思顯河南祥符縣人　監生）

山東等處提刑按察司經歷司經歷郭麒（廷瑞山西聞喜縣人　監生）

收掌試卷官

山東都轉運鹽使司運使周軫（公載福建莆田縣人　壬辰進士）

濟南府知府方進（維新直隸歙縣人　戊戌進士）

濟南府同知王從鼎（朝器浙江黄巖縣人　丁酉貢士）

受卷官

濟南府鄒平縣知縣鄭瓘（温卿浙江蘭谿縣人　庚戌進士）

濟南府長清縣知縣俞諫（良佐浙江桐廬縣人　庚戌進士）

濟南府泰安州新泰縣知縣包溥（民敬浙江鄞縣人　庚戌進士）

兖州府沂州郯城縣知縣席書（文同四川遂寧縣人　庚戌進士）

彌封官

青州府推官徐翊（中行順天府大興縣人　癸丑進士）

兖州府東平州知州陳經（貫之湖廣臨武縣人　乙未進士）

萊州府膠州高密縣知縣劉鳳儀（天瑞山西襄垣縣人　庚戌進士）

登州府萊陽縣知縣劉廷璽（宗信河南光州人　甲午貢士）

謄録官

萊州府掖縣知縣李守經（秉彝河南汝陽縣人　丁酉貢士）

萊州府平度州濰縣知縣王琚（良珮直隸望江縣人　丁未進士）

青州府樂安縣知縣李溥（宗大直隸定州人　丁未進士）

濟南府肥城縣知縣張守和（執中河南沔池縣人　丁酉貢士）

對讀官

東昌府高唐州武城縣知縣鍾永（世昌直隸吴縣人　庚戌進士）

兖州府嶧縣知縣劉泰（世亨順天府固安縣人　丁未進士）

青州府博興縣知縣馬繼祖（崇功直隸如皋縣人　庚戌進士）

濟南府齊河縣知縣武繼祖（熙原順天府通州人　丁酉貢士）

巡綽官

濟南衛指揮使程振（文紀直隸定遠縣人）

濟南衛指揮僉事尹琮（廷玉直隸密雲縣人）

濟南衛右所副千户張鑾（朝儀山東長清縣人）

濟南衛前所正千户劉漢（宗佩直隸江都縣人）

搜檢官

青州左衛指揮使高炅（景瞻山東冠縣人）

平山衛指揮僉事蔣貴（廷臣山東武定州人）

供給官

兖州府通判王文（焕章山西忻州人　監生）

濟南府推官李祥（伯禎河南洛陽縣人　監生）

兖州府照磨陸嵩（正邦順天府大興縣人　儒士）

青州府莒州判官張謨（大猷陝西安定縣人　監生）

濟南府歷城縣知縣鄧庸（時中山西沁水縣人　丁酉貢士）

東昌府臨清州舘陶縣知縣王玉（德温直隸盧龍縣人　監生）

濟南府歷城縣縣丞胡文通（時亨山西陽曲縣人　監生）

濟南府歷城縣典史任傑（廷賢河南洛陽縣人　吏員）

濟南府德州良店驛驛丞劉政（端本河南鈞州人　承差）

東昌府高唐州魚丘驛驛丞黎伯禄（德敷湖廣孝感縣人　承差）

兖州府沙河驛驛丞李冕（宗周陝西咸寧縣人　承差）

兖州府滕縣滕陽驛驛丞桂文（宗器浙江慈谿縣人　承差）

兖州府鄒縣邾城驛驛丞牛逵（以道直隸宿州人　承差）

兖州府東平州東阿縣舊縣驛驛丞段錦（廷黼雲南太和縣人　承差）

第一場

四書

天下有道則庶人不議　庸德之行庸言之謹有所不足不敢不勉有餘不敢盡　多助之至天下順之

易

上下交而其志同也　九五井列寒泉食象曰寒泉之食中正也　夫易聖人之所以極深而研幾也　有大者不可以盈故受之以謙

書

惟動丕應徯志　惟暨乃僚罔不同心以匡乃辟　王厥有成命治民今休王先服殷御事比介于我有周御事節性惟日其邁王敬作所不可不敬德我不可不監于有夏亦不可不監于有殷　爾克敬典在德時乃罔不變允升于大猷

詩

知子之來之雜佩以贈之知子之順之雜佩以問之知子之好之雜佩以

報之　雨我公田遂及我私　威儀抑抑德音秩秩無怨無惡率由群匹受福無疆四方之綱之綱之紀燕及朋友百辟卿士媚于天子不解于位民之攸塈天命降監下民有嚴

春秋

公及齊侯宋公陳侯衛侯鄭伯許男曹伯會王世子于首止諸侯盟于首止（僖公五年）公會宰周公齊侯宋子衛侯鄭伯許男曹伯于葵丘諸侯盟于葵丘（僖公九年）　三月作丘甲（成公元年）　公會晋侯宋公衛侯曹伯莒子邾子滕子薛伯杞伯小邾子齊世子光伐鄭同盟于戲（襄公九年）西狩獲麟（哀公十四年）

禮記

凡居民材必因天地寒暖燥濕廣谷大川异制民生其間者异俗剛柔輕重遲速异齊五味异和器械异制衣服异宜修其教不易其俗齊其政不易其宜　故國有禮官有御事有職禮有序　修身及家平均天下　父子有親而後君臣有正

第二場

論

君子之學以潤身爲本

詔誥表（内科一道）

擬漢令諸儒講五經同异詔（甘露三年）　擬唐以裴度爲中書侍郎同平章事誥（元和十年）　擬宋以周必大爲樞密使謝表（淳熙十一年）

判語（五條）

濫設官吏　制書有違　隱蔽差役　服舍違式　飛報軍情

第三場

策（五道）

問　天之生民必有出類之才起而君師之君以治之師以教之不越乎五倫之敦而已稽之於經蓋可見也洪惟我　太祖高皇帝肇造區夏條成大誥三編太宗文皇帝纘承丕緒首製孝順事實爲善陰騭二書宣宗章皇帝繼志述事纘述五倫書頒之天下無非所以敦五倫也英宗睿皇帝又有大明一統志之頒其紀名宦人物烈女亦皆五倫攸繫但大誥所載多垂戒後世之事

其敦五倫之條何見爲善陰騭所載多垂訓後世之實其敦五倫之事何在孝順事實專言孝也其中亦有兼於餘倫者乎五倫書備載嘉言善行也其中何獨詳於君臣之倫乎大明一統志所載名宦人物烈女克盡五倫之道者不可指數其在山東最彰著者幾人諸士子佩服聖訓有年矣願悉陳之

問　孝經小學之書皆紀載先王之所以修身齊家治國平天下之本孝經成於曾子門人之手而朱子爲之刊誤小學雜出於曲禮少儀内則弟子職諸篇而朱子爲之搜輯故今皆授之童蒙資其講習誠大切要之書也諸士子誦習有年試相與講明之孝經六章之書果皆舊文而無離析增加之失歟七章以後又皆何人所作而無戾於孔曾傳受之意歟孔壁所藏者何本河間王所得者何書閨門一章不知何人所去其所去者是歟非歟小學有内篇有外篇内篇所紀者何道外篇所紀者何事抑二篇何以有内外之别乎或者謂立教明倫敬身爲小學之綱領而稽古非綱領何以入於内篇歟嘉言善行何以爲小學外篇而内篇何莫非嘉言善行歟願爲我言之

問　古之聖賢世系之遠惟孔氏爲最雖堯舜之盛不能過也溯其先世爲宋人中葉遷魯遂爲魯人歷十四世而生孔子源亦遠矣可追論歟然源遠則流長浚其流也自伋以後無代無人無人弗耀戰國時有爲齊相者有爲魏相者有爲秦博士者其人何名炎漢時有遷大將軍者有拜太師者有襲封關内侯者其人何勛歷晋宋梁隋間或爲奉聖亭侯後改封崇聖侯曰奉曰崇果有輕重乎或爲恭聖侯後改封紹聖侯曰恭曰紹亦有差等乎及唐宋時或對策高第或狀元及第或明經及第一時文運蓋莫盛也可得聞歟或以剛毅直諒名或以操行介潔稱或以介潔不阿許一時節義蓋莫尚也可歷指歟世之論常者必曰豐於前者嗇於後如孔子之亶生不爲不豐而其後又自不嗇果堯舜獨慊於孔子乎抑别有其説乎諸生挺生東魯幸與孔氏同邦其世系人物知之素矣毋吝告我

問　人莫難於知人亦莫難於自知知人則哲堯所難也何敢望回孔子與焉後世無帝堯之智子貢之識而立論以方人舉人以自况誇誕者不免失於自高溺愛者不免失於過許豈能無罅隙之可議哉敢以史册所紀者與諸士商之三顧馳驅者嘗以管樂自居三朝勤勞者嘗以伊周自托恢復之君或擬之於韓彭罪謫之守或擬之於頗牧忘身殉國者目爲魏徵似矣碩德重望者果似乎馮道平齊定薊者目爲韓信肖矣捫虱高談者果肖乎孔明或贊金世宗爲堯舜或方晋武帝爲桓靈其論孰優或自况於文宣或自愧於赧獻其見孰當澄之不清淆之不濁視顔子爲孰賢舉賢用能厲兵訓卒視子房爲孰

勝考事以論賢其材智之短長莫逃原心以量德其人品之高下易見若徒因仍於古人之言摹稜於臧否之際胸次略無定見何足以尚論古人

問　國用取給於東南財賦必資於漕運此古今之通論也然唐虞之時江浙無聞禹貢之書漕運不録何歟三代而下城穿邗溝湖通射陽其民固未甚病也而又有負海之粟三十鍾而致一石何歟關東之漕僅數十萬石尋而益至百餘萬石其漕亦未甚費也其後既益爲四百萬石又益爲六百萬石何歟脱巾置酒倚辦之急者何人泝河入渭講畫之詳者何代閉口之制何如孰變爲擣冰轉般之法何似孰變爲直達開會通河以代海運便矣何時而復游疏通惠河以免陸運當矣何爲而隨廢至我朝太祖高皇帝定鼎金陵東南財賦如探囊物太宗文皇帝駐蹕燕京初猶海運何時而罷然自古運河之水不通黄河近年黄陵岡一決而安平鎮口遂開運舟經口或有不虞黄河入運亦得其力或謂黄陵岡不塞則安平鎮口不得收功今兩口既塞功甚偉矣但天雨或不時未免淺阻之患不可憂耶或謂不必强塞安平鎮而但旋修海運計亦似矣但舟師非素習未免風波之險又何策耶諸生長育齊魯博考圖籍漕河之法目見而心融者幸明言之以觀用世之學

中式舉人七十五名

第一名　杜珏　濰縣學生　易
第二名　王崇獻　曹縣學生　書
第三名　刁嵎　鄆城縣學生　詩
第四名　邊貢　歷城縣學增廣生　禮記
第五名　袁擯　德州學生　春秋
第六名　張諾　濱州學生　書
第七名　趙睿　濟南府學生　詩
第八名　王藝　壽張縣學生　春秋
第九名　田登　城武縣學生　禮記
第十名　夏廷芝　章丘縣學生　易
第十一名　王鉉　遼東都司學軍生　詩
第十二名　常天魁　堂邑縣學增廣生　書
第十三名　許堂　東昌府學生　易
第十四名　李遇春　遼東都司學軍生　詩

第十五名　張善　平陰縣學生　書
第十六名　丘廷璋　掖縣學生　春秋
第十七名　杜珝　濰縣學生　易
第十八名　王崇儒　曹縣學生　書
第十九名　甯杲　遼東海州衛學武生　詩
第二十名　許繼　章丘縣學生　易
第二十一名　趙秉倫　登州府學生　詩
第二十二名　姜素　高唐州學生　禮記
第二十三名　朱大經　曹州學生　詩
第二十四名　崔哲　遼東都司學武生　書
第二十五名　張齊　濟南府學增廣生　易
第二十六名　趙中　鄆城縣學生　書
第二十七名　孔鳳　寧海州學生　詩
第二十八名　張鉞　夏津縣學生　易
第二十九名　劉孝　高唐州學生　春秋
第三十名　紀存義　恩縣學生　詩
第三十一名　完光嶽　遼東都司學武生　書
第三十二名　徐資　鄆城縣學生　易
第三十三名　杜玧　滕縣學生　詩
第三十四名　李璿　濱州學生　書
第三十五名　尚繼美　東平州學生　詩
第三十六名　韓荆　陽信縣學生　易
第三十七名　黄慶　濮州學生　詩
第三十八名　武雷　舘陶縣學生　書
第三十九名　孫孟舉　商河縣學增廣生　詩
第四十名　姜佐　濱州學生　書
第四十一名　彭琛　費縣學生　詩
第四十二名　孫縈　福山縣學生　禮記
第四十三名　周岳　高密縣學生　詩
第四十四名　王三錫　青州府學生　易
第四十五名　武魁　費縣學生　春秋
第四十六名　陳雲霄　肥城縣學生　書

第四十七名　張義　東阿縣學生　詩
第四十八名　鄭龍　寧陽縣學生　書
第四十九名　白清　陽信縣學生　詩
第五十名　高顯　濮州學生　書
第五十一名　于沂　長山縣學生　詩
第五十二名　程驥　滕縣學生　易
第五十三名　劉思明　嘉祥縣學生　詩
第五十四名　陳策　單縣學增廣生　書
第五十五名　張曙　遼東廣寧衛學武生詩
第五十六名　華珩　章丘縣學生　書
第五十七名　王宗仁　曲阜縣學生　詩
第五十八名　楊學禮　濟南府學生　禮記
第五十九名　梁昇　登州府學生　詩
第六十名　陳憲　魚臺縣學生　書
第六十一名　趙俊　兖州府學生　詩
第六十二名　劉本澄　嶧縣學生　書
第六十三名　李瓛　平原縣學生　詩
第六十四名　蘇錫　濱州學生　書
第六十五名　董焞　德平縣學生　詩
第六十六名　劉景沂　長清縣學生　易
第六十七名　劉玠　蒲臺縣學生　詩
第六十八名　王溥　海豐縣學生　書
第六十九名　張琮　博興縣學生　詩
第七十名　劉銘　丘縣學生　禮記
第七十一名　王世隆　東阿縣學生　詩
第七十二名　傅鉞　曲阜縣學生　書
第七十三名　邢源　長清縣學生　詩
第七十四名　楊麓　德州學生　易
第七十五名　張忠　泰安州學生　詩

第一場

四書

天下有道則庶人不議

刁嵎

同考試官訓導楊批（寫出有道氣象宛然在目）

同考試官教諭朱批（題本冠冕作者多襲陳言令人厭觀求其化腐爲新快人心目者僅見此篇允宜前置）

考試官教諭張批（析理明白）

考試官教諭李批（平順得旨）

世際隆平之日民無非間之言蓋民心之是非顧上之政治何如耳天下有道則上無失政矣民何間然之有哉昔聖人通論天下之勢及此蓋謂人君臨馭天下統理民物紀綱整肅四方仰一統於無虞海宇升平萬國戴一人之有慶君出治而臣輔治自朝廷而方岳有穆穆明明之休君出命而臣奉命自王國而萬邦有皇皇師師之風禮樂大政掌握於一人之手而政無多門也征伐大權綱維於朝廷之上而權無下移也天下有道如此但見生斯世也爲斯民也莫不慶王綱之丕振翕然同文同軌之天喜王化之大同藹然遵道遵路之俗號令一布帖耳聽命之恐後閭閻里巷無异心也何嘗有所私議以非其上哉所以然者非箝其口也蓋上無失政自不容於議耳政教一施心悦誠服之不暇市井草莽無异志也何嘗有所私議以毁其上哉所以爾者非捫其舌也蓋上無失政自無事於議耳吁下無私議而由乎上無失政如此爲人君者可不强於自治以一斯民之心哉大抵此章夫子雖通論天下之勢實所以爲當時發也蓋是時三家强公室弱君臣失道綱常淪没禮樂名分蕩然無復存矣故夫子歷論有道而及無道之得失以見爲君者不可無自治之計爲臣者不可萌僭竊之心其扶世立教挽今返古之意藹然溢於言表矣

庸德之行庸言之謹有所不足不敢不勉有餘不敢盡

王宗獻

同考試官訓導李批（拈書出題此甚平易而佳作獨少是篇詞潔理明宜在所取）

同考試官教諭王批（認理精措詞當可取）

考試官教諭張批（措詞雅健他作所不及）

考試官教諭李批（詞不贅而意自足佳作也）

君子自修於言行之常而益密其功焉夫道不遠人自修之功所當盡也君子致勉乎此而言行不已其功焉其不遠人以爲道也豈不於斯而可見乎昔中庸是章論道不遠人至此而言君子自責自修之事蓋謂道本不遠於人人自有以遠乎道君子於此宜何如哉亦惟不遠人以爲道耳彼其孝弟忠信之道乃日用常行之理吾之所當然也行之不力則道於我乎遼邈矣蓋必以是道之責於人者于以自修於庸德之間躬行之允迪之而孝弟忠信必求踐乎其實不苟焉以虛行也言之不謹則道於我乎扞格矣蓋必以是道之責於彼者于以自修於庸言之際無易焉無苟焉而孝弟忠信務求擇乎其可不泛焉以徒言也夫庸德之行雖云力矣然力行難常失於不足使不足而不勉焉不幾於行之不力乎又必於孝弟未能也而勉焉以能之忠信未盡也而强焉以盡之行之弗篤弗措也行之不益力哉庸言之發雖云謹矣然放言易常至於有餘使有餘而不訒焉不幾於謹之未至乎又必欲言夫孝弟也耻躬不逮則訒之而不敢盡言夫忠信也恐未能行則訒之而不敢發言之弗謹弗措也謹之不益至哉吁德之行已力而益力言之謹已至而益至君子不遠人以爲道如此此道之所以不遠於人也歟大抵道也者原於天命具於人心見於行事本近而且易不待勉强而能也但人於道不求諸近而求諸遠不求之易而求之難則反失其道矣故夫子於此首言道不遠人而又歷論治人愛人責己之道無非所以明道不遠人人不可遠人以爲道也子思子引之以明道之費隱其示人體道之功何其深切而著明哉

多助之至天下順之

杜珏

同考試官教諭邵批（此題作者多不知天下順之即多助之至往往岐而二之惟此篇一破便見題意且終篇文彩□然堪式後學）

考試官教諭張批（語皆平實可録）

考試官教諭李批（説出孟子立言之意）

大賢論人和之極而天下無不歸焉蓋天下之心未易得也今多助之至而天下歸心如此非得道之君其何以致之哉吾想孟子因論天時地利之不如人和而推言及此謂夫民心向背而國之治亂係焉政治得失而民之從違關焉善圖治者亦惟得道以得人心焉耳誠能發號施令而巨細必得其道由是庶民小子而遠近自罔不服殆必丕應徯志幡然起夫助我之念心悦誠服

翕然興夫助我之心助不徒助助而有以極其多焉多不徒多多而有以極其至焉然多助之至何如彼其罄率土而東焉以西天下如彼其大也望雲霓而來順者濟濟乎惟恐吾之或後環天下而南焉以北疆域如彼其廣也避水火而來歸者祁祁乎惟恐人之或先不必封疆是界歸之者合天下而一心無離德也多助之至何如哉不必山谿是險順之者罄率土而一志無叛心也多助之至何若哉是則得道多助而天下皆歸如此人和無以加矣戰必無不勝矣尚何天時地利之足恃哉大抵戰國之時聖賢道否功利日滋用兵者往往以天時地利爲務而不知得道以爲之本徒事乎小而不務乎大齊其末而不揣其本未足以言善治者也故孟子於此發爲天時地利不如人和之論至此又以得道爲人和之本使當時國君果能得道以得人心則地利之險人爲之守天時之善人爲之乘有所不戰戰必勝矣惜乎終不能聽徒使孟子托之空言也可慨已夫

易

上下交而其志同也

杜珏

同考試官教諭邵批（近時學易者多以小見臆説迎合上意而於聖人贊易意義漫不究心獨此篇筆力高古句法不詭於理豈用心於經學而不爲俗所變者耶）

考試官教諭張批（易義潔凈）

考試官教諭李批（充蔚可觀）

君臣相際而心同此所以爲泰也蓋心同則道同而治功可成也君臣相際一至於此則人事之泰爲何如哉昔伏羲以泰名卦文王以小往大來吉亨繫辭吾夫子傳彖申明之意謂乾本在上而居下猶君上之下交於臣也坤本在下而居上猶臣下之上交於君也上交於下則是爲君者不以崇高富貴自恃惟以尊德樂道爲心以貴下賤三接之禮隆也用上敬下三錫之命重也殆猶天道下濟而光明焉下交於上則是爲臣者不以隱居獨善自高惟以行義達道爲事自内比外攄利見之誠也用下敬上致匪躬之節也殆猶地道卑而上行焉夫上下之交如此吾知參贊天地阜安民物以立不世之功者固君之志也而臣之所願欲者亦不外是則都俞於廟堂之上有孚攣如其利斷金也豈睽之遇主于巷乎黼黻皇猷珪璋治化以建非常之業者固臣之志也而君之所好尚者亦不出此則賡歌於殿陛之間厥孚交如其臭如蘭也豈坎之納約自牖乎是則際明良之嘉會成治世之宏圖猗歟盛哉大抵君臣相遇非偶

然者要皆氣數之盛以致之也故孔子傳泰卦之彖而以君臣際會爲言則羲文名卦繫辭之旨藹然於言意之表而以見易之關於天下治道者非淺淺也豈直爲象數之書乎此又學易者所當致意焉

夫易聖人之所以極深而研幾也

夏廷芝

同考試官教諭邵批（題本平易作者多牽强上文入講草率可厭此篇體認明白辭氣老健而一結尤有精采主司得之寧不歆羨）

考試官教諭張批（説理之文自合如此）

考試官教諭李批（講極研字不類衆作）

論易之爲書乃聖人所以闡夫理之妙焉蓋理莫妙於深與幾也然非聖人之作易其孰能極之研之也哉昔大傳論易有聖人之道四焉至此謂夫易有辭也有占也而辭占爲天下之至精易有象也有變也而象變爲天下之至變易之爲書如此果何爲者哉彼如幽明之故死生之説與夫鬼神屈信之機皆理之至深而難測者也易之辭占莫不推而極之焉蓋必不假乎料想臆度之私有以究竟其本原發用之奥殆猶鑒之空而毫髪畢照也若然則理之深者在易而通志之體立矣易非聖人之所以極深者乎如吉凶之未至悔吝之將萌與夫失得憂虞之象皆理之至幾而難見者也易之象變莫不研而審之焉蓋必無事乎讖緯術數之學有以詳察其端倪眹兆之微殆猶衡之平而錙銖不爽也若然則理之幾者在易而成務之體具矣易非聖人之所以研幾者乎是則辭占象變信乎爲聖人之道而人之所當尚者歟抑嘗論之人惟心之精斯能極深以通志人惟心之變斯能研幾以成務然則易之精變即聖人之心虚靈也而其所極之深所研之幾即聖人心中所具之理也是則易乃無言之聖人聖人乃有言之易而此章首尾皆曰易有聖人之道良有以夫

書

惟暨乃僚罔不同心以匡乃辟

王崇獻

同考試官訓導李批（商書一篇場中作者類能言之但浮詞可厭獨此篇理明意足且寫出高宗重望傅説之意殆盡异日出爲世用其必有以仰體君上之心者矣）

同考試官教諭王批（本題作者率多冗雜舛理惟是篇練詞老健説理詳明蓋嘗究心於壁經而得其妙者歟録之）

考試官教諭張批（深得命相之旨）

考試官教諭李批（理明詞順）

協人己之心而盡輔弼之道此賢王之望大臣也蓋一己聰明有限而衆人聞見無窮大臣之責必合衆人之心以輔君焉昔高宗命説之意若曰以己事君固相職之當然以人事君尤相職之當盡彼納誨輔德我之望於爾者固切矣然爾之下有卿士焉皆共天位而食天禄者誰無輔君之心乎啓心沃心我之資於汝者固至矣然爾之下有衆職焉皆治天民而理天事者孰無正君之責乎汝必倡而導之使職之大者此心職之小者此心而匡救其君之失合大小而同符不判其心於爾我也統而率之使職之尊者此志職之卑者此志而弼正其君之非合尊卑而一致不隔其心於形骸也彬彬乎各操夫堯舜其君之心務使君之德純一不二足以匹休先世而表正乎萬邦焉濟濟乎各秉夫左右厥辟之志務使君之心至誠無僞足以追配前人而作則乎天下焉夫如是則能合衆人之善以成輔君之功何患相業有不盡哉抑論之泰山不辭土壤故能成其大河海不擇細流故能成其深人君不資衆善何以成其德乎高宗有見於此故拳拳於説言之下文説復之曰后從諫則聖臣不命其承有以見高宗之心惟恐進諫之不多傅説之意惟恐從諫之不切君明臣良更相戒飭此高宗所以爲商令王而無愧於湯傅説所以爲商賢佐而無愧於尹也歟

爾克敬典在德時乃罔不變允升于大猷

張諾

同考試官訓導李批（此作以身教立説深得成王命君陳端本化殷之意且文有典則氣出雄渾其東魯之佳士也高薦何忝）

同考試官教諭王批（體認真切發揮詳盡風簷寸晷之下能有此作非素於講貫而有得者不能本房優選舍子其誰）

考試官教諭張批（得經義程度）

考試官教諭李批（深合題意）

惟大臣能謹其身教則有以化乎民而善乎俗矣蓋民之於上固不從其令而從其好大臣能謹其所好而以身爲教焉則民之化俗之善有出於必然者矣昔成王命君陳往治東郊而言及乎此謂夫訓告之切孰若身教之難忘誦説之勤不如薰炙之易入往治殷民惟自爾身始焉是故父子君臣之道常道也是道也爾有之殷民未染惡之先亦有之殆必兢兢焉立爾民極父子盡其親君臣盡其義于以得是道而著之於躬行無表裏之相違可也兄弟夫婦

朋友之理常理也是理也爾具之殷民未有遷之前亦具之殆必業業焉立爾民則長幼盡其序夫婦盡其別朋友盡其信于以得是理而見之於實踐無内外之相背可也如是則能盡其厚而謹其所好矣吾知實之感人捷於桴鼓彼殷之□民以蕩凌德向固弗若于汝政矣今則得於觀感莫不舍其舊而從乎新怙侈滅義昔固弗化于汝訓矣今則有所企慕莫不去其惡而遷於善親義之理藹然於比屋之間而與古之於變時雍同一大道之時也序别信之道秩然於閭閻之下而與古之四方風動同一升平之世也如是則民亦歸於厚而從其所好矣是則世道之善而善於殷民向化之日殷民之化而化於君陳身教之餘端本澄源責其有所歸乎抑考有周之世文武作之於前成王述之於後其所以爲殷民安排而布置者蓋無不周矣而猶洶洶不靖者何哉蓋殷之頑民染□之惡深被周之化淺加之三監爲周至親而又叛武庚爲殷之後而被誅而有以動摇其心耳斯時也若無周公君陳之徒相繼撫之則周之天下未可知也然亦殷民之幸耳若在强楚之時則席卷而坑之矣又何暇於多誥哉嗚呼此周家所以爲仁厚之至而享國八百年也歟

詩

威儀抑抑德音秩秩無怨無惡率由群匹受福無疆四方之綱之綱之紀燕及朋友百辟卿士媚于天子不解于位民之攸塈

趙睿

同考試官訓導楊批（題本正大作者多騁浮詞體貼欠明惟此篇鋪張明白詞語舂容深得詩人稱願之意讀之令人躍然是宜録出）

同考試官教諭朱批（詞氣温雅説出公尸稱願王者子孫之意殆無餘藴佳作也）

考試官教諭張批（理致明白而詞足以發之可嘉可嘉）

考試官教諭李批（理明詞健）

詩人稱願王者之子孫也既欲其立治本而獲福以統治尤欲其垂治休而得臣以願治蓋修德任賢人君獲福統治之大本也然非垂治休而得臣以願之又豈能久福以保治哉公尸答君而稱願其子孫如此忠愛之意至矣昔公尸之所以答鳧鷖此則稱願其子孫謂夫人君之願莫大乎福禄之盛莫大乎子孫之賢吾願吾王之子孫德之見於威儀者抑抑乎其甚密德之形於聲譽者秩秩乎其有常威儀美矣又能無私怨焉以任乎衆賢而賢者在位聲譽隆矣又能無私惡焉以由乎群匹而能者在職是以能受無疆之福榮膺寶曆乘六龍以御天四方之廣一在其統括也享無窮之福寵握瑶圖居九重以凝

命萬邦之大一在其綱維也夫惟能綱乎四方也則庶績咸熙而君師之道盡臣下不賴之以安乎能紀乎四方也則庶事惟康而治理之功成朋友不賴之以燕乎是以外而百辟媚而愛吾天子者同一心内而卿士媚而戴吾元后者同一志惟欲時修德時任賢綱焉常張永受無疆之福于以措斯民於康乂而同沾垂拱之休可也奚但安及臣下而已哉時任賢時修德紀焉常理永享無窮之休于以撫群生於嘉靖而同被無爲之化可也豈但燕及朋友而已哉吁統治於修德任賢之餘保治於安臣致愛之後公尸答君而稱願其子孫之賢如此何其忠愛之至哉大抵富貴尊榮一身之福子孫之賢無疆之福故禹得啓賢而夏祚以永文得武聖而周業以昌既醉之詩則曰孝子不匱永錫爾類有駜之頌則曰君子有穀詒孫子是子孫之賢誠爲王者之盛福也今公尸答君而願其子孫之賢如此其亦有見於此歟

天命降監下民有嚴

刁嵎

同考試官訓導楊批（此題傳注最明白作者體認欠精往往以高宗敬天畏民入講殊戾本旨見理明而措詞當者無逾此篇）

同考試官教諭朱批（題意天命在民正見民之所以可畏此作體貼明白措詞整潔故録以式後學）

考試官教諭張批（題意正如此他作無出其右者）

考試官教諭李批（典雅可取）

詩人即天命之有在乎民而見其民爲可畏焉蓋民之視聽天命之所在也然則下民之勢不亦爲可畏哉宜詩人以是而頌美高宗也是詩祀高宗之樂此則將言致中興之道而先言及此謂夫彼蒼者天人皆以爲高高在上穹然其形而已殊不知天雖高也臨下有赫而命實降監焉人皆以爲赫赫在上蒼然其色而已殊不知天雖遠也日監在茲而命實下視焉運予奪於冲漠之中視不自視而自民之視以爲視是其視在於民也宰去留於蒼冥之表聽不自聽而自民之聽以爲聽是其聽在於民也夫天雖高而視聽有在乎民民雖卑而視聽有通乎天吾知民心向背而天命之予奪繫之是民雖至愚而有至神者存閭巷之喧騰一雷霆之震動也嚴孰甚焉民心從違而天命之去留以之是民雖至卑而有至高者寓億兆之觀瞻一日月之照臨也嚴孰加焉是則下民有嚴如此則君之不可不畏乎民也明矣高宗有見乎此而以畏民爲務此其所以得下民之心而受上天之命也中興之福有由然哉大抵盤庚既没

治道浸衰人心既離天命幾墜有商王業蕩乎其衰矣一旦高宗者出惻然以撥亂反治爲己任賞無所僭刑無所濫畏民敬天之心不敢少怠合人心於已離復天命於既墜此其所以平荆楚畏諸侯而卒成中興之業也商之子孫可不知所自哉

春秋

公及齊侯宋公陳侯衛侯鄭伯許男曹伯會王世子于首止諸侯盟于首止（僖公五年）公會宰周公齊侯宋子衛侯鄭伯許男曹伯于葵丘諸侯盟于葵丘（僖公九年）

王藝

同考試官訓導陸批（此題作者雜用他傳多戾經旨惟此篇專主兩盟下胡傳而作非的見之學不能也是宜録出）

考試官教諭張批（深合書重詞複之旨）

考試官教諭李批（文有發越）

春秋於霸主之會盟有複詞以美其正大倫者有複詞以美其明大禁者此見齊桓有大功於天下也春秋複詞書之良有以夫慨周道不復於西鎬幸齊桓主霸於東州于時惠王寵帶子鄭危疑天下之大倫殆喪矣桓公有憂之於是控大扶小因世子下臨既會首止以商同尊之謀及世子返駕復盟首止以申翼載之義定大本於杌隉而國勢不摇奠神器於靈長而邦家□□未幾太子踐祚是爲襄王一舉而父子君臣之道皆得焉桓之功何如其大哉吾知冠裳無左衽之憂人類免禽犢之患未必不賴於此也仲尼稱其一匡豈無謂乎故春秋於會盟同地再言首止所以著其美之大而不厭於繁也于時襄王始政諸侯放恣天子之大禁久廢矣桓公欲明之於是率异協同因宰孔賜胙既會葵丘以展下拜之恭逮宰孔言旋復盟葵丘以嚴約束之令初命一詞三綱之典攸係四命迭舉九經之要具存已而牲血不歃信在諸侯一舉而文武成康之法復振焉桓之功又何如其大哉吾知收人心於星散之餘扶王綱於解紐之後未必不仗於此也孟子與其爲盛豈無見乎故春秋於會盟同地再言葵丘又以著其美之大而不嫌於贅也吁始也一舉而大倫正終也一舉而大禁明桓亦當時之杰然者歟雖然桓之霸事可謂盛矣何葵丘一盛而遽衰歟蓋桓之霸仲之相也桓無至誠之德仲無格心之學志之所期者霸也非王也期於王者至於王期於霸者止於霸桓仲之願既滿於葵丘之盛桓仲之業不得不衰於葵丘之盟也使桓仲以王道自期其功烈豈止於葵丘邪豈衰於葵丘邪

西狩獲麟（哀公十四年）

袁擯

同考試官訓導陸批（題本正大作者類多不諳傳意蹈襲陳文此作前用王道人倫説後用孟子性命之言融化出終天道之意篇末又斷制獲麟之疑他日運用經學必能處大事决大疑矣本房之白月本難敷）

考試官教諭張批（講出絶筆於天道之意迥异衆作）

考試官教諭李批（深得胡傳之旨）

聖經有感乎天道聖筆因終乎天道此西狩獲麟有以見聖人秉筆之成功絶筆之妙用也且麟之爲瑞也昭昭矣非盛世不出非明王不至春秋何世也魯哀何君也麟何爲獲於魯之西狩乎蓋天地間之常理惟感與應爾人事感於下則天道應於上世值周末彝倫之壞甚矣夫子爲世道之計作春秋之書明王道以垂範百王正人倫以綱維百世治功與禹周相配神化與天地同流志氣交孚而天人之相感深矣故制作之文方成於東魯帝王之瑞遂出於西郊是豈偶然者哉正與河洛之呈祥鳳鳥之來儀同一感應之理也然則何爲絶筆於獲麟乎蓋聖人之於天道曰命與性爾命固由於天而性則在於己世值周末天道之否極矣夫子致盡性之功任參贊之責以人合天而不任於天以義立命而不委於命至誠格天地之心瑞應兆文明之治天人吻合而聖人之能事畢矣故經以人事而作因以天道而終是豈苟然者哉正與周南之麟趾召南之騶虞同一終篇之義也秉筆也而天道應絶筆也以天道終聖人先天而天弗違後天而奉天時其功用之極有如此夫雖然獲麟之説不一曰文成致麟曰感麟而作要皆未可知也孟子曰孔子懼作春秋此其大者麟固爲聖人出也然春秋之作不係於麟之有無麟不出春秋未必不作也春秋不作麟未必不出也特以麟而終其所感深矣此固獲麟意也

禮記

凡居民材必因天地寒暖燥濕廣谷大川异制民生其間异俗剛柔輕重遲速异齊五味异和器械异制衣服异宜修其教不易其俗齊其政不易其宜

田登

同考試官教諭張批（場屋中作禮經文字多用臆見穿鑿詞語險僻令人厭觀此篇一破灑然詞格峻整而理致精到必深於禮者用録以式）

考試官教諭張批（長題貴該括是作得之）

考試官教諭李批（明净可嘉）

聖王之儲民用也不强其所難同惟一其所可同夫習俗本於人情雖不可同而政教原於天性則可同也聖王於此得不度其可否而財成輔相之哉王制記此謂夫民生日用必須乎材聖王儲材必有其道何耶是故天地之氣東南多暖西北多寒因之爲絺爲裘以備寒暖之用焉地勢高者必燥卑者必濕因之爲舟爲車以備澡濕之用焉谷虚而廣川流而大自天地初分其形制已不同矣民生於谷民生於川自兩儀奠位其習俗亦云异矣以言情性之緩急則有剛柔輕重遲速之异齊以言飲食之調劑則有鹹苦酸辛甘滑之异和同一備用也而器械之制不能無或殊同一文身也而衣服之宜不能無或异聖王於此亦豈必强之使同哉惟修其三綱五典之教使彝倫攸叙典禮克敦陶民性於治化之中而已爾若夫民情之异俗曷嘗有所更張乎齊其禮樂刑政之用俾紀綱振舉法度修明肅民心於矩度之内而已爾若夫民俗之异宜何嘗有所變易乎是知同其政教則有以復人性之本然因其俗宜則有以順人情之自然聖王財成輔相之道何以加於此哉嗟夫天生材以資世民須材以養生民材之當居也尚矣奈何五方皆有性千里不同風欲一律以齊之未必不咈其情之所安故聖王之馭世必因其俗宜之异而一以政教之同則民材以備民用以足不强其必齊而自無不齊不强其必得而自無不得此其所以善於調劑天下而致大一統之治也歟

修身及家平均天下

邊貢

同考試官教諭張批（揭書命題非甚難者但作者多遺注意率於修身及家上分截甚是無謂獨此作能隨傳注立説深得本旨且明白痛快文辭整整故取以爲本房之冠）

考試官教諭張批（説出知古樂而明修身之道可取）

考試官教諭李批（能融會傳意成文録之）

君子知古樂以端其本則化洽於遠近矣蓋身者家國天下之本也能端其本則舉此而措之又何化之不洽哉昔子夏因魏文侯不知古樂之可好故告之至此意謂天下國家本於身而身之修本於樂君子誠知古樂之和正以廣而不流會守拊鼓而有序和序之理洞鑒其毫芒知古樂之始奏以文而本乎仁復亂以武而制以義仁義之道昭灼其纖悉以之修身吾見欲心以平耳目聰明查滓其消融也躁心以釋血氣和平邪穢其蕩滌也身不於是而修乎修身之道既明由是篤近舉遠而化無不洽矣是故身者家之本也以之齊家

則樂行而倫清父子和親長幼和順肅雍之化形於閨門淫僻不作也和睦之道敦于九族乖戾不生也家不於是而齊乎家者一國天下之本也以之平均天下則樂行而民向方風焉以移俗焉以易世躋泰和無偏無黨上下一德也民囿熙皞無反無側遠近同化也天下不於是而平均乎吁君子知古樂而明修身之道則家齊國治而天下平如此吾君之聽樂烏可不知所擇耶抑論古樂之爲用大矣時至春秋樂教不興民僞日滋當時之人靡然趨於新樂之是好求其知古樂之正而好之者幾何人哉無怪乎魏文侯聽之而惟恐卧也向非子夏歷舉而詳告之則人又孰從而知古樂之正足以修身及家平均天下也哉善乎吾夫子論爲邦有曰樂則韶舞放鄭聲子夏之言其有得於此歟

第二場

論

君子之學以潤身爲本

杜珏

同考試官教諭邵批（作論當以立意爲主造語乃其次者場中作者不究題目原委率多牽引舊句殊爲可厭此篇能究其所自而著之筆下理有根據辭有波瀾中間提掇一本字尤有關鎖殆學識老成之士乎宜録之以矯場屋之氣習也）

考試官教諭張批（不煩繩削而語自精到當是作乎）

考試官教諭李批（有源委有發越讀之終篇猶有餘味□也）

學之道有本有末得其本則末自隨之何則人之一身人物之本學者必於其本焉圖之則舉近以及遠守約而施博措之於治人應物亦無乎不順且利矣否則大本一失更學何事秖見夫人之衆物之夥治之而不能治應之而不能應徒自紛擾耳君子知其然其學汲汲其心皇皇一理未明求以知之一理未備求以體之所以然者何也無非爲潤身計耳故身潤而本立本立而末隨天下之事可徐就吾之條理矣噫此君子之先本後末所以爲善學歟邵子曰君子之學以潤身爲本請因是而論焉夫天下之事莫不有本一事有一事之本一物有一物之本物本於蒙數本於一發生本於一陽之復斂穫本於一陰之遇水本於源之遠山本於基之厚學之本獨不在於潤身乎是故面墻之立豐屋之蔀不學過也舍己之田耘人之田不知本也然則人必貴於學學必貴於務本君子可少忽也哉嘗試以吾身自列於天地者而并觀之未嘗不嘆吾身之大而不知學者小之也夫天地者萬物之父母也人與我雖共爲父母

之子而本末緩急亦未嘗混焉者也何者明己之德而後民可新成己之德而後物可成身不行道不能行於妻子己身罔治豈能治乎國人此理也亦勢也君子知吾身爲天下人物之本是以不屑屑於他事惟以潤身爲急固非欲獨善也知本之在此而所務亦在此也不遑遑於他務獨以潤身爲心抑非欲忘世也知所急者在此而所學亦在此也春弦夏誦學非不勤也無非爲潤身而設左詩右書學非不富也罔非爲潤身而謀於大學而學焉必知修身爲本而格致誠正之功無少忽於中庸而學焉必知誠身爲本而博審慎篤之力無少怠學於易以求潤身於時學於書以求潤身於中學於詩禮春秋以求潤身於正於敬義不敢以貪爲學懼其侈吾身而泛也不敢以固爲學懼其迂吾身而僻也不敢以傲爲學懼其卓鷔吾身而孤也不敢以夸爲學懼其猖獗吾身而怪也盤有銘几有誡將以潤此身也左準繩右規矩將以潤此身也襲絅於錦闇然日章芰茅於徑介然成路將以潤此身也曾子曰心廣體胖孟子曰睟面盎背君子有之矣由是推吾潤身者以潤家推吾潤身者以潤國推吾潤身者以潤天下使人由其誠教人盡其材其施之也不悖其求之也不拂源泉混混有本者固如是乎嗚呼學之道有末有本末達之天下國家本係於一人之身使身不潤抑亦末矣本之則無如之何多聞適以爲泛博學適以爲僻求之愈峻適以爲孤造之愈深適以爲怪一學之加一道之累也一事之窮一本之失也安於自肆難於自檢趨道之名而自逸於形器之外取學之末而自淪於妄誕之歸無怪乎致遠則泥矣雖然君子所務之本其義甚大在易謂之元在春秋謂之一在子思謂之大本在仲舒謂之大始邵堯夫以内聖外王之學爲抑末反本之論其知此義矣不然演河圖何以以中五爲本制圓圖何以以天根爲言愚於此又有以知堯夫知本之本焉因并及之

同前

邊貢

同考試官教諭張批（此作議論精切筆勢雄偉博而約華而實其論場之巨擘歟）

考試官教諭張批（論得邵子意且筆勢圓活滔滔不滯讀之令人起敬）

考試官教諭李批（意純正而文駿□可謂杰特之作）

善爲學者不于其末而于其本焉學不可以不知本也學知所本則爲己而不爲人務内而不務外其所學也大矣若不究其本而惟末是圖則爲人矣爲人而學將何以有成哉善學君子所以致嚴於此而學以潤身爲本焉學本

潤身則知所以爲□而積中發外之盛自有不可遏者彼治人應物君子何暇爲哉然亦非故置人物於度外也蓋以治己爲重而治人在所輕治己爲急而應物在所緩况吾之學能潤身則治人應物特舉而措之耳噫學以潤身爲本此君子所以爲善學者歟請因邵子之言而論之人之生也五行之秀鍾之二氣之精孕之其體則天地之塞其性則天地之帥四端備焉萬善具焉吾身本自潤也何待於學以潤其身乎殊不知氣禀拘於有生之初物欲蔽於有生之後天賦我以性而我情之天形我以人而我物之是以我之得於天者始有不全天之畀於我者容有不盡伊欲全之盡之其道奈何亦曰學之焉耳世之人非惟不知夫學學而亦不知其本不詞章其學則功名其學不功名其學則空虛其學詞章之學綴輯文彩之語記誦奥僻之書果足以潤身乎功名之學從事於術數刑名留心於權謀縱横果足以潤身乎空虛之學溺於虚而不求其實惑於無而不求其有又豈足以潤身乎君子之學非此之學也反之於吾身求之於性分惟以潤身爲本耳我思古人從事四勿顔子之學以潤身爲本也故所立卓爾具體而微顔之學有以潤其身矣日加三省曾子之學以潤身爲本也故得聞一貫心廣體胖曾之學有以潤其身矣知言養氣孟子之學以潤身爲本也故充塞天地睟面盎背孟之學有以潤其身矣聖賢之學皆以潤身爲本故能爲天地立心爲生民立命爲萬世開太平其事業耿耿不磨何莫不自潤身中來耶君子以聖賢爲標的以潤身爲根本仁義可以潤身也吾則於仁義而學焉禮智可以潤身也吾則於禮智而學焉必格物必致知學之不已其功必誠意必正心學之不怠其力以誠敬爲入門以踐履爲實地不忠不信不習日學曾子之三省勿視勿聽勿言勿動日學顔子之四勿窮理盡性學孟氏之知言直養無害學孟氏之養氣道理無往而不在君子無往而不學非爲治人也非爲應物也惟欲以潤身爲本焉但見欲浄而理還人泯而天定非念不足以喪其所養外物不足以奪其所守心與理融理與心會仁義根於心其發見自不可禦禮智本於内其生色自不可遏包含徧覆無所不愛其氣象一春風和氣之可挹仁之潤身何如耶稱量裁度無所不宜其氣象一秋霜烈日之可畏義之潤身何如耶左準繩右規矩肅肅乎其威儀禮之英華發越不其潤身乎判是非别邪正昭昭乎其藻鑒智之光彩旁燭不其潤身乎仰不愧俯不怍從容自得於鳶飛魚躍之天動静何舒泰也無人非無鬼責優游自適於光風霽月之鄉襟懷何灑落也飲水甘於列鼎不願乎人之膏粱緼袍華於珮玉不願乎人之文繡君子之學至於潤身如此始不負其所期不負其所學矣其即顔子具體而微之日曾子心廣體胖之時孟子睟面盎背之境也由是推

無不準動無不化内焉而家則家無不齊所以潤其家者此也外焉而國則國無不治所以潤其國者此也遠而天下則天下無不平所以潤天下者亦此也所謂盡人之性而盡物之性者在是所謂贊天地之化育而與天地參者在是是則君子潤身之學乃有用之實學學之知其本者也視彼世之專事詞章與夫功名空虚以爲學者非惟不足以潤身且不足以治人非惟不足以裕己且不足以應物其於修己治人應物之道胥失之矣若是者謂之學且不可況可謂之善學乎君子之學與此蓋天淵矣慨自世道湮微聖賢潤身之學寥寥絶倡久矣不有先覺孰啓我人君子之學以潤身爲本誠千萬世學者之指南歟論而至是則知同一學也内外人己之分君子小人判焉務内而爲己則爲君子而可以爲聖爲賢務外而爲人則爲小人而流於愚不肖始雖相近而終則相遠所謂毫厘之差千里之繆者也後之學者尚當致謹於内外人己之間而致嚴於君子小人之戒爲之奈何亦曰學以潤身爲本

表

擬宋以周必大爲樞密使謝表

刁嵎

同考試官訓導楊批（得騈儷體）

同考試官教諭朱批（典雅）

考試官教諭張批（典則可觀）

考試官教諭李批（表佳）

伏以神兵會府任隆翊贊之司天極環樞職專靖密之寄班序近聯於三省事權高出於六卿禮遇同宰相之榮地分極人臣之貴非全材如伊吕負荷奚堪必碩望若甫□登庸庶稱顧兹特授未遂堅辭竊念臣必大早歲孤窮爰鞠母氏中年强學輒忝詞科偶受知於先朝爲堪掌制幸遭逢乎昌運進侍經筵應詔陳謨頗切救時之弊講和索禮敢□敵國之名既因事而請祠荐收録而捕外召還翰苑前後幾及六年逆犯龍鱗包容未至三黜論事本原於愚直蒙恩殊出於尋常甫與知乎兵機遽正位於温省制詞寬大誤重忠勞之褒天語丁寧豫隆宣撫之托眷非意及愧與憂并兹蓋伏遇聰明神授英毅天成握符奮起於外藩受命入承乎大統小心契周文之翼翼大孝符虞舜之夔夔達察邇之天聰謹在兹之日監兩宫齊壽帝心允協乎太和三載終喪乾斷不摇於群議思開拓而鋭志恢復念艱難而留意守成改稱謂以挫敵驕減歲幣以定鄰好雖金人無可乘之釁而皇朝有不戰之威猶以訓兵當謹於無形雪耻終期於有待遂令重寄猥及非才圖籍周知素乏曾宣靖之先見號令明審敢

希王文定之後塵力願竭於疲駑行恐儕于跛鼈私憂過計不以治而忘危養鋭蓄威將以全而取勝仰資廟筭冀答鴻休伏願王靈丕振於華夷聖武布昭於遐邇天戈遠指行見中原之肅清露布遥馳佇聽邊塵之蕩掃臣必大無任瞻天仰聖激切屏營之至謹奉表稱謝以聞

第三場

第一問

袁擯

同考試官訓導陸批（家傳人誦之書能條陳者亦少惟此篇隨問隨對其熟於當代制作者乎是用録出）

考試官教諭張批（條答□問皆有考據博通之士也）

考試官教諭李批（敷答詳明且有筆力）

前聖迭興而治教之典已著後聖繼作而治教之典益明蓋天能賦民以性而不能使之全其性聖人者出任君師之大責爲天民之先覺則其所以治而教之者當必有道焉且又□之於書以垂教後世先聖後聖其揆一也愚請爲執事陳之天命之謂性率性之謂道性則仁義禮智信是也道則君臣父子夫婦長幼朋友五者之大倫是也斯民之所以群聚而不亂者以其全此性由此道而各有倫序焉耳聚而無倫則亂矣傳曰一失則爲夷狄再失則爲禽獸此古今聖王之治天下所以雖有百度萬幾之多而必以敦倫爲之本也舍此而求治教之具蓋亦遠且難矣稽之於經若堯之親睦九族舜之慎徽五典湯之肇修人紀武王之重民五教其所以治教當時者蓋可見矣洪惟我太祖高皇帝膺天明命肇造區夏條成大誥三編太宗文皇帝纘承丕緒御製孝順事實爲善陰騭二書宣宗章皇帝繼志述事纘述五倫之書頒示天下無非所以教五倫以盡君師之責者斯世斯民家傳□誦服至教於忘言隆盛治於千古其與堯舜湯武之治同符合轍誠萬世不刊之盛典也迨我英宗睿皇帝又有大明一統志之頒其紀名宦人物烈女之條蓋即三誥三書之意欲人法之以敦五倫之重愚嘗伏讀而知其説矣大誥所載固多垂戒之事其所以戒之者蓋欲使人之未敦五倫者有所警懼也如婚姻之條有曰五倫先王之舊章民不知報之章有曰去五教五刑而民生者未之有也所以五教育民之安其敦五倫之戒不一而足也陰騭書所載固多垂訓之事其所以訓之者蓋欲使人之求敦五倫者有所矜式也如載二徐成仙則言其忠君孝親同心爲善載魏

顯獲報則言其從治嫁妾以成父命之美其敦五倫之訓不可悉舉也孝順事實雖專言孝也如紀考叔遺美而感君閔損孝母而及第豈有不兼於餘倫者乎五倫書嘉言善行固備載五倫之事而獨詳於君臣之倫者豈非以君臣爲五倫之首而治教之所關乎若夫一統志所載天下名宦人物烈女克盡五倫之道者不可指數其在山東若大聖大賢後先相望其道德高厚萬世景仰不可以一方之人物觀者在所不必論矣姑以一節之行有關於五倫最彰著者言之如王祥之卧冰緹縈女之救父非敦於父子之倫者乎廷式之娶瞽張義婦之歸夫骨非敦於夫婦之倫者乎至如王蠋之不事二君以盡臣節張公藝之九世同居以睦宗族辛弃疾之往哭朱晦菴師友之義又何如其克盡也之數人者皆有關乎五倫載諸典籍昭昭乎最彰著者愚也幼而聞諸父師之所言長而考諸典籍之所載忻慕嘆賞願學而未能者姑舉以塞明問之萬一若夫遍舉志中所紀又有待於能者焉生佩服聖訓於五倫之道不敢不勉惟執事其與進之

第二問

杜珏

同考試官教諭邵批（孝經小學二書其敦本之學作聖功夫未始不基於此業舉者多不之講此篇能尋其原委而敷答詳明尤於節目次第處的然有見殆士之涵養有素者乎宜薦之）

考試官教諭張批（詳悉問意歷歷有據必熟於二書者）

考試官教諭李批（條答無遺足見策手）

書有關於天經地義者當考究其本原書有裨於聖經賢傳者當發明其指趣夫孝經一書乃人道之大端小學一書實大學之基本是皆修身齊家治國平天下之道所寓也苟於此而不講明之則行矣不著習矣不察終身由之而不知其道矣將何以望古人之學哉執事以此下詢誠端本之盛心也顧生雖愚敢不摭拾所聞以對乎敢因明問而復之孝經之書成於曾子門人之乎而子朱子爲之刊誤誠以孝之爲經乃孔曾一時問答之詞首論孝之始終中乃敷陳天子諸侯卿大夫士庶人之孝而末結之曰自天子至於庶人孝無終始而患不及者未之有也其首尾相應文勢運屬同是一時之言後人乃分之爲六章而又增以子曰之字加以詩書之文皆非孝經之舊也七章以後又皆後人雜引傳記之格言而爲之傳其間戾於經意者如釋要道非若經文自已而推之意釋以順天下而曰先之以博愛亦非立愛惟親之序至於釋民用和睦上下無怨其言雖善亦非經文之正意論嚴父配天又非爲人臣子者所敢

爲其他所失尚多具載刊誤難以悉舉而其書則顔注古文二十二章孔壁所藏本也今文一十八章則河間王所得顔芝本也閨門一章乃唐開元間敕議纂修之時而爲司馬貞之所去司馬貞淺見陋識去此一章論者以爲卒啓玄宗無禮無度之禍是非較然矣小學雜出於曲禮少儀内則弟子職諸篇子朱子搜輯以爲内篇而又述嘉言善行以爲外篇内篇四立教明倫敬身稽古也外篇二嘉言善行也内前三篇乃虞夏商周聖賢之言也後一篇乃虞夏商周聖賢之行也故皆謂之内篇雖許魯齋以前三篇立教明倫敬身爲小學之綱領而稽古一篇正所以爲立教明倫敬身之事實故皆謂之内篇外篇所謂嘉言乃子朱子述漢以來賢者所言之嘉言以廣立教明倫敬身也所謂善行乃子朱子紀漢以來賢者所行之善行以實立教明倫敬身也内篇雖爲嘉言善行正古聖賢小學之支流餘裔亦若孝經之經也外篇輯漢以來之嘉言善行以廣以實前篇正若孝經之傳也安得無别乎執事謂二書皆爲修身齊家治國平天下之本皆切於學者之身故舉以爲問目蓋懼學者於此二書有所忽略則所失莫大矣愚生童而習之至今未知一言之可用亦無怪乎執事之所甚懼者姑舉所聞以復而益加勉焉

第三問

刁嵎

同考試官訓導楊批（孔氏家世源委歷數無遺於是乎見該博之學矣）

同考試官教諭朱批（孔氏世系人物學者皆當究心者也場中能悉此者絶少此作考據精詳條答無遺且知上天所以厚報之意蓋亦感佩聖教不忘所自者歟）

考試官教諭張批（條答詳悉他卷所無者）

考試官教諭李批（孔氏家乘此作殆盡之矣）

讀以似以續之詩則知天之衍聖嗣也爲無窮讀報德報功之論則知天之厚聖人也爲不偶聖人之生异矣天亦以异而待之既厚其生也且厚其子孫也又厚其血食於千萬世也聖人亦何以得之蓋道在聖人則功在聖人功在萬世則報在萬世是知天之所以厚待聖人者亦報施之公道宜然耳夫豈私厚之哉中庸曰天之生物必因其材而篤焉況聖人之所以自培植者如此其至則其得上天之厚報亦無足怪者執事膺聘而來瞻仰道德之光忻慕慶澤之遠感慨之意既發於中世系之問遂形於策請以所聞見者言之先孔子而聖者堯舜也堯之後不肖者丹朱孰如鯉也詩禮之傳舜之後不肖者商均孰如伋也性命之闡賢哉子孫豈無所自蓋孔子之先實由微子封於宋始於微仲衍自衍而歷稽也

申也共也弗父何也宋父周也自周而歷世父勝也正考父也孔父嘉也水金父也睪夷父也罣夷生防叔防叔生伯夏伯夏者叔梁紇所從出也叔梁紇者即孔子所由生也其生也有自來其聖也有所爲雖曰間氣而生是亦本原厚積之發也而孔子又從而培植之本益固矣而末之茂也豈期然而然哉故自伋之後名白者則相於齊名順者則相於魏名鮒者則博士於秦戰國時之顯者也博極群書而遷大將軍者曰延年授太子經而拜太師者曰孔霸好學有大才而襲封關内侯者曰孔均漢時之著者也孔鮮始爲奉聖亭侯宋文帝改封崇聖侯崇有尊尚之義進於奉也審矣非進侯者之秩也無非褒加聖人也孔渠始爲恭聖侯隋煬帝改封嗣哲紹聖侯紹有纘緒之意加於恭也明矣非加侯者之爵也亦無非追隆聖人也他如仕唐者則對策高第其孔昌寓乎狀元及第其孔振乎明經及第其孔緎乎一時文盛雖不敢追配先烈删述之文是亦奉先烈之遺矩者仕宋者則以剛毅直諒名其道輔也以操行介潔稱其孔傳也以介潔不阿許其孔端也一時高節雖不敢竊擬先聖時中之行是亦守先聖之家法者嗚呼鴻儒碩學大爵高官肩摩踵接未易枚舉今之所陳者特如所問耳且往古來今享王祀於無窮襲衍聖於無替愈遠益昌誠非筆舌之所易紀追視堯舜之後何寥寥無一可聞者耶蓋又有説也堯舜有聖人之德得聖人之位盛極當時若孔子有堯舜之德不得堯舜之位天之負於前者正所以償之於後也况崇德報功固在人所當盡又在天所不爽此其所以歷千百世而人物迭興無有紀極也耶愚也忝生是邦聖人之學固不敢洋望其一二然聖人遺迹之陳世家之盛幸得濡於耳染於目也古人云睹羹墻則思堯睹河洛則思禹今目聖人之墓於泗上瞻聖人之廟於闕里獨無所思乎然思之要在學之何如耳孟子曰乃所願則學孔子也愚竊游歌於鄒魯之間敢不以此自勵

第四問

王崇獻

同考試官訓導李批（能即其人而論其得失足見斷制之學非徒取其記問之長而已也）

同考試官教諭王批（場中答此策者多得此失彼求其事核文整如此篇者蓋有數也）

考試官教諭張批（論人物得失鑿鑿有見有學有識之士也）

考試官教諭李批（策善答所問）

明於知人斯可立論以方人明於知己斯可舉人以况己夫方人非難而明於知人爲難况己非難而明於知己爲難苟無知己知人之明則是非混淆於鑒

别之中邪正倒置於權衡之下差之毫厘繆以千里而欲方人况己也不亦難哉請因明問而陳其一二諸葛孔明之在蜀也膺三聘之勤受付托之重出師二表忠貫日星八陣一圖光昭海宇夷考其人乃伊吕之儔耳自比管樂蓋其謙詞賈似道之在宋也以嫉妬之心秉鈞軸之任專權蠹政大失民心積釁稔禍終亡宋祚夷考其人蓋杞檜之雄也自托伊周乃其誇誕恢廓大度才明勇略克復舊物於群雄草竊之餘先訪儒雅於天下甫定之際光武真中興之主也石勒以爲韓彭之流豈知光武者哉出守雲中宰制閫外不私軍市之租遠遁匈奴之騎魏尚真名世之將也馮唐以爲頗牧之屬其知魏尚者歟澶淵摧敵北門禦寇丞相準之忠端可方唐之魏公徵也碩德重望之王旦豈與馮道伍哉雖然美珠受遺亦略相似東攻張步北收上谷將軍弇之勇端可擬漢之韓信也捫虱高談之王猛夫豈孔明匹哉雖然魚水得君亦略相若好賢納諫尚文抑武金世宗賢則賢矣贊爲堯舜或不免於過情神謨睿筭濟世安民唐太宗賢則賢矣自况文宣或不免於慚德宇量弘潤明遠好謀武帝乃晋之英君劉毅方於桓靈亦箴規之詞耳勵精求治去奢從儉文宗乃唐之誼辟自以赧獻爲愧亦鬱抑之懷耳深潛純粹具體聖人顔子孔門大賢也黄憲何人荀淑亦以顔子目之然汪汪德量澄不清而淆不濁憲亦一時高士也運籌帷幄决勝千里子房漢廷人杰也荀彧何人曹操亦以子房稱之然表表才華擢賢能而詰軍旅彧亦一代偉人也夫荷氈披毳者不足以語綿絲之美咀藜含糗者不足以語牢醴之佳低昂人物評品古今上智之事也是非之公僅見董狐班馬而下不能不起人之非議况數子言論之當否人品之高下聖門之徒儒先之碩已嘗論之詳矣鯫生小子豈容贅言雖然言及之而不言又恐取侍君子之愆也謹對

第五問

邊貢

同考試官教諭張批（漕運一策正欲觀士子用世之學此篇條答詳悉斷制得宜其識見出人一頭地他日施于有政必有大可觀者噫得士如此可以增重矣）

考試官教諭張批（觀此策非惟有博古之學至於處置水利以便漕運一節尤鑿鑿可行其識見不凡之士歟）

考試官教諭李批（識時務者哉俊杰非子其誰耶）

對謀大事者必有周天下之慮成大功者必有兼天下之材彼東南封疆財賦所出天下事功未有大於是者苟偏執己見不采衆論是之曰小小可以謀事乎患得患失畏首畏尾是之曰弱弱可以成功乎必也典籍之記載取之

耳目之見聞亦取之朝堂之議取之芻蕘之言亦取之合衆論之公斷一己之獨則天下無遺策矣胼胝之勞不憂盤錯之交不亂萬變之應不窮千夫之撼不動左右逢原整暇有序則天下無遺才矣何大事之不可謀大功之不可成耶請因明問以對古者九州之域不出中原江南嶺表皆爲裔服江浙之地唐虞何有焉封建之制王畿千里貢賦之來不過五百里侯國百里貢賦之來不過五十里漕運之法禹貢何録焉下至春秋吴於邗溝築城始穿城壕之水東北通射陽湖西北至末口入淮以通糧道此漕運之權輿也於民何病至秦始皇伐匈奴飛芻輓粟起於琅邪負海之郡轉輸河北率三十鍾而致一石此漕運之桎梏也於民奚堪漢之初年京師之需仰給近郡諸侯之粟不歸天子當時關東之漕僅數十萬石而已武帝時從河東守潘系之請山東益漕至百餘萬石繼而奴婢之没禽獸之養縻費無經乃益爲四百萬石又繼而北伐匈奴西通月氏神仙土木纍纍相繼又增爲六百萬石嗚呼漢武之末去秦寧幾何耶雖然漢之財賦仰於山東唐之財賦則仰於江淮德宗之時韓滉轉運江淮之米未至六軍脱巾於道及其既至則喜謂太子曰吾父子得生矣遂置酒相慶憂喜死生如在目前唐人倚辦之急可知矣代宗之時劉晏領漕江南之運積揚州汴河之運積河陰河船積渭口渭船入太倉泝河入渭隨處停貯唐人講畫之詳可見矣宋有閉口之制十月則舟楫不行所以節民力也王安石欲通冬運則以船艘數十設碓擣冰役夫苦寒死者甚衆漕法其一變也宋有轉般之法江不入汴汴不入江所以習水勢也曾孝緒爲無代發乃令六路郡縣各總歲額雖湖南至遠之地亦直抵京師漕法又一變也元都燕京注意河防者有二初以伯顔之議造平底海船運糧京師而韓仲暉等復言自安山開河北至臨清凡二百五十餘里引汶絶濟直屬衛漳度地高低建閘蓄泄名曰會通河以代海運民甚便之我太祖高皇帝定鼎金陵天下財賦悉趨南都北運不興而會通河遂淤繼以郭守敬之議鑿通州至大都爲河引昌平白浮村一畝玉泉之水注之設閘啓閉名曰通惠河運舟自直沽而來者得以徑到大都民亦便之尋以地高水淺隨修隨罷國朝因之興廢如故夫通州切近京師通惠之河不講可也會通之河乃國家糧運之咽喉講之容可緩乎我太宗文皇帝都北之初遂修是河復元之舊至十三年海運始罷然是河之水發源於泰山徂徠諸澗合流於汶泗洸濟諸河自濟以南則合淮泗自濟以北則屬衛漳初與黄河不相統也爲其不通黄河故水源淺薄淫雨則溪澗漫溢旱乾則水脉微細運舟通塞仰望天時近者黄陵岡一决於河南而安平鎮口遂傾於東海幸而黄河源深勢猛傾海之外餘波尚在故運舟經口雖未免於費力而離

口上下則自在乎中流是害我漕運此黄河也利我漕運亦此黄河也彼黄陵岡不塞則安平鎮口不得收功固確論也舍安平鎮口而倡爲海運之説固疏謀也以故二三年之間重廑聖慮叠遣重臣今黄陵岡已免奔决而安平鎮口亦無傾注其功豈不偉歟但恐旱暵之餘閘河乾淺視昔尤甚運舟之行比昔尤難明問及此可謂遠慮生之謬論則曰以兩口未塞之先論之當於安山以北去處通海堤岸多作減水壩以殺黄陵岡之奔流平窪之地多作陂湖以收黄陵岡之餘波如此則水勢既分其力自薄安平鎮口之塞當不俟崇朝矣安平鎮既塞其口則運船無虞黄陵岡既分其勢則漕運不竭是黄河之水昔爲我擾者今爲我助此一策也以兩口既塞之後論之天旱河乾理勢或然又當於濟寧上下近河之所如南旺湖積水澤鉅野澤悉皆去河咫尺且每湖寛廣不啻百里若浚深其湖底高厚其堤岸當河之面設閘開閉俾四時雨澤皆瀦積其中湖水視河勢高八九餘尺隨旱分數起板濟河又於各方泉眼悉加挑浚數泉所會亦要鑿爲一湖高厚啓閉悉如前法舊湖被人侵種者改正之新湖該納税糧者除豁之勿顧一時小利而忘百世大功此又塞口之後緊要一良策也若或不此之務而徒區區於挑淺築壩封閘起兑是爲無策也愚敢以是爲終篇對將以爲吾聖天子獻焉

山東鄉試録後序

弘治乙卯秋山東循例舉士士論定而小録成澤竊序其後曰昔人有言科目取士無情如造化至公如權衡蓋以防禁之嚴緘謄之密一付之無心也以無心取士則取士未有不得者而或又謂其徒以言爾言果不足以取人乎哉孟子以知言自負謂知其言則知其心而因有以知其政事且期以聖人復起不能易所論其自信之審如此非無見也近世有讀范仲淹金在鎔賦則知其爲文武全材讀王孝先賦有物混成則知其爲宰相器讀蘇子瞻刑賞忠厚之至論則知其爲异人因目之以國士讀文天祥廷對策則知其忠肝如鐵石若此者皆以言取也徵之他日諸公名位之隆德業之盛文章節義之高照耀人世果相符而不相背孰謂言不足以取人歟自有科目之法來豪杰之士皆由此出歷千百年而英君誼辟不能改其法非不能改也設令外此而求士則必至於紛紜不激於遠嫌必昵於比周果能如造化如權衡乎夫科目本不爲取士之病徒以操其柄者自病之耳誣經詭聖曲學阿世或至於中選而平易

説理立論正大者或至於見黜此執是而議者得以張其喙焉苟操其柄者處心果能如造化如權衡則不得人不爲憂矣我國家養士於學校而以言取士於科目歷百有二十餘年而不變士之遭逢其盛其所以感奮磨礪期以應上之求者固非徒能言而行不逮者也况諸士生長鄒魯之邦游歌大聖大賢之故鄉其風聲氣習之所熏炙必將以聖賢自期待言之所試實心之所養焉浮艷不成令器如王師旦之所論者若遠去矣澤濫竊校文之柄自分不能窮理不敢以知言僭擬至於所取諸士得列名於是録者則敢以爲范爲王爲蘇爲文望之也嗚呼諸士其肯負所望以負國家養士求士之盛心哉

直隸滁州來安縣儒學教諭張澤謹序

正德八年山東鄉試録

山東鄉試録序

皇上臨御之八年爲正德癸酉天下當鄉試時山東潢池孽靖武偃文興而士之藏器抱藝者彙出先是監察御史李璣奉命來按兹土首以科目得人爲己任屆期適欽命司禮監太監賴義刑部左侍郎黄珂錦衣衛都指揮使陸宣有事藩府欣逢盛典鎮守太監畢真雅重斯文巡撫右僉都御史趙璜加意作興士類總理河道右副都御史劉愷又力相之總兵官右都督劉暉巡鹽監察御史徐贇胥贊厥成於是楠與訓導吴彰德膺聘爲考試官而同考則教授陳錫學正林汝舟魏謐教諭楊敦季泰張邦穀陳瑞至則左布政使白圻右布政使秦金爲提調按察使吴學副使王金爲監試而左參政張潛張宧右參政房瑄副使王士昭王良臣朱瑬柳尚義李充嗣蔣曙林正茂左參議閔楷右參議徐永僉事盛儀吕和潘珍蔡芝甯溥許達牛鸞王楝各以分地防範于外至於百執事皆慎簡以充御史璣實監臨之凡故事舉行惟謹視往歲有加焉乃合提學副使陳琳所選士而三試之如制拔其尤七十有五人第其氏名梓其文之優者爲録以獻楠宜序諸首粤自唐虞三代用人之典弗傳而後世科舉之途啓焉唐宋以來得人盛矣我太祖高皇帝即位之初首詔開科求賢圖治之心懇切誠至列聖相承懋篤前烈迨我皇上運撫盈成益慎養賢取士之法是故黌序之所甄陶風聲之所鼓舞深仁厚澤之所覃被者既久至於今雖少阨戎寇而弦誦之聲不絶人才之盛宜哉昔人有云太上立德其次立功其次立言若以言爲下者然考之語曰有德者必有言書曰敷奏以言明庶以功則曰德曰功又未嘗不資於言也是以皋陶邁種德而陳謨伊尹本一德而作訓卒之明刑弼教成四方風動之休而致君澤民格天之功懋著兹科取士亦求之於是而已矣况山東古鄒魯之邦吾夫子著書明道以淑人心以垂世教以上承堯舜禹湯文武周公之統千載之下聞遺風而興起者顧豈少哉今觀中式之文皆渾厚爾雅庶幾乎前所謂立言而發明吾道者固在也諸士往哉繇是而上春官奉廷對自一命以至服大僚與有事君之責宇宙間事皆吾分内其將何以副之是必崇道德礪名節以成正大光明之業斯不負列聖作育之

恩吾夫子孕秀之地而科目亦與有榮已矣其或洩泚脂韋旅逐旅進而於身心天下漫焉無補豈直諸士之羞也哉記曰事君先資其言今日事也又曰拜自獻其身以成其信於他日有望焉録成敢申告以勵其初

直隸保定府滿城縣儒學教諭徐楠謹序

正德八年山東鄉試

監臨官

巡按山東監察御史李璣（天儀直隸徐州蕭縣人　戊辰進士）

提調官

山東等處承宣布政使司左布政使白圻（輔之直隸武進縣人　甲辰進士）

山東等處承宣布政使司右布政使秦金（國聲直隸無錫縣人　癸丑進士）

監試官

山東等處提刑按察司按察使吴學（遜之直隸無錫縣人　甲辰進士）

山東等處提刑按察司副使王金（曰良河南臨潁縣人　壬戌進士）

考試官

直隸保定府滿城縣儒學教諭徐楠（良用直隸武進縣人　辛酉貢士）

浙江湖州府歸安縣儒學訓導吴彰德（昌符福建莆田縣人　壬子貢士）

同考試官

浙江寧波府儒學教授陳鏜（時敷福建侯官縣人　乙卯貢士）

直隸河間府景州儒學學正林汝舟（濟甫福建閩縣人　丁卯貢士）

陝西西安府同州儒學學正魏謐（邦寧河南汝寧所人　丁卯貢士）

福建邵武府邵武縣儒學教諭楊敩（學文江西豐城縣人　辛酉貢士）

河南汝寧府汝陽縣儒學教諭季泰（定夫直隸無錫縣人　甲子貢士）

浙江温州府永嘉縣儒學教諭張邦穀（天予直隸宜興縣人　戊午貢士）

河南开封府洧川縣儒學教諭陳瑞（□祥應天府江浦縣人　辛酉貢士）

印卷官

山東等處承宣布政使司經歷司經歷趙祥（廷瑞直隸隆慶州人　吏員）

山東等處提刑按察司經歷司經歷喬睿（宗徹河南河内縣人　監生）

收掌試卷官

濟南府知府章寓之（道充四川嘉定州人　壬戌進士）

東昌府知府吴大有（元亨直隸崑山縣人　丙辰進士）

受卷官

山東都轉運鹽使司運使甯閲（希明河南湯陰縣人　丁酉貢士）

登州府同知張洙（宗魯直隸唐縣人　己未進士）

濟南府青城縣知縣謝源（士潔福建懷安縣人　辛未進士）

濟南府德州德平縣知縣朱冕（文中順天府大興縣人　戊辰進士）

彌封官

萊州府同知邵有道（虞臣江西都昌縣人　丙辰進士）

東昌府高唐州知州張紘（文儀直隸上海縣人　戊辰進士）

濟南府武定州樂陵縣知縣方宸（廷表四川新繁縣人　戊辰進士）

兖州府東平州東阿縣知縣胡玉（仲學錦衣衛人　辛□貢士）

謄録官

濟南府推官張偉（世美山西定襄縣人　戊午貢士）

登州府福山縣知縣李安之（嘉靖四川嘉定州人　辛未進士）

登州府萊陽縣知縣沈俊（人傑直隸泰州人　辛未進士）

濟南府歷城縣知縣余翱（大振直隸定遠縣人　辛未進士）

對讀官

青州府通判司崇道（尚德直隸清苑縣人　甲子貢士）

青州府益都縣知縣嚴謹（惟寅山西蔚州人　戊辰進士）

青州府莒州沂水縣知縣汪淵（景顔江西上饒縣人　辛未進士）

兖州府郯城縣知縣黄琮（元賢應天府上元縣人　乙丑進士）

巡綽官

濟南衛指揮僉事杜守勲（功元直隸如縣人）

濟南衛指揮僉事彭烈（□才江西吉水縣人）

濟南衛指揮僉事李鏞（震聲直隸盱眙縣人）

濟南衛指揮僉事鄭九成（虞瑞應天府江寧縣人）

搜檢官

濟南衛指揮使馬駿（行遠山西懷仁縣人）

濟南衛指揮僉事辛楷（本瑞陝西泰安縣人）

濟南衛前所副千户林堂（□□山東□□縣人）

濟南衛後所副千户杜珍（□□山東□□縣人）

供給官

山東等處承宣布政使司理問所理問周昇（廷瞻廣西靈川縣人　吏員）

山東等處承宣布政使司理問所副理問陳鐸（文振直隸任丘縣人　吏員）

濟南府經歷司經歷張弘仁（大德山西太原縣人　監生）

濟南府經歷司知事趙鍰（澤民河南杞縣人　監生）

濟南府歷城縣縣丞郝敬（宗一山西祁縣人　監生）

濟南府歷城縣主簿魏經（德常陜西鳳翔縣人　監生）

濟南府長清縣典史徐錦（尚□湖廣公安縣人　吏員）

東昌府高唐州魚丘馬驛驛丞陳瑠（玉先福建莆田縣人　承差）

濟南府譚城馬驛驛丞韓光祖（現光山西大平縣人　承差）

濟南府歷城縣龍山鎮馬驛驛丞黄纁（表敬直隸南宫縣人　承差）

濟南府禹城縣劉普馬驛驛丞姚珍（□□直隸□□縣人　承差）

東昌府臨清州渡口水驛驛丞沈芳（廷秀浙江慈谿縣人　承差）

兖州府東阿縣舊縣馬驛驛丞王璣（天□陜西武功縣人　承差）

兖州府東平州陽穀縣荆門水驛驛丞張天錫（祐之陜西武功縣人　承差）

青州府昌樂縣丹河馬驛驛丞祁恩（□之□直隸州人　承差）

莱州府平度州灰埠驛驛丞武斌（□□山西定襄縣人　承差）

莱州府濰縣古亭馬驛驛丞雷霑（天恩山西陽曲縣人　承差）

登州府黄縣山館驛驛丞張洪（克寬湖廣襄陽縣人　承差）

第一場

四書

古者言之不出耻躬之不逮也　洋洋乎發育萬物峻極于天優優大哉禮義三百威儀三千待其人而後行　夫君子所過者化所存者神上下與天地同流豈曰小補之哉

易

酒食貞吉以中正也　益動而巽日進无疆天施地生其益无方　天一

地二天三地四天五地六天七地八天九地十天數五五位相得而各有合天數二十有五地數三十凡天地之數五十有五此所以成變化而行鬼神也　推而行之存乎通

書

無教逸欲有邦兢兢業業一日二日萬幾　其爾克紹乃辟于先王永綏民説拜稽首曰敢對揚天子之休命　官不必備惟其人　乃命三后恤功于民伯夷降典折民惟刑禹平水土主名山川稷降播種農殖嘉穀三后成功惟殷于民士制百姓于刑之中以教祗德

詩

葛之覃兮施于中谷維葉萋萋黄鳥于飛集于灌木其鳴喈喈葛之覃兮施于中谷維葉莫莫是刈是濩爲絺爲綌服之無斁言告師氏言告言歸薄汚我私薄澣我衣害澣害否歸寧父母　有酒湑我無酒酤我坎坎鼓我蹲蹲舞我迨我暇矣飲此湑矣　追琢其章金玉其相勉勉我王綱紀四方　文王既勤止我應受之敷時繹思我徂維求定

春秋

公及鄭伯盟于越（桓公元年）　冬公會齊侯盟于柯（莊公十三年）冬十有二月會齊侯宋公陳侯衛侯鄭伯許男滑伯滕子同盟于幽（莊公十六年）　荆敗蔡師于莘以蔡侯獻舞歸（莊公十年）公及楚人秦人宋人陳人衛人鄭人齊人曹人邾人薛人鄫人盟于蜀（成公二年）　狄入衛（閔公二年）城楚丘（僖公二年）如晋（昭公十五年）公至自晋（昭公十六年）

禮記

大臣法小臣廉　賓入大門而奏肆夏示易以敬也卒爵而樂闋孔子屢嘆之奠酬而工升歌發德也歌者在上□竹在下貴人聲也樂由陽來者也禮由陰作者也陰陽和而萬物得　禮樂刑政其極一也所以同民心而出治道也　夫義者所以濟志也諸德之發也

第二場

論

堯舜所以爲聖

詔誥表（内科一道）

擬漢遣博士大等六人分循行天下詔　擬唐以蘇頲進同紫微黄門平

章事修國史誥（開元四年）　擬宋以李綱爲江西安撫制置大使兼知洪州謝表（紹興五年）

判語（五條）

制書有違　僧道拜父母　男女婚姻　老幼不拷訊　毆受業師

第三場

策（五道）

問　帝王之學與韋布不同固也鋪觀往古聖遠言湮危微精一之訓時幾喜起之歌既不可復得後世漢唐宋諸君間有作焉雖工無補其餘不足觀也已洪惟我太祖高皇帝以天縱之聖膺天命之歸萬幾之暇作爲文章睿藻天葩昭回雲漢蓋嘗伏讀御製文集而知其梗概矣如南郊即位之詔發自淵衷中都皇陵之碑特揮宸翰大祀禮成則有敕以諭夫中書丞相拜除則有誥以勉其功業記則有閲江樓游新菴感舊西征等作説則有堯湯水旱代寧澄清黄河良馬等篇甘露□雪諭議雄偉天時聖學策問淵源至於神龍丹芝嘉瓜之有贊萌賢啓忠省頑之有文鶯囀皇州四瀆潦水諸賦何麗則也孝慈昭鑒建言格式等序何明正也其他辯志題跋書傳詩歌連篇累牘一揮而成宏詞奥義未易窺測是豈文儒墨士拘拘于尋章摘句而巧爲駢四儷六邪抑聖學天成不煩繩削而筆端造化自露也當時侍從之臣有編録以成帙者有作序以贊頌者又有固請鋟梓以貽後者豈無見歟聖子神孫是訓是則迨我皇上踐祚以來間嘗游心翰墨寫懷有詩以賜臣工會典有序以垂世範因文以考德修德以立政法祖圖治之心固在也諸士子樂育聖化欽仰聖製蓋有年矣其敬陳之毋忽

問　我國家一統之盛度越前代多矣洪惟太祖高皇帝創業於前太宗文皇帝繼統於後薄海内外罔不歸心四夷之遠亦皆向化若初爲箕子之國其主表賀即位而有金印誥命之頒古爲肅慎之地其主悉境歸附而有都司衛所之建有遣使進貢累受册封者有國分爲三朝貢不絶者有詔至京受職置五衙門建官賜印者不率所部男婦五百人來歸詔賜印誥者有爲西戎部落通貢方物者有爲韃靼別部貢獻甲刀者有封爲忠順王者有號爲火州城者有遣員外郎陳誠等出使其國者有遣滿剌哈非思等來貢駝馬者有遣使賜以織金文綺者有遣使來貢玉璞等物者有率先歸附仍賜王印者有朝貢不絶請命册封者有詔賜大統曆列女傳者有納元所授宣敕二道者有自率其妻子來朝而卒謚恭順者有各率其妻子來朝而并貢文物者有奉金字表

并獻其土地圖者有遣其臣來貢麒麟等物者合四夷而納欵萃萬姓之歸心輿圖之廣極天窮地較之比方無燕雲中世有金元者蓋萬萬不侔矣凡此皆我祖宗柔遠之仁覆幬無外御夷之道周悉不遺不偶然也其事昉於何年其詳載於何典方今聖明在上四夷鄉風綂馭之方安在幸悉心以對

問　心爲人一身之主宰萬殊之宗會也心之説古人嘗言之矣曰道心曰人心曰良心曰本心曰天地之心曰赤子之心又有所謂欲心私心者矣然則心果有不同與而又有以天君言者有以嚴師言者有以主帥言者有以靈臺言者何其爲名之多端也治心之説古人嘗言之矣曰盡心曰存心曰正心曰養心曰以此洗心曰以禮制心又有所謂委心無心者矣然則功亦有殊致與而又有以静坐言者有以涵養言者有以克念言者有以主敬言者何其爲訓之紛然也既曰人心必有所止矣而又曰人心不得有所繫既曰心要在腔子衷矣而又曰未嘗有在亦無不在玩物則喪志矣何取乎博奕之賢令色則鮮仁矣可貴乎其儀之一或山木以喻其養或□訟以示其意或曰心欲大或又曰心欲小豈皆於經有見與或曰有主則實或又曰有主則虚豈皆於理無背與諸士子積學有待他日經綸事業固皆自心上起也必有一定之説矣慎毋徒以心齊坐忘爲對

問　讀書而尚友古之人亦當論其世也其心其事不無可言若事君結憤而六月飛霜事親投誠而三冬出笋吹玉律而寒谷發春陽之氣唱迴風而夏景變秋殺之天因解牛而悟養生之理見舞劍而得草書之法睹石壇而探天地升降之理指湯瓶而識陰陽消長之機有并丸而解楚王之難者有戲偶而脱漢帝之圍者有秉忠誠而蛟鱷逃形者有守正直而鬼神破膽者有捫虱而談當世之務者有裸體而輕當世之人者恤緯憂公與食芹思君者何如蹊田奪牛與覆羹逐婦者何類邪不干正古有以正止邪如馬少保狄梁公之輩者誰與妖不勝德古有以德勝妖如魏元忠韋叔堅之徒者誰與宰相賀弄璋而寫璋爲麞學士書露布而曳布爲布何其暗也老瞞悟絶妙好辭之題晋公解獨眠孤館之字何其慧也雌霓謬乎金根妄改非智者不能辨之越景絶塵昂霄聳壑惟國士足以當之凡此皆具載方策可考也其間物理之有無人品之高下吾心之取舍概於此焉可定矣諸士子能詳辨而深究之亦格物致知之一端也幸毋曰夫我則不暇

問　識時務者在俊杰爲國計者當安民昔人謂保民如保赤子不過爲之就利避害而已山東時事利害之所當興除者多矣姑舉其重且急者與諸士子商之夫黄河之害自古已然地平天成禹功盛矣由漢以來其役不常有

建治河之三策者有議治河之三法者歷代所行果有得於是乎往歲河决安平朝廷遣内外大臣董其工役合數省之財力而河始安流頃因黄陵岡之故埽被衛河臺寺之親堤就齧恐前日之患復作也特敕大臣以總理添設府佐以專治復諭各省撫巡以協謀共濟焉所以禦灾捍患者至矣然古之害在民今之害在運道勢尤有不可忽者不知若何行之可以一勞永逸邪盜賊之害自古必有明刑弼教皋陶兼之自秦而後其方不一有言禦盜之四事者有論平盜之二弊者歷代所行果有鑒於是乎近年盜起山東朝廷命内外大臣提督機務合京邊之人馬而盜始伏誅時以民兵之脆弱莫支民生之憔悴已極恐前日之徒復騁也添設兵備之官屢興賑恤之典又留大將領邊兵以鎮守調發焉所以防微杜漸者悉矣然古之戍在邊今則移戍内地勢固有不能久者不知若何處之可以有備無患邪此固當道者急於欲聞而議行者諸士子其試陳之

中式舉人七十五名

第一名　陳文昭　濮州學生　詩
第二名　胡鏜　濟南府學生　禮記
第三名　張相　臨清州學生　易
第四名　桑溥　濮州學生　春秋
第五名　于思睿　青城縣學生　書
第六名　李錫　臨邑縣學生　詩
第七名　靳廷寶　濟南府學生　易
第八名　劉隅　東阿縣學增廣生　詩
第九名　馬經　泰安州學生　書
第十名　丁忠　霑化縣學生　易
第十一名　姜潤身　膠州學增廣生　禮記
第十二名　盧傑　商河縣學生　詩
第十三名　羅述　新城縣學生　書
第十四名　曹曙　兖州府學生　詩
第十五名　鄒以大　濟南府學生　春秋
第十六名　魏治　濟南府學生　書
第十七名　奕若愚　濟寧州學生　詩

第十八名　司大觀　禹城縣學生　書
第十九名　李士元　曹州學生　詩
第二十名　柴軻　濟南府學生　易
第二十一名　王世臣　吕邑縣學生　詩
第二十二名　劉汝弼　新城縣學生　書
第二十三名　焦子琳　兖州府學生　詩
第二十四名　劉承恩　歷城縣學生　禮記
第二十五名　張應禄　章丘縣學生　書
第二十六名　趙完璧　章丘縣學增廣生　詩
第二十七名　鄒頤賢　德州學生　易
第二十八名　陳琰　臨清州學生　詩
第二十九名　李順孫　利津縣學生　書
第三十名　秦廷鋭　城武縣學生　詩
第三十一名　張鵬翔　堂邑縣學生　易
第三十二名　張玩　濟南府學生　春秋
第三十三名　董琦　恩縣學生　詩
第三十四名　劉□稷　武城縣學生　書
第三十五名　董中言　蒙陰縣學生　詩
第三十六名　陸俊　濟南府學生　易
第三十七名　李珣　清平縣學生　書
第三十八名　裴巖　費縣學生　詩
第三十九名　翟昂　章丘縣學生　禮記
第四十名　李伯通　遼東海州衛學生　易
第四十一名　郭逵　東阿縣學生　詩
第四十二名　李思仁　鄆城縣學生　書
第四十三名　毛架　萊州府學生　詩
第四十四名　趙伸　德州學增廣生　易
第四十五名　谷繼宗　歷城縣學生　春秋
第四十六名　馬錫　臨邑縣學生　詩
第四十七名　劉祺　壽光縣學生　書
第四十八名　尹邦麟　曹縣學生　易
第四十九名　苑學　鄆城縣學生　詩

第五十名　毛菜　萊州府學生　書
第五十一名　宋邦熙　壽光縣學生　詩
第五十二名　徐有讓　東平州學生　易
第五十三名　張讓　諸城縣學生　書
第五十四名　房應壽　單縣學生　詩
第五十五名　欒驄　膠州學生　禮記
第五十六名　蘇祐　濮州學生　易
第五十七名　戚弘　東平州學生　詩
第五十八名　蔣暘　樂安縣學生　書
第五十九名　齊卿　朝城縣學生　詩
第六十名　劉楹　武定州學生　易
第六十一名　王嶽　掖城監生　詩
第六十二名　翟瓚　昌邑縣學生　書
第六十三名　任淳　東昌府學生　春秋
第六十四名　于翱　臨清州學生　詩
第六十五名　朱鳳儀　濟寧州學增廣生　易
第六十六名　孫接武　兖州府學生　詩
第六十七名　楊璉　鉅野縣學生　書
第六十八名　石存仁　青州府學生　詩
第六十九名　韓璨　章丘縣學生　易
第七十名　黄嘉賓　嘉祥縣學生　書
第七十一名　楊學書　濟南府學生　詩
第七十二名　劉粲　壽光縣學生　春秋
第七十三名　高雲　泰安州學生　易
第七十四名　馬山　臨清州學生　書
第七十五名　劉培　章丘縣學附學生　詩

第一場

四書

古者言之不出耻躬之不逮也

桑溥

同考試官學正魏批（詞以理發而且莊重嚴密令人咀嚼雋永非嘗用力於體驗之功者不能用是録出以式多士）

考試官訓導吴批（言之不出朱傳甚明白作者多主范氏不易之注用戾本旨是篇能獨得之宜録以警世之多言者）

考試官教諭徐批（論語義是如此作）

聖人論古人之謹於言必原其欲謹之心也蓋行不及言可恥甚矣古人所以欲謹其言者顧不爲是也哉吾夫子警世立教之意如此蓋謂言行君子之樞機不可不慎也吾嘗觀諸古人矣是故出乎身而加乎民不能以無言也乃口焉若訥遲回於念慮之間而心聲之靡露由乎中而應乎外不能以不言也乃貌焉若愚慎密於擬議之頃而口説之不騰理有所聞宜其言矣則專静自處括坤之囊而不出其言似不足焉事有所知宜其言矣則沉默自持含姤之章而不吐有若不能言焉若此者何爲哉蓋言貴乎行也身之所履一或不違其口之所言適以速空言無當之累恥莫加焉行貴踐言也體之厥躬一或不副其言所出祇以召尚口乃窮之議愧孰甚焉忸怩之念展轉於行不顧言之前雖欲言而自不輕也無愧之心感切於言不顧行之始雖欲言而目不放也矣古人之不出其言慮力行之不反其言如此則言行之相顧可知矣胡今人之不然哉大抵人莫患於大言之不慚莫貴於力行之能篤蓋言之非艱而行之惟艱也故顔子如愚而造卓爾之地宰予能言而來觀行之警言行之不可忽也如此後之有志於學者可不養辯於訥以求允蹈其實而立造道成德之基也哉

洋洋乎發育萬物峻極于天優優大哉禮義三百威儀三千待其入而後行

李士元

同考試官教諭季批（理致文字難於模擬豈以聖賢故有微意於其間哉説理不謬而措詞史順僅見此耳）

考試官訓導吴批（其人之人且宜泛説試契緊連讀下去則當是何如人自可知矣是篇詞不煩而意獨至中庸義正如此）

考試官教諭徐批（詞理明暢）

中庸詳著道之所以大結言行之存乎人夫道於大小無所不該此道之所以爲大也苟非其人豈虚行哉中庸二十七章言人道之意蓋謂道固極其大矣然果何以見之是故自夫大者而言洋洋乎流動充滿無在無不在物雖有萬也道有以發育之形者形色者色而咸若其性生者生化者化而各得其

所天雖至高也道有以峻極之磅礴於亭毒之表浩蕩無垠也循環於冲漠之中瀰漫莫測也蓋極於至大而無外焉自夫小者而言優優哉充足有餘無有而無不有朝覲會同宏綱畢備冠婚喪祭略則具存禮儀有三百也何者非斯道之著升降揖遜并然有條進退周旋燦然可觀威儀有三千也何者非斯道之衍蓋入於至小而無問焉夫道固堅大而無外矣必俟其人有以極夫大者夫然後洋洋之盛可以會其全道固至小而無間矣必待其人有以盡夫細者夫然後優優之懿可以周其用得之於我而行於我語大而大天地可位也萬物可育也所謂發育峻極者始不爲虚位矣否則道其孤矣其何以行之哉自我而具亦自我而行語小而小其儀不忒也動容中禮也所謂禮儀威儀者始不爲虚器矣否則道其廢矣尚安望其行哉夫聖道甚大而體之在人如此然則异道之行可終無其人乎誠之君子尚當知所務云抑合下文而通觀之□凝乎道惟在於修德要之不越乎存心致知二□而已蓋存心則極乎道體之大致知則盡乎道體之細德無不修而我亦其人矣道其有不凝乎彼謂不必修德而可以凝道者弗思焉爾是豈知子思契緊之意哉噫

夫君子所過者化所存者神上下與天地同流豈曰小補之哉

陳文昭

同考試官教諭季批（此題以過化存神與天地同流言王道之大其義精矣而能發出其義□悉無遺者則未之見真切詳明得我本旨而王道氣象藹然文詞之表吾於此□□有□）

考試官訓導吴批（王道所以爲大□□□之可録）

考試官教諭徐批（詞□□□□□□□□□□□）

大賢論王道同造化之大而异霸功之小也蓋神化莫大於天地而王道之所以爲大者實與之同焉豈霸功所敢伍哉昔孟子之意謂夫王霸之民不同蓋其道固不同也夫君子具大而□之之聖躋聖不可知之神其德則曰皇曰帝曰王而先後一揆其葉則以道以德以功而古今一轍故其身所經歷之處雖不期其民之化也德教之所漸被人皆遷善而敏德風聲之所鼓動俗皆淳龐而熙皥所過有不化乎心所存主之處雖不必其幾之神也恩深而功不露天下相忘於帝力何有之鄉惠溥而民不知四海同歸於無思無爲之境所存何其神乎王者之德業如是而可以易名哉彼乾生坤成而庶類咸□其性天地之化也王者之化舉一世而甄陶之其化之上下與天地而同運矣夫奚异陽虚陰吸而一元默運其機天地之神也王者之神合萬有而鑪錘之其神

之上下與天地而并行矣夫何殊王道之大固如此若夫霸者竊仁義以愚民雖獲一時之驩虞去淳龐之俗已遠是不過沾沾之惠以補其罅隙而已視皇帝與王真珷玞之於美玉也烏能彷彿其萬一哉挾智力以欺世雖苟目前之功利去熙皡之俗已迥亦不過小小之恩以塞其滲漏而已視道德與功猶菽粟之於糠粃也安能依稀其一二哉是則王道之所以爲大此王者之民宜其异於霸者之民也歟抑論之天地惟一誠也故其生物不測子思曰天地之道可一言而盡也王者惟一誠也故其神化不測孟子曰以德行仁者王乃若霸者則假之而已是以功烈如彼其卑也荀子曰粹而王駁而霸王者固粹矣霸者豈獨駁云乎哉要之王霸之辨當以孟氏之言爲正後之學者盍亦於誠僞焉觀之

易

酒食貞吉以中正也

張相

同考試官教諭楊批（此作善體貼需之正意且爻象明白是用録出）

考試官教授陳批（酒食象爾不過假之以明時方當需不容更有所爲之意作者往往認真講去大舛經旨此作剖析明白而氣脉豐偉宜冠本房）

考試官訓導吴批（講酒食與中正處都不類他作殆深於易者）

考試官教諭徐批（體認本義最真）

聖人舉需爻象占之善而申其備處需之德也蓋德莫貴於中正也九五居尊而有是德則其需之正而獲善不亦宜哉周公繫需九五爻辭曰需于酒食貞吉吾夫子象傳舉而申之意謂天下有事固不可以不爲時方當需亦不可以妄爲九五以陽剛之爻居至尊之位彼其萬幾裁制之餘事固有當需者矣當需而復有所爲則非需也故惟酒食焉以自樂而相安於無事之天百揆經營之後事固有當待者矣當待而復有所事則非待也故惟宴享焉以自娱而安處於無爲之地其象如此占者如之誠能貞以自守而無妄動之非則不急於需而所需有必至之理正以自持而無多事之擾則不躁於待而所待有必應之機其吉也何如哉所以然者蓋冒進每生於柔邪而能需必本於有德九五居上封之中其德中也中則無過不及而所以處夫需者自安貞而能待居陽位之正其德正也正則無反無側而所以需於事者自貞固而有恒體坤之静而無事於宵旰之勤一中正以爲之持循止艮之躬而不萌夫欲速之念一中正以爲之運用吁事以能需爲善德以中正爲美此九五所以有酒食之象貞吉之占也歟抑論需之道時爲而已人君固貴乎察其時以爲張弛闔闢

之機使不當需而需則優游不斷者失之廢當需而不需則好大喜功者失之躁皆非也然則如之何哉體屯而經綸有事體需而宴樂無爲則動静以時與易道相爲消息而君人之道庶乎其盡矣

天一地二天三地四天五地六天七地八天九地十天數五五位相得而各有合天數二十有五地數三十凡天地之數五十有五此所以成變化而行鬼神也

靳廷寶

同考試官教諭楊批（聖人理數之學起於河圖而是篇措詞整飭發意明白且於行鬼神之理説者多以數之生者爲神數之成者爲鬼殊失本旨子獨得之蓋用心於易而卓有定見者歟）

同考試官教授陳批（此題場中作者雖知圖位之數變化鬼神這妙亦不免失之繁冗可厭是卷獨能發揮明凈讀之今人斂服）

考試官訓導吴批（詞不費而理完録之）

考試官教諭徐批（明潔可玩）

大傳詳河圖之數而必著其功用之妙也蓋數必有理也河圖具天地之數則其功用之妙自有不期然而然者矣大傳闢河圖之數意謂天數奇地數偶河圖之數亦不過一奇一偶而已故其位一居下而二居上三居左而四居右五則以奇而居中是天一也地二也天三地四而天五焉六居下而七居上八居左而九居右十則以偶而居中是地六也天七也地八天九而地十焉分而言之一三五七九其數皆奇非天數五乎二四六八十其數皆偶非地數五乎其□位之間奇之與偶以類相得而生成之功各李其一矣一奇一偶以兩相合而生成之妙互爲其用矣積而數之一三五七九天數也計之則二十有五二四六八十地數也計之則三十合天之數與地之數則五十有五而天地之數全矣由是一三五之奇變而生水生木生土也六八十之偶則化而成之焉二四之偶化而生火生金也七九之奇則變而成之焉變生於奇而進退之無定化成於偶而離合□無常變化雖妙而是數有以成之矣方奇偶生成之始則自屈而伸自往而來神於是乎著及奇偶生成之後則自伸而屈自來往鬼於是乎行妙於變化而不見其迹運於生成而莫測其機鬼神雖幽而是數有以行之矣吁河圖數也而造化之理寓焉宜聖人闡之以示人歟抑論人知河圖之數而不知其具天地之數人知天地之數而不知其具造化之理蓋理垂乎氣而數寓乎理也苟論理而不本乎氣則涉於虚妄之談論氣而不本乎

理則流於術數之學極理數之全闡造化之秘此河圖之所以妙也學者究此而有得焉則知易之爲書豈可以淺近窺耶

書

無教逸欲有邦兢兢業業一日二日萬幾

于思睿

同考試官教諭陳批（兢業圖幾正與數有邦一句意思緊屬此篇文有關鑽而旨復雋永佳製也録之）

同考試官教諭張批（皐陶陳謨警戒之意摹寫殆盡其心必素其忠愛者歆羡歆羡）

考試官訓導吴批（典雅醖藉書義正如此作）

考試官教諭徐批（詞意俱到録出允宜）

大臣告君身先天下之諸侯當心謹天下之庶務也甚矣君身所係之重也則夫率下以圖幾者可不謹哉皐陶陳知人之謨至此若謂天下之治安難保人心之逸欲易生是故君身舉動諸侯之所觀瞻帝當勤以自勵端表儀於穆清之上無曰崇高可以逸樂爲也而啓怠荒之門朝廷好尚方岳之所視效帝當儉以自處立標凖於臨蒞之餘無曰富貴可以縱欲爲也而崇侈靡之習兢兢焉戒謹於得肆之地肅乎天鑒之在兹使逸欲之莫乘其隙業業焉危懼於燕閒之所凛乎上帝之臨汝俾勤儉之恒存諸心彼自朝至暮特天運之一週由昨而今非星霜之屢易雖曰一日至淺也而事幾萌於一心者或難或易動以萬計之繁苟或忽焉則其□至矣是可不兢業以圖難於其易乎雖曰二日至近也而事幾動於一念者若大若細殆有萬端之名苟或怠焉則其失隨之又可不戒懼以爲大於其細乎吁率下既端夫一身之則而圖事又謹於一念之微如此則諸侯無不化而君道烏有不盡者哉嗟夫治莫盛於有虞君莫聖於帝舜皐陶陳謨而必以戒逸欲崇兢業爲言至於篇終又曰敬哉有土豈故憂治而危明主邪蓋敬者君心之所以主於一而所由以適於治之要也此心一敬則到明足以察天下之幾而君人之能事畢矣故曰敬者聖學之所以成始而成終者也説者謂皐陶之學極純粹而孟子以道統歸之良有以夫

官不必備惟其人

馬經

同考試官教諭陳批（周官一題似易實難詞不窘而理亦到僅見此篇）

同考試官教諭張批（題本簡淡作者不□則浮無二病而旨不戾若此

篇者可以録矣）

考試官訓導吴批（寫出三公在得人□可□）

考試官教諭徐批（措詞簡潔□□□自□是宜録出）

聖世之建三公也不嫌於虚位務在於得人夫三公之在得人也尚矣使徒備其官而不于其人焉豈建官之意也哉成王訓迪厥官而首及於此其意蓋謂三公既任天下之重當極天下之選彼六卿九牧官必欲備也而三公非其擬倫苟非其人則徒擁虚名而無益於治道矣百司庶府位不可虚也而三公非其儔匹不得其人則徒享尊位而無裨於治化矣太師有人矣而保傅之位或虚可也不必等常秩以求全保傅有人矣而太師之位或闕亦可也不必拘定員以求備蓋論道經邦三公之責也必極其裁成輔相之道者而始不孤燮理陰陽三公之任也必具夫經綸參贊之才者而後克稱登庸之際必慎選擇於百僚務求其人以置諸左右否則寧虚其位焉是非難其官也難其人也簡任之時必廣咨詢於衆論務求其人以置之密勿否則寧兼其官焉是非重其選也重其位也夫三公之選既嚴則在位有人而厥職稱矣有周成一代之治也宜哉抑考三公之制雖始於周而其義則仰若前代以爲之也得其人皆足以兼之孰謂師專導以教訓而不傳之德義保專保其身體而不導之以教訓哉故成王以周召爲師保而太傅無聞周公既没召仍爲保而不聞師傅之設政以此爾有天下者盍亦以周家爲法

詩

有酒湑我無酒酤我坎坎鼓我蹲蹲舞我迨我暇矣飲此湑矣

李錫

同考試官教諭李批（小雅義形容親切□□周王篤友之意居然可見矣）

考試官訓導吴批（此章本爲儿事而發場中作是題者顧不之及而謾援諸父諸舅入講且率以自鼓自舞爲説細玩經傳安有是意間有知者至我暇處輒欠分曉晚得此篇心目豁然况他作又皆稱是蓋邃於經者矣用刻是以袪群疑）

考試官教諭徐批（典雅精練自是大家數文字）

不計其物以爲樂惟乘其時而相樂王者之篤友也夫友誼篤否顧情之何如爾周之王者不計有無而但及閑暇以相樂焉可謂知所重矣此燕朋友故舊之樂歌也意謂乾餱之失既懲乎人朋舊之情當盡諸我是故非酒無以合歡于焉或有酒也物其偕矣而燕飲之需既備我則湑之于以去其糟寧以有而嗇邪或無酒也瓶之罄矣而勸酬之資偶盡我則酤之于以繼其乏寧以

無而止邪是則湑可也酤亦可也有與無不計矣非樂無以侑食于焉言有鼓也則鼓我之鼓以應以田而樂工備司其職坎坎之在聽一真意之流形乎言有舞也則舞我之舞以籥以翟而伶官畢獻其能蹲蹲之可觀一至情之呈露乎是則鼓陳也舞亦陳也音與容并作矣然是燕也豈限於常期哉但及我明堂甫退而庶政庸有微閑即於斯焉而一舉豈待於涉歲哉但迨我路寢方臨而萬幾庸有少暇輒於斯焉而載行今日有閑舉之於今日維兄及弟式相好矣有無弗計引壺觴以共酌乾餱之愆庶幾其能免乎詰旦有暇舉之於詰旦維予與汝亦孔偕矣音容并作飲酒湑以爲歡焉鳥之感庶幾其少慰乎吁不計乎其他惟亟盡其情此周王所以爲篤友也神之聽之豈不終和而且平哉抑又論之友爲五倫之一自天子以至庶人未有不須友以成者周之王者有見於此一則曰以速諸父一則曰以速諸舅至於此則又曰兄弟無遠合尊卑疏戚而咸加之意焉雍熙悠久之盛孰謂非職此之由邪厥後角弓詩作而友誼遂日以不振矣惜哉然則爲世道計者盍亦留情於伐木

文王既勤止我應受之敷時繹思我徂維求定

陳文昭

同考試官教諭季批（頌義深得傳注意豈嘗究心經學者乎可敬可慕）

考試官訓導吴批（周之業文作武述其功足相配也場中作者往往偏重殊非題意此篇説勤勞處收拾數語迥异尋常而於求定處尤有歸著蓋葩經之粹者取冠本房）

考試官教諭徐批（頌義整潔可録）

詩人頌二王之功有勤勞以得天下者有封賞以安天下者蓋大業之成雖本於文王而大封之典實舉於武王也詩人并舉而登頌之其美盛德告成之意至矣此頌文武之功而言其大封功臣之意也謂夫我周之有天下者文之謨而安天下者武之烈爲後王者可不知所自哉彼不遑暇食而咸和萬民不事游田而惠鮮鰥寡多方之誕受得人心於攻崇伐密之餘文王之勤勞天下可謂至矣區夏之肇造凝天命於治岐遷豐之日文王之勤勞天下不其至乎我子孫寵而受之尺地莫非其有固其所也深而有之一民莫非其臣固所宜也夫土地之所在文王功德之所在也我豈敢以自專耶則布此功德之可繹思者而分茅胙土以大賚有功焉人民之所存文王功德之所存也我豈敢以自私耶則敷此功德之可憫念者而析圭儋爵以大封有功焉是非市恩也于以之聲之翰而往求天下之安使誕受之多方有如盤石之固也是非私惠

也于以維藩維垣而往求天下之定俾肇造之區夏有如太山之安也是則封賞之典雖出於武王而開封賞之業實始於文王二后之功不均可頌歟大抵封建者古聖王公天下之良法也易曰先王建萬國親諸侯書曰率由典常以蕃王室正與此詩同一意焉武王踐祚之初首及斯典干城藩屏周于天下而八百年有道之長端在此矣自秦郡一置後世遂沿以爲理而古法無復存者可慨也夫柳子曰封建非聖人意也勢也是豈至言哉

春秋

冬公會齊侯盟于柯（莊公十三年）冬十有二月會齊侯宋公陳侯衛侯鄭伯許男滑伯滕子同盟于幽（莊公十六年）

桑溥

同考試官學正魏批（題本正文場中作者詞浮理晦殊未愜意獨此卷組織□傳不出數語而莊公得失自見非邃於春秋者安能有此作耶）

考試官訓導吴批（得聖人稱公諱公之旨）

考試官教諭徐批（善發傳意）

望國始從霸而釋怨也爲可予繼從霸而弃信也爲可譏蓋怨可釋而信不可弃也此柯幽之盟書法不同而莊公之得失自明矣慨昔敝苟之刺方興乘車之禍莫測吾聞齊魯之讐蓋無時可通也今于柯之盟外則齊侯要之内則□□從之玉帛復講一洗君父之讐盟好再道重□甥舅之好是固忘親之惡也春秋何爲予之子耶蓋義者制事之宜也而平怨交鄰又國事之大者可不度之以義乎彼莊公也怨成於襄實爲世讐位傳於桓已爲易世時固可以釋矣況□於是時仗大義以尊周攘戎狄以安夏義□□當從者也苟或修怨怒鄰危其宗社則戾於義而不孝矣噫聖人以義制事也君子以義爲尚也義之於人大矣如之何其不從也故於是役内則書公外則爵齊蓋子之以示夫義也既而剽劍之盟已釋汶陽之田又歸吾意齊魯之好將生平之不背矣今幽之盟也齊桓主之列國趨之彼倡此應同心於載書之間我率爾從擄誠於約束之下是固同欲之信也春秋何爲諱公耶蓋信者人君之寶也而從霸事大又國事之重者可不持之以信乎彼齊魯也既協于柯之盟又勤于鄄之會意固以孚矣況公於是時□□同事鬼神之不可欺壇坫同登盟誓之不可背信尤所當守者也無何受其逋逃遽違盟好則乖於信而不義矣噫聖人以信易食也君子以信易生也信之於人重矣如之何其可背也故於是盟内諱我公外書同盟蓋惡之以□夫信也吁因其從義而予之因其背信而□之聖人欲人爲善之意有如此哉抑嘗因幽之盟而有感焉魯莊叛盟失信固可惡矣

齊桓當列國分争之時講尊王攘夷之信明大義而協衆心雖曰衰□之事然天子賴之以尊中國賴之以安厥功亦不細矣春秋於幽之盟而書同者美之也卒之九合成功夫子稱其一匡孟子與其爲盛桓固五霸之賢莊則春秋之庸君也又奚深尤其失信

荆敗蔡師于莘以蔡侯獻舞歸（莊公十年）公及楚人秦人宋人陳人衛人鄭人齊人曹人邾人薛人鄫人盟于蜀（成公二年）

鄒以大

同考試官學正魏批（君臣夷夏之辨春秋大義甚是明白士子惑於近時□合之習肆爲謬説此卷認理真切措詞嚴整春秋之表表者故録之）

考試官訓導吴批（得春秋謹嚴之法）

考試官教諭徐批（詞嚴義正）

以下僭上春秋然之而正大分以内從外春秋貶之而立大防此于莘而楚以號舉蜀而鄉以人書聖人於君臣夷夏之間嚴矣慨昔楚以祝融之裔僻處荆山之陋一旦因息嬀之故興駕蔡之師破其國者而人民罹荼毒之苦虜其君主而朝市蒙犬羊之污春秋於楚舉號者果何謂哉蓋以天地間有大名分君臣是也彼楚子也受子男之封爵實周家之臣子使其向慕華風革其僭竊則亦無不可者夫何眇封爵而不居僭王號以自侈偃然自大於方城漢水之間曾何思以螻蟻之微擬君父之號其犯分已極矣况夫恃强猾夏其惡又可勝誅耶苟不黜之則君臣之分泯矣故莘之役楚特舉號本其僭竊之罪正其夷狄之名所以深絶之也既而我成在位之時楚共又肆此圖之暴一旦大遣嬰齊之將爰整陽橋之師即蜀地而號召諸夏執牛耳而約束列卿春秋於是盟皆貶而稱人又何謂也蓋以天地間有大界限夷夏是也彼列國也齊魯爲中國之望鄭衛亦諸夏之英使當從者也苟或修怨怒鄰危其宗社則戾於義而不孝矣噫聖人以義制事也君子以義爲尚也義之於人大矣如之何其不從也故於是役内則書公外則爵齊蓋予之以示夫義也既而剽劍之盟已釋汶陽之田又歸吾意齊魯之好將生平之不背矣今幽之盟也齊桓主之列國趨之彼倡此應同心於載書之間我率爾從攄誠於約束之下是固同欲之信也春秋何爲□公耶蓋信者人君之寶也而從霸事大又國事之重者可不持之以信乎彼齊魯也既協于柯之盟又勤于鄄之會意固以孚矣况公於是時牲歃同事鬼神之不可欺壇坫同登盟誓之不可背信尤所當守者也無何受其逋逃遽違盟好則乖於信而不義矣噫聖人以信易食也君子以信易生

也信之於人重矣如之何其可□也故於是盟内諱我公外書同盟蓋惡之□□夫信也吁因其從義而予之因其背信而□□聖人欲人爲善之意有如此哉抑嘗因幽之□

考試官訓導吴批（本治情之效言却是）

考試官教諭徐批（典而不浮）

位尊者盡其道位卑者堅其守此大順之世也蓋大臣難盡其道小臣易虧其守也今焉各無所歉則國肥矣豈非大順之世哉禮運論聖王治情而達於順意謂大順之世和氣薰蒸於宇宙至治浹洽於臣工有所謂大臣焉職秉鈞衡爲廟廊之綱領位居台鼎作邦國之儀刑其位高責重盡其道難矣今則調元贊化以風裁自持論道經邦惟天工是亮入告於内者嘉謀嘉猷期一人之有慶居其位思行其道也敷宣於外者善政善教奠四海於無虞任其職思濟乎時也大臣之法蓋如此有所謂小臣焉膺一官之寄而分理庶務任一職之事而陳列百司其位卑禄薄堅其守難矣今則清即是礪而苞苴之不行推操是持而簠簋之必飭服勞於官者敬其事而後其食上不盜君其介如石也職專於己者正其誼不謀其利下不漁民其心如水也小臣之廉蓋如此夫以大臣焉法則國之肥在大臣矣小臣焉廉則國之肥在小臣矣非聖王治情而致大順曷克以臻此哉抑論之盡道守己人臣皆然也記者於此各專言之何耶蓋大臣禄厚必廉而責重易至於不法小臣責輕必法而禄薄易至於不廉此記者所以於法獨言大臣於廉獨歸小臣也噫言雖各有所專然亦到舉而并例之此又記者言外意也爲臣者宜鑒諸

禮樂刑政其極一也所以同民心而出治道也

姜潤身

同考試官學正林批（出治道處舊□禮樂刑政言大戾本旨近有知者又不能融會經意而發揮明白是作從容數語而詞旨燦當是作乎）

考試官訓導吴批（題目本正大率以奥僻求之遂失之遠矣是篇命意借詞顧亭亭當當如許同民心出治道此或可一裨□）

考試官教諭徐批（此文非識古□□□道）

記者要感人之道同著感人之道大蓋禮樂刑政同一感人之道也然能同民心而出治道則其道何大哉樂記推先王慎政感人之效意謂政以感人雖异效生所感則同誠以先王感人之政有五禮焉有六樂焉禮樂固异道矣然推其極致禮以道志樂以和聲同一慎感人之政也禮之功即樂之功耳有

五刑焉有八政焉刑政固殊事矣然原其要歸政以一行刑防奸同一慎感人之道也刑之用即政之用耳由是民心歸於所感喜怒合當然之則一人之心有以通千萬人之心好惡適同然之情一人之志有以通千萬人之志天下一家無睽异也中國一人無間隔也民心之同也何如由是治化成於所同好惡平而人道正强弱各安其分而不争民心順而和氣應智愚咸得其所而無怨合敬同愛一道化之宣布也相親相敬一德教之流行也治道之出也何如是則莫難同者人心也莫難出者道也今先王慎政感人而能同之出之如此則感人之道何其大哉抑論之先王慎政感人豈徒然哉蓋音生於人心之感而人心哀樂之感由是政治之得失故先王必慎政感人以和人心而爲作樂之本也欲作樂者能平其政以和民心則和樂興矣此治世之音安以樂者其政和也書曰予欲聞六律五聲八音在治忽其此之謂歟後世不究其本徒事其末遂以治之興替無關於樂是何不思之甚

第二場

論

堯舜所以爲聖

陳文昭

同考試官教諭季批（以聖人通變宜民之制形諸□議反覆□□□渾雄暢遠悉自心胸中流出真佳製也）

考試官訓導吴批（見理真切措詞□□得□□如此允宜□薦）

考試官教諭徐批（場中作者多冗泛言談令人厭觀此作一根於理而波瀾洶湧别是一家機軸真作手也録以爲式）

論曰時之極者不容不變也通其變以利乎民非聖人不能與是焉何邪時之極也運也自然之數也值夫自然之數當其時之極而吾將付其變於不聞可乎聖人於此蓋不能辭其責矣不惟不能政不忍也不能終辭其責出而爲之圖不□□其變於不聞而亟爲之理變而通之神而明之盡財成輔相之道以左右民卒使夫數之與運不得以梗吾治安之化而吾德業之盛亦將與天地相爲悠久矣其可以易而能之乎是孰能之邪聖人能之也此堯舜之所以爲聖也所謂過此以往而未之或知也堯舜之民亦安得而知之五峰胡氏即是爲堯舜所以聖嗚呼五峰其知之矣請究言之天下道二常與變對變者常之伏常者變之倚也時不皆常而世不能以無變通其變弗滯於常聖人責

也聖人之所以聖也曷爲聖大而化也聖而不可知也百行之宗也萬物之祖也千萬世之表極也堯舜之德典謨語之詳矣揩堯舜而爲聖雖五尺童子無惑焉至於堯舜所以聖其孰得而知之哉何也變而通之聖人之能事也非聖人不能而堯舜能之此堯舜所以爲聖也嘗觀之天地矣二氣之循環四時之運行萬物之終始紛紜參錯相推相蕩而不可窮寒極而燠來炎極而凉至歸根之木及春乃生咸俯之日蟲陽感而鳴氣之爲也數之序也天地草而四時成也事成而極極則必變物盈而傾傾則必革勢之不容已也知天地之道則知堯舜通天下之變矣通天下之變利天下之民也變之以其時革之以其數也故曰廣大配天地變通配四時非聖人其孰能與於斯粤自邃古之初伏羲氏作爲八卦以前民用制爲綱□以佃以漁神農氏出乃爲耒耜以教民耕日中爲市以貿遷有無黄帝繼之始立制度作算數造律吕舉封禪之禮三聖人者無非所以開物成務相時之變而爲之也此其聖之所以爲盛也然而混沌初判風氣未融世尚鴻荒民惟顓蒙法有所未備文有所未著禮有所未詳運也數之自然也勢也堯舜於此豈能辭其責哉抑亦不忍也堯舜何容心哉時也時其變而爲之通因其數而爲之革於是乎斷修蛇於洞庭禽封豨□□□□四凶於裔夷四時未正也吾則□中□以正四時五辰未順也吾則命旨□以賴五辰七政未齊也吾則寧□□後以齊七政永通以禹火通以益工苟以□樂道以變五教通以契刑通以皋陶禮道以伯夷稼穡道以稷曆通以羲和病民之衣皮而未知織紝以禦寒也於是乎作衣裳病民之疲於負荷而艱於致遠也於是乎作輪轡病民之穴居野處而或阽於危也於是乎作宫室病民之出入而厄於徒涉也於是乎作舟楫病民之虞於寇攘而疏於防禦也於是乎作門柝病民之死無以葬而掩於虆梩也於是乎作棺槨病民之無以自衛而憂於搏噬也於是乎作弧矢病民之窮於結繩而相欺無已也於是乎作書契病民之知有耕耨而未知有舂揄也於是乎作杵臼預爲之防過爲之備化而裁之推而行之舉而措之於天下範圍天地而不過曲成萬物而不遺盡財成輔相之□以左右民黄帝之所未及爲者蓋已悉爲之矣堯舜何容心哉極者變之漸也盈者革之初也時也數也運也勢之不容已也天固不虚生聖人也向使堯舜於此委其變而莫之爲其得謂之聖邪知委其責之不得爲聖則知堯舜之所以聖而在於逆時之變不誣矣堯舜之道何道也天地之道也堯舜之心何心也伏羲神農黄帝之心也堯舜道天地之道而輔其不及心伏羲神農黄帝三大聖人之心而不違焉孰謂堯舜所以爲聖顧不在是也邪夷考其時九族既睦矣五品遜矣百工厘矣庶績熙矣庶明勵翼矣百姓昭

明矣萬邦協和矣四方風動矣百谷登矣草木蕃廡矣鳥獸魚鱉咸若矣通變之效至是彰矣堯舜之心至是始少慰矣問之在朝在朝不知問之在野不知其不知者不容知也智周萬物道濟天下蕩蕩乎無能名焉巍巍乎雖甚盛德蔑以加矣故曰備物致用立成器以爲天下利莫大於聖人其堯舜之謂與彼徒以盡性爲説者是豈知堯舜之聖哉雖然未可盡非也蓋性善者堯舜之聖也通其變於未窮者堯舜之所以爲聖也要之通變之道自盡性始能蓋其性夫然後能盡人物之性可以贊化育參天地矣此聖人之極功也子思子之説也胡五峰言外意也堯舜不可及也求可以當是者其惟我聖祖高皇帝乎易之革曰文明以説大亨以正革而當傳曰通其變使民不倦神而化之謹誦是以對越在天之靈

表

擬宋以李綱爲江西安撫制置大使兼知洪州謝表（紹興五年）

劉隅

同考試官教諭季批（麗而有則且不失宋人體製可謂善於四□者録之）

考試官訓導吴批（謝表中能寓忠君愛國之意殆知伯紀之心事者乎）

考試官教諭徐批（麗則可取）

臣綱言紹興五年某月日荷蒙詔賜褒諭除臣爲江西安撫制置大使兼知洪州者臣誠惶誠恐稽首頓首伏以寄隆分閫秉二節之嚴崇任重專城固一方之保障欲副兵民之托須歸文武之才況逢國步之多艱正苦邊陲之告急在言甫之經營斯濟雖孔明之籌策猶難詎意凡庸叨膺選拔自天申命無地措躬恭惟泰道方隆乾元獨運聰明建極知哲能官養德性於純融凝道心於淵静恩懷比狩遥瞻朔漠之雲志在中興載揭神州之日以江西湖東之地近輔臨安念安撫制置之官宜兼州牧二千石之禄秩榮斯過矣數千里之封壤才何以堪伏念臣邵武僻郡之寒儒政和初年之進士歷官留守荐拜尚書荷先皇賜以玉帶金魚賴今上改爲宫提殿學曾陳三策防禦即付三省施行幸天兵累敗乎敵仇庶國耻可雪於昕夕臣謂勿以將帥屢捷爲可賀而當以軍政未修士氣未振爲可虞又謂勿以東南偏處爲可安而思以中原未復外境未寧爲可耻皂囊甫上丹詔匆臨仰荷聖慈曲全愚直是何异齊王愛物過憐□陳之牛桓霸失逮不弃虺隤之馬也臣敢不下殫駑劣上答鴻私寢食不遑憂勤是切三時講武大張六伐之威四野勸民期致萬箱之富協岳飛而清彼河朔擒劉豫而肆諸市朝西迎二帝之還上慰九重之想伏願仁先父子義正華夷以和議爲非心每切於嘗膽以恢復爲是夢不忘於枕戈斡乾轉坤完

宋室之宗社際天蒲海睹漢官之威儀臣無任瞻天仰聖激切屏營之至謹奉表稱謝以聞

第三場

策

第一問

張相

同考試官教諭楊批（場中士子於聖製一策多飣餖成文可厭惟此篇偷楊詳盡蓋服膺夫子憲章之教者健羨健羨）

同考試官教授陳批（能敷揚我聖祖製作之盛可嘉）

考試官訓導吴批（我聖祖製作如雲漢昭回丹青炳若子能伏讀而詳陳之其不虚生于太平之世者與）

考試官教諭徐批（士子多爲此策所窘而子能條答殆盡蓋亦卓有定見者與）

有帝王之大學術有帝王之大製作學術其本也製作其末也使學而不原諸心則徒事口耳之贅而非學之大文而不本於心則何以爲大製作而經緯乎天地哉是故精一執中典謨所以成於堯舜建中建極訓誥所以作於湯武自是以後此道疏闊漢高祖大風之歌唐文皇威鳳之賦宋藝祖日出之句詞藝雖工於治無補而所謂心學者漠乎未之聞也他尚何望哉我太祖高皇帝挺生南服混一區宇天才英邁聖質純穆屏聲色之好絶游畋之娱幾務之暇未嘗不游心乎道學存志乎詩書故其涵養冲虚造詣純密足以繼精一執中之傳發爲宸翰奎章雄深宏偉可以追典謨訓誥之作愚嘗莊誦御製文集而粗得其宏綱大旨矣如即位之詔則建國號改正朔以布告天下皇陵之碑則述艱難明昌運以垂訓後人大祀禮成則曰國家以祀禮爲先祀禮以敬誠爲本所以敕諭夫中書者切矣丞相除拜則曰當上美皇天之昭鑒下契黔黎之仰瞻所以懋勉真功業者至矣籌謀安民察奸料敵之語備載於閲江樓之記則非事游觀也彝倫攸叙燮理陰陽之言旁引於游新菴之記則非崇异端也至於感舊西征特叙其時勢困興之事不得已用兵之故何明正邪堯湯水旱謂其灾間見於累年其説足以破千古之疑秋宇澄清推極陰陽交姤之理其説可以契六經之旨至於黄河良馬必詳其地里狹直三功八勞之事何詳悉邪甘露時雪形諸論議蓋睹禎祥而知憂懼處富貴而思貧賤之心也豈流

連光景之謂乎天時聖學發爲策問慮水旱之傷五穀念古昔以懷聖賢之意也其詢於蒭蕘之見乎乃若憫旱祈豐仁民愛物之情寓於神龍丹芝嘉瓜之贊非好异也觀人用人修德善終之論形於萌賢啓忠省頑之文非騁辯也孝慈録之定喪禮四海遵行昭鑒録之示親三萬世遵守以至建言格式之示群臣莫不有序以敷宣其旨焉讀流金飲露之詞則知鶯囀之賦麗而則誦汗漫汪洋之句則知四瀆之賦偉而奇本之於精神心術之微發之於議論文字之著一言之約奥旨存焉千言之富深義寓焉天葩睿藻照耀簡册誠與日月并其輝光風雲同其變化韶濩協其節奏河□同其高深回視漢唐宋諸君之作蓋不啻霄壤矣是以翰林學士宋濂等敬録以成編學士承旨詹同等固請其鋟梓誠意伯劉基序之于前而極其揄揚起居郭傳序之于後而極其贊述也雖然比特聖製之見於文集者然爾他如皇明祖訓以著一代之家法諸司職掌以貽一代之治典大明集禮以備一代之儀文大明律令以定一代之刑制育才有卧碑之條教民有榜文之布恤軍士有條例之頒嚴釋老有清教之録大誥三編之作洪武禮制之修洪範之注資世之訓立法貽謀不一而足若此者何莫不本於我聖祖心學之所發哉昇時嘗曰人之一心檢持甚難朕覺此心如兩敵然時時防閑尚未能也則其用功於心學概可見矣聖子神孫是訓是則迨我皇上繼體守成益篤前烈寫懷之詩寓對時育物之仁會典之序盡繼志述事之孝廷臣之頒賜中外之梓行蓋已人誦而家傳矣繇是而因文以考德則聖祖之心學可法也繇是而立政以圖治則聖祖之典謨具在也草茅賤士有懷耿耿鋪張楊厲有不能盡焉者惟執事進而教之

第二問

桑溥

同考試官學正魏批（柔遠御夷一策正所以見我國家一統之盛此答詳盡無遺而不復以無怠無危藏爲説忠愛之意溢於言未不獨具文之佳也高薦何參）

考試官訓導吴批（我國家一統之盛溥海内外悉主悉臣迥高千古良以駿之之旨道也此篇能鋪張揚厲之其亦逈出諸作者乎）

考試官教諭徐批（此策答我列聖柔遠之仁御夷之道鋪張殆盡足以覘吾予宏裕之才雄博之學矣）

讀仁者無敵之言則知我國家得天下之正誦王者無外之説則知我祖宗待夷狄之心蓋三代得天下以仁而國家亦以仁此其所以無敵也王者馭夷狄有道而祖宗亦有道此其所以無外也是以百餘年來溪蠻海夷文身卉

服靡不來庭輿圖之廣一統之盛自三代以還皆未有如我國家者也然則今日之所以守成業而致盛治者又豈外於此仁此道也哉請因明問而敬陳之若朝鮮初爲箕子之國其主表賀即位則賜以金印誥命而封高麗國王女直古爲肅愼之地其主悉境歸附乃建置都司衛所而皆給與印信古倭奴爲日本之國遣使朝貢而累受册封黿鼉嶼爲琉球之國嘗分爲三而貢獻不絶西蕃即吐蕃也置五衙門而建官賜印赤斤古西戎也率男婦來歸而賜以印誥罕東衛出於西戎部落而有冠帶鈔幣之頒安定衛出於韃靼别部而有鎧甲刀劍之獻哈密乃古伊吾廬之地改設爲衛而封爲忠順王火州城乃漢時車師之地遣使朝貢而屢獻馬璞諸物員外郎陳誠之使其國則亦力把力也滿剌哈非思之貢駝馬則撒馬兒罕也在哈烈遣使詔諭而賜織金文綺在于闐則遣使來朝而貢玉璞諸寶至若古南交之地非今之安南國乎其主率先歸附因郡縣其地而尋復廢之古有越裳氏非今之占城國乎其主遣使來朝因詔封爲王而至今如故有因朝貢而詔賜大統曆列女傳者暹羅國也因來朝而納元所授宣敕二道者非爪哇國乎自率其妻子來朝卒於南京而詔謚恭順者浡泥國也各率其妻子頭目來朝而并貢方物者非蘇祿國乎瑣里國遣使進金字表而并獻其山川地圖榜葛剌遣使來朝而并獻其麒麟寶物其他偏方小國輪琛納貢者又不可以縷數其時則昉於洪武永樂之年其事則載於大明一統之志視諸古昔西戎之叙白雉之獻肅愼氏矢之貢殆同一轍矣是豈我國家好大喜功勒兵耀武以來遠人之歸哉蓋我太祖高皇帝以神武之資乘炎精之運龍飛淮甸奄有區夏太宗文皇帝志靖邦家肅清内難建都上游以扼三邊之吭列祖相承益隆繼述其始也除殘去暴仁恩覆冒於海隅其後也内修外攘德威覃布於天下故九夷八蠻自梯山航海而至當時玉璞麒麟之受非寶遠物也所以嘉納其獻誥印冠幣之賜非市私恩也所以繫屬其心方今聖明在上六合同春四夷向背蓋有不足爲重輕者顧吾所以自治者何如爾必其來也不拒豐其廩餼厚其賞賚以酬其向化之誠其去也勿追謹其斥候嚴其封守以防其譎詐之變干城托市叔之賢運籌轉子房子略養李牧必勝之鋭守充國萬全之鎮而又修□立政仁義兼施如此則□□祖宗基□之盛永保於億萬年矣傳曰王者不治夷狄書曰無怠無荒四夷來王愚敢請爲□□之獻

第三問

陳文昭

同考試官教諭季批（聖賢心學之説故有定論此策能一一陳之剖析

詳盡其有得於心學者與他日經綸事業必有出于此也）

考試官訓導吴批（心學最難言此篇剖析明白殆嘗用心是學者）

考試官教諭徐批（心學淵源人所難言者此作條答詳明一洗場中之臆説蓋嘗有得於心學者矣殆非贅于口耳者能之）

論心之説莫備於古不能無异也學者當自异而求其同治心之法莫要於古不能皆同也學者當自同而辨其异何也千聖一心也心同矣宜其論心之皆同間有不同者言各有攸當爾萬古一道也道同矣宜其治心之皆同間有不同者見或有所偏爾學者於此能自异而求其同自同而辨其异則趨向之機既審而造詣之階可得以是而析天下之理則异同之似舉不足爲吾惑矣請因明問而概言之人之身孰爲大曰心爲大人之學孰爲要曰治心爲要宜古人亟以爲言而執事以是策諸承學也惜乎心齊坐忘既乏顔子之自得而近秉著已復愧程子之訓辭無味之言何足以塵清聽哉雖然言及之而不言可乎粤自堯之授舜既以允執厥中相訓飭矣而復繹之以人心道心之言實彀堯之藴也以其原於性命之正則名以道心孟子之所指良心本心得非道心之云乎以其生於形氣之私則名以人心周程之所指欲心私心得非人心之云乎易曰復其見天地之心蓋陰極而陽生剥極而復來天地生物之心著矣是吾之心即天地之心也傳曰大人者不失其赤子之心蓋純一而無僞擴充而無間大人正己之功盛矣是吾之心即赤子之心也他如心經之贊命之曰天君固尊之矣横渠以之爲嚴師非以其可畏而勿褻乎敬齊之箴命之曰靈臺固神之矣孟子以之爲氣帥非以其爲至而當持乎爲名雖多端而其理則一至焉載觀舜之禪禹既以人心道心相告戒矣而復足以惟精惟一之語實闡堯之秘也精則察之而不雜即孟子盡心之謂周子之所謂養心亦惟察乎此而不汨於欲爾一則守之而不離即孟子存心之謂大學之所謂正心亦惟守乎此而不勝於情爾易曰以此洗心言羲文具圓神方知之理而無私以爲之累蓋性之也若陶元亮之委心乃不欲仕宋非有激之言乎書曰以禮制心言殷湯絶聲色貨利之嗜而有禮以爲之防蓋反之也若佛氏之無心乃寂滅是崇非無稽之語乎他如玩寧静致遠之言則李延平以静坐爲養心之要宜矣真西山以涵養爲言又明乎程子主一之旨也誦克念作聖之訓則范浚以克念爲箴心之功當矣吴草廬以主敬爲言又本乎文言直内之意也爲説雖紛然而其意各有主焉至若心必有所止則不累於私使一有所繫將惟物是聽無往而不妄矣心在腔子裏則不馳於欲若聖人之心固未嘗有在而亦無不在矣玩物喪志召公之訓不爲不切語取博奕之爲賢者乃論無所用

心之不可甚言之詞也豈導人以玩物哉令色鮮仁尼父之戒不□不嚴詩取其儀之如一者乃美曹人用心之如結自然之符也豈教人以令色哉力救時弊七篇之立論微矣故語心又托山木以爲喻蓋欲萬章輩加□存之功抑以教後世也欲除意見陸象山之近禪固矣故語心特借扇訟以爲譬蓋欲楊簡輩知頓悟之妙適以誤後學也克廣德心魯人頌之則心不嫌其欲大小心翼翼周人稱之則心不嫌其欲小此横渠孫思邈之言均於經有見也有主於中則外邪不能入不亦虚乎中有所主則理義爲甚充不亦實乎此程氏先後之言俱於理無背也嗚呼至哉古人之論心乎要哉古人之治心乎本於唐虞之授受而散爲六經之格言詳於孔孟之講明而衍爲諸儒之緒論理欲攸分而防範爲甚嚴體用具存而知行爲有則斂之不盈一掬擴之則彌漫乎六合運之不出一腔致之則範圍乎天地在吾所以用之何如爾愚生疏劣無似自顧非其人也然不敢不勉謹對

第四問

于思睿

同考試官教諭陳批（此策考據詳明評品精確未又知所適從觀此亦可以占吾子之學不獨區區於博古也健羡健羡）

同考試官教諭張批（即古人心事而辨究之此格致之學也吾於此策豈惟見其博古而尚友之志并於是見之）

考試官訓導吴批（説得古人心事出胸中可謂有涇渭者矣）

考試官教諭徐批（尚友一策答者類能言之而是篇考據詳明擇所趨向非窮理格物之士能之乎）

格物者當求諸自然之理論人者當考其已然之迹蓋天下之理散見於事物者萬有不齊而行之古人其迹不能以皆同也不有吾心以權度之則物理之有無人心之高下莫定而從違取舍難矣豈窮理盡性之學哉請因明問而陳之夫君親者人之事也鄒衍事君結憤而六月飛霜孟宗事親投誠而三冬出笋蓋精誠則天地可動而孝弟則神明可通一理之感孚耳春秋者天之序也鄒子吹玉律而寒谷春生麗娟唱回風而夏景秋變蓋黄鐘爲生物之府而商音乃肅殺之聲一氣之招徠耳莊周司養生於解牛以其静而無爲默而無言也張旭得書法於舞劍以其遒勁健媚盤若龍蛇也程子踏石壇而探升降之理非以見此身即天地乎因湯瓶而識消長之機非以明一物亦陰陽乎乃若宜僚弄丸而解楚王之難陳平戲偶而脱漢帝之圍此私智小慧僥幸於一時也韓愈貶潮州而蛟鱷逃形李果令洛陽而鬼神破膽則忠誠正直積之於平日也捫虱而談當世之

務者非王猛歟而昧見幾而作之理裸體而輕當世之人者非禰衡歟而失明哲保身之道嫠不恤緯而憂公與野人食芹而思君者同一過於厚也蹊田而奪之牛與覆羹而逐其婦者同一過於薄也以至高悝之焚符傳奕之仆僧其以正止邪殆與馬公亮之夜書窗手狄仁傑之素娥見畏者先後一致也邵康節之鼓妖□周南之鼠怪其以德勝妖殆與魏元忠之見猿守火韋叔堅之見犬立廳者今昔一律也乃若以宰相而錯寫弄獐以學士而妄爲曳布林甫王緘之闇何足怪哉悟絶妙好辭之題解獨眠孤館之字曹操丁謂之慧何可取哉王筠讀郊居賦而恐雌霓妄乎筠則誠爲智者矣而韓彔校理史館誤改金根又何繆也宋太宗見楊億有越景絶塵之稱億固足以當國士矣而高孝基見房玄齡有聳壑昂霄之譽又何宜也凡此皆事物之理散見於天地古今者是則然矣其人品之高下吾心之取舍不能無説焉夫君子之所貴者道德功業文章而已康節之數學所以發先天之藴者固下斯道之明如日中天其功業豈徒道德而已哉玄齡之相業所以開貞觀之風者固爲甚優而昌黎之闢异端大年之不草詔卓然之見確乎之守其道德豈徒文章而已哉若夫一節一行之士在兼收并畜者之所不遺而其過遂惡形身亡國僨者又不足置之牙頰間也愚生蕞爾之權度所以爲輕重長短者如此願執事進而教之

第五問

胡鎧

同考試官學正林批（時務一策人皆能言而區晝斟酌之當則未易也此策區處治河弭盗之法鑿鑿可行豈非俊杰之士邪）

考試官訓導吴批（蘇軾云策者所以措置於今之世此問正欲觀其措置子能援古証今處置得宜其有用之學者與）

考試官教諭徐批（此卷五策條答無遺不拘拘於問目者而治河禦盗一策尤處置得宜而其要在用人又確論也當道所欲聞者其在兹乎録之）

除害之法欲相其機防害之法欲善其後夫害之來也除之不力則不可去也害之去也防之不密則將復生也除之必相其機防之必善其後黄河之害盗賊之害以是處之則收功於有事保治於無虞民生庶幾其有賴乎執事發策秋闈而問及乎此此誠吾山東民害之至重且急者也敢不敬陳其顛末以求所以除之乎夫黄河發源於星宿之海其來也遠矣大禹治水九河既道然後中國可得而食也自漢以來河患不時有之其時論治河者亦多矣吾獨有取於漢賈讓元賈魯二君子之所建白馬讓有治河三策上策徒冀州之民當水衝者決黎陽遮害亭放河使北入海中□多穿漕渠於冀州地使民得以

溉田從淇口以東爲石堤多張水門以備旱潦下策則繕完故堤增卑倍薄而已魯有治河三法有疏有浚有寒釃河之流因而導之謂之疏去河之淤因而深之謂之浚抑河之暴因而扼之謂之塞是也觀夫竹落下石而堤防計日以立疏塞并舉而堤防計月而成屯氏河浚之不早則水居者數十縣地六塔河穿之不善則水死者數千萬人力不能爲則徒付瓠子之歌役不以道則祗應石人之讖蓋治之不善固無足言而治之善者莫不用魯之三法而實不出讓之下策也往年朝廷興安平之工合數省之財力而董之以内外大臣其事重矣近因水勢比侵復敕大臣以總其事又添府佐以專其職而申命各省撫巡皆協謀焉然古之治河多爲民患今以轉漕兼爲國計誠尤不可忽也爲今之計必也黄陵罔之三埽所宜急復而河南下流不可不疏河臺寺之裹堤所宜急築而河流所經不可不導而又修復守堤之法申嚴盗决之例庶幾民生可免魚鱉之患國家得給饋餉之饒視彼河既潰决然後鹵莽修治以勞民者其功孰爲多哉盗賊□迹於閭閻之奸其起也微矣皋陶爲士兼治寇賊當時所謂不仁者遠矣自秦而後盗賊無代無之其間論去盗者亦多矣吾獨有取於宋歐陽脩與秦觀之所敷陳焉脩謂方今禦盗者不過四事一曰州郡置兵爲備二曰選捕盗之官三曰明賞罰之法四曰去冗官用良吏以撫疲民使不起爲盗觀謂盗賊平之非難絶之爲難平而不絶其弊有二招降與窮治是已患莫大於招降禍莫深於窮治也觀夫顔真卿繕城料兵而人倚爲重諸葛亮信賞必罰而士樂爲死用一龔遂則百姓無不安用一岳飛則群盗無不平漢武立沈命之法而盗賊浸多元人誤招安之説而國威遂弱蓋忽盗不治固無足言而所以治之是誠在乎四事之必舉而二弊之必去也近年朝廷除山東之盗合京邊之士馬而督之以内外大臣其功大矣時以民傷灾盗又□敕大臣以主賑恤復添憲臣以司兵備而更留大將領邊兵以鎮守焉然古之兵將多聞戍邊今以權宜移邊戍内誠恐不可久也爲今之計必使兵備選練其兵而省城居重不可不預爲之備守巡撫恤其民而官吏貪殘不可不嚴爲之防而又增城池之高深豐芻粟之儲積庶幾在我者隱然如虎豹之在山在民者怡然如赤子之得母矣視彼盗已縱横然後倉卒驅迫以弃民者其計孰爲得哉嗚呼二害既除山東之民其更生矣雖然興作爲勞民之事養兵有困民之虞况瘡痍甫定之民尤不可不加之意者乎當道者於是其將自有所以處之矣而愚生過慮不敢不申言之焉謹對

山東鄉試録後序

合一省之士而試之鄉試也必三年一舉焉舉必三試之是故其始試之也有書有經中試有論有詔有誥有表有判終試有策定制也是制也有觀士之道焉是故試之經若書以觀其本也見體道之功焉試之論以觀其辨也見窮理之知焉試之詔告以觀其典也見黼黻之文焉試之表以觀其麗也見忠愛之心焉試之判以觀其斷也試之策以觀其博也見適用之才焉五者備而士之能事具矣故曰是制也有觀士之道焉夫自三代以降士無全才漢唐宋之設科也曰明經曰明法曰射策曰博學宏辭固若是紛紛也定之者非一人行之者非一代分途而取或難其人焉由今制觀之彼所謂四科者固兼之矣而一人咸備焉其才也不已全乎是固國之所以觀於士而求之者也夫上以是觀之則下以是呈之上以是求之則下以是應之應之者則非徒以其文而已也故觀於功也而求之效焉觀於知也而求之行焉觀於文也而求之質焉觀於心也而求之身焉觀於才也而求之政焉故曰五者備而士之能事具也正德八年八月甲子山東鄉試録成而彰德也主校也承乏於後不可無言則猶有感焉蓋彰德之來也道出淮楚之墟見摶埴之工者揭圖於市以詔於人曰陶瓬之器吾無不能爲也視其圖焉則甚駭也就其家而求所謂器焉則無有也則猶以其爲深藏也則篤求之焉出其器二三焉則皆苦窳而無當也予甚笑焉夫士也以文而登斯録也固所謂全才者也其無爲是摶埴之工也哉

浙江湖州府歸安縣儒學訓導吴彰德謹序

正德十一年山東鄉試録

山東鄉試録序

正德丙子天下鄉舉之期也山東右布政使鄭陽以故事白于巡按御史張羽請監臨焉于時鎮巡則有太監黎鑑右副都御史黄瓚先後以事至者則有工部右侍郎趙璜監察御史周朝佐徐冠馬録萬鎡郎中倪璋員外郎唐昇主事東魯葉寛羽曰是皆明于故實可質之以贊不逮者也詢謀僉同乃具書幣聘承恩等九人爲考試官提調于内者則左參政許淳右參政徐蕃監試則按察使王良臣副使盛儀又恐外或不理以撓乎内也則分檄右布政使盛應期副使原軒林琦王鉉吴漳陳和胡文璧潘珍左參議閔楷右參議李炫僉事吕和蔡芝許逵張嘉謨胥防範焉以八月七日事内者咸集入院惟規惟法既備以嚴御史焚香籲天陳矢言几上進曰惟國家求材資用事莫大於兹凡我有事尚同心殫力克襄厥載如或售私奸政取舍罔中用僨於兹事有如矢言承恩率諸考試者進曰因文取才其真其允如弗既厥心自作慝者亦如之提調監試者乃率諸執事進曰如有怠若職亂若事者亦如之既各宅厥居宣力靡懈其惟慎矣御史又曰遼東士選于御史張文明其六府則副使趙鶴選也蓋千七百有奇盍慎擇之罔俾遺美焉衆乃精白審度悉閲於文既得俊七十五人文之粹者篇二十爲録承恩曰昔人謂文章關世道隆污科舉者尤重也何則上以文取也士以文進也士賢不肖治忽從焉豈不重與然自賓興之法廢而辭科興雖或得人氣習靡矣我皇祖始損益之立學申教獨重經術下選舉之詔期得明經之士以收實用燕翼之謀不可尚已列聖相承恪守成憲故至今日士崇經學賢才彙進作人之效非前代所及矧山之東密邇文教鄒魯之化猶存士之興起固宜滋盛兹惟文焉觀之然後知其士之信多賢也何則文德之宣也文之盛矣匪實而何智斯有言苟理之弗達言之其能文乎行雖艱也匪知何行智以及之行違幾何行且有用必皆可觀已然後知山之東士之信多賢也聖代作人之效不其滋盛矣乎嗚呼用者行其學也行非其學者耻也書曰静言庸違蓋悖學也故選以觀學用以觀行達不變塞用令厥終用無忝厥薦斯善士也苟利達之移耻孰甚焉詩曰靡不有初鮮克有終此

之謂與承恩始而於士喜其學也終而於士慮其行也多士尚亦勖哉斯舉也承恩與教諭何潔爲主考教授陳鑾汪文明學正越榛教諭楊澤高通訓導張珊余藴同焉

浙江嚴州府儒學教授蔣承恩謹序

正德十一年山東鄉試

監臨官

巡按山東監察御史張羽（伯翔陝西南鄭縣人　乙丑進士）

提調官

山東等處承宣布政使司左參政許淳（文厚四川左護衛人　丁未進士）

山東等處承宣布政使司右參政徐蕃（宣之直隸泰州人　癸丑進士）

監試官

山東等處提刑按察司按察使王良臣（汝鄰河南陳州人　癸丑進士）

山東等處提刑按察司副使盛儀（德章直隸江都縣人　乙丑進士）

考試官

浙江嚴州府儒學教授蔣承恩（三錫直隸儀真縣人　甲戌進士）

浙江金華府金華縣儒學教諭何潔（汝清廣西蒼梧縣人　丁卯貢士）

同考試官

江西瑞州府儒學教授陳鑾（朝儀湖廣沅陵縣人　乙卯貢士）

四川順慶府儒學教授汪文明（希舜湖廣崇陽縣人　丁卯貢士）

四川成都府漢州儒學學正越榛（文實貴州宣慰使司人　庚午貢士）

江西九江府德安縣儒學教諭高通（于亨福建莆田縣人　庚午貢士）

山西平陽府洪洞縣儒學教諭楊澤（天恩陝西西安左衛人　庚午貢士）

山西平陽府絳州稷山縣儒學訓導張珊（德光陝西鳳翔縣人　辛酉貢士）

浙江紹興府蕭山縣儒學訓導余藴（美中廣東饒平縣人　丁卯貢士）

印卷官

山東等處承宣布政使司經歷司經歷趙祥（廷瑞直隸隆慶州人　吏員）

山東等處提刑按察司經歷司經歷何澤（以潤河南祥符縣人　翰林秀才）

收掌試卷官
濟南府知府章寓之（道充四川嘉定州人　壬戌進士）
東昌府知府侯宜正（汝□河南洛陽縣人　戊辰進士）
受卷官
山東都轉運鹽使司運使甯閲（希明河南湯陰縣人　丁酉貢士）
東昌府高唐州知州郝序（宗殷陝西清澗縣人　辛酉貢士）
兖州府東平州汶上縣知縣孟洋（望之河南信陽衛人　乙丑進士）
濟南府武定州陽信縣知縣陶儼（時莊浙江秀水縣人　甲戌進士）
彌封官
兖州府曹州知州吴嘉聰（□德山西代州人　辛未進士）
濟南府歷城縣知縣池龍（文化直隸涿鹿左衛人　甲戌進士）
登州府萊陽縣知縣李鏽（成章山西武鄉縣人　甲戌進士）
萊州府掖縣知縣陳嘉言（伯行陝西西安右護衛人　甲戌進士）
謄録官
兖州府濟寧州知州李鳳（鳴朝陝西西安後衛人　辛酉貢士）
濟南府章丘縣知縣張琥（宗器江西安仁縣人　辛未進士）
濟南府武定州海豐縣知縣林以善（養之福建莆田縣人　丁卯貢士）
濟南府德州德平縣知縣王卿（良佐河南弘農衛人　甲戌進士）
對讀官
東昌府臨清州知州李紀（維之陝西興平縣人　丙午貢士）
濟南府肥城縣知縣魏謐（邦寧河南汝寧所人　丁卯貢士）
青州府壽光縣知縣何汝學（效先直隸吴橋縣人　甲戌進士）
濟南府鄒平縣知縣鍾錫（爾□山西澤州人　甲戌進士）
巡綽官
大嵩衛指揮使張聰（文博海西人）
萊州衛指揮使張虓（仲威山東濟寧州人）
登州衛指揮僉事戚景通（世顯直隸定遠縣人）
寧海衛指揮僉事何鉞（廷威直隸舒城縣人）
搜檢官
東昌衛指揮僉事胡清（以廉直隸無爲州人）
臨清衛指揮使王贇（美卿直隸宣城縣人）
青州衛指揮同知李堂（升之河南磁州人）

成山衛指揮僉事徐鎮（朝用直隸安肅縣人）

供給官

山東等處承宣布政使司理問所理問周昪（廷瞻廣西靈州縣人　吏員）

山東等處承宣布政使司理問所副理問陳鐸（文振直隸任丘縣人　吏員）

濟南府同知劉信（君寶直隸魏縣人　乙卯貢士）

青州府同知楊諫（信夫直隸當塗縣人　辛酉貢士）

濟南府長清縣知縣解瑛（廷輝山西陽曲縣人　辛酉貢士）

青州府博興縣知縣周讓（遜之直隸鹽山縣人　甲子貢士）

東昌府高唐州武城縣縣丞魏經（德常陝西鳳翔縣人　監生）

濟南府歷城縣縣丞郝敬（宗一山西祁縣人　監生）

東昌府高唐州夏津縣主簿徐錦（尚絅湖廣公安縣人　吏員）

濟南府歷城縣典史張珣（廷器直隸慶都縣人　吏員）

濟南府譚城馬驛驛丞鮑瑄（廷璧浙江鄞縣人　承差）

東昌府茌平縣茌山馬驛驛丞陳朝政（國用雲南安寧州人　承差）

濟南府德州平原縣桃園馬驛驛丞許瑢（公器山西陽曲縣人　承差）

兖州府鄒縣界河馬驛驛丞譚方（宗□廣東南海縣人　承差）

兖州府東平州東阿縣舊縣馬驛驛丞張時和（世應雲南安寧州人　承差）

兖州府濟寧州南城水驛驛丞郭山（安仁河南襄城縣人　承差）

第一場

四書

見善如不及見不善如探湯　正己而不求於人則無怨　君子之於物也愛之而弗仁於民也仁之而弗親親親而仁民仁民而愛物

易

乾元用九天下治也　六五鼎黄耳金鉉利貞　極數知來之謂占通變之謂事　夫乾天下之至健也德行恒易以知險夫坤天下之至順也德行恒簡以知阻

書

帝曰疇若予工僉曰垂哉帝曰俞咨垂汝共工垂拜稽首讓于殳斨暨伯

與帝曰俞往哉汝諧帝曰疇若予上下草木鳥獸僉曰益哉帝曰俞咨益汝作朕虞益拜稽首讓予朱虎熊羆帝俞往哉汝諧　德懋懋官功懋懋賞用人惟己改過不吝　時人斯其惟皇之極　迪知忱恂于九德之行乃敢告教厥后曰拜手稽首后矣曰宅乃事宅乃牧宅乃準兹惟后矣

詩

淑人君子其帶伊絲其帶伊絲其弁伊騏　如跂斯翼如矢斯棘如鳥斯革如翬斯飛　奕奕梁山維禹甸之有倬其道韓侯受命王親命之纘戎祖考無廢朕命夙夜匪解虔共爾位朕命不易榦不庭方以佐戎辟四牡奕奕孔脩且張韓侯入覲以其介圭入覲于王王錫韓侯淑旂綏章簟茀錯衡玄衮赤舄鉤膺鏤錫鞹鞃淺中蔑鞗革金厄　明昭有周式序在位

春秋

及宋人盟于宿（隱公元年）公及宋公遇于清宋公陳侯蔡人衛人伐鄭翬帥師會宋公陳侯蔡人衛人伐鄭（俱隱公四年）邾人鄭人伐宋宋人伐鄭圍長葛（俱隱公五年）鄭人來輸平（隱公六年）鄭伯使宛來歸祊庚寅我入祊（俱隱公八年）翬帥師會齊人鄭人伐宋辛未取郜辛巳取防（俱隱公十年）　冬公次子滑（莊公三年）　滕子來朝（桓公二年）杞子來朝（僖公二十有七年）　公會晋侯齊侯宋公衛侯鄭伯曹伯莒子邾子于商任（襄公二十有一年）公會晋侯齊侯宋公衛侯鄭伯曹伯莒子邾子薛伯杞伯小邾子于沙隨（襄公二十有二年）衛侯之弟鱄出奔晋（襄公二十有七年）楚公子比自晋歸于楚（昭公十有三年）

禮記

貧者不以貨財爲禮老者不以筋力爲禮　樂正崇四術立四教順先王詩書禮樂以造士春秋教以禮樂冬夏教以詩書民有德而五穀昌　是故聖人之制行也不制以已使民有所勸勉愧耻以行其言

第二場

論

千聖相傳心法之要

詔誥表（内科一道）

擬漢令禮官勸學興禮詔（元朔六年）　擬唐以宋璟爲黄門侍郎誥（神龍元年）　擬宋以唐介知諫院謝表（嘉祐元年）

判語（五條）

選用軍職　磨勘卷宗　轉解官物　辯明寃枉　帶造段匹

第三場

策（五道）

問　我宣宗章皇帝御製五倫書所以惇叙彝倫見國家以綱常爲治萬世人道之大經所由正也其書總其論于前列其倫于後爲卷六十有二然獨詳於君道臣道者蓋以君臣所以主持乎父子夫婦朋友之道於五倫爲尤重也君之善行爲目四十有八臣之善行爲目四十有三然君臣一體其道未始不合今即書中事目觀之無非相資相成之道若聖德必資輔德聖學必求正學法祖與守法同心制治與經國同謀求賢豈不待夫薦舉去奸寧不用夫彈劾褒嘉者必忠義聽納者必諫諍仁民之有待於恤民撫字御夷之有取於將略備邊若此之類可條舉一二事以言之乎自餘諸目亦罔不然不俟盡舉也至於父子夫婦兄弟朋友之道書或分而言之亦或合而言之又或各有所附著其亦有説乎諸士子服膺聖訓于兹有年矣其敬陳之毋忽

問　人君之學與不學天下之治忽關焉然經以載道史以載事二者誠爲學之資不可偏廢也先儒之論有曰人主讀經則師其意讀史則師其迹豈帝王之學與韋布不同止得其意與迹而已邪又曰讀經以尚書爲先讀史以唐書爲首今二編之書固在也其要歸何在而以爲先邪抑君人者六經諸史固在所不必學邪昔法從之臣日侍經筵者掇取説命三篇爲訓詞苑之臣有事纂修者采取唐鑒一部以進二臣之見豈亦有類於此歟有參酌周禮彙成通典進勸其君於豐大之日者又有家學春秋作爲傳義啓迪其君於恢復之時者夫周禮春秋其於尚書唐鑒果有同歟而臣工所以進講者其意亦有在歟願究言之以觀稽古事君之學

問　天下不可一日無儒者之論古人或平居先慮獨出己見可爲萬世之法程或臨事發謀審察時變可正一時之權度然事同而論异不能無是非利害之殊也試舉其關乎治者言之論封建者曰非聖人意不可行也或又曰天道至公百世以俟而不惑論井田者曰亂世之後乃可行也或又曰處之有術不刑一人而可復易肉刑以笞法論者美其君好生之仁矣而又或以爲啓斯民之易犯者焉代府兵以宿衛論者謂其憫百姓從軍之苦矣而或又以爲致兵農之始分者焉論行禮不可泥古須當視時之風氣者胡不同於必復古

禮之言創立貢舉私議分經書論策之年者胡不酌夫四科取士之制之數者皆平居先慮獨出己見者而其論既异則是非必有可言者矣匈奴遠塞或欲誘致以擊或欲結好以和而馬邑之詐誰其料之开□入寇或請奮武立功或請留田圖策而先零之弊誰其乘之待單于之禮丞相御史與太傅之言孰宜議禧宣之祧宰相宗枝與侍講之疏孰正靈州綏州之城守群議當何所折衷而中當時之會夏人遼人之攻伐衆言當何所取正而免噬臍之患之數者皆臨事發謀審察時變者而其言既殊則利害必有可議者矣又其中人品不同意見隨之得聖賢義理之中正而爲知言者顧以何者爲法邪諸士子群居思義其有概於中久矣今既有叩之者其容以不言乎

問　任人而不任法則法簡而人重任法而不任人則法密而人輕法簡而人重其弊也請謁公行而私邪之黨盛法密而人輕其弊也賢愚混滯而僥幸之俗成昔人有是言矣是故有奏語移日薦人至二千石者亦又有小心謹畏出入禁闥不孤大事之托者焉有爲相二百日除官八百員者亦又有矢心論議共濟時艱不負天子之知者焉執政紛更獨爲國家當事與兩宫虚己以聽新政者均之任人之專也而其弊果如昔人之所論歟有謹守畫一民戴清静者矣而其後法具文深號爲厲政者乃成虚耗之風有守文成務佐致太平者矣而其後奏循資格人謂聖書者乃啓忠賢之諍護持新法更相汲引以進與各陳利害以定法令者均之任法之專也而其弊亦如昔人之所論歟兹欲任人必得無或敢於專恣任法必行無或流於拘畏必有至當之論也諸士子其悉言之毋徒曰思不出其位

問　知人安民帝王爲治之要道臣子所宜敬承而將順之者也古人成説歷代所行有可言乎今山東吏治固多得失所患在於人心難保民情易移伊欲按其迹而詢之人則寸朽或至弃材呑舟容有漏網將如之何哉蓋嘗□讀祖宗之訓有曰人有卓然自立不同於俗而得毁者亦有諂媚狎昵同乎污俗而得譽者又曰有勤於職業不免施刑小人誣爲酷暴者庸濫之官人所狎玩乃致更有保留者又曰有虐於用刑巧於取索而能集事者有廉潔無私謹身自守而政務不舉者祖宗知人之明豈非萬世所當法者乎若山東民生尤多疾苦所憂在於室家轉徙田廬捐弃伊欲蠲其賦而還其人則額税不可或虧宿逋不容擅免又將如之何哉亦嘗莊誦祖宗之論嘗因遣使賑恤省臣以國用不足爲對乃曰得天下者得民心也宜速行之又因南陽縣民逃徙有司乞令捕之乃曰歸且何依捕之益困之耳又因議寬登萊逋賦户部亦以國用不足爲言乃曰君臣一體民貧不可不恤也祖宗安民之心豈非萬世所當體

者乎今上自即位以來屢下蠲逋賦復流移之詔近又屢俞吏部之請命撫按之臣訪察官吏賢否以備黜陟不知撫按之臣所以究心而從事者道將安在抑不知吏治得□□□生疾苦果有相關進退之間亦可收安輯之效乎諸生幸明言之以觀所以留心世務者

中式舉人七十五名

第一名　王化　濱州學生　書
第二名　尹寵　東昌府學生　詩
第三名　林瓊　臨清州學生　易
第四名　王勲　博平縣學生　禮記
第五名　邢淳　濟陽縣學生　春秋
第六名　王崇智　曹縣學生　書
第七名　吕夔　鄒平縣學生　易
第八名　胡偉　德州學增廣生　詩
第九名　郭時叙　濟陽縣學生　易
第十名　顧鐸　博興縣學生　詩
第十一名　宋璋　臨清州學生　禮記
第十二名　王懋德　遼東廣寧後屯衛學生　詩
第十三名　王室　莘縣學生　書
第十四名　趙鯤　壽張縣學生　詩
第十五名　劉朝卿　招遠縣學生　春秋
第十六名　李繼仁　遼東廣寧中衛學生　書
第十七名　王質　汶上縣學生　詩
第十八名　劉洵　鄒平縣學附學生　書
第十九名　梁致讓　德州學生　詩
第二十名　孟易　濟寧州學生　易
第二十一名　魯綸　遼東都司學生　詩
第二十二名　劉悌　遼東都司學生　書
第二十三名　朮繼先　章丘縣學生　詩
第二十四名　邢倫　丘縣學生　禮記

第二十五名　劉一中　濮州學生　書
第二十六名　張經　博興縣學生　詩
第二十七名　邢秉仁　臨清州學生　易
第二十八名　王賢　汶上縣學生　詩
第二十九名　楊周　壽張縣監生　書
第三十名　謝國恩　東昌府學生　詩
第三十一名　賈琦　濟寧州學增廣生　易
第三十二名　陳守愚　壽張縣學生　春秋
第三十三名　宿儒　掖縣學增廣生　詩
第三十四名　宋亨　濟陽縣學生　書
第三十五名　張襄　濟寧州學生　詩
第三十六名　光澤　陽信縣學生　易
第三十七名　高鉉　臨清州學生　書
第三十八名　張九功　濮州學生　詩
第三十九名　蕭嵩　堂邑縣學增廣生　禮記
第四十名　高楝　魚臺縣學生　易
第四十一名　吴良輔　觀城縣學生　詩
第四十二名　劉戩　鄒平縣學附學生　書
第四十三名　姜潤宗　膠州學生　詩
第四十四名　陳時明　堂邑縣學生　易
第四十五名　張禀　萊陽縣學附學生　春秋
第四十六名　李録　臨邑縣學生　詩
第四十七名　宋橘　濮州學生　書
第四十八名　賈璘　陽信縣學生　易
第四十九名　續珵　寧陽縣學生　詩
第五十名　李用中　樂安縣學生　書
第五十一名　劉應龍　陽信縣學生　詩
第五十二名　楊鈺　鉅野縣學生　易
第五十三名　徐用良　濱州學生　書
第五十四名　王至善　歷城縣學生　詩
第五十五名　呼相　濟寧州學增廣生　禮記
第五十六名　王邦裕　堂邑縣學生　易

第五十七名　袁軒冕　章丘縣學生　詩
第五十八名　于仲寰　東阿縣學生　書
第五十九名　張旄　長清縣學生　詩
第六十名　王用可　武城縣學生　易
第六十一名　李冕　章丘縣學生　詩
第六十二名　李守正　禹城縣學生　書
第六十三名　李檠　金鄉縣學生　春秋
第六十四名　吴鶡　濮州學生　詩
第六十五名　徐子棟　武城縣學增廣生　易
第六十六名　李士翱　長山縣學生　詩
第六十七名　王天爵　濱州學增廣生　書
第六十八名　賈懋　鄒平縣學生　詩
第六十九名　陳明　歷城縣學生　易
第七十名　范鏓　遼東瀋陽中衛學生　書
第七十一名　趙璵　濟南府學生　詩
第七十二名　李其松　高唐州學生　春秋
第七十三名　趙雲龍　臨清州學增廣生　易
第七十四名　秦祐　臨清州學生　書
第七十五名　王昺　章丘縣學增廣生　詩

第一場

四書

見善如不及見不善如探湯

林瓊

同考試官教諭楊批（論語題雖若平易作者多爲所窘且知二如字意者亦少此篇從容數語而本旨盡見是宜録之）

考試官教諭何批（善惡非真知不能好惡子之此作其亦真知者乎）

考試官教授蔣批（明暢痛切）

真知其善而好之誠真知其惡而惡之誠夫人莫不好惡而能誠者鮮矣自非知善惡之真者豈能極其誠哉聖人引古語如此其意謂夫人性惟有善

而無惡故人情皆好善而惡惡彼其原於天命人心之正而全之可進於聖賢者善也善固人之所同好矣然而好之有不誠者以其知之未真焉耳今其見是善也知爲懿德可好而中心好之初非矯飾於容貌知爲理義可悦而我心悦之初非勉强於辭色篤好於深喻之餘必欲得之於心而勇猛精進之志浩乎其莫遏也欣慕於默契之際必欲體之於身而邁往直前之氣勃乎其莫禦也皇皇焉無异有所追而弗逮者焉其進也豈能已乎真知其善而好之誠有如此乃若生於人情物欲之私而溺之近於禽獸者不善也不善固人所同惡矣然而惡之有不誠者以其知之未真焉耳今見是不善也知爲修德之累而奮然惡之蓋出於疾惡之真情知爲制行之玷而毅然憎之蓋發於羞惡之實念痛絶於深惡之後惟恐其或萌於心而防衛之嚴一息不敢懈也深懲於猛省之中惟恐其或加於身而畏避之念一刻不敢寧也惴惴焉無异探沸湯而恐傷者焉其止也豈容緩乎真知其惡而惡之誠有如此吁誠於好善則於善也不患其不爲誠於惡惡則於惡也不患其或爲然非知至意誠孰能與於斯哉抑斯義也其在聖門顔曾閔冉之徒足當之故曰吾聞其語吾見其人矣若隱居以求其志行義以達其道者則非伊尹太公之流莫與焉使顔子而壽亦幾矣此夫子所以有未見之嘆也噫其真思賢也夫其亦有感於世道也夫

正己而不求於人則無怨

王化

同考試官訓導張批（此題上下語意脉絡相貫作者多欠體貼殊失本旨讀此不覺洒然是宜高薦）

考試官教諭何批（中庸理致精密作者非深求不知此篇蓋有得者不可以凡士目之）

考試官教授蔣批（理明氣貫可以式矣）

惟無所慕於外斯無所動於中蓋怨生於心有所慕也君子既無慕於外矣則怨何自而動於中哉中庸論君子不願乎其外而申之如此意謂物我相形而求望之心易生上下皆安而怨尤之意自泯是故居上陵下是舍己而求於人矣君子則知上之非泰而所以自治者爲甚詳故覆餗是懼而慮吾表正之未端負乘是憂而勉吾道德之未至惟知盡其在我而已而其在人者固有所不暇求焉在下援上是自略而詳於人矣君子則知下之非約而所以自反者爲甚備故出位爲戒而拳拳於義命之安逾節爲耻而勉勉於貞介之守但知正其在己而已而其在外者則有所不敢望焉不求於人如此夫何怨乎誠

以陵下不應怨斯生矣惟其無求於下則不復見下之非而無所惡於下焉援上不副怨斯作矣惟其不求於上則不復見上之非而無所惡於上焉不驕不亢順適於物我兩忘之天方寸坦然而不平之念固無自而生也不諂不憂從容於義命相安之境胸次悠然而不足之意固無自而形也是則不難於無所怨而難於無所求此君子所以不願乎其外也道之不可離也不於是而見哉抑不怨不尤學者事也而他日夫子乃以自况且謂上達由於此焉是豈可以易視也哉蓋原其始固居易俟命之事而要其終則樂天知命之境其實不越正己無求而已矣道豈多乎哉先儒謂中庸一書其用無窮皆實學也信夫

君子之於物也愛之而弗仁於民也仁之而弗親親親而仁民仁民而愛物

尹寵

同考試官教諭高批（此理一分殊之學非見到者不能言子能言之有味足見所養矣）

同考試官學正越批（作孟子義者詞多重復擇焉而詳無逾此篇者矣）

同考試官教授汪批（説理明白而詞氣春容是善作者）

考試官教諭何批（説親仁愛三字甚明白）

考試官教授蔣批（文有關鍵可取）

大賢論君子之仁不混於所施而必循其序焉甚矣理一而分殊也君子之仁曷嘗混於所施而不循其序哉昔孟子之意謂夫天下之分固有不同而君子之仁不能無等是故物爲吾與固有愛之理也君子雖不能不取而取之有時不能不用而用之有節愛之而已不以施之人者施于物焉民吾同胞固有仁之道也君子則庶欲其富而養之有制愚欲其明而教之有方仁之而已不以待乎親者待其民焉夫以仁之而弗親者非薄於民也以親爲一體而民則同類者也故篤近舉遠必仁施一家而後有平章之政恩逮九族而後有修和之治□理貫通之中而燦然内外之有序焉曷嘗以民而先於親乎愛之而弗仁者非嗇於物也以民吾同胞而物則异類者也故由重逮輕必功加百姓而餘恩始及於庶類惠先群黎而餘澤始被於萬物至仁兼覆之内而秩然貴賤之有倫焉曷嘗以物而先於民乎吁於一視同仁之中而有稱物平施之則此君子之仁所以無弊也歟嗟夫是道也吾儒大中至正之矩也奈何墨氏兼愛而害吾等楊氏爲我而病吾博甚至愛一牛而功或不至於百姓泣有罪而忍宗廟之不血食者焉去道不亦遠乎然則如之何必智以明之義以裁之而後行

易

乾元用九天下治也

吕夔

同考試官教諭楊批（題本是君道剛而能柔而作者多以剛柔二字互換言之昧本旨矣此作獨爲有見而詞致精潔是之取爾）

考試官教諭何批（觀此作亦見善言治道不獨善説經而已）

考試官教授蔣批（詞整意實）

惟君道剛而能柔則治化無不成矣夫君道主剛而其用則柔也孰謂天下之治有不成於此乎文言此節再申象傳之意謂夫乾之在人爲君而乾元則君之道也九之於陽爲老而用九則老之變也是蓋君人者政令一施有以威天下而使之服然必審時度理以即乎人情之所安焉紀綱一布有以懾天下而使之從然必虛心取善以求乎至理之所在焉勇以進道斷以成功而出之以巽順之從容蓋剛健而中正者也奚有於過乎强以守正義以制事而文之以禮樂之和平蓋剛善而中節者也焉有所倚乎夫君道剛而能柔如此而天下豈有不治哉蓋過剛則傷於厲而道難行矣今也剛中有柔則政令皆順乎理而四方于是乎承式焉太剛則失於猛而治難成矣今也剛能僞柔則紀綱皆合乎度而萬國于是乎向風烏德威所及自將不肅而成道行斯世而功濟難民也天下有不化中者乎道化所加自將不嚴而治正爲民表而事爲民則也天下有不化成者乎是則君道之所主在剛而剛德之所用在柔君道之無不備則治道之無不成也文言申象傳之意而以是言之其旨遠哉大抵剛而能柔天之法也君道以之安而且貞地之德也臣道以之君道主成而不欲矜已驕物臣道無成而不可枉道屈身天下之治豈不在於是乎故曰天地交而萬物通也上下交而其志同也讀易者引而伸之均可見其廣大悉備矣

極數知來之謂占通變之謂事

林瓊

同考試官教諭楊批（極數知來通變雖分占事而實一事也士子逐句生詞多欠通貫得此篇讀之喜其條理分明而氣脉不斷蓋深於易者歟）

考試官教諭何批（作易義如此可謂精矣）

考試官教授蔣批（觀此作不惟見道寓於陰陽之妙而揲蓍用易之方如指諸掌）

求易以前用而占所由名推易以致用而事所由名蓋占因數得事以占

通也即其未定已決之間豈不有陰陽之道哉大傳論一陰一陽之謂道而推之占事如此謂夫道之體用不外乎陰陽而易之占事分屬乎陰陽是故有易必有占也占何爲而著耶蓋揲蓍求卦之餘即陰陽之數究其或老或少以觀所值之何卦因老少之數考其變與不變以求所得之何爻由是以卦辭之所告而決在我之疑則未來之吉凶洞然可以前知矣以爻辭之所示而通在已之志則未至之悔吝昭然可以逆睹矣是蓋諏筮問易之時故謂之占焉占則事之未定而屬乎陽者也乃若有占必有事也事何爲而行耶蓋極數知來之後于其凶吉之所在推而行之惟道之是從因其悔吝之所向順而止之惟時之是尚故夫事變無常而辭則有常也必率辭揆方行典禮於會通之中事情不一而占則惟一也必玩占觀變成變化於擬議之際是蓋成務定業之時故謂之事焉事則占之已決而屬乎陰者也吁陰陽雖寓于占事之間而其所以然者則神之所爲也夫豈倚於陰陽者哉雖然此就易之用處言爾若神以知來知以藏往則又聖人之心易也聖人以其心易之妙而寓之揲蓍求卦之間所以前民之用而使之得與聖人之能也此其所以爲陰陽不測之神歟然則學易者宜何如亦曰卦爻之所以變通者在人人之所以能神而明之者在德

書

德懋懋官功懋懋賞用人惟己改過不吝

王崇智

同考試官訓導張批（題本平易作者失之補綴典實精當獨見此篇）

考試官教諭何批（措語冲淡而文思自新佳作也）

考試官教授蔣批（辭格嚴整程式之文也）

大臣稱聖君有用人得其當者有處己得其當者蓋用人處己難乎其盡道也聖君於此而各得其當焉其德之足人聽聞者與昔仲虺作誥以釋湯之慚意謂惟本於心者極其純故著於行者盡其善彼義理充足而有可久之德人固有懋於德者矣官之不懋非命德也王則懋之以官尊位重禄而迪簡於王庭崇階峻級而有服於大僚度德定位寧有不稱其德者乎勛庸顯著而有可大之業人固有懋於功者矣賞之不懋非報功也王則懋之以賞車服是庸而賚與之也厚土田是錫而褒寵之也隆論功行賞寧有不稱其功者乎爵惟其德賞惟其功用人之當如此至若善之在人固所必用矣一或忌焉則善猶在人也惟王善不自用人之有善而中心好之人之有技而若己有之忘私順理肯自廣以狹人耶過之在己固所當改矣一或吝焉則過猶在我也惟王過不憚改悔悟之深惟恐其留滯也懲創之至惟恐其潜滋也以公滅私肯耻過

以作非耶善無不容過無不改處己之當如此是則處人已而各得其當非純乎天德者不能也其君天下也夫何慚之有哉大抵人君一心萬化之源苟心有未純固無以爲處事之地用人處己之間必至於顛倒眩瞀其害有不可勝言者矣湯於聲色貨利之私一切屏之而不邇不殖宜其用人處己而各得其當如此也卒之兆民彰信而延商家六百年之命脉者孰謂無所自耶

時人斯其惟皇之極

王化

同考試官訓導張批（此篇不爲惟極所窘且詞氣老健是善作者）

考試官教諭何批（有條理有詞氣杰作也）

考試官教授蔣批（不同衆作）

盡被化之民有從化之速甚矣民未有導之而不從者也皇極之民速於從化如此謂非造就之至能若是哉昔箕子衍皇極之疇以告武王此以造就庶民者言之意謂君民之分雖殊而感應之機甚速故皇極之民才質之可成者蒙君念之受之而接引之也勤無小無大皆納於甄陶之内詞色之有徵者感君錫之以福而激勸之也至無遠無近皆入於化育之中蓄染之汙脱然以去自有以消其傾邪狹小之念己私不復生於心也本心之善油然而生自有以趨乎公平正大之體己私不復見於事也欣慕愛樂有不動而化之機大而綱常倫理無不循其天理之當然優柔厭飫有不戒以孚之妙小而事物言動無不由乎人道之極致去其偏以復其全君此極也民此極也舉一世而同歸皞皞乎遍爲爾德矣豈曰保之云乎反其异而要其同君所建也民所趨也合萬姓而一致熙熙乎順帝之則矣豈曰近之云乎是則民不同也而所同者心心不同也而所同者理此民之趨極自有不容已者矣人君可不知所以盡造就之道也哉雖然君身者天下之本身不正則極不建而感化之機息矣故舜之執中湯之建中武之建極其義一也後世之君興學設教亦皆有政卒未見其成教化之功者無本故爾故箕子衍皇極首言君當作極以端其本而後及其造就人才之道本末先後自不可誣矣治天下之法要不外是

詩

淑人君子其帶伊絲其帶伊絲其弁伊騏

胡偉

同考試官教諭高批（此題舊以德稱其□□□殊失本旨此篇體認明白詞氣亦足以發宜在高等）

同考試官學正越批（國風題本難發明能作如此亦不凡矣）

同考試官教授汪批（七篇皆明爽可愛真作手也）

考試官教諭何批（發揮傳意明白）

考試官教授蔣批（得旨）

詩人美君子必表其所服之有常焉夫儀莫難於不忒也君子之服飾有常度焉心之專一可見矣詩人得不深美之哉鳲鳩之詩美君子用心均平專一而作也至此謂夫威儀固心德之所形服飾尤威儀之所係彼淑人者其心如結而善已造於可欲之境其德不爽而名無愧於君子之稱則其威儀之著寧不符其中之所存哉自其服飾言之束於身者帶也帶固有常制矣心不一者或未免於有差我君子衣服有常而其帶則伊絲焉縞素爲質而渾然純朴之内存玄華爲飾而燦然文采之外見等威以辨而垂之於身者有章焉戴於首者弁也弁固有常度矣心之不專者或不免於有忒我君子其帶伊絲而其弁則伊騏焉其製以皮雖美而得中正之宜其色青黑雖華而無靡麗之飾禮制以嚴而頍然於首者可觀焉戴斯弁也則束斯帶矣常度不失而足以表儀乎朝著孰謂非其心之所形哉服此帶也則冠此弁矣儀度有常而足以起敬於觀瞻孰謂非其德之所見哉吁以專一之心著而爲不忒之儀如此詩人以正是四國稱之豈溢美哉嗟夫衣服身章也君子每於此乎觀德焉故頌周公者以赤舄爲言記孔子者備衣服之制蓋服之不衷身之灾也彼有聚鷸冠備赤芾者亦獨何哉鳲鳩君子其亦聖賢之徒矣惜其姓名不傳徒仰高風於千載之下

明昭有周式序在位

尹寵

同考試官教諭高批（巡狩黜陟典禮讀詩者多不考能舉其要而言之足見好古之學）

同考試官學正越批（作典禮文字須雅重詳盡此作得之）

同考試官教授汪批（寫當時式序氣象如在目前）

考試官教諭何批（得周王巡狩之意）

考試官教授蔣批（明贍可取）

周人美當代之盛公黜陟之典甚矣一代之興不偶然也周王巡狩之初而首舉黜陟之典焉其永保天命也宜哉此巡狩而朝會祭告之樂歌也至此若曰維我武王繼夏商之統君天下之大誕膺景命而天眷於是乎方隆允陟

元后而天下於是乎大定穢濁之政既除而風氣爲之開明四海永清焕乎成功之光顯也維新之化大布而人文以之宣朗土宇昄章赫乎治勢之昭明也夫以一代更化之初正人心改觀之際武王寧不有以答其望哉誠以天下諸侯固有懋德者矣而不順者不能無也淑慝不分何以儆有位乎於是振威福之權而式序之焉庶邦冢君固有懋功者矣而不敬者未必無也賢否不别何以勵臣工乎於是舉賞罰之典而明試之焉有功者進有德者陟於是乎慶之而加地進律之賞行矣哀對之際孰不知所勸耶怠事者黜犯禮者退於是乎讓之而貶爵削地之罰舉矣薄震之餘孰不知所畏耶吁舉廢墜之大典警久玩之人心武王保天命之道孰有加於是哉抑嘗考之虞周巡狩黜陟之典雖詳略不同然其賞罰明信所以綱維天下控御諸侯使人人力於事功以求庶績咸熙之意則無不同此固萬世保天下之要道也後世考課之法雖源於此要之無聖人之公甚者或以好惡參之又何怪乎予奪不明治功不古若哉可慨也夫

春秋

冬公次于滑（莊公三年）

邢淳

同考試官訓導余批（題本平易作者類多陳腐可厭惟此篇文健辭新寫出一舉兩善之意宜冠本房）

考試官教諭何批（説出聖人汲汲恤患復讎之情真佳作也）

考試官教授蔣批（胡傳意正如此作）

國君見義而怠於有爲春秋所以譏之也蓋恤患復讎天下之大義也魯君有見於此而爲之不果春秋得不深譏之哉慨昔齊襄恃强而并紀我莊承告以興師是亦天下之義舉也而春秋書次以譏之何哉誠以魯之於紀有婚姻之好者也公誠念患在倒懸之急則纓冠往救此其時也尚何計其後乎魯之於齊有君父之讎者也公誠知不共戴天之義則枕戈待旦此其日也又遑恤其他乎况斯時也紀聞我之救至則死守之心益堅并謀協力安知不遂却齊師而存紀之祀邪齊聞我之義舉則貪暴之心自沮志隳氣餒安知不遂爲魯屈而雪我之耻邪奈何信義不篤徉爲救患之虚聲而陰有自全之詭計假鄭爲辭至滑而止遂使堂堂之陣變而爲退縮之兵矣爲義不終外竊赴急之虚名而内畏大敵之難克托人自解及鄭而留遂使正正之旗轉而爲逍遥之師矣彼千里伐戎以恤燕齊侯亦人耳可以魯之於紀而不念於此乎三國遷蔡以復讎楚子亦人耳可以魯之於齊而不競於此乎經故書次以譏之聖人

垂教之意遠矣自是而後紀遂大去其國未必非魯驕齊之志而益其暴也蓋莊公於君父之讎尚且忘之况於紀乎使其能以復讎爲心則必舉國以戰戰雖不勝而此心亦自白於天下況諸侯之中豈無聞義而起者而未必不勝邪奈何其私勝公微而不克自振也豈非無浩然之氣者乎

滕子來朝（桓公二年）杞子來朝（僖公二十有七年）

劉朝卿

同考試官訓導余批（春秋大義數十此題二義具焉作者不冗則晦反戾經旨求其據案斷罪使大義焕然復明無逾此篇）

考試官教諭何批（深得謹嚴之旨）

考試官教授蔣批（雄健可録）

修禮而昧大倫者春秋既重其貶修禮而紊大防者春秋亦重其貶此可見春秋之法嚴於治亂賊之黨而謹華夷之辨也且滕本侯爵經於朝桓而稱子者何哉誠以君臣者天下之大倫况爲諸侯而可以昧之乎彼桓公與聞鍾巫之故天理所不容王法所不赦者滕嘗修好於隱公既不能申先發後聞之義舉聲罪致討之師惟斷絶朝聘以自别於亂賊亦不失爲正道也夫何膏車秣馬奔趨於鄰國之先捧帛執圭朝覲於嗣服之始王法不之畏也天倫不之恤也噫諸侯與之會盟者尚加貶以著罪况行朝禮者乎三綱由是而淪九法由是而斁滕君黨惡之罪不容誅矣是故降而稱子比諸夷狄付其惡之深乎蓋春秋爲誅亂討賊而作其法尤嚴於亂賊之黨使人人知亂賊之爲大惡而莫之與則亂賊之黨孤而悖逆之禍止矣大倫不以正乎乃若杞本伯爵經於朝僖而稱子者何哉蓋以華夷者天下之大防况爲諸侯而可以紊之乎彼東夷僻處荒服之外正朔所不加禮教所不及者杞則迫近於其國既不能用我衣冠禮樂之風變彼被髪左衽之俗惟謹守王度以自别於夷狄亦不失爲賢君也夫何禮儀辭命皆法外夷之規模器具文物盡弃先王之制度不覺自變於夷也不知自反於夏也意諸侯與之會盟者尚特書以致謹况用夷禮者乎中國胥爲夷狄人類化爲禽獸杞君用夷之罪不可逭矣是故降而稱子視諸夷狄何其待之嚴乎蓋春秋爲攘夷尊周而作也尤惡夫用夷之禮使人人知用夷之爲大罪而莫之敢則夷狄之勢亦孤而猾夏之禍止矣大防不以正乎噫一字之貶嚴於斧鉞而君臣夷夏之分可以明於萬世春秋之作豈小補哉抑非天子不制度不讓禮仲尼以匹夫而專進退諸侯亂名實矣不亦過乎殊

不知世道衰微暴行交作仲尼有德無位不得如聖世君臣用兵討賊行天子之法於當年也故假魯史用五刑討亂賊以垂天子之法於後世其事雖殊其理一耳不然夫子何以曰知我者其惟春秋乎罪我者其惟春秋乎

禮記

貧者不以貨財爲禮老者不以筋力爲禮

王勳

同考試官教授陳批（此題不以字中含以敬爲禮之意此篇獨能發之是用録出）

考試官教諭何批（認理明透）

考試官教授蔣批（典實可取）

禮有不責人所不能辦者有不責人所不能行者夫禮近人情也則夫貧者老者又何過責以成其禮乎且聖人制禮固所以防範乎人而於其行禮則未嘗厚望於人彼其家無所藏而或不免於俯仰之累用無所給而或不免於饑寒之憂世固有貧者矣貧而不以貨財爲禮者誠以無財不可以爲悦而財非貧者所能辦也斟酌於行禮之間而無拘於一定之制如禮之隆也貨財必豐稱其家之有無雖當豐而殺也蓋有所不計焉禮之大也貨財必奢量其財之贏詘雖當奢而儉也蓋在所不較焉是非因其貧而顧使失禮之中也禮主於敬心苟敬矣則儀物不備者非禮之呰也故不責以貨財爲禮者正所以得乎中焉所謂不責人之所不能辦者如此黄耇台背而血氣之既衰耋耄期頤而筋力之已憊人固有老者矣老而不以筋力爲禮者誠以非强有力者不足以行禮而力非老者所能勉也權宜於用禮之時而不限以一定之則如燕禮之行文固繁矣因其力之所至而坐立之則雖曰少有所逸亦在所略焉朝禮之行儀固備矣量其力之所能而几杖之設雖曰微近於簡亦在所容焉是非因其老而顧使失禮之中也禮本於敬心苟敬矣則節文不足者非禮之失也不以筋力爲禮者正所以合乎中焉所謂不責人之所不行者如此夫惟不以貨財爲禮則無財亦可以爲悦而禮行於貧者矣不以筋力爲禮則無力亦可以自盡而禮行於老者矣君子之順人情也有如是夫抑考兔首瓠葉之微或亦可以伸敬一坐再至之節一皆所以爲禮然則貧者老者之無責於財力也宜哉故知禮有經權以財以力者雖禮之經而不責備於貧與老者則禮之權也經權不失其宜然後盡乎人情而禮行於天下矣議禮者當有達於經權之義

民有德而五穀昌

宋璋

同考試官教授陳批（此題有德在聖人制禮之前未涉綱紀上説作者體認不真率多一概牽稽甚以作樂之效言之殊戾本旨此篇詞意氣春容而理亦不失是宜録之）

考試官教諭何批（文理醇正非衆作可及）

考試官教授蔣批（講有德處得旨）

人性全而物性遂大當之世然也夫古樂未易作也大當之世人物各遂其性焉則樂之作也有由然哉昔子夏告魏文侯之意若曰人徒以古樂擬諸世俗之音而不知古樂作於大當之後是故民德本厚有誘斯化矣惟上世之民陶至和之化忠信誠慤足乎已而無待於外凡所以相與者一皆有德之人渾淪淳厚出乎身而孚於人凡所以相接者一皆有德之輩全其固有之天而敦龐之俗居然可見也完其本然之性而澆漓之風泯然無迹也民之有德如此民豈有不和乎五穀不熟民有不育矣惟上古之世協陰陽之和旱潦不復爲灾而黍也稻也與與然未有苗而不秀者矣昆蟲不復爲害而稷也麥也菽也粟栗然未有秀而不實者矣百室盈止仰事俯育之有賴而家獲有年之利百穀用成養生送死之有給而人享豐登之慶五穀之昌如此物寧有不和乎夫以人物既和則天地之和應之矣古樂之作不有基於是歟嗟夫樂之爲道所以和天地之氣平天下之情然其始也則必本於天地四時人物之和而後作焉後世不復知此故齊宣王惟好世俗之樂而魏文侯獨悦鄭衛之音其於古樂所謂關於天地民物之和而作之可以贊其和者不復可與言矣故周子曰古以平心今以助欲古以宣化今以長怨者其有感於是夫

第二場

論

千聖相傳心法之要

王化

同考試官訓導張批（論至性理便難措詞况聖人心法之精微則更難矣場中士子非乏能言但細讀之則覺詞徒費而旨尚晦者多矣此作精實明當是爲於道有見者而氣昌詞健復脱時文陋習主司得子寧不知重）

考試官教諭何批（近時學者作論不泛及以爲博則刻削以爲奇均爲失體此篇咀嚼道腴發言有味且氣格渾厚而詞能稱之其才識迥出於人者矣）

考試官教授蔣批（上下數千年心學講明切至引證精確且其文斂華含美不欲自露而識者自知其爲佳也録之以戒夫疏淺者）

論曰聖人以道相傳而及於萬世者要亦於理欲之間致意焉爾夫道以心傳而達之言行政事之間莫非心之用也然而天理人欲之機于是乎伏焉使吾存省之功一時而或間則心莫能純而政以之雜矣聖人知其然故於存心制行之間既欲極盡其力而聽言行政之際亦不敢少有忽焉察之精而守之約使天理極於純全之妙而人欲略無毫髮之萌則德無不盛而治無不隆矣前聖後聖所以相傳心法於無窮者孰有要於此也乎未子曰千聖相傳心法之要愚請申之夫萬古一理千聖一心聖人心法之傳遠矣使無其要焉則上何所授以寄精微之旨下何所承以造極致之妙而千萬世之下又何所憑據以爲心領神會之地哉雖曰一心也而心有萬用雖曰一理也而理有萬殊求之萬殊萬用之間膠擾紛錯不勝其煩矣謂其必有要焉是固然矣然亦豈於此心之外别有隱僻高虚之論以自摽异於人邪蓋聖人之心純一而不貳者也聖人之政純粹而不雜者也求之百世之上與百世之下無不同也何也其所以相傳者固如此也然其擇守維持之功則有毫厘頃刻不容少緩焉者是則聖人心法之要也何也聖人之心其未發也有所謂存養之功焉其已發也有所謂省察之功焉其見於言行政事之間也又有所謂保守戒飭之功焉治其内而不遺其外舉其精而不略其粗所以極夫天理之全而絶夫人欲之盡者也故其德曰天德道曰王道而非後世之所能及矣是故舜之戒禹曰人心惟危道心惟微惟精惟一允執厥中而必繼之以無稽之言勿聽弗詢之謀勿庸慎乃有位敬修其可願四海困窮天禄永終孔子之告顔淵既曰克己復禮爲仁一日克己復禮天下歸仁焉爲仁由己而由人乎哉而又申之曰非禮勿視非禮勿聽非禮勿言非禮勿動既告之以損益四代之禮樂而又申之曰放鄭聲遠佞人鄭聲淫佞人殆嗚呼盡之矣蓋精一之要克復之功所以審天人於一心之發慎理欲於一念之微者密矣而聽言處事之間安危存亡之戒視聽言動之際謹於非禮之目則又所以絶夫人欲之盡以極乎天理之全者至矣四代禮樂之制其即有位可願之道鄭聲佞人之害其即窮困永終之弊是又所以使天理無一息之間而人欲無一隙之投者不可復加矣蓋天下之事本於心而發之於處己接人政事禮樂之大治心要矣而處己接人政事禮樂一有忽焉則亦豈得爲盡善而亦豈聖人之心哉是故聖人所以德已盛而自强之心不息治已至而憂勤之心無窮舜禹孔顔親相授受於一堂之上不過如此則千聖相傳之心法宜無要於此者矣蓋舜之告禹非舜之私言也以

其傳之堯者而傳之禹也孔子之告顔淵非孔子之私言也以其傳之禹者而傳之顔子也自後曾子傳之則曰致知誠意謹於惡善之分曰治國平天下嚴於好惡之正此心此理也子思傳之則曰戒懼謹獨密於存省之功曰中和位育要夫推致之極此法此要也又非特曾子子思而已也百世以俟而不惑萬古以心而相感凡爲吾聖人之徒者孰能外此心法而别有所事邪惜乎孟軻氏死而不得其傳矣兩漢以來非無願治之主而莫克有志於是焉是故其下者徒求之政而不得於心也不免流於雜霸雜夷之習但隨世以就功名而莫知所謂本末始終之序是以功業卑污規摹狹陋而多有愧於隆古吾聖人之道果如是之淺近而無用乎其高者知求諸心而不得其要也不免蔽於老子浮屠之説謂心無所主而能應變莫知所謂存養省察之功是以内外乖離不相爲用而反有害於政事吾聖人之道亦如是之偏詖而無實乎斯時也所謂千聖相傳心法之要蓋不復講矣然而道未始不存也心未始不同也世有聖人之徒出焉則豈終不可傳哉百世之下周子之所謂幾程子之所謂敬則超然有契乎此者矣蓋幾者動之微敬者德之聚幾可成誠明神妙之功敬可爲修身立政之本其爲言愈約而意愈切矣朱子謂幾爲第一親切工夫又謂敬爲聖學始終之要所以闡明微旨者益親切矣然則契聖心於絶學之後啓斯文於將墜之餘萬世公論必以道統之傳歸之數君子者豈無謂哉

表

擬宋以唐介知諫院謝表（嘉祐元年）

王室

同考試官訓導張批（表有事實語亦典雅所謂麗而則也）

考試官教諭何批（雖唐子方自作不過如此）

考試官教授蔣批（得宋表體）

伏以保氏舊官參廊廟股肱之列諫垣華秩實朝廷耳目之司責任匪輕選掄宜慎臣介雕蟲末技章句腐儒名偶玷於賢科迹遂登於仕路驅馳下邑慚無撫字之勞荐歷中臺愧負激揚之任勵平生自守之志上期不負於所知慕先哲敢諫之風下欲不孤於所學擬奪宣徽之使而心實慮其曠瘝因攻宰輔之私而言遂傷於激直犯雷霆之怒宜服嚴刑弘天地之仁止施薄竄護送勞於中使編置移於近州望已絶於賜環憂尚懸於投杼詎意光生腐草温轉寒灰賜告趣歸癈瞽再瞻於日月傳宣入對朽株重沐於陽春此蓋伏遇乾健離明堯仁禹儉崇儒好學衍聖賢道統之傳惜費弭兵培社稷靈長之祚道無私覆明出至公察臣之罪雖本狂愚原臣之心實出忠愛謂流離遠外將事體

之周知以經歷憂危必志氣之堅定寵以新命責其後功榮出不虞慮慚弗稱因念盛朝諫院之設蓋欲闢壅蔽以專責成皇上諫員之除亦惟任忠賢以求獻納養慷慨敢言之氣期雍熙至治之休苟或有負於時未免取譏於後臣敢不矢心論議仰承録用之心畢力敷陳勉盡平生之志伏願明先萬里不擯立仗之良聰闢四門無取鳴陽之异諫行言聽上下同乎一心業盛德成宮府合爲一體懋慶明良之會載賡喜起之歌臣無任瞻天仰聖激切屏營之至謹奉表陳謝以聞

第三場

策

第一問

尹寵

同考試官教諭高批（我宣廟五倫書布在天下士子服習久矣但風簷間責其錯舉君臣善行則非胸中素有些書者不能此篇非惟事實無遺而且櫽括相稱況他策與前二場俱超出人意表噫子其齊魯之杰然者乎）

同考試官學正越批（士子於聖製一策駕説者多信實學難得也得子可以自慶子尚勉哉吾將觀子之爲臣矣）

同考試官教授汪批（明倫之學士子第一義也求能莊誦聖謨援據今古歷舉盡倫之人如此篇者可多得乎）

考試官教諭何批（五倫書君臣事目爲多此策約而取之比而同之條暢切當是爲善待問者）

考試官教授蔣批（觀此策事君爲臣之道略備矣如有用子執此以往可也）

對五典五惇而天下之大經以正有君有臣而天下之達道斯行夫人倫明於上小民親於下五倫豈可不正哉然非明良相逢君臣道合則所以紀綱人道建立人極者又將責之誰乎此我宣宗章皇帝五倫之書所以極夫五倫之全而詳於君臣之道者意蓋有在也愚生竊嘗伏讀而仰窺之矣其爲書也首載五倫總論次列君道臣道父道子道夫婦之道兄弟之道朋友之道父道之後附毋與伯叔叔毋子道之後附女與婦兄弟之道附之以宗族朋友之道附之以師生皆先述嘉言次著善行可謂極明且備矣然其中叙述君臣之道視彼四倫尤爲詳盡者豈不以君也者承天心而出治道臣也者承君之化而致之民其分雖殊其道則合尤爲有功於五倫者乎是故堯舜之廣運重華湯

文之懋昭敬止聖德不可加矣伯禹皋陶之陳謨伊尹周公之作訓輔德豈可少邪高宗之命説交修武王之致齊問道聖學不可尚矣孔子明堯舜禹湯文武之道孟子述唐虞三代之德正學豈可無邪漢明帝之遵奉制度我太宗之恪遵成憲法祖之心盛矣張釋之奏廷尉天下之平戴冑論法布國家之信守法之心不可嘉乎唐堯有敷治之舉虞舜立考績之法制治之謀遠矣伯禹之弼成五服周公之設官分職經國之謀不可重乎遍求傅嚴之遺賢枉駕南陽之隱德高宗先主之勞於求賢也韓信於國士無雙如晦有王佐之才蕭何玄齡不亦忠於薦舉者乎貶王伾叔文於遠方罷章惇蔡卞於要位憲宗哲宗之决於去邪也疏言李義府之奸書奏任守忠之罪王義方司馬光不亦敢於劾奏者乎漢宣帝美黄霸之治賜爵賜金我太祖表余闕之忠建祠肖像皆以褒嘉爲勸者也睢陽堅守張巡實欲氣吞逆賊黄龍痛飲岳飛誠爲盡忠報主非忠義之最者乎漢文帝嘗止輦受言而假借納用唐太宗知進諫誠難而求諫不怠皆以聽納爲德者也董賢貴幸鮑宣直言其進以令諛陸贄罷相陽城直疏其退之無罪非諫諍之顯者乎仁民盛德如漢文帝憂鰥寡孤獨之人而爲振貸之議我太祖念凋弊荒蕪之苦而有寬免之詔是已使臣之恤民者皆如劉寬之拯救寒困如恐不及程顥之存心愛物於人有濟撫字者皆如卓茂之勞心諄諄視民如子張載之敦本善俗問民疾苦豈不有助哉馭夷長策若周宣王之薄伐俭狁至于太原漢文帝之通使南越藩臣奉貢是已使臣之將略也皆如韓信之入壁立幟纏水决囊徐達之築臺設礮批亢擣虚備邊也皆如李牧居雁門單于不敢近邊張堪在漁陽匈奴不敢犯塞豈不有補哉是則后克艱厥后臣克艱厥臣黎民敏德人紀肇修而父子夫婦兄弟朋友之道皆於是而畢舉矣嗚呼此我宣宗經天緯地之文燦然大明於今神功聖德之盛巍然追配乎古者也愚生飲江河之深惟取於充量仰天地之大固難於爲言惟執事其與進之幸甚

第二問

林瓊

同考試官教諭楊批（考証尚書唐鑑故實正合二臣進勸之意末論周禮春秋相符處亦是可以占子經史之學矣）

考試官教諭何批（羅氏之言人皆知之至論要歸在正君心爲儒臣進勸之資而知之者鮮此策立議有據而辭足以發之得薦事君其愼斯術以往）

考試官教授蔣批（取經史格言用發古人之心出詞不費而意足良是策場法度彼掇拾問目者可鑒矣）

有帝王爲學之要有帝王爲學之本夫人主之學係天下之治忽而人主之心關治忽之本原學矣而無其要則用心於泛而不知所以爲治之資要矣而無所本則溺意於外而不知所以出治之原故人君之學莫病於泛而經史其要也莫病於外而心術其本也知此則可以識先儒著論之意臣工勸講之心而爲明問復矣今夫六經皆所以載道而道之存主者意也意有理欲善惡之分人主於是反之躬行之著而謹諸念慮之微固讀經之大法也諸史皆所以載事而事之鋪陳者迹也迹有安危治亂之殊人主於此考其得失之异而存夫鑒戒之心固讀史之大法也然而六經之中尚書所載論人主善惡爲多今觀其頌成湯聖知仁勇之錫醜夏德矯誣簡附之行三風十愆反復乎稔惡之戒遜志時敏丁寧乎樂善之規其要歸於使人鑒善惡以正心焉爾人主讀經以是爲先則六經可推類而次舉矣諸史之中唐書所載論朝廷變故最盛今觀其叙家法雜夷之非詳宫闈亂政之失君子小人之進退見君德之盛衰藩鎮夷狄之强弱驗朝政之得失其要歸於使人視變故以知謹焉爾人主讀史以是爲先則諸史可循序而遍及矣昔孫奭爲侍講掇取説命三篇爲經筵進講之資者是時真宗漸有侈大之心奭蓋欲因説命以諷諫之耳使讀説命所謂黷祀弗欽之訓則有以警夫天書之崇干戈省躬之言則有以中夫親征之病况其他格言無不有資治道者乎奭之意急於正君亦羅氏著論之意也范祖禹爲學士編集唐鑒一書爲深宫燕閒之覽者是時哲宗方當幼冲之年祖禹蓋欲因唐鑒以勸戒之爾使讀唐鑒所論九齡陸贄之罷則知正人之去留不可不謹税法兵政之變則知舊章之紛更不可不慎尤其他行事無不有關治理者乎祖禹之心切於正君亦羅氏立言之心也乃若社祐事德宗於豐大之日彙集周禮名曰通典而係之以衆論焉蓋是時德宗之心荒於欲佑以周官節約之法戒之誠當世之通典也而尚書之内亦有周官之法度焉無不同矣胡安國事高宗於恢復之時進解春秋名曰傳義而斷之以己意焉蓋是時高宗之志忘乎讐安國以春秋討賊之義導之誠當時之春秋也而唐鑒之中亦有春秋之意義焉無不合矣是知經史爲人君進學之要雖其論學不同而同歸于正心之旨臣工爲人君進學之助雖其勸講不同而同歸于正君之心也雖然人君進學固資經史矣使非有心體力行之功則雖手不釋卷亦徒事乎虚文人臣勸學固用經史矣使非其養望積誠之素則雖日侍經筵亦徒應乎故事此蓋孟子責難陳善之本心而朱子誠意正心之實學也愚生不敏竊有志焉他日倘快利見之睹則豈敢遂忘芹曝之忠哉

第三問

邢淳

同考試官訓導余批（詳考古人立論之异而以理斷之鋪叙之間高下如辨蒼素蓋不徒爲剿説者也）

考試官教諭何批（就事論事之文非獨難於記憶且易失之軒輊之間此策條整詳明中有衡度策場不當如是邪）

考試官教授蔣批（策士正以觀其博洽之學斷制之才古之議論今之行事也其是非利害亦有先儒所未論論而未允於時宜者此篇核辨詳明中理而知幾殆酌古準今之學歟）

善持天下之議者必明天下之理而審天下之勢焉夫理之在天下一而已矣理雖一定而事物之變無窮變者勢也不變者理也明理以求其當審勢以會其幾持此以議天下之事則邦國之是以定而群言之非以息矣非善持議者能之乎愚嘗讀子史見古人留心治道者或平居有見形之議論以垂訓或臨事有謀折衷群言以濟時概得明理審勢之道焉以平居論建者言之若胡五峰以封建爲公天下之大端蓋以聖人之心以義處利而能均天下之施也柳宗元謂封建非聖人之本意蓋謂歷代之興所與共事而勢有不可去也胡氏則深得聖人封建之心而宗元則止見末世封建之弊二者固不可同日而語矣朱晦庵謂井田之行須於亂世之後蓋以人物鮮少可免奪富之嫌也張横渠則謂處之有術不刑一人而可服蓋以裁酌得宜可行分田之政也二者固并行而不悖矣漢文帝因緹縈之請代肉刑以笞法固人君好生之仁也然未見勝殘之化而已啓人易犯之心陳季雅論之是矣漢史之美蓋未知先王以義制辟之意焉唐玄宗從張説之議易府兵以宿衛固恤兵之仁也然未免石壕之苦而已致兵農之分范祖禹譏之當矣唐史之論蓋未知先王容民畜衆之意焉程子謂行禮不可泥古須視時之風氣蓋欲禮順人情者也周子謂不復古禮則鮮能至治蓋欲以禮爲治者也要之程子欲酌古而行於今周子因傷今而思乎古時則各有感而言者焉朱子創貢舉之私議經書子史分年以試而預示於其初吕與叔奏立取士之四科德行明經文學政事而各試其一要之朱子意在斟酌時王之制吕氏意欲兼行古人之法論則各有爲而發者焉此皆議之平居者然非持理審勢之人未免失之偏見矣而豈可爲訓乎以臨事發謀者言之漢世匈奴遠塞王恢欲誘致襲擊蓋啓釁招侮之道而徒設馬邑之詐然能用韓安國之議則和親不絶而邊塞可無虞焉其後罕开合兵入寇趙充國請留田圖策蓋以全取勝之謀也而坐致先零之弊使用辛

武賢之言則羌虜不可擊而中國已先弊焉宣帝議待單于之儀位諸侯王下丞相御史之言禮之中也蕭望之欲以不臣待之豈不亂夷夏之大分乎光宗欲祧僖宣之主百世不遷侍講朱熹之言禮之正也趙汝愚乃以私意奪之豈不拂天下之公論乎靈州之議輔臣之言是也而李沆楊億之論爲非焉綏州之議孫全照之言是也而洪湛之論爲非焉誠以靈州不可城綏州不可守也夏人之伐當從孫固之諫种諤李憲伐之而五路之師潰矣遼人之征當信种師道之言童貫征之而宋遼之好絶矣誠以夏無可伐之機而遼非可征之時也此皆發之臨事者然非據理觀變之人未免失之私意矣而豈可爲用乎是知人品有高下之殊而意見有得失之异數子之内若朱子者則明聖賢大學之道得義理中正之歸持論之正知言之精莫有過者豈非後學之依歸者乎雖然窮養而後達施理明而後議正學者果能如程明道以聖人之道爲心范希文以天下之重自任則何患平時而無格言至論臨事而無善謀善斷也哉不然則雖或有偶中焉者而亦不過暗合而已况又未必能中也邪

第四問

王化

同考試官訓導張批（任人任法一策場中類補綴成章支離不當人意求其議論斷制爲古人救弊者僅見此篇秋闈之冠端屬子矣）

考試官教諭何批（初中場得卷疑爲佳士晚見此策於泛冗中步驟典實評品精確讀之令人爽然信乎爲佳士矣）

考試官教授蔣批（任人任法慮以得人善法歸之不窘逸於問目昌辭偉辨備蘇軾之論所未備者其有用之文矣夫）

用人以立政而患不能得其人持法以濟時而患不能善其法蓋得其人則寄托有所資善其法則維持有所賴也不然則專恣之咎作而拘畏之患生矣是豈有國者之利也哉此任人任法之難在古爲然而執事下詢之意亦固患乎此也請述所聞以對夫用人立政人固所當任矣任匪其人則威柄移於小人而人始有不可任之説焉立法濟時法固所當用矣任非其法則政事壞於紛更而法始有不可任之説焉以其任人者言之漢武帝任田蚡爲丞相霍光爲大將軍均有心腹之寄也蚡以驕侈之資竊威福之柄奏語至移日之久薦人至二千石之貴此小人貪權者之所爲也光出入禁闥小心謹畏觀其擁昭立宣有功社稷誠不孤大事之托者焉唐德宗任崔祐甫爲門下侍郎陸贄爲中書侍郎俱有股肱之托也祐甫見人才之壅滯欲時望之畢收作相未二百日之久除官至八百員之多此矯枉者之所爲也贄矢心論議共濟時艱

觀其論諫百篇皆本仁義誠不負天子之知者焉宋神宗委心以任王安石可謂得君行政矣而安石乃汲汲以富强爲務取祖宗之舊章而盡紛更之寧不有負其君乎兩宫虚己以聽司馬光可謂言聽計行矣而光能毅然以天下自任取新法之害民者而盡剗革之寧非有功於時乎是數者均之任人之專也任得其人則善非其人則其弊也始有請謁公行私邪黨盛如蘇軾之所論者焉以其任法者言之蕭何曹參漢之良相也何定律令而參以畫一守之當時承暴秦之後二人所尚寬簡宜海内之民戴其清静也夫何張湯之用改諸律令務在深文而卒成虚耗之風張湯豈得爲無責乎姚崇宋璟唐之賢相也崇善應變而璟以守文輔之當時值開元之盛二人同心輔佐宜天下之民興於富庶也夫何裴光庭之相奏諸選人俱用資格而聖書之稱宋景豈得以無言乎章惇吕惠卿之進王安石引之也多立黨與護持新法天下囂然喪其樂生之心故君子謂安石有流毒四海之罪者此也蘇軾范純仁之用司馬光任之也詳定役法條陳利害海内歡然甚於更生之樂故君子謂光有旋乾轉坤之功者此也是數者均之任法之專也任得其法則善非其法則其弊也始有賢愚混滯僥幸俗成如蘇軾之所論者焉是則任人之弊吾不患其專恣而患不得其人任法之弊吾不患其拘畏而患不得其法然則如之何而可邪蓋古之先王法不必煩惟其義官不必備惟其人雖人法并任而任人爲多故凡法令科條雖設其大凡而操縱變通之宜則付之人得其人則法無不善矣如是則何專恣拘畏之患邪故曰有治人無治法此固老生之常談而實爲不易之定論也惟執事裁之

第五問

王勳

同考試官教授陳批（知人安民今日當務之急也子能考究斷制酌乎古而宜於今殆非經生之腐者比矣高薦奚疑）

考試官教諭何批（策問不著往事者欲答者自言之也士子於此多不暇及此獨參酌言之非惟見其學之博亦可知其力之裕予固以是取子矣）

考試官教授蔣批（時務一策條對詳整行之今日不無有補况他作稱是殆學之有用者乎）

吏治當察在稽之於衆而審之於心民生當安在體之以情而恤之以實夫吏司民命是宜察矣然不稽之於衆未免自用不廣不審之於心未免偏聽不公安能盡其情僞乎民爲邦本是宜安矣然不體之以情未免處置失宜不恤之以實未免流離失所安得遂其生全乎嗚呼此我皇上所以屢下蠲逋賦

復流移之詔節有訪賢否備黜陟之命而委重於撫按之臣也夫知人則哲能官人安民則惠黎民懷之是蓋帝王爲治之要道而亦臣子輔德之嘉猷也粤自有虞肇黜陟幽明之典成周立大明黜陟之法漢制郡守得自課第令長刺史得課郡國守相而丞相御史得雜考郡國之計晝天子則受丞相之要是平時考課之法也其後漢安間遣杜喬周舉輩分行州郡表賢良顯忠勤其貪汙有罪者刺史二千石驛馬上之黑綬以下便輒收舉是因時考察之法也而我朝則兼用之矣今姑以山東吏治言之其得失不可不察也是故欲求之毁譽則愛憎競進而善惡混淆欲考之功狀則巧詐横生而真僞相冒蓋太朴既散之後而綜核難得名實之真其來遠矣昔我太祖諭侍臣以人之得毁得譽未必能真但在真知其賢與不肖折衷於君子之言焉太宗諭吏部以人之勤職庸濫未必能明亦在察其衆所好惡而戒飭於御史之考焉仁宗諭御史以人之謹身集事未必能全惟在乎博訪公斷而明具於奏聞之疏焉今當考察之任者能以祖宗之言爲法又如陸贄所謂稽其撫字本末廉冒聽斷決滯禁禦風化教導諸事本之以至公之心察之以至明之見詢之於衆而不任夫己見斷之以心而不惑於浮言則豈有不得其情而爲皇上知人之助乎乃若文王有懷保惠鮮之仁宣王有勞來安集之政漢宣帝詔池□□御幸者假於貧民流民還歸者假公田貸種食且勿筭事此宣帝恤民之實也宋仁宗一遇災變必發倉廪賑貸不足則誘斂富人入粟灾甚則出内帑金帛或留歲漕或免租税寛逋負休力役罷科率此仁宗愛民之政也而我朝則兼行之矣今姑以山東民瘼言之其疾苦不可不恤也是故民業弃矣宿逋尚存而追呼不休民田蕪矣額税猶在而包陪不已蓋自灾盗相仍之後而長吏多失撫綏之道其弊久矣昔我太祖諭省臣以中原兵難之後理宜賑恤雖國用不足之對不能止焉太宗諭户部以南陽縣民逃徙理不宜捕雖賦税無所出之言不能動焉仁宗諭户部以登萊諸郡逋税理宜寛貸雖國用不足之言不能奪焉今任存問之寄者誠能以祖宗之仁爲心而又如漢所遣使者問孤老録冤獄蠲逋貸閔疾苦舉幽隱除貪暴發之以惻隱之心行之以惠愛之政察其情而不拂其所欲體其心而不施其所惡則豈有不遂其生而爲皇上安民之助乎雖然郭伋爲潁川守招誘盗賊遣歸附農未幾而户口增盛杜詩爲南陽守修治陂池廣拓田土未幾而比屋瞻足若夫横征毒於蛇苛政猛於虎則是益民之賊而驅民之流也吏治之關於民生其切如此然則欲民生之安者豈不可不嚴於吏治之察也乎

山東鄉試録後序

鄉試録者録鄉舉士名氏若文及有事試事者也山東鄉試録成潔辱言於後夫山東古齊魯鄒滕之國山川甲他省然所産無甚珍异以發其藏也而人之生也宜獨异焉故古昔聖賢繼出漢唐以下多名臣大儒今山川猶昔也豈可謂無昔之人乎夫賢才者惟上所養苟養非其道取非其養則士習不正士習不正則聖賢之道不明其何才之獲故唐王師旦謂張昌齡輩文藻浮艷非令器黜之宋歐陽脩惡時文險怪即有譽如劉幾亦在所擯故知詞科之弊久矣然識者少救其偏而貞觀嘉祐之治已不可及嗚乎可不慎與我朝貢舉之制以六經正學爲本詩賦諸科皆置不用然其得人致治之盛有由來矣顧治久文盛士習漸澆襲取者非深造記誦者非自得其爲文也違易趨險剞奇闘靡渾厚光大之氣索矣是故取之不如其用名之不如其實而國家養士之意則甚悖也潔等惟是之懼故取諸文也本之以學察之以識輔之以氣潤之以才學正則義醇識遠則智辨氣昌則體弘才峻則詞麗醇者所以善其用也辨者所以御其幾也弘者所以重其任也麗者所以光其業也必如是然後取之否則弃之登斯録者尚不愧昔人矣乎雖然取之者今日之事也效之者士之所自盡也惟士之文也不爽於行信哉山川之所鍾不异於昔也已

浙江金華府金華縣儒學教諭何潔謹序

嘉靖四年山東鄉試録

山東鄉試録序

嘉靖乙酉春監察御史張英來按東土貞肅憲度首謂先任左布政使林琦曰維茲秋適鄉試之期事莫重焉盍慎諸乃循舊典延聘文儒董茲試事以至百爾執事罔不遴選以充既慎以詳也届期鋼暨教諭安常鄧材秦行賓徐儁訓導吴山黄敏劉怡陳鈞胥應聘而至罔敢不欽用協厥藏于時巡撫都御史王尧封作則敦化已克底績而愛賢下士則又有鎮守太監王思競雅德崇文則又有總理河道都御史章拯而清戎監察御史杜民表巡鹽監察御史鄧顯麒亦相與振作之以部事至而觀厥成則郎中錢瀾員外郎郭日休主事黄一道高汝行丘其仁陳良謨董漢策蕭璆白沛提調則右布政使潘塤左參政江曉監試則按察使潘珍副使錢宏若左布政使郭韶左參政常道右參政王潮左參議劉淑相右參議方楷侯位副使馬應龍熊相馮時雍趙春屠垚牛鸞王騰王言僉事謝芝陳惘韓璒李崧祥邊寧陳德鳴顧□又僉與先後贊襄都指揮僉事何浩馬縉李麒周南又皆效力防範乃合遼東巡按監察御史王正宗山東提學僉事高尚賢所選士一千八百有奇三試之拔其尤者七十有五録成鋼屬當序諸首竊惟文王興周化先汝漢故召南稱首列國干城好仇之才生焉孟子論夷惠之風興起後人孔孟可知矣至若申甫生於崧岳夫子降於尼山地靈人杰之説又今昔以爲信然是王者之化聖賢之澤山川之秀皆賢才之所自也我朝定鼎北畿維山東爲首化之區亦今之江漢汝墳也孔孟鄉邑風澤未斬視海内爲炙而滄海泰山宗表天下其秀而靈也莫大焉夫聖化有感而必變矧其先焉師澤有聞而必興矧其厚焉地靈有萃而必秀矧其大焉三者籍一可矣又矧乎其備也哉士生此邦固宜迥拔秀出而倍視諸藩也夫生也有自而成也有本宜思所以不負矣是故化者道之倡也風者韻之流也秀者氣之凝也是皆有理而無迹有可會而無可執焉者也夫無迹則易忽無可執則易怠苟怠而忽則等之人耳其何禀之足多是以君子貴夫習也窮焉而慎所養達焉而慎所爲不恃其所禀而勉其所圖其始也有以异乎吾

之生其終也有以异乎吾之成生定則事天成已則盡性性命立而萬善備矣由是聖朝之化不爲徒被而吾將有以贊之孔孟之澤不爲徒炙而吾將有以衍之海岳之秀不爲徒鍾而吾將有以重之玆於是爲不負矣夫試士以文所出才緒餘耳士非盡在此也即其所未盡而求其所當盡文焉有以爲之實肢焉有以爲之體由孔孟之途以識聖明之化而成爲海岳之英斯幾矣嗚呼二三子其思所以不負是邦也哉

河南開封府鈞州新鄭縣儒學教諭白鋼謹序

嘉靖四年山東鄉試

監臨官

巡按山東監察御史張英（伯含金吾右衛官籍通州三河縣人　戊辰進士）

提調官

山東等處承宣布政使司右布政使潘塤（伯和直隸山陽縣人　戊辰進士）

山東等處承宣布政使司左參政江曉（景熙浙江仁和縣人　戊辰進士）

監試官

山東等處提刑按察司按察使潘珍（玉卿直隸婺源縣人　壬戌進士）

山東等處提刑按察司副使錢宏（可容太醫院籍浙江錢塘縣人　戊辰進士）

考試官

河南開封府鈞州新鄭縣儒學教諭白鋼（世堅陝西儀衛司人　丙子貢士）

直隸鎮江府丹徒縣儒學教諭安常（德懿湖廣襄陽縣人　壬午貢士）

同考試官

河南開封府通許縣儒學教諭鄧材（達卿湖廣武昌護衛人　己卯貢士）

浙江寧波府鄞縣儒學教諭秦行賓（體觀福建侯官縣人　癸酉貢士）

河南南陽府鄧州淅川縣儒學教諭徐儁（子用廣西護衛人　癸酉貢士）

直隸松江府上海縣儒學訓導吴山（仁重江西安福縣人　丁卯貢士）

直隸揚州府高郵州賓應縣儒學訓導黄敏（本仁貴州興隆衛人　甲

子貢士）

直隸太平府繁昌縣儒學訓導劉怡（克諧四川巴縣人　己卯貢士）

直隸蘇州府儒學訓導陳鈞（秉中河南祥符縣人　己卯貢士）

印卷官

山東等處承宣布政使司經歷司經歷劉竭（盡之直録六安州人　監生）

山東等處提刑按察司經歷司經歷蒙睿（守愚陝西莊浪縣人　監生）

收掌試卷官

山東都轉運鹽使司運使歐陽誥（賜之江西泰和縣人　壬戌進士）

濟南府知府蕭孟景（時泰大寧前衛軍籍通州正河縣人　甲戌進士）

東昌府知府葉天球（艮器直隸婺源縣人　甲戌進士）

受卷官

青州府知府李獻可（公從直隸故城縣人　辛未進士）

濟南府同知李黼（汝章山西澤州人　丁卯貢士）

青州府推官謝朝輔（汝載陝西西安左衛人　癸未進士）

萊州府平度州濰縣知縣王密（君德直隸唐山縣人　辛巳進士）

萊州府膠州即墨縣知縣王重賢（子尚直隸交河縣人　辛巳進士）

彌封官

兖州府曹州知州沈韓（師德直隸常熟縣人　癸未進士）

青州府樂安縣知縣王傅（孟學金吾右衛籍順天府宛平縣人　辛巳進士）

兖州府滕縣知縣張鏜（德楊武功中衛籍浙江餘姚縣人　癸未進士）

青州府諸城縣知縣李宗樞（子西陝西富平縣人　癸未進士）

青州府昌樂縣知縣李錞（伯和通州官籍浙江景寧縣人　癸未進士）

謄録官

濟南府章丘縣知縣孫宥（敬甫河南新蔡縣人　癸未進士）

青州府蒙陰縣知縣王鋭（子中忠義前衛官籍順天府平谷縣人　辛巳進士）

青州府莒州沂水縣知縣袁載（安道浙江慈谿縣人　癸未進士）

登州府萊陽縣知縣左思忠（表臣陝西耀州人　癸未進士）

登州府黄縣知縣張弁（尚儀山西振武衛籍代州人　癸未進士）

對讀官

濟南府同知郭鳳（文瑞直隸清苑縣人　甲子貢士）

兖州府東平州知州李昇（翔漢河南鈞州人　辛酉貢士）
青州府益都縣知縣曹祖儒（以學河南獲嘉縣人　癸未進士）
青州府壽光縣知縣杜游藝（尋理直隸深澤縣人　丁卯貢士）
兖州府濟寧州鉅野縣縣丞陳相（若輔河南洛陽縣人　丁丑進士）

巡綽官

濟南衛指揮使馬濟（子舟山西懷仁縣人）
臨清衛指揮同知顔功（建之河南武陟縣人）
寧海衛指揮僉事何鉞（廷威直隸舒城縣人）
安東衛指揮僉事楊寰（惟安陝西同官縣人）

搜撿官

濟南衛指揮使吴璧（潤夫湖廣沔陽州景陵縣人）
濟南衛指揮僉事陳聚（英會淮安府山陽縣人）
肥城守禦千户所署副千户胡衛（守之盧州府合肥縣人　庚辰武舉）
東平守禦千户所百户張旗（君威常州府江陰縣人）

供給官

萊州府通判高誨（廷弼直隸合肥縣人　辛酉貢士）
濟南府歷城縣知縣張偉（元抑南京府軍衛官籍　辛酉貢士）
濟南府長清縣知縣于璞（懷寶山西洪洞縣人　甲子貢士）
濟南府肥城縣知縣劉贇（誠夫直隸宣城縣人　丁卯貢士）
濟南府齊東縣知縣趙鉦（汝静山西遼州人　庚午貢士）
濟南府武定州海豐縣知縣王訓（敷道直隸内黄縣人　丁卯貢士）
東昌府高唐州夏津縣知縣賈真儒（宗孟順天府平谷縣人　甲子貢士）
山東都轉運鹽使司經歷司經歷孫紀（振之直隸新城縣人　監生）
濟南衛經歷司經歷杜忠（元孝直隸當塗縣人　吏員）
濟南府歷城縣縣丞黄文卓（應顔直隸休寧縣人　監生）
濟南府淄川縣縣丞李效（學之直隸休寧縣人　監生）
濟南府泰安州新泰縣縣丞王來鳳（鳴岐陝西富平縣人　監生）
青州府蒙陰縣縣丞徐璣（汝在直隸涿鹿左衛人　監生）
濟南府歷城縣主簿李相（良弼山西潞州長子縣人　監生）
東昌府莘縣典史張球（汝贇江西樂安縣人　吏員）
濟南府禹城縣劉普馬驛驛丞李鉞（廷威直隸高邑縣人　承差）
東昌府茌平縣茌山驛驛丞李文紀（天振湖廣麻城縣人　承差）

東昌府高唐州魚丘驛驛丞周文密（質容湖廣麻城縣人　承差）
東昌府高唐州恩縣太平驛驛丞李河（伯静江西進賢縣人　承差）
兖州府東平州東阿縣舊縣驛驛丞顔授孔（宗源湖廣道州人　承差）
兖州府鄒縣界河驛驛丞劉振宗（繼道廣西全州人　承差）
濟南府譚城馬驛驛丞李尚恩（道榮直隸蠡縣人　承差）
巡按山東監察御史張英（伯含金吾右衛官籍通州三河縣人　戊辰進士）

提調官

山東等處承宣布政使司右布政使潘塤（伯和直隸山陽縣人　戊辰進士）
山東等處承宣布政使司左参政江曉（景熙浙江仁和縣人　戊辰進士）

監試官

山東等處提刑按察司按察使潘珍（玉卿直隸婺源縣人　壬戌進士）
山東等處提刑按察司副使錢宏（可容太醫院籍浙江錢塘縣人　戊辰進士）

考試官

河南開封府鈞州新鄭縣儒學教諭白鋼（世堅陝西儀衛司人　丙子貢士）
直隸鎮江府丹徒縣儒學教諭安常（德懿湖廣襄陽縣人　壬午貢士）

同考試官

河南開封府通許縣儒學教諭鄧材（達卿湖廣武昌護衛人　己卯貢士）
浙江寧波府鄞縣儒學教諭秦行賓（體觀福建候官縣人　癸酉貢士）
河南南陽府鄧州淅川縣儒學教諭徐僑（子用廣西護衛人　癸酉貢士）
直隸松江府上海縣儒學訓導吴山（仁重江西安福縣人　丁卯貢士）
直隸揚州府高郵州賓應縣儒學訓導黄敏（本仁貴州興隆衛人　甲子貢士）
直隸太平府繁昌縣儒學訓導劉怡（克諧四川巴縣人　己卯貢士）
直隸蘇州府儒學訓導陳鈞（秉中河南祥符縣人　己卯貢士）

印卷官

山東等處承宣布政使司經歷司經歷劉竭（盡之直録六安州人　監生）
山東等處提刑按察司經歷司經歷蒙睿（守愚陝西莊浪縣人　監生）

收掌試卷官

山東都轉運鹽使司運使歐陽詒（賜之江西泰和縣人　壬戌進士）

濟南府知府蕭孟景（時泰大寧前衛軍籍通州正河縣人　甲戌進士）

東昌府知府葉天球（艮器直隸婺源縣人　甲戌進士）

受卷官

青州府知府李獻可（公從直隸故城縣人　辛未進士）

濟南府同知李黼（汝章山西澤州人　丁卯貢士）

青州府推官謝朝輔（汝載陝西西安左衛人　癸未進士）

萊州府平度州濰縣知縣王密（君德直隸唐山縣人　辛巳進士）

萊州府膠州即墨縣知縣王重賢（子尚直隸交河縣人　辛巳進士）

彌封官

兖州府曹州知州沈韓（師德直隸常熟縣人　癸未進士）

青州府樂安縣知縣王傅（孟學金吾右衛籍順天府宛平縣人　辛巳進士）

兖州府滕縣知縣張鏜（德楊武功中衛籍浙江餘姚縣人　癸未進士）

青州府諸城縣知縣李宗樞（子西陝西富平縣人　癸未進士）

青州府昌樂縣知縣李錞（伯和通州官籍浙江景寧縣人　癸未進士）

謄録官

濟南府章丘縣知縣孫宥（敬甫河南新蔡縣人　癸未進士）

青州府蒙陰縣知縣王鋭（子中忠義前衛官籍順天府平谷縣人　辛巳進士）

青州府莒州沂水縣知縣袁載（安道浙江慈谿縣人　癸未進士）

登州府萊陽縣知縣左思忠（表臣陝西耀州人　癸未進士）

登州府黄縣知縣張弁（尚儀山西振武衛籍代州人　癸未進士）

對讀官

濟南府同知郭鳳（文瑞直隸清苑縣人　甲子貢士）

兖州府東平州知州李昇（翔漢河南鈞州人　辛酉貢士）

青州府益都縣知縣曹祖儒（以學河南獲嘉縣人　癸未進士）

青州府壽光縣知縣杜游藝（尋理直隸深澤縣人　丁卯貢士）

兖州府濟寧州鉅野縣縣丞陳相（若輔河南洛陽縣人　丁丑進士）

巡綽官

濟南衛指揮使馬濟（子舟山西懷仁縣人）

臨清衛指揮同知顏功（建之河南武陟縣人）
寧海衛指揮僉事何鉞（廷威直隸舒城縣人）
安東衛指揮僉事楊寰（惟安陝西同官縣人）

搜撿官

濟南衛指揮使吴璧（潤夫湖廣沔陽州景陵縣人）
濟南衛指揮僉事陳聚（英會淮安府山陽縣人）
肥城守禦千户所署副千户胡衛（守之盧州府合肥縣人　庚辰武舉）
東平守禦千户所百户張旟（君威常州府江陰縣人）

供給官

萊州府通判高誨（廷弼直隸合肥縣人　辛酉貢士）
濟南府歷城縣知縣張偉（元抑南京府軍衛官籍　辛酉貢士）
濟南府長清縣知縣于璞（懷寶山西洪洞縣人　甲子貢士）
濟南府肥城縣知縣劉贇（誠夫直隸宣城縣人　丁卯貢士）
濟南府齊東縣知縣趙鉦（汝静山西遼州人　庚午貢士）
濟南府武定州海豐縣知縣王訓（敷道直隸内黄縣人　丁卯貢士）
東昌府高唐州夏津縣知縣賈真儒（宗孟順天府平谷縣人　甲子貢士）
山東都轉運鹽使司經歷司經歷孫紀（振之直隸新城縣人　監生）
濟南衛經歷司經歷杜忠（元孝直隸當塗縣人　吏員）
濟南府歷城縣縣丞黄文卓（應顔直隸休寧縣人　監生）
濟南府淄川縣縣丞李效（學之直隸休寧縣人　監生）
濟南府泰安州新泰縣縣丞王來鳳（鳴岐陝西富平縣人　監生）
青州府蒙陰縣縣丞徐璣（汝在直隸涿鹿左衛人　監生）
濟南府歷城縣主簿李相（良弼山西潞州長子縣人　監生）
東昌府莘縣典史張球（汝贇江西樂安縣人　吏員）
濟南府禹城縣劉普馬驛驛丞李鉞（廷威直隸高邑縣人　承差）
東昌府茌平縣茌山驛驛丞李文紀（天振湖廣麻城縣人　承差）
東昌府高唐州魚丘驛驛丞周文密（質容湖廣麻城縣人　承差）
東昌府高唐州恩縣太平驛驛丞李河（伯静江西進賢縣人　承差）
兖州府東平州東阿縣舊縣驛驛丞顔授孔（宗源湖廣道州人　承差）
兖州府鄒縣界河驛驛丞劉振宗（繼道廣西全州人　承差）
濟南府譚城馬驛驛丞李尚恩（道榮直隸蠡縣人　承差）

第一場

四書

君子務本本立而道生孝弟也者其爲仁之本與　莫見乎隱莫顯乎微故君子慎其獨也　諫行言聽膏澤下於民

易

大有元亨　六二不耕穫不菑畬則利有攸往　以言乎遠則不禦以言乎邇則静而正戰乎乾勞乎坎

書

予欲左右有民汝翼予欲宣力四方汝爲　庶土交正底慎財賦咸則三壤成賦中邦百穀用成乂用明俊民用章家用平康　自古商人亦越我周文王立政立事牧夫準人則克宅之克由繹之兹乃俾乂

詩

七月流火八月萑葦蠶月條桑取彼斧斨以伐遠揚猗彼女桑七月鳴鵙八月載績載玄載黄我朱孔陽爲公子裳　我有嘉賓德音孔昭視民不恌君子是則是效　古訓是式威儀是力　於皇來牟將受厥明明昭上帝迄用康年

春秋

冬齊人來歸衛俘（莊公六年）六月齊侯來獻戎捷（莊公三十有一年）　諸侯遂救許（僖公六年）公孫敖帥師及諸侯之大夫救徐（僖公十有五年）　六月公會宋公陳侯衛侯鄭伯許男曹伯晋趙盾癸酉同盟于新城（文公十有四年）　秋晋荀吴帥師伐鮮虞（昭公十有五年）八月晋荀吴帥師滅陸渾之戎（昭公十有七年）

禮記

禮樂之情同故明王以相沿也故事與時并名與功偕　著存不忘乎心夫安得不敬乎　貴其不已如日月東西相從而不已也是天道也不閉其久是天道也無爲而物成是天道也已成而明是天道也故　君子信讓以莅百姓則民之報禮重

第二場

論

虚心以爲天下

詔誥表（内科一道）

擬漢舉賢良方正能直言極諫者詔（文帝二年） 擬唐以韓休同平章事誥（開元二十一年） 擬宋崇政殿説書趙師民獻勸講箴表（慶曆四年）

判語（五條）

官員赴任過限 錢糧互相覺察 禁止師巫邪術 縱放軍人歇役 失時不修堤防

第三場

策（五道）

問 箕子陳洪範五行休咎各以類應至漢儒始爲之傳而歷代史氏所述灾异因之然必曰某事召某灾合某應者是果有所驗而言歟夫孔子修春秋紀變异而不著其事應漢儒皆治春秋者又何所稽而著其事應歟以爲有應也或者謂天灾不可以象類求以爲無應也或者謂陰陽之理各應其感是必有定説矣誕惟太祖高皇帝因講洪範至休咎之應語講臣曰上下交修斯格天之本又嘗命儒臣纂集存心省躬二録凡歷代帝王祭祀而有感於灾祥及漢唐宋以來灾祥之應于臣下者皆載焉無非欲上下同其警畏以致力于身心之間也列聖相承同一警畏今我皇上嗣守丕基克篤前烈中外臣工咸有中興之望焉固宜天協應而休祥滋至也比年以來灾變頻仍近復有仁壽宮灾厥咎何由豈昔人所謂天心仁愛欲有以警動之歟抑或有所感而然歟不知何修何爲而可以答天變也試敬陳之以爲當寧格天之謨

問 箕子陳洪範五行休咎各以類應至漢儒始爲之傳而歷代史氏所述灾异因之然必曰某事召某灾合某應者是果有所驗而言歟夫孔子修春秋紀變异而不著其事應漢儒皆治春秋者又何所稽而著其事應歟以爲有應也或者謂天灾不可以象類求以爲無應也或者謂陰陽之理各應其感是必有定説矣誕惟太祖高皇帝因講洪範至休咎之應語講臣曰上下交修斯格天之本又嘗命儒臣纂集存心省躬二録凡歷代帝王祭祀而有感於灾祥及漢唐宋以來灾祥之應于臣下者皆載焉無非欲上下同其警畏以致力于身心之間也列聖相承同一警畏今我皇上嗣守丕基克篤前烈中外臣工咸有中興之望焉固宜天協應而休祥滋至也比年以來灾變頻仍近復有仁壽宮灾厥咎何由豈昔人所謂天心仁愛欲有以警動之歟抑或有所感而然歟

不知何修何爲而可以答天變也試敬陳之以爲當寧格天之謨

問　賞罰者礪世之具也賞當功則人莫不勸罰當罪則人莫不懲故天命天討陳于虞書不僭不濫播于商頌八則八柄著於周禮自古帝王未有不率此以治天下者後之令主何莫不然若漢宣帝之詔王成唐文皇之諭房玄齡宋太宗之諭宋琪皆以賞罰爲言夷考其時所賞所罰果盡當乎抑徒言之而弗允蹈之也仰惟聖天子嗣服之初誕布明詔忠諫則旌之節義則表之幸位則黜之奸黨則誅之雖大舜之四罪武王之大賚何以加焉不知今日之賞罰果盡如厥初乎諸生服官有日將何言以爲丹扆規執事者願有聞也

問　儒道與天地參也故夫子以儒行告哀公以儒學教子夏士之所以立身國之所以爲治皆是賴矣但世之業儒者與夫用儒者有可疑焉是故或以竪儒見譏或以宿儒爲貴何美惡之相絶也或以俗儒爲鄙或以大儒見稱何高下之頓异也稱儒之名亦難矣何乃或爲儒之高蹈或爲儒之大醇歟得儒之道亦罕矣何乃或爲群儒之首或爲世儒之宗歟世之待儒者雅尚儒術與褒封儒先似矣而治效何不加多不好儒者與不任儒者非矣而治功何不加少三老五更既知尊崇何所建亦不古若也六經四書既爲大禁何危亡亦不速至也夫考儒道醇駁之習究治道興衰之故諸士子必有所見矣不知於古之用儒者以何爲是以何爲非業儒者以何爲法以何爲戒耶願卒言之將采而爲聖天子崇儒獻

問　山東古齊魯之地也昔周公治魯太公治齊其政宜無不善矣然一則有寖弱之弊一則有争奪之弊何歟毋乃各因所尚而致之歟孔子曰齊一變至於魯魯一變至於道然則周公之餘化固愈於太公抑太公之餘化猶愈於他俗歟説者又謂齊之士好經術矜功名其失夸詐魯之民上禮義重廉耻其俗儉嗇其然歟抑何以致是歟不知今之士習民風尚猶昔否也越漢唐宋其牧齊者或以恩信化盜或以詩書訓士或以賑濟活民其牧魯者或以清約束下或以仁信爲政或以剛嚴决事其政固不同也不知其孰優抑不知今之牧斯民者將安法而可諸生固齊魯之良也必知之素矣尚明著于篇以爲牧民者告

問　爲政莫先於平民平民之大要在賦與役而已故書貴任土之貢傳稱力役之征斯民之休戚誠視此二端爲輕重也然而行者有不同之規論者有各殊之指自夫賦税言之什一而税中正之道也後世輕者或五十而税一或三十而税一重者或收大半之賦或作兩税之法蓋桀與貉之异也然輕者不見其歉重者不見其贏何歟自夫力役言之歲役三日亦經久之規也後世

簡者至有一歲二旬之役孝弟力田免役之條繁者至有七科之讁與夫三更之役蓋仁與苛之分也然簡者未見甚樂繁者未見甚苦何歟論賦民者有謂古者非特什一之税彼豈無所見又有謂誦聲作於什一者厥指則有异矣論役民者有謂百姓亡事則驕逸勞役則易使是豈無所試又有謂愛日由於省役者其説復可疑矣夫賦既可輕重矣而什一之制卒不復役既易增損矣而三日之規卒不踵豈時勢有不相宜歟將識見之有所异歟我朝稽古定制其賦與役皆成周之法也夫何比歲以來蠲租之詔屢下而吾民之財愈削輕徭之政甚詳而吾民之力轉困揆之於人事既無由歸之於歲凶又不可不知何如處而後濟也諸生行將有爲民之責願言所以平民之政

中式舉人七十五名

第一名　毛渠　萊州府學生　詩
第二名　曹卿　濟南府學生　易
第三名　楊縉　壽張縣學生　書
第四名　王儒　諸城縣學生　春秋
第五名　袁繼　武定州學生　禮記
第六名　楊應儒　歷城縣學生　詩
第七名　范瑟　歷城縣學增廣生　易
第八名　趙文燿　萊陽縣學生　書
第九名　毛概　萊州府學生　春秋
第十名　王儀鳳　章丘縣學增廣生　禮記
第十一名　劉弘化　兖州府學生　易
第十二名　劉東　章丘縣學生　詩
第十三名　周寅　金鄉縣學生　書
第十四名　李淳　濮州學生　詩
第十五名　夏綸　濱州學生　書
第十六名　郭津　濟寧州學生　易
第十七名　張旂　濟南府學生　詩
第十八名　周居岐　歷城縣學生　春秋
第十九名　馬宗魯　遼東義州衛學生　詩

第二十名　李瞻　濟南府學增廣生　易
第二十一名　王偁　曹縣學生　詩
第二十二名　隨鵾　魚臺縣學生　書
第二十三名　程著　東阿縣學增廣生　詩
第二十四名　徐有仁　東平州學生　易
第二十五名　徐用方　濱州學生　書
第二十六名　朱潤　益都縣學生　詩
第二十七名　江東　朝城縣學生　易
第二十八名　高崇　壽張縣學生　詩
第二十九名　王希賢　濟陽縣學生　書
第三十名　賀㝈得　東阿縣學生　詩
第三十一名　孫文瀛　鄒平縣學生　易
第三十二名　陳�　濟南府學增廣生　詩
第三十三名　葛經　昌邑縣學生　書
第三十四名　辛大義　章丘縣學生　詩
第三十五名　趙雲鵬　德州學增廣生　易
第三十六名　申邦永　章丘縣學附學生　詩
第三十七名　李學詩　平度州學生　書
第三十八名　王建中　丘縣學生　禮記
第三十九名　王鵬齡　夏津縣學生　易
第四十名　吕記　長山縣學生　詩
第四十一名　扈永通　曹縣學生　書
第四十二名　井鳳喈　東阿縣學生　詩
第四十三名　閻文貴　東昌府學生　易
第四十四名　田大有　東平州學生　詩
第四十五名　李朝鳳　濮州學生　書
第四十六名　劉業　濟寧州學生　詩
第四十七名　辛樂　安丘縣學生　易
第四十八名　李玠　聊城縣學生　詩
第四十九名　張文智　金鄉縣學生　書
第五十名　王汝孝　東平州學生　詩
第五十一名　高琦　武城縣學生　書

第五十二名　劉之翰　舘陶縣學生　詩
第五十三名　胡朝宗　濰縣學生　春秋
第五十四名　劉洵　鄆城縣學生　詩
第五十五名　辛汝弼　濮州學生　書
第五十六名　陳德安　章丘縣學附學生　詩
第五十七名　高經　高唐州學生　禮記
第五十八名　劉鵬　濮州學生　詩
第五十九名　馬應奎　濟南府學增廣生　易
第六十名　李東生　東阿縣學生　書
第六十一名　榮冕　新城縣學生　詩
第六十二名　張子立　黄縣學生　春秋
第六十三名　何鏌　遼東都司學生　書
第六十四名　李良　長清縣學生　詩
第六十五名　賈應祥　濟南府學增廣生　易
第六十六名　翟弘濟　齊東縣學生　書
第六十七名　潘輅　嶧縣學生　詩
第六十八名　賈樞　商河縣學生　易
第六十九名　韓元仕　滋陽縣學生　春秋
第七十名　陳嘉言　鄒平縣學生　書
第七十一名　馬卿　壽張縣學增廣生　詩
第七十二名　石宗岳　長山縣學生　禮記
第七十三名　左傑　恩縣學生　易
第七十四名　李崇德　臨清州學生　書
第七十五名　邢如默　臨邑縣學生　詩

第一場

四書

君子務本本立而道生孝弟也者其爲仁之本與

曹卿

同考試官教諭秦批（體貼有子立言之意親切有味似得其謦欬者）

考試官教諭安批（精醇典雅可嘉）

考試官教諭白批（詞以理發可謂知本之學）

賢者言君子事當圖其本必指行仁之本以見之也夫本立而道自生本固所當務也然則爲仁之本其在於孝弟乎昔有子因論孝弟而其意若謂君子之學以道充爲貴以務本爲先知事在天下莫不有本也專心致志而加敦篤之功不泛用其力焉知事必有本在所當務也身體力行以爲持循之地不徒事於末焉由是所務者專而其本以立道之散于事者自爾生不可已而有觸處貫通之機所培者厚而其本益固事之原于道者自爾發不可遏而有曲暢旁通之妙本立而道自生如此若吾所謂孝弟者善事其親而不至于悖德善事其長而不至于悖禮雖曰庸行之常也然和順充積之天皆惻怛慈愛之周流推而行之仁將不可勝用矣雖曰庸德之行也然良心真切之地皆易直子諒之發見擴而充之愛將無所不盡矣謂之爲仁之本或者其在兹乎是則道不易充也本立而後可充仁不易爲也孝弟而後可爲然則人可不躬行孝弟以爲爲仁之本邪抑論仁道至大有子以孝弟言之何邪蓋仁者體而孝弟其用也一言之間而仁之體用備矣自是而後周子謂德愛曰仁張子謂仁統天下之善程子謂盡性至命必本於孝弟其皆有得於有子之意而發與若龜山以萬物一體爲仁則遺體上蔡以知覺爲仁則迷用要之皆不足以名仁志於仁者當知所從事矣

莫見乎隱莫顯乎微故君子慎其獨也

楊縉

同考試官訓導劉批（慎獨是省察工夫作者類以不敢忽爲言似與存養無别是篇認理真而措詞當故特録之以示學者）

同考試官訓導黄批（體認親切而詞足以達之必嘗用功於獨者）

考試官教諭安批（説理文字簡潔似此亦難）

考試官教諭白批（講慎獨工夫語意精到可觀）

中庸論君子體道必指其幾而示其功焉蓋幾之動至難掩也君子於此而致謹焉體道之功切矣中庸論道不可離及此謂夫體道之功固莫切於存養尤莫切於省察是故目所共睹者人皆以爲見也然見莫見於隱焉蓋幽暗之中迹雖未形而念慮之始幾則已動人固不知我自知之甚於目之所共睹矣天下之事孰有著見而過于隱者邪耳所共聞者人皆以爲顯也然顯莫顯於微焉蓋細微之事迹雖未露而思慮之初幾則已萌人固不覺我自覺之甚

於耳之所共聞矣天下之事孰有明顯而過於微者邪夫幾之不可掩如此是以君子不但戒慎于所不睹而已於此獨睹之時尤必審之觀省益力勿使人欲或滋而爲天理之妨也敢曰人尚未睹而苟焉以自欺乎不但恐懼于不聞而已於此獨聞之地尤必察之防檢益周勿使人心或危而致道心之微也敢曰人尚未聞而怠焉以自肆乎夫然則隱微之幾謹而省察之功盡矣尚何離道之有哉抑體道之功非存養則無以全本然之體非省察則無以謹善惡之幾二者相須而後盡也故堯之命舜曰惟精惟一一則存養之屬精則省察之屬也至後程子亦曰涵養須用敬進學則在致知亦有合於二者之旨焉然則子思之傳得非本之堯舜程子之傳容非得之子思哉觀中庸者宜於所授受者拜考也

諫行言聽膏澤下於民

毛渠

同考試官訓導陳批（諫言字分析明白而詞氣蔚然必善於諫言者）

同考試官教諭鄧批（膏澤本諫言中來意相承而詞不泛若此篇者不多見也）

考試官教諭安批（辭氣春容宛若孟於告宣正氣象）

考試官教諭白批（説出君臣一體之意可録）

道用于上而惠及于下君待臣然也甚矣君臣一體也用其道而及之民焉其相待之隆何如哉昔孟子曉齊王之意若曰國君子於臣下不徒責其所報而貴審其所施是故止君之欲謂之諫諫不同而皆可見之行也于焉以身而體其心嘉犯顔之無欺而即措於施爲感納約之爲忠而悉達諸事業直諫不以爲忤諷諫不以爲疑也諫豈有不行者哉引君之善謂之言言不同而皆可施之用也于焉以意而逆其志入告于内者有嘉納而無難色日陳于前者有翕受而無拒意法言之所必從巽言之所必説也言豈有不聽者哉夫諫不行固有屯其膏而不能下及者今諫則行矣由是病民之政自息於箴規之餘德澤流行沛然霖雨之及時也言不聽固有壅其澤而莫之下究者今言則聽矣由是利民之政自舉於啓沃之後恩惠廣大油然膏雨之润物也夫道用於上而志始同惠及於下而道斯顯則臣之望君者畢而君之體臣者至矣抑論君臣之間禮雖嚴於勢分之尊而道必通於天地之泰故堯舜之賡歌每得於交儆而周人之燕樂實通乎上下伊尹陳戒一德而天下有雲霓之望周公進戒無逸而罔不配天其澤此古之君臣所以都俞吁咈於一堂之上而共成正

大光明之業也後世君恃其勢臣病其難道始扞格於上而斯民不被其澤矣可勝嘆哉噫孟子以是爲齊王告其亦有所警也夫

易

大有元亨

曹卿

同考試官教諭秦批（聖人名卦繫辭皆本卦之所藴而言此篇體認明切發揮精健末復以保有言之尤見忠愛之意）

考試官教諭安批（詞理豐潔大有之意當如此作）

考試官教諭白批（講世道治道之隆精采雅重子殆能鳴國家之盛者歟宜冠本房以爲得人慶也）

前聖以世道之盛名夫卦後聖以治道之盛善其占蓋世道與治道而相因也前聖以世道名卦後聖以治道繫辭而各言其盛厥旨淵哉昔伏羲交離於乾卦名大有誠以此卦乾爲天也離爲火也離上乾下則是輝光焕於九重而海宇爲之照臨無遠弗届也文明麗於中天而輿圖爲之覆冒無地不有也是固有大有之義矣又以卦體六五居尊得中而五陽應之則是惟皇作極而承德祗若者合臣庶而皆同大觀在上而用賓利見者隨遠近而無間亦有大有之義焉伏羲之所以名卦者以此文王繫其辭以爲乾健離明居尊應天有亨道也占者有是德焉吾知剛明果斷而所以治有者有其本承天时行而所以治有者有其道紀綱立而法度舉凡所以左右斯民者周旋而無虧禮樂興而政教明凡所以經論天下者咸正而罔缺神化之機罄所有而推行之无外不疾而速沛然何天之衢矣亨何大邪利用之妙盡所有而旁達之无疆不行而至豁然良馬之逐矣何元亨邪吁當大有之世盡治有之善如此則人謀以臧天命攸歸矣尚何有之不可保哉大抵造化有循環之機人事有盛衰之理古之人君所以能久安長治者亦惟安不忘危治不忘亂耳使當盛滿之時不知所以儆畏則驕逸怠荒之心生而不能保其有也故周公於泰則曰城復于隍孔子於既濟亦以思患豫防言之其垂戒之意至矣噫當大有之任者尚鑒于斯

以言乎遠則不禦以言乎邇則静而正

范瑟

同考試官教諭秦批（此節遠近字横説天地間直説正是易理廣大處作者類多體貼不明冗雜可厭惟此認理真而措詞整蓋邃於易者）

考試官教諭安批（不禦静正處明暢醇粹自异衆作録之）

考試官教諭白批（説理文字最難此言廣大處有思致有發明有斟酌超群軼駕子固東省之英俊乎）

語遠而理无盡語近而理自存此易之廣大也蓋易者理之會也遠者无盡而近者自存其廣大也何如哉宜大傳指言以示人也且陰陽無處而不有故易理無往而不在是以自其遠者言之法象隱於幽玄遼邈而難知氣類散於□位懸絶而莫測是遠者宜若可盡也然陰陽妙□闢之機混淪磅礴極所有而无外剛柔神變化之用布濩流衍隨所到而有餘絶域窮荒地雖异矣而成象成形莫非此理之根柢孰得而究其極邪遐陬僻壤方雖殊矣而爲陰爲陽一皆此理之綱維孰得而窮其際邪是蓋無有而無乎不有矣曾以遠而有盡乎自其近者言之物類雜陳昭然于指顧之下事情隱伏居然于步履之間是近者宜若可遺也然太極本然之妙即物默寓索之而愈精天命自然之理隨事潜融驗之而益至不出户庭有是物則有是則成性攸存无少偏倚也近取諸身有是器則寓是道實理具備不相假借也是蓋無爲而無所不爲矣曾以近而有窮乎是則遠易盡也而無所盡近易遺也而不能遺非易之廣大其孰能與於此抑論易之廣大信乎不可加矣而其所以廣大則本於乾坤動静以生焉皆實理也故可惟之實用不然遠必流於荒而近必淪於卑矣何以神道化爲萬世斯民利邪噫聖人以此爲訓後之人至以太玄準易卜筮小易者亦獨何哉

書

予欲左右有民汝翼予欲宣力四方汝爲

楊縉

同考試官訓導劉批（左右宣力處此作體認真切且模寫股肱之意殆盡君臣一體氣象讀之可以想見子其有志作股肱者乎取冠本房非但以其文也）

同考試官訓導黄批（此題以政教股肱立説場中士子類能言之求其措詞老健簡明者無逾此篇允宜録之）

考試官教諭安批（説异爲處得旨）

考試官教諭白批（詞理通暢作典謨義正如此）

聖君資大臣有欲施教於天下有欲施政於天下甚矣君之有賴於臣也聖君欲施政教於天下能不資大臣以盡其職哉帝舜告禹以臣鄰之義及此謂夫君能以一人而總萬機之柄不能以一身而理天下之事所謂臣作股肱者豈無謂邪誠以五教未敷予之憂也兹欲輔以立之翼以行之使百姓之不

親者咸囿之於民彝物則之中五品之不遜者舉範之於綱常倫理之内民生雖衆而教無不行焉是豈予之所自能哉惟汝禹也居百揆之官總教化之任其必敬以敷其訓寬以俟其化作新斯民勞來匡直之有法也化導有衆振舉軌範之有方也展布四體而爲予之翼可焉汝能翼之則予左右之心遂矣庶績未凝治之累也兹欲綱以立之紀以陳之使政足以道其行黎民免阻饑之患刑足以防其奸蠻夷無猾夏之虞四方雖遠而政無不行焉是豈予之所自致哉惟汝禹也當百揆之位董治理之責其必致勉以修其職克勤以施於邦撫安斯世導之而生養遂也均平天下治之而争奪息也竭乃心力而爲子之助可焉汝能爲之則予宣力之心遂矣是則政教之立在君而政教之施在臣君臣之相資一體之相須也臣非君之股肱而何哉抑論有虞之世四方風動萬國咸寧民已化治已成矣帝舜猶以是資之禹者何哉蓋古之君臣不以世治民安爲自足故當泰之時猶審復隍之戒居豐之世尚懷日昃之憂此治之所以不可及也後世治僅小康者遂驕盈以自足爲之臣者又每爲豐亨豫大之説以諂之意其亦不思之甚矣

自古商人亦越我周文王立政立事牧夫準人則克宅之克由繹之兹乃俾乂

趙文燿

同考試官訓導劉批（立政一題傳注甚明作者多不體貼俾乂處乃以治效爲言大戾經旨此作本傳注以成文禹湯文王任賢之道宛然在目非經明者不能也吾得子可以薦矣）

同考試官訓導黄批（此題士子多掇拾舊語敷演成篇至於克宅由繹俾乂正意鮮有能説出者此篇獨能脱去陳腐發輝詳盡真程式之文也録之）

考試官教諭安批（能説出三王任賢爲治之意）

考試官教諭白批（旨明詞暢佳士也）

大臣申言三王於三宅能盡任用之道而使之以爲治焉蓋賢才爲治之本也非三王任用之能盡其道焉何以能使之爲治哉周公戒成王以任用賢才之道及此謂夫立政莫急於用賢用賢莫先於三宅自古知恤之君有曰夏后氏之禹殷先哲王之湯及我周文王者焉其於立政之官有曰立事之常任牧民之常伯及守法之準人者焉是三王也用是三宅也豈無其道哉方其始用也克知之真灼見之切度德定位所任者皆三德六德之賢量才授職所立者皆克宅克俊之彦名與實相須也德與位相稱也能宅才以安其職如此及

其既用也詳其所行考其所就推心以委任之使得以勉修其職業嚴思而丕法之使得以大展其才猷不間之以人也不誤之以己也能繹才以盡其用如此夫知之既明足以遂三宅欲爲之心待之既誠足以堅三宅樂爲之志以之理天事而牧天民也事無不治而民無不安矣寧不精白一心以敬應其上乎以之和庶獄而明庶慎也法無不立而政無不舉矣能不各率其屬以興起治功□謂之曰俾乂信乎能使之以爲治也是則用賢得其道而得賢以爲用三王之成法可鑒也嗣王可不知所法哉大抵論治以唐虞焉至取法以堯舜爲上周公告戒成王用賢爲治歷舉禹湯文武而未及堯舜者何哉蓋遠宗之難不如近述之易而況文王又耳目之所及成憲之所在乎能法三王以用賢堯舜之道亦不外此唐虞之治可馴致矣此又周公言外之意也後之有志唐虞三代之治者必知用賢之道而後可

詩

我有嘉賓德音孔昭視民不恌君子是則是效

毛渠

同考試官訓導陳批（篇中求教之意首尾圓活可謂善説詩者取之）

同考試官教諭鄧批（王者求教凡以爲民爾嘉賓之德足以視民而爲治民君子所當法教在其中矣此作得之）

考試官教諭安批（文字轉合處深得傳意當是作手）

考試官教諭白批（講則效處得旨）

詩人美嘉賓之德足以化民而君子所當法也夫有天下者以德化爲先也嘉賓之德既足以化民非君子所當取法者哉此燕饗賓客之詩也意以我所望於嘉賓者欲示之以有言而乃得之於無言維我嘉賓大道蘊諸心遠近皆稱其令德赫赫乎仁有聲義有問也實德備於己上下皆稱其令名昭昭乎彼無惡此無斁也譽望所加而導民之路在其中足以示之而使大樸之風不散而爲偷薄焉聲光所被而錫民之極在於是足以喻之而使可封之俗不降而爲澆漓焉夫嘉賓之德足以化民如此凡我君子正唯此爲急則而象之以爲治道計豈可以他求哉凡欲化民當以此爲法儀而刑之以爲斯民計豈可以或後哉庶乎蘊大道而爲德亦將以其所以示民者而示吾民期底於洽可也庶乎畜令德而建極亦將以其所以善俗者而善吾俗用弘其化可也夫嘉賓之所以爲法於君子者如此則其所以教我者亦不外乎此何待於言語間哉噫周王可謂善於師臣者矣抑君莫難於求言臣不難於進言進言而拒之者有矣未有求言而忍負之者也夫求言固難求無言之教尤難在臣必正己

之大人而後能在君必篤恭之至聖而後能是豈可以易言哉雖然君臣之間有相成之道焉若周家可謂盛矣説者乃歸之氣化然與

古訓是式威儀是力

楊應儒

同考試官訓導陳批（烝民首章乃三百篇中性理文字此第二章柔嘉維則即前物則此二句言學問進修本前維則説來源委明白作者率昧本旨獨此篇純正有理致可以式矣）

同考試官教諭鄧批（此章備舉仲山甫之德此二句言學問進修不過大段着力處作者率講始學工夫非也體認明白僅見此篇）

考試官教諭安批（文義從物則中説來良是）

考試官教諭白批（文字簡古冲澹自是大雅）

稽諸古而修諸身賢侯全美德然也甚矣美德雖乎其全也賢侯學問進修而交致其力焉此美德所以全而异於凡民也哉宣王命樊侯仲山甫築城于齊尹吉甫作詩送之意謂山甫之德天固啓之而學問進修之力焉可誣也今夫民莫不有是物則也而鮮能學焉山甫之德有獨得於學問者吾見其學于古訓以爲畜德之資前言往行莫非模範之所在尚友古人以爲進善之助成法遺矩一皆精神之所通蓋儀式刑五事之訓而能自得師也清緝熙五品之典而主善爲師也肯自是其學而過此民彝之則乎亦莫不有是懿德也而鮮能修焉山甫之德有自得於進修者吾見其中情好修而動容周旋不忘矜持之力慎厥身修而動作威儀恒加檢飭之功如耳目視聽之際必欲其惟聰惟明也君臣父子之間必欲其有節有文也肯自惰其力而違此帝降之衷乎夫如是則有以全美德而异凡民措諸事業有餘裕矣於城齊何有哉抑是德也易所謂極書所謂性所謂中皆一物也山甫能舉之而其爲功曰稽古修身而已稽古亦所以修身也先民有言民受天地之中以生所謂命是也有動作禮義威儀之則以定命也又曰能者養之以福若山甫者可謂能定命矣而事業之大非養之福者乎

春秋

冬齊人來歸衛俘（莊公六年）六月齊侯來獻戎捷（莊公三十有一年）

王儒

同考試官訓導吴批（此題兩傳明甚蓋不以隱僻困士子但作者率多浮冗可厭豈以其易而忽之與是篇措詞精當且以輕功利重道義立説必邃

於經學者）

考試官教諭安批（簡而明華而不肆可爲學經者式）

考試官教諭白批（體貼經傳而悉去浮詞無逾此篇）

大國分利于内春秋正義以貶之伯主矜功于内春秋明道以抑之蓋利不可徇功不可伐也考經所書意自見矣且寶玉之俘成湯所以伐三朡也齊襄之歸衛俘春秋何貶乎爾蓋爲國者非無賄之患而無義問之難彼衛朔逆亂天常王法所不赦者齊襄盍亦率義師以討之焉用賄顧偕四國抗王官以往納焉遂以所獲之俘來歸于魯毋乃各利其惡而助之與然古之諸侯率由典常以蕃王室未聞私相遺賂者何其喪心若是邪吾於伊訓見殉貨之儆焉於盤庚見總貨之戒焉况援惡乎是故特書歸俘以結正諸侯有規利之心而後動於惡爾若膚公之奏吉甫所以伐玁狁也齊桓之獻戎捷春秋何抑乎爾蓋爲伯者非無功之患而無文德之難彼山戎僻在荒服王法所不治者齊桓盍姑内樹德以綏之焉用威顧勤三軍越千里以往伐焉遂以所獲之捷躬獻於魯毋乃自以爲功而誇之與然古之諸侯有四夷之功則獻于王未聞自相遺俘者何其屈體若是邪吾於禹謨見不伐之辭焉於説命見矜能之訓焉矧略遠乎是故特書獻捷以深抑桓公有急功之心而勤兵於遠爾吁徇於利必至於奪攘急於功必至於生事春秋垂戒之意其在兹乎夫義所以建利也道所以懋功也是以先王之訓動則思義行則思道故國無不阜遠無不懷春秋之時疇克知之討齊之師竟沮于慶封滅狄之俘載獻于士會大抵然也嗚呼以此爲防後世猶有貪得重賂僥幸邀功者

秋晋荀吴帥師伐鮮虞（昭公十有五年）八月晋荀吴帥師滅陸渾之戎（昭公十有七年）

毛概

同考試官訓導吴批（善叙荀吴當時用兵之事不泛不略且歸重於君臣夷夏之分可謂得春秋之大旨故録之）

考試官教諭安批（融會二傳成文而序事嚴整异乎諸子之撰）

考試官教諭白批（昔人論左氏之文詞氣不迫此作近之）

春秋於伯臣之用兵有明其近於正者有明其近於義者夫用兵之道惟正與義爾荀吴其庶乎春秋所以皆免於貶也昔鮮虞密邇于晋荀吴將兵以伐之且圍鼓焉吾聞周官有八成之法以臣悖君罪也彼鼓方被圍而其臣請降罪莫大焉若受而弗拒非所以懲奸慝公好惡也荀吴則曰吾寧無城不可

欲城而邇奸吾寧無邑不可獲邑而賈怠乃俾爾繕守俾爾修城及食竭力盡而後鼓子就俘焉君子謂荀吴於是乎知正正以加敵視昔見利忘義以行欺詐不猶愈乎故昔陽之入稱國而此書其名氏非褒之也纔免於貶爾則用兵非正者可知矣若陸渾啓貳于晋荀吴將兵以滅之遂至雒焉吾聞禹貢有五服之制以夷居華變也彼雒在王畿而陸渾雜處變莫邇焉若縱而弗治非所以明族類别内外也荀吴則以屠蒯將命事已請于王庭祭史用牲師遂陳于甸服乃問爾南向驅爾南奔及衆潰俘獲而後王畿始靖焉君子謂荀吴於是乎知義義以膺戎視彼闢土服遠以圖强霸不有間乎故潞甲之滅稱師與人而此書其名氏非褒詞也纔得無貶爾則窮兵非義者可知矣夫悖君者拒之則君臣之義明亂華者治之則華夷之防立荀吴其晋之良乎抑又有議焉先王耀德不觀兵維時晋伯方衰荀吴不能翼其君以修厥德以復文襄悼公之業顧紛紛于干戈則亦何益春秋所以無貶焉者蓋欲杜悖君之萌遏亂華之禍爾嗚呼悉怛請降唐臣以爲不可受羌胡徙内晋臣以爲不宜居其知此義乎

禮記

禮樂之情同故明王以相沿也故事與時并名與功偕

袁繼

同考試官教諭徐批（題本平易類能言之而於不易禮樂之體始終説得痛快僅見此篇是用録出）

考試官教諭安批（聖王禮樂制作不同體未嘗易子能説得明快殆深於經學者）

考試官教諭白批（發揮體用制作瑩潤可誦）

惟制作之本聖人所不易故制作之末聖人所不同蓋本同而末异正所以見其爲同也然則聖人之制禮作樂夫豈苟哉樂記君子謂夫有一代之興王必有一代之禮樂然禮樂也者所以緣人情而制作者也故以禮之情言之敬其是已敬也者禮由斯制歷萬世而同歸有不可得而强變焉以樂之情言之愛其是已愛也者樂緣斯作曠千古而一致有不可得而或易焉惟其不可變故聖帝之興不能不制禮以飾治而敬者禮制之本也則相沿而無异惟其不可易故明王之起不能不作樂以象功而愛者樂生之本也則相因而不殊夫聖人所因如此是故乘時設施者事也事則與時而并如揖讓施於唐虞而人不以爲非放伐施於夏商而人不以爲异事之變者時之變也相并而爲用耳若夫合敬之情何嘗與時而并變哉因功而起立者名也名則與功而偕如

韶武名於虞廷而紹讓之成功以象大武名於周室而征伐之大烈以章名之异者功之异也相偕而爲革耳若夫同愛之情何嘗與功而偕异哉吁因其同而變其异于以辯其异而歸諸同也聖人會通以興禮樂有如是夫大抵情之不可變雖聖人無所用其聰用之不可同在聖人無所執其智無非一自然而然也以是制禮作樂大之則與天地同其和節達之則使四海合其敬愛蓋有不期然而然者任制作之柄者既知禮樂之所以爲异又知禮樂之所以爲同則庶乎達禮樂之體用矣

故君子信讓以莅百姓則民之報禮重

王儀鳳

同考試官教諭徐批（君子莅百姓不出政教子能發揮明盡而筆勢沛然可以式矣）

考試官教諭安批（融會傳注而文不凡佳士也）

考試官教諭白批（君民感應之機宛然在目）

上能不忽於所施下必不輕於所報夫下之報禮顧上施之道何如耳然則君之施於民者而豈可忽乎坊記謂夫君民之分雖殊而施報之機不爽是故以術馭民其弊易至於自欺君子則知民愚而神也凡所以施之者平易真實略無逆詐猜忌之私以位臨民其勢易至於自恃君子則知民賤而貴也凡所以莅之者謙卑遜順絶無矜己陵人之態如行其政歟必參挹乎輿論之公然後遜以出之信以成之也如施其教與必允協乎群情之當然後謙以居之忠以行之也夫不忽於所施如此由是觀感於謙光之下者咸起其恭順之貞翕受於敷施之餘者均竭其報效之念養君以自安也事君以自顯也誠款畢露凡分之所當盡者無弗盡之矣報禮何其厚邪趨事忘其勞也犯難忘其身也忠義激發凡力之所能爲者無弗爲之矣報禮不亦重邪是則一施一報各有其道如此而其機則在乎上之人也爲君者而可不慎其所以施之也邪嗟夫信所以結民大詐若信而后信之道失讓所以示民大僞若讓而后讓之道乖自夫忘言不讓之化遠而后盟誓相要之會作禮讓爲國之論興斯可以觀世變矣誠以飾貌之召徠不若實德之感孚也故上信讓而民之報禮重有由然矣報禮重而忘言不讓之化可馴至矣兹固君子之爲政而亦聖人立言之意也噫以是垂訓而后世猶有徙木以立信謙恭以下士者亦獨何哉

第二場

論

虛心以爲天下

毛渠

同考試官訓導陳批（題本正大而作者多失之浮泛過於纖巧此篇莊重典雅無一字冗弱且帝王虛心爲治氣象委曲詳盡宛然在目噫可於是而亮子之心矣）

同考試官教諭鄧批（文法典則義理精當不特場屋之文而已宜爲士式）

考試官教諭安批（理明詞雅應是大家氣象）

考試官教諭白批（寫張子意出）

聖人取善而大無我之心所以求天下之治切矣聖人身任天下非不欲其皆自我而治之也然力有所窮勢有所阻欲盡如吾意也亦難故以天下之治而望於天下之善收天下之善而承以無我之心由是以其善致其治舉皆如吾之所欲而治天下之功盡嗚呼心之虛而事以實矣張子歷叙堯舜禹湯文王取善之事而以虛心爲天下言之可謂知聖人治天下之道者與今夫聖人以一身而處天下民物之上其所以仰視而責望於我者至重且繁也吾苟不爲之所則有以孤彼之望而負吾之責聖人固不若是恝然也故夫天下之治非天下之善無以爲而天下之善非吾心之虛無以受是以操無我之心以爲取善之地則衆人之善皆於我乎集舉而求之治綽綽乎有餘用矣何政之不立而何治之不成不然訑訑氣象者且將拒人千里而善不得聞矣如天下何故易之咸曰君子以虛受人夫咸山澤之卦也山澤以氣相通而不以形相礙故取受人之義而得感物之理焉然則聖人所以感天下之善而成之治顧有外於心之虛哉噫虛心未易言也湛而無所有謂之虛静而無所擾謂之虛廣而無所不受卑而無所不承謂之虛一有所係吝焉則隘而非虛矣一有所牽制焉則偏而非虛矣一有所猶豫而未定矯飾而未誠則蔽而非虛矣聖人之心何心哉有受益之謙而無招損之滿有用人之大而無自用之小有下人之慮而無上人之思其澄於中者無所不容而納於外者無所不受是故稽衆舍己堯之心虛於稽之舍之之時而欽明文思不自恃也與人爲善舜之心虛於與之爲之之際而濬哲文明不自足也以至聞善則拜用人改過不聞不諫而亦式亦入又禹湯文王之心之虛不以勤儉既克聖武既昭徽柔既成而無復望於人也然取善雖在於吾心而其所以取之之意實爲夫天下故堯以所

稽之善而治夫唐則所以同事登庸者不獨岳牧之屬矣舜以所與之善而治夫虞則所以同熙帝載者不獨元凱之輩矣禹湯文王以所拜所用與夫所聞人之善而治夫夏商周則所以同亮天工者又不專咸事之九德戮力之元聖已知已見之宅俊而已自九族之睦以至庶績之熙堯皆以取諸人者而爲之也自璿衡之齊以至山川之定舜皆以取諸人者而治之也自九功以至六府自修紀以至殖民自修和以至篤祜禹湯文王又皆以取諸人者而經理之也天下之事皆衆人聰明之所運天下之治皆衆善積累之所成是故有萬邦協和黎民於變之治焉是故有四方風動黎民敏德之治焉是故有文命四敷邦家輯寧西土怙冒之治焉天下之所當爲者無不成而吾心之所欲爲者無不遂至是則堯可以不憂舜可以無爲而禹也湯也文王也可以告成可以垂裕可以觀成矣治天下之實何莫不本於虚心致哉後之人主寛仁大度如漢高似矣而溺冠嫚罵之心則不肯虚止輦受言如文帝似矣而禮樂謙讓之心則不能虚以人爲鑒如太宗亦幾矣而漸不克終之心則不久虚三君且然他尚何望焉宜乎治之不古若也張子叙聖人取善而贊之爲爲天下之虚心可謂能知聖人而善言治道者矣雖然取善在於虚心而心之虚否則又係德之純疵也德或不純則有勉强而不能從背馳而不肯從者矣此虚心所以獨歸群聖而其他不與也故曰純心要矣是取善以虚心爲先虚心又以純心爲本

表

擬宋崇政殿説書趙師民獻勸講箴表（慶曆四年）

劉東

同考試官訓導陳批（備述當時上箴之意而忠愛宛然非但長於四六而已）

同考試官教諭鄧批（時雖用武不可輟講此師民意也子能道之可爲今日緝熙之一助）

考試官教諭安批（詞婉意詳非專事駢麗者）

考試官教諭白批（典麗中寓剴切得告君體）

慶曆四年某月日崇政殿説書臣趙師民謹以所撰勸講箴上獻者伏以瑞應奎纏昭代闡賁文之化道崇宸極聖王敏乾健之功政貴不迷學乃有獲敢效盤銘之警用陳黼扆之規臣師民誠惶誠恐稽首頓首上言竊惟帝王之學與韋布不同文武之猷惟典章攸載蓋將求夫實用匪直玩乎空文雖事戒不虞允協師貞之吉而志存無逸寧忘畜德之新粤考前聞率由古訓苗夷七旬之格實本敷文荆旅三載之征不違典學減開豐水用昭不顯之純馬散華

山肇訪惟皇之極自時厥後亦有可稱藝講石渠竟起北夷之慕經横虎觀何妨西域之勛或構藻思于轅門或覽瑶編于帷幄威加遼海舘中之緗帙頻開兵入蔡城屏上之皇墳未撤惟學可以懋敬厥德非書無以維持此心式典之勤屢聞自昔講筵之創僅見于今於皇太祖之肇基有赫二宗之繼統神功掀揭載揚蜀漢之師聖翰昭回爰製孔顔之贊殿臨講武俊乂盈庭舘啓崇文圖書充棟開卷樂三編之益揮戈成四克之功法駕御北城氣褫驕虜直廬設秘閣論集醇儒燕翼有貽鴻謨具在恭惟鳳姿純懿龍德正中聖養蒙泉命凝鼎位辟雍首幸時甫及乎冲年崇政躬臨學無間于隻日設諸科以取士吉協泰征建二閣以親賢禮隆晋接顧咸寧之世乃遺宗膾之憂而明德之君未免混夷之慍蠢兹元昊犯我環州肆蠆毒于邊陲馳羽書于魏闕雖仁人無敵尚軫當宁之憂而王師有征暫輟臨筵之講先王之典似徒善于守成儒者之謀亦何功于進取臣師民高陽末學幸觀上國之光東武下僚濫預西垣之選力未勞于汗馬心有愧于濡鵜數事之敷已塵睿覽一得之獻少罄愚衷慚非周士之嘉謀竊擬唐人之大寶彰禮施樂聿弘經世之圖明舊知新庸作修身之矩伏願比弦韋於座右殷鑒常懸采葑菲於屏間周書并列嚴惟丕式重光景祐之遺規學有緝熙復睹崇文之曠典勿以清朝小警遂忘稽古之功無謂紫禁深居可忽右文之志明良協一德之休政教成九功之叙細旃書啓漱芳潤於群經博帶雲從析精微於衆論功恒繼於乙夜志匪懈於十寒王猷允塞載歌江漢之章帝德罔愆永致鳧鷖之頌臣無任瞻天仰聖激切屏營之至謹奉表隨獻以聞

第三場

策

第一問

曹卿

同考試官教諭秦批（天人之際必以類應而不可以象求也此篇據洪範以斷漢儒互錯且於我皇祖交修之訓及今日弭灾之實敷揚詳盡非特文辭之工而已是用録之）

考試官教論安批（此卷五策具見學識首篇尤能揚厲聖謨且紆徐曲折千餘言悉據故實無一腐語東省之學者固有如此也夫）

考試官教論白批（言天必以理格天必以實良有見也且上下交修之

意條答詳明末復舉經訓獻可爲當宁格天之一助）

善言天者不惟其數惟其理善格天者不惟其文惟其實以理言天則道罔不明以實應天則天變罔不弭故專泥於數而不究乎理不足以言天徒事其文而不本乎實不足以格天夫天人相與之際甚可畏也人事感於下則天變應於上其理固然而何象類之求然灾變雖出於天而所以消弭之則在於人故爲君者必惟實德是修以戒其臣爲臣者亦惟實德是修以警其君則天心克享而天灾自弭矣不然雖日勤於祝幣史詞益乎禹謨曰惠迪吉從逆凶惟影響伊訓曰作善降之百祥作不善降之百殃至論休咎之徵則莫詳于洪範昔箕子陳洪範皇極于武王先以五行次以五事而及於庶徵其曰五行則水火木金土是也其曰五事則貌言視聽思是也在天爲五行在人爲五事五事修有休徵焉曰肅時雨若曰乂時暘若曰哲時燠若曰謀時寒若曰聖時風若以類而應矣五事失有咎徵焉曰狂恒雨若曰僭恒暘若曰豫恒燠若曰急恒寒若曰蒙恒風若亦以類而應矣是以人而徵諸天推天而合諸人其理則然不可以象類求也迨漢伏勝劉向及其子歆乃集上古以來春秋六國至秦漢符瑞灾异之説推迹行事比類相從名爲洪範五行傳有曰田獵不宿則木不曲直弃法律則火不炎上修宫室則稼穡不成好戰攻則金不從革簡宗廟則水不潤下有曰貌之不恭是謂不肅厥咎狂厥罰恒雨厥極惡言之不從是謂不乂厥咎僭厥罰恒暘厥極憂視之不明是謂不哲厥咎舒厥罰恒燠厥極疾聽之不聰是謂不謀厥咎急厥罰恒寒厥極貧思之不睿是謂不聖厥咎霿厥罰恒風厥極凶短折又以福極配五行以弱配皇之不極夫箕子推衍洪範庶徵之疇蓋以驗之肅乂哲謀聖一出於五事事之貌言視聽思一出於五行固各有攸當也漢儒必曰某事得則某事應果五行之旨哉五行含羅九疇者也五事檢御五行者也皇極裁節五事者也漢儒强以福極配五行果皇極之旨哉孔子修春秋紀灾异而不著事應意以天道遠而難知人事近而當修若推其事應則有合有不合有同有不同至於不合不同則使君子怠焉以爲偶然而不懼矣蓋慎之也漢儒皆以春秋爲學必著其事應以文之至其不合而自相背戾又豈聖人修春秋之意旁引曲取而遷就其説牽合此類而附會其意驗之於古則鑿而不經推之將來則膠而不應甚矣其惑也仰惟太祖高皇帝御極之時命博士許存仁講洪範休徵咎徵之應因語之曰天人一理必以類應又曰豈特爲人上者當勉爲人臣者亦當修省以輔其君上下交修斯爲格天之本蓋有以洞見洪範之理矣既而命儒臣編葺存心録一書凡帝王之祭祀而有感於灾祥者咸載焉正欲爲人君者以天之心爲心必六事自責如

成湯遇灾而懼如宣王而所以修德格天者無不至又命儒臣編葺省躬録一書凡漢唐宋以來灾祥之應於臣下者咸載焉正欲爲人臣者以君之心爲心必如魏相之灾异輒聞李沆之水旱輒奏而所以輔君格天者無不至豈徒致謹於祭祀之間而已哉惟我皇上嗣大歷服惟新厥政天下臣民咸有中興之望焉固宜天人協應而休徵滋至也比年以來灾變相仍近復有仁壽宮灾不知天意果安咎乎意者嘉言尚攸伏而俊民或未章與三德或未乂而八政或未用與百工或未時而庶民或未康與有一於斯皆足以致灾而可不警乎要之天地一大父母也子之於父蓋有視於無形聽於無聲起敬起孝而已安問其怒之所由乎君之於天蓋有保邦未危致治未亂立德立政而已安問其變之所來乎兹欲紓宵旰之憂以爲弭灾之助無他焉亦惟遠宗箕子五事之疇近守皇祖交修之訓以其所以存心者存心以其所以省躬者省躬如是而已蓋后克艱厥后臣克艱厥臣繼自今必安厥止必檢厥身嚴恭寅畏懼荒寧也慎乃儉德戒侈泰也監于成憲防過愆也始終典學敏進修也從諫弗咈廣言路也不貴异物恐喪志也利用厚生畏民碞也命德討罪杜僭濫也如此則君德罔不修矣必黜乃心必勵乃節天工未亮思以亮之百揆未叙思以叙之嘉猷未告思以告之財賦未慎思以慎之五禮未修思以修之戎兵未詰思以詰之五刑未平思以平之興作未息思以息之如此則臣職罔不修矣一人建極于上百官承式于下將見五紀自兹而協也百穀自兹而成也庶草自兹而蕃也五福自兹而斂也尚何灾變之不可弭哉胤征曰先王克謹天戒臣人克有常憲説命曰惟天聰明惟聖時憲惟臣欽若惟民從乂敢以是爲今日獻

第二問

毛渠

同考試官訓導陳批（此卷五策皆議論英發才識過人而賞罰一策尤剴切明當且舉大有之象以爲對非博通經學者曷克爾邪得士如此可以自慶矣）

同考試官教諭鄧批（此策敷對詳明末復援引經史以爲獻他日立朝必善于規誨者）

考試官教諭安批（勵天下莫如賞罰司賞罰莫如剛明此作得之且有斷制有抑揚固可獻于上矣）

考試官教諭白批（賞罰一策士子類能言之求其鋪叙有條援據明實如此篇者亦不可多得故録之）

人君之勵天下也取諸大有夫離上乾下居尊應天而大有之卦名焉象

曰其德剛健而文明象曰君子以遏惡揚善順天休命夫揚善者賞之謂也遏惡者罰之謂也順天休命則反之於身亦如其公而已然非有文明之德則曷從而知非有剛健之德則曷從而斷是故人君必取諸大有而後可以司賞罰之權矣夫立天之道曰陰與陽陽居春夏以長育爲事陰居秋冬以肅殺爲事人君代天而爲之子於是乎則陽以制賞則陰以制罰賞以陽制非私喜也罰以陰制非私怒也故皋陶之謨曰天命有德五服五章哉天討有罪五刑五用哉蓋言人君之賞罰皆當承天以從事不得而私之也殷武之頌曰天命降監下民有嚴不僭不濫不敢怠遑蓋言高宗之刑賞上若天意下順民心不得而私之也周禮太宰以八則治都鄙七曰刑賞以馭其威以八柄詔王馭群臣一曰爵以馭其貴二曰禄以馭其富三曰予以馭其幸四曰置以馭其行五曰生以馭其福六曰奪以馭其貧七曰廢以馭其罪八曰誅以馭其過蓋言制爵必以德制禄必以功所以抑僥求幸得之心而作進德興功之志豈人主所得而私之邪是則賞罰之柄在上而不在下賞罰之行以公而不以私故有功者必賞罔及于無功有罪者必刑罔及于無罪則賞一以勸百罰一以懲衆此帝王賞罰之公而後世莫之逮也夫勵精爲治宜莫如漢宣帝觀其詔曰有功不賞有罪不刑雖唐虞不能化天下似矣然王成僞增户口而封蓋寬饒數犯上意而到安在其爲公乎功德兼隆宜莫如唐太宗觀其謂房玄齡曰有功則賞有罪則刑誰敢不盡心力以修職業似矣然長孫無忌以外戚而封李君羡以讖言而誅安在其爲公乎好文守成宜莫如宋太宗觀其論宋琪曰賞當其功罰當其罪即無不治謂爲飾喜怒之具即無不亂似矣然因豈容再誤之言而相趙普因久得士心之譖而罷曹彬安在其爲公乎噫之數君者或溺於好惡之情而無剛斷以主之或徇於毁譽之偏而無文明以察之故徒托諸空言耳此其治所以弗逮於古也與仰惟我皇上嗣服之初誕布明詔忠諫則旌酬直言也節義則表顯忠貞也賞所當賞矣幸位則黜抑貪饕也奸黨則誅除邪佞也罰所當罰矣雖帝王之賞罰何以加焉但治道每難於克終人情或懈于持久夫賞所以懋功也或有功而弗賞或非功而賞加焉於是乎賞不克終矣罰所以討罪也或有罪而弗罰或非罪而罰加焉於是乎罰不克終矣賞罰者天下之公法也而可或違乎方今大有之時也而凡賞罰之行其惟順天休命乎其惟剛健文明乎是故賞必當功如書所謂車服以庸功懋懋賞爵罔及惡德而後爲賞之公罰必當罰如書所謂怙終賊刑具嚴天威德威惟畏而後爲罰之公猶恐其或偏也有公心焉如周人所謂不賞私勞不罰私怨是也猶恐其弗協也有公典焉如禮所謂爵人於朝與士共之刑人於市與衆弃之是也又恐

其弗中也有懼心焉如蔡聲子所謂懼及淫人懼及善人是也又恐其或蔽也臨事而思焉如魏徵所謂行爵賞則思因喜而僭施刑罰則思因怒而濫是也如此則賞一人而天下莫不勸罰一人而天下莫不懲大有之治永保於無疆矣區區芻蕘之見不識可裨聖治否邪敢僭著於篇用附傳言之義

第三問

楊縉

同考試官訓導黄批（士子於儒道類能言之要其所當爲與其所當用漫不知旨此作熟於典故精於討論而且加以潤色之詳蓋有得於儒道而言之親切者矣）

同考試官訓導劉批（别白諸儒優劣用儒是否歷歷可信且詞氣雅健良是策手）

考試官教諭安批（説儒道意出蓋必有見者）

考試官教諭白批（議論醇正非徒口十之爲）

對業儒者當造其至用儒者貴識其真知業矣而不求其至則道有所未盡知用矣而不識其真則道有所不行求之必欲其至則道全於我而後達之可施用之必得其真則道見於治而後用無不顯是儒一也修己者當審從違之途用人者當澄真僞之鑒而後兩得之矣執事發策以儒道爲問蓋以爲學者分内事也惜淺見不足以窺此姑舉其所聞而復之且儒之道大矣其理無所不該而其用無所不有帝王之所以授受六經之所以傳述皆是也自孔子以其行對哀公而其説始詳以其學教子夏而其名始定柰何慕其美者多僞爲喜其名者無真見而修己用人之間誠有不得不辨者焉故自夫業儒者言之竪儒之敗事如漢高之所叱俗儒之不達如宣帝之所譏是雖有其名而無望乎儒之道矣宿儒以處翰林如宋祖之所擇大儒以名當世如李固之所造是各有所得而近似乎儒之實矣若夫儒者高蹈如程頤深致夫温公之稱大醇小疵如荀楊均得夫韓子之贊其亦儒之表表者與統一後學爲群儒首如仲舒之在漢朝風流儒雅爲世所宗如顧榮賀循之在江左其亦儒之錚錚者與夫爲儒而至於竪與俗固可醜矣然而李固之明哲不足榮循之清虚未脱荀子之喜爲异説楊子之尚夫艱深皆非儒之所當法也必也仲舒程頤其庶幾焉若論其至則道如周公學如孔子而後無愧由程董而進之其斯有以盡儒者之業矣乎自夫用儒者言之漢武之雅尚儒術而散亡詩書自是表章理宗之褒封儒先而周程諸賢悉加榮典若可美矣然所好公孫弘之流所崇惟既往之賢宜無益於治也溺儒冠而不好如漢高絀儒術而不任如景帝固可

恨矣而寬仁有王者之度恭儉盡君德之實故不至於損也若夫擇五更三老之賢明尊師重傳之典見於漢明帝之時然也然稽古輩雖有可觀而去古則遠矣文涉義理悉見黜落六經四書爲世大禁見於宋寧宗之時然也然晦庵諸賢尚賴贊襄而國脉猶存矣夫待儒而至於惡與禁固皆非矣然而武帝之好名理宗之好古高帝之嫚罵景帝之絀儒均之不能用也無已則明帝其近似焉若論其真則湯之用尹文之用望而後爲得由明帝而進之其斯有以盡用儒之道矣乎雖然爲儒固貴於造其極矣然造之則本於志用儒固貴於識其真矣然識之則在於心志不定則將弃於半塗况有他岐者矣心不正則將惑於小道况有嫉賢者矣是立志者爲儒之本而正心者用儒之本也請以是爲爲儒用儒之所先何如謹對

第四問

王儒

同考試官訓導吴批（此篇於齊魯風俗及所以治之者敷答詳明而才氣充溢其齊魯之良也乎）

考試官教諭安批（核而整雅而當質而可行非識治體者疇克爾邪宜録以式）

考試官教諭白批（博考故實而斷制允當末復舉子路治蒲之政以爲牧民者告是可與言政矣）

政不能無弊救之者存乎時俗不能無移易之者存乎變時者救弊之宜變者易俗之機也救其弊不因其時弊不可得而救矣易其俗不通其變俗不可得而易矣故易貴隨時詩美移俗爲民牧者可不加之意乎夫禹别九州海岱惟青州即齊地也濟河惟兖州即魯地也武王克殷奄有天下乃辨九州之國正東曰青州其鎮曰沂山河東曰兖州其鎮曰岱山於是以太公有大功則封于營丘謂之齊以周公有大功則封于曲阜謂之魯太公治齊曰舉賢而上功其政固無不善然一於剛嚴故周公以爲後世必有争奪之禍周公治魯曰尊尊而親親其政亦無不善然一於寬緩故太公以爲後世必有浸微之憂太公之齊因其俗簡其禮傳至桓公管仲相焉設輕重以富國合諸侯以圖伯身在陪臣而取三歸故其士好經術矜功名其失夸詐其俗彌侈伯禽之魯變其俗革其禮傳至定公孔子相焉别五土而物其所生誅少正卯而除其亂政又修六經以明王道故其民上禮義重廉耻其業桑麻其俗儉嗇夷考其時齊雖强太公之遺法盡變魯雖弱周公之遺化猶存故孔子曰齊一變至於魯魯一變至於道此之謂也夫政以人而异俗以政而移政之行於古者未必宜于於

今俗之移於今者未必同於古禮曰廣谷大川异制民生其間者异俗剛柔輕重遲速异齊五味异和器械异制衣服异宜修其教不易其俗齊其政不易其宜顧爲民牧者治之何如耳將治之以寬與然政寬則民慢慢則至於弛將治之以猛與然猛則民殘殘則至於刻是故不必一於猛也不必一於寬也惟隨其時而救之因其變而易之當猛而猛如王臻之剛嚴决事可也當寬而寬如宋璟之仁信爲政可也非廉無以勵俗如李恂之清約束下可也非教無以正俗如李邕之詩書訓士可也民或阻饑思以恤之如富弼之賑濟活民可也民或弄兵思以綏之如李固之恩信化盗可也抑猶未盡也昔子路治蒲三年孔子過之入其境曰善哉由也恭敬以信矣入其邑曰善哉由也忠信以寬矣至其庭曰善哉由也明察以斷矣此則牧斯民者之所當法也愚也生斯土育斯庠固不敢議政然明問及之亦不敢隱焉執事倘采而告諸牧民者其亦斯民之幸哉

第五問

袁繼

同考試官教諭徐批（賦役之法正今時之急務而答者類不切民此作救弊體民之意鑿鑿可行且措詞雅有法度要亦有用之才也他日入對大廷尚亦以平民之政陳之）

考試官教諭安批（此策可見之行非徒然者故録之）

考試官教諭白批（得救時意）

賦役之法去古者皆非中賦役之論違古者皆非善甚矣古之法立之善也行者不合乎此則或增或損均之失中論者不明乎此則或誕或略悉爲未善行之不中則民無以立論之不明則國無以守此善政不復於千載而獨有見於我朝也請以是而復執事平民之問可乎夫治人者明道術以馭下食人者出財力以供上國未有不取民之財用民之力者故任土之责大禹叙之力役之征孟子言之然財者民之心力者民之命聖人必厚之節之而有適中之道焉何後世可爲而不爲也是故邦國之賦始於堯舜定於周成而野外國中無慮什一上有以足國下無以損民信乎中正之道也後世如文景之减租於漢太宗之輕賦於唐大略取於三十五十之一較之始皇興作攘夷而收大半之賦揚炎量出制入而作兩税之法雖爲彼善於此皆非中正之道焉尚何赢歉之論哉邦國之役載之王制詳之周禮而歲用民力不過三日國之事既有以集民之時亦無以奪信乎經久之規也後世限之二旬如唐初之制有所免役如惠帝之法大略出於省事節力之意較之武帝常役尚多而更有七科之

謫昭帝他役既繁而復有三更之役雖爲差强人意皆非經久之規焉亦何苦樂之遠哉奈何王安石之對神宗曰古者非特什一之税而已他賦甚衆蓋曲學强辯之説耳公羊所謂什一行而誦聲作者乃有見矣唐太宗之論百姓曰亡事則驕逸勞役則易使蓋晚年怠政之故耳王符所謂省民繇役使之愛日者則近是矣噫行者不善而善者亦不中論者不是而是者亦非詳此成周之治千載不復見也我朝祖宗立法之善列聖守法之詳大略與成周同隨田畝之廣狹爲租税之多寡而賦無不均計丁糧之多寡爲徭役之重輕而役無不平民享太和之休久矣比歲以來則有不然者雖屢蒙蠲租之詔而未解至骨之貧累布輕徭之政而未蘇剥膚之困信有如執事所言者此有司不能奉行德意之咎固非可以歲凶歸也意者去冗食之員黜貪墨之吏禁奢侈之風恤灾患之苦其或民命庶幾也不然雖有成周輕賦之政其何能救乎省土木之役嚴私役之法戒淫巧之作下寬簡之令其或民力庶幾也不然雖有成周輕役之法亦將何補乎然其仁民之端則又有所本而願以七月之詩無逸之書爲聖天子獻焉不知執事以爲是否

山東鄉試録後序

山東以海岱雄天下靈秀所萃昭於人文蓋自微子立而殷禮存於宋伯禽封而周禮在於魯陳敬仲奔而韶樂傳於齊迨夫孔子作而三千七十子群習於洙泗之間晚以道之弗行又取六經而删定之以詔萬世其後曾子子思孟子之傳述左式之春秋伏生之尚書梁丘賀之易轅固之詩雖純駁不同而其人胥此焉出是故天下之文獻莫先焉今上改元嘉靖越四年乙酉當大比如例録成常作而歎曰猗哉濟濟乎皇皇乎士也何以副厥薦嘗歷觀前輩之校文於兹類叙吾孔子之鄉以爲東人喻嗟乎孔子豈東人之所得私哉孔子之道布在方策穹壤所際罔不欽崇超而詣之者上也勉强而由之者次也口誦其言而躬自畔之民斯下矣是皆存乎其人而地弗與焉故曰孔子非東人之所得私也雖然於東人抑有榮焉子貢曰仲尼日月也邵子曰仲尼以萬世爲土夫日月之照臨下土何所不到而暘谷咸池則日月之所自出也今夫熙明之景清虚之輝夫人皆仰之而生於所自出者獨不能窺其全光焉寧不爲日月之耻哉東藩固孔子之暘谷咸池也爲之後者因言以求其意由曲以會其全庸不違夫静塞不變於時天下之人將指而榮之曰是真孔子之鄉人乎

常等爲國薦賢之意亦可以少伸矣不然冒其遺緒以爲資身之策孔子耻之常亦耻之常不敏竊有志于孔氏而又幸以試事入其鄉冀其人之無或負也於其賓興之始申以告之山東以海岱雄天下靈秀所萃昭於人文蓋自微子立而殷禮存於宋伯禽封而周禮在於魯陳敬仲奔而韶樂傳於齊迨夫孔子作而三千七十子群習於洙泗之間晚以道之弗行又取六経而删定之以詔萬世其後曾子子思孟子之傳述左式之春秋伏生之尚書梁丘賀之易轅固之詩雖純駁不同而其人胥此焉出是故天下之文獻莫先焉今上改元嘉靖越四年乙酉當大比如例録成常作而歎曰猗哉濟濟乎皇皇乎士也何以副厥薦嘗歷觀前輩之校文於兹類叙吾孔子之鄉以爲東人喻嗟乎孔子豈東人之所得私哉孔子之道布在方策穹壤所際罔不欽崇超而詣之者上也勉强而由之者次也口誦其言而躬自畔之民斯下矣是皆存乎其人而地弗與焉故曰孔子非東人之所得私也雖然於東人抑有榮焉子貢曰仲尼日月也邵子曰仲尼以萬世爲土夫日月之照臨下土何所不到而暘谷咸池則日月之所自出也今夫熙明之景清虚之輝夫人皆仰之而生於所自出者獨不能窺其全光焉寧不爲日月之耻哉東藩固孔子之暘谷咸池也爲之後者因言以求其意由曲以會其全庸不違夫静塞不變於時天下之人將指而榮之曰是真孔子之鄉人乎常等爲國薦賢之意亦可以少伸矣不然冒其遺緒以爲資身之策孔子耻之常亦耻之常不敏竊有志于孔氏而又幸以試事入其鄉冀其人之無或負也於其賓興之始申以告之

直隷鎮江府丹徒縣儒學教諭安常謹序

嘉靖七年山東鄉試録

山東鄉試録序

聖上德學日新勵精圖治思進天下之多士丕乃俾乂爰納輔臣之請以嘉靖戊子遣朝官出各省主試事而世揚暨刑部主事陳篪與主山東命下兼程馳至乃八月七日肅入棘院維巡按監察御史馬津司監臨左布政使郭韶左參政邊憲司提調按察使顧應祥副使成英司監試咸既厥心教授劉詔學正羅釗教諭胡浩王冕韓秉文趙時吉胡文舉爲考試官暨百執事分宅外内厥棐有恭乃合提學副使余本暨副使劉淑相遼東巡按御史王重賢所簡士凡千八百人三試之舉其賢者得七十五人校閲毋敢不精去取毋敢不公所録多舉子本文或稍因修飾潤略毋敢不實重得賢遵詔旨也古者三年大比鄉老及鄉大夫若州長興其士之賢能則固其士之賢也是故知素而擇精匪德行道藝弗與焉今之校文與古殊邈所由來遠矣亦有不得已焉耳夫鳳麟出爲世瑞而天下治其羽毛章采識者知焉謂鳳麟專在於文不可也而知鳳麟以文亦可也有不知者雖視其文弗知其爲鳳麟也山東古大聖大賢之地士生其間聞風嚮化超然遠詣固宜有充實光渾敷賁詞章爲世之鳳麟者矣我皇上明目達聰瑞在得賢嚴惟丕式專事責成而世揚又非其人誠懼斯地有鳳麟而弗知又懼所知者非鳳麟也諸士盍反而求之凡三試之文實得於讀書實踐於心身何如學爲實學斯用爲實用則校文之法雖今所不得已而興者固古賢能也是故文以觀學學以觀用文至而學未至者亦有之矣未有學不至而用至者也夫文一日也用終身也一日者或可遇終身者不可欺也不可欺而自欺則一日之遇亦直欺耳明天子經德秉哲迪知忱恂賢否莫逃世揚將無稱匪其人之愆乎夫人知主司之造士而不知士之成主司也爾多士其勿以一日所得者自誦而以終身所到者自力則以彼之仁成此之明且交成事上之忠一物而三善皆得者邪詩曰王國克生維周之楨又曰周王壽考遐不作人諸士其生也有爲其成也有賴將必有深於學不欺於文爲真才爲實用能爲我道厥愆者庶無愧聖賢之地之士非世揚之至願哉幸相與誠勖焉于時都御史王堯封巡撫其地綱紀一方巡監御史魏有本右布政使成

文左參政張宏右參政王潮左參議鄺灝右參議何璦副使牛鸞葉溥陳文沛聶珙僉事邊寧陳德鳴謝旻王尚志沈圻都指揮盧璽咸厘翊有勩宜書時則有若勤百執事不能遍書披録可知已

徵仕郎户科右給事中劉世楊謹序

嘉靖七年山東鄉試

監臨官

巡按山東監察御史馬津（宗孔直隸徐州人　丁丑進士）

提調官

山東等處承宣布政使司左布政使郭韶（克諧山西霍州人　己未進士）

山東等處承宣布政使司右參政邊憲（汝明直隸任丘縣人　辛未進士）

監試官

山東等處提刑按察司按察使顧應祥（惟賢浙江長興縣人　乙丑進士）

山東等處提刑按察司副使成英（秀卿順天府遵化縣人　戊辰進士）

考試官

户科右給事中劉世揚（實夫福建閩縣人　丁丑進士）

刑部雲南清吏司主事陳篪（和韶福建莆田縣人　癸未貢士）

同考試官

江西建昌府儒學教授劉詔（汝承四川江津縣人　癸酉貢士）

直隸真定府定州儒學學正羅釗（彦時福建懷安縣人　己卯貢士）

湖廣襄陽府棗陽縣儒學教諭胡浩（養直河南商城縣人　己卯貢士）

陕西西安府三原縣儒學教諭王冕（宗周山西潞州人　己卯貢士）

湖廣黄州府黄岡縣儒學教諭韓秉文（敬夫浙江慈谿縣人　壬午貢士）

河南开封府中牟縣儒學教諭趙時吉（汝脩陕西鳳翔縣人　壬午貢士）

直隸徐州豐縣儒學教諭胡文舉（道卿福建閩縣人　乙酉貢士）

印卷官

山東等處承宣布政使司經歷司經歷劉竭（盡之直隸六安州人　監生）

山東等處提刑按察司經歷司經歷石淵之（本深浙江上虞縣人　庚午貢士）

收掌試卷官

登州府知府游璉（世重福建連江縣人　辛未進士）

東昌府知府王臯（汝陳直隸金壇縣人　丁丑進士）

受卷官

青州府推官李采（元白湖廣府城縣人　丙戌進士）

濟南府歷城縣知縣朱鵬（騰宵廣西陽朔縣人　癸未進士）

濟南府章丘縣知縣祝文冕（宗周江西德興縣人　丙戌進士）

彌封官

兖州府滋陽縣知縣谷鸞（應和騰驤左衛人　辛巳進士）

萊州府平度州濰縣知縣楊宜（伯時直隸衡水縣人　癸未進士）

濟南府臨邑縣知縣邢第（進卿直隸長垣縣人　丙戌進士）

謄録官

青州府益都縣知縣曹祖儒（以學河南獲嘉縣人　癸未進士）

青州府諸城縣知縣鄭坤（汝健河南光州人　丙戌進士）

東昌府武城縣知縣史筆（秉直河南南陽衛人　庚午貢士）

對讀官

濟南府肥城縣知縣王侑（廷獻錦衣衛籍廣東萬州人　癸未進士）

兖州府滕縣知縣王沼（文樂直隸安肅縣人　丙戌進士）

登州府萊陽縣知縣李軒（洪載河南通許縣人　壬午貢士）

巡綽官

濟南衛指揮使吴璧（潤夫湖廣景陵縣人）

濟南衛指揮同知陶震（奠邦江西萬載縣人）

搜檢官

登州衛指揮僉事戚景通（世顯直隸定遠縣人）

濟南衛指揮僉事鄭九成（虞瑞應天府江寧縣人）

臨清衛中所正千户周善（性之河南固始縣人）

濟南衛中所副千户嚴杲（德輝直隸薊州人）

供給官

濟南府通判薛大川（東之山西長子縣人　癸酉貢士）

濟南府推官李壽恒（天畀山西太原縣人　丙子貢士）

大嵩衛經歷司經歷熊彰（子晦湖廣竹溪縣人　庚午貢士）

登州府經歷司經歷單儒（國珍直隸宿州人　監生）

濟南府歷城縣縣丞高崇武（義夫直隸井陘縣人　監生）

青州府昌樂縣縣丞湯樵（起越直隸壽州人　監生）

登州府蓬萊縣典史黄錦（若晦江西豐城縣人　吏員）

濟南府譚城馬驛驛丞劉寅（敬之陜西咸寧縣人　承差）

濟南府長清縣東北置馬驛驛丞蘇恩（汝沾直隸臨城縣人　承差）

兖州府東平州汶上縣新橋驛驛丞李文簡（天直湖廣麻城縣人　承差）

青州府益都縣金嶺鎮馬驛驛丞李濬（本深河南襄城縣人　承差）

萊州府平度州濰縣古亭馬驛驛丞孫懷忠（以直直隸邯鄲縣人　承差）

第一場

四書

正顔色斯近信矣　君子之所不可及者其唯人之所不見乎　必有事焉而勿正心勿忘勿助長也

易

善世而不伐德博而化　利見大人亨聚以正也　變則通通則久　近也柔之爲道不利遠者其要无咎其用柔中也

書

帝曰來禹汝亦昌言禹拜曰都帝予何言　先王克謹天戒臣人克有常憲百官修輔厥后惟明明每歲孟春遒人以木鐸徇于路官師相規工執藝事以諫　惟曰欲至于萬年惟王子子孫孫永保民　下民祇若萬邦咸休

詩

寬兮綽兮猗重較兮　樂只君子民之父母樂只君子德音不已　文王在上於昭于天周雖舊邦其命維新有周不顯帝命不時文王陟降在帝左右　既右烈考亦右文母

春秋

夏齊侯陳侯鄭伯遇于垂（莊公四年）晋侯執曹伯歸于京師（成公十五年）己未衛侯出奔齊（襄公十四年）吴子使札來聘（襄公二十九年）三月宋司馬華孫來盟（文公十五年）夏曹公孫會自鄸出奔宋（昭公二十年）　秦王二月壬子宋華元帥師及鄭公子歸生帥師戰于大棘宋師敗績獲宋華元（宣公二年）公會晋師于瓦（定公八年）　仲孫羯會晋荀盈齊高止宋華定衛世叔儀鄭公孫段曹人莒人滕人薛人小邾人城杞（襄公二十九年）

禮記

聽於無聲視於無形　雖有至道弗學不知其善也是故學然後知不足教然後知困知不足然後能自反也知困然後能自强也　昔者舜作五弦之琴以歌南風夔始制樂以賞諸侯　君子隱而顯不矜而莊不厲而威不言而信

第二場

論

萬物皆備於我

詔誥表（内科一道）

擬漢下州郡檢核墾田户口詔（建武十五年）　擬唐以戴冑爲大理少卿誥（貞觀元年）　擬賀萬壽聖節表

判語（五條）

官員赴任過限　多收税糧斛面　僧道拜父母　蒙古色目人婚姻　不操練軍士

第三場

策（五道）

問　心學發於堯舜之授受三代之君有聖有賢亦罔不於心學焉得之漢唐宋之興去古漸遠心學不明其間英君誼辟亦固有得其近似者乎洪惟我太祖高皇帝天縱神聖能自得師心學之傳遠接堯舜見於諭輔臣者可考也列聖相傳益以光大我皇上纘承丕緒正位凝命御製敬一箴且爲之序又爲心箴及視聽言動四箴解聖謨洋洋發明心學究極本原斯固皇上生知之聖獨得之天也不知聖功何所修爲抑將何所徵驗歟所謂敬一即精一歟與聖祖之言亦有合歟今聖上春秋方盛日新月益尚有進於是者乎是未可但已也兹欲輔成君德襄翊太平果有何要言急務可以獻于廷乎願陳之以爲天地博厚高明悠久之助

問　六經者先王經世之要道夫子删述以垂憲萬世者也顔曾思孟相繼傳述孟子没而其傳泯矣遭秦焚書經學益晦漢興稍稍振起而齊魯之間專門名家者何限豈不以師友淵源所在自有不得而泯滅者與今姑舉一二與諸士論之在魯則有申公之詩高堂生之禮江公之春秋夏侯之尚書孟喜之易而王式匡衡之徒又皆以詩名者也在齊則有伏生之書轅固之詩胡母

生之春秋梁丘賀之易而兒寬歐陽歙之徒又皆以書名者也其源流授受之迹亦有可言者與其所傳述亦有得於六經之旨否與夫諸儒有出爲世用者矣迹其行事亦皆有可觀與夫當秦火既熾經學不明微諸賢相繼而表章之道幾乎息矣而皆不與其得斯道之傳者何與或者有謂秦焚書而書存諸儒窮經而經絶然則諸儒之窮經者適足以害道與毋乃言之過矣子諸生生於齊魯之邦其優劣得失講之熟矣抑將何所取法與願備言之以觀尚友之學

問　儀禮全經散逸今傳者僅十七篇然品式度數從可稽已姑舉數篇與諸子論之覲禮著侯氏勞賜朝享之節明矣然公侯伯子男圭冕車牢朝位擯介以至於饗食問勞之數斯經不載其詳乃見於周禮何歟少牢饋食著位序鼎爼尊罍豆籩迎尸羞獻暮嘏之禮詳矣則又有擯尸於堂之禮豈以獻酬之禮未備陽厭之祭未舉歟昬禮有對筵合卺見婦于舅姑贊醴婦婦盥饋舅姑饗婦之節則有昬義可考矣説者復有疑於饗婦奠酬之未詳亦可推其義□然必三月而後廟見者何也今之人有行者固一一如斯禮乎鄉飲酒禮有祭薦祭酒嚌肺啐酒有不拜洗不嚌肺不啐酒不告旨之節亦有鄉飲酒義可考矣鄭玄注賓主介遵衆賓之位亦與記禮者之説合歟其所謂賓主介遵以及衆賓者孰爲之也今有司所行者即斯禮無异乎夫覲以嚴君臣祭以明父子昬以重夫婦鄉飲酒以序長幼禮之大體于是乎在了此則諸篇可以類推而古禮可以行於今措之國家有餘用矣請詳對以觀禮學

問　刑以弼古聖帝明王不能舍是而爲治也稽諸典謨周禮可見已彼吕刑一篇哀矜惻怛猶可以想見三代忠厚之遺意説者猶病其濫贖以謂穆王爲此一切權宜之術以斂民財耳其信然歟後世願治之君遂至除肉刑不用然則古帝王之制非歟又有著政論病夫刑之寛者然則刑固貴嚴歟我聖祖折衷前代制爲大明律遵行至今皇上以好生爲德慎重民命屢詔恤刑中外百司奉行惟謹夫有一定之律值此維新之治而未見夫刑清訟簡者何也豈所謂有德惟刑哀敬折獄者固難事歟抑今民非古醇厚之民歟晦菴朱子嘗有論著真恤刑之至要也可得聞其詳歟兹欲使民得其分百司得其職刑書胥占不失聖朝制作之意辟以止辟仰贊聖上好生之德其道安在諸士子出而服官斯亦致用之一幸明言以教我

問　國有荒政所以恤民今水旱相仍螟蝗遍野害至百千里稼穡空矣何以爲賑恤之方夫欲歸之天數則修德所宜先欲圖之人事則舉政不可後顧安使灾害不生乎國有力役所以與事今漕河淤淺疏鑿他道役至數萬人民力竭矣何以爲休息之議夫欲底績新河則勞費惟艱欲疏通舊道

則壅塞漫衍豈終無經久之猷乎賦斂以足軍國之需國家取民既有定則矣財貨所聚非官則民今蠲免之詔屢下而民不益富何邪或謂貪吏奸民之囊槖或謂民俗奢侈之害財其何以富民而足國用乎盜賊迫於饑寒之計朝廷憫惻時見撫綏矣好生惡死人心所同今剿捕之兵時出而民不自愛何邪或咎有司撫馭之無方或咎承平武備之不競其何以安民而儆無虞乎是四者乃生民休戚天下治忽所係諸生觸目激衷必有大緼藉欲言者幸著于篇以觀濟時之學

中式舉人七十五名

第一名　葛守禮　德平縣學生　易
第二名　張舜臣　章丘縣學生　詩
第三名　吴孟祺　寧陽縣學生　書
第四名　王九疇　莘縣學生　春秋
第五名　安宅　冠縣學生　禮記
第六名　孫光輝　淄川縣學生　易
第七名　李開先　章丘縣學增廣生　詩
第八名　盧宗哲　德州學生　書
第九名　吴嶽　汶上縣學生　春秋
第十名　郭宗皋　福山縣學生　禮記
第十一名　王弘道　霑化縣學生　易
第十二名　王恩　陽穀縣學生　詩
第十三名　楊獻可　青城縣學生　書
第十四名　田濡　東昌府學生　詩
第十五名　劉本元　德平縣學生　書
第十六名　王得良　濟寧州學生　易
第十七名　馮惟健　青州府學生　詩
第十八名　唐交　東平州學生　春秋
第十九名　邢沂　臨邑縣學生　詩
第二十名　楊洞　濟寧州學生　易
第二十一名　孫瓚　新城縣學生　詩

第二十二名　安永清　遼東廣寧衛學生　書
第二十三名　任洧　蒙陰縣學生　詩
第二十四名　胡邦佐　濰縣學增廣生　易
第二十五名　周室　朝城縣學生　書
第二十六名　許淵　長山縣學生　詩
第二十七名　張世昌　平原縣學生　易
第二十八名　楊綸　臨清州學生　詩
第二十九名　劉鳳　陽穀縣學生　書
第三十名　于玭　東阿縣學生　詩
第三十一名　謝九儀　章丘縣學生　易
第三十二名　尚愚學　東平州學生　詩
第三十三名　姚會極　鉅野縣學生　書
第三十四名　曹一貫　莘縣學生　詩
第三十五名　夏文憲　章丘縣學增廣生　易
第三十六名　殷學　東阿縣學生　詩
第三十七名　譚任　濰縣學生　書
第三十八名　張龍　濟寧州學生　禮記
第三十九名　石遷高　恩縣學生　易
第四十名　侯寧　東平州學生　詩
第四十一名　梁宦　冠縣學生　書
第四十二名　王揖　新泰縣學生　詩
第四十三名　許東望　東昌府學增廣生　易
第四十四名　王道　章丘縣學生　詩
第四十五名　趙桐　萊陽縣學生　書
第四十六名　侯來庭　費縣學生　詩
第四十七名　楊賢　濟寧州學增廣生　易
第四十八名　孫廷臣　丘縣學生　詩
第四十九名　初騏　利津縣學生　書
第五十名　董玉琳　陽穀縣學生　詩
第五十一名　藍瑞　曹縣學生　書
第五十二名　閻魯　寧陽縣學生　詩
第五十三名　唐方　東平州學生　春秋

第五十四名　王國珍　章丘縣學生　詩
第五十五名　張瀾　濱州學生　書
第五十六名　吴昶　登州府學生　詩
第五十七名　梁公奭　高唐州學生　禮記
第五十八名　吴杲　濮州學增廣生　詩
第五十九名　吴守素　武城縣學生　易
第六十名　黄希周　滕縣學生　書
第六十一名　徐松　長清縣學生　詩
第六十二名　徐衢　冠縣學生　春秋
第六十三名　任瀛　滋陽縣學生　詩
第六十四名　劉鋭　武定州學生　書
第六十五名　李繼宗　朝城縣學增廣生　易
第六十六名　傅直　遼東盖州衛學生　書
第六十七名　張克恭　章丘縣學生　詩
第六十八名　韓梓　蒲臺縣學生　易
第六十九名　劉贊　曹縣學生　春秋
第七十名　李思忠　德州學生　書
第七十一名　陳鉞　東昌府學生　詩
第七十二名　胡經　濮州學增廣生　禮記
第七十三名　李沔　曹縣學增廣生　易
第七十四名　董三餘　歷城縣學生　書
第七十五名　田甸　莘縣學生　詩

第一場

四書

正顔色斯近信矣

王得良

同考試官學正羅批（此題繫於政體樹德儀民之道備焉場中率多剽拾陳語可厭録是作者壯其理致精邃辭氣莊嚴正色讀之亦可想見其風采矣）

考試官主事陳批（筆力者健佳士也）

考試官右給事中劉批（文亦近信宜録）

端於面而協乎誠此君子之所重也蓋顔色之正難乎其信也正而信焉豈非道之所在君子之所重者哉昔曾子告孟敬子至是蓋謂君子重道於三事而實不外乎一身固有所謂動容貌遠暴慢矣彼見於面者有顔色焉毋傾毋回舉合乎當然之則而康而色不逾乎至正之規時乎動止隨地而著見凝重於丰采者自足以起人之景仰有所謂君子之光者矣時乎應酬隨事而呈露端莊於顔面者自足以肅人之觀瞻有所謂維民之則者矣然其迹若涉於作爲而皆本乎實緼藉攸形罔致飾以徇外功若嫌於修飭而皆近乎誠篤厚不掩無僞爲以欺人丰采之凝重乃其中心之敷溢有孚顒若非不情也道不於是而在乎顔面之端莊乃其顛實之揚休英華發外非虚妄也道不即此而存乎夫正顔色而近信道之切於身者如此固君子之所重而爲政者之所當知也與嗟夫容貌顔色辭氣三事皆修身之要爲政之本君子所貴乎道者固惟在此彼器數之末不與焉曲禮之毋不敬儼若思安定辭即此三事而終以安民則聖賢相傳修身爲政之常法從可知矣曾子守約深造此其所自得者故舉爲孟敬子告彼敬子者亦紹聞而衣德言哉

君子之所不可及者其唯人之所不見乎

王恩

同考試官教諭韓批（題本平易作者多涉于牽强此篇詞不費而理足蓋嘗究心于理學者也宜録出以爲後學式）

同考試官教諭胡批（不可及正在所不見處作者每於上句先濫説至下句又欠發明辭嚴義精無逾于此宜録之）

考試官主事陳批（詞簡意足説理之文也）

考試官右給事中劉批（作者似此體認絶少）

中庸論君子之過乎人者在能謹其獨也蓋獨者人所不見而易忽焉者也惟君子能謹之其所不可及者豈外於是哉中庸卒章引小雅正月之詩申言君子謹獨之事若曰欲知入德之事盍自君子過人者求之乎夫君子望重于時人皆視之以爲準名稱其實衆皆慕之以爲高匪自亢而獨立也固自有難與之并迥然出類跂予而不可到焉者也非立异以絶俗也固自有莫與之齊超然拔萃仰止而不可攀焉者也是果安在也哉唯曰理欲之分動於隱微人之所不見也於焉謹其分於念慮方萌之始而檢防之必周天人之幾介於潛伏吾之所獨知也於焉審其幾於吾心獨覺之時而察治之益密兢業不懈

於反觀使發於心者無愧於心蓋自修之深功也而夫人每懈焉此其所以不可及乎寅畏不忽於内省俾起於志者無惡於志蓋克己之實學也而衆人恒忽焉斯其所以過於人乎是則君子爲己謹獨之事如此學者宜亦知所入德矣抑謹獨乃聖賢相傳爲學之要易所謂介書所謂微皆是道也故中庸首章先乎戒懼而此則先乎謹獨蓋尤致意焉者也是故德始於一幾而功臻乎位育皆自夫一心爲之也學者誠知子思子立言之意則下學上達由明而誠固不容用意高遠而其幾在我矣是亦中庸之道歟

必有事焉而勿正心勿忘勿助長也

唐交

同考試官教授劉批（場中作者類以勿忘意思參講在有事上至於勿正語句又與勿助無所分别殊爲可厭此篇體認親切亦可以覘子之知養氣矣録之以式）

考試官主事陳批（文整而氣足可式）

考試官右給事中劉批（説理精切）

大賢之論養氣在得其養而無所害焉夫氣之生於集義也尚矣有事勿忘而戒於正助斯其爲善養者乎昔孟子答公孫丑之問及此若曰浩然之氣生於義之集而餒於義之襲義不容外矣故必致力於吾身凡有云爲由中制外惟集義之是務庸功於攸行凡厥酬酢以心度宜惟集義之是圖有事可矣若乃力始至而遂期其效見小欲速之不免功纔施而預計其成先難後獲之罔知是力道之念奪於徇外自得之學淪於近功矣奚可哉夫氣充於義之集而或有所未充功不容已也但當益力於有事而持之以悠久不容須臾之或息常反於集義而積之以歲月毋使頃刻之或忘勿忘可矣若乃飾虚爲盈不由中出而作爲以助其長矯弱爲强不由理勝而造作以强其充是久成之道傷於速化自然之妙妨於襲取矣奚可哉吁有事勿忘戒於正助則浩然之氣得其養而無所害矣寧有不自充乎集義養氣之節度有如此哉嗟夫至大至剛配道義而塞天地者氣也固理也集義之至自反常直無所愧怍則與天者游造化在我而天下無難事矣故浩然之氣理而已矣至於知言亦不外此理此孟子之不動心所以非外義之告子所能彷彿也雖然浩然之氣其迹著視太和元氣何如也此又孔孟之别而欲學孔子者必自孟子始

易

善世而不伐德博而化

葛守禮

同考試官學正羅批（龍德正中之實作者非不能言但體認欠真或以善世爲功淑乎人或以德博爲體盛于己殊不知德與時之分原自明白此作獨能融會傳意模寫精蘊殆潛心易學有得焉者宜録以式）

考試官主事陳批（詞理精到蓋深於易學者）

考試官右給事中劉批（簡當可式）

體于己者極其純被于物者極其盛乾九二大人然也夫善莫純於不伐施莫盛於物化也乾九二大人以之非以德與時之兼至乎文言申乾九二象傳之意若謂九二所以爲見龍利見者固有在於龍德正中矣夫龍德惟剛健中正之備體乎立矣故自修益密於云爲存誠不懈於無斁充滿周遍兼萬理而彌綸天下之善皆其善也溥博淵泉舉天德而悉備世之有善皆其有也虚己下人而韜晦爲益深固曰我斯善我之分耳而奚有於矜小心惟道而炫耀無所事固曰我之善人所同耳而何有於夸善世不伐如是斯體於己者其不極純矣乎正中當不潛未躍之處時乎會矣故妙用根極于一身德施普及乎天下風動於光輝之被無遠無近皆其德之所囿也澤流於聲教之訖或上或下悉其德之所漸也以心感心而潛孚莫測蓋天下文明有不知爲之者正己物正而丕變無方蓋天下化成有不疾而速者德博而化如是斯被于物者其不極盛矣乎吁九二大人之所以備其德而際乎時者有如此此所以爲見龍在田而人所利見也歟嗟夫化者聖之至盛也其終始亦惟一誠而已故閑邪存誠誠者也學聚問辯寬居仁行誠之者也夫以九二之剛健中正至德已具而德不容已於學以成德由誠之以至於誠斯所以善世而能化者歟觀夫子文言前後之旨則自古聖人所以聖概可見矣

變則通通則久

謝九儀

同考試官學正羅批（此題以易理明治道近時學者去九六相生之語而易之以天地人物之變似爲新見但講涉渺茫於聖人通變宜民之道殊未爲切或又泥於制器尚象之事則又淺矣説理文字似此可以喚醒夢易者）

考試官主事陳批（明潔得旨録之）

考試官右給事中劉批（庶幾得易理者）

大傳推變通自然之利所以著聖君繼治之妙也夫變則通通則久易理自然之利也然則聖君之通變宜民其以此理也哉昔吾夫子之意若謂觀黄

帝堯舜之治當知隨時變通之易是故時有消長不能拘拘於陳迹理有循環不能膠膠於既往是變固生於窮矣變何以能通邪蓋物極則有湮塞之理數窮則無圓轉之機惟夫變以濟窮而事迹爲之一新將見湮者自是而疏通滯者自是而流動施爲活潑無復陳迹之泥也運用周流無復既往之塞也變其有不通乎通固生於變矣通何以能久邪蓋人情厭於守常事勢廢於窮蹙惟夫通生於變而機緘爲之一闢將見推行由兹而無窮敷布由兹而不息合天道而成憲存實經遠之規也因自然而良法寓實悠久之用也通其有不久乎夫變而通通而久乃易理自然之利否則陰陽將滯於形氣而非生生之妙矣然則黄帝堯舜之治何莫非此理也哉大抵易惟陰陽變化兩端而已在天爲乾坤闔闢在易爲剛柔相推在人物爲動静相禪在聖人爲隨時弛張統而言之一易也然則黄帝堯舜垂衣裳而天下治固非聖人所强爲易爲之也變通而久則流行之易又未嘗無一定之易蓋皆出於天道之自然非知力所能損益也學易者神而明之則易在吾心而可與語天德王道矣

書

帝曰來禹汝亦昌言禹拜曰都帝予何言

吴孟祺

同考試官教諭趙批（此題作者類能成篇殊多駁冗可厭校閲數日偶得此卷辭氣冲淡制度整齊揚盛世明良相與之氣象宛然如見宜録之以式學者）

同考試官教諭王批（有虞明良相與之盛最難形容此作于大舜求善之誠大禹讓善之美摹寫親切可以想見于數千載之上矣佳士佳士）

考試官主事陳批（莊重精切迥异諸作）

考試官右給事中劉批（意在言外此作得之）

聖君進大臣而求善也切大臣復聖君而遜善也恭甚矣虞廷臣以善相師者也一呼復問答之間而求善遜善之美具焉史臣紀之有以哉昔帝舜既聞謨于皋陶遂求益於大禹乃曰來以招致其進曰禹以特表其名適侍在廷將以顧夫問也且謂納言當集夫衆善嘉猷豈厭於再聞如皋陶者知人之哲既爲朕詳敷於前安民之惠復爲朕開導於後汝始則固以爲難而終則深以爲信者矣然人各有見事非一端顧肯言及之而不言乎亦必廣責難之敬以昌言而續告之于以反復詳敷推其未盡之旨委曲開導協夫同寅之公予其試聽哉帝舜求言之意其切如此禹方承命于帝不覺競惕於中乃拜手以盡其禮都美以發於嘆又稱曰帝所以啓其聽也且謂進忠不在於多言用言惟

求夫至當使皋陶者徒曰知人而功效有所未明但曰安民而究極有所未備揆之於理而未順措之於事而難行予固當更竭祗承之慮仰裨重華之助可也今彼之所言如出一口非得我心之同然乎予雖欲效臣鄰之義以輔翼而分責之彼則語焉懇到不惟順理而且可行謨焉精至不惟可行而且底績予復何所言哉大禹復君之辭其謙如此是則君不自聖而求言於臣臣不自居而讓善於同列上下以誠交孚可以想見有虞之盛歟抑禹欲無言豈終於無言哉禹之心蓋以言有難繼惟思孜孜述其治水之功相與保守不怠是言之昌莫大於此皋陶亦俞而師之舜之心惟恐聞有未盡而取善無窮圖治不已者也是言之昌終亦無弗聞者噫舜禹聖之盛也唐虞治之極也君臣猶不自足其視後世治僅小康君驕而臣諛者亦獨何哉

惟曰欲至于萬年惟王子子孫孫永保民

盧宗哲

同考試官教諭趙批（命題本意正欲寫出周臣忠愛之心此篇精明條暢發揚殆盡故録）

同考試官教諭王批（題本平易士子多于惟欲二字體認欠真故措辭漫無源委此篇會文切理其亦忠愛之心溢于言表者乎）

考試官主事陳批（得古人告君意而文亦敷暢）

考試官右給事中劉批（詞暢意足可録）

周臣表進戒之心惟祈君永膺天命而世保天下也甚矣天命永于有德也人臣以永命祝望其君忠愛之誠至矣史官紀周臣進戒之詞至此蓋謂君道在於得天而得天本乎明德我之啓王監祖德以懷諸侯而化迷民者豈有他哉亦惟爲王祈天永命而已何則誕受多方周之荷天寵也厚矣然眷命難乎其有終惟欲無疆之寵自今引之至于萬年而益隆撫臨兆民周之荷天休也渥矣然王業必傳于悠久惟欲滋至之休自今延之至于無窮而罔替可大之基積而爲可久之祚非如夏之歷年而已也而六服群辟永作周家之藩屏繼統之善衍而爲垂統之澤非若商之歷年而止也而群黎百姓恒屬周家之版圖由是繼王之身有子焉子而復子嗣大歷服以永保乎庶邦之衆繼王之子有孫焉孫而又孫并受丕基以永綏乎中國之民世德作求綿綿乎專美一姓而時叙修和之績終無不兢之虞也所謂宜君宜王者有焉繩其祖武振振乎克紹前烈而奠麗陳教之光靡有遏佚之失也所謂惟乃世王者有焉夫然則臣下祝望之心以慰而吾王用德之效端在是矣抑論皇天無親惟德是輔

欲得天者誠不可不修德也夫德徵於民而天命不在民心外也故周之大臣祝君永命必以民先之爲之君者果能以德諴民則民心永懷而天命自有不庸釋焉者矣周祚八百年之永者豈偶然哉噫斯祝也頌而無諂信非周召之徒不能爲矣大臣愛君者尚其監之

詩

樂只君子民之父母樂只君子德音不已

李開先

同考試官教諭韓批（樂只輕説是有定見宜録之以爲式）

同考試官教諭胡批（布置齊整而語致從容自是作家手段）

考試官主事陳批（詞氣從容非苟作者）

考試官右給事中劉批（得古人尊賓之意）

主人美嘉賓之德有爲人所依者有爲人所傳者蓋德爲民之所依則其譽自可傳也賓之可樂孰有大於是哉主人美之以致尊之之意宜矣此周人燕饗通用之樂蓋假工歌以道達主人之意若謂德以長人爲尊譽以垂世爲美今我與燕之君子而獨歉於是哉是故登筵依几和順藹於辭氣之間奠斝舉醻温恭溢於禮度之外我君子則可樂矣是樂只之君子其藴之而爲德行者何如吾知慈祥愷悌之中有平易近民之實愛育所及群黎百姓莫不瞻之如父恃之如母也懷保所在庶民小子莫不有父之尊有母之親也德可愛而民愛之不曰民之父母而何然有此德則有此聲我樂只之君子其施之而爲聞譽者何如吾知感發興起之下有稱頌無已之誠名實所加彼無惡此無斁夙夜有永終之譽矣聲光所被遠有望近不厭永世垂有辭之休矣德可稱而人稱之非其德音不已而何夫德惠足以及民德聲足以垂遠君子之可樂如此主人所以尊之而頌美之無已歟大抵君子之道亦仁而已矣易曰體仁足以長人孟子曰仁言不如仁聲之入人深也詩美君子之德必曰民之父母德音不已蓋以深仁至德望之而不欲其徒事嚴威以傷天地之和也夫上下之間燕禮通行聞樂而樂聽言而感太和元氣其在成周宇宙間乎

既右烈考亦右文母

張舜臣

同考試官教諭韓批（講二右字辭不復而意自明是用取之）

同考試官教諭胡批（頌題作者多牽制厭觀此篇詞理圓融摹寫尊崇意思宛然在目佳士也）

考試官主事陳批（説武王孝親心事可録）

考試官右給事中劉批（文簡意足）

周王之於親也有尊饗之禮有配饗之禮夫二親并饗則尊乎考者亦尊乎母矣孰謂周王之禮而有所偏廢乎昔武王祭文王歌雝以徹及此意謂莫尊乎親莫大乎禮尊親以禮夫孰無是心也惟我皇考宣哲文武安天人以開百世之鴻基眉壽繁祉昌後人以集今日之大統其烈著矣向固欲右之也而未能今則清廟啓而辟公咸相廣牡薦而孝享以成對越奔走盛天下之衣冠饗祀妥侑昭四方之備物典禮尊崇品式具備于我烈考則既得以右之焉然烈考尊矣文母之尊夫豈异乎惟我文母淑德夙成妙作合於洽陽渭涘之際徽音遠嗣發禎祥於關雎麟趾之餘其文顯矣昔雖欲右之也而未可今則右皇考而配饗是宜順考子而尊親罔間與祭執事之人儼敬承而一體剥亨饗獻之節在侑食以同尊禮秩并隆情文兼至于我文母則亦得以右之焉是則二親之饗雖出於孝子之至情大禮之成實本於皇考之至德假哉皇考其有以綏予孝子之心乎武王奉祭之誠可謂至矣大抵祭祀之理求之者固以誠歆之者亦以禮武王饗右烈考文母而必推原其所自非但不忘而已亦曰夫祭也皇考之所遺則固皇考之所安也祭之以禮而文考來格理則然耳故曰惟孝子爲能饗親又曰明乎禘嘗之義治國如視諸掌噫此武王之孝所以爲至而仲尼述之以詔萬世也歟

春秋

夏齊侯陳侯鄭伯遇于垂（莊公四年）晋侯執曹伯歸于京師（成公十五年）己未衛侯出奔齊（襄公十四年）吴子使札來聘（襄公二十九年）

王九疇

同考試官教授劉批（春秋惡鄭衛四君而嘉子臧季札乃抑争崇讓之意士子不探本旨却牽綴四題書法漫無臧否甚不强人意此篇措辭嚴整褒貶甚公可以式矣録之）

考試官主事陳批（得謹嚴體）

考試官右給事中劉批（文簡而直可式）

春秋始惡争位而予夫讓之者繼惡争位而予夫辭之者有以見聖人之公天下而不貴於取國也且遇于垂者鄭突也突嘗以庶孽而争國儀亦其庶也遂乘間而即乎位焉夫此一鄭也突争之儀争之桓公之故業可利也天倫其可傷乎雖其才俱足以有國而度彼參此皆無善也詎知曹有子臧而能見於是焉當夫負芻不軌諸侯執而歸諸京師將見子臧於王而立之臧乃讓而

亡之宋不取乎爲諸侯而曰爲君非吾節也君子謂子臧於是乎有禮噫使鄭之二子有知其寧不爲之愧也邪春秋之惡突與儀而賢子臧者以是若出奔齊者衛衎也衎固以無道而失守剽非其次也遂伺便而有其國焉夫此一衛也衎争之剽争之康叔之舊緒可圖也攘奪其可忍乎雖其才俱足以君國而原情定罪其失均也詎知吴有季札而能見於是焉當夫壽夢夫禄子僚立而剌於光光致國乎季札而君之札乃辭而逃之延陵能讓乎千乘之國而曰有國非我節也君子謂季札於是乎明義噫使衛之二子有知其寧不爲之愧也邪春秋之惡衎與剽而賢季札者以是吁一國二君非國之福也君子不幸而處此如子臧季札者其可矣雖然子臧善矣札之所行不亦過中矣乎父賢之而欲立兄賢之而欲遜公也况僚之不足以辟乎札必遂其介而不從僚光之禍札爲之也是以見貶於春秋此固責備賢者意也

仲孫羯會晋荀盈齊高止宋華定衛世叔儀叔公孫段曹人莒人滕人薛人小邾人城杞（襄公二十九年）

吴嶽

同考試官教授劉批（傳中引葛藟楊水二詩正爲弃親勞民而言此篇體認精切措辭明暢可與言春秋矣宜録以式）

考試官主事陳批（用親親仁民二意良是）

考試官右給事中劉批（得傳意）

伯主恤小而兩昧乎道春秋直書以貶之也此晋平城杞之役親親仁民之道兩失焉春秋直書以貶之宜哉且平公杞出也大合諸侯之大夫以城之焉疑若得保小念毋之道矣而春秋貶之者何蓋爲國之道莫先於親親然必先父族次及母族此其序有不可紊者平承奕世之伯所宜紹前人之丕烈以蕃王室以和兄弟而後及杞之城斯可矣顧乃侯度弗修母家是急舍宗周之闕而效忠宣力之罔聞弃諸姬之微而講信修睦之不舉崇私恩廢公義大有以失望於天下曾是謂和本乎噫弃其九族葛藟所以有終遠兄弟之刺也何晋平又昧此邪爲國之道莫先於仁民蓋民惟邦本本固邦寧此其理有不可忽者平司君國之責所宜篤君人之大道以康濟小民撫綏有衆而後爲杞之城斯可矣顧乃民隱弗恤母言是聽驅田畝之民而妄興工築之役率空乏之衆以從事土木之勤饑弗食勞弗息大有以重失乎民心曾是謂知務乎噫不恤其民楊之水所以有束薪蒲楚之譏也何晋平又昧此邪是則不能推恩則伯業墮不能保民則君道失春秋於城杞之役直書于策蓋亦不待貶而罪自

見矣抑親親仁民皆九經之道而其本則在修身尊賢耳平公知亥唐之賢而不能用固無怪乎倒行而逆施也然自平王戌申而王迹熄世之所賴者伯而伯又若此周室其能復興乎春秋於此蓋不能不重爲世道慨也噫以此爲防後世猶有寵外戚以啓新室之禍者

禮記

聽於無聲視於無形

安宅

同考試官教諭胡批（先意承志王於耳目不忘見之作者率多支離此篇融會合一而歸重於愛親之心殆窮經而得其旨綮者歟）

考試官主事陳批（明整可録）

考試官右給事中劉批（發出人子愛親之心可録）

論人子之事親有見於耳目之不忘焉蓋心在親則親在吾心矣是雖無形與聲亦何嘗忘於耳目之間哉記曲禮者之意謂夫人子於親惟愛心無所往而不寓則吾身隨所在而皆親何則聽以耳而所以聽者心也聲而後聽則限於聲之所可及矣孝子之事親惟聽之以無聲焉故親之教使雖未聞也然想像之誠有出乎聲之上者其聽也不以耳而以心則訓誨之迹揆之親固甚默而領略之心即之已則甚裕蓋不必於傾聽而恍然有德音之可聞是非真聲也心通於親則聲入於耳矣無聲猶聽則有聲而聽之者當何如邪視以目而所以視者心也形而後視則隔於形之所未見矣孝子之事親惟視之以無形焉故親之教使雖未見也然思念之勤有出乎形之外者其視也不在目而在心則形在吾親固瞻望之未能而心之見親隨前後而皆得蓋不必於正視而宛然有德容之可親亦非真形也親在吾心則形見乎親矣無形猶視則有形而視之者又何如邪夫如是則親不忘於出言舉足之時而有先意承志之心孝子事親之道其盡之乎嗟夫是道也孝子終親之身與孝子自終其身皆在焉蓋視聽之存非惟就養之無方而將順匡救亦胥此而得其大若夫無窮之感與明發之懷又豈可以存没而有閒哉故祗載之孝終得於允若而繼述之善者在不屑屑於形迹之拘焉噫此舜之孝所以爲大而武王周公之孝所以爲達歟

昔者舜作五弦之琴以歌南風夔始制樂以賞諸侯

郭宗皋

同考試官教諭胡批（題似淡而意深場中多主仁民賞臣或作明良相

逢皆非經旨獨此寫出舜夔作樂爲民之心録之可以破群疑矣）

考試官主事陳批（題本重歌南風賞諸侯此作得之）

考試官右給事中劉批（聖賢作樂之心讀之可見）

論盛世之君臣其作樂皆有以爲乎民焉夫聖君賢臣無往非爲民之心也則其見於作樂者何莫而非此心哉記樂記者意謂先王之道以樂爲盛天下之心以樂而和昔者舜之帝於虞也德本於性生治成於揖遜其作樂之器而有琴焉制琴之弦而有五焉若是者以歌南風而爲民耳蓋吾民愠有未解也藉此風景大之氣以宣泄之財有未阜也資此風仁厚之氣以發生之得之於心而應之於手應之於手而發之於聲操縵之餘而天下之雍熙有不外於聖人之一心焉是舜之琴不徒和德於上欲推之民而太和矣夫舜既切於爲民而夔乃臣之賢也居典樂之官承重華之命其制有以備干羽之數焉容有以該聲音之全焉若此者以賞諸侯而爲民耳蓋諸侯政在養民也寵綏惟能以此樂而隆殺之教學爲先也報稱其事以此舞而遠近之忠效於君而心在於民心在於民而德章於樂錫予之及則民德之式敷欲有以勉諸侯之永肩焉是夔之樂正以將舜之惠而驗之民以行賞矣吁君臣之爲民其心同則君臣之作樂其道同此聖世之功化所以爲盛歟大抵聖人作樂以宣八風之氣以平天下之情固不樂於一己之私也况舜爲聖之盛而得夔爲之臣則作樂有本而惓惓爲民至矣是故風動四方而後世之言治者必歸焉若夫九功七德之舞芝房寶鼎之歌其視舜與夔作樂爲民之意何如邪噫此聲音之道與政通而古治之所以不復見與

第二場

論

萬物皆備於我

孫光輝

同考試官學正羅批（性理之學最難形容場中尚辭欠理者多此卷三場俱得而一論理明詞到尤出人意表殆非徒飾輪轅者得士如此亦足自慰矣）

考試官主事陳批（論場善作者多但競飾浮麗漫無尺度令人厭觀晚得此卷析理精深措辭明暢豈大家機軸自别邪秋闈高薦何忝）

考試官右給事中劉批（題本正大作者不腐則怪録是作立意精切而辭復雅健蓋論場中之杰出也）

論曰天下之理畢具於吾心君子不可無自得之學矣夫理一而已矣散見於天下之物若有萬殊而天命之性全于心者至虚至明生理具焉固所以會天下之物而一之於我者也故舉一性而萬善立焉萬事出焉充滿周遍非假借於外以爲有者其體本如是其全其用本如是其大而非有我之得私也特患夫人不知反而求之耳夫惟善反之則性存而道在我否則將背而馳矣君子可無自得之學哉萬物皆備於我孟子其善於牖民者歟夫極天下之賾者存乎物立天下之有者存乎性具性善者存乎心而體乎物謂之理弘于人謂之道其究一也夫我曷爲而備之心吾心也性吾性也天之所以與我者渾渾乎太極之全體至中至正至粹至精廣大而無外神化而莫測蓋所謂與天地參焉者也而何待於外求哉自夫世之求道者狹乎哉而奪於物見夫我之固而内也萬物之馳而外也我之嗇而倚也萬物之夥而睽也我之滯而近也萬物之涣而遠也將求之於物而弗於我于是乎冥眩於雜揉齟齬於形迹支離於變態旁午之中而不知類聚群分殊塗百慮散見於象形事物不可窮者吾性天固已悉備無餘物矣蓋昔者吾夫子贊易於咸曰觀其所感而天地萬物之情可見矣感涉乎動也懼人泥於動而遺其内故於萃又曰觀其所聚而天地萬物之情可見矣君子觀所聚而得之吾性觀所感而得之吾情性立其有情效其動則萬物之理不能外矣今夫君臣也父子也夫婦也昆弟也朋友之交也貌言視聽之异應也食息作止之异宜也禮樂刑政之异施也天下國家之平治也範圍曲成之成能也凡若此者其爲物甚賾而其爲理甚博也然反而求之則君臣之有義也非有待於外而義也自我而有是義也父子之有親也非有待於外而親也自我而有是親也夫婦之有别長幼之有序朋友之有信也非有待於外而别而序而信也自我而有是别與序與信也貌言視聽則恭從明聰之理我有之矣食息作止則安和動静之理我有之矣禮樂刑政吾性之有品節制度也天下國家吾性之有九經也範圍天地曲成萬物吾性之有神易也會萬於一而性備焉散一於萬而道行焉合萬一妙性道而物盡焉由之窮理盡性而至命者此也由之盡倫盡制者此也由之參天地而贊化育者此也故曰由仁義行非行仁義也又曰非由外鑠我也我固有之也弗思耳矣嗚呼盡之矣夫行不著習不察日用而不知者昧其備牿亡於旦晝者失其備仁者見之謂之仁知者見之謂之知弗全其備者也而理固未嘗無也夜氣所息之時平旦虚明之際良心發見天理呈露察之即見養之即存天下之理皆吾心之故物耳是何也性生理也天命也與生俱生我不得而私焉反觀内省亡者存失者復夫孰得而禦之此君子所以貴乎善反之功也雖然静觀

萬物之理得吾心之悦也易動處萬物之分得吾心之樂也難故孟子又曰反身而誠樂莫大焉言其備也强恕而行求仁莫近焉言其反也天下後世誠知夫反且備焉而吾孟子之心慰矣然愚復有説焉夫恕行乎其外者也敬直乎其内者也養之以静虚動直而達之於明通公溥則仁存誠立人極建天道一而萬物之備信不誣矣易曰神而明之存乎其人非知道者孰能識之

表

擬賀萬壽聖節表

吴孟祺

同考試官教諭趙批（臣子喜躍之情圖報之忠俱於文辭中見之得士如此可以薦于上矣）

同考試官教諭王批（是表寫出臣子忠愛之情殆無餘藴宜録以獻）

考試官主事陳批（能以駢麗語組織成篇而臣子愛君之情藹然溢出非但長於四六而已）

考試官右給事中劉批（詞婉意詳得臣子祝君之體且能揄揚今日之盛佳士也）

嘉靖七年八月十日恭遇萬壽聖節者臣等誠歡誠忭稽首頓首上言伏以中國生聖人式睹文明之治昊天有成命永綏統緒之隆民物亨嘉太平有象貞元會合世道維新恭稽首以颺言謹齊心而祝頌仰惟宗子爲天地神人之主明君紹帝王曆數之傳八采特秀于欽明重瞳有徵於浚哲蓋其出爲内夏外夷之永賴故其生萃乾純坤粹之至精在昔有然于今獨盛兹蓋伏遇皇帝陛下景行法祖大孝尊親崇鼎養於兩宫彝倫攸叙嚮離明於五位受命溥將篤恭昭不顯之誠敷錫建惟皇之極修己以安百姓敬一有箴正心以正朝廷經筵日御至仁厚下宥綸有詔而屢頒精意格天雨雪應祈而輒降化由道洽福以德昌中和交暢於兩間玉帛朝宗於萬國天心克享允符甘露之祥地道載寧重見河清之瑞實賴一人而有慶誕惟八月以爲期海宇同歡神祇祐吉臣等喜逢盛事幸際明時仰效嵩呼拜舞會瞻乎儀鳳獻希金鑒素忱竊擬於傾葵伏願帝德日新聖躬天保修身思永監成憲而罔愆盛德謹微體至誠而無息成功與天地并其悠久文章與日月同其照臨福禄萬年用對越我明明后子孫千億以并受此丕丕基臣等無任瞻天仰聖激切屏營之至謹奉表稱賀以聞

第三場

策

第一問

張舜臣

同考試官教諭韓批（是策於皇上御製之言鋪張殆盡而忠愛之意溢於言表足以知子之不凡矣）

同考試官教諭胡批（天地高厚難爲名言而是策能以誠之一言爲聖學緝熙之助豈嘗沐聖化而有得者與）

考試官主事陳批（我皇上御製敬一箴及心箴四箴解實得帝王祖宗傳心之蘊是策乃能揄楊而贊翊之末復以誠之一言爲助其見高其志忠矣宜録以獻）

考試官右給事中劉批（聖上心學有得作以訓臣工者在御製敬一箴及五箴解子能服膺如是可以薦于廷矣）

帝王之治道存乎心帝王之心法存乎學心也者所以揆事宰物以出乎治者也學也者所以明理通變以養其心者也不本於心而能善其治者未之有也不本於學而能善其心者亦未之有也自古帝王所以能成天下之治者豈有外於心學乎執事發策秋闈而以是爲問愚雖不敏敢不掇拾所聞以對蓋嘗考之堯命舜曰允執厥中舜命禹曰人心惟危道心惟微惟精惟一允執厥中心學之原開於此矣三代之君若成湯之以義制事以禮制心文王之緝熙敬止武王之敬怠義欲之戒啓之敬承太甲之克終允德高宗之恭默思道成王之基命宥密聖賢心學之要蓋皆有得於精一之傳者故在當時時雍風動之化允殖永清之休有以獨盛乎千古而數賢之守成業而致治者亦足以紹烈於一時卓乎不可及已三代而下其間英君誼辟如漢武帝之表章六經似知學矣而内懷多欲之心光武之受經尚書似知學矣而不免人倫之薄唐太宗之鋭情經術似知學矣然閨門慚德十漸不終何有純一之誠宋太祖開門喻心似知學矣然得國不正授受不明不免内省之疚心學皆邈乎其有未聞無怪其治之不古若也仰惟我太祖高皇帝聖神本天縱之能心學得不傳之秘觀其論禮部侍郎曾魯曰人君一心治化之本存於中者無堯舜之心欲施於政者有堯舜之治不可得也又嘗造觀心亭召學士宋濂曰人心虛靈乘氣機出入操而存之爲難朕罔敢自暇自逸又嘗語及讀書舉其概則曰知古人爲君之道求其實則曰君道以事天愛民爲重其本在敬身較之二帝三王

之學夫何异哉太宗文皇帝有曰人君誠不可有所好若心能静虚事來則應事去如明鏡止水自然純是天理朕每退朝默坐未嘗不思管束此心無非心學之妙也嗣是而後聖聖相傳心學之功益以光大我皇上紹聖祖之洪猷接群聖之道統御製敬一箴且爲之叙曰敬怠純駁應驗頓殊徵諸天人如鼓答桴發其端也曰郊則恭誠廟嚴孝趨肅於朝廷慎於閑居省躬察咎儆戒無虞言夫敬也曰弗參以三弗貳以二行顧其言終如其始静虚無欲日新不已言夫一也心箴解大要謂心正則百體四肢莫不聽其使令四箴解大要謂人君所視聽言動尤當審辯謹重視則使中制於外觀其邪正聽則使吾心泰定辯其忠讒言欲合天理因人情且深戒畏於恃其尊大肆意信口以遺禍患動欲不適已之欲聽信讒邪輕舉妄動且曰一舉動之間上違天意下拂民心可不戒懼也哉大哉王言其與虞廷精一之旨聖祖垂訓之要蓋有合异世而同符者矣然聖人之學雖得於天性而日新之妙實本於修爲蓋自登極以來日就經筵緝熙聖學學一於道道一於心心一於敬敬以持之一以守之不爲邪佞所移不爲物欲所累凝之方寸以立其體散之萬事以達其用故遇灾修省而敬天之道得矣監于成憲而法祖之道得矣尊崇祀典而孝親之道得矣宵衣旰食而勤政之道得矣蠲税恤刑而愛民之道得矣凡厥攸行無莫而非此心之運用也上蔡謝氏曰帝王之功聖人之餘事有内聖之德必有外王之業其是之謂乎雖然愚猶有説焉先聖贊易於乾曰君子以自强不息謂其法天之剛健也一有息焉則非剛健中正純粹精之道矣皇上以鼎盛之年時敏之學誠能懷望道未見之心體乾健不息之意始終惟一時乃日新而無一毫間斷作輟之意焉則德益盛而業益廣二帝可三而三王可四其所以開億萬年久安長治之休端在此矣夫至誠無息則博厚配地高明配天悠久無疆矣易曰聖人久於其道而天下化成敢以是爲今日獻

第二問

葛守禮

同考試官學正羅批（經學一策正欲難士子稽古之藴此篇考據精詳論斷允愜使齊魯諸儒見之亦當信服是可以占子之致用矣）

考試官主事陳批（漢儒傳注之學具見經傳是篇能歷陳之且論斷公識見遠殆究心於經學而有得者）

考試官右給事中劉批(此策不惟善於叙答亦可以見其窮經致用之學)

六經者聖賢之心學乎因其迹而求其心則經之藴可得自足以爲致用之本泥其迹而遺其心則經之藴以失而施之用也亦窒矣况望其得斯道之

傳乎雖然不開於前孰傳於後道之在天下非一人所能獨爲也苟能致力於其迹使後人有所依據焉以爲會通之地是亦有功於斯道者也惡可以盡泯之哉明乎此則齊魯諸儒之學可得而論矣請試陳之六經何爲而作也夫子删述以垂憲萬世者也蓋自周道衰王迹熄夫子以聖德遭季世知言之不用道之不行於是取六經而删定之以立先王之教七十子之徒各有傳述惟顔曾思孟爲得其傳焉戰國分争儒術既黜遭秦坑焚之禍斯道不絶如綫而家傳口誦猶有存者故漢興諸儒遂得修其經學齊魯之間專門名家者尤盛豈不以六經在天地昭如日星而師友淵源所在信有不可得而泯滅者與蓋漢初言易則始於田何之十二篇以授丁寬再傳而得魯之孟喜齊之梁丘賀由是易有孟氏梁丘之學矣言書則始於伏生之二十九篇以授張生而魯之夏侯勝夏侯建齊之兒寬歐陽歙皆源流於張生由是書有大小夏侯歐陽之學矣言詩則申公在魯以魯詩名轅固在齊以齊詩名而王式之魯匡衡之齊要各有所本焉言春秋則江公受學於申公而以穀梁名胡母生見推於仲舒而以公羊名而榮廣之穀梁吕步舒之公羊又各有所受焉言禮則始於高堂生之十七篇其後后蒼最明其業而所謂大小戴者固皆本其傳焉者也此其源流授受之迹皆遠有端緒夫豈臆度稽之言哉當時去古未遠諸儒更相傳述夫豈無一言之幾乎道哉然易雖以十筮存而孟喜之易多言陰陽灾變之説梁丘氏之學又本於京房卜技之流者也伏生以天地人四時爲七政謂金縢作於周公没後而流爲劉向五行傳夏侯氏灾异之説餘可知矣齊魯二詩雖已不傳然關雎正風之首二家者率以爲刺可乎公羊穀梁互有得失而江胡二子專門一經互相抵斥豈竟無折衷之論耶高堂生所傳士禮十七篇而河間獻王所得五十六篇者尚有天子諸侯之禮在焉乃一切置而不講而徒推士禮以達天子之禮使天下後世不見聖人之全經豈不深可惜哉大抵漢之諸儒詳於訓詁而略於大義工於孝究而昧於會通故其學雖有淺深之殊要皆不免穿鑿附會之失王通氏曰九師興而易道微三傳作而春秋散齊魯毛韓詩之末也大戴小戴禮之衰也而鄭夾漈氏亦曰秦人焚書而書存諸儒窮經而經絶者良有以也今觀其致用也申公能對力行之一言而乃汲汲於明堂巡狩之事夏侯能明皇極之大旨而反垂意於青紫之得説詩解頤能陳關雎之義矣然政嚴有漸卒無三百篇敢諫之風此衡之所以异於王式也曲學有戒能明湯武之心矣然賢良見徵竟以老而罷歸此固之所以异於伏生也梁丘賀圖形麒麟而實以筮應得幸兒寬以循良課最而贊成對禪之事歐陽歙八世傳書教授千餘人而終不救多賍之敗君子皆有所不滿焉者蓋至是

而諸儒之優劣得失見矣嗚呼經以致用用必通經施之用者既如彼則其得之經者可知矣况望其得斯道之傳哉雖然諸儒之功亦未可盡泯也夫當典籍既灰經生解散使傳注之書不作師友之學不講則殘編斷簡人誰知經而後人雖欲因經以考傳之得失因傳以究經之本原亦將無所依據矣中間歷漢及唐千餘年而吾道一綫之緒尚賴不墜者固諸儒維持之力耳宋興真儒輩出程子得不傳之學於遺經朱子集諸儒之大成程作易傳朱作本義而易之道明矣蔡沈以朱子之意作書傳而書之道明矣朱子作詩經集傳而自謂可無遺憾作儀禮集解而自謂於世有補而春秋則又程子胡安國相繼爲之發明而表章之而六經之學焕然大明於世矣然非漢儒開其源則宋儒何以導其流哉故曰漢儒之功殆盡泯也然則後之學者當何學亦曰漢儒其粗也宋儒其精也漢儒得其迹而宋儒得其心也由其粗以達其精因其迹以求其心則顔曾思孟之學可幾而夫子六經之旨不在六經而在吾心矣聖何人哉希之則執事其以爲何如

第三問

楊獻可

同考試官教諭趙批（本房善答者頗多而考據詳明殆無逾子者宜録以式）

同考試官教諭王批（是策正觀諸士考古之學而子能備陳之可以占子之蘊矣）

考試官主事陳批（儀禮之書士多忽而不講是篇考據精詳條答無遺殆究心禮學而有得者）

考試官右給事中劉批（策對知禮可取）

考古人之禮而推其全得古人之意而措諸禮斯學不謬而用不窒矣夫不推其全則古人制作之義未明而或至於謬不得其意則今日事勢之權不合而或至於迂是故有引伸觸類之學而又有隨時變通之宜則古人制作庶可以會其全而雖今日所行之稍异亦固得其意於千載之下矣請敬陳之昔者周家監二代而文天下之治天下安於禮而周公紀之於書此儀禮之經所由傳也秦火之後所存無幾蓋得之高堂生者僅十七篇鄭玄注之賈公彦疏之至今存焉有志於古者其能舍是不講乎以覲禮言之侯氏至郊則有勞有賜舍有戒其朝有奠圭有享天子有車服之賜此其概矣然上公之圭冕車牢饗獻食舉皆以九數朝位九十步擯者五人三問三勞諸侯視公殺其二其擯與問勞殺其一諸伯如侯而子男又殺焉若是者皆載於周禮大行人而儀禮

正言覲禮不之及者蓋周制有春朝秋覲非夏宗冬遇朝宗禮備覲遇禮省圭冕諸物之數意必備載於朝宗之篇而今亡矣幸而有周禮之存也斯堂陛分嚴君臣情通因斯以推乎朝宗諸禮可矣是豈徒在於儀章物采之云乎以少牢饋食之禮言之諸侯之鄉大夫之祭鼎俎尊罍豆籩之屬有序迎尸有節羞獻有次主人主婦尸祝賓佐交獻有儀利成尸謖而餕嘏斯舉禮亦備矣然復筵於户西迎尸拜至若獻焉羞酢主人獻賓於酬尸之後獻兄弟於酬長賓之後乃獻内賓獻私人而三獻作爵後之獻酬以次而舉焉若是者别載於下篇即所謂有司徹者是已蓋以不儐尸則徹饋饌于室中西北隅以爲陽厭儐尸則無西北隅之饌而此薦俎之陳有祭象而亦有陽厭之義老子心乎神之所在而庶其厭飫於此且以備獻酬之禮洽兄弟之歡也此事死如生事亡如存因斯禮以參乎特牲饋食及所缺諸篇可也是奚可滯於器數薦獻之節乎昏禮載於經而記有昏義合而考之對筵合巹所以合體同尊卑以親之也贄見婦於舅姑婦執笲棗栗腶修升自西階以見贊醴婦婦祭脯醢祭醴成婦禮也舅姑入室婦以特豚饋明婦順也厥明舅姑共饗婦以一獻之禮舅姑先降自西階婦降自阼階以著代也義固各有當矣執事所謂疑於奠酬未詳者蓋禮有姑薦婦酢舅更爵自薦之文賈疏謂舅獻姑酬共成一獻則是舅洗于南洗而酌于阼以獻婦婦易爵以酢舅既則姑洗於北洗酌以酬婦婦奠于薦左而禮備矣此石梁王氏所疑者其或然歟三月廟見三月然後執婦功未三月則未成其爲婦也此摻摻女手可以縫裳見刺於魏風而廟見之詞所以稱某氏來婦也今之昏禮行於縉紳或不免因陋就簡罔知古人慎重之義而况於齊民乎夫禮有今制可遵矣苟考古而復得其意則廟見之期與奠酬之節雖勿泥焉而固有所當重者矣鄉飲酒禮載於經而記有鄉飲酒義合而考之賓祭脯醢祭酒敬禮也絶祭而嚌肺嘗禮也啐酒成禮也介辭洗如賓而不拜洗殺於賓也不嚌肺不啐酒不告旨下賓也義固各有在矣然執事所謂賓主介遵衆賓之位蓋鄭注賓席牖前南面主人席阼階上西面介席西階上東面席衆賓於賓席之西席遵席於賓東蓋即記之所謂坐賓於西北坐介於西南以輔賓主人位於東南坐僎於東北以輔主所謂賓必南向介必東向主人必居東方者亦既合矣爲是舉者非職爲興賢獻于王歟故鄉大夫爲主賢者及其次爲介爲衆賓公若大夫自外來觀禮者則爲遵蓋此專主於賓賢而正齒位之説不與焉今之鄉飲舉於有司則職爲齒德而主介位皆北向有可考者或乃以隅坐爲位豈於禮若圖未之考邪夫禮有今制可遵矣苟考古而復得其意則情文兼至化行俗美而古昔賓興之舉與位序文節雖稍异焉而固有相協

者矣是則覲禮受於廟則祖考重祭禮行於旅酬則兄弟洽昏禮著代則父子家庶之分明鄉飲酒和樂不流則朋友萃聚之道正夫覲禮固不專主於嚴君臣也祭禮固不專主於明父子也昏固不專主於重夫婦也鄉飲酒固不專主於明長幼也此誠所謂禮之大體聖人因人情而節文之于以明人倫厚風俗僅見於遺經幸有傳於今者也愚雖不敏敢不求益聞所未聞以無失古人之意無昧今日之制無愧於世之通儒則執事之盛心亦可以無負矣

第四問

王九疇

同考試官教授劉批（用刑爲治所不免然關係民命匪輕此策敷答貫徹古今其有志用世者歟録之）

考試官主事陳批（用刑以平字立論最是）

考試官右給事中劉批（得明刑弼教之意）

有育天下之仁有正天下之義曷爲仁德化是也曷爲義刑罰是也一於仁而不斷之以義則民知愛之而不知畏其弊流爲姑息而無以立精明之治一於義而不施之以仁則民知畏之而不知愛其弊流爲殘忍而有以虧渾厚之體惟夫仁義并行恩威兼濟而天下始無偏而不舉之弊矣執事發策而以刑之寬嚴下詢愚以爲一於寬固不可也一於嚴亦不可也惟得其平而已矣得其平斯得其情而民協于中矣且聖人豈樂於用刑哉不得已也如天之於萬物也煦之以陽和而必繼之以肅殺蓋翕聚之不深則發散之不廣而天地之化或幾乎息矣聖人之於民也本之以德化而必輔之以刑罰蓋約束之不嚴則聲教之或梗而聖人之化於是乎窮矣是則刑者聖人之所不廢也故曰殺人以安人殺之可也聖人之用刑豈得已哉舜典曰象以典刑流宥五刑鞭作官刑朴作教刑金作贖刑禹謨曰宥過無大刑故無小周禮秋官司寇掌邦禁以佐王刑邦國又曰以五刑糾萬民由此觀之則唐虞三代之治雖未嘗專於用刑而未嘗不以刑爲之輔也周穆王作吕刑五刑之疑有赦五罰之疑有赦今讀其書猶可想見三代忠厚之遺意而蔡氏作傳乃病其大辟亦與贖免故以爲穆王巡游無度財匱民勞爲此一切權宜之術以斂民財固也而馬端臨又謂其罪之疑者不遽赦之而姑取其鍰以示罰非利其貨也斯言豈無所見乎然上刑適輕下服何必以贖爲哉漢文帝除肉刑曰死者不可復生斷者不可復續今誦其言真足以見仁人君子之用心厥後崔實著政論乃謂文帝雖除肉刑當劓者笞三百當斬左趾笞五百當斬右趾者弃市右趾者既殞其命笞撻者往往至死雖有輕刑之名其實殺也又曰文帝乃重刑非輕之也以

嚴致平非以寬致平也實蓋痛漢季之不振而爲是論其言豈有所激乎然刑罰世重世輕何必泥於古哉洪惟我聖祖承胡元亂華之後憫綱常倫理之斁於是嚴法以治之一洗腥膻之俗以回淳古之風乃命刑部尚書劉惟謙等取前代諸律斟酌損益而又親灑宸翰爲之裁定大明律一書上稽天理下合人心真百王之大法萬世之準繩自有法律以來未之有也又慮後世或有流於嚴者故載諸祖訓條章諄諄以輕於用刑爲戒又因刑部奏决重刑詣曰朕嘗命汝等凡有重獄必三覆奏自今凡十惡非常赦所原者則云重刑其餘雜犯死罪許聽收贖毋概言也大哉王言真仁人之言也聖人不得已而用刑之心也列聖相承行之百六十餘年而天下人心翕然以定我皇上以好生爲德慎重民命屢詔恤刑中外百司奉行惟謹然猶未底刑措之效者豈奉行者或有未至乎抑亦承平日久而祖宗之法或有未盡舉者乎夫簡細故以自崇則獄有淹滯作聰明以自用則刑有出入或褊急以遂其怒或慘刻以濟其欲而民有斃於箠楚之下者矣或一人而連數十人或一事而逮數處而民多陷於法綱之内者矣此所以厪我皇上之慮而書所謂欽哉欽哉惟刑之恤者吾在位所宜究心也宋儒朱子嘗有論著大約謂三綱五常治道之本根教以明之而後刑以弼之又謂鄙儒姑息之論俗吏便文之計一以輕刑爲事刑愈輕而愈不足以厚民之俗蓋一則言刑之施必先事乎教而不可以徒用一則言刑之恤惟在得其平而不專在於寬此即古聖人恤刑之意也今日祖宗之法具在惟在奉行者執之而已法所不宥雖貴近而必先罪所當原雖幽隱而必察殺人之囚必與衆弃之而不使其遷延以庾死貪墨之吏必明正其罪而不使其僥幸以苟容則刑得其平而人心自無不和刑罰中而禮樂可興矣或乃謂今之人心漸不如古故刑不勝奸愚則以爲天理之在人心固未嘗泯也雖然愚又有説焉記曰刑者成也一成而不可變者也是以君子盡心焉書曰與其殺不辜寧失不經君子之治刑也虚心平氣以竟其辭不使一毫喜怒横之於中一念利害怵之于外未有不得其平者也此執事所謂有德惟刑哀敬折獄者而豈無其人哉然必好生之德洽於民心使之有道教之有素俾自不犯于有司不幸而有麗于刑者則如前所謂盡心焉則德化施而仁足以育天下刑罰用而義足以正天下庶乎民得其分有司得其職而聖朝制作之意庶可以不失皇上好生之德庶可以少助而刑期無刑矣敢以是爲明問復

第五問

安宅

同考試官教諭胡批（時務策非學識兼至難於敷對子獨能援古論今

區畫詳盡可以占所養矣）

考試官主事陳批（策有識見殆有用之學者）

考試官右給事中劉批（明體適用之學）

善計國者必通天下之變而審其經焉天下之變無窮也不視其緩急之勢變而通之則無以妙達權救敝之宜天下之道有常也不審乎一定之術執而守之則無以立久安長治之法通變番經而天下無不可爲之事矣執事以國之重計下詢承學草茅賤士何足以知之然明問所及敢不罄一得之愚以對方今旱蝗荐作稼穡盡空蓋生民之患也俯仰無資勢將展轉爲民父母而可無賑恤之政乎發廩勸分徒民移粟弛力薄征酌而行之其可以尤必因天變而交儆焉六事自責如成湯之禱於桑林克正厥事如高宗之聽於祖已戰兢惕厲于以敬天之怒毋敢戲豫而馳驅則庶乎轉禍爲福而灾害不生矣漕河淤淺疏鑿他道避黄河之患也然兩河之水勢必相通舊者既淤而新者能保不淤乎新河縱避其淤瀕河居民墊溺孰極利國而病民不可也誠能因其勢而利導之仿九河之遺意而分殺其流修平江之舊法而稍藉其潤斟酌劑量毋敢輕用民力時詘而舉贏則庶乎轉淤爲通而漕運有頼矣賦斂所以足軍需也財貨所聚非官則民國家取民既有定制而蠲免之詔屢下宜其民之益富矣然閭閻之衆猶愁苦而不蘇者執事所謂貪吏豪民之囊橐民俗奢侈之害財信然矣誠使在上者嚴貪饕之誅厲兼并之禁等威以辯而庶民不得以僭公卿軌物以明而娼優不得以擬后飾則民財庶乎少省矣若探其本則必去三冗而後可焉朝多幸位吏有剩員吏之冗也養之徒以病農用之不能禦敵兵之冗也或好興作或濫賞與費之冗也求其流而節之而又立歲會以考其成何患民之不富而國用之不足哉盗賊迫於饑寒也好生惡死人心所同朝廷時見撫綏而征剿之兵四出宜其民之自愛矣然潢池之兵猶盗弄而不息者執事所謂有司撫馭之無方承平武備之不振信然矣誠使在上者張皇義師擣其巢穴渠魁盡誅而弗赦使足以奪奸雄之氣脅從姑置而不治又有以安反側之心則盗賊庶乎可平矣若究其極則必塞三源而後可焉衣食不足盗之源也賦役不均盗之源也教化不修盗之源也求其源而止之而又修武備於未然何患民之不安而盗之不弭哉大抵通變於先所以濟經之不及審經於後所以復吾治之常然非司國計者參伍而錯綜之焉則天下之事日就於弊而已矣狂瞽之言俾得上達以備采擇之萬一執事之賜也

山東鄉試録後序

嘉靖戊子秋八月實惟賓興之期右給事中劉世揚暨篪被命主山西試事自惟非才在懼弗稱晝夜校閲惟勤惟慎期得真才以副聖天子側席求賢之盛心者亦惟盡厥心焉耳録成篪當序諸末簡竊惟治理資于人才而人才學術有邪有正蓋自選舉之法廢而科目興士之所謂學術者率於文焉見之是故學術醇正其爲文也必明白正大根極理道而見于功業亦必磊磊落落俊偉光明有足觀者矣其不然者反是古所謂名世之臣皋夔伊傅周召不可尚已今即其文觀之如皋陶謨伊訓説命諸篇有不明白正大根極理道者乎謂文不足以觀人吾不信也今諸士之文亦既斐然矣要之能以理勝者所謂學術之正蓋於是乎見矣當今孔孟之道如日中天海内之士類能誦説而有所得况士之產于其鄉而浸潤沾濡之久其所得顧不有倍焉者乎蓋篪嘗竊料之矣以今觀之諒哉諸士既以文録于有司行且試春官對大廷有服百僚人將於子乎觀政政與學非二也有孔孟之學術而後有皋夔伊傅周召之功業故曰或源也或委也抑孰非儒者分内事哉彼諉以不能焉者其自待也不已薄乎如其静言庸違家修而庭壞是又藉是以邀利禄者爾豈聖代設科求士之初意而產於聖賢之鄉者亦豈宜有是哉篪承乏考校與有以人事君之責者敢僭以是説爲告惟爾諸士其尚懋戒之哉

刑部雲南清吏司主事陳篪謹序

嘉靖十九年山東鄉試録

山東鄉試録序

賓興之典創自成周歷世浸久沿革匪一仰惟國朝集厥大成雖損益唯時而道實并行取士專設科目重經術也教之者唯一道而學之者無二業類三歲而一試焉簡其章者以薦是爲恒制嘉靖十有九年實維試期東藩守臣奉行唯謹巡按御史李復初實當監臨之任振揚風紀尤敦化源謂兹重典以人事君係焉罔唯專僻唯大同也維時巡撫都御史李中敦大崇本敷德作人藩臬俊良咸善政教乃爰咨諏廣容虚受斟酌損益不唯其已唯其宜區定乃檄左布政使沈教右布政使張時徹爲提調官副使孫襘僉事崔三畏爲監試官左參政雒昂右參政張臬余鋟右參議李允升副使王揚吴檄吴道南馬紀僉事沈澧饒思聰汪東洋陳乙朱旒都指揮鄔祐翟欽防範于外罔有攸斁先是以禮聘學正王應槐教諭文高爲考試官學正萬宗義教諭魏廷甘惠袁邦行闕文鳴王賓陳達爲同考試官應槐等被幣而行方秋入境萃而懼曰艱哉厥任重也匪唯公明曷其能鑒比至則監臨而下諸吉藹藹心諧力協諸需斬斬上裕下懌於是向而喜曰休哉百度貞也吾曹承是或以寡愆乃以丙寅入院合提學副使吕高所簡士二千三試之拔七十有五人焉於是群而慶曰彬哉人文敷也以人事君兹其庶幾已乃次第其名氏録其文以獻應槐不佞僭序簡首唯山東古青兖之疆宗岱浸海雄巨爲天下冠故精靈之所鍾萃代産聖哲而吾孔子實出是邦雖聖神所毓必應昌辰合上下四方爲土而是邦特專美焉諸士隸兹恒自慶重而稱雄焉顧無所謂發藴而演道者乎孔子之道歷世尊尚至于國朝尤極崇重我皇上建極齊聖匹孔而祖述尤兢兢焉禮樂明備人文焕燁神機風運遐壤不遺諸士麗兹畿輔濡染尤近顧無所謂興起而速肖者乎乃今觀其文組織語孟馳驟六經敷陳王道出入百氏崇正黜浮敦大究邃炳炳蔚蔚罔非道精兹非憲聖服孔而有得焉者耶觀乎人文以化成天下兹其至哉雖然文亦難言矣孔子以剛柔交錯爲天文矣而贊天之道曰純粹精也以文不在兹自任矣而語其徒曰予欲無言吾道一以貫之而門弟子德行文學言語政事殊能而不爲异唯精也故交錯而時出唯無言也故

燦然而顯著唯一也故殊能而崇德諸士於其所謂精者錯者無言者顯著者一者殊者參伍而有得焉則深於文者也左右經綸無往不利矣故曰神而明之存乎其人默而成之不言而信存乎德行不然吾不知其所謂文者何如也雖然性與天道不出文章之外而聽言觀行孔子不諱焉則故有所謂也諸士勖哉庶不負皇上求賢之本意也是舉也總理河道時則有若都御史郭持平有事鹺政時則有若御史党承賜有事馬政時則有若御史黎循典刻勵儒術同宣文化其有事禮儀者則有若給事中戴夢桂行人韓一右劉三畏林應箕禮部員外郎易寬咸會兹土樂觀厥成乃若以賀入者左參議張九叙副使錢仝都指揮陳丹以公出者左參政李士文以遷行者按察使庇蘊夙與勞焉例得書故序

直隸蘇州府太倉州儒學學正王應槐謹序

嘉靖十九年山東鄉試

監臨官

巡按山東監察御史李復初（學甫山西洪洞縣人　丙子貢士）

提調官

山東等處承宣布政使司左布政使沈教（敬敷浙江慈谿縣人　甲戌進士）

山東等處承宣布政使司右布政使張時徹（惟静浙江鄞縣人　癸未進士）

監試官

山東等處提刑按察司副使孫禬（以誠錦衣衛匠籍浙江嘉興縣人　甲戌進士）

山東等處提刑按察司僉事崔三畏（敬父直隸蠡縣人　己丑進士）

考試官

直隸蘇州府太倉州儒學學正王應槐（汝旦福建閩縣人　戊子貢士）

湖廣長沙府湘鄉縣儒學教諭文高（子中廣西灌陽縣人　甲午貢士）

同考試官

河南南陽府鄧州儒學學正萬宗義（克方江西進賢縣人　辛卯貢士）

河南開封府許州襄城縣儒學教諭魏廷（子揚山西蒲州人　丁酉貢士）

直隸寧國府旌德縣儒學教諭甘惠（仁甫湖廣崇陽縣人　壬午貢士）

福建汀州府武平縣儒學教諭袁邦行（信叔江西豐城縣人　辛卯貢士）
福建泉州府安溪縣儒學教諭關文鳴（國隆廣東順德縣人　戊子貢士）
湖廣德安府雲夢縣儒學教諭王賓（子嘉四川綿竹縣人　戊子貢士）
湖廣德安府應城縣儒學教諭陳達（士亨四川資縣人　乙酉貢士）

印卷官

山東等處承宣布政使司經歷司經歷王恭濟（少寅陝西商州人　監生）
山東等處提刑按察司經歷司經歷楊元鼎（春相江西南昌縣人　監生）

收掌試卷官

山東都轉運鹽使司運使王光濟（少謙陝西商州人　丁丑進士）
濟南府知府喬瑞（覲之山西霍州人　丙戌進士）
昌府知府孫廷相（子忠陝西平涼縣人　癸未進士）

受卷官

兖州府知府程尚寧（廷德直隸歙縣人　己丑進士）
兖州府通判尹耕（子莘萬全都司籍山西孝義縣人　壬辰進士）
濟南府泰安州知州林梅（以和福建漳浦縣人　己丑進士）
濟南府歷城縣知縣朱徵（晋卿河南唐縣人　戊戌進士）
濟南府章丘縣知縣劉鳳池（文甫陝西渭南縣人　乙未進士）

彌封官

濟南府同知趙瀛（文海陝西三原縣人　己丑進士）
萊州府推官郭進（抑之江西宜春縣人　戊戌進士）
兖州府東平州陽穀縣知縣趙允亨（伯通直隸安肅縣人　壬辰進士）
青州府諸城縣知縣張文卿（質夫陝西三原縣人　戊戌進士）
青州府益都縣知縣胡宗憲（汝欽直隸績溪縣人　戊戌進士）

謄録官

濟南府推官劉燾（仁甫直隸天津左衛人　戊戌進士）
兖州府曹州知州劉繼先（子孝順天府永清縣人　丙戌進士）
青州府高苑縣知縣杜鏞（時鳴山西襄陵縣人　丙子貢士）
青州府壽光縣知縣許元祥（國鍾浙江鄞縣人　戊戌進士）
登州府萊陽縣知縣李希程（宗伊河南蘭陽縣人　戊戌進士）

對讀官

青州府同知王鍾靈（秀卿山西長治縣人　己卯貢士）

東昌府臨清州知州鄭紋（公美直隸涞水縣人　戊子貢士）

兖州府沂州費縣知縣倪瑗（公引陝西咸寧縣籍直隸長洲縣人　戊戌進士）

東昌府聊城縣知縣馮盛時（嘉際直隸清河縣人　戊子貢士）

濟南府齊東縣知縣張瑞（應時福建惠安縣人　戊戌進士）

巡綽官

臨清衛指揮使王子承（伯啓直隸宣城縣人）

青州左衛指揮同知李岱（世瞻河南涉縣人）

濟寧衛指揮同知楊握（守衡直隸長垣縣人）

登州衛指揮僉事許璽（邦信順天府固安縣人）

搜檢官

濟南衛指揮使李紹（宗武直隸盱眙縣人）

臨清衛指揮使狄允中（伯時直隸鳳陽縣人）

東昌衛指揮同知時正（惟寅應天府上元縣人）

平山衛指揮僉事張勲（建夫直隸盱眙縣人）

供給官

山東等處承宣布政使司理問所理問趙佐（景顔山西高平縣人　監生）

濟南府通判耿朝用（季鄰陝西武功縣人　己卯貢士）

登州府推官王荔（子岩直隸高陽縣人　壬午貢士）

濟南府肥城縣知縣胡廷石（寵之湖廣襄陽衛人　己卯貢士）

濟南府淄川縣知縣張其協（孚一直隸華亭縣人　丁卯貢士）

青州府安丘縣知縣喬一峰（挺秀山西安邑縣人　乙酉貢士）

濟南府德州平原縣知縣陳震弼（東卿福建閩縣人　辛卯貢士）

濟南府陵縣知縣沈正（貞卿直隸當塗縣人　乙酉貢士）

濟南府鄒平縣縣丞商萬鍾（介夫山西洪洞縣人　監生）

東昌府濮州朝城縣縣丞郭璟（汝輝山西霍州人　監生）

濟南府歷城縣主簿李繼（續道直隸魏縣人　監生）

青州府臨淄縣典史陳廷相（國卿河南洧川縣人　承差）

濟南府齊河縣晏城馬驛驛丞桂龍（來雲山西沁州人　承差）

東昌府茌平縣茌山馬驛驛丞何九齡（道遠陝西隴西縣人　承差）

兖州府東平州東阿縣銅城馬驛驛丞阮芬（世毓浙江黄巖縣人　承差）

兖州府東平州東阿縣舊縣馬驛驛丞楊慶雲（天瑞雲南宜良縣人

承差）

兖州府東平州汶上縣新橋驛驛丞李應桐（文瑞直隸邯鄲縣人　承差）

東昌府高唐州魚丘馬驛驛丞余鵡（必言江西豐城縣人　承差）

兖州府滋陽縣新嘉驛驛丞任來學（懷禮山西太原縣人　承差）

第一場

四書

子曰參乎吾道一以貫之曾子曰唯子出門人問曰何謂也曾子曰夫子之道忠恕而已矣　質諸鬼神而無疑知天也百世以俟聖人而不惑知人也　言近而指遠者善言也守約而施博者善道也君子之言也不下帶而道存焉君子之守修其身而天下平

易

君子行此四德者故曰乾元亨利貞　象曰寒泉之食中正也　夫茅之爲物薄而用可重也慎斯術也以往其无所失矣　復小而辨於物恒雜而不厭

書

后克艱厥后臣克艱厥臣政乃乂黎民敏德　克綏先王之禄永底烝民之生　君子所其無逸先知稼穡之艱難乃逸則知小人之依　簡厥修亦簡其或不修進厥良以率其或不良

詩

六月食鬱及薁七月亨葵及菽八月剥棗十月穫稻爲此春酒以介眉壽　裳裳者華芸其黄矣我覯之子維其有章矣維其有章矣是以有慶矣　豐水有芑武王豈不仕詒厥孫謀以燕翼子武王烝哉　武丁孫子武王靡不勝龍旂十乘大糦是承

春秋

冬十月齊師滅譚譚子奔莒（莊公十年）　秦人伐晋（文公三年）晋侯伐秦（文公三年）秋公伐邾八月己酉入邾以邾子益來（哀公七年）歸邾子益于邾（哀公八年）　宋子哀來奔（文公十有四年）公子遂如齊逆女夏季孫行父如齊（俱宣公元年）夏仲孫蔑如京師（宣公九年）公孫歸父如晋（宣公十有八年）　春王正月公及齊侯平莒及郯莒人不

肯公伐莒取向（宣公四年）

禮記

在朝言禮問禮對以禮　樂也者聖人之所樂也而可以善民心其感人深其移風易俗故先王著其教焉　温良者仁之本也敬慎者仁之地也寛裕者仁之作也孫接者仁之能也禮節者仁之貌也言談者仁之文也歌樂者仁之和也分散者仁之施也儒皆兼此而有之猶且不敢言仁也其尊讓有如此者　間歌三終合樂三終

第二場

論

萬世不可易之定論

詔誥表（内科一道）

擬漢具親耕桑禮儀詔（文帝十三年）　擬唐以張玄素爲銀青光禄大夫誥（貞觀十四年）　擬宋以胡瑗爲國子監直講謝表（皇祐四年）

判語（五條）

磨勘卷宗　禁革主保里長　服舍違式　私出外境及違禁下海　越訴

第三場

策（五道）

問　帝王之學務得其要蓋將措之躬行發之事業致治太平而後無愧于曆數之傳也堯之授舜曰天之曆數在爾躬允執厥中此萬世聖學之源也當時二聖躬行之實無容議矣禹湯文武皆傳此者也而事業不同習尚亦异于所謂精一執中者果能皆不悖與漢唐宋之君此意微矣而享國亦稱長久何與其于所谓曆數之傳果能無愧與天啓皇明我太祖高皇帝作成祖文皇帝繼之皆挺然以堯舜之道自任其發爲聖諭以昭示臣民者皆可仰見也列聖相承益隆紹述我皇上亶聰明嗣寶位道冠百王治隆萬世天人協應中外頌歌真當今之堯舜矣不知所謂聖學者果何爲要與諸士子涵泳聖化有年矣其悉心對揚以彰繼往開來之盛

問　先儒有云言人便以聖爲志言學便以道爲志道者萬世無弊聖則學之的也闕里儀刑萬古常存試以孔子之學與諸士究之孔子嘗曰我非生而知之者好古敏以求之者也又曰加我數年五十以學易可以無大過矣乃知孔子之所謂好而求者固有在也韋編三絶其勤可知十翼之發羲旨燦然

唐虞三代之傳萬世生人之道賴以不墜者孔子之學也可得聞與然而洙泗三千未聞有以易請者而求仁之説乃諄諄焉何也子思子述祖者也大本達道戒懼謹獨於易何準孟子受於子思者也萬物皆備性無不善於聖何述夫心本大同道至簡易得意忘象乃爲神解昔程子受學於周茂叔而謂天理二字却是自家體貼出來諸士學孔顧無所謂自解者乎試言之毋讓

問　治道亦多術矣然惟當務爲急宋儒程顥曰治天下以正風俗得賢才爲本兹非所謂當務者耶又謂必修學校尊師儒庶得士漸廣風俗日正旨哉言矣間嘗竊論之禮曰廣谷大川异制民生其間异俗考之詩書所稱歷代列國之俗厚薄美惡種種异齊風土之説不誣矣天之生才有君子有小人稽古聖狂賢不肖忠佞貞回若陰陽晝夜歷歷可指非天賦爲之爾耶夫謂教化可齊則彼皆弗信何三代以還比屋可封之俗人人君子之行邈乎未聞豈學校未修師弗隆與倘不由於教化則王制謂一道德以同俗周敦頤謂師道立而善人多非矣何三代以前乂若彼也豈氣數之説時弗同與抑别有其道不瑣瑣於條教與夫立至治之基崇無爲之化非此莫適也不審唐虞三代果何繇得以并臻休美爲後世嘉慕若是哉諸士讀書考古必有所得其詳著于篇以觀通達之學

問　儒者之學貴理不貴數豈以數與理睽非學者事耶然言萬物者莫逃乎數數即氣也氣之流行即理也而儒者弗知可乎粤自天不愛道而河圖出伏羲則之以畫卦道之祖也何歷數代而禹獲洛書厥數乃與圖弗類豈天苞地符之説顧弗同與説者謂河圖洛書相爲經緯抑所謂經緯者或有吻契者與大衍之數聖人教民揲蓍以求數於易曷爲與圖書卒不一合而朱子又謂縱横反復若合符契何也易更四聖而象已著數固羅絡於斯矣何經世之書更出一機軸不知與圖書大衍之數亦有所祖述與範錫神禹而數弗傳宜不可考而續矣或者補之乃有謂與三聖之易同功豈源流考據果弗殊也天下理一而已理同宜數同何先後變態若此兹惑之夫以數觀數固儒者所弗屑以理觀數則天時人事無所不該考之易疇可徵矣若概謂有之無所補無之靡所闕然則三聖非與諸士幸不惜究言用觀所藴

問　財賦出于土田土田豐于人力此必然之理也周禮大司徒有土會之法辨五地之物生有土宜之法辨十有二土壤之物以任土事以教稼穡樹藝有土均之法辨五物九等制天下之地征而又有草人稻人之職焉其教民力田舉賦之法至精至備也可得言與齊地古稱富强蘇秦田肯太史公之論皆可考也今之青濟登萊即古之齊也何土曠人稀逃亡之屋蕭索相依蒿萊

之田一望無際間有一二膏腴民亦安土而又驕悍逋税相率爲盜至抗令不能治夫土田人民今昔一也而豐瘠聚散美惡相懸如此何與往歲憲臣建議欲官給牛犋種子農器招民開墾三年而後舉税其謀未爲不臧而迄今竟無成效何與將以爲地勢曠遠民不樂居耶然田金城田許下田河中田豐州又皆爲之于干戈倥偬之間尚能收儲積之利我顧不能復之于中原平治之世與將以爲土脉瀉鹵民不見利耶然管子相桓公致富强遂霸諸侯一匡天下即此地也果何術以致之與兹欲荒閒闢而流移歸賦税完而驕悍格使地無遺利民無遺力移風易俗以成熙皥之盛何施而後可

中式舉人七十五名

第一名　潘龍　夏津縣學增廣生　易
第二名　李攀龍　濟南府學生　詩
第三名　黄覲　臨清州學生　書
第四名　孫元卿　即墨縣學增廣生　春秋
第五名　殷士儋　濟南府學生　禮記
第六名　陳治典　東平州學生　詩
第七名　胡應潮　淄川縣學生　易
第八名　趙蒞　壽光縣學生　詩
第九名　張大中　臨清州學生　書
第十名　楊胤賢　壽張縣學增廣生　詩
第十一名　崔士偉　武定州學生　易
第十二名　楊師震　館陶縣學生　詩
第十三名　曹瀛海　臨清州學生　書
第十四名　賈清　壽光縣學生　詩
第十五名　李時濟　壽光縣學生　易
第十六名　王正容　寧陽縣學生　詩
第十七名　黄輪　蓬萊縣學生　書
第十八名　胡來聘　德平縣學生　詩
第十九名　劉如松　安丘縣學生　易
第二十名　洪遇　濟南府學生　春秋
第二十一名　張天愛　鉅野縣學生　書

第二十二名　張椿　臨清州學學正　詩
第二十三名　張巽言　青州府學生　易
第二十四名　袁應奎　陽穀縣學生　詩
第二十五名　程允中　濟陽縣學生　書
第二十六名　宋鰲　濮州學生　禮記
第二十七名　朱舜民　齊東縣學生　易
第二十八名　趙經　壽光縣學生　詩
第二十九名　吴漸亨　濰縣學生　書
第三十名　戚孕秀　東平州學生　詩
第三十一名　陳守義　聊城縣學生　易
第三十二名　姜贊化　夏津縣學生　詩
第三十三名　温邦魁　招遠縣學生　書
第三十四名　周易　臨清州學生　詩
第三十五名　范大儒　霑化縣學生　易
第三十六名　錢濟時　東昌府學生　詩
第三十七名　邢尚簡　昌邑縣學生　書
第三十八名　周洎　冠縣學生　春秋
第三十九名　管嘉福　高密縣學生　易
第四十名　成守復　曹州學生　詩
第四十一名　楊選　章丘縣學生　書
第四十二名　陳夢鶴　青州府學生　詩
第四十三名　鄭溢　臨清州學增廣生　易
第四十四名　石阯　青城縣學生　禮記
第四十五名　梁成　平陰縣學生　書
第四十六名　邵璋　朝城縣學生　詩
第四十七名　吴國相　登州府學生　易
第四十八名　丁永成　德州學生　詩
第四十九名　常自新　蒲臺縣學生　書
第五十名　李蕚　臨邑縣學生　詩
第五十一名　劉維藩　夏津縣學增廣生　易
第五十二名　鄒質　德州學生　詩
第五十三名　侯維藩　滕縣學生　書

第五十四名　張大儒　章丘縣學生　詩
第五十五名　李逢時　德州學生　春秋
第五十六名　冷起元　益都縣學生　易
第五十七名　王諫　濟寧州學訓導　詩
第五十八名　岳粹　冠縣學生　書
第五十九名　吕應　陽信縣學生　詩
第六十名　郭養正　恩縣學增廣生　易
第六十一名　李應元　商河縣學生　詩
第六十二名　陳志　德州學生　禮記
第六十三名　劉濬　東平州學增廣生　詩
第六十四名　吴禎　招遠縣學增廣生　書
第六十五名　張汝能　濟南府學生　詩
第六十六名　吴僖　泰安州學生　易
第六十七名　陳中鑒　東平州學生　詩
第六十八名　吴孟禄　寧陽縣學生　書
第六十九名　李三畏　汶上縣學生　詩
第七十名　王近思　曹縣學生　春秋
第七十一名　李縉　朝城縣學生　易
第七十二名　王言　蓬萊縣學生　書
第七十三名　江東　濟寧州學生　詩
第七十四名　李守經　濮州學生　禮記
第七十五名　楊挺高　金鄉縣學增廣生　詩

第一場

四書

子曰參乎吾道一以貫之曾子曰唯子出門人問曰何謂也曾子曰夫子之道忠恕而已矣

李攀龍

同考試官教諭袁批（論語一題正欲觀士子認理之學作者惟不知體驗忠恕故每每支離于一貫融會精切詞氣詳雅無逾此篇）

同考試官教諭王批（一唯之應忠恕之説足驗曾子功夫到處聖人之

教真有見也是篇發明授受旨趣親切有味非邃于理善于言者决不能作敬服敬服）

同考試官教諭陳批（理趣真切詞致典雅如玄酒太羹平淡而意味充足讀之令人欣羡不已此必見道之士也高薦何疑）

考試官教諭文批（詞理醇正）

考試官學正王批（正是説理文字）

大賢於聖道之傳契之速而明之盡也蓋一以貫之聖人之妙道也大賢聞之即契而因以忠恕明之非深造自得者其孰能與於此昔曾子服膺聖人之教於道將有得矣夫子從而詔之曰爲學莫貴於知要而至理不可以泛求爾參也其知吾之道乎蓋應變而不膠者末也渾融而有定者本也故事事而酬之用斯周矣而所以周於用者理之一也物物而應之感斯通矣而所以通於感者理之一也方其渾然在中也而變化之出未始有虧也及其犂然具陳也而貞固之存未始或撓也其斯以爲吾道乎曾子聞斯言也儀刑之真久得於躬行之素而面命之旨適投其神解之機故一唯之應初無留難蓋不煩於費詞矣及夫子既出而門人扣以傳授之的蓋欲因言而得其心耳曾子於此有難於直喻者故告之曰夫子之道一以貫之非有他也亦求之忠恕而已蓋體不信也不可以言達用之利也必本於存誠故邪僞是屏以盡巳也而亦因之以盡人篤實是崇以自成也而即推之以成物由是而體用可一由是而上達可幾斯非所謂一貫乎斯不足以盡夫子之道乎是則學有淺深而道無二致觀此則夫子之善教與曾子之善學胥可見矣雖然昔在孔門如由之果賜之達求之藝及其他聰明才辯者不少也而心學之傳乃在於質魯之參與如愚之回焉何哉蓋學在自得不在外求故仲尼之道昭如日星諸子非不聞且見也而忠恕之要博約之訓乃唯顔曾從事焉則一貫之唯卓爾之是又豈他人之所能與耶故曰善教者繼其志

質諸鬼神而無疑知天也百世以俟聖人而不惑知人也

潘龍

同考試官教諭關批（聖人知天知人本皆實事此篇發揮明盡可以占所養矣）

考試官教諭文批（説知天知人處精切透徹無杜撰語而通結上節尤爲有見録之）

考試官學正王批（善言聖人制作之本必嘗究心于天人之學者）

論君子之制作無間於幽遠者亦惟有以明天人之理也蓋理至於天人止矣君子明之以制作則其於幽遠也何間哉中庸言居上不驕之意以明人道及此謂夫君子之議禮制度考文徵遠近合幽明而一之矣然豈得於偶合者哉彼鬼神無形而難知何言乎無疑也而君子之制作有以質之成能於屈伸之感而默符其變化之機祇見其相協也而無相疑焉蓋鬼神者造化之迹也而天則其統體也君子有以知天之理於終始之故則大明焉於晝夜之道則通知焉以之定經制而秩典章也先天而天弗違後天而奉天時天且弗違而况於鬼神乎故曰質諸鬼神而無疑知天也後聖未至而難料何言乎不惑也而君子之制作有以俟之先立其中正之準而適合其睿哲之謨但見其可因也而莫之惑焉蓋聖人者斯道之管也而人則其同類也君子有以知人之理莫微於性命而明焉莫重於人倫而察焉以之昭軌則而成人文也通變而使民不倦神化而使民宜之人舉弗違也何獨至於後聖而疑之故曰百世以俟聖人而不惑知人也夫然則徵庶民也考三王而不謬也建天地而不悖也孰非理之一哉又孰非本於吾身哉王天下者當知所從事矣是何也有天德便可語王道自昔典禮之叙人紀之修以至因時損益通百世而可知者要皆一德爲之耳故不學則不知性命之理不知性命之理則不可以立極於天下如是而强欲以制度文爲範民心而昭示後世亦末矣故曰作者之謂聖述者之謂明蓋謂此也

言近而指遠者善言也守約而施博者善道也君子之言也不下帶而道存焉君子之守修其身而天下平

黄覲

同考試官學正萬批（善言善道乃孟子知要之學此作體貼親切其身有之者乎）

考試官教諭文批（文理嚴整）

考試官學正王批（理達詞莊）

大賢表言與道之善者不外於君子而得之也夫近而指遠言斯善矣約以該博道斯善矣自君子徵之不有可見者乎此孟子語人以知要之學也謂夫非言無以明道非道無以廣用然豈可以概求之哉蓋天下之言亦多矣語或病於支離而道不可以觸類非善也惟夫言之宣也未始及其他而指之達也自不膠於近聽之若可忽而繹之則無窮也其斯以爲善言乎天下之道亦多矣約或泥於致遠而博或流於寡要非善也惟夫守在我也初非外之求而

施諸用也自足遍乎物操之則甚微而推之則無盡也其斯以爲善道乎何也自君子觀之服之有帶也乃物之至近者也君子之言也離坐離立隨所扣而應之固不下於帶矣而性命之原顯焉百物之故昭焉擬議於顧瞻之地而究極乎廣大之歸以爲止于帶也而實非止于帶也斯不亦言近而指遠已乎吾之有身也其道之至約者也君子之守也領惡全好踐其形而肖焉惟以修吾身耳而所以行王道者在是所以錫民極者在是率循其庸行之常而懋昭乎協和之治人徒見天下之平也而不知其由吾身之修也斯不亦守約而施博已乎善學者由是審焉可以得修辭之則而成及物之功矣何以他求爲哉抑易之言曰夫道廣矣大矣而孟子乃諄諄於近約之爲訓何哉蓋道不遠人自兩端之竭無行不與之教以至於修己以安百姓篤恭而天下平皆是物也戰國之時王教不行學術漸裂不惟近約之求而專事於遠者博者不有以反之將何以章道而淑人哉此孟子憂世立教之意也

易

象曰寒泉之食中正也

潘龍

同考試官教諭關批（題本冠冕學者累于陳言不能自脱化腐爲奇而題意益尊僅見此子）

考試官教諭文批（詞理正大得象傳本旨）

考試官學正王批（九五澤物之功本于皇極之德此作可謂善發明之矣）

象傳於井爻即及物之功而著其德焉蓋德者功之所由出也不然無本之治豈足以及物乎象傳釋井九五爻義如此若曰王政以養民爲先君德以敦化爲本兼體而不累者其惟井之九五乎今以寒泉之美而見食於人言乎養之大也則是善政所敷有以廣曲成之惠而兆民奠允殖之休道澤所濡有以普兼濟之公而四海安厚生之利矣若是者豈無其本而然哉蓋仁之顯者用之藏者出之也達之順者體之信者基之也今九五以陽剛居上體之中而得其正則是皇猷允塞而道之萃於己者渾然天下之大中皇極有建而德之裕於養者粹然天下之至正由是因心之政自不假於强爲精神心術之運固博施濟衆之所及也其出也寧有窮乎有本之仁自不竭於時措至德淵微之地固深恩厚澤之所發也其被也寧有外乎是則曰寒泉食者王道之所以弘也曰中正者天德之所以裕也内外合而體用一化之所以成也彼德不茂而欲以徒法之政襲取焉者末矣雖然聖人之仁天下非能人人而庇之也其德也亦非爲天下而立之也厚德在我而物無不載故仁及天下而不知其功若

夫因民之饑而食之因民之寒而衣之是霸者之智也烏能以及天下哉無本故也故曰天地無心而運不積聖人無情而用與京言乎其德之盛也

復小而辨於物恒雜而不厭

胡應潮

同考試官教諭關批（卦意相屬而文亦對待此篇組織嚴整而旨趣悠長觀者可以感發興起）

考試官教諭文批（得潔凈精微之趣）

考試官學正王批（良心在我無往不復貴察識而固守之耳子能體認親切非得之心易不足與此）

大傳陳復恒之德知幾而固守者也蓋知善之幾而守之固學之準也復恒以之德焉有不修者乎大傳再陳九卦之德以明處憂患之道若曰理欲之幾甚微而其擇之也貴精動静之勢相乘而其守之也貴一要於其心焉慎之可也吾有見於復恒二卦之德矣是故復也者良心生於既失之餘者也其端方萌而其勢未盛則惟微之幾不足以勝其惟危之漸若難乎其不亂矣殊不知善之復也雖微而幾之動也則著天人於是乎昭焉臧否於是乎判焉明覺内蘊炯然有不容昧之幾滋息中涵勃然有不可遏之勢夫豈物之所能淆耶夫其易淆也而不淆焉復德之妙也何如恒也者久於其道而不失者也然時有萬變而事之所遭不齊則湛一之本不足以勝其攻取之衆若難乎其不易矣殊不知德之堅也既深而物之誘也自小天下之至賾而不可斁也天下之至動而不可亂也疑定之功自底乎安止之妙敦篤之至馴致乎日新之休夫何有於厭乎夫其易厭也而不厭焉恒德之妙也何如是則復之辨者精之所以不雜也恒之常者一之所以不離也精以察之一以守之則德無有不修而於處憂患乎何有雖然二卦之德固各以類而臻二德之用亦每相須以有成何也復也者所以昭其端而成性之存者由此其致恒也者所以永其終而善端之復者由此其敦非復則恒何所始非恒則復何所終故曰先明諸心知所往而後力行以求至焉學之準也烏可岐而二諸

書

后克艱厥后臣克艱厥臣政乃乂黎民敏德

黄覲

同考試官學正萬批（此題詞雖交儆而意在責難場中作者兩平則失經旨偏重則背注意戾于祗承之心遠矣此篇醇雅平正只斡轉數語而大禹

言外之意褎然自見非超逸之才無此步驟得士若此庶幾可貢矣）

考試官教諭文批（忠誠溢于言表）

考試官學正王批（敷演大禹陳謨之意不費詞而燁然自足佳士佳士）

聖臣欲上下交修以成治其責難之意至矣蓋君臣萬化之原其道固不易也交修無斁而天下其有不治者乎此大禹所以祗承於帝也若曰人情常修於儆戒而治道每病於怠荒帝其知念矣乎蓋君也者代天而理天下者也以一人而萃民物之責斯亦艱矣誠能知天命之難□也民喦之可畏也而夙夜祗懼務盡其所當□□難於易焉爲大於細焉蓋誠以憂勞倡之矣豈惟君哉臣也者承君之令而致之民者也以一身而膺臣隣之任亦云重矣其必思若否之不易明也衮職之不易補也而朝夕寅恭不忘其所有事爲上爲德焉爲下爲民焉寔能以艱難承之矣夫然後交修之功已至而出治之本以端將見政不易乂也而厲精之心自有以底咸熙之績有典有則也之綱之紀也自朝廷以達之邦國秩然小大之時叙夫孰有不乂者乎其或未乂則以克艱之未至耳民不易化也而精純之德自足以成風動之休遵道遵路也會極歸極也由京邑以冒於海隅翕然遠邇之同心又焉有不德者乎如其未化將無交修之尚闕耶夫君臣之爲責如此我之爲臣也固不敢以自委而作則以先之者實惟君焉帝其可不念哉抑舜大聖也敷化立極固優爲之矣而大禹矢謨乃首以克艱爲言何哉蓋於穆不已天之道也純亦不已聖人之德也使儆戒之心一或有息則與天不相似而驕佚之患作矣此敬怠之辨治忽之幾也而可不慎與故明良喜起之歌憲天聰明之訓皆臣子之所不得已者也此固責難之恭也

君子所其無逸先知稼穡之艱難乃逸則知小人之依

張大中

同考試官學正萬批（稼穡艱難乃周室傳授心法此周公所以丁寧于成工也子能言之親切而意味充暢無乃漸被皇上無逸之化而興起者歟）

考試官教諭文批（冲澹典雅而蔚然有光其發出先知二字又非尋常識見可到冠場之作也）

考試官學正王批（得周公告君之意）

大臣言君子有居勤之功而必本其所以居之也蓋保國之道莫先於無逸也使非體民之爲勤焉亦何以克是哉此周公訓成王於親政之日也謂夫有國家者非不能永命之患而以不知憂勤之患王其念之哉何則人情莫不

欲逸也而詎知宴安之毒有不可懷者乎君子是以防之必豫而不使怠荒之或滋持之有常而罔俾勤厲之或息敬以作所而矻矻以勞天下者動息由是蓋誠有藉以爲安者矣恒以一德而孜孜以永天命者出入不違蓋真有以之爲宅者矣夫若是者而豈徒爲之哉蓋民之有稼穡也疆畎播穫勞亦甚矣君子不必身親爲之也而民隱之求預悉其勤勞之狀由是而燕樂之居也肯以易心乘之哉不必幼嘗習之也而世故之歷具知其胼胝之艱以之而逸豫是處也敢以驕心臨之哉蓋惟知夫民命之所寄也一或不遂流離將作而所以厚下安宅者不容緩矣是尚可以自逸乎有見於民生之所恃也一有不恤顛仆將至而所以勞民勸相者不但已也雖欲無勤得乎此君子之所以克自抑畏而祈天永命不外是矣周公以是訓王其忠愛之至已乎抑周家以勤勞立國自后稷公劉以至大王王季文王罔非稼穡之重則無逸之訓其源流遠矣而周公於成王乃爲是諄諄者何耶蓋儆戒之志難持而宴安之情易溺閭閻之艱難易忘而天命之精微難測誠不可不夙爲之戒也故游逸淫樂益尚以戒舜況其他乎以此爲防後世猶有般樂怠敖而不知求民之莫者豈非未之思耶

詩

豐水有芑武王豈不仕詒厥孫謀以燕翼子武王烝哉

李攀龍

同考試官教諭袁批（聖人詒謀在子孫正所以安天下也豈有根本未固可爲永圖哉此篇深得詩人旨趣而文理充暢才思老成有識有養之士也録之）

同考試官教諭王批（意足而不重復句新而非杜撰且涵蓄渾厚得詩人諷咏之體佳作佳作）

同考試官教諭陳批（講意不講字正是作家而文體重厚不涉浮淺尤見務實之學）

考試官教諭文批（詞意俱到）

考試官學正王批（醇雅充實）

周人興聖王隆大統以裕後而必贊其克君也夫統有天下莫大乎垂裕無疆也周王遷都以之其克君也信哉是詩首言文王遷豐之事而此則言武王之遷鎬也意蓋曰君天下亦難矣欲爲君盡君道是可淺之乎爲業而不爲永圖哉彼豐水東注澤能生物猶有芑草也況我武王計安天下豈無所事乎方四方攸同之時卜宅定居殆有事會之不容緩者則開國承家於是造端也

當萬姓悦服之後重教明義寔惟時幾之不但已者則創業垂統欲爲可繼也故一傳而子再傳而孫繼體守成宜必奠靈長之脉其諸居上游以端天下極者可使守而勿失天之曆數將凝固千載不拔之基矣保邦制治居然締悠久之規凡夫建辟廱以服天下心者是用勿替引之聖人大寶乃醖釀尤年無疆之休也謀詒厥孫矣翼子其即安乎武王之所有事如此是不爲克君也哉蓋君道以遺安天下爲貴匪一身一家已也今也丕烈佑啓後人而遠圖有道於天下是曰作之元后者可徵矣人君以天下長治爲難匪一時一事爾耳今也大統克昌厥後而永置天下於無虞所謂垂拱而治者在是矣豈不信乎其克君也哉夫以武王遷都垂裕而慮天下也遠真大聖人之所作爲也周祚過曆其有自乎抑論武王天下之大聖也以天下懷永圖天下之大業也然豈徒業而已取殘伐罪始發於仁繼志述事終成乎孝仁孝天子之大道也道在而業舉自隆矣而又何莫不在學乎蓋當其時丹書之戒受之太公洪範之疇聽之箕子其有得於學者深矣兹所以克承帝王道統之傳而雖後世英君誼辟亦莫之及也孟子曰武王不泄邇不忘遠其有見也夫

武丁孫子武王靡不勝龍旂十乘大糦是承

陳治典

同考試官教諭袁批（武王靡不勝作者拘于征伐此篇王政該舉且詞氣壯健真足以發明賢王中興之盛）

同考試官教諭王批（大得天下心以崇典祀正見商王克肖祖武此作得之而通篇詞語平正雅飭渾是登歌體義宜冠多士）

同考試官教諭陳批（莊重渾慤宛然商人口氣）

考試官教諭文批（祖孫世德數言殆盡）

考試官學正王批（詞不煩而有餘咏是作頌者）

商之嗣王剛德優於天下而得人祀乎其先也蓋天下歸心王業之盛也商王肖有剛德而得人以祀謂非遺休之有在哉此商人祭祀宗廟之樂而至此言嗣王之蒙福也蓋曰繼世之君莫貴於求世德而王者之福尤莫貴於大王業也武丁孫子夫有所受之於先后矣而其承藉之在今日者何如哉蓋聖武布昭祖德于今□烈武王肖德襲號視昔有光中興圖治復舊物於維新而一日萬幾憲天也勤民也不勞而理凡以朝諸侯而有天下者猶運之掌也嘉靖殷邦總乾綱以獨斷而九重百度禮樂也征伐也舉之裕如所以平荆楚而服諸侯者綽有餘力也是蓋視天下無難事而豈以不勝爲患夫懋昭大烈有

是不世出之君則丕應徯志自無不奉職之臣由是幅員既長合百官以承式宗廟之祭得萬國之歡心建彼龍旂儼驂騑於十乘諸侯之來亦衆矣則皆稼穡匪懈而王祭是供焉秉温恭虔執事敢違越乎烝嘗之期者無有也承是大糦萃獻享於一堂相厥肆祀惟謹爾敢曰黍稷非馨而明信弗將乎載清酤進和羹駿奔走於對越之時者秩如也觀是諸侯之畢歸而方命厥后同休矣是則君德之隆人心之所由歸也王業之所由盛也而天命之所由固不外是矣嗣王享治有此兹非先后之福之所遺乎噫此商人宗廟登歌不敢忘所自也考之天造商室由湯至於武丁天下歸殷乂矣然聖敬日躋恭默思道則固湯與高宗治天下之大本也而後人祀之必曰武云者豈其不足於文耶蓋順天應人匪武不克中興復古武莫先焉而文德固未嘗不運行乎其中也故王以七十里者必始於十一征而無敵而三年之克始可以建四方之極耳否則殆而已矣語曰君德以剛爲主斯則有天下者所當念

春秋

秦人伐晋（文公三年）晋侯伐秦（文公四年）秋公伐邾八月己酉入邾以邾子益來（哀公七年）歸邾子益于邾（哀公八年）

孫元卿

同考試官教諭甘批（秦穆魯哀之事孔子備存而弗削者以穆能改過哀知去惡也場中作者漫無所見聖人書法隱矣此篇微顯闡幽渾融傳意而輕重有準如老吏斷獄森然不亂也）

考試官教諭文批（四傳兩意體認精當而又渾淪無迹杰作也）

考試官學正王批（得謹嚴筆法）

强國貳過而能改春秋深善之望國稔惡而能去春秋特美之此秦晋修怨致嚴於人爵之間魯哀虐邾無倏乎婉以成章也春秋其王道之權衡也歟何則易曰君子懲忿窒慾乃知修德者非過之患而能改之貴也春秋諸侯知改者鮮矣何幸於秦穆見之蓋秦晋世讎也晋無望焉爾矣秦自殽函而誓詞作似也復决焚舟而後快其於悔過之誠爲何如君子曰穆也猶夫人而已矣孰意深懲既往大冀將來見伐不報貪憤之兵遂息焉則是佳兵之戒有以得遠怨之方質之自誓之言始踐矣良士之思其尚有蹇叔矣乎噫穆可謂不遠而復者矣其視專尚威力者賢不肖何如耶經之人秦爵晋君子有以辯之不然秦誓何取也安能序書與典謨篇并列耶易曰君子遷善改過乃知進德者非惡之患而務去之難也春秋諸侯知去者鮮矣何幸於魯哀見之蓋邾魯隣壤也邾當睦焉者矣魯從季孟而范門入過矣况辱負瑕以相殘其於字小之

仁爲何如君子曰哀也天下之惡莫大矣所幸困衡於人悔悟於已乃反其君社稷之奉有常焉則是反正之善足以蓋前行之愆質之怙終之刑可免矣侵疆以歸其始乎景伯也哉噫哀可謂困而反則者矣其視長惡不悛者得與失何如耶經之備始録終君子有以辯之不然春秋魯史也安能直書與獻舞事例論耶是則秦穆惟深與也而後克己之功著魯哀惟弗諱也而後自新之路開其聖人樂與人爲善之心歟抑穆哀可同語耶秦誓一篇既列於書曾子復述於大學穆其與聖賢伍矣哀卒削弱不競適越之辱不免焉二公非其匹也明矣噫敵怨復而霸業成用孟明也而況不爲孟明者乎有真儒而弗究其用哀可惜哉

春王正月公及齊侯平莒及郯莒人不肯公伐莒取向（宣公四年）

洪遇

同考試官教諭甘批（魯宣私郯失平怨之道故竟至伐莒取向經旨自明作者多泥伐取遂致輕重無别獨此篇得之而詞氣嚴正使宣公有聞自當汗顔恧怩）

考試官教諭文批（順快峻整）

考試官學正王批（有法度有筆力）

春秋譏望國平人之怨起於意而成於我也蓋事貴無容心焉爾矣魯宣平莒郯以私始以亂終之其斯見譏於春秋也與且魯何爲而平莒及郯也郯莒讎也何爲而伐莒取向也莒弗從也然則可乎蓋天下之感惟正斯應天下之情惟公乃服故凡物不得其平則鳴而君子行有不得反諸已魯欲平莒及郯也苟能直以開其意虚以待其來持鑒空衡平之心爲解紛釋怨之地則信可孚於言前誠自昭於令外而郯莒將自釋矣奈何郯私昵也比之以爲朋齊大國也挾之以爲重自以强弱莫予違而曲直非彼由也抑不知莫强於人心而同然之喻不容於言强莫柔於人心而服義之機不可以力屈是故偏係之私不足以輸其款而威力之搏適有以激其忿艴然不悦揖而去之固其所也顧乃拂逆順之情不知反諸已恃强大之力徒欲責之人加之以師聲其罪也將何以爲詞奪其所有劫以威也人其謂我何不顧其理徒以無道行之謂之强可也盡言以相正寧不愧於心乎不揆其分狡焉思以啓之謂之盜可也正法以相求不亦在所損乎名曰息争非不善也不以禮而以勢是以亂易亂耳詩謂不忮不求公其昧之名曰善隣非不美也不以義而以利是以燕伐燕耳傳謂反仁反智公何有焉經故書及見其所欲書取名之爲盜平者魯之意不

肯者莒之心也公之失豈能掩哉大抵聖人感人心而天下和平誠信孚也故邾射不貴盟誓而獨取必於區區一子路豈非誠信素孚而自不能違耶宣以千乘而顧不能行於一莒也噫人之生也直宣其枉也已雖然過市之哀將不容於天地間魯之怨誰其平之宣之枉也久矣

禮記

在朝言禮問禮對以禮

殷士儋

同考試官教諭魏批（此題字少義多難于體認析理精當而詞氣簡古僅見此作）

考試官教諭文批（句句皆禮無一漫語）

考試官學正王批（完全縝密不見其難）

人臣之立朝言必稽於禮也夫禮之爲物大矣朝言而弗之及豈所以爲言乎記曲禮者謂夫禮無乎不在而言必有所當是故在官言官在府言府在庫言庫明各有司也其在朝也則何以哉蓋人君臨御之地道德仁義於是乎成焉教訓正俗於是乎表焉不惟禮之道也則品節之未備何以爲揆道範物之方是故言之不可以已矣百官表著之所朝宗覲遇於是乎會焉燕饗慶賜於是乎行焉苟舍禮而言也則度數之弗閑何以爲序事詔相之則是故語必在所稽矣如其有疑而問乎將何以定親疏將何以决嫌疑本之天叙天秩之故而質其要領之所歸不他及也其或因問而對乎如斯以别同异如斯以明是非稽諸經禮曲禮之詳而語以節文之异尚無贅詞也問以禮而對以禮本末必昭焉則所以達天道而明人情者在是矣不然以朝廷之大也而豈無可言者乎陳其數而必知其義論辯必悉焉則所以辨上下而别等威者在是矣不然非有方之士也而可以事君乎於是見臣子立朝之□□□何也有禮則安無禮則危夫人以之而□□□故三歸之設八佾之舞以至雉門之作郊牛之改卜要皆不講於禮之過也入太廟而每事問在朝廷而便便惟謹夫子豈徒也哉故曰聖人以禮示之故天下國家可得而正也此立朝者之所當知也

樂也者聖人之所樂也而可以善民心其感人深其移風易俗故先王著其教焉

宋鰲

同考試官教諭魏批（聖人之于樂也說諸心施諸政立其教由一心以

及于無窮也此篇發揮明盡而次第輕重令人灑然興起）

考試官教諭文批（有源委有血脉善言聖人之樂）

考試官學正王批（通篇皆樂不屑用時句慕古脱俗之士也）

記者原聖人作樂以成化而因以廣教也夫生民之道樂之所觀者大也聖人樂和平而天下應之立教自不容已矣古昔聖人之爲樂也固以象至德之光而實以彰太和之化其道不亦深乎是故鍾鼓管磬非極音也而欣喜歡愛之情出矣羽籥干戚以飾貌也而優柔平中之德宣焉樂非聖人之所樂矣乎由是舉而措之也至和之運足以神感化之機非有所强也合愛之流有以導民心於善孰得而違之其感於内也君子以好善小人以聽過平好惡而反人道之正不徒革面已耳其成於習也君好而臣爲之上行而民從之回風俗而爲淳厚之歸有不丕變者乎先王知夫樂之不可以已也是以本之情性稽之度數而設教以示歸極之方廣其節奏省其文采而立等以崇孫業之術德厚是繩也而以達之萬方之大人心之感也殆無窮矣事行攸象也而以昭諸後世之遠風俗之善也不有永哉使聖人作樂以平天下之情而不著之以爲教則其道或幾乎息矣將何以觀德乎故曰樂者天地之命中和之紀人情之所不能免者也獨樂其志而不厭其道備舉其道而不私其欲則可以達於天下後世矣苟非身有其德而求之聲容之末其能淑乎故兒寬曰惟天子建中和之極蓋謂此也當時宣房瓠子之作天馬寶鼎之歌亦有協於是否乎

第二場

論

萬世不可易之定論

潘龍

同考試官教諭關批（古意古體而變化抑揚不爲本文窘束無古人之胸次學實者不能到奇士奇士）

考試官教諭文批（不費繁文而本等詞理自然充暢有體製有精神讀之可以一倡三嘆敬服敬服）

考試官學正王批（意精格古詞氣渾成而光彩燦然一洗時陋允稱高論）

天下大器也主天下之大器至難也以天下之大器相傳至重也夫惟知其難且重也在於一人而教養之必慎逸豫之必防使繼體嗣世靡有忝德則以之凝天命奠民生承隆茂之業而垂無疆之休也不難矣爲天下慮者宜於

此焉先之今夫百穀草木皆有本也物而無本不可固也而況國乎太子者天下之本也侯衛藩屏則其標幹也保世滋大胥將係焉而可易視之乎此明王之所爲留意而忠臣哲士之所尤拳拳也嗚呼賈誼教養太子之言可謂至矣誠萬世不可易之定論矣在易震爲長子其辭曰震來虩虩笑言啞啞震驚百里不喪匕鬯夫長子於天位未履也而聖人教之恐懼以守匕鬯鼎長子之所有事也而聖人教之以正位凝命何哉蓋君人者天下之主也而太子則君之貳也承鴻業而有之非徒崇高富貴之而已也亦將投之至艱而貽以重責焉耳經紀民物協和上下儀刑百辟昭格鬼神皆一人之繇也而可不慎乎今夫氓庶之家百金之産欲以授其子猶必教之堂搆教之播穫不敢輕也而況什百千萬此者乎一或不戒將可虞者至矣先王知其然是故太子之生也舉必有禮見於南郊言有天也過廟則下過闕則趨言有親也蓋自未有識而教固已行矣猶以爲未也師道之教訓保保其身體傅傅其德義立之三少明孝仁禮義以道習之擇孝悌博聞有道術者以衛翼之左右前後罔非正人如此而教固已備矣然猶以爲未也長而入學上親而貴仁上齒而貴信上賢而貴德上貴而尊爵承師問道退習而考焉罰其不則而匡其不逮朝日夕月明有敬也親饋國老明有孝也行步必節明有度也食遠庖厨明有仁也然猶恐其非僻之萌也瞽史誦詩工誦箴諫大夫進謀士傳民語不幸而至於有失則史記其過宰徹其膳進善有旌誹謗有木敢諫有鼓則是爲太子者不得一息而肆也夫人孰不憚檢制而樂縱逸喜孅佞而惡正直哉而先王之教也必爲其所不快豈其忍於子而靳於愛哉蓋嬰兒剔首而副痤也必號呼不已而慈母必且爲之則以犯其所小苦而致其所大利云耳又況凡人之情養之以豫則耳目不奸開之以漸則法義易入故童蒙之吉養正之功聖人蓋言之詳矣是故教之成也以知則明以性則達以天德則全以王道則備是故以之導民而從以之宰物而當以之刑百辟而化以之祀鬼神而享以之昭上下而格參贊位育猶將致之而況於定天下乎夫然後膺天保之福而延靈長之祚即欲去之不能矣三代所以永命之術繇此其紀也使禹之後而非啓湯之後□非太甲周文武之後而非成康則雖至德在人其歷年之久近孰能必之且成王之賢天下莫不聞褓褓之教閑之既熟及其踐阼也可以釋矣而召公告之曰若生子罔不在厥初生自貽哲命周公復訓曰繼自今嗣王無淫于觀于逸于游于田乃猶爲是諄諄者何耶誠欲其念天命畏民碞克終允德而不忘師保之教云耳卒之嗣守大訓用敷遺後人休豈偶也哉夫人性不甚相遠也教之成王則成王矣不成王教之也則亦非成王矣猶之居齊而齊言居楚而楚言二者

將奚擇乎詩曰貽厥孫謀以燕翼子此聖王之所以重繼世也亦所以重宗廟社稷也亦所以重天下生民也誼之言斯其至矣君人者繹忠智之言鏡於得失之故思無逸之明戒爲垂裕之永圖使周召史佚各進其忠德成而天下戴之則可以比三代之隆而基苞桑之業尚何景命之不申哉書曰一人元良萬邦以貞此之謂也

表

擬宋以胡瑗爲國子監直講謝表（皇祐四年）

黄覲

同考試官學正萬批（不刻意駢麗而鋪叙揄揚自有典則刻此足以正奇巧之習）

考試官教諭文批（温潤懇切説出胡瑗心意非但工于四六者）

考試官學正王批（立意措詞最得稱謝之體平實中文藻爛然他作鮮及）

皇祐四年某月某日伏蒙聖恩以臣爲國子監直講者聖世弘文國學重化成之本明王崇教儒紳承寵命之榮譽髦忝就乎陶鎔師責實慚于模範恩逾晋錫感切震驚臣瑗誠惶誠恐稽首頓首上言伏以東膠肇啓爰咨典樂之官靈璧弘新式重作人之地蓋首善莫先乎太學而敦興有望於英君師貴道尊庠均義重故漢帝屈臨雍之拜肆唐宗篤齒胄之風遐稽致治之隆寔本右儒之化道因言闡論思允賴於名賢才以養成陶沃必資乎碩德事誠有待教不虚行若賜侈桓榮曷任式和之體必望隆韓愈庶幾先覺之貞責任匪輕簡掄宜慎如臣庸鄙特荷甄旌雖聖朝不弃于采葑而微德有懷于負乘恭惟神凝聖域識際道真懋湯德之日新誕開章閣邁高宗之時敏夙御經筵玉質金相綱紀協文章之用鳶飛魚躍作興妙鼓舞之機謂振育英才敦化允基乎三舍而主盟庠序立賢當廣於無方詎知樗櫟之散材謬典菁莪之重寄官崇直講位列簪宗秩望接于成均衣冠率乎胄子登堂采藻斯文昭化日之光鼓篋升階多士藹如雲之集此王道丕亨之會而儒者至足之榮也切念臣海陵遐賤草野至庸岱麓窮居志徒勤於仰止蘇湖分迪功莫答於涓埃横碧帳以明經自分含貞海嶠對青衿而敬業何期賁采雲宫慚非穎達之倫誤辱仲淹之薦匪曰蘭芷疇移入室之情不自淵源曷足飲河之願智易窮於小扣仁何冀以曲成激切由衷勉圖知分臣敢不益敦舊學用答新恩勤勞來匡直之功備春夏秋冬之教攄平生望道之志上不負於所知振先哲成物之方下不孤於所學門墻桃李仰歸雨露之仁泮水魚龍共沐江河之潤伏望敷豈弟以作人本經術而致治皇極著表儀之式丹扆切敬教之思有翼有馮濟濟咏周楨于

王國乃文乃武明明協唐運於中天臣瑗無任瞻天仰聖激切屏營之至謹奉表稱謝以聞

第三場

策

第一問

李攀龍

同考試官教諭袁批（此策叙述我聖祖開闢之功精一之學成祖再造皇上中興聖聖相承心法之妙皆能舉其要而合其同庶不負聖朝作養之恩矣宜取之以貢）

同考試官教諭王批（皇上睿資天錫聖學性成近法祖宗遠追堯舜誠不世出之聖主也此篇能莊頌而揚厲之必嘗服習聖化而有得焉者況才思深長文理精到而忠愛之意溢于□□□士若子不爲盛世慶乎）

同考試官教諭陳批（此策重皇上聖學不獨見于製作十九年間隱顯一誠久暫無二真允蹈之矣恪究玄微之妙仰述功業之隆僅見此作謹當録之以爲當宁獻）

考試官教諭文批（有忠敬之心有臣隣之願用世之才也可取可取）

考試官學正王批（善言皇上爲學之要而溯流窮源得我祖宗列聖統緒之傳必豪杰之士也可敬可敬）

帝王之學非徒博聞廣志而已也將以昭德塞違而布之政也達天命之原通古今之變察民物之紀廣聰明之實非學何繇矣古之聖哲豈不能師心以爲治而必爲是孜孜者誠以理欲之竇難明而心志之蠹易入乾行當法而鏡戒不可不昭其所以垂遐軌而永隆譽者以其憲天立極□此道也雜之者霸忽焉則幾乎殆矣在昔成湯之誥曰惟皇上帝降衷于下民若有恒性克綏厥猷惟后泰誓曰天佑下民作之君作之師惟其克相上帝此言天之所期於人君至篤厚也羲黄氏之有天下尚矣唐虞以下不能無憂焉故堯之命舜曰天之曆數在爾躬允執其中舜亦命禹曰人心惟危道心惟微惟精惟一允執厥中此言君所以承天之道也由今觀之親九族和萬邦被四表格上下堯之德其至矣從五典叙百揆神人以和百獸率舞舜之德其至矣此猶天地之高厚日月之著明後有作者二帝爲不可及已自時厥後祇台德先禹之所以繼舜也聖敬日躋湯之所以繼禹也緝熙敬止受戒丹書文武之所以繼湯也明

辟之道克享天心以隆大命其見於治也夏之道尚忠商變之而尚質周變之而尚文蓋與時推移雖聖人無如之何今其風動之休允殖之治永清之功异世而比隆非一德誰能致之故孔子曰大道之行也與三代之英丘未之逮也而有志焉蓋宗之也自周而下則有可議者矣過魯祠聖似矣而不事詩書鋭情經術似矣而内多慚德開門喻心似矣而得國非正帝王之學概未有得以先天下然迹其所爲易秦項之暴也除隋室之亂也洗五代之陋也其功在生民天亦不得而弃之是以漢祚四百唐祚三百宋實次之方之他姓爲烈然而异於三代遠矣論者曰漢治雜霸唐治雜夷宋治優柔不振蓋少之也天之眷明德久矣鑒觀四方求民之莫未始一日而替也而聖王不作大道不彰天之心不能若是恝矣高皇帝以神武之資膺曆數之歸明命有赫實祇承之投戈講道典學不怠故諭曾魯以欲求堯舜之心喻宋濂以當謹操存之戒與陶安論學術而深明邪説之害因未善讀心箴而極言人心道心倚伏之幾斯心也其即堯舜之心乎故釋洪範而天人徵應之理昭矣書大學衍義而古今治亂之原彰矣他如存心省躬之録表其誠也通訓集禮之編陳其度也聖謨洋洋不有可徵者乎文皇帝親得聖哲之儀刑善繼善述以光先德故其論皇太子曰堯舜相傳惟曰允執厥中帝王之學貴乎知要論學士曰朕嘗退朝默坐而思管束此心諭御史曰朕每一飲一食未嘗不念及軍民斯心也其即堯舜之心乎故輯文華寶鑒而昭鑒之義廣矣輯聖學心法而帝王之學弘矣他如六經之表章崇正學也内訓之頒布正倫理也世德作求不有可見者乎列聖相承勿替引之是以大道宣昭至治濯俗克纘神明之統而聿追隆古之休豈不盛與肆我皇上憲天聰明嗣有歷服益懋建中之德以顯丕承之烈是故敬一有箴傳聖王之心法也五箴有訓闡先哲之微言也揭無逸之篇以勤稼穡著憂勤也解本末終始之章以頒諸史局盡精微也以至除夕有作崇修省也星變有敕謹時幾也此天德之修蓋即二帝三王之爲德也郊祀定而典禮秩矣耕蠶舉而民事興矣罷四方無益之獻而百度貞矣塞諸途幸進之門而百官正矣節妄費以足食而國用經矣減租税以裕民而邦本重矣此王道之敷蓋即二帝三王之爲政也是以十九年間禮樂明備和氣薰蒸以儀□辟以式九圍以合天地以享百神以興萬物以協四靈洋洋乎至治哉草野荒裔之民猶得以咏歌太平之盛而況夙在漸被者乎内外臣工固宜踴躍而不能自已者也然四時常運不息其機日月貞明不改其照王者法天以行健不輟其功故終始典學傳説所以訓于王而不顯亦臨無斁亦保聖人之所以懋敬厥德也求輔弼之益慎好惡之幾察禨祥之應納矇瞽之規謹幽獨之修建中和之極

此聖心之所有事臣下之所祇承而不懈者也愚何容於贅詞乎虞庭之歌曰元首明哉股肱良哉庶事康哉言敕天之功也周成王之頌曰昊天有成命二后受之成王不敢康夙夜基命宥密言法祖之治也先聖後聖其道同歸愚敢以是爲今日獻

第二問

潘龍

同考試官教諭闕批（道顯于造化闡于伏羲孔子得之易子思述之祖孟子傳之于子思也此篇推明玄妙究極天人而聖賢相傳之旨异世同符非深于易而會于道者無此説豪杰之士非俗學可擬也）

考試官教諭文批（聖賢之言雖殊而實同歸于道但學者不知察識體驗之耳發明旨趣合异爲同僅見此作）

考試官學正王批（易其天地鬼神之奥斯文之鼻祖乎求道于易斯爲知本子能得之其殆庶幾神解者耶何其言之親切有味如此高士高士）

執事發策秋闈以孔子之學爲問而復以神解之説進之豈以十室之邑必有忠信而聖人者夫人可學而至與雖然聖道大矣果也如由猶晝於升堂達也如賜不逾於及肩愚也何人可以語此雖然性本同有聖匪由外有爲者亦若是聖人先得我心之所同然者也敢不掇拾以就正焉夫曷言乎孔子之學曰易而已曷言乎易曰大極而已大極之理根抵乎天地萬物之賾而流行乎天地萬物之中者也自夫立象設卦伏羲示人精矣係辭盡言周文示人博矣吾孔子承三聖之統而極修贊之勤因卦以發藴而中正之教昭隨爻以廣義而趨時之辨明故十翼之旨夫子敏求之功也夫然后精者闡而彰博者燦而著也其曰易知簡能者著其道也曰顯仁藏用者彰其化也曰陰陽不測者贊其神也曰貞觀貞明貞一者昭其同也究其原也陰陽盡之矣故曰一陰一陽之謂道又曰立天之道曰陰與陽立地之道曰柔與剛立人之道曰仁與義三才一貫之道玆其的乎曰終則有始者著其運也曰變化云爲者類其動也曰深幾而神者贊其妙也曰成變化行鬼神者明其功也究其致也動静貫之矣故曰變通者趨時者也又曰夫乾其静也專其動也直是以大生焉夫坤其静也翕其動也闢是以廣生焉三才流行之機玆其至乎夫陰陽立三極之根動静神變化之用命之所以不已道之所以無窮者其以是乎此古今流行之機也嗚呼孔其至德矣乎此其所以承唐虞三代之統而開萬世生民之的也三千之徒授受一道而克復之訓敬恕之目每惓惓於求仁之學何哉豈易之外復有所謂仁耶蓋道一而已矣易者言乎流行而不息者也仁者言乎純粹

而至善者也剛柔善惡雜揉弗齊唯仁則動静無間流行之機罔非天則天地萬物精粗隱顯舉該之矣故曰動静不失其時其道光明者此之謂也苟不至德至道不凝君子去仁惡乎成名故聖人著其教焉夫本一以垂訓時措以成物同歸殊途百慮一致孔子而下可以觀矣中庸一書子思衞道而作也原性命之奥立會通之凖故中者言乎其不偏也庸者言乎其不易也其曰大本云者所以明人性之藴静而虚而天下之動而實者之基也孔子所謂寂然不動者是也其曰達道云者所以明人性之發動而神而實静而虚者之彰也孔子之所謂感而遂通天下之故者是也發有已未而性無内外其流行不息之機乎其曰戒懼謹獨云者所以致其功也動静交相存省顯微實無間矣孔子所謂敬以直内義以方外者是也夫動静相生者心之神也動静不違者學之則也致中和而位育出焉復其初矣子思子其善於學易者與七篇之作孟子所以闢邪説而明王道也指本心之良爲作聖之機故四德者言乎其藴也純粹精也四端者言乎其發也直方大也其曰萬物皆備云者所以明人心之神靈明不昧順以動焉四端萬善以時出之廣大悉備也其即子思之所謂大本達道者乎其曰性善云者蓋以人生而静本自純粹帝降之衷物我之所同具者也其即孔子之所謂繼之者善而成之者性乎夫良知良能元不喪失先立乎其大者則動静皆定而物欲不累窮理盡性以至於命道在我矣孟子其善於祖述者與故曰先聖後聖其揆一也雖然神而明之存乎其人道無古今而學有機要故君子識往以論世當求其故也是故自强不息孔子之所以配天也戒懼謹獨子思之所以法祖也勿忘勿助孟子之所以希孔也苟徒知其同而不求所以同則亦空言而已夫何有哉夫學貴自得也神解則自得矣乃若程子受學周子而謂天理二字是自家體貼出來非所謂神解者乎此正達于天道與聖人一之時也是道也必優游涵泳長裕不設脱然冰融凍解默識心悟有莫知其所以然而然者矣非言語所可及也愚何足以知之

第三問

黄覲

同考試官學正萬批（風俗人才關係世道最要而其機實在于上風土氣禀之説不盡然也識見明透議論醇雅而才氣英發如長江大河愈流而愈無盡通場無出子右者遠到之器也可羡可羡）

考試官教諭文批（前二場文氣雄渾浩然不竭此策尤爲終場之冠奇士奇士）

考試官學正王批（有學實有筆力非素養之士遽無此作録之）

治天下者有化民之道有作人之功然有本焉而統會之至一也有機焉而轉移之至神也何也民以習染而爲風俗上以習學而爲人才惟其成於習故有美有惡有正有邪教化者所導以歸美適正之路也然雖本之人性而或不能以强從持以漸陶而或沮撓於時勢是以教化之不淑也惟建極者端其本善其機以爲教化先是故示之以觀而化自普也通之以感而應自順也如是而家有殊俗士有异趨未之聞也非天下之至聖其孰能與於此執事發策以風俗人才爲問其深知王道之本教化其有興乎愚敢不究極言之宋儒程顥曰治天下以正風俗得賢才爲本蓋風俗者象治之迹賢才者輔治之具也民無美俗何以善國國無其賢誰與共理先王知其然故首重教化學校之隆師儒之選恒究心焉而表率之道感動之理又有不疾而速不行而至者矣是故休明之世無澆漓之俗聖哲之朝無壬佞之臣凡以是耳豈時數氣化之自然適會其逢哉説者謂俗之不齊恒地勢拘之考古若秦齊晋楚諸列國之風或强悍或悲怨或夸靡儉勤種種异習大都狃於水土風氣之一偏者雖賢者有所不免王制曰廣谷大川异制民生其間异俗若聲音言語之不相比是奚害哉修其教不易其俗齊其政不异其宜而已謂才之弗齊亦天賦拘之稽古若皋夔稷契共驩苗鯀暨諸叔季之臣或聖或狂或賢或不肖邈乎弗類大都定於氣質清濁之殊絶者雖聖代有不能齊孔子曰惟上智與下愚不移真若陰陽晝夜之相反然豈盡若是哉性本同善而緣習則殊教以反同亦因材以篤而已是故先王有教民之制若禮樂刑政詳於周禮而掌於大司徒以施十有二教所以納民於軌物範俗於大同者莫良矣然後世之教不盡殊而協和時雍之風邈乎絶響何也蓋媚兹一人者百姓之心而朝廷則四方之極教化之所從出也順帝之則本於篤恭之盛若好尚舉動又自近達遠四望以爲趨向者也先王所以化成俗美者亦率之以德行端之以好尚潛孚而默化之不獨禮樂刑政而已傳云堯舜率天下以仁而民從之桀紂率天下以暴而民從之言教有本也商之政尚猛故其俗激昂而奮厲周之政尚寬故其俗和柔而寬緩言化有機也後世若漢文帝躬行元默而黎民醇厚唐太宗篤行仁義而外户不閉亦其近之不然晋崇虚浮而清談縱恣之風熾豈當時禮樂之教遽淪絶哉由是觀之禮樂刑政者教化之具譬則舟楫也師儒其篙師也朝廷之德化譬則江海而好尚則天之風也舟楫非風水之利能自運哉風俗之醇王道之應也有天德便可語王道謂教化不本於朝廷而能一道德同風俗可乎先王有教士之法若詩書學校備於周禮而詳於後世經制之書無非推廣三物之教所以正德以成賢育才以昌業者莫美矣然後世之法制益詳而賢聖

忠貞之士代不多見何也蓋共惟帝臣者士之心而帝則兼君師之責教化之主盟也觀化之樞本於中和之極若好惡用舍乂中智之士恒覘以轉移者也先王所以教乎而人化者亦視之以率履端之以好惡身教而默諭之不獨詩書學校而已觀堯以執中命舜而開群聖道統之源文王以豈弟作人而臻棫樸菁莪之化非躬行心得之教乎舜選於衆舉皋陶而不仁者遠湯選於衆舉伊尹而不仁者遠非轉移鼓舞之機乎後世若唐尚詞章而窮達皆藝苑之士宋崇道學而朝野多希聖之英亦其驗矣不然漢靈帝喜陳方俗語而無行趨勢之徒并列鴻都門學非當時學校之崇亦罔而已耶由是觀之詩書學校者教化之文譬則風雨霜露也師儒則四時五行之吏也人主之淵德即天之於穆不已好惡則陰陽舒慘也風雨霜露非於穆舒慘之運能不忒哉人文之盛王化之昭也有内聖之德斯有外王之業謂教化不本於人主而謂師道得善人多可乎嗚呼兹至治之基大化之本而恭己無爲之業也并休麗美不有待於今日哉愚何幸躬逢其盛

第四問

孫元卿

同考試官教諭甘批（數乃天地自然之妙而理實主之此作以理論數以數準理得之矣故表而出之）

考試官教諭文批（博洽之學明决之才正大之氣俱于此策見之）

考試官學正王批（理數之學精到不忒而議論無窮天下事可與言矣可敬可敬）

泄天地之藴者其數乎會數之精者其神乎數也者理之時也化之紀也天地非數則道化幾不可測而識矣神也者道之樞也聖之極也數非神聖則精閟殆不可會而通矣是故一定而不易者數之體變動而不居者數之用錯綜皆合而變化無窮兹其爲天地之藴乎兹其爲數之精乎非天下之至神其孰能與於此故曰神而明之存乎其人知此則圖書衍極之數可得而言矣夫是數也原於冥漠之無形而析於儀象之既判極之日月星辰之麗山岳川澤之奠皆數之著也四時五行之運萬類群形之布皆數之化也玄覽於象帝之先是即畫前之易矣誰謂數昉於圖書哉可以順性命之理可以研事物之端推之典禮秩於聖人者數之教也經畫備於王制者數之度也深明乎天地之撰斯亦形上之道也誰謂儒者不貴數哉惟河圖之出適值夫伏羲之神靈仰觀俯察遠求近取蓋已默感而冥會之故天苞之説雖甚誣而其彰乾坤之象以昭文明之瑞若開物成務之必於其時謂天無因而不愛兹道不可也洛書

之出適當夫大禹之神聖治水底績地平天成蓋亦冥召而洞契之故地符之説雖甚誕而其泄玄武之精以昭水德之盛若陳疇類範之必於其人謂地無故而不愛玆寶不可也然今考圖之數五十有五書之數四十有五多寡不同而方圓弗類何也蓋圖員象天而爲數十偶贏奇乏數之全也書方象地而爲數九奇贏偶乏數之變也圖書皆以五居中虚其中則太極也奇偶均二十者兩儀也圖虚其十亦四十五數也書九疇之子數則亦五十五數也參伍錯綜而無適不合其變化之道神之所爲乎二數之名异而理同二聖之時异而心同所謂聖人成能均也劉歆經緯之説不可見哉倚數之法聖人參天兩地教天下揲蓍求易使不迷於吉凶晦吝之途者然圖數五十有五大衍五十而虚一何也蓋其用四十九者蓍之德七重之則爲四十九猶卦之德八重之而爲六十四也虚一者不用而用以之通非數而數與之成斯太極也故參於圖即其虚五而爲五十之數矣質於書即其以五含五而爲五十之數矣横斜曲直無所不通其造化之精天機之妙乎諸數殊塗而同歸三聖异慮而一致所謂窮神知化均也朱子符契之説其不然哉易更四聖而象已著孰有演其數如邵康節者今觀皇極經世之書以元會運世而羅絡天地萬物之終始治道人事之得失汪洋浩大無所不該雖作用不同辭近牽合而妙悟神契祖述羲畫雄成一家之言斯亦作者之流亞與考其數則湯用三十陰用十二元會運世歲月日辰□數極於六十四而一元之運始於日月星辰甲子皆造化自然之妙而圖衍之派詳矣不然振古之豪杰程子屑許之哉惜門户不同學偏術數使天根月窟之襟内聖外王之道不獲與於斯文之正印耳範錫神禹而數弗傳孰有補之如蔡九峰者今觀洪範皇極之篇以性命禮義爲宗而體尚中正教主民彝祛迷障欲因事示戒雖學紹父師靡同易象然深造自得同歸易理直欲完補古文之缺斯亦述者之雄杰與求其數則始於一參於三究於九成於八十一備於六千五百六十一散之無外卷之無内體諸造化而不可遺而洛數之原昭矣不然與三聖之易同功真氏其浪言哉惜享數弗遐擇數未備使知來藏往之妙獨立物表之見不能無俟於後之君子耳由是觀之因道契數而因數闡道者羲禹孔子也聖之神者也以静觀數而緣數見道者邵子也人之豪者也邵蔡之餘若洞極用書潛虚用圖非無作也而牽合附會數滋晦矣京房之易郭璞之技非無作也而非禮畔道君子不由焉程子謂有之無所補無之靡所闕非若斯人之所爲乎執事曰數即氣也氣之流行即理也玆不亦達道之言而深乎其數者哉愚請得究言之物必有則數者盡天下之物則也事必有理數者盡天下之事理也中人以上達乎數者也中人以下囿於數

者也聖人因數以明理所以教天下後世也君子因數以明理所以自淑其身也是故探天地運化之原參人物古今之變窮義理之精微究興亡之徵兆微顯闡幽彝倫攸叙秩然有天地萬物各得其所之妙夫是謂以理觀數而非以數觀數者與邵子曰人地之本其起於中乎人居天地之中心居人之中君子能主静以觀中之體致一以窺數之原則未發之中即天地之藴既發之和即群聖之道斯可以得意而忘言窮理而樂天矣斯可以達命而順義循理而致和矣尚有理與數之殊哉是以君子貴中也謹對

第五問

殷士儋

同考試官教諭魏批（時務一策難認識亦難議處此作曲盡利弊而作用有條真可見之施設况才思充周如天馬行空無所拘泥經濟之才也録之録之）

考試官教諭文批（有學有才有用是之取爾）

考試官學正王批（識時務者在俊杰此子以之）

裕民厚俗之道何先亦曰知興替之端也達利害之原也明得失之故也妙通變之術也知其端而後損益有方矣達其原而後興革有機矣明其故而後斟酌有地矣通其變而後法制可久矣盡是四者則上順天時下盡地理中盡物情以之疏民困而民困疏以之經國用而國用足以之厚風俗而風俗美蓋不惟復豐阜之舊而熙皞之休猶將致之舍是弗圖而欲苟且一切以幾幸於目前吾恐植之者未幾而仆之者即繼一時之績效未收而歷年之積蠹滋甚矣此誠父母斯民者所宜深長思也愚嘗讀周禮而知成周所以裕民之法矣大司徒有土會之法以辨五地之物生而時其賦令以土宜之法辨十有二壤之物以教稼穡樹藝以土均之法辨五物九等以制天下之地征而又有草人掌土化之法以物地相宜而爲之種稻人掌稼下之地以時其蓄泄殄種其所以教之力田舉賦至纖悉也厥後太公明之以治齊因其俗簡其禮通商工之業便魚鹽之利而人民歸管仲假之以修政相地而衰征山澤各致其時連五家之兵設魚鹽之利而至於霸諸侯何其盛也是故全齊之盛轂擊肩摩家殷人足其見於蘇秦之説者可徵也東有瑯邪即墨之饒北有渤海之利其見於田肯之説者可徵也膏壤千里洋洋乎大國之風其見於太史公之説者可徵也自井田廢而阡陌興貧富不均民務逐末周官樹藝之教既罷不行而太公管仲之政亦復斬焉歷代以來雖時有功令之布而經界不正四民失業今日之齊非復昔日之齊矣故在昔禹貢青州之田厥等上下而今且以爲潟鹵

之區何怪於蒿萊之彌望而室廬之不保哉故曰知興替之端而後損益有方者此也夫人情莫不懷舊土而畏流離則其所以弃親戚墳墓而逃亡者豈其得已哉夫不得已而爲之其弊可知已蓋徭役之不均也賦斂之不公也催科之太急也審核不實則户口之登耗非真勾稽不密則土田之飛詭無藝富者巧於欺蒙而得免重大之賦貧者坐以縮懦而代輸額外之征有司據簿以追呼吏胥倚法而迫脅凋瘵之民其不受斃者鮮矣又況貪黷之吏非止此也藉征斂之常而行其饕餮之欲甚者猰㺄其民而用之奈之何民不失業也是故弱者挈老幼而移之四方其强者則暴悍抗令已耳去生人之樂而即于回其罪豈獨在下哉故曰達利害之原而後興革有幾者此也在昔滕君修井田之政四方歸之唐李絳開營田之法即有明效今之土地即古之土地也歸逋而興利宜無難者何乃招之耕藝而民反避而去之若陷阱然者往歲憲臣建議欲官給牛種矣官給農器矣三年而後舉税矣而迄至無成豈其終不可爲乎亦曰主持之未定也奉行之未至也倡率之無方也計口授業而或病於豪强之兼并給資散利而或歸於奸滑之侵漁復之税矣而其後又或責以歷歲之需是以死易生也而民其爲之乎故曰知得失之故而後斟酌有定者此也夫是議也苟不欲行之則已如欲行之則復業之民姓名可别籍也而力役不可概征也輕税可稍出也而積逋不可并責也勸課可行也而刑督不可遽施也賑貸可先也而輸償不可驟入也井田難復而稍爲限制可也讀法未舉而稍爲聯屬可也鼓舞倡率宜責之監司而不期以近效可也權宜施設宜責之有司而不裁以禁忌可也故曰妙通變之術而後法制可久者此也然其要則惟在乎人焉耳矣孔子曰文武之政布在方册其人存則其政舉其人亡則其政息是故趙充國之田金城曹孟德之田許下郭子儀之田河中婁師德之田豐州爲之兵戈倥偬之時而迄有成效得非數子者以身任其責而不惑於异議耶爲今之計莫若朝廷之上申敕監司慎選守令專其責成緩其遷代任其張弛明其功課表其循良黜其貪刻績著則褒勞秩久則超遷六事不舉則旌薦不及使爲守令者不得以苟且目前之圖以應上之期會而僥幸於一旦其於民也省其刑罰薄其税斂賑其凶饑恤其禍灾時其力役息其鬬争聯其什伍禦其攘掠使之相生相養相糾相受真若赤子之依於慈母者而又先之以仁義孝弟導之以睦姻任恤以作其良心而匡其不飭由是而流離可歸由是而地利可興由是而經賦可足由是而儲偫可充由是而禮義可作復豐阜之舊而成熙皞之休蓋運之掌矣又何必屑屑於周官之經畫與太公管仲之令而後爲得哉愚青齊之民也目擊時弊而欲以進聞久矣敢因明問以對

山東鄉試録後序

洪濛既闢聖哲迭生天下古今獨宗師孔子顔曾二子乃親得其傳者然皆山東之産焉或者泰山渤海巉巖浩瀚秀靈鬱積鍾而爲人有此盛耶抑天生聖哲氣數不偶又弗在山川之秀靈而已也孔子之後厥孫子思子出繹演道原紹述先業再傳而得孟子明仁義息邪説挺然以孔子自任然亦不出鄒魯之墟焉今讀其書真足以想見當時之盛信乎一元之氣妙合凝定發泄于是邦太史公謂齊魯文學乃其天性良有見也我皇明尊崇孔孟之道以治天下建學設科敷求俊彦山東取士每三歲必七十五人重文邦也然才藝彬彬蜚聲海内後先相望代不鮮人而孔孟之統吾今于爾多士屬望焉夫文章道德本一也人自二之耳孔子之教曰博文約禮多識畜德何嘗不欲人學文哉今縱觀爾多士通貫六經旁搜子史厥文雄渾玄奧變化抑揚而其氣亦浩然剛大塞乎天地之間莫非一世之英也而吾尤以孔孟之統惓惓焉者豈好迂哉蓋攻于博文而忽約禮鋭于多識而不暇畜德固學者之通患也夫以包羅該括之才苦心極力終身所得盡役役于詞鋒筆勢之間以馳騁于一世厥藝誠精專奇絶足以煇煌化理矣復能反之此心而擬議于言動發揮于事業進而弼皇猷贊國是修和庶政振舉紀綱感通華夷昭格天地以成俊偉光明之烈則六經子史既掇其華復履其實表衷本末渾融透徹而國家元氣將有賴焉孰與文藝獨成名者爲得耶斯道已在我惟一轉移之耳爾多士其猛省之哉陸贄司考校得韓愈至今爲科目美談豈徒爲文耶蓋愈丁道衰文弊之日雄裁灼見識孟子于异端擾攘之中慨然號于一世真吾道之豪杰也而爾多士每每淺之誠謂因文見道也若究厥攸詣復徒文而已焉無乃（此處底本有缺頁——編者注）

嘉靖二十八年山東鄉試録

山東鄉試録序

嘉靖己酉秋天下復當大比之期山東之士試於提學僉事李寵者凡二千四百有奇景集省下以求試于有司先是巡按監察御史傅鎮舉故事禮聘教授馮元學正王三聘爲考試官教授梁以蘅教諭蔡宗堯黄應升林允高袁道趙大華曹栻爲同考試官至則巡按監察御史劉瑶實監臨之爰稽故典增飭新規視昔尤加隆焉而以右參政鮑象賢右參議萬虞愷爲提調官副使趙廷松僉事李嵩爲監試官暨諸執事咸慎選以充乃諏日入院三試之罔不洗心滌慮以仰副朝廷側席求賢之意登兹録者凡七十五人將計偕上春官對大廷爲太平之臣元也遭逢聖主備員儒官亦欲竭尺寸以補塞萬分之一兹獲叨與盛舉庶幾少效以人事君之義顧不大榮幸哉元惟國家建制稽古右文推明孔子之道以淑天下而六經語孟之教家傳人誦已百八十年于兹矣今我皇上天縱聖明復隆尊師之禮崇尚儒術表章經籍而孔子之道益以明大士之生於斯世者咸得以文學顯用於時若山東之士其尤有私幸焉者二其一地隣京邑漸漬浸沃獨深且厚天下能同之乎其二生於孔子之鄉斯文在兹取則不遠天下能同之乎故雖齊民若總丱之童猶能言仁義談道德矧士之游於序庠者是宜其爲文郁郁洋洋若是乎其盛也雖然竊觀之往昔由此途以進者衆矣孰非以能文而見矚於主司然勛業足以名當時垂後世固多其人而亦或有不能盡然者豈文字之美不足以概其人而其卓然者要或别有所得固不在於文字間耶此今日司考校者之所以不能無懼也古之君子藴之爲德行言之爲文章發之爲事業雖所見不同而其致一也兹七十五人者方其平時讀書商古今其自許何在於古君子之下今即其所爲文觀之雖抑揚變化言人人殊皆能析忠邪之分審王伯之歸明往古之術辨當世之務粹然一出於正而不詭於聖人之道比服有官即其所試於文者而施於有政則於古人何讓焉主考校者可以無懼矣不然則静言庸違幼學壯倍其所謂善於文者特緣飾詩書以市進巧售耳是墜孔氏之訓而干明主之

典夫豈惟二三子之羞而吾司校文者亦與有辱矣夫何敢不懼是用以告於二三子者幸相與勉之是役也右副都御史今陞大理寺卿駱顒保厘東土表正士習右僉都御史方鈍經理河防旌别士類巡鹽監察御史朱有孚印馬監察御史陶欽臯宣猷飭憲雅尚文教至於涵育薰陶士類攸賴節浮崇實百度惟貞則左布政使今陞巡撫右副都御史應檟實綜理之工部郎中嚴中員外郎王會主事陳夢鶴吴衍顧言梁恩户部主事魏文□馮有年洪公諧李敬行人司行人王崇茂皆有事玆土而右布政使湯紹恩按察使王積以履任至左參政李綸以部運左參議劉繼德僉事吴天壽都指揮僉事陳惟喬以入賀行僉事邵梗都指揮僉事李寶蕭國勳則協心防範有勞績焉兵備副使丁以忠伊敏生王傳僉事孫璧史鶚又皆翼猷肅憲文教有資若右參議榮愷副使吴嘉會郭廷冕魏良貴王誥李乘雲僉事賀府各專事一方而咸樂厥成者例得書之

江西南昌府儒學教授馮元謹序

嘉靖二十八年山東鄉試

監臨官

巡按山東監察御史劉瑶（潤甫河南胙城縣人　辛丑進士）

提調官

山東等處承宣布政使司右參政鮑象賢（復之直隸歙縣人　己丑進士）

山東等處承宣布政使司右參議萬虞愷（懋卿江西南昌縣人　戊戌進士）

監試官

山東等處提刑按察司副使趙廷松（子後浙江樂清縣人　癸未進士）

山東等處提刑按察司僉事李嵩（子中直隸歸德衛人　戊戌進士）

考試官

江西南昌府儒學教授馮元（大本廣東番禺縣人　辛丑進士）

湖廣武昌府興國州儒學學正王三聘（宗尹廣西臨桂縣人　丙午貢士）

同考試官

浙江紹興府儒學教授梁以蘅（仲房廣東新會縣人　癸卯貢士）

福建建寧府松溪縣儒學教諭蔡宗堯（中殳浙江臨海縣人　丁酉貢士）

江西臨江府峽江縣儒學教諭黄應升（晋卿福建莆田縣人　癸卯貢士）

直隸鎮江府丹陽縣儒學教諭林允高（少抑廣東南海縣人　甲午貢士）

湖廣承天府沔陽州景陵縣儒學教諭袁道（文伯雲南太和縣人　癸卯貢士）

浙江紹興府上虞縣儒學教諭趙大華（廷聲福建莆田縣人　庚子貢士）

直隸常州府宜興縣儒學教諭曹栻（子敬廣西護衛軍籍　庚子貢士）

印卷官

山東等處承宣布政使司經歷司經歷陳焕（文冲四川永川縣人　吏員）

山東等處提刑按察司經歷司經歷蕭昉（□伯直隸憫城縣人　監生）

收掌試卷官

山東都轉運鹽使司運使何其高（仰之四川閬中縣人　壬辰進士）

兖州府知府唐頤（子觀山西陽□縣人　乙未進士）

青州府知府潘鈛（希行直隸□□縣人　戊戌進士）

受卷官

東昌府知府董漢儒（□夫河南考城縣人　壬辰進士）

登州府同知梁木（□夫陝西三原縣人　辛丑進士）

濟南府濱州知州羅椿枝（□新浙江桐廬縣人　乙未進士）

兖州府東平州知州劉元凱（舜舉四川閬中縣人　辛丑進士）

濟南府武定州陽信縣知縣王光祖（子孝直隸魏縣人　甲辰進士）

青州府諸城縣知縣祝天保（惟中直隸唐山縣人丁未進士）

彌封官

青州府推官冀桐（與鳳直隸永年縣人　辛卯貢士）

兖州府曹州知州李洛（中甫河南祥符縣人　甲午貢士）

萊州府平度州知州周思兼（叔夜直隸華亭縣人　丁未進士）

青州府壽光縣知縣郭民敬（子莊山西山陰縣人　丁未進士）

青州府博興縣知縣王三接（晋甫山西洪洞縣人　丁未進士）

青州府樂安縣知縣郭中（子立河南祥符縣人　丁未進士）

謄録官

山東等處承宣布政使司照磨所照磨張芹（獻之山西孝義縣人　丁未進士）

濟南府推官李如桂（希賓山西長治縣人　丁未進士）

兖州府沂州知州向格（惟誠浙江南安縣人　甲午貢士）

青州府莒州知州胡川構（□卿直隸□縣人　戊戌進士）
青州府安丘縣知縣何尚賢（山西□□氏縣人　□□進士）
登州府萊陽縣知縣吴俊（□英武功□直隸嘉□縣人　辛丑進士）

對讀官

兖州府通判葉天榮（良顯直隸婺源縣人　戊子貢士）
登州府推官潘滋（□仲直隸婺源縣人　戊子貢士）
東昌府濮州知州章大綗（希文浙江會稽縣人　乙酉貢士）
濟南府歷城縣知縣李應時（際可山西平定州人　丁未進士）
青州府益都縣知縣吕孔良（子性河南洛陽縣人　丁未進士）
濟南府德州平原縣知縣張恩（子推河南祥符縣人　丁酉貢士）

巡綽官

濟南衛指揮使谷音（子足山東臨淄縣人）
平山衛指揮僉事李明元（伯善直隸邳州人）
濟南衛指揮僉事宗孟（懋醇直隸寶坻縣人）
臨清衛指揮僉事薛金（子南直隸嘉定縣人）

搜檢官

濟南衛指揮使毛騰光（汝明直隸盱眙縣人）
濟南衛指揮僉事陳鏜（國振直隸□陽縣人）
青州左衛指揮僉事黄巖（仲石湖廣寧□縣人）
萊州衛指揮僉事楊楝（國柱浙江平陽縣人）

供給官

山東等處承宣布政使司理問所理問高崇紳（貴夫直隸井陘縣人　監生）

濟南府通判吕孟信（誠之直隸雄縣人　乙酉貢士）
濟南府鄒平縣知縣劉格（繼正江西安福縣人　戊子貢士）
濟南府禹城縣知縣茆世亨（希泰直隸溧水縣人　癸卯貢士）
兖州府濟寧州鄆城縣知縣蕭時震（静甫江西南昌縣人　甲午貢士）
兑州府金鄉縣知縣宗周（維翰直隸興化縣人　辛卯貢士）
兖州府滕縣知縣鄒士元（志伊江西萬安縣人　庚子貢士）
東昌府高唐州武城縣知縣尤麒（國禎福建晋江縣人　戊子貢士）
青州府高苑縣知縣葛臣（陞伯河南固始縣人　戊子貢士）
濟南府歷城縣典史劉臣（國用直隸真定縣人　吏員）

濟南府齊河縣晏城馬驛驛丞江天錫（萬寵雲南安寧州人　承差）
濟南府長山縣白馬驛驛丞温藩（維翰山西介休縣人　承差）
濟南府平原縣桃園馬驛驛丞高自卑（子登山西石州人　承差）
濟南府禹城縣劉普馬驛驛丞申賜龻（從斷山西屯留縣人　承差）
濟南府歷城縣龍山鎮馬驛驛丞丘巍（汝瞻湖廣襄陽縣人　承差）
濟南府肥城縣安寧村馬驛驛丞江景（廷美湖廣漢陽縣人　承差）

第一場

四書

子所雅言詩書執禮皆雅言也　誠則形形則著著則明　親親仁也敬長義也無他達之天下也

易

天行健君子以自强不息　安節之亨承上道也　成象之謂乾效法之謂坤　昔者聖人之作易也將以順性命之理是以立天之道曰陰與陽立地之道曰柔與剛立人之道曰仁與義兼三才而兩之故易六畫而成卦分陰分陽迭用柔剛故易六位而成章

書

乃聖乃神乃武乃文　東漸于海西被于流沙朔南暨聲教訖于四海　而康而色曰予攸好德　三后成功惟殷于民

詩

六月食鬱及薁七月亨葵及菽八月剥棗十月穫稻爲此春酒以介眉壽七月食瓜八月斷壺九月叔苴采荼薪樗食我農夫　俾爾戩穀罄無不宜　天生烝民有物有則民之秉彛好是懿德　自堂徂基自羊徂牛鼐鼎及鼒

春秋

冬公會齊侯于防（隱公九年）　公及齊大夫盟于蔇（莊公九年）　九月戊辰諸侯盟于葵丘（僖公九年）　春公孫歸父會楚子于宋夏五月宋人及楚人平（俱宣公十有五年）　八月晋荀吴帥師滅陸渾之戎（昭公十有七年）

禮記

君天下曰天子朝諸侯分職授政任功曰予一人　進則揖之退則揚之然後玉鏘鳴也　樂統同禮辨异禮樂之説管乎人情矣　夫祭之爲物大矣

其興物備矣順以備者也其教之本與是故君子之教也外則教之以尊其君長内則教之以孝於其親是故明君在上則諸臣服從崇事宗廟社稷則子孫順孝盡其道端其義而教生焉

第二場

論

君子之道達諸天

詔誥表（内科一道）

擬漢令禮官勸學興禮詔（元朔五年）　擬唐加左僕射房玄齡太子少師誥（貞觀十三年）　擬宋以胡瑗爲國子監直講謝表（皇祐四年）

判語（五條）

官員赴任過限　丁夫差遣不平　致祭祀典神祇　縱放軍人歇役　官司出入人罪

第三場

策（五道）

問　農桑王業根本自古享國長久獨稱周曆論者歸美於后稷農業開基後世躬親耕織以爲能重民衣食之源信矣今考其制孟春天子帥公卿大夫耕于南郊而推撥有數饗勞有别穜稑有藏者其儀也仲春詔后帥内外命婦蠶于北郊而卜觀有禁獻受有度築浴有所者其儀也可詳指而言歟迨漢唐宋耕藉之君親蠶之后史傳所載代不絶書其間果有能知民事之不容緩禮制之所當因足可稱述者歟洪惟我太祖高皇帝創造鴻業加意農桑伏讀元年之詔有曰藉田千畝所以供粢盛備饋膳首舉行之以爲天下勸曰民間但有隙地皆令種桑以爲禦寒之具其諸諭廷臣諭户部聖言具在歷歷可述耕藉田饗先農集禮所載班班可考其能開丕基於無窮而陋近代於不居者遐哉不可尚已列聖相承守爲家法若成祖文皇帝務本訓之作宣宗章皇帝織婦詞之賦皆能崇實嗣徽而保大帝業者也肆我皇上御極培植根本乃於内苑之西并舉親耕親蠶之典而又建無逸殿豳風亭以時觀省製穀祇蠶壇賦以示隆重規度超曠宸翰輝煌蓋遠邁周王而近宏列祖矣豈非所以衍寶曆於億萬年無疆之休也哉邇者瑞麥秀於畿甸嘉禾生於西苑聖德之感格天心之篤貺可徵也已諸士涵濡治化稽古禮文其悉著於篇以觀對揚之學

問　昔人有言學者貴有所疑有疑然後能無疑然則讀聖人之書未有不先於疑而後能無疑者也古之載籍燬於秦火之後其可疑者多矣而理之尤可疑者莫甚於周禮或疑設官分職之异於周官或疑列爵分土之殊於王制或疑考工記之不足以補冬官或疑冬官之散見於他屬或以寺人之屬冢宰爲疑或以賓客之屬司寇爲疑或以國服爲息爲疑或以屬民讀法爲疑至如米鹽絲枲之疑於細盟詛讎伐之疑於亂廛人五布之疑於苛載師賈田之疑於泛是皆可疑之大者也是以古之論者或以六國陰謀之書疑之或以漢儒附會之書疑之或疑其爲成周理財之書或疑其爲瀆亂不經之書然亦有信之而不疑者或欲執此以往或以爲真聖人之作或謂之周公致太平之書或謂之聖賢制作之書此果何所見而不以爲疑歟其信之而用之者或行之而無益於治或議之而不果於行此尤其可疑者也夫有所疑而不思所以辯之則是終於疑而不解也諸士子考之以尚存之文參之以他經之旨以求通其未明之意則周禮之書固有不必疑者請悉言之以折衷諸儒之論

問　儒者之名其來遠矣漢有經術節義之尚而得宗於孔子者何人唐有詞騷疏奏之章而功比於孟子者何氏至於宋儒有廬山講學人謂不由師傳然歟否歟有純粹比顔又謂才不及孟是歟非歟一變至道儒也何以曰早悦孫吴探窟躡根樂也何以曰志勵堅苦勁挺不屈至誠敏德二子師資於何賢有德有言自然成法二賢宗統於何學有學去矜字而識透義利之關有學得仁字而深明理欲之限有清德重望皎如日星有博學强行堅如金石有倡道於婺而號一代宗師有隱居象山而授生徒數百有父子相傳而明體用之學有祖孫相繼而發理數之旨有以一心而窮造化之原以一身而體天地之道兹皆儒之表表者而其中以何者爲準耶洪惟我朝天啓文明氣運隆盛教化浹洽名世之儒彬彬迭見諸士子誦習古訓必折衷有素矣盍詳對於篇以觀願學之志

問　自孔子而下著書言道學者莫詳於子思中庸之首章楊氏所謂一篇之體要也其論入道之方曰戒謹不睹恐懼不聞者所以立其本也其曰慎其獨者概之大學特誠意之一目耳韓退之作原道語誠意而不及格物致知遂有以來朱子之譏然則此章猶有遺論歟何以能致中和臻位育也及其中篇有忠恕近道之説有達德行達道之説有明善誠身之説有致曲之説有尊德性而道問學之説既詳且備矣末乃括一篇之意而再叙之亦不過爲己謹獨之事而已然則入道之方果不外於謹獨也歟而大學之條目何以次之格致之後也中篇又何以有數端之説也古人謂千聖一心萬古一道又曰譬如

千蹊萬徑皆可適國但得一道而入則可以推類而通其餘矣豈其立説不同皆可以入道而未必其盡合也耶抑可以會而通之本無二致也耶請究言之以觀至當歸一之學

問　屯田水利鹽法馬政皆足國安邊之不可闕者粤稽諸古田金城田許下田河中田豐州皆著有成效而齊青魯兖之屯未盡闢也一遇歲歉則民逋矣何以撫之引芍波引腴口引汾水引渭渠皆行有顯績而汶泗徂泰之泉未盡浚也一遇乾旱則流竭矣何以拯之或産於井或産於池或産於土或産於海鹽之爲利溥矣何商人苦於壅滯固有捐引而去者矣招之可無其術乎或養於民或養於官或養於監或養於農馬之爲制詳矣何馬户困於誅求固有弃馬而逃者矣綏之可無其道乎兹欲田闢而歲不能灾水治而河不能患財裕於鹽而不匱兵强於馬而不弱爾多士必有濟時之上策也宜盡言以對

中式舉人七十五名

第一名　劉大章　青州府學生　易
第二名　張詡　登州府學生　詩
第三名　田稔　高唐州學生　書
第四名　楊正脉　膠州學生　春秋
第五名　張白　青城縣學生　禮記
第六名　陳光輝　蒙陰縣學生　詩
第七名　王牧　恩縣學生　書
第八名　甄沛　魚臺縣學生　詩
第九名　蘇澮　濮州學生　易
第十名　蔚鍾　壽光縣學附學生　詩
第十一名　曹一麟　安丘縣學附學生書
第十二名　王察言　朝城縣學生　詩
第十三名　侯祁　鄆城縣學生　易
第十四名　陳元吉　濟寧州學附學生　詩
第十五名　崔孔昕　濱州學增廣生　書
第十六名　潘子霓　濟南府學生　詩
第十七名　陳大名　臨清州學增廣生　易
第十八名　方岳　掖縣學生　詩

第十九名　吴思敬　德州學生　書
第二十名　丁繼芳　陽信縣學生　春秋
第二十一名　馬春芳　鄆城縣學生　易
第二十二名　張蕙　平原縣學生　詩
第二十三名　閻光潜　東平州學生　書
第二十四名　鄭存仁　臨清州學增廣生　詩
第二十五名　馬佑　臨清州學生　易
第二十六名　楚孔生　曹州學生　禮記
第二十七名　張一鯤　陵縣學生　書
第二十八名　王嘉賓　滕縣學增廣生　詩
第二十九名　趙鑕　歷城縣學增廣生　易
第三十名　馬庭荆　臨邑縣學生　詩
第三十一名　孔聞誥　三氏學學生　書
第三十二名　楊世鳳　臨清州學生　詩
第三十三名　劉應兆　郯城縣學生　易
第三十四名　陳彝　青州府學生　詩
第三十五名　王雲龍　汶上縣學生　書
第三十六名　劉祜　掖縣學生　詩
第三十七名　崔元吉　歷城縣學增廣生　易
第三十八名　王廷孚　黄縣學增廣生　春秋
第三十九名　陳忠翰　濮州學附學生　書
第四十名　杜璿　丘縣學生　詩
第四十一名　王用康　汶上縣學生　易
第四十二名　張希稷　高苑縣學生　詩
第四十三名　路槐　汶上縣學增廣生　書
第四十四名　王承旨　恩縣學附學生　禮記
第四十五名　姜廷琉　掖縣學生　易
第四十六名　劉早　膠州學生　詩
第四十七名　馬卿　安丘縣學增廣生　書
第四十八名　杜棟　即墨縣學生　詩
第四十九名　王繼韶　青州府學生　易
第五十名　王璲　東平州學生　詩

第五十一名　杜其萌　濱州學增廣生　書
第五十二名　王朝卿　滋陽縣學生　詩
第五十三名　梁承學　聊城縣學附學生　易
第五十四名　王喬年　高密縣學生　詩
第五十五名　李應麟　東平州學生　春秋
第五十六名　隨廕　魚臺縣學增廣生　書
第五十七名　吴之美　登州府學生　詩
第五十八名　紀公巡　恩縣學增廣生　易
第五十九名　傅起巖　肥城縣學生　詩
第六十名　周啓東　壽張縣學生　書
第六十一名　馬斯臧　安丘縣學增廣生　詩
第六十二名　張存智　歷城縣學生　禮記
第六十三名　王嘉言　臨淄縣學生　詩
第六十四名　陳應薦　青城縣學增廣生　易
第六十五名　成守節　曹州學附學生　詩
第六十六名　薛金　濱州學生　書
第六十七名　董三策　定陶縣學增廣生　詩
第六十八名　錢博學　掖縣學生　易
第六十九名　彭惟純　青州府學生　詩
第七十名　張君右　商河縣學生　春秋
第七十一名　李時漸　壽光縣學附學生　易
第七十二名　馬庭若　臨邑縣學生　詩
第七十三名　劉熙久　曹縣學增廣生　易
第七十四名　趙德光　樂安縣學生　禮記
第七十五名　宋庭桂　膠州學生　詩

第一場

四書

子所雅言詩書執禮皆雅言也

劉大章

同考試官教諭袁批（雅言無非至教此作叙述夫子垂訓事實而詞不

浮泛宜録以式）

考試官學正王批（説理精切遣詞雅暢）

考試官教授馮批（結説易與春秋尤完健）

聖人之所常言無非道之切于人者也夫詩也書也執禮也皆道之切于日用而不可離者聖人常言之也有以哉記者之意蓋謂天下之道固不待言而存而聖人之教亦必因言以顯吾夫子欲無言矣乃其慮小子之何述而常不倦於誨人明大道之爲公而每無隱以垂訓不有雅言者乎雅言維何温柔敦厚詩教也諷咏之意微而物理之情悉美刺之詞婉而勸懲之義昭以理性情蓋取諸詩疏通知遠書教也平章之治闡化於典謨經濟之圖宣猷於訓誥以道政事蓋取諸書恭儉莊敬禮教也中正立其防義非徒於誦説儀文章其軌道可緣以持循以謹節文蓋取諸執禮詩也書也切於日用均之爲夫子之常言是故言修齊於二南正始也言孝友於君陳論政也立言爲訓匪詩則書蓋不但删述之勞而庸言所及雖三復不以爲煩矣禮之執也裨於身心敷之爲聖門之彝訓是故言儉戚於林放崇本也言學立於伯魚敦教也吐詞爲經匪詩則禮蓋不特損益之究而恒言爲教雖再三不以爲瀆矣噫孔門循循之教切己之學固始如此雖然夫子之道在六經易陳天道春秋紀時事而雅言不及豈不以易之精微雖夫子猶俟於假年而春秋隱義游夏不能贊一詞者乎學者由詩書以探其深約禮以通其變則天人之理一以貫之易春秋在其中矣

誠則形形則著著則明

張翊

同考試官教諭黄批（形著明雖發外之盛而未涉事業作者難於措筆詞不重復而意已明净僅見此篇）

同考試官教諭蔡批（誠明題最難發揮此篇於積中發外以漸致盛處體認親切詞旨渾成理學之士也）

考試官學正王批（純雅可録）

考試官教授馮批（簡明）

中庸推實德之徵於外以漸而極其盛焉夫誠於中而後形於外也形而至於著且明焉其徵之漸盛蓋有不能自已者歟中庸極言思誠之功以見人之未始不爲天也蓋曰德莫盛於至誠功莫難於致曲曲無不致則德無不實

吾見無妄者反其初而誠通誠復之真以全湛一者還其性而天精天粹之純不汩積諸中而形諸外天機活潑有不容自掩之機根於心而生於色實德呈露有不可終秘之妙誠其有不形乎形矣則不能不著蓋視之又加顯焉流於既溢之餘和順者著其英華發於持滿之後充實者昭其光大是非形之外有所謂著也其顯如是而形不足以盡之耳著矣則不能不明蓋又有光輝發越之盛焉抑之愈揚而道德之光華喧赫於威儀者其暉吉也遏之愈光而有道之氣象粹盎於面背者其文蔚也是非著之外復有所謂明也其盛如是而著不足以限之耳夫誠也形也積中之徵也形也著也明也發外之盛也相因不已而漸進以至於極則致曲之功全而至誠之道臻矣然而不動者未之有也易曰見龍在田天下文明學者誠能由誠明之功而馴致乎文明之化推而極於篤恭不顯而後已焉則天人之道融而聖賢之能事畢矣上天之載無聲無臭至矣非天下之至誠其孰能與於此故曰聖同天賢希聖要之自致曲始

親親仁也敬長義也無他達之天下也

田稔

同考試官教諭林批（愛敬即是仁義達言性善之同此作發明親切蓋留心性學者）

同考試官教諭趙批（講仁義親長多用經傳語而詞暢理明當式多士）

考試官學正王批（詞不費而説理懇到）

考試官教授馮批（詞暢旨融）

大賢指愛敬爲性之德以其情之同也夫愛親敬長情也而天下無不同焉謂非仁義之性乎孟子指而言之以見知能之良也蓋曰仁義不假於外求孝弟自根於所性且孩提之童於親而知親焉若不足以語仁也然仁主於愛而立愛惟親可以觀仁也致愛致慕心德之真切也靡瞻靡依愛理之惻怛也在情則謂之親在性則謂之仁仁不出於親親之外矣惡有仁而遺其親者耶乃若於長而知敬焉若未足以語義也然義主於敬而立敬惟長可以觀義也因心之友其宅心之制也天顯之念其天理之宜也在事則謂之敬在理則謂之義義不越乎敬長之間矣惡有義而後其兄者耶夫愛敬者情也仁義者性也於愛敬之情而直指爲仁義之性者豈有他哉誠以獨親其親而天下有不同焉是之謂私愛愛之私者不可以言仁自敬其長而天下有弗同焉是之謂私敬敬之私者不可以言義今也一本之恩原於天性者達之天下均之不可解於其心友于之誼察於人倫者達之天下均之無所逃於其分天下之親不

同而愛同未有不愛其親而愛他人者蓋仁爲公理而愛則爲公心矣天下之長不同而敬同未有不敬其兄而敬他人者蓋義爲達德而敬爲達道矣此愛敬之所以爲仁義也此知能之所以爲良也苟能充之豈直盡己之性已耶親吾親以及人之親長吾長以及人之長卒之人人親其親長其長而天下平焉則良知良能始爲不虛而仁義之用極矣故曰堯舜之道孝弟而已矣此固孟子之意也

易

天行健君子以自强不息

劉大章

同考試官教諭袁批（理涉天人處自難措詞□瑩純確足以發明君子體乾之意信非健筆不能到）

考試官學正王批（發明自强處有力而粹）

考試官教授馮批（詞暢理到）

天運著不已之象而君子有法天之學焉夫天人之理一而已矣天運不已而君子法之亦不已焉其善用乾者乎夫子傳象之意以爲乾天象也重乾天運也蓋於穆宰其機命流行而不已貞觀彰其度道恒久而不窮日周而日新參之不見其始天不變而道亦不變也時推而時行引之不見其終道無盡而化亦無盡也是天之行健之至也而乾之象也君子法之以爲天德之在人本如是其健也而有欲焉則餒矣本如是其久也而有間焉則息矣於是果確以致□而天德之剛不雜以一毫之私緝熙以成能□浩然之氣常伸於萬物之上陽明自勝而陰□不得以乘之至大而不可量也至剛而不可□也天精天粹何有出入存亡焉至誠無息之用蓋與天運相爲流通矣德性常用而物欲不得以干之有所存而自不忘也有所理而自不亂也常明常覺何有間斷先後焉純亦不已之妙蓋與造化相爲終始矣是則天行健者在天之乾也自强不息者君子法天之乾也聖同天不既深乎雖然乾之義一也夫子於四德皆言聖人御天弘化之事而此但以法天成德爲訓蓋以法天自强者王道之體御天弘化者天德之用要之四德不備不足以語自强君子能健以立其體行四德以達其用則天德王道一以貫之而乾道備矣

昔者聖人之作易也將以順性命之理是以立天之道曰陰與陽立地之道曰柔與剛立人之道曰仁與義兼三才而兩之故易六畫而成卦分陰分陽迭用柔剛故易六位而成章

蘇澮

同考試官教諭袁批（晝前有易聖人特順其理以作耳此篇體認精切蓋深於易者）

考試官學正王批（説理精明）

考試官教授馮批（雅健）

説卦詳聖人之作易本三極以成功也夫易之理見于三極者也聖人本之以作易其功之成也有由哉説卦之意蓋謂古之聖人所以立卦而意以盡生爻而動以顯者豈徒然哉蓋將以性命之理神於會通有以極其精而不亂妙於體化因以合其大而無餘然亦何以見之耶蓋是理也三才盡之矣斡旋之而在上則有以立天道焉或静專而爲陰或動直而爲陽以兩而成象者此也凝固之而在下則有以立地道焉或静翕而爲柔或動闢而爲剛以兩而成質者此也充周於天地之間則有以立人道焉育萬民而爲仁正萬民而爲義以兩而成德者此也聖人之於斯理既有以會於心自有以陳於易以小成不足以語全也因而重之兼其三以爲六引而伸之合其二以立體將見貞悔以之而悉備也始終以之而成質也列于全體者莫非三極之定位矣不有以成卦乎以純象不足以盡文也分陰陽之適中而小大有定妙剛柔之迭用而上下無常將見經緯以之而有條也錯綜以之而可觀也雜於六爻者莫非三極之呈露矣不有以成章乎是則統而言之性命有以立其體析而觀之性命因以顯其用聖人之所以順其理也蓋如此抑斯義也見聖人作易之實乎是故性命也三才也陰陽剛柔仁義也皆理之流行而可見者也易以像此而已非有所加也外是而卜筮之小豈足以觀其大哉不然何以曰天地鬼神之奥乎讀易者觀其深焉可也

書

乃聖乃神乃武乃文

田稔

同考試官教諭趙批（叙述四德詞不煩而廣運之意自見當是作者）

同考試官教諭林批（不泛不拘意明詞暢蓋憲於經學者）

考試官學正王批（結并稱堯舜允當）

考試官教授馮批（簡實閑雅）

大臣贊帝德之盛隨變化而得名焉蓋聖神文武堯之德也變化不同而名稱亦异其斯以爲盛乎伯益因舜稱堯而贊堯之德如此意謂有聖人之德而後可以居天子之位帝德維何彼大而化之之謂聖乃聖焉包含遍覆蕩蕩

乎如天之仁溥博淵泉安安焉光表之化不思不勉從容中道其聖有如此者聖不可知之謂神乃神焉至治與天地同流道篤恭而不顯大化與鬼神合德民順則而不知望之如雲就之如日其神有如此者以至威之可畏武也乃武焉濯濯厥靈神武昭不殺之威赫赫厥聲剛健發中正之德大畏小懷無遠不服其武也何如英華發外文也乃文焉光輝發越巍然其有成功道德明著煥乎其有文章經天緯地灼于四方其文也又何如是則聖也神也文也武也自其廣而觀之則德之咸備非一善之能名自其運而觀之則德之變化無一息之或間堯之德至矣雖甚盛德蔑以加矣抑重華協于帝舜之德似無愧於堯而益之舍舜稱堯不一而足者蓋舜方以克艱爲圖而益復以責難自效君聖臣直故堯之德因舜而愈彰而舜之治視堯而益顯此唐虞際會之盛而都俞揖遜之景象猶可想見故曰泰和在唐虞宇宙間信夫

東漸于海西被于流沙朔南暨聲教訖于四海

王牧

同考試官教諭趙批（漸被暨訖字史氏之文作者多窘於詞此作就題敷述詞達而旨明可録）

同考試官教諭林批（禹貢紀禹之功而實舜之德篇中稱禹功化結後歸重舜知人安民信史也録之）

考試官學正王批（條理貫串）

考試官教授馮批（豐暢）

史臣紀聖化之極無遠而弗届也蓋化極四海治之盛也非聖人功德之大其孰能與於此記禹貢者至此蓋謂近利不可以言功偏安不足以語化夫惟禹也平成之績攸同於九州而祗德之化洋溢于四海是故東方之國盡於海隅于海隅而漸焉几深仁厚澤之沾濡者無間於日出之濱也西方之國盡於流沙于流沙而被焉几大順大化之覆冒者不限於弱水之流也以至朔方曰北於朔而暨則幽都皆化及之區蠻方維南於南而暨則南交盡文敷之域振舉於此而遠者聞焉風聲感召推之一世而皆同軌範於此而遠者效焉德教流行施之四達而不悖盡於東海盡於西海地有窮而文明之化無窮合四海而漸之被之一天地之無弗覆載也訖於北海訖於南海地可限而風動之休無限横四海而暨之及之一日月之無不照臨也吁功成於當時化被於無外禹吾無間然矣抑舜之稱禹曰迪朕德時乃功惟叙是知臣之功君之德也禹方以其克勤克儉之心而成之

以不矜不伐之美是以治定功成聲教四訖此禹之功所以爲大而舜知人之哲安民之惠不可誣也議者乃謂舜無洪水將以禹之功爲何如噫

詩

俾爾戩穀罄無不宜

張詡

同考試官教諭黄批（戩穀罄宜作者類多牽合此篇鋪叙條暢詞理俱到取之）

同考試官教諭蔡批（詞氣和平引據精切蓋有學有識者宜録以式多士）

考試官學正王批（善形容臣子忠愛之意）

考試官教授馮批（詞雅意足）

詩人願天佑其君使之吉無不利也蓋戩穀罄宜人君莫大之福也臣子祝君以是忠愛何其至哉天保之詩有周臣子感君恩而作也若曰君恩莫報惟天眷爲可稽天道無言惟行事爲可示天保吾君豈止單厚多益已哉誠以人君首庶物以立極貞萬邦以作后使事而非善非所以語福善而未盡非所以語福之全也是必被之以純粹之懿而景福之萃於躬者協其旋之吉綏之以大順之道而繁祉之形於事者會衆善之全福極所徵不獨一事爲然也精義妙道之發隨事皆天則之流行錫類所及不但一時爲然也日新富有之盛無往非至善之昭著事之盡善如此則自無不宜矣夫惟事之本於身者有善有未善故行之及於人者有宜有不宜今則庶事之康悉合於天理之正而動之無有乎或悖百爲之著咸即乎人心之安而施之不見其有拂善政善教遠有望而近不厭天下雖有難合之勢而時措之得宜自有以孚衆心之同矣宜民宜人彼無惡而此無斁天下雖有不一之情而推行之盡利自有以妙四海之準矣夫何有不宜哉是則事難於善尤難於盡善善難於宜尤難於無不宜人君之福必如是而後全臣子之願必如是而始足也抑是詩臣子托天福君必以戩穀罄宜爲言有以也天人相與之際間不容髪福之者盡善必其感之者盡善要之天固類應之耳洪範序五福於皇極五事三德之後而此詩直指戩穀爲福其亦言有所本而又知天人合一者歟

自堂徂基自羊徂牛鼐鼎及鼒

陳光輝

同考試官教諭黄批（三句作者每困於纏繞此篇整齊明白亦不費力可嘉）

同考試官教諭蔡批（以徂基之意互見於三事之中而無一贅語蓋精於經文者宜録）

考試官學正王批（詞意精嚴）

考試官教授馮批（文體莊重）

周士之謹於助祭行禮必循其序焉夫禮莫大於祭而行之貴有序也周士恪謹於是所以感神而受福也歟周之王者祭而飲酒之詩也意謂宗廟之祭固貴於合上下之誠禮節之詳尤貴於循先後之序吾周士之助祭也何如哉是故祭必省器省牲省鬻者禮也由省器而省牲省鬻者序也今此多士執事有恪則省器爲先以器皿不備不可以祭也然器用列於堂上則升自門堂省籩豆於西序省壺濯於房東周旋於罍數之間巨細咸致其詳也主人立於堂下則降往於基告籩豆以静嘉告壺濯以夙具返命於門塾之下往來必盡其敬也由是次之而省牲焉以犧牲不成不可以祭少牢之羊太牢之牛不敢委諸庖人已也從羊以至牛省視之必遍博碩肥腯之備必察之於啓毛特殺之餘其所以徂基而告充者則亦猶夫省器之告具也豈曰敬於彼而遂怠於此乎又次之而省鬻焉以烹飪不潔不可以祭大鼎之鼐小鼎之鼒不敢任諸亨人已也由大以及小閲歷之必詳潔净精微之美必得之於舉冪展視之下其所以反降而告潔者則亦猶夫省牲之告充也豈曰謹於始而遂忽於終乎是則可以觀禮也可以觀序也可以觀敬也周室之助祭者如此主祭者之賢可知矣聞之易觀盥而不薦有孚顒若下觀而化商頌亦曰奏假無言時靡有争然清廟秉文之德其所由來者遠矣愚於周士之敬豈但識其文哉溯觀先王之德知其垂祚之長一唱而三嘆矣

春秋

冬公會齊侯于防（隱公九年）

楊正脉

同考試官教諭曹批（惟其假王命故其會爲非王事此作説得明白宜録）

考試官學正王批（融會經傳僅見此篇）

考試官教授馮批（得春秋本旨）

春秋譏諸侯之講好以其假禮而行私也夫會者諸侯所不得而行私則益悖矣齊魯之舉亦何取焉且于防之會謀伐宋也齊魯曰聞命自鄭鄭曰有命自周若然則王事矣亦復何尤曰非然也考之周官有時會焉謂其合諸侯也會而發禁令焉將以討不庭也會防何爲者哉稟門之怨未釋而鄭之仇宋日深祊田之利既歸而魯之交鄭益固齊懷兩利遂背同盟之歡魯恐無名因

假王事之聚使節交馳於道路宣言時會之規兩君相見於壇壝藉口不王之討而不知宋與鄭爲仇非仇周也雖其有罪得爲不王乎鄭爲王卿士非代王也雖其有言得爲王命乎命不出於王則其事爲私事事不由於王則其會爲私會未幾而中丘有約爲師期也或先時而往或遂盟而歸矯假不恭其情見矣又未幾而于菅有敗以詐勝也先之以取郜繼之以取防攘奪無厭其迹章矣夫實征有命所以受錫履之光也僖承魯約而從事不負太公之烈與東征有命所以忘破斧之勞也隱承鄭告而合黨不隳周公之績與聲人之罪而先罹干禮之愆成人之私而自取不臣之咎齊魯亦何所見而爲斯會也哉是故春秋之時凡書會皆譏而防之會無异文焉所以罪其私者如此此義行可以章典可以貞度而好會之煩兵□之禍庶幾乎熄哉雖然宋其獨免於戾乎殤公本以子馮之出奔而惑於州吁之邪説東門之圍長葛之取兵連禍結以至此極也是誰之咎歟春秋惡鄭莊之奸雄而齊魯之誤入其術也故因事而誅其心若殤之惡則隨事著矣

春公孫歸父會楚子于宋夏五月宋人及楚人平（俱宣公十有五年）

丁繼芳

同考試官教諭曹批（春秋大旨只在尊君攘夷此作發揮得出録之以式多士）

考試官學正王批（嚴整可録）

考試官教授馮批（得謹嚴體）

春秋譏講好者以嚴大防貶結成者以謹大倫此宋之會楚之平皆有關於君臣夷夏之大故也春秋所以尤加意焉慨昔楚師在宋勢將及魯獻子倡爲求免之謀歸父遂承薦賄之命於是乎有會焉人之言曰宋可以後亡魯可以免難計之良者而不知其非也方楚之圍宋也投袂而起已懷必取之圖車及蒲胥赴在諸侯之策魯也苟念友邦之義豈不能嚴兵固圉以爲聲援與乃謀其不免至於薦賄吾恐無以制楚之驕祇以沮宋之氣而折衝之謀疏矣况中國之伯猶存諸姬之望未泯而忍於外求也猶謂國有人乎此義不行而歲幣金繒之奉遂紛然無紀極矣不有以壞天下之大防哉春秋紀其事而譏之所以寓經世之略焉已而宋圍既久楚功未成華元乘堙而告僊子反感慨以輸情於是乎爲平焉人之言曰宋以是無虞楚以是免罪功之大者而不知其悖也方二國之相持也築室返耕内有垂亡之急師疲糧竭外無決勝之形二臣果有安國之忠豈不能獻謀請命以成兩利與乃輕見情實取必於君假使

客萌乘約之心主爲背城之請而傾危之變生矣况皆在二君之側本無待報之難而敢於專行也猶得爲純臣乎此義不明而交歡邊境之習遂安然爲善謀矣不有以紊天下之大倫哉春秋特稱人以貶之所以正人臣之義焉吁大防立而中國之勢盛大倫明而君上之分尊固非小補云耳雖然宋魯之弱無以禦楚其情猶有可原而晋主夏盟中國所賴伯宗之對解揚之使何爲者哉楚勢日張諸侯皆貳而莊得列於五伯也其責固有所歸矣

禮記

君天下曰天子朝諸侯分職授政任功曰予一人

張白

同考試官教授梁批（發明理達分定而人君之尊自任之重具見詞莊而旨暢）

考試官學正王批（嚴整有文豐贍根理）

考試官教授馮批（詞氣典雅）

觀人君通稱自稱之辭而一統之盛見矣甚矣王者無外也通稱而其辭尊自稱而其辭專一統之盛何如哉記曲禮者意謂惟天爲大而王者繼之惟王繼天而天下仰之觀其所稱而人君之大分昭矣何則王者受天明命作斯民之父母宅中圖大爲億兆之君師遠而薄海内外罔不率俾群黎歸心而萬邦仰德也大而庶邦遠邇罔不臣服百辟承式而四夷來王也若此者臣民則稱之曰天子焉蓋天地以大君爲宗子而主器是托大君以乾坤爲父母而祗若不違心代天意也口代天言也身代天工也猶子之述父事而無忝所生不曰天子而何哉至若群后來庭於萬國而慶賞攸舉五服肆覲於方岳而黜陟既明乃論官以宅之位事以器之貴賤式序而欽乃攸司也明試以庸之考成以省之淑慝知勸而嘉乃丕績也若此者則自稱曰予一人焉以見勢無兩大權柄不至於下移尊惟一統威福不敢以上僭庶尹我諧也庶事我康也庶績我凝也任之極其專而臣民不與不曰予一人而何哉夫尊其稱則事天益敬矣專其稱則治民益切矣事天治民君道不其備哉雖然此就稱謂者言之耳夫曰天子則凡有血氣者皆當尊之如天而違慢之心不敢生焉曰予一人則凡在統御者皆當聽其號令而專擅之心不敢萌焉其立教之意尤有所在矣此固禮之微意也

樂統同禮辨异禮樂之説管乎人情矣

楚孔生

同考試官教授梁批（同言和异言序禮樂自是情理此作有分別有歸頓知子達於是者）

考試官學正王批（文暢而核義悉而瑩）

考試官教授馮批（理緻）

記者原禮樂之用而有以約乎其情焉蓋人情以禮樂而治也統同辨异而人情有以約之禮樂之用大矣哉且禮樂之在天下其始也固緣情以立制其既也乃治情以爲功何則樂也者情之不可變者也惟其不可變則子諒之心生而欲心以平和易之情浹而躁心以釋君臣聽之而和敬長幼聽之而和順聯之以恩其情洽也怡之以德其志順也所謂异文合愛是已不有以統同乎禮也者理之不可易者也惟其不可易則非僻不作而莊敬之容益章惰慢不設而嚴肅之體益著用之朝廷而讓貴用之鄉黨而讓齒禮儀卒度無少肆也威儀不忒毋相瀆也所謂殊事合敬是已不有以辨异乎夫禮不徒節而有樂以和其節樂不徒和而有禮以濟其和則中和之德備而不足以管人情者否也蓋樂勝則流人之情也今禮以飾貌和平感而等威以辨易直形而貴賤以别相親也而不相褻也則同者有所管而有以立天下之敬禮云禮云人情於是乎檢矣禮勝則離人之情也今樂以合情誠意聯屬於上下恩愛交孚於尊卑至嚴也而寓至和也則异者有所管而有以同天下之愛樂云樂云人情於是乎攝矣是則通禮樂之用可以語器矣達禮樂之原可以語道矣君子不徒泥諸其器而神諸其道則天地將爲昭焉而况於人情乎易曰上天下澤履君子以辨上下定民志雷出地奮豫先王以作樂崇德禮樂之用大矣而不知履也者履此心之敬而無體之禮具矣豫也者豫此心之和而無聲之樂備矣是故先王履之則與天地同節豫之則與天地同和廓之則與天地同神故曰先王之道禮樂可謂盛矣

第二場

論

君子之道達諸天

劉大章

同考試官教諭袁批（以顯微道器立論步驟迴伏如行莊之駿走盤之珠馳騁周旋而不失其所空群出色舍子其誰拭目拭目）

考試官學正王批（意圓詞暢一氣呵成復顯中庸正蒙本旨子殆究意

理學而有得者録之以式多士）

考試官教授馮批（議論醇正能發天人之藴）

天下之至顯而可見者物也而其至微而不可見者物物也以天下之至顯而統於天下之至微此道之所以爲大而聖人之所以不能自已也天下之物其散見而無所紀極者若是乎其甚顯而其物物之藏於密而非夫人之所能窺者若是乎其甚微以至顯而統之於至微此其理之與器若有不可同日而語者而不知物之可見也必有所以綱維之者以爲之本而物物者之不可見也必有所附麗以爲之用此顯微之所以相爲無窮而道之所以爲大也道之大也天地猶憾焉而况於聖人乎此其所以望道之心無窮而不能自已也君子之道達諸天張子明斯道之大也夫天地一物也而天以陰陽五行流行於天下而天下之物舉得而覆且載焉則不物之物有以物天下之物無所遺焉者也是故其物之麗乎上也有明而不可息者有燦而不可隱者有奮而不可遏者有潤而不可已者有絪緼而不可窮者有往來而不可止者其麗乎下也有高而揚者有下而沉者有融而流者有結而止者有動而有知者有静而有生者其麗乎人也有約而爲質者有散而爲文者有合而相附者有離而相疏者有尊而相事者有卑而相使者夫物之麗乎上也此氣之流行而不可已者也麗乎下也此質之一定而不可易者也麗乎人也此事之錯綜變化於天下而不可定者也夫氣也質也事也此皆所謂物之爲物而天下之至顯也而所謂不物于物而能物物者則迹遁而莫測其機形忘而莫窮其妙探之而莫究其所極約之而莫知其所終窮是以言天下之至顯者莫如物而言天下之至微者莫如物物物也者器也形而下者也物物也者理也形而上者也舉天下之氣舉天下之質舉天下之事而謂之曰此皆道也固非也舉天下之氣與質與事而謂之曰此非道也亦非也是氣也是質也是事也孰從而推行之孰從而主張之其所以流行者孰爲之機其所以一定者孰爲之權其所以錯綜變化而不容已者孰爲之推行變化曰此非氣也非質也非事也不物于物而能物物者之爲也發微而不可見充周而不可窮物物之不可名也君子以其不可名而名之曰道道不可名而名之曰天天也道也極於天地而天地不能盡備於聖人而聖人不能盡是故至隱也而天下之至彰寓焉至静也而天下之至動在焉天下無一而非物則亦無一而非物物物物者不物於物者也是故麗乎上也明者非自明也燦者非自燦也奮者潤者非自奮而潤也絪緼往來者非自絪緼而往來也其所以使之明使之燦使之奮而潤使之絪緼而往來者有主也麗乎下也高者不能自高也下者不能自下也融者結者不能自

融而結也動者静者不能自動而静也其所以使之高使之下使之融而結使之動而静者有機也麗乎人也約者非自從而約之也散者非自從而散之也合者離者非自從而合且離之也尊者卑者非自從而尊且卑之也其所以使之約使之散使之合而離使之尊而卑者有神也是故合而言之則氣也質也事也其所以統體乎太極者至微也分而言之則氣也質也事也其所以各具乎太極者至隱也隱也微也神也機也主也此道之所以大也此大之所以爲天也以言其大無外也以言其小無内也以言其來無始也去無終也以言其遠非久也近非暫也盈天地之間皆物也皆物物也聖人者方以其所受於天之物而以其不物於物者擬諸天之物物以爲之根抵焉以爲之主張焉以爲之綱維焉擬於其明者燦者奮者潤者絪緼而往來者欲至於不晦焉隕焉息而止焉而氣之流行而不已者不物於物而使之盡也擬於其高者下者融者結者動而静者欲至於不替焉衰焉凝而流焉墜焉覆焉而質之一定而不易者不物于物而使之變也擬於其約者散者合者離者尊而卑者將至於敝焉戾焉疏而悖焉而事之錯綜變化而無窮者不物於物而使之紊也夫氣而不盡也質而不變也事而不紊也此天地之全體聖人之全德推而極於天地之大也人方憾其覆載之偏寒暑灾祥之不得其正而何有於聖人聖人方惟自盡其心而勢之所限或有所不及自盡其性而時之所值或有所不能則聖人亦非不欲盡其心盡其性盡天下之道之大而擬諸其天而時勢之所乘雖聖人亦無如之何則聖人將以其無窮之心擬天之德會道之全故堯舜之不能博施濟衆而兢兢業業行道致孝之心未已也孔子之雖不得位而汲汲皇皇不倦不厭之心未已也是何也道也天也顯也微也不物於物而能物物者也物於物者氣也質也事也不物於物而能物物者主也神也機也此道之所以爲大也道也天也天地全之而未窮聖人擬之而未盡窮天地亘古今莫之能盡爲堯舜孔子者亦盡其所以與天無間者而擬諸其無窮焉若夫天地之所不能堯舜孔子之所能此又道之無窮而聖人成能之心無終已也此中庸之藴而張子之妙契也

表

擬宋以胡瑗爲國子監直講謝表（皇祐四年）

張詡

同考試官教諭黄批（組織事實親如見聞而駢儷典則出入宋表即使安定自述當不過是佳士佳士）

同考試官教諭蔡批（敷陳首善之地先覺之學有根據有議論有規度

敬服敬服）

考試官學正王批（詞語有關風教宜録）

考試官教授馮批（宏麗雅暢）

皇祐四年某月某日伏蒙聖恩以臣爲國子監直講者治世際亨嘉之會禮重養賢聖心弘樂育之仁官崇典樂文風聿暢髦士攸興捧綸誥以增榮望橋門而生愧臣瑗誠惶誠恐稽首頓首上言伏以帝王致治之要莫急於人才國家養士之原尤先乎太學虞興米廩殷重瞽宗周人弘北面之風夏后始東膠之制士兼俊造義取儀刑詩書禮樂之道以明游息藏修之功咸備蓋設教匪專於胄子而得人尤賴於真儒上資啓沃之功道存規益下藉陶鎔之力學貴淵源故公孫倡議當時而董子揚言前代風聲所係模範攸存弘三物以勤民張四維而立教顧兹重寄謬畀庸流臣托迹海陵志在丘園之賁潛修岳麓求堂奥之升理悟麟經强濯纓於洙泗情懸鳳舘聊奮袂於蘇湖業分體用之功道切身心助虚名久濫無緣咫尺天光曲學徒勤敢謂振揚風教薦書偶辱寵命俄頒斗山未仰於當時深愧禄齊韓愈疏諫素慚於直道寧期爵并陽城六舘方開斂繁華於秋實二南偕奏歌雅韻於春林雲擁賢關星臨文藪聚青衿而至止寧云衣鉢能傳趨玄室以來思誰謂門墻難望光榮不淺庸鄙奚堪兹蓋伏遇學懋緝熙德隆廣運灑宸章於内苑遠追姚姒之風戲綵翰於深宫近繼鍾王之迹萬邦咸正五典攸敦鳳翥龍翔薄海共風雲之會珠暉玉曜敷天仰奎璧之光治教并明人文彌著闡六經之道殊恩每及於儒臣崇四術之傳聖念特隆於國學謂今時好尚無非詞賦爲先故學者本原遂致講明無素盈篇月露徒誇雕篆之工累篋珠璣何補經綸之用獨以微臣之立教殆爲聖道之真傳分經義時務之齋功先實學挈明德新民之要習遠靡文拔葑菲於下僚濟冠裳于上國鱣堂新啓將期四海同仁虎幄弘開何問六經异旨采藻芹於泮水咸矜聖代之文植梗梓於黌宫共養明時之器昔唐崇穎達而漢賞桓榮是皆德望之素彰以致甄收之特至自慚末學猥辱清班臣敢不敷教惟勤作人爲務廣菁莪之化用期俊乂咸歸仲夏楚之威敢冀仁賢有就先德行而後文藝昔遠振於遐方説禮義而敦詩書今近行於太學伏願咸虚納善晋接推誠舞干羽于兩階羌夷革面藹弦歌於萬國海宇歸心英才鼓舞於洪恩上繼大音遺響多士涵濡於盛化共揚聖水餘波臣無任瞻天仰聖激切感戴之至謹奉表稱謝以聞

第三場

策

第一問

劉大章

同考試官教諭袁批（農桑重民衣食我朝崇本敦化之治正在於此篇縁述周禮頌叙聖製典章規度詳悉明顯子真有用世之具他日敷對大廷以贊文明之化舍子其誰）

考試官學正王批（能鋪張列聖修齊之德教養之道可使家傳人誦以厚民生以敦民則以宣揚我國家禮化之盛）

考試官教授馮批（有原委有考據有識見組織事實言由中出宏博之士也宜録以獻）

何以保治曰民民事者王政之所先也何以維世曰禮典禮者聖人之所重也先民事則所以勸農勸桑而建可久之業者自隆重典禮則所以親耕親蠶而宏可大之規者自裕農桑之務興而兆民樂康阜之休耕蠶之儀秩而天下仰文明之治此我皇祖貽翼之善符迹周王而皇上禮教之盛超駕前古者也其固邦本維世道垂景休於陬遐卜寶曆於億萬蓋理數之必然矣猗歟盛哉且夫農桑何始乎耒耜興而稼穡之功殷冠服制而絲紵之用廣於是生民倚之以爲衣食之源矣耕蠶何昉乎天子藉田千畝以共粢盛王后必有蠶室以備祭服於是後世因之以爲勸相之政矣昔后稷開周惟以農事爲務其歷世室家能躬織紝之勤宋儒張栻曰此實王業根本而帝王心法之要端在乎此則周家享國獨稱長久禮制獨稱大備所以垂有令聞者夫豈無因而致然哉今考其耕藉之制曰孟春之月天子親載耒耜而耕矣推止于三節其勞也撥止于一限其地也自饗以醴爲交神也衆勞以酒欲洽情也先種之穜先熟之稑俱藏於宫以有繁育之祥也其諸祈谷除壇牲祝登收之儀亦罔不備而農業之興率是矣又考其親蠶之制曰后妃齋戒東鄉而桑矣夫人必卜慎其朔也婦女毋觀務盡力也歲單獻繭報成事也副褘而受禮少牢也蠶室之築蠶種之浴咸必於川爲得潔净之宜也其諸擇日饗蠶分繭繅絲之儀亦莫不悉而女紅之兢倡是矣故以爲醴酪粢盛以爲黼黻文章而王朝之禮達故以有遺秉滯穗以有素絲緑絲而阜民之功成此周家典禮之可因而政治之可述者也自時而後耕藉之君固非一人西漢之文景東漢之明章唐之太宗玄宗宋之仁宗高宗則著聲於各代者親蠶之禮亦非一例西漢於東郊東漢以

四月唐行之貞觀開元宋行之景德宣和則并記於諸史者然侈官御車徒之儀多無關雎麟趾之意而修毖祀力穡之政或乏殊事合敬之文故知農桑之苦真德秀惟稱漢之文帝以其能先民事也顧於禮有未遑享農桑之儀馬端臨獨取唐之開元謂其能重典禮也乃於治未盡善兹固漢唐宋之造業未純而小康可訾者也欽惟我太祖高皇帝龍飛淮甸肇造區夏念小民所依在衣食則詔以農桑爲先因國之大事在典禮則政以耕藉爲重觀諸諭廷臣曰古者天子藉田千畝自經喪亂其禮已廢上無以教下無以勸其首舉行之諭户部曰什一之制湮奇巧之技作而後農桑之業廢一夫執耒而百家待食一女事織而百夫待衣欲人無貧不可得也聖言洋洋何莫而非先民事之發越乎又觀耕藉田之儀則所謂擇日於仲春之月爲壇於藉田之北酒齊取夫明水樂章奏乎四和耕具有裹耕推有因者是已饗先農之文則所謂緬惟神明造化萬世如斯仰冀發太古之苗實初生之粟爲民立命服祀無疆者是已聖制皇皇何莫而非重典禮之軌度乎由是民事興而根本固造基有類后稷也而論者以爲帝謨之宏遠過之由是典禮秩而儀文彰制度蓋木周官也而説者以爲得天下之正過之則聖祖洪猷淵慮所以貽丕緒於無窮而徽謨駿烈直欲紹華勛於古始者夫豈漢唐宋諸君可得而擬議其萬一哉列聖相承恪遵成憲如成祖文皇帝巡狩北郡作務本訓以授仁宗昭皇帝具言農事勤勞以及王業之艱難宣宗章皇帝嘗歷田野賦織婦詞以示侍臣欲以耕蠶之狀繪圖而揭之宫掖固皆有得於聖祖心法之傳而能隆夫重熙累洽之治者也但親蠶之古制闕如而聖代之全禮有待肆我皇上備明聖之德兼述作之善愛民則蠲恤之詔屢下崇禮則郊廟之制俱隆然猶以農桑藉於勸相而耕蠶所當并行乃於萬幾之暇駕幸西苑相度穀祇蠶壇之位創建殿宇各匾以名有取豳風無逸之文歲時舉行使中外曉然知朝廷之所先者惟民事也其與聖祖鍾山憫農徒步至淳化門後苑觀穫大喜農事之畢者不已同符乎哉勤之宸翰使臣工翕然仰朝廷之所重者在典禮也其於聖祖肅備常祀陳其明薦於先農功協稼穡昭配止及於後稷者不更有烈乎哉由是而耕者勸于野蠶者勸于室可以臻豐穰之效御製賦所謂以計以游兮于樂康年是已由是而粢盛取於斯祭服取於斯可以達明禋之忱御製賦所謂至敬承于皇天是已是故嘉禾合穗于禁苑瑞麥呈秀于近地而天人協和休徵畢至夫是之謂大順而愚何以爲獻哉人亦有言天心仁愛人君聖人仁愛萬民邇者皇上因京邑遇雨水則錢米之給遍於市廛見守臣報灾傷則蠲貸之議責於計部是仁愛萬民之心又有出於勸農桑典禮之外者矣以是而答天心之仁愛以是而

迓滋至之休禎皇圖鞏固蓋將與天地相爲悠久彼八百之姬曆奚足言哉區區芹曝之私所欲入告者如此幸轉而聞之於上

第二問

田稔

同考試官教諭林批（周禮經世大典間有疑處不害全體之可信子能根極底蘊足見素學）

同考試官教諭趙批（後世類以漢儒附會疑周禮此篇考訂明備庶得周公之心而無疑者）

考試官學正王批（禮待人而行師其意而不泥其迹此作得之）

考試官教授馮批（援據明確能釋經疑）

古之聖人所以制禮於天下以垂範於無窮者其理至微也是故善於釋經者要之於理而後可以識聖人之心善於制治者揆之於理而後可以用聖人之法釋經而不要之於理則其所以討論之者非惟不足以明聖人之心而適以滋天下後世之惑制治而不揆之於理則其所以效法之者非惟不足以善當時之治而適以來天下後世之譏蓋泥於其迹而不求其不言之意拘于其法而不達其變通之宜此聖人之經所以益晦於天下也執事以周禮下策承學而有及於後世紛紛之論蓋欲求聖人之心於千載之上以决萬世之疑也而愚也敢不據理以對夫周禮周公作也周公既以其道相成王以隆一代之治而又懼天下後世之無以爲法也於是周禮作焉其經畫措置以維持乎天下者甚悉錯綜斟酌以經緯乎天下者甚密蓋監二代之禮集百聖之成盡善盡美而可以垂範於無窮也奈之何法度凌夷於衰周之世而諸侯皆去其籍墳典毁弃於暴秦之時而博士始失其官漢文除挾書之律而求之不盡其方孝武開獻書之路而讀之不盡其意是以河間王之所獻者深藏于秘府劉更生之所校者僅著于録略而諸儒之疑由此起矣而不知折之於理則有不必疑者自今觀之設官分職非异於周官也周書舉其概以明一代之制而周禮盡其詳以定萬世之規詳略异名固不必其盡同也列爵分土非殊於王制也王制始于漢儒之掇拾而周禮出於周公之裁成先後异時固不必其皆合也謂考工記之可以補冬官非見之定者也審曲面勢不足以煩六卿之貴飭材辯器不足以語邦國之治强以合之而劉子駿之謬不可得而辭矣謂冬官之亡其篇帙非識之真者也邦禁邦土見於六官之中縣師廛人雜於地官之屬訂而正之而王次點之論不可得而訾矣天官冢宰所以佐王均邦國也而其所統者乃有及於中門之禁若似於褻矣而不知古之大臣所以保王之躬

者皆於是乎在也五峰胡氏之所見亦烏得爲至論乎秋官司寇所以佐王刑邦國也而其所統者乃有及於賓客之禮若似於濫矣而不知朝覲會同所以威不庭之臣者皆於是乎在也鄭康成之所校亦烏可得而輕議乎國服爲息此後世興利之臣所以行其私也而不知泉人之所貸者不過市之不售貨之不通因民之所願以授之而已矣又寧有利上之心乎屬民讀法此後世五教之興所以飾其詐也而不知州長之所掌者不過以歲時祭祀州社因民之會以聚之而已矣又安有擾民之患乎漿人鹽人典絲典枲之官其職可謂賤矣以太宰之尊而統之此其迹之有可疑者而不知大臣愛君之心固當無所不用其至也大祝甸祝詛祝司巫之官其事可謂鄙矣以宗伯之要而統之此其理之有可疑者而不知君子防患之道自當無所不用其慮也廛人之在地官所以掌斂市之布以入泉府也而有所謂絘布總布質布罰布廛布蓋市廛逐末之民不可以不抑而務本力穡之道不可以不興也是可以爲苛乎載師之屬司徒所以掌任土之法以制地事也而有所謂宅田士田及有所謂賈田蓋府史之在官不得以受田而賈人之家人固可以自力也是可以爲泛乎夫聖人之所以慮天下者如此其至所以防天下者如此其詳而後之儒者拘一時之見以恣其猖狂無據之論執一偏之説以逞其用已自私之心是以見周禮之明於制地也則以爲六國陰謀之書見周禮之异於他經也則以爲漢儒附會之書見周禮之詳於財賦也則以爲成周理財之書見周禮之難於舉行也則以爲瀆亂不經之書是皆識聖人之淺者也而烏可以爲周禮病乎乃若王通隋之隱君子也則欲執此以往以庶幾周公於千載之上唐太宗世之英主也則以爲真聖人之作而欲復興周道於千載之下博綜群書莫鄭康成若也則以爲周公致太平之迹而作論以排林氏之非折衷諸論莫朱子若也則以爲聖賢制作之書而設喻以明治平之本蓋虚吾之心以求聖人之經據吾之理以折群言之亂此周禮之所以未泯也而當時之用之者或假而用之或輕而用之或用之而自私其説或用之而不免於疑是以周禮之行於新室也則謂之僭行於宇文也則謂之虚行於荆舒也則謂之謬行於有唐也則謂之惑然則周禮之所以治天下者乃所以禍天下聖人之所以範後人者乃所以誤後人而周禮之不幸於是甚矣嗚呼識聖人之心則雖訓詁音釋之不能以盡合亦不害其爲明經師聖人之意則雖設官分職之不能以皆同亦不害其爲善治否則飾之以小智穿鑿之私而不探其本滯之以好古尚文之見而不通其變毋惑乎紛紛之多疑也抑又有説焉程子曰必有關睢麟趾之意然後可以行周官之法度言周禮之不可以輕用也張子曰周禮一書其間必有增入

者言周禮之不可以盡信也朱子亦有言曰周公之爲周禮猶唐之顯慶開元禮也僅述大略俟其臨事而損益之言周禮之當變易以從時也夫程子之言信而信者也張子之言信而疑者也朱子之言疑而信者也然則疑周禮者不可以盡非而信周禮者亦不可盡是疑周禮者周禮猶存而誤用周禮則周禮亡矣愚欲舉三子之説以曉天下後世之泥於周禮者而未敢以爲然也惟執事進而教之幸甚

第三問

張詡

同考試官教諭黄批（諸儒在宋已有定論而考據明實抑揚不謬蓋嘗究心君子之儒而知所决擇者）

同考試官教諭蔡批（歷論漢唐宋諸儒而我朝道學之盛闡揚益明蓋究心理性者）

考試官學正王批（鑒别精明條答詳盡）

考試官教授馮批（稱仰有宗徵子素志）

理析於諸儒而斯道無一定之見理會於真儒而學者有一定之守何則古今之不同者人而其同者心也古今之不同者心而其同者道也故不衍其緒無以昭繼往之功不體其全何以集大成之妙此諸儒衛道之功固不可少而真儒兼總之妙又不可不會其全也歟請因明問而悉陳之儒之名何由立也粤自太極判而陰陽分淑氣鍾而哲人出在當時則爲聖爲賢爲士爲君子今之所謂儒者非古之所謂士君子乎孔孟而後賢人邈矣漢初尚經術其後尚節義然而學春秋者失之誣學尚書者失之刻稽古而留情車馬服裘而有意近名吾未見其得宗於孔子也幸而有天人三策仲舒得儒者之醇出師二表孔明近王者之佐雖未得師於孔子而其言亦得宗於孔子矣唐初尚詞騒其後尚疏奏然而善謀斷者道之未聞能書史者德之有愧吟咏發放逸之狂上章非正學之本吾未見其有功於孟子也幸而有宣公奏議敷演仁義之七篇昌黎原道振起斯文於八代雖其人不孟子而其功亦得齊於孟子矣至於有宋真儒輩出周子玉淵金井默契道體者也而人乃言其不由師傳焉不觀諸謝方叔曰濂溪傳千載之秘上祖先天之易也即此可以知其言矣明道玉色金聲純粹如顔者也而伊川則縝密檢束焉不觀之朱文公曰孟子才高而伊川未到伊川之檢束而却難及也即此可以驗其説矣窮理盡性一變至道則張横渠也談兵乃其初年耳浩然之氣其亦義理之勇乎歴覽無際探窟躡根則邵堯夫也堅苦乃其工夫耳樓閣之量其亦養盛之致乎楊應之勁挺不

屈吕和叔至誠敏德踐履不同而同得於程氏之教也淵源有自來矣羅仲素之有德有言李愿中之自然成法行實不一而一由於養静之功也學術有所本矣謝顯道居敬窮理達於義利之關也矜字一去而頓覺長進何玩物喪志之有乎張敬夫踐行篤實析乎理欲之限也仁字一得而春風沂水非湖海一世之豪乎以文學知名者游定夫也天下豪杰雖老師宿儒咸推先之而清德重望其皎如日星耶居諫官有聲者朱光庭也爲學之本主於忠信至於終身由之而博學强行其堅如金石耶吕祖謙倡道於婺而心涵千古之秘爲一代之宗師陸子静隱居象山而道心人心之講致生徒之數百胡康侯之傳春秋而明仲之詳説仁仲之知言皆有體而有用一門之盛何僅見乎蔡元定之律吕新書而父發之博極群書淵沉之易訓洪範蓋三世而一轍流派之源其有本乎若夫心窮造化之原身體天地之道主盟斯文而獨任道統者則朱元晦之功爲全焉至於曰極曰誠曰仁曰道曰忠曰恕曰性命曰氣質曰天理人欲曰陰陽鬼神千載百年習浮踵靡莫知其説者乃能發無餘藴而集諸儒之大成豈非理學之藪而諸儒之準耶然而學者果何所取衷乎其在諸儒漢則醇矣而未粹有弗取焉唐則直矣而未全有弗取焉至於有宋則考周子之圖以啓其秘溯二程之道以衍其流約張子之論以一其趨繹堯夫之言以適其趣至於窮理以致知反躬以踐實主敬行恕以開其端誠意正心以歸其極則文公之教實會其全者也體道之準其有賴乎洪惟我朝天啓文明道德一而風俗同禮樂興而人文著名世之儒碩達之才皆志存體道而不移於流俗學本窮理而不奪於外誘其立言則可以翼道其制行則足以淑人藴之而爲修己之規發之而爲效用之業蓋由氣運之昌隆故其培之也至厚教化之浹洽故其陶之也至深培之至厚則生於文明之盛世者自藹藹而多吉士陶之至深則成於菁莪之德化者自濟濟而多真才名儒之衆信有由矣是豈偶然之故哉管見如斯惟進而教之幸甚

第四問

楊正脉

同考試官教諭曹批（知行合一所以入道然未有不先知而後行者此篇參學庸之异同而要之至當歸一之論自是學到貫通處）

考試官學正王批（考析精確有功聖門）

考試官教授馮批（援據義理互有發明辨哉）

易曰乾以易知坤以簡能言天地之道易簡而已矣又曰易則易知簡則易從言聖人之道與天地合德者亦易簡而已矣夫學以求至乎道也天地聖

人之道舉不外乎易簡而學道者顧以多説汩之多岐亂之可乎哉嗚呼子思中庸之作將以維世也今之時去子思之時又遠矣學者乃不能深究其意會通其旨膠於舊聞狃於臆説而無從善服義之公心則道術將爲天下裂此任世道之責者所宜致慮也未學何足以知之雖然明問所及敢不悉心以對明問曰中庸之首章爲一篇之體要其曰戒謹不睹恐懼不聞者所以立其本也謂涵養用敬之旨學者習聞無容致疑也曰必慎其獨者概之大學特誠意之一目耳旨哉言乎提心學之綱訂俗説之謬欲人深思自得於引而不發之餘也夫孔子承堯舜精一執中之傳作大學之正經而授之曾子曾子作十傳以釋經文而其學傳之子思格物致知乃經文條目之最先者子思之作中庸顧忍背而遺之哉殆有精義於其中而不可不熟究也夫天下無往非道未有出於性之外天下無往非學未有出於心之外心之所發之爲意是意也自其人所不及知而言謂之獨自其幾所不容昧而言謂之知自其意之有所屬而言謂之物皆肇於一念之微也由一念而達之其幾甚微其迹甚著其用甚廣其變甚繁皆君子格物致知所實用力之地而爲誠意之全功也非格物致知誠意截然判而爲三段事也先列格致則誠意有達觀之妙而不墮於虛專言慎獨則格致有真切之功而不涉於泛此聖門知行并進之學先後一揆者也世之學者不能尋其端緒泛求而逆施之記誦探索之勤揣量模擬之工依仿假借之似祇見其過苦而支離焉耳惡足以語聖人之道哉是故格物致知之説一也善用之則爲誠意正心之功不善用之則流而入於俗儒矣不可不深思而自得之也是説也驟而聽之若將以爲异也而不知朱子亦嘗言之矣大學之或問釋格致之説詳矣其用功之目曰察之念慮之微考之事爲之著求之文字之中索之講論之際釋誠意章慎獨之旨曰君子必謹之於此以審其幾焉察之念慮者非慎獨之功乎審其幾者非格致之事乎以察之念慮之微冠之於首則其立言固有序矣學者讀朱子之書而不能會朱子之意於是爲格致之學者曰一物不知君子所耻窮年涉獵而靡所底止要皆學者之弊而豈朱子之説使然哉是故朱子之説一也善讀之則爲大學中庸之助不善讀之則泥而反以病經矣不可不深思而自得之也今夫人之所以妙衆理而宰萬事者心也其未發也不睹不聞之體鬼神不得而知也故惟敬以存之而已無俟於言説也其既發也善惡分焉萬事出焉苟不隨其所發而遂加夫體察之功則其見於應用也鮮不謬矣是故慎獨之功學莫有先焉者也舍慎獨而談格致豈所謂察之念慮之微乎且大學之傳自誠意而下皆以好惡貫之夫人之情二之則爲好惡四之則爲喜怒哀樂也好惡公而家國天下得其理喜怒

哀樂中其節而天地萬物順其宜致一也故曰千聖一心萬古一道也其聖學易簡之正傳乎然而聞其説者又將以爲近於禪也夫禪之説自謂明心見性而委事物於不爲吾之説慎其獨知而達之於天下正相背也而何疑哉又有謂誠意而不先之格致則真妄錯雜將有認欲以爲理者夫此心之靈皎如日月善惡之萌毫髪莫遁但恐不能禁止其自欺耳豈患於不知哉故曰莫見乎隱莫顯乎微使有所不知則不得謂之莫見莫顯矣小人陰爲不善而陽欲掩之苟不知善惡之所在何以見君子而欲掩之哉爲此説者亦异於曾子子思矣夫義理之精入於毫芒疑似間誠亦難辨然必自吾之所知者而體驗擴充之則行著習察精義入神之域可馴至矣今乃置其所已知者而未之能行預憂其所難知者而孜孜研窮之不暇吁亦過計之甚矣然則忠恕近道達德達道明善誠身與夫致曲之説尊德性而道問學之説又何若是之紛紛耶吾固已言之矣道無時而不存事由微而至著自一念之微而達之要皆君子格物致知用力之地也故曰博學之審問之慎思之明辨之篤行之五者廢其一非學也蓋以慎獨爲之主則凡所以旁捜博采者皆吾所以遏人欲充天理之方汗漫求之雖有得焉口耳之贅也朱子曰自戒懼而約之則爲有以致其中自謹獨而精之則爲有以致其和約之者虞廷之所謂一也精之者虞廷之所謂精也精屬知也曰自謹獨而精之則知行并進之學一言以蔽之矣會而通之衆説雖殊曷嘗有二致乎嗟夫子思至此其憂亦甚殷矣又恐學者茫然而讀之將失其要領也故於終篇復自爲己謹獨之事而推之以至於無聲無臭之極夫無聲無臭即不睹不聞之真體也人心本静而有動故首章以不睹不聞爲先工夫已密而益密故終篇以無聲無臭爲至曰君子之所不可及者其惟人之所不見乎則其提掇慎獨之意益丁寧而懇切矣程子曰有天德便可以語王道其要只在謹獨周子曰守之貴行之利廓之配天地豈不易簡豈爲難知不守不行不廓耳蓋皆有得於聖門之宗旨者彼韓子作原道語誠意而不及格物致知朱子譏之就使語及格致未必有得於聖道者又胡足深辨迂疏之見如此不識執事以爲何如

第五問

張白

同考試官教授梁批（古今論政惟人存政舉此篇推原立法之意守法之難末復歸重行法之人真知本之論推此以濟時補敝如持左券矣）

考試官學正王批（援古證今指掌可見蓋不出户庭而能談當世之務者）

考試官教授馮批（顯實可録）

聖王經國之猷法天之制也因地之宜也盡人之能也是故以觀會通則在天者無失時以相機宜則在地者無失節以責實效則在人者無失事無失時而天道順矣故曰法天之制也無失節而地道利矣故曰因地之宜也無失事而人道官矣故曰盡人之能也如是而利之不可興害之不可去弊之不可厘者否也執事發策以屯田水利鹽法馬政下詢承學蓋有望於足國安邊之猷也顧愚何足以知之雖然竊有聞矣請援古執今以對夫屯田之法昉於漢充國田金城而羌戎不敢西侵孟德田許下而吴人不敢南犯子儀田河中而歲收羡餘之積師德田豐州而國享富饒之利行之古者未嘗不利也今則齊青魯兖之地有衛屯有所屯額非不存也而版籍寄於簿書田畝隱於豪右耕耨廢於貧窶草萊蕪於逃亡則屯之未盡闢也爲今之計而思以開之則册籍不可不稽也經界不可不正也招徠不可不力也優恤不可不至也而又多方以勸相之緩征以勞來之如墾於一歲者謂之菑田吾無賦焉墾於三歲者謂之畬田吾稍賦焉墾於九歲者謂之甫田吾成賦焉行之十年之久則人皆樂於輕賦勇於力耕而地利可興屯政可舉軍儲可實矣水利之興詳於周叔敖引芍陂而楚受其惠文翁引腴口而蜀享其利召信臣引南陽而紛争以息鄭當時引渭渠而漕運以通行之古者未嘗不利也今則汶泗徂泰之泉有上源有下源導非不勤也而丁夫占於私役錢穀侵於積胥疏浚襲於彌文淤塞逸於顯罰則泉之未盡浚也而思以疏之則徒庸不可不清也餼廩不可不時也坎流不可不導也山源不可不浚也而又酌時以啓閉之敕法以懲勸之如淤於一日者加以輕典吾無貸焉淤於一旬者加以中典吾無貸焉淤於一月者加以重典吾無貸焉行之三月之後則人皆憚於必罰奮於立功而泉源可疏水勢可通運道可濟矣禹貢青州貢鹽而鹽用始興周官鹽人掌鹽而鹽用始重至管仲爲鹽筴之論而鹽榷之法起矣是故蜀鹽産於井雍鹽産於池齊鹽産於土淮鹽産於海隨其地之所出以責其課之所入鹽法之良所以通商利息民肩以實邊餉者誠無庸議矣但今中之於窮邊也則有加增之額掣之於近地也則有留難之弊給之於始也既有後時之虞行之於終也又多私販之阻如之何商人之不避且去也爲今之計而思以招之則鹾徒不可不禁也竈丁不可不厘也餘鹽不可不通也常額不可不率也而又革宿弊以召致之遺厚利以鼓舞之商人之不藏市者否也周制校人掌王六馬庾人掌十二閑馬之牧於官者也王畿千里馬萬乘侯國百里馬千乘馬之牧於民者也至魯僖

有駉篇之頌而畜馬之盛著矣是故戎馬養於官孳馬養於民輿馬養於監□馬養於農隨其民之所便以足其兵之所需馬政之善所以順民情達治體以儲武備者固無以加矣但今聯之於群長也則有餽饋斂之巧屬之於馬吏也則有誅求之煩躬解之於京也則有横索之費代俵之於人也則有包攬之苦如之何馬户之不窮且逃也爲今之計而思以綏之則雜役不可不貸也科斂不可不革也常饋不可不抑也攬索不可不懲也而又屏積徒以安輯之易輕賚以寬恤之馬户之不寧土者否也夫田也水也鹽也馬也皆天地自然之利而國用以需者也而屯焉而利焉而法焉而政焉皆人謀已然之能而國需以裕者也屯田而田無不闢水利而利無不盡鹽法而懲其不法馬政而去其害政則天地無遺利人謀無遺能又今之裕國之良圖而濟時之上務也雖然有要焉變而通之存乎法神而明之存乎人故屯田一也得其人如充國如子儀則理矣不得其人如李悝則弊矣水利一也得人如叔敖如信臣則興矣不得其人如白圭則債矣税鹽有劉晏轉鹽有李沆則鹽法何患於不行否則爲弘羊之專利而國不勝其害矣群牧有萬歲閑廄有毛仲則馬政何慮於不舉否則爲安石之保甲而民秪受其擾矣故曰其人存則其政舉故曰有治人無治法敢以是説終焉惟執事教之

山東鄉試録後序

山東文獻之盛望於天下而三載鄉薦制也是秋棘闈竣事諸司遵制録文獻以聞（聘）濫與觀成之後乃復申言于多士夫取士非文之求惟君子之望孔子曰文莫吾猶人也得見君子斯可矣爾多士挾藝陳文漱六籍飫百家斌斌焉稱在兹矣魯無君子斯焉取斯孔門能言如予多識如賜稱文學如游夏而皆環視宫墻未能入室至於賢回與點然雍説開於數子獨拳拳焉多士居聖誕之鄉習孔庭之訓其於躬行君子不知有得焉否也而山川之鍾聖賢之緒蓋往往徵於文矣是故軌物而端屹然如泰山之鎮涵虚而邃淵然如滄海之瀾奔湃而流駛然如□源之突若其雍和古雅如齊韶魯典追塵踐迹如舜井堯墟感激觸發如悽麟歌鳳三遷而觀俎豆之章一變而睹先王之道文斯盛焉豈所謂隱居以求行義以達素位以自得求爲君子者乎言行相顧夫子特贊其慥慥至謂丘未能一要之孝弟忠信修於詞子臣弟友篤於行夫是之謂立言立德夫是之謂君子爾多士稱孝稱悌行將寄民社宣猷攄忠持

君子之道以筮焉裕如也昔漢興欲定禮樂徵魯兩生不行轅固謂公孫子曰務正學以言毋曲學以阿世夫兩生非有華國之文濟世之略而正誼明道不愧於魯之多賢公孫稱漢文儒躋位侯相後世齊國之士諱焉文云乎哉孔門之選自三千而七十而十哲庶幾者回一人顔何人哉睎之則是多士學宗孔顔迹踐齊魯修君子之業以履聖賢之途以毋貽山川羞則兹選也豈惟鄉邦之光而凡忝竊文獻之録者彰且傳矣多士勖哉

湖廣武昌府興國州儒學學正王三聘謹序

嘉靖三十四年山東鄉試録

山東鄉試録序

我朝酌古鄉舉里選之法設□□經術取士率三載□□□□靖三十四年乙卯□□□□維其期先是監察□□□□夙奉令典禮聘儒□□□□行監察御史毛鵬□□□□臨之夙夜惟寅惴□□□□稱聖天子求賢德意是懼爰□□□撫右副都御史劉采矢心□典圖惟重務既諧乃以左布政使孫應奎右布政使魏良貴提調按察使劉璽副使王應鐘監試以教授恩暨教諭陶淳典試教授陳捷教諭□栢朱資冀蓋臣姚本□□□辰林澄分校其餘□□□□以充乃進提學副使梅□□所選士二千五百有奇鎖院三試之拔其俊者七十五人并録其文以獻恩宜以職事叙諸□□唯山東爲齊魯隩區海岳□□□氣攸萃代有哲人吾夫子□産於斯今之所校士即其鄉人之後進也方其道大莫容退而闡教洙泗之間以造天下之士四方之學者斷斷如也維時三千之徒顔閔以德行稱予賜以言語見由求以政事聞游夏以文學顯而子思孟子復以相傳之真發明於後繩繩濟濟後先相望未易殫述言賢聖之極者莫有過焉古今人固不相及即其居之相近而澤之猶存曾謂無若人者出於其間乎仰惟我祖宗建極垂範丕闡人文我皇上制禮作樂涵育士類幾二百年於兹矣薄海内外罔不喁喁嚮風况山東壤接畿甸聲教先及方今游於鄉校誦法孔子者比而是奚啻三千而已宜乎懷瑾握瑜出而應上之求者衆也苟今之所取或非其人焉有司者能無懼乎哉於是窮日夜之力取其所爲文者而紬繹之雖其言人人殊卒澤於仁義道德炳如也乃見論王談霸莫殫涯涘必其醖藉之深者析義研幾不蔽微眇必其造詣之精者排難解紛不爽條理必其才猷之練者憂時憫世無間隱顯必其忠義之篤者琳琳琅琅卓然表見於言語文字之間與疇昔聖門諸賢可以上下其議論則愚所謂其人者非耶雖然今日之所以徵諸士者言也亦既謂之才矣顧在多士知所善用之冉求宰我曩之以才藝著於四科者比其所爲之悖夫子引以爲過而重以鳴鼓之攻至於退焉如愚之回則亟稱之不置諸口甚欲貶己以爲之宰然則聖門之所以爲教者固在此而不在彼也夫惟邃於其德則言語文學政

事特舉而措之爾多士行將校於南宮試於大廷又其後服有官政立心行已宜何所取法也其無忘今日先資之言以自靖自獻於明時俾澤沛寰宇聲施後世則有司者亦與有令聞矣苟或不然而徒以詞章爲聲利之媒既得之而果於叛聖人之道匪獨爲主司者之愧抑亦夫子鄉人之愧也已多士其念之哉是舉也工部右侍郎兼僉都御史曾鈞以總理河防監察御史曹先以巡監苟穎以印馬工部郎中鄔璉員外郎徐九思户部主事孫鳴世何東序郭應聘沈應乾工部主事於惟一林敬行人鄧棟以職事有事兹土皆右文宣化樂觀厥成者也左參政谷嶠張松副使陳東光僉事曹金都指揮僉事郭全仁胡宗義皆雅意防範襄勞於外者也右參政林應亮副使王撫民張祉康朗陶大年僉事任希祖張謐則分務於境參議馮時雨王顯忠僉事周世遠則公役於外參政李蓁任環副使劉天授毛愷王之臣王崇古參議趙介夫僉事朱天俸桑蓁則列銜一方録垂成户部主事屈諫以公務至皆崇尚厥美者也例并得書

浙江嚴州府儒學教授吴恩謹序

嘉靖三十四年山東鄉試

監臨官

巡按山東監察御史毛鵬（汝南直隸棗强縣人　丁未進士）

提調官

山東等處承宣布政使司左布政使孫應奎（文卿浙江餘姚縣人　己丑進士）

山東等處承宣布政使司右布政使魏良貴（師孟江西新建縣人　乙未進士）

監試官

山東等處提刑按察司按察使劉璽（國符濟州衛籍直隸唐縣人　壬辰進士）

山東等處提刑按察司副使王應鍾（懋復福建候官縣人　辛丑進士）

考試官

浙江嚴州府儒學教授吴恩（至仁直隸常熟縣人　甲午進士）

湖廣鄖陽府竹山縣儒學教諭陶淳（元甫貴州永寧衛籍應天府上元縣人　丙午貢士）

同考試官

浙江紹興府儒學教授陳捷（元虛廣東南海縣人　丁酉貢士）

江西南康府建昌縣儒學教諭崔栢（少貞廣東番禺縣人　癸卯貢士）

江西南康府星子縣儒學教諭朱資（士裕福建莆田縣人　庚子貢士）

直隸廣平府曲周縣儒學教諭冀蓋臣（子宗山西榆次縣人　庚子貢士）

直隸松江府上海縣儒學教諭姚本崇（唐卿福建閩縣人　丙午貢士）

湖廣長沙府湘陰縣儒學教諭梁拱辰（子高雲南曲靖衛籍河南許州人　己酉貢士）

應天府六合縣儒學教諭林澄（公揚福建莆田縣人　己酉貢士）

印卷官

山東等處承宣布政使司經歷司經歷林相（汝翼直隸淮安衛籍浙江定海縣人　監生）

山東等處提刑按察司照磨所照磨劉禮（子復直隸慶雲縣人　監生）

收掌試卷官

濟南府知府項守禮（進伯浙江奉化縣人　甲辰進士）

兖州府知府朱應奎（士徵錦衣衛籍直隸丹陽縣人　辛丑進士）

東昌府知府宋守志（貞甫河南延津縣人　丁未進士）

青州府知府李尚智（汝愚山西屯留縣人　甲辰進士）

萊州府知府張祥（元吉南京錦衣衛人　辛丑進士）

山東都轉運鹽使司同知王貴（道克江西清江縣人　壬午進士）

受卷官

登州府知府吕顒（幼誠陝西寧州人　戊戌進士）

兖州府同知王三接（晋甫山西洪洞縣人　丁未進士）

登州府同知冀桐（鳳吾直隸永年縣人　辛卯貢士）

濟南府推官徐行（之弟直隸博野縣人　癸丑進士）

濟南府長清縣知縣武金（礪甫直隸井陘縣人　癸丑進士）

濟南府齊東縣知縣杜賓（伯潤陝西慶陽衛人　癸丑進士）

兖州府東平州平陰縣知縣蹇應祺（伯吉陝西涇陽縣人　庚戌進士）

東昌府監清州館陶縣知縣史官（懋德河南河南衛人　癸丑進士）

彌封官

東昌府推官華秉中（正夫直隸上海縣人　癸丑進士）

濟南府泰安州知州鄭聚東（孟啓四川廣安州人　丁酉貢士）
濟南府濱州知州張體乾（從易直隸宿州人　甲午貢士）
濟南府武定州陽信縣知縣王惟寧（子静陜西興平縣人　癸丑進士）
青州府樂安縣知縣安謙（汝光直隸成安縣人　癸丑進士）
青州府昌樂縣知縣戴冕（子端河南洛陽縣人　癸丑進士）

謄録官

兖州府同知黄履旋（性之福建候官縣人　丁未進士）
青州府推官劉麟（子仁順天府昌平州人　庚戌進士）
東昌府臨清州知州茆世亨（希泰應天府溧水縣人　癸卯貢士）
萊州府平度州知州劉敏政（周化河南寶豐縣人　甲午貢士）
濟南府歷城縣知縣李從宜（宗賢直隸長垣縣人　癸丑進士）
濟南府肥城縣知縣王業（惟勤陜西高陵縣人癸丑進士）
青州府益都縣知縣張鵬（子搏直隸平定千户所軍籍山西大同縣人　癸丑進士）

對讀官

東昌府濮州知州何汝健（體乾南京留守左衛籍直隸無錫縣人　癸丑進士）
濟南府濟陽縣知縣盧鎰（□萬陜西□□縣人　庚戌進士）
兖州府滕縣知縣殷仁（静夫順天府懷柔縣人　癸丑進士）
東昌府濮州觀城縣知縣明善（思誠湖廣麻城縣人　丙午貢士）
青州府諸城縣知縣季永康（時雍直隸滄州守禦千户所籍鹽城縣人　癸丑進士）
萊州府平度州昌邑縣知縣曾廷芝（瑞□湖廣漢陽□□工匠盧陵縣人　癸丑進士）
萊州府膠州高密縣知縣陳甲（會先直隸江陰縣人　癸丑進士）
登州府萊陽縣知縣牛山木（子美直隸□周縣人　癸丑進士）

巡綽官

濟南衛指揮使尹先覺（希伊直隸常熟縣人）
濟南衛指揮使谷音（子足山東臨淄縣人）
濟南衛指揮同知朱嗣勲（藎卿直隸宣城縣人）
臨清衛指揮同知陳珂（朝鳴直隸山陽縣人）

搜檢官

濟寧衛指揮僉事楊沂（伯浴山東濟寧州人）

平山衛指揮僉事顧九思（成甫直隸巢縣人）

平山衛指揮僉事蔣懋勛（子樹山東武定州人）

臨清衛指揮僉事李信（□甫湖廣□陽縣人）

供給官

山東等處承宣布政使司理問所理問楊世爵（德卿直隸□周縣人　監生）

濟南府通判蕭音（以成湖廣隨州人　甲午貢士）

濟南府濱州同知陳讓（克恭浙江鄞縣人　儒士）

兖州府曹州判官吴玹（懷甫直隸歙縣人　監生）

濟南府歷城縣典史高世洪（本太山西趙城縣人　吏員）

濟南府禹城縣典史李發（恩一福建莆田縣人　吏員）

兖州府嶧縣典史蕭大綸（廷言順天府遵化縣人　吏員）

萊州府掖縣典史戴星（廷輝江西新建縣人　吏員）

濟南府譚城馬驛驛丞何清（治徵山西清源縣人　吏員）

濟南府歷城縣龍山鎮馬驛驛丞趙仲義（大倫直隸河間縣人　吏員）

濟南府肥城縣五道嶺馬驛驛丞陳九齡（永年直隸蠡縣人　承差）

濟南府長山縣白山馬驛驛丞陳恩（天澤浙江餘姚縣人　吏員）

青州府青社馬驛驛丞張景文（希載順天府香河縣縣人　吏員）

萊州府掖城縣南驛驛丞李時舉（德儀直隸□鹿縣人　承差）

第一場

四書

夫子循循然善誘人博我以文約我以禮　君子之道辟如行遠必自邇辟如登高必自卑詩曰妻子好合如鼓瑟琴兄弟既翕和樂且耽宜爾室家樂爾妻帑子曰父母其順矣乎　形色天性也惟聖人然後可以踐形

易

坤厚載物德合无疆　南征吉志行也　歸奇於扐以象閏五歲再閏故再扐而後掛乾之策二百一十有六坤之策百四十有四凡三百有六十當期

之日二篇之策萬有一千五百二十當萬物之數也　物相遇而後聚故受之以萃

書

詩言志歌永言聲依永律和聲　念終始典于學厥德修罔覺　皇建其有極斂時五福　成湯既受命時則有若伊尹格于皇天在太甲時則有若保衡在太戊時則有若伊陟臣扈格于上帝

詩

淑人君子其帶伊絲其帶伊絲其弁伊騏　執爨踖踖爲俎孔碩或燔或炙君婦莫莫爲豆孔庶爲賓爲客獻酬交錯禮義卒度笑語卒獲神保是格報以介福萬壽攸酢　王旅嘽嘽如飛如翰如江如漢如山之苞如川之流緜緜翼翼不測不克濯征徐國　立我烝民莫匪爾極

春秋

春齊人陳人曹人伐宋（莊公十有四年）鄭人侵宋（莊公十有五年）齊師宋師曹師次于聶北救邢（僖公元年）秋季孫意如會晋韓起齊國弱宋華亥衛北宮佗鄭罕虎曹人杞人于厥慭（昭公十有一年）　夏五月宋人及楚人平（宣公十有五年）　九月晋人執季孫行父舍之于苕丘冬十月乙亥叔孫僑如出奔齊十月二月乙丑季孫行父及晋郤犨盟于扈（成公十有六年）

禮記

慮之以大愛之以敬行之以禮修之以孝養紀之以義終之以仁　夫歌者直已而陳德也動已而天地應焉四時和焉星辰理焉萬物育焉　仁者天下之表也　儒有澡身而浴德陳言而伏

第二場

論

聖人天道之極致

詔誥表（内科一道）

擬漢興舉孝廉詔（元朔元年）　擬唐加左僕射房玄齡太子少師誥（貞觀十三年）　擬宋以文彦博富弼同平章事謝表（至和二年）

判語（五條）

漏泄軍情大事　私役部民夫匠　術士妄言禍福　縱放軍人歇役　公事應行稽程

第三場

策（五道）

問　自古人君興道致治所以維持世教而昭示人心莫有重於綱常者三代而降漢爲近古如伐楚之告尊親之詔其於倫理類有發明率皆因人而爲豈雜王霸而用之者與得國之正者復如此其他尚有可述者與元以夷狄入主中國自古所無之大變也我太祖高皇帝龍飛淮甸一舉而廓清之復中國自有之疆土植人心既墜之綱常仁至義盡首見於論中原一檄其詳可得而言與我皇上憲天法祖建極盡倫首詔廷臣議舉尊親大典英悟睿斷獨能折衷群疑以底于正詔令凡三更而後曠世之典燦然大明於天下矣其事備見於明倫大典仰惟我皇上之用心與皇祖前後出於一揆可得而鋪張其盛與諸士子涵育道化有年其舉我帝德毋讓

問　古者以鄉三物教萬民而賓興之射固道藝之所不廢也今其事載在射義可考而知然果何所昉與矍圃之射孔子用崇古道夫自貫革之風熾而游藝之學荒矣今究其義或以明序或以觀德或以選士其所主固不同與古之人有行之者或以朝會或以燕享或以蒐狩其用亦各异與我祖宗酌古準今欽定射儀載在會典集禮而又詔天下郡縣學校設立射圃造就人才之心至勤懇也諸士子游于鄉校而佩服之久矣其制之梗概與古之同异可得而詳言之與夫自男子有生之初固已明其有志矣斯亦文武之用所必資者幸毋曰藝成而下君子所不爲也

問　道德政事文章皆吾儒之要務故立德立功立言之説其來久矣三者兼之斯可以語全學也聖門分德行政事文學言語之科於斯三者雖各有所屬其實未始不兼體也漢唐宋諸儒輩出有以道自重自許不凡者德器粹然師世範俗者精思力行任重詣極者學本爲己一介不取者主敬窮理友躬實踐者均之謂立德矣其發於事業著於論述者果皆平正而通達耶有更易制度發策治安者疏漕除患化民興利者政先仁民力贊建本者戰守全民以身殉國者固勢上游平靖江淮者任重修攘力主恢復者憂國愛君恤民殄寇者均之謂立功矣其藴之爲德行敷之爲辭章者果皆誠確而明順耶有詆誹异端光範三書者經術立教正色讜言者納誨正心明著斷例者七策獻君十事呈父者玩心神明研窮皇王者杜門著書淵深通暢者考誤訂證發明象數者均之謂立言矣其踐之躬行施之政事者果皆敦實而掀揭耶夫考古所以

準今論人所以律己况偏全之别取舍所關純□之分從違攸係爾諸士方有事於進取正宜辨析於斯以致用於將來也願詳言之以觀尚友之志

問　有國之大端莫重於兵食然兵常以食少稱疲財恒以兵冗告匱故二者甚相須焉粤稽諸古如舜征有苗嗣是啓征有扈當時洪水初平則壤之賦未久也而物力無詘後世稱無敵焉何與商葉中微武丁起而振之深伐荆楚至於三年卒致赫赫濯濯奄然中興周宣以厲王爲之前實承雕敝而一轉移間南征北伐將材士勇有如車攻吉日諸介所載業何偉也若此者又皆何道以致之與夫我國家酌古定制軍伍有籍饋餉有額足垂永久及我成祖文皇帝三黎虜庭其超距騰槽之風尚有可聞而知者洪惟我皇上益光繼述卓冠前代乃不自暇豫又數於兵食特注算焉保當事者輒陳疲匱而北陲南海猶未收蕩平之績何與嘗聞今之議兵者曰團結曰調發曰招募治財者曰展例曰括餘曰提編果皆得其要與即行是數者而可恒濟與玆欲按籍簡練而勢自强遵額供需而用自足亦將有道以處之與此方今之急務也諸士抱先憂之志亦素矣其究言之

問　天下無不敝之法而救敝者常存乎人玆以山東數事之急者與諸士子商之如賦税之額定自國初未之有改也往者及時完納徵者不勞而輸得不病今則節年逋欠矣司計者以時方多事經費不斷惟正之供法難數免催徵之檄旁午於道鞭朴之若不忍見聞而卒不能使之如期者其故何與兗濟爲南北水陸孔道驛遞之設猶夫舊也往者供億不匱而往來不阻今則嗷嗷告病矣有司者以送往迎來法制具在極力措處卒莫能供居者有剥膚之灾行者失如歸之望又有勢之難處莫可誰何者其將何道以處之與運道之設蓋亦有年所以輸東省之粟以實京師也軍之勾補有籍船之修造有廠其法蓋亦備矣夫何今日催運則稱無軍既兑則稱無船遷延顧望每至愆期其敝何以至此極與民兵入戍肇自近歲所以防西北之寇以衛京師也募壯勇以充行陣增均徭以資工食蓋亦偶一爲之耳若使獫狁之匪茹未已征輸之勞費不休師以老而疲財以久而殫其將何以善其後乎此皆地方之大計所繫以爲安危者今欲使賦税完納而無逋驛遞流通而不滯漕運復祖宗之舊民兵畫經久之規諸士子必有真確之見願備陳之毋隱

中式舉人七十五名

第一名　田汝穎　陽信縣學生　詩

第二名　陳九疇　濟南府學生　易
第三名　王幼慈　德州學生　書
第四名　桑紹良　濮州學生　春秋
第五名　南兆　濮州學附學生　禮記
第六名　馬攀龍　陽信縣學生　詩
第七名　隨承業　聊城縣學生　易
第八名　張一敬　朝城縣學增廣生　詩
第九名　郭純熙　冠縣學生　書
第十名　馬文健　鉅野縣學生　書
第十一名　劉憲　青州府學增廣生　易
第十二名　甄津　魚臺縣學生　詩
第十三名　趙國賓　平陰縣學生　書
第十四名　胡汝桂　金鄉縣學生　詩
第十五名　光懋　陽信縣學生　易
第十六名　王希顔　青州府學生　詩
第十七名　任官　濟陽縣學生　書
第十八名　張夢鯉　萊陽縣學生　詩
第十九名　趙無咎　壽光縣學增廣生　易
第二十名　孫以仁　登州府學生　詩
第二十一名　陳一籌　東平州學增廣生　春秋
第二十二名　楊錦　益都縣學增廣生　易
第二十三名　黄緯　青州府學生　書
第二十四名　李子躍　東平州學附學生　詩
第二十五名　孫養默　鄒平縣學生　易
第二十六名　李源潔　昌邑縣學生　詩
第二十七名　李芳　濟南府學生　詩
第二十八名　陳憲　萊陽縣學生　禮記
第二十九名　石繼芳　益都縣學增廣生　詩
第三十名　宿度　萊州府學生　易
第三十一名　李東明　曹州學增廣生　詩
第三十二名　張瀾　冠縣學生　書
第三十三名　王守正　濮州學附學生　詩

第三十四名　郭四維　夏津縣學生　易
第三十五名　張延庭　濱州學生　詩
第三十六名　王衢　平陰縣學增廣生　書
第三十七名　宋桐　平原縣學生　詩
第三十八名　劉梓　招遠縣學生　春秋
第三十九名　雲錦　臨清州學生　詩
第四十名　賈貞嗣　濟寧州學附學生　易
第四十一名　張九歌　曹州學生　詩
第四十二名　李先春　臨清州學生　書
第四十三名　孫夢豸　昌邑縣學生　詩
第四十四名　趙愼脩　膠州學增廣生　禮記
第四十五名　姜賓周　夏津縣學增廣生　易
第四十六名　房如式　益都縣學生　詩
第四十七名　王鈞　濟寧州學增廣生　易
第四十八名　石繼節　益都縣學生　詩
第四十九名　司大化　平陰縣學生　書
第五十名　陳燁　諸城縣學生　詩
第五十一名　申九峰　恩縣學生　易
第五十二名　馬斯作　東昌府學生　詩
第五十三名　尹約　平陰縣學生　書
第五十四名　王憑　臨邑縣學生　春秋
第五十五名　任登瀛　濟南府學生　詩
第五十六名　鄭璿　膠州學生　易
第五十七名　初旦　博興縣學生　詩
第五十八名　鞏雲梯　青城縣學增廣生　書
第五十九名　韓韜　章丘縣學增廣生　詩
第六十名　徐大應　樂陵縣學生　易
第六十一名　王基　青州府學附學生　詩
第六十二名　劉珍　平原縣學生　禮記
第六十三名　辛樬　朝城縣學生　書
第六十四名　王師文　膠州學增廣生　詩
第六十五名　王湘　濟寧州學附學生　易

第六十六名　尹際可　平陰縣學生　書
第六十七名　劉伯縉　歷城縣學生　詩
第六十八名　曹相　淄川縣學生　易
第六十九名　張旦　臨清州學增廣生　書
第七十名　賈如魯　朝城縣學生　春秋
第七十一名　張汝學　壽光縣學生　詩
第七十二名　仙豸　濟寧州學增廣生　易
第七十三名　張大業　德州學增廣生　書
第七十四名　趙一經　膠州學附學生　禮記
第七十五名　丁一元　萊州府學生　詩

第一場

四書

夫子循循然善誘人博我以文約我以禮

田汝穎

同考試官教諭龔批（不爭浮辭而理明意盡蓋潛心聖教而有得者宜録以式）

同考試官教諭朱批（博約與一貫同一傳授此作觀其深矣允宜高薦）

考試官教諭陶批（説出顔子入道旨趣）

考試官教授吴批（殆親承至教者）

大賢有感於聖人之教而必著其教之善焉夫教者所以入道之方也博文而約禮焉則有所持循矣聖人之善教也固如此哉此顔子學既有得而推本於夫子教也若曰道不可以徑造學必貴於有傳回於夫子道固已仰鑽瞻忽之無所容其力矣然而幸有教之可入焉吾見其以不倦爲心進人必顧其安而不苦之以難以無隱爲公語人必擇其可而不施之以悖開導以啓其端者優游以使其趨者也訓迪以盡其術者涵育以俟其化者也其循循善誘有如此者何以見之彼道之散殊者謂之文文有不博或失則寡矣夫子則使我學以聚之而多識以大其畜問以辨之而極深以達其故凡所以擇善之資罔不盡其博洽之力矣向之所謂高堅前後者不於此而可識其端乎道之統會者謂之禮禮有不約或失則支矣夫子則使我近以取之而納身於軌物之中一以守之而制行於會通之典凡所以服膺之實罔不致其克復之功矣向之所謂高堅前後者不於此而

可要其歸乎由是觀之博所以啓其約之端而非靡也約所以致其博之實而非徑也此夫子之所以循循善誘人也噫不有顔子之善學其孰從而發聖人之藴哉抑文者禮之用而禮者文之體非有二也故知博之未始不爲約則即用而體在其中矣知禮之未始不爲文則即體而用在其中矣此固一貫之旨寓於博約而要之非博約之可傳者是在學者自悟之而已

君子之道辟如行遠必自邇辟如登高必自卑詩曰妻子好合如鼓瑟琴兄弟既翕和樂且耽宜爾室家樂爾妻帑子曰父母其順矣乎

陳九疇

同考試官教諭姚批（超出俗累敦尚雅正此作得之）

同考試官教諭崔批（詞不費而意自足文之典雅者）

考試官教諭陶批（旨晰氣昌）

考試官教授吴批（詞意瑩然）

君子之進道有序觀詩與聖言而可徵焉蓋循序漸進學之道也合詩與聖人之言觀之而其義不有明徵矣乎子思之意謂夫天下之道無終窮而學有定序得之者其惟君子乎是故君子於道致遠者其功也而充周不窮之用要惟近裏者以造其端上達者其志也而峻極莫禦之神必由下學者以基其始辟如行遠者遠不始遠也必自邇而往然後遠可至焉不然吾未見其能遠矣辟如登高者高不始終高也必自下而上然後高可升焉不然吾未見其能高矣蓋嘗驗諸家人之道而有以信其然焉詩曰妻子好合如鼓瑟琴無相夷也兄弟既翕和樂且耽無相猶也以宜室家而友于之義篤矣以樂妻帑而刑于之化成矣宜無與於父母焉者乃孔子則讀此詩而贊之曰父母其順矣乎蓋妻帑也兄弟也皆父母至愛之所存而宜之而樂之故父母至願之攸遂聚順以致孝而道之相成自是其罔間焉善則以和親而機之相感自是其必通焉信乎父母之罔不順矣夫順於父母孝之至也而自兄弟妻帑焉得之行遠自邇登高自卑之義章章矣君子其知所從事哉抑子思慮人過於求道故道不遠人素位而行之説既惓惓矣此復示以卑高遠近之序焉夫詩及孔子之言固舉其一端非謂自邇自卑之義爲止于此然始于家邦終于四海道之高遠實不外是孟子謂堯舜之道孝弟而已而其推本仁義禮樂之實皆原于此其真有得於子思之傳者乎

形色天性也惟聖人然後可以踐形

王幼慈

同考試官教諭林批（聖人踐形本乎盡性不專於形色者也場中作者多以耳目口鼻代講未見旨趣此作悉去陳言說理精到一結尤見體型宜録以式）

同考試官教諭梁批（説理明盡措詞精確可以爲式矣）

考試官教諭陶批（簡明）

考試官教授吴批（詞約義精）

大賢言人身具乎理而以成身歸諸聖焉蓋性者人之各具者也然惟聖人有以成其身焉不可以觀盡性之極乎孟子之意若曰天之賦於人也惟均而人之反諸身也甚備夫何衆人由之而不知耶今夫凡人之生莫不有形色焉形色之内莫不有天性焉本之於繼善之初而物無不足四體之動皆帝則之必察也附之於形生之後而理無不備五官之司皆天載之各具也非形固無以載夫性而非性亦無以充其形此固有生之所自來者然而盡性其間者鮮矣惟聖人也所性通極於道不牿於血氣心知之欲所感通極於性克全乎民彝物則之良視聽言貌必各協其極友身而誠適得吾體也踐形而克肖者在是矣動作威儀必各中其則道以物身不失吾常也體受而歸全者在是矣其始也聖人之賦形原與人同其終也聖人之踐形則與人异人可不知所思乎大抵形也性也理氣之相待以有成者也聖人盡性雖天地可以叁兩而氣爲我用矣固不特能充是氣而已然而理之乘氣機以流行者則亦不可誣也故夫子曰人能弘道而孟子他日之言曰我善養吾浩然之氣論性者必合而觀之始得

易

坤厚載物德合无疆

隨承業

同考試官教諭姚批（潔净精微發明坤德無餘藴矣宜録以式）

同考試官教諭崔批（坤德配乾闡揚殆盡且瑩徹無□蓋精於易者）

考試官教諭陶批（渾涵澄澈）

考試官教授吴批（精當）

彖傳言坤有配乾之德以見其所以亨也夫惟乾无疆惟坤載物其德一而已矣坤之亨也有以哉彖傳以地道明坤之義及此蓋謂德不足以載物者不可以言厚厚不足配乾者不可以言亨抑何以見坤之亨也今夫坤其體二而虚也渾淪磅礴有以敦持載之德其性柔而順也廣博深厚有以溥奠麗之

功静翕之體發而爲動闢之用无一物之不生則无一物之不載也而何厚如之藏用之機顯而爲效法之仁舉庶物而咸載是舉庶物而咸亨也而何德似之夫坤之厚德載物如此寧不足以配乾乎健行不息而包括无外者乾之无疆敢坤則有以配之而不見其不足確然上覆而示人以易者惟天爲大也坤則有以準之而不見其或殊高也明也天无私覆也博也厚也地无私載也是雖有形氣之分而發育之功未始不相須而成也謂坤非无疆可乎无私覆也是以大生焉无私載也是以廣生焉是雖有健順之异而生物不測要之皆爲物不二也乾坤其合德矣乎由是而含弘光大厚之徵也品物咸亨厚之致也蓋至是而配乾之德坤亨之義斯昭昭矣彖傳可謂善言坤道而發易之藴矣乎抑德合无疆坤固有以配乾矣奉三无私以勞天下又大人之事而聖德之所以同乎造化也然造化之理天以一而神地以兩而化地亦物也物无逾神之理故曰地道也妻道也臣道也无成而代有終也是固天下之大義而易之大端也學者宜合而觀之

物相遇而後聚故受之以萃

劉憲

同考試官教諭姚批（意盡而詞婉果得易卦相承之旨）

同考試官教諭崔批（此題遇聚處最難形容是作以二意發明深得易義可式可式）

考試官教諭陶批（雋永）

考試官教授吴批（精純）

序卦原姤萃相承之義而推其爲物理之自然也夫遇而後聚物則有然者矣次萃於姤者謂非有取於是乎大傳序卦及此意若曰姤其遇乎其萃其聚乎姤萃之相承也夫亦物理之自然耳是故同類以相求也而遠近相取或阻於機會之未投同德以相應也而勢分相懸或隔於遭逢之未偶欲其聚也難矣今也己能隨物物來隨己殆若出門之交渾乎形迹之俱忘也上以誠感下以誠應不俟遇巷之勞藹然至情之无間也夫既相遇矣吾見其心孚意契而群居類聚之間出入无疾也朋來无咎也盍簪之功麗澤之益有不期然而然者矣其聚也不亦樂乎志同道合而都俞吁咈之際與共天職也與共天禄也一德之孚庶績之凝有莫之致而致者矣其聚也不有慶乎夫相遇而後聚物理之自然如此故夫萃之爲卦而必次於姤姤之後也斯受之以萃姤萃相承之義豈有外於此哉由是觀之聖人緣物理以序卦學者即物理以觀易而

恩過半矣抑又論之物貴於相遇固也然惟君臣之遇則自古爲難也有是君而有是臣則政无不舉而德業之盛允升於大猷矣故曰萃而上者謂之升粤稽諸古如唐虞三代之際明良之慶萃於一堂而當時治化之隆巍然焕然真有以參天地而贊化育其功豈小補哉然推其故未始不由於相遇而然也噫萃之時義大矣哉

書

詩言志歌永言聲依永律和聲

王幼慈

同考試官教諭林批（沖淡和平得典樂敷教之深意）

同考試官教諭梁批（意新詞雅發明詩歌聲律之妙最有條理宜冠多士）

考試官教諭陶批（典雅）

考試官教授吴批（是有得於樂之宗旨者）

聖人推言人聲之所由生而及其所由和也蓋樂由人心生也即其聲之出乎人者而和之以律焉不可達作樂之本乎昔舜命夔典樂以教胄子因言樂之所以作者如此蓋曰樂非無由而作也所以寓諸器者存乎聲聲非無自而出也所以發其本者存乎人何也彼有樂必有詩詩果何謂者也蓋人心有感物之機而天機有時出之妙指事以發藴托物以寓微而詩作焉是志固存諸中者也詩則暢諸外者也詩惟因志而後成志實假詩而始達而詩則言志者矣有詩必有歌有歌歌果何謂者也蓋志既有感發之言則言因有長短之節抑揚之不已唱和之相成而歌出焉是詩固達其志者也歌則達其言者也歌惟因詩而後彰詩亦因歌而始衍而歌則永言者矣夫既永之而爲歌由是於歌之中而有高下清濁之殊者是之謂聲也是聲也隨所歌以爲轉運視元韻以爲流通而依其永矣要之永以發其端聲以竟其妙聲不出於永之外而永自寓於聲之中也聲非以依永乎師依之而成聲由是於聲之中而有節奏調理之妙者是之謂律也是律也損益於三分而迭始相生於隔八以成文而和其聲矣要之聲以協諸律律以節乎聲聲固寓於律之中而律實行於聲之内矣律非以和聲乎由是觀之聲非自生由心而生聲非自和由律而和樂之與也皆非無因而强作者以其出之人者教乎人孰謂胄子不可化哉嘗論舜之所謂樂中和之樂也放其作也足以啓發善心後世之樂惉懘之樂也故其作也適以導欲增悲而已成材之异不在兹乎孔子曰成於樂孟子曰樂之實樂斯二者斯有以識舜之樂矣若乃探樂之本以復古之制則其器數之不相襲固可略也作人成德必有可言者矣孰謂古今之治不相及耶

皇建其有極斂時五福

郭純熙

同考試官教諭林批（融會天人感應妙處非苟作者宜録）

同考試官教諭梁批（講極福二字俱就心上發揮其亦深知天道者取之）

考試官教諭陶批（明暢）

考試官教授吴批（説君道亦天道良是）

君子衍中疇言大君立本而福自備焉蓋君身天下之本也本立而諸福自備焉謂非感應之理之必至也哉箕子衍皇極之疇其意蓋謂天下之治本於君而君道之成立於極次五曰建用皇極者何哉蓋人君者中天下而立以定四海之民者也不有所建其曷以示極故必經綸天下之大經而所以叙秩於庸行者克敦其表正之體範圍天下之物理而所以綱維乎日用者先端其趨向之歸修道立教而藝極以陳也大觀在上而萬邦作式也則極於是乎建矣是非外民物之彝則而别有道以强之也要亦以理之同然者建之自我而人自則之耳彼五福者應之在天而感之在人者也感之有道則天必與之吾見心和則氣和氣和則形和而體信之徵自有以集純嘏之錫内則其心休外則其體裕而志壹之動自有以召保佑之申篤叙於己而昭受於天也五福不同而同歸於我也而福於是乎斂矣是非外天人之恒理而别有術以致之也要亦以理之自然者隨感即應而若將斂之耳是則極之建者君道之不容已也福之斂者天道之不容誣也惟天惠辟惟辟錫民皇極之繫於天下也其重矣哉抑天人之際難言也箕子論皇極而必先之以斂福者何哉蓋福德者天人之常理而欲福者君民之同情知夫天之所以眷君則知君之所以御民矣雖然民以君之建極而後歸天以民之歸極而後福則民之福君與之也是大君者民之天矣君一建極而天人之道不其兼舉矣乎故觀洪範者君道亦天道也

詩

王旅嘽嘽如飛如翰如江如漢如山之苞如川之流緜緜翼翼不測不克濯征徐國

馬攀龍

同考試官教諭冀批（規模正大條理縝密非苟作者）

同考試官教諭朱批（鋪叙題意繁而能殺文之有紀律者）

考試官教諭陶批（善形容中與氣象）

考試官教授吴批（發揚俊偉）

詩人極言王師之無敵而必著其用師之有名也夫師出以律則無敵而以征不庭則有名矣其不戰而屈人之兵也宜哉常武之詩美宣王平夷之功也其意蓋謂王者之用兵也不愆於九伐而其取勝也必出於萬全以吾觀於南征之師而其衆强其勢盛嘽嘽乎不可尚已是故天下之至疾者莫如飛翰而士卒之奮揚者如之横翔迅發猝不及拒其速孰尚焉言天下之至盈者莫如江漢而卒乘之輯睦者如之瀰漫布濩實繁有徒其衆孰加焉時静而翕也堅壁以自固如山斯峙屹乎其不移也時動而闢也選鋒以鋭進如川方至沛乎其莫禦也分合以爲變也必周以固衝之而不可使絶也擾之而不可使亂也其徙舉有常度者矣臨敵而應變也必伍以參形之而莫窺其際也乘之而莫得其利也廟筭有常勝者矣夫師律而臧則篤有制之兵而其動以義抑豈無名之舉哉維兹徐夷梗化久矣此而不討何以示威今也王□斯怒率淮浦以徂征取彼凶殘而華裔之大分自是其一匡乎我武維揚省徐方以討罪屈彼群醜而内外之大防自是其一峻乎吁是所謂師貞之吉也而王靈於是乎振矣非中興之令主其孰能與於此抑周官以九伐之法正邦國而負固不服者與居一焉宣王承厲王之烈一出而四征不庭蓋亦所以昭王章耳然六月之師以命吉甫采芑之師以命方叔而是舉乃自將者何哉是時周室都洛徐方伊邇所謂門庭之寇不得不除者也夫豈勤兵於遠者哉然謂之王猷允塞則其修文德以服遠者從可見矣故吾觀於是詩而知周道之所以隆也

立我烝民莫匪爾極

張一敬

同考試官教諭冀批（理明詞粹講爾極處光精確非深於詩者不能到宜録之以式）

同考試官教諭朱批（聖德極處觀以模寫此作得之是邃於經旨者）

考試官教諭陶批（明當）

考試官教授吴批（深得頌意）

詩人頌聖祖開食之源而爲德之至也蓋聖人代天以養萬民者也詩人言后稷能爲生民立命如此則可謂之至德也已思文之詩頌后稷有配天之德宜享配天之祭者也蓋曰聖人與天一而已天之所不能養者唯聖人有成能之功故民之不能自養者唯聖人盡開物之仁是故於水土既平之後因盡其陳修之力當黎民阻饑之時遂導以引養之方黍稷稻粱之類民不知自爲

之樹藝也乃教之樹藝之事於以種之黄茂焉天下之茹飲者皆知耕田而食矣疆理畎畝之中民不能自爲之稼穡也乃教之稼穡之務於以即其田工焉天下之艱食者皆得自食其力矣是其美利之普能盡乎有相之道而康阜之惠克承乎率育之休故代天以有終而至仁洋溢有以立斯民之命奉天以成務而大德廣被有以盡育物之功凡夫養之所及者皆其德之所至也生民永賴稷則開其先矣凡人之遂其養者皆德之用其極也聖人有作稷其不可及矣由是觀之后稷上承乎天意欽若之至也下養乎兆民利導之周也思文之德殆可想見也已抑論堯舜之時禹平水土稷播稼穡契敷五教天下治焉萬世賴焉澤之及於斯世斯民者固大且遠也然禹而非稷則無以續其成契而非稷則無以肇其始此其文德之至而爲有周開國之原周人尊之以配天蓋以此也詩之七月書之無逸每以之示後王者詎不宜夫

春秋

齊師宋師曹師次于聶北救邢（僖公元年）秋季孫意如會晋韓起齊國弱宋華亥衛北宫佗鄭罕虎曹人杞人于厥憖（昭公十有一年）

桑紹良

考試官教諭陶批（剖析齊晋二公情狀宛然在目經義如此者絶少宜冠本房）

考試官教授吴批（深得二公心事文足以發難顯之情此作亦史也）

□□譏創伯者救患之怠而恕嗣伯者恤小之□焉夫齊桓足以却狄而晋昭不足以制楚也此聶北所以書次而厥憖無貶與聶此何爲而次也齊桓連三師以救邢也同惡相恤於邢則有功耳以爲譏何伯者之詰戎兵而遏亂略也量力而進觀釁而動固其慎也而施於恤患則悖耳矧其力之有餘乎彼齊至於桓伯業之强盛如何也舉全盛之師剪蕞爾之狄不待智者而知其易也乃懷宴安之圖而忽管仲之戒徐徐焉爲聶北之次亦已後矣名曰救邢而無及於邢名曰却狄而無及於狄養亂以爲功力固有所待也而桓於是乎可議矣故三國稱師而聶北書次其譏之如此爾厥憖何爲而會也晋昭率八國以謀蔡也求楚不□於蔡則無功耳而無貶何伯者之親與國而恤同盟也持其危困而扞其外侮固其職也而施於强敵則難耳矧其力之不逮乎彼晋至於昭世業之陵替何如也承積衰之勢抗方張之夷不待智者而知其難也乃懷弃親之慮而行孤父之請僕僕焉爲厥憖之會亦已勤耳有意於蔡而蔡不可爲有意於楚而楚不可制審勢以下人力固有不敵也而晋於是乎可矜矣是故八國猶序而大夫無貶其恕之如此爾由是而知春秋責備賢者以恕待

人而不求其備者也雖然聶北次而桓有遺憾矣夷儀遷而邢存小國實恃以不亡□□御其克終夫曹邑處而興文會稽栖而伯□晋之有楚敵國外患之日也交儆而謀其不協文襄之業不復興乎虒祁成而侈宣韓宣叔尚晋之良也而慮不逮焉天下之勢在楚矣故君子觀於厥憖之會其恕之也者其傷之也至矣

夏五月宋人及楚人平（宣公十有五年）

陳一籌

考試官教諭陶批（就傳發明獨致嚴以君臣之分真佳作也録之）

考試官教授吴批（春秋無將此作詞嚴義正讀之凛然）

春秋貶二卿之擅平其義各有在也夫春秋貴平怨而惡其擅於下也華元子反所以貶與申舟啓釁楚之圍宋非一日矣兹其平也人以爲華元子反之善而均貶之何自元言之折骸易子而晋援已絶舒難以圖存元可與也然君子於敵勢强則示以弱勢弱則示也强國之將斃敵所利也楚莊固有志於取宋矣而可以見弱乎元也乃造楚之壁而示之款焉登反之林而告之急焉國危而不隱其情勢屈而輕見其實雖其急國之困有得於臣子之義而蹈險以要敵不幾於弃國乎自反言之築室反耕而宋勢已棘平難以善鄰反可善也然君子於敵遠於君則專之近於君則請之敵之要成君所制也令尹固在君之側矣而可以專命乎反也乃示以七日之糧而將歸焉許以一舍之退而聽成焉取必於上以行私市德於敵而作福雖其矜人之急有得於君子之資而專轍以干命不幾於逼上乎春秋以爲平可善也平而擅於下焉非所善也宋可平也平宋而出於二子不可訓也故元反皆國卿也均貶而稱人者以此不然君子善解紛而貴平怨斯役也使宋社復延殷祀不廢二子之功且與興滅繼絶者等耳顧譏於君子哉雖然二國之平也晋之君臣有愧多矣楚莊子反其始皆志於滅宋者也華元之告方聞而即許成以歸雖憑夏爲仇君子不貸然君臣徙義不遠之復弗可掩矣晋同盟也宋圍三時一旅莫救伯宗委諸天授解楊往而無成恤病討貳清丘之歃尚足恃哉吁此晋之所以不競也

禮記

夫歌者直已而陳德也動已而天地應焉四時和焉星辰理焉萬物育焉

南兆

同考試官教諭陳批（此題場中作者不失之浮冗則涉于粗疏是篇發

揮天人感應之妙詳盡無遺蓋深於樂者）

考試官教諭陶批（理明詞暢）

考試官教授吴批（醇正典則）

業師言歌本諸身而有類應之效也甚矣歌之義通乎天人也本諸身而效斯應焉其感化之功大矣哉師乙告子貢之意若曰詩歌有相宜□義天人妙感通之機人惟不慎於歌而始與造化不相關矣今德有不同而所歌亦异是歌也者豈徒善其聲音而已哉吾見致樂以治其心而依永之和有以泄其性情之藴審音以正其行而和聲之奏有以奮其至德之光性有所偏惟歌以正之也道有所得惟歌以宣之也非所以直已而陳德乎夫然則全體呈露而性天之流行者無非中和之默運故大用顯行而神化之旁敷者自臻位育之極功以言乎天地則乾得一以清焉坤得一以寧焉職覆職載而健順各效其能矣以言乎四時則陽以鼓其機焉陰以斂其氣焉以生以成而寒暑不愆其候矣至若星辰麗於天也則躔度有定位而宿離不忒經紀有常焉萬物産於地也則化醇無遺類而保合太和性命各正焉是蓋揄揚咏嘆之中而裁成輔相之道以寓章德導和之際而彌綸參贊之化自神矣吁此歌之義所以爲大也吾子其慎擇於斯乎雖然此特自其歌之義言之耳若夫慎於未歌之先而端位育之本者則有無聲之樂在焉蓋論倫無患樂之情也欣喜歡愛樂之官也得乎是而興乎歌始可以語參贊之化否則歌徒善而本之則無抑末焉耳又奚神化之足云

仁者天下之表也

陳憲

同考試官教諭陳批（體認精切意味悠長宜録以爲式）

考試官教諭陶批（題本平易作者類多陳腐此篇化腐爲新斐□自然）

考試官教授吴批（此作深議仁體亦可羡也）

聖人於仁道而名以建極之義焉甚矣仁道至大也夫子以建極之義名之非所以示人之當體乎且夫道散於萬殊而仁統於一貫顧人矣夫雖成者亦夫人未識其體耳何則立人之道曰仁人但知其爲吾心之德耳不知實天下之表焉蓋仁道雖具於一心之微而全體實冒乎天下之大藴之爲天德而資始之元有以俗成身成性之本發之爲王道而長人之懿有以神開物成務之機降衷之初雖曰均是德也惟仁則冠萬善以獨隆在天爲尊爵而凡欲良

貴者自動乎尊崇之念在人爲安宅而凡欲居安者自興乎愛慕之誠禮者履此者也義者宜此者也智者如此者也理雖各异而統之則有宗焉殆猶表儀既樹而萬物悉囿於範圍之中矣仁者安於斯也智者利於斯也畏罪者强於斯也人雖不同而會之則有元焉殆猶藝極既陳而四海咸在於綱維之内矣不曰天下之表矣乎夫仁而曰表則仁之在人固有建極之義矣然則人之於仁惡可無會極之功乎抑論仁既表於天下則亦盡天下而體仁可也何以全體不匱者獨舜禹文王周公乎嗚乎舜禹盡仁而立君道之表者也文王周公盡仁而立臣道之表者也君子苟不視聖過高而自小心翼翼者以求之則敬立而仁存仁存而聖在我矣其於建極也夫何難

第二場

論

聖人天道之極致

陳九疇

同考試官教諭姚批（此題類多剿説可厭説理者又易枯淡只就聖人自然功用上發出天道極致此作得之宜録以式）

同考試官教諭崔批（人性中包羅天地貫徹古今原無少欠此作形容親切有味殆有得於性命之學者）

考試官教諭陶批（孟子嘗言聖人之於天道命也是知就聖人分上亦自有等級若如誠便與天地一般非邃於養者不能説得如此明盡録之）

考試官教授吴批（發揮至誠之道的確）

聖人之道合天下以成其能者亦惟率其自然之用而已蓋是道也人得之以爲人物得之以爲物天地得之以爲天地其用未始有二也聖人盡道其間以天之所以與我者而全體之以致其至則聖人成能而天地民物舉不能外焉言功用之極者蔑以加矣人見其道之至極而不可加也遂以爲天之篤生神之獨授世之絶德豈知聖人不過舉其實理之自然而推及之無所增益於性分之内哉朱子釋至誠而言聖人天道之極致淵乎微矣今夫大哉乾元萬物資始誠之源也乾道變化各正性命誠斯立焉是道也即天道也純粹至善之理也通天地亘古今達民物所同具者也然而氣稟之不齊也物交之爲害也安勉之不同也則人之不能以爲賢賢之不能以爲聖聖之不能以皆天道者職此之由也體至德而達至道非聖人之天道其孰能之夫聖人至於天

道固宜無有乎弗致無有乎弗致則亦無有乎弗極也而天道之極致獨歸之經綸立本知化者豈聖人之道有所待而後至與嘗因是而求之誠之爲道録之於上天之載而非微也賦之於人物之性而非顯也斂之於淵默之中而非内也達之於天地萬物之表而非外也貫通於古今上下之間而非有所間斷也聖人之所以爲聖者固以其全體乎此耳使其用之所行一有不至則於吾性爲有歉而於斯道之量爲未盡不可以言天道之極致矣夫惟至誠之聖人知天之所以與我者如是其全而所以自盡其性以達於天人之際者亦如是其至是故取之吾身爲大本措之民物爲大經流行於兩間爲化育其神妙致一之地要不出於吾心無妄之真而已矣以此洗心以退藏於密以此倡導其情以敦叙於倫秩之間以此神明其德以上契乎於穆之妙無静無動無聲無臭無將無迎一皆無妄之所運而已矣夫自淵淵其淵以立本也不但心涵仁義禮智之德而已則凡三達德五達道九經之用三重之法以至天地之大萬物之賾皆根柢於此矣夫固所以盡己之性也而亦所以盡天之道也自其肫肫其仁以經綸也不但身履親義序别信之道而已則凡建極於當時垂法於後世而使天下後世之凡爲君臣父子夫婦昆弟朋友者定矣夫固所以盡人之性也而亦所以盡己之性也自其浩浩其天而知化也不獨體天地之撰而已凡所以窮神以善繼其志知化以善述其事裁成天地之道輔相天地之宜者皆其所必至矣夫固所以贊天地之化育也而亦所以盡己之性也至是則天盡神地盡化萬民盡性萬物盡道置之而塞乎天地也廓之而横乎四海也施之後世而無朝夕也而聖人自然之功用無以加矣原其始也天地民物之道悉具於聖人一身之微而其既也聖人以一身之道而達之天地民物之大方其備於一身也其體固無不足其達於天下萬物也其用始無不宏即其用之必至雖聖人不能離天地民物而自致其道究其道之相成雖天地民物不能違聖人而自盡其道是皆聖人以此心之無妄者以神其用耳此聖人之所以與天合一也此天地設位而聖人成能也否則參之以二三之雜倚之以智力之私不惟與天地不相似吾見其道易竭其性易毁何以爲天道之極致也哉然則未至於此者如之何亦曰堯舜性之也湯武反之也反之力則人亦天矣始其功於戒懼而終至於位育求其誠於致曲而終至於天下化托其端於尚絅而終至於天下平此皆理之所必至者深造以馴致其極是在君子之自勉而已故曰及其成功則一也

表

擬宋以文彦博富弼同平章事謝表（至和二年）

陳九疇

同考試官教諭林批（事核而詞典聲韻鏗鏘無一牽强非取胸中如出囊者何以得此可以占子之所藴矣敬服敬服）

同考試官教諭梁批（詞藻事實俱足四六之最佳者）

考試官教諭陶批（典雅）

考試官教授吴批（駢麗典則）

至和二年某月某日伏蒙聖恩以臣彦博臣弼同平章事者伏以紫禁清嚴緯象仰瞻於魏闕白麻焜燿綸音并錫於彤廷申命自天控辭何地撫丹心而增愧拜華衮以揚言臣彦博等誠惶誠恐稽首頓首竊惟自昔平章之任爲今寅亮之司位秉鈞衡上應三臺之象功專調燮中參二氣之和官名雖襲於前唐職任特隆於聖宋總百官而均四海宜咨慎以旁求佐一人以理萬幾豈凡庸之謬厠故虞有宅揆之命帝載惟熙而殷垂立相之謨朕心攸沃伏念臣彦博臣弼德忝帝臣才非王佐領麾列郡承宣靡效於官常馳節外夷獻納詎尊乎國體有經營四方之志而用輒未孚知夙夜一人之忠而力常弗逮撫安河北幸成弭寇之功牧守齊東薄盡救灾之職榮冒於三朝兩府荐歷清華情違於五起再辭久慚瘝曠疏踪江海窮仰睇於雲天翹首闕廷同戀恩於犬馬忽承收召增荷眷私懼與榮拜寵非望及恭惟握紀御乾應期出震撫丕圖而遠馭恢大業於重熙勤儉宅心修己允符乎大禹寬仁立政愛民夐邁夫成湯孝洽慈闈恩孚遐宇時和物阜猶損賦而如傷氣協祥生惟得賢之是寶復諸科以取士吉彙泰征建二閣以延儒禮隆晋接求賢側席紹一祖二宗之弘猷納諫轉圜追五帝三皇之逖軌治亂興衰之故實本多聞左右前後之人罔非正士臣惟求舊每興拊髀之恩聖切自新尤重啓心之任謂臣等既愚且樸必克謹於憲章雖鈍而衰亦足任乎官服□使備員庶職猶或可罄其涓埃若俾晋位臺司豈復能增於海岳誤以經綸之寄猥加襪線之才俯覘輿情聖主喜賢於夢卜仰稽先哲微臣敢匹乎商霖詔以郊迎驚傳异數拔之藩服望出常倫臣彦博臣弼感君父之知遇特隆竭臣子之報稱彌切力行王道服天語之丁寧勉决廟謨贊宸衷之密勿靖共有位益勵初心同寅和衷尤虔末節都俞吁咈用諧虞殿之賡歌福壽康寧擬協卷阿之矢咏伏願治隆天保德懋日新禮樂備而天地官陰陽和而民物育鞏皇圖於億世長瞻北極之尊綿寶曆於萬年永并南山之固臣彦博等無任瞻天仰聖激切屏營之至謹奉表稱謝以聞

第三場

策（五道）

第一問

桑紹良

同考試官教諭冀批（我聖祖正綱常以定天下我皇上正綱常以教天下億萬年無疆之業端在於斯子能鋪張揚厲之可謂能達國體者矣末復歸重於心學之要尤爲有見宜録以傳）

同考試官教諭朱批（我朝本綱常以爲治所以超越前代者端在於聖祖中原之檄皇上明倫之典子能對揚之無遺非涵濡聖化之深者能如是乎敬服敬服）

考試官教諭陶批（此子能闡揚我國家有本之化是必涵養之邃者録之）

考試官教授吴批（該博知要之言録之）

帝王之御世也有治法有道法有心法何謂心法純粹清明仁端義立所以涵綱常之秘者是也何謂道法宏深洞極綏猷建中所以闡綱常之實者是也何謂治法鼓舞表章振民育物所以神綱常之化者是也維王盡制是故有以神其化而治法成矣維聖盡倫是故有以闡其實而道法昭矣維天聰明維聖時憲是故有以涵其秘而心法純矣心以基道則道非粉飾組繪之末道以彰治則治非法制禁令之粗此古昔帝王所以垂不刊之典隆格天之休者皆不越是道焉則我皇視之肇基皇上之纘服其著之典禮頒之制作雖各陳厥旨而其本之爲純王之心達之爲純王之道敷之爲純王之治以立萬世綱常之主者有不協於克一者哉愚生竊代草茅固未能窺測乎聖心之純然嘗誦聖謨之洋洋觀聖化之皞皞而亦可得以揄揚其盛矣夫綱常之説何始乎自虞廷之命官有敬敷五教之言皋陶之陳謨有敦叙五典之説而周官司徒之職有因三物以施八教之文後世曉然知綱常之重而凡逾分敗紀紊等瀆倫者舉不容於道化昭明之世慨自三代以降敦叙之風不行至於秦政之時而綱常之壞亂極矣漢高起而振之得國之正猶爲近古觀其革命創制應天順人寬明而仁恕知人善任使誠有如班彪所論而其最善則無有逾伐楚之告尊親之詔焉夫君臣父子綱常之首亘古今而不可易者也義帝楚立而楚羽弒之君臣之分舛矣於是伐楚之告一出而天下昭然知君臣之義太公肇漢而帝業基之父子之懿定矣於是尊親之詔一頒而天下灼然知父子之親是

於倫理類有發明誠足嘉者然仁義之説董公教之也擁彗之迎家令説之也蓋其始本有利天下之心而其既特藉此以爲收拾人心之具耳此正霸者假仁之術而抑奚足以語帝王純心敦典之道哉由是則凡脅父臣虜蹀血禁庭如唐宗欺孤虐寡矯詔陳橋如宋祖者又何足以言之耶迨及胡元亂夏入主中國文教墜斁綱常廢壞此尤天下古今之大變也當是時皇天厭亂眷求有德仰維我太祖高皇帝龍飛淮甸一舉而廓清之復中國所自有之上地挽民生所固有之良心一統之盛窮古所未見也兵興之初首重綱常而仁至義盡備見於中原之一檄嚴内夏外夷之防則冠履倒置之變革焉重君臣父子之誼則上下相習之風殄焉痛人心陷溺之虞則夷狄禽獸之害除焉以至專權毒虐之戒布之文告者諄諄以恢土宇淑人心立綱紀爲己責也大哉王言乎其真有見於綱常之重而爲繼天立極之要機者乎夫當其時近説遠來風驅電擊非不可鎮服天下也而必傳示檄諭者蓋誠不忍中原淪汙上順天常下錫民極拯斯世於塗炭復漢官之威儀務使天下咸知倫理之爲大而痛洗其瀆亂之非斯已也是故觀於中原之一檄而綱常之既墜於人心者不賴我皇祖而維持植立之也哉列聖相承恪遵是道肆我皇上龍起潜邸再舉而纘承之作禮樂以化民本綱常以爲治道化之盛於今而烈也踐祚之始議舉尊親而至誠大孝詳著於明倫之大典申兄終弟及之訓則祖宗之家法正焉詳繼嗣繼統之辨則一本之大義昭焉洗漢宋爲後之陋習則廷臣之异議寢焉以至尊謚建廟禮樂之訂垂在宇宙者拳拳以正倫序篤孝思正名義爲首務也大哉王言乎其真有見於綱常之重而爲憲天法祖之大本者乎夫當其時重臣主議禮官參考非不可以俯從衆論也而必三更詔令者蓋誠不忍倫理倒置道先崇本政始正名尊饗以顯仁世及以明禮務使天下咸知倫理之爲大而重破其謬妄之見斯已也是故觀於明倫之大典而綱常之燦然於天下不自我皇上而表章闡揚之也哉要之皇祖之所以植立與我皇上之所以表章之者固自純王之心基之耳仰維我皇祖觀心有亭上追精一之真洪範有圖洞契帝王之要與夫精誠之録資世之訓其所以謹敬怠天人之辨而邃心學之原者即堯舜禹湯文武之心也中原之檄不過率帝命之降臨而初非有富天下之心其視漢高伐楚之告出於董公之教者不天淵矣乎我皇上敬一有箴衍虞廷道統之秘五箴有注明宋儒理學之精與夫大報之歌恤灾之詔所以嚴敬怠天人之辨而養心學之粹者固即皇祖之心也尊親之典要亦本人心之極致而實根於天性之發其視漢高尊親之詔出於家令之説者不霄壤矣乎夫綱常者生民之大義帝王御世之大端也一舉於皇祖而凛如天地再

闡於皇上而炳若日星後先相望創守重光百八十餘年風行道洽丕變時雍彝倫攸叙之風不待家喻户曉而天下自囿於綱常之化故一時世運之隆而奎躔聚人文之盛而道化流菁莪棫樸之化蔑以加矣雖然天垂象而四時成百物生者何也天道之神也聖人垂訓而萬民服盛世仰者何也至德之運也德運而不可窮道神而莫能測此於穆不已天道之所以爲大而至誠無息聖德之所以爲純也詩曰周王壽考遐不作人又曰勉勉我王綱紀四方敢敬以是爲今日獻

第二問

陳九疇

同考試官教諭姚批（射義一策正以觀士子游藝之學此子鋪叙前問對揚今制歷歷有條而末復致意於有司學校之實學實政可謂知本者矣佳士佳士）

同考試官教諭崔批（古人舉射之意非徒爲文具者蓋使此心之出入無時者得有所養耳此子獨能推本於身心是非苟作者宜録以式）

考試官教諭陶批（我朝射儀皆酌古爲之子之學能識其大如此録之）

考試官教授吴批（考據精詳議論懇切有四方之志者）

帝王之馭世也固當建極以端天下之本尤必立法以一天下之趨曷謂極道德是也而神明之藴存諸心曷謂法教化是也而鼓舞之術妙於政苟有心而無其政則化理雖殷要非躬行之懿而吾心之大本以失行政而不以心則張弛徒備終爲文具之粗而天下之大機以隳是故以心出政然後道德一而風俗同教化行而賢才出此古先帝王修六藝以習萬民要不外是而我國家善則作人以臻雍熙之盛者亦必不於射爲忽之也且夫射何爲而始乎先王見勢暌而情不聯也於是弦弧剡矢以防其携貳之心而射之義以起亦何爲而施於教乎先王見禮廢而無男子也於是因文達情以養其中和之氣而射之教以行是以誅伐之威用軒轅侯明之教載在虞典而儀文度數之詳至周始大備焉今考其義有大射賓射燕射之异其名有虎侯熊侯豹侯麋侯之列其等有六弓八矢之定其數有二三四六之分其耦有郊朝之别其地有多寡之辨其能有騶虞貍首采蘋采蘩之殊其節有司常司馬太僕太史之别其官雖與孔子矍圃之射度數繁簡各有攸歸然其正身修德之意則固一而已矣是故諸侯之射也必先行燕禮卿大夫士之射也必先鄉飲之禮所以明序者如此其始射也則有横弓郤手兼弣順羽之節其既退也則有袒决襲决張弓弛弓之度所以觀德者如此至於諸侯歲獻貢士於天子天子試之於射宫

其中多者與於祭否則不與於祭數與於祭則有慶否則有讓數有慶則益地否則削地其所以選士者又如此是三者所主固异然要其歸則明序以篤君臣長幼之倫也觀德以考内外身心之藴也選士以協容體節奏之妙也比而同之又豈出於吾心中正之矩哉以至彤弓之貺享於一朝决拾之良調於既會其行於朝會者如此樹鏃舍矢以昭威儀序賓辨賢以隆度數其行於燕享者如此至於選徒建旐駕牡舉柴張弓挾矢殪同兕發豝於以復王賦之常昭軍實之盛彰師律之嚴稽綜理之密其行於搜狩者又如此是三者其用固殊然究其義則朝會之尚同也燕享之尚和也搜狩之尚嚴也合而一之又豈出於紀綱倫理之外哉自是而後漢有辟廱之射唐有武德之射宋有内苑之射非不法古也然經術寡昧徒事虚文殿陛驅馳竟傷雅道與夫苟且保一隅之安僥幸啓敵人之畏者其於帝王立射之義藐乎無聞焉洪惟我太祖高皇帝英文聖武汛掃夷風乃於兵戈甫定之秋即爲罷兵息民之舉欽定射儀昭示天下以至射圃之設射禮之式載在會典集禮者至詳且備矣列聖相承益隆化育肆我皇上懋建中和之極誕敷右文之治深仁厚澤漸被海隅盛德大業獨隆今古儲養有地矣造就有方矣邇者猶納撫臣之請申明禮射之儀誠盛典也夫何彼舉此弛昧書一之規暫行復輟鮮經常之制黌校衰於振作之無人射地荒於廢弛之日久修舉之議雖詳而躬行未至粉飾之文徒具而實效罔臻如古人所謂鄉三物教萬民而賓興之者尚未盡然是以不能不廑我執事之慮也雖然愚嘗伏讀國朝制作之美而有以仰見酌古準今之義矣自今觀之或行於各省或行於府衛或行於郡縣學雖不同而其所以始進揖取矢揖挾搢揖退與將進者揖與古同也或以豹鵠或以糁鵠或以狐鵠或以布鵠雖不同而其所以爲人父爲人子爲人君爲人臣各射己之鵠與古同也或中於的或中於采雖不同而其所以比禮比樂正志直體中節於周旋者與古同也或授以强或授以弱雖不同而其所以持弓審固發矢命中不主於貫革者與古同也司射誘射以鼓衆即子路執弓延射之意也司正驗射以執算即公罔之裘揚觶致詞之説也嗚呼此我朝射儀之盡善遠追虞周而陋漢唐宋於不居者端在是矣然猶有説焉今之居有司者豈無留心實政如卓茂之在漢者乎而又迫於簿書之旁午獄慎之紛沓其於射也不暇爲焉間有能好古舉行者衆又群咻而指爲迂緩如此而欲求實政之昭宣胡可得哉愚願今之秉鈞衡者以此考治容其勤惰而殿最之稽其成敗而黜陟之務使章縫之徒莫非干城之士無事則爲比黨州鄉之師有事則爲伍兩卒旅之長庶乎成效克臻而帷幄有賴又豈直爲不切之務而已哉今之居學校者亦岂無留心實學

如胡瑗之在宋者乎而又拘於勢分之輕微文移之牽制其於射也不敢爲焉間有能奮然倡率者衆且誹笑而視爲鄙役如此而欲求實學之明昌胡可得哉愚願今之司風化者以此作人學校假之以掄材科目兼之以取士務使俎豆之内預養折衝之謀居則閑其雍容揖遜之儀出則奮其坐作進退之勇庶乎真才效用邦國乂安又豈止爲器數之末而已哉嗟夫今之世有志者恒少而中人恒多非在上者鼓舞作興之誠不可行惟願自朝廷以達於畿甸自畿甸以達於藩省自藩省以達於郡縣純其道德俾罔弗協明其教化俾罔弗彰吾知風行而俗起化洽而治臻一轉移運用之間而熙皞雍穆之風可復見於今日矣猗歟休哉

第三問

南兆

同考試官教諭陳批（功業文章本於道德此不易之論然功業則又存乎遇此作評議詳盡而要其歸於立德良是良是）

考試官教諭陶批（足徵藻盤）

考試官教授吴批（評論曲當）

濟天下之事者其時乎識時而後可以决成敗之故宰天下之務者其心乎觀心而後可以定是非之極夫時也者消息盈虚之數也剥復亨屯之會也論人而不觀其時其失也固心也者揆事宰物之權也虚靈妙應之本也論人而不觀其心其失也暗固則不察不察則幸而成者得以取譽於不虞不幸而敗者亦終於無聞矣闇則不明不明則淪於邪者或得苟免而守之正者卒無以自見矣此善論人者所以酌時以觀其變原心以窮其故而後純駁偏全之别始無遁情矣執事以稽古之學下詢而有及於漢唐宋諸儒焉蓋欲精其淑慝之辯以立吾人尚友之準也敢不據實以對粤自古昔治隆化淳大道爲公相忘於沕穆而德之名未立也德且未名而况於功乎又况言乎是非無德無功無言也一以貫之而渾然無迹時以出之而妙應不匱者也故曰藴之而爲德行發之而爲事業敷之而爲詞章其究一也孔門若回之仁雍之簡損之孝伯牛之謹恪均以德行稱而終不以德行自限求之藝由之果以政事稱而終不以政事自足子之辯賜之達偃之禮樂商之論詩以文學政事稱而終不以文學政事自多其真有得於斯哉失何世道愈下人心日汩而漢而唐而宋振起者有矣而未必其皆隆也而德而言而功兼體者有矣而未必其盡純也是故以立德言周茂叔德器粹然師世範俗固非淺於及物者矣而太極一圖闡明乎誠通誠復之奥千聖心法不賴之以傳耶正叔剛方詣道學術名時固非

止於成己者矣而易傳有序闡明乎先天後天之秘聖人精藴不因之以發耶朱子主敬窮理反躬實踐固已日躋於充實者矣而經傳有釋辨析乎義理精微之妙諸儒大成不於是而集耶斯皆以德而兼言與功德之至善者也其他如精思力行任重詣極羅仲素學非無得也倡道東南雖得楊子之指授其如未試於用何樂天知命任道自高王仲淹學非不力也而擬經蹈僭雖嘗以伊周自待其如未免於議何以立功言狄仁杰政先仁民力贊建本固忠愛之發也而扶天統於不移感寧州之有頌其貞於見而杜於微者何其壯乎張德遠固勢上游平靖江淮固廓清之宏謨也而長城之付托怠緩之詰責其孚於上而勵於衆者何其偉乎寇平仲任重修攘力主恢復固匡翼之大計也而北門之鎖鑰雷陽之賦咏非謀之臧忠之烈者而能若是乎斯皆以功而兼德與言功之至盛者也其他若戰守全城以身徇國張巡之精忠可以貫日月矣而疏漕興利劉晏卒以召怨速禍也雖其則裕於安邊足國功高於韋堅楊慎其能免於言利之弊耶憂國愛君恤民殄寇希文真以天下爲己任矣而精華大露賈誼卒以致疑起謗也雖其更易制度足以數王章三表五餌可以宏遠略其能辭乎長沙之命耶以立言言納誨正心明著斷例伯淳信乎其嚴正不阿也而力詆新法務在格心其諸玉色金聲純粹無疵者乎玩心神明研窮皇王堯夫固歷覽無際也而因性情形體以窮萬物之本由易詩書春秋以廣經世之謨其諸駕風鞭霆天挺人豪矣乎考誤訂證發明象數子厚固貫通無遺也而廣仁孝於不匱窮性命於幾微其諸勇徹皋比精思力踐者乎斯皆擬議以成其德著述以垂其功而不徒以言善天下者也其他若經術立教正色讜言安國能明體以適用而不能必其道之大行亦可以言遇矣而杜門著書淵深通易此季通之所以爲介也雖敦友朋之誼能撓其不挫之志耶七策之獻十事之呈明仲能攄忠愛於君父而不能保秦檜之不忌亦可以言命矣而詆誹异端光範三書此昌黎之所以爲激也雖有起衰之文其能免於浮華之議耶故就數子之所造而言或以立德以立功或以立言固不能無偏全之别就數子之所存而言或限於時或迫於勢或流於心術之不正則不免有純駁之分蓋成不成遇也係乎天也正不正心也係乎人也天者不可强人者當自盡君子合天與人觀之而漢唐宋諸儒始無遁情矣吾人於此何所適從哉亦曰道有本末學有先後德之不立則動必罔功而言之無實傳之不遠其殆道術必爲朱子造詣必爲周程乎由此而達於精一功宜名世言繼典謨則德之致也積之盛也蓋志欲大而功欲實期可遠而力宜量也雖曰士希賢賢希聖然大可爲而化不可爲固竊有志焉而未敢言也

第四問

田汝潁

考試官教諭陶批（籌兵□儲士子類能言之然求其識時難易區畫精當僅見此篇可謂抱經濟之略者矣）

考試官教授吴批（規畫詳明豪杰之士）

聖人之治天下時而已矣勢之所趨固不能違時以立政而勢不可極亦未嘗不守道以禦時故經以定其常非泥而失之固也權以濟其變非溢而失之流也惟不固故鼓其民於不倦矣惟不流故善其道於不窮矣要之經者權之體而權者經之用名雖不一而道則無二故自古及今聖主賢臣所以裁成天地翊贊皇猷皆隨時變易以默成道化而豈執一者之所能測哉執事以兵食爲時務之急舉而下詢承學既先之以當事之近議又示之以國家之定制豈非掄才以需用將得夫經權之達者而與之共濟乎夫道之大原出於天而聖人之治本於道寒暑之相推者天道之所以不已而經權之迭用者聖人之所以盡神也今夫兵何昉乎民逞欲而争且干紀兵莫已焉兵不給而餒且不震食莫急焉謂二者切於相須信非誣也聖人知其然固未嘗輕於用兵亦未嘗輕於取民是故以舜之世而苗民敢於逆命何容誅乎乃舞干羽格之而以師臨者僅三旬止耳以啓爲君而扈氏敢於稱亂庸無戮乎則舉六師移之而以罪討者亦一戰止耳故則壤於洪水之後君得以憂乎其民而成賦於惟正之外民得以食乎其力耳此古人之可經而經者也商在中葉武丁嘗再造矣蓋迭承賢聖之君素存綱紀之具而久則難變其所乘者易也周之中葉宣王嘗復興矣蓋老成人在位大功德在人心而垂裕方隆所藉者深也是以奮伐三年而荆楚國辟來王恐後濯征南北而王賦軍實光復如初此又古人之遇變而不必於權者也自此而漢而唐而宋夷狄之患代恒有之而備禦之方亦曲盡群策其得失之故殆未暇枚舉也洪惟我太祖高皇帝應天昌運神聖篤生掃腥穢於一清廓乾坤於再造此蓋盛德大業振古所無而垂億萬年無疆之休者也然聖慮淵微憂先無事凡樹兵以固封守轉餉以給供需者皆有畫一之法世爲萬全之規故我成祖文皇帝以至我列聖相承典則咸賴逮我皇上繼統御天益光前烈身居九重心運四海其於邊尤特軫念故行伍有缺則聞招募以補之矣灾旱不常則聞乞運以濟之矣是先時警備固上符聖祖之所已爲而因事化裁又默契聖祖之所欲爲蓋妙經權而時出合神化以旁行誠超越前代而非近世英君誼辟可同年而語者矣但近以倭奴黠居海島乘風煽虐胡虜懲創未深伺便竊窺此當事諸臣所以復有兵食之議也故以其

議兵言之曰調發則徵兵於遠矣而團結則聯絡村堡使自爲戰招募則拔其驍健收其智勇也若此者似非常法之所有而時方用兵之爲急尚得而泥其經乎執事謂按籍簡練以張兵勢殊不知行是數者正以尺籍之未實也實則戰守之役皆備矣無已其惟慎於招募乎四方流集逃之而無所稽也必籍其土著則習聞戰鬬明於鄉導而且親屬以繫之矣若夫徵調則□數千里趨利偶勝則驕不勝則散糜財且廢法善御者一試而不復用之可也乂自其議食言之曰展例則取諸富民矣而括餘則搜取府庫盡其積藏提編則豫征徭役概取齊民也若此者亦似常法之所未有而時方轉餉之爲急又得而不權其變乎執事謂遵額供需以俗兵費殊不知行是數者亦正以供額之未足也足則主客之兵皆充矣無已其惟嚴於督逋乎斯止此數而那東補西者勢也孰若責其負輸之數以概派補細民拖欠以重法追大户侵欺則所入可與加斂相當而上下且安於法之有名矣若夫展例則中户以避徭盡於措處貧民以加役至於流移增益於公者什一而不便於下者什九長於謀者亦惟暫行而即止之可也抑嘗聞之蘇松浙江諸郡横罹倭寇幾三年矣而沿海衛所直惟閉城自保未嘗責之出一力發一矢爲吾民解懸此何法也是獨不可策而用之乎不然所養非所用恐善於守經者不若是也又聞遠兵既潰則城守皆虚是舉地方而委之矣孰若通行諸屬增編壯額資工食爲養募充驍悍申訓教爲兵且長之以藝之精者統之以官之才者不將兵有常主而緩急可備乎不然聽於人而不聽於已恐善於行權者亦不若是也夫事之來也每因勢以趨於變而吾之應也貴審勢以歸於常兵食之所關亦大矣是在當事者妙趨時之智而錯綜於經權之用則蔑不濟矣書生狂瞽之見何足與議於此哉

第五問

王幼慈

同考試官教諭林批（敝必有所由非究詰敝□其胡以救之子能指陳歷歷且隨事斟酌以爲善後之圖非做秀才時便以天下爲己任者耶敬服敬服）

同考試官教諭梁批（條陳救敝之略殆盡足見經濟吾已占子於將來矣録之以俟）

考試官教諭陶批（觀此見有用之學）

考試官教授吴批（深識時務者）

裕民有道求其所以病民之故而後民可裕也救弊有本究其所以致弊之源而後弊可祛也弊源革則民病可紓民生裕則萬事可集救時之務又豈有要於此者哉執事有感於東省之民生自困而財□□殫也揭其至急者以

爲問愚生於是方而親見其事請悉陳其故焉國家稽古定制以天下之貇田定天下之賦税家有常數歲有定額行之數世民不爲病而邇多積逋者何蓋嘗求其故矣征税之田蒿萊彌望閭閻之下十室九空小民終歲勤動止足以供一歲之用今額外之派取均徭之增添視昔蓋加倍矣民如之何而不逃賦如之何而不欠哉山東當南北孔道以一省之財力供一省之驛遞夫馬編於徭役站糧出於地畝據符驗而應付載在令甲人以爲便而邇多留滯者何亦嘗求其故矣民力已疲而站糧多欠馳驛無稽而支費太繁五歲之編派不加於昔而用或倍之以有限之疲民供無窮之濫費財力如之何而不竭行旅如之何而不阻哉京師之費取給漕運其法甚密軍士籍於衛所船料出於抽分廪糧有額兑運有期宜無不辦者夫何屯田之子粒侵欺而不究州縣之軍糧因循而不徵軍以無糧而逃亡船以無料而廢造以顧倩之夫駕僦募之船其侵盗之弊稽違之患又有不可究詰者其弊蓋由此也入衛之舉設於有事原非定制募壯勇以爲兵增均徭以爲食統御有將領往回有程期宜若無害者不知里甲工食加倍徵收行軍犒賞額外處辦一歲所費計十數萬在此有遠戍之勞在彼有供給之費况以不練之兵當方張之虜其敵愾之勇斬馘之功又有不可必者其流蓋至此也今執事欲使賦税完納而無逋驛傳流通而無滯漕運復祖宗之舊民兵畫經久之規又豈可以他求哉亦惟去其弊以復其故耳正供不可缺矣而加賦可無緩乎歲額不可後矣而積逋可無處乎招集流移使安其業以遂其生毋遽勾擾也開懇荒田必緩其征以養其力毋事虚文也夫然則民之歸復者必多田之荒蕪者日闢如是而賦税有不漸完者吾不信也銀糧在田畝矣有司如期爲之區收夫役有定額矣每歲加派爲之節縮查關文以革冒濫以一人而兼支數人之用者不必行也懲包尅以杜侵欺以一人而冒破數人之用者所必究也夫然則民財之征輸者有常驛傳之供應者不匱如是而往來猶不流通者未之有也體運軍之私而恤之清屯田之侵欺催存留之拖欠接月給糧無使有凍餒之患則軍以食足而不至於逃查運船之弊而處之不堪者爲之買料以創造尚堪者爲之添料以補修照數給領更嚴乎稽查之法則船以時修而可濟於用如是而猶患漕運之後期者無是理也盧龍薊北精甲所出若使募其壯勇選將領以統御之厚其糧餉以收其心嚴其訓練以作其氣重其將權以制其命即以客兵之歲用供之可足也東省民兵素稱難御若使散之各道復其舊額而分領之歸尺籍以消驕悍之習儲精鋭以弭地方之盜減徭役以蘇久困之民一轉移之間而彼此皆得其便矣如是而猶患戍邊之無人無是理也大抵法久則弊滋弊滋則民困民困

則用不足而事不集民者國之本也財者民之心也省冗費以節財用嚴武備以固根本杜請托以懲時俗斥貪殘以汰民蠹則民心安而國本固矣祛積弊以復祖宗之舊又豈有他術哉愚昧之見如此執事幸進而教之

山東鄉試録後序

嘉靖乙卯秋八月庚寅山東鄉試事竣録士與文以獻夫士抱器應時行將對大廷服官政矣淳承校文之役得士而敷施之則以人效忠固靖獻之微也庸無申一言爲多士諗哉夫上古神聖先天地以開人肇統斯道至孔子集之大成孟子得之孔子蓋炳如也士幸生其鄉道澤猶近寧無自得師者乎觀先資自獻類能析義利辨王伯豈不信爲聖賢之徒然或出説芬華仕不事道則庸違之咎疇其任之竊惟聖賢之言師其意則爲道德剿其説則爲詞章淳不敏嘗反覆其師弟之所問答而紬繹其進修之領要孔子十五志學孟子論士惟尚志蓋志者嚮往之原義利王伯所自決也積而至於不逾矩不動心亦惟志之精熟耳故存爲天德發爲王道樂行則至君澤民憂違則繼往開來終天地宗仰之要惟決擇於始事而已爾多士而自求之果嘗志於明德親民而止至善乎果嘗志於仁義而非仁無爲非義無行乎若猶未也奚啻荑稗其種而欲五穀其穫也亦异矣昔魯周公稱一代元勛孔子常夢寐不忘孟子則欲承膺兼之烈亦不越兼三王施四事先得孔孟之所同然者耳故無孔孟之志則雖假如管晏猶未暇輕議而况巍然古名世者乎亦盍反其本矣夫欲仁仁至知擴四端而火然泉達皆定志之能事也况適遭明良盛際方丕弘一德之遠謨固英賢畢奮之候誠能決志尚往力師聖賢則道易崇而器受益宏何患大行不如周公雖以孔孟當時所自許者親見諸行事亦可也若是而興於其鄉使天下人仰而指之曰此孔子孟子之鄉人也亦曰某科某官之所舉也則附青雲而將以藉不朽矣爾多士孰不豪杰自待而有不願學孔孟者乎淳也願日望之

湖廣鄖陽府竹山縣儒學教諭陶淳謹序

嘉靖三十七年山東鄉試録

山東鄉試録序

聖天子以堯舜之道帥天下而天下淪浹于時雍風動之化者蓋三十七年于兹矣維秋八月東藩舉試事以大比士將以仰副我聖天子堯舜急賢之心也以人事君之忠此爲臣第一義焉先是巡按御史段顧言以責在監臨惕惕焉夙夜祗懼惟慮無得真才以薦忠于君父求以稱塞任使乃相誓告曰是舉也其忠君之大者乎誠得其人則國家尚亦有利賴焉而可不矢心精白以共成盛代之懿典矣乎其有奸于而法致或匪人之濫竽明神且重譴之矣自干彝憲非所容于堯舜之世也盍慎諸盍慎諸于是以學正范性教諭吴詔黄堂鄭守矩江世卿劉瀚趙行可分校五經士之文以亮暨教諭孫世禄謬司總校而入簾之内以提調則屬之左布政使游居敬右布政使吕時中以監試則屬之副使陳善治洪世文其百執事者胥遴次以充俾各事事于簾之外一切故事咸籌諮參較既飭孔周乃晋提學副使吴維嶽所選士鎖院三試之遵制得中式者七十五人爰録以獻亮敬拜手稽首而揚言曰吁都哉爾多士其毋負明盛之時登庸之會矣乎其思所以自靖自獻以效忠于明良之際矣乎竊聞易之晋曰明出地上順而麗乎大明蓋言聖人在天子位而明德孔昭光被四表凡我臣工百姓以及蠻夷罔不大順大化于至治之中也于恒又曰聖人久于其道而天下化成蓋言聖人之道愈久而彌光聖人之化愈久而彌浹也乎洪惟我皇上秉天縱聖神之德乘大明化光之運紹重熙累洽之休而復衍之以萬壽無疆之慶是以浸明浸昌巍巍蕩蕩而天下亦咸皞皞于堯舜之澤焉蓋泰和文明之象起唐虞而再見者也士生斯時不稱甚幸也哉夫時萬形之趨也自昔才賢君子每以莫或遭際明時爲憂而今有其時矣是故虬螭附雲而神可遂焉虎豹托風而威可振焉君子際時而功可集焉吁爾多士其進于是乎而時之義大矣夫多士及是時進取嚮用將以學爲臣者也在昔孔子之論爲臣惟曰事君以忠而孟軻氏謂欲盡臣道要亦歸之于懷仁義陳堯舜爲忠之至夫孔孟固爾多士之先聖大賢也可不殫衷攄悃思孔孟之所爲言者以奮忠于明盛之時矣乎亮兹閲爾多士之爲文也修于詞不詭于道若授

受于洙泗之門墻而瑰奇奥衍之中又若以浩然之氣自許者緊非去聖賢之居甚近而浸濡理奥有得于見聞之素矣乎以故于文之精神流暢其若滄溟之浩瀚奔注然者而曰其必有得于智乎其將爲經濟之臣矣乎抑或氣骨雄峻其若泰岱之隆嵸突兀然者而曰其必有得于仁乎其將爲社稷之臣矣乎夫仁智固孔孟之所與而經濟之臣社稷之臣俱于國家有利賴焉予于爾多士將不爲聖世得人慶乎夫多士能以孔孟之忠自獻而執事者復獻士于堯舜以成其忠斯庶幾乎無負于明盛之時而唐虞之際于今爲烈矣如或不爾言孔孟而行庸違惟役役于功名富貴之失得是營則是取光而射利也匪以奮迹而赴時也臣而無良其自弃于堯舜之世亦甚矣豈惟爾多士之羞抑將爲執事者之所深懼矣乎猗與躬大明之昌運遘彙征之美逢居名聖之此邦景忠義之訓軌爾多士其尚知所慶幸而策效也已維時以都御史巡撫則有若丁以忠丕厘振興士類允賴王廷則總理河防遹崇文教者也以御史印馬則有若苟穎曾承芳巡鹽則何大章姜儆而潘季馴則以督木而問俗者肅紀廉才咸于風勸有裨焉以部臣有事地方者在户則有若主事柳希玭杜鵬舉孫一正楊準曹本唐世隆在工則有若郎中汪泓員外郎徐用光主事王陳策陳南金咸嘉尚盛典而樂觀厥成以司臣共事掄才者則有若左參政姜良翰右參政王應鍾左參議徐文通按察使今陞河南右布政使竇一桂僉事姜廷頤都指揮僉事李春華時雨謝廷相咸協恭綜理而襄勞匪懈乃若副使宋大武張鑑謝彬王世貞李嵩僉事張師价張燈參將唐玉則咸宣猷于本境要區右參議莫璿副使陳效古張子順曾于拱于德昌僉事耿隨卿陳燦則咸分務于兩畿重鎮懷柔伯施嵩編修汪鏜孫則以奉敕至左參政丘預達僉事王遴則以入賀行右參議范惟一則以部税行先巡撫都御史傅頤保民作士風軌具存暨左參政俞憲副使張希舉僉事張謐則俱以遷秩行緊諸臣者莫非效忠王事而雅意人文者也試事將竣左布政使游居敬適有巡撫雲南之命于法均得備書云

浙江杭州府錢塘縣儒學教諭袁亮謹序

嘉靖三十七年山東鄉試

監臨官

巡按山東監察御史段顧言（汝行順天府遵化縣籍山西臨汾縣人庚戌進士）

提調官

山東等處承宣布政使司左布政使游居敬（行簡福建南平縣人　壬辰進士）

山東等處承宣布政使司右布政使吕時中（以道直隸清豐縣人　辛丑進士）

監試官

山東等處提刑按察司副使陳善治（道隆四川巴縣人　丁未進士）

山東等處提刑按察司副使洪世文（國華福建閩縣人　戊戌進士）

考試官

浙江杭州府錢塘縣儒學教諭袁亮（執夫湖廣麻城縣人　壬子貢士）

直隸大名府元城縣儒學教諭孫世禄（汝賢直隸建德縣人　己酉貢士）

同考試官

直隸廣德州儒學學正范性（成之浙江會稽縣人　己酉貢士）

河南開封府杞縣儒學教諭吴詔（廷綸直隸無錫縣人　壬子貢士）

浙江衢州府常山縣儒學教諭黄堂（元居貴州平壩衛籍湖廣瀏陽縣人　壬子貢士）

江西建昌府南城縣儒學教諭鄭守矩（汝方南京驍騎右衛籍浙江平陽縣人　壬子貢士）

江西袁州府萬載縣儒學教諭江世卿（子翼直隸婺源縣人　壬子貢士）

湖廣常德府桃源縣儒學教諭劉瀚（文淵雲南太和縣人　己酉貢士）

湖廣長沙府攸縣儒學教諭趙行可（思敏四川宜賓縣人　己酉貢士）

印卷官

山東等處承宣布政使司經歷司經歷熊瑄（憲温江西南昌縣人　監生）

山東等處提刑按察司經歷司知事顧正傳（仲統直隸華亭縣人　監生）

收掌試卷官

濟南府知府劉光濟（憲謙直隸江陰縣人　甲辰進士）

兖州府知府莫如善（子明龍驤衛籍廣東恩平縣人　庚戌進士）

青州府知府李尚智（汝愚山西屯留縣人　甲辰進士）

萊州府知府張師載（以道湖廣潛江縣人　丁未進士）

受卷官

登州府知府盧宁（忠獻廣東南海縣人　甲辰進士）

山東都轉運鹽使司判官曹守貞（毅父直隸江都縣人　戊戌進士）

濟南府推官范宗吴（希淹直隸晋州人　丙辰進士）

東昌府推官李正彝（德叙湖廣巴陵縣人　庚戌進士）

東昌府高唐州知州胡翌（敬甫浙江餘姚縣人　癸卯貢士）

濟南府武定州同知聶瀛（汝登直隸新河縣籍山西陽曲縣人　庚戌進士）

濟南府歷城縣知縣李齊芳（潔夫直隸成安縣人　丙辰進士）

彌封官

青州府同知師桂（汝芳陝西臨潼縣人　癸卯貢士）

登州府推官鄭洛（禹秀直隸安肅縣人　丙辰進士）

濟南府泰安州知州徐節（和卿山西臨汾縣人　癸丑進士）

萊州府平度州同知李鸞（鳴國廣東番禺縣籍江西大庾縣人　辛丑進士）

東昌府臨清州舘陶縣知縣陰秉暘（子寅河南汲縣人　丁未進士）

濟南府德州平原縣知縣王用中（汝一山西大同縣人　丙辰進士）

登州府蓬萊縣知縣黄以賢（君向福建閩縣人　庚子貢士）

謄録官

兖州府同知黎天啓（允衷廣東順德縣人　癸卯貢士）

萊州府推官温訓（宗伊陝西漢陰縣人　丙午貢士）

兖州府東平州知州熊淪（德明江西廬陵縣人　癸卯貢士）

濟南府章丘縣知縣賀賁（懋文河南靈寶縣人　丙辰進士）

東昌府莘縣知縣趙思睿（汝思陝西南鄭縣籍江西高安縣人　癸卯貢士）

濟南府肥城縣知縣鄭維邦（世輔福建侯官縣人　丙午貢士）

登州府黄縣知縣劉珙（商陳湖廣黄岡縣人　庚子貢士）

對讀官

東昌府同知章楷（貞夫浙江富陽縣人　庚子貢士）

青州府推官韓宰（子衡直隸隆平縣人　丙辰進士）

萊州府膠州知州劉孟承（弘卿江西廬陵縣人　癸卯貢士）

青州府壽光縣知縣楊衍慶（善甫牧馬千户所籍江西宜春縣人　丙辰進士）

濟南府濱州霑化縣知縣石璽（維信直隸滁州人　丙午貢士）

濟南府武定州商河縣知縣潘德元（懋生直隸太倉州人　甲午貢士）

兖州府鄒縣知縣何繼曾（思卿浙江錢塘縣人　己酉貢士）

巡綽官

濟南衛指揮使韓國鎮（邦寧直隸全椒縣人）

濟南衛指揮僉事王國光（尚儒直隸合肥縣人）

濟寧衛指揮僉事張啓運（允昌直隸江都縣人）

平山衛指揮僉事趙洲（子居直隸豐縣人）

搜檢官

平山衛指揮使袁昕（升甫山東武定州人）

濟南衛指揮同知于慶（祥天山東武定州人）

東昌衛指揮僉事鄧都（子建江西南城縣人）

青州左衛指揮僉事黄甲（廷選湖廣寧遠縣人）

供給官

山東等處承宣布政使司經歷司都事葉儒（汝爲湖廣房縣籍羅田縣人　監生）

山東等處承宣布政使司理問所理問吴騂（允尚浙江孝豐縣人　監生）

濟南府通判高岡鳳（鳴治湖廣邵陽縣人　庚子貢士）

濟南府濱州同知王翰奇（英夫直隸任縣人　監生）

濟南府泰安州判官李克勸（獎之直隸棗强縣人　監生）

濟南府濱州利津縣知縣許時雍（惟和直隸井陘縣人　丙午貢士）

青州府莒州日照縣知縣張執中（用甫直隸清苑縣人　丙午貢士）

濟南府鄒平縣縣丞黄佐（朝輔直隸鳳陽縣人　吏員）

萊州府平度州昌邑縣縣丞徐實中（孚之直隸太湖縣人　監生）

濟南府歷城縣典史陳克剛（體乾福建懷安縣人　承差）

濟南府章丘縣典史吕倉（大濟河南汜水縣人　吏員）

濟南府禹城縣典史王詔輔（君寵陜西華州人　吏員）

濟南府歷城縣龍山鎮馬驛驛丞蕭敖（廷用順天府遵化縣人　吏員）

濟南府禹城縣劉普馬驛驛丞王尚樞（極之山西蒲州人　承差）

濟南府德州平原縣桃園馬驛驛丞高彦智（秉哲河南祥符縣人　承差）

濟南府鄒平縣青陽店馬驛驛丞程金（子庚直隸趙州人　承差）

東昌府茌平縣茌山驛驛丞劉嶸（惟望浙江定海縣人　承差）

東昌府高唐州魚丘驛驛丞王官（君任順天府東安縣人　承差）

第一場

四書

生而知之者上也　唯天下至誠爲能盡其性能盡其性則能盡人之性能盡人之性則能盡物之性能盡物之性則可以贊天地之化育可以贊天地之化育則可以與天地參矣　心之所同然者何也謂理也義也

易

顯比之吉位正中也　象曰麗澤兑君子以朋友講習　夫易廣矣大矣以言乎遠則不禦以言乎邇則静而正以言乎天地之間則備矣夫乾其静也專其動也直是以大生焉夫坤其静也翕其動也闢是以廣生焉廣大配天地　大有衆也同人親也

書

九德咸事俊乂在官百僚師師　允懷于兹道積于厥躬　其自時配皇天毖祀于上下其自時中乂　永康兆民萬邦惟無斁

詩

采采芣苢薄言采之采采芣苢薄言有之　彼爾維何維常之華彼路斯何君子之車戎車既駕四牡業業豈敢定居一月三捷　於萬斯年受天之祜　設業設虡崇牙樹羽應田縣鼓鞉磬柷圉既備乃奏簫管備舉喤喤厥聲肅雍和鳴

春秋

夏齊侯衛侯胥命于蒲（桓公三年）　六月公會宋公陳侯衛侯鄭伯許男曹伯晋趙盾癸酉同盟于新城（文公十有四年）　冬公會晋侯宋公衛侯曹伯莒子邾子滕子薛伯杞伯小邾子齊世子光伐鄭十有二月己亥同盟于戲（襄公九年）公會晋侯宋公衛侯曹伯莒子邾子齊世子光滕子薛伯杞伯小邾子伐鄭（襄公十年）公會晋侯宋公衛侯曹伯齊世子光莒子邾子滕子薛伯杞伯小邾子伐鄭公會晋侯宋公衛侯曹伯齊世子光莒子邾子滕子薛伯杞伯小邾子伐鄭會于蕭魚（俱襄公十有一年）　秋晋荀吴帥師伐鮮虞（昭公十有五年）

禮記

博聞强識而讓敦善行而不怠謂之君子　禮義立則貴賤等矣樂文同則上下和矣　天有四時春秋冬夏風雨霜露無非教也地載神氣神氣風霆風霆流形庶物露生無非教也　先勞而後禄不亦易録乎

第二場

論

天地之所以爲大

詔誥表（内科一道）

擬漢諸儒講五經异同於石渠閣詔（甘露三年）　擬唐以房玄齡杜如晦爲僕射誥（貞觀三年）　擬宋歐陽脩等進新唐書表（嘉祐五年）

判語（五條）

講讀律令　轉解官物　禁止迎送　優恤軍屬　修理倉庫

第三場

策（五道）

問　自昔帝王所以君天下而立人極者亦惟隆聖學以崇其德溥聖政以廣其業而其本不外于一心是故語治道至唐虞三代亦可謂盛矣然不知帝之所以帝王之所以王凡以啓心學懋德業者果何在歟漢唐宋而下聖學無聞但其間號稱英君誼辟者抑或有得于近似者歟洪惟我太祖高皇帝垂統于前我成祖文皇帝紹休于後其所致治視昔帝王無讓要之德業之盛未識果何道以裕之歟肆我皇上受命中興握符弘化正聖人作而萬物睹者然其精誠所格則見天不愛道而卿雲呈焉甘露降焉地不愛寶而瑞穀屢焉瑞鹿再焉人不愛情而大臣獻其忠小臣修其職百姓熙皡于帝力焉是其位育參贊之功即隆古莫及者而聖學天德之獨盛抑可仰窺于萬一歟今讀聖製之所昭示則敬一有箴心箴有注于欽天記頌見敬天之誠于祖德詩見法祖之孝于論太學賦農桑又以見勤民之仁而教養備焉其與我太祖觀心之記敬身之論無逸之論及我成祖之聖學心法性理大全同歟异歟可能對揚大義以彰聖學之詳歟其視堯舜之欽恭精一禹湯文武之祗台聖敬緝熙敬義果同歸于一道歟爾多士涵濡于聖化亦久矣幸悉颺言之以爲聖天子盛德大業頌

問　文以飾治武以明威固人臣附時炳業之具也得一斯足以信當時法後世而成弼主之忠在昔有周曰公旦公望其人者務是也及考二公治魯治齊之效則報政有遲速其後論齊魯至道之機亦有難易之辨不知二公之所經畫注措者各何所在歟説者謂周禮爲公旦致太平之書六韜乃公望鷹揚之略以故相業之隆將猷之烈天下後世罕及焉果信然歟抑或

本之心而别有所尚也今觀周禮所載莫非經世之善物而在大司徒所掌者則于財賦爲專焉韜鈐見之兵志固皆太公之對文武者而攻伐勘定之策亦莫非仁義之師也不知均節運用之宜亦可得而聞其詳歟夫二公臣道之極也周禮六韜禮樂征伐之藉也而理財用兵又今日裕國禦戎之最切者抑不知果可取而行之否歟諸士子生長于齊魯之區必有所以究心者其試陳之以觀用世之學

問　六經性命之奥也自惟聖教既遠大義湮而全經廢遂使後之業經者各持己見爲門户而造詣隨异爲説不同致有漢儒宋儒之分不知所謂諸儒者果孰得聖經之旨歟自漢考之言易則自田生言書則自伏生言詩則自申培公轅固生言禮則自高堂生言春秋則自胡母生不可謂不有淵源者其它若梁鄭之于易大小夏侯之于書大小毛公之于詩仲舒之于春秋大小戴之于禮咸不可不謂有功于聖經者乃今盡弃置而不之與何歟其各所注述尚可得而聞其詳歟及後宋儒輩出别爲傳注于六經咸謂有所發明矣然不知能自得之抑或有所本之歟或者非漢而是宋謂漢徒掇拾糟粕宋直講明精粹者果何所見歟竊嘗謂孟軻氏叙道統之傳獨歸重于見知以其世代之近與夫去聖人之居亦甚近也夫何漢儒多齊魯之士且去聖未遠宋儒若程朱胡蔡陳澔諸人者生于千載之下而又非東土所産顧有得不得之殊何□歟此皆尚論者不可不講也二三子幸折衷之執事者願有所聽焉

問　爲治之道貴在旌别淑慝移風易俗俾海内率由于德義之訓而無靡麗矜侉之習斯古昔聖哲所共嘉尚也然非責之守令則恩意壅閼而靡下宣故考之成周之隆若君陳畢命之篇曰弘丕訓曰尚體要其迪民何如也而後世則不能然其長民者大抵從事于刀筆筐篋之末與隆古殊矣然若文翁韓延壽黄霸卓茂魯恭之在漢皆不事鈎鉅而有意于爼豆禮讓之治不知於成周訓迪之意亦有合歟其當時士氓感懷載在史傳較之成周之治亦可仿佛其一二歟其崇勵鼓帥之機抑亦有所在而不專于諸人邪國朝敦崇禮教亟選長吏數頒猷訓使民會穌牧守之僚嗣前修而毗盛治者不可謂無若人也然亦屢屢弗多睹者其故又何歟夫保厘化導治之基也兹欲使民興禮讓消除奸宄舍長吏曷以而慎别褒异秩漢媲周以返醇龐愿僿之俗其道何繇願一言焉庶經治者之有裨也

問　諸士抱藝而來莫不以俊杰自許試舉時務之最要者相與商之可乎夫山東東瀕海洋邇年諸島戍夷出没無常漂遁倭奴倏忽爲患兹者撫臣建議借入衛之兵馬防海之計借之誠是也萬一邊圉有警而鯨波不静則事

勢兩難其何以禦之我國家經略之制載在志籍者亦稍備矣今欲振而舉之使兵不假借而海無沸騰必如何而可近因遼左告饑議者欲改東省之賫銀爲舟運之芻粟謂一時通變可也第恐勞民起釁勢或不免我朝大學士丘濬以海運爲國家千萬年深遠之慮夫運一也而利害懸殊各有攸在其大致可并較而悉之與救荒之政歲間行之但旱澇頻仍倉庫告乏而地荒民徙數貽當事者之憂將何以賑而撫之耶昔人有不俟有司請白而即奏行者有擇監司察灾傷易守宰者今可指而言與兹欲仿而行之可與否與弭盜之策亦嘗講矣然狐潛鼠伏者乘間竊發而魚鹽之利尤其淵藪非所容于盛世者漢人治渤海曾有成效而宋儒所謂禦盜四事舉切萑宜二者亦可采而行之於今否與夫法有所相因而弊有所由起執事者更欲聞其詳也爾諸士其極言之

中式舉人七十五名

第一名　張煥　青州府學生　易
第二名　趙維魚　齊河縣學生　詩
第三名　紀五常　膠州學生　書
第四名　魏汝松　德州學增廣生　春秋
第五名　郭居易　膠州學生　禮記
第六名　王君庸　青州府學附學生　易
第七名　王之垣　新城縣學生　詩
第八名　董庭炤　濱州學生　書
第九名　顧連璧　博興縣學生　詩
第十名　賈三近　嶧縣學生　易
第十一名　王君觞　淄川縣學生　詩
第十二名　張中鵠　濟南府學增廣生　易
第十三名　李寵光　青州府學生　書
第十四名　李魚化　歷城縣學生　詩
第十五名　齊開先　武定州學生　詩
第十六名　徐慎獨　朝城縣學生　易
第十七名　顧合璧　博興縣學生　詩
第十八名　宋伯華　益都縣學附學生　春秋
第十九名　曹一豸　壽張縣學生　詩

第二十名　雷稽古　恩縣學生　書
第二十一名　丁應璧　壽光縣學增廣生　易
第二十二名　馬讜　臨朐縣學增廣生　禮記
第二十三名　唐堯封　滋陽縣學生　詩
第二十四名　辛如金　恩縣學附學生　易
第二十五名　宋蘭　萊陽縣學生　詩
第二十六名　別叢　夏津縣學生　書
第二十七名　楊津　諸城縣學增廣生　詩
第二十八名　曹舜弼　海豐縣學生　易
第二十九名　趙東齊　恩縣學增廣生　詩
第三十名　曲惟直　恩縣學生　書
第三十一名　何憙　登州府學生　易
第三十二名　馬速　曹州學生　詩
第三十三名　王曉　淄川縣學生　詩
第三十四名　孟元　壽光縣學生　春秋
第三十五名　張憲翔　青州府學生　易
第三十六名　董九仞　濱州附學生　書
第三十七名　劉顯第　濮州學增廣生　詩
第三十八名　匡鐸　膠州學附學生　禮記
第三十九名　張四教　朝城縣學生　詩
第四十名　李遷梧　安丘縣學生　易
第四十一名　韓應元　濟南府學增廣生　詩
第四十二名　李周南　滕縣學生　書
第四十三名　公一揚　蒙陰縣學增廣生　易
第四十四名　孫時　登州府學生　詩
第四十五名　史炳　益都縣學生　詩
第四十六名　杜學詩　壽光縣學增廣生　易
第四十七名　于蛟　掖縣學生　詩
第四十八名　閻漳　蓬萊縣學生　春秋
第四十九名　王尚忠　濱州學附學生　書
第五十名　張第　茌平縣學生　詩
第五十一名　高薦　益都縣學附學生　易

第五十二名　朱翰臣　聊城縣學生　詩
第五十三名　吴教傳　朝城縣學生　書
第五十四名　郭楨　恩縣學增廣生　詩
第五十五名　任芹　萊陽縣學增廣生　書
第五十六名　岳相　壽光縣學增廣生　易
第五十七名　馬禮　青州府學附學生　書
第五十八名　王子蕙　陽信縣學生　詩
第五十九名　趙柟　堂邑縣學生　禮記
第六十名　陳珩　益都縣學生　詩
第六十一名　劉沐　高唐州學增廣生　易
第六十二名　周繼　歷城縣學附學生　書
第六十三名　趙焞　平原縣學生　詩
第六十四名　李琮　城武縣學生　春秋
第六十五名　張敬　淄川縣學生　詩
第六十六名　曹一鳳　安丘縣學增廣生　書
第六十七名　李遷喬　安丘縣學附學生　易
第六十八名　周道直　掖縣學生　詩
第六十九名　王嘉祥　莘縣學生　詩
第七十名　張極　臨清州學生　書
第七十一名　魏勲　臨朐縣學附學生　易
第七十二名　劉宗禹　歷城縣學增廣生　詩
第七十三名　白梓　陽信縣學增廣生　詩
第七十四名　李可畏　濟南府學增廣生　書
第七十五名　趙敬賓　青州府學生　禮記

第一場

四書

生而知之者上也

同考試官教諭黄批（此題本難形容場中作者類多勦拾陳言浮冗可厭而是作獨精詣理奥而詞足以闡之殆不凡之士也宜録以式）

考試官教諭孫批（詞峻而意瑩氣昌而理順其所養充裕者乎取之）

考試官教諭袁批（精透整潔）

聖人于知之得于天啓者而特表其爲上智焉甚矣聖人天聰明之盡者也則其所知之至固天縱之自裕耳謂非上智而何哉夫子之意若謂天命之性雖統天下之同所性而知則惟聖人之獨吾嘗概觀夫人者而知聖人爲不可及矣何以言之彼夫人莫不有知也而知道爲難亦或知以及之也而性成爲鮮惟夫生而知之者率其良知而知焉而天機所融自能會衆理于大觀之下順其明覺而覺焉而睿智所及自能盡萬化于旁燭之餘以明庶物以察人倫未嘗假學問之功而得于神發之初者固有以昭明其理者矣神以知來智以藏往未嘗俟探索之力而得于天縱之始者固有以默契其精者矣斯則知之至也知之至者人之至者也蓋其以一身備天地中和之妙而天精天粹得于造化者爲獨隆以一心會陰陽動静之理而至神至明成於德性者爲獨至均是氣也氣則極天下之清焉出其清者以爲知而明物察倫夫固自誠而明謂之性矣均是質也而質則秉天下之哲焉發之哲者以爲明而藏往知來夫固聖不可知謂之神矣吁生知之所以爲上而聖人之所以不可及者其在兹乎吾嘗以是道而稽之堯舜矣曰欽明曰浚哲固夫子所謂生知者而精一執中之學猶急急焉者何耶蓋是心也聖人純亦不已之心也此所以作之君而明德昭于天下作之師而聖學明于萬世者用是道也噫得心法而紹堯舜亦曰惟聖者能之

唯天下至誠爲能盡其性能盡其性則能盡人之性能盡人之性則能盡物之性能盡物之性則可以贊天地之化育可以贊天地之化育則可以與天地參矣

同考試官教諭趙批（語意錯綜而條理晰如結末歸重聖人憲天上尤爲杰特子其東藩之雋邪高薦允宜）

同考試官教諭江批（此題重在盡性意而天地人物貫通無二者也發明精潔無逾是篇佳士佳士）

同考試官學正范批（中庸義作者率能成篇而發揮詳盡如此篇者絶少其明性命之藴者乎）

考試官教諭孫批（意明語練讀之躍如）

考試官教諭袁批（發明至誠盡性意殆盡）

中庸著至誠盡性之極功所以明天道也夫誠通天地人物而一之者也至誠盡性而功用昭焉則天下之能事畢矣中庸言自誠而明者之事也蓋曰

誠者一本萬殊之理人物得之以爲性者此也天地得之以爲命者此也而其理皆備於我焉但誠有未至則難以語性性有未盡則難以語命唯天下之至誠也心無不實之心而帝降之衷渾全于成性之始事無不實之事而帝則之粹適得于率性之良蓋誠精故明知之至也而有一理之不察者乎誠應故妙行之至也而有一行之未善者乎是在己之性無不盡而人物之性亦盡於是天地之命亦至於是矣何也人之性即吾性之同得者也己之性既盡則修道以立教而人極立焉以人治人不有以盡人之性乎物之性亦吾性之各正者也既盡人之性則茂育以盡利而物軌昭焉因物付物不有以盡物之性乎即人物之性盡而己性之盡又可見矣夫人物之性固化育之所在也至誠爲能盡之則有相之道存乎我而所以曲成之不遺者即所以範圍之而不過者也不可以贊化育矣乎化育之行固天地之所運也至誠爲能贊之則成位之能無所愧與造化而同用者即所以與造化而同體者也不可以與天地參乎即天地化育之參贊則盡性之分足而所以至命者亦可見矣夫人物有同然之性命而至誠有自然之成能天地有本然之化工而聖人有自然之參贊是所謂聖神功化之極也何莫而非盡性之能事耶雖然天地無心而成化蓋鼓萬物而不與聖人同憂者玆顧以有心之聖人而多其參贊之功者何耶吁此非聖人有加于天地也亦以天地之大人猶有所憾而裁成輔相之功不能不賴于聖人耳要之聖人之所爲皆天也其所裁成其所輔相固天地自然之理而皆不得不然者在聖人特代爲之而豈人力所能與哉是故先天後天動與天地而合德而天秩天叙天賞天罰皆聖人憲天之政而不自有其功者也故曰聖人之所爲皆天

心之所同然者何也謂理也義也

同考試官教諭鄭批（理題闡明精切而氣格渾雄非夙養之士不能也吾將爲得士慶矣録之）

同考試官教諭吴批（於理義中發出同然意而文采爛蔚讀之勃然佳作也）

考試官教諭孫批（婉暢而有深思）

考試官教諭袁批（春容典雅）

大賢發人心之所同然者不外于懿德而已矣蓋天下無不善之性也即之懿德而人有同然不可以見人性之本善哉孟子言此蓋啓人以體驗之功也意以天下有必同之性亦未始有不同之心是故觀之衆體而知人情之不

甚相遠矣豈其心也顧獨有弗類焉者乎今夫心以神用者也而虚靈知覺之天視口與耳目之以形用者雖有大體小體之分然情以心統者也而欣喜歡愛之生猶味與聲色出于情悦者亦必有合异統同之妙發之由衷而非一人之私也達之天下而爲衆好之公也是之謂心所同然者而果安在哉亦惟理與義而已矣是理也物之則也蓋吾性之散殊即義之所以爲體者隨在而各足其天然自有之中乎是義也物之宜也蓋吾心之妙用即理之所以爲用者隨動而有常其生民所性之懿乎故理行乎義之中莫非可欲之善凡其見天下之理而天機爲通固其秉彝之自不容已者和其則者和其衷求其有一人而不以理爲然者否也義出于理之順莫非可願之良凡其見天下之義而樂心爲生固其性真之自不可遏者協諸義者協諸志求其有一人而不以義爲然者否也是何也蓋人心至虚也而天下之有立焉我自具之我自好之而理之所在吾心實固係之矣否則人各有心也寂然不動之中何以同是感而遂通之妙也耶人心至靈也而天下之感通焉達之在物制之在我而義之所在吾心實固契之矣否則心各有欲也百爲泛應之下何以同有發而中節之宜也耶是知天下無性外之理義而喪失其性者非天命之异也天下無心外之性情而陷溺其心者非降才之殊也性之本善而無惡心之所係爲甚大其在吾人亦可以深長思乎抑於是而知孟氏之有功於聖門也自夫子之言性與天道不可得而聞也雖及門如七十子之徒尚不能得其詳而軻氏之傳獨得於曾子之門至如心性之説反覆辯論而同然之旨尤以深切著明者以爲教卒使仁義之言聖人之道垂於後世昭然如日中天學者誠於此而加克治之力焉則求之心而自足作聖之階在我矣昔人有言睹河洛而思禹功吾於孟也亦然

易

顯比之吉位正中也

同考試官教諭黄批（作此題者類多膚淺局蹐子能一洗陳言而顯比之氣象自見是善言帝王德業者）

考試官教諭孫批（不事浮詞而發揮精到可以式士矣録之）

考試官教諭袁批（閎偉得題義）

論人君普王道之善一本于天德之純焉蓋天德王道一以貫之者也九五居正中之德而成顯比之化者其此之由乎象傳釋比五爻之義若曰人君一身爲億兆民物之主不惟有化焉以洽天下之勢也亦必有德焉以孚天下之心□德化兼隆吾于比之九五見之乎是故以大公示天下而奉天無私

蓋仁覆天下而不必天下皆知吾仁也其天下爲度者乎以至誠體萬物而普物無心蓋恩加萬物而不必萬物皆感吾恩也其萬物爲體者乎由是而天下化焉則上以公感下以順應凡比之自内而爲百官庶府者罔不承式以近天子之光其所謂巍然焕然之盛者在是矣君以誠與民以誠服凡比之自外而爲群黎百姓者罔不遍德以會維皇之極其所謂博厚高明之業者在此矣夫是謂顯比之吉也而豈無所自哉蓋以九五得陽位之正當上體之中則是作民元后非徒崇其位而已存養于密勿之地者不雜不貳有以守至正以端夫化理之原大觀在上非徒隆其勢而已而默成于清穆之表者不偏不倚有以建大中以豫夫立政之本由是而作則也則章志貞教而表正之化成焉觀政于朝吾見君正而莫不正矣大道爲公之效何莫而非是正之範圍也哉由是而錫極也則存神過化而用中之治溥焉觀化于野吾見道隆則從而隆矣王道大行之美何莫而非是中之流衍也哉是知君心者萬化之源也大業者盛德之推也此世道雍熙之盛而君道之所以爲隆也吁非天下之至聖其孰能與于斯哉抑帝王之御天下蓋惟以天下治天下而大其心以處之其諸天地之于萬物順其生生化化之性而無所容心焉在天下卒亦未嘗不大順大化于會極歸極之内也是以有苗未格無壅于廣運防風後至無累于平成而卒亦未嘗不格不至焉此之謂顯比之吉而爲帝王之世也吁爲盛世之民者當知帝王之度也哉

夫易廣矣大矣以言乎遠則不禦以言乎邇則静而正以言乎天地之間則備矣夫乾其静也專其動也直是以大生焉夫坤其静也翕其動也闢是以廣生焉廣大配天地

同考試官教諭黄批（易之理盡于奇偶二畫而廣大之由實不外此乾坤天地亦不過奇偶之性情之實體耳理無二也故易之廣大足以配之是作得旨）

考試官教諭孫批（起束過接處俱有力量）

考試官教諭袁批（檃栝精暢）

大傳論易之廣大原于造化而合乎造化者也甚矣易冒天下之道而無外也其端雖始于天地而實與之合德焉則其廣大也何以加哉自今言之易之道天地之道也斂之則具于易書廓之則配乎天地夫固順性命之精而發三才之奥者也其至廣而無所不有至大而無所不包者乎故自其遠邇言之充周而不可禦也静正而無所遺也蓋道不以遠邇而有殊而易實有以統之

矣自天地之間言之仰而觀之而極天所覆也俯而察之而極地所載也蓋道不以兩間而有間而易實有以貫之矣此固易之所以爲廣大也而豈始于易也哉蓋道之大原出于天地而聖人之意盡于法象是故乾也者天之所以爲天也其藏用也一而專其顯仁也直而遂至健之氣蓋總萬物而發育之而不可以紀極矣乾之大也何如耶聖人一奇立而乾道該焉是易之大所由生也坤也者地之所以爲地也其復命也凝而翕其育神也著而闢至簡之能蓋合萬物而作成之而不可以限量矣坤之廣也何如哉聖人一偶設而坤道該焉是易之廣所由生也夫易之廣大固生于天地矣而豈囿于天地哉吾見大生于天即有以上配乎天焉蓋無不覆幬者天之象而無所滲漏者易之蘊謂易之大即天之大可也而爲大之至矣廣生于地即有以配乎地焉蓋無不持載者地之體而無不發揮者易之理謂易之廣即地之廣可也而爲廣之至矣是則緣乾坤而有作者與乾坤而并立效造化而成能者與造化而同流盡萬理以兼該舉百物而不廢其所以不禦不遺而塞乎兩間之内者不益信然矣乎嗚呼觀易書于未作之先則知造化爲易書之原而廣大之由可見觀易書于既作之後則知易書爲造化之撰而廣大之實益彰是天地有至教以開聖人之智聖人有至文以終天地之功蓋易書不惟括天地廣大于其中而廣大之用且得易書而賴以不息矣豈特配之而已哉雖然天地者陰陽之法象也易書者陰陽之緼括也而有太極以主之學易者能察乎太極之理而致吾心之廣大則于易也其庶幾乎

書

九德咸事俊乂在官百僚師師

同考試官教諭鄭批（發虞廷賢智奮庸氣象宛然在目宜録以式）

同考試官教諭吴批（文字清雅講百僚師師處尤見襟度不專録子之文也）

考試官教諭孫批（詞義精當）

考試官教諭袁批（深得皋陶告君之體）

大臣著賢才進而觀法同所以發知人之驗也甚矣賢才致治之本也觀法之同亦爲善之心之不容已者耳秉哲以官人此其一驗也與昔皋陶陳謨于舜至此若曰帝王之立政執簡以御繁者其要也而求賢以共理者其心也夫惟邦家獲亮采浚明之臣而人君普翕受敷施之量吾知九德者懋乎其德而裕乎其才者也而得之以任事者亦鮮矣今則迪知忱恂而進賢者既廣夫忠益之公隨分盡職而進用者悉效其匪躬之節是雖德之多寡各有不同而

以精白自靖者其志一而已矣俊乂者懋乎其才而企乎其德者也而得之以任使者亦鮮矣今則奮登庸之義而居乎其位者業乎其官竭奔走之誠而承君之令者急君之務雖才之大小各有不同而以服勞自樹者其心一而已矣惟此百僚也志同道合其嚮用也適際乎明良之會而舍己從人其師資也自敦乎遜讓之風以德而顯者不以德而自居焉取人以爲善蓋忘其善之在人而迹之在我矣何嘗有競德之心耶以才而稱者不以才而自是焉觀法以爲依蓋惟見人之有餘而己之不足矣何嘗有矜能之意耶是則知人于未用之先此下之所以無遺賢也任人于已用之後此上之所以無廢事也庶賢和于朝庶政及于野而民焉有不安者乎抑有虞之治弗可尚已四方風動舜之所以舉斯民而置之安者其功業可謂盛矣若無俟于諸臣之助者而疇咨謀詢致望之意每惓惓焉率皆法帝堯知人之哲以任之耳故教明養遂禮備樂和而禹稷諸臣固皆有以宣德意而敬其事者矣庶尹之諧昌言之拜師師之見于大臣者孰非敦本之善乎然則庶績其凝之效是必有以倡之者

其自時配皇天毖祀于上下其自時中乂

同考試官教諭鄭批（此題要見周召同心以致治望君之意此篇得之）

同考試官教諭吴批（配天句發揚精到毖祀中乂意義詳盡不落塵俗結歸美成王周召尤爲確論可取可取）

考試官教諭孫批（説出周召祝君至意）

考試官教諭袁批（清整條暢）

大臣列言宅洛之效其祝望之意至矣夫配天事神治民皆未可以易致也大邑方成而效之應也不亦至大而速矣乎召公告成王之意蓋以洛之作也而繼天出治之丕基肇焉我之所以祝望乎君者亦切矣然旦之心亦我之心也觀其言曰維彼皇天所以作命在下者也而其難諶也尚矣繼自今受命於天也和氣感召而上帝時歆有以孚合德之妙聰明時憲而對越弗悖足以達無間之機是天道之至遠者而且有以配之矣況其邇者乎天神地祇所以流行兩間者也而其昭假也難矣繼自今祀於新邑也殷禮咸秩而至敬無文式慎乎祇肅之念群祀備舉而明禋上下益嚴乎如在之誠是鬼神之至隱者而且有以克享之矣況其顯者乎有商士民其弗率也蓋非朝夕之故矣今也丕作之勤而轉移感動之在我者既徵其多遜之美保厘之政而宅中圖治之在上者又盡其諴和之道則惟王建中惟民從乂舉而措之萬邦其作則矣矧曰殷庶矣乎夫曰配天則達之造化而弗悖矣曰毖祀則質之鬼神而無疑矣

曰中乂則徵之庶民而信且從矣凡此皆顧畏民岩之所致也而可以弗敬乎哉雖然此成王敦本自致之明驗也其告周公有曰公其以予萬億年敬天之休而奉若天道作配在下者何勤勤也其曰夙夜毖祀穆穆迓衡則禋祀敬神以迎治平于有象固已直任之而弗辭矣天親也民懷也鬼神享也非其自致之明驗耶噫以成王爲之君周召爲之臣而精明渾厚之事功其所以達上下合微顯而感召之者蓋亦久矣固不在于作邑之後也君子當并觀之

詩

彼爾維何維常之華彼路斯何君子之車戎車既駕四牡業業豈敢定居一月三捷

同考試官教諭趙批（莊雅不浮殆有養之士）

同考試官教諭江批（不事藻飾而周王治外之意宛然溢于言表子其善説詩者歟宜録以式）

同考試官學正范批（小雅義作者類能鋪叙而精確懇到如是篇者絶少）

考試官教諭孫批（深得周王備禦意）

考試官教諭袁批（莊雅蒼蔚是精于經義者）

王者遣戍必興其備具而期以克敵之功也夫師行以車馬爲尚也備是而期以克敵焉不隱然有全勝之規歟采薇之詩周王遣戍役作也至此則風以義蓋曰以報國爲心者懷折衝之慮以疆圉爲事者效敵愾之忠今日之往戍何如邪彼爾然而盛者維何則常棣之華對時而育被滿于原隰之上矣彼路車斯乘者伊何則君子之車膺命而行式章乎推轂之榮矣夫車以利攻戰匪豫弗可也今戎車之出于輿人者既駕而衝擊足憑馬以利馳驅匪壯弗當也今四牡之供于僕馭者業業而致遠不匱以是馬也駕是車也允爲軍容之盛克共禦侮之資而吾敢恃之而有易敵之心哉於是慮虜人之乘吾隙也而敬戒之惟豫凡攻左攻右之方訓之而罔敢怠慮敵人之窺吾釁也而防練之必周凡六伐七伐之法習之而罔敢寧勇敢作焉進退齊焉庶乎敵至而有備一月之間屢策制勝之勛而何出入之防有弗峻邪鉦鼓明焉部曲整焉庶乎臨事而不恐一月之内三著奏凱之績而何内外之限有弗嚴邪吁方行也而先爲利禦之備未戰也而亟爲克敵之圖周王歌此於遣戍之日此外攘之功所由成而威嚴之治所由臻歟抑是詩也備玁狁也先之以三捷申之以日戒兵事貴慎也如此説者以爲先王經綸之迹其成康之隆乎厥後宣王六月之師曰嚴翼曰文武其戒慎奮振悉基于此而卒有以成膚功之奏焉易謂師貞丈人吉又曰師出以律觀于有周信然後之備禦者其念諸

設業設虡崇牙樹羽應田縣鼓鞉磬柷圉既備乃奏簫管備舉喤喤厥聲肅雝和鳴

同考試官教諭趙批（長題難於鋪叙此作莊嚴間雅宜録以式）

同考試官教諭江批（形容作樂以象功德拜成周太平氣象宛然是知頌體者）

同考試官學正范批（揄揚意溢於言外取之）

考試官教諭孫批（春容整飭）

考試官教諭袁批（有敦厚和平之意）

周人作樂之始合器與聲而皆極其盛也蓋敦和率神莫尚乎樂也器無不備而聲無不和周之樂其既盛矣乎此作樂而合乎祖之詩也想其登歌之意蓋曰作樂所以象成而聞樂可以知德我周一代之興功德懋矣而今日之樂獨無可述者乎彼器具不備不足以發節奏之全也兹則業虡以縣鍾磬亦既設矣而且崇牙樹羽之咸飭則物采彰施質文相錯而有章焉應田以主衆音亦既縣矣而且鼗磬柷圉之具陳則動辨起止終始相資而不紊焉凡皆備也而因以奏也不徒金石之滌蕩已爾而編竹有簫亦比音而悉舉不徒革木之宣暢已爾而并吹有管亦間作而成聲蓋損益夏商以盡惟王之制兼總條貫以飾大成之觀而樂之器於是乎備矣音聲不和非所以鳴國家之盛也但見播之在庭則清濁高下迭相爲經喤喤然功大而樂備而太始之音著焉奏之瞽人則陰陽律吕還相爲宫喤喤然氣盛而化神而治世之響達焉聲非徒也而鳴實和也肅以濟雝而揆諸百度者各得數而有常雝以諧肅而協諸八風者舉從律而不斁蓋論倫無患以明辨异之節欣喜歡愛以極統同之妙而樂之聲於是乎和矣夫樂器備則述者之文已至樂聲和則作者之情可稽述作并而感通速矣先祖嘉客有不交協也哉記曰樂者非謂黄鐘太吕弦歌干楊也樂之末節也而此獨言其器與聲者無亦遺其本乎蓋周自文武功德隆茂至成康而重熙累洽天下煦然在太和元氣之中而不自知故作樂以黻藻太平不過揄揚其美而寄之器與聲耳而無聲之樂固已寓乎其中矣易曰雷出地奮豫先王以作樂崇德殷薦之上帝以配祖考故觀於是詩而知周之世德爲獨盛也

春秋

夏齊侯衛侯胥命于蒲（桓公三年）

考試官教諭孫批（發明春秋善胥命意詳盡而一結尤有餘味）

考試官教諭袁批（詞藻雋拔而義意更精殆足占所養矣）

諸侯相命近於正春秋特有以取之也夫盟非春秋之所貴也齊衛之胥命猶爲近正焉兹其所以特取之歟且諸侯之相爲盟是講於信也其相爲會焉是講於好也乃若齊衛之胥命于蒲非是之謂也而經取之者何曰近正也夫自相命霸而曷取其近正也誠以盟者春秋之所惡而屢盟以長亂會者諸侯所不得而數會以厚疑春秋諸侯今日而爲會焉明日而爲盟焉信不由衷而輕弃其約誓言猶在耳而遽食其話盟者豈少哉孰有相命而信喻如此舉也想其鑒當時之陋習而謂盟詛不足恃也不欲徵之于載書之問思古道之忘言而謂信誓不足要也不欲施之于牲歃之末三紹而後見二君固不能無交際之禮也而信在言前其所以相喻者蓋不以迹而以心矣七介而後通二國雖不能無相見之儀也而情昭文外其所以相示者蓋不以貌而以誠矣盤敦無設而意氣有孚惟曰我無爾詐而已蓋結言而退而言可復也壇坫不登而情志已洽惟曰爾無我虞而已蓋不愛其情而情可固也是其相命而喻有非叔季之媮而信以發志庶幾先民之意春秋志於大道爲公之世於此有取焉特書胥命于蒲其不爲返薄還淳之一助耶惜也二國克終之難善不足而慝宣焉由斯以降來戰于即獻于惡曹盟誓戰伐日趨於媮齊僖衛宣之行尚足道哉春秋固有文與而實不與者聖人之旨微矣傳曰静女之三章取彤管焉竿旄何以告之取其忠也君子之取節焉以長善也由是而知春秋之善胥命其亦不得已也夫

冬公會晋侯宋公衛侯曹伯莒子邾子滕子薛伯杞伯小邾子齊世子光伐鄭十有二月己亥同盟于戲（襄公九年）公會晋侯宋公衛侯曹伯莒子邾子齊世子光滕子薛伯杞伯小邾子伐鄭（襄公十年）公會晋侯宋公衛侯曹伯齊世子光莒子邾子滕子薛伯杞伯小邾子伐鄭公會晋侯宋公衛侯曹伯齊世子光莒子邾子滕子薛伯杞伯小邾子伐鄭會于蕭魚（俱襄公十有一年）

考試官教諭孫批（引經會傳説晋悼之善用謀而能成功詞氣凛然佳士也）

考試官教諭袁批（議裁嚴整必麟經中之翹楚者）

伯國用謀制敵而能成其功春秋所以與之也此伐鄭盟戲之役見晋之善於制楚而卒能服鄭也宜見予於君子歟鄭何以伐於晋而盟戲也從子駟之言而晋於是乎致師也晋何以三伐鄭而會蕭魚也從智罃之策而楚於是

乎遂屈也夫由迹以觀楚固以力争晋亦非德競矣而經予晋者何夫威天下者固不以兵革之利而在乎制勝之略百戰百勝非戰之善必也不戰而屈人之兵者乎夫聽於駟而貳晋以鄭則可討也聽於偃而致敵以楚則可戰也然使一戰不勝天下之勢將歸於楚而鄭之南轍其可挽乎孰意智武子乃能明於此也曰携貳之鄭不可以威詘也與其圍鄭而致楚也孰若許成而旋師之爲愈乎陸梁之荆弗可以力争也與其悉師以自敝也孰若分軍以逆來者之爲愈乎取其四軍而分之苟可以薄伐斯已矣彼勞而此逸固不盡用其力焉舉其偏師而擾之苟可以取成斯已矣彼出則此歸無所用其戰焉故三駕之師方及於溱洧之墟而二廣之旅輒勤於懿親之鄭全師而來在敵固有必戰之圖而輕兵以出於我曾無交綏之及楚疲於奔命而勢自屈鄭决於從伯而志始堅故牛首北林之師鄭猶困於南向而東門蕭魚之役楚竟息於北圖矣君子曰不戰而屈人之兵者智武子有焉經書會于蕭魚其美之也至矣然則有國者豈以戰勝攻克然後爲武哉制之於未動勝之以不戰齊桓召陵之後此其僅睹者乎雖然智瑩賢矣知其賢而用之者悼也用一賢而勝於十萬之師明智之辟常汲汲焉有君如此宜其卿輔陳力群策畢舉紹文襄之業而復興與人亦有言謀之其臧則俱是違謀之匪臧則俱是依殽函之敗豈其無人惟其詢黄髮而弗庸也秦誓之作有遺憾焉故君子觀於此而知晋悼之卓越遠矣

禮記

禮義立則貴賤等矣樂文同則上下和矣

同考試官教諭劉批（等貴賤和上下士子類能言之至交相爲用處即欠體認此作削去陳言而錯綜互發尤見筆力）

考試官教諭孫批（是善發和序之藴者）

考試官教諭袁批（説相資處矩度森然）

記者著禮樂相資以爲用以見其皆切於人也夫禮樂備和序之理而用之偏者弊之也使非相資以爲用抑何以救其失哉此記者著以示人也意以不容以强同者禮樂之制也不容以獨异者禮樂之情也制不同而情同此相資之道不可以已也何以言之樂以統同固可以使人之相親矣然而不免於流者非樂之弊也和之過而失其中者也兹惟禮以飾貌而檢其外焉則制度明而不紊品節定而有章是禮行於樂之内而禮之義立矣貴賤其有不等者乎吾見分定於體統之既嚴則心安於等威之有辨貴者無失其爲尊也賤者無失其爲卑也天冠地屨之餘蓋不待有以齊之而廉地秩然其不越矣若是

者固禮也而亦樂也得其理而後和樂勝而流者何有哉禮以辨异固可以使人之相敬矣然而不免於離者非禮之弊也敬之過而失其中者也兹惟樂以合情而和其内焉則優柔妙平中之德順成協四氣之和是樂行於禮之中而樂之文同矣上下其有不和者乎吾見志同於物我之罔間則恩洽於彼此之相親上可望而知也下可述而志也一德交孚之下蓋不待有以强之而情意藹然其不乖矣若是者固樂也而亦禮也本人情以立制禮勝而離者何有哉於此可以見先王之教天下也無不和之禮而亦無不序之樂其所以履中正而樂和平者不過本造化順人情以爲世道計而已是故觀象於履而民志定效法於豫而神人和三千三百之制五音六律之宣蓋必有以爲之本矣二帝三王垂之萬世而無弊者此其選也不此之務而惟區區於儀文度數焉求之以爲觀美之具則末矣然則探造化之原以建中和之極者其惟聖人乎

天有四時春秋冬夏風雨霜露無非教也地載神氣神氣風霆風霆流形庶物露生無非教也

同考試官教諭劉批（發明天地無私之教詞理精當而文彩爛然當是作手）

考試官教諭孫批（醇雅暢達非淺學可到）

考試官教諭袁批（造化以無言垂教此作得之）

聖人闡天地無私之教所以表王道之端也蓋天地之道至公者也即其發見之有常者何莫而非教之所寓乎夫子閑居語子夏者若曰聖人之參天地者以德而德之能參天地者以公天地心普萬物而無心聖人情順萬事而無情觀於聖人之奉天地而知天地之所以爲教矣夫天何言哉何以爲教也仰而觀之但見四時之錯行也啓以春夏斂以秋冬出機入機互根而無間一元之鼓蕩也潤以風雨肅以霜露仁氣義氣迭運而不窮春夏之爲通秋冬之爲復通乎其所當通復乎其所不得不復也風雨之爲澤霜露之爲威澤非有心於培之威非有心於覆之也曾謂天道而有私乎是雖無聲無臭而運行昭著之間若有隨在示人以至公者而莫之或隱矣所謂静專動直而大生焉者非教之所由章歟夫地無成也又何以爲教也俯而察之但見安貞上應而神氣變化鼓爲風霆之象者寔運夫代終之義曲成不遺而風霆顯設散爲庶物之育者各適其含美之常簡能以全易知之用承天時行自無有乎相悖也資生以輔資始之成因物付物自無有乎相害也曾謂地道而有私乎是雖不見不動而充滿普遍之中若有隨在示人以至公者而莫之或晦矣所謂静翕動

闢而廣生焉者非教之所由顯歟夫天地無私之教如此而惟聖人能奉之故存而爲至公之心則居健行順天德之所以備也發而爲至公之政則上律下襲王道之所以行也三王德參天地啇也亦可以求其端矣抑是教也徹上下貫窮達者也禹湯文武得之以勞天□仲尼得之以教天下他日仲尼啓子貢曰子欲無言而以天道之四時百物明之其於閑居以示子夏者義殆互相發歟故曰吾無行而不與二三子者無行不與又何私焉是仲尼固以天道爲教也吾故謂達而有三王之德窮而有仲尼之德其參天地一也

第二場

論

天地之所以爲大

同考試官教諭趙批（此題即天地以明聖人最難措詞而發揮明徹無逾是篇足占所養矣）

同考試官教諭江批（議論渾雄思致精密其追古之作乎録之以爲騁華藻者式）

同考試官學正范批（此題作者率多冗泛是篇獨精詣超脱非明性命之奥者不能也取之）

考試官教諭孫批（春融馴雅衆作鮮及）

考試官教諭袁批（理邃詞精）

造化之妙難言也君子因其可見以求其不可見因其可名以求其不可名可名由於可見而可見之謂迹不可名由於不可見而不可見之謂精其迹也所以麗乎其精也而未始滯於有也其精也所以運乎其迹也而未始淪於無也是道也未易論也高其論者則虚之以爲道通極於性命而不察其爲天地萬物之顯設造化之妙如使其虚也而出於形象之外是乃所謂窈冥耳而非所以語健順之用也卑其論者則實之以爲道依附乎形氣而不悟其爲天地萬物之根本造化之妙如使其實也而囿於糟粕之粗是乃所謂凝滯耳而非所以語易簡之微也子思子擬仲尼於天地不曰天地之大而曰天地之所以爲大非達觀造化之原善發聖人之藴者乎今夫道先天地而不見其始後天地而不見其終出萬物而不見其外入萬物而不見其内蓋無方無體無底裹無端倪而爲天地人之至妙至妙者也傳曰見乃謂之象形乃謂之器夫有象者有象象者有器者有器器者執象器以論道者拘方之曲見也不可以語通舍象器以論道者畔實之游詞也不可以語正自今言之天覆幬焉地持載

焉四時錯行焉日月代明焉萬物并育焉以其象也以其器也天之不可同於地日之不可同於月春夏之不可同於秋冬而親上之不可同於親下也何也爲其體之殊動静也質之辨陰陽也氣之别寒暑也性之限通塞也區而有間離而不相及也然於其覆幬持載錯行代明并育之間則固可以知天地之爲大矣是故六合之道聖人有存而不論有論而不議夫論以擬諸其形容而議則求其深也聖人不論者謂天地之功彌綸溥博無所於名也無所於名得而論之乎聖人不議者謂天地之理渾淪充滿無所於析也無所於析得而議之乎子思子於不可論議之中而獨揭其所以然之妙蓋見夫象象者之寄於象而不狃於象也器器者之藴於器而不固於器也其所以不狃而不固者道也道一而已天得之以清地得之以寧四時得之以運行日月得之以貞明萬物得之以生成是故動静有常矣而屈伸之幾相感焉陰陽不雜矣而通復之運相乘焉寒暑有定矣而往來之序相禪焉通塞有止矣而消息之故相循焉不可以偏也偏則病不可以間也間則息其在於天即其在於地其在於天地即其在於四時日月其在於四時日月即其在於萬物者也故分其象與器也而謂各具其道焉可也統其象與器也而謂同具其道焉可也各具其道者子思子之所謂小德川流也同具其道者子思子之所謂大德敦化也非川流則敦化之體無所寓焉而精之所以湮者迹之所以毁也故曰乾坤毁則無以見易非敦化則川流之用無所宰焉而迹之所以舛者精之所以息也故曰易不可見則乾坤或幾乎息矣故分天地日月四時萬物觀之而天地之小德見矣統天地四時日月萬物觀之而天地之大德見矣合小德大德觀之而天地之所以爲大者見矣故曰以言乎遠則不禦以言乎邇則静而正以言乎天地之間則備矣論至於是既非高之而虚亦非卑之而實蓋至虚而至實至實而復歸於至虚故子思子以闡造化之原寔以發仲尼之藴也何也聖人未生道在天地聖人既生道在聖人是堯舜體之以爲道文武措之以爲法仲尼集之以爲祖述而憲章者一也堯舜文武之道不外乎天地之道故仲尼之所以祖述而憲章即其所以上律而下襲者歟夫天地有可見也仲尼亦有可見也文行忠信設之而爲教易詩書禮樂春秋述之而爲經仕止久速宜之而爲時綏來動和廣之而爲化以至於列國之所聞鄉黨一篇之所載顔曾冉閔七十有二人之所答述詔告其由一言一動以推極于不言不動何莫非軌於堯舜文武而通於天地者哉然要其所以然之妙不過曰一貫而已一者道之存於心貫者道之散於萬事萬物也其散於萬事萬物可見也可名也而一之存於心不可見也不可名也是故金聲玉振以仰其成江漢秋陽以贊其懿麒麟鳳凰泰山

河海以况其無類而發明道體之全聖德之盡則莫如子思子川流敦化之説至矣雖然夫子之言性與天道不可得而聞也他日又曰予欲無言而以天明之是知人皆以天道擬夫子而夫子則未嘗輕言天道故曰造化之妙難言也

表

擬宋歐陽脩等進新唐書表（嘉祐五年）

同考試官教諭黄批（新唐書始于宋祁而成之者歐陽脩也是作考據精詳辭句鏗鏘宛然有宋人意是深于四六者録之）

試官教諭孫批（精麗得進書體）

考試官教諭袁批（典則懇到）

嘉祐五年六月某日刊修官翰林學士兼龍圖閣學士給事中知制誥等官臣歐陽脩等謹以所撰新唐書上進者啓沃有因托編摩而自效鑒觀不忒重簡籍以相求書固緣舊爲新義欲自今傳後臣脩等誠惶誠恐稽首頓首竊惟載事有史考度攸資行遠在文秉筆非易方策詳於文武已開紀述之原大義斷自春秋寔爲取裁之祖史家嗣作雖遷固未愜于精世代相沿至陳隋尤垂厥體唯唐自晋陽而起其治以貞觀爲隆奕葉相承規模浸備雖理亂興衰不一而法周六典殊號可行若損益因革之繁其視漢三章不啻略盛特記載之甚略故覆核之維艱韓愈之實録雖文不稱全紀吴兢之政要無取爲屬私門是豈博物之乏人乃若闕疑而待後蓋由文氣既卑於五代之運遂令史法難成乎一家之言淑慝未究其歸詎能傳信功罪不明其故安所折衷此舊史之失難因而斯文之興有會也兹蓋伏遇道崇仁孝德萃中和加志於民法虞舜用中之政綏猷維后切周文望道之懷念六經藴治理之端既厪講誦喜諸史具事迹之富亦務稽求衰文有慨於唐書雅意若懷乎魯乘邇臣之言適及尚方之命旋頒合駿士於清曹并由遴選發瑶函于秘府俾獲討論欲取晋劉昫故所纂撰而復事更新乃以曾公亮特爲典司而群加剛葺臣脩等業非劉歆之克世智類張敞之無奇誤膺任使之榮分光藜照願竟鑽研之志竭力管窺遍核三百年人事之詳必由顛而及末歷叙十九主治功之异亦原始以要終謂事逸罔備勸規每從增益計文煩有妨覽閲輒與芟除紀傳之詮次有方忌槧鉛之挂漏表志之鋪張無飾取圖牒之依憑共事惟八九人凡稗史之有裨悉從搜列積勤至十七載但義例之克協無嫌异同殆欲指掌而見萬目之張庶幾殫心以求三長之稱伏願特垂睿覽察隱義於微辭益軫淵衷考時宜於往迹由百世而會於堯舜禹湯之道推一心以辨乎禮樂刑政之中皇圖逾周籙之長聖治振唐風之陋臣等無任瞻天仰聖激切屏營之至謹以新唐書

二百二十五卷隨表上進以聞

第三場

策（五道）

第一問

張焕

同考試官教諭黄批（我皇上聖學之純同符二祖而遠紹帝王者不外乎敬而已子能發明而揚厲之其涵濡聖化之深者邪）

同考試官學正范批（聖學一策士子類能言之率皆不足以光昭精藴子能遠稽近述敷對詳明燦然成文可取可取）

考試官教諭孫批（此作能敷揚我二祖皇上盛德大業後先媲美是亦涵養之深者録之）

考試官教諭袁批（揄揚有體宜録以式）

帝王之君天下也本憲天之學而成格天之政其惟敬德之務乎夫學也者所以飭其政而崇其德者也政也者所以顯其學而廣其業者也而敬也者又學政德業之所由出者也是故帝王御世以爲天下君也本之以學以憲天焉成之以政以格天焉立之以敬以協天焉學以端其本政以達其用敬以立其極而日新之盛德崇矣以弘憲天之功以成格天之業以全協天之實而富有之大業廣矣大哉敬乎其德之聚而心之體乎其聖學之淵源斯道之樞紐乎是道也二帝肇其源三王衍其宗肆我太祖垂其統成祖紹其休而我皇上純其敬以弘其化又兼總而大成之以懋憲天之學者也是以格天之業隆古莫及而重有光于二祖之駿烈者獨至也請敬陳之竊惟在昔唐虞授受典謨孔彰欽恭肇于堯精一闡于舜而敬之説始矣祗台紹于禹聖敬躋于湯緝熙懋于文敬義明于武而敬之學昭焉是故帝之所以帝王之所以王而奮乎百世之上以發道統之秘啓心學之傳底德業之盛者亦篤至矣自時厥後聖遠言湮而心學無聞焉漢唐宋而下間有英君誼辟得于天資之近似者亦不可謂無人也然行之也無本而居之也無敬君子曰七制之垂雜霸也三宗之紀雜夷也仁柔而懦國紀之非也要皆陋之爲垂統者也而可以窺心學之涯涘也哉迨我太祖高皇帝繼天而興典學不倦觀心有記探義理之本源無逸有論得聖賢之心法敬身有論體事天愛人之要道凡以啓于前而彰其美也成祖文皇帝表章六經頒布内訓著聖學心法而帝王之學弘輯性理大全而載

道之文顯凡以承于後而盛其傳也是其隆憲天之學溥格天之政聖學懋敬乾乾不息蓋與二帝三王之道心融神會身體力行有不言而喻者矣肆我皇上秉聖神之資建中和之極學政兼舉德業并隆而以敬作所誠有以遠紹帝王道統之傳而上繼二祖心法之妙焉者愚嘗伏讀敬一之箴有曰匪敬弗聚匪一弗純又曰郊則恭誠廟嚴孝趨肅于明廷慎于閑居又曰勿參以三勿貳以二行顧其言終如其始大哉聖人之言乎所以發明聖敬者無餘蘊矣又讀心箴之注有曰吾心克正則百體四肢莫不聽其使令若有一毫不正則被聲色所移物欲所攻便動與理反一哉聖人之心乎所以發明心學者不何以復加矣不特此也圜丘特祀皇穹躬享而其昭格之者有素矣而又親灑宸翰以昭後世有欽天記頌之作焉祇薦宗祊以祈稼穡敬獻慈闈以祝遐齡功惟歸帝善則稱親三百徽言數十嚴韻明禋備舉福禄并綏渢渢乎其有周將享之雅音乎而敬天之誠于是乎見矣大祫崇祀徽號隆稱而其尊崇之者有素矣而又躬製龍章以發潜蘊而有祖德詩之和焉於淳祖太祖成祖昭皇既茂揚德業以溢其傳於章皇睿皇純皇敬皇毅皇又特爲詩歌以紀其盛穆穆乎其有商浚哲之頌聲乎而法祖之孝于是乎見矣不特此也其論太學也則極言怠荒之戒以迪多士之勤而教道于是乎備焉其賦農桑也則真知衣食之原以憫小民之苦而養道于是乎周焉凡若此者其與我太祖觀心之記敬身無逸之論及我成祖之聖學心法性理大全其心一而道同也何如哉其視堯舜之欽恭精一禹湯文武之祇台聖敬緝熙敬義固有曠百世而相感合千聖而一揆者矣夫皇上以敬一而隆其學以聖德而普其政而憲天之功配天之業尤有隆古所未見者是故精誠所格而卿雲呈采甘露降祥瑞穀屢登瑞鹿再見而大小臣工罔弗獻忠而修職焉群黎百姓罔弗熙皡于帝力焉兹固天不愛道地不愛寶人不愛情之大有徵也位育參贊之功豈不重光于二祖匹休于唐虞三代也哉然愚又有説焉惟天聰明惟聖時憲敬一之道即天道也即祖宗之道也維天之命於穆不已天之心亦以敬一爲心者也故書言惟時惟幾而首言敕天之命詩言上天之載而復約之以儀刑文王萬邦作孚焉是敬一也所以敬天也亦所以法祖也法祖也即所以法天也此皆我皇上中興事業之成效而衍萬億年無疆之休者要不出此愚也涵濡聖化久矣深懼無以頌天地之大也惟執事進而教之

第二問

趙維魚

同考試官教諭趙批（太公周公以忠誠仁義之實爲致用之本至其六

韜周禮特其設施大略耳子獨能發明之可謂識二公事君之心矣允宜高薦）

同考試官教諭江批（理財用兵實今日時務最切者援古證今處置明悉獨見此篇）

同考試官學正范批（姬吕事君猷烈足以師表百世此作發揚殆盡可以占子之所藴矣）

考試官教諭孫批（識達治體策場之優者）

考試官教諭袁批（鋪叙有法）

古之人臣所以建業當時而垂休後世者固必有訏謨遠猷以爲輔世之具而其所以上格君心以致一德之孚者尤必有忠誠仁義之實以爲致用之本是故善論世者在究其用心之實而已矣善師古者在適其通變之方而已矣何則德也者體也事功者其用也本之心而措之政乘時以效用樹績而懋庸古人之所以立萬世人臣之法者蓋如此誦其言而考驗其行事之迹師其意而不失乎古今之宜則古人事君之道昭然於千載之下矣嗚呼明乎此則公旦公望之輔周室而治齊魯者可得而論其悉而有志於仿古爲治者固不必泥其迹而無通變宜民之術也執事以飭治明威之道下詢承學又取法於周公之治魯太公之治齊者而求其緒於周禮六韜之書以爲今日裕國禦戎之準豈非以愚輩固齊魯士也亦有誦法其書而闡繹其猷以幾明時之嚮用者乎竊嘗論之古者兵農一致文武同方其在成周則疏附後先之士即鷹揚戡亂之儔而比閭族黨州鄉之民即伍兩卒旅軍師之衆蓋將相無專任而兵民無定籍其所以備禮明制張皇克詰者固相通而不容二者也人有言曰太公之治齊尊賢而尚功三月而報政伯禽之治魯也尊賢而親親三年而報政説者又謂周公太公於此有交譏之言者何也噫是非君子之言也當周之時文命聲教通於天下諸侯之禮樂刑政皆稟受於武王而巡狩述職又各有其期二公所以治其國者固皆尊一王之制者也寧容有异同於其間而其報政也亦豈得有遲速之异哉且尊尊親親何與於弱而尊賢尚功又何與於亂也哉愚故曰非君子之言也春秋之時二國猶夫昔也而治魯與齊者則非其人矣故一則不失周公之遺意一則中更桓公之霸術欲其變而至道其難其易固不獨二國爲然矣然遡其所自意者二公之所以詒謀者亦微有异乎君子不施其親之數語周公所以教魯公者藹然仁厚之意而齊則無聞焉斯無异乎後之所以不同也夫子之嘆固追思復古之難蓋有甚不得已者矣自今觀之磻溪隱處若將終身碩膚之孫赤舄几几二公之所以自待者何如也天下既定胥力而協心矣居東二年罪人斯得而義欲敬怠之訓尤仿佛乎危微之

戒焉則望也固非不足於文而旦亦豈有歉於武哉後世以將相分論二公是判文武爲二途非達觀之識者也周公之言多見於詩書而周禮則記其所以致太平之迹太公六韜即車載之後與文武問答之詞然世儒往往疑周禮非聖人之言六韜亦後人附會而作雖然皆非至當不易之論也今考六韜所載陰符陰書以及立將五才選將八證率皆握機制勝之術至所謂仁之所在天下歸之義之所在天下赴之而六守三寶又皆王者以德行仁之道豈非萬世行師之要耶周禮冢宰之屬所謂六典八法八則八柄司徒之三物賓興司馬之九伐正邦是皆禮樂刑政之大者至如三農生九穀九賦斂財用九式以均節古今言理財之術者皆取則焉二公經世之績不於此而徵其大略乎雖然本之以忠誠之心運之以仁義之政其所以衍姬籙而致太平者固不專在於二書也周道既遠成憲具存神而明之遇變而通之存乎其人而已矣我國家稽古定制因田起賦斟酌什一之制而上下之雖不全用周官之法其所以厚民生而制國用者蓋已於周公之心法而會通之矣衛所星列比其什伍而簡教之雖不用六韜之舊然所以備不虞而壯國威者蓋已於太公之遺意而化裁之矣然法久而敝人心久而玩愒自今觀之不有可議者乎夫天地生財止有此數不在官則在民昔人嘗有是言矣今取之民不加少而用每告匱者何也非財之不足也害財者衆也議者謂蘇子三冗之説誠今日耗財之本我皇上近允言官之請詔諸司汰中外冗員不下千數所省不既多乎愚以爲財者國計之攸關也冗食不除則坐費者日衆冗兵不去則乾没者日增奸吏乘之而掊克典守者因之而遂私其不節猶夫故也酌其宜而裁抑之又豈容緩乎由是而豐其源焉則屯田之侵占者宜清也鹽政之足邊者宜復也農事不可不重也奢僭不可不禁也雖不必盡合周官均節之制而財無不裕矣國有六典不可無兵猶天生五材不可無金昔人嘗有是言矣今戎政不改於舊而兵力稱弱者何也非法之不善也蠹法者衆也議者謂歐陽子三大弊之説誠古今用兵之戒我皇上近因邊備之疏於南北怠事之臣固已赫然明罰矣當事者孰敢不悉心經略以仰答聖謨之萬一乎愚以爲將者三軍之司命也號令不嚴則無以作其氣功賞不責則無以激其心平居昧簡教之法臨敵無敢死之夫其弱猶夫故也審其勢而更張之又豈容緩乎由是而申其法焉則將權不可不專也勇敢不可不倡也文法之密者可寛也餽餉之給者宜裕也雖不必盡仿六韜運用之法而兵無不强矣夫事不師古夸毗者之謬也策不通方曲士之陋也愚東産也蓋嘗涵濡于聖化而仰希乎姬吕之遺休矣文武猷烈豈蠡測之士所可幾哉然於用兵理財之説則固嘗習知其一二者敢因明問

所及而敬陳之不識執事以爲然否

第三問

考試官教諭孫批（策以漢宋諸儒經訓正欲觀諸士窮經之學而敘述明盡抑揚有法是篇爲最焉子其博而知約者歟）

考試官教諭袁批（經學注疏詳于漢儒至宋諸儒闡明纂述而聖賢傳心之典始昭灼于後世要未可過爲軒輊也是作評論允當考據精詳殆究心古訓而有获者録之）

對聖人作經以明道而道之所寓則微顯該焉諸儒專學以明經而學之所得則博約异焉蓋微非有離于顯而微者即所以微乎其顯者也約非有外于博而約者即所以約乎其博者也是故學之非約固無以見道于微而學之非博亦無以識道于顯微也顯也理固合一而不測也博也約也學亦相待而有成也學有偏全而理無加損得有深淺而道無存亡均之有裨于六經者也知此則知宋儒反約之學夫固獨觀其深矣而漢儒存博之功亦豈可以遽少之哉請以是而爲明問復夫六經何爲而作也蓋聖人所以闡性命之理而達之天下垂之後世者也是故易以道陰陽書以道政事詩以道性情禮以道節文春秋以道名分是已今以漢儒言之田何得易于商瞿蓋已五傳而何之後則爲施孟梁丘賀之易又有京房費直之易而南北二宗之傳於是乎始矣伏生得書于子夏蓋已四傳而伏生之後則爲徐敖歐陽大小夏侯之書又有孔壁所藏安國所次之書而今古二文之學於是乎分矣言詩則有齊魯毛韓之四家也言春秋則有鄒夾公羊左穀之五傳也禮則自高堂隆習之以傳蕭奮后蒼故大戴得而傳之於北小戴受而傳之於南兹非禮之所由以盛者乎是經學之講于漢初者其傳不爲無據而經義亦已倡矣自後石渠天禄之講興而諸儒之説滋盛言易者則有馬融荀爽言書者則有巢猗顧彪言詩則有鄭衆應劭春秋則有何休杜范禮經則有賈逵服虔或爲音釋注疏以解其文或爲訓詁替例以發其義或上窮天道而盈虚消息之理以彰或下浹人心而因革廢興之幾以著彬彬繹繹微顯畢彰其用心亦既勤矣然論者猶恨其或流於灾异或雜於老莊或誤於音釋而嵎鐵抑谷之不同或病於支離而廢疾膏肓之弗類者然自今觀之如七日來復先庚後甲之類則王弼之論爲甚精洛書本文禹疇五次之言則劉歆之説爲甚辨論廟制則莫詳於王肅論辟雍則莫備於韋昭禘祫小大康成定之先三後二徐邈主之要皆所以羽翼聖經而有功于斯道者也又安可以漢儒之故而盡以爲非是耶或者謂漢儒窮經而經絶吾固未敢以爲然矣宋初明易者有邵雍得之而爲經世之學周茂叔得

之而爲太極之學孫奭則治書於博平李寬則傳詩於益都孫明復講春秋於泰山而著尊王發微王哲明左氏於河東而著皇綱統論明三禮而定禘祫之祭者周福也引周禮而辨壁釜之疑者聶崇義也是經學之傳於宋初者周邵雖已得之精而孫李諸儒則猶止明大義耳自後濂洛關閩諸君子興然後一并諸儒之异同而歸之於正如易詩有傳注本義則定於程朱禮記有集解則定於陳澔春秋傳於胡安國書疏成於蔡沉故因叙卦而悟畫前之易因補續而知删後之詩以大學爲入德之門以少儀盡進退之節注洪範而知五事參極之差傳禹貢而辯三江入海之誤明稽古爲作史之詞以放勛爲稱堯之號文王受命理窟辨之東征破斧正蒙論之固可謂粹然一出於正矣但其間意見之未同考據之未備者亦或有之如論比卦而不知土得水柔爲子夏之善論五事而不知土金相屬有岐伯之疑釋六宗而不及三昭三穆則宗廟之禮爲未明釋三傳而不察伐我伐戎則華夷之義爲未著援諸經以釋禮而不知德佩事佩有鄭注之詳據爾雅以釋詩而不知焦護甫田爲郭璞之誤凡若此者抑不免詳説之未精也論者謂宋儒直接乎孟氏之傳其亦以得道之精者而言之乎大抵漢儒之學得其博而精義之旨爲未深宋儒之學得其約而博文之功或未至而去聖之遠近非所論也不然惟以居處世代之邇遠是執則子夏何以不知問諱而曾子不知奠方耶齊桓何以屈詞於輪扁而郯子詳述於紀官耶是故論經術者亦當知所辨矣雖然愚嘗竊而論之得道之精固不係于世代居處之遠否而存道于博則又非近焉不能也故嬴秦之後而六經之傳不絶如縷使非漢儒掇拾于殘篇斷簡之中詳述于雜物撰德之内則莫爲于前而何以明于後莫引其緒而何以繹其成此宋儒反約之學得于千載之下者亦不外于漢儒之存博者而得之也豈真截然判然而不相資藉也耶奈何漢儒之注述雖詳然一剥於牛弘之五厄而淪蕩已深再黜於穎達之裁成而芟夷特甚故在宋初所傳者不過十三經之注疏耳殆所謂存什一於千百者安足以備一時之大義耶矧諸儒又從而廢弃之兹固無怪其言之不盡傳於世也於戲漢儒之學非徒博也若將待宋儒以啓其端也而道之顯者亦賴以存之宋儒之學非自約也抑亦因漢儒以歸之正也而道之微者始有以闡之是故業六經之學以明聖人之道者當自得于微顯博約之間矣惟執事者詳之

第四問

紀五常

同考試官教諭鄭批（守令親民之任而宣揚聖化以綏惠元元恒必賴之

是作出入史傳商榷時宜似有得于本源之論者子它日居職無忘斯誼可也）

同考試官教諭吴批（説兩漢循吏明盡而末段歸重崇勵意尤爲有見）

考試官教諭孫批（以教化責之守令而援引證據卓然有見佳士也取之）

考試官教諭袁批（風俗教化常相關者是作能發明之而詞氣且雄渾可嘉子其有志於風教者乎）

治之在天下也慎其習焉而後軌可循也執其樞焉而後化可運也習者何德義是已樞者何長吏是已夫民風方群然趨于浮靡侈麗之中而爲之長吏者且綢繆其品度多其文章而不知爲之檢而節焉則其敝也將蕩而無耻利而不惭又或亟其刑罰苛其禁制懲其流而不知返其本治其外而不知革其心則文法愈繁而利巧愈滋如此而非有德義以維之賢長吏以寄之不可也執事發策及此誠移風易俗之本也愚無言以對可乎竊聞周之所以治矣其見于書成王之命君陳以毖殷民也曰爾惟弘周公丕訓無依勢作威無倚法以削寬而有制從容以和又曰簡厥修亦簡其或不修進厥良以率其或不良康王命畢公也則曰政貴有恒辭尚體要不惟好异又曰惟德惟義時乃大訓夫以文武布德于前周公左右安定于後其所以謹毖殷民者至矣而君陳畢公之命尤惓惓于化導訓誨之詳而不欲以威法加焉既戒其倚法矣而復别其行業以爲勸率既簡其辭令矣而復取諸德義以爲訓教此其待殷士氓者何其寬和而篤至也夫施之殷民者如此則施之多方多士者可知矣成周之時所以道隆政治澤潤生民而民無頗僻奢麗之失者用兹道也嗣是而後其稍近古者其惟漢之西京乎自今考之若文翁之守蜀郡修起學宫而誘進吏民韓延壽之守潁川親問謡俗而消除怨咎黄霸之守潁川班行條教而務在全安其於古迪民之意咸庶幾焉繼是而東漢則舉善而教口無惡言卓茂之爲密令也德化爲理不任刑罰魯恭之爲中牟令也皆足以爲西京之匹而有意乎隆古之治焉所以然者則居官長子孫其任專矣璽書褒勵增秩賜金其寵渥矣隆詔旌揚辟爲三公其報隆矣厭斥苛刻特褒不煩其諭切矣而又加以六條之察名實之核吏事之責賢良方正之興雖不可以望成周保厘之命而其不拘文法興崇禮讓則類非魏晋而下所能及也肆我國朝以禮馭吏以德正民列聖御極數重守令之選故若井泉之喻飭吏以廉也爲善孝順之輯牖民以行也五倫書之頒錫臣民以極也行鄉飲禮定大成樂習士民以中和之德也三載考課牧守之最良者間有錫宴褒异之數焉迨我皇上益隆典禮丕樹風勸敬一諸箴頒于學宫父老之諭形于大狩所以陶斯民于雍和之中而飭吏治者雖成周之隆即何讓焉是宜循良之吏數聞而猷訓之行大浹

矣乃今稽諸紀牒驗諸睹記而猶有不盡然者得非職宣揚者之有未至躬化導者之有未虔歟今觀諸名臣録之所載者知蘇州而惠愛窮弱則有若況鍾知南雄而存稅繕學則有若劉實知興化而剛直素勵則有若岳正知汀州而先教化後刑罰則有若張寧而其它雖各存諸乘志要亦不多得焉其有號稱能治者則又多從事于鉤鉅之術而於教化之本則蔑然罔聞自居以擊搏之名而於禮讓之實則置之不問大抵簿書察而政體弗關章程亟而繁文是尚比比然也夫長吏者民之師帥也上之弗率則其下墮焉教之弗章則其俗靡焉其服舍逾僭而靡麗日趨訟獄滋多而法比浸煩其又奚怪邪然則於此而欲使民興禮讓銷除奸宄以返醇龐愿僿之俗其道豈有他哉亦惟於長吏而慎別褒异如執事所云者可矣是故長吏之明於化理而振厘有漸者吾取之而暴刻立威者在所必懲長吏之志恤疲瘵而廉潔自持者吾取之而骩骳污濫者在所必黜長吏之敦行古禮而斂戢奢麗者吾取之而侈汰剥下者在所必抑長吏之悃愊無華而民庶相安者吾取之而矯飾干譽者在所必弃夫是之謂慎別如是而有卓异之治章明之功或增其爵秩以示其寵或録名錫宴以優其遇或久其職任以益觀其成或量爲超擢以益獎其勤夫是之謂褒异夫然後賢不肖既簡而篾民者無所容責任既專而僥幸者靡所伺守令各安其職民庶漸服其教以之立綱紀而物軌可昭以之敦禮讓而教化可行愛親敬長之道孚而獷悍桀驁之俗革安分循理之誼洽而奢麗淫侈之風息所謂安上治民移風易俗以上符于成周迪民之隆其不在兹矣乎雖然此責之長吏者然也而所以望之民庶而求其可久者又將何如君陳固有曰簡厥修進厥良使長吏布教行令于其境而民庶之中有能博通經典遵行禮義行誼宣著如漢三老孝悌之流時一舉之于朝獎以爵秩復其繇役其最著者輒加優异如吴與弼陳獻章故事使海内之氓曉然知上之所以崇教而興化者如此其亟而又有賢長吏日宣詔令導之德義而提撕之焉時雍泰和之化將不益有隆乎此又執事發問之所未及而愚生僭及之不知其果可以裨于化理否也唯幸教之

第五問

同考試官教諭劉批（時務策最易蹈襲此篇多出己見而議擬條暢確然可行録之以式多士非徒取其文也）

考試官教諭孫批（海防邊餉救荒弭盜四事本自相因篇未及之其説良是）

考試官教諭袁批（規畫詳明殆有志于用世者子其東省之雋邪）

夫政未嘗無敝也識其敝而救之者慮貴遠夫民未嘗無患也憫其患而防之者計貴周慮不遠則敝不止計不周則患不息故不爲目前而念逮他時不滯一方而意期兼濟者慮遠者也詩曰訏謀定命遠猷辰告是也百姓欲就憊而起之使生閭閻有隱憂而察之至著者計周者也書曰若保赤子民其康乂是也既遠且周故敝可救而患可防也政不匱而民可輯也兵無足詰食無足備荒無足慮而盗無足憂也自今言之山東之務有切於海防者乎有切於遼餉者乎山東之民之患有急於屢荒者乎有急於多盗者乎斯四者誠我東土之最要者是宜動執事之問也登萊二郡三面環海在島夷則出没靡常在倭奴則漂泊爲寇以故雞犬或驚而居民甚恐邇者撫臣建議借留民兵以暫爲防禦是特慮變之微蘁耳然民兵以入衛而設也可常假耶兵入衛矣而地方脱有不静又不知何以應之也考我國家經略之制載在志籍者亦已詳備特時久而人玩耳人玩而備弛耳今欲一大振厲之則八衛十七所之布置聯絡可飭也墪堡之相望斥堠之相接可繕也巡徼有官備禦有守可擇而任也京班代上而丁壯可簡也行伍空虚而配戍可充也軍糧久缺而存留災免可更也名籍徒存而私家占役可問也嚴練閲之條習水陸之戰略仿浙直之經營宣大之戒備則數年之内兵可不借而海防固矣遼東海運昔無有也國初雖嘗運江南米七十萬石以給軍餉而嗣是亦無復行焉亦以風濤之險誠可虞也頃因彼地告饑議者欲將山東歲徵纊銀改徵芻粟由海運赴以濟燃眉是亦恤荒不得已之計耳然而利害之相當在我東郡之歲歉亦不減于遼陽也自顧不暇而暇他顧哉即有辦者則閭閻苦于賠販老幼疲于負戴勞費萬狀而莫可卒致及其至也則風濤險阻又不無漂溺之憂是遼人未必濟而東人先已坐困矣先大學士丘文莊以海運爲國家千萬年深遠之慮彼謂漕江南之粟以給京師此則運腹裏之粟以給邊鄙彼謂費省什七八而此則利無什二三蓋不可同年而語也今日如此後將奈何然成議已定偶一行之亦宜矣向後則一遵故事如數科銀可也嚴責有司不得慢徵要譽可也既徵則即爲起解不得那借侵漁可也必不得已銀可增也粟亦不可改也何也蓋遼左不必常歉山東未必常豐也遠人窺伺而内地繹騷是可不深長慮乎水旱爲灾雖盛世不免顧所以救之者何如耳數年以來荒歉頻仍乃今濟兖諸府又且奏報矣賑恤屢行而倉庫匱乏土地多荒而居民流徙不可不爲之處也是故每旬月令州縣具豐歉之狀每處報蠲免救助之數且不俟請白而即先奏行如劉晏者有司擇公正之人州縣察灾傷之實各使賑濟而民無流移如司馬光者皆可法也無已則散利則薄征則緩刑則弛力則舍禁則去幾則眚禮

則殺哀則蕃樂則多昏則索鬼神則除盗賊若周禮司徒之職之所以救荒者誠良策也然不參諸時而酌取之亦將何裨乎故室如懸罄而追呼且亟則蠲租之命不可以不請富人紅腐而貧者并日而不得一食則稱貸之令不可以不行囊橐已盈而百姓之脂膏欲盡則貪黷守令不可以不罷扶老携幼背弃鄉井而餓殍載途田卒荒廢則招撫之策不可以不講然是數者之中撫流離爲尤最丘文莊所謂隨處安插官爲賑救使足以自存量口給田官與子種使得以備嗣歲護送之使不至於潰散而失所節制之使不至於劫奪以生亂如是則室家聚而百姓有安宅之慶矣山東盗賊與他處异西連畿輔路衝而撲捕爲難南接淮徐境闊而奔竄更易且地多魚鹽而山澤利府尤便逋藏是以狐潛鼠伏不時竊發往往爲地方患急之則未必衰息緩之則恐釀嘯聚然則如之何而可乎必也罷逐捕之吏申鈎鉏之約躬率節儉勸課農桑如龔遂之在□海置州郡之兵選捕盗之官明賞罰之法去冗用良以撫疲民如歐陽脩之所謂四事皆可采也無已則聯什伍比追胥以至曰邦汋曰邦賊曰邦諜曰犯邦令曰橋邦令曰爲邦盗曰爲邦朋曰爲邦誣皆周禮士師之職之所爲詰治者誠良策也然不參諸時而酌取之又將何益乎故出入相禁旦夕相察則保甲之法可廢乎陽爲驅使陰相締結則逐捕之役可濫乎魚鹽之利盗賊淵藪則山澤常禁可弛乎超异之姿或縱放於末流則民間狙詐可窮乎然是數者之中御狙詐爲尤最富弼所謂薦遺逸以縻凶險之徒蘇軾所謂設科目以籠奸猾之輩或開自新之路以招其來或揭告首之條以離其黨如是則縱有才力出衆足爲地方患者率皆爲我用而草野之間即有鼠竊狗偷何足計哉夫盗曷由起也由荒起也管子曰倉廩實而知禮節衣食足而知榮辱苟豐年不爲蓄凶歲不爲處欲民無盗難矣至於海防遼餉則亦有然者易曰負且乘致寇至夫負乘也而猶足以致寇况夫滿載海洋往來無禁萬一狂倭黠夷截流而犯之或關牒不明入而偵我虚實彼其時備何可及也故遼運不開則海防益固凶荒有備則盗賊不生此又敝所由起而法所相因當事者想已熟計之矣愚生何足以知之

山東鄉試録後序

嘉靖戊午爲皇上御極之三十有七載山東鄉試録竣巡按御史段顧言飭防慎慮始終盡心焉凡試事之詳與夫期待爾多士之意教諭袁亮既以叙

諸首矣世禄猥以譾庸獲與盛典復於篇終申告于爾多士竊惟士之自負每欲以聲猷謨烈自表見于世而其得遇于時則鮮有克副其實者何也其所學者多非其所用故也世禄嘗觀于古虞周之時胄子之教三德六德之選鄉三物之興其所以待士者何其簡質而鮮文也故士生其時直而温寬而栗剛而無虐簡而無傲亮采浚明九德咸事皆其所預養而□習者而知仁聖義忠和之德孝友睦婣任恤之行禮樂射御書數之藝群之于序塾敦之于比閭及其造于司徒進于司馬因能授任度德展庸直取其所素養者而用之爾故上之所以求于下者甚簡而質而下之所以報于上者甚忠而厚其所用者即其所養而無枝葉之辭故治化隆龐政稱泰和繇斯故也降及秦漢而後取士之途浸廣而士之所以應上之求者浸繁以漓其習辭章詩賦之體者固刻雕无益而其號通經術若漢兒寬匡衡晋杜預之流亦多從事訓詁而未通于聖賢檢身之學故其著述誦諷雖足稱述而考其致身經治之績則微矣斯蓋所養者得其藝而未得其德求諸文而弗求諸質上以是求下以是應治之弗懋又奚惑焉國朝設科籲俊以文取士而教之庠序明倫敦典之實未始不寓于威儀文辭之中士駸駸乎習古尚行以自矜奮我皇上建極作人釐正典禮而於敷求俊乂三載賓興之則尤仰廑聖衷焉故正文體崇實行期海内之士咸登俊髦形之詔訓載諸令甲真與古帝虞司徒之命周官三物之教同符并懋矣爾多士生逢盛際得涵濡聖人文明之化今兹預薦于有司觀光于大庭其所以自靖自獻以思不負于所養者詎可不以虞周之士自勵哉夫上有聖君而不能宣揚德意仰毗鴻烈者士之耻也平居抱邁種之志而臨事靡能奮庸自淪卑鄙者士之敝也弗耻弗敝蚤夜洒濯攻其實而靡競于華培其德而兼習夫藝幼於是學壯於是行以不孤于宵旰須才之意則惟爾多士之邁往何如爾矧多士産兹齊魯私淑吾夫子躬行之遺教宜有以率先它服則夫稽謨訓之隆懋忠貞之實又惡可以士之耻且敝者自居邪昔夫子嘗曰文勝質則史至於論禮樂則曰從先進記曰天下有道則行有枝葉皆言文之不可浮于行也多士以文進而將以實用即且造于司徒進于司馬膺職而行其所知其不可以文浮行也必矣故世禄揭古貴質之教爲多士勖又以見主司之所以進多士者不專于其文云

直隸大名府元城縣儒學教諭孫世禄謹序

嘉靖四十三年山東鄉試録

山東鄉試録序

嘉靖甲子例大比天下士先是禮官懲各省應試生數太濫主司斂才類忽二三場不得績實學爲國家用上其議制曰可頒布天下巡按山東監察御史楊標祇承新命秉公肅度視昔加慎伯涵學識寡陋濫典試事亦惴惴焉以不稱聖天子求賢德意是懼竊聞之曆元相循而一周甲子爲世首而萬物之炳著于離明也必自震出青兖之疆列震位爲東藩自黄帝生于壽丘以土德天下於八年甲子創曆紀正朔首開文運啓虞舜繼堯立極以肇道統至春秋秀鍾孔子講道洙泗述六經爲萬世道德師説者謂岱海實岳瀆所宗故應運泄靈爲天下倡自古然矣我太祖高皇帝汛掃胡氛復三五綱常於洪武甲子定科舉期式是爲開泰之基今聖天子中興弘化闡敬一微旨揭示膠庠使天下咸知崇信孔子以隆黄帝堯舜盛治已非一日之積矣乃甲子首元恭遇萬壽誕辰特命撫臣肅祀岱海與論秀期值御史於己卯日試士畢率諸執事北向稽首祝曰願聖天子萬壽無疆永立民極又祝曰願得名世者出是科佐聖天子永保民致治時祥光纏北極而旁燭乎鎖闈莫不忭躍倍恒品合詞頌曰异哉此岱海昭格明徵聖壽同天則登崇才賢茂翊庥運不在兹乎於是伯涵謹率諸同事披所試士千九百卷即其言以究其心必三場稱詔格乃入選遵制取七十有五人雖言人人殊各抒所自得而稱文舉類動準六經至於析忠邪之分審王霸之歸盡人情物理之變貴仁義而賤詐力慨然見於自靖者甚正蓋一變至道之幾於是乎在而所以遘隆其會者不徒爲一方文物之盛而已昔人論星野山東當山河兩界之會爲陽氣所始升而天下亦往往於大裾長紳之見占世太平我明再闢洪濛貞元旺氣泓蓄二百餘年而昌發於今日重新甲子猶之氣轉洪鈞肇化機於東方也凡士之得於甄陶者即遐壤下邑莫不乘時思奮如蟄斯震而况於景軒庭步堯墟履舜井洋洋於洙泗間獨無真才以應其求耶雖然産才者地也惟才也斯成地之能顯才者時也惟才也斯翊時之運國家以文斂才求其措之躬行勝茂實而策殊勛微獨以文而已夫泰山滄海之高深夫人類能言之至於歷談不謬無逾東人士者以嘗登涉

焉而窮其勝也兹七十有五人者去聖人之居甚近以所誦法者先資其言既見録於有司使行不足以成信是徒談岱海而未得其高深何貴於東人士乎矧遭逢聖神在上是復睹黄帝堯舜而親爲之臣不特如孔子之嘉樂其道已也而忍於負之乎諸士誠知所際之不偶也由此服官政隨其職之所在以先聖所垂訓者竭忠事聖天子務期利社稷福生民明徵於事功如泰山之爲高滄海之爲深以成能而翊運俾天下稱才焉則有以仰副乎聖神壽考作人之化而衍泰道於無疆者自齊魯是科始矣其於甲子重新之會不永有庥光也哉録成以獻伯涵循職事敬次東藩之盛爲明時頌而因以勖諸士云是舉也先巡按御史高應芳夙奉令典禮聘儒臣校文則伯涵曁教諭劉田吴世忠施陽得學正皇甫鍾岳教諭錢用商楊邦憲區次顔陳思育提調則左布政使李豸右布政使李磐監試則副使胡湧秦鈁遴士則提學副使曹三暘是時巡撫户部右侍郎兼右僉都御史鮑象賢綏懷保厘遹弘文教總理河道工部右侍郎兼右僉都御史陳堯宣猷樹軌表正士習巡鹽監察御史馮善印馬監察御史吴守振揚風教士知所奮户部主事張喬檜張允濟王同讃工部署郎中事員外郎姜國華員外郎皮豹主事游季勳葉以蕃行人司行人蒙詔孫振宗有事兹土樂觀盛典左參政李瑜左參議徐岱副使劉衍祚鄧楝張任僉事薛一鶚黄正色申佐署都指揮僉事曹勳陸淇防範于外均與有勞右參政史直臣僉事張問仁署都指揮僉事王倫以入賀行右參議秦宗道以部税行右參議張邦土副使陳絳羅瑶王惟寧黄中余朝卿僉事黄九成董世彦張守中以列銜各事一方例得備書云

河南開封府扶溝縣儒學教諭胡伯涵謹序

嘉靖四十三年山東鄉試

監臨官

巡按山東監察御史楊標（廷瞻江西清江縣人　丙辰進士）

提調官

山東等處承宣布政使司左布政使李豸（直卿山西陽城縣人　辛丑進士）

山東等處承宣布政使司右布政使李磐（伯固河南固始縣人　丙戌進士）

監試官

山東等處提刑按察司副使胡湧（汝原江西星子縣人　癸丑進士）

山東等處提刑按察司副使秦紡（鳴和浙江慈谿縣人　庚戌進士）

考試官

河南開封府扶溝縣儒學教諭胡伯涵（一敬湖廣廣濟縣人　丙午貢士）

浙江紹興府上虞縣儒學教諭劉田（朝甫直隸長洲縣人　壬子貢士）

同考試官

湖廣武昌府蒲圻縣儒學教諭吳世忠（胤節直隸歙縣人　壬子貢士）

浙江金華府蘭谿縣儒學教諭施陽得（復徵直隸無錫縣人　己酉貢士）

直隸鳳陽府壽州儒學學正皇甫鍾岳（汝鎮河南睢州人　己酉貢士）

浙江紹興府新昌縣儒學教諭錢用商（若尹直隸吴江縣人　癸卯貢士）

直隸松江府上海縣儒學教諭楊邦憲（子貞湖廣巴陵縣人　壬子貢士）

河南汝寧府新蔡縣儒學教諭區次顔（德愚廣東南海縣人　己酉貢士）

浙江金華府浦江縣儒學教諭陳思育（惟錫湖廣武陵縣人　戊午貢士）

印卷官

山東等處承宣布政使司經歷司經歷崔佐（廷相江西清江縣人　監生）

山東等處提刑按察司經歷司經歷火錢（濟卿直隸揚州衛人　監生）

收掌試卷官

山東都轉運鹽使司運使彭宋（廷翊湖廣茶陵州人　甲午貢士）

濟南府知府魏裳（順甫湖廣蒲圻縣人　庚戌進士）

兖州府知府李守仁（與安陝西鳳翔縣人　丁未進士）

東昌府知府馮舜漁（澤甫山西蒲州人　癸丑進士）

濟南府同知陳墀（子獻湖廣江夏縣人　庚子貢士）

受卷官

青州府同知王簡（子敬直隸趙州人　丙午貢士）

登州府通判錢有威（惟重直隸常熟縣人　庚戌進士）

濟南府推官劉之蒙（淑正直隸霸州人　壬戌進士）

濟南府濱州知州袁孟龍（子雲直隸興化縣人　庚子貢士）

東昌府臨清州知州蹇來譽（子脩四川巴縣人　庚戌進士）

濟南府歷城縣知縣賈仁元（子善山西萬泉縣人　壬戌進士）

濟南府章丘縣知縣劉田（仲龍河南南陽衛人　壬戌進士）

彌封官

兖州府推官郭恬（汝静山西壺關縣人　丁酉貢士）

濟南府武定州知州范學禮（汝立山西蒲州人　癸卯貢士）

濟南府德州知州章世禎（克昌江西餘干縣人　癸卯貢士）

濟南府泰安州同知部大經（汝脩直隸吴橋縣籍山西陵川縣人　丙辰進士）

濟南府德州同知崔言（子脩廣東南海縣人　丙辰進士）

兖州府東平州判官蕭九峯（壽夫直隸興州後屯衛籍江西盧陵縣人　癸丑進士）

兖州府東平州陽穀縣知縣郭文輔（共臣金吾左衛籍山西陽曲縣人　癸丑進士）

謄録官

兖州府濟寧州知州胡尚志（士先直隸績溪縣人　丁酉貢士）

兖州府東平州知州陳思武（以直直隸山陽縣籍灤州人　丙午貢士）

濟南府肥城縣知縣萬鵬程（汝南直隸順義縣人　癸卯貢士）

濟南府新城縣知縣王秉彝（性甫直隸新樂縣人　己酉貢士）

濟南府德州平原縣知縣曹楠（子南河南睢州人　丙午貢士）

兖州府濟寧州鉅野縣知縣周世臣（良輔直隸趙州人　己酉貢士）

東昌府博平縣知縣張焯（雲京福建閩縣人　丙辰進士）

對讀官

萊州府同知張性深（道源直隸□□縣人　丁酉貢士）

東昌府濮州知州趙世相（師周直隸□□縣人　己酉貢士）

兖州府滕縣知縣張啓元（應貞江西龍泉縣人　壬子貢士）

東昌府聊城縣知縣王民（天民萬全都司宣府□□籍山西埻縣人　癸卯貢士）

東昌府高唐州夏津縣知縣趙大倫（允明山西沁水縣人　庚子貢士）

東昌府高唐州武城縣知縣孫輔（德卿直隸南陵縣人　丙午貢士）

登州府蓬萊縣縣丞王淑（儀甫江西新建縣籍浙江臨海縣人　己未進士）

巡綽官

濟南衛指揮同知汪承宗（克孝直隸武清縣人）

臨清衛指揮同知宫于野（□□山東文登縣人）

平山衛指揮僉事蔣懋勛（子樹山東武定州人）

東昌衛指揮僉事靳繼爵（總先山後人）

搜檢官

濟南衛指揮使韓國鎮（邦寧直隸全椒縣人）

臨清衛指揮使董承祺（子壽直隸灤州人）

濟南衛指揮同知于慶（祥夫山東武定州人）

青州左衛指揮僉事劉世英（秀甫直隸三河縣人）

供給官

山東等處承宣布政使司理問所理問曹鑊（將和應天府句容縣人 監生）

兗州府滋陽縣知縣李之茂（汝培山西屯留縣人　庚子貢士）

兗州府鄒縣知縣章時鸞（汝和直隸青陽縣人　甲午貢士）

東昌府堂邑縣知縣靖四方（光遠河南洪縣人　丙午貢士）

兗州府東平州平陰縣知縣于子英（希哲直隸蒙城縣人　乙卯貢士）

兗州府檢校陳臬（汝政直隸武進縣人　儒士）

濟南府濱州利津縣縣丞杜應元（虞臣直隸贊皇縣人　監生）

兗州府滕縣縣丞劉芳（德馨直隸鹽山縣人　吏員）

東昌府高唐州恩縣縣丞邢郊（東野山西汾西縣人　監生）

濟南府肥城縣主薄金縉（廷瑞直隸崑山縣人　吏員）

兗州府沂州吏目謝用櫝（威彦浙江餘姚縣人　儒士）

濟南府歷城縣典史遲文材（國用直隸隆慶州人　吏員）

東昌府高唐州武城縣典史程文（公器湖廣黄陂縣人　吏員）

青州府昌樂縣典史時正春（以和直隸繁昌縣人　吏員）

濟南府譚城驛驛丞黄匡濟（廷楫廣東順德縣人　承差）

濟南府德州安德馬驛驛丞江大觀（汝瞻雲南安寧州人　承差）

東昌府高唐州恩縣太平驛驛丞石銁（君器河南陝州人　承差）

兗州府滕縣滕陽驛驛丞杜世英（子珍湖廣安陸縣人　承差）

第一場

四書

巍巍乎唯天爲大唯堯則之　唯天下至誠爲能盡其性　近聖人之居

若此其甚也

易

九五孚于嘉吉象曰孚于嘉吉位正中也　豐大也明以動故豐　二篇之策萬有一千五百二十當萬物之數也　夫乾確然示人易矣夫坤隤然示人簡矣爻也者效此者也象也者像此者也

書

帝光天之下至于海隅蒼生　任官惟賢才左右惟其人臣爲上爲德爲下爲民其難其慎惟和惟一德無常師主善爲師善無常主協于克一　皇建其有極斂時五福　小大之臣咸懷忠良

詩

彼茁者葭壹發五豝于嗟乎騶虞　雨我公田遂及我私　王奮厥武如震如怒進厥虎臣闞如虓虎鋪敦淮濆仍執醜虜截彼淮浦王師之所　赫赫厥聲濯濯厥靈壽考且寧

春秋

夏公會宰周公齊侯宋子衛侯鄭伯許男曹伯于葵丘（僖公九年）齊師宋師曹師城邢（僖公元年）春王正月城楚丘（僖公二年）春諸侯城緣陵（僖公十有四年）　晋欒書帥師救鄭（成公六年）公會晋侯齊侯宋公衛侯曹伯莒子邾子杞伯救鄭（成公七年）　齊人來歸鄆讙龜陰田（定公十年）

禮記

故天降膏露地出醴泉山出器車河出馬圖鳳皇麒麟皆在郊棷龜龍在宫沼　樂文同則上下和矣　唯聖人爲能饗帝　天地四方者男子之所有事也故必先有志於其所有事然後敢用穀也

第二場

論

聖人之心純亦不已

詔誥表（内科一道）

擬漢賜潁川太守黄霸爵關内侯詔（元康四年）　擬唐以李靖爲右僕射誥（貞觀四年）　擬宋以張載爲崇文院校書謝表（熙寧二年）

判語（五條）

官文書稽程　私借官車船　詐冒給路引　老幼不拷訊　造作不如法

第三場

策（五道）

問　至治之世醇和之氣溢爲靈液而甘露零焉所謂瑞出於天上瑞也我太祖高皇帝昌期應運萃祉凝祥至德格于穹昊和氣溢于寰宇登極之初甘露零于乾清宫再零于鍾山矣至洪武乙卯至日行大報于圜丘而甘露零于齊宫因特著爲甘露論以示群工天下臣民傳播久矣可得而莊誦之與我皇上道邁黄虞心涵太始中和贊化信順通玄一德格天仰符聖祖神貺荐臻于宇内者種種疊見矣如嘉靖辛卯至日行大報于圜丘而甘露零于皇考之玄宫因特製爲欽天記頌以賜勛輔其與聖祖甘露論先後一揆也亦可得而闡揚之與夫郊報之日甘露輒零聖祖神孫同符不爽尤見玄元篤祐之奇應也不知我聖祖我皇上所以孚格之者果何所本與願鋪張而推原之以見聖人得天之實

問　學古有獲傳説之言也儒者守焉子路曰何必讀書然後爲學則夫子疾之學之不可已也如是然唐虞之世墳典未備士生斯時何所誦習而稷契皋夔道德勛業若此其卓卓也伊尹樂堯舜之道於畎畝説者謂其誦詩讀書然與厥後左右商王功成允殖果自誦讀中來與尚父磻溪之釣叟耳後車一載爲王者師其果何所本與抑誦讀之外固自有其學與其見諸問答者亦可指而言之與後世典籍大備燦若日星宜其德業炳耀先民矣顧舉賢良者見斥於轅生號通經者失身於王氏稽古自負者至誇車馬之榮施帳徒者不免聲伎之溺讀書以明理也乃有不識字之譏經術以經世也乃有三不足之説不學無術者忠宣於漢室不由師傳者默契夫道體然則問學其可廢與諸生皆誦法孔子者也其明辯之以著於篇不然則説之見固矣

問　姓氏之立先王所以維繫人心辯别人道其義大矣然何以爲姓何以爲氏姓氏抑起於何時與且古有因國而氏因謚而氏因官因爵因居因事而氏而今不然豈古姓氏可改而今不可改與抑别有其故與三代而上無容議矣乃漢司馬遷修史記傳世本以明姓氏之所由果何所據而考與晋宋而降譜牒紛然若百家譜百官譜官成志□□志姓系録衣冠開元永泰諸譜不知於史記世本亦可參考而并論與古者自義率祖自仁率親士庶人得世其家卿大夫得世其族諸侯得世其國教化行而風俗美矣而今則不然以根本之道不明而支派之分未辨也兹欲重本敦化使綱維振於上而不涣分義昭

於下而有紀必何如而後可

問　文武并用長久之術雖甚盛德不能去兵也凡志在康時者固不可以弗之講矣不知博覽載籍宜何所準焉孔子云不教而戰是謂弃之而乃或不然有試以婦人而竟取信於闔閭有驅市人以戰而卒收功於泜水至今談兵者偉之如是則戰可不教矣其運用之妙可得而測之否與減竈可以制勝也而或以增□□□衆可以制勝也而或以用寡勝以至行軍有簡者有煩者有寬者有嚴者迹其所行若矛盾而其成功則同他如先據北山而勝秦者智矣或踵之而潰焉一卒爲神而復齊者奇矣或效之而殲焉讀父書者不免自殞執古法者乃反喪師稽其所用若合而其勝敗顧殊此其故何也可歷指而言之與夫弃繻請纓固濟南之少年也諸士子必有慕其風而興起者矣願盡言之以觀所蓄

問　山東古齊魯宋衛之墟平原沃壤世守禮義天下稱名邦焉明興以來加惠元元休養訓習宜其惇龐蕃息益倍曩時顧惟近事則有可議者閭閻凋敝逋負未輸何以督之徭役不均貧弱坐困何以平之流移未復田野多蕪何以辟之饑饉間臻賑救無策何以備之軍伍歲勾册籍仍缺何以清之驛傳衝疲供億靡繼何以應之寇盜竊發緝捕滋擾何以靖之訟獄繁興朋仇相搆何以息之夫宇宙内事皆吾分内事也古人自秀才時即以天下爲己任况此乃諸生目擊者乎其必有概于中久矣願條陳之司國計者將有采焉

中式舉人七十五名

第一名　王象坤　新城縣學增廣生　詩
第二名　錢楷　東昌府學生　易
第三名　吴道傳　朝城縣學生　書
第四名　韓必光　安丘縣學生　禮記
第五名　苗應元　武定州學生　春秋
第六名　張燭　壽光縣學增廣生　詩
第七名　馬三樂　陽信縣學生　易
第八名　杜時　泗水縣學生　詩
第九名　臧惟一　諸城縣學增廣生　書
第十名　孟春　淄川縣學生　詩
第十一名　米成道　舘陶縣學生　易

第十二名　韓萃善　淄川縣學增廣生　書
第十三名　陳三策　武定州學生　易
第十四名　馮燧　東阿縣學生　詩
第十五名　趙有馮　壽張縣學生　詩
第十六名　高鴻翀　青州府學生　易
第十七名　王教　淄川縣學生　詩
第十八名　劉黄鍾　恩縣學生　禮記
第十九名　于鯨　歷城縣學增廣生　詩
第二十名　薛志義　濱州學增廣生　書
第二十一名　蔣似魯　夏津縣學生　易
第二十二名　王立身　利津縣學增廣生　春秋
第二十三名　卜自用　益都縣學增廣生　詩
第二十四名　蘇生明　臨清州學增廣生　易
第二十五名　劉汝桂　高唐州學生　詩
第二十六名　陳人第　登州府學生　書
第二十七名　吴願學　恩縣學增廣生　詩
第二十八名　王思睿　萊州府學生　易
第二十九名　王文煒　東平州學生　詩
第三十名　馬英　兖州府學生　書
第三十一名　葉玠　臨清州學生　易
第三十二名　丁惟寧　諸城縣學增廣生　詩
第三十三名　常用作　堂邑縣學附學生　春秋
第三十四名　曹鈇　濟南府學生　詩
第三十五名　楊岑　海豐縣學生　易
第三十六名　于褕　青城縣學生　書
第三十七名　張有年　臨清州學生　詩
第三十八名　姜惟德　膠州學增廣生　禮記
第三十九名　董三遷　昌邑縣學生　詩
第四十名　張應科　黄縣學生　易
第四十一名　王時泰　平原縣學生　詩
第四十二名　劉三宅　青州府學附學生　書
第四十三名　扈魁　兖州府學附學生　易

第四十四名　徐讜　濟寧州學增廣生　詩
第四十五名　成績　新城縣學生　詩
第四十六名　王承恩　歷城縣學生　易
第四十七名　王應選　兖州府學生　詩
第四十八名　董璋　濱州學生　春秋
第四十九名　張一元　鄒平縣學生　書
第五十名　張維翰　茌平縣學生　詩
第五十一名　李呈明　陽信縣學附學生　易
第五十二名　趙宧　萊州府學生　詩
第五十三名　劉中立　禹城縣學生　書
第五十四名　趙世卿　歷城縣學增廣生　詩
第五十五名　咸懷良　萊陽縣學增廣生　書
第五十六名　王國賓　鉅野縣學生　易
第五十七名　隨府　魚臺縣學生　書
第五十八名　王元賓　滕縣學增廣生　詩
第五十九名　郭汝　濟寧州學增廣生　禮記
第六十名　孔弘典　定陶縣學生　詩
第六十一名　陳可大　歷城縣學增廣生　易
第六十二名　桑自省　博平縣學生　書
第六十三名　劉點　滕縣學增廣生　詩
第六十四名　李時芳　長清縣學生　春秋
第六十五名　張柱　臨朐縣學生　詩
第六十六名　李如珠　平度州學生　書
第六十七名　蔣希孔　滋陽縣學生　詩
第六十八名　孟一心　東阿縣學附學生　詩
第六十九名　李大順　濟寧州學生　易
第七十名　王學書　濱州學增廣生　書
第七十一名　王鴻儒　掖縣學生　詩
第七十二名　王松　汶上縣學增廣生　易
第七十三名　郭堵　曹州學增廣生　詩
第七十四名　姚德重　萊州府學生　書
第七十五名　王琢玉　莘縣學生　禮記

第一場

四書

巍巍乎唯天爲大唯堯則之

王象坤

同考試官教諭區批（精確整嚴宜録以式）

同考試官教諭楊批（語意渾融不落色相）

同考試官教諭施批（民不能名堯孔子以則天名之此作發揮明盡亦善言聖人者）

考試官教諭劉批（講則天處語有斟酌）

考試官教諭胡批（典雅可誦）

聖人擬帝德之同乎天所以見其大也蓋至大莫如天也而帝堯之德獨能同之其大爲何如哉夫子上嘉而言之也意謂帝王之治本于德帝王之德備于堯吾觀諸天而徵堯之爲大矣蓋物之以大稱者或可得而逾焉可逾非大也或可得而限焉可限非大也若夫輕清上浮而測之莫窮其端凡天下之有形者不出其所覆之下穹窿廣運而廓之莫究其極凡天下之有象者悉囿于所包之中天之巍巍固莫有并其大者矣唯堯之爲君也中天應運而峻德之昭格者有以吻合其貞觀之體繼天出治而至德之充周者有以克配其丕冒之神物無不覆嘗見天之大不可逾也而堯之首出庶物亦孰得而逾之峻極于天誠有唐之一人而前乎此者未之或先矣物無不包嘗見天之大不可限也而堯之光被四表亦孰得而限之溥博如天誠放勛之獨優而後乎此者殆難其繼矣謂之曰唯天爲大唯堯則之信乎天以巍巍而位乎上所以爲萬物之天者此也堯以巍巍而位乎下所以爲萬民之天者此也非堯莫能配天非天莫能盡堯吁此其所以爲大也抑史臣贊堯曰欽明曰恭讓曰文武聖神不一而足至吾夫子則天之外無餘説焉蓋史臣所陳散殊之迹而夫子獨探其統體之全譬之風雨露雷莫非至教而一言蔽之則天而已後世徒襲其迹至有如雲如日稱之者祗見乎其小之也於此知萬世爲君者莫如堯而萬世之稱堯者莫如夫子之一言

唯天下至誠爲能盡其性

錢楷

同考試官教諭吴批（性即理也天以是理賦之於人本無不實故德無

不實則性無不盡而天地人物自相通矣此作發明無餘蓋深於性理之説者）

考試官教諭劉批（詞意周匝體製閑雅宜魁多士）

考試官教諭胡批（明透整潔）

論誠之至者能全其天之所命焉蓋天之所命者性也至誠純乎天矣此性之所以全與中庸二十二章言天道也謂夫自性之真實而言謂之誠自誠之賦予而言謂之性其實一也故誠有未至者性不可得而盡矣惟夫湛一中涵而太極之懿獨隆於天縱之初精純内蘊而无妄之真不汩於形生之後斯則德無不實而誠極其至矣有不足以盡性乎蓋一疵不存則萬理自爲之明盡不必擇善以爲知而誠之所通精而明焉于凡所性之體爲能周知之而不蔽一真自如則衆善自爲之悉有不必固執以爲仁而誠之所立妙而應焉于凡所性之藴足以兼體之而不遺是雖散於庶物統於人倫天之賦於我者何悉也然莫非性也則亦莫非誠之所盡也以實心而會實理固將合巨細於畢舉矣而何有於滲漏乎微而天載顯而民彝我之受於天者至足也然有是誠也即有是性之能盡也以至德而凝至道固將貫精粗於一致矣而何有於虧欠耶至是則人物之所以立命者先得其同然天地之所以立心者獨完其大本而位育參贊亦吾性分之能事矣非天道而何哉雖然誠者盡性者也誠之者復性者也安勉不同成功一也是以子思不徒曰盡性而即以致曲爲言蓋欲學者以至誠爲的趨而赴之耳固非徒以絶德示天下也孟子言稱堯舜而察識擴充開示真切其亦有所受也夫

近聖人之居若此其甚也

吴道傳

同考試官教諭陳批（是題作者非窘則俗此作會意成文且思逸辭清）

同考試官學正皇甫批（場中士子率多於居之甚近處纏擾便自庸腐此作獨能擺脱道意録之）

考試官教諭劉批（思致微婉）

考試官教諭胡批（孟子自任意宛然言外）

大賢於聖道之傳而有感於生同其地焉夫孟子願學孔子者也況於生同其地則見而知之者將不在是乎孟子叙道統而終之以此蓋謂聖人之道欲其遠有所寄必先近有所承自禹皋伊吕以來固皆見而知也至于今何獨不然耶彼斯道之傳雖幸乎世之未遠而授受之機或限于地之相隔亦未敢謂必得其傳也乃今之於孔子何幸其地之相近乎蓋魯與鄒其爲封不同也

由鄒之魯其相去則無幾也仰哲人之未遠而私竊以善其身可以溯其淵源之自幸流風之未泯而近取以宗其道可以探其統緒之歸聖人之至教固未得躬逢其盛也壤地之相接則教思之猶存自此而求之不有餘師乎聖人之精藴固不可悉得而聞也宫墻之在望則微言之可稽由是而之焉文不在兹乎是雖以道覺天下者地不足以限之而心法淵微之奥於至近者爲尤觀其深焉其必有見知者以紹其傳若禹皋之生於唐虞之際者矣是雖以心求聖人者居不足以囿之而聖德漸被之深於至近者爲獨得其宗焉殆將使聞知者賴有所啓若伊吕之出於夏商之世者矣觀此而孟子自任之意不居然可見乎韓子曰孔子傳之孟軻夫孔門稱心傳者惟顔之卓爾曾之一貫孟子乃私淑子思者而特以道統歸之何哉蓋戰國之世邪説横行仁義充塞非孟子廓清之功孔子之道亦幾于晦矣然則稱其功不在禹下者此也其叙道統而勇于自任殆有所感也夫

易

九五孚于嘉吉象曰孚于嘉吉位正中也

錢楷

同考試官教諭吴批（説理精到修詞縝密）

考試官教諭劉批（上下串講甚得經旨）

考試官教諭胡批（通篇無一閑字）

隨爻任賢以成治象復推本於德焉蓋同德相信致治之本也今九五以德而信賢焉其成功而獲吉也宜哉此二聖爻象交明其義也蓋謂人君欲致天下之治固必先於用賢然賢者可以虚拘乎哉今隨之九五以陽剛中正之君下應六二中正之賢則是知二爲可嘉之君子也推誠以相待而情意與之交孚寄之以股肱心膂而不乘之以疑貳焉虚己以相從而心神與之契合置之於左右先後而不間之以形迹焉如此則信之也篤既結其篤棐之忱而任之也專自得其勵翼之助德業成於上下之交而九功九叙自臻夫豫大之休庶事康於明良之會而惟修惟和永底於豐亨之盛其占之吉也不亦宜乎此固九五任賢之效也然豈無所本哉夫子小象申之以爲治之未臻凡以賢之未用也賢之未信凡以德之未協也今九五得陽剛之正居上卦之中則無爲以守至正而無反無側有以全天德之純精一以執厥中而不偏不倚有以建維皇之極是德立于己而取人之則以端以我之正取彼之正好爵之縻一出于中心之願矣君心既純而籲俊之善已備以我之中用彼之中一德之美自協于同心之孚矣五所以能任其賢者以此否則心有未同德有未合賢者未

必知知而未必信也其能孚于嘉也如是乎吁觀吉之由於孚嘉則知親賢之爲急觀孚之由於正中則知修德之爲本聖人繫隨九五之義深矣抑考周公作立政稱用人之盛不曰九德咸事而惓惓于迪知忱恂蓋欲其迪德翕受以盡取人立政之道也夫子之意即周公之意與噫謨明弼諧唐虞所以爲帝交修夾輔商周所以爲王君臣相得相濟之功盛矣哉

夫乾確然示人易矣夫坤隤然示人簡矣爻也者效此者也象也者像此者也

馬三樂

同考試官教諭吴批（講乾坤爻象極其精透）

考試官教諭劉批（得潔静精微之旨）

考試官教諭胡批（明潤典雅）

造化顯貞觀之理而聖人因之以作易焉蓋易知簡能理之顯於貞觀者也聖人作易以立卦爻有不則而像之也哉大傳論卦爻吉凶至此蓋謂天地者陰陽之實體易書者卦爻之法象欲知作易之原盍於天地貞觀者觀之乎彼乾以至健而運于上固難窮其於穆之微矣然所以確然示人者惟易焉爾化鼓於無心遂立夫萬象之有機運於莫測即開夫群物之先始而亨者不可遏也動而直者莫之禦也仰觀于上而示人以可見者有弗易耶坤以至順而位于下固難測其含弘之秘矣然其所以隤然示人者以簡焉爾承天以行無煩於創始之力隨帝以入惟安夫後得之常廣生焉而無所勞也效法焉而不自作也俯察于下而示人以可見者有弗簡耶此固造化貞常之理而實已具乎畫前之易矣聖人作易有弗本於哉彼發揮於剛柔爻固生矣而奇偶之畫實所以藏造化之秘一而實者效夫乾之易也二而虚者效夫坤之簡也是雖剛柔止於對待之體而究其精藴則健順之至理已默寓于時成之中矣爻非所以效此者耶觀變於陰陽卦固立矣而消長之妙實所以通神明之德陽之自消而息者像夫乾之易也陰之自消而息者像夫坤之簡也是雖陰陽止於相雜之文而擬諸形容則動静之妙用已模寫於全體之内矣象非所以像此者耶至此則知造化所以開易書之原易書所以闡造化之妙吉凶貞勝之理又可以他求哉嗟夫天下之理一而已矣顯於天地載於易書而未嘗不備於吾心也人能體此易簡以至於可久可大成位其中則易理不在卦爻而在吾心天地其不愧矣故曰易簡之善配至德

書

任官惟賢才左右惟其人臣爲上爲德爲下爲民其難其慎惟和惟一德無常師主善爲師善無常主協于克一

吴道傳

同考試官教諭陳批（説書明透措辭修潔）

同考試官學正皇甫批（不冗不浮録之）

考試官教諭劉批（語簡意明）

考試官教諭胡批（明切）

大臣告君謹於用人因推取善之要焉夫德統天下之善也用人謹而取善有要其斯以爲一德之全功與伊尹告君意謂有常固新德之要用人實新德之資吾王欲成一德之功可不致謹於用人哉彼承綜理之司者庶官也必材德之全者然後論而官之焉膺輔弼之寄者左右也必道德之隆者然後任而相之焉蓋以此臣也論思啓沃上焉君德攸關所以端萬化之原者此也懷保康濟下焉民生攸繫所以成咸和之治者此也故必於未用也則其難其慎而遴選之惟嚴於既用也則惟和惟一而誠意之交孚然用人固所以取善也而豈無其要哉蓋理本散於萬殊也苟執一而師之或失則狹矣必大虚受之咸而會萬理於悉備廣師資之益而集衆善於無方則舍己從人所以取善于博者不其盡乎理實會於一本也苟執一而主之或失則泛矣必融會于真積之久而貞一者有以敦其化貫通于自得之後而資深者有以逢其原則百慮一致所以會善于約者不其精乎夫然則善之取也爲有要而人之用也爲不虚德其有不一哉抑舜之命禹曰惟精惟一伊尹告太甲曰終始惟一信斯言也則人君事天治民未有不本于一德者吁老成忠國於此可見

小大之臣咸懷忠良

臧惟一

同考試官教諭陳批（講成懷忠良處明切）

同考試官學正皇甫批（意婉而明詞莊而雅）

考試官教諭劉批（善形容當時忠良意思）

考試官教諭胡批（簡明）

觀聖世之群臣皆以道而事君焉甚矣臣道莫大乎忠良也聖世大小之臣皆懷此以事君焉其斯以爲純臣矣乎周王舉之以告臣也蓋曰守位固以嗣德爲先修德則以賢臣爲輔彼聰明齊聖文武之德盛矣宜無賴於諸臣之

夾輔也然以當時之臣言之自受一命之微有小臣焉總百僚之位有大臣焉分雖有尊卑均之從王事也使事有一之不盡其職即非忠良矣今則合小大而一心隨其所在皆堅勿欺之念協尊卑而共濟因其所任每殫精白之誠以迪彝教在五臣固弼直乎文王也庶位之有正有事者咸思竭忠以盡其倫以迪有禄在四臣固昭明乎武王也三千之一心一德者咸思篤棐以行其義慶遭逢之盛莫不以忠而對揚乎天子凡可以養聰明齊聖之體者無不爲也外此而身便之圖有弗恤焉感知遇之隆莫不以良而媚兹于一人凡可以擴聰明齊聖之用者無不至也外此而謀利之私有弗預焉如是則一人元良在上底聖修之極百官修輔在下盡有相之能而周之治於斯爲盛矣今予紹文武之統者爾群臣可不效忠良以事之哉大抵君臣者天地不可逃之分忠良者人臣不容已之心有所畏而後懷有所覬而後懷皆非懷之至者也懷吾心不容自已之道以盡天地不可逃之分斯可以明君父之義斯可以語聖世之忠臣

詩

王奮厥武如震如怒進厥虎臣闞如虓虎鋪敦淮濆仍執醜虜截彼淮浦王師之所

王象坤

同考試官教諭區批（布格整密造詞雅健當時王師之盛赫然在目）

同考試官教諭楊批（將士之勇皆本之周王深得詩人之旨）

同考試官教諭施批（鋪叙伐遠之威如得之親見亦善説詩者）

考試官教諭劉批（峻拔不凡）

考試官教諭胡批（謹嚴）

詩人美王者之攘夷陳師而得致勝之道也甚矣兵之所尚者威也周王陳師而上下咸奮焉夫誰與爲敵哉常武美宣王伐淮夷而作也若曰夷狄王者所不治也顧豈與之計勝負之數哉惟夫淮夷倡亂則所以蓄威而觀兵者自不容已矣故即其至徐而言之彼征伐自天子出將士所視以作止其氣者也今則鋭志於攘夷而天威肅將有如雷之震焉而載纘夫赫怒之師聲罪以服遠而神武布昭有如天之怒焉而克紹夫維揚之烈信爲兵以義動而足以攄華夏之氣矣由是進厥虎臣以向敵則咸以天子之心爲心而忠憤激烈蓋將以威懾淮夷而使之莫敢攖者其有量敵而後進者乎厚集其陳於淮濆則咸以天子之武爲武而就執醜虜蓋將以勢示淮夷而使之莫敢抗者其有慮勝而後會者乎夫君臣同心而將卒用命雖不戰而可以屈人之兵矣是以截

彼淮浦六師之整於卿士者於是乎止齊焉以决其戰勝之功而謀夏者自無遑於薦食師旅之戒於司馬者於是乎止齊焉以定其攻取之略而干正者又何暇於整居不爲王師之所乎夫陳兵而威武之著如此淮夷何有于不服而南國何患于不惠也哉抑謂宣王中興還定安集本以尋如傷耆定之美也而於戰伐每致意焉豈其好動民于險哉蓋匪茹肆侮不得已而應之其所以勞天下者正所以安天下也卒之六月薄伐采芑來威常武之功成于允塞則其與民休息之意又何嘗不寓其中此其所以能光昭文武之烈也與

赫赫厥聲濯濯厥靈壽考且寧

張燭

同考試官教諭區批（赫赫濯濯皆詩人善形容名威顯著處微子孰能模寫至此）

同考試官教諭楊批（詩人頌君本意正在得壽以享中興之盛此作亦場中之超絶者矣）

同考試官教諭施批（以壽考且寧承上二句甚是）

考試官教諭劉批（文有思致）

考試官教諭胡批（意足體莊）

詩人頌商王極名威之著而享永年之慶也夫名威并著而復久道以成之則致治之盛無以加矣此商王之中興所以爲可頌與殷武詩人陳之於登歌之際意謂國家所恃以享靈長之祚者恒必有不世出之主久于其道以揚恢復之功我商何幸而有此湯孫之中興乎何則人君之聯屬天下其實懋者其名必宏甚哉聲之貴於顯盛也湯孫則敬天畏民自得乎敷譽之道荆楚由是而通道焉諸侯由是而承聽焉德音孔昭而爲天下所共聞矣厥聲何赫赫耶人君之鼓舞群動其德深者其威始著甚哉靈之難於光明也湯孫則撥亂反正已豫乎建極之原觀之侯服而順治焉觀之夷服而威嚴焉皇風丕振而爲天下所共見矣厥靈何濯濯耶夫有是赫赫之聲而使無壽以享之則其聲易窮有是濯濯之靈而使無壽以維之則其靈或替今則嘉靖殷邦之主有以克當乎天心使之必得其壽而凝鼎命於無疆恭默思道之君有以昭受乎大順又必貽之以安而履帝位於不疚則國家之元氣益以固雖無意於近名而名不朽國家之神氣益以培雖無心於作威而威日競矣中興之烈孰有大於此哉此後人之登歌所以不能已於揄揚也與嗚呼帝王之興雖有天命然未有無故而能致天下之治者高宗振起式微應運光復其始終典學乃建立之

本也詩人撻武之歌何徒侈其功業之盛而不及其本乎蓋宗廟升歌功成而作也尚論高宗者必合説命而觀之而後其中興之盛始備

春秋

夏公會宰周公齊侯宋子衛侯鄭伯許男曹伯于葵丘（僖公九年）

苗應元

同考試官教諭錢批（詞嚴義正凜然君臣之分子其邃於經學者）

考試官教諭劉批（筆法嚴毅）

考試官教諭胡批（據傳成文大分自昭）

春秋紀重臣與好必常詞以謹大分焉蓋分莫嚴於君臣也經故於葵丘之會而常詞以待宰孔與且葵丘曷爲而會也齊桓偕六國之君修九合之好而有是會爾是役也宰孔寔承王命而賜胙于桓焉然今日之宰孔與前此之宰咺一也而獨謂之宰周公焉則是統百官而均四海位兼師保之崇亮天工以弼一人職專端揆之寄其任重矣經曷不循殊會之例而顧常詞以紀之耶蓋君臣者天地之大義而尊卑者人道之常經彼孔雖貴夫非盡人之臣與吾知位冢宰而爵上公固云尊矣然即其用舍則有進退之節焉而篤棐而靖共皆臣子之所有事也語其出入則有均勞之義焉而效忠而宣力皆臣職之所當爲也噫吾於伯禹見司空之命焉嘗進宅乎百揆矣於姬旦見師保之職焉嘗下均乎四海矣惟兹宰孔亦猶伯禹之於虞也姬旦之於周也夫固位極人臣者耳是豈首止之王儲貴有常尊者比哉經故於葵丘之會特書宰周公於諸侯之上而不殊詞以待之也此義行則天澤之分明而官常以肅屏翰之職謹而君道以尊春秋之綱維世教豈其微哉抑是會也仲尼稱其一匡孟子美其爲盛固東周所僅見者然考是役晋侯將預會道遇宰孔而止之桓德其斁矣天顔咫尺之敬微仲教之或不及此也補衮之忠仲其有焉君子尚論王道而不弃桓文之功其以此夫

齊人來歸鄆讙龜陰田（定公十年）

王立身

同考試官教諭錢批（發揮題意明甚而詞亦鏗鏘殆場中之不多見者）

考試官教諭劉批（感化歸地人人能言之獨子叙事有體宜式多士）

考試官教諭胡批（語明意盡）

大國感化而歸地春秋特序其績焉此見三田之歸而聖人之化有以行於齊矣亦何嫌於序績也哉且鄆讙龜陰地緼於齊久矣兹曷爲而來歸耶景

以謝過於魯也考之於經歸地未有書來者此獨書來歸何蓋序其化齊之績耳彼夾谷有會犁彌設間齊之所以易魯者何如使無人乎定公之側魯亦殆矣幸而攝相事者有孔子焉具司馬之從而威足以禦其侮罷野享之設而詞足以折其衷神人德義之喻以明防也夷夏盟好之辨以明禮也齊亦有人心者安得不翻然而歸之地哉以故求從古人之道景公不能隱其情謝過以質之言晏子有以順其美於是鄆讙龜陰之田咸章章乎來歸之恐後也王道速於感通神武伸於俄頃是以數千里之强國而不能有加於魯無惑耳是豈前此之濟西後此之讙闡出於魯請而得者可同語哉經故特書來歸而不以序績爲嫌焉若曰此吾君之功也其與格苗之紀於書降崇之咏於詩同一揆耳其以天自處之意何如哉雖然非孔子無以感齊而歸地非晏子無以贊君於令圖是故外化强齊内乎叔季三年其有成矣晏子相齊恭儉有文其見於感化導君可考也使能一變至魯則太公之齊泱泱乎其大風矣謂不足以表東海也哉惜也書社之封復以一言沮之謂之知仲尼可乎

禮記

故天降膏露地出醴泉山出器車河出馬圖鳳皇麒麟皆在郊棷龜龍在宫沼

韓必光

考試官教諭劉批（詞藻不浮體裁自別亦場中僅見者）

考試官教諭胡批（鋪叙聖世之瑞有法）

記者備舉聖世之瑞見其有以致之也夫瑞不易得也而况於諸瑞之畢至乎是故可以徵大順之感矣禮運記此若曰聖王之在上也順道成化固其無所爲之心而順氣成象乃其不期然之驗悉而數之寧獨三才之協應已乎是故仰觀於上其凝而爲露者天之常也而其潤若膏則露之不常有於天者於兹降矣謂非瑞之見於天乎俯察於下其溢而爲泉者地之常也而其甘若醴則泉之不常有於地者於兹出矣謂非瑞之徵于地乎今夫山嘗見其寶藏興焉耳矣時則有若器車出焉而圓曲之制若或造之也天成之巧不於山呈其瑞耶今夫川嘗見其貨財殖焉耳矣時則有若馬圖出焉而奇偶之文若或畫之也神道之教不於川泄其瑞耶以至有道則見非聖不出麟鳳之爲祥也宜矣而招徠之爲難也今於郊棷而并集焉則凡爲飛爲走之以瑞名者皆得而有之矣吉凶先知變化不測龜龍之爲靈也尚矣而馴擾之非易也今於宫沼而咸若焉則凡爲鱗爲介之以瑞名者可得而睹之矣要之於數者而一有焉已爲間出之禎合數者而兼有焉尤爲卓异之盛自非大順之世何以得此

而求其感召之本亦曰自修禮始耳何也蓋修禮以爲教則七情治十義修人利興人患息中和在我而位育由之雖諸福之物可致之祥若響應聲若影從表無或爽者聖人非意之也以順召順其已定之天則然也否則伏羲舜文之瑞皆可倖致而張子之所謂志一動氣者誣矣

唯聖人爲能饗帝

劉黄鐘

考試官教諭劉批（士子講聖人能饗帝處類多套襲此作獨體認親切）

考試官教諭胡批（詞理俱到）

記者於格天之禮而獨歸之聖焉蓋至不易格者天也惟聖者能之天人相與之際其邇也哉見於祭義者若曰禮莫重於祭祭莫重於天惟天普大造之德則夫思以報之者孰不有以祭之也惟君隆大報之典則夫有以祭之者又孰不欲其饗之也自夫德有未至是以禮不虚行而帝之饗也不能不有待於聖人矣蓋其繼天立極而篤恭之不顯妙合乎天載者有以端昭事之本應天以實而至誠之無息潛孚乎於穆者有以裕祗承之原故其有事於上帝也明德惟馨已具達於殷薦之始而式禮莫愆自來格于對越之時燔柴告至所以升中于天者猶夫人也而瑞物駢臻以膺鑒觀之貺則人之所不能者而聖人獨能之矣用犢貴誠所以祀帝于郊者猶夫人也而休徵協應以承昭假之祐則聖人之所獨能者而人不與能矣雖曰神之格思不可度也若難知其饗矣然自精神之所流通者測之則上帝之居歆而凛乎其如在者亦其理之有足信也雖曰天無常親不可諶也若難必其饗矣然以意氣之所感召者推之則上帝之臨女而儼乎其陟降者尤其機之不容間也於此見聖之饗乎帝者惟德動天而非有所求也帝之饗於聖者惟天鑒德而非有所私也孰謂天人之不相及也哉抑聖人之能饗帝固也亦豈索饗於杳冥之中哉不過一實理而已蓋天以實理賦之聖人聖人以實理達之天是故窮神以繼其志知化以述其事則事天如事親若一氣之相通而喘息呼吸皆不能外而况於饗之乎故程子曰此體信達順之道聰明睿知皆由是出以此事天饗帝噫盡之矣

第二場

論

聖人之心純亦不已

韓萃善

同考試官教諭陳批（聖人之心惟與道爲體故能同天不息此作發揮透徹豈亦見道者耶）

同考試官學正皇甫批（以川流意發明聖人純一之心見確理精迥出諸作録之不徒以文也）

考試官教諭劉批（體認真切詞意渾融）

考試官教諭胡批（明暢宏博）

論曰道其原於天乎聖人以心會道以道觀物要亦天機之自相爲感也何也天不息故道不息道不息故物之與道爲體者亦不息然是物也夫人而見之也夫人見之而不能發之者以物觀物不以道觀物也不以道觀物者能見於其所見而不能見於其所不見非其目有遺明無聖人之心也聖人之心何心哉一天而已矣天以不息之道付之於人與聖人者非有异也而聖人之心之獨异於人者亦豈能有加於天之外耶能不失乎天之所與者而已矣心與天一天與道一道與萬物一則視天下之肖形麗象凡彌漫於宇宙之大而貫徹于今古之久者何莫非物則何莫非道亦何莫非天亦何莫而非吾心之所素畜者乎是故畜之於中觸之於外觸之於外應之於中亦其天之不容間而機之不能自已者也昔者夫子有感於川流而發不舍晝夜之嘆程子曰此見聖人之心純亦不已真知言哉自今觀之天地之闔闢如彼其相蕩而不磨也日月寒暑晝夜之屈伸往來如彼其相推相禪而不窮也草木之榮枯羽翼角觡之飛走蟲魚之變化有知無知有情無情之煦嫗者如彼其相生相育而不可以枚舉而數計也凡夫見而謂之象形而謂之器者莫非物也果孰爲而孰宰之也夫物之散見者如彼其無紀極而不有以爲之也不有以宰之也則空虛之殼必無所恃以爲固而散見者亦幾乎息矣故曰有形者有形形者有象者有象象者夫形者物也而形形者道也象者物也而象象者道也道以尸乎其物物以運乎其道而天地萬物之所以相蕩相推相禪相生而無窮盡者其皆取足於是道乎是道者非他也根柢於太極分布於陰陽五行鈞鎔乎品彙全具於人心而所以命之者天也故董子曰道之大原出於天非天道何由生非道物何由麗故又曰天者群物之祖嘗以是稽諸天矣天以一元之氣流行於太虛始之以元通之以亨遂之以利成之以貞而物莫不復命焉天之道至是若幾於息矣而貞下起元周而復始故易曰乾元亨利貞象曰天行健君子以自强不息是天之健者乃所以爲不息而兼此元亨利貞之四德者乃其所以爲健也神涵於冲穆無朕之中而化溥於萬象森然之際此固天道之所以爲至妙至妙者乎而聖人者則合德於天者也融於誠而不雜之以僞純於

理而不淆之以欲湛於虚而不牿之以聞見其心之藏諸用也即天之神而非淪於無也其心之顯諸仁也即天之化而非滯於有也其心之静而無静動而無動也即天之神化合一而非無所住也凡不息之理原於天者而吾夫子以一心契之是故探赜索隱極深研幾其思之睿也若可息矣而終日不食終夜不寢之心如故也商羊悟灾萍實通謡滄浪契孺子之歌太山辨婦人之憂其學之博也若可息矣而多聞多識之心如故也自志學以至從心其道之成也若可息矣而忘食忘憂之心如故也祖述憲章其尚友有如此者而見賢思齊之心不息也聃之禮而問焉郯之官而問焉萇之樂而問焉其取善有如此者而三人我師之心不息也憤而啓悱而發兩端必竭四教雅言其教人有如此者而無行不與之心不息也削迹於宋絶糧於陳喪狗譏於鄭衰鳳歌於楚其身若窮焉無所入矣而栖栖環轍以道易天下之心不息也宰中都而羔豚不餙價男女别於途沈猶不飲羊攝魯相而歸侵田却萊兵其道若小試矣而老安少懷綏來動和之心不息也夫其可息而不息者非强焉爲之也使强而爲之則矯拂之私必難乎有恒而情之所不樂者其去之必速矣而烏足以語聖人之心乎聖人之心之不息是亦天之健而已天與心一而天之外無心心與道一而心之外無道道與物一而道之外無物是故自其心之所不息者而呈之於物自其物之所不息者而會之於心而川上之嘆其亦天機之相爲流通者乎今夫陽燧遇日燃而爲火方諸遇月津而爲水物類之相動其機固如此也聖人以心契道以道觀物則視天下之覆者載者錯行而代明者根着而蠕動者無非道者而况乎川流之不舍尤其可指而易見者乎是故其淵然而澄者與吾心之静遇其沛然而往者與吾心之動遇其冲然而虚者與吾心之靈遇以彼之天觸我之天以我之天契彼之天若有以媒之使合也而特不得其故若有以叩之使應也而特不通其朕若有以期之使會也而特不察其所自來故曰天機之相爲感也不然川上之流非一日之積見之者亦非一人矣而不舍晝夜之妙獨自夫子發之何哉蓋其陰濁勝而物欲行攻取蔽而湛一擾則有間之心不足以合天心而物之體乎道者與我略不相涉矣故鍾律具而莫或聽者無師曠之耳也浮沉集而莫或釣者無詹何之技也道體活潑而莫或察之者無聖人之心也天下之人之心同出於天則聖人之心豈有以异於人乎物至而人化人之自异於聖人而非其初也而其人之不息者亦未盡泯也是故赤子匍匐爲我心惻慈也淩波而先濟跂而望乎後之人恕也蒙袂甘斃而不食嗟來之謝耻也夫人之心莫隱於慈莫便於恕莫大於耻而隨感以見如此則信乎人之心即聖人之心而不能充其不息之道者是弃天也今夫

盆水在庭清之終日不能見眉睫濁之不過一撓焉而不能别方圓人之心易濁而難清是盆水之類也况旦旦撓之乎噫此純亦不已之心有非聖人不能及也載稽諸古明此以帝則堯之兢兢舜之業業者此心也明此以王則禹之不自滿假湯之日躋文武之緝熙敬勝而不遑暇食者此心也明此以相則周公之握髪吐哺而夜以繼日坐以待旦者此心也然則夫子之心其諸堯舜之心乎禹湯文武周公之心乎千載一人若接踵而生數聖一心不剖符而合非不能外乎此心也不能外乎天也而未至乎此者當何如亦曰格致以啓其端克復以踐其實而又慎獨以研其幾則聖人安焉吾勉焉而純亦不已之心可馴致矣譬則百川之學海而至於海也厥後孟子得之而爲原泉之論則曰有本者如是噫有本者固其所以不息者也

表

擬宋以張載爲崇文院校書謝表（熙寧二年）

苗應元

同考試官教諭錢批（校書本以闡明理奥繼往開來興道致治非爲口耳記誦場中士子類多蕪冗此作深得題旨且措詞駢麗用事典核尤長於四六者宜録以式）

考試官教諭劉批（表得宋體僅見此作）

考試官教諭胡批（體正詞葩可誦）

熙寧二年某月某日伏蒙聖恩授臣載崇文院校書者伏以紫禁敷綸瑞啓圖書之府青藜秉燭光騰奎壁之躔運實際乎離明寵更逾于晋接臣載誠惶誠恐稽首頓首竊惟皇王之大道備載典墳天地之秘藏丕彰丘索五車四庫累世難窮諸子百家殊方靡究自尼父删修之後文獻昭回逮嬴秦煨燼之餘簡編澌盡石渠稱制异論盈庭虎觀談經同聲聚訟河平下遺書之詔罔振武微江陵侈古迹之儲何裨孔棘謡傳脱□疇誇甲族名流治謝垂裳徒勤乙夜御覽况當五代之烈壯士枕戈致兹群籍之湮儒生倚席天開皇宋星聚文奎像贊孔顔吾道昭于日月經頒洞院斯文沛若江河式祛戰伐之風遹展詩書之業横經論道歷世已然稽古考文于今特盛兹蓋伏遇睿謨天授聖德日躋駕三皇五帝之鴻猷宅中圖大承一祖四宗之燕翼裕後光前虎變乎占龍飛快睹崇儒而員增三舍重道則學表六經猶謂奥旨微詞兼收載籍將欲掇英茹實須藉編摩按天禄之章程慎秘書之掄選木天咫尺金匱深嚴必得光明辨博之才兼通述作庶備顧問論思之列仰贊聖明臣載關隴腐儒章縫末學孫吴蚤悦原非蓬境儒儒佛老晚逃敢覬瀛洲妙選薦拔頃緣乎宰執甄收

特出於宸衷班視邇臣并入紅蘭之省職聯史館叨親白玉之規俯録其長俾從所便臣敢不殫心邃古遐搜孔壁群書肆力鑽研遍閱鄴侯萬卷頻訂魯魚之謬仍分亥豕之訛磨丹而注前經衷考夫立功立德清墨以竄舊史爰稽其紀動紀言赤手校讎卑任昉尚傳疑于五世白頭來作慨樂天猶滯迹于九江兀兀窮年不避餐錢之利孳孳屈首寧辭食肉之譏儻于方册之浩繁有得聖賢之精藴持之進御用以備觀模範宛在乎目前治道可運諸掌上少攄涓滴仰答洪深伏願聖學緝熙道集萬年之統皇猷允塞治臻三代之隆斂福極以錫民堪輿澤溥建中和而成化比屋風行臣無任瞻天仰聖激切屏營之至謹奉表稱謝以聞

第三場

策

第一問

王象坤

同考試官教諭施批（天昭上瑞我聖祖我皇上所以綿億萬之基實徵於此是作揄揚詳盡末復以聖壽爲得天之慶忠愛之忱溢於祝頌宜録以獻）

同考試官教諭楊批（我聖祖甘露論我皇上欽天記頌莫非敬天精藴場中士子類能鋪張其盛未若此作推見本原能知神聖之心其亦涵濡聖化之深者與主司當爲國家得人慶）

同考試官教諭區批（甘露上瑞特應郊報天心篤祐先後同符我聖祖我皇上潛孚默運之機玄矣神矣此篇發明感通之理獨爲至切非學究天人者不能也取之）

考試官教諭劉批（事天格天本於敬德皆我聖祖我皇上孚感之盛超越萬古所以上玄純祐神貺洊臻稽之載籍誠罕儷者子獨能揚厲無遺真得誦述之體矣允宜録之）

考試官教諭胡批（心本忠愛體得對揚是能鳴國家之盛者）

有帝王事天之敬有帝王格天之德欽崇内藴者帝王事天之敬也敬涵於心由是宥密以基命祗承以協帝所以爲祈天永命之本者莫非昭事之精也中和建極者帝王格天之德也德格於天由是迓祥靈之祉衍昌明之祚所以爲祈天永命之應者莫非孚祐之徵也大哉敬乎其帝王所以上承天心益久而益純者乎至哉德乎其帝王所以上荷天眷愈久而愈隆者乎知乎此則我聖祖我皇上璇穹錫眷景貺昭垂皆應於郊報之日而同符不爽者必其有

合冲穆之原協玄元之秘有未易以窺測者矣故特著爲甘露論特製爲欽天記頌聖明兼備而述作耀於後先精誠流通而天人速於感應雖謂我太祖我皇上敬天之心即天之心可也謂我太祖我皇上格天之德即天之德可也愚生涵濡莊誦之久矣請因明問而對揚之可乎蓋聞聖人以精純邃穆之德值一元清淑之會决玄波以横流揚仁風於翔洽舉含生之類莫不浸潤煦育於渾噩之中故太和薰蒸而上瑞應焉稽之物瑞軒轅之精注爲膏露食之壽人故曰聖德上及太清下及萬靈則甘露零又曰王者德至於天和氣感則甘露零于松栢其爲殊應何如也考之帝王世紀堯之時景星燦翼軫矣昴星耀河渚矣何圖出矣醴泉溢矣蓂莢生矣神禾茂矣鳳巢阿閣矣龍游宫沼矣神龜獻自越裳矣惟甘露爲堯之上瑞焉然要其事天之敬則曰欽若曰敬授要其格天之德則曰廣運曰允恭聖人之所以得天者何其盛與洪惟我太祖高皇帝開天立極圖大宅中鴻猷駿烈之盛卓冠百王鳳儀獸舞之化涵濡萬類丕凝二極之和茂介三靈之祐大順所召而諸福之物臻焉如采霞絢而耀漢卿雲爛以浮空赤烏集翔白兔馴伏寶雞挺五穗之秀句容獻同帶之瓜夫我聖祖之瑞非不種種薦奇也然惟甘露之應郊而零者尤見帝心之特應焉初零于乾清宫則頌獻于宋濂矣再零于鐘山則頌獻于劉基矣迨洪武乙卯至日行大報于圜丘是夕也聖祖方詣齊宫省親壇場而甘露即零于齊宫之青松焉凝枝被杪上下懸垂瑩若明珠甘若餳糖既命從行諸臣共采而嘗之矣而我聖祖敬天之心益祇畏而不敢懈也因特著爲甘露論以示群臣焉嘗伏讀而莊誦之曰孔子睹麟而絶筆舜得鳳凰來儀而天下安言徵符之協運也曰嘉禎之心固篤爲善之心不厚言感召之有本也曰鬼神之機人莫可測言幾微之可畏也曰聞祥而憂睹禎而患言修省之匪懈也曰心驚晝夜如履薄冰言對越之匪寧也凡若此者何莫非聖祖一念之欽上通於天者乎列聖相承雍熙累洽肆我皇上恭默握神之符明聖得天之統建中建極達馨治於神明盡制盡倫符精誠於聖祖玄庥日迓帝眷雲臻灝氣昭融而神貺駢集焉瑞穎秀於御籍嘉穀挺於鄭梁衡精萃雙孕之禎玉蘂純太皓之色甲現四靈之兆芝蕃二氣之醇夫我皇上之瑞非不穰穰滋至也然惟甘露之應郊而零者尤見帝心之特應焉蓋嘉靖辛卯至日行大報于圜丘是夕也珠星瀴于銀漢瑞色藹於蒼欄而甘露旋零于皇考棲神之地焉既命宗伯卜吉具儀以謝帝之貺矣而我皇上敬天之心益祇畏而不敢懈也因特製爲欽天記頌以頒勛輔焉嘗伏讀而莊誦之曰上荷簡在銘心欽戴曰上荷眷殊罔敢自娱是時幾之敕也曰典禮肅雍戒誓惟恭曰禮嚴禋燎仰瞻帝容是肆類之誠也曰敢甘自

侈夙夜勉修曰誠惶誠恐懼惟周是昭格之敬也曰神功惟祖受天之祜曰玄德惟考荷天之保是繹思之孝也曰滋我禾稼賜我豐年曰兆民其綏五福是徵是勤恤之仁也凡若此者何莫非我皇上一念之欽上通於天者乎夫甘露上瑞也一零於乙卯郊報之日一零於辛卯郊報之日益瑞也蓋卯木也於四序爲春令於東方爲長生我明以土德王而木以生火爲土之祖焉故郊期而輒應者炁之元也靈之會也玄元篤祐之極也非我聖祖我皇上心純於敬德純於天其曷以媲虞庭之盛而超萬祀之隆也哉此其感通孚格之妙有非末學所能窺測者而執事又欲鋪張而推原之愚則以爲我聖祖我皇上之敬穆穆乎不可窺也而敬之著於外者益以精我聖祖我皇上之德蕩蕩乎不可名也而德之溢於政者益以大是故敬以純此心則爲事天德以養此心則爲格天其理非有二也事天之心既誠則格天之驗益著其機亦非有二也嘗觀我聖祖養心之學而見其得天之本矣告南郊之詔則曰人以一心對越上帝動天地感鬼神惟誠與敬嚴祭祀之章則曰精誠則福至怠慢則禍生大哉王言所以預養是心者無一念而非天心矣故以此心而事神焉則郊社群祀之有制也四廟祫祭之有儀也岳瀆名臣之封號不濫也先農太歲之常祀不略也事神之敬在是矣以此心而修省焉則遇灾而席藁露坐密禱禁中臨祭而反視却聽上契冲漠修省之誠在是矣以此心而子民焉則肆赦有詔以示欽恤蠲租有詔以惠困窮至於憫暑日之農而甘徒步因賑濟之緩而罪中書子民之仁在是矣若此者莫非敬也莫非德也則亦莫非天之心也我聖祖所以事天格天者何其至耶又嘗觀我皇上養心之學而見其得天之本矣敬一之箴曰匪敬弗聚匪一弗純曰郊則恭誠廟嚴孝趨曰肅于明庭慎于閑居大哉王言所以涵養是心者亦無一念而非天心矣故以此心而享帝享親也則上泰壇之號正分祀之儀而享帝之典以備肇九廟之明禋定明堂之配享而尊親之義以隆非仁孝之精乎以此心而畏天事天也則星變有敕以謹時幾除夕有作以寓惕勵因風霾而感上天之警遇旱潦而竭恭禱之處非誠敬之極乎以此心而敷政勤民也則豳風無逸之搆念稼穡之惟艱蠶壇穀祈之章重農桑之大本發内帑以賑貧窮詔慎獄以重民命非勤民之政乎若此者莫非敬也莫非德也則亦莫非法祖之心也我皇上所以事天格天者何其至耶夫惟敬以合天心則天祐彌昌德以格天心則天眷愈篤此所以綿萬祀之洪禧開億齡之泰運豈非理數之必然者與雖然愚猶有説焉惟天聰明惟聖時憲我皇上敬一之德即天之德聖祖之德也書言惟時惟幾而首言敕天之命詩言上天之載而復約之以儀刑文王萬邦作孚是敬一者所以法祖即所以敬天

也天之道其神不已其運不積如環無端我皇上會天地翕聚恒久之理於一心則天下之精神命脉自我而萃之豈非聖壽萬年配天無極之徵驗與文王之詩曰昭事上帝聿懷多福天保之詩曰萬壽無疆如南山之壽敢以是頌聖天子得天之慶

第二問

米成道

同考試官教諭吴批（論學不在詞章歸本道德且於心術邪正名實誠僞之辨剖析幾微子之學可知矣）

考試官教諭劉批（是作商確古今評品學術卓有定見是學古而有獲者）

考試官教諭胡批（議論精到可録）

學一也而古今异焉心迹之間而已矣心一也而古今异焉内外之辨而已矣古之人惟其求諸内也則大本既立而博物洽聞無非養吾心者是以心與迹一而爲國爲民莫非學也亦莫非道也此德業并懋而詩書爲經世之大典今之人惟其求諸外也則大本既撥而博物洽聞無非爲乎人者是以心與迹戾而徇名徇利莫非學也亦莫非利也此德業無聞而詩書爲垂世之虚文然則古之所以大過人者非夫人而能之也詩書之道歸焉耳今之所以不古若者非詩書之教使然也人自外之耳學其可廢乎哉孔子曰古之學者爲已今之學者爲人又曰君子喻於義小人喻於利明乎此而學術誠僞之判世道升降之機可得而言矣愚請以是爲明問復且國風雅頌之前果無詩乎擊壤康衢卿雲南薰惟自適其性情而不規規於歌咏之體故其惇厚和平權輿三百而亦未嘗以詩名也孔子懼夫性情不明於後世由是六義之中分爲四始音比節合皆可以被諸管弦肄諸學校無非欲人諷咏涵濡以爲身心性情之資齊治均平之本返古復始而已典謨訓誥之前果無書乎取火結繩造曆制市惟自立其政事而不屑屑于紀注之迹故其正大光明卓冠百王而亦未嘗以書名也孔子懼夫政事不明于後世由是歷代之書厘爲四卷文异治同皆可以并列學宫廣置博士無非欲人沈潜參考以審理欲危微之幾治亂存亡之迹返朴還淳而已是故苟有得于性情則不必博觀風雅而温柔敦厚之教存苟有得于政事則不必遍閲訓誥而疏通知遠之教立傳説所謂學古有獲者學此者也非後世玩物喪志之謂此儒者所以守之也子路所謂何必讀書者廢此者也非聖門神明默成之旨此孔子所以疾之也稷契皋夔都俞吁咈于一堂之上者皆精一執中之旨推之於佐理則時雍風動之化成焉人事之所在即墳典之所在也何必求之於簡編之末謨明協和于海隅之外者皆

明良喜起之盛紀之於載籍則德業勛名之範垂焉今之墳典皆古之人事也又何必考其誦讀之原伊尹左右商王纘禹舊服奄甸萬姓格于皇天説者謂其出于誦讀矣而不知其學心學也稷契皋夔之學也其告太甲曰德無常師主善爲師善無常主協于克一則師且無常也而誦讀果足以盡其學與太公凉彼武王會朝清明作師襁褓表兹東海説者疑其出于陰謀矣而不知其學心學也稷契皋夔之學也其答武王曰敬勝怠者吉怠勝敬者滅義勝欲者從欲勝義者凶則誦讀且不足道也而陰謀果可以擬之與後世事其外而遺其内徇其迹而不究其心公孫弘當元光之際詔應賢良擢居第一則海上春秋之學宜其敷陳尊王賤霸之旨無愧于仲舒矣何其多詐無實致轅固曲學之譏兹非學春秋而不知春秋者乎谷未值建始之時舉由慶忌待詔公車則博學經書之後宜其有直言敢諫之風不忝于更生矣何其倚勢固位諛王鳳申伯之忠兹非博經書而不知經書者乎桓榮傭給力學不窺家園後以敷奏經書致位少傅所遇不爲不偶矣至輜車乘馬之賜會勉諸生不知稽古之力豈爲是乎無惑乎其自謂執經連年無補萬分也馬融從游摯恂博通經籍後以典校秘書重詣東觀其望不爲不隆矣至教授生徒之際後列女樂不知範物之地當如是乎何怪乎其晚節黨附權勢爲正直羞也開心明目讀書之益大矣何乃有不識剛正字若張禹者不識進退字若孔光者不識忠孝字若許敬宗者不識節義字若柳宗元者則其博聞强記不過爲獵華躡要之階操觚染翰之具耳所謂買櫝還珠者非耶經術經世安石之説似矣何乃謂天變不足畏人言不足恤祖宗之法不足守則其苦心力學不過借周官已試之法以濟强辯執拗之見耳所謂操戈入室者非耶蓋三代而上學本于身心故誦讀雖約而能獨究夫民彝天理之微三代而下學出于口耳故誦讀雖博而卒同歸于詞章利禄之習論者因謂霍光承扆圖之重寄安漢之功炳耀史氏矣顧春秋之斷失于不疑擁立之策决于延年是無俟于學而可以樹勛也究而言之光之不負天子由其禀沉静詳審之資而卒不得與伊尹同功者則不學之過也不然何以有芒刺驂乘陰妻邪謀之禍耶濂溪倡千載之絶學道統之傳光啓宋儒矣顧太極之圖得之默契易通之旨不由師傳是無俟于學而可以明道也究而言之頤之能自得師由其博學力行之功而卒能以接孔孟正脉者則善學之驗也不然又安有中正仁義主静立極之説耶用是而知學之不可以已也學者苟能别心迹辨内外遭時致主則以一身任斯世之重爲唐虞之稷契皋夔爲商周之伊吕傅説而子孟不足齒矣况于懷禄苟容者乎抱朴含章則以一心會斯道之全爲春秋之孔子而茂叔亦其侶矣安有枉道求舊者

乎此則愚生之見竊有志焉而未逮者也抑又有説焉世之儒者至有筌蹄六經桎梏萬事自謂直截捷逕妙契道體其于心學將無同與蓋心無内外聖賢之學亦無内外好古敏求外矣而未嘗不内也默識無言内矣而未嘗不外也世俗之學不失之内則失之外此訓詁聲華所以卑而無用也不失之外則失之内此超達頓悟所以虚而無實也二者雖間以言乎害道則均焉傳曰性之德也合内外之道也此孔子之學而夫人所當潛心者也謹對

第三問

韓必光

考試官教諭劉批（姓氏詳知源委且以仁義宗法爲敦化厚俗之道亦知本之論）

考試官教諭胡批（考究精詳條答明悉博雅之士）

聖王所以繫天下之民者其姓氏之法乎夫姓以著其生也所以統天下之同氏以明其世也所以辨天下之异統同則勢不涣而天親之懿以惇辨异則分不淆而天秩之常以叙其所裨于世教而繫乎人心者不亦大哉執事策諸生以此豈不以聖王敦睦之所先而示天下知所嚮風與愚也敢誦所聞爲執事質焉且姓氏之説何始乎書稱禹曰錫土姓左氏曰天子建德因生賜姓胙之土而命之氏姓氏之説其由來遠也羲皇而上邈矣史稱黄帝顓帝帝嚳帝堯帝舜姓皆爲姬姓所同也黄帝爲有熊顓帝爲高陽帝嚳爲高辛帝堯爲陶唐帝舜爲有虞各自爲氏氏所异也所同者原其本所异者别其生姓氏之義章矣周官太宰以九兩繫邦國之民有曰宗以族得民小宰掌系世宗伯掌三族法彬彬乎具矣秦并六國世以淪夷子孫志其本始失其支系非惟姓不可傳而氏亦莫能知矣漢興司馬遷采世本世系以作帝紀摭周譜國語以作世家所明者帝王之世賢哲之裔其他蓋闕如也晋宋以後譜牒紛然以出君子亦籍以考其世焉若王僧儒則有百家譜徐勉之則有百官牒後魏河南則有官氏志諸儒則有氏族志柳冲則有姓系録路淳則有衣冠譜韋述則有開元譜柳芳則有永泰譜非不燦然具也但言人人殊私見岐出或主偏旁或主聲音或主貴賤或主升沉不能合古聖人之法焉自今考之先代之姓一而已而子孫之氏不能以不繁以所封之國而氏則虞夏商周魯衛齊宋之類也以先代之謚而氏則楚莊魯僖康叔宣伯之後之類也以爵而氏則皇王公侯公乘公士之類也居傳巖徙稽山祀東家守橋山非以居而氏乎少康以竇田千秋以車微子之白馬魏初之青牛非以事而氏乎夫本之尚書左氏其名著矣質之史記其實徵矣參之譜牒其説備矣雖其言有詳略之殊其發明姓氏之

原一也何足多議哉蓋嘗因是而求之姓之爲言生也賜之姓以立其宗所以明其生而使之不涣氏之爲言屬也命之氏以合其姓所以别其屬而使之不淆姓統其祖考之所自出百世而不變者也氏别其子孫之所自分數世而一變者也故古者自仁率親等而上之至於祖名曰輕而分自明姓氏之源不可得而忘也自義率祖順而下之至于禰名曰重而恩愈篤姓氏之傳不可得而易也親親故尊祖尊祖故敬宗戚單而係之以姓世遠而綴之以食昭穆序而禮義别教化洽而風俗同士庶人則世其家卿大夫則世其族諸侯則世其國聯屬天下之勢以成雍熙泰和之治行葦常棣之風至今猶可想見猗與休哉鄭樵曰繩繩秩秩各歸其宗使千餘年湮源斷緒之典燦然在目如雲歸於山川歸於淵日月星辰麗於天百穀草木麗於地則姓氏之當明足徵矣然愚猶有説焉易婁爲劉漢祖賜之易徐爲李唐祖賜之命出於尊不敢違也疏廣之後去足而爲東鴻漸之生筮卦而爲陸安所取義哉夫以晳羽之賢而有是况其他乎歐陽子九十三族之表詳矣君子不稱焉丁維皋百二十家之説雖備識者議之亦以姓氏之原無所據耳甚哉姓氏之難言也古之氏族繁而知之者易今之氏族簡而知之者難傳之愈遠衍之愈蕃曰姓曰氏人莫知其所自出况尚婚姻者先外族尚冠冕者慕榮華尚貴戚者徇勢利或一户而六七其姓或一人而二三其氏豈知姓之爲氏乎氏之爲姓乎人無反本之思士鮮睦族之義安望其親親以尊其上而臻淳化之理也夫姓氏之傳莫考矣而宗子之法不猶可行乎禮曰别子爲祖繼别爲宗繼禰爲小宗有百世不遷之宗宗其繼别子者也有五世則遷之宗宗其繼高祖者也知此義焉不必遐思而擬之如輔氏之於智伯也不必倚勢而附之如郭崇韜之於子儀也擇其親近而有傳者宗焉統之以大宗使知尊祖而不忘其本統之以小宗使知敬禰而不弛其親可以收族可以嚴祀社稷重庶民安協氣嘉生薰爲太和不有以臻成周至治之極乎然程子曰宗子無法則朝廷無世臣立宗子則朝廷之勢自尊張子亦曰宗法立則朝廷大有所益蓋能重其本則世守其家而忠愛之心益篤能親其族則世濟其美而翊戴之義益隆移孝爲忠蓋相資以有成也宗社篤無疆之祐則世臣亦永有聞哉

第四問

吴道傳

同考試官教諭陳批（論兵不廢乎法亦不泥乎法惟貴隨機應變運用在心可謂得兵家之要矣）

同考試官學正皇甫批（評品允確議論明盡蓋嘗究心於兵法者）

考試官教諭劉批（用兵通變之法獨得古將勝筭遺意非書生之冗談也）

考試官教諭胡批（似素閑兵略者録之）

善用兵者尚其法善用法者尚其神蓋將之於兵也以一人而馭三軍之衆苟非法以率之則涣而無紀其兵不足支也兵之有法也以坐籌而决千里之勝苟非神以運之則固而不通其法不足恃也故知法而後可以用兵書曰不愆於六步七步不愆于四伐五伐六伐七伐其法之謂乎如是則以戰以守有餘能焉而制勝之具在我矣知神而後可以用法志曰微乎微乎至于無形神乎神乎至于無聲其神之謂乎如是則以正以奇有餘巧焉而必勝之機在我矣使兵可無法是人足戰也何以云鋭卒之不如節制也使法不必神是人足將也何以云可意授而不可語傳也法者人之所及見神者人之所不及知是二者恒相須以有成也愚生非知兵者也執事乃詢古人已試之法而振之以請纓之風誠不容默焉已請以所嘗究心者而就正焉可乎夫天生五材不能去兵久矣誅伐之不可廢于天下也然兵者凶器戰者危事不得已而後用之故必先之以法自軒轅氏教熊羆貔貅貙虎之士七十戰而兵不殆而法所由起王制則有五戎之習周禮則有四時之教而孔子曰以不教民戰是謂弃之故必兵識將意將識士情而後可與戰也而亦有不盡然者孫武之於吴也試以婦人而遽云可赴水火遂取信闔閭而卒西破强楚比威齊晋稱一世之雄韓信之於漢也戰以市人而遽云破趙會食遂收功泜水而竟北定燕地東下齊城建佐命之烈彼其申令惟謹隊長必徇武之法所可見者此耳至其令行於小試而事集於俄頃前此且未之聞焉而况於教乎馳壁拔幟置亡後存信之法所可見者此耳至其傳發於夜半而决勝於崇朝諸將且未與聞焉而况於教乎蓋必有神以運於法之外不可得而知也至若孫臏减竈以勝魏矣而峭谷之行虞詡則增竈而羌衆遂不敢逼王翦用衆以破楚矣而赤壁之戰周瑜則用寡而曹操竟走華容李廣之治軍以簡也故士樂爲之用而屢立奇功然程不識則煩而亦以破虜與之并稱于漢郭子儀之治軍以寬也故人樂盡其力而奄復兩京然李光弼則嚴而亦以顯名與之媲美于唐彼其所爲可考而知焉馬陵之伏利在誘敵臏蓋强而示之弱也詡則虜衆我少所貴先聲非示强其何以爲自全之計屢勝之兵慮在輕敵翦蓋先爲不可勝也瑜則乘勞因釁以十擊百惟出奇斯有以邀必勝之功無恃其不來恃吾有以待之不識之煩者法也而法令省而不煩李廣之簡非法乎審法制明賞罰使民有必戰之心光弼之嚴者法也而視卒如嬰兒子儀之寬非法乎是其所异者法也其所同者神也吾安得而執之以法也先據北山趙奢之勝秦何智也馬謖踵

其故轍而喪師不知武安勒兵屋瓦皆振而奢之遣間夜馳出其不意要在疾如風以奪其魄故得地形則勝謖乃舉措煩擾而於計左矣安能免街亭之敗耶一卒爲神田單之復齊何奇也王則襲其餘謀而就擒不知即墨城守危在旦夕而單之設謀怒士約降懈敵特事假神威以疑其心故縱火牛而克則乃以逆犯順而其術窮矣安能負貝州之固耶父書可讀也而膠柱鼓瑟不知合變如趙括者顧可使乎長平之敗邯鄲幾亡何其殞身而無悔也弟子輿尸之凶其括之謂矣古法可遵也而引用浮華大言無當如房琯者顧可任乎陳濤斜之奔牛車馬爲燼宜其折北而不支也革車三百之法琯蓋未之知矣若是者豈法之罪哉不善用法者之罪也甚哉兵之可以法用而不可泥之以法也故曰聲不過五五聲之變不可勝聽也色不過五五色之變不可勝觀也兵不過奇正奇正之變不可勝窮也奇正還相生如環之無端而其稱曰用兵如神是故當正而正則王翦程不識李光弼之謹守而人不得以爲拘當奇而奇則李廣周瑜郭子儀之通變而人不得以爲誕以正爲奇以奇爲正則孫武趙奢孫臏田單韓信虞詡之參伍錯綜隨時變化而人莫知其所自出至於趙括馬謖房琯之徒則奇正兩失而爲兵家之所忌矣雖然此自兵家者流言之也執事猶欲博覽載籍而定其準焉不尤有進於是者乎是故孔子大聖人也而其言曰我戰則克若疑於迂闊而不足信及觀其攝相而墮三都於立談之頃不啻折枝兵萊夷於樽俎之間若斃犬豕使其國安於泰山而敵人震駭歸田之恐後焉斯固有不言而信不怒而威者矣其天下之至神至神乎而法不足言之也至其告子路又曰臨事而懼好謀而成夫其懼也斯吾之所謂法也夫其成也斯吾之所謂神也豈非萬世談兵者之準乎管見如斯惟執事進而教之幸甚

第五問

苗應元

同考試官教諭錢批（究極弊源區畫明當殆有志於用世者）

考試官教諭劉批（論救弊八條切中民情物理鑿鑿可行末復歸重守令得人誠根極之論）

考試官教諭胡批（一方利弊斟酌有條子其識時務者與）

天下之患最不可爲者莫大乎狃於故習而其實有不測之憂憂時憫事者起而欲更之則人情溺于故習之安而不吾信坐視而不爲之所將必至于大壞極敝而不可支必如何而後可是在利之而已矣夫聖人立法何嘗不欲爲天下利哉利之失也必趨於弊雖聖人不容爲其後者計也故欲興天下之

利者必求其弊之所自起蓋弊祛而利行乎其中矣欲革天下之弊者必究其法之所從失蓋法立而弊自無所容其間矣立法以補弊祛弊以興利是故有改置之名而無更革之實何患于習故者之不吾信而大壞極敝之不可支乎執事發策終篇而以東土之時事問兹固與民同患之盛心而亦愚之願爲執事者告也山東古齊魯宋衛之墟太公之所培也周公之所勸也孔子之所淑也微仲康叔之所治也平原沃壤延袤千里持戟百萬號得十二其富强之甲天下夫人而知之也重禮教崇信義至漢高之興猶嘆其爲守禮義之國而不忍屠之以兵其醇厚之甲天下夫人而知之也明興以來太祖成祖之保綏教化列聖之隨時培植加以我皇上之加惠元元則其休養生息惇龐篤厚宜益倍於曩時何乃逋負未輸賦役不均田野多蕪賑荒無策軍伍缺乏驛傳罷敝民生之困窮極矣以是而稱于天下曰富强其將能乎寇盜乘機竊發獄訟株連不解風俗之薄惡甚矣以是而稱于天下曰醇厚其將能乎山東密邇畿輔緩急恃賴其困窮如此薄惡如此是不可以不講也經生之言曰制田里薄税斂則富强自至謹庠序申教化則禮義自興是猶欲以粱肉之味療膏肓之痾鄉飲之儀應軍旅之急其爲術不已疏乎夫有田則有租聖人在上粟米之征其所不廢也而山東取濟京邊視他省爲急善良畏法者輸納恐後或責以包賠而奸猾邑有王侯之尊里有公卿之富聽其積負莫敢誰何甚者貪墨長民計取充橐而於公家之税漫不加意夫是而望逋負之輸不可得也善督税者其惟責廉吏以嚴奸猾之稽乎至於積年之逋負量歲帶征可也尚何病于閭閻之凋敝也哉有身則有庸聖人在上力役之征其所不廢也而山東定以門丁視他省爲獨异齊民無蓋藏糟糠不厭刻骨以應差遣而富豪家藏猗頓之資田連阡陌之産惟准丁數歲編無幾甚者損資納級優免無遺而於公家之調若罔聞知夫是而求差徭之均不可得也善平役者其惟兼丁地以定編審之則乎至於大家之騰謗以身肩之可也又何患于貧窮之坐困也哉至田野之多蕪愚恐其原不在流移之未復也夫民之趨利猶水之走下也利之所在雖欲禁之尚不可得况待驅之使就乎今莒沂郯費之郊磽确鹹鹵其不治而亡者幾半至罔阜之區不暘而乾一兩輒溢雖或墾之其地不可耕而食也莫若聽其自然不强其所不欲移牛種之給以資無力之民不惟見在者有固志而流移者不將有歸心乎饑饉之間臻愚謂其策專在於儲蓄之預備也夫古者三年耕而有一年之蓄九年耕而有三年之蓄以三十年之通制國用周禮尚有救荒之政今公私倉廪之藏懸磬塵甑其不耕而食者有幾至勤動之民朝營而暮食暮營而朝食設一穀不收其亡可立而待也莫若先爲區畫責守

令以積穀當無事之時而豫爲有事之計不惟豐年不至於傷農而凶年不將多所全活乎至於軍伍也者爲國家之手足而慎固其藩維者也方其無事坐享糧餉之利暨其有事則出性命以衛民其立法非不善也自夫軍人無分户之禁而軍籍至不可稽軍籍不可稽數易之後而軍丁遂不可攝春秋二班起解入衛者徒取空籍而領班武弁降級盡矣茲欲清之必責專城官吏考册籍于既往清查一定禁分户于將來而又假衛所以防閑之權時訓練以寓優恤之政然後軍伍可得而實也驛傳也者爲國家之血氣而聯屬其元氣者也其解自江南者則謂之糧僉審自徭役者則謂之土民其待行旅非不優也自夫倭夷爲梗江南之馬價不輸而糧僉困糧僉不足以支乘傳專取給於土著而土民困舳艫絡繹假勢濟私者歲無虚日而河津告痛哀病極矣茲欲應之必嚴催額設之馬價以濟土民之急經理州縣之協濟以蘇夫役之需而又使乾没無所容其奸勢要不得獵其利然後供億可得而繼也自古稱弭盜者其道不同要皆隨時設法不相襲智若山東之盜又不可以常理律之歲凶無賴相率而求聘于弓馬之間願少須臾無死猶可説也至年既順成亦有乘機竊發者矣事育不足不忍坐以待斃求生於死猶可説也至富家大室亦有主謀射利者矣指大幾股要非小失也雖守土者嘗緝捕肆出而所遣非人或以滋擾誠有如執事所慮者茲欲籌之惟修保甲之法時巡邏之令而已不幸不止又申緝捕者以波及平民之法焉則禦盜而爲盜者不將息乎至若無訟之化雖孔子猶以爲難而世之以折獄名者不相洽術山東之訟又未必皆屈而求伸者也愚者求以氣勝而不虞其敗每摭拾重事以誣人卒反坐而自斃頑者專事濟私而不求聽理恒施一網之計以規利利厭而其人已不可復勾矣殺人以詞其漸不可長也守土者或少乏明决即墮計中適以相搆誠有如執事所慮者茲欲息之惟嚴起滅之條重刁訐之罰而已不幸不止又限理冤者以陳情立詞之制焉則自誣以誣人者不少殺乎凡此皆就事議事之法也所以祛弊而興利者也至行法以惠民是在慎守令之選而已是故有京兆之兒寬則大家牛車小家擔負而不憂于逋負之不輸有全椒之劉平則增資就賦減年從役而不憂于徭役之不均有南陽之杜詩則修治陂池之政舉而草萊辟有青州之富弼則多方活濟之策行而流移賑有龔遂之治渤海則帶牛佩犢之俗變而盜賊消有仇香之長蒲亭則鷹鸇鸞鳳之辨明而訟獄清矣推而至于軍伍之實驛傳之供固長民之餘事也夫是則禮義富强之俗可追而今之山東何愧於古昔之山東也哉嗚呼爲地擇人是在秉鈞者慎之而已

山東鄉試録後序

嘉靖甲子秋八月天下復當鄉試士寔御史監臨之乃七月始以山東代者請於是御史楊標祇命馳往至則恭詣泰沂東海稽首祝聖主萬萬壽已乃稽綜賁飭視昔益虔慎田偕諸甄官窮日夜之力掄閲品叙若睹職貢才物雜陳陟武庫兵戟森列瀼瀼乎盛也哉既竣事田宜申言于簡末聞之天將有意於斯人欲其久安長治則必輔有道之國使其基祚頎綿奠世於康壽臻雍熙太和極盛之會尤必篤生聖主歷年有永俾之馭世滋久德澤浸深而後有以長育賢俊保合黎庶培國脉綴民心而久天下之勢堅完固密爲不可拔易曰聖人久於其道而天下化成此之謂也天下之生久矣唐虞之際聖聖相紹治之極也由兹則周矣周之盛也文王秉純一之德壽考作人雖中林野夫皆爲公侯腹心承以武王鎬京辟雍之化浚祥而嗣美成王繼之吉士惟所使以能包桑鞏革纚延固結而不可解故燀赫庥明歷世愈昌龐浹胤祚垂八百載靈長之運豈偶然哉洪惟我二祖仁厚肇基統一函夏列聖丕承累洽重熙我皇上天縱神聖嗣大握符應五百年之期撫中興之運明倫盡制敬一敷極雍容垂衣稽古禮文之事彬彬備具二義之□□摩教化之所沾濡含聲鼓喙應候奮踊矧膠序之彦乎灌沐於德澤者極于海隅日出太和元氣絪緼磅礴融結而成治矧山東密邇皇畿勛華所被視他藩獨先者乎宜其薰蒸衍澈泄而爲賢秀瀼瀼乎若是其盛也山東當山河之界而擅海岱之勝精靈所鍾爲聖爲賢爲瑰瑋卓犖之材代不乏人田嘗繙據上下數千年間少皞之所都虞舜之所迹維時風氣鬱焉始暢及觀明堂之址歷齊魯之區想見周公所以制禮樂興太平者其心英之流暢率在於斯而賜履以表東海者非太公耶則喟焉曰兹所謂有其地而人足以當之也乎既覽孔書望蒙龜凫嶧諸山涉洙泗之流扣三遷之地誦司馬遷所稱觀廟黨車服禮器低回不能去者斯則有其人矣而所遇之時不偶乃若琅邪孤山平原蘭陵多諸侯盟會卿士大夫聘問之故域與夫縉紳學士授業談經陋巷牖瓮浴沂耕魯彈琴弦誦之所陳踪具在則又未嘗不嘆乎地靈之不盡泄於人人之或格乎時也孔子大聖人也爲魯相僅三月孟軻氏不得任齊之卿相甚哉時之難遘也皇上籲俊崇儒疇咨海内舉其茂异使積行之君子不壅於上聞於穆淳化融液而下究邇者敕所司揚奬廉靖汰除殘墨雖虞周熙皞之景莫或過焉今多士褎然出以文録於有司矣孔孟之所不可得者既躬遘其盛行將籍天府奏大廷之對而服官于中外

則何以哉居則曰吾學孔孟之所學志周吕之所志也夫功業道德烏可岐而二之處則爲孔孟出則爲周吕獨非盡地之人與彼邁熙時而不思奮山川炳靈而無以副之生聖賢之鄉而猶未免爲鄉人斯三者耻也田願多士以孔孟之道德出之爲周吕之功業光輔聖治引翊昌明綦隆之運益純以固綿億萬載國祚於無疆則是役也田與諸執事咸獲藉手以報聖主誠甚慶幸也維爾多士念之哉維爾多士念之哉

浙江紹興府上虞縣儒學教諭劉田謹序

隆慶四年山東鄉試録

山東鄉試録序

隆慶庚午八月山東當鄉試監臨御史周詠先期禮聘儒官顧視試闈隘弗稱鉅典謀于前巡撫右副都御史姜廷頤展拓維新士聞之思遘嘉會烝烝然起矣至期之燁等應聘至則以左布政使姚一元左參政楊綵司提調按察使祁清副使潘允端司監試之燁與教諭余登庸充考試官學正邵廷臣劉繹思教諭張源戰符馮桂芳周校充同考試官諸執事咸慎簡胥命肅毖合提學副使周鑒所選士二千二百有奇三試得士七十五人爲録以獻之燁不佞諗于衆曰語云周之士貴秦之士賤言係乎時也若齊魯士不然方周衰時孔門速肖七十餘人者尊六經羞五霸不以時衰少自貶至秦而孔斌田何伏勝淳于越高堂生浮丘伯之屬各抱遺經以自貴重孰能賤之漢興則申孔京楊之徒并以師説表見被徵于朝終漢之世稱儒臣者亦七十餘人何多賢若此山川奇秀鍾于士人周孔之教人人誦法是以周不能衰秦不能賤至于今而益盛也今夫凡山皆東屬乃東方之山則自太行薊門遼海島嶼棋置起爲登萊特起爲泰岱逶迤而至滕嶧自東而西屬焉京師稱天府以有東方爲左掖也凡水皆東注乃濟水則由濟源伏地發於東方自東西注又折而北焉四方輸貢京師以有濟水轉漕也諦觀形勢殆拱護宸居以鞏億萬載無疆之業在山川且有效忠國家之意是以産士其間才美博大殫猷宣力光輔我熙朝頃來尤盛山川之助多矣乃今七十五人者宗周孔卑管晏有速肖之風焉修明經術曉暢世務有漢儒之指焉主司得士如斯亦既爲國家慶矣顧難逢而希遘者時也孔門多王佐才終身不仕即仕而爲宰僅沾一命無幾人焉今主上明聖登崇俊偉抱藝之士咸得自效邁漢代遠甚遇主如斯而罔思策奮不前輩是程無乃負於時乎之燁聞之岱宗之爲宗山所宗也濟水之爲濟濟國用也諸士表樹節概聳若岱宗凡所展施期濟實用使人稱曰七十五人亦速肖耳視漢儒殆過焉主司與有榮矣勉之哉勉之哉維時總理河道提督軍務今兵部左侍郎翁大立巡撫山東右僉都御史梁夢龍巡按直隸監察御史謝廷傑蘇士潤雅尚文教崇獎士風總理河道提督軍務右副都御史潘季馴巡按山東監察御史盛時選被命維新聲猷漸布户部員外郎程文著主

事翟希魯崔行可宋豸工部郎中張純員外郎吕一静主事劉泮奉使東方樂觀盛舉布政司右參政張邦士吴文華左參議馮謙按察司副使温如王朱卿徐用檢孫應元劉有誠劉經緯楊兆蔡可賢王維寧劉庠僉事蹇達葉憲甄敬劉田王之弼宋守約任彬吴一本都指揮使司署都指揮僉事李希周張承業遷秩副使羅良右參議顔鯨僉事徐炳先後規畫與有勞勩録未紀序宜紀之

浙江嘉興府儒學教授李之燁謹序

隆慶四年山東鄉試

監臨官

巡按山東監察御史周詠（思養河南延津縣人　壬戌進士）

提調官

山東等處承宣布政使司左布政使姚一元（惟貞浙江長興縣人　甲辰進士）

山東等處承宣布政使司左參政楊綵（質甫虎賁右衛籍江西泰和縣人　癸丑進士）

監試官

山東等處提刑按察司按察使祁清（子揚浙江山陰縣人　丁未進士）

山東等處提刑按察司副使潘允端（仲履直隸上海縣人　壬戌進士）

考試官

浙江嘉興府儒學教授李之燁（光甫江西廬陵縣人　戊午貢士）

河南開封府中牟縣儒學教諭余登庸（應徵湖廣蘄州人　辛酉貢士）

同考試官

河南彰德府磁州儒學學正邵廷臣（藎夫福建侯官縣籍福清縣人　甲子貢士）

湖廣黄州府蘄州儒學學正劉繹思（宗文廣西靈川縣籍臨桂縣人　戊午貢士）

湖廣武昌府咸寧縣儒學教諭張源（以澄廣西賓州人　辛酉貢士）

江西九江府彭澤縣儒學教諭戰符（廷信湖廣蘄州人　戊午貢士）

河南歸德府永城縣儒學教諭馮桂芳（在培雲南臨安衛籍湖廣黄陂縣人　戊午貢士）

河南彰德府磁州涉縣儒學教諭周校（國儲廣東增城縣人　辛酉貢士）

印卷官

山東等處承宣布政使司經歷司經歷楊湖（汝涵直隸樂亭縣人　監生）

山東等處提刑按察司經歷司知事阮朝魁（代奎江西安福縣人　監生）

收掌試卷官

濟南府知府平康裕（德遠直隸新城縣人　己未進士）

兖州府知府張文淵（元静四川西充縣人　丙辰進士）

東昌府知府洪忻（守慶山西蒲州人　壬戌進士）

青州府知府牛鏡（公照直隸獻縣人　丙辰進士）

萊州府知府楊起元（體仁直隸□城縣人　己未進士）

山東都轉運鹽使司同知盧嘉慶（吉甫河南祥符縣人　癸丑進士）

受卷官

登州府同知楊廷選（子庸浙江鄞縣人　己未進士）

東昌府通判朱朋求（道元浙江上虞縣人　壬戌進士）

濟南府武定州知州施夢龍（伯雨直隸無錫縣人　戊辰進士）

萊州府膠州知州李學禮（子立直隸潁州人　己未進士）

濟南府武定州陽信縣知縣陳王道（孟甫直隸吴江縣人　乙丑進士）

青州府益都縣知縣杜其驕（汝大順天府大興縣籍浙江東陽縣人　戊辰進士）

青州府臨朐縣知縣李瑱（聰甫山西解州人　戊辰進士）

彌封官

青州府同知李貴和（子中河南祥符縣人　乙丑進士）

濟南府推官周于德（貞□河南祥符縣人　戊辰進士）

東昌府高唐州知州陳學曾（汝魯順天府遵化縣人　壬戌進士）

濟南府章丘縣知縣李鎬（子京直隸真定縣人　戊辰進士）

兖州府滋陽縣知縣王□（曰衡河南太康縣人　戊辰進士）

兖州府寧陽縣知縣何玉德（彦貴直隸雄縣人　乙丑進士）

兖州府東平州東阿縣知縣田樂（希智直隸任丘縣人　戊辰進士）

謄録官

兖州府推官景嵩（惟中萬全都司宣府前衛人　戊辰進士）

東昌府推官錢普（以德直隸無錫縣人　戊辰進士）

萊州府平度州知州王同讚（儆甫福建晋江縣人　壬戌進士）

濟南府歷城縣知縣韋以誠（立夫直隸定興縣人　戊辰進士）

兗州府東平州汶上縣知縣崔守一（汝誠河南輝縣人　乙卯貢士）
青州府壽光縣知縣劉朴（華甫山西曲沃縣人　戊辰進士）
青州府安丘縣知縣張朝瑞（子禎直隸海州人　戊辰進士）
對讀官
濟南府同知牛若愚（思明河南祥符縣人　己未進士）
青州府推官張集（成叔山西安邑縣人　壬子貢士）
濟南府鄒平縣知縣趙惟卿（良弼直隸栢鄉縣人　戊辰進士）
東昌府臨清州舘陶縣知縣高自新（本澄直隸獲鹿縣人　戊辰進士）
萊州府掖縣知縣趙欽湯（子質山西解州人　戊辰進士）
萊州府膠州高密縣知縣李尚賓（允興直隸廣宗縣籍山西夏縣人　戊辰進士）
登州府黄縣知縣王中逵（道卿河南宣武衛籍祥符縣人　戊辰進士）
巡綽官
東昌衛指揮使陳籌（伯圖直隸懷遠縣人）
青州左衛指揮使王紹勳（繩武山東曹縣人）
濟南衛指揮同知陶翔（鳳舉江西萬載縣人）
濟南衛指揮僉事彭翼（翔甫江西吉水縣人）
搜檢官
濟南衛指揮使毛爾成（元器直隸盱眙縣人）
濟南衛指揮僉事李化龍（夔夫直隸大興縣人）
濟南衛指揮僉事李啓東（復周直隸盱眙縣人）
平山衛指揮僉事任宗皋（虞卿山東濟寧州人）
供給官
山東等處承宣布政使司照磨所照磨孫昌祖（用光直隸華亭縣人　監生）
山東等處承宣布政使司經歷司都事陳朝仕（行可江西南康縣人　監生）
山東都指揮使司斷事司斷事譚良誠（子復江西南豐縣人　監生）
東昌府同知常廷圭（禹錫陝西蒲城縣人　壬子貢士）
濟南府通判張培（克崇河南潁川衛人　壬子貢士）
登州府寧海州知州馬汝平（伯衡直隸涿州人　戊午貢士）
東昌府濮州知州劉大恩（孝伯河南新蔡縣人　癸卯貢士）

青州府蒙陰縣知縣韓三接（顯伯河南懷慶衛籍直隸江陰縣人　壬子貢士）

濟南府經歷司經歷樊宗堯（中甫直隸沙河縣人　監生）

登州府照磨所照磨王一鳳（鳴岐金吾衛籍江西新建縣人　儒士）

濟南府歷城縣縣丞芮曇（景雲順天府寶坻縣人監生）

青州府博興縣縣丞李鳳朝（文瑞湖廣江夏縣人　吏員）

濟南府德州平原縣典史祝才（惟賢浙江山陰縣人　吏員）

兖州府城武縣典史江湖（□川直隸青陽縣人　吏員）

東昌府高唐州武城縣典史朱澈（國禎直隸涇縣人　吏員）

濟南府歷城縣龍山鎮馬驛驛丞楊洲（汝淇直隸蕭縣人　吏員）

青州府青社馬驛驛丞曹登第（騰霄陝西富平縣人　吏員）

第一場

四書

子曰舉直錯諸枉能使枉者直樊遲退見子夏曰鄉也吾見於夫子而問知子曰舉直錯諸枉能使枉者直何謂也子夏曰富哉言乎　敦厚以崇禮　以不忍人之心行不忍人之政治天下可運之掌上

易

六爻發揮旁通情也時乘六龍以御天也上　九弗損益之无咎貞吉利有攸往得臣无家　聖人有以見天下之賾而擬諸其形容象其物宜是故謂之象　君子藏器於身待時而動何不利之有動而不括是以出而有獲語成器而動者也

書

伯拜稽首讓于夔龍帝曰俞往欽哉　浮于濟漯達于河　今民將在祗遹乃文考紹聞衣德言往敷求于殷先哲王用保乂民汝丕遠惟商耇成人宅心知訓别求聞由古先哲王用康保民　政貴有恒辭尚體要

詩

晝爾于茅宵爾索綯亟其乘屋其始播百穀二之日鑿冰冲冲三之日納于凌陰四之日其蚤獻羔祭韭　瞻彼洛矣維水泱泱君子至止福禄如茨韎韐有奭以作六師　皇矣上帝臨下有赫監觀四方求民之莫　允文文王克開厥後

春秋

冬十有二月齊侯鄭伯盟于石門（隱公三年）秋七月庚午宋公齊侯衛侯盟于瓦屋（隱公八年）　秋公會宋人齊人伐徐（莊公二十有六年）秋楚公子壬夫帥師侵宋（襄公元年）　春公觀魚于棠（隱公五年）夏五月宋人及楚人平（宣公十有五年）

禮記

天子之六府曰司土司木司水司草司器司貨典司六職　大德不官大道不器大信不約大時不齊　然後聖人作爲父子君臣以爲紀綱紀綱既正天下大定　産萬物者聖也

第二場

論

聖王修身立政之本

詔誥表（内科一道）

擬漢賜天下田租之半詔（文帝二年）　擬唐以魏徵爲太子太師誥（貞觀十六年）　擬聖駕大閲賜廷臣白金文綺謝表（隆慶三年）

判語（五條）

照刷文卷　欺隱田糧　禁止迎送　辯明冤枉　盜决河防

第三場

策（五道）

問　明君以務學爲急聖學以正心爲要自二帝三王至於漢唐宋英君誼辟未有外心以言學者載之史册固班班可考也可指而言之歟夫經筵之典重矣古人有坐講殿上而人君起敬者有反覆開導而人主感悟者召對之儀隆矣古人有隨事隨陳而稱上意者有議論剴切而稱小相者史以載事也有不欲人君自觀史者有請於禁中設起居注者諫以弼違也有不冠不見而輒可其奏者有以人爲鑒而疏比弦韋者其人其説可得陳歟夫是四者裨君心關聖學一也不知如何而可以臻實效歟洪惟我聖祖開基之初日晋基濂輩相與講論圖維其實録讜言垂炳星日所以爲萬世心法之要者可得而鋪張揚厲之歟方今皇上天縱聖神臨御四年以來所以懋敬典學者淵以穆光且大也而在廷諸臣感會風雲千載一時其進講奏對紀述陳謨亦既精白敬應矣然所以弘啓沃于經筵效贊襄于召對直筆紀諸蘭臺昌言協于彤陛由

是以輔養上德而光昭祖烈者當必有要也諸士子行將爲明時獻納矣試詳著於篇以觀致君之學

問　五經自孔子删述之後萬世憲章定矣厥後談經之士往往擬作果能于聖經有所羽翼耶慨惟古書自經秦火率多殘失中或以卜筮存或以孔壁存能識其全耶不知餘經又何賴以不失今考之連山歸藏蓋并易矣元豐中有疑其爲僞書者何耶至易林易通易贊易論易緯易樞易筌古易五家皆以擬易不知于四聖之旨何如三墳五典蓋説書也然諸家各以意評或又有連山歸藏之論何所取耶若九家書三家經文二十五家書中候中文釋問演範九意皆以擬書不知于典謨之旨何如有義駁八卷奏事一卷問難二卷箋傳是非二卷雜問七卷擬詩誰最爲近有或删爲八十五篇或删爲四十六篇或合爲四十九篇或傳十七篇擬禮誰最爲真春秋聖人筆削然猶有四家二十三家春秋是即孔子所修耶抑前别有春秋耶左氏公羊穀梁皆傳春秋先儒各加評議是耶非耶何氏五始三科九旨七等六輔二類之義于三子何所宗信圖緯繁露調人諸作于春秋何所發明凡諸作者多當時名賢其大旨載在典籍中可考諸士子能一一掇拾復我耶窮經致用乃學術之大有能發其藴者异日即能大有造者也

問　書曰一德一心言心也又曰學古入官言學也是心之貴一而學之貴正自古尚之矣心一則純二則雜學誠則正僞則邪所謂二者豈必拂禮背義出檻紓籌者流耶所謂僞者豈必離經畔道歸楊附墨者流耶要之懷一念之私不可對人言不可與天知者皆二也投一時之好炫奇説异飾貌文奸者皆僞也式稽往牒君子之有益人國有裨聖道者若阿衡佐命若篤棐輔德若丹書矢戒若典學沃心其心術之純學術之正固光盎聲施千古奇絶矣嗣是而後有始終□韓有感激馳驅有心事青白有精忠貫日心術正矣不知于學術純焉否也有下帷發憤有原道詆佛有鳴道涑水有力復古文學術偉矣不知其心術正焉否也可得而尚論歟夫有純心必有正學而學術不正則心術從可窺也國家明道正心崇文啓學二百餘年凡在菁莪棫樸涵育聖神之化者率能以正大光明之心而爲純粹精微之學其卓然彪炳於皇明名臣録與理學名臣録者固皆後學師資也可概其人歟抑亦有所宗法歟然鏡往所以昭來察言可以觀行是立心者又懋學之基也爾多士精白一心學于古訓素矣盍各紓爾藴主司者將據今日之心學而卜他日之功業焉

問　士産斯鄉必懷枌榆棘念居其地必切門庭隱憂姑以山東最急者與諸士商之自井牧廢而屯營興墾資農力租裕官儲議者謂厚民富國之要

圖也許下河中之迹尚矣而如置營田務於唐鄧襄三州置營田使於河北東西路可采而行之於今與自阡陌開而水利起灌溉之疏豬泄之備議者謂奠居裕食之急務也泄口滑河之浚尚矣如修蕭何之故堰而廢土變爲沃壤築信臣之舊堤而巨洋復爲腴業可考而準之於今與夫山東地多鹵薄民輕逃徙汶泗之河屢决濟漯之源久湮營田水利不可不講也乃者千里蓁蕪四望蕭艾招撫徒辦于文移經畫率滋于浮議司牧者其秦越之心乎兹欲召募貧民而興闢曠土穀種芻糧牛犋農器官可給與計畝分川貸征蠲役法可常與夫以流離遷徙之民今年耕之明年顧而之他恐國賦未必益民利未必興又將何術以馭之求其便民宜俗勿拜于豪梁勿漁于壟斷而可爲永遠之猷者果安在邪魚臺泛漲衛河溢流沿大小之清河亘青濟而巨浸治農者其隣壑之謀乎兹欲殺濟兖之上流而避其衝浚清源之下流而導其勢不知黄衛二河之流可永無泛濫之虞乎東築小清分漯水一半而入于海西開柳塘分漯水一半而歸于河不知大小二清之水可保無淫溺之患乎夫以兖東青齊之民方悲赤地之灾復罹洪水之變恐衝泄相尋居食鮮計將何法以治之求其一勞永逸復水道固民居而可以底平成之績者將安歸邪夫二者所關于國家民事非細也諸士子負俊杰之望其所得于長老先生者久矣願悉爲執事者告也

問　豐荒者天行之數拯救者人事之紀荒政不可一日不講也君子曰救荒無奇策豈上之人坐視而不爲之所耶吾於周禮見先王子惠庶民之至而救荒一事則甚略也大司徒荒政自散利之外曰薄征曰緩刑曰□禮皆用之以治荒者而不專爲救荒計也司民牧者可知已後之議者或爲濟有無或謂權輕重或創平糴常平或爲社倉義倉或過河南而矯制發粟或守青州而區畫賑貸或觀察宣歙不抑米價或任耀州諭民平糶其人與政可指而言與往歲東南水旱頻仍灾沴相繼而齊魯尤甚皇上軫念元元俯從臺臣之請至出帑儲遣使周行賑恤萬民踴躍鼓舞真若更生間者秋穫既登民賴安堵誠可上紓宵旰之憂而俯全億萬蒸民之命矣然時難必於常豐政不可以無備議者謂先時爲義倉社倉之建或疑濟有未遍臨期爲常平通濟之規民未必其盡周發粟賑貸權宜之策也果及于老稚之顛連乎均市平糶調停之法也果行于陬壤之遐僻乎一民失所咎將誰歸而思患之防宜有以預桑土之圖矣必何如而可諸士子夙抱經時之略幸盡言之司國計者采焉

中式舉人七十五名

第一名　張鉦　濱州學生　書
第二名　王象乾　新城縣學增廣生　詩
第三名　朱鴻謨　青州府學生　易
第四名　劉應球　安丘縣學附學生　禮記
第五名　謝思聰　滋陽縣學生　春秋
第六名　王之猷　新城縣學生　詩
第七名　劉一相　長山縣學生　易
第八名　張中鴻　滕縣學生　書
第九名　傅光宅　聊城縣學生　詩
第十名　朱朝聘　臨清州學生　易
第十一名　吴應奎　東平州學生　詩
第十二名　王録　兖州府學生　書
第十三名　王見賓　歷城縣學生　易
第十四名　張志　濟南府學生　春秋
第十五名　尹鳳儀　新泰縣學生　詩
第十六名　郭鎙　德平縣學增廣生　易
第十七名　張思誠　膠州學生　詩
第十八名　邢顧言　濮州學生　書
第十九名　王汝訓　聊城縣學附學生　詩
第二十名　王純正　青城縣學生　禮記
第二十一名　丁懋遜　霑化縣學生　易
第二十二名　陳□　樂安縣學生　詩
第二十三名　夏漢禮　青州府學增廣生　易
第二十四名　吴汝孝　東阿縣學生　詩
第二十五名　李應旃　東平州學生　書
第二十六名　田如京　東平州學生　詩
第二十七名　任博　臨邑縣學生　易
第二十八名　劉啓先　文登縣學生　春秋
第二十九名　董基　萊州府學附學生　詩
第三十名　王禄兆　即墨縣學生　易

第三十一名　王司諫　萊州府學生　詩
第三十二名　陳在邦　德州學生　書
第三十三名　李鳴皋　博平縣學生　詩
第三十四名　賀相　臨清州學增廣生　易
第三十五名　李希稷　掖縣學附學生　詩
第三十六名　王思賢　城武縣學生　禮記
第三十七名　宋應奎　歷城縣學生　詩
第三十八名　申安　日照縣學生　書
第三十九名　李大化　濟寧州學附學生　易
第四十名　劉金　禹城縣學生　詩
第四十一名　張承寵　平陰縣學增廣生　書
第四十二名　徐準　新城縣學生　詩
第四十三名　吕三才　臨朐縣學生　易
第四十四名　蕭大才　堂邑縣學生　春秋
第四十五名　官延澤　平度州學生　書
第四十六名　傅作梅　滋陽縣學生　詩
第四十七名　潘敦復　夏津縣學附學生　易
第四十八名　宋希哲　沂州儒士　詩
第四十九名　陳增美　膠州學生　書
第五十名　楊光明　東昌府學增廣生　詩
第五十一名　王學易　濟南府學生　書
第五十二名　邢王道　臨邑縣學生　詩
第五十三名　陳人登　登州衛人監生　禮記
第五十四名　劉鶴年　濟寧州學增廣生　易
第五十五名　吴楷　曹州學附學生　詩
第五十六名　郭崇儒　鄒平縣學生　書
第五十七名　李汝相　臨邑縣學生　詩
第五十八名　王汝忠　萊州府學生　書
第五十九名　王爾彦　蒲臺縣學生　詩
第六十名　針惠　濟寧州學增廣生　易
第六十一名　張登雲　寧陽縣學生　春秋
第六十二名　白楹　陽信縣學附學生　詩

第六十三名　李汝棟　德州學生　書
第六十四名　孫維城　丘縣學生　詩
第六十五名　唐希皋　德平縣學生　書
第六十六名　孫梁　昌邑縣學附學生　詩
第六十七名　逯學禮　嘉祥縣學生　易
第六十八名　徐東漸　齊河縣學生　詩
第六十九名　江湄　鰲山衛學生　禮記
第七十名　謝賜帶　武定州學生　書
第七十一名　王利賓　滕縣學增廣生　詩
第七十二名　郭文成　德平縣學生　易
第七十三名　李春開　長山縣學增廣生　詩
第七十四名　畢綬　齊河縣學生　易
第七十五名　趙柚　萊陽縣學生　書

第一場

四書

子曰舉直錯諸枉能使枉者直樊遲退見子夏曰鄉也吾見於夫子而問知子曰舉直錯諸枉能使枉者直何謂也子夏曰富哉言乎

張鉦

同考試官教諭張批（體格嚴整詞氣精潔得聖賢問答語意可以式矣）

考試官教諭余批（發明仁知合一之理精當詳明是亦有養之士録之）

考試官教授李批（見理明切措詞清整佳作也）

聖人仁知合一之教賢者疑之而同列契之也甚矣聖人一言盡仁知之道也子夏因樊遲之問而嘆之殆獨契其深者乎且夫仁知之道异用而同歸夫子之言貫通于一理者也想因遲之未達而告之曰知人愛人子疑其相悖乎觀於用人可知矣彼人有直者焉吾知之吾舉之而旌淑之惟明有枉者焉吾知之吾錯之而別慝之不爽將見用舍當而激勸昭凡遺於所舉者自易惡以至中若或使之也甄別行而觀感速凡在于所錯者自改行而率德莫或禦之也是夫子一言而仁知之理無餘藴矣何遲之猶未悟也退而述之于子夏焉蓋徒知舉錯之爲知而不知化枉之爲仁也子夏則深契其旨者乃嘆之曰

富哉言乎意以道涵于聖心本一理之渾然而言發乎聖藴實廣大而悉備舉直知也而不直者化焉則有出於知之外矣其諸旨遠詞文而包涵盡天下之道者乎錯枉知也而枉者直焉則非知之所能限矣其諸言近指遠而易簡得天下之理者乎吁夫子一言而仁知相須之理以明子夏一言而仁知相悖之疑以釋遲也可以繹思矣雖然夫子之言雖因樊遲以發而帝王致治之要寔不外此考之唐虞黜陟法行而庶績遂熙即三苗至頑且分北焉知以行仁此非明徵乎故曰知人則哲能官人安民則惠黎民懷之要之知人者又安民之本也然則夫子之言豈獨爲樊遲告哉

敦厚以崇禮

朱鴻謨

同考試官教諭馮批（敦崇二字作者類多庸滯獨此繼發明精徹録之）

考試官教諭余批（造理淵邃構思俊逸殆深於性學者）

考試官教授李批（純正典雅結尤有見）

君子凝道之功篤其已能者而充之也夫德性本厚而禮所以節文之者也敦之崇之而德修矣道其有不凝乎中庸明人道之意謂夫道一而已矣自充足于德性也謂之厚而所以培秩叙之基者此也自散見于儀文也謂之禮而所以裕德性之用者此也厚之不敦則禮不虚行而禮有不崇厚者漓矣非修德凝道之全功也惟君子操存篤於匪懈而時保其真純之懿持養懋於勿忘而益培乎渾朴之體厚之原於天者粹然其完固焉而成性之存存殆與峻極之□相爲渾淪矣厚之統於物者純然其保合焉而真機之亹亹殆與發育之妙相爲化醇矣然又擴其固有之能而持循於中正之典充其積中之厚而率履於品式之常經焉三百欽翼以奉之而凡盡制盡倫以綱維乎人道者合之盡其大也典禮之會通而良能有不益固也哉曲焉三千祗肅以承之而凡中規中矩以經緯乎人文者析之極其精也致禮以治躬而德性有不益堅也哉夫心存於敦厚而學禮有以豫其基知致於崇禮而德性有以踐其實斯道之所以凝也歟抑聞諸夫子曰克己復禮爲仁夫己克乃所以復禮而非禮不動即所以涵養德性也中庸顧以内外言者何與噫此交養互發之功也蓋厚者禮之原而禮者厚之著無二理也故曰忠信之人可以學禮又曰動容周旋中禮者盛德之至也學者合而觀之始得

以不忍人之心行不忍人之政治天下可運之掌上

王象乾

同考試官教諭戰批（此題首二句承上接下口氣不宜重講且類以教養立説尤覺陳泥此作獨清瑩超逸宜録以式）

同考試官學正邵批（詞氣冲達理趣淵溢且一洗繁冗而題意焕然文之佳者）

考試官教諭余批（明暢爾雅）

考試官教授李批（詞達意融）

聖王有因心之政而措之天下無難矣夫心者萬化之原也聖王因心以達政而於治天下也何有哉孟子之意若曰人之有是不忍人之心也存之爲天地立心發之爲生民立命者也不能推之者固無望于治矣惟先王有不忍人之心斯有不忍人之政焉則惻怛所涵有政以達之而先天下以周其慮經綸所布由心以推之而合天下以廣其仁有是心也非徒善也行是政也非徒法也以是而治天下有不裕如也哉吾知美意資良法以相成而達順之機莫禦純政寄純心以時出而丕冒之化自弘紀綱法度治之經也舉斯心以加彼而愷悌之周流推之何所不準禮樂刑政治之章也出乎身以加民而子惠之洋溢動之何所不化雖天下至大也然以其先得乎斯民者而運量焉民胞物與之懷殆舉斯世而甄陶之者乎雖治天下至難也然以其同然乎斯民者而廣運焉乾父坤母之量殆合四海而涵育之者乎謂之曰治天下可運之掌上信乎掌之運也近取諸身而自足治之運也反求諸心而有餘噫吾觀先王而知治天下之易易也雖然不忍之心所謂赤子之心也惟聖人不失其心故能達之於政而天下治焉如天好生由此其選也苟不得之心而徒泥之政則新之井田秦之周官于治奚補哉噫此必有關雎麟趾之意而後周官之法度可行也

易

六爻發揮旁通情也時乘六龍以御天也

朱鴻謨

同考試官教諭馮批（此題於旁通御天處易涉浮泛獨此作明切瑩暢殆深於易者取冠多士允宜）

考試官教諭余批（詞氣春雅發揮御天處尤見筆力）

考試官教授李批（不事浮詞而意獨到有養士也）

易畫備闡乎天德而聖人體之于治焉甚矣天德之妙也易畫闡其藴而聖人體之于治也夫豈有二乎哉文言復申彖傳之意至此若曰乾之爲道固

極其大矣然非易則無以該其藴而非聖則無以體其全是故四德貫乎流行而至精入于無眹情之涵于天載者若是乎其難盡矣惟六爻之已畫也純陽至健之體既以昭布于法象之陳而貞悔乘承之形有以通極乎神明之德總觀乎一卦而一元之統體者合之曲盡乎其大也遍觀乎六爻而一元之分布者析之曲盡乎其詳也蓋不必觀象于天而四德之精盡于易則致治之本裕于易矣聖人有見于六龍之變皆天也皆天則皆時也由是奉帝則以周旋而見之敷布者允協夫化裁之用述天理以時措而運之經緯者不失其張弛之宜將有爲焉而本無爲以妙其施凡所以順乎其治者即所以藴乎其畫者也而於穆之微自此兼體于一身矣時乎動焉而本無動以神其化凡所以經乎其政者即所以顯乎其卦者也而化育之精至此盡見于推行矣是其始也天道通于易畫是易一天也其既也天道體于聖人聖亦一天也由之雲雨沛而天下平元亨配天之功其至矣噫乾之大也不其深乎雖然易聖人所作也而御天之功猶必本諸易焉何哉蓋易書者理之寓而聖心者理之藏也聖心之理寄於易故體天之治自不能外易而有行耳若其神明默成以心會易于意言象數之表而六爻之塵迹不與焉噫此固聖人作易之本心所以屬望天下後世者豈其微哉善學者當自得之

聖人有以見天下之賾而擬諸其形容象其物宜是故謂之象

劉一相

同考試官教諭馮批（伏羲精意獨顯于易學者類難言之此作之此作發明詳盡可以式矣）

考試官教諭余批（講謂之象處精透夐出衆作得聖人心者）

考試官教授李批（詞氣昌健）

知象之所由立則知象之所由名矣蓋象以像乎理也聖人見天下之賾而象始立焉易豈强作者哉且先天聖人嘗立象以盡意矣象果何所自哉蓋物類盈于兩間其紛然不一者何至賾也而莫非陰陽之變也聖人則自其神明于心者而仰觀俯察旁通其散殊之迹由其默成于内者而遠求近取疏觀其不一之情所以啓易畫之原預于此矣於是隨其至賾之所著者以擬其形容之似陰也陽也與夫陰陽之雜也無不比擬於心目之間由是即其擬議之所及者以象其物理之宜陽以奇象也陰以偶象也與夫陰陽之雜也而以奇偶之雜者象之也有以曲盡其模寫之真若此者不謂之象乎吾知未畫之先象非本無也形容寓于紛紜之内而萬象森然之已具既畫之後象非始有也

物宜著于探索之精而法象昭然其畢陳其稱名于卦者其取類于賾者也理本無形借此以爲形心欲言之而未盡者至此示之而有餘矣其模寫于畫者其醜類于物者也道本無象假此以爲象意欲陳之而未悉者自此彰之而莫掩矣不謂之象而何哉吁知象之所由立則知聖人之意所由盡而尚象之學不容已矣夫人其可無擬議之功耶抑易象自伏羲而始畫已非得已之情至文周益以言而擬議言動又望人以尚詞之學每惓惓焉無乃愈失其初乎時使然爾要之假象以明理者聖人之善教因象而識心者君子之善學苟徒象是泥而曰易在是焉豈聖人之心哉而况於言乎噫見乎此者謂之見易

書

伯拜稽首讓于夔龍帝曰俞往欽哉

張鉦

同考試官教諭張批（此題作者率塵俗可厭獨此清暢典則模寫虞廷氣象宛然宜録以式多士）

考試官教諭余批（氣勢閑暢格局清整）

考試官教授李批（立意簡切造語精練）

大臣敬遜典禮之任聖君敕之以敬職焉蓋敬以典禮伯夷固其選也乃不自任焉此帝舜敕勉之歟且國之大事在祀而交神之本主敬虞廷重秩宗之官既選于衆而咨伯矣乃伯則不敢當也承君命之嚴重而謙退未遑特拜手以致敬仰天威之咫尺而恭敬不寧載稽首以盡禮讓于夔焉真見夫夔之賢愈于己首舉以自代也讓于龍焉又見夫己之賢不如龍并舉以俟擇也此固伯夷敬慎之心而帝則申其成命曰俞往欽哉意以夔龍之賢讓以典禮汝言是哉固非一人之私顧秩宗之任詢謀僉同汝尚往哉欽承三禮之命以祀上下朕將對越天地惟汝是典焉則匪懈于夙夜以端昭格之原者汝其慎乃攸司可也而何以讓爲耶以承宗廟朕欲克享鬼神惟汝是主焉則勉力于寅直以立感通之本者汝其敬爾有官可也而可徒退讓耶吁于伯夷見推賢之誠于帝舜見任賢之專有虞君臣之氣象藹然可想矣抑明德恤祀非有二也舜命秩宗曰寅曰欽不一而足豈不以敬者無體之禮舍敬則禮文皆虚耳故曰禮云禮云玉帛云乎哉舜之主祭而百神享蓋不在類禋望遍之儀文也後世封祀郊雍殆不知敬爲何物旨哉明德惟馨之訓此虞周之所以爲至治也

政貴有恒辭尚體要

張中鴻

同考試官教諭張批（講有恒體要處一洗繁庸之詞獨發貴字尚字意見超脱亦文之有體者可録）

考試官教諭余批（意精詞雅格整氣暢）

考試官教授李批（莊腴典則迥邁諸作）

賢王示大臣政令之體可謂知所重矣夫久于其道而令不煩焉政令之體敦矣欲化殷者舍是奚以哉康王命畢公保厘東郊至此意謂君子之圖治莫先于立政而尤莫要于修辭是皆有體焉不可苟也彼自裁之法制而綱維斯民者謂之政政也者將以一民之心也故所貴者有恒焉章程所建持之以悠遠之規法紀所彰敦之以久大之守以之旌淑必勸善有恒典焉斯風聲之永樹也以之别慝必懲惡有定法焉斯畏慕之益堅也雖由俗之治未始無通變之宜要之爲政有體甚無樂乎其紛更也汝可不知所貴哉自發之命令而鼓舞斯民者謂之辭辭也者將以示民之信也故所尚者體要焉立誠以修辭而包涵盡天下之理據理以敷言而擬議會衆體之全彰善之訓粹乎其易簡焉則感發者翕如也癉惡之誡秩然其倫要焉則懲創者勃如也雖由俗之治不能無告詔之詳要之令出惟行甚無樂乎其費詞也汝可不知所尚哉吁有恒之政即周公謹毖之政矣體要之詞即周公化訓之詞矣率是以往于保厘東郊也何有嗟夫無爲而治何貴于政太上忘言何尚于詞政令之興已非聖人之得已而况好异乎哉有恒體要之訓誠識體矣雖然有本焉虞書曰德惟善政詩云德音孔昭德之所感何往不孚不然道之以政而化民以言吾恐感亦淺矣康王之告畢公曰厥德允修噫修德者固政令之本也

詩

瞻彼洛矣維水泱泱君子至止福禄如茨韎韐有奭以作六師

王象乾

同考試官教諭戰批（一詩重講武上士子率能言之而脱去塵凡直寫胸臆僅見此篇佳士佳士）

同考試官學正邵批（發出諸侯忠愛之意必有養者）

考試官教諭余批（詞腴而典稱雅義矣）

考試官教授李批（莊重典雅是善説詩者）

諸侯美王者東都之盛尤致重於武功焉夫武固治世所不廢也王者莅東都而首及之其得保治之道乎兹諸侯所以美之也意曰天下治忽之機恒相爲倚而王者圖治之要貴豫其防我周蓋知此道矣是故瞻彼洛矣當天下之中而據上游之勝泱泱乎其水深且廣焉固先王朝會之地也我君子至止

于此修會同之典而誕受多方有以享太平之業當歲事之期而肆覲群后有以萃太和之休人心攸同庶徵咸備蓋無往而非福亦無往而非禄矣不如茨乎斯時也若可以垂裳聽政矣而君子固不有其治若可以恭默守文矣而君子固不恃其常于是服玆韎韐奭然而赤先身於戎旅之間而乾剛奮焉使六師之衆人皆知兵而維揚之武殆振而起矣飭法於誓告之餘而天威肅焉使大搜之后兵皆知方而敵愾之忠殆激而發矣如是則神氣日宣壯中國常尊之勢而威聲遠及繫萬邦拱極之心所以增洛水之大觀而綿福禄于未艾也其將在是矣乎抑戢干戈而求懿德有周家法也是詩胡以韎韐作師美其君邪蓋創業守成其道各有所重况周自成康以來日趨于文則武事不競可深慮也故諸侯首以作師爲言而末尤諄諄於家室家邦之保焉有以也吁易有復隍之爻書有克詰之訓皆是道也后之柄治者慎毋忽諸

允文文王克開厥後

王之猷

同考試官教諭戰批（開後處士子類發事功粗迹獨是作有真切之見而詞更典實一結寫出文武心事可稱作者）

同考試官學正邵批（文德武功發揚精確之子之好修耶）

考試官教諭余批（見理精切無一浮語）

考試官教授李批（理邃詞典宜式）

詩人本聖功有所自可以觀世德矣夫聖人安天下之功至大也而實前聖有以開之厥有本哉周公象武王之功爲大武之樂若曰一代之業有所以成之者必有以開之者武功則無競矣而豈無所本哉蓋我文王文明之賁有以照臨乎四方緝熙之光有以怙冒於西土允矣其文也故德之所在則可久而心源意緒無非啓□之謨業之所在則可親而創基垂統皆爲可□之道上而燕及皇天所以昭假於天心者素□而用集大命於是乎肇其端下而懷保小民所以固結於人心者深矣而撫有方夏於是乎托其始雖執競武王自有其德而實前者啓之則丕承之烈有所藉而易顯雖於鑠王師自有其時而實作者先之則善述之事有所乘而易措文在一世則開一世勛業之會而王業所由成者此也文在萬世則開萬世輯寧之治而王業所由守者亦此也長發之祥豈非我後人所當永念者哉是知允文者德也得武功承之而其盛傳於皇者功也得文德開之而其美彰周人爲樂以象之所以光昭其世者至矣抑是豈文之心哉岐山之節吾世守焉迫之而不應求之而不供吾心得以游乎

其天矣乃時純熙而子孫以功烈顯使吾身獲開後之名其何辭于天下吁其心固有大不安者矣雖然時至數窮武且奈之何哉知武之不得已益以見文之心

春秋

秋公會宋人齊人伐徐（莊公二十有六年）

謝思聰

同考試官學正劉批（兵凶器也聖人本不得已而用之况連師曠日又兵家之最忌者士子不達傳旨率多予之之詞獨此作渾融精確藹然有重兵之意録之）

考試官教諭余批（融會傳意組織成文可式）

考試官教授李批（措詞典雅）

春秋紀内兵而不致以其無可危之道也蓋莊之伐徐役不逾時而資不失勢無危道矣春秋所以不書伐至也夫徐在東郊世爲魯患伯禽昔嘗征之矣至是莊公返自伐戎之後再舉伐徐之兵而春秋不致者何蓋凡兵之用也曠日而不歸則老師費財民興胥讒之怨孤軍而無與則勢寡力弱敵啓窺伺之謀悉危道也我公之伐徐果有一於是乎以考其時非久役以妨農也方秋啓行及秋告至而不盡民財不盡民力矣以論其勢非失援以招寇也以齊爲主以宋爲輔而進莫予禦退莫予躡矣故興師動衆若不免行役之勞也而凱旋不愆其期則蓄鋭之旅雖無人以爲援吾猶謂公無虞也况復有犄角之勢耶兵凶戰危若不免意外之變也而協力不失其人則多助之勝雖永久而後歸吾猶謂公無患也况復無離心之衆耶噫古有省此徐土而不留不處君子以爲得用兵之時濯征徐國而不測不克君子以爲得用兵之勢莊公於徐殆庶幾焉而擬諸伐戎者不侔矣尚何至於危殆而不安哉故經略其至而不書見是舉也無所危則其歸也無所幸聖人之致意於魯深矣抑又論之北杏以來桓嘗主霸而爲魯伐徐亦睦鄰之義也春秋何序諸宋下而復以人稱乎蓋安天下者莫先於恤民而成大事者不計乎小屈則夫桓之以制用兵而以謙下人者正其經營之大始謀之臧耳卒之于幽盟而授之諸侯陘亭次而服乎强楚此五霸所以桓公爲盛也

春公觀魚于棠（隱公五年）夏五月宋人及楚人平（宣公十有五年）

張志

同考試官學正劉批（小事大名點掇清透而不尸不專處最得君臣大

體宜録以式）

考試官教諭余批（發揮君臣之義凛如鐵鉞殆經學之精者）

考試官教授李批（古雅可誦）

春秋於内君外臣而各譏其違道焉夫圖大者君之道共命者臣之道也魯之君宋楚之臣胥悖焉宜其見譏於春秋與昔漁師取魚魯隱因陳于棠而觀焉君子曰魚何事也魯公以人君而往觀耶肉不登俎皮不登器於軍國之務奚關山澤之利虞衡之司於君人之職何補以此而人君親之則不軌不物而亂政亟行矣當是時也周有共王不觀光以修臣職國有政令不觀風以察民情舍此之務而惟魚是觀敦臨之體戾矣經故特書以示譏不曰罔游罔逸帝王保治之明訓耶此義明而大君之宜昭然矣楚□宋急華元子反各輸情而結平焉君子曰平何名也二子以人臣而專主耶宋憊甚矣而築室反耕頓解於登床之告楚糧竭矣而矜厄退舍遂定於乘堙之盟以此而人臣專之則一操一縱而善獨歸己矣當是時也三卻而横見侵暴有大義之當伸兩廣而親御戎行有奏報之可待匪是之謀而惟平是棘代終之道乖矣經故稱人以示貶不曰專制私交臣鄰法守之深戒耶此義行而人臣之義凛然矣吁君不親細事臣不專大名庶體統不紊而上下相安也春秋爲正名定分而作其以是夫抑于棠之觀僖伯有忠言矣而隱則違之若華元之國斃不從不猶愈於季孫之甘盟城下乎君子因是以論魯事賢如僖伯而終身弗庸惡如季孫而世執國柄噫周公之業衰矣

禮記

大德不官大道不器大信不約大時不齊

劉應球

同考試官教諭周批（此題乃形容天道聖人之本講官器約齊處類涉浮泛是作挑剔精新發揮殆盡宜録以式）

考試官教諭余批（體認精切邃于學者）

考試官教授李批（文體莊裕）

記者論天人之至者而其用無窮焉甚矣體用有相須之妙也觀諸聖人天道而豫乎體者至矣其用寧有窮乎學記示人敦本之學也蓋曰有體有用者斯理之所以爲全而體具用周者天人之所以爲大彼理一而已矣自得之於心謂之德德之小者官之可也惟德爲聖人之大則心源渾涵乎溥博而時出自裕于無方克長而克君也宜民而宜人也隨其所任而人官不足以拘之矣自體之於身謂之道道之小者器之可也惟道爲聖人之大則合萬有而積

之盛自裁群動而達之宜可經而可權也允文而允武也隨其所應而器使不足以限之矣至若約非不可以言信也而信之大者不與焉惟聖人也至誠豫于前定而中孚妙于感通考之不繆於前焉俟之不惑於後焉殆不約而自同者也其斯以爲大信乎齊非不可以言時也而時之大者不與焉惟天道也氣序之推遷靡常而化機之消長莫測時榮而不一於榮焉時寂而不專於寂焉殆雜然而不齊者也其斯以爲大時乎夫其不官也不器也不約也可以觀聖人至德之有本矣其不齊也可以觀天道至教之有本矣君子欲希聖以合天者夫亦本之是務乎雖然聖人天道固以有本而用神矣然所以爲之本者維何亦曰誠而已中庸論達德達道而行之於一天地之生物不測而以不二歸之噫斯天人之際其無餘藴矣乎故曰誠者天之道又曰誠者聖人之本

然後聖人作爲父子君臣以爲紀綱紀綱既正天下大定

王純正

同考試官教諭周批（場中講紀綱大定詞多牽滯理未明徹是作一氣呵成體格端雅子真深於禮者）

考試官教諭余批（詞意純雅渾然天成）

考試官教授李批（順達可佳）

聖王乘時以制禮而禮教達乎天下矣夫禮者聖王維世之具也觀諸大當之世而紀綱正焉兹天下之所由以定歟昔子夏告文侯至此蓋曰聖王之御天下也建中以爲斯民之極而乘時以秉制作之權時維大當泰和充溢于兩間協氣均調于庶類而禮教于是乎可興矣聖人以禮不外乎人道而道莫先於大倫因其心之不可解而作爲父子之倫以教天下之親焉其在閨門之内者藹如矣因其分之無所逃而作爲君臣之倫以教天下之義焉其在朝廷之上者肅如矣禮之小而爲紀者咸取足於斯而异同之有别也禮之大而爲綱者咸統會於斯而尊卑之有等也夫之綱之紀既咸正而罔鈌則隆禮由禮自四達而不悖分定於禮之達而翕焉彛倫之攸叙者納斯世于範圍之内治辨於禮之具而秩然人紀之肇修者囿斯民于軌物之中百志成而禮俗刑焉因親以達其愛而天下之爲父子者定矣斯其示民有常而爲大順之治也歟道德一而風俗同焉因嚴以致其敬而天下之爲君臣者定矣斯其經世有則而成大同之化也歟是非大當之世無以正其紀綱非紀綱之正無以定乎天下先王之制禮夫豈强世乎哉此古樂之所由作也雖然禮樂不可斯須去身必泰和宇宙而後作禮教人則紀綱之在天下可一日無邪要之治定制禮自

聖人建極云耳若吾心之禮流於性術發於動静貫徹于古今上下者可徒以儀之綿蕞讓之未遑者概以爲繁縟而無關治化邪化邪噫能以禮讓爲國乎何有司世道者其尚諸

第二場

論

聖王修身立政之本

張鉦

同考試官教諭張批（聖人合天之道一敬盡之而修身立政皆備於是場中作者率浮漫剿襲殊覺厭觀此獨以天立説發明親切且詞新格古是論場矩矱也可以式矣）

考試官教諭余批（論議精當體格端雅有養之士也）

考試官教授李批（精粹峻整大家機軸）

聖王之御天下其致治也以道而其體道也以心夫心者何與天爲一者也天無私聖人之心亦無私天不已聖人之心亦不已故存之爲純天之心運之爲法天之治以之修身而非外飾也以之立政而非徒法也要之有本焉敬以□天而已矣德至此謂之盛德業至此謂之大業此古之明王賢佐所以交相儆戒以敬爲修身立政之本而善事其天也與今夫君受命于天者也所履者天位所代者天工命曰天命討曰天討典曰天秩禮曰天叙曷者非天曷者非所當敬也詩曰維天之命於穆不已於乎不顯文王之德之純語敬天也故身可修也不可得而私也喘息呼吸氣通于天肖翹蠢蠕悉吾同體作哲則明乎四目也作謀則達乎四聰也作乂□萬方祗訓也作肅則百辟儀刑也作聖則百物皆通也夫然後謂之修身而内聖之德備政可立也亦不可得而私也視中國猶一人視天下猶一家四維八荒皆在我闥而中外宫府相待一體禮以節乎萬民也樂以和乎萬民也仁以育乎萬民也義以正乎萬民也夫然後謂之立政而外王之業成人見其德之盛也以爲聖人同天之神也業之大也以爲聖人乎天之化也而不知所以爲神化之本者亦惟純心以事天而已蓋心者神之樞也化之機也而敬以純之則若握之樞焉而闔闢變化惟所運之若執之機焉而張弛操縱惟所命之而神化與天地同流矣是故聖人知心之所係若是其甚重也而純心之功不容已焉故賢人君子可以維持此心也則親近之憸夫壬人可以眩惑此心也則疎遠之于佚于游于觀可以怠荒此心

也則禁絶之省察于玄默寧静之時而惟恐奪之于聲色玩好之際防檢于清廟明堂之顯而惟恐失之于深宫邃密之中慄乎其若履薄冰也惕乎其若臨深淵也懍懍乎若朽索之馭六馬而虞其奔軼也欲有一隙之投懼其戕吾天也而克治之必力理有一息之間懼其褻吾天也而操存之益密如是則敬純於心心純乎天而又何身之有不修政之有不立也哉故不視奇邪不玩綺麗返精内照以養其明而所以明四目者此敬也不聽鄭聲不聆淫辭閑邪存誠以養其聰而所以達四聰者此敬也不易話言不數命令簡煩節躁以養其辯而所以訓萬方者此敬也不履非禮不存怠惰順正去邪以養其體而所以刑百辟者此敬也四體既正百司攸存湛明内藴泰然天君而政教號令時措咸宜所以通百物者此敬也故觀于其都鄙朝野則君子有敬小人有讓男女有别少長有節而禮可知焉人樂天休頌聲諧作昭德象功情文具備而樂可知焉百僚師師百工熙熙萬姓恬逸四海寧謐而仁可知焉謹權審量虔度憲令八法不奸四鄙不警而義可知焉人見其禮樂備而仁義著百體順而五事修則曰此聖人之政也此聖人之修身也而亦孰非其純天不已之敬以爲之本乎苟其敬之有未純也則有間之心不足以凝神無本之政不足以達化而身之不修政之不立無惑焉噫此聖人所以祗敬以事天而不敢少違者也嘗觀三代盛時身克修矣政克立矣其臣之陳戒于君者猶惓惓焉不曰欽厥止則曰疾敬德不曰天命自度則曰克自抑畏不曰治民祗懼則曰王敬作所誠有見于天之不可違而純心之功不可已也故知所以純心則知所以修身知所以修身則知所以立政而内聖外王一以貫之而無餘藴矣故曰帝王之治本于道帝王之道本于心帝王之心本于敬三代以降聖學湮而王道不明侈心于多欲加志于彌文而本之則無寥寥乎千載無以紹聖王之休者均之無得于聖人純心之道者也噫篤恭而天下平非善事其天者奚足以語此

表

擬聖駕大閲賜廷臣白金文綺謝表（隆慶三年）

劉應球

同考試官教諭周批（典而麗正而葩鳴國家之盛典狀廷臣之感奮讀之宛如在目非徒四六之工而已敬服敬服）

考試官教諭余批（藻麗莊雅蔚然含章深得敷凑體格録之）

考試官教授李批（古調雅詞忠悃溢發）

隆慶三年九月某日具官臣某等伏蒙奉聖駕大閲賜臣等白金文綺有差謹奉表稱謝者伏以聖武弘昭四海仰威嚴之治皇仁溥賚群工沐浩蕩之

恩曠睹鴻猷渥頒駿惠歡騰朝野慶洽華夷臣等誠懽誠忭稽首頓首竊惟軍國之大事在戎安攘攸賴帝德之廣運乃武簡練維先軒黃肇涿鹿之兵威加鈇鉞虞舜振洞庭之旅化格羽干凝商鼎以中興殊方奏三年之績綿姬服於再造四牡興六月之師陋哉灞上之陳侈矣幕南之役禁中習射祇襲彌文殿上觀兵奚裨實用遡稽往牒適遘昌期恭惟皇帝陛下睿資神授英武天成蚤毓元良聖學日躋於宥密嗣承大統帝心時保於幾康崇儒以幸辟雍勤民而躬耒耜既睹太平之象尤懷至治之虞爰乘暇於右文乃咨謀而經武睠惟營制創自熙朝敕司馬以戒期卜云其吉御六龍而至止動惟厥時壁壘萃貔貅依九天之日月羽林騰虎豹列八陣之風雲霜戟排空氣横六合星旗映日勇作三軍律嚴步伐止齊嬉懦頓消於指顧機運弛張動静精神迅奮於馳驅億萬衆共惟一心能事信回天地十二營旋繞萬乘先聲可動鬼神壯國威于一時遥落氈裘之膽振神氣于千載坐清沙漠之塵忻曠典之告成霈洪恩而普賚既先加於將士因推逮於臣工金頒天府之藏光浮三錫綺散天孫之巧文絢七襄輝輝太素之精掩映隋珠下璧燦燦玄黃之篚昭回蜀錦越裳如圭如璧而如璋邁禹貢雙南之價有度有恒而有量式虞廷五服之章稽首珍函感聖恩之陶鑄拜嘉祇服仰帝德以裁成臣等質本鈍頑功未加於砥礪學慚經緯職靡補於絲綸覲咫尺之龍光恩深挾纊叨异常之駢寵志切揮戈愧非元老之猷勵微忠以堅百練竊附終軍之請累寸縷以補萬機誤披揀於石沙作礪肯辭乎衆鑠沭解推於寒素服勤思褫乎崇朝濫趨簪笏之班莫繪天工之大伏願洪鈞握化纘服凝禧居重馭輕仁義甲兵之互用宅中圖大干戈禮樂以兼施精人鑒以賓賢範九土雍熙之化篤緇衣而經國被八埏含育之春奠萬載之金湯屈人兵於不戰貢四夷之玉帛拱至德以無爲臣等無任瞻天仰聖踴躍感戴之至謹奉表稱謝以聞

第三場

策

第一問

王録

同考試官教諭張批（帝王之學全在正心其要又在經筵召對史職諫官之修舉此我聖祖正心懋學爲萬世□者是作能揄揚明備而於聖天子典學法祖之大端條答周詳篇終歸重養心尤得肯綮他日敷對大廷必能媲美昌言以裨聖治萬一矣敬服敬服）

考試官教諭余批（發揮聖人心學之妙周渥詳盡有士如此殆海岱之鍾英明時之碩彦乎允宜高薦）

考試官教授李批（抑陳懿矩俯攄謨弼種種可見行事宜録以式）

人君之學有進修之要焉純心是也有進修之準焉法祖是也夫藴之淵微冲然虚者心之體也而主宰常凝萬幾從理純心之謂也作之於前粹然正者祖之德也而一德相符嗣光紹烈法祖之謂也宋儒范祖禹曰人君一心唯在所養真德秀曰唯學可以養此心知此則我聖祖之所以開天履道而純心學於前我皇上之所以纘服凝圖而繼心學於後可得而鋪張揚厲矣請敬陳之胡安國有言明君以務學爲急聖學以正心爲要嘗稽諸古堯以執中而開心學之原舜以精一而闡心學之藴祇德孜孜者禹也顧諟日躋者湯也緝熙敬勝者文武也數聖人者相授守一道此其心學何如也然且闢門咨岳矣好問好察矣拜昌言勤三聘矣克知四友而推心十亂矣若不敢一時暇豫一善遺忘者當其時師錫馮翼之臣曰敕天幾康也儆戒無虞也隕淵馭朽也臨保式入也刀劍户牖也其所以吁咈於典謨而箴弼於命誥者又何勤也上下交孚明良相洽此學之所以卓乎不可及而心之淵乎不可窺也嗣是而後尊臨統馭者非無英君誼辟也而正心之學不聞左右贊襄者非無哲人吉士也而格心之功不著其於二帝三王之心學概乎未之有得也自今言之經筵之典即賡歌獻替之遺風也所以涵養君德者莫先矣程頤爲講官而請坐講殿上神宗悚然起敬其道隆矣然實效未臻所謂法語之言從而不改者也蘇軾陳新法而爲反覆開導哲宗翻然感悟其説詳矣然實用不究所謂巽語之言悦而不繹者也况敬不由衷悟非心得何救於熙寧熙豐之亂乎召對之儀即咨詢敷納之遺意也所以係關理道者至切矣魏相之輔宣室每入奏事而隨事隨陳可謂事君無隱也然徒取上意之稱而渾厚之意浸微陸贄之佐德宗奉天奏議而論事剴切可謂謀國殫心也然争誇小相之能而尾大之危愈甚况操切日深前車弗鑒奚免於基禍中衰之弊乎周官設左史紀動右史紀言凡以備觀省昭鑒戒也文皇假仁違道身範隳矣而欲自觀史非誼也遂良固執以爲不可殆庶幾遺直之風焉仁宗任賢圖治君道立矣而史職未備□典也范鎮請於禁中設起居注殆深達慎獨之幾焉然慚德罔終委隨不振又寧已於識者之恨耶太史掌師氏詔嬍保氏諫惡凡以弼愆違光主德也汲黯力寢淮南侵畔之謀聲動漢庭矣而漢武不冠不見是以嚴見憚也然多慾之累無改焉則可其奏者虚文爾魏徵力罷封禪征遼之議功載唐室矣而太宗疏比韋弦是以直見重也然穢德之風日熾焉則人爲鑒者空言爾况窮黷中虧彝

倫内潰又何以逃君子之譏耶之數君者原其始無正心誠意之功故究其用寡純心用賢之實是以遂非文過而終安於雜伯雜夷之陋也奚异哉洪惟我聖祖肇造家邦混一六合巍然成功千古卓冠矣而萬幾之暇留神心學日惓惓焉晋基濂輩相與圖維講究其正心也則語侍臣曰人心虚靈乘氣機出入操而存之爲難朕罔敢自暇自逸嗚呼是心也即二帝三王兢業慄翼之心也故存心有録精誠有録觀心有記無逸有訓而聖言赫奕者莫非防檢此心之意焉其務學也則語講官曰官翰林者雖以論思爲職然既列侍臣旦夕在朕左右凡國家政治得失生民利病當知無不言嗚呼是學也即二帝三王虚懷聽納之學也故白虎論易武英論書讀論語嘉治國之要讀孟子究仁義之旨而聖學光昭者莫非始終典學之要焉蓋其心之存也瑩然如水之澄而無纖芥也空然如鑒之明而無遺照也粹然如良玉之潤而純潔無瑕也融然如精金之耀而光彩奪目也是以達之政也如天覆地載而無弗被也如日照月臨而無弗見也如甘雨湛露而無弗涵濡霑足也如風行雷動而無弗披拂鼓舞也盛德大業至矣哉所以衍千聖之心傳開萬世之太平以爲聖子神孫之法程者善矣美矣我皇上躬睿哲之資撫綦隆之運臨御以來四年于兹講幄弘開忠讜彙進紀元一詔而海宇覃恩尊親一詔而孝思維則以至幸太學親郊廟秉耒耜閲營兵拔擢遺英褒獎忠直廣言路以通耳目恤灾困以賑饑荒教稼穡宵勤憂蝗露禱其敷帝德塞皇猷八埏九域蒸蒸洋洋遠邁帝王而近符烈祖者淵以穆光且大也執事猶欲於進講奏對紀述陳謨期以弘啓沃效贊襄肆蘭臺之直筆揮彤陛之昌言愚有以知盛心矣夫皇天眷命猶廑儆戒之謨萬邦作乂不廢幾康之弼人臣愛君之心固無已也敢以輔養聖德而光昭祖烈之四事爲今日獻焉一曰肅進講之規夫鳴玉龍墀殫思鳳閣清華之選備矣而錦帙牙籤非不日侍經筵也然尚未副望道之懷何歟愚以爲講畢進規先朝有之矣請一法之凡時政之得失人才之進退不厭煩瀆務求聽納如程頤賢哉回也之章真足以格君心可也二曰復召對之規失寰極靡涯隱伏無盡休戚之關大矣而連篇累牘非不日請召對也然尚未見施行之實何歟愚以爲御門論政先朝行之矣請遂復之凡軍國之利害人品之邪正每日奏對務竭忠猷如韓琦相争如虎之事真足以裨實政可也三曰備史紀之官出入起居君德惟彰左右前後鑒觀攸係史職之不可不備也審矣高廟嘗設起居注矣永樂間始罷之亦朝家故事也愚請仿唐宋柱下史日輪一人起居禁中隨事輒記而他日之實録稽焉不必更設其官即專屬之瑣闥之臣可也四曰重諫諍之職從諫克聖古有明徵朝無諍臣則不知過諫官之不可不重也明

矣頃年以來言路開矣而報章稠疊實用則疎也愚請體祖宗設官初意專精其任知之必言言之必聽而昌時之政治賴焉務使誠心直道不徒事於章奏之文可也夫然則衆思集而忠益弘我皇上所以懋純心之學弘法祖之烈而遠紹帝王心學之統者或可仰禆萬一矣雖然有本焉君心是也尤願我聖天子凝神宥密澄慮静觀察理欲於幾微敦培養而匪懈使虚明之地一疵不存化理之原萬用攸裕然後善言觸而江河若决心學純而德業兼隆凡經筵召對無善弗庸史職諫臣有言必入而聖神文武之德廣運於無窮翼爲明聽之賢周知而不爽殆與祖同符而與天爲一者矣書曰始終惟一時乃日新又曰視乃烈祖無時豫怠此固聖天子法祖建中之盛而緝熙聖學之原也執事以爲然否

第二問

傅光宅

同考試官教諭戰批（經學不明本以諸儒多言所晦所以千載無真儒百世無善治此耳是作發明經學明晦之由而折衷於宋儒卓有定見且能開示來學使知趨向其禆益於世教弘矣録之）

同考試官學正邵批（以五經爲聖人不得已之言而以多言陋漢儒以躬行心得開來學可謂灼見道體矣子其有造者耶）

考試官教諭余批（妨經病道每以古今儒者虚談之故子剖析諸儒闊論而末歸重於躬行可以與言經者）

考試官教授李批（議論有根據引援有藴藉剖斷有識見不凡之士也）

聖人之經所以明道也而萬世之心學以開諸儒之談經所以立言也而五經之真源始晦夫道何有于言哉天地之初道且無名也而何有于言惟風氣日開道體爲裂則時之變矣聖人深憂之不容於無言也於是乎五經出焉於是乎删述定焉苟以明吾道已耳不得已而然者也而豈其心哉後世諸儒之談經也不然焉可已而不已者也或發於意見或激於辨駁立言以成一家其詞非不精而終爲輪轅之飾其理非不粹而不免步驟之私吁道本無言而强言之已非聖人心而至於紛紛多言焉又至於純駁相參焉則道體於是乎愈裂而五經真源於是乎晦而不可尋矣吁愈多愈晦吾固憂其所終也夫六經不明天地閉塞所關不小請因執事下詢而陳之粤惟未始有物之前亦未始無物之後有伏羲堯舜禹湯文武周孔之爲聖易書詩禮記春秋之爲經所以發天地之秘而立民命開太平者至矣然所以垂法萬世與天地相爲始終者惟孔子集群聖之大成精删定之心法易張十翼以黜誕禮樂正五紀以黜

僭詩書列四始四代以黜不雅春秋著五例以黜不王六經之道又一開闢也譬諸爐天地工日月以爲洪鍾豈錚錚細響者飾聽哉當是時也顔曾思孟獨得其宗而七十子各有所受以傳於諸侯之國易有子木而授於衛焉詩有卜商而授於西河焉春秋有左丘明而衍爲國語焉南宫敬孔伋各有以授於魯宋焉道在六經是又當陽爝火其光同炳也何嘗一日佚其緒哉厥後秦火烈焰六經沉寒易幸以卜筮存矣而猶失説卦三篇其後得之於河内能皆其全文乎書幸以孔壁存矣而猶失泰誓一篇其後得之於河南能皆其原旨乎詩以諷咏得全而觀素絢棠棣之逸其散失者衆矣禮以尊君得采而觀考工記之補其附會者多矣一時編簡存者無幾泯泯紛紛無所考據豈非斯文之一厄而世道之不幸歟自今考之連山歸藏以并易矣然成言乎艮而連山以艮爲首義何所取乾統八卦而歸藏以坤爲首乾何所列其象山出雲筮堯二女之説尤爲怪誕唐州僞書之疑似未始無見也至若焦贛之易林十六卷洼丹之易通七篇鄭玄之易緯易贊易論三首李見之易樞十卷阮逸之易筌六卷古易則吕大防晁説之王睢陽吕祖謙周璠五家皆以擬易然不過象數之詞耳於四聖之旨何補雖五家援經立論不出易道本旨而改更次序各以師承自難信矣况其他乎三墳五典以説書矣然山墳氣墳形墳之傳各以象明連山歸藏坤乾之屬各以意定其三皇三墳五帝五典之説尤覺玄遠太史不雅之稱似未爲無指也至若歐陽夏侯等之九家書劉向之校三家經文鄭玄之尚書中候劉陶傳之中文尚書王粲之釋問崔良佐之演範楊繪元素之九意□則謝沈王肅范甯李顒姜道盛等二十五家皆以擬書然不過訓詁之詞耳於典謨之旨何益雖劉向傳經刋誤不出中古本法而所傳五行即多乖戾不可傳矣况其餘乎擬詩者王肅毛詩則義駁八卷奏事一卷問難一卷劉璠則箋傳是非二卷韋昭朱育則答雜問七卷非不各有意見而取舍各殊即非逆志之得夫詩自魯申公立訓而轅固韓嬰各加傳疏當時皆善説詩者而已病其非本義矣况王韋輩又其支流者耶擬禮者大戴則删古禮爲八十五篇戴聖則删大戴爲小戴爲四十六篇馬融則足月令明堂樂記爲四十九篇高堂生傳士禮十七篇非不各有考訂而詳略互异恐非會通之觀夫禮自河間獻王始得而劉歆校理遂加著録當時尚去古不遠而已苦其多缺逸矣况德聖輩又多采附者耶春秋自經聖筆遂列於經然考於前古經外傳等有二十三家矣公羊穀梁等有四家矣是孔子之前不已有春秋之名耶而感時垂戒特托其書以存王迹焉耳故曰其義則丘竊取之以此左氏傳二十公羊傳十二穀梁傳十五皆依經辨理各成條段先儒有或誣或短或俗之譏矣要之則左

氏義嚴君父其主爲正賈逵作長義以别之不亦公乎郗萌圖緯五十篇董仲舒繁露十七篇劉兆調人萬餘言皆錯經合异各有指趨先儒有失真辨讖之詆矣要之則仲舒義引宏博其學爲醇史記即著文以推之不亦正乎何休五始三科九旨七等六輔二類不過謂元年春王正月公即位等之凡例耳初無深意晁説之譏其持負公羊之學豈非有厭其紛紛耶噫天地聖人之秘盡於五經而垂憲之功成於夫子至矣盡矣無以加矣而後世散於百家蕩於末流溺於學者見聞之外若此其浩博焉將欲明道適以生岐矣將欲翼經適以增障矣昔堯之授舜曰執中而舜復益之以精一夫精一之於執中未遠也而中之渾淪者離矣孔之授參曰一貫而參復益之以忠恕夫忠恕之於一貫未遠也而一之渾淪者離矣故聖賢兢兢焉惟恐其言多而病道其曰精一曰忠恕不得已而言者也孔子曰予欲無言言且欲無况多耶精一忠恕四字耳且離道况載籍累累耶予故曰諸儒立言而經始晦者此也嗚呼夫子没而微言絶七十子喪而大義乖聖賢懿訓奥旨僅得一二于煨燼之餘其枝鳴蹊唱且不暇責之至如申公切躬行而僅談巡狩轅固譏曲學而緘口罷歸珍名而砆質也夏侯垂意青紫而以明皇極爲梯航匡衡溺情阿附而以陳關雎爲壟斷設樊而攘鄰也兒寬以循良而贊封禪之謀歐陽歙以世書而不救多賕之敗張禹以帝師而不抑外戚之權其口聖而腹魔者乎鄭夾漈曰秦人焚書而書存漢儒窮經而經絶豈盡謂其學之訛舛哉是故漢無經也唐尚詞賦去經遠矣暨宋儒學術純正五經中興至今宗之然語曰醴酒之美明水釀之文綺之麗素絲織之貴其始耳向非漢儒掇拾六經於前千載之下宋人孰從而考之哉此漢儒未可深疵惟在窮經者知經所以明晦耳學者誠能由宋儒開示之端以尋五經之緒由五經已言之象以會群聖無言之真而又反之吾心以求根本體之躬行以驗實得如嫉奸權之專而必知幾于吉凶如格藩主之非而必不事於縱鬮出游諫矣書必行於致主法戒陳矣而詩必用於拾遺訓釋注矣而言不遷於顧問則進退語默皆經也其不有以翼五經之明哉故曰窮經以道會道以心吾心有時中公正和敬之道而易詩書禮樂春秋之原渾如也所以管轄百家筌蹄六籍上下乎千百載之間而無古今者恃有此心焉耳否則約焉則剪芟經傳博焉則决裂義理未見其少得於毛楮間也故曰學不窮經則妄經不求心則浮惟執事進而教之

第三問

王見賓

同考試官教諭馮批（心術學術相須爲用而心爲本是篇揚搉古人辨

析精當末復以盡心致望人臣尤爲喫緊此必心正學純不詭流俗者他日立朝功業可豫詹矣主司者不勝慶願焉）

考試官教諭余批（心學大明場中類能言之而直行素藴自待以古人誠不多得有士如此咸當退讓三舍矣高薦何忝）

考試官教授李批（剖析心學幾微精詳懇到而識見卓絶遣詞高古佳士佳士）

萬化原於心也君子純其心而大本斯立萬理會於學也君子正其學而大用斯弘夫心者學之本也天下固未有心術不純而可以語學術之正者也學者心之著也天下亦未有學術之正而不本於心術之純者也古之人惟其立心也至一而不二可以質鬼神盟天地而純乎無所於雜故其爲學也務實而無僞可以植世教淑人心而粹然一出於正窮則以道自守而不爲枉尺直尋之謀達則以道致君而必成光明俊偉之業此固心術與學術相符而全體與大用交暢德則爲君子之盛德業則爲君子之大業寧非世道之攸賴耶且夫心術學術之辨何昉也書曰惟聖罔念作狂惟狂克念作聖夫聖狂遠矣罔念則聖可爲狂克念則狂可爲聖即所謂一則純二則雜也而心術不辨於此乎孔子語子夏曰汝爲君子儒無爲小人儒夫君子小人遠矣爲己則爲君子爲人則爲小人即所謂誠則正僞則邪也而學術不辨於此乎然孟子謂鄉愿自是之心即不可與入堯舜之道程伯子謂多識爲玩物喪志即爲己爲人之分是心術之純雜學術之邪正其幾亦甚微矣故不必拂禮背義出檻紓籌者而後爲心術之疵凡懷一念之私不可對人言不可與天知者皆罔念也皆狂之類也不必離經畔道歸楊附墨者而後爲學術之僞凡投一時之好炫奇説异飾貌文奸者皆爲人也皆小人之心也謹其微而後心術可純充其類而後學術可正審若是則心術學術果有二致乎哉要之事心即所以爲學而心術又學術之本也心術純則學術自正不能純其心術而謂學術之能正者否也不能正其學術而謂心術之獨純者亦否也求之於古純其心以爲學者伊傅周吕其選也自今觀之阿衡左右之績隆矣而樂道必嚴於一介舟楫鹽梅之烈盛矣而啓沃惟本於一心篤棐王家其精誠足以動天地丹書入告其訓戒足以炳古今伊傅周吕之心至純而不雜也至誠而不欺也至正而無邪也所謂無不可與天知無不可與人言者也心術既純則學術事功皆出於正其所以光盎商周聲施後世者豈無自哉嗣是而後心術與學術岐而爲二伊傅周吕之業始不可復睹矣是故始終爲韓留侯所以善藏其用也而孔明感激馳驅其出師一表慷慨之節迄今可想心事青白希文所以自任之重也而文山

精忠貫日其正氣一歌誦之凛然猶有生氣之四子者心術可謂正矣然四皓之招疑於智誘而勢劫劉璋之取疑於離經以用權君子猶有遺憾焉若夫先憂後樂之志待時而動甘荼如飴之操視死如歸非有得於學問之功不能也又豈可以例論哉下帷發憤仲舒可謂鋭志經術矣而昌黎作原道以詆佛辭而闢之不遺餘力鳴道涑水温公可謂究心正學矣而歐陽氏力復古文茁軋之體倏焉厘革之四子者學術可謂偉矣然孟簡之答貽求售之羞濮安之議取諛君之誚君子深有不滿焉若夫明道正誼之論度越乎諸儒天若祚宋之言近於終條理非有得於事心之功不能也又豈可以并觀哉要之學有未正者必其心有弗純而純心固正學之本也洪惟我朝列聖相承道化旁洽講學明道之士紀載於皇明名臣録與理學名臣録者後先相望夫既班班可考矣然求其以純心而崇之爲正學者亦不多得章溢學主於誠而以廉耻勵風俗黄福學根於正而以剛直激人心立教不同要之皆有本之學也李時勉以道淑諸人而封事屢上胡居仁衛道任諸己而屋漏無愧出處不同要之皆經濟之學也乃若可以爲師資之宗者非薛文清其誰與歸踐履篤實抗志浩然威勢不怵其心去就不違其義卓然以明道自期其心庶乎不雜而其學庶乎粹然者矣兹又非杰出於名臣之中而爲諸子之所揖讓者乎愚竊慨夫理學未嘗不明於天下而學者竊其名以自欺也記曰言從而行之則言不可飾也行從而言之則行不可飾也聖人之道貴實而賤飾蓋如此後世以學術名者吾惑焉雍然非不著有道氣象也剴然非不闡有道議論也軒然非不以有道自高人亦非不以有道尊之信之也然而見利則動遇勢則惕臨死生禍福之際將有茫然喪其所守者斯亦奚取於學術哉甚者詞襲老莊而言知性術用管商而曰識治矯情鎮物而曰雅量倨傲鮮腆而曰養高假恬退以階仕進事遲鈍以謀速化示朴野之形以藏其機械之巧立孤狷之行以濟其貪婪之欲倡公平之論以行其攻訐之私崇詭激之節以肆其傾□之毒此又學術之大蠹而飾名者之滋其弊也噫豈獨其學術之僞哉由心術之不純也兹執事之所隱憂也然則欲正其學術者宜何如先正其心而已孔子曰臣事君以忠夫忠者無他純心之謂也無所爲而爲者也故天下有借其事之公以濟其心之私者是其心爲私也非純也忠臣苟利社稷遑恤其私必絶其一念之私而後謂之純心有成天下之事而欲享其名者是其心爲名也非純也忠臣事專報主何有於名必祛其徼名之念而後謂之純心人君所可知所可見而盡瘁以圖之者是其心爲君之知見也亦非純也忠臣誠一不二何間隱顯必泯其爲知見之心而後謂之純心心純則其學必正心雜則其學必邪唯在上者早辨之

耳實鏡之於妍媸而一照莫逃非妍媸之莫逃也以實鏡之空自不能逃也離婁之於曲直而一視罔遺非曲直之罔遺也以離婁之明自不能遺也故考學術於心術則學術無疑考心術於事爲則心術不爽愚故曰心者學之本也唯於心而辨之則所用者皆純心正學之君子而所建者皆光明俊偉之事功由此以媲美伊傅周吕以共成三代盛治無難也然則察心術以稽學術身世道者可不加之意哉執事以爲何如

第四問

劉應球

同考試官教諭周批（營田水利二者皆東省急務子能指陳利弊若燭照數計鑿鑿可見諸實用至於歸重得人尤爲知要識時務之俊杰舍子其誰耶）

考試官教諭余批（區畫墾田治水之方酌古宜時明如指掌是留心經濟者）

考試官教授李批（時務民情處置明悉有用之文也）

天下猶一家也司牧者貴有以體其情而達天下之政天下猶一身也治農者貴有以審其勢而成天下之能蓋吾之民其子也而牧其慈母也無知之子能舍慈母而他依哉亦惟于情焉體之而已矣水之流其氣也而源其喉咽也不息之氣能舍喉咽而他出哉亦惟于勢焉審之而已矣今民之利不興而水之害不已是視天下之民未必若家而視天下之水未能若身也執事以營田水利爲問噫此誠切慈母之懷而憫喉咽之患者乎愚嘗博觀古今之故錯綜利弊之原而知其萬一矣且屯田以兵吾嘗聞其説矣而營田之制何昉乎蓋主于撫不耕之民而墾不毛之地者也漢唐屯營之參制而兵民絡繹焉自塞下之募先零坐困河中之倡衆庶勸耕善于經裕者充國子儀其選矣其間寓滑水而民安堵佃許淮而資富强襄陽十年之儲度支十萬之省代亦享其利也而夷考其宋之創於唐鄧襄之州置屯務以司其營於河北東西之路置營使以督其屯度地勢辨方宜驅游民以闢曠土不逾時而地有餘利民有餘粟焉陳恕承矩之議有不可采而用之乎漕河以運亦嘗聞其概矣而水利之制何始乎蓋主於酌瀦泄之時而資田疇之利者也大禹疏鑿之成功遺迹可稽焉自腴□之穿而繁田獲潤滑渠之灌而關内□收善于開濟者文翁鄭當時其最矣厥後鑿六輔於高田導涇水於陽堰疏雷坡而源以畜引黄河而地以滋世亦霑其惠也而追考于宋之時許氏之修堰踵相國之規趙氏之築堤輯信臣之址芟蘆葦變沮洳時耕作以成膏腴迄于今而民不改聚地不改闢焉景山尚寬之法有不可仿而行之乎夫井牧廢而先王兵寓于農之意荒矣

此家給人足之風不可望於今日也阡陌開而先王經界溝洫之規壞矣此旱乾水溢之患不能免於今日也時殊政易三代之所以善治者既非後世之所能因而與時變通漢唐宋之可以宜民者要在今日之所必講也今山東以誉政言之土多磽瘠地當上衝賦役百出于閭閻供應多方于孔道公家告匱切剪爪及膚之艱民罄久懸率捉襟露肘之態矧不登屢歲待哺空嗷宿課未償而新輸繼集使羸稚轉於溝壑妻孥携于道路幸偷一日之生奚懷故土稍免目前之急寧畏重遷邪斯時也得其人以區處之投其所至願不强其所不堪一招徠之下而民之涣者萃矣執事乃曰司牧者其秦越之心乎噫民罔常懷懷於有仁使牧而不爲之所也是猶惡漏巵者而不思所以塞其隙焉耳烏乎可哉以水道言之會通受派于黄河支流合泉于汶泗淫澇久而魚臺曹單之防必潰衛河漲而舘陶清源之害孔殷環二郡千里之間成奔突四出之勢且大清之入海肇平陰而會諸濱小清之入海自趵突而沿諸漯特其河流久塞故道悉湮决鄒長清滸之泊漫浮苑博匯麻姑諸水之衝漸圮齊城斯時也得其人而疏築之防其所害而導其所歸一經畫之間而水之危者安矣執事乃曰司農者其鄰壑之謀乎噫善治水者不與水争利使水而坐觀其變也是猶欲止沸者而不知所以去其薪焉耳奚可得哉雖然循屑屑之簿書而不切百姓之痌瘝者於治奚補是不仁而不可爲也校瑣瑣之尋尺而不慮百年之遠大者於害奚除是不智而不可爲也明問所及而豈徒哉昔三晋磽鹵有耕之人鮮其地關中饒廣有耕之地鮮其人秦誘三晋之人利其力而俾世復焉卒之富强甲于天下不可謂均民無術也今平原廣隰亘千餘里皆齊魯舊封卓稱雄霸者而乃蕭條極目一望成墟遷徙無恒流離殆盡得非司牧者所當加之意乎蓋不必別立一規制也以愛民之實心行撫民之實政通古今之變求民俗之同相可耕之地而制畝焉量能耕之人而均力焉給所耕之器而備資焉豫宜耕之時而瀦泄焉俯仰有賴恤其私也徭役有貸裕其本也惰勤有令作其氣也豪詭有懲屏其蠹也又必聯繹於保甲而固結之志堅視成於三年而高下之額定漸征於五年而生息之道蕃凡可以體其情者罔不至矣如是則恒産以植恒心自存三年耕必有一年之食也九年耕必有三年之食也胥將愛戴之如慈母而寧忍于去之者乎監司者於此而需其久任課其殿最焉無田不税無農不耕内以實壯勇於什伍之外而神氣益振外以實儲積于常數之餘而元氣益充雖趙郭之經裕不是過也豈特如陳恕承矩之議而已哉昔先儒謂禹之治水只從低處下手下面之水既殺則上面之水必泄又謂禹不惜數百里之地而疏之爲九河之殺其勢是即所謂行其所無事也今會通

清河溯源九曲皆神禹平成疏鑿遺矩者而乃鯨波漲天墊溺奚禦黿拆遍野焚嘆曷援得毋治農者所當豫其策乎蓋不必別有所謂輸運也因其性之本下順其勢之必趨功求其必濟利求其必興兖郡之屬會通之上流也黄之怒濤震撼而非人力可遏若灉沮雷夏之疏而漸殺其威焉可也濟東之屬會通之下流也衛之湍溢迅發而非人謀可加循故河枯河之址而益捍其決焉可也小清之淤既所當浚則全濼之水必不能容也分其半而俾堤之高且固焉則孝婦岔烏之諸河有所受而爲地中之行有所泄而無旁潰之患矣齊東之城既在必移雖分濼之水亦無所妨也導其流而俾溝之深且廣焉則由柳塘陳愷而下直抵于大清而無有滯隔會歸于大海而無有泛濫矣夫明于支派而達自然之宜參于舊址而察已然之故時于浚築而豫未然之防凡可以審其勢者罔不周矣如是則旱澇無虞居食胥賴京師之襟帶無壅也省會之脉絡分明也誠有如一氣之流通于喉咽而寧復有虞之者乎監司者于此不計功于旦夕不撓議于道旁廓永賴之洪猷闢無前之美利上以奠千百年國儲之計下以貽億兆姓生靈之休雖文鄭之開濟不多讓也豈止于景山尚寬之法而已哉嗟夫營田水利之法猶之朝饔而夕餐也夏葛而冬裘也其誰不知利害之重且切乎其誰不知利害之興且去乎而慮後瞻前者徒掩目而竊嘆踵常襲故者竟袖手而旁觀間有志之鋭而或昧于通方猶鼓瑟而膠柱有任之勇而或泥于欲速猶計程而裹糧此大學理財之章必歸之用人良有以也使有當世之豪杰者在焉小功勿圖也而澤及生民者則慨然爲之近利勿謀也而功在萬世者則毅然任之察上下之情達變通之勢以天地之利生天地之民以國家之財裕國家之治核文莊之議雖西北之牧苑坊監莫非可墾之地也據單鍔之言雖東南之淮徐震澤莫非要害之水也舉而行之謂非今日之要務哉此固明問所未及而愚生未敢悉陳也倘與其進焉尚有調停綜理之術久安長治之猷爲執事者獻也

第五問

謝思聰

同考試官學正劉批（條答荒政甚悉以經權立説雅詹碩畫具文勢起伏詞意曲折如江河順流波瀾不竭非淺學所能到宜録之以傳不朽云）

考試官教諭余批（推極民隱而預防拯救歷陳良法先憂之志溢于言表非凡士也）

考試官教授李批（籌量荒政剴切詳盡取之）

善爲國者有經世之大法有濟時之大權何謂經務本節用豫立於未事

之先使天下宴然自裕其休者是已何謂權審機達變推行於有事之日使天下帖然不知其患者是已惟經定於豫則不必天下之無患而恃吾有素定之猷權達於時則不必其患之先弭而恃吾有濟艱之策以是圖治裕如矣執事策士時務而以備荒下詢誠經國遠慮也謹拾所聞以對夫天道能鼓化以阜物不能使氣運之無愆王者能奉天以利民不能使地產之恒足是故水旱爲灾堯湯憂之而卒不能爲民病者以有荒政耳然昔人謂救荒無上策非謂荒不可救也蓋以備荒爲上救荒則已後時矣以周言之遺人掌邦之委積以待施惠鄉里之委積以恤艱厄縣都之委積以待凶荒所以備於未荒也廩人掌九穀之數以歲之上下數邦用以論年之豐凶所以慮其將荒也大司徒以荒政十二聚萬民始於散利而終於除盗賊所以救於已荒也濟天時之不常補地利之不足經權并用有非後世所可及者由周而後臧文仲有無相濟以備旱敬仲輕重相通以計國耿壽昌之立常平李悝之作平糴戴胄之建義倉長孫平朱元晦之建社倉此未荒而先備也汲黯矯制發粟富弼以縻活民盧坦平價宣歙畢仲游賑恤耀州此適荒而救之也蔡文忠之弛鹽禁韓魏公之蠲租稅趙清獻之募入粟此既荒而救之也書取有備爲政在人其以是夫國家創制立法監於周禮天下郡縣有預備倉鄉有社倉是廩人遺人之制也蠲租有詔賑貸有詔是散利薄征之制也規畫弘大節目周詳陋漢唐宋於不足言矣夫何邇來公私告匱甚爲司計之憂往歲南徐北冀齊魯河洛之間風雨繼灾平原成浸漂没稼盧米珠薪桂閭閻赤子半爲魚鱉矣當事臣工連章奏請荷蒙皇上鴻慈睿筭軫念元元特出帑金遣使周行賑恤仍錫民田租有差於乎雨露一滴枯槁回春厚澤深仁下蟠上際枵腹之民洋洋然有生氣也大哉皇謨其周禮荒政之十二乎入春徂夏喘息方舒水旱繼作畿輔齊魯之間告灾之牒又繁矣復廑皇上惻然淵視惕然勤思睿命焕頒躬親祈禱布告天下臣工痛自省過於是馨德昭升皇天鑒佑灾异之運倏然豐稔矣猗與休哉其與成湯比隆者乎是故上帝之昭事日嚴下民之陰隲愈厚我皇上宵旰之憂誠可紓矣然灾异靡常圖之貴豫及是時修舉荒政非急務哉夫古者三年耕必有一年之食九年耕必有三年之食以三十年通計則雖有凶旱水溢民無菜色是言民積當裕也王制曰國無三年之蓄曰不足無六年之蓄曰急無九年之蓄曰國非其國是言國積當豐也是故官爲歛散善矣與其爲管仲未若爲周禮之委積減價濟民善矣與其爲陳堯佐未若爲耿壽昌之常平上疏罷錢善矣與其爲韓昌平無若爲戴胄之義倉長孫平朱元晦之社倉蓋積貯者天下之大命無積貯則無命矣徹桑土於未雨防冰至於履霜爲國者可無經

常之要策哉必不得已則彷備旱於臧文如省發勸分魯國饑而不害彷通權於敬仲如矯制發粟河南困而不凋彷平價於宣歙如設糜興造捐禄弛鹽則青州兩浙梓州京東之瘵而未疲此順變通於蟲極定機宜於一時是亦策之權也夫經權之策審矣使地有遺利則場無餘稼積散之間何所取焉若齊魯之崇山巨浸青冀之環山距海埠多草萊濕爲水壑尤可懼已是故招困離之民通水泉之利陂塘浚其湮塞斗門時其啓闔開墾贍其工力虞集之捍水爲田何承矩之闢草爲地獨不可取而行之乎然水利墾田豐荒猶能病之他如錢鈔之法尚所當議夫采歷山荆山以鑄錢幣堯湯爲之而有泉布之號織楮成帛鈔之在漢唐宋也擅皮幣飛錢便錢之名古人致世殷富未有不須於此今楮幣廢於民用鑄錢滯於官司銀貴傷農農傷則竭矣握利權以通錢鈔又非備荒一策乎雖然語有之山木不能供市斧勺源難以潤尾閭可以喻治也今冗員汰矣而糜費有十倍於冗員者出焉教民節矣而工費有百倍於民用者出焉獨可無憂乎然則節財足民尤備荒者不可不講也雖然不可必者時也不可泥者法也荒政之興廢亦存乎人何如耳誠使當事者存真實愛民之心立平易近民之政一日而思百年之計豐年而慮盈成之饑毋避聚斂之名而市恩以干譽毋逼遷陟之期而倍入以取盈飭倉廩以久收藏嚴簿書以恒稽察定户口以便賑貸水利墾荒期於成功錢法鈔法期於通利荒政尚亦有賴矣雖然責干將以納屨不若一鐫之利而騄駬不試以鞚靮者信其能千里也故漢中歲饑而郡守發粟至以細過逮及也太祖嘉之兩淮饑饉而陶令借糧人方以爲危也成祖美之故曰天下之政舉而成之在人天下之才作而成之在君也雖然猶未也先王祈天永命尚有所以感通之道焉禮曰用水火金木惟時合男女頒爵禄必當故邦無水旱昆虫之灾爲政當順五行修五事以安百姓朱熹亦嘗言之故禹陳吉凶影響之謀而曰善政養民皋陶陳聰明明畏之謨而曰安民則惠必廟堂敦茅茨之風朝著崇羔羊之節不急之務罷焉無藝之征緩焉内外協於勤恤上下一於恭敬則太和洋溢休徵備至歲月日時無易雨暘寒燠以時洪範所謂百穀用成家用平康者將在是矣區區備荒之術似不必講也

山東鄉試録後序

維皇上御極四載秋八月山東鄉試士御史周詠監臨祇㟴提調監試簾

内外百執事靡不恭肅事竣録士姓名并文以獻登庸謹序末簡維多士督學憲臣所精選三試拔其尤益精矣行登南宫對大廷爲世用子言之事君先資其言拜自獻其身以成其信今多士之文先資之言也種種備矣請約之夫士任重道遠非爲有修齊治平寄與其道備載大學一書經夫子言傳曾子意大聖大賢爲萬世開太平者也萬世信之宜若蓍蔡夷考其論釋治平厥義維絜矩厥事維用人理財二者參陳對舉不一而足他無所及爲政在人是矣財用何急急也聚人曰財是矣他務何寥寥也蓋懋遷有無化居烝民乃粒萬邦作乂上世所謂財也有土有財者也非若後世斂民之有以貯于國俾充用度爲府庫財矣巡其稼穡移用其民以救其時事阜民之財因以足國之用民富而國益富上世所謂理財也生衆爲疾者也非若後世量出以爲入用之不給取之益多以斂散爲理財矣理財關係若是乎其重也欲致治平誰能忽焉財誠理萬民遂生養萬事遂經費王道備矣乃其理財勞一心以度天下爲之裁成輔相爲之修其教不易其俗齊其政不易其宜豐札合天時淳鹵酌地利好惡當人心上下四旁均齊方正是則絜矩也非若後世任一切法把持摧會已矣大學論釋治平義維絜矩事維用人理財他無所及豈欺我哉夫子之教曰吾道一以貫之曾子曰夫子之道忠恕而已矣千載而下談者鑿空行者步影試深思之大學經之一章非夫子之一貫乎傳之十章非曾子之忠恕乎聖賢授受心法切近精實若此然則多士先資宜無出此今海内多事公私告匱理財爲急乃徵輸未掃一切法以還成憲偏苦農家民流田蕆郡邑凋敝元氣索然識者有未能絜矩嘆且朝廷德意雨露也江南北生齒林林總總异俗异宜町畦中諸種也必町畦治九穀分斯雨露有養一切法千條萬緒紐結爲一如鞭然農家如受羈靮然是以朝廷屢下節省蠲免令惠逮在官曁逐末也易獨逮農家也難譬則甘雨清露空施于未治之田也可勝惜哉儒貴行道濟時今農困甚矣多士能胥以絜矩理財先資成信是謂識時務是故先資庶富庶富臻矣先資文教文教興矣先資武功武功定矣不然元氣且索他奚以爲滄溟岱岳涵元降神魯廛鄒井力本同風縱觀多士先資言類崇正尚實其質布帛其味菽粟知有俊杰者出馳孔曾康莊濟天下開太平因不自量爲約之維多士其永念哉

河南開封府中牟縣儒學教諭余登庸謹序

萬曆四年山東鄉試録

山東鄉試録序

萬曆丙子山東如制舉鄉試巡按御史麻永吉寔監臨焉稽牒布令劼毖有加届期乃以前巡按御史商爲正所禮聘教授石守一陳舜道爲考試官教諭陳載熙楊應春侯邦治唐民和盧讓德爲同考試官其簾以外則自提調官左布政使朱卿右布政使方攸績監試官按察使龍光副使陳蕖而下咸祗厥服於是鎖闈三試提學副使佘立所選士於二千二百有奇中拔七十有五人第其名氏若文爲録以獻守一竊惟書契以來儒術之盛昉於孔子今洙泗闕里遺迹班班固在其一時所與游號通六藝高第弟子大氐山東産也蓋自周秦間海内争於戰功荆吴諸粤方齒於冠帶而齊魯學士先生涉六藝以教皆本之孔子而此邦文獻固已甲天下矣孔子没垂二千載至於今其道大行頃者我皇上親御六飛臨幸太學橋門觀聽風動遐邇而詔書獨先下山東孔顔孟三氏子孫峨峨奉璋相望俎豆間則東人士盱衡引領思一覲末光而奉大對且什伯往時固宜彬彬得人若斯盛也守一既縱觀諸士文則思其鄉先聖賢夫孔子蓋自謂好古而不得生堯舜文武之鄉故適周問禮適齊學樂其勤與今之士不出里閈而望泰山者遠甚當時王道微缺天子不聘士卒環轍游諸侯侵尋不得志以老其道雖尊其遇於世又何如也今明主在上縣鐸布羅求士如不及士束髪通一經則有司業耳而目之不贅不媒縣縣續食旅獻之闕下故以學則蒙聖澤抱遺經勤不半於古人以仕則遇合倍之此所謂千載一時至厚幸也何修而可以居此守一聞之物貴獨而喜新人情忽已成而厚求其所未備夫寶珠孕於重溟文梓材於深山非其地也累世不一生故市者趨之然及其航可浮車可引而此二物者彙焉與百貨并陳五都之肆則俗有不尚其生而尚其聚今東人士之於經術則其地生也异日荆吴諸粤端亮介特之士今濯祓嚮風横經而稱孔子如稱其先世則其聚也故論才於周秦間齊魯生才之鄉則獨弦衆聽獨行衆跂苟會所乏褎然當於用止耳不暇深求論才於今日家詩户書所在成聚而東人士蓋難乎爲才矣兹何也則伍立争鳴者衆而新故之形殊也繇斯以談今日爲東人士謀所以上報天子下不愧

其鄉先聖賢即兼日而思兼道而馳守一猶懼瞠乎其後何則其求之者厚矣蓋諸士産於聖賢之邦業已利用賓王稱之曰賢者夫賢者於天下事隱之乎肝膽細之乎髮毛大之乎宇宙遠之乎千萬世其善敗得失實之效與不效無之焉可逃責也且孔子之門不稱求路表表哉及其試用一不當而名列具臣訾議至今不剗減曩令二子者没齒窮巷或不生鄒魯之鄉附驥之尾則世求之必不爾備也今諸士試自度其志與學視二子何如有如萬分一毁節易衷弗迪於聖軌則綺離無根荄之言世且敝帚視之厚求於東人士無已時守一承乏校士與有餘責矣嗚呼可不慎哉是舉也巡撫山東則右僉都御史李世達總理河道提督軍務則右僉都御史傅希摯監察御史巡鹽則雷嘉祥印馬孫成名督運陳功有事地方則户部主事周世科王用禎鍾昌段邦寵刑部郎中潘志伊工部郎中徐儒員外郎張大器主事佘毅中防檢於外則布政司右參政郝杰右參議周思稷按察司副使洪忻王元敬楊相鍾穀僉事唐謨蘇民牧戴延容劉鳳朝署都指揮僉事毛斐然督理京儲則左參政張天馭先期入賀則左參議周舜岳副使葛大紀領班則署都指揮僉事解一清遷秩則右參議沈啓原僉事劉世賞而左參政楊一魁右參政楊世華右參議任彬按察使高文薦副使安嘉善舒應龍曹當勉陳萬言錢藻李松賀溱翟繡裳僉事蔡可教則以列銜各事一方例得并書云

直隸寧國府儒學教授右守一謹序

萬曆四年山東鄉試

監臨官

巡按山東監察御史麻永吉（伯貞陝西慶陽衛人　乙丑進士）

提調官

山東等處承宣布政使司左布政使朱卿（汝弼山西長子縣人　丙辰進士）

山東等處承宣布政使司右布政使方攸績（君謙福建莆田縣人　癸丑進士）

監試官

山東等處提刑按察司按察使龍光（國華湖廣長沙衛籍攸縣人　壬戌進士）

山東等處提刑按察司副使陳蕖（伯舍湖廣應城縣人　戊辰進士）

考試官

直隸寧國府儒學教授石守一（子誠直隸藁城縣人　辛酉貢士）

直隸池州府儒學教授陳舜道（紹卿廣西臨桂縣人　甲子貢士）

同考試官

浙江金華府金華縣儒學教諭陳載熙（孔業福建晋江縣人　乙卯貢士）

河南汝寧府上蔡縣儒學教諭楊應春（伯芳山西蒲州人　丁卯貢士）

湖廣衡州府常寧縣儒學教諭侯邦治（子宣廣西臨桂縣人　戊午貢士）

湖廣鄖陽府鄖縣儒學教諭唐民和（子泰廣西全州人　庚午貢士）

江西廣信府上饒縣儒學教諭盧讓德（元謙廣東新會縣人　癸卯貢士）

印卷官

山東等處承宣布政使司經歷司經歷史得用（公世山西澤州人　監生）

山東等處提刑按察司經歷司經歷劉以豸（用采江西安福縣人　監生）

收掌試卷官

濟南府知府宋應昌（時祥浙江仁和縣人　乙丑進士）

兖州府知府周標（以升福建晋江縣人　壬戌進士）

東昌府知府景承芳（克濟陝西寧羌衛人　壬戌進士）

青州府知府李學道（汝致浙江東陽縣人壬戌進士）

受卷官

萊州府知府許評（公甫河南内鄉縣人　乙丑進士）

登州府知府喬應春（仁卿武縣左衛籍河南安陽縣人　壬戌進士）

東昌府同知焦子春（德元河南登封縣人　乙丑進士）

萊州府推官李進道（惟忠直隸内黄縣人　甲戌進士）

兖州府沂州知州沈應科（獻夫直隸常熟縣人　辛未進士）

兖州府曹州知州劉葵（子效羽林前衛官籍順天府通州人　戊辰進士）

濟南府歷城縣知縣賀一孝（子順河南魯山縣□湖廣□縣人　甲戌進士）

濟南府德州德平縣知縣何倬（爲章河南杞縣人　甲戌進士）

彌封官

濟南府推官魏允孚（懋誠直隸南樂縣人　甲戌進士）

萊州府膠州知州樓楙中（敬甫直隸江都縣人　戊辰進士）

濟南府章丘縣知縣李臣之（思良河南嵩縣人　甲戌進士）

兖州府東平州東阿縣知縣白棟（子隆陝西榆林衛籍米脂縣人　辛

未進士）

兗州府曹州曹縣知縣王圻（元翰直隸上海縣籍嘉定縣人　乙丑進士）

兗州府金鄉縣知縣楊楫（允通河南商丘縣人　甲戌進士）

東昌府臨清州舘陶縣知縣徐子器（實卿浙江東陽縣人　乙丑進士）

青州府莒州沂水縣知縣王鳳竹（允在直隸唐山縣人　甲戌進士）

謄録官

東昌府推官謝師啓（叔蒙湖廣蒲坼縣人　辛未進士）

濟南府濟陽縣知縣秘自謙（益甫直隸晋州人　甲子貢士）

濟南府武定州樂陵縣知縣劉旁（仲將湖廣興國州人　己酉貢士）

兗州府寧陽縣知縣李貞（元之河南潁州衛人　辛未進士）

兗州府東平州汶上縣知縣張惟誠（汝思順天府求清縣人　辛未進士）

青州府臨朐縣知縣苗浡然（秀卿直隸曲周縣人　辛未進士）

青州府樂安縣知縣姜璧（完卿順天府文安縣人　辛未進士）

登州府萊陽縣知縣王一鳳（文鳴直隸開州人　戊辰進士）

對讀官

登州府推官韓杲（汝素河南光山縣人　辛未進士）

兗州府沂州同知盛居晋（康侯直隸華亭縣人　乙丑進士）

濟南府武定州陽信縣知縣鄭札（伯文陜西澄城縣人　甲子貢士）

東昌府臨清州丘縣知縣侯國安（思危直隸雄縣人　甲子貢士）

東昌府清平縣知縣盧燿（汝光貴州前衛官籍浙江臨海縣人　丁卯貢士）

青州府益都縣知縣王度（惟貞直隸深澤縣人　辛未進士）

青州府安丘縣知縣王儒（汝爲山西平定州守禦千户所人　甲戌進士）

青州府諸城縣知縣趙楫（汝進浙江山陰縣籍順天府大興縣人　辛未進士）

巡綽官

登州衛指揮同知裴虞度（希晋山東汶上縣人）

濟南衛指揮僉事李啓東（復周直隸盱眙縣人）

濟南衛指揮僉事杜承業（重光直隸虹縣人）

濟南衛署揮僉事劉有本（源清直隸贊皇縣人）

搜檢官

臨清衛指揮僉事宋之韓（鋭卿河南商水縣人）

青州衛指揮僉事崔紹伊（子恒山東陽信縣人）
任城衛指揮僉事王國柱（廷輔山後人）
平山衛指揮僉事李蕡實（茂甫直隸邳州人）
供給官
濟南府通判李瑚（廷重順天府霸州人　壬子貢士）
山東都轉運鹽使判官吴玄求（得之直隸休寧縣人　監生）
東昌府高唐州知州朱好謙（信之四川雲陽縣人　辛酉貢士）
濟南府德州平原縣知縣劉朝儀（嘉甫直隸獲鹿縣人　庚午貢士）
兖州府陽穀縣知縣吴之問（叔好湖廣蘄州人　丁卯貢士）
濟南府泰安州判官陸陽（子奇河南嵩縣人　己酉貢士）
兖州府濟寧州判官蕭淵（子□江西南城縣人　監生）
濟南府歷城縣縣丞高仲山（聚秀浙江山陰縣人　吏員）
濟南府德州德平縣主簿夏惠（君澤直隸大寧都司人　監生）
東昌府冠縣主簿李崇廉（計夫河南林縣人　監生）
濟南府齊東縣典史陳邦詔（司綸浙江建德縣人　吏員）
濟南府肥城縣典史張利賓（邦賢直隸休寧縣人　吏員）
濟南府長清縣典史丁松（汝秀直隸當塗縣人　吏員）
東昌府清平縣典史朱匡（仲功順天府密雲縣籍浙江山陰縣人　吏員）
兖州府城武縣典史林夢祥（奇鴻福建莆田縣人　吏員）
濟南府税課司大使夏東（啓明直隸壽州人　吏員）
兖州府東平州汶上縣新橋驛驛丞李橋（子遷浙江錢塘縣人　承差）

第一場

四書

主忠信徙義崇德也　知遠之近知風之自知微之顯　原泉混混不舍晝夜盈科而後進放乎四海有本者如是是之取爾

易

觀乎人文以化成天下　巽而順剛中而應是以大亨　繼之者善也成之者性也　易之爲書也廣大悉備有天道焉有人道焉有地道焉兼三才而兩之故六六者非他也三才之道也

書

群后四朝敷奏以言明試以功車服以庸嵎夷既略濰淄其道　是訓是行以近天子之光　方行天下至于海表罔有不服

詩

緇衣之宜兮敝予又改爲兮適子之館兮還予授子之粲兮　侯誰在矣張仲孝友　人亦有言德輶如毛民鮮克舉之我儀圖之維仲山甫奉之　憬彼淮夷來獻其琛元龜象齒大賂南金

春秋

夏公會鄭伯于時來秋七月壬午公及齊侯鄭伯入許（隱公十有一年）齊師宋師曹師次于聶北救邢（僖公元年）三月公會齊侯宋公陳侯衛侯鄭伯許男曹伯盟于牡丘遂次于匡公孫敖帥師及諸侯之大夫救徐（僖公十有五年）八月叔孫豹帥師救晋次于雍榆（襄公二十有三年）公會晋侯宋公衛侯曹伯齊世子光莒子邾子滕子薛伯杞伯小邾子伐鄭會于蕭魚（襄公十有一年）夏楚子蔡侯陳侯鄭伯許男徐子滕子頓子胡子沈子小邾子宋世子佐淮夷會于申（昭公四年）夏公會齊侯于夾谷公至自夾谷齊人來歸鄆讙龜陰田（俱定公十年）　叔孫豹會晋趙武楚公子圍齊國弱宋向戌衛齊惡陳公子招蔡公孫歸生鄭罕虎許人曹人于虢（昭公元年）

禮記

司會以歲之成質於天子冢宰齊戒受質大樂正大司寇市三官以其成從質於天子大司徒大司馬大司空齊戒受質百官各以其成質於三官大司徒大司馬大司空以百官之成質於天子百官齊戒受質　王中心無爲也以守至正　君好之則臣爲之上行之則民從之　忠臣以事其君孝子以事其親其本一也

第二場

論

爲天下得人謂之仁

詔誥表（内科一道）

擬漢幸辟雍行大射養老禮詔（永平二年）　擬唐以裴度爲中書侍郎同平章事誥（元和十年）　擬春和敕舉寬恤令賜輔臣楊士奇饌鈔文

綺謝表（宣德五年）

判語（五條）

官員赴任過限　出納官物有違　卑幼私擅用財　邊境申索軍需　修理橋梁道路

第三場

策（五道）

問　古稱有治人無治法蓋法善可久雖足以爲治然任非其人則法不能以自行故虞以三考計功周以八法綜吏誠慎之矣洪惟我太祖高皇帝肇造區夏一新百度而大誥諸篇所以戒諭臣工者尤極諄切宣宗章皇帝裒集春秋以降下及宋元諸臣可爲勸戒者集爲臣鑒以示群臣今已家習而人誦之矣其略可指而言與諸士行將服寮就列兹當辯志之始宜何所擇與我皇上應運中興鋭情吏治近於講筵宣諭十二事而用人乃居其五復以輔臣請取百官書屏列諸文華後殿以時省覽離照所及幽微悉達德威所震遠邇同風作新之化固已增光烈祖而媲美虞周矣諸士涵濡聖訓既深且久可得而揚厲之與抑有一得之見使群策效力天工無曠以仰副我皇上敫賢圖治之至意與其悉著於篇有司者將轉聞於上

問　諸生抱業群赴公車以明經自命久矣然經之明也匪徒攻乎言筌惟其要諸實用若耕之資穫然繄昔聖人以六經垂世立教中遭秦厄賴有漢儒收拾遺燼微言以章即其覃精畢智索探幽眇力亦良勤矣然於窮經致用之實似有未盡然者如明易者暗識以殞身授書者湛賕以蠛行解頤以説詩而陷於阿比下帷以明春秋而溺於灾异他如青紫馳志車馬侈榮師授名家如此餘可推已若是者可歷指其失與窮經經絶論無近苛與有宋諸儒上泝聖真直暢理奥諸所發明漢人何敢望焉然在當時濂洛關閩尚已其實用可具述與其餘能若是班與乃近世篤論君子猶曰漢之明經以修行也宋之注經乃衍詞也又曰漢士質宋士浮若概置褒抑於其間者或自有説豈訓詁之工果優於理學之士倡和而寡實與諸生以經術進各即所被服者抒陳於篇吾將執此覘子矣

問　三代經世之法莫詳於周公然周公於齊魯報政而嘆魯公之不宜於俗也曰政不簡不易民不有近魯後世其北面事齊矣若又以簡爲貴者豈治國與平天下大小异勢不相襲與抑聖人作用自有所主而不在於詳略間

耶自後齊以滋大而魯日削人殊有味乎周公之言及孔子論政復不以齊先魯曰齊一變至魯魯一變至道夫積衰之魯不足以望齊也明矣而孔子顧有取焉何與毋乃與周公之言相拂异與且孔子志在周公使其手權而更二國之化將何所適從與乃其所謂道者固即周公之所以輔周者與抑將有損益因革於其間耶今東藩彬彬弦誦聖澤如新然小民覺於勇而嗇於禍以冒罹法網者往往有之兹欲一道德同風俗以紹周孔之緒將何施而可

問　世種守令之賢大端有二曰廉與循而已往莅兹土者三代以上名賢亡論已試即兩漢以來章章著者與諸生揚搉之有義欲祠金者歌著甑塵者席羊皮服布被者計日受俸餘禄不入者代去而縑帛追送不納者被徵而父老以盃水餞者不以州錢二百萬入私藏者爲民償租而代以己俸者徵絹於民而損舊五之四者其雅操何泊如也有不任刑罰者虚己愛物者閉閤自責然後斷訟者簡惠而百姓稱之者爲政清净不嚴而治者俗凶悍而治以寬者鎮静爲治不務變更者縱遣盜歸而人不犯法者爲政愛民而全活甚衆者其惠愛何渝浹也斯其人可歷指而言與今上明聖屢廑念吏治民生頃論所司申剥下之防重牧愛之實一時烝烝然思軼往哲矣然竊聞處脂計潤者或巧希而博譽鉤距矜智者因儇利而程功審爾於廉循何甚非所以奠元元承休德也執事者願聞風勸之義

問　東土左瀕海□右接漕渠兵食所係亦重巨矣恭遇皇上明威遠播瀛海澄波兩歲運各以時至東方底寧乃今所當慮者流移夥而力業者無所資也計六郡則邊海尤甚夫青齊負海之富自古記之顧今縣磬之民枵腹以待鼠竊之輩掉臂而呼有司一加追徵輒流徙展轉視弃里井如脱屣然其故何與説者謂太公治齊設輕重魚鹽之利管促因之以贍貧窮而國用富饒今其法具在行之已久利弊之源果可指而陳之與且仲之言曰積於不涸之倉藏於不竭之府所謂不涸不竭果何術致之與近世建議者欲懲貪婪省征役禁奢侈墾荒蕪不識亦可施之東藩否與恭惟我皇上軫念民瘼屢敕中外嚴禁貪殘邇復以歲之不易舉累年逋負悉從蠲免燠休之惠至勸懇矣兹欲仰承德意俯佐民艱其道何由諸士産兹東土間閻疾苦知之審矣其悉陳之以觀經世之略

中式舉人七十五名

第一名　葛曦　德平縣學生　易

第二名　鍾羽正　青州府學生　詩

第三名　楊耿光　平度州學生　書
第四名　孫温如　濱州學生　春秋
第五名　商賫　陽信縣學生　禮記
第六名　潘箕　濟寧州學生　易
第七名　張所志　臨邑縣學生　春秋
第八名　李濟　德平縣學生　書
第九名　楊溥　兖州府學生　易
第十名　馮琦　青州府學生　詩
第十一名　耿熠　濟南府學附學生　易
第十二名　萬愛民　滋陽縣學生　詩
第十三名　宋國相　濱州學附學生　書
第十四名　周如綸　即墨縣學生　禮記
第十五名　田子耕　夏津縣學生　易
第十六名　魏濬　益都縣學生　詩
第十七名　王允升　青城縣學生　詩
第十八名　丁無僞　壽光縣學生　易
第十九名　楊雲鴻　禹城縣學生　書
第二十名　劉盡善　章丘縣學生　書
第二十一名　劉汝康　曹州學增廣生　詩
第二十二名　王起蛟　鄆城縣學附學生　易
第二十三名　黄子美　兖州府學生　易
第二十四名　李謨　臨清州學生　詩
第二十五名　王繼光　黄縣學生　禮記
第二十六名　賈希夷　歷城縣學生　易
第二十七名　王成德　臨清州學生　書
第二十八名　原一魁　萊州府學生　詩
第二十九名　王獻可　德州學增廣生　書
第三十名　康大壯　章丘縣學生　詩
第三十一名　高桂　濰縣學附學生　書
第三十二名　劉汝立　東昌府學生　易
第三十三名　朱伸　德平縣學增廣生　詩
第三十四名　徐九鴻　黄縣學生　春秋

第三十五名　田捷　濮州學增廣生　詩
第三十六名　曾礪　陽信縣學生　詩
第三十七名　趙之牧　濱州學生　書
第三十八名　黄嘉善　即墨縣學生　禮記
第三十九名　高舉　淄川縣學生　易
第四十名　宋一清　東平州學生　詩
第四十一名　朱侯　曹縣學增廣生　書
第四十二名　羅彬　滋陽縣學生　詩
第四十三名　吴九成　茌平縣學生　易
第四十四名　陳所養　濰縣學生　詩
第四十五名　錢一鶚　掖縣學生　詩
第四十六名　安傳教　茌平縣學生　易
第四十七名　周棟　德州學增廣生　易
第四十八名　王孟煦　安丘縣學生　易
第四十九名　劉伯綬　歷城縣學生　詩
第五十名　翟燿　商河縣學生　春秋
第五十一名　黄應乾　濟南府學生　詩
第五十二名　鮑捷來　文登縣學生　書
第五十三名　劉元功　濰縣學生　詩
第五十四名　劉爾礪　臨清州學附學生　書
第五十五名　馬錦如　章丘縣學附學生　詩
第五十六名　魏人偉　濟寧州學增廣生　易
第五十七名　王池　濰縣學生　詩
第五十八名　周紹業　寧陽縣學增廣生　春秋
第五十九名　曹一濰　長清縣學生　詩
第六十名　劉新民　濱州學附學生　書
第六十一名　王厘土　朝城縣學生　詩
第六十二名　劉濟　歷城縣學增廣生　易
第六十三名　李邦潢　長山縣學生　詩
第六十四名　劉濟　肥城縣學生　書
第六十五名　李旦　諸城縣學生　詩
第六十六名　陳節亨　東昌府學生　易

第六十七名　左之宜　萊陽縣學生　詩
第六十八名　張汝元　膠州學增廣生　禮記
第六十九名　李伯華　萊州府學生　詩
第七十名　康丕揚　陵縣學生　書
第七十一名　孟熊　膠州學生　詩
第七十二名　李淑身　歷城縣學生　書
第七十三名　陳所問　濰縣學生　詩
第七十四名　馬恒德　堂邑縣學生　易
第七十五名　李邦直　德平縣學增廣生　詩

第一場

四書

主忠信徙義崇德也

葛曦

同考試官教諭陳批（實心體道乃題中本旨士子貫穿者極少是篇認理獨真且能刊落陳言宜録以式）

考試官教授陳批（以實心定理立意最當）

考試官教授石批（詞醇理到典則之文）

君子實其心以體道而道斯積于躬矣蓋義者天下之大道而得之則爲德也誠以基之而德有不崇者哉夫子告子張之意若曰君子之立德有所以自成之實心有所以至當之定理何以見之蓋人之心必有所屬然後志不分而忠信則心之誠也於是主之必隨其所存與其所發無一毫之不盡也無一毫之不實也雖應感無常而惟一誠焉以宰其樞矣人之行必有所循然後動不妄而義則理之宜也於是徙之必隨其所具與其所接協之心而安也揆之事而宜也雖義無定體固屢遷焉以求其當矣若是而德有不崇乎蓋德也者行是道而有得于心者也不主忠信則雖有所爲同于無物矣何益于得不徙乎義則雖有所得不協于道矣德何由崇夫惟心無不盡則積德之基立矣況所積在義又中正之則乎率而循之日新之盛可庶幾也心無不實則執德之本固矣況所執在義又高明之極乎漸而充之上達之地可馴致也此君子自成之心也此君子至當之理也師也從事于此而德之崇不易易哉抑是二者皆崇德之功而忠信尤其要也忠信立而義之從違可以致其決矣彼襲而取

者有所爲而爲者皆不誠之累也子張務外好高夫子以實學箴之而及其問達曰質直問政曰以忠其意蓋互發云

知遠之近知風之自知微之顯

鍾羽正

同考試官教諭唐批（講知幾處多苦冗複獨此作詞簡意足殆邃於理學者）

考試官教授陳批（三之字發揮透徹）

考試官教授石批（語意俱粹）

觀君子之明於知幾以其切於爲己也夫幾者動之微理之先見者也然非切於爲己者孰能辨之於早哉且善惡之幾每岐于至微而不可掩常人之情恒忽于未兆而不加察若是者心馳于外而疏于反觀也君子心乎爲己則所以自省者切矣而其知何如哉今夫幾之徵于人者謂之遠而實非始于遠也君子因人反己而溯觀其感召之原則知四方觀望之幾實肇于切近精實之地其應也一發邇而善焉其違也一發邇而不善焉遠之必由於近也如此而可忽于近哉幾之形於外者謂之風而實非始於外也君子即外觀内而密察其從出之原則知聲聞四達之幾實萌於幽獨方動之始其順也一根諸心而自慊焉其逆也一根諸心而自欺焉風之必有所自也如此而可忽所自哉以至幾之萌於内者謂之微而實非終於微也君子即内觀外而究其必至之勢則知至隱至微之地實莫見莫顯之幾朕兆方萌而天人之界分焉見聞未及而理亂之極定焉微之未始不顯也如此而可忽于微哉吁此三知者吾心之獨知而由此謹之於入德也何有然非切于爲己者抑孰能密于反觀而慎擇之如此哉嘗觀周子曰幾善惡又曰幾微而幽甚矣知幾之未易也蓋天人貞勝而辨晰爲難察理未精者將冒於非幾而弗覺也古今稱堯舜至聖然當時授受不過曰惟精惟一惟幾惟康而況下學乎彼辨不早辨而求企乎天德王道之盛惑矣

原泉混混不舍晝夜盈科而後進放乎四海有本者如是是之取爾

楊耿光

同考試官教諭楊批（題意本多周折子能融會成文了無組織痕文之佳者）

考試官教授陳批（講有本處切實）

考試官教授石批（文有理趣）

觀水之達於有本可以知聖人取水之意矣夫水以有本而漸進以至於海此水之所以可取也聖人重本之意固如此孟子因徐子之問而告之若曰道以有本而充學以實勝爲大仲尼之亟稱于水意曷爲哉蓋水之爲物也發於原泉者則混混焉出之也盛矣由是乘氣機之運而往過來續歷晝夜而不息順習坎之常而足此通彼放四海以爲歸是其流行有漸者水之勢也而所以衍其勢者原之深者致之也其四海爲壑者水之歸也而所以會其歸者積之厚者基之也水以有本而達也如此而夫子之取謂不在於是哉蓋水固一物也而敦本尚實之象於是乎具焉會而通之於心有深省也夫子之取蓋以是耳玩物云乎哉觀水一事也而可久可繼之道於是乎見焉觸而長之於事可類推也夫子之取蓋以是耳咏物云乎哉吁君子察此有得則務本之學誠不容已矣嘗謂吾人之心一理渾然與水之原泉何异而涵養擴充之力則存乎其人學者惟本原是務則所資既深應感不匱聖道之大而有本者可幾矣不然無本之學隨得失寧免於望洋之嘆哉是故君子深造以道者有以也

易

繼之者善也成之者性也

葛曦

同考試官教諭陳批（發明陰陽賦受之理圓融周密末以孔孟論性結之意更完足）

考試官教授陳批（題意點掇明快）

考試官教授石批（矩度嚴整）

大傳論道之全有見於流行者有見於賦予者夫繼善者天命之流行而成性則其賦於物者也觀此而斯道之全不從可識乎且夫陰陽迭運謂之道矣是道也其原出於天而其實備於人固隨在而异名者也自其流行者言之造化之入機不能終藏也鼓元氣於太虛若續乎既往之化是謂繼之者斯時也氣機雖動而冲漠固自若也故未賦於人人不得而汨焉是何純也未賦於物物不得而淆焉是何粹也所謂維人之命於穆不已斯其在矣非善而何自其賦予者言之造化之出幾必有所寄也凝真精于形色咸具乎一定之分是謂成之者斯時也凡欤有生其賦界本各足也故人得之而民彝立焉不相假借也物得之而物則彰焉不相凌奪也所謂惟皇降衷若有恒性斯其在矣非性而何夫繼之者善道之行於陽也而有以啓成性之原成之者性道之具於陰也而有以備繼善之理一陰一陽之道不於是而可見乎雖然此孔門論性

之旨也繼善之説所謂天道也至於成性則夫子所謂相近者是也乃其原固自在也孔子没而論性者紛紛孟氏指其原以示人所謂繼善之説也至宋儒又足之以氣質之性則易之道益明矣學者尚合而觀之

易之爲書也廣大悉備有天道焉有人道焉有地道焉兼三才而兩之故六六者非他也三才之道也

潘箕

同考試官教諭陳批（三才一貫説者俱欠精透其明瑩切實且有條理者無逾此作）

考試官教授陳批（詞簡而理獨到）

考試官教授石批（發小成大成意暢達）

大傳於易而深贊之以其會道之全也夫天下之道三才盡之矣而易畫之始終全焉斯其爲廣大悉備者歟大傳贊之如此蓋曰聖人之作易也非徒具乎象數之末而實冒乎天下之道其廣大而無所不該悉備而無所不有者乎何也蓋道雖散於萬變而實統於三才使易一有不具謂之廣大悉備未可也今言乎易之小成也由儀象以生八卦而三畫立矣是三畫也天位乎上而上畫有天道焉人位乎中而中畫有人道焉地位乎下而下畫有地道焉蓋道本於太乙之精而分之爲三極易始於畫一之法而列之爲三畫其理一而已矣以言乎易之大成也兼三才以爲之兩而六畫成矣是六畫也天道有陰陽而五上具焉人道有仁義而三四具焉地道有剛柔而初二具焉蓋三才之道本於一以兩而會動静之全三才之畫始於一以兩而究貞悔之藴其機一而已矣夫始於三畫見三才之渾然而道不見其不足終於六畫見三才之燦然而道不見其有餘易之廣大悉備詎不信夫抑論三才之道固具於易書而實統會於吾心蓋心也者綱紀人道範圍天地者也人能求易於心則天地之道在我而人極自此立矣不然心之不盡雖日取易畫玩之終與天地不相似矣故善學易者當求易於吾心

書

群后四朝敷奏以言明試以功車服以庸

楊耿光

同考試官教諭楊批（作此題旨類多□率浮語是篇即就□字□字□字發揮□□□□□□□□□□□□）

考試官教授陳批（意盡而詞婉）

考試官教授石批（體格天成可式）

聖世定諸侯覲君之期而因嚴課賞之法焉夫以臣覲君分也定之以期而嚴於課賞焉立法何其周哉史臣記虞舜之政蓋謂帝王有以制上下之經則必有以行統御之法是故五載之内天子一巡狩矣而諸侯之入覲者舜則酌其制而定爲四朝焉因後先以會同而肅然有常期也循歲序以朝宗而秩然無敢紊也然所以御之者果何道哉彼以述事者尚其言欲察吏治則必使之敷奏焉凡出諸身而措之民者悉獻納之無隱此法立則職守可述所以考成者有其基矣以核實者尚其功欲稽其功則必加以明試焉凡徵諸民而施之政者務考核之惟精此法立而政績可昭所以論功者有其據矣以激勸者存乎賞而車服以待有功者也於是施匪頒之典焉優隆之以彰德也旌异之以示勸也而罔功者則有以告飭之此法立則志存立功者其觀感而益奮乎夫朝期定則體統尊課賞行則職業勵維持詳悉舜之所以虔其始也其無爲而治也宜哉抑虞之盛時岳牧侯伯濟濟在位人宜無所庸其度矣而聽言必明試者何也蓋爲治存乎力行行如其言自古難之矣此禹之答皋陶尤惓於巧言令色之戒也後世綜核名實若漢宣之勵精者其得虞廷之遺意與

是訓是行以近天子之光

李濟

同考試官教諭楊批（敷演皇極感人之意不費辭説而理自備蠹文之有體者）

考試官教授陳批（訓行二字發揮明暢）

考試官教授石批（冲贍不浮）

庶民則君之敷言可以與幾矣夫民者則君自治者也于敷言而訓行之不庶幾乎君之光也哉箕子衍皇極之疇及此蓋謂人君立極以照臨萬國也光孰尚焉民所望而近焉者也然不有以鼓之孰從而趨之夫唯敷言之訓既昭晰于上而民心之良自風動于下仰聖謨之昭也從而訓之反覆諷咏非皇極之訓弗道也睹帝則之大也從而行之出王游衍非皇極之訓弗由也訓因行以益浹人欲由是而日消行因訓以益修德性由是而常用經緯有章天子德音之所昭也由對揚以漸及之而文明之會成于有象矣下之所保其協于上之所錫乎中正爲觀天子道範之所著也由儀刑以馴至之而於赫之治達于無外矣民之所歸其會于君之所建乎信乎一人嚮明四方丕變分若岐于相懸而始焉明德既焉新民理不睽于二致矣吁極之感人不既深乎雖然王

者之孚化蓋有本焉彼其凝神于獨一物不容而至德所奮幾不容掩雖光不自知也民之所以近之者良有以也故堯德欽明而光被四表黎民於變其效可睹矣箕子之訓蓋亦有所授與

詩

緇衣之宜兮敝予又改爲兮適子之館兮還予授子之粲兮

鍾羽正

同考試官教諭唐批（此詩口氣最難體貼獨子之作宛轉曲折真能模寫風人好賢之意）

考試官教授陳批（仰德之情溢於言外）

考試官教授石批（平正雅飭）

周人愛司徒而曲盡其情可以觀所感矣甚矣人心不易得也周人於司徒而愛之無已其善教之所致乎鄭武公繼父職爲司徒周人美之若謂不可忘者作人之德不容已者好德之情我公世掌邦教斯民佩德者久矣而將何以爲情哉誠以緇衣之服凡爲司徒者皆然而未必其宜也惟子則世德克懋而象服是宜允無愧於緇衣者矣使其服而或敝則改爲以致其新固予之所願效焉者雖章服之華子固無待於我而衣被之澤吾其能忘情於子哉猶未也言有館焉子所寓也則從而適之庶周旋於左右得以親炙其輝光而覿德之私必如是其少慰耳不然宫墻外望寧弗阻於相遇之疏耶猶未也言有粲焉予所具也則既還而授之庶殷勤以奉養得以輸布其微忱而飽德之懷必如是其少伸耳不然式食無由其何以達中心之好耶吁周人之用情於司徒可謂有加無已者矣而司徒之世行焉可誣哉抑于是而知人心之公不容掩也鄭武公以周室懿親善于其職詩人美之不一而足何以得此于民哉使其能弘宣祖業光啓王室則人之覿德者將又不止於緇衣之頌而已矣語云民至愚而神良有以也然則善觀治者觀之民心而已矣

人亦有言德輶如毛民鮮克舉之我儀圖之惟仲山甫舉之

馮琦

同考試官教諭唐批（挑剔吉甫誦美之情隱然見於詞表佳作佳作）

考試官教授陳批（思婉而詞文）

考試官教授石批（温雅醇正）

詩人贊大臣獨舉其德以見其异於人也夫德爲人所同具而舉之惟難也山甫獨能勝之其於城齊也何有尹吉甫作詩之意蓋曰人臣之自效於君

也固以立功爲先尤以立德爲本仲山甫之於德也何如人有言曰德輶如毛是德之在人也若甚輕而人之舉德也若甚易宜其無擇於人而皆能也然氣稟拘之物欲蔽之限於力而能舉者鮮矣我於難舉之中而儀圖其能舉者惟仲山甫而已蓋其靈秀之鍾於天者既大异於斯民而學問之懋於己者又克盡夫人力約之乎身心是德其統會焉而吾心物則之良舉負荷之而無歉矣所以副上天保兹之意者不在斯人矣乎顯之乎事業是德其發揮焉而吾心秉彝之理舉承任之而有餘矣所以繫烝民懿德之好者不在斯人矣乎是知德所同也而山甫之舉德則所獨也城齊之役固德之所優爲者吉甫舉此爲山甫□深矣哉考之風動四方者資迪德之臣命式九圍者賴一德之佐甚矣臣道之貴於立德也烝民之詩惓惓於山甫之德固所以著成功之本而當時輔佐尚德這風亦可想已噫此宣王中興之盛所以爲可紀歟

春秋

公會晋侯宋公衛侯曹伯齊世子光莒子邾子滕子薛伯杞伯小邾子伐鄭會于蕭魚（襄公十有一年）夏楚子蔡侯陳侯鄭伯許男徐子滕子頓子胡子沈子小邾子宋世子佐淮夷會于申（昭公四年）夏公會齊侯于夾谷公至自夾谷齊人來歸鄆讙龜陰田（俱定公十年）

孫溫如

同考試官教諭侯批（説誠禮服人處親切有味非稚筆可到）

考試官教授陳批（有筆力有斷制）

考試官教授石批（運意精詳措詞嚴整）

伯主誠以服貳而其從也久聖人禮以化强而其順也速此見晋悼之服鄭孔子之化齊而知誠與禮之不可以已也且鄭自鄢陵以來其依違于晋楚之待非一日矣兹當蕭魚一會勝負未決遽輸誠之恐後者何哉蓋鄭以奔迫之餘非不欲依晋以爲安也無以懷之故耳乃今悼公不要之以言而孚之以心斥候納焉侵掠禁焉文告修焉鄭寧無降心而聽命矣乎由是伯駢行成良霄告絶蓋自二紀之後及于會申而鄭之從晋者久矣君子曰誠固人所難也誠足以服二三之鄭尤人之所難也況要諸久乎特書蕭魚美之也齊自廪丘以來其求逞于汶泗之墟非一日矣兹乃夾谷一會鄰好不終遽謝過之恐後者何哉蓋齊以親昵之邦非不知循禮之爲順也無以啓之故耳乃夫子不角之以力而喻之以禮裔夷却焉兵革拒焉享禮罷焉齊寧無心悦而誠服矣乎由是君懷悔過之誠臣謀謝過之質蓋自三田之歸以反我故疆而□之服魯者深矣君子曰禮固人所難也禮足以格强暴之齊尤人之所難也況應之速

乎特書歸田序其績也是知晋悼孔子之服人而惟以誠與禮如此則夫舍此而以力争者亦獨何哉嘗觀悼之賢也舉不失選者致之也故承晋厲之後而能以弱爲强定公之用孔子既效矣乃不免於膰俎行魯之不振有由然哉用人之關於人國也如此夫

叔孫豹會晋趙武楚公子圍齊國弱宋向戌衛齊惡陳公子招蔡公孫歸生鄭罕虎許人曹人于虢（昭公元年）

張所志

同考試官教諭侯批（發揮聖人重信意曲盡且叙述明整□練精純是深於春秋者）

考試官教授陳批（詞不費而意自足）

考試官教授石批（得謹嚴體）

春秋正名以紀好而深取乎伯臣之守信焉此見春秋之貴信而賤詐也其有取于趙武也固宜且于虢之會主之者子圍從之者趙武諸人而陳侯之弟招亦與焉夫兄弟之相洽情也君臣之相臨義也春秋不以親親害尊尊故不以私情掩公義此不言弟而公子乎招也然會讀舊書則子圍先之者也春秋先趙武者何蓋伯者之服人也非主盟之貴而唯信以服人之難諸侯之會也將以弭兵也使楚既懷詐以駕晋而晋復争長以興戎如弭兵何幸而趙武唯全大信於諸侯不競小忿于一逞圍以禍人武以仁人雖背乎狎主之言不與較也圍以行僭武惟秉信雖徇乎舊書之讀所不恤也外之則寢詐諼之謀而舊好以修内之則成弭兵之約而大信以立武之輔盟主而享令名也宜矣是雖計其勢若有强弱之殊然能信者不爲下人况勢非君子之所計乎而可以强弱分勝負哉語其事若有先後之分然務德者不務争先况盟非春秋之所貴乎而可以先後爲升降哉是故春秋每書必先趙武所以貴信也然則謀國者可不審所尚哉嘗考趙武在晋輕諸侯之幣廉也辭黍苗之賦讓也紹成季之勛孝也振文悼之業忠也四德備矣惜乎弭兵交見誤徇向戌藩籬既撤外寇遂熾尚爲計之得乎豈劉定公所謂老將知而髦及之與君子不能無責備云

禮記

王中心無爲也以守至正

商賚

同考試官教諭盧批（守正全重君心上説此籍獨得本旨而格詞簡古

録之）

考試官教授陳批（詞約意足經義之佳者）

考試官教授石批（説理精當措詞純雅）

大君純心以立極而教由此行矣蓋君德萬化之原也大君純心於上而禮教其有不達者乎見於禮運者若曰大君爲禮教之宗而建極爲立教之本自今觀之君心本自正也然必輔之以賢始可資夫充養之益必主之以静始不涉於百爲之擾茲惟前後左右之罔非正人也則端拱於穆清而庶明皆得以效其忠凝命於宥密而萬感不得以攖其慮其心何所爲哉惟履正以樹儀保其端莊静一之本崇正以作則養其中和位育之原守之于未發也心之不偏不倚者適得乎其體焉蓋承弼有資而王惟恭己以聽之自有弗納于邪者矣由是舉明禋以示教而教有不興也哉守之于已發也心之無黨無偏者不失乎其常焉蓋贊相有托而王惟虚己以受之自有弗遷于物者矣由是備百職以敷教而教有不弘也哉是知先王不惟制禮以治人而又能秉正以率物如此則禮教四達而天下順治也有以夫嘗觀無體之禮存乎心王者純其心於上而群賢輔治於下則天下不敢以縟節紊吾禮者以其本之立也彼儀文之詳則亦末焉而已以禮爲教者其惟求端於心乎

忠臣以事其君孝子以事其親其本一也

周如綸

同考試官教諭盧批（題本正大諸作不蕪即泛是篇字字切實忠孝之意藹然可掬經學之□者）

考試官教授陳批（詞理精到）

考試官教授石批（有思致有筆力）

觀賢者心同於盡倫可以見至順之積矣蓋忠孝之理根諸心者也賢者之忠孝一惟自盡其心則至順之備也有由然哉且君子之備物也固以百順爲本而其達順也尤以大倫爲先彼臣道尚乎忠賢者之事君也恪守乎不易之分而事之以忠爱爲事之以忠敬焉可以明有尊矣子道尚乎孝賢者之事親也聯屬乎無已之情而事以孝之始焉事以孝之終焉可以明有親矣然是忠孝也豈假於外而有二致哉蓋君親之倫無二道而隨在以盡倫者莫非實意之流通臣子之報有同心而緣分以圖報者一皆至情之淪浹分雖有恩義之殊也要其職之所供皆其道之自盡而不後其君與不遺其親均之無歉于心焉耳倫雖有天人之屬也然隨其道之所修皆其心之所切而承家之義與

夫許國之忠同一不愧于心焉耳由是而知心焉既盡則德無不備矣德焉既備側福無不獲矣此賢者所以能盡倫也歟大抵循理爲順忠孝理之大者也君子循理而心與安焉此所以樂得其道也苟舍此而更求所謂順則有爲而爲所爲必不誠忠與孝皆虚矣何順之有然則如之何而可曰盡吾心以俟之焉耳

第二場

論

爲天下得人謂之仁

葛曦

同考試官教諭陳批（作此題者往往掇拾套語鋪叙成章□□獨發明聖心之仁造意措詞便覺超迥高焉允宜）

考試官教授陳批（全篇以仁字立意且詞不浮而理自足當是作家）

考試官教授石批（明暢宏博無一泛語結中歸重精一意尤爲有見録之）

聖人欲以仁覆天下必求所以運吾仁者而後吾心之量可充夫天下至大也以天下之大而欲納之於仁亦至難也舉天下之至難而吾顧釋其重且急者乃役役然惟纖末之務則其勢易窮而不能以要諸久此舍大圖小好自用以遺人之過也要之聖人之於天下既思所以仁之當思所以處之要必廣詢疏攬求可以運吾仁者布列庶位以寄吾心之所不及而吾維執其綱紀條理而羸縮之則吾之仁始有所托而天下之蒙吾澤者將不限於時不阻於势而吾心之量以盡矣此堯舜之仁所以爲大而惠與忠不足以言之也孟氏論堯與舜也曰爲天下得人謂之仁夫語治而必曰仁者何蓋仁者以言乎其至全也必甄陶斯世而無所于遺然後謂之仁匪是則偏矣以言于其至純也必德教淪浹而無所不貫然後謂之仁匪是則狭矣以言乎其至久也必法今傳後而無所終窮然後謂之仁匪是則有息矣甚矣仁之爲道大也而聖人治天下必欲舉而仁之何爲也哉聖人與天地萬物同出一原故其視天地萬物同爲一體今夫人之於體非必疾痛害事者然後恤之也即有一指一髪不得其養亦必療之平而後已此無它休戚相關而血氣相屬也聖人之于天下也亦猶是蓋其理未有所間也未有所間則心虚而機順故能同于大公是故近之中國遠之四夷纖之萬物巨之天地聖人皆欲以位育之而間有一民一物不安于居不遂于養不若於教則聖人方且如恫瘝之在躬而况堯舜之世水土未平百姓且升降移徙而不安矣五穀未播黎民且阻饑矣庠序未立民且近

于禽獸矣而聖人以一體之心視之寧能以恝然乎是聖人欲盡天下而仁之其心也而適乎時之難則勢也思其難圖其易不得不於要焉求之矣是故聖人視天下爲一體則亦聯天下於一身夫其視天下爲一體將必推吾之仁心而敷施之以利天下故其澤也深聯天下爲一身則必斂天下之仁賢而翕受之以行吾仁故其功也博二者均之所以體天下者也且夫天下蒼生黎獻孰非帝臣熙載亮工孰非帝力故功必己出則私勞必己任則狹私與狹而欲成至治未之聞也何也大君者主治者也其道貴静静則足以制天下之動共事貴簡簡則足以馭天下之煩獨不觀之心乎夫心之主乎身而欲以扶持全安之固其欲也然心實無所爲也目其夷險耳其可否手持而足行之以趨利而避害然後身得安焉聖人欲安天下也猶心之欲以衛乎身也使廢其耳目股肱之力而擾擾焉殫心思之勞則施之一身且敝矣而况於天下乎是故左右有民賴人以翼宣力四方賴人以爲以明四目以達四聰賴人以視以聽治之資於人也蓋如此堯舜即聖神寧能舍之而他有所用乎是故水上未平也則屬之禹而四隩斯宅矣山澤未理也則責之益而鳥獸各止其所矣稼穡未植也則司之稷而蒸民乃粒矣百姓不親也則寄之契而五教以明矣聖人用一己之仁以執天下之樞而使天下之能者運知者謀若心之使臂以達於□投之所向無不如意而吾心之仁周流貫徹于天地間回視昔之溺者饑者巢而穴者猾夏而奸宄者莫不遂生樂業秉禮率度以從大君之化而無偏弊不舉之處則聖人萬物一體之化以遂而帝道極矣是故自地平天成以及萬物康阜自中國乂安以及四夷來王可以言惠乎曰此仁之全者也惠則偏矣自仁漸義摩淪膚洽髓於變時雍四方風動可以言忠乎曰此仁之純者也忠則狹矣自道具開先利垂永賴法施後世而無朝夕可以言忠惠之積乎曰此仁之悠久者也忠與惠則均有息矣是其始也聖人斂天下之才爲一己之用則在人者莫非己也其既也以吾之仁周天下之物則在己者莫非人也此堯舜所以務其所當務而不假于爲也故世之稱堯舜者曰垂衣裳而天下治又曰恭己正南面而已夫以堯舜之功業文章後世弗可及矣豈誠一無所爲哉蓋務於大故不屑於小執其要故不自處以繁此功成而無作爲之迹事舉而寡推行之勞聖人蓋不濫用其心而所以爲仁之極也雖然亦非特堯舜爲然也軒轅氏嘗舉六相而帝道成成周氏嘗舉十人而王業昌自餘有夏有商雖不能比隆於唐虞而淑世覺民類皆由之則人主勞於求賢而逸於得人從古然矣然堯之語舜則惟曰精一執中而獨不及乎此者蓋用人者圖治之本而精一者又用人之本是何也精一者所以存心而仁之所由出也心存則用人之極

立又堯舜所以致治之精也故周子曰純心要矣用賢急焉嗚呼盡之矣

表

擬春和敕舉寬恤令賜輔臣楊士奇饌鈔文綺謝表（宣德五年）

張所志

同考試官教諭侯批（乘時布德乃我宣宗實心爲民至意子能於感激中發揮明悉忠愛之誠該洽之學具見矣録之）

考試官教授陳批（其詞工其事核）

考試官教授石批（體正詞雅）

宣德五年二月某日具官臣楊士奇伏蒙聖恩以春和敕舉寬恤令特賜臣饌鈔文綺者駿命覃敷九有被同春之化鴻儀下賚三台沾就日之榮生成遍及于遐方典禮曠遭于盛世輿情共戴治象方新顧菲劣以何堪荷渥恩而增懼臣士奇誠歡誠忭稽首頓首上言竊惟昊天育物淑氣畢會於春先明辟惠民寬書肇行於歲始故唐堯著德東作慎平秩之功周室開基南郊勤布農之惠耕藉止訟政取施仁命社省刑情均逮下感群生而議賑漢帝綿有道之長因令節以進農唐宗先務本之政慨敦龐之世遠致惠恤之風微判柳臨軒未覩群黎共樂賞花太液奚聞萬國皆春聽農扈之揚休罔知普天之瑣尾睹新蠶之應候寧思同室之仳離此臣職或歉于調元致國典遂虧于和令允稱迪哲實待休明茲蓋伏遇皇帝陛下恭儉寬仁聰明睿智神機獨運弘文經武緯之勛化柄丕張昭豐亨豫大之治藻思裁於織婦湛恩布於憫農屬斗杓指乎蒼龍啓寰宇以驚回人統肆法輿騫乎丹鳳御齋宫以軫念民艱爰宣載筆之臣叨沐前席之寵威光咫尺清問勤渠輙感鴻仁謬陳蠡識曰薪芻曰采買寬民力以酌土宜如夫匠如官田懲竭作而汰溢額欽恤周於犴狴苛切戒於鷹鸇敷對蒼黄愧方深於汗背膺承九五獎更借於温倫傳中使而簡授螭頭滿紙和風甘雨趣大官而品頒鳳闕盈眸瓊液珍羞洎涣號之巽申致豫鳴於有慶九重萬里河北戴蠲租之恩一札十行山東動祥刑之頌帝德難名於穹壤臣功何有於涓塵悚灼倍增便蕃更懋爛爛呈天孫之製綺絢七襄辉辉邁交子之摹鈔來九府禮下之數已極疇上之恩奚從臣士奇一介畯寒四朝樗散與參密勿久貽素飽之羞叨秉槧鉛莫佐垂衣之治況學術夙懵於一德而遭逢幸偶於千年侍帷幄以摛辭地分清切捧琅玕而珥筆天語頻仍敢不益勵初心期調羹于伊俎勉持晚節務補衮于虞裳不假質劑而民懷罔事布泉而物阜庶答解推之遇稍抒纖末之忱伏願明益照乎日中憂恒先乎天下含哺挾纊淳風誕被於八埏貫朽粟陳熙運永綿於億載臣無任瞻天仰聖欣躍

感戴之至謹奉表稱謝以聞

第三場

策

第一問

葛曦

同考試官教諭陳批（用人乃立政首務我國家訓戒臣工之意先後一揆子能揄揚盛美而復推本我皇上制心之學允爲有見宜鐫之以式多士）

考試官教授陳批（揄揚宏暢而儆戒百工之意尤極切至是能識其大者）

考試官教授石批（揚厲詳悉數陳典雅是涵泳聖訓而有得者）

嘗聞慎簡而精核者哲后所以籲俊也砥行而率職者藎臣所以報主也蓋大君以人立政非慎簡何以别賢然賢舉矣而尤隨事以核其實則真贋既昭而可以董正乎百官人臣以身任事非砥行何以自淑然身修矣而又因職以自效則功用既普而可以昭事乎厥辟君臣之際虔始而厚終上下之交志孚而道協夫然後精神融液志意流通而雍熙太和之盛充然宇宙間矣知此則我祖宗訓臣作忠之意及我皇上斂賢圖治之美不可以對揚萬一乎夫古今稱郅隆之運者必曰唐虞成周然夷考其時蓋不徒任法以維之而任人爲急焉故虞廷之計功以三考矣而壽咨明試必謹於登進之初周室之綜吏以八法矣而克知灼見必嚴於簡拔之始乃當時君惟量才而授之任臣惟竭己以效乎官秉貞而畢智相得而益章而萬世君臣之極必此其選已自此道微而治之不古若也奚惑哉洪惟我太祖高皇帝肇造區夏百度維新而大誥諸篇所以訓戒臣工者始之以君臣同游繼之以勸善懲惡大哉聖謨臣人之鴻鑒具矣我宣宗章皇帝仿古明良相戒之義裒集臣鑒之書自子産而下二百餘人爲善不同同歸于忠義而皆可法者也自田蚡而下七十餘人爲惡不同同歸于邪佞而皆可戒者也考其行事而觀其用心審其從違而定其得失誅奸雄於既往發潛德之幽光是録也即唐虞分北之法成周彰癉之義也與我聖祖之大誥誠同符焉然推其善之所存必忠君以行義者也推其不善之所著必違道以殖私者也夫君臣大義本於天經事君以忠根於天植故帝臣王佐非古今之臣鵠哉即子産而下莫非是道而至與不至則存乎其人噫爲人臣者可以取中矣我皇上天授异質蚤膺宸極初服未幾首以官方士習諄諄播告近於講筵既畢宣諭侍臣凡十二事曰謹天戒也任賢能也親賢臣也遠

嬖佞也明賞罰也慎出入也慎起居也節饮食也收放心也存謹畏也納忠言也撙節用也鴻謨睿藻遠溯前徽端規範世近繩祖武雖甚盛德蔑以加矣然恭繹任能親賢遠佞賞罰納言数语之意則於用人之道獨加詳焉既而復允輔臣請取百官書屏列之文華後殿以時省覽中外之臣莫不祗承休命誠仰明於日月而希其末照讋威於雷霆而振其逸響者夫勛華開天熙千載明良之運謨烈紹統啓百年豪杰之期今布列朝端展錯宇内人人殊也乃和衷篤弼趾美虞周其視祖宗得人之盛蓋滋有光烈矣雖然元凱登朝不忘四門之闢周召布席猶勤三事之咨帝王之勞於求賢蓋如此今海内寧謐賢才畢集矣我皇上寤寐英杰睠懷夙宵意殷殷甚也一時群哲應期感奮誠多其人而名浮於實業負於望者似亦有之兹欲使群策效力天工無曠以仰副當宁至意蓋必有道矣愚以爲用人者操鼓舞之權用於人者楙俊偉之業其道皆有二焉夫楚璧稱璞腐鼠亦稱璞月旦稱朔車輈亦稱朔甚矣似之眩真也甄叙群材者誠精於鑒而各當其品一有高自標植養交市寵之士弗與共乂焉又采其言必稽其成信之實作於始必要其底積之終則人無隱衷而争自表見其不獲自盡者鮮矣此用人者事也操弓矢者必蕲於中的飾輪轅者必蕲於合轍甚矣趨之當慎也歇歷中外者誠端其嚮而各盟於心一切競爲聲容誣上行私之念不敢少萌焉又必攄忱於断金慮弗奪乎私殖矢貞於匪石計弗便乎身圖則忠有定力而功可表樹其勵翼於時者弘矣此用於人者事也二者舉於臣道其庶幾乎若我皇上所諭謹天戒慎出入慎起居節饮食收放心存謹畏撙節用又涵養本原以立作人之基者愚生惟佩服之而已又何知焉

第二問

鍾羽正

同考試官教諭唐批（評品漢宋諸儒錙銖不爽殆窮經而有得者録之以爲尚友者式）

考試官教授陳批（考究詳確而以敷腴之文發之具見淹貫之學）

考試官教授石批（文古雅而評議精確子真明經士也敬服敬服）

夫經以載道也窮經者以闡道也然有闡道之實則經與道一也有闡道之名則岐道於經二之也名實之際而士習之淳漓世風之升降繇之矣蓋昔聖人觀儀象之化挈民物之紀而六藝興焉其心若曰曶穆未晰太朴未斲吾與天下游於忘言可也不得已而筆之於書天下行之後世以爲楷即言之可也而後之學聖人者不思作經以載道也乃視爲譁衆媒世之資而概之嚮往若枘鑿然不有負聖人垂教之意哉愚生墨守章句無异能解而執事上下漢

宋諸儒欲即素所被服者抒陳於前顧何以辱明問嘗伏思之稽古者將以程今吾人遐睇廣欖紬繹聖真以窺作者之秘非窮經無從也然修詞者所以居業吾人徵往俟來苞并道本以溯前徽之傳非經以致用奚貴也故曰學者載籍極博猶考信于六藝又曰博學而不窮篤行而不倦其有以知此矣慨自秦政肆虐以法箝下惡聖言之妨已也一切燔弃而六經爲天下裂漢興稍稍表章而學士先生相望於齊魯間彼其去聖浸遠微言如綫諸君子專門守師窮智竟慮補苴罅漏張皇幽眇是故言易自淄川田生言書自濟南伏生言詩自轅固生言禮自魯高堂生言春秋自胡母生而海内彬彬然嚮風矣當時衍暢鴻業緣飾吏事豈漫無得于經者而家立門墻人持槌鑿競鳴而互詆吾不知于實用何如也自今言之分卦直日京房之易精矣然身蹈恭顯之變於占候何八世傳書教授千餘人歐陽歙深於書者也而莫救多贓之敗凶於而家矣匡衡明關雎之義而歷仕元成顧惟阿附以取容仲舒達五始之旨而縱閉陰陽幾於迂誕以失正其他庸心青紫如夏侯勝眩耀車馬如桓榮豈以經爲梯榮具乎之數子者皆漢儒翹楚尚猶爾爾下此者又奚足論哉彼漢近於古傳經之士廩廩繩墨猶餘長者之風然聖學失真人視訓詁之工不啻足矣是以造就率得於性之所近而非窮經致用之實是非經不足以適用而所用者非其經也非窮之力有未盡所以窮之者未探其本也雖然不有漢儒後世倀倀乎奚之矣窮經經絶鄭夾漈氏蓋有所激而君子未以爲然也自漢而降正學愈湮有宋文運聿興真儒輩出纂墜緒於殘編發新知於卓識易傳本義有作而陰陽之奥以明書傳有注而經綸之藴以泄春秋有傳而名分之辨以詳至若詩經集傳儀禮集解自謂於世有補可無遺憾是濂洛關閩諸大儒者相繼發明之功豈獨聖人之經揭如日星雖謂其有功於漢儒可也然究其實用無論在朝廷則德業隆在邦國則惠利溥乃其由跬步以至於終身自細行以底於大節皜乎陽輝瑩然玉粹蓋其學以道德性命爲準而必始於切近以身心體驗爲功而必極於高明以格物窮理爲要而不病於徇象博依以貫其類深思以凝其精至於厚積之久而道與心融浹洽之深而經與道會故其致用之實非漢儒之所能望也一恒人能辨之矣而後世篤論之士如叠山謝氏猶過置褒抑其言曰漢之明經以修行也宋之注經乃衍詞也又曰漢士質宋士浮者何哉嗟乎非叠山臆見也歐陽永叔不云乎漢之學者各守其經以自用是以政理文章後世莫及况宋至末弃經術漸澆人持意見以自角立考亭亦嘗病之矣如云文人之經有陳少南禪者之經有張子韶輩果於六經能深窺而力踐乎否也夫經飾以文是繡其鞶帨也經附於禪是弃其筌蹄也入主出奴

郢書燕説雖斯道昭如固無損於浮翳然作心害政爲士習世風病恐亦不淺耳雖謂之浮也固宜彼漢人之治經也沈精重淵抗志高明其讀易也如未嘗有書其讀書也如未嘗有春秋包括無外綜析無形不浸郁咀華不已也所以施之於身措之於事雖未盡然而不盭於懿矩者蓋多矣晚宋諸儒參伍微詞潛擿理窔功胡可泯也然間有暴智以耀世兼通以示廣矜飾慧辨者或至於拂經竑論高議者似近於勦襲乃其作用又未克臻乎實際而庸俗見其然也反起而訴病之則此亦二三君子之過也夫窮經而不盡於言也雖漢儒之醇類互見君子猶有取焉況其上者乎窮理而惟蔓於言也雖宋儒之研理精析君子猶有病焉況其下者乎今之士號稱明經者言人人殊大都不詭于孔子守程朱正訓惟謹矣不知將真見其然而服膺以弗失耶否者其不爲叠山氏之所憂者幾希矣嗟乎斲輪之對以糟粕見規而經笥説鈐非不博雅著稱也達者直弁髦視焉學之貴實用也尚矣記曰天下有道則行有枝葉言士風與政通也窮經者慎念之哉

第三問

孫温如

同考試官教諭侯批（齊魯强弱之故士子類能言之至發揮周孔通變宜民微意獨見此篇）

考試官教授陳批（□論政體確有真見且詞氣□□□力雅健宜録以式）

考試官教授石批（學博才優氣充詞贍）

聖人之致治其秉道以濟世者心也而通變以宜民者勢也勢之所在聖人且運量而斟酌之以濟夫道之所不及而後吾之心始可敷施於天下故善法聖治者亦惟求合於心而已迹固不能以强同也何也時移則事异事异則其處之也亦必异吾不能通變以合聖人之心而惟執其成法以期自效是膠固之見而非達士之弘操也且自載藉以來治道莫備于周公今觀周禮所載上自宮閫官府之政而下達於比閭族黨之治大自禮樂財賦之煩而細及于米鹽絲枲之瑣其説至詳其爲制至周矣然所以詳且周者非周公意也勢也蓋自風氣既開至商則忠變而質矣質且敝而小民以鬼矣救質之敝非詳於文其奚以哉而況當創作之始總九州之煩承紛亂之後而握百司之紀則其詳也固宜至其以養民曰周知其民與其所宜地以爲法以教民曰以俗教安則民不偷以世事教能則民不失職曰修其教不易其俗齊其政不易其宜以經土地曰施職平政以聽獄訟曰用情訊之又何平易近民也是意也太公得之故其治齊也以俗制令而齊以安至魯公報政而周公訾之曰政不簡不易

民不有近平易近民民必歸之而又嘆曰魯其北面而事齊矣是非周公之詳於造周顧欲簡以治魯也事勢异而魯公之所以行之者或有未盡也夫魯公之治吾不及深辯然方其對周公曰吾變其俗革其禮喪三年然除之夫魯當商之末造其禮俗當變固也然豈盡無可因者與且其川谷之异制民生之异俗豈無不必革者與而公必欲盡變而易之亦難矣夫君子之以教易俗也固也然教之施也吾得而知之俗之易也吾不得而與之何也民不可以强聒也是故君子之教因明以通之審勢以道之漸磨以須其成優游以俟其化及循習既久舊染漸釋而後可以相胥於禮義之中安有一封國之初遽期其禮俗之頓易者哉今夫禹之治水也決壅疏塞期以歸于海而已至于水之轉徙就下則禹固順焉而不拂之以滋潰冒衝決之患聖人之約民於道猶導水于海也民之所宜聖人惟因時通變而不强之以所不堪匪是則拂之而已魯公初政毋乃類是也乎自後魯日以削而齊以滋大雖非盡由於此然謂周公之言不酬固不可也夫子志在周公其所見宜無不同而齊變至魯魯變至道之説若與公异者亦自有説蓋太公之簡也姑示民以易從之規非於道有所簡也及至齊桓則舉其舊法而盡弃之以爲功利誇詐之媒其簡也非太公之間矣魯雖積衰而無害於道固非齊比也今夫馬有敝策傷吻不進而九方皋顧有者以其馬良也人之起居飲食無异平日而盧扁憂之者以其脉病也齊魯之勢大較然矣而執事欲究孔子變易二國之道與所以因革之宜夫孔子夢寐不忘周公者以其道法兼備而爲致治之準則也故使其以道易術則約齊於忠信誠慤之中而漸消其功利頗僻之習之道扶弱則飭魯以振勵明作之規而易其因循煩縟之風固孔子之所以善繼乎周公者也至其因革損益則孔子嘗曰虞夏之道寡怨于民商周之道不勝其弊而司馬遷亦曰文之弊小人以僿故救僿莫若忠則夫損周之文用夏之忠以承周公未盡之意者亦勢之所必至矣自夫子竟不試於魯而六籍始大明於世今齊魯之士守遺經承聖緒禮讓交錯弦誦相聞彬彬然名海内矣然閭里小民猶有恣睢忿戾冒扞文網以致訟獄滋興敚□萌起不可不約之歸于道也志曰濟以西民物繁聚舟車輳集其俗也文勝乎質青以東憑負山海道里僻遠其俗也質勝乎文夫文勝乎質者多務華所謂計目前而忘久遠之謀者由此也質勝乎文者多負氣所謂逞一朝而忘身家之恤者由此也今欲舉競力之習而柔之以禮讓綳游惰之民而居之以恒業則惟在明教化以示之趨耳蓋上者下之倡也語云教之化下也深於命民之效上也捷於令今司治教者容或有簿書期會是急而置教化于不講間有舉之者又煩其令峻科條詳約法若束濕然不知罟數則

魚噞網密則鳥亂豈周公易簡近民之意哉昔程顥令晋城立鄉社以别善惡而朱熹在漳州揭禮教以風子弟今周孔之遺風固在也詩書禮樂齊魯之天性然也誠得程朱若人焉振飭之而又簡之無甚煩卑之無甚高因俗制令隨勢變通創道德之途啓仁義之統使之斂華以就實遠過而就中固在一轉移之間而已愚生不敏敬以是爲明問復

第四問

商賚

同考試官教諭盧批（保民莫先於守令子能詳究諸賢政迹而末復附勸戒之意殆非徒工於文者録之）

考試官教授陳批（品隲詳明措詞准當）

考試官教授石批（敷陳循廉之政昭然可睹是留心吏治者）

人君所以奠宇内而昌理道者其在重守令乎夫守令之所爲重者謂其師帥民也保乂民也師帥則郡若邑由之以正焉當有所以先乎人者而裂檢竄行何以善俗而表治保乂則郡若邑由之以育焉當有所以長乎人者而踔厲剛愎何以拊衆而廣仁噫此周官六計以弊群吏之治莫先於廉而漢世之治號爲近古皆一時循吏宣澤而導和也然則吏治之係於天下豈其微哉嘗稽之傳曰六合元元之衆懸命於縣令宅生於刺史甚矣其重也噫以此爲任豈徒營營自封肆然於民上而已乎亦豈徒矯矯震俗恝然於民瘼而已乎蓋必有方峻之履矢於由衷胞與之懷聯於一體夫是以澤究人安而阜成之理得也知此而古人所以流聲施於罔極垂芳躅於永祀者可得而言矣執事當吏稱民安之日慨然思東土廉循之風舉以下詢承學彰往勸來惠甚厚也請摭其詳夫吏以廉名非古也饕者以民而試其慾焉而廉始揚芬於天下矣粤若田叔之爲魯相也義以砥名而祠金之麾其子信焉范丹之長萊蕪也不能自給而甑塵之歌口碑傳焉守清約而不變者李恂爲兖州刺史然也而羊皮布被其華於黼黻矣性廉直而無私者楊秉歷徐兖二州然也而禄不取餘其人浮於食矣老幼追送雖縑帛而不納者非崔挺之刺東萊乎酌飲杯水并壷漿而亦却者非趙軌之倅齊州乎節度使以州錢二百萬入私藏非義也令狐楚節鎮天平獨辭而不取公使錢應償三十萬非過也趙概刺史鄆州寧代以己俸至於張燾之知潍州以計畝徵絹民力弗堪也而損舊五之四且敕吏曰勿著爲式嗟乎伐檀風微而吾民殫於穢德者可勝紀也數君子之雅操其庶幾冰玉比潤乎吏以循名亦非古也猛者以民而恣其虣焉而循始遺愛於天下矣粤若秦彭之守山陽也郭明禮教而耻任刑罰民故懷而愛之劉岱之刺

兖州也虚己不伐而姁姁愛物士人遂競附焉政惟仁簡而争訴者閉閤以自訟吴祐也膠東之民日遠罪矣事不煩苛而人人得以自便阮种也平原之政其君稱嘆矣長貴鄉而清净爲治舘陶之民徙而受廛焉魏德深可風也知齊州而馴悍以仁盗竊之俗争自洗濯焉范純仁其選也多事滋擾民矣宋庠治以鎮静鄆州何厚幸乎縱盗法所禁也許將縱遣而人不犯其有以奪其心乎至於崔立之知兖州澤寃愛物而祲歲惠賑賴以全活者蓋數萬人嗟乎甘棠澤遠而吾民殘於鷙悍者可勝嘆也數君子之惠愛其庶幾鸞鳳齊輝乎要之廉循一道也异名而交濟者也世有以廉而病循者每峭戾以凌物而教化惠養之實漫不省圖焉斯有立威慘于刺骨矣蓋其廉也藉以市名而非安節之亨也以循而病廉者每貶削以徇人而辭受取與之防概從闊略焉斯有牟利析于秋毫矣蓋其循也成於違道而非敦大之裕也通乎此而吏治之得失不可較然睹哉我國家加惠元元慎重守宰其間名實彪炳即東土不可以一二計矣天子明聖軫切吏治民生頃諭所司風厲天下於剥下之防牧愛之實亹亹布告焉意何至也爲守若令所不端已孚化以仰承休德者豈其忍負盛際哉執事顧慮巧希者掩自潤之迹儇利者襲鉤距之巧愚不敢謂盡無若人也竊意守令者牧也民則其所牧者也牧善而民得所矣上者風也守令則從風者也風行而守令向化矣欲吏之廉而循也莫如重貪墨之罰獎安静之治夫吏肆行科率朘削民脂國之螟蝨孰甚焉間者貪迹有指驗者許臺臣逮治追没此其令極善奉行者脱黷長厚之名而小人知負詬深也得以計而寛假削籍止矣夫人情嗜利無厭削籍固甘心焉而况其他哉試一一抵法無幸縱減即貪墨之風不弭所未有也悃愊之吏绥旴化俗無甚瓌瑰异迹也而敏鋭强幹之士每置力聲譽焉司激揚者誠不以苛急先平恕不以辨給右遲重負拔薤之勇而又協烹鮮之智者優之著神明之號而又得父母之體者優之否者寧置弗録若是而吏不追踪循良所未前聞也雖然特士間出於儔倫中人恒漸於習化往者隧竇旁開人競速化苟可階寵遑恤廉隅肩摩而墨濡者蓋誠有之而今時則异然矣朝廷以事功振率有位而百司庶府争以功名自奮夫吏奮於功名則靡不翹然自喜用已違衆視愷悌逕庭矣審爾則風勸之機尤有在焉漢章帝之詔曰俗吏矯飾外貌以苛爲察以刻爲明以輕爲德以重爲威四者行則下有怨心爲之愈勤亂之愈長嗚呼誠哉是言也夫本設吏以爲民而課吏者弗先於爲民之實德雖行如由夷赫如趙張君子弗貴矣書生之見如此執事其可否焉

第五問

楊耿光

同考試官教諭楊批（東省阜民良法信不出此四端子能敷對詳明而末復推衍其説鑿鑿有據用式多士允宜）

考試官教授陳批（曲畫詳盡議論明爽）

考試官教授石批（剖析利弊之源殆無餘藴足占所養）

執事憫齊民抗敝思援而置之康阜之域其道無由也乃舉太公治齊之術與近議足民四事下詢愚齊人也敢不舉所聞以對夫齊古樂國也東有臨淄即墨之饒北有渤海之利富强之效自古記之乃今則視昔异矣登萊之間濱海斥鹵地强半不易耕小民多困瘠即田連阡陌者一遇祲歲輒不能具公租其下率枵腹疾首急則弃其室居攜妻子遠徙鳥舉蓋困極矣夫山東介畿甸間其不可使困明甚今困若此則豈可不爲之所哉説者謂太公治齊設輕重魚鹽之利管仲因之以贍貧窮而國用富饒史稱太公居營丘地瀉鹵人民寡於是設輕重九府法勸女工極技巧通魚鹽民物歸之繦至而輻輳其後齊中衰管子修之則桓公以霸夫尚父始封之國其事簡而用度寡其教勸易行而百姓易足理固然也若管仲則又异矣仲之書曰錯國於不傾之地積於不涸之倉藏於不竭之府所謂府與倉者五穀桑麻六畜而已此外則所謂負山鑄山負海煮海者也夫鑄山煮海蓋爲足國計也而所謂不涸不竭者則藏富於民尚有太公遺意焉然彼固一方也四封之外皆鄰境也民之智巧未盡出山澤之利未盡興也是以彼得以魚鹽之嬴而濟他國之急收他國之無用而爲我之有用故天下困於齊之富而富强仲既計其經國之費出入於魚鹽之中則遂舉所謂六畜五穀桑麻者弃之以與民故當時之民亦因以富此管仲霸齊之業乃上下兼利之術也今四海一家鍋竈之場滿天下即東海之鹽國家已不厚獲其利小民鬻販所得不過錐刀又地不通舟楫無可轉輸輸故民所取資與朝廷軍國之需大氏皆取諸地地復墝薄一遇旱澇三農失業則其勢不得不至於懸磬而枵腹則民始病民既病則勢不得不逋賦而官始病官逋民負日積歲累則或掉臂而鼠竄或弃田業而去其鄉而官與民俱病矣由是因家及户因户及里有司煩於敲扑閭閻困於追呼存者且去去者復業愈難墾者就荒荒者埋没益甚展轉蔓延流離瑣尾蓋不可言矣夫民雖至蠢無知寧不懷土而重遷胡乃忍於離親戚捐里井是必有大不得已者矣若此者將以太公之法弗可行於今歟則魚課有税鹽筴有征錢法有議矣公私仰給

經畫明備即太公治齊之初或亦未必能有加也將以爲不涸不竭之言可施於今日歟則邊事旁午兵費日煩各省逋負之督追庫藏之括運不下數百萬計猶慮不給仲之言惡能有行也矧瀛海之戍守漕渠之夫役其廪食所需取足東省者亦孔棘矣目前之計尚或可支因循愈久消耗愈甚將或未易振業夫剪爪及膚捉襟見肘國計民瘼大都如此志經世者可不預爲之慮乎近世何塘目擊時艱條畫四事曰懲貪婪曰省征役曰禁奢侈曰墾荒蕪其言蓋出於孟氏易田疇薄税斂食以時用以禮之遺意而在東省尤爲濟時之藥石也何也夫官之失德寵賂章也今苟且之吏視民如外府朘削夫膏脂計充乎囊橐語有之敢於不善人則善人安懲貪婪之謂也用一緩二有常制也今徭賦之額不勝繁劇色目蝟多孔竇旁出行者奔命告疲居者津助滋擾人胡以堪故征役不可以不省也節以制度所以阜財也今上逾下僭糜費無紀驕淫矜侉將由惡終古者民有奇袤繩約以瀍而所爲起教於微眇禁惡於未形者則禮有定式焉故禁奢侈以防末流者不可已也駿發爾私終三十里古之所以勸相也今則邑里多墟萑葦極目稼穡不服俯仰奚資則招徠游惰轉而緣南畝者誠不可緩此墾荒蕪之説也夫荒蕪墾則財源闢所以興利也貪婪懲征役省奢侈禁則浮冗抑所以救弊也誠舉而行之即孟氏足國裕民之方亦不過是而管子所謂不竭之倉不涸之府不足言矣恭惟我皇上臨御以來屢勤詔旨嚴禁貪殘蠲免逋賦喁喁然歌頌遍於海陬恩至渥也而執事欲求所以仰承德意俯佐民艱豈有他哉亦惟於前四者加之意耳若稽其類則亦有可言者夫皇仁汪濊不啻嫗煦而卵翼之布而致之民者所司事也脱蔑視顛頓泯不之恤負抑者將誰控焉夫吏有石壕則攜挈皆仳離矣政乏鞠育則黎民多墊隘故收旋效於安集者綜核其要樞也豪猾肆黠影射田糧飛灑花分卒難究詰故業餘膏沃者以逃籍而就輕地無立錐者以包陪而偏累不均謂何民有吞聲矣此積弊所當厘也奸富曲營覬以規避援例輸納寔繁有徒濫竽冠珮而幸脱身庯籍名胥史而潛貽靠損此擾復之令不可不審也犯者追没而再世已絶親族瘐斃而平民概及一聞追呼怨聲載路相率弃逃赭衣錯趾此冤濫所當雪也夫以上諸事雖非前議所及而爲民之利害則同去其害則利自興此其機在上而不在下也蓋民者待命于上也上者造福于下也惟上有撫字之實心斯下有樂利之實惠故東野氏稱善馭者以不窮馬之力也今牧民者能不窮其力則民逸民逸則上下靖謐天下可登於理矣

山東鄉試録後序

我皇上統天建極崇古右文孳孳以斂賢育才是務兹逮萬曆四年秋天下當大比士入貢天府會上臨辟雍集耆碩講同异而山東密邇畿輔士挾策待試者喁喁然砥礪拂飭冀自耀於熙明維時舜道適以聘至譚諗於衆曰美哉暉暉乎文明之嘉會也與諸士際兹奇遘將有楙植宣猷脱穎聖作之期者矣吾儕其慎舉哉既入簾合諸士三試之拔其儁七十五人爲録以獻舜道以執事當序諸末簡舜道謹考周官之訓曰學古入官議事以制政乃不迷嗚呼帝王經綸偉烈具存往迹孔子參酌古典通變而經紀之度民之故與世之宜以會成王義爲萬世表經學者得此爲實德而言與政則舉而措之於時敦本好修之士回賜冉閔之流雲從霧集汶泗鄒嶧蔚爲俊國雖曰聖化入人之深亦崇實速效而遵成迹者易爲力故也迨我皇祖肇造區夏設科斂才一以經義爲主意正與孔子同二百年來得人之盛超軼前古然間亦或有弁髦經術筌蹄佔畢曰服官視吾才文辭何爲而主司者亦不敢自信於諸生不知國家設科之意正不屬於文辭也使果屬於文辭則詩賦焉已矣博學宏詞焉已矣又奚以經義爲哉夫經義雖古言揚之制然義取通經通經而效之行天下之故可幾而理矣何有於文顧知德實難而浮言易飾於是有華實异尚真僞殊軌則在知言者辨之而已今夫七十子之負笈而東也固裒然一時之選也然顔回敷陳王道獨廑德美之稱而竟以善言德行名夫回豈務於言者哉他如由之治賦求之治民赤之譚禮偃之明教其他更僕未易數又辨析曲中每試輒效蓋彼以所得自鳴也非剿説襲陋者比也而後世詞章之士炫於華而忘本也窮辨博之力極鑽礪之巧以試之用無論顔子即兵若食若禮教果可效一得讎一説以庶幾乎諸子否耶乃其誦習摽綴非必遽出典墳外而原志度功則二本殊歸矣易有之曰君子以言有物周敦頤曰文辭藝也道德實也夫物者何實也言之瑞善之主也故舜道今所取士唯視其實而已矢謀者期適用抒猷者尚心得華實兼茂則亟收之若文浮於實即工弗録懼竅言之亂真也華實并劣則亟黜之若實浮於文即樸不弃意端言之有稽也而一時諸士類能發舒道奥恢張王略辨而不迂核而有體以明經舉舜道固自信於諸士矣爾諸士其一乃心毋忘今所論著哉夫士之守有三處乎由是出乎由是無庸加亦無庸損上也操履極也由鄉而國士由國而天下士次也虚受廣也若修於鄉而奪於功利之途風斯下矣今士抑首授書擴然以古道自許可及名

位啗軋輒忘故步而以才自雄者資適逢世訑訑然略於宏到不知集事在才養才在學君子具珂磊之才而不隘於自用疏覽逖聽以爲經濟規此括羽鏃礪之喻孔子有大造于仲由也且齊魯山川隩區詩書出乎天性然孔門才美亘千古一見焉豈海岳融毓獨私於孔子時哉若管夷吾以天下才即七十子未必多讓而究竟爲聖門所不道學之移人如此諸士勖之哉夫鄧林宜木而樹鄧林者難爲木崐丘韞玉而産崐丘者難爲玉物忌於相形也今諸士産兹名邦固士之鄧林崐丘也兹領鄉書而進也其將蜚英聲騰茂實等而上之爲國士爲天下士則人將曰此周孔之遺躅也此皇上文德休光所變化也主司者與有餘榮矣不然毋論匪彝即擿詞挾術以苟就功名殊非周孔舊章人其指而訾之可毋慎與嗚呼好尚异則士風因之舜道懼士之崇飾浮淺而風日以漓也故申其説使立言立業之士知溯本始以仰副我國家設科求賢之本意云

直隸池州府儒學教授陳舜道謹序

萬曆七年山東鄉試録

山東鄉試録序

主上嗣萬年之曆歲己卯詔天下比士於鄉於是申敕功令廣萬學官之路亟命所司正經藝起文之衰嚴干陬之禁要以如制中参黍乃上御史錢岱按山東奉明詔而綱紀之則先期謀諸巡撫右副都御史趙賢甓舍棘垣葺棼苴罅以厘秕陋既則函采徵永直暨教諭李廷謨爲考試官教諭陳祈黄士敏張所慎張素藴訓導江大順梁夢雷馮瑞爲同考試官其簾以外則自提調官左布政使王宫用右布政使楊一魁監試官按察使楊芷副使周思稷而下洎諸百執事群之闈中三五約束莫不懍懍思所以仰承德意爰甄提學副使周之屏所掄士三試得携七十有五人籍奏之御史簡永宜屬永宜當有稱説永宜因前諸士曰來方校而文時窮晝夜力盱衡而思挈尺寸而度其所得者各以發慎吐藴略開東人士之志矣今得耳而目之則東人士嫻於文學自古以來其天性也亦知所本乎語曰正其本萬事理五經之本自孔子始其發明章句又始於子夏他若七十子之徒咸遵孔子之業而潤色焉以學顯於當時其大者爲師傅卿士次者友教士大夫若由治戎求省物游學道赤任擯相師不弊百姓賜釋二國之患皆言通帝王謀合神聖彼所謂异能士也第藉令不得附驥尾行其能益顯乎蓋永宜考孔氏古文弟子籍得其論言而每竊嘆未得睹厥容貌與七十子泳洙泗之澤挹鄉射鄒嶧之風今幸得蒞其鄉域又得睹其鄉人士文而校之信能修其經藝佩服孔子者何修而得此蓋自七十子歿而傳經者滋多於是諸山東大師無不涉六藝以教言易則菑川田生言尚書自濟南伏生言詩於魯則申培公於齊則轅固生言禮自魯高堂生言春秋於齊魯則胡母生類能解釋先聖積結洮汰學者之累惑使基業垂於後世以故士得涵濡漸漬出入不悖所聞若是斌斌盛也今求隋和於沮澤累世不得一焉及之荆山合浦則有流光吐耀而出耳故物各有疇山東經士之疇也求士於山東若道水於方諸取火於燧也今士既以經進矣亦思以其術經世冀竊附於受業身通若七十子者乎維時皇道昭融帝猷丕顯别黑白而定一諸不在六藝之科孔子之術絶其道弗使并進所使揔方略程大猶祈進民心紹休

聖緒廣開孔子之道孔子之道其校且易也七十子得之而立功立事以昭不朽士於此亦安所取衷於七十子安所願學將捜乘詰賦以果毅憎與將博類通方以藝能鳴與將飾儀考度審律定衡以禮樂憲與將墾草入邑勸民耕農利土以政事軌與將畢議盡知以批患折難而才辯足述與即毋論舉統類而應之無所儗恁張法而習之晻然若合符節儻循一迹之路守一隅之指於七十子得一當焉斯亦不詭於孔子之道矣昔孔子生叔季思以道易天下干七十餘君灼頭濡足庶幾哉一遇而悠悠者皆是是以道積而不肆今天下尊術顯士翼張舒布度德拜爵量績受禄彼搦朽磨鈍鉛刀皆可一斷曾不以其時自表見徒獵其經自售不能以其經經世執虚言傳受辭不得一迹一隅爲世庯寧得稱東人士乎哉世所謂碔砆魚眼乃産於荆山合浦人顧以爲珍而飾金匱祕藏之斯膺質眩真傷其靈化大謬不然矣主上宵衣盰食瑩精太平御經闡繹六藝之緒計徵諸士講同异當首東人士東人士出而天下目之爲孔子鄉人且以爲藝士嚆矢語曰存則人亡則經人與經皆在東土故天下厚望東人無已時士思所以上答主上下謝天下之望又安所循守以稱其生平哉且亦聞諸孔子士有贄女有媒孔子曰進見而不以能往非賢士才女也爾諸士欲不詭孔子之道則請服膺斯語是舉也總督河漕則右都御史兼工部左侍郎潘季馴總督漕運則户部右侍郎兼右僉都御史江一麟監察御史巡鹽則先朱璉今高維崧印馬則許樂善督運則先陳世寳今莃宗舜有事地方則户部員外郎李應春主事林喬楠崔良貴李尚賓工部郎中張德夫員外郎金從洋主事張文奇效勞於外則布政司左參政陶大順右參議嚴用和按察司副使郭天禄趙睿邵元哲艾可久蔡叔逵僉事劉應元詹沂都司署都指揮僉事鄧都常錞督理京糧則左參政張仲謙先期入賀則右參政魏體明僉事趙允升而左參政陳文燭右參政徐用檢游季勛李松翟繡裳副使顧褒雷以仁賴廷檜徐學古洪濟遠張崇功僉事岳汴周于德則以列銜本省例得并書書之

山西平陽府臨汾縣儒學教諭翟永宜謹序

萬曆七年山東鄉試

監臨官

巡按山東監察御史錢岱（汝瞻直隸常熟縣人　辛未進士）

提調官

山東等處承宣布政使司左布政使王宫用（近臣直隸成安縣人　癸丑進士）

山東等處承宣布政使司右布政使楊一魁（子選山西安邑縣人　乙丑進士）

監試官

山東等處提刑按察司按察使楊芷（文植湖廣安陸縣人　癸丑進士）

山東等處提刑按察司副使周思稷（子相湖廣麻城縣人　戊辰進士）

考試官

山西平陽府臨汾縣儒學教諭翟永宜（義用河南祥符縣籍涉縣人　庚午貢士）

河南開封府新鄭縣儒學教諭李廷謨（明臯江西豐城縣人　庚午貢士）

同考試官

江西南昌府進賢縣儒學教諭陳祈（敬甫廣東從化縣籍番禺縣人　庚午貢士）

江西九江府瑞昌縣儒學教諭黄士敏（爾達福建晋江縣人丁卯貢士）

河南河南府嵩縣儒學教諭張所慎（以敬陝西朝邑縣人　庚午貢士）

湖廣德安府雲夢縣儒學教諭張素藴（鳴裕廣東南海縣人　丁卯貢士）

湖廣荆州府儒學訓導江大順（汝滙貴州貴陽府籍湖廣雲夢縣人　癸酉貢士）

福建泉州府同安縣儒學訓導梁夢雷（延復廣東順德縣人　辛酉貢士）

福建汀州府上杭縣儒學訓導馮瑞（俊弘廣東番禺縣人　庚午貢士）

印卷官

山東等處承宣布政使司經歷司經歷程洛（禹疇上林苑監籍山西長治縣人　丁卯貢士）

山東等處提刑按察司經歷司經歷王服遠（本修陝西和縣人　歲貢）

收掌試卷官

山東都轉運鹽使司運使賴嘉謨（承卿江西萬安縣人　己未進士）

濟南府知府宋應昌（時祥浙江仁和縣人　乙丑進士）

袞州府知府朱文科（以選福建莆田縣人　乙卯貢士）

東昌府知府莫與齊（道望廣西柳城縣籍馬平縣人　辛未進士）

受卷官

青州府知府王世能（子才直隸宣城縣人　辛未進士）

萊州府知府高世雨（元化河南原武縣人　戊辰進士）

登州府知府劉自化（伯時陝西高陵縣人　乙丑進士）

青州府同知王圻（元翰直隸上海縣籍嘉定縣人　乙丑進士）

濟南府通判黄一桂（馨甫福建南安縣人　乙卯貢士）

袞州府曹州定陶縣知縣黎邦琰（伯華廣東從化縣人　辛未進士）

東昌府博平縣知縣鄭材（思成直隸安肅縣人　甲戌進士）

萊州府膠州即墨縣知縣許鋌（定之直隸武清縣人　甲戌進士）

彌封官

濟南府推官魏允孚（懋誠直隸南樂縣人　甲戌進士）

萊州府平度州知州薛道生（士立直隸吴縣籍太倉州人　甲戌進士）

濟南府歷城縣知縣賀一孝（子順河南魯山縣籍湖廣鄖縣人　甲戌進士）

袞州府金鄉縣知縣楊楫（允通河南商丘縣人　甲戌進士）

袞州府東平州東阿縣知縣朱應轂（德載直隸濬縣人　丁丑進士）

青州府益都縣知縣楊植（爾立山西陽城縣人　丁丑進士）

青州府臨淄縣知縣黄策（嘉猷陝西咸寧縣人　辛未進士）

青州府莒州沂水縣知縣王鳳竹（允在直隸唐山縣人　甲戌進士）

謄録官

東昌府推官王敬民（用司河南西華縣籍應天府句容縣人　辛未進士）

袞州府東平州知州杜化中（民孚河南扶溝縣人　乙丑進士）

濟南府章丘縣知縣李臣之（思良河南嵩縣人　甲戌進士）

濟南府淄川縣知縣王九儀（維邦陝西長安縣人　丁丑進士）

濟南府武定州陽信縣知縣吴世賓（汝嘉直隸衡水縣人　丁丑進士）

青州府諸城縣知縣李觀光（賓之直隸滄州人　丁丑進士）

青州府臨朐縣知縣荆州土（至元山西臨晋縣人　丁丑進士）

對讀官

萊州府推官李進道（明叔直隸内黄縣人　甲戌進士）

濟南府河縣知縣浦卿（良弼錦衣衛籍直隸丹徒縣人　丁丑進士）

濟南府德州德平縣知縣何倬（爲章河南杞縣人　甲戌進士）

袞州府泗水縣知縣張汝賢（用甫武功右衛籍浙江崇德縣人　甲戌

進士）

東昌府聊城縣知縣白一言（子恕直隸永年縣人　丁丑進士）

東昌府冠縣知縣張維新（憲周河南汝州人　丁丑進士）

青州府安丘縣知縣王儒（汝爲山西平定州守禦千户所人　甲戌進士）

巡綽官

濟南衛指揮使毛爾成（原器直隸盱眙縣人）

濟南衛指揮僉事杜承業（重光直隸虹縣人）

濟南衛指揮僉事李化龍（際夫順天府大興縣人）

濟南衛指揮僉事李啓東（復週直隸盱眙縣人）

臨清衛指揮僉事劉四科（汝選河南密縣人）

搜檢官

濟南衛指揮同知曹少彬（振之直隸含山縣人）

沂州衛指揮同知韋邦臣（子貞直隸淶水縣人）

濟寧衛指揮僉事楊方亨（來復濟寧州人）

平山衛指揮僉事李蕡實（茂甫直隸邳州人）

登州衛指揮僉事李隆鏖（伯宗遼東三萬衛人）

供給官

山東等處承宣布政使司照磨所照磨吕鳴瑞（輯甫錦衣衛籍浙江麗水縣人　儒士）

濟南府通判李瑚（廷重順天府霸州人　壬子貢士）

萊州府通判賈希顔（有爲直隸延慶州人　歲貢）

濟南府德州知州耿思愛（純甫直隸滑縣人　乙卯貢士）

濟南府鄒平縣知縣李瑞（輯夫河南林縣人　辛酉貢士）

濟南府德州平原縣知縣王維藩（价卿河南信陽縣人　恩貢）

東昌府高唐州夏津縣知縣余志道（文叔浙江奉化縣人　恩貢）

登州府經歷司經歷曹一奇（子才順天府大興縣人　儒士）

衮州府沂州判官馮高躍（爲陝西涇陽縣人　吏員）

濟南府歷城縣縣丞于騰霄（養冲直隸邢臺縣人　歲貢）

萊州府平度州昌邑縣縣丞張問政（德化山西嶧縣人　吏員）

濟南府歷城縣典史康希政（以德直隸穎上縣人　吏員）

濟南府齊東縣典史陳邦詔（司綸（浙江建德縣人　吏員）

濟南府長清縣典史丁松（汝秀直隸當塗縣人　吏員）

兖州府東平州汶上縣典史潘達（雲章浙江餘姚縣人　吏員）
濟南府譚城馬驛驛丞王承業（克玉順天府薊州人　承差）
濟南府歷城縣龍山鎮馬驛驛丞郭邦彦（國俊直隸平鄉縣人　承差）
濟南府禹城縣劉普馬驛驛丞丁愛（敬夫直隸含山縣人　承差）
濟南府德州平原縣桃園馬驛驛丞嚴可敬（克修浙江安吉州人　承差）

第一場

四書

子曰民可使由之不可使知之敬大臣則不眩　遵先王之法而過者未之有也聖人既竭目力焉繼之以規矩準繩以爲方員平直不可勝用也既竭耳力焉繼之以六律正五音不可勝用也既竭心思焉繼之以不忍人之政而仁覆天下矣故曰爲高必因丘陵爲下必因川澤爲政不因先王之道可謂智乎

易

初九拔茅茹以其彙征吉象曰拔茅征吉志在外也　明出地上順而麗乎大明柔進而上行是以康侯用錫馬蕃庶晝日三接也　君子之道或出或處或默或語二人同心其利斷金同心之言其臭如蘭　昔者聖人之作易也幽贊于神明而生著

書

人心惟危道心惟微惟精惟一允執厥中無稽之言勿聽弗詢之謀勿庸后從諫則聖后克聖臣不命其承疇敢不祗若王之休命　旁作穆穆迓衡
冢宰掌邦治統百官均四海司徒掌邦教敷五典擾兆民宗伯掌邦禮治神人和上下司馬掌邦政統六師平邦國司寇掌邦禁詰奸慝刑暴亂司空掌邦土居四民時地利

詩

雞既鳴矣朝既盈矣匪雞則鳴蒼蠅之聲東方明矣朝既昌矣匪東方則明月出之光　倬彼甫田歲取十千我取其陳食我農人自古有年今適南畝或耘或耔黍稷薿薿攸介攸止烝我髦士　思齊大任文王之母思媚周京室之婦大姒嗣徽音則百斯男　陟降厥士日監在兹

春秋

秋齊侯宋公江人黄人會于陽穀（僖公三年）　冬公會晋侯宋公衛

侯曹伯莒子邾子滕子薛伯杞伯小邾子齊世子光伐鄭十有二月己亥同盟于戲（襄公九年）公會晋侯宋公衛侯曹伯齊世子光莒子邾子滕子薛伯杞伯小邾子伐鄭會于蕭魚（襄公十有一年） 夏六月庚申公會晋侯齊侯宋公衛侯鄭伯曹伯莒子邾子滕子薛伯杞伯小邾子盟于澶淵（襄公二十年） 秋公會劉子晋侯宋公衛侯鄭伯曹伯莒子邾子滕子薛伯杞伯小邾子于平丘 八月甲戌同盟于平丘（俱昭公十有三年）

禮記

用地小大視年之豐秏以三十年之通制國用量入以爲出 合生氣之和道五常行之 大昏萬世之嗣也 儒有内稱不辟親外舉不辟怨程功積事推賢而進達之不望其報君得其志苟利國家不求富貴其舉賢援能有如此者

第二場

論

聖人任輔相之道

詔誥表（内科一道）

擬漢賜天下今年田租之半詔（文帝三年） 擬唐加左僕射房玄齡太子太師誥（貞觀十二年） 擬翰林院學士解縉恭進四夷咸賓詩序表（永樂三年）

判語（五條）

信牌 鹽法 祭享 越城 淹禁

第三場

策（五道）

問 王業以農桑爲本自昔英君淑配必首事耕蠶以風天下蓋重禮也然周官所記歷代所行典制异同則有可疑焉耕男事也而内宰詔后生種蠶婦紅也而始蠶詔之天官内宰得無意耶孟春仲春常期也乃後世或以啓蟄或以四月南郊北郊恒所也乃後世或於鉤盾弄田或於西郊白石里豈時與地不必盡拘耶開籍勸農海内致富庶矣彼進耕五十步者無裨于績效置室濯龍天下稱賢后矣彼尚功進金鉤者靡救於陵夷比豈二典無關理道抑行之貴實不貴文耶皇朝稽古定制西苑有畝先農有壇躬耕虔祀代不廢缺乃

親蠶亦間一行之風勵四方典物備矣今上神聖御寓留心國本敕所司以來年舉行籍事且登建后妃肅備内職方將述宣陰化光助朝儀則一切英淑懿章正今日所當敷究者爾多士悉吐所奇以贊盛略

問　大樂以聲詩爲主而聲詩有義非苟作者秦漢而下議禮家無慮數十何樂官獨缺而聲詩廖廖也咸莖章韶夏濩樂之祖也聲詩往矣其義可得詳與或謂漢樂官但識鏗鏘鼓舞而不能言其義或謂漢儒但能以義論詩而不識聲然則聲詩與義果二道抑大樂不在聲詩不在義理而别有指歟三百篇詩之祖也皆得詩而得聲者也再傳至曹魏而詩存者四又傳至太和而詩存者一豈詩在而聲或亡抑聲詩俱在而莫之習歟詩亡而樂府作矣昔人以上之回諸篇分繫風雅頌果聲詩俱協否歟我太祖高皇帝平定天下即與陶凱諸臣親製九奏樂歌詩章準之古雅聲調易諸胡靡蓋洋洋盛矣然累黍未明七始未備奉常講禮不講樂博士習詩不習聲論者猶然少之乃今德積逾二百年會我皇上雍和御寓稽古禮文之事意且逡逡嚮之邇俞言官疏下之祠曹頒行學官選置舞生習大成雅樂而海内暗解神解之士卒未有以應諸士齊魯産也夫子正樂在魯聞韶在齊豈無玩貴響而有得者其顯言之以裨聖天子建中和之助

問　聖人應世亦大難言矣説者以爲聖人無難事豈不曰其奠慮審而揆策精乎不知聖人乃大有難事多不酬其平日之所取必者又若往往率已漫焉赴之何也吾嘗以是求諸孔子惑焉夫孔子攝相事三月魯大治然未可遽用鋤董也乃命子路墮三都卒之圍成不克聖人有不發耳辟之庖丁解牛安有不中理解者乃孔子此舉稍頓矣胡不少須臾俟之或者以爲非孔子之爲之也然則孰爲之是時孔子年已五十有四矣曾不察孟孫之强非叔季兩家者比也而嘗試爲之又何怪乎蚤歲者諸不踶之紛紛也夫父既定而猶不識定所也解者曰毋爲諱之夫毋壹思其子成孝耳則胡爲諱之及徵在一旦溘然而又暴之衢路解者曰其慎也然微夫鄹人母之言幾遂不得合窆於防何説也夫適齊而爲高昭子家臣以通景公也是孔子之於君苟而干也蒲人要之盟曰必無適衛而遂適衛也是孔子之於難苟而免也吾又不知何説也夫孔子之事左傳家語不及詳則史記信矣史記不足信於是通紀編年圖譜雜然各出而鳴其所謂是正而一斷之於理理或不足斷之於歲年歲年不叶付之無可奈何矣爾諸士生於聖人之鄉蚤夜所敬共繹思必吾夫子爲之鵠也而今其紀傳殽駁若此則吾安所徵焉夫理之所有聖人以範萬世而理之所無聖人或以誣萬世故願以平日所滋惑者與諸士究極之毋諉曰吾師至

人玄通耳安問厥迹何如乎遂謾焉復我

問　蠻夷向化率服以時朝貢惟古聖帝明主乃能得之顧其所以致此果何道與太古無論已湯命伊尹定期獻之令令于四方名曰獻令可得聞與當時四方君長凡幾百部聽其意所欲爲獻可矣乃定著爲令萬一令之而不從湯雖聖君尹雖聖臣毋窮耶意者固有道以感孚之令非所先與至于周皇風大暢遐裔咸賓周人于是作王會解萬世之下侈爲美談今其解具在諸士子習古有年可得而悉數之與漢以下逆順不恒然何帝時最爲恭順至唐申威彌遠闢地彌廣侈然盛矣其臣遂作王會篇與職貢圖豈聞所謂令與解者而模肖之抑可與古帝王相媲隆與洪惟我太祖高皇帝南驅北逐肅清華夏成祖文皇帝犁庭掃穴威震殊俗然二百年間猶尚時時爲梗逮我皇上恭和踐祚化行方外于是北虜俺答首義叩關奉藩納叛乃諸夷亦斖斖效順真希覯哉兹欲仿古獻令諸書首自韃靼以及諸夷殊形詭狀封拜贄琛莫不具載勒成一代之典昭示無窮宜亦無弗可與夫戒方盛睹未然嚴衣袽謹牖户必于是圖焉取之諸士子將何以頌而并著其善後之籌焉

問　先子有言七十九代之君俱王天下必國富而粟多則漕輓非邦之重務哉國家定鼎燕山京庾倚辦南服視前代尤亟在勝國猶河漕海三道并設而今獨會通一綫至可虞已二百年來謀國大臣咸謂海運終當經理豈無見歟頃歲黄流淤泛試尋海道尋復報已豈治漕之策宜致力於河而不必漫及海歟方今議漕河者或謂宜開泇口以避二洪或謂宜改南流以安茶城然葛墟諸嶺勢難開鑿老河堙久力難頓復則計將安出而後永利歟議海運者謂開膠萊河可避成山險道善矣而衆口諠騰漫無歸要或謂宜鑿黄埠嶺以避沽沙或謂宜鑿馬家壕以修故業然自元迄今屢浚屢止嘉靖以來兩事畚鍤勣用罔奏豈此河終莫可通抑商之未竟肯窾歟史稱秦人飛輓起自黄腄而山以東東則爲海西則爲河諸生習聞運務非朝夕矣兹欲安漕流以裕公儲鑿膠河以備緩急終何施而可其借穎爲籌勿以虚舊之譚應焉

中式舉人七十五名

第一名	楊春茂	濟寧州學生	易
第二名	蔣奇鏄	樂安縣學生	書
第三名	張篤敬	新城縣學生	詩
第四名	周如京	即墨縣學生	春秋

第五名　秦大夔　東昌府學增廣生　禮記
第六名　江中信　臨清州學生　詩
第七名　董厥修　長清縣學生　書
第八名　潘國重　濰縣學增廣生　詩
第九名　黄中色　滕縣學生　書
第十名　周如砥　即墨縣學生　易
第十一名　姜仲軾　掖縣學生　詩
第十二名　楊其休　青城縣學生　書
第十三名　董元學　濟南府學生　易
第十四名　蔡弼　曹縣學生　詩
第十五名　梁衍祚　東昌府學生　易
第十六名　張旃　濱州學生　禮記
第十七名　王洙　萊州府學生　詩
第十八名　杜潛　高唐州學生　書
第十九名　韓學信　東昌府學生　詩
第二十名　王汝玉　長山縣學生　易
第二十一名　李春芬　新泰縣學生　書
第二十二名　岳萬階　朝城縣學生　春秋
第二十三名　蔡可訓　平原縣學生　詩
第二十四名　李懋桂　高密縣學增廣生　易
第二十五名　曹楷　東昌府學生　書
第二十六名　趙應韶　德州學增廣生　詩
第二十七名　劉三俊　濟寧州學生　易
第二十八名　雷聲　禹城縣學增廣生　書
第二十九名　牛問仁　濟寧州學附學生　詩
第三十名　劉大武　博平縣學生　易
第三十一名　周杞　濮州學生　詩
第三十二名　吴崇禮　寧陽縣學增廣生　書
第三十三名　王麟趾　德平縣學生　易
第三十四名　田汝成　濮州學增廣生　詩
第三十五名　王嘉會　諸城縣學生　易
第三十六名　龍為光　滕縣學附學生　詩

第三十七名　張慎言　濱州學增廣生　書
第三十八名　魯邦教　滋陽縣學附學生　詩
第三十九名　吴鴻洙　萊蕪縣學生　易
第四十名　徐圖　萊州府學附學生　詩
第四十一名　陸埜　登州府學生　書
第四十二名　徐行　新城縣學生　詩
第四十三名　孫湛吾　淄川縣學生　易
第四十四名　吕一鳳　東平州學增廣生　詩
第四十五名　蓋僎　利津縣學生　書
第四十六名　王楨　益都縣學生　詩
第四十七名　劉大文　博平縣學生　易
第四十八名　劉超　壽光縣學增廣生　詩
第四十九名　劉敕　濟南府學附學生　書
第五十名　童懋乾　滋陽縣學生　詩
第五十一名　李如星　濱州學生　禮記
第五十二名　薄慎獨　鄒縣學附學生　易
第五十三名　孫有嵩　萊州府學生　詩
第五十四名　劉兆文　萊陽縣學生　書
第五十五名　孫夢桂　濟南府學生　詩
第五十六名　李芳　霑化縣學生　易
第五十七名　桑正衍　濮州學生　春秋
第五十八名　韓初命　萊州府學生　詩
第五十九名　杜一蕢　兖州府學生　書
第六十名　左之龍　萊陽縣學生　詩
第六十一名　梁宜生　鄆城縣學生　易
第六十二名　郭脩　冠縣學生　詩
第六十三名　王恒豫　青州府學生　禮記
第六十四名　李舒芳　定陶縣學生　書
第六十五名　李化龍　章丘縣學生　詩
第六十六名　王梓　曲阜縣學生　易
第六十七名　楊鳳翼　滋陽縣學生　詩
第六十八名　張必振　青城縣學增廣生　春秋

第六十九名　王魯　齊何縣學生　詩
第七十名　王可久　陽信縣學增廣生　禮記
第七十一名　葉宗直　臨清州學附學生　詩
第七十二名　孟三遷　定陶縣學生　書
第七十三名　賈應奎　滋陽縣學生　詩
第七十四名　陳栗亨　東昌府學附學生　易
第七十五名　駱無倦　商河縣學生　春秋

第一場

四書

子曰民可使由之不可使知之

蔣奇鏄

同考試官訓導江批（體格平正詞意雅馴宜録）

同考試官教諭張批（詞旨精粹末二比更瑩）

考試官教諭李批（雅健可式）

考試官教諭翟批（平實）

論君子之教有不能盡行於民焉夫君子教民之心無窮也而知之與由有不可以概使者如民何哉且教貴因民不貴强民順其材之可至而施焉如是而已矣何言之天下之可以由而亦可以知者道也君子之使人由而亦使人知者心也顧知行合一在賢知斯無可無不可而材質有限在凡民則有能不能天下之正路而使天下均中蹈之迹耳非所以迹也究而極焉則理之無方無體者雖中人且弗悟也將責之顓蒙之俗而勢愈拂矣天下之周行而使天下共履之道耳非所以道也進而求焉則民之不著不察者雖日用且莫覺也概諭以精微之論而惑滋甚矣蓋理之當然具於性而民皆可率性也故取足於由天下將無不可化之民性之本然原於天而民鮮能達天也故取必於知天下始有不可循之教是雖其所知者即寓於所由之内而其可由者自限於不可之神故曰民可使由之不可使知之非君子意也勢也蓋聞云民之難治以其知多則民亦無貴其知也太上之民以渾以噩耕鑿之外惡睹所謂知焉後世今愈繁知愈多而僞且萌起噫聖人之旨微乎哉雖然使之知非也彼焚書以愚黔首而曰民不可使知尤非也是故下貴忘上貴因

敬大臣則不眩

楊春茂

同考試官訓導梁批（意義含蓄詞格古雅録之）

考試官教諭李批（説所以不眩處明徹）

考試官教諭翟批（精健）

中庸論君有重臣而事皆定見矣蓋事每眩於任之不專也敬大臣以定國是而奚眩之有夫子歆魯哀曰人君所與論道而布之天下者大臣也大臣之體褻而政柄分則大臣之職輕而廟謨眩矣誠知敬之崇禮優貌群臣無敢望焉而下有具瞻圖事揆策群臣無敢參焉而上有成筭細故毋煩其體則其體尊而志意精神得專於調燮君惟虚中以聽而天下之故懸而解矣吏事弗侵其職則其職重而操縱闔闢悉出於主持君特委心以從而家國之理坐而策矣事未集也資其謀以爲謀則見不迷於疑似宸以是哉謀未决也取其斷以爲斷則計不摇於异同睿斷所裁皆定命也哲后不勤智慮而神明廓焉豈虚哉故在大臣則垂紳正笏高居百僚之上何其甚暇而大君固有以優之在大君則端冕凝旒旁燭四海之遠何其甚神而大臣固有以成之使不敬大臣則當國者輕謀國者衆紛紜而私意興安免於眩而天下國家之事非矣抑論惟賢而後可以爲大臣惟尊賢而後可以敬大臣蓋尊賢則理明理明則藻鑒精取舍當所敬之臣即其所尊之賢而匪人不以參其間故不眩之效可收而至治臻吁中庸言敬大臣而先之以尊賢厥旨深矣

遵先王之法而過者未之有也聖人既竭目力焉繼之以規矩準繩以爲方員平直不可勝用也既竭耳力焉繼之以六律正五音不可勝用也既竭心思焉繼之以不忍人之政而仁覆天下矣故曰爲高必因丘陵爲下必因川澤爲政不因先王之道可謂智乎

周如京

同考試官訓導馮批（詞不費而意足）

考試官教諭李批（簡健可則）

考試官教諭翟批（得旨）

大賢决法古之善因詳其法之當因也夫合政與心而法立焉遵之則無弊違之則非智矣善治者其師先王哉且仁必有所運而其施不匱道必有所因而其功易成吾觀於詩而知古法之不可不遵矣君人者誠居今稽古法遵先王之法而舊章是由則酌古準今治即先王之治而愆忘可免奚過哉何也

先王之法本無過也昔者聖人爲天下以盡其心而不能以其心盡天下故繼百度於目冑既竭之後而器始周繼六律於耳力既竭之後而音始備繼不忍人之政於既竭心思之後而仁始覆於天下矣心不可見緣可見之法以寄其心法無所窮濟有窮之心以神其用先王之法之善如此爲政者因之則簡而有功若丘陵之於高川澤之於下而智者必資也不因之則勞無益若爲高舍夫丘陵爲下舍夫川澤而不智孰甚焉蓋其聰明睿智既無以加於古之聖人而其耳目心思亦無所用於今之天下過也甚矣奚其智吁此先王之法不可不遵詩人旨哉其言之矣雖然法可因也不可泥也故天下有創法之人而無不弊之法周官一書至精至備然周公行之則爲太平之具後世行之乃滋紛更之擾蓋法者先王之迹而迹豈神哉故曰神而明之存乎人

易

明出地上順而麗乎大明柔進而上行是以康侯用錫馬蕃庶晝日三接也

楊春茂

同考試官訓導梁批（不類刻削而文藻蔚然結歸重德尤足風勸）

考試官教諭李批（詞整意足）

考試官教諭翟批（平正明暢）

彖傳歷舉卦材之善而明功臣獲寵之由也甚矣君寵未易承也卦材之衆善備矣其以功而獲寵有自哉夫子傳晋彖意謂人臣能以立功必諸身不能以報功必諸君蓋功名之際自古難之矣錫馬蕃庶晝日三接康侯之膺寵也何由哉蓋臣之立功彰之者時居之者德録之者君三者難乎備也今卦象則明出地上也世道維新固無黨無偏 之日而功得以自見矣卦德則順麗大明也精白承休固不矜不伐之臣而功得以有終矣卦變則柔進上行也徽柔履尊固嘉乃丕績之主而功可以見諒矣夫時以自效而德不負乎其時德以自保而君不負乎其德是以同德交孚帝心爲之簡在膚功上奏天寵以之頻繁有是奠安懋績也而特膺懋賞錫予之蕃非所惜也是雖論功有典而機會適遘非典之所由隆乎有是康濟殊也勛也而獨承殊遇晋接之勤非所計也是雖食報以功而遭際非常非報之所由崇乎向使有時矣而非其德有德矣而無其君即唐侯之功且不賞矣安能膺寵若是哉雖然順德尤其本焉古今論功無加于文王周公而柔順之貞几几之忠始終以之故雖姜里流言不足爲之戚後世功臣豈盡不遇而多不免者則于德有歉焉耳然則夫子爲功臣慶亦爲功臣訓也

昔者聖人之作易也幽贊於神明而生蓍

周如砥

同考試官訓導梁批（寫贊化生蓍處流動自然）

考試官教諭李批（氣格昌大）

考試官教諭翟批（無一滯語）

大傳論聖人作易而原神物所由生焉甚矣神物之生不偶也使非聖人贊化蓍亦奚自而生哉大傳意謂利天下之用者易也而顯易卦之用者蓍也昔者聖人有見於民志未定作易以定之矣而實由蓍以啓其朕有見於民用未前作易以前之矣而實由蓍以開其先是蓍之爲用也甚神而其生也奚自哉蓋聖人在上王道昭而神工默運則太和凝焉無克盡夫參贊之能休徵應而化育流行則蓍策生焉自顯夫靈异之瑞萃植物之精英其莖長丈其叢滿百雖乾元資其始也聖人孚格之神若或相之而天不愛疲乏於蓍焉泄其精矣含員神之妙用覆以雲氣守以靈龜雖坤元資其生也聖人感召之化若或贊之而地不愛寶於蓍焉效其靈矣是其始也一人弘有相之道而潜通默感聖人不得而知也其既也兩間昭有象之徵而誠精神應天地不得而知也蓍之所由生以此由是參兩倚數立卦生爻而易之用顯矣蓍豈小補也哉抑論聖心神明知來藏往豈惟無蓍雖無易可也而顧欲因貳以濟民行則蓍可少乎哉然非制用之神則蓍亦物耳是知輔相天地曲成萬世者皆聖心爲之故曰聖人爲天地立心爲生民立命

書

人心惟危道心惟微惟精惟一允執厥中無稽之言勿聽弗詢之謀勿庸

董厥修

同考試官訓導江批（詞理精到）

同考試官教諭張批（理趣周貫足精於心學者）

考試官教諭李批（得帝王授受旨）

考試官教諭翟批（平正典雅）

聖君授大臣以心法而尤嚴其防焉夫中者心法之要也精一以執中而又防其累中者焉治道其備矣乎帝舜命禹之意以爲治天下之道中而已其功不可不盡也其防不可不嚴也何言之心一也自其動以氣者爲人心而易私難公何其危也是中所由離也自其歷以理者爲道心而難明易昧何其微也是中所由出也故必致精于危微之辨而孰爲人心孰爲道心即繼以貞一之守則理得於擇守之餘而危者以安微者以著自允乎中道之執矣然中無

定在而聽言處事又所以用中于民者可無慎與是故言稽諸古已然之中在焉聽之可矣若言而無稽是不中之言也此而聽之則吾心之中以辯言累矣爾其置之勿聽乎惟勿聽而後所聽皆中也已謀詢諸衆同然之中在焉庸之可矣若謀而弗詢是不中之謀也此而庸之則吾心之中以疑謀累矣爾其弃之勿庸乎惟勿庸而後所庸皆中也已夫盡精一之功則所以制外者已豫嚴聽庸之戒則所以養内者益純而治道備矣禹其念之哉抑堯授舜舜授禹皆不外乎一中何也蓋心爲萬化之原君心一偏則措之天下無一中者矣此執中之訓所以惓惓也嗚呼堯舜之訓至今在則其心亦至今在也君天下者由訓以心其心則于唐虞之治乎何有

旁作穆穆迓衡

黄中色

同考試官訓導江批（發成王勉留意甚徹詞旨莊雅可式）

同考試官教諭張批（題旨明徹詞復英偉）

考試官教諭李批（大雅不群）

考試官教諭翟批（精確）

大臣以盛德迎至治其功偉矣夫德者致治之本也周公德普無方而治平致焉其功顧不偉與成王勉留之意若曰元老重臣在朝廷而昇平治化在寰宇此社稷無疆之福也予也追惟我公之德而知治功之由來者素矣何則大臣身係天下之衡平而德有未溥則化有未光蓋未足爲世道重也惟公德明光上下而勤施四方矣則是誠精昭炳蔚之猷而太和充周于無際篤實顯光輝之烈而至敬洋溢于無窮置之塞天地矣而率俾于海隅舉一世以甄陶和平沕穆之象其與至德相招也已溥之横四海矣而又流行于上下盡蒼生以涵育豐亨豫大之之休其與盛德相感也已天開治運本將躋六合于太平之域乃斯德之旁達若有以仰而迓之即此大猷之丕著則所以凝天休於勿替者於公有厚賴矣哉世際重熙本將升宇宙于平康之盛乃斯德之旁行若有以迎而導之即此大化之雍熙則所以承帝眷於有常者於公有重托矣哉蓋是治功也非公之德固不足致此則成之者惟公保之者亦賴公也何以去哉大抵天下之治成之者相主之者君周公之功信偉矣然非成王信任老成作求先烈則赤舄几几固幼冲之主所不便而流言既去之公不復爲明保冲子之公久矣以是知成王惓惓留公爲社稷計也

詩

思齊大任文王之母思媚周京室之婦大姒嗣徽音則百斯男

張篤敬

同考試官教諭陳批（説聖母賢妃成助聖德意雋永有味）

同考試官教諭陳批（典雅無一浮語）

考試官教諭翟批（思精詞粹當是作者）

考試官教諭翟批（温雅之文）

詩咏聖德兩推其德之所自焉蓋盛德必有所本也成以聖母助以賢妃文之德豈偶然哉且聖人之德性諸天而亦未有不資於人者文德至矣揆厥所自而得之其母與妃者多也何則母道之重於天下爲其啓佑我也天隆聖人之佑而先篤其所自生文之母則大任焉秉齊莊以飭躬之度嬪周室而維德之行肅然以端於中壺爲文也母儀克備由然以媚乎周姜爲京也婦而道有光是真有以垂休聲照後嗣矣夫孰非母也而任則稱聖其薰陶擁護之勤有出於尋常鞠育之外者成之何遠耶妻道之重於天下爲其贊襄我也天篤聖人之生而又作其所與配文之妃則大姒焉義問宣而孝光京室慈和洽而慶衍宫闈以賢承賢則關雎載其德而仰續徽音之善以順召順則麟趾呈其瑞而下啓多男之生是真足以揚前休昌後胤矣夫孰非妃也而姒則稱賢其好逑相成之義有出於人情配匹之常者助之何深耶夫文之德天所縱也而或成之或助之固宜其聖益聖而詩人咏歌之矣兹聖人之遇也父作子述母聖妃賢家庭之間浚哲攸聚文之遇其隆歟雖然文之所以爲文天也微夫人之力而德已至矣故其成也助也有之益也不有之而非損也不然虞孰成之孔孰助之耶吁何疑於文王

陟降厥士日監在兹

江中信

同考試官教諭張批（發天監意凛然詞旨超脱非經生語）

同考試官教諭陳批（粹雅之作）

考試官教諭李批（説理措詞迥非凡品）

考試官教諭翟批（精確無一冗詞）

周臣啓君之敬天必甚言天之無不在也甚矣天有顯道也即其體事而無不在焉嗣王奈何弗敬乎成王述群臣之戒曰人君奉天以理萬幾固無事無時而不臨御焉者使天而不吾監或監而有遺猶可忽也不知天居高而聽

則卑昭然帝則之必察天位上而臨則下赫乎明威之孔彰無陟降之形有陟降之理貞觀之靈運旋於吾之左右者殆陟與之俱降與之俱而以日繼日無或違也無監觀之迹有監觀之神旁燭之機對越於吾之上下者殆日與之陟日與之降而監兹在兹無少間也人之精神無一念不流通於帝是一念之隱皆有天也況措之爲事則章矣吾之心弗能欺而天可欺乎帝之聰明無一息不昭被於下是一息之暫皆有天也況積之爲日益顯矣人之知弗容掩而天可掩乎故敬肆在人而其得其失則上徹於天之觀而莫逃其監予奪在天而爲視爲聽則下察乎人之故不爽其權君天所建也而事天所托也矧兹嗣服之初尤其去留之日可弗敬與抑天道遠人道邇周人不言人而言天何也蓋人主攝下天下讓尊焉使非有更尊而爲天者以臨之則其心易焉而吾説不入故言天神之也神之者惕之也厥後成王夙夜畏天竟稱令主吁豈其惕於日監之儆與

春秋

秋齊侯宋公江人黄人會于陽穀（僖公三年）

周如京

同考試官訓導馮批（得定謀意詞亦雄健）

考試官教諭李批（發傳明悉）

考試官教諭翟批（重奇最是）

春秋予伯主講好以其定攘外之謀也此見陽穀之會齊桓之攘楚者無遺策矣嘗聞慮不先定不可以應敵謀不萬全不可以圖成胡不即齊桓陽穀之會觀之維時楚勢崛强感貽諸姬桓欲起而攘之群力畢舉兵以正合矣然江黄新附苟諮謀未協將安所運奇以取勝乎所幸載合諸侯共申約束退守斂於弗張進而厚集者資以爲南征之援按兵藏於弗測聚而聲討者益壯其多助之勢師旅未興勝筴已決卒之諾承于讓包茅惠徼于願同好屈完之輸款凛凛然懼其或晚矣蓋嘗合伐楚之始末而推之然後知次陘之不與者遵潛伏之秘謀也伐陳之偕師者秉掎角之成筭也默運于壇坫之上而卒收乎撻伐之績夫是之謂窺敵密以深也夫是之謂慮事周以固也故陽穀大會而春秋末言之若曰江黄來而奇兵定矣奇兵定而正兵資矣齊桓庶幾乎好謀而成者其予之也何如哉是知予桓以攘楚也攘楚以安夏也聖人惓惓世道之心見矣抑論齊桓之伯管仲之力也桓知今日制楚之利而不知後日縱楚之害後其有初鮮終之隙仲固灼窺其微也卒之簡書不畏小國丘墟管仲之遠慮驗矣豈以仲父之信任尚亦有言不從者乎噫

秋公會劉子晋侯齊侯宋公衛侯鄭伯曹伯莒子邾子滕子薛伯杞伯小邾子於平丘 八月甲戌同盟於平丘（俱昭公十有三年）

岳萬階

同考試官訓導馮批（叙晋事有體裁）

考試官教諭李批（合作得旨）

考試官教諭翟批（能融傳意）

春秋繁紀會盟而伯國競力之非見矣夫惟德可以服人也此春秋之所以深惡乎晋與嘗謂伯天下者敦朴儉經軌物修德政以萃涣其誰不望而歸之何晋之昧也彼先是時壯麗示汰怨讟并興晋之賢大夫蓋嘗有隱憂矣逮夫諸侯解體豈非虒祁之爲累哉叔向曰不可以不示威德音不加而邾南甲車其能有濟乎繼而諸侯有間豈其師旅之有缺哉叔向曰不可以不示衆義聞未宣而壬申復旆不爲已甚乎考其軍帥强禦卒乘競勸要齊而順辭魯而魯懼晋之氣勢赫赫然震於宇下諸國矣抑孰知會盟以修睦非以觀兵也設兵以詰暴非以招携也締玉帛之交而耀彼干戈挽疑二之心而弃兹誠信計亦左矣晋之衰也其何日之有晋昭君臣胥悖若此是尚能主盟諸夏哉經書會于平丘而再紀其盟若曰會盟未有違道如此者而惡之之意見矣觀春秋惡晋則知禮義爲經世之大防不可忽矣嘗考叔向在晋謀而鮮過惠訓不倦諸侯之良也平丘要盟向之心戚矣噫亥唐就見汲汲乎晋平折節下士之念也而况有孔子在魯乎未聞向能登庸之也欲其以道格君難矣哉趙衰之讓祁奚之舉彼皆晋之典則也君子於向寧無遺恨乎

禮記

合生氣之和道五常之行

秦大夔

同考試官教諭黄批（體格平雅詞理精到是究心于樂者録之）

考試官教諭李批（精切可嘉）

考試官教諭翟批（醇雅之作）

先王以樂贊天人其用大矣蓋樂本天人而作者也以之和天氣平人情夫何間然之有且先王之爲樂也不備情文固無以見制作之全不驗天人又何以徵制作之善是故四時之氣運于天本自和也而樂何以合之蓋藴之爲樂情者不外乎氤氲之妙而宣之爲樂象者自協乎化醇之精以合生氣之出機而若或闢之也以合生氣之入機而若或翕之也是合之而非强也樂由天

作者也以在樂之和合在天之和固其理之不容間乎而大樂之妙於天氣而可徵也已五常之德賦於人本自行也而樂何以道之蓋衆善之根心者已具乎長裕之機而元聲之宣暢者自達乎性天之奥以道五常之健德而若或啓之也以道五常之順德而若或翼之也是道之而非强也樂由心生者也以吾心之樂道吾心之德固其理之不容誣乎而大樂之妙於人心而可徵也已是則先王之樂其始也效法乎天人而其終也參贊乎上下樂之所關甚大也而用之以立教不亦宜哉雖然有本焉非止聲音度數爲也亦當求之吾心而已心和則本端本端則制善而感通之妙天地將爲昭矣况人乎後世房中之習七德之舞非不侈且靡也而本之則亡于治道乎何補故曰不聞性與天道而能作樂以宣化舛矣

儒有内稱不辟親外舉不辟怨程功積事推賢而進達之不望其報君得其志苟利國家不求富貴其舉賢援能有如此者

張旂

同考試官教諭黄批（儒者薦賢不避嫌不求報公爾忘私也是作得旨且語意聯絡首尾關鍵有法宜録以式）

考試官教諭李批（一句一字不苟）

考試官教諭翟批（格整詞精）

儒者以人事君惟其公而已蓋儒者以天下爲度者也不避嫌而亦不求報焉其舉援之公如此哉夫子述儒行至此若曰君子身任辟賢之責必心存報國之忠有所避而不爲與有所爲而爲之者皆私也乃儒者則何如耶謂賢能者天下之公器而舉賢者天下之公心内而吾親有賢者焉吾稱之惟其賢不惟其親雖冒徇情之嫌弗顧也外而吾怨有賢者焉吾舉之惟其賢不惟其怨雖蒙矯情之誚弗恤也夫其稱之舉之也爲其功可紀與事可述也必程筭其功積累其事由是而進達焉吾塞吾責而已曷嘗有德我之望而市恩以求報哉夫其進之達之也欲其益於君與裨於國也若君得其志國家賴其利由是而德業成焉吾盡吾心而已曷嘗有富貴之念而居功以要君哉要之避嫌則負士必親怨無所避而後可以極賢能之選求報則負國必上下無所求而後可以語舉援之公儒者所爲可貴者此也噫薦賢者當取則矣抑能盡是道者古有祁奚焉稱其讎不爲諂立其子不爲比薦其人絶口不言此則庶幾儒行者而要其忠心爲之耳忠則知有國不知有我知有君不知有人蓋在我者之無可避也在人者之無可求也而忠斯純矣噫兹其所以爲儒與

第二場

論

聖人任輔相之道

楊春茂

同考試官訓導梁批（此題全是精神嚮往處難於摹擬是作反覆開合直透高宗底裏非拘拘依采者）

考試官教諭李批（段段句句全用本色而鋒穎精密非人可及）

考試官教諭翟批（作者多就事效以明任相之道此獨主心委立說便得程子肯綮處）

聖人治天下必有所以委天下者矣委天下者非以身委之也以心委之也天下大矣帝王者雖號爲神明豈嘗粥粥焉役耳目以當萬務轇轕之衝哉吾以獨智往也既未能盡天下而置之所而八紘九垓之廣寧獨無恂哲淵懿足稱一人之倚毗以寄我億兆人之命者乎夫彼其人誠足以寄天下則吾何愛於威命靈爽不以借彼伸彼使之悉精殫神以畢吾聰明之用而復有所牽梶其間哉噫此聖人任輔相之道也所謂心委之者也當其未得吾精神之往之也若將若迎當其既得吾意氣之投之也若狎若昵自非大聖其孰能秉如神之智而審於治機若是耶是道也古之哲王莫不率此而程子獨舉而歸諸商之高宗曷以也開基之主其志嘗定故嘗任人而不自任又其所以任人必以道也守成之主其志易盈故多自任而不樂任人即任人又或非所以任故開基之賢常八九而繼體之賢不可一二見也此程子所以有概乎高宗也書曰王亮陰三祀既免喪其惟弗言王誥曰台恭默思道夫高宗何道之思耶獨不思一日二日萬幾三年之內綱紀如之何號令如之何而曰以俟夫代予言者耶有味哉程子之論之也曰事無當先者也此王之思傳說甚殷而委天下甚异也管敬仲曰思之思之又重思之思之不得鬼神將通之非鬼神之力也精誠之極也是故極而見夢也夢不于他于帝所也肖形以求天下而果得之也得之而遂爰立作相也且曰若金用汝作礪若濟巨川用汝作舟楫若歲大旱用汝作霖雨始之凝思何久也已乃挈天下而付之何遽也噫則所謂心委之者也夫人之言曰人主之職在於論相信斯言也乃或由以熾興或由以釁滅曷故哉則所任之异道也是故與之而不得其人則尸得其人而不篤信之專任之則疑不厚遇之則褻不樂于用泛不能責成之而使爲用皆所謂不任也蓋人君之於輔相若元首之於股肱股肱不愛其力以奉元乎精神貫也輔

相不隱其忠以嚮一人德意乎也語曰臣主异意且不可以治三家况天以天下寄之君而復寄之所得之人奈何以己意壅閼其意哉故聖人之任之則有道焉其輔天下以人而其委天下以心衢訪岳咨枚卜吉從以致慎也歷試諸難三載乃升以致明也詢咨黄髪實惟蓍蔡以致篤也去讒遠奸誓相終始以致專也在朝不名坐而論道以致厚也舉國聽之罔知罔兼以致重也何者其道然也惟慎而明故無弗舉其職惟專而篤故無弗行其志惟厚而重故無弗殫其報圖其成而相道得矣相道得而主職舉矣是故君逸臣勞各安其分聚精會神相得益章身代天工口畫利便臣不以爲專虚懷而聽造膝而籌君不以爲屈君命之曰輔台德總朕師臣承之曰謀惟后猷惟后而不以爲比君臣之間讙訢交洽故聖王不偏睹聽而聰明闊不類持行而運化疾功際天地光溢日月而太平之業臻是遵□□哉則輔相惟人而任之得其道也是道也高宗於傳説得之矣積忱不回俟命于天非擇之慎乎神接意動輒謂大賢非知之明乎不弃胥靡不卑版築非信之篤乎朝而匹夫暮而台鼎父兄百官不嫌疏逖非任之專乎與左與右與朝與夕與俱師保非禮之厚乎賢惟其舉學以之明民委之阜天托之憲非責之重乎彼其以荒野畚鍤之夫一旦加諸上位而師傅之而神明之君不疑曰我惟爾以濟邦家臣不疑曰臣俾君以光天下天下不疑曰君臣共濟以和我萬民則誠任之矣商至中葉賞僭罰濫外叛内携國幾不立高宗興傳説相撻伐肆覲赫然中興表正萬邦還於湯舊則誠任之而誠效之矣噫任相之明效蓋可睹也彼世主非不相之任而或褋之莠矣或投之杼矣或掣之肘矣圖事不得然其信進退不得關其忠卒之召亂釀灾爲在下笑譬猶以虚鼓焉者未有能實應者也故惟高宗而後爲聖人之任相也彼其恭默而思思以心也思極而夢夢以心也夢而求求而任任以心也此所謂聖人之任相而心委之者也抑是道也君道也亦相道也蓋君之所以任相相之所以任於君皆心也周成之際冲人嗣服群叔流言冢宰東矣迹遠而心孤矣孰擇之而孰知之孰信之而孰任之孰禮之而孰重之而周公慨焉身許制禮樂討亂國誥多方陳無逸篤叙文武誕保受命公不自以爲嫌而天下後世亦不以公爲議頌德慕義無窮焉蓋委心以使其臣而不以已與之者任輔相之道也高宗之於傳説是也委心以事其君而不以已與之者輔相所自任之道也周公之于成王是也要之非聖人不能也

表

擬翰林院學士解縉恭進四夷詩序表（永樂三年）

張篤敬

同考試官教諭張批（體瞻音調能發詞臣惓惓忠愛之意）

同考試官教諭陳批（駢麗典雅）

考試官教諭李批（詞莊而雅可録）

考試官教諭翟批（典則宜式）

永樂三年某月某日具官臣縉恭奉聖諭謹撰四夷咸賓詩并小序正進者伏以天行啓泰華戎新一統之觀帝道持盈臣子獻萬年之頌篇章雖效乎近體箴勸實仿于前修蓋虞格三苗伯益以敷文致儆而周通九譯召公以慎德颺言季代而還諛風斯盛漢徙王庭于幕北益長侈心唐盟頡利于渭南尚矜武德惟在上者知喜而不知戒故在下者以贊而不以規皇華記撰自晋人義無關于獻替職貢圖傳之梁世志惟事乎聲名第雖典籍之足徵奚取君臣之相飭迨完顔猖獗而四海皆兵至奇渥溷陵而兩儀易位肆天心之顧治屬聖祖以開基德峻勛高復開闢以來之疆域文經武緯拯帝王所育之黔黎化洽于三十六年業垂于百千萬禩兹遇皇帝陛下仁孝性成智勇神授金戈指而天人合慶玉鼎定而日月揚暉寶鑒高懸鏡萬方於度内璿樞獨運調四氣於掌中道穆三合功清六合寢黑山之柝豈惟虞舜一十二州韜青海之戈奚止姬周千八百國窮廬小醜占知有道聖人絶塞名王款慕太平天子東洋北漠夙受册以稱藩西磧南滇久執珪而作屏曰打回曰柯枝曰合貓里臣歷代之所未臣若赤斤若滿剌若古里班貢先朝之所未貢貫耳文身之長踵接藁街猩胥猳啄之奠肩摩魏闕詞卑而順强胡上冒頓之章禮肅而恭遠域走郅支之使歡聲載道方物充庭南緯垂光萬啄傾心而致祝尚方錫宴百蠻稽顙以騰嬉聚羌貊而頫匐丹墀快睹周廷之禮樂携部落以低徊宸陛争誇漢署之威儀蹌然聯袂以歸忠蠢爾繫組而入附華夷共主曠古希聞胡越一家于今創見雖履盈居盛昇平已極于明時而顧遠心微兢業尤深於睿慮命作箴規之雅什用纘謨訓之徽音臣縉虔吉單家章縫下品彤庭冠冕謬承先帝之殊恩紫禁絲綸復荷今皇之新寵倚金門而視草地切龍光登玉署以宣麻材非鴻潤目駭旅琛之輻輳心驚天語之丁寧奮裾揮詞粗述萬方之式化凝觚舐墨難摹八表之同仁以思艱圖易爲訏謨志存殷鑒以好大喜功爲永戒意采湯銘反復六十有八言用備衣袽之警前後二百七十字秪當户牖之箴田瑋之北鄙須知無足觀也薛向之邊陲利害焉用文之伏願鑒草茅微瑣之忠培宗社靈長之慶賤金玉而寶賢士蒲輪遍及于幽岩韜鋒鍔以綏黎民華燭先光乎蔀屋柔遠能邇常懷賈誼之内憂慎始惟終每軫山濤之外懼九重冠佩年年擁盛于堯階萬國梯航世世争趨乎禹甸則經行短述將同干羽之贊

以偕傳昭代長歌遂與旅獒之章而并重矣臣無任瞻天仰聖悚懼恐之至謹以所撰詩序隨表上進以聞

第三場

策

第一問

楊春茂

同考試官訓導梁批（首叙古先耕蠶禮諷替微意隱然言表未復歸之抑奢崇儉確乎救時之策録之不獨以其文也）

考試官教諭李批（探事必詳獻説必當非剿古高談者）

考試官教諭翟批（條答精練無一浮語宜録以式）

君之承天也后之承君也當務敬神勤民之實而文不與焉蓋上天立君非虚王也將以爲神民之主也大君立后非虚貴也將以爲神民之助也主之自我則懋功勤本以帥四海者必躬行之而行之貴以實焉助之自我則敦孝協恭以毗一人者必躬行之而行之貴以實焉上以實感下以實應黔黎式之可臻富庶列辟遵之永爲今典而君不虚王后不虚貴矣彼羨前修之芳美襲曠代之章程繁勞是尚政效罔裨匱神之祀乏民之財陽教陰儀因之胥缺承天者與承君者而可若是哉知此則前代事勸課之彌文國朝務農桑之實政可一一爲執事譚之矣考之記曰天子爲籍千畝冕而朱紘躬秉耒王后蠶於北郊以供緇服夫天子非莫耕也而且親焉王后非莫蠶也而且親焉此豈無當而爲之蓋君者陽教之倡也后者陰教之倡也倡之以道而天下群然和之倡之以非道而天下亦群然和之故君之與后猶樂之有竽也竽者五聲之長也竽先則衆部皆隨竽唱則衆音皆和甚哉君后之舉動不可不慎也時享祀裕布施服勤力以作群萌是謂治竽忽農業傷女紅即宴安以先萬姓是謂亂竽去亂適治上倡下和則道蔽天地德極萬世矣何言乎上古之朝民淳用簡旅穀彌望野繭被山不耕而食不蠶而衣彼非盛有餘此非衰不足下鮮勞務上泯勸功君何爲哉后何爲哉迨乎季世事叢費興物耗力詘國家大計取辦農桑什居八九宗社粢盛是之焉出邦供軍實是之焉資萬民之命國之重寶是之焉賴風雨時樹蓺適則入盈罔以小功妨大務罔以玩好害人事丈夫盡力於耕農婦人盡力於桑紝則入盈嗇於用予勤於辟墾舟車貨賄之利寡籩簦筐篚之用多則入盈入盈不節輒生侈散於是有雕文刻鏤以傷農者有錦繡纂組以害蠶者於是有匱神祀乏民財以貽譏史册者而勤事務功之君温

恭淑慎之后多注意而勤事務功之君温恭淑慎之后多注意焉而親耕親蠶之典作矣然義雖起於隆古而制獨備於成周何者王業所基世世守之故其禮視异代爲詳也推止於三力必節焉墢止於一禮有制焉執爵太寢神明交焉御命勞酒懽忻洽焉而要之皆實意也齋戒躬桑母敢忽焉皮弁卜吉母敢專焉婦女弗觀禁華侈焉歲單獻繭報成事焉而要之亦皆實意也然猶未也耕耨王籍天子事也而内宰詔后帥六宫生種稑之種獻於王則后妃不特親蠶而耕亦預矣蠶於公桑后妃事也而后妃帥内外命婦始蠶乃天官内宰詔之則天子不特親耕而蠶亦預矣夫内外咸致力於神民而不以虚文侈海内是以卜世三十卜年八百黎民時雍而降福孔偕也周道既衰此典漸廢間有行者侈百官車徒之盛乏供祀勸農之誠文焉耳矣是故耕必春孟已而改用啓蟄者梁武也蠶必春仲已而改用孟夏者後漢也東郊耕所也不於郊而於鉤盾弄田者漢昭也北郊蠶所也不於北而於城西白石里者宋后也開籍勸農海内臻於富庶者漢文也進耕五十餘步幾盡一壟而身憔播遷者唐玄宗也置室濯龍天下稱賢后者漢明德也尚功進金鈎采三條而國勢短促者後周后也夫君如漢文后如明德事皆尚實不尚文故效顯於當世而至今誦義不衰若彼紛更於時日郊原之細增損於推移采伐之微者文具而實則亡焉胡足以回民風延國祚哉説者或不見是而概謂二典無關於理道則所謂誖也肆我二祖迄今握乾文者靡弗志公劉而慕后稷履坤紀者一一追姜嫄任姒而軼之西苑有畝先農有壇豳風有亭公桑有所盆繅有室雖周官六典曷少讓焉今上英年踐祚留心政本遵舊章以光化理斤斤不失尺寸兹敕所司以來年舉行籍事德意蒸蒸實也且元配既諧三宫并飭庭闈雍肅内德茂焉而親蠶之禮又將次第修之愚生負耒執筥農桑業耳惡乎言以裨□□□敢即所業爲執事效之夫詩記生民述配祀也而必推及於始祖之農功欲爲君者溯流窮源躬親稼穡之勞其勸天下以男事乎詩記葛覃言后德也而必直陳乎在室之女功欲爲后者撫今追昔身被澣濯之衣其化天下以婦道乎故讀生民而親耕之義可知也讀葛覃而親蠶之義可知也然耕籍無餘事也虔候農祥以適其時封祀司嗇以神其事帥先卿士以親其役黄冠終畝以分其功春祈秋報以答其成收藎神倉以貯其入而耕籍之事畢矣蠶桑無餘事也鳴鳩拂羽以治其具太牢馬祖以祀其先薦帝鞠衣以祈其實執筐受條以均其勞分繭稱絲以别其勤玄黄梁采以供其物而蠶桑之事畢矣夫尊如君而且親耕天下之匹夫有不饁南畝喜田畯者乎尊如后而且親蠶天下之匹婦有不遵微行求柔桑者乎此明章二教風勸天下之實政也若孟春仲春啓蟄穀雨异其時南郊北

郊鈎盾城西异其地三推一墢三條三灑异其數朱紘青衣步摇副袆异其服紺轅縹來金鉤翠輅异其器皆耕蠶之疏節觀美之土苴耳歷代殊時不相襲禮因之革之存乎其人奚必於盡同哉雖然農桑之生也以盡力也爲其勤也而其生之裕也以量出也爲其節也野多惰游俗尚侈靡非今日耕蠶繦纛與嘗聞國朝洪宣之際士由渾朴簡澹以從事民務醇龐願茂以成俗豐亨豫大之致舍是遵何德哉弘正嘉隆以來掊固陋而文明擺質純而華巧三家之市列琱琢玩异之觀十金之軀博玄黄綺麗之色里兒賈子薄紈縠而不御賤吏下走競珍品以相高疵俗耗財寔階之矣風勸之機不在君與后乎天子而率六官與公卿庶士也其節也爲茅茨土堦其勤也爲日昃忘哺則親耕可也耕不親亦可也而羔羊蟋蟀之化盈寓内矣皇后而帥六宫與夫人嬪御也其節也爲衣不曳地其勤也爲脱簪相戒則親蠶可也蠶不親亦可也而雞鳴卷耳之化動海隅矣善乎高皇帝之言曰自什一之制湮奇巧之習勝而後農桑之業廢足食在於禁末作足衣以於禁華靡斯誠千萬載之格論而聖子神孫所當時時繹思者故敬神勤民風動天下之本而法祖者又其本也書曰監于成憲詩曰無念爾祖所以贊廟堂之略者意在斯乎意在斯乎

第二問

蔣奇鏄

同考試官訓導江批（樂典總攬無遺殆搜二酉而有得者）

同考試官教諭張批（考據該博是究心于樂者）

考試官教諭李批（援昔證今確有根據宜録）

考試官教諭翟批（養充識粹風格自殊）

樂可易言乎明之而疏天地幽之而速鬼神奥之而興性靈廣之而作動植自非聖哲孰能窺測何其洪巨也樂終難言乎節以三調合以七始本乎造化順乎自然妙悟獨得存之一心何其簡也其理洪巨故必通天通地通人斯可以談律吕其道簡明故誦之歌之弦之舞之皆足以成節奏而要之聲詩其本乎仲尼聞韶聞此者也季扎觀樂觀此者也舍是而莩葭之輕重緹幔之疏密徑圍之廣狹雌雄之應違皆土梗焉耳矣嘗考之古之達樂有三曰風曰雅曰頌而金石絲竹匏土革木皆主此以成樂均者也信乎樂非有外于聲詩也虞帝命夔典樂教胄不過曰汝聞音律出納五言而周官大司樂所掌歌奏徵諸虞謨商頌較若畫一然則樂以詩爲本詩以聲爲用自古迄今其義未有改矣義軒以降世代綿邈聲詩不存其義可考而知也黄帝何以爲咸咸之言皆也謂德皆漸被也顓頊何以爲莖莖之言根也謂澤及根荄也堯何以爲章章

之言明也謂帝德顯暴也舜何以爲韶韶之言紹也謂繼紹唐堯也禹何以爲夏夏之言大也謂能光大姚姒也湯何以爲濩濩之言救也謂除邪去虐能護民也知六代立樂之義則雖神農五奏葛天八闋此其推己而曰聲與詩不可緣義以起乎周武王作大武公旦作大勺而和之以六律六吕五聲八音六舞樂云備矣大司徒以樂防民淫大司馬以樂舞教國子大司樂掌宿縣小胥正樂縣之位春官大師掌六律六同以合陰陽地官舞師掌教兵舞旄人掌四夷樂無一人而不知樂無一樂而不設官官云備矣官備而樂益備此後之誦聲詩者必以六典爲宗也周衰雅微溺音騰沸師瞽工歌奔散四方樂官之缺從兹始矣孔子憫而正之列十五國風以辨風土之音分大小二雅以辨朝廷之音陳周魯商三頌以辨侑祭之音定南陔白華華黍崇丘由庚由儀六笙以辨協歌之音得詩而得聲者則序之三百篇是也得詩而不得聲者則置之河水祈招之類是也四始既别倡嘆有譜渢渢洋洋六代其幾乎秦燔樂經漢襲秦陋詩官不采言樂官不被律而聲詩之學稱賤業焉故杜氏有曰漢制氏世業大樂但能紀鏗鏘鼓舞而不能言其義言知聲詩而不知義也齊魯毛韓諸家以序説相雄長以義理相授受而經生學者始不識詩言知義而不知聲詩也夫詩爲樂心聲爲樂體義爲樂精得詩則聲有所依得聲則詩有所被知聲詩而不知義尚可備登歌充庭萬彼知義而不知聲詩者窮極物情工則工矣而絲簧弗協將焉用之甚哉聲詩不可不講也曹孟德平劉表得雅樂郎杜夔問其所業三百篇惟知鹿鳴騶虞伐檀文王四什而餘皆不傳非無傳也當是時延年以曼聲協律朱馬以騷體作歌桂華麗而不經赤雁靡而非典聲詩俱鄭俗聽飛騙正樂之湮此寔階之矣迨太和末而左年所得者惟鹿鳴一篇浸淫至魏晋而鹿鳴亦復絶唱中和之韻闃焉不還蓋鹿鳴亡而詩亡矣非詩之亡也詩在而聲譜散逸詩猶亡也所以繼鹿鳴之響者不在樂府乎樂府之體有行有曲有引有操有吟有弄而皆可列之樂部然而去三百篇風旨則遠矣述通志者病其風頌不分二雅淆雜乃取而彙之君子之作如上之回聖人出者歸乎雅野人之作如艾如張雉子班者歸乎風音本幽薊如燕歌行者爲列國之風音本中華如煌煌京洛行者爲都人之雅品藻良亦當矣然上之回聖人出詞多取于誇耀燕歌行京洛行名惟泥於國都大聖删詩豈若是乎要之曰行曰曲主乎人聲引操吟弄主乎絲竹主乎人者有辭而必有聲主絲竹者有聲不必有辭則亦聲詩皆協而足備燕享之樂奏者也我太祖高皇帝應圖受命配天光宅歲在玄枵之次系承顓頊之後此黄鍾大吕之合而更始之會也時命陶凱諸臣訂定九奏樂歌自本大初以至品物亨詩詞準諸雅頌音奏易

乎胡元靡靡之曲北鄙之聲一掃而盡易之固已上躋六代而下畢樂府矣列聖相承重輝累耀刋訛補缺崇古黜今樂典稱太備焉然鍾律未盡考正秬黍未盡適合司太常者議禮時如聚訟而問樂則噤業博士者窮經迨乎白首而審聲則聵不有以來師涓之嘆而興季扎之嗟耶我皇上承太平之緒纉無爲之運四夷寧謐百順效靈協氣嘉生泰和盈盛六代成周在宇宙間矣夫禮樂積德百年而後興而皇朝熙洽之積計年且倍則夫延伶倫之侶取嶰谷之材候中氣之應定黄鍾之均非千載一時乎頃俞言官議令禮部劄諭天下學官簡置樂舞生習大成雅樂推皇上乘時復古之意直欲振興箾韶以仰符列祖愚將何所獻以少裨中和之建夫文廟之樂當正也而舉柴望饗祖妣戎夷奏臨軒寧無以鄭衛參之者乎郡國之舞當習也而奉常所統祠部所掌成均所教博士所肄果皆以詩聲課之者乎蔡氏新書固樂本也若近代知音如李壁之燕饗樂譜張允蔫之大成樂舞圖吕柟之詩圖黄佐之樂典不可取以互證乎陳王政驗國俗則民庶謳謡不可遺也而走行人振木鐸采之閭巷獻之太師不可舉而復乎象武功昭文德則當世辭章不可廢也若舞六代以儐神人設□任以示賓服如成周故典又不可仿而行乎協律有郎樂舞有生官亦備矣然古之舞者周用冑子隋用品子容止端嚴聲歌曉暢而今則類以屠沽屢人充斯實近世之誤不可變而通乎風律之旋係乎四韻知者鮮矣若龜兹之七聲胡僧之翻切流入中國大應五均不可溯而求乎凡此皆求之聲容度數之間而非其本也凡物皆氣也凡氣皆聲也凡聲皆心也心和則聲和聲和則氣和氣和則天地萬物之美應而樂本立矣故虞廷元首明股肱良上下咸和而九韶作後世歌于燕會則失序發于思欲則蕩情乖氣感而淫樂興此太史公序樂書所爲首致美于有虞而流涕于季代也然則立樂本以正樂均正樂均以弘樂教不在明天子乎禮以節此心樂以養此心省淫哇以閑此心明雅頌以開此心百辟卿士目聳蹈德之容萬方君長耳歆發德之歌則物情民俗應化而康懌陰吕陽律應時而舒布天地自然之音應口而成歌天地自然之節應動而成舞掺牛聽鳥駕辨扶犁之樂且從此出而暗解神解之士有不應運騈集以助成中和之雅者愚未之聞也

第三問

江中信

同考試官教諭張批（世家所載率多殽駁千古不解子一斷之於理而據事核年鑿鑿破的即子長復生亦當斂衽）

同考試官教諭陳批（文核論正佳士）

考試官教諭李批（考據該洽詞格古雅子真良史才與）

考試官教諭翟批（理正詞雄足袪群惑宜式）

今世尊信史記若聖圖神籙然莫敢少間者何故哉以爲其所財擇從世本左傳家國二語戰國策記注未有浮頗不良於正者雖然乎姑無暇他舉試即孔子世家勘抆之其行事或非我聖人家法去之至或萬里而司馬遷不能裁也蓋嘗辨之其可疑蓋有十焉而其大者則圍成不克也父已葬而疑其墓處也母殁而殯之衢也爲高昭子家臣以通景公也要盟無適衛而遂適衛也是皆使後世疑於吾夫子者而執事獨以圍成不克尤疑於夫子夫圍成非夫子事也蓋定公爲之也左傳定公十二年魯墮郈墮費而史記以爲十三年是史記誤也史記年表書定公十二年孔子去魯不書月孔子世家又以爲定公十四年去魯是又自爲矛盾矣借曰非史記誤也則定公十三年衛靈公之三十八年也衛世家書孔子來禄之如魯安得謂十四年孔子始去魯也孔子之去殆圍成之前也何者定公十二年孔子由大司寇攝相事於是仲孫何忌協謀墮郈與費三月政行齊人懼遺女樂阻之孔子有去志適值十月上辛魯郊又不致膰爼孔子遂行迨十二月而後有圍成之舉則孔子既去魯矣世家曰十二月公圍成不克獨言公此一左驗也夫郈費之墮必何忌與偕是聖人之微也所以無失舉也然猶命申句須樂頎伐之而後公山不狃叔孫輒奔也成非郈費比也孟氏非叔季兩家比也即子路號爲勇定公何君孟大夫何臣而能得之是舉也魯君以輕博之叔季兩家以私叶之其不克也何疑乎若夫聖人有弗静静即九地矣有弗動動即九天矣其不遽墮成是聖人之需也而惜乎定公智不足以及此也吾故以爲遷之不核一矣叔梁紇殁而迷其墓所云母爲諱之則母奚爲而諱也然猶可諉曰童也徵在殁而暴之五父之衢是時孔子年十六或曰二十有四矣猶俟夫郰曼公之母之告之而後得合定也解者曰蓋其慎也則胡不先徵在之未殁而謀之也故徵在存而孔子不以問孔子長矣而徵在不以囑皆其理之不可解者也乃小司馬氏復曲而傳其説曰徵在嫌於少寡紇之葬徵在不知也吁何誕也彼其殯而暴之衢也幸或告之耳設無復知而告也則客喪之辱安歸哉而郰人之母之説又惡以必其確然而無疑也故不謀之母未殁之先而問諸衢而取徵於一郰母之口也則吾以爲聖人不若是之疏也此一事耳遷能削何晏王肅夏侯玄之所疑而其餘不爲削之故遷之不核一事而四矣夫冬日必行陰夏日必行陽是拘攣等耳聖人不爲也有徑輒以徑有竇輒以竇是脂韋等耳聖人不爲也是故適齊而

臣高昭子以通景公也不亦苟于乎何异日者折王孫賈而欲彌子瑕也釋蒲而許之盟而又倍之盟也不亦苟免乎何异日者責微生高而誅臧武仲也且無論理爲已姑即其事考之魯昭之二十年齊景公晏嬰不嘗問禮夫子乎則公乃大説而嬰與夫子深結矣夫子誠去魯適齊彼其君臣固日望焉而得夫子猶晚者也胡區區乎臣高昭子爲也衛靈耄而昏母足與計不待夫子辯之也適之奚爲哉及夫子厄於蒲而弟子公良孺者勇而疾鬭蒲人懼矣即無盟可脱身行耳故蒲可無盟也衛可無適也而必且背盟以適之則吾以爲非孔子猶不可者何也孔子作春秋而魯叛盟則書鄭逃盟則盡聖人之惡負盟也若此而已則爲之其何以訓天下夫吾道固多闊概矣故廣而不爲畔者是聖人之弘也吾道固多纖檢矣故矜而不爲鎛者是聖人之嚴也是故此兩者皆不核也大抵不核之例二有不核年有不核也大抵不核之例二有不核年有不核理夫年者非直孔子生魯襄公二十二年或二十一年十一月或十月蓋公羊穀梁賈逵服虔杜預司馬貞所互執者也於時適周問禮南宫適年才十歲安能與偕也於時畏匡甯武子老且卒矣安得藉之以脱此圍也不試故藝蓋精乎技矣乃年六十而後學琴師襄也此何以云也考之家語則徵在之昏於紇父所命也而野合之説又何不經也所不核十矣夫年胡可不核也不然者孔子贊臧紇似鼠之對才二歲耳贊子産侵小之對才三歲耳贊郈成子反璧孫林父擊鍾樂喜哀介夫與夫南墻西潦諸事皆不滿十歲耳可遂據以爲當日事邪乃執事之所辯難獨謂夫不核理耳蓋遷之不核年者五不核理者六不核年不過世次近遠月日前後古有傳疑今有闕殆庸何傷不核理則將有拂經叛命潰防决律托聖人之身親借大盜以口實此孟堅所以有是非頗謬之譏也夫亦載籍繁則踳駁遂衆年代邈則牴牾過多遷之失蓋坐是乎抑愚又且悉之年固不能盡核也顔子不生於魯昭公之二十一年蓋二十九年也如二十一年其筭當不如斯之促也此一疑也子思年六十二而前及與孔子相問答後及爲魯繆公師是壽蓋九十餘也此亦一疑也孟子年八十四然譜謂終於赧王二十六年逆推之至安王十七年又九十七歲也此又一疑也夫生於數千載之後而欲追證於數千載之前衹名愚耳故春秋左傳可憑者什之九家語什之五其他若荀况孔叢子猥濫多後儒借之以自便其私者此潘氏通紀季本氏圖譜及編年所以交互考訂以補前人之紕謬者無憚兀兀也嗟夫執事者固核理耳生也鯫亦知有理耳子長固千古良史何煩竟日苛責也

第四問

周如京

同考試官訓導馮批（我國家賓服四夷超軼往代玆欲仿古獻令王會圖解勒成盛典子能條對無遺禮記傳書靡不淹貫至論善後處尤中機宜非可以拘儒目之者）

考試官教諭李批（學識該洽詞格古健不足士也）

考試官教諭翟批（憂盛危明之説當事者所欲聞録之）

帝王之馭四夷也有威以惕之有惠以懷之何也惠出於威則惠不狎而降心者固威行於惠則威不測而雄心者懾古先聖王所爲控制群醜令其懷我畏我頫伏臣妾而長保塞上之安用此道也以觀今日則豈不稱郅隆矣哉蓋我國家之威四夷也大矣而惟北虜爲甚太祖高皇帝責日本討西番殪諸蠻靖五溪而蕩平胡孽凡十有一舉成祖文皇帝詰朝鮮平安南俘錫蘭王而親犁北庭凡三大舉虜遂遠循僅存餘息三代以來威靈震疊孰是過乎我國家之恩四夷也厚矣而亦惟北虜爲甚太祖高皇帝賜高麗經書免占城榷税定烏思藏爵拜而謚元主封元後比于周之胡滿箕微璽書温慰無慮數十成祖文皇帝復朝鮮印紐升琉球國相歸暹羅漂舶而諭鬼力赤者三諭本雅失里者再貢使縣次賚予無筭剽掠細過釋置不問三代以來函弘禔祐孰是過乎夫威則知懼懼則狡心自息恩則知感感則悔心自萌固宜其不旋踵而回心向化也乃必逮我皇上然後得其柔服款塞歸命數百年所未有之事一旦坐而致之夫明王慎德四夷來賓古訓昭然萬世不易也祖宗修德逾二百年虜人效順已爲後矣今日所睹詎非至盛極隆匹敵古先聖王無有二哉乃執事思揚國家之美盛欲效古所謂王會圖者寄之象設具諸所陳方物比于獻令以垂示世世萬子孫無極甚盛心也夫獻令者湯命伊尹所定以諭四方來貢毋違越也正東符婁等部九夷十蠻則以魚鞞鮫瞂諸物獻正南甌鄧等五部則以菌鶴短狗諸物獻正西昆侖等九戎國則以紕罽江歷諸物獻正北戎翟十二則以橐馳騊駼駃騠諸物獻今既具四海莫敢不從成湯非以令驅之也有先之者也詩曰莫敢不來享莫敢不來王曰商是常蓋頌獻令也迨于成周皇宇乂謐八表會同各以其職來貢而王會解作焉當是時天子南面而立唐叔荀叔周公旁天子而立堂上左太公望旁天子而立堂上右唐公虞公殷公夏公則各以次列堂下焉祝史列于阼階之南郭叔掌幣于堂下之東應侯曹叔諸舅伯父以次列于中臺之東西而陳天子之寶幣于外臺于是乎數西向之貢焉自稷慎大麈以下名物蓋十有八焉于是乎數東向之貢焉自義渠

玆白以下名物蓋二十焉正東自高夷嗛羊以下名物蓋有七焉次西自般吾白虎以下名物蓋十有二焉又西自魚復鼓鍾以下名物蓋有三焉烜乎燡哉五帝之所未聞三王之所未備也周人豈以張皇一時侈示後裔哉無怠無荒四夷來王祖宗致此良不易得安可不一紀也漢以來未暇悉數大抵西漢時莫盛于甘露黄龍間單于及蠻夷君長來朝者萬人東漢時莫盛于建武間封烏桓渠率八十一人西域附者五十五國特未有圖其事者至唐貞觀間突厥契丹鐵勒及遠夷重譯而至凡置驛六十六所中書侍郎顔師請集其事爲王會篇閻立本請繪其象爲職貢圖非不侈然大也然太宗嘗臣突厥謂爲詭臣之然固臣之也臣之不足而又借香火以要之其後僅而得之也勢焉耳矣非所以論于勢之外也是故前不得與古帝王比隆而後小得與我國家争烈也我國家威惠孚洽極天所覆悉主悉臣不遠數萬里以時入貢匍匐闕廷東南際海若朝鮮暹羅瓜哇凡十有七國西南夷若婆羅滿剌加凡二十九國其由天方通者又十有六國西域則泥剌朵甘凡七國其由哈密通者又三十八國它如以蜀屬者若烏蒙諸所以粤屬者若龍英諸所以滇屬者若平緬諸所以楚屬者若永順保靖諸所以川陜屬者若番僧番簇又百餘計而迤北三王及朵顔三衛海西女直赤斤蒙古紛不可枚數也暨今俺答把罕那吉祖孫一誠投身款塞奉我明約歸我叛人大漠以北盡奔走之矣是以火珠玉璞車渠鎧甲利劒山海巨麗之珍畢充諸藏麒麟獅象虎豹駝馬火雞白鹿紅猴殊章异質之品畢充諸圈絨罽奇錦苾布鎖袱兜羅紛綸精鑿之技畢充諸庫不惟遣使臣又親舉踵而朝之又率妻孥而朝之貴之貢人怪之貢佛與舍利子方賄多者至六十種嗚呼何其盛也蓋我祖宗撫運于前稱聖作焉我皇上纘緒于今稱明述焉由此循獻令之規修王會之典首自韃靼以及諸夷殊形詭狀并其封琛贄莫不具陳則伊尹周公之制作皆國家不刋之鴻袠也神農曰若何而和萬物調三光堯曰若何而爲日月之所燭舜曰若何而服四荒之外禹曰若何治青北九陽奇怪之所際覽觀斯圖考鏡前烈豈非我明極盛事乃愚更有陳焉泰之九三其方泰乎而聖人曰陂而復以保泰也既濟之初九其方濟乎而聖人曰曳而濡以弘濟也衣袽之戒户牖之虞今日不可以無講者夫海氛息矣而倭奴伺隙垂涎浙直則沿海兵防不可弛也南荒靖矣而山魈峽魅出没不常則百粤撫綏不可忽也西陲戢矣而哈密弃置無益中土則恢復之圖宜少須也遼陽捷矣而三岔河故地東西防守係焉則截取之計宜有待也三衛屬矣而交婚北虜陰爲嚮道則庚戌之變弗可忘也迤北來矣而外示悃誠内懷狡黠則羈縻之策弗可長也要之諸夷不足虞也今日所當亟爲之慮

者宜莫如北虜何也以今日大勢言之冠履首足之分萬不失一而往來報施之間稍或徇假則媟釁召侮或自此始是故體統所當念也漢賜匈奴錦綺至八千絮至三萬此衰世侈汰事無足法也祖宗朝虜貢至三千人則三千費也猶與貢獻相當也納款以來其人益不止此則益費厚之則竭我帑藏薄之則已已之執詞可監也是故犒賚所當念也虜之陳丐也或邊臣不敢寢而爲之達也却之則咈然怒而得之弗恩也犬羊性也然有關於戎機而不可聽有關于國體而不可聽有難而不可聽婉意開之彼將自止是故請乞所當念也朝而市暮而竊狼鼠態也甚且毀某墻矣摧某堡矣必申明禁令令其各相鈐轄犯者執送天朝誅勿匿我各邊亦謹備之是故防禦所當念也夫隨宜措畫事緒萬端大約不出此四者四者得則恩加於威之後而貢市久威寓於恩之中而睥睨絶北虜與諸夷世沐光澤而中國清寧等之天地矣此王會典之不可無作也獻之明廷而天子監覽焉下之史舘而宰臣閱焉按覆載包容之廣大則思所以保其大按華夷界限之要害則思所以弭其害障孰堅瑕胡以繕之卒孰脆悍胡以簡之將領能韓白乎不者易置之勿後督撫能叔虎乎不者易置之勿後居安而防危兵戢而時動彼帖服也坐受休養之利彼憑陵也徐圖創艾之舉則無事而萬國來同有事而群兇泥首四夷之外將更有暍炎山汗熱海浮天溟絶冰漠繩繩而至者焉詎今日爾也噫獻令王會解之作不虚也

第五問

秦大夔

同考試官教諭黄批（較利害難易以斷二河應浚應止老成謀國之見良不過此）

考試官教諭李批（博采故實酌以時宜言之可當實用者）

考試官教諭翟批（其文博雅其論明核宜録）

夫謀國大事豈易易哉相地宜稽往策采輿議操獨筭必如是而後績可奏利可永也何也天下事有關于軍國至要者夫人而能言之矣然言已事易言未事難睹已成易睹未成難建奇功易建永利難故淺識多謀易動尚奇非計也屢創倏更罷氏詘力非功也籌之於未就驗之於既往雜之於利害斷之於衷臆而收其成於萬全舉非常可駭之巨役貽萬世無窮之大計工於謀國者類若此彼慎慮者廢好者僨昧於成者罔竟忍於民者喜功此雖眇小且莫任也况國家大事乎哉方今聖主南睇而憂元衡握機而慮筴士持籌而筭者非漕務耶則漕務固國家大事而目前所宜尋究者必西之河東之海也葠食者奚足知之第嘗觀之主河運者則絀海道曰風檣浪楫漂溺叵測未可也主

海運者則絀河道曰黄流爲梗歲費億萬未可也噫此誠虚舊之談乎愚請一切捐弃之直以臆封而執事毋讓焉夫會通既成海運告罷民甚便之利也而洪閘停留則苦般運河流衝塞則苦推移會通獨無害乎遮洋初試民甚苦之害也而糧無剥損可省耗石舟無停次可舒輓卒海運獨無利乎彼韓非子曰法立而有難權其艱而事成則立之事成而有害權其害而功多則爲之如此則天下皆無難之法皆無害之功世之受筴者毋亦較利害計難易孰少多耳按秦攻匈奴饋運繁苛飛芻輓粟起自黄腄黄腄古東萊地則東省爲轉轂者之門户直自秦始而秦運蓋未廣也漢都長安初不過漕山東粟數十萬石已自足用迨後引渭穿渠又通褒斜道非好勞民勢不得然也唐亦都長安初不過漕關東粟十萬石亦自足用迨後劉晏漕於汴淮李泌增運百萬非好侈費勢不得不然也宋之漕也東南自汴入陝西自黄河入陳蔡自惠民河入京東自廣濟河入蓋分爲四路矣元之漕也始而河繼而陸已而海蓋分爲三道矣海漕通而運至三百萬石豈得已哉秦漢以上事寡而備簡秦漢以下官冗兵繁輻輳并進且猶不給勢則然也故管子曰七十二代之君俱王天下必國富而粟多旨哉言之矣國都定鼎背控長邊懸衡以臨三面經費百出倚辦東南漕輓之道堇堇一綫邇復梗塞歲事講求而甲可乙否嵩興倏罷卒未有能超然建萬世之長策以紓君相之隱憂者何蓋説有儇利而曠於實者言有樸訥而適於用者見其難而釋其業睹其害而捐其利則四海之無成勞也噫沐者尚有弃髪瘍者且無完膚而况謀及大事乎今之談河運者不曰黄淮失道乎不曰徐邳高淍乎不曰崔鎮諸口未塞高寳諸堰未固乎不曰泇口可疏徐南故道可通乎夫高墉固防塞决補潰淮揚之役不日告成前後大臣經略無遺筴矣泇口若浚可遠河患而崇岡漫泊厥功難施姑勿論也若彭城西境達乎夏邑黄河故趾儼然在焉疏而復之以濟洪流以殺河勢南不妨鳳泗園陵北不逼衮冀運道此其利害彰彰著也何也徐吕二洪資河之利亦受河之害設如河臣之議修復故道有三利焉河改而南北流漸細秦溝留城之間可免衝塞利一也南流既下建瓴直達勢無紓折湍悍益甚徐南壅沙漸洗漸去利二也四野泛濫舉歸故道蕭碭曹單永有寧居利三也夫治之而有三利也則雖違衆論而斷之可也任心膂之能臣假便宜之重寄俟積貯之少舒舉必成之石畫而漕流安矣乃歐陽氏曰河流已弃之故道自古難復信斯言也則以不易辦之巨費圖不可必之大功非今日所當緩圖者耶此治漕河之大略也今日之談海道者不曰閩越長樂港乎不曰秣稜龍江關乎不曰太倉劉家港乎不曰自漣口以入海乎不曰由成山以達直沽乎夫浙直大海横亘千里兵艘

販舶晝夜相續朱清張瑄所經略無遺慮矣鶯游而上遠歷成山風濤險惡礁石林立誠可畏也若膠口以北海倉以南元運舊河儼然在焉修而復之以近易遠以夷易險南北商販可使阜通東省本色可使復故此其利害亦彰彰著也説者謂分水嶺馬家壕難于開鑿大沽河小沽河易于壅沙復欲自黄埠嶺雲河口諸所創開一道以接之愚則以爲理舊業有三易焉夫馬家壕兩崖阻石舟不可觸近經削治海船大行不類人力一易也二沽衝沙爲害良不能免然河廢越二百處積沙僅以尺計冬春水涸歲加撈刷何能爲患二易也分水嶺地勢誠高然河底泉水可瀦河旁支流可引更爲增置閘壩蓄泄有備何憂淺閣三易也夫治之而果有三易也則排衆議而舉之可也捐東省數萬之存留募沿河郡縣之丁壯督率則責之二三能吏部置則假之方面重臣而膠河辦矣乃歐陽氏曰智者之於事有所不能必則較利害之輕重作斯言也則海運之有利于國膠河之尤有利於海運非今日所宜究心者耶此治海運之大略也大抵今昔异勢新故异備達者不期修古哲士務於知新夫何故勢易乎時備因乎事也則又當以今日之事勢籌之矣彼元世都燕歲省邊供而今則百萬仰哺矣宋處中土四面入饋而今止東南一綫矣故修河宜亟而海運不可忽也海運當圖而沁衛不可忘也何也專主漕河便矣而潢池弄鎧咽喉爲梗能無慮乎專主海運當矣而溟渤揚氛煙波阻絶獨無虞乎漕海并治沁衛兼通無事則循守故轍有警則增置篙夫此阻彼通鼂趨鱗貫國賦日羸食貨日充以通四塞之要以助軍國之盛非永利歟抑更有疑焉或謂治漕者當以尊泉浚淤治洪建閘爲上而引河次之治海者當以龍關劉港開洋爲上而淮安次之何説也萬里黄流建瓴直下湍悍則决散緩則淤徙突不常自古爲然既欲資之濟邊而病其妨運誠有神禹不能慮其後者然禹之九道元之四道流澌雖斷故迹豈盡泯耶設能按圖求索分遣屬邑預爲蓄備稍俟歲豐人和遍加疏瀹勿逼而南令其由清入海而别引沁水從魏博折而東之以資漕艘是亦一奇也江南之運幾三百萬瓜儀以北河流如帶萬一有阻京庾何恃誠有如丘文莊所慮者説者欲令浙直之運自太倉發三楚之運自龍江發俱由大洋以入膠河每歲試輸三十萬石俾其習熟海道永備不虞雖有小挫勿遽停止是又一奇也夫謀奇者諗於衆而後定事奇者斷於獨而後成何也會已則賞异我則弃人情也共謀則良共功則隳亦人情也王良造父得爲良御者獨擅轡筴之用也使王良操左造父操右則一日不能致十里共故也田連成竅得爲善鼓琴者獨擅音徽之用也使田連鼓上成竅擫下則終日不能成一調共故也往策既合齊既乎利害既析地宜既適則厲氣於廟堂之上持斷於

密勿之間如是而事蚤集矣要之冗冒不節則東南民力何以紓逋負不恤則漕卒耗散何以收濫駕不清則兩河輓役何以蘇黄流不復則帆檣壅滯何以通斯雖老生虚舊之談可盡廢耶至決若何塞淤若何通泉若何導工若何分吏若何置則自有司邦計者度之愚安能知焉

山東鄉試録後序

諸士抱經藝叢伏草澤疾名行之不章乃今應制登賓筵文物炳耀姓氏騰凌昭若縣寓則經藝媒之也夫經藝豈菫菫梯榮爲哉亦以統人紀參物序本性靈之奥揚理道之實令當世用耳既駕其説以投世已乃敝帚弃之謾也彼推擇者安所傳其責焉則亟取孔門通六藝漢士挾經術其人故足高者熟數于諸士諸士已頫首受筴矣顧語由求赤賜沾沾也乃至漢儒則俯而微頷豈少之耶夫弗采厥實唯名之卑此與以耳食無异廷謨故復舉漢儒所爲用世者申告之昔孔子論次六經而折衷百家之旨漢興諸儒力修其業雖原遠末分然當時所號爲大師宿儒大氐皆産山東高者援經敷義坐論廟堂若董江都公孫丞相其最著已次則專門名家轉相授受更數十世不失尺寸至以抱功修職亦兢兢不敢自謬於師説如申公論治議明堂鑿鑿可見施軒轅固治詩與黄生辨説孝景前咸當意伏生應詔以尚書授國中而齊魯學士翕然宗之教是大行田子莊得商瞿之易以廣其傳其徒楊何主父偃輩并以易顯胡母生言春秋爲博士而受業弟子爲大夫爲郎爲謁者掌故以百數之數子者童而習之終其身而用之若操左券而責償無少或誖彼固非曲士守佔畢無當世用者也故去之千歲其人若存斌斌然有其文質矣我國家取士一用經術盡罷唐宋博學宏詞諸科行之二百餘年道化翔洽即阻深仄塞之地莫不家詩户書争自拂飾以冀幸於一旦之遇乃東人士歲所籍而獻者以視异時文學高第不啻什百章縫家誦法孔子端弁帶而譚墳典自謂較兩漢且奕奕過之頃者縱觀諸士文靡匪矢口極論若曰業孔氏則孔氏已耳惡乎兄由求之徒溟涬弟之哉而又奚漢儒爲第聞之高言夸也畢言實也藉令諸士效一官比一職試隱度焉於漢可當誰氏於所謂守其經數世用其經終身者能乎哉何以故天下方日騖於文矣齊魯之士不勝其質而務出於澶漫奇離者以窮之往往剽其外郛而昧其中扃經術之説幾爲天下用而不足齊魯乃以其故竭蹶而趨曦心而語蓋至于徂往失守終莫幸而至焉此不勝天下也非

經藝之過也主上崇儒右文嚮用經學間歲輒發明詔敦習課功孳孳以通經適用爲務要以剗剔浮僞而彰顯道術諸士業已知上意所嚮又思其鄉先聖賢所以勸學明教爲天下先者不顧屬虚詞爲也則奈何忘其所宗本浸淫於文揖漢儒而北面之乎諸士兹往誠守其業用於世終吾身一稟之孔氏與其弟子伍立而争馳甚善不者則勤已務施端意以明指正誼如董經世如公孫力行如申辨説如轅闡教淑世如伏如田如胡母即無能當孔門一大弟子然猶有本始之遺焉夫不詭於經以歸本始令天下毋以經藝讓齊魯即漢儒固可師而守也昔楚有鬻珠於鄭者函以椒蘭之櫝鄭人售其櫝而還之珠乃諸士獵聖人之經而忘其本也直是類耳而世方執以訶有司曰而鄭人也惟櫝之是求天下其孰能説之

河南開封府新鄭縣儒學教諭李廷謨謹序

萬曆十年山東鄉試録

山東鄉試録序

萬曆壬年詔有司復論士時御史黄應坤按行山東則念曰齊魯之多士也自昔記之矣應坤辱董兹役其敢不旮簡以稱塞明詔於是走幣徵應龍暨教諭郭廷翰鄒浩葛宗亮徐渭彭商英訓導陳大烈王一鵬解性來典試事簾以外提調屬左布政使楊一魁右參政孫綜監試屬按察使蔡叔逵僉事劉天衢它百執事咸具而御史譏防矢宻眎往事有加乃三試提學副使蹇達所擇士俾應龍等窮宵旦之力謹察可者得士七十有五人籍奏之諸士且偕計吏上公車應龍不佞以一日長諸士乃僭告之曰自周以來易象春秋在魯孔子講業洙泗之上齊魯士益多彬彬焉漢興山東大師并出各名其家朝廷有大議至使使就□經法云何甘露閒論石渠者亡慮數十輩大氐皆齊魯士何其盛也漢而下詞華浸競經術稍衰我國家興學隆儒軼漢世遠甚取士壹本之六藝繇是方領矩步之倫非墳策不譚而山東固群儒故里乃今覽諸士之文離經析義閎論眇指推其意且欲比肩游夏何論漢士應龍以是益信齊魯之嫺於經術所淵源遠矣然諸士亦聞夫市珠者乎鄭人有市珠于楚者悦其函珠之櫝而遺其珠此可謂求櫝矣而非善求珠者也夫六學者寄道之匭櫝也是以先聖重之七十子者流號通六藝彼其人皆被服仁義而檢押節禮視脅肩赧色不啻如膩以故孔氏之道彌尊而經學滋重於世漢史稱申公之弟子治官皆有廉節稱其它諸儒著清名者甚衆則其窮精單力拾亡苴漏以承絶學非苟焉而已而今之藝士類耳剽口襲務以華言取世資而曰吾姑羔雉之此亦市櫝遺珠之喻也嗟乎兹豈先聖之緒業國家之科指其端君是哉獵浮榮而忘本實即漢士耻稱之安在其不詭于孔氏也善乎嚴太傅之言也凡通經術固當修行先聖之道奈何追俗以徼富貴其人至今稱之平津創業金馬釋疏蹻而取公卿而阿世苟合爲轅汲二子所面詆諸士何居焉蓋孔子周游不遇喟然有狂狷之思夫以其嘐嘐道古介特而寡與宜若不比于中行聖人亟稱之爲吾黨而思之乃若願人媚夫至不欲其一闖其室繇斯以談士之賢不肖何如也今諸士出聖人之黨言必引古昔斐然狂簡豈少於曩所云有如

萬分一渝志隳節與世湛浮甘自悖所聞而猥托之乎中行不亦畔聖訓羞吾黨之士乎嗟乎士貴重地非以地重簪紳之裔容禮有章衆不謂賢而一越檢軌輒蒙世姍笑隤其家聲何則其求之者備也今海内之重諸士惟齊魯而其求多于諸士亦惟齊魯諸士慎念之哉第不愧齊魯士則不佞之責塞矣是舉也兵部尚書凌雲翼以總督漕運右副都御史楊俊民以巡撫山東監察御史曹一夔林休徵以先後巡鹽王國以印馬楊楫以巡漕户部主事李杜王一鳳程宗伊陳簡吴謙刑部郎中程□誼工部郎中屠元沐員外郎劉伯淵主事馬玉麟皆有事兹土布政司左參政王□右參政馬顧澤左參議成□蘇民牧右參議茹宗舜按察司副使丘浙僉事吴之彦劉弘道都司署都指揮僉事任自强嚴慄郭畹董承祺皆有勞于外右布政使翟繡裳副使劉渾成署都指揮同知陳國保以齎賀行都指揮僉事陸應元署都指揮僉事檀武臣米萬春以領班行左參政徐元太按察使李汶副使賈仁元王庭詩僉事李淶署都指揮僉事梁大任以遷秩行副使徐成位以調任行而參政蕭遍張崇功曹子登雷以仁參議岳汴按察使李松周于德副使張崇謙唐鍊劉魯僉事靖四方則各事于一方法得并書云

河南河南府嵩縣儒學教諭林應龍謹序

萬曆十年山東鄉試

監臨官

巡按山東監察御史黄應坤（惟簡直隸歙縣人　戊辰進士）

提調官

山東等處承宣布政使司左布政使楊一魁（子選山西安邑縣人　乙丑進士）

山東等處承宣布政使司右參政孫鋐（文秉錦衣衛籍浙江餘姚縣人　戊辰進士）

監試官

山東等處提刑按察司按察使蔡叔逵（子漸河南懷慶衛籍江西新淦縣人　壬戌進士）

山東等處提刑按察司僉事劉天衢（一登湖廣廣濟縣人　辛未進士）

考試官

河南河南府嵩縣儒學教諭林應龍（□重福建莆田縣人　庚午貢士）

浙江杭州府昌化縣儒學教諭郭廷翰（□猷江西南昌縣人　丁卯貢士）

同考試官

河南歸德府夏邑縣儒學教諭鄒浩（道充湖廣鄖縣人　庚午貢士）

湖廣長沙府安化縣儒學教諭葛宗亮（猶龍四川成都縣籍郫縣人　丁卯貢士）

山西澤州高平縣儒學教諭徐渭（元潔河南祥符縣人　庚午貢士）

湖廣德安府應城縣儒學教諭彭商英（子相雲南臨安衛籍直隸武進縣人　丙子貢士）

浙江處州府儒學訓導陳大烈（允承廣東瓊山縣人　丁卯貢士）

江西南昌府儒學訓導王一鵬（□起雲南晋□州人　庚午貢士）

山西平陽府芮城縣儒學訓導解性（本善陝西韓城縣人　丙子貢士）

印卷官

山東等處承宣布政使司經歷司經歷王之稷（汝立直隸常熟縣人　監生）

山東等處提刑按察司經歷司經歷費紹之（世芳江西□山縣人　監生）

收掌試卷官

山東都轉運鹽使司運使劉自化（伯時陝西高陵縣人　乙丑進士）

濟南府知府余國賓（叔賓浙江西□縣人　甲戌進士）

兖州府知府楊材（□□湖廣□縣人　□未進士）

東昌府知府莫與齊（道□廣西□城□□馬平縣人　辛未進士）

青州府知府王世能（子才直隸宣城縣人　辛未進士）

萊州府知府孔惟德（□夫河南汝陽縣人　癸丑進士）

登州府知府王以繧（伯聘順天府□安縣人　壬戌進士）

登州府推官陳文衡（惟平江西鄱陽縣人　戊辰進士）

受卷官

濟南府推官郝大猷（定甫直隸邯鄲縣人　庚辰進士）

兖州府東平州知州陳國華（堯佐直隸常熟縣人　甲戌進士）

東昌府濮州知州楊于庭（道行直隸全椒縣人　庚辰進士）

濟南府歷城縣知縣杜縻（惟公直隸□□縣人　庚辰進士）

濟南府淄川縣知縣王九儀（維邦陝西長安縣人　丁丑進士）

青州府諸城縣知縣李觀光（賓之直隸滄州人　丁丑進士）

萊州府平度州濰縣知縣史善言（指遠河南衛官籍直隸天長縣人

庚辰進士）

濟南府濱州判官胡格誠（中孚河南永城縣人　戊辰進士）

彌封官

兖州府推官李汝華（茂夫河南睢州人　庚辰進士）

萊州府推官郭萬里（雲□山西太平縣人　庚辰進士）

濟南府章丘縣知縣周友程（明昆直隸□□縣人　庚辰進士）

濟南府武定州陽信縣知縣吴世賓（汝嘉直隸衡水縣人　丁丑進士）

兖州府嶧縣知縣王希曾（道宗直隸懷寧縣人　庚辰進士）

兖州府曹州曹縣知縣張養志（子尚河南陳州人丁丑進士）

東昌府冠縣知縣張維新（憲周河南汝州人　丁丑進士）

萊州府膠州高密縣知縣黄紀賢（叔陳四川榮縣人　庚辰進士）

謄録官

青州府推官張炳忠（藎甫直隸長洲縣人　戊午貢士）

兖州府曹州知州方復乾（時健直隸歙縣人　丁卯貢士）

青州府莒州知州王明時（治甫直隸華亭縣人　丁丑進士）

濟南府齊河縣知縣浦卿（良弼錦衣衛籍直隸丹徒縣人　丁丑進士）

兖州府鄒縣知縣許守恩（□暘陝西涇陽縣人　庚辰進士）

兖州府東平州東阿縣知縣朱應轂（德載直隸睿縣人　丁丑進士）

青州府臨朐縣知縣荆州土（至元山西臨晋縣人　丁丑進士）

萊州府平度州昌邑縣知縣崔斗瞻（文起河南輝縣人　庚辰進士）

對讀官

東昌府推官李尚信（汝立山西屯留縣人　戊午貢士）

萊州府膠州知州武成（興周陝西寧州人　甲子貢士）

濟南府濱州蒲臺縣知縣于翰（憲甫直隸井陘縣縣人　甲戌進士）

兖州府魚臺縣知縣白希繡（惟錦陝西膚施縣人　丁丑進士）

東昌府聊城縣知縣李元吉（允慶陝西□州人　庚辰進士）

東昌府高唐州恩縣知縣傅崇明（子達河南汲縣人　庚辰進士）

青州府益都縣知縣楊植（爾立山西陽城縣人　丁丑進士）

青州府壽光縣知縣徐伸（允達直隸景州人　庚辰進士）

巡綽官

濟南衛指揮使谷中和（致夫山東臨淄縣人）

東昌衛指揮同知時逢春（陽甫應天府上元縣人）

萊州衛指揮同知劉繼本（孝先直隸鳳陽縣人）

濟南衛指揮僉事法一箴（義之直隸江都縣人）

濟寧衛指揮僉事楊方亨（□□山東濟寧州人）

青州左衛指揮僉事王居體（□□河南固始縣人）

搜檢官

濟南衛指揮同知曹少彬（克用直隸□山縣人）

沂州衛指揮同知章邦臣（子貞直隸□□縣人）

平山衛指揮同知吕正音（元之河南□山縣人）

安東衛指揮同知王建極（□□山東臨邑縣人）

濟南衛指揮僉事李啓東（□周直隸盱眙縣人）

臨清衛指揮僉事萬邦憲（子度山後人）

供給官

山東等處承宣布政使司照磨所照磨謝廷試（用卿江西吉水縣人　監生）

山東等處提刑按察司經歷司知事周璡（汝壁江西盧陵縣人　監生）

山東等處提刑按察司照磨所照磨鍾應春（子仁浙江新城縣人　監生）

濟南府同知蔣士元（君弼直隸宜興縣人　甲子貢士）

濟南府通判楊文褘（美叔順天府固安縣人　恩生）

東昌府通判李秉愚（希顔山西洪洞縣人　戊午貢士）

濟南府泰安州萊蕪縣知縣胡應禎（兆行湖廣零陵縣人　恩貢）

登州府經歷司經歷曹一奇（子才順天府大典縣人　儒士）

任城衛經歷司經歷張應庚（慶南直隸廬江縣人　吏員）

青州左衛經歷司經歷俞欵（子誠浙江宣平縣人　選貢）

登州衛經歷司經歷張希孟（汝賢順天府藉陝西華州人　吏員）

萊州府平度州同知羅欽（子敬直隸霍山縣人　恩貢）

兖州府東平州判官徐垚（仁卿直隸宜興縣人　監生）

東昌府臨清州判官因柱（汝石山西曲沃縣人　歲貢）

濟南府歷城縣縣丞宋沛（時潤河南裕州人　恩貢）

東昌府高唐州夏津縣縣丞李兆□（一白浙江嘉善縣人　吏員）

濟南府肥城縣典史鈕勳（世臣浙江錢塘縣人　吏員）

兖州府滋陽縣典史鍾聞盛（汝茂江西興□縣人　吏員）

兖州府東平州汶上縣典史潘達（雲章浙江餘姚縣人　吏員）

昌府聊城縣典史劉官（惟賢順天府大成縣人　吏員）

第一場

四書

定公問一言而可以興邦有諸孔子對曰言不可以若是其幾也人之言曰爲君難爲臣不易如知爲君之難也不幾乎一言而興邦乎　子曰道不遠人人之爲道而遠人不可以爲道　養心莫善於寡欲其爲人也寡欲雖有不存焉者寡矣

易

六四至臨無咎象曰至臨無咎位當也六五知臨大君之宜吉象曰大君之宜行中之謂也　大壯利貞大者正也　子曰知變化之道者其知神之所爲乎　昔者聖人之作易也將以順性命之理是以立天之道曰陰與陽立地之道曰柔與剛立人之道曰仁與義兼三才而兩之故易六畫而成卦分陰分陽迭用柔剛故易六位而成章

書

益曰吁戒哉儆戒無虞　三百里揆文教二百里奮武衛　籲俊尊上帝迪知忱恂于九德之行　夏暑雨小民惟曰怨咨冬祁寒小民亦惟曰怨咨厥惟艱哉思其艱以圖其易民乃寧

詩

南有樛木葛藟纍之樂只君子福履綏之牧人乃夢衆維魚矣旐維旟矣雝雝在宫肅肅在廟不顯亦臨無射亦保　穫之挃挃積之栗栗其崇如墉其比如櫛以開百室百室盈止婦子寧止

春秋

荆人來聘（莊公二十有三年）　夏六月邢遷于夷儀（僖公元年）丁亥楚子入陳（宣公十有一年）楚子圍鄭（宣公十有二年）　晋人執季孫意如以歸（昭公十有三年）春意如至自晋（昭公十有四年）

禮記

考禮正刑一德以尊于天子　宵雅肄三官其始也　大樂與天地同和大禮與天地同節和故百物不失節故祀天祭地明則有禮樂幽則有鬼神如此則四海之内合敬同愛矣　上必明正道以道民民道之而有功然後取其什一故上用足而下不匱也

第二場

論

臣事君以忠

詔誥表（内科一道）

擬漢戒俗吏矯飾者詔（元和二年）　擬唐以張九齡爲中書令誥（開元二十二年）　擬上以南郊齋宮親製大報歌示輔臣等奉詔恭和成進呈表（嘉靖十三年）

判語（五條）

出使不復命　官馬不調習　告狀不受理　老幼不拷訊　造作不如法

第三場

策（五道）

問　禮享帝享親揆文奮武所從來遠矣其制至周始備今觀周禮禮經諸書所載圜方异位祫禘异祭親賢齒貴异教搜苗獮狩异名匪直儀典蓋亦有精意焉可縷指而陳之與漢唐誼主間有慕其躅而舉之者受厘渭陽立廟郡國辟雝袒割驪山講武班班簡編可鏡也抑于古帝王有符合與二祖初定天下厘正鴻典天親介禧文武飭治其度越前代殊甚皇上臨御祇事郊廟親幸大學已又謁山陵閱營兵祖烈克紹大禮具舉炳炳乎登三五軼漢唐矣顧所以植仁孝之經而崇文武之本者諸士亦可竊窺而揚厲之與夫舊章易沿精意難合亦有因繁縟之觀究精微之藴可仰裨丹扆萬一與簪筆而揚主徽臣子責也諸士其毋隱毋蔓主司願聽焉

問　今之裒衣博帶誦法先王者孰不以儒自命哉儒之名安從昉也孔子對魯君論儒行其説至詳第令士者循軌而趋即名實不爽矣乃宋儒謂非孔子之言也奚所指與孫卿著儒效篇謂有俗儒大儒雅儒之辨可悉數而詳榷之與三代而下儒莫盛於漢莫醇於宋兩漢書所列儒林彬彬衆矣由今觀其人咸克羽翼聖經綿延絶學顧尚論者多有瑕舉試悉加評隲於孔氏所稱儒行何似至宋史又以儒林道學各自爲傳夫舍道學則安所名儒也將後世之言儒者類失其實與即兩漢之儒亦尚有卓然可稱者而史氏顧别爲著傳其又奚以也漢宋諸儒未易軒輊説者乃謂漢士實宋上浮其取舍將無失衷

與今天下儒術盛矣爾多士涵濡道化又生齊魯之鄉夫求儒於齊魯猶掄駿於冀北剖玉於昆岡也所爲循名責實無愧前哲者當何如而後可昔人有云儒貴名也不可以比周争不可以夸誕有也願試言之以觀尚友之學

問　爲政不患有盗患弭盗難耳山以東非古齊地哉太史公曰多劫人者大國之風也蓋自古記之矣漢以弭盗稱者或購賞捕斬或部衆掩擊或賣刀而馴渤海或罷兵而平泰山率齊吏也其方略孰爲得與今天下綦隆而東省乃時有盗警當事者亟申捕令矣輒捕輒竊發竟不衰止議者大都在嚴保甲顧其法果足恃與孔子論太叔治盗曰糾之以猛對康子患盗曰不欲不竊之兩者可試度之今日否夫山東北衛帝畿南通漕挽所慮于盗尤亟也諸士有概于中其著于篇毋諱

問　國家薪槱才俊所以亮天工熙帝載其道不誠巨哉虞夏而上無論已賓興大比周制可仿也漢設四科復有茂才三科明經三科辟召四科至唐則爲六科宋復爲三科其法果與成周合與世有升降制由益損顧所得人孰多也明興以經術取士士不操本業罷不用脱有姬孔詎越是起家哉而二百年來鴻士碩卿比肩接轂大都賢科選也其間卓然名世者可悉數其人與或者顧謂取人以言如射覆盂爾必復德行舉選之制而後得真才而用之其説果足采與夫上側席以求賢而下懷珍以待舉然俯仰今昔往往嘆才難者何也兹欲朝多燕髦而野無遺賢則何修而可諸士其試言之不佞將藉手聞于上

問　土田于民生急矣周官遂師遂大夫教民稼穡而先王巡狩田蕪則讓誠重之也漢唐而降有鎮襄陽而墾田八百餘頃者有修召信臣故迹而公私利之者有爲營田使而起代北墾田三百頃者有充河北判官而興堰六百里民賴其利者夫亦可指言之與山東舊號沃土而邇者地有遺利民窳不耕則何以故也嘉靖間嘗一議墾矣復民二年越三年始税意蒸蒸厚也顧竟無左效何與議者以爲地額未清所致然與否與今上軫念民碞持令丈地乃首以清額報者東省也第濱海斥鹵田卒汙萊則何以墾之當事之臣改議輸穀疏得俞旨民忻忻然應焉夫嘉靖間寬賦于二年之後而地荒如故今顧輸穀于初墾之年而民樂從此其故又何以解也率是著爲令其于民便否抑其中尚有晝焉可枚舉而言之與諸生桑梓于兹目擊之熟矣幸悉心以對我

中式舉人七十五名

第一名　杜華先　冠縣學生　書
第二名　于若瀛　濟寧州學生　易
第三名　柳佐　臨清州學生　詩
第四名　趙任　膠州學生　禮記
第五名　張四聰　滋陽縣學生　春秋
第六名　李毓奇　青州府學生　詩
第七名　趙肄塾　歷城縣學生　易
第八名　于永清　青城縣學生　書
第九名　王夢鯉　掖縣學生　詩
第十名　石岩　青州府學生　書
第十一名　常文燁　壽光縣學生　易
第十二名　李徽猷　濟南府學增廣生　詩
第十三名　馬行　章丘縣學生　易
第十四名　邢有忭　昌邑縣學生　詩
第十五名　張和中　濱州學生　禮記
第十六名　何爾健　曹州學生　書
第十七名　李有實　黄縣學生　春秋
第十八名　王九皋　濮州學生　詩
第十九名　龐大任　聊城縣學生　易
第二十名　周一史　濱州學生　書
第二十一名　季東魯　德平縣學生　詩
第二十二名　張情　濟南府學生　易
第二十三名　郝脩平　歷城縣學生　詩
第二十四名　周之楨　商河縣學生　書
第二十五名　李亞桂　昌邑縣學附學生　詩
第二十六名　方元彦　臨清州學生　易
第二十七名　馬柷　汶上縣學生　詩
第二十八名　董國光　滕縣學生　書
第二十九名　張文炳　萊州府學附學生　詩
第三十名　李燦　濟寧州學增廣生　易

第三十一名　陳大務　濟南府學生　詩
第三十二名　王一登　濟南府學生　書
第三十三名　王化遠　長山縣學附學生　易
第三十四名　孫應薦　萊陽縣學增廣生　詩
第三十五名　陳不伐　曲阜縣學生　易
第三十六名　張三極　臨清州學增廣生　詩
第三十七名　王道平　高苑縣學生　書
第三十八名　閻應鍾　武定州學生　詩
第三十九名　戴堯天　濟寧州學生　易
第四十名　遲配乾　文登縣學增廣生　詩
第四十一名　于夢鶴　禹城縣學生　書
第四十二名　劉遷　濟南府學附學生　詩
第四十三名　檀芳邃　汶上縣學生　易
第四十四名　王之翰　蒙陰縣學生　詩
第四十五名　張奮翼　德州學生　書
第四十六名　彭潤　歷城縣學生　詩
第四十七名　佘晋　歷城縣學附學生　易
第四十八名　徐一龍　東平州學生　詩
第四十九名　張書紳　安丘縣學生　書
第五十名　汪應泰　臨清州學生　詩
第五十一名　陳璉　平度州學增廣生　禮記
第五十二名　趙廷璽　濟南府學生　易
第五十三名　曲堦　掖縣學增廣生　詩
第五十四名　畢如松　萊蕪縣學生　書
第五十五名　曹璜　益都縣學附學生　詩
第五十六名　馬拯　武定州學生　易
第五十七名　孫丕揚　即墨縣學生　春秋
第五十八名　商典　臨清州學增廣生　詩
第五十九名　徐步　單縣學生　書
第六十名　王都　臨清州學生　詩
第六十一名　常裕　臨朐縣學增廣生　易
第六十二名　逯中立　聊城縣學生　詩

第六十三名　崔敬立　臨清州學增廣生　禮記
第六十四名　楊大烈　禹城縣學生　書
第六十五名　王之都　新城縣學生　詩
第六十六名　張聯芳　濮州學生　易
第六十七名　劉衣錦　觀城縣學生　詩
第六十八名　孫淵如　濱州學生　春秋
第六十九名　于天經　冠縣學生　詩
第七十名　賈化醇　高唐州學生　禮記
第七十一名　趙思敏　登州府學生　書
第七十二名　吕恒　德州學生　春秋
第七十三名　馬應賓　臨邑縣學生　詩
第七十四名　李呈芬　臨清州學生　易
第七十五名　張邦基　歷城縣學附學生　書

第一場

四書

定公問一言而可以興邦有諸孔子對曰言不可以若是其幾也人之言曰爲君難爲臣不易如知爲君之難也不幾乎一言而興邦乎

杜華先

同考試官訓導解批（發知難興邦歸本君心上極得本旨而調復莊雅可誦録之）

考試官教諭郭批（詞醇理到文之有典則者）

考試官教諭林批（精確渾成）

求治效於一言在圖其難而已矣夫君責至難也知其難而圖之邦其可興乎且君人者孰不欲邦之興哉顧其機本於君心心有敬肆而治忽因之誠不可不知也定公志在興邦而以一言爲問其望治亦切矣孔子對曰治道多端恐非一言所能幾也而人之言則亦有可繹思者其曰爲君難爲臣不易夫君臣并言當交儆矣而君爲主治責尤重焉特患人君不知其難耳夫苟知上天之難諶罔敢以逸豫承之叢萬幾於一日而夙夜兢兢皆敕命之永圖也知下民之難懷靡敢以慢易臨之萃百責於一身而朝夕慄慄咸恤民之至計也

由是君德以戒懼而成精神之所運用無遠弗周而邦其日登於理矣王業以憂勤而盛事功之所建立無廢不舉而邦其永孚於休矣故人君不知其難則多言而無補誠知其難則一言而有餘然則此一言也謂不可幾於興邦耶吁繹其言而圖其所以興在君加之意耳雖然人君之難莫離於用人定公用孔子而郈費繼隳鄆讙龜陰來歸蓋勃然興矣惜也女樂受而膰肉不至是公未知其所以難即有不易之臣安所從效耶魯之不爲東周也固宜噫可鑒矣

子曰道不遠人人之爲道而遠人不可以爲道

于若瀛

同考試官教諭葛批（以性言道不雜□詘□詞□□□□异乎支蔓者録之）

考試官教諭郭批（純正不浮）

考試官教諭林批（簡潔）

中庸論道切於人求諸遠者失之也夫道於人至切也遠人以爲之曾是以爲道乎嘗謂道之不明不行也寧獨不爲者之咎哉即爲之而或過焉其爲畔道一也何也道也者命於天而率於性者也故觀於未始有物之先有此命斯有此人理非由於外鑠觀於既始有物之後有是人即具是性機不假于他求道之昭然者夫人而可知也道之坦然者夫人而可能也夫何遠之有如使從之爲道者反求諸身而得其所以爲人則不外乎人而得其所以爲道矣夫苟視道爲過高既騖于身心性情之外則去道爲益遠自失其民彝物則之常遠人以爲知而索之□焉彼以爲會道之精矣而不知道之昭然示□者本無所謂隱也非德性之良知也遠人以爲行而求之怪焉彼以爲體道之妙矣而不知性之坦然示人者本無所謂怪也非德性之良能也謂之道也可乎蓋求之性分之中則近取而自足求之性分之外則愈遠而愈漓爲道者慎無遠人以爲之哉雖然道以中爲至過與不及均之不可以爲道也夫子獨以遠人者言之何哉蓋不及者易見也過焉者難知也自好奇之士出倡爲异説而天下靡焉從之道斯裂矣此聖人之所憂也此中庸之所以作也

養心莫善於寡欲其爲人也寡欲雖有不存焉者寡矣

柳佐

同考試官教諭鄒批（欲寡心存即爲善養士子乃各自爲説支離甚矣惟

此作得之）

考試官教諭郭批（切實無一長語）

考試官教諭林批（雅醇）

大賢論事心之要惟能去其累者得之也甚矣欲之爲心累也欲寡而心可存矣養心孰善於是且夫心之在人不可一息而不存則人之於心不可一息而不養養心急矣而孰焉善哉亦曰寡欲焉耳蓋人心之初本渾然而無欲人心之欲因有感而後形欲固不能絶之而使無尤不可縱之而使熾也如使其爲人也道足以御情而防檢必嚴能制乎欲而不制於欲則私無以勝理而非幾盡黜自命於心而不命乎心未與物接也而欲不使之萌焉人心退聽道心之所以目著也湛然而虛者庶其常在我乎既與物接也而欲不爲之引焉嗜慾既淺天機之所以日深也瑩然而靈者庶其常在我乎而謂心有不存焉者寡矣是何也心不出則入而惟欲足以馳其心欲不節則流而惟寡足以制夫欲欲寡而心存乃機之必然者也此所以爲善養也與抑寡欲云者豈必離物而後可哉心不逐於物則萬感紛紜而不足爲吾心病欲或潛滋雖淵居閴寂而已不勝其憧憧之擾矣故聲色臭味聖人未嘗絶之也而道在焉以其無物之心而行於有物之中耳彼離形去智正佛氏之所爲畔道也此又養心者所當知

易

六四至臨無咎象曰至臨無咎位當也六五知臨大君之宜吉象曰大君之宜行中之謂也

趙肄塾

同考試官教諭葛批（用賢本於有德士子率能言之至説出中正之旨僅見此作佳士佳士）

考試官教諭郭批（詞不繁而意足可以式矣）

考試官教諭林批（明潔雅重）

兩觀於臨爻君相用賢之道得矣夫賢人之有益于治也四之以正五之以中其善於用賢者乎且夫君臣相與以共成化理者豈無其道哉用人其要也純心其本也吾於臨爻見之矣何則大臣所以輔治可以獨任乎誠於求賢者廣益之心也相道宜爾也六四下應初九以之非蔽賢而病國者咎何有焉然使本諸身而匪正則志有未合賢誰與我而不知四有柔正之德也以正感正是同道相孚非出于有我之意而同心共濟自篤夫好善之誠此至臨之所以無咎也觀於四爻而相道其克盡乎大君所以主治可以獨運乎明於任賢

者先務之知也君道宜爾也六五下用九二以之乃得人而弘化者吉可必焉然使本諸身而匪中則心有未純賢誰與我而不知五有柔中之德也以中用中是心唯虛己不□于自用之遍而政在取人自行乎下賢之願此大君之所以爲宜也觀於五爻而君道其克盡乎要之有得正之相聖君益得以享其逸有行中之君賢相益得以輸其忠上下相須而致治之盛可深幸也已大抵世有可用之人而又有用人之人用人之人相也用用人之人者君也君擇相相擇百執事則天下治矣易垂憲之意深哉噫成王之任周公周公之勤吐握蓋得是道矣然則周公之繫爻也其亦有所感也夫

子曰知變化之道者其知神之所爲乎

于若瀛

同考試官訓導王批（神只是自然作者多未深知子獨闡發明透非深於易者不能宜式）

考試官教諭郭批（理精而詞達）

考試官教諭林批（莊重雄偉）

聖人贊數法之妙一自然而已夫惟自然者神也數法之所以妙其以是夫夫子恐人以私智窺易也故贊之且夫天地大衍之數起于一窮于十若子母相續而至於成變化行鬼神此變化之道在天地者也揲蓍求卦之法始於衍終於扐與天人相符而至於顯道神德行此變化之道在易書者也淺乎觀易者以爲龍馬雖异不過物中之一奇蓍卦雖精不過象中之一教此天地偶然之産而聖人有心之爲也此非知變化之道者矣知道者其知神之所爲乎蓋天下惟出於理勢之自然者謂之神變而之化化而之變事相禪而不已者理有固然也變而不得不化化而不得不變機相迫而不停者勢有必至也陰陽五行錯綜經緯其生也孰始之其成也孰終之蓋天地雖無不能而不能取自然之數易置于其間神而已矣陰陽老少進退離合其營也非有思其變也非有爲蓋聖人雖無不能而不能取自然之法損益於其間神而已矣知此者謂之知道易豈可以淺乎觀之哉于此而知易以神作雖作猶未作也易以神用雖用猶未用也吉凶不在卦趨避不在蓍神者先告而已矣故至人終日言而未嘗言終日爲而未嘗爲用此易也人不自神而責易之神豈知神之所以神者乎

書

三百里揆文教二百里奮武衛

于永清

同考試官訓導解批（措詞雅醇而意復融暢録之）

考試官教諭郭批（明净冠冕）

考試官教諭林批（純正）

文武异其施而綏服之制定矣夫揆文以治内奮武以治外而華夏辨焉聖人所以善綏服之制者如此且帝王治天下之道文與武而已顧有不容以概施者水土平而法制定侯服之外禹固别之爲綏服矣而所以制之者能無辨乎彼綏服以内爲百里者三雖漸遠王畿而密邇侯甸則所以安之者利用文也故三百里揆文教焉立之學校以萃其涣聯之師儒以樂其群又教之禮樂詩書以廣其業蓋因俗尚而規畫之而親遜之風藹然於三百里中矣此文以治乎内固以培國家之元氣也而奮武不有其地耶綏服以外爲百里者二是已遠侯甸而聯屬要荒則所以安之者利用武也故二百里奮武衛焉爲之簡其什伍也爲之謹其斥堠也又爲之嚴其約束訓練也蓋因遐服而保障之而戎兵之詰赫然於二百里中矣此武以治乎外固以壯國家之神氣也而揆文不有其助耶要之揆文而繼之以武則不爲弛奮武而先之以文□不爲黷文武不偏廢而内外酌其施舜禹之□内順治而外威嚴固有自哉雖然文武并用誠久安長治之術而聖人之心則右文事而武非所急也益贊於禹曰惟德動天帝乃誕敷文德干羽兩階而逆命如苗竟以來格矣是可以窺聖人耀德不觀兵之心

夏暑雨小民惟曰怨咨冬祁寒小民亦惟曰怨咨厥惟艱哉思其艱以圖其易民乃寧

杜華先

同考試官訓導解批（體認思艱圖易意甚切而發以雅健之詞經義之佳者可式多士）

考試官教諭郭批（意周詞達）

考試官教諭林批（簡潔）

賢王兩指民艱而望大臣以寧之也夫暑雨祁寒民艱亦甚矣能圖其易庶幾其寧矣乎穆王命君牙以爲自昔聖世而民無不寧者非能耕而食之織而衣之也凡以圖之者預耳爾爲司徒教固不可緩矣而養尤在所先乎今夫人情一日不再食則饑至於夏其饑爲甚矣故睹暑兩而小民之怨咨形於聲焉終歲不制衣則寒至於冬其寒爲甚矣故當祁寒而小民之怨咨亦不免焉

夫暑雨而怨則養生未贍夏何以寧豈不艱哉必思其艱以圖其食之易凡可以爲足食計者無不周也允若兹則爾之憂民已切民之蒙惠百深向固艱於食自易其食而阻饑之民得安於粒食之休向固艱於衣自易其衣而號寒之民得享夫暖衣之慶民乃寧矣即暑雨祁寒豈復有怨咨者耶由是民生厚而正德之教可舉矣向使忽民瘼而不之思弃民事而不之圖則民之怨咨無已時也而何以興教耶嗟夫穆王嗣周業以養民命君牙誠有味哉其言之也豈不稱賢乃其竟也財匱民勞又制爲贖刑以詰四方視君牙之命不可同日語矣謂虔其始而未能厚其終非耶君天下者可以思矣

詩

南有樛木葛藟纍之樂只君子福履綏之

王夢鯉

同考試官教諭徐批（詞旨温厚得詩人稱願意結以序濟如尤大有發明是善説詩者）

考試官教諭郭批（文典雅而氣和平）

考試官教諭林批（莊重得體）

詩人興后妃德盛而天休附焉甚矣惟德動天也后妃有可樂之德而福履之綏固其所哉衆妾稱願之意蓋曰天人之勢相懸而感應之機不爽吾兹觀德於君子而幸願深矣彼南山之木惟樛然其下垂葛藟之生斯依之而上附物固有所藉以爲安也况我君子嗣京室之音而志在進賢同乎人而無我溥宫闈之愛而恩周逮下顯其比而忘私其德如此洵可樂矣由是群情之所繫屬而和氣流通一德之所感孚而大休協應綏之以福而元吉旋焉正位中宫有優游而無摇扤也綏之以禄而庶徵備焉母儀下國有逸豫而無阽危也蓋天鑒周京久矣仁厚之脉君子式與培之則天心之眷佑自不容於不隆耳吾人何幸而獲藉其休乎帝懷明德素矣豈弟之度君子式克相之則帝命之寵綏自不容於不篤耳吾人何幸而獲蒙其庇乎要之有是德斯有是福機非偶也得乎人自得乎天理不誣也后妃之賢文王之化均可想見矣抑家人睽始於婦人則乘寵以爲階然非遠驕嫚之難而無禮以定其位之患關雎正始取義有别則禮之序明焉耳樛木之感豈徒沾沾然利用恩乎艷妻煽處而宗周危斁其序也閑有家者宜鑒於兹

穫之挃挃積之栗栗其崇如墉其比如櫛以開百室百室盈止婦子寧止

李毓奇

同考試官教諭鄒批（形容豊年之慶宛純然在目而詞更華腴宜録以式）

考試官教諭郭批（體裁整飭當是作家）

考試官教諭林批（温文閑雅）

周人頌豐年利之所入者富慶之所及者弘蓋農事以有成爲慶也妆入之富而婦子賴以寧焉其利亦何溥哉良耜所以答神貺也意謂吾人之力田也耕而播播而耘其用力勤矣閔閔焉望歲之情也异其厚穫乎幸也上帝溥降康之祥而穀皆熟矣從而穫之此疆爾界挃挃焉銍艾之相聞也西成啓築場之候而稼既同矣從而積之墉崇櫛比栗栗然豐登之有象也惟此多稼非但一倉箱之儲也千耦其耘向嘗舉百室以于田矣今則通其力者均其利比屋之藏皆充然其有餘蓄也百室不既盈乎然此美利又非但一手足之烈也或來瞻女向嘗偕婦子而從事矣今則任其勞者享其逸數口之家皆晏然其獲我所矣婦子不既寧乎至是則豐亨之慶遍于閭閻而天休普被樂利之澤綏厥士女而靈貺昭垂神之所以福我者誠甚厚矣報其容已哉抑聞唐虞之民飲食于耕鑿而忘帝力曰何有于我周民則猶知修報于神焉然生養休息出于君上之所賜固亦皡皡而莫知爲之矣及讀鴻雁桑柔之詩民有嘆劬勞憂卒痒者然後知豐年之樂民受上恩德之深也故曰王者如天

春秋

夏六月邢遷于夷儀（僖公元年）

張四聰

同考試官教諭彭批（讓齊桓忌義處令桓無以自解□旨暢而調古蓋深於春秋者）

考試官教諭郭批（得謹嚴體）

考試官教諭林批（有斷制）

春秋紀小國避患而深譏伯義之怠焉夫義莫急於恤小而邢之遷也桓實貽之中國其奚賴哉吾聞簡書之畏責在宗盟纓冠之情切於同室匪可泄泄然圖之者桓自北杏創伯既以安攘爲己任矣方邢之有狄患也朝夕引領東望豈不曰糾合仗義之齊庶幾克庇我乎顧臨淄振旅徒張恤患這聲聶北駐師坐失事機之會斯特也以伯叔則靡同危亡之憂其無日矣用是遷其朝市爰爲苟免之謀以大邦則靡控倒懸之勢殆弗支矣用是徙其人民少紓一時之難斯豈邢之得已哉豈桓之力不足以及之哉宴安酖毒之言猶在於耳而徒欲養亂以爲功豺狼莫厭之戒猶惕於懷而阻於爲義之不勇即具厥器用邢遷如歸桓非終弃乎邢者然城諸既遷之餘孰與拯諸未遷之始存之於

垂亡之際孰與圖之於未事之先義士以桓爲薄德良有由哉經書邢遷夷儀若曰夷儀之遷聶北之次使之也齊桓之責深矣抑嘗觀徐之取舒江黄之犄角皆協謀安攘有功於桓者然且見敗見滅而不之恤以素所戮力共事之國一旦弃之如遺也又何有於邢也彼伯者之經營直爲一己功利匪有意匡天下者也故曰仲尼之徒無道桓文之事者

晋人執季孫意如以歸（昭公十有三年）春意如至自晋（昭公十有四年）

李有實

同考試官教諭彭批（意如專魯虐鄰罪本可討諸作率略此意獨子發揮明確宜録以式）

考試官教諭郭批（格嚴詞整）

考試官教諭林批（古健）

伯國操縱由於利無以宗諸侯矣夫大國制義以爲盟主者也晋之視利爲操縱何惑乎諸侯之解體耶且晋自文襄以來主盟中夏其威焉足畏惠焉足懷者以義命故也胡至昭之世而反之是故始而耀邾南之旆則執魯意如焉夫意如内專魯國外虐鄰邦即聲厥罪而致之辟其誰曰不可乃晋之心則豈爲是哉徒謂邾莒不共魯故之以是魯之不利於我也吾治之而已矣既而因穆子之請則歸意如焉夫晋也不能救蔡爲夷執親即悔過而徼之惠夫孰曰不宜乃晋之心則豈爲是哉徒謂土地猶大所命能具是魯尚有利於我也吾綏之而已矣其怒也以利則雖震叠以示威而人心不知所懲其喜也以利則雖懷柔以示德而人心不知所勸蓋晋之加於魯者即羊舌鮒求貨之心而魯之中乎晋者亦猶司鐸射懷錦之智耳彼伯者之於義雖云假之亦奚至保利弃義如晋昭者哉此春秋所深惡也雖然晋亦何利之有夫擇利於己誰當安受其害者上下交征國鮮不危矣卒之荀寅求貨而諸侯叛於外衛貢首難而大夫叛於内晋幾無以爲國已利果安在也是故夫子罕言利所以防亂源者其慮深哉

禮記

大樂與天地同和大禮與天地同節和故百物不失節故祀天祭地明則有禮樂幽則有鬼神如此則四海之内合敬同愛矣

趙任

同考試官訓導陳批（發禮樂通於天地人心意明透可録）

考試官教諭郭批（簡净融貫題旨躍然）

考試官教諭林批（精潔）

禮樂合造化而人心不能外焉夫禮樂之用大矣成功所合即天地且不違而况於人乎嘗謂禮樂未興道涵天地禮樂既備道洽生民盍自其成功之合觀之彼玩天地之和而作者大樂也樂之大者音律不足以囿之而與天地同其和焉處天地之節而制者大禮也禮之大者經曲不足以泥之而與天地同其節焉惟同和則以和召和而覆天載地百物其咸若矣惟同節則以序召序而祀天祭地萬物其各正矣是可見禮樂天地一而已特明而聖人製作名曰禮樂即鬼神之泄其精也幽而天地功用名曰鬼神即禮樂之含其秘也禮樂之大如此而天下人心夫孰能外之吾知四海之内無非天地之民四海之民無非禮樂之用禮達而分定是故作民敬焉蓋敬非一人而實敬以天下矣敬之合者其節之同者爲之乎樂行而向方是故作民愛焉蓋愛非一人而實愛以天下矣愛之同者其和之同者爲之乎先王之道禮樂可謂盛矣猶未也天地之大也人猶有所憾率神從天居鬼從地斡玄工而濟海内禮樂司之禮樂者聖人所以參三才贊化育之道也世無禮樂天地能有全功乎是故禮樂之功于斯爲大

上必明正道以道民民道之而有功然後取其什一故上用足而下不匱也

張和中

同考試官訓導陳批（此題□□□士子類多□擾不則疏略是作獨渾融無迹而詞更精純□□之）

考試官教諭郭批（□不虐取立明盡）

考試官教諭林批（切當）

人君以道取民則上下兼利矣夫上用不能無取於下也以正道之而惟正取焉此其所以兼利歟見於燕義者若曰人知人君財用仰給於天下不知其先天下而制之者有道也曷言乎上焉者以民生不能以自遂而制之田里驅於耕焉粒食之原自我開之也以民事不可以緩圖而教之樹蓄率以勤焉小民之依自我貽之也及夫男有餘粟女有餘布民率育矣而道之者有成功然後粟米之征布縷之征十取一焉而賦之者有定制將見一常在官既足以待邦家之用而九常在民亦可以贍俯仰之資量入以爲出上無乏用矣益於上者未始損於下王人之導利上下其均被也已有財此有用國用恒足矣盈於國者□□於民什一之中制公私其各足也已要之以上臨下即取民孰敢不從乃必道之於先其勞心勸民爲何如也道民有功即多取未爲不可乃必

取之以制其約已裕民爲何如也此其所以不虛取於下乎大抵上下之際其分甚嚴所藉以通上下之情者莫如燕禮乃其道之所繇者何噫言之矣不曰賢君恭儉禮下取於民有制乎惟禮下故臣視之如腹心取民有制故民戴之如父母此下濟光明之義容保無疆之治也君天下者其尚諸

第二場

論

臣事君以忠

杜華先

同考試官訓導解批（發揮事君以忠義精深透徹而格調更翩翩西京□足□作者宜式）

考試官教諭郭批（理邃而調古）

考試官教諭林批（高古不群）

事君以自顯者人臣也臣道之難非其遇之難也又非其材之難能辦其職之難也又非其敢犯顔强諫能不懾於威之難也反之己而盡其所以事君者難也故己者人臣之所輸也不可私也己在於建功則不建其功者弗爲矣己在於立名則不立其名者弗爲矣己在於潔身則不潔其身者弗爲矣之數者於忠似也而其實非也故忠也者以盡其己也己而能盡斯謂之忠臣矣非必捐身死難顯主而揚名也於己而不盡斯謂之私臣矣非必尸位固寵植黨而行私也臣人者不可不察也且君臣之所以合者何由也義也上不能自爲而任人心分其治下不能自顯而待主以行其術其厚之爵禄而非以市之也其效之死力而非以要之也故臣之於君也猶手足之於心也心運於内而手中聽於外所欲則爲之求所患則爲之捍非有冀而徇之有較而趨之也故曰爲人臣者無以有己有所冀者有己也有所較者有己也未有己之不忘而能忠者也且夫職雖共而可循也心易勉而不可襲也經國利人非材弗能也圖事建功非智弗能也然而能行之者忠也故夫臣之爲道所就亦各有等也上之而樹鴻猷駿烈揚明主無窮之名次之而奉法循理以無忘職業外之而昌風雨衝矢石有斬將搴旗之功内之而補過拾遺著伉直之節此其建立豈闒茸者之能爲而苟合者之能辦哉然功因勢成名以時立使其行之不本於忠而徒出於遇合之心則求其名而不責其實得其一而不顧其二所謂材智者將不爲君謀而所謂功名者徒矜竹帛之光矣人主將何賴於此勛名競盛而

精白弗殫也所表樹展錯者由於自爲也嗟夫世之爲忠臣者何鮮焉較尺寸於功利之途而争錙銖於毁譽之口以得失爲低昂計利害爲進退操術者曰我能爲君經國家治官府闢地廣賦圖一切可就之功而患之後發者弗慮矣善兵者曰我能爲君禦强敵揚威萬里近静四疆之塵遠雪往年之耻而民之暴骨者弗軫矣負勇者曰我能守死亡家不顧捐生不恤婞直者曰我能直諫鈇鉞弗懼窮荒弗悔夫人君果何取其效死觸禍哉而世猶稱之曰利非彼莫興患非彼莫□義非彼莫明節非彼莫振是亦不察之過也是故急談管商之功誇詡孫吴之略高慕豫讓之風期延茅焦之譽偉節异行爛然光明而不顧上下之一體寮友之一家此人臣之利也非天下之長策也嗚呼吾嘗求古聖人之爲人臣矣舉元凱誅大族而不自以爲嫌躬胼胝平水土而不自以爲勞攻鳴條迎桐宫而不自以爲專輔台德揚休命而不自以爲諛欲止君之過則寧成桐葉之戲冀彰君之美則寧爲嘉禾之獻憚呈威之竭則寧後圍成之克避去國之名則寧受爲肉之謗其心何心也忠也利其君不計其私務其實不徇其迹也故曰勇者不必死節怯夫慕義何處不勉焉則惟以其心辨之也是以原思蔬食不厭魯人稱其介公孫弘布被粟飯而汲黯斥其詐非布衣之節易成而卿相之名難立也又非以汲黯之直苛於責當世之臣也情以自潔著則鄉人可信貧士行以釣名立則直臣不滿鉅公此忠與不忠之别也雖然臣之自靖其盡忠亦可願矣設君不信之則如之何曰是未明君臣之義也君人也厚禮以招士高爵以待賢公之庶職而望之治此豈有意於過責其臣哉信而見疑忠而被謗則以邪臣導之也人但知平公之不見孟軻而不知沮之者臧倉也知頃襄之放流屈原而不知讒之者上官大夫也知文帝之疏賈誼而不知短之者絳灌之屬也忠臣之道豈獨在子輿諸賢而不可責之嬖人之流哉傳曰一齊人傅之衆楚人咻之故一人之忠人可自勉也衆臣之忠人不可共期也噫安得舉世皆忠臣而共佐夫明君也哉

表

擬上以南郊齋宫親製大報歌示輔臣等奉詔恭和成進呈表（嘉靖十三年）

于若瀛

同考試官教諭葛批（揄揚盛美意甚悉而調更典重似宋人體録之）

考試官教諭郭批（表有典則非直以四六工者）

考試官教諭林批（莊重無一剩□）

嘉靖十三年十一月某日臣某等伏遇南郊禮成蒙皇上頒示齋宫御製

大報歌命臣等和恭撰成進呈者伏以帝德靈承禮特隆于禋祀聖心昭假歌益敕于時幾睿藻布雲漢之章臣謨資天工之代服膺交儆拜手載賡竊聞醊禱堯堂欽昊咏神人之暢齋居武牖祀天銘敬義之書后稷述功于生民成王誦德于基命嘆魯郊非禮徒祝閟宫慨秦畤不經空碑岱石白麟赤雁紛員兮漢武之歌玉露金車江瀸侈簡文之頌誣坤元之芳美實玷唐章矜冬序之晏温惟工宋制蓋縟儀乏馨香之德艷曲希箴誨之辭精意罔達于彼蒼昌言曷咨于汝弼信聖人爲能饗帝非天子則不考文兹蓋伏遇皇帝陛下乾始統天玄元配極篤昭事之敬翼翼彌小于文心重嚴禋之儀尊尊益備于周道圜丘一復方國咸寧實寵荷于蕃厘逾懋昭夫明德勒欽天之戒永祇受于露零動謁帝之思每肅將于景至兹當靈壇四啓仙蹕重臨法駕扈于甘泉鉤陳衛于太乙肆凌兢以入閶闔乃静默而居蜵蜎沕穆希夷想監觀之有赫高明亭毒睠覆幬之無私大報之德聿懷永言之歌庸作既而柴燔紫熖瓚祼黄流垓陛秩于三登笙鏞調于九奏洪歆式就介福攸歸迴日馭于天扉邁霓旌乎帝闕華夷胥慶允熙事之備成喜起交修遂宸章之敷錫萬禩而標甲午御姬曆之十三年八日以紀新冬乘乾陽之初九象隆恩洪春善則稱天菲質綿材過惟歸己欲康民以圖報稱慚無學以出治源夙夜慕周后之緝熙曰予始終惕厲朝夕望殷臣之啓沃諮爾左右弼丞期躋世道于皡雍用答皇禧之肹蠁詞不繁而旨已遠實愈大而衷益虚更廑綸綍之宣爰藉鹽梅之和周詩之丐言訪落何以加焉虞歌之元首股肱爲可繼也竊念臣等對越無秉文之德侍從非獻賦之才幸風馬光際于靈斿愧雲龍聲應于聖作黄鍾協響豈庸瓦釜之鳴蒼壁聯輝曷克瓊瑶之報忠欲傾于葵藿曲聊和夫里巴希元和聖德之詩不嫌淺薄謝宣室鬼神之對無取幽深彌性遂歌惟效卷阿之梧鳳敬天申誠庶酬小毖之桃蟲伏願宥密單心幾康永命卬盛登豆深惟肇祀之規我享牛羊祇服畏威之訓滋百神之貺以霑海宇萃萬國之歡以格穹旻靈集山川甘雨繩皇皇之祝光騰日月卿雲續旦旦之歌臣等無任瞻天仰聖激切屏營之至謹以所和詩隨表上進以聞

第三場

策

第一問

柳佐

同考試官教諭徐批（我皇上本精意以□□□典子能鋪張而揚厲之

而末段尤見忠悃宜録以爲當□獻）

考試官教諭郭批（帝王精微藴奥揚萬無遺録之）

考試官教諭林批（揄揚□□而終之以規此忠愛□己之士亟録）

帝王之纘述祖烈肇舉鴻典也直區區縟觀哉父天母地壇壝之所自來也而德馨先之矣尊祖敬宗祼獻之所從起也而精神貫之矣勸學興禮見謂揆文而所以磨世礪俗者固自有在也治兵詰戎見謂奮武而所以建威銷萌者固自有在也人主不務植仁孝之經崇文武之本而徒日取喆后之故事而試之其于治道何益夫惟明主游神粹白之次而超覽興衰之塗秉昭假之實心則何神不符何厘不迓飭精明之實政則何文不蔚何武不張不下階序不越俎豆而登于上理率是道也傳曰仁人爲能饗帝孝子爲能饗親又曰一張一弛文武之道蓋自古記之矣顧其制肇于虞夏而大備于成周其説詳于周禮而雜見于大戴禮諸書何言乎其享帝享親也圜丘祀天用圜鍾舞雲門禮蒼璧方澤祭地祇用函鍾舞咸池禮黄琮則郊祀之説也三年合群廟之主有祫五年祭始出之帝有禘則廟祀之説也微獨是异也燔瘞不异享乎禴祀蒸嘗不异名乎而聖人者非徒彌文爲也畏天之威于時保之則不祝吏而肅允文允武靡有不孝則不黍稷而馨視於無形聽於無聲則不吉蠲而信兹所以潜通冲漠而仰答靈祉也何言乎其揆文奮武也帝入東學尚親貴仁帝入西學尚賢貴德帝入南學尚齒貴信帝入比學尚貴尊爵帝入太學承師問道則視學之説也中春教振旅搜田中夏教茇舍苗田中秋教治兵獮田中冬教大閲狩田則閲武之説也微獨是异也釋奠養老習樂舞不异禮乎三年五年不异節乎而聖人者非徒壯觀爲也教之以六德六藝六行則何行不立程之以六步七步六伐七伐則何藝不成董之以五刑則何惰不激兹所以文教蔚隆而武功丕赫也漢唐而來此義漸寢間有舉者明德未馨胡資對越實意未飭奚取儀章漢文帝郊見五時立廟渭陽祠衣色尚赤則方家之稗説也漢高帝令郡國立太上皇廟終漢世因之議罷議復如築舍然則儇臣之諛旨也明帝袒割辟雝尊養更老而漢治竟以不古爲觀馬耳矣唐明皇躬擐戎服講武驪山而不能弭羯胡之禍爲耀焉耳矣豈所以步姚姒之武而方姬王之駕哉明興高皇帝稽古定制建圜丘於鍾山之陽建方丘於鍾山之陰以祀天地已而合祀建廟闕左以饗德懿熙仁四親而習師江淮釋奠太學其經始皇業芳躅可稽也文皇帝繼統合祀天地以太祖配建廟北平以饗列祖太祖而一視太學再閲京師其潤色太平彝軌可鏡也仰惟二祖所以駿奔郊廟者禋祀則星緯呈輝卿雲耀彩祫享則赤刀在序玉几如存是左右之孚而焄蒿之感也疇

非實心二祖所以經緯文武者揆文則敦叙五倫表章六籍奮武則再造區夏三犁虜庭是咏勺之化而秉鉞之威也疇非實政軼前代裕後昆大都具是矣我皇上躬上聖之資履下武之運嘗祗事郊廟矣已又謁山陵矣柴望瘞折碩彝也昭穆殷薦崇孝也嘉俞元宰繪圖成册鉅程也愉奉兩宫并上園寢隆敬也愚以爲我將之篇清廟之咏不是過也以故雲流五色占璇宇之長清瑞應三靈見金甌之如故所謂植仁孝之經者非耶四年視太學矣九年大閲京營矣皮弁釋奠曠典也韎韐視師雄略也師儒坐講橋門竦觀覃恩也魚麗鵝鸛肅遂嚴行大法也愚以爲有聲之詩車攻之雅不是過也以故丹書在朝木鐸在野而比屋習于弦歌兵休于舍將止于垣而絶徼寧于奏凱所謂崇文武之本者非耶顧執事猶謂舊典易沿精意難合而冀諸生有可裨丹扆萬一者則愚也竊鰓鰓計之矣皇上篤明察之義以事天地即配之分合勿論也齋居能龍見乎淵默能雷聲昭事上帝能翼翼乎先天天弗違後天奉天時乎有未至焉雖蒼玉在列其精誠猶與天地爲二也反本始之思以事祖禰即堂之同异勿論也睹弓履能僾然思櫛沐乎瞻堂搆能凛然懼艱難乎儀而刑之靖四方乎陟降上下能克紹乎有未至焉雖大祝陳詞其意氣猶與祖禰爲二也經久遠之圖以飭文武即制之沿革勿論也遐不作人如棫樸乎疑丞師保如周官乎式怒蛙乎拊而循之如挾纊乎有未至焉雖躬臨辟廱親履行陳其于實政蔑如也故不郊而郊食息起居皆天也所謂陟降厥士日鑒在兹者也則事天可知矣不廟而廟羹墻户牖皆祖也所謂世德作求永言配命者也則事親可知矣視學文之經也然亦有不藉膠校而化捷于桴鼓者則懿德之敷求也兹不言之教也視師武之緯也然亦有不藉韜鈐而折衝于俎豆者則王猶之允塞也兹不戰之兵也是以竊爲今上望之也矧星象示警雨暘不時畿圻之沴氣爲灾郡國之望鐲尤亟帝眖可常恃乎方隅多警玩愒成風典章忽于郅隆瑕類生于泰極祖厘可常保乎上嗜學好古虎觀諸儒目濡毫而待詔士精六書及丹青之業類續食集金門頃且以勞博冠服矣愚以爲上富于春秋宜游心大業佗以方技進者可一切報罷也遼左上首功上不靳通侯之賞予世券若曰庶幾得熊羆不二心之臣爲國家效尺寸耳少年貪半通之銅或謂乞一典屬國可生縛左賢王以歸則封狼居胥之事非渺也愚以爲上英齒第無廣侈其雄心邊可息肩也如是而天親不益闓懌文武不益懋修者愚不信也夫宣揚主徽執事事也黼藻聖質大臣者之責也愚生何與知焉

第二問

杜華先

同考試官訓導解批（辨華實以□諸儒□權度不爽足占子之所養矣

匪直博洽已也宜録）

考試官教諭郭批（藻鑒精明詞調古雅）

考試官教諭林批（有斷制有學識必以儒行自勵者）

儒之道豈易言哉而何世之言儒者小之也夫誦法先王兼總六籍此儒之華也砥礪行誼醖釀道德此儒之實也古之爲儒者華與實稱後世之爲儒者華與實離本根既撥支葉滋蕃士始騖於訓詁之學非獨爲之華藻又從而繡其鞶帨識者所深慨也乃論者不探其本而遂卑之乎言儒華實之間庸可以弗辨乎哉夫儒之名何昉乎周官太宰以九兩繫邦國之民其目曰儒以道得民而貫於九兩之中蓋道亦大矣原於真宰統於帝王堯舜文武君天下伊尹周公相天下皆儒道也至孔子以道設教斤斤洙泗之間而後世稱之曰魯國之儒一人今之服方領習矩步呻呫黌塾致身廊廟者誰非動稱孔氏以儒自標哉家語大戴禮所載儒行蓋燦然詳由今誦其書繹其義間若與儒行相乖剌者夫上不事天子下不事諸侯是狷士也爵禄想先患難相死過失可微辨而不可面數是節俠也攫鷙蟲不程其勇引重鼎不程其力是用罔也儒術既湮世常以相詬病秦坑漢罵之風已非一日所由來漸矣戰國之士欲自附於儒以飾褒榮衆遂爲之標榜如此而終之曰聞此言也不敢以儒爲戲其究竟可睹也故程氏以爲非孔子之言也安定胡氏謂游夏門人所爲其文與孫卿相類蓋孫卿之言曰有俗儒者有雅儒者有大儒者逢衣淺帶解果其冠略法先王而足亂世術所謂俗儒也□不以自誣外不以自欺法後王一制度尊賢畏法而不敢怠傲所謂雅儒也以古持今以一行萬奇變卒起舉統類而應之無所儗□張法而度之晻然若合符節所謂大儒也孫卿生當戰國管商之刑名孫吴之變詐蘇張之縱横並駕齊騖卿獨克推尊王道崇獎儒術即所言亦得其髣髴矣顧語用而遺體舉一而廢百宜其不得爲醇儒哉今合二書論之儒行非孔子之言也然言儒而先行則本實未泯也卿之言駁而未醇然言儒效而證以周公孔子則大較不爽也乃後世之言儒者則异矣班固傳西漢儒林自丁寬迄於房鳳范曄傳東漢儒林自劉昆迄於蔡玄大都皆講習遺經掇摭傳注者也漢興承秦之敝六籍殘缺孝武黜百家言延文學儒者以百數而海内靡然向風中厄於新室更始又多懷挾圖書跧伏岩藪逮於光武中興訪求遺逸士乃抱負墳策雲集京師矣當建元建武中上方嚮意儒術一時學子各以耑門授受著録動數千人其専相傳祖輒以號於衆曰吾襲某氏業也而諸儒亦以此耀之至石渠講論虎觀咨詢一言當於主聽又輒曰此非臣之能也臣師某也世主遂溯厥源流移之禄爵舉世翕然趋之以爲儒道在是矣

試取其行考之則申公見幾弗哲自甘胥靡王式周旋昏主伔罹禍誅非儒者之難進易退也孟喜謬稱師説陰植巧慧楊政剛果任氣操刃俟門非儒者之言必忠信行必中正也京房屢陳灾异未信而諫薛漢校定圖讖阿意取容非儒者之上答不疑不答不諂也戴憑自矜辯難獨立争坐何休著論古今貽書互詆非儒者之大讓若慢弼粥若無能也甚至傳尚書者以贓罪坐繫作易説者以風角著抄距孫卿所謂雅儒奚啻千里尚得冒其名於天下後世哉宋史著儒林傳自聶崇義而下無慮數十人而濂洛關閩諸賢則别爲道學傳以表之夫儒者之於道也猶農工之各持其業有司之各效其職也不持其業而可以爲農工乎不效其職而可以爲有司乎不學於道而可以爲儒乎顧道學儒林判而爲兩良由儒不明世類以訓詁爲儒業而高視道德非第宋人然也即如西漢之世不有董仲舒乎陳三策而正言無諱相驕藩而汰心頓戢正誼明道之語確乎聖門論義之言也東漢之世不有鄭玄乎力辭權貴之辟終老通德之門而括囊大典網羅衆家范武子謂仲尼之徒不能過也之二君子者即以列諸儒林詎不卓焉增重而乃别爲之傳謂其峻立獨騁非丁寬劉昆輩所得均茵馮也豈知周孔一儒耳而况於二氏也執兹而論是冀北之駿不以馬名昆岡之珍不以王名也豈理也哉蓋嘗總漢宋諸儒較之漢儒之爲學也博宋儒之爲學也精惟其學之博故自墳典丘索逮於訓詁名物靡不旁搜冥探而六籍亦因僅存惟其學之精故太極西銘皇極經世諸書發前人所未發至於朱氏乃集大成而折衷之矣然當聖學既湮之後掇殘編於煨燼探奥義於玄渺則漢之爲儒也難當斯道大明之目訓故已備而可考軌轍具在而可循則宋之爲儒也易乃論其惇修踐履不詭於正則宋儒爲優焉豈惟濂洛關閩粹然稱最即石介孫復諸子以砥行自植者亦未可一二數也復謝叠山氏乃謂漢士質宋士浮而有所軒輊於其間毋亦貴耳賤自之論哉今天下儒術大明矣經籍傳諸著在功令學者尺寸而守之信若著龜雖陳元范升無所搆其辨矣士挾策嚮用期於不諄所聞上之人持衡度而較之密若累黍雖張賓陳俠無所售其僞矣第令好修崇實動中準繩效職當官矜惜名節寧爲宴蹇一官之董相不爲曲學阿世之公孫弘寧爲終老蓬蓽之鄭玄不爲附會徼榮之賈景伯寧使正心誠意之説爲上所厭聞不欲使説經鏗鏘之名爲世所浮慕庶幾哉無忝於儒行即孫卿所謂雅儒何以加焉顧叔季既趋而士風淪靡乃有高自稱許競立門墻竊聖賢之緒餘爲一時之譚柄掫徒成黨若建鼓而招於市焉一言偶合即以爲會之唯閉睫高坐即以爲顔之愚乃稽其行誼課其

職業則茫乎未有以稱夫若是而名曰儒是儒之名可以比周爭可以夸誕有哉矧又有下於此者非愚生所敢悉言亦無庸以口舌攻也執事以尚志試諸生故輒縱言之如此惟執事進而教之

第三問

于若瀛

同考試官訓導王批（士子譚時務大都勦語此作津津悉中窾會有用之才也）

考試官教諭郭批（弭盜議具見石畫書至推本德意是尤識其大者録之）

考試官教諭林批（籌畫盜情具中機宜非可以書生目之者）

國家之視百姓譬之身然德意者榮衛也辭暢之以大吏滲調之以百執事所以使之充盎一身而無壅閼也而民起而爲盜則手足跖盭而不舉也設方略飭戎防剷落其角距而披其黨醫師之按經而投劑也盜未起也而吾有以消之則榮衛流而病不作盜既起也而吾有以遏之則砭石中而病不深不然未事而誨盜既事而又無以弭盜病所爲由肢體而入于腠理腸胃心鬲之間即俞扁不顧矣今天下揖志搏心以奉天子曩所憂桴鳴而虞燧舉者第一象胥道之一田部吏勞之非有南北羽書之警生奸雄心也而山東齊民嫺於先民之矩其俗習弦歌非若滇粵西南萬里而編户獷野好亂也饑民歲貸縣官穀歲負歲寬之有司稍稍奉行詔書不謹論如法又非有大墨吏魚肉之也然而崔苻之盜往往而是隨捕隨發竟不衰止者則太史公所謂多劫人者大國之風也是故怵迫於糊口之策則亡命作奸批捩于督租之胥則瞋目語難鼓煽于椎埋之輩則引繩批根叫嚣于斥莽之陬則揭竿鳴鏑出没于燕趙宋衛之境則疆吏不及格而偵卒不及詗蓋齊地多盜則自古記之矣雖然明天子在上鞭策四夷而獨令幺麼小竊爲山東害不便語曰爲虺弗摧爲蛇若何今盜幸不至如漢殺長吏掠城邑則勢易散也胡不舉漢事觀之也盜起膠東而購賞捕斬者非張敞耶多爲之間以離其黨法也盜起平原而部衆掩擊者非趙熹邪出其不意批亢持虚亦法也龔遂馴渤海賣刀買牛盜輒解散彼所謂治亂民猶治亂繩籌之熟也李固治泰山罷兵歸農盜賊亦輒解散夫非以不治治之者邪是亦一畫也主勦者渤海泰山疑之乎縱寇而不知施屠伯之威於潢池之赤子則慘矣主撫者膠東平原疑之乎嗜殺而不知嘘慈母之愛子之亂民則悖矣先王懼民之有邪心而盜之不可長也于是□之以十一而民不困于是訓之以三物而民不怠于是教之以農者耕蠶者織而民不窳于是禁之以司寤氏野廬氏脩閭氏而民不敢自骫于法夫如是故精神流通協

氣和暢而其或有不軌之民弃其間可撫也亦可勦也所謂殲厥渠魁脅從罔治者也曷嘗屑屑焉主拘之攣見哉朝廷威德過漢山東群盗不加于漢文武吏自睎可啻敞熹遂與哉顧撫與固勦兩無筴也則愚所謂惑也説者曰欲弭盗必也嚴保甲乎然保甲可行于都邑不可行于鄉鄙蓋嚴木深盗之捕匿甚易而蘆烟星落我之守望甚難黠盗間有以先聲喝之者懼其螫之移于我也敢首抗乎既攫主人之金而去甚至殺人幸主人不言又幸吏寢不問則輒相沉匿避罰敢上變乎又其豪即保甲也敢誰何乎故曰保甲不足恃也孔子論太叔治盗曰寬則民慢慢則糾以猛言所以遏盗者嚴也教康子患盗曰苟子之不欲雖賞之不竊言所以消盗者豫也既不能消又不能遏而區區恃保甲未也愚嘗籌之而得其説凡六而所以消盗者豫也既不能消又不能遏而區區恃保甲末也愚嘗籌之而得其説凡六而所以消盗之源有三一曰緩催科愚聞馬窮則軼民窮則盗東兖濱河登萊濵海甘地斥鹵半之民苦徭役不有望光于覆□之照而銜恨于向隅之悲者乎誠撫□毋問宿負懇蕪毋急催租者疾則復之瘠僥則鷁之而後肺石之臆申蔀屋之泣釋也□曰崇教化夫一夫善射千夫决拾故吏有閉閤之傷則民有肉袒之悔齊□即負氣夫非人情耶誠躬表率謹鄉約嚚□有禁馳騁有禁背公死黨感分遺身有禁而後獷悍習革蜂蟻無□也三曰收俠徒夫英布鄱湖盗也劇孟俠也黄巢鹽徒也錯足爲天下輕重而今之稿皵蓬蓽其誰甘之故遺弃之則爲逋逃之藪而善撫之則爲保障之雄者必若而人也誠藉而籠之縣官付以捕責或擢録不次而後鷹距無虞颸狙詐可作使也所以遏盗之流亦有三一曰增民兵夫胠篋探囊一夫之力耳至于螘結不勝其磨牙揺毒矣□轅門建牙健步幾何郡邑城守驍騎幾何枹鼓一鳴懼罔吏之未能戒也即戍卒不可擊里額不可增而歲解薊鎮之民兵不可減乎請分其半鏌邪二萬太原千匹無難辦也二曰嚴賞罰今甲盗警三日不以報大吏即百石之吏捽胡而係紲之二千石以下坐不職論至嚴也顧文網彌苛而蔽匿彌甚劫盗决眥露□殺越人于貨而報第曰竊竊而已尉□懼罪求蒙而闒茸長吏又從而文之此沈命所以蠹漢而謌者所以諛秦也誠嚴爲之核獲則旌之全獲則剡之不獲則創之匿則糾之并其追胥而處分之則激礪之術也三曰許自首民之爲盗率詿誤也人知必死而不赦是堅其合也覽之則其黨疑是假手也制侵損于人者不准首愚以爲殺人大劫儻自首亦宜貰其死或量以自首不盡不實之法處之盗喜于脱死而互相訐告則主名可得也之六者皆盗之所以破也而非其本也丘文莊曰得一良今如得勝兵三千人得一良守如得勝兵三萬人何謂良吏黜鲇箭之智抑

投巫之奇不以□絲先保障不以鷹鸇先鸞鳳不爲凝脂不爲椎髓如此則上下相信何法不立何恩不浹幸而無盜策之上也不幸而有盜吾諭之如渤海泰山可也又不幸而諭之不止吾勝之如膠東平原亦可也明興山以東號良吏如許逵尹樂陵而寇不爲害張慶知章丘而道不拾遺繇是道也之所謂善弭盜者也雖然吏者奉德意而致之民者也其機則在上而不在下朝廷屢下明旨切責郡邑吏吏廩廩救過不暇此乃手持足行而非精神榮衛所流貫也以故治愈鍥急而效愈虛而輦轂之下且有閼遏而不流者秦浙名藩惡少得以侮大吏江淮内地緇徒得以煽人心而何獨一山東多盜哉主上觀化理之原廣諮諏之路資啓沃則延公卿而坐籌陳便宜則引郡縣而陛見不下衿帶而明燭窮簷不越俎豆而慮周絶徼務使天下之勢如身使臂如臂使指睟然而溢盎然而通四體百骸不言而喻而無復有疥癬之疾痿痹之患此則所謂通天下爲一身而在乎君心加之意者敢以爲芹曝獻

第四問

張四聰

同考試官教諭彭批（譚道術時政不作蔓語而議論正大不可辨析足稱佳矣）

考試官教諭郭批（援古證今卓有定見亟録）

考試官教諭林批（其文粹雅其論正大是通方之士也）

國家之取士明其道以標率之闢其途以招徠之而已矣經術神化之奥區其道不可易也科目登顓之矩矱其途不可廢也繇是道以折衷乎六藝則杜多岐之惑而搏心揖志粹然同軌于下廣是徒以搜羅乎群材則破拘攣之法而旁搜遠取翕然輻輳于上古聖王所以朝多蒸髦而野無遺賢者不可坐而致之哉今天下亦極治道化翔洽弦誦萬里士通一藝輒續食上公車稱主上任使故天下非乏才也而執事猶咨咨焉過計也無亦以按圖而求或遺驪黄之外而緩急推擇致廑拊髀之思邪則上世之理可鏡也疇咨訪岳虞治以光顓俊敷求商道用茂逮乎成周而取士之制益備矣是故閭胥書敬敏任恤者于族族師書孝弟睦婣者於黨黨正州長書德行道藝者於鄉然猶未登之朝也然鄉老帥衆寡而以禮禮賓之獻賢能之書而王拜受之其慎重有如此者鄉論秀士升之司徒司徒論選士升之學大樂正論造士之秀升之司馬然猶未命之官也而司馬辨其材而論賢以進之告于王而論定以官之其詳審有如此者兹所以廣薪槱之道闢網羅之途棫樸歌興而菁義化洽也裔是而降科目繁興漢列而爲四茂才明經孝廉賢良也茂才復疏而爲三明經明律

治劇也明經復疏而爲三甲乙丙也辟召復疏而爲四德行經術法律才藝也唐析而爲六秀才明經進士明法明字明筭也宋約而爲三賢良方正直言極諫經義優深可爲師法詳閑政理達于教化也世有升降制由益損故宋不沿唐唐不沿漢漢不沿周勢也要之乎捜羅才俊弘熙帝載爾誠得真才而用之即制與周异奚論哉惟夫孝廉有昌年之譏明經有曲學之誚劉蕡以切直見弃祖洽以阿諛見收而漢唐宋之選舉視成周賓興之義始邈矣熙朝以經術取士辨黑白而定一諸不在六籍語孟之科不列學官士不操本業罷不用脱有姬孔詎越是起家哉而二百年來鴻士碩卿比肩接轂吾試舉往牒譚之也論思密勿則有若楊文定商文毅即夔龍不過也樹績安攘則有若于肅愍馬端肅即方召不過也捐軀赴難則孫忠烈許忠節之正氣非所謂耀日星者與批鱗敢諫則李文襄黄少卿之抗疏非所謂泣鬼神者與栖意道德之囿則薛文清王新建爲之冠游心著作之林則丘文莊鄭端簡爲之伯之數君子者語德行則窺先民之堂語文章則漱群言之潤語事功則鴻名勒於旂常而駿烈標於青汗蓋下陋漢唐而上媲周代矣説者顧謂科目不足以得真才而必欲舉成周舉選之制而復之愚以爲説者過也天下之日趋于僞也譬則江河之流而不返也虞夏而上天下噩噩故疇咨可行也至周而文明開矣然而淳龐之氣未漓也故書升可行也至漢而唐而宋而今日而人之智慧已極糊名易書猶宄弊也若之何其以書升滋弊端也謂書升可以羅真才乎則四岳舉鯀何以以圮族誅華士少正卯世稱聞人而聖人何以爲戮謂科目果不足以羅真才乎曩之翊贊休明而烏奕彝鼎者非异人率是選也故碔砆似玉文鷄似鷟上以孝求則廬墓者售矣上以獨行求則割股者售矣上以廉求則敝衣羸馬者售矣夫制科試士固聖經也士所習者聖人之學也誠由聖人之經學聖人之學行聖人之行則不必書升而所謂德行道藝者自在然則鄉舉里選不必善科目不必不善古今人不相及而可拘拘同哉顧科目之法行之既久而士習漸窳道術日裂往往致嘆于才難則又何以故也愚以爲學術貴端也墨子見素絲而泣曰入乎黄而黄也入乎蒼而蒼也故物繇染士繇習今士節銀黄工鞶帨剽二氏而托之乎名高甚至稱引魑魍不經之説朝廷三令五申習竟不止孟軻氏謂君子反經而已矣其要在尊經而復古而使周公孔子之道如揭日月而行天故竽吹則聲和鵠立則射趋而後道德一風俗同也愚又以爲廉耻貴厲也齊人伐魯取僾鼎魯以贋應之齊人曰必柳下惠之言爲信魯人語柳下惠柳下惠曰奚不以真者與之魯人曰愛吾鼎柳下惠辭曰吾亦愛吾鼎故士各有鼎也今士貴進取而賤廉潔重儇通而輕椎魯尚澳涊而鄙孤

高上以是求下以是應是使士喪鼎也上誠毋令士喪鼎士亦自愛其鼎則才别才别則厝注别所裨于國家非淺鮮也愚乂以爲師儒之選貴擇也雲門咸池非伶倫不調純鉤湛盧非歐冶不鑄黌校固士之工與冶也而令遲暮蒙闒者充之士曷型焉誠得人如胡瑗端模範肅條程甄陶其德性而銷镕其私而後恂飭之士可得也愚又以爲貢舉之途貴慎也冀北之群非伯樂不識鄧林之材非班倕不采今貢舉固士之冀北鄧林也雅不録浮不黜士何觀焉誠得人如歐陽脩抑奇衺黜踳駁以通經學古爲高以績章繪句爲戒而後大雅之風可挽也之四者皆所以維科目之弊也而猶未也愚尤竊有説焉科目不可廢矣書升不可復矣然祖宗朝不有孝弟力田賢良方正令有司各舉所知者乎又不有大臣薦舉遣行人聘召者乎鼓之皮丹砂之屑良醫不弃今制三途止矣貢于膠庠者以日暮擲起于任子者以膏粱沮入粟賜爵者以商賈弃法律起家者以刀筆摧而世所與羅豪杰者一制科耳提衡量而程概之累黍儀毫十不得一是以跅跎俶儻之夫或齟齬于尺幅丘巖高蹈之士多跼伏于蓬蒿而國家何從而得其一臂力也兹欲廣羅人才莫若考令甲仿故事以科目爲主而其他間一行之如是而野有白駒之嘆朝無宅俊之臣者愚不信也雖然有取士者有所以取士者語曰上之化下如均埏埴譬之盂圜則水圜□方則水方轉移化導之機惟在人主加之意而已漢高大度故其時多瑰杰不羈之才漢武喜功名故其時多瓌詭立名之士漢宣精吏治故其時多循良綜核之吏是以聖王運穆清之上握甄陶之紀中心無爲以守至正已雕已琢復反其樸如此則八埏之外夫孰不祓濯其心志而宅於醇賢哲景從庶明勵翼即軼成周而駕唐虞可也奚科目之足云

第五問

趙任

同考試官訓導陳批（條陳墾荒利害明如觀火而末復規之以實心實政讀之灑然）

考試官教諭郭批（墾荒議甚核而盡善後事理尤見肯綮儻所謂經國士□□）

考試官教諭林批（墾荒乃東省最務子能籌畫無遺足）

夫民之待利于上不甚亟哉利一而害倍民必齟齬而不從利一害一而從之者半矣害一而利倍而從之者十之九矣利而亡害而民不從十無一矣善爲政者知民避害而趨利故予之以利而去其害予之以利則爲之治其常生之業而勿使有流離之憂去其害則爲之晝其經久之圖而勿使有侵剥之

患挈是而譚而山東墾荒之議無難筴也且夫先王所以足國賦而阜民生者孰有急於土田哉粤稽井田之制肇于軒轅則壤之賦陳于禹貢而所從來遠矣周禮遂師逐大夫掌教民稼穡之務而先王巡狩視田之闢蕪爲慶讓焉誠重之也吾試舉山東譚之也夫土黑墳田中下賦貞作十有三載乃同者非兖州邪土白墳海濱廣斥田上下賦中上者非□州邪周公封魯大公封齊大都用助貢法田固未嘗不墾也齊世中衰管仲相桓公創霸仲之書曰積於不涸之倉藏於不竭之府府與倉即五穀桑麻六畜田亦未嘗不墾也逮夫近世而地有遺利民窳不耕者何也説者曰東兖瀕河沮洳鹻薄之患往往而是而青萊三郡濱犬海潟鹵借之田卒污萊天之荒也非人之咎也雖然人力之至山可塹谷可塞龍門可鑿造化可奪而矧墾荒乎蓋嘗考鏡前代而得石畫之吏也鎮襄陽而墾田八百餘頃則有若羊祜祜始至軍無百日之儲迨其季年食可支十歲竟以平吴皆祜力也修召信臣故迹而公私利之則有若杜預預乘羊祜後激用滍淯諸水以漫原田萬餘頃分疆刻石使有定分厥績懋焉爲營田使而起代北墾田三百頃非韓重華乎給耒耜耕牛假種已而開營田三千八百餘里歲收粟二十萬石省度支錢二千萬緡則重華之□筴周也充河北判官而興堰六百里非黄懋乎置斗門引水灌溉已而莞蒲唇蛤之饒民賴其利則懋之爲計得也之四子者夫非善墾荒者邪懷無疆之圖而建必然之畫一舉而民生國計胥裨焉則安可謂人力不足恃而荒終不可墾也國朝令甲凡山東空閑地聽民開種永不起科其便民計至熟也嘉靖間當事之臣嘗一議墾矣世廟俞允特令使者行部核其事歲報若干殿最諸長吏其立法至嚴也民投墾者官給牛種復二年越三年始税其拊循意至厚也然而二十餘年污萊如故歲終核報竟屬虚文者則有故焉夫沃田必不荒而荒者必瘠也沃則事半而功倍瘠則事倍而功半以事之倍企功之半費甚巨也即寛其二年之賦寧足償乎勞費未償徵斂隨至里胥索逋而富室責券譁無已時矣語曰天下攘攘皆爲利往天下熙熙皆爲利來今未睹墾荒之利而輒罹其害民甘之乎匪兕匪虎寧率彼曠野耳有司避譴輒僞增以報而使者亦日夜跂徙而釋負去也田不加尺寸之籍租不加升合之入而呶呶然號于人曰墾荒刻脂鏤冰徒有其文塵飯塗羹可爲戲耳或者謂荒之不墾則地額未清所致挽荒爲沃隱沃爲荒民之所以告病也是一説也邇者皇上軫念民巖特令丈地乃魚鱗踏丈首以清額報者非東省邪乘丈地之後而行墾荒之政其勢甚易顧百姓懼於輪租如嘉靖故事則雖募流移占種鮮有應者近當事諳得其故又即一二已試之效而建爲之議凡額外荒地聽民開墾每畝歲輸穀三升

永不科賦疏入得俞旨上若曰誠令無流亡吾何愛錙銖入不以便百姓哉揭榜刻石檄郡邑長吏總其事丞倅分領之歲計幾何上之計部核成也給執照示信也定岔□之式填地形之圖令畫一也一時人心景從響應不數月□而土著流寓之衆咸詣有司投牒受田肩摩而衽接矣夫嘉靖間寬賦于二年之後而地荒如故今顧輸穀于初墾之年而民樂從則民情可想也復民二年三年則税之是紓死于昏而遅之旦也所謂利一害倍而民齟齬而不從也輸穀三升賦永蠲矣挈千金與人而不責其直民不歡乎所謂利而亡害而不從者十無一也率是著爲令愚竊以爲計之便雖然墾荒之議有三而其害有二藉令厝注一不當則不有廢格明旨而壅閼澨澤者乎夫十室之邑人人提耳猶懼弗逮今令長吏巡行阡陌顧萑葦蕭艾窮鄉僻陬足迹莫遍也莫若擇其名豪無論胄監胥史之屬令宣朝廷德意以一教十家喻户曉耳漸目濡而有司者又時時勞來之故鴻雁有中澤之咏而碩鼠無樂土之謡也所當議者一也頃有司議支帑金給牛種愚以爲投籍之衆泉湧雲集取之帑非晝也宜核曩時官牛影占者亟行追奪以予貧民而官庾有新穀可爲種者輒借給之民有小負量輸牸一穀若干貫不治奇赢之家轉貸佐縣官緩急官爲復其身以酬勞焉可也所當議者二也于茅索綯乘屋播穀詩人咏焉百姓篳絡藍縷以處草莽而棲無廬是鳥去林魚去壑也閔閔焉病矣宜令郡邑各創官莊數十所募民僦居之寬其直越三年而後償焉什伍繹絡而田可卒治也所當議者三也三者皆便民大計而其或有沮格而不行則愚以爲侵占貴懲也夫豪右非所謂素封者耶俯有拾仰有取陂池畝鍾之入不啻足也而又强據漭瀁之區爲牧生牸所即有司清核而有力人輒脱籍是遵何德哉夫民富千則役萬則僕固不足怪然不可令弱之肉强之食也誠嚴爲之核一切影射論如法大蠹其有弭乎愚又以爲追呼貴杜也頃令郡縣民投墾者宿逋置不問而各社巨猾巧嚇百出或唆業主之告訐或索逃户之糧傜朝夕叫嚣而民愀然歌黄鳥矣誠檄示□長吏遍諭吏民一切不得爲怨府而流徙可帖枕也三議定二害除毅然必行而不沮于盈廷築舍之説故斥鹵變菑畬磽□易爲沃野人物歸之繈至而輻輳則國計可充也遷民如歸失業忘亡則民生可阜也驅呰窳偷生之民而歸之農勞其筋骨於鋤犂畚鍤之間而馴習其氣則悍俗可革也耕作力食毋爲椎剽則萑苻可□也抑余尤有説焉魯君以東野畢之善御問顔回回對曰善則善矣而馬將佚也君問何以知之顔回曰臣聞造父不窮馬力是以無佚馬東野畢之御馬力盡矣而求馬不已臣以是知之嗟乎今天下之民之力猶馬也皇上屢下德音有司視爲文具利未及興害愈甚惠未及溥擾

愈甚有子曰百姓足君孰與不足是以聖王苟可以便民山林川澤與民共之而後世王者往往與民争利至於與民争利而民力窮矣誠推廣德意而行之以實心實政天下無難理也

山東鄉試録後序

萬曆壬午東省大比士於鄉廷翰叨校文之役從使者諸大夫士吏日夜毖敕以克有成事既載賢書當屬一言其後（廷翰）聞徵物於府徵士於儔物聚則良士博則俊其數使之然也自孔子以文行立教孟軻氏遵而修之由是齊魯之間於文學若出天性而史稱諸儒質行謂其治官民皆有廉節稱其好學豈非先賢聖之遺迹而人士之儔與國家以明經修行網羅天下才哲聲教翔洽湛浸八區僻陬裔土稱説孔孟之指六藝之科晻然若合符節矧齊魯經術所由興於古昔豈异焉嚮者觀子多士所論著咸各綜述訓典原本性命類道德之統而晢王伯之塗于文則斌斌矣質行何如哉夫市函於燕非不精也而弗服不知其堅市鎛於粤非不瑩也而弗御不知其利齊魯信士之燕粤然售而弗試亦安敢知其良楛顧士有豫辨者耳蓋孔子論學先志而别白君子小人之分决諸義利孟軻氏干説世主首以仁義與利洮汰其惑而論士亦曰尚志子多士所熟数也今主上儲精太平右文嗜士有司群吏執鉤繩而求之如恐不及得則籍之賢書函采聲詩推轂勸駕榮耀道路雪煜閈閎此先賢聖所不逢於世也士即塵芥聲榮亦安有不灑然自適者哉顧此其時意念何居耳於乎此志隆污所由辨矣曰士之所不朽者名居則好修强學蚤夜不解幸而遭際明盛載質服官效尺寸之功於世聲流鍾鼎而烈著乎春秋以是爲愉快固亦有之其伏在蓬藋居約處阨一日倏然名列天府即且緤組影纓都華獵寵顯施先世慶流支屬爲之滿志固亦有之嗟夫此所謂義與利之間也而效可前睹矣蓋使志規於義則其出也進不敢比周以事主退不敢營私以自殖奉官守法不飾短長圖事揆策不慮夷險耻實不懋不耻不工耻職不修不耻不捷若此者即未必盡非凡絶世之材然專志一節修實而效之上猶將有得之士之益焉何也則其所志者義也假令希世階寵追趣逐嗜曲學□偶時飾褒以熒衆巧文以規便漂説以養交撟性以博名鑿空以合變睆然在纆繳之中波流茅靡而不知所止若此者即雖有環奇可喜之迹而積習所生使天下陰受其敝元氣損而不知何也則志規於利而純白渝也然則路岐於咫尺而迹懸於秦楚故志不可蚤辨矣主上念士習日靡傷平中之化詔有司校

文計吏胥用淳和爲質返之素樸乃士所由趣舍起於一念藉使義利之辨不審即隨時雅化猶之逃雨無之而不濡故在辨其志而已語有之素之質白染之以涅則黑縑之質黄染之以丹則赤性非好漸也其所豫者鮮也乃若玉生而堅蘭生而芳素有其質久而愈彰物惡能渝之故志誠蚤辨即日溷於聲利而無所紛華涉世之忞忞而不没溺此孔孟之要眇而上所欲與士更始也聞之一夫挽强百夫决拾一人持罟千人臨淵貴其倡也爲天下倡宜莫如東人士其相與蚤辨之俾聲實相中而言行毋相逾使人謂齊魯經儒信能有其文質修先賢聖之業不改于以風厲四方則天下之函皆燕而鏄皆粤也尚安所試而知士勉之矣

浙江杭州府昌化縣儒學教諭郭廷翰謹序

天順六年山西鄉試録

山西鄉試録序

國家公天下爲心誕敷文教建學育才每三歲一大比以賓興其賢能無非欲網羅海内之士以代天工以乂天民以篤棐億萬年太平之盛乃天順壬午秋復當論秀之期先是山西藩臬重臣走幣聘儒碩司文衡届期合郡邑士子川會而雲集者設棘而三試之于時綱維其事則巡撫右僉都御史韓雍防範於外則監察御史茂彪叶恭贊襄則左布政使張茂按察使王允左參政魏琳右參政劉福祝顥副使張瑄滕佐左參議楊學右參議徐行孫昱僉事强宏朱瑄吕正錢俊鄭貞内而監臨則巡按監察御史韓祺提調則右布政使謝佑監試則僉事倪通咸秉至公圖惟得人撤棘取其文之中程度者六十五人且次第其名氏與其文之純者鋟梓以爲小録僉謂冕濫竽校文之末宜序首簡以紀榮遇之盛竊惟設科之制而取士以文非遺德行也良以文章天下公器而其言之所在德行攸寓仁義道德之懿禮樂名物之盛古今事變之迹皆於此焉考見閲其文則兼德行而有之矣故考校之際主司難其人焉苟匪其人則文之純駁士之去取不直不明且不公必無以收人望而得才實副設科取士之盛意也矧山西古冀州域士生其間服仁義而佩詩書者自昔爲盛兹又遭逢盛世樂育庠序使通經學古皆得以預賓興之會宜其掉鞅文場褎然舉首以爲當時所用而事竣得士止若干人遵定制也然則登名是録者其亦榮幸矣哉行將角藝春闈對揚大廷駸駸乎顯融之地尚當以所述之文闡猷凝績光輔太平之治俾天下後世指而羡曰國家以公天下爲心而科目得人之盛飛英聲騰茂實度越前古比迹唐虞三代如此亦職有利哉若夫弄筆墨以徼利禄是濟己私而負設科取士之盛典矣惡逃天下後世之公論哉庸書此以爲諸士子勸云

浙江衢州府常山縣儒學教諭唐冕序

天順六年山西鄉試

監臨官

巡按山西監察御史韓祺（汝徵浙江蕭山縣人　丁丑進士）

提調官

山西等處承宣布政使司右布政使謝佑（廷佐直隸桐城縣人　丙辰進士）

監試官

山西等處提刑按察司僉事倪通（彦達直隸□城縣人　辛酉貢士）

考試官

浙江衢州府常山縣儒學教諭唐冕（尚周直隸常熟縣人　癸酉貢士）

直隸河間府景州東光縣儒學教諭戴魯（民望直隸當塗縣人　庚午貢士）

同考試官

山東萊州府平度州儒學學正應辟（潤夫浙江臨海縣人　丁卯貢士）

直隸真定府藁城縣儒學教諭蔣輔（廷佐福建龍巖縣人　己酉貢士）

直隸順德府平鄉縣儒學教諭羅綱（憲維河南羅山縣人　庚午貢士）

陝西文縣守禦軍民千户所儒學訓導王紀（伯理直隸嘉定縣人　戊午貢士）

江西廣信府儒學訓導鄒正（朝中浙江瑞安縣人　丙子貢士）

印卷官

山西布政司經歷司經歷朱輝（德明四川南充縣人　監生）

收掌試卷官

大同府渾源州知州陳綱（立之浙江錢塘縣人　丁丑進士）

受卷官

太原府保德州知州陸鏞（時鳴直隸崑山縣人　丁丑進士）

平陽府蒲州滎河縣知縣李逢春（時泰陝西隴西縣人　庚午貢士）

彌封官

汾州平遥縣知縣韓偉（文俊順天府漷縣人　監生）

太原府清源縣知縣張玘（廷器順天府霸州人　監生）

謄録官

澤州陵川縣知縣任通（文泰直隸易州人　甲子貢士）

平陽府解州安邑縣知縣楊磬（宗器陜西靈臺縣人　丁卯貢士）

對讀官

汾州介休縣知縣王澤（濟民山東霑化縣人　監生）

潞州壺関縣知縣楊動（孟春陜西三原縣人　丁卯貢士）

供給官

太原府同知張翼（時舉順天府霸州人　監生）

太原府照磨所檢校常珎（仲玉河南蘭陽縣人）

太原府陽曲縣縣丞劉憲（恩□山東單縣人　丁卯貢士）

巡綽搜檢官

懷遠將軍太原前衛指揮同知頓琮（直隸永年縣人）

明威將軍太原前衛指揮僉事王佐（仲輔直隸丹徒縣人）

武德將軍太原前衛正千户張福（延齡直隸定遠縣人）

武德將軍太原左衛正千户黄儁（廷傑直隸合肥縣人）

武略將軍太原前衛副千户郭琳（文玉直隸儀真縣人）

武略將軍太原前衛副千户鄒亨（時泰直隸懷遠縣人）

掌行科舉文字

山西布政司通吏李恪山西按察司典吏甄理

謄録并對讀

太原府太原等縣增廣生員一百名閆綱等

第一場

四書

禮云禮云玉帛云乎哉樂云樂云鍾鼓云乎哉　誠者自成也而道自道也誠者物之終始不誠無物是故君子誠之爲貴誠者非自成己而已也所以成物也成己仁也成物知也性之德也合内外之道也故時措之宜也　今曰性善然則彼皆非與孟子曰乃若其情則可以爲善矣乃所謂善也

易

九二大車以載有攸往无咎　利見大人往有功也　繼之者善也成之者性也仁者見之謂之仁知者見之謂之知　變而通之以盡利鼓之舞之以盡神

書

臯陶曰俞師汝昌言禹曰都帝慎乃在位終始慎厥與惟明明后先王惟時懋敬厥德克配上帝今王嗣有令緒尚監兹哉　汝丕遠惟聞商耇成人宅心知訓　爾惟弘周公丕訓無依勢作威無倚法以削寬而有制從容以和殷民在辟予曰辟爾惟勿辟予曰宥爾惟勿宥惟厥中

詩

南有樛木葛藟纍之樂只君子福履綏之南有樛木葛藟荒之樂只君子福履將之南有樛木葛藟縈之樂只君子福履成之　汎汎楊舟載沉載浮既見君子我心則休王命申伯式是南邦因是謝人以作爾庸以似以續續古之人

春秋

會齊侯宋公陳侯衛侯鄭伯許男滑伯滕子同盟于幽（莊十六年）公及齊侯宋公陳侯衛侯鄭伯許男曹伯會王世子于首止諸侯盟于首止（僖五年）公會宰周公齊侯宋子衛侯鄭伯許男曹伯于葵丘（僖九年）　齊侯來獻戎捷（莊三十一年）楚人使宜申來獻捷（僖二十一年）公會晋侯齊侯宋公蔡侯鄭伯衛子莒子盟于踐土（僖二十八年）仲孫蔑會晋欒黶宋華元衛寗殖曹人莒人邾人滕人薛人圍宋彭城（襄元年）戍鄭虎牢（襄十年）

禮記

公侯伯子男凡五等諸侯之上大夫卿下大夫上士中士下士凡五等
朝事以樂醴酒之用玄酒之尚割刀之用鸞刀之貴莞簟之安而稾鞂之設
樂也者聖人之所樂而可以善民心其感人深其移風易俗故先王著其教焉
君子明於禮樂舉而錯之而已

第二場

論

天地以生物爲心

詔誥表（内科一道）

擬漢武帝遣使迎魯申公詔（建元元年）　擬唐太宗以王珪爲侍中誥（貞觀二年）　擬賀大有年表

判語（五條）

增減官文書　市司評物價　詐冒給路引　拆毁申明亭　造作不如法

第三場

策

問　聖人之心見於書猶化工之妙著於物仰惟太祖高皇帝御制大誥三編太宗文皇帝御制爲善陰騭孝順事實二書宣宗章皇帝御制五倫書其垂世立教之心與六經四書心學相爲表裏者也然大誥三書亦自相爲表裏歟孝順事實所載有達孝巨孝孝忠忠孝與夫感鬼神格鳥獸孚草木之孝爲善陰騭所載有仁恕仁惠仁恤仁直與夫施財仁民愛物之仁其名義事實可悉數而詳言之歟抑亦與大誥五倫書六經四書所載相通否歟諸士子佩綸音而誦望訓有年于兹矣請著於篇

問　六經皆孔子删修贊定者也然其間猶不能盡信焉易有連山歸藏今止存周易實更伏羲文王周公孔子四聖而成説者謂人更三聖何歟書之堯典紀唐堯之事何以謂虞書禹貢紀於唐虞之際何以謂夏書詩之王風宜爲雅而爲風魯頌宜爲風而爲頌春秋以周正紀事而冠以夏時經成麟應乃以爲感麟而作何歟禮樂所載吉凶賓嘉皆有禮而軍禮獨缺自天子至士皆有冠禮而大夫獨缺樂以象成夔之制而爲賞諸侯舞必有坐致右憲左而曰非武坐又何歟此皆有疑於心而未解者也願相與折衷之

問　元首明而股肱良此自然之理也唐虞三代明良相逢固無容議後世言治者必曰漢唐宋當時賢相漢稱蕭曹丙魏唐稱房杜姚宋宋稱韓范富歐其功業可得而言歟他如汲黯韓愈程頤張載使之亦居相位其功業聞望視前數君子果軒輊歟漢之孔明晋之下壺皆表表可稱者也乃不能復漢祚而興晋業其故何歟使其得事漢唐宋盛時之君果無愧於前數君子之功業聞望否歟諸生明體適用尚友千古其於昔人之相業景仰素矣行將見用以縻好爵果取法於何人歟抑亦别有所願歟請明言以對

問　學校所以作養人才以待用科目所以簡拔賢才以見用稽諸古人有教授蘇湖而人才明體用之學者有持衡宋室而人才敷正直之對者可指其人而實其事歟洪惟聖朝建學育才設科取士良法美意至矣盡矣邇者尚廑宸衷命憲臣以督學政定解額以嚴選舉其故何歟兹欲不待憲臣之督而學校得人如古人教授蘇湖人才得明體用之學其責奚歸不待解額之限而科目得人如古人持衡宋室賢材得敷正直之對其術安在諸生會際賓興進退係之願著于篇毋讓

問　知者無不知也當務之爲急山右地連朔漠今之先務備邊儲運安民息訟四者爲急聖朝嘗選將練兵矣而醜虜尚爲邊患嘗輸粟實邊矣而士卒尚慮不給兹欲内修外攘軍民安輯邊儲充裕將士賈勇如古人圖上方略坐困西羌挽漕調兵未嘗乏絶其道何繇嘗布德宣惠矣而斯民未免轉徙於他境嘗命官折獄矣而奸頑未免日流於健訟兹欲來流移而安土著鋤强梗而扶善良如古人編户增至八萬餘口閉閤思過而百姓感化其法安在諸士子生長兹土於數者飫聞而厭見矣幸明言之以觀用世之學

中式舉人六十五名

第一名　趙博　黎城縣學增廣生　詩
第二名　王衡　稷山縣學生　禮記
第三名　白思明　平定州學增廣生　書
第四名　陳璧　陽曲縣學生　易
第五名　高綸　蔚州學生　春秋
第六名　李經　陽城縣學增廣生　詩
第七名　王瓚　大同縣學生　春秋
第八名　董通　平陽府學生　書
第九名　崔縉　聞喜縣學生　詩
第十名　王崇　石州學生　易
第十一名　張貫　大同縣學生　禮記
第十二名　郭定　高平縣學增廣生　詩
第十三名　廉政　潞州學生　書
第十四名　杜誠　太平縣學生　易
第十五名　耿聰　曲沃縣學生　詩
第十六名　黄鎧　太原府學生　書
第十七名　張錫　猗氏縣學生　詩
第十八名　徐景通　陽曲縣學生　書
第十九名　劉珎　平陽府學生　詩
第二十名　張泰　祁縣學生　易
第二十一名　王琪　清源縣學增廣生　詩
第二十二名　郝珙　安邑縣學生　書

第二十三名　馬駿　代州學生　春秋
第二十四名　張鐸　平定州學生　詩
第二十五名　馬瓘　稷山縣學生　禮記
第二十六名　張縉　太原府學生　書
第二十七名　袁紀　應州學生　詩
第二十八名　李瓘　臨汾縣學生　書
第二十九名　高鉉　石州學生　易
第三十名　劉紀　太原府學生　書
第三十一名　馮彦　平定州學生　詩
第三十二名　郭廣　翼城縣學生　易
第三十三名　李綱　潞州學生　春秋
第三十四名　李翔　平定州學增廣生　書
第三十五名　徐傑　大同縣學生　詩
第三十六名　王徵　安邑縣學生　禮記
第三十七名　陳曜　蒲州學生　詩
第三十八名　劉珝　介休縣學生　書
第三十九名　康文　石州學生　易
第四十名　楊海　聞喜縣學生　書
第四十一名　郭翰　聞喜縣學生　詩
第四十二名　李景　交城縣學生　書
第四十三名　張翺　隰州學生　易
第四十四名　王瓛　襄陵縣學生　詩
第四十五名　李時　潞州學生　春秋
第四十六名　楊縉　交城縣學生　書
第四十七名　郭瑄　襄垣縣學生　易
第四十八名　羅元祥　榆次縣學生　禮記
第四十九名　崔俊　太原府學生　詩
第五十名　衛邦　澤州學生　書
第五十一名　張廉　大同府學生　詩
第五十二名　韓麟　武鄉縣學生　書
第五十三名　閻廷臣　孝義縣學增廣生　春秋
第五十四名　郭凱　臨晋縣學生　詩

第五十五名　趙宣　遼州學生　易
第五十六名　馬忱　夏縣學生　書
第五十七名　李訓　澤州學生　禮記
第五十八名　李威　靈石縣學生　詩
第五十九名　司文　澤州學增廣生　易
第六十名　張鉞　□陰縣學生　春秋
第六十一名　合通　應州學生　詩
第六十二名　李序　渾源縣學生　詩
第六十三名　任宣　陽曲縣學生　書
第六十四名　任義　沁州學生　詩
第六十五名　蘇璉　潞城縣學生　易

第一場

四書

禮云禮云玉帛云乎哉樂云樂云鍾鼓云乎哉

王纘

同考試官教諭羅批（題本艱於措詞此篇文理簡明允宜録出）

考試官教諭戴批（深合本旨故表而出之）

考試官教諭唐批（此作不泛不略可取）

聖人論禮樂所以爲禮樂不專事其末焉蓋禮樂有本而有末也遺其本而專事其末則豈禮樂之謂哉思昔吾夫子言此以矯當時之弊其意謂夫敬而將之以玉帛則爲禮禮也者敬爲之本而玉帛其末耳特世之爲禮者知玉帛之交錯而不知禮之本在於敬若言禮之全體必本末兼盡而後可苟徒玉帛之是尚而不以敬爲之主則是弃本逐末矣烏得謂之禮乎和而發之以鍾鼓則爲樂樂也者和爲之本而鍾鼓其末耳特世之爲樂者知鍾鼓之鏗鏘而不知樂之本在於和若言樂之全體必本末具舉而後可苟惟鐘鼓之是尚而不以和爲之主則是徇末忘本矣烏得謂之樂乎大抵玉帛可以行禮也謂玉帛爲非禮則不可鐘鼓可以爲樂也謂鐘鼓爲非樂亦不可然禮樂豈止玉帛鐘鼓之間哉得其本則玉帛鐘鼓莫非情文之所寓不然是虚器而已聖人因當時文勝滅質故特言此以矯其弊厥有旨哉

誠者自成也而道自道也誠者物之終始不誠無物是故君子誠之爲貴誠者非自成己而已也所以成物也成己仁也成物知也性之德也合内外之道也故時措之宜也

趙博

同考試官教諭蔣批（作此題者多不知誠兼理與心言此篇能發明之允宜高薦）

考試官教諭戴批（詞之以達意可嘉）

考試官教諭唐批（説理詳明足見學識）

誠寓人物而無遺在人當實其心誠貫體用而無間處事斯得其當蓋誠之在物在人雖有實理實心之殊而成己成物實無仁知内外之間則其見之於事又豈不得時措之宜也哉且實理之在物謂之誠是誠也天地人物之類所以自成而不假於人爲焉實心之在人謂之道是道也君臣父子之屬所當自行而非有待於外焉惟其誠者自成也是以天下之物皆實理之所爲故必得是理然後有是物所得之理既盡則是物亦盡而無有矣惟其而道自道也是以在人之心一有不實則雖有所爲亦如無有而君子必實其心而以誠爲貴焉誠雖所以成己然既有以自成則自然及物而道之在我者亦行於彼故成不自成而必有以成乎物焉自成己言之克己復禮無少私僞故謂之仁自成物言之因物成就各得其當故謂之知仁者體之存知者用之發是皆吾性之固有而無内外之殊既得於己則其見於事者以時措之而皆得其宜以義處之而各當其可矣所以然者何莫而非一誠之所爲哉抑考中庸是章以誠之者之知發明人道所謂自明而誠者也章内之言雖散而不一要而言之一誠而已矣大哉誠乎其所以爲造化之樞紐品彙之根柢兼理與心而言者乎

今曰性善然則彼皆非與孟子曰乃若其情則可以爲善矣乃所謂善也

陳璧

同考試官訓導王批（諸作於彼皆非與處欠體認分明此篇得之令人注目）

考試官教諭戴批（通暢可觀）

考試官教諭唐批（善能發明題意深於本領者也）

門人舉夫性善而疑衆説之非大賢告以因情而知所性之善夫情者性之動情善則性善矣大賢因門人舉性善而質其疑安得不以此而告之哉思昔公都子問於孟子之意若曰天下之言性者多矣今而夫子獨曰性善而無

惡則告子所謂性無善無不善之旨似非至論歟天下之論性者衆矣今而夫子乃曰性善無不善則或人所謂性可以爲善可以爲不善有性善有性不善之言皆非確論歟公都子之問若此故孟子從而告之以謂性藴於中而難言情發於外而易見如見孺子入井而惻隱之心生遇呼蹴之食而羞惡之心起此人之情本但可以爲善而不可以爲惡也情之善也如此則仁義之性本善可知矣過廟朝而恭敬之心形見美惡而是非之心者亦人之情本但可以爲善而不可以爲惡也情之善也如此則禮知之性本善可知矣是乃所以爲性善而公都子所疑之三説庸何惑哉抑考孟子他章於告子問生之謂性則折之性猶杞柳則責之性猶湍水則略加明辯至此公都子因論性善而質其疑則宛而告之以是何耶蓋告子不求諸心故其言略公都子篤信孟子故其言詳此又不可不知

易

九二大車以載有攸往无咎

陳璧

同考試官訓導王批（詞理根據本義説出象占之旨瞭然在目非騁浮泛者比宜冠本房）

考試官教諭戴批（理明詞順蓋深於易學者）

考試官教諭唐批（辭足以達意故表而出之）

爻以剛中而上應故聖人擬其象而子其占也夫大有之重任未易以勝之也自非九二剛中上應足以任其重焉奚能有往而無過哉是宜爻易聖人係其象占如此且夫大有之卦合離乾而成體爻至九二以陽剛得中之才而上應六五文明之主剛健而有爲中立而不倚當大有之時以大才而當大任故有大車以載之象焉夫車大則勝重才大則勝任輪輻强壯足以載乎物衡軛周正足以致乎遠負荷雖多也量足以容之而不負其所托之專倚任雖隆也才足以當之而能保其所有之大象既著矣占而值此者以之有所往而如是其德不往則已往則無曳輪之阻可以補其過焉以之有所行而如此其才不行則已行則無説輹之虞而可以免其咎焉聖人係九二之爻著其象而定其占至是寧復有余藴哉試嘗圖之伊尹之相商也感三聘之勤受阿衡之寄嘗曰予弗克俾厥后惟堯舜其心愧耻若撻於市一夫不獲則曰時予之辜其自任以天下之重如此是即大車以載之謂矣噫大有九二不歸諸斯人而誰歟

繼之者善也成之者性也仁者見之謂之仁知者見之謂之知

杜誠

同考試官訓導王批（作此題者多失冗泛此篇講貫明白殊愜人意）

考試官教諭戴批（能發明聖人翼易之旨可取）

考試官教諭唐批（詞理精詳他卷所無）

道之流行賦予爲有序人之氣稟所見爲難全夫道無往而不在也見於流行賦予者固有其序而仁知偏於所見又豈得道之全體哉今夫道具於陰而行乎陽以其方出而未賦於物則繼之者謂之善焉繼言其發而善則化育之功觀夫往過來續流動充滿於橐籥之間舊禪新繹絪緼交密於亭毒之表純而不雜善而無惡是即萬物統體是道之時陽之事也及其已出而賦於物則成之者謂之性焉成言其具而性則物之所受觀夫保合太和而全其混融之氣各正性命而固其陰陽之理不相假借不相淩奪是即萬物各具是道之時陰之事也然道之全體本無不具而人之氣稟或不能齊是以仁者之人稟陽氣之多但見是道流動而無窮充滿而無間遂目道之全體止於仁而不知仁之外復有知焉者人稟陰氣之多惟見是道貞静而擾收斂而不露竟謂道之全體止於知而不知知之外復有仁焉噫道行於陽而具於陰也有定名偏於仁而偏於知也無全見此道之所以鮮能也歟抑考此章首言一陰一陽之謂道終則曰陰陽不測之謂神于以見天地間不過陰陽兩端而道行乎其間體謂道而用謂神也其體其用固不外乎陰陽而其所以然者則未嘗倚於陰陽也旨哉

變而通之以盡利鼓之舞之以盡神

王崇

同考試官訓導王批（作者於此題不泛則略迄無可取是作其特出等夷者乎宜録出之）

考試官教諭戴批（講貫條達非他作可及）

考試官教諭唐批（文理通暢允宜表出）

聖人推易而見於事盡乎事之宜而極其用之妙也蓋利者事之宜神者事之妙自非聖人用易而變通鼓舞之豈能盡利而盡神哉今夫天下之事不一而利無窮聖人於是用易變通之以盡其利焉是故化而裁之九六迭用之無常推而行之剛柔相推之不滯如因屯之變而通之于以盡建侯之利因需之變而通之于以盡涉川之利豫之變也通之而利用行師益之變也通之而

利有攸往使天下之事思焉若或啓之無所施而不宜行焉若或翼之無所往而不順尚何利之不盡乎利既盡於變通矣然民生之事萬殊而用至祖聖人於是用易鼓舞之以盡其神焉是故振揚發明而定天下之吉凶提撕警覺而成天下之亹亹如乾初九當潜也則鼓之以勿用九二當見也則鼓之以利見鼓舞觀之用賓于王自然使之興起而無疑鼓舞升之用見大人自然俾之奮發而不倦使民生日用趨赴而不知夫誰之功茫乎天運之難名踴躍而莫測其用之妙杳乎神化之無迹又何神之不盡乎是知利盡於變通之中而神盡於鼓舞之内聖人用易之道大矣哉抑此言聖人推易之道見於事也上文曰聖人立象以盡意設卦以盡情僞繫辭焉以盡其言聖人發其精意見於書也見於書者固聖人作易之極功見於事者尤聖人用易之至神易也神也聖人也何間然之有

書

皋陶曰俞師汝昌言禹曰都帝愼乃在位

白思明

同考試官訓導鄒批（場中作此題者多不知昌言寓儆戒之意此篇文理切當宜冠本房）

考試官教諭戴批（發明儆戒之旨殆無餘藴）

考試官教諭唐批（善能發明禹皋以道事君之意可嘉）

大臣然同列之言而欲法於己同列致嘆美之辭而必戒於君蓋虞廷君臣之心儆戒無虞之心也大禹因皋陶深契保治之言安得不致嘆美而歸戒於其君哉且大禹之陳謨正皋陶之在側心孚意契而深然之言不覺形諸聲志同道合而深信之念自然發於外蓋謂洪水滔天而隨山浚川卒致萬邦作乂之休此汝之昌言也是言也警戒之意實寓於其間豈非盛德之言在我今日所當師法者乎下民昏墊而曁益曁稷同底烝民乃粒之效亦汝之昌言也是言也保治之意實存於其中又非盛德之言在我今日所當取法者乎大禹一聞斯言即契於中故都以嘆其美稱帝以起其聽意謂烝民乃粒世固可謂無虞矣然天位惟艱一念不謹或以貽四海之憂要必惟精一兢兢以存此心於四方風動之時可也萬邦作乂世固可謂無事矣然厥位惟危一日不謹或致千百年之患要必惟幾惟康業業以致其治於庶績咸熙之日可也虞廷大臣規戒其君如此其忠愛之心爲何如哉嗟夫舜嘗使禹亦如皋陶昌言矣故禹因孜孜之義而述茯治水本末先後之詳蓋欲君臣上下相與保治於無窮皋陶從而俞之而以其言爲可法禹又都之而推其意戒於君可謂以道事君

者矣此所以底雍熙泰和之盛卓乎不可尚也歟

終始慎厥與惟明明后先王惟時懋敬厥德克配上帝今王嗣有令緒尚監兹哉

白思明

同考試官訓導鄒批（發明伊尹欲太甲圖終而與成湯之治同道勝有理緻可嘉）

考試官教諭戴批（辭理明暢可取）

考試官教諭唐批（此作出入意表允宜録出）

大臣告君以謹與治之心而德極其明正欲其與前聖之治而必同其道夫古人之治後人所當與者也大臣欲賢王謹其所與而爲至明之君安得不舉前聖之治而勉其同道也哉在昔伊尹申誥太甲謂夫始焉與治固可以興終焉或替則非所以爲明君矣要必謹其所與終始惟一不以悠久而貳其心焉是惟明而又明之君爲能然而懋昭大德灼于四方矣前日與治固可以興後日不繼亦非所以爲明后矣要必慎其所與前後惟一不以有永而易其念焉是惟明而又明之后爲能然而丕顯惟德光于天下矣今王於此而欲與治同道舍成湯何以哉是故勇智天錫其德固不待於懋敬矣惟湯也兢兢焉昧爽不顯而與上天生物之仁同一機聖敬日躋其德亦不俟於懋敬矣惟湯也業業焉顧諟明命而與上天不已之誠同一致德與天合心與天契故克配上帝而無間矣今王繼成湯之丕基承成湯之令緒其可不以成湯爲監而與治同其道乎伊尹以是爲太甲告忠愛之心何其至哉考之太甲蓋嘗弗明于德矣一旦悔過而曰尚賴匡救之德圖惟厥終故伊尹復進圖終之説而欲其與湯之治同道如此厥後太甲克終允德爲商令王謂非伊尹告戒之功而誰歟

爾惟弘周公丕訓無依勢作威無倚法以削寬而有制從容以和殷民在辟予曰辟爾惟勿辟予曰宥爾惟勿宥惟厥中

董通

同考試官訓導鄒批（此作以傳注組織成文説出成王慮君陳徇己徇君之意甚明）

考試官教諭戴批（文理暢達初考得之）

考試官教諭唐批（理明詞簡得成王命君陳之旨）

賢君命大臣不惟慮其徇己而戒勉之辭切尤必慮其徇君而責望之意

深夫大臣位君民之兩間固當行其事之所當行也然則化民其可徇乎己用刑其可徇乎君哉此成王之命君陳所以戒勉於前而責望於後也且其意若曰東郊之民周公蓋嘗師保矣今爾往兹以繼其治要必弘大公之丕訓常在人心而不忘焉下都之民周公亦嘗謹毖矣今爾尹兹以代其政要必開拓公之大訓恒在民心而不泯焉然勢我所有也不可依之以至於作威法我所用也不可倚之而至於削况君陳之世當寬和之時也寬不可一於寬必寬而有其制可也和不可一於和必從容以和之可也夫化民而徇己固爾之所當戒用刑而徇君又孰非爾之所當謹乎是故殷民之在刑辟我雖以爲是固可辟也爾毋徇我之情而辟之惟當審其輕重之中而辟其所當辟焉商民之罹刑罰我雖以爲是固可宥也爾毋徇我之意而宥之惟當審其輕重之中而宥其所當宥焉賢王以是爲大臣告其圖治之心一何至哉按此篇言周公之訓屢矣曰懋昭曰式時至是又欲君陳弘公丕訓何歟蓋周公既没民方思慕周公之訓君陳能益張而大之其不翕然而聽順乎故成王以弘公丕訓爲言而特戒其徇己徇君之失可謂知所本矣然則君陳可不思所以副其望哉

詩

南有樛木葛藟纍之樂只君子福履綏之南有樛木葛藟荒之樂只君子福履將之南有樛木葛藟縈之樂只君子福履成之

趙博

同考試官教諭蔣批（此題頭緒頗多作者泛而不切是篇簡明宜冠相房）

考試官教諭戴批（詞約理備允宜録出）

考試官教諭唐批（善於鋪叙理亦詳明）

詩人屢即地勢生物而爲微物所附以興女德逮下而爲盛福所歸蓋德者福之本也今后妃有逮下之德豈不爲福禄之所歸哉宜詩人屢托興而美之也昔后妃能逮下而無嫉妒之心故衆妾樂其德而稱願之曰彼南山之地木之所生而下曲之狀是以葛藟得以纍而繫之也匪特繫之而已尤必荒而奄之不殊乎蔦與女蘿施于松柏矣匪但荒之而已尤且縈而旋之不殊乎蔦與女蘿施于松上矣木之所生尚爲微物之所附况樂只君子有不爲福禄之所歸耶然后妃之德慈惠貞静而有可樂之實是以福禄有以綏而安之也不特安之而已尤必將而扶助之奚翅俾爾多益以莫不庶焉不但將之而已尤且久而成就之奚翅降爾遐福維日不足焉噫上垂而下附此感而彼孚自有不期然而然矣詩人以是形諸咏歌其亦深知后妃之德者歟嘗考后妃之德關雎舉其全體而言也葛覃卷耳言其志行之在己樛木螽斯美其德惠之及

人皆指一事而言也其詞雖主於后妃然其實則皆所以著明文王身修家齊之效也讀詩者不可不知

泛泛楊舟載沉載浮既見君子我心則休

趙博

同考試官教諭蔣批（此題作者往往認爲興體殊失本旨是篇文理通暢可取）

考試官教諭戴批（能發明未見既見之意可嘉）

考試官教諭唐批（辭理俱至宜在高選）

詩人既喻人君未見賢者而心爲不定必言人君已見賢者而心爲始安夫賢者人君素所願見也未見之時其心固不能定矣既見之後其心容有不安者哉思昔人君燕飲賓客而追言好賢之心謂夫以泛泛楊舟而在彼中流載沉載浮未定也然其所以沉浮而未定者正猶人君未見君子憂心爲之怲怲也以泛泛楊舟而在彼中河載沉載浮未安也然其所以沉浮而未安者正如人君未睹君子憂心爲之忡忡也夫向而未見其心固不能安矣今而亦既見止則有以洽夫笑語之樂而思慕之懷于焉而寫矣其心豈不休休然而安定乎昔而未睹其心固不能定矣今而亦既覯止則有以聞其大道之陳而景慕之願于焉而遂矣其心又豈不休体然而安寧乎詩人即彼喻此可謂善於咏歌者矣抑考是詩凡四章前二章見人君於賢者愛敬之心兩盡後二章見人君於賢者樂之如得重貨之多而又言其未見既見之心也好賢之意何其深長有若是歟

王命申伯式是南邦因是謝人以作爾庸

李經

同考試官教諭蔣批（作者於式南邦作爾庸處多欠發明此作得之）

考試官教諭戴批（作崧高義者僅見此篇）

考試官教諭唐批（詩正而葩此作近之）

王者命親臣而示法於人因斯民而肇建其國蓋命親臣而示法於人固王者責望之盛心因斯民而肇建其國尤王者寵遇之深意宣王之舅申伯出封于謝而尹吉甫作詩以送之其旨如此謂夫備亹亹之德者申伯也今而宣王封爾于謝非徒封之也實欲爲法於南國之諸侯使析圭儋爵之衆皆是矜而是式焉全番番之武者亦申伯也今而宣王命爾于謝非徒命之也實欲示

式於南邦之辟公使分茅胙土之類皆是軌而是範焉式是南邦如此然不保障而藩衛之又豈可乎夫林生總聚謝邑之人如此其多也因是謝邑之人以作爾庸則有俶其城而保障之業於焉而有所建矣聚廬托處南土之民如是其衆也因是南土之民以營爾城則于邑于謝而藩衛之基於焉而有所立矣王者之封親臣如此吉甫於贈行之際豈能已於言乎抑嘗論之自古以來功臣受封爵賜田禄者多矣而人君命元勛重德董其事者蓋鮮見焉觀宣王之封申伯定邑居徹土田皆命召伯爲之良由申伯有非常之功而爲天下所敬仰故也讀是詩者盍三復云

春秋

會齊侯宋公陳侯衛侯鄭伯許男滑伯滕子同盟于幽（莊十六年）

高綸

同考試官教諭羅批（是作深得題意結又説出聖人爲世道予齊責魯殊有發明宜魁本房）

考試官教諭戴批（得聖人褒貶之旨）

考試官教諭唐批（詞嚴義正可取）

春秋予霸主之尊王而諱望國之失信蓋齊桓盟幽所以同尊周也魯既失信春秋得不諱公以惡之哉慨自周轍不西乾綱失馭諸侯之無統久矣王室之不尊甚矣今而齊桓以東海之大邦紹夾輔之遺烈自北杏廢迹未始不以尊周爲心也一旦于幽有盟因諸侯有同欲之心信天下以同尊之義宋陳衛鄭莫不奔趨壇坫而以宗周爲心許滑滕子舉皆聽命載書而以尊王爲事起水木本源之念於人心示江漢朝宗之義於天下齊桓尊王之義大矣我莊以周公伯禽之裔儒書秉禮之邦正宜領袖列辟以贊襄伯事可也率先入望以維繫人心可也夫何不此之圖進退惟谷未盟而懷寮一之疑既盟而有逋逃之受虧信義而不顧緩霸事而未成魯之叛盟失信昭昭矣春秋予齊尊王故書同盟以志同欲我莊雖在諱不稱公者非惡其失信而何哉大抵王道盛時侯伯受職未聞天下之有霸也聖人所以予齊而責魯者豈得已哉無非爲世道計也厥後于幽再盟魯無异志而齊霸成矣九合一匡而世道小康者雖桓之功亦不能不有賴於人望之魯也噫無霸非細故豈虚語哉

公及齊侯宋公陳侯衛侯鄭伯許男曹伯會王世子于首止諸侯盟于首止（僖五年）公會宰周公齊侯宋子衛侯鄭伯許男曹伯于葵丘（僖九年）

王瓚

同考試官教諭羅批（認題親切詞理詳盡結又發明桓會世子得變之中深合經旨宜在前列）

考試官教諭戴批（發明題意殆無余藴可取）

考試官教諭唐批（文理通暢當是作者）

惟霸主有翼戴之功故王室加寵勞之禮此齊桓之安定世子宰孔之下勞齊桓皆春秋之盛典也思昔惠王寵帶子鄭危疑幸而齊桓主霸乃心王室始因世子下臨控大扶小講會首止尊以殊會之禮戴以君父之尊而儲副之位已定繼因世子言旋復率諸侯要盟首止申明載書之約不敢瀆以牲歃之煩而天下之本愈安會焉而君臣之分昭著於人心盟焉而翼戴之信暴白於天下齊桓之功大矣王室之報禮容可已乎既而世子踐祚是爲襄王一旦乃遣宰孔之臣下勞於葵丘之會既賜以有事文武之胙復示以加勞賜級之命沐寵光於天威咫尺之際承恩命於下拜登受之時以冢宰三公之尊賁臨於諸侯以衮衣繡裳之貴御命於伯主王室恩禮亦云厚矣使非桓之有功宰孔之勞何由至哉所謂惟伯主有翼戴之功故王室加寵勞之禮者以此然王室勞齊固爲禮也首止之役以臣會君聖人予之何哉蓋春秋道名分尊天王以大義爲主而義者拳名分之中而當其可之謂也諸侯會王世子雖衰世之事然桓公是舉大義所繫春秋所以予之者以其得變之中也此又不可不知

仲孫蔑會晋欒黶宋華元衛寗殖曹人莒人邾人滕人薛人圍宋彭城（襄元年）戍鄭虎牢（襄十年）

高綸

同考試官教諭羅批（此篇發明聖人筆削□奪處明白切當非雜筆可及）

考試官教諭戴批（認題切斷制明可取）

考試官教諭唐批（理明詞贍筆力老蒼佳作也）

圍邑以討罪春秋明王制以著其美阨險以服貳春秋明王制以著其失此彭城所繫之宋虎牢所以繫之鄭也聖人明王制而示予奪凛然於筆削之間矣且夫彭城宋之分邑魚石背宋竄在荊蠻夷已取之封魚石矣今晋悼嗣立□霸安强自宋而始是以列國諸侯方罷虚□之猷而九國大夫遂有彭城之圍討魚石以正其不臣之非逐楚戍以殄其崇奸之黨使失地之耻得雪於中夏專封之柄不竊於外夷討罪之義不亦明乎是則彭城雖奪於楚聖人以爲宋之分邑晋能取之使宋入復王制之正者悼之功也故不曰圍彭城而曰圍宋彭城者非所以著其美乎若夫虎牢鄭之嚴邑鄭有是險甘心從夷晋嘗

城之以服鄭矣今晋之信義既昭於五會而鄭之玉帛猶待於二境故於初駕之伐戍以諸侯之兵駐師厄險以逼其從勤兵聚衆以防其叛徒爲城梧及制之計莫止子蟜涉潁之行服人之道果如是乎是則虎牢雖據於晋聖人以爲鄭之分地而晋專之使鄭人失王制之舊者悼之過也故不曰戍虎牢而曰戍鄭虎牢者非所以著其失乎然晋悼之圍彭城戍虎牢功過不必論矣獨於聖人之明王制非特見於筆削爲然也觀其仕魯夾谷之會以禮責齊而汶陽之田遂復行乎季孫三月不違而郈費之邑迭毁王制之正不徒托之空言而又見諸行事也惜乎女樂魯庭聖轍汶上可勝嘆哉

禮記

公侯伯子男凡五等諸侯之上大夫卿下大夫上士中士下士凡五等

王衡

同考試官學正應批（此篇講説建侯設官皆本中數意甚明白宜冠本房）

考試官教諭戴批（發明制爵之意殆無余藴）

考試官教諭唐批（認題親切深得本經之旨）

王者之制爵也君臣之秩雖殊效法之數則一蓋公侯伯子男爲君而卿大夫士則皆臣也然秩雖有君臣之分而五等之本於中數者豈有异哉且王者之制爵以建侯崇德爲首設官分職爲次皆所以皇建其有極也然以建侯言之爵位盛大以無爲德者公也斥堠於外以君人爲德者侯也其德足以長人者爲伯其德足以養人者爲子而德足以安人者非男乎是皆尊居萬民之上而有君道焉者其等有此五焉以設官言之諸侯之上大夫爲卿以其知進退而道上達也有下大夫以其知足以帥人也不惟有上士而有中士不惟有中士而有下士非以其才皆可以事人乎是皆佐佑其君之德而有臣道焉者其等亦有此五焉然君臣之爵皆正五等何哉蓋五爲天地之中數先王制法如五典五禮之類五服五刑之屬莫不本之而制爵庸可不法之乎嘗考孟子有曰天子一位君一位五等六等與此不同蓋此言制爵之法孟子言班爵之法制之出於天子故不必言天子班之首於天子與君故兼天子與君而言之也不可不知

朝事以樂醴酒之用玄酒之尚割刀之用鸞刀之貴莞簟之安而稾鞂之設

張貫

同考試官學正應批（作者多爲此題所窘是篇得之特置優選）

考試官教諭戴批（分截明白行文條暢佳作也）

考試官教諭唐批（此題本難是作不爲所窘健羨）

賓禮之用樂祭禮之尚質一主於反本修古而已蓋養老尊賢賓禮也賓禮用樂是主於反本宗廟郊祀祭禮也祭禮尚質是主於修古先王制禮不忘其初之意如此何則本心之初天所賦也貴於反思而不忘故先王於朝事則用樂焉是故朝廷於養老也登歌乎清廟下管乎象舞于以愜其本心之願望也朝廷於尊賢也發之以鍾鼓宣之以絲竹于以樂其中心之志意焉則賓禮之用樂非所以反本乎禮制之初聖所作也貴於修舉而不墜故先王於郊廟則尚質焉是故醴酒割刀其爲物美且利也而宗廟之中乃尚古之玄酒而貴有鈴之鸞刀焉下莞上簟其爲用安且適也而郊祀之時乃以除去穀之稾秸而爲席焉則祭禮之尚質非所以修古乎嗟夫物有本末逐末之流者衆矣先王於本則反之時有古今從今之便者多矣先王於古則修之反之修之皆不忘其初也不特此耳觀之下文有曰先王之制禮也必有主也亦以言夫先王制禮主於反本修古而已讀者詳之

君子明於禮樂舉而錯之而已

王衡

同考試官學正應批（學者不究經旨多以禮樂泛説此篇明白簡當宜表而出之）

考試官教諭戴批（是作説出言行禮樂之旨）

考試官教諭唐批（講貫詳明傑作也）

論長民者惟達夫禮樂之道而施於政事之間蓋言行爲吾身之禮樂而禮樂乃爲政之本也向使君子於禮樂有未明抑何以施於有政耶且爲君子而長民者爲政其何以哉亦惟明於禮樂而已禮者何言而履之是也言而履之則無不踐之言而明於吾身之禮矣樂者何行而樂之是也行而樂之則無勉强之行而明於吾身之樂矣禮樂既明爲政不過自此而推之耳是故政者正也禮足以正人之身民身有未正舉吾之禮以正之則無反無側罔不歸於正矣樂足以正人之心民心有未正舉吾之樂以正之則無偏無倚靡不化於正矣禮樂爲爲政之本如此而爲政者寧可不明夫禮樂哉抑論之人徒知爲政而不知禮樂其本也人徒知禮樂而不知言行其實也故夫子於子張問政而必告之以此于以見禮不外於言行言行不出於吾身而身也者爲政之本治化之源不可以不修也此又爲政者之所當知

第二場

論

天地以生物爲心

李經

同考試官教諭蔣批（立論甚佳二場無能出其右者）

考試官教諭戴批（一論雄健非稚筆所及）

考試官教諭唐批（有發明有關鍵可取）

論曰大哉天地生物之心乎其爲在人不忍人之心乎蓋天以覆物爲體陽氣舒而生生之理以寓地以載物爲體陰氣斂而生生之理以存雖非物物雕之也而形者自形實天地之心爲之根柢也亦非諄諄命之也而色者自色實天地之心爲之樞紐也天地以生物爲心如此而其所生之物因各得夫是心以爲心所謂人皆有不忍人之心也則夫聖人全體此心而推之政事之間斯民寧有不彼其仁者哉請申論之大哉乾元萬物資始謂天以生物爲心可也天惟以輕清之氣上浮而已矣天何心哉至哉坤元萬物資生謂地以生物爲心可也地惟以重濁之氣下凝而已矣地亦何心哉是不知天包乎地陽根乎陰四時之吏五行之佐橐籥於宇宙之間默運於亭毒之表流而不息合同而化凝焉而爲山川草木之類動焉而爲鱗蟲鳥獸之屬物之所以爲物也然山川之所以流峙草木之所以蕃殖以至鱗之所以潛蟲之所以蟄鳥之所以飛獸之所以走是孰使之然哉一天地之所生也形焉而成耳目口鼻之屬性焉而具仁義禮智之理人之所以爲人也然耳目之於聲色口鼻之於臭味以至仁之於父子義之於君臣禮之於賓主智之於賢否又孰使之然哉一天地之所生也求天地之心於萬物化生雖若無形難知也然春而夏秋而冬冬而復春萬物所以生長斂藏者庸非此心爲之根柢乎求天地之心於品物流形雖若無迹可見也然元而亨利而貞貞而復元品物所以發榮成遂者得非是心爲之樞紐乎故曰天地萬物父母惟人萬物之靈是人也因得是心以爲心故見孺子入井而惻隱之心生見牽牛過堂而怵惕之心起是非人皆有不忍人之心而何是心也人莫不有昧焉者衆惟聖人全體此心以爲心故慮民之不得其生也則制田里養之以厚其生慮民之未復其性也則立學校教之以全其性是非不忍人之政而何故孟子曰人皆有不忍人之心先王有不忍人之心斯有不忍人之政以不忍人之心行不忍人之政治天下可運之掌上先儒子朱子因其語而得其心乃推本天地以生物爲心而釋之噫孟子可謂擴

前聖之所未發而朱子可謂發孟子之所未言者矣粤稽諸古堯仁如天而黎民底於變之盛舜德好生而四方有風動之休者此心也成湯克仁而兆民有允懷之效文王施仁而萬邦極丕享之誠者亦此心也方今聖人在上以仁心而行仁政是即天地生物之心爲心矣斯世斯民何其幸歟

表

擬賀大有年表

白思明

同考試官訓導鄒批（表可觀）

考試官教諭戴批（平正）

考試官教諭唐批（得體）

伏以太平有象普天霑浩蕩之恩和氣致祥率土樂豐登之慶丕惟厥自諒豈偶然兹蓋伏遇心同天地道合陰陽纘承列聖之洪圖憲章百王之大法望道未見恒致謹於萬幾儆戒無虞每存誠於一念已已正而愈正治已隆而益隆海宇又寧乾坤清泰勤用明德馨香旁達兩間保合太和氣化深涵於六合雨暘時若民物咸亨致后土之效靈承上天之錫祜秬秠穈芑咸穎穟於田疇黍稷稻粱并生全於甽畝實堅好如坻如京營之東邠之西悉慰有秋之望越之南冀之北均諧稔歲之歡穫之挃挃而百室既盈積之栗栗而千倉具實匪且有且匪今斯今奚假催科而粟米之征先期以集不類儲備而流離之嘆終歲無聞近仰博施濟衆之神功遠軼斗米三錢之故事歡聲載道喜氣盈天爾室我家外户何須夜閉此疆彼里行旅未必齎糧四方底風動之休庶績極咸熙之盛此皆聖德之潜孚而致此休徵之畢至也臣職忝清班幸際今朝之盛事生當治世喜遭千載之奇逢莫既揄揚敢效華封之祝願陳忠悃載歌天保之章臣無任瞻天仰聖激切屏營之至謹奉表稱賀以聞

第三場

策

第一問

趙博

同考試官教諭羅批（歷舉心學所同條答無遺策場傑出者乎）

同考試官教諭蔣批（五策皆可觀此篇與相業一篇尤特出宜置前列）

考試官教諭戴批（三場允稱宜冠多士）

考試官教諭唐批（答問詳悉偉作也）

神龍飛天海宇清明而盛世制□之典所由出聖賢繼作道統相承而六經四書之旨所由明蓋盛世制□之典固斯道之所存而六經四書之旨□斯道之所以也然則聖賢之生□有先後而垂世立教之心夫豈有不同哉仰惟太祖高皇帝肇造區夏條成大誥三編太宗文皇帝繼體守成作爲善陰騭孝順事實二書宣宗章皇帝克紹前烈編五倫一書聖謨洋洋光昭簡册無非嘉惠臣民守法循理爲善行孝而明五倫恩至渥也然大誥所謂私勝公微即書之人心惟危道心惟微是也持心操節即論語之篤信好學守死善道是也天人一理見於爲善陰騭者其即禮記人者天之心孟子道一而已之謂乎降衷秉彝載諸孝順事實者其即詩所謂人之秉彝好是懿德中庸所謂天命之性率性之道乎至於五倫書所謂國家以綱常爲治之語與書之重民五教中庸之天下達道同一理矣知大誥三書之言與六經四書心學相爲表裏如此則大誥三書之自相表裏奚待言而後顯哉夫孝順事實所載若武王之善繼善述江革之遇亂行孝則有達孝巨孝之稱岳飛之盡忠報國高登之匡時濟艱則有忠孝孝忠之譽他如解叔謙訪丁公藤於老翁梁彦光獲紫石英於園中鵲鳥集支漸之墓獐鹿游蕭固之門以至孔旼之壁芝草自生孟宗之林冬笋忽出則孝之感鬼神格鳥獸孚草木者可見矣爲善陰騭所載若徐有功之斷獄無冤曹彬之戒將屠城則有仁恕仁惠之稱裴度辨裴寰之冤趙概回萬乘之心則有仁恤仁直之譽他如范純仁之麥舟助葬王曾之代償官錢竇禹鈞之撫恤孤寒陳堯叟之鑿井救渴以至飼雀獲報之楊寶渡蟻及第之宋郊則善之見於施財仁民愛物者可知矣然大誥之言明孝五倫書之言子道書曰孝恭詩曰孝思中庸曰善繼善述豈不與孝順事實所載相通乎大誥所謂爲民造福五倫書所謂善行易言積善余慶書言作善降祥孟子言與人爲善豈不與爲善陰騭所載相通乎愚也生際明時樂育庠序佩綸音而誦聖訓有年于兹矣姑述其概以對

第二問

王衡

同考試官學正應批（六經一策條答無遺且以道之一字貫之尤見筆力）

考試官教諭戴批（敷答詳瞻當是作手）

考試官教諭唐批（考據詳議論當高薦奚忝）

聖人繼天立極之道莫大於六經聖人垂世立教之道亦莫大於甚矣經以載道經之所在道之所存也故讀其書不可不知其道知其道不可不辯其

疑雖然六經豈易言哉明問下詢不言謂之隱矣愚庸敢無辭以對乎粤自尼山降神孔子生焉其生也適丁乎氣運之衰於是贊周易删詩書俾前聖之道已晦而復明定禮樂修春秋使綱常之大已墜而復振誠所謂爲天地立心爲生民立命爲萬世開太平者也然六經皆筆自聖人之手其間猶有疑者非經有可疑人自疑經耳易以道陰陽夏曰連山商曰歸藏周曰周易固皆易也今所存獨周易者蓋二易有畫而無文也周易伏羲爲卦文王爲彖周公爲爻辭孔子爲十翼實更四聖而成謂之更三聖者以文王周公同一道也書以道政事堯典而謂之虞書者以其爲虞史之所紀也禹貢而謂之夏書者以其爲禹所自撰也是則易也書也何莫而非聖道之所寓乎至若理性情者詩也平王黍離之詩宜爲雅而爲風以其東遷之後政教號令不及於天下與列國無异故降之也魯國之詩宜爲風而爲頌成王以周公有大勛勞賜魯重祭聖人因父母之邦故不删而使自見焉正名分者春秋也其書以周正紀事而冠以夏時者固取其時之正令之善矣然經成麟應蓋適然之事耳孰謂聖人因麟而作經哉是則詩也春秋也又何莫而非聖道之所在乎嗟夫六經之道同歸禮樂之用爲急夫何一罹於秦人之虐焚再鑿於漢儒之附會禮樂之籍不見全書以故五禮而軍禮獨缺冠禮而大夫獨無然即今之記以考之其曰有發則大司徒教士以車甲則軍禮固有在矣其曰古者五十始爵何大夫冠禮之有則無大夫之冠禮矣蓋亦莫非道也夔之作樂非特爲賞諸侯而云然者記禮者之失耳大武之舞亂而皆坐以象周召之治而云非武坐者賓牟賈之妄耳是豈知大武之道哉大抵聖人之道藴諸心充之則塞乎天地卷之則藏於六經萬古此天地則萬古此道萬古此六經則萬古此道道乎天地其郛廓六經其温藉乎愚也粗知六經之糟粕未涉斯道之津涯謹以是復明問執事以爲何如

第三問

趙博

同考試官訓導鄒批（斷制切實末又有志三代事業可嘉）

同考試官教諭蔣批（鋪叙詳明且有歸斷足見學識）

考試官教諭戴批（筆勢翩翩善答所問）

考試官教諭唐批（隨問而答策子也）

論相業者當于其心而不可于其功論人物者當于其才而不可于其時以功而論則功有成否而難必以時而論則時有利鈍而難評誠能因其功而原其心隨其時而溯其才則三代以下之人物相業寧不赫赫在人耳目哉請

試陳之堯舜禹湯文武之爲君而有皋夔稷契伊傅周召之爲臣聚精會神於一堂之上雍容唯諾于殿陛之間所謂元首明哉股肱良哉是也奚待後世之議爲邪下此而言治者必曰漢唐宋姑舉其輔相者言之若漢之蕭何秉國鈞衡盡除亡秦苛法而天下宜之曹参代何爲相至以清净無爲自守而天下賢之丙吉深厚而不伐功寛緩而知大體魏相奏聞灾變而不隱諫伐匈奴而不避此漢之賢相功業卓卓可稱者也唐之房玄齡明達吏事治用寛平杜如晦引拔士類常如不及姚崇善應變以成務宋璟善守成以持正此唐之賢相功業表表可數者也至如不動聲色而措天下於泰山之安者韓琦也身居廟堂而憂天下之民者非范仲淹首慷慨請行挫契丹之强者富弼也風節自持有定策之功者非歐陽脩乎其功業之有聲宋室夫豈人之所能及哉若夫汲黯之忠言讜論面折廷諍韓愈之忠犯人主力排异端使當時得在相位以行其志其豐功偉烈比迹蕭曹丙魏房杜姚宋而忠義文章過之程頤之經筵進講而以堯舜其君爲心張載之議制井田而欲復乎三代之治使當時擢居相位以行其道其嘉謀績超軼韓范富歐而道學著述又特過之之數君子所以不得大用於當世者時也曾謂才力之不逮哉孔明出師二表與伊訓説命相爲表裏八陣一圖與六韜三略同爲指南所謂負王佐之才者也卞壺忠於事上而成仁廉以自持而不污所謂有忠貞之節者也一則不能興復漢室一則不能再造晋祚者天也是果才力之不逮哉向使孔明卞壺有前數君子之時居前數君子之位吾知卞壺匹休蕭曹丙魏而已矣垂美房杜姚宋而已矣若孔明則伯仲伊吕三代之治可復也曾蕭曹丙魏之儔所可得而抗衡邪詩曰高山仰止景行行止書曰罔俾阿衡專美有商愚也學不足以明體才不足以適用其於漢唐宋諸君子景仰蓋有年矣他日倘得出而見用必當誦詩讀書尚友千古等而上之以求底于皋夔稷契伊傅周召之地而後已寧使三代以下之相業人物專美於其前哉惟覬執事進而教之幸甚

第四問

陳璧

同考試官訓導王批（筆力滂沛可嘉）

同考試官教諭蔣批（鋪叙詳而斷制嚴作手也）

考試官教諭戴批（善答所問偉哉）

考試官教諭唐批（敷答詳整）

學校得其人而斯道所由明科目得其人而斯道所由重蓋道在人心夫嘗或泯古者學校科目之得人固足以爲斯道之光矣然則後人有事於學校

科目之間而欲如古人之有光舍道將安求哉請因明問而條陳之學校之設肇于三代而盛于我朝既任校官以典其教復補生徒以肄其業將使成人有德小子有造以俟世之所用也苟匪其人能不爲斯道玷乎惟近代安定胡瑗之爲人也其體則仁義禮樂其文則詩書史傳故以之教授蘇湖嚴立教條當時之從其門者彬彬其盛若錢藻諸人深明體用之學見用當時留芳簡册此無他師道立而善人多也科舉之制始于隋唐而盛於我朝每三載以賓興賢相能命有司以典貢舉將使賢才彙進俊乂奮庸以爲世之所用也苟匪其人能不爲斯道累乎惟近代司馬君實之爲人也至誠自得之學見於立朝行已之間俯仰無愧之誠著於愛國忠君之際故以之持衡宋室獎拔士類當時之就廷試者濟濟其盛若蘇轍之向獨敷正直之對切中時政擢在優選此無他對者之是非在考官之去取也然時有古今人無古今人有古今道無古今今之建學育才不徒核實人才之學尤且責備校官之教良法美意可謂盡矣邇者又命憲臣以督學政則校官也人才也彼此皆不可辭其責也使爲校官者以道自任以勤自處以法前日胡瑗施教之方訓誨一時之人將有明體適用之士若錢藻者出以副上之作養矣奚必憲臣之督而後得其才乎今之設科取士不徒嚴禁人才於掉鞅之日尤必防閑有司於考校之際良法美意可謂至矣曩者又定解額以嚴選舉則有司也人才也彼此皆不可逃其咎也使典文衡者以道自任以正自持以法前日司馬君實選士之心去取一時之人將有持正守道之士若蘇轍者出以副上之簡拔矣何俟解額之限而後得其人乎雖然待文王而後興者凡民也若夫豪傑之士雖無文王猶興誠使學者不以凡民自弃而以豪傑自期則學校之所育者莫非明體適用之人科目之所取者罔匪持正守道之士而錢藻蘇轍之儔不得專美於其前矣何患斯道之不明不行哉謹以是爲終篇獻

第五問

郭定

同考試官教諭蔣批（五策俱善答而此策尤他作鮮儷足見用世之學）

考試官教諭戴批（鋪陳時政甚當）

考試官教諭唐批（似此策手令人起敬）

治道莫先於急務爲治莫要於得人夫得勇智才略之人以備邊儲運則用力省而成功多得豈弟公明之人以安民息訟則處事周而見效速此理勢之必然古今之通議宜有以塵執事之下詢於承學也愚不敏敢不條陳其萬一乎且山西古冀州也北連朔漠關塞險阻南距河流人民浩繁今之急務備

邊爲先儲運次之而安民息訟則又素所行之而未效者也如邊境可慮者雲中雁門諸處爲最甚邊儲所仰者冀寧河東諸道所當先洪惟聖朝嘗選將練兵以固其守飛芻走粟以實其邊宜其邊塵不驚而太倉之積陳陳相因矣然而醜虜尚爲邊患士卒尚慮不給者無他蓋備邊貴得勇智之人隨機應變防患於未然儲運貴得才略之士因時制宜設法於將然爲今之計莫若慎擇勇智之將而居總戎之職惟專其任不分其權使之修明紀律練習士伍如書所謂事事有備吾知内修外攘軍民安輯而可以鞭笞四夷矣精選才略之士以任督運之官惟重其職不奪其守俾之嚴其約束督其所部如書所謂董之用威吾見邊儲充裕將士賈勇而可以立功萬里矣尚何醜虜之爲患士卒之不給乎回視趙充國上屯田方略羌戎畏服蕭何轉漕調兵粮道不絶風斯下矣民牧可慮者四境流離之當恤司牧可患者諸路訟牒之當弭洪惟聖朝嘗布德宣化以厚其生命官折獄以導其善宜其百姓安堵而禮義之化靡然從風矣然而斯民未免轉徙於他境奸頑未免日流於健訟者無他蓋安民貴得豈弟之人奉宣德意輕徭而薄賦息訟貴得公明之人推明教化正本而清源爲今之計莫若妙選豈弟之士以任承流宣化之職不以徵科爲急惟以德化爲心於民之安生樂業者加之以撫綏於民之流離固苦者加之以招集如書所謂柔遠能邇吾知來流移而安土著斯民靡不各安其生矣慎簡公明之人以任激濁揚清之責不以苛察爲事惟以欽恤爲心於人之守法循理者加之以奬勵於人之徇利忘義者齊之以刑罰如書所謂旌别淑慝吾見鋤强梗而扶善良斯民靡不日遷於善矣尚何流徙之不復健訟不弭乎回視王成勞□膠東户口增至八萬餘口韓延壽在東郡閉閤思過百姓感化有徑庭矣故曰知者無不知也當務之爲急謹述所聞以對

山西鄉試録後序

天順壬午秋當大比之期巡按山西監察御史暨諸藩臬重臣祇承彝典舉行惟謹既而走聘儒紳以司文衡合列郡士子抱藝而集者環棘而群試之一時監臨提調監試以及執事官僚罔不恪盡乃心期在得人以貢春官撤棘得士六十有五次其姓名與其文之粹者謹書成録將以獻之天府而達之四方謂魯宜序諸後書不云乎惟后非賢不乂惟賢非后不食肆我聖朝丕弘至治立賢無方而取士之選獨重科目重科目所以重經學也蓋經以載道道以

馭世經明則道明道明則天下之事可從而理矣故有志於用世者莫不由科目有志於科目者罔不明經學是以薄海内外靡然從風雖山林韋布屯營飛騎之人亦皆争自磨濯共惟帝臣以求是途惟身爲快孰肯韜光晦迹自負於明時也哉易曰觀國之光利用賓于王詩曰鳳凰鳴矣于彼高岡其以是歟矧諸士子生長名藩樂育庠校養其根而俟其實加其膏而希其光蓋亦有年于兹者一旦懷抱利器角藝文場推明聖人之道而爲文章皆足以鳴國家之盛可謂不負上之所需己之所學者矣登名是録亦宜矣哉行將奮六翮翔千仞觀光上國以縻好爵如鳳凰之鳴高岡有日矣尚當精修力踐砥礪名節圖惟道濟天下使致君澤民之術不徒托諸空言又必見諸行事將斯舉也匪直科目之光而已斯文之光邦家之光也魯不敏忝竽校讎之末故書此以紀遭際之盛且爲諸士子勖云

直隸河間府景州東光縣儒學教諭戴魯序

成化二十二年山西鄉試録

山西鄉試録序

聖天子光膺寶曆丕顯鴻圖宵旰勵精修明百度而於學校科目尤惓惓加之意焉蓋以學校乃育賢之地而科目實進賢之階化理之本原也成化丙午復當賓興之期山西藩□□臣循故事以考試官謀于鎮守太監劉政巡撫都御史左鈺葉淇巡按監察禦史宋德吴珎咸可其謀公舉所知禮聘奎等儒紳八人典司其事時提調于内則左布政使李益右布政使蔡誌監試則按察使石玉副使梁觀也贊襄于外則左參政劉忠張鼎右參政金純范英副使徐謙熊翀左參議乙瑄右參議楚麟僉事徐輝馬隆提學政預期遴選者則副使雷霖也若夫關防綜理控衆而監臨之寔巡按監察御史宋德也環棘而三試之次其名氏及文之中程度而尤者獻之天府傳之四方垂之悠久奎不腆濫膺主考宜序首簡曰仰惟我皇明撫有萬方稽古定制建學校以育士設科目以取士豈直立制度飾儀文以爲觀美哉蓋欲得賢才以爲天下用耳士之游庠序以習所學試文場以售所學亦豈直嚅芳腴弄翰墨以取聲譽哉蓋欲推所學以用於天下耳故賢才必明體而適用博古而通今有益於人國有益於斯民有益於名教而後名稱其情反是則亦何取於賢才也哉古人以輪轅飾而不用爲虚車况爲文而不達於政爲虚文歐陽脩以文章政事岐爲兩途卒貽天下後世議良以此也今諸俊髦之文沛然其詞充然其氣而復粹然其理如食之穀粟衣之布帛鑿乎用世之文矣舉而措之政教見諸事功焉往不濟今既穎脱而出策名賢書則翱翔天庭羽儀廊廟行有日矣盍思皇上所以育我者何如所以取我者何如而可不圖仰副德意哉尚當推其所學堯舜君民珪璋治化揚休業於朝□垂聲光於竹帛庶幾名與實符文與事合而於建學設科之意斯無愧矣其或選懦而無爲偷隋而隳事置所學爲媒禄之虚談視所習爲紙上之陳迹於朝廷之所付托斯民之所仰望漫不之省則已深負儲養簡拔之意矣而况徇私背公蔑禮敗度而無不爲者其又忍言哉

浙江嚴州府淳安縣儒學訓導黄奎謹序

成化二十二年山西鄉試

監臨官

巡按山西監察御史宋德（世隆陝西岐山縣人　乙未進士）

提調官

山西等處承宣布政使司左布政使李益（景賢陝西長安縣人　甲戌進士）

山西等處承宣布政使司右布政使蔡誌（克存順天府大興縣人　丁丑進士）

監試官

山西等處提刑按察司按察使石王（大器直隸藁城縣人　甲申進士）

山西等處提刑按察司副使梁覲（廷寶山東東平州人　丁卯貢士）

考試官

浙江嚴州府淳安縣儒學訓導黄奎（文光福建建安縣人　庚子貢士）

直隸蘇州府儒學訓導陳暢（恒達浙江天台縣人　乙酉貢士）

同考試官

山東濟南府德州平原縣儒學教諭樊錡（克用直隸山陽縣人　戊子貢士）

直隸太平府當塗縣儒學教諭林華（舜光浙江山陰縣人　丁酉貢士）

河南河南府嵩縣儒學教諭蒲劍（廷器四川巴縣人　丁酉貢士）

湖廣長沙府長沙縣儒學教諭王文傑（時英四川青神縣人　庚子貢士）

河南開封府鄭州滎澤縣儒學教諭印治（克脩直隸大安州人　癸卯貢士）

直隸水平府灤州儒學訓導劉澄（廉夫遼東定遼中衛人　癸卯貢士）

印卷官

山西等處承宣布政使司經歷司經歷焦從義（廷宜山東諸城縣人　監生）

山西等處提刑按察司經歷司經歷惠祥（文瑞陝西富平縣人　壬午貢士）

收掌試卷官

平陽府知府李琮（義方浙江景寧縣人　甲申進士）

太原府同知吴獻（希也陝西寶雞縣人　壬午貢士）

受卷官

平陽府蒲州知州陳相（子隣直隸泰州人　乙未進士）

汾州介休縣知縣張瓚（器之直隸丹徒縣人　乙未進士）

彌封官

平陽府絳州知州賈定（仲一河南通許縣人　戊戌進士）

太原府石州知州才寛（汝□直隸遷安縣人　戊戌進士）

謄録官

平陽府夏縣知縣陳潤（維澤浙江臨安縣人　辛丑進士）

平陽府曲沃縣知縣劉璣（用齊陝西咸寧縣人　辛丑進士）

太原府祁縣知縣王政（宗仁陝西涇陽縣人　乙酉貢士）

對讀官

太原府推官劉顯（景章陝西咸寧縣人　甲辰進士）

平陽府解州安邑縣知縣竇祥（文瑞河南鞏縣人　辛丑進士）

平陽府霍州靈石縣知縣楊懋（德懋河南温縣人　戊子貢士）

巡綽官

太原左衛指揮僉事劉昇（騰霄大同府大同縣人）

太原右衛指揮同知李傑（世英直隸合肥縣人）

搜檢官

太原前衛指揮使李欽（克恭順天府冀州人）

太原前衛指揮僉事張鏞（大器山東即墨縣人）

供給官

太原府知事王綸（大經陝西隆德縣人　監生）

汾州孝義縣縣丞龔清（希□陝西三原縣人　監生）

太原府陽曲縣典史張玉（廷瑞直隸清苑縣人　吏員）

太原府大同縣典史周倫（秉彝直隸任丘縣人　吏員）

太原府臨汾驛驛丞杜昶（德明山東禹城縣人　承差）

第一場

四書

故君子不出家而成教於國　不知命無以爲君子也不知禮無以立也不知言無以知人也　爲人臣者懷仁義以事其君

易

蒙亨匪我求童蒙童蒙求我初筮告再三瀆瀆則不告利貞彖曰蒙山下有險險而止蒙蒙亨以亨行時中也匪我求童蒙童蒙求我志應也初筮告以剛中也再三瀆瀆則不告瀆蒙也蒙以養正聖功也　大吉无咎　形而上者謂之道形而下者謂之器化而裁之謂之變推而行之謂之通舉而措之天下之民謂之事業是故夫象聖人有以見天下之賾而擬諸其形容象其物宜是故謂之象聖人有以見天下之動而觀其會通以行其典禮繫辭焉以斷其吉凶是故謂之爻　其故何也陽卦奇陰卦耦

書

疇若予上下草木鳥獸　善無常主協于克一俾萬姓咸曰大哉王言又曰一哉王心克綏先王之禄永底烝民之生嗚呼七世之廟可以觀德萬夫之長可以觀政后非民罔使民非后罔事無自廣以狹人　爾乃自介用逸兹乃允惟王正事之臣兹亦惟天若元德永不忘在王家王曰封我西土棐徂邦君御事小子尚克用文王教不腆于酒故我至于今克受殷之命王曰封我聞惟曰在昔殷先哲王迪畏天顯小民經德秉哲自成湯咸至于帝乙成王畏相惟御事厥棐有恭不敢自暇自逸　昭升于上敷聞在下

詩

蜉蝣之羽衣裳楚楚心之憂矣於我歸處燕笑語兮是以有譽處兮　篤公劉于京斯依蹌蹌濟濟俾筵俾几既登乃依乃造其曹執豕于牢酌之用匏食之飲之君之宗之篤公劉既溥既長既景乃岡相其陰陽觀其流泉其軍三單度其隰原徹田爲糧度其夕陽豳居允荒　我龍受之蹻蹻王之造

春秋

齊侯鄭伯盟于石門（隱公三年）宋公齊侯衛侯盟于瓦屋（隱公八年）齊侯宋人陳人蔡人邾人會于北杏（莊公十三年）齊侯鄭伯盟于鹹齊侯衛侯盟于沙（俱定公七年）衛侯鄭伯盟于曲濮（定公八年）公會晋侯及吴子于黄池（哀公十三年）　公伐邾（隱公七年）師次于郎以俟陳人蔡人　師及齊師圍郕郕降于齊師師還（俱莊公八年）　荆入蔡（莊公十四年）荆伐鄭（莊公十六年）荆人來聘（莊公二十三年）　宋公楚子陳侯蔡侯鄭伯許男曹伯會于盂執宋公以伐宋（僖公二十一年）

禮記

有虞氏皇而祭深衣而養老夏后氏收而祭燕衣而養老殷人冔而祭縞衣而養老周人冕而祭玄衣而養老凡三王養老皆引年八十者一子不從政

九十者其家不從政　明父子之義長幼之序　玄冠朱組纓天子之冠也緇布冠繢緌諸侯之冠也玄冠丹組纓諸侯之齊冠也玄冠綦組纓士之齊冠也縞冠玄武子姓之冠也縞冠素紕既祥之冠也垂緌五寸惰游之士也玄冠縞武不齒之服也　君子力此二者以南面而立夫是以天下大平也

第二場

論

孟氏承先聖之統

詔誥表（内科一道）

擬漢景帝勸農桑詔　擬唐吏部侍郎韓愈除京兆尹兼御史大夫誥　擬宋賀日下五色雲見表

判語（五條）

匿税　失儀　越訴　賭博　違令

第三場

策（五道）

問　聖人之心具夫道聖人之道著於文伏羲神農黄帝堯舜以至禹湯文武皆所以繼天立極一道統之授受也其間制作之顯著者果何在歟降及漢唐宋之君形於歌咏有若大風之歌有若威鳳之賦或爲樂章或爲詩句或爲序或爲書其文亦有寓於道歟進士有詩崇儒有論龍圖有贊太清有記歌寫念農吟咏貴食其道果有著於文歟喜晴有咏述懷有嘆用人著論秘閣著詩文皆有可取歟作兖國贊著鑒古記親征有詔討賊有命文抑有所關歟洪惟我太祖高皇帝龍飛淮甸統一華夷萬幾之暇條成大誥三編太宗文皇帝中興邦家纂成孝順事實爲善陰隲宣宗章皇帝克篤前烈作五倫書三聖四書焕乎日星之宣朗燦乎雲漢之昭□與古帝王之制作同爲悠久者也其中之旨要必有契於帝王之心法可舉其概而言之歟諸士子樂育庠序酣飫經史心乎道而習乎文者也幸爲我詳之

問　皐陶謨於舜曰在知人在安民二者誠爲治之要道也知人以科目考課爲重安民以農桑學校爲先試與諸士子講之夫設科取士賓興之盛典也國朝科目之制非不嚴矣何嗚世之儒或未聞奔競之風猶未息歟然欲科目得人有如古之嘘吸雲雨忠悟人主者其道何由考績黜陟勸懲之良法也

國朝考課之法非不至矣何循良之政或未著貪墨之風猶自若歟然欲激勸賢才有如古之選取一錢特受百紙者其術安在農桑衣食之本聖明精選守令以任養民之寄愛民之心至深也奈何耕於野者或未免有閑曠之夫何以使田野開闢民無菜色如古之民勸農桑吏民不欺者歟學校風化之原聖明精擇師儒以居教民之職仁民之意至博也奈何業於學者或不能盡全材之士何以使禮讓興行賢才輩出有如古之善謀庶政臨事明決者歟此數者皆切於當世之務諸士子養於學校茲將由科目以任安民之責矣幸明言之以觀所藴

問　山西古冀州之域其地理山川人物風俗之美爲天下最以地理言之禹之敷土奠高山大川以爲紀綱實始於此然考之禹貢何以獨不言其疆界與昔人稱古帝王之更都者何地與歷代之分并沿革可言其概與以山川言之太行之大自雲中起脊發脉而下連亘千里然山西之稱果以何山而得名與先儒謂地形極好而風水甚佳者何指與境内之岳鎮海瀆可言其詳與人物生於中古與夫前後之輩出者至多也其亦有所最與風俗見於經傳與夫後賢之論述者至美也其亦有所本與夫地靈則人傑人固本於地也今山川固無恙豈人而獨有异於昔與諸君子於此不特欲求其故而已正將激厲奮發增山川之光回風俗之美以無愧於茲地可也然則於前人物將誰法與願爲我懋昭之

問　古者用兵莫不有法世固有按其法而收功亦或有犯其法而取捷者不可不求其故也試舉一二與諸生論之夫歸師勿遏曹操之敗張繡宜矣彼破王國者遏歸師也何復以之取勝窮寇勿迫趙充國之緩先零似矣彼降薛仁杲者迫窮寇也何復以之成功百里而趨利者蹶上將孫臏所以困龐涓於馬陵矣或犯之而有閼與之捷焉强而避之周亞夫所以不擊吴軍之鋒矣或犯之而解昆陽之圍焉爲三軍以拒英布與分其勢以擊顔良均之爲兵少勢分也何以有或勝或敗之殊以騎劫而代樂毅與以白起而代王齕均之爲臨敵易將也何以有或捷或負之异謂兵法爲不足用歟則翊成漢業者亦讀圯下老人之書而光輔昭烈者戰鬥之法必有所傳授謂兵法爲必可用歟則能讀父書者反貽偶於長平而不學古兵法者終收功於絶漠其故何歟歷稽往迹深起後疑諸生博學精勤何難辨此願聞一言用開茅塞毋曰軍旅之事未之學也

問　備邊之策救荒之政古今治天下所不能無者易曰履霜堅冰至中庸曰凡事豫則立則夫先事而爲之慮及時而爲之防天下之事皆然况兵荒

之大者乎試以西晋一方言之雖昔武備修明未聞兵衄之憂邇年以來北虜桀黠或游騎出入而乘間爲寇皇上赫然斯怒固嘗命將徂征而殄滅之矣然而夷虜爲患恒有而狼子野心無厭其何以使兵之常足而邊塵不揚乎雖昔倉廪充實未聞民荒之患邇年以來亢旱千里老弱轉於溝壑壯者散之四方皇上惻然軫念固嘗遣官賑貸而撫恤之矣然而家賜人益有限而張口待哺尢多其何以使食之常足而居民不窮乎持是二者而夷考古之西晋名宦則有若守西河而秦兵不敢東向者居雁門而匈奴不敢近塞者檢校代州而狄人莫敢入境者以至爲雲中守而邊人有飛將軍之號者其備邊之策可悉數與又有刺并州而得其民情者刺代州而公私皆足者知祁縣而飢民獲濟者以至爲長子令而大臣有真縣令之嘆者其救荒之政可悉數與之數人者其法可行於今與使果行之其亦有是效與舍此則亦别有其道乎諸士子撫時弊而興喟仰遺躅以思齊其必有善處之術矣願爲我陳之我將轉而聞之於上

中式舉人六十五名

第一名　張錦　崞縣學生　詩
第二名　安惟恒　平陽府學生　書
第三名　任良弼　平遥縣學生　易
第四名　郭用　介休縣學生　禮記
第五名　張寧　大同縣學生　春秋
第六名　衛傑　夏縣學生　詩
第七名　王士英　平定州學生　書
第八名　張緯　陽城縣學生　易
第九名　毛憲　絳州學生　書
第十名　李奎榮　河縣學生　易
第十一名　寇儉　榆次縣學生　詩
第十二名　王玠　榆次縣學生　易
第十三名　宋震　猗氏縣學生　詩
第十四名　張懷　平陽縣學生　禮記
第十五名　朱完　保德州學生　詩
第十六名　閻泰　平遥縣學生　書

第十七名　劉和　臨汾縣學增廣生　詩
第十八名　秦茂　太原府學生　易
第十九名　李鋭　陽城縣學增廣生　春秋
第二十名　吴璉　代州學生　書
第二十一名　賀貫　崞縣學生　詩
第二十二名　王汝梅　朔州學生　書
第二十三名　閻珙　平定州學增廣生　易
第二十四名　龔琦　盂縣學生　詩
第二十五名　賀璠　崞縣學生　詩
第二十六名　吴廷弼　壽陽縣學生　書
第二十七名　李從正　蔚州學生　詩
第二十八名　郝棆　太原府學生　易
第二十九名　李彬　代州學生　詩
第三十名　武紀　沁源縣學生　書
第三十一名　荆鋭　蒲州學生　詩
第三十二名　馮從正　蒲州學生　易
第三十三名　燕慶　介休縣學生　禮記
第三十四名　王道　應州學生　詩
第三十五名　郝崧　絳州學生　書
第三十六名　李倫　稷山縣學生　詩
第三十七名　張諝　太平縣學生　易
第三十八名　魏廷臣　平定州學生　詩
第三十九名　李用　澤州學生　書
第四十名　王錫　石州學生　易
第四十一名　許濟　大同府學生　詩
第四十二名　高暘　石州人監生　春秋
第四十三名　張鑰　忻州學生　詩
第四十四名　王憲　介休縣人監生　書
第四十五名　郭登　洪洞縣學生　易
第四十六名　靳瑄　崞縣學生　詩
第四十七名　馬騤　夏縣儒士　書
第四十八名　段繼　懷仁縣增廣生　易

第四十九名　郭曦　榆次縣學生　詩
第五十名　吴暕　清源縣學生　書
第五十一名　范通　絳州學生　禮記
第五十二名　劉昇　朔州學軍生　詩
第五十三名　閻佐　介休縣學生　書
第五十四名　張忱　保德州學生　詩
第五十五名　張璧　河東運司學生　詩
第五十六名　党茂　忻州學生　書
第五十七名　趙通　崞縣學生　易
第五十八名　劉銘　稷山縣學生　詩
第五十九名　楊濬　忻州學生　書
第六十名　白鑑　陽城縣學生　春秋
第六十一名　任和　懷仁縣學生　詩
第六十二名　李傑　聞喜縣學生　詩
第六十三名　李黻　陽曲縣學生　書
第六十四名　賈哲　朔州學軍生　禮記
第六十五名　崔侃　太原府學增廣生　詩

第一場

四書

故君子不出家而成教於國

任良弼

同考試官教諭印批（體認親切措詞簡古必熟於本領者）

同考試官教諭蒲批（理明詞暢宜置前列）

考試官訓導陳批（簡潔得旨）

考試官訓導黄批（知推本於修身蓋學有源委者）

論君子不出一家之教而成一國之教蓋家國一理教於家者即所以教於國者也孰謂治國而有出於齊家之外哉昔大學傳之九章釋治國本於齊家意若曰家者國之本也家不可教而能教人者無之如孝以事親弟以事兄一家之教也君子於親而孝於兄而弟所以修身而教乎家矣然而國之所以事君之忠事長之敬即此孝弟之推移曾有出於孝弟之外乎慈以撫幼一家

之教也君子待下以恩撫幼以慈所以修身而教乎家矣然而國之所以使衆之仁即此慈之敷布曾有出於慈之外乎是則孝也弟也慈也教於家者此耳教於國者亦此耳欲治其國者可不先齊其家哉抑又論之大學綱領有二而明德爲本條目有八而修身爲要正心以上皆所以修身也齊家以下則舉此而措之耳苟身不有修則無以齊其家况治國乎是治國固本於齊家而齊家又本於修身也明矣不然經何以曰自天子至於庶人壹是皆以修身爲本

不知命無以爲君子也不知禮無以立也不知言無以知人也

安惟恒

同考試官訓導劉批（題本正大場中作者多冗雜可厭晚得此篇詞旨明暢允宜録出）

同考試官教諭林批（見理詳明措詞簡當録之以示來學）

考試官訓導陳批（文理優深當是作者）

考試官訓導黄批（命詞亦自妥貼）

惟所當知者有未知則各有其失矣蓋命也禮也言也皆人所當知也於此而有未知豈不各有其失哉昔聖人之意謂夫人之所當知者不一有在於天者焉有在於己者焉又有在於人者焉彼命原於有生之初所當知也知命則在我者有定見斯爲君子矣不知命則見害必避而喪其所守之正見利必趨而甘於小人之歸何以爲君子乎禮切於日用之常所當知也知禮則在我者有定守斯能立矣不知禮則視聽昏蔽而耳目無所加舉止失宜而手足無所措何以能立乎至若言之得失而人之雅正係焉言亦所當知也知言則在人者無遁情而人之雅正可知矣人不知言則人之邪者未知其爲邪正者未知其爲正其何以知人哉是則知命知其在天者知禮知其在己者知言知其在人者知斯三者則内足以成己之德外足以盡人之情而君子之事備矣太抵聖門教人以君子爲準的教者教爲君子而已學者學爲君子而已故論語首末皆以君子言之則聖人教人拳拳之深意可見而記者之深意亦可見矣學者少而讀之老而不知一言之可用不幾於侮聖言者乎夫子之罪人也可不念哉

爲人臣者懷仁義以事其君

張錦

同考試官教諭王批（題本年易學者不知源委率多泛泛可厭惟此篇

體貼出人臣懷仁義事君之意宛然在目佳制也）

考試官訓導陳批（説出孟子語宋□意最爲切當）

考試官訓導黄批（詞不費而意自足）

人臣存天理以事上其必有所自矣蓋仁義乃人臣事君之理也人臣存此理以事上非有所感寧若是哉昔孟子因宋□欲以利而説秦楚之王故告之知此意謂先生以仁義説秦楚之王而罷兵是三軍之士樂罷而説於仁義矣殆見居天位而食天禄者人臣固有小大之分也然而懷仁以事其君者合小大而同一心治天職而理天事者人臣固有尊卑之等也然而懷義以事其君者合尊卑而同一志如君之志在於構兵也彼必曰兵不可構也構兵則有害乎仁矣一念之間拳拳焉惟欲引君以志於仁君不志於仁不止也如君之志在於結怨也彼必曰怨不可結也結怨則有傷乎義矣方寸之間切切焉惟欲引君以志於義君不志於義不止也懷仁以事其君則君仁莫不仁而朝廷之上皆美政矣何利之足言乎懷義以事其君則君義莫不義而政令之出皆善治矣何利之足云乎上下皆懷仁義以相接然而不王者未之有也孟子以是爲宋□告其開導之意不既深哉嗟夫戰國之時人欲波瀾天理晦蝕上而爲君下而爲臣者貿貿焉一於功利是圖而不知仁義爲何物孟子生丁其時深爲之慮一旦因宋□欲以利而説秦楚之王不惟斥其説而又舉仁義以開導之其所以遏人欲而存天理之意至深切矣惜乎宋□蔽固已深不足以語此

易

蒙亨匪我求童蒙童蒙求我初筮告再三瀆瀆則不告利貞彖曰蒙山下有險險而止蒙蒙亨以亨行時中也匪我求童蒙童蒙求我志應也初筮告以剛中也再三瀆瀆則不告瀆蒙也蒙以養正聖功也

任良弼

同考試官教諭印批（題目本長頗費收拾此篇祛繁就簡一結尤佳宜録之以爲作卦辭彖傳式）

同考試官教諭蒲批（此題本平易場中作者多失之太繁詞簡理到僅見此篇）

考試官訓導陳批（詞贍氣充允如初考）

考試官訓導黄批（通暢可觀）

二聖名卦繫辭各有其旨彖傳必歷舉而釋之也蓋卦具蒙昧之義而辭著養蒙之占也義文名卦繫辭之旨如此吾夫子傳易得不歷舉而釋之以示

人哉且夫蒙之爲卦貞體坎也悔體艮也以坎遇艮山下有險蒙之地也内坎險也外艮止也内險外止蒙之意也此伏羲所以名之曰蒙焉迨夫文王繁辭以爲九二内卦之主以剛居中能發人之蒙者而與六五陰陽相應故遇此卦者有亨道也蓋九二非求六五之童蒙六五之童蒙實求於九二求我者有初筮之誠我則從而告之苟若再三煩瀆則不告之矣明者之養蒙與蒙者之自養又皆利於以正也羲文名卦繫辭之旨如此吾夫子彖傳釋之謂夫卦之所以爲蒙者以卦象言之坎之象爲水艮之象爲山山下有險豈非所以爲蒙乎以卦德言之坎之德爲險艮之德爲止内險外止又非所以爲蒙乎辭之所以亨者蓋九二以可亨之道發人之蒙而又得其時之中也何以見之二剛明五柔暗故二不求五而五求二其志自相應焉九二以剛居中剛則不屈中則不偏自能告而有節焉問者再三固瀆瀆則不可告矣於此强而告之豈非反瀆其蒙乎明者養蒙既以正授之蒙者自養亦以正學之則作聖之功豈不由此而基乎彖傳歷舉卦名卦辭之旨而釋之則蒙之義寧復有余藴哉大抵蒙之一卦皆言養蒙之道也故人不患乎蒙而患養蒙之無師不患無師而患養之不以其正故文王由胎教而純一不已孟子由三遷而遂成大儒此皆養蒙以正之驗也噫理具於卦而事徵諸古如此養蒙者可不以正乎

其故何也陽卦奇陰卦耦

張緯

同考試官教諭印批（此題似易實難學者於奇耦處多不能發揮此篇見理既高行文亦暢取之以貢春官孰云不可）

同考試官教諭蒲批（題本聖人發明易卦陰陽畫數場中作者多爲所窘惟此篇詞理俱優宜録以示學者）

考試官訓導陳批（體認親切遣詞簡當佳作也）

考試官訓導黄批（易義貴潔净此作其庶幾矣）

聖人既疑問卦畫陰陽多寡之由復申言卦畫陰陽多寡之義蓋陽卦多陰陰卦多陽其故不外乎陽卦奇陰卦耦而已自非聖人疑問於前而申言於後抑孰能知其然哉昔孔子傳易至此謂夫震坎艮皆陽卦也陽卦宜多陽焉今乃一陽或動於二陰之下或□於二陰之中或止於二陰之上而陰反多於陽者其故果何如邪巽離兑皆陰卦也陰卦宜多陰焉今乃一陰或伏於二陽之下或麗於二陽之間或見乎二陽之上而陽反多於陰者其故又何如邪然聖人既疑問卦畫陰陽多寡之由如此又安得不申言以明之哉是故震坎艮

雖陽卦也皆以一陽之奇而配二陰之耦總其畫則爲五五乃數之奇奇則陰畫自多是陽卦多陰一自然而然耳豈可以人力參之□巽離兑雖陰卦也皆以一陰之折而合二陽之單總其畫則爲四四乃數之耦耦則陽畫自多是陰卦多陽亦自然而然耳豈可以人力爲之哉雖然論其故則陽卦五畫陰卦四畫陽與陰因有一定之分也論其德行則陽爲君陰爲民陽爲君子陰爲小人不然下文何以曰陽一君而二民君子之道也陰二君而一民小人之道也此又讀易者所當知

書

疇君子上下草木鳥獸

安惟恒

同考試官訓導劉批（此題似易而難作者多騁浮詞而不根於理獨是篇詞理俱優非他卷所及其盛經中之翹楚者歟）

同考試官教諭林批（題本冠冕作者多體認不□漫不知所主此篇理明詞贍誠空穀足音者故表而出之）

考試官訓導陳批（作熟題有新意僅見此篇）

考試官訓導黄批（體貼出帝舜咨臣之意而愛物之仁藹然溢於言表佳作也）

聖君求理物之官惟欲盡物之性也蓋人君一身天地萬物之主也聖君於物類之微得不求其人以順理之哉昔帝舜咨於群臣之意若曰參贊化育君之責也分理庶務臣之任也覆載之間一物失所則吾之責有虧矣山澤之官可不得其人以順理之乎是故上而山林非一所也下而澤藪非一區也其間蔓者幹者子之草木也苟無人以掌之則其性不遂矣廷臣之中誰能嚴其厲禁順其性而封殖之使夭者以夭喬者以喬而無萎折之患乎有若人焉汝必告之於我以任此職也飛者走者予之鳥獸也苟無人以治之則所性有垂矣庶官之内孰能時其狩獵順其性而養育之使孳者以孳尾者以尾而有咸若之美乎有是人焉爾必薦之於上以膺此位也吁一物類之微必委於衆而求其人如此其博愛萬物之心至矣哉大抵聖人以天地萬物爲一體故盡人之性必有以盡物之性也帝舜於命工之後即有朕虞之命良有以夫自是而後鳥獸咸若所以爲夏后鹿濯魚躍所以爲文王此唐虞三代天涵地育廣大氣□非後世之所能及也歟

爾乃自介用逸兹乃允惟王正事之臣兹亦惟天若元德永不忘在王家

王曰封我西土棐徂邦君御事小子尚克用文王教不腆于酒故我至于今克受殷之命王曰封我聞惟曰在昔殷先哲王迪畏天顯小民經德秉哲自成湯咸至于帝乙成王畏相惟御事厥棐有恭不敢自暇自逸

王士英

同考試官訓導劉批（連日閱卷少有愜意者偶得是作文采燁然奪目宜錄出以示後學）

同考試官教諭林批（場中作此題者多分截不明且繁簡失當此篇鋪叙匀稱文理蔚然是大奇希擊也一薦何忝）

考試官訓導陳批（善包括而發明殆盡佳士也）

考試官訓導黄批（得武王儆戒其臣意）

聖君之教妹臣必開其用酒之瑞聖君之告賢侯必詳以毖渭之事蓋酒不可以不謹也聖君既教□臣以用酒之道得不以周殷之毖酒者勉賢侯哉昔武王封康叔於衛此告妹土之臣意謂酒固不可以縱飲然亦不可以絶飲今庶士有正庶伯君子苟能作稽中德克羞饋祀爾乃受神之福雖稱彼兕觥而自□宴樂可也雖酌彼金罍而以介景福可也如此則不曠厥職豈不爲王治事之臣乎如此則天順元德豈不永膺爵位於王家乎然我之教妹臣者如是康叔爲侯於此可不知所勉邪故呼其名而告之曰我西土之地輔佐文王往日之邦君非一人也皆遵文王之訓而不酣於酒故我今日則有以受殷之大命焉御事小子非一職也皆奉文王之教而不湎於酒故我於此則有以承殷之大統焉然穆考固所當法而商之君臣亦所當鑒故又呼其名而告之曰我聞有殷成湯之聖迪畏上天之明命迪畏小民之難保其處已也經其德而不變其用人也秉其哲而不惑湯之垂統如此故自成湯至于帝乙雖世代不同也皆能成就君德敬畏輔相一迪畏之是效焉當時御事之臣雖先後不一也莫不盡忠輔翼責難陳善一迪畏之所發焉上而諸君惟務君道之當盡而一毫暇逸之心何有也下而諸臣惟務臣職之當爲而一毫暇逸之念無有也君臣之不暇逸如此尚何有湎洒之失哉汝康叔可不知所鑒而爲法於妹臣也歟抑考商紂酗酒天下化之妹土商之故都其染惡尤甚武王以其地封康叔故作書以告妹邦又拳拳以毖酒而興湎酒而亡者爲訓蓋欲康叔法其興而戒其亡也噫訓誡之嚴教誥之切仁人之於弟有如是夫

詩

燕笑語兮是以有譽處兮

張錦

同考試官教諭王批（此題譽處作者或於輔注率多失旨此篇專主朱傳以示慈惠立説是必窮理之士□健羡健羡）

考試官訓導陳批（發揮題意明白此卷爲優）

考試官訓導黄批（詞理純正）

惟君臣有以洽其情故人臣得以全其美蓋君臣之相與不偶然也君燕臣而情意以洽臣得君而譽處以全其一代明良際遇之盛爲何如哉昔諸侯朝于天子天子與之燕以示慈惠故歌此詩意謂當諸侯來朝之日正君心輸寫之時斯時也肆筵設席而隆夫待臣之禮君實爲之主焉酌以大斗而厚夫燕飲之儀臣實爲之賓焉爰笑爰語歡然於交際之間名分不暇計也載色載笑怡然於獻酬之際勢位不暇拘也君燕諸侯而有以洽其情如此則諸侯豈不有譽處之美乎是故君臣未得猜忌易生欲有美譽難矣今諸侯得天子之歡心於燕飲之余則令聞廣譽自爾其昭著矣其有美譽也□如上下不交疑隙易作欲求安樂難矣今諸侯沐天子之寵愛於笑語之際則爵禄名位可保於無虞矣其有安樂也何如噫君隆待臣之恩臣全譽處之美此有周君臣所以不可及與嗟夫君臣會合自古爲難有虞君臣都俞吁咈於一堂之上有周君臣燕樂笑語於來朝之時此皆千載之奇逢一朝之盛事也視彼朝賜鐵券而暮屠□者异矣後世稱虞周并享雍熙泰和之治良有以夫

篤公劉于京斯依蹌蹌濟濟俾筵俾几既登乃依乃造其曹執豕于牢酌之用匏食之飲之君之宗之篤公劉既溥既長既景乃岡相其陰陽觀其流泉其軍三單度其隰原徹田爲糧度其夕陽豳居允荒

衛傑

同考試官教諭王批（題本正大作者冗泛不切食人厭觀此篇説出公劉宫室既成燕臣安民之意文理簡明是宜録出）

考試官訓導陳批（文理明整録出以弁諸作）

考試官訓導黄批（理達詞婉善説詩者也）

詩人既美賢君之燕臣也其禮備復美賢名之安民也其事周蓋備禮以燕臣立法以安民皆賢君厚民事也詩人歷述以爲成王告不亦宜哉昔召康公以成王將莅政當戒以民事故咏公劉之事以告之謂夫厚哉公劉之於民也當于京斯依之日舉宫室落成之禮群臣至而飲者皆有蹌蹌之容來而燕者皆有濟濟之儀使人設筵則既登乃筵矣使人設几則既依乃几矣燕必有

殽也乃造其曹而執豕以爲殽蓋尚儉焉飲必有爵也酌彼旨酒而用匏以爲爵蓋尚質焉殽以食之矣又必自爲之君使异姓之臣皆於我乎統也酒以飲之矣又必自爲之宗使同姓之臣皆於我乎主也賢君備禮以燕臣如此篤厚之意何如哉夫臣固所當燕而民尤所當安故又謂夫厚哉公劉之於民也當地士既廣且長之時爲相土安民之舉或考日景以正四方或登高岡以觀形勢于以相陰陽向背寒暖之宜于以觀水泉灌溉之利軍賦不可以不定也則其軍三單而定軍賦焉税法不可以不立也則徹田爲糧而立税法焉歸民日衆又度山西之田以廣之而豳人之居益以大矣授田不足□審夕陽之地以廣之而豳人之居益以盛矣賢君立法以安民如此篤厚之意何如哉噫邑居定而燕臣之禮斯行燕禮畢而安民之圖即繼賢君厚民如此宜詩人述之以爲成王告歟抑考成王以幼冲之資撫盈成之運其於創業之艱難蓋未之知也周之公劉言乎其時則甚微言乎其事則甚勤稱時之甚微以戒其盈稱事之甚勤以懲其逸無非欲其知創業之艱難耳厥後成王果能基命宥密而爲守成之令主謂非康公告誡之力歟

春秋

齊侯鄭伯盟于石門（隱公三年）宋公齊侯衛侯盟于瓦屋（隱公八年）齊侯宋人陳人蔡人邾人會于北杏（莊公十三年）齊侯鄭伯盟于鹹齊侯衛侯盟于沙（俱定公七年）衛侯鄭伯盟于曲濮（定公八年）公會晋侯及吴子于黄池（哀公十三年）

張寧

考試官訓導陳批（傳意正如此）

考試官訓導黄批（此題作者類知以諸侯黨合黨散立説而不知歸重惡盟是以文無歸宿令人厭觀惟此篇詞理俱到殆空群之物歟）

春秋始惡諸侯結盟以啓大國之創伯終惡諸侯結盟以啓遠人之争伯此見世道日降盟實致之也春秋惡盟良有以夫當春秋之始周室雖東三靈自若也夫何齊僖托尋盧之好首偕鄭莊而盟于石門宋殤以平怨之故繼要齊衛而盟于瓦屋刑牲歃血略無誠慤之心要言詔神惟以固黨爲事諸侯之黨自是合矣伯圖安得而不啓乎遲遲數年齊桓假平宋之名倡北杏之會大而宋陳既翕然景從小而蔡邾亦帖爾聽命自是伯者之聲勢日以烜赫而周室之威靈漸微矣原其所自非石門瓦屋之盟胚胎之乎迨夫春秋之終晋伯雖衰主盟猶舊也奈何齊景久懷代興之志兩要鄭衛而盟于鹹沙衛靈欲堅從齊之謀繼偕鄭獻而盟于曲濮載書屢陳用商叛晋之謀壇坫屢設何有修

睦之義諸侯之黨自是散矣外勢安得而不張乎曾幾何時夫差偕晋魯之君會黄池之地偃然先歃而晋莫能争侈然自尊而魯莫敢抗自是强夷之烈滔滔天而晋伯之奕業掃地矣推厥所由非鹹沙曲濮之盟醖釀之乎吁始焉王降而伯者盟也終焉伯降而夷者亦盟也盟事有關於世變如此春秋得不悉書以惡之哉雖然世道日降固由於盟造瑞作俑實自齊鄭蓋齊鄭始不能藩屏王室而首啓石門之私盟實傷文武之休終不能匡輔晋伯而再啓于鹹之雖盟大壞文襄之業况乎繻葛之後鄭敢抗周棘蒲之取齊且伐晋屬比而觀齊鄭其罪魁歟

宋公楚子陳侯蔡侯鄭伯許男曹伯會于盂執宋公以伐宋（僖公二十一年）

李鋭

考試官訓導陳批（通篇以義字立説良是）

考試官訓導黄批（責諸侯處用以力以義言之讀之尤覺爽然視□於傳而不能步驟者有間矣）

春秋紀外夷之雲伯也責諸侯不能勇於義伯主不能明乎義此于盂之會楚人執宋而諸侯之縱楚宋襄之會楚皆非義矣春秋得不致其意哉當齊桓既往晋文未興宋襄則欲盟楚以求諸侯楚成則欲駕宋以凌中國故當鹿上之罷盟復講于盂之好會是役也宋襄徵會五國景從守其約言以乘車會楚子而不渝者宋也肆其詐諼伏兵車執宋公以伐宋者楚也春秋立文不泯其實也楚人執宋曷爲以諸侯國執爲文邪蓋諸侯爲會而蠻夷執其會主以力則五國之衆何弱於楚陳兵旅以拒之力非不足也以義則宋直楚曲其義已明申大義以責之何患無詞乎計不出此拱手以聽執則自執而莫敢誰何伐則自伐而環視莫救諸侯之不勇於義亦甚矣其責安可逃邪故春秋列楚於陳蔡之上而以同執爲文分惡於諸侯也然春秋立法爲賢者諱也宋襄見執曷不爲之隱邪蓋宋襄圖伯欲繼齊桓之烈上焉周室天下共主也使仗義以尊之事豈不美外焉夷狄凌雲諸姬也使合兵以攘之功豈不大不此是圖與楚盟會躋蠻夷於壇坫既非是膺是懲之謀置周室於度外何有於維藩維屏之義宋襄之昧於義亦明矣其辱尚誰咎哉故春秋直書其執而不隱深貶宋襄也吁志士仁人卓然自立也諸侯既縱楚矣未幾于薄有盟復求楚釋宋何其不自立邪夷狄豺狼不可親也宋襄既見辱矣夫何于泓接戰復不擊楚何其不知務邪雖然諸侯不足論獨惜盂之會子魚兵車之謀善矣襄則拒之

泓之戰子魚請擊之計得矣□則違之拒諫自用如此其敗也宜哉

禮記

明父子之義長幼之序

郭用

同考試官教諭樊批（詞簡理明録出以範後學）

考試官訓導陳批（文從理順必熟於禮經者）

考試官訓導黄批（題固不難作而此作家數自是别）

著天屬之天性者此人臣之爲政於公族也蓋天屬之自然而各具乎天性之本然也然非教以孝弟又何以著明乎□理也哉且司馬之屬官爲政於公□也道豈遠乎哉術豈多乎哉亦曰孝弟而已矣是故子焉而不父其父則事親之孝有未明今焉教之以孝所以使父雖賤也必居上子雖貴也必處下而凡寓于内朝者皆知孝以事親不以堂陛森嚴而沮吾親親之意父子之義于此乎明矣幼焉而不長其長則事兄之弟有未明今焉教之以弟所以俾長雖賤之必居上幼雖貴也必處下而凡寓於路寢者皆知弟以事長不以班行凛□而缺吾親親之理長幼之序于此乎明矣惟其明父子之義則親愛而有所守惟其明長幼之序則遜讓而有所次人臣爲政於公族有如此哉大抵公族者風化之原也政教之本也禮義之宗也不教以人倫何以爲人取法乎故善爲政者教以孝弟教以睦友教以子愛一動静一云爲無不教焉當是時邦國有倫而衆鄉方有由然矣

君子力此二者以南面而立夫是以天下大平也

張懷

同考試官教諭樊批（題本冠冕作者多陳腐可厭詞新義足僅見此篇）

考試官訓導陳批（講以禮樂化天下體認精切）

考試官訓導黄批（能脱俗可嘉）

惟一人體禮樂而居尊則四海因禮樂而成化夫禮樂者出治之本也人君體此而居南面之尊則化成天下也有不期然而然者矣今夫君子之爲政也無他道焉在乎禮樂而已言而履之禮也奚必鋪几筵之類然後謂之禮乎行而樂之樂也奚必行綴兆之類然後謂之樂乎君子力乎禮樂如此由是而居聽治之位凡其正人之身者一是禮之流行由是而答離明之光凡其正人之心者一是樂之昭著若然則有其德而有其位矣將見諸侯于此乎來朝萬物于此乎服禮百官于此乎承事躋斯世于禮教之中所謂言僞而辨者無有

囿斯民于樂教之内所謂行僞而堅者蔑如天下太平也爲何如哉大抵安上治民莫善於禮移風易俗莫善於樂治天下者本乎禮樂則天下亦豈有不治者哉雖然兹事也未易能也必聖人在天子之位而後可

第二場

論

孟氏承先聖之統

張錦

同考試官教諭王批（一論滂沛出人意表宛如華峰疊翠視之令人心目豁然况前場七篇文理純粹取魁多士允協輿情）

考試官訓導陳批（不工葩藻之語而爲典雅之文閲此真如得荆玉而價重連城者寧不珍重之耶）

考試官訓導黄批（有議論有□□如巧匠運斤横針曲直動合矩度較之騁□□以炫人目者其氣象何如邪）

天生大賢豈偶然哉爲斯道計耳夫道之在天下也無古今而在人也有顯晦得其人則顯失其人則晦顯也晦也不能不係於人焉時至戰國聖遠言湮斯道亦已晦矣不有孟氏者出推明中庸之書以詔天下後世則斯道終於晦而不復顯矣先聖之統孰能起而承之也哉嗚呼此天生大賢所以爲不偶歟請廣其説粤自工古聖神継天立極而道統之傳有自來矣其見於經則久執厥中者堯之所以授舜也惟精惟一者舜之所以授禹也自是以來聖聖相承若成湯文武之爲君皋陶伊傅周召之爲臣其所以接夫道統之傳者胥此焉耳若吾夫子則雖不得其位而所以繼往聖開來學其功反有賢於堯舜者然當是時見而知之者惟顔氏曾氏之傳得其宗及曾氏之再傳而復得夫子之孫子思則去聖遠而异端起矣子思懼夫愈久而愈失其真也於是推本堯舜以來相傳之意質以乎日所聞父師之言更互演繹作爲中庸以詔後之學者而斯道始賴以不晦焉奈何子思没而微言絶春秋降而戰國□邪説揚眉异端懷臂百家各售其説九流各是其師申韓以刑名壞吾道統孫吴以兵法毒吾道統儀秦以口舌亂吾道統天下貿貿焉莫知所之人欲肆而道統幾乎息矣斯時也倡而明之者誰歟起而承之者誰歟幸而文不喪天道不墜地孟軻民出焉挹秋陽皜皜之光輝負泰山岩岩之氣象知道之終不可行而人之終不我用也遂慨然以道統爲己任不復懷焉竊其意曰中庸一書道統收寓中庸明則道亦明而先聖之統有所托中庸晦則道亦晦而先聖之統失其傳

予既爲聖人之徒矣子可不承先聖之統乎於是不必其道之可行也惟中庸一書是明不必其人之我用也似仁義七篇是作其曰人性之善也猶水之就下也即天命謂性之意焉□□仁也者人也合而言之道也即率性謂道之意焉其曰可以仕則仕可以止則止則君子時中之謂也其曰道在邇而求諸遠事在易而求諸難則道不遠人之謂也誠爲中庸之樞紐子思言之切矣孟子則曰誠者天之道思誠者人之道其推明誠字之義爲何如知爲中庸之門户子思説之詳矣孟子則曰知者無不知也當務之爲急其推明知字之義爲何如養氣一説足以發前聖未發之藴井田一論足以爲後世不易之法七篇之中拳拳乎仁義之説者無非推明中庸之義也断断乎理欲之辯者無非推明中庸之旨也夫中庸之所在道統之所在也中庸一書既明於孟子則先聖之統豈不承於孟子乎是故允執厥中之傳固嘗見於唐虞之時中庸既明則道統不在唐虞而在孟子矣惟精惟一之傳固嘗見於虞夏之日中庸既明則道統不在虞夏而在孟子矣成湯文武往矣承成湯文武之道統者非孟子而誰歟臯陶伊傅周召□矣承皋陶伊傅周召之道統者又非孟子而誰歟孟子雖未嘗飲洙泗之勺水也而夫子之道統已承於今日神會之余雖未嘗沾杏壇之點雨也而夫子之道統已承於今日必領之際彼不見諸侯非沽名也義不當見故不見也不當見而見之寧不枉先聖之道耶不受齊禄非釣譽也義不當受故不受也不當受而受之寧不玷先聖之統耶妾婦儀秦斥之者薦矣然儀秦爲道統之蟊賊斥之不容以不厲也禽獸楊墨驅之者嚴矣然楊墨爲道統之寇讐驅之不容以不嚴也詖行距之淫詞放之承道統而距之放之也人心正之邪説息之承道統而正之息之也一則曰閑先聖之道二則曰守先王之道非承先聖之統而何一則曰乃所願則學孔子二則曰非堯舜之道不陳非承先聖之統而何予未得爲孔子徒也予私□諸人也言若謙讓也而自任承道統之意實隱然於言意之中矣然而無有乎爾則亦無有乎爾詞若推托也而自任承道統之心實昭然於詞氣之表矣以一人而推明中庸之書以一身而纘承先聖之統所謂大有功於世者在此所謂功不在禹下者在此然則上天之生大賢抑豈偶然而已哉嗟夫聖賢不常生世道不常治此固理也亦勢也使孟子不没异端不作則斯道常明無足慮者及孟子没也而老佛之徒又出則吾道之所寄不越乎言語文字之間向之明於孟子者復晦於老佛矣良可恨也幸而宋德隆盛五星聚奎濂洛浚其源横渠助其瀾考亭揚其波而斯道又復大明是則承先聖之統者固在於孟子而推明孟子之書以承孟子之統者又在於濂各關閩数君子而已噫先聖先賢往矣愚不可得而見矣明

先聖之道承先聖之統者今幸有聖天子在上

表

擬宋賀日下五色雲見表

段繼

同考試官教諭印批（表可觀）

考試官訓導陳批（得駢儷體）

考試官訓導黄批（典雅）

伏以治道與斯文共泰甲科登不世之賢天心與人事相符霄漢著非常之瑞歡騰朝野喜溢臣工玆蓋伏遇□□□聰明天縱聖學日新纘祖宗一統之洪圖巍巍蕩蕩膺帝王萬年之寶曆繼繼繩繩霄肝思賢協商宗之夢卜羹墻見道同夏禹之克勤邇者天開景運賢俟登庸以爲政在於得人乃臨軒而□試士絲綸赫奕於頒布之余禮樂縱横於條陳之際冕旒親品第韓列多士之先閶闔府傳臚太史奏祥雲之見非煙非霧昭迴於霄漢之間如繪如圖絢爛於殿廷之上輝輝拱日粲五色之光華燁燁呈祥靄一天之瑞氣事非偶爾慶出天然是雖賢才之出足以昭當代之文明實由君德之隆有以致上天之感應也臣等職居近侍目睹休徵誠忭誠歡不覺形於舞蹈載歌載頌莫能罄於揄揚惟願聖學緝熙皇風清穆群賢輩出益隆至治之休諸福駢臻永協上天之應臣等無任瞻天仰聖激切屏營之至謹奉表稽賀以聞

第三場

策

第一問

郭用

同考試官教諭樊批（隨問隨答蓋留心於策學者）

考試官訓導陳批（策有考據足見該博之學）

考試官訓導黄批（條答無遺策手也）

道具於心而著於文者萬世爲可法文戾乎道而工於詞者後世有可議蓋萬世可法者經世之典章後世可議者詞章之末習必文以契道而本之身心者斯爲善矣此我朝列聖之制作所以媲美古之聖王而非漢唐宋之所可及也與請因是而詳陳之聖人之心道之所存聖人之文道之所寓粤稽諸古伏羲神農黄帝堯舜以至禹湯文武所以繼天立極一道統之授受也如伏羲因河出圖而畫卦大禹因洛出書而叙疇堯舜之典謨湯武之訓誥皆制作之

顯著者也降是而後若高帝大風之歌太宗威鳳之賦武帝造雜詩而成樂章文宗爲詩句而賜裴度以至元宗之序孝經武帝之著兵書數君之文雕琢非不工也而正心誠意之學無有其於道也何預焉真宗進士有詩崇儒有論所以振文教之隆也龍圖有贊太清有記所以示圖籍之尊也歌寫念農而有憫農之意吟咏貴食而有重本之念真宗之文程度非不嚴也而惟精惟一之妙不存其於道也何有焉若喜晴托咏秋雨述懷此孝宗述恢規之志也用人著論秘閣賜詩此孝宗表敬臣之心也孝宗之文美則美矣其如躬行何作究國贊著鑒古記此大宗仁宗之重聖道謹保治也草親往詔草討賊命此高宗之圖恢復志中興也三君之文偉則偉矣其如踐履何此其所以卒不能媲美於古聖王之制作也惟我朝太祖高皇帝作大誥三編以昭示天下之民太宗文皇帝制爲爲善陰隲孝順事實二書以成天下之化宣宗章皇帝纂成五倫一書以新天下之治宣宗章皇帝纂成五倫一書以新天下之治三聖四書皆本之躬行之余得於踐履之實足以正人心於當時足以扶世教於後世蓋與羲之卦禹之疇堯舜之典謨湯武之訓誥同一揆矣豈漢唐宋諸君之制作所可彷佛其萬一也哉愚生欽服□□于兹有年矣敢以是爲明問復幸垂教焉

第二問

安惟恒

同考試官訓導劉批（知人安民爲政□□援古人事實而發揮之其有爲之志可見矣）

同考試官教諭林批（場中答此策者比比浮詞□□惟此事實詳明文詞精采有學有識之士也）

考試官訓導陳批（援古澄今□然有見）

考試官訓導黄批（區畫四事切當時宜足見用世之學）

公選舉之典則賢才有以致其用盡教養之道則斯民有以安其生蓋選舉不公則賢否混淆治化無由而盛教養無方則生民不遂禮義何由而興此選舉爲知人之本而教養爲安民之務也歟請因明問所及而條陳之自古帝王之治天下不外乎知人安民二者而已故皋陶謨於舜曰在知人在安民誠經世之大本爲邦之要道也且莫難於知人苟科目考課這有道則人可知矣尤莫難於安民苟農桑學校之有方則民可安矣夫設科取士賓興之盛典也今國朝科目之制亦云嚴矣然鳴世之儒或未聞奔競之風猶未息者豈取人以文不以實乎□使司文衡者重本實而退輕浮敦儒雅以黜險怪則必得噓吸雲雨如張九齡忠悟人主如陸贄之徒矣何鳴世之儒有未聞而奔競之風

有未息哉考績黜陟勸懲之良法也今國朝考課之法亦云至矣然循良之政或未著貪墨之風猶自若者豈教人以令不以身乎若使司激勸者以禮義廉耻勵其節清勤明著核其實則必得選取一錢如劉寵特受百紙如杜暹之輩矣何循良之政有未著而貪墨之風有未上哉農桑衣食之本安民之急務也聖明精選進士以任守令之責愛民之心何深也然耕於野者未免有閑曠之夫豈守令因循歲月而督責之未至乎使任守令者皆賢如古之龔遂守勃海則必有民勸農桑之應卓茂之宰密邑則必有吏民愛而不欺之效矣何患田野之不闢哉學校風化之原安民之要道也聖明精釋貢士以任師儒之職仁民之意何博也然業於學者或不能盡全材之士豈師儒尸位素餐而教誨之未至乎使任師儒者皆賢如古之王通講道河汾則必有善謀庶政如房玄齡之士安定教授蘇湖則必有臨事明敏如范純仁之賢矣何患賢才之不出哉夫知人安民固爲治之要道而知人又安民之本也楊子曰非知人而能安民者未之有也愚敢以是爲終篇獻

第三問

張錦

同考試官教諭王批（此策考據詳明條答無遺且有景行先哲之志佳作也）

考試官訓導陳批（此策事實作者多不能道能考古□析詞氣蒼然無逾此篇）

考試官訓導黄批（此子於鄉邦之事能歷歷陳之不當如探囊中物且筆力蒼古氣象雍容真佳士也）

人不自傑必地靈而始傑地本自靈由人傑而益靈蓋地之靈人也傑也人之傑地之靈也然尼丘卷石不靈於泰華而萬世仰止諸馮撮土不靈於中華而與天無極是地不必傑於人而人可□靈於地矣執事發策以山西之地理山川人物風俗爲問不惟欲求其故而且致矣期望之意焉意甚盛也愚雖不敏敢不整一得之見以復明問之萬一乎請試陳之山西實古冀州之域以言其地理也自顓頊制九州冀居其一而疆域最大舜肇十有二州乃分冀之東北爲幽并而并置牧焉夏殷復合周人復分以爲晋封也及倣并天下遂爲郡縣以迄于今此其沿革之大略也然豈徒分之并之郡縣之而已乎中古聖王寔更都焉平陽堯也蒲坂舜也安邑禹也□□於此乎光被玄德於此乎升聞文命於此乎誕敷也柳宗元所謂三河古帝王之更都者不其然哉彼禹之治水首此皇都而疆域不列於禹貢者所以尊京師示無外耳矧餘州界至既

明此又不言而可知矣以言其山川則恒山之爲北岳霍山之爲中鎮海則西海瀆則河瀆皆晋望也故國家永賴遂爲祭祀以傳于後此其山川之大者也然豈特岳焉鎮焉海瀆焉而已乎山河之固自古美焉泰聳其左華立其右黄河繞其前江淮諸山重列于其外朱文公所謂冀都風水與地形極好者不亦信哉彼山西之名所由得者蓋以太行在其東南耳况他山雖因地异名實皆此山之餘脉也若夫人物則前有風后蒼頡羲和后稷之爲聖後有夷齊師曠介推百里奚輩之爲賢戰國而降未暇枚舉而具最者不有洪洞之皋陶平陸之傳説乎亘萬古而不可尚已盛哉其人物也風俗則蟋蟀之詩謂其好樂無荒職思其居而季扎亦曰憂深思遠宗元之問謂其善讓好謀和恬以愉而朱子亦曰勤儉質朴其所本者豈非陶唐氏之遺風乎美哉其風俗也嗟夫有此地理便有此山川有此人物便有此山谷方今上以三聖之德位都治燕京兹藩寔爲右屏其地理山川固無异於三聖之時矣且明良之相逢彌綸治化兹藩寔先他邦其人物風俗又何异於三聖之時哉然愚所志則固有在者蓋皋陶往矣而九德之謨不與俱往可復矢於今日之帝堯也傳説遠矣而三篇之命不與俱遠可更陳於今日之商宗也夫然則兹地靈而益靈兹人傑而益傑信乎人之并靈於地而所謂山西之地理山川人物風俗爲天下最者断不誣矣狂瞽之説不自揆量惟執事其進教之

第四問

張寧

同考試官訓導劉批（場中士子率爲此策所窘此篇能歷叙古人用兵勝食之由如指諸掌非强學待問者能邪）

同考試官教諭林批（兵法一策士子多未之究此篇考據精詳断制允當其善談兵者歟）

考試官訓導陳批（發明用兵應變之法節節詳盡其當於問學者乎）

考試官訓導黄批（以用兵不可拘於法議論最是）

善用兵者用其法而不拘於法焉蓋法有定論而兵無常形舍其法而無制勝之策者固不可也拘於法以應無窮之變者亢不可也故必用其法而以智謀機會參其間使出入離合動有節制向背取舍各適事機則焉往而不勝哉是故歸師勿遏曹操嘗用之敗張繡矣皇甫嵩犯之而破王國知其力竭疲敝不能反噬是以破其衆如拉朽耳窮寇勿迫趙充國嘗用之緩先零矣唐太宗犯之而追羅睺知其急之則散□墟虛弱是以降仁杲如摧枯耳百里而争者蹶上將宜乎龐涓死於馬陵矣趙奢之救閼與以邊地在所必争故不從難

救之言而又能成功法其可拘乎强而避之宜乎亞夫不擊吴軍矣光武之解昆陽以王業在此一舉故奮勇擊之而卒破尋邑機會其可失乎楚爲三軍拒英布而覆其軍所謂兵少勢分者敗也曹操亦嘗分其勢拒袁紹矣而卒斬顔良蓋知良性促狹不善爲謀故耳雖有兵少勢分之言何泥焉燕以騎劫代樂毅而喪其師所謂臨敵易將者危也秦昭亦嘗以白起代王齕矣而卒殺趙括蓋知起之用兵非齕可及故耳雖有臨敵易將之□何拘焉以是觀之則知用兵之不可無法而亦不可徒拘於法也亦明矣故張良漢之三傑也不能不讀圯下老人之書孔明天下奇才也戰鬥之法必有所傳授用兵其可以無法乎趙括能讀父書也不知合变卒貽禍於長平霍去病不學古兵法也能知方略終收功於絶漠用兵其可徒拘於法乎嗟夫兵家之勝不可先傳或奇或正有不一之機或攻或守有不一之勢其盛無窮其妙莫测也苟拘一定之法以應無窮之變幾何不至於敗邪唯不以法爲守而以法爲用隨機應變因特制宜杜牧所謂譬之槃之走凡凡走於槃縱横圜直繫於臨時不可必知所可必知者凡之不能出於槃也其庶幾矣愚請以是爲明問復

第五問

任良弼

同考試官教諭印批（四時制宜綽有處置且文詞豐偉氣象春容真良金美玉見之使人自重也）

同考試官教諭蒲批（時務一策正欲觀士子用世之學此篇能以防患救患立言其亦深達治體者歟）

考試官訓導陳批（引證切當區畫有方他日試諸政事必不負所言也得士如此寧不欣躍也邪）

考試官訓導黄批（備邊救荒政今日之急務此策酌古準今皆□□可行蓋學充而足用者歟）

防患於未然者易爲力救患於已然者難爲功蓋兵荒之患何代無之惟在處之者有其術耳誠能於患之未至也先事而防之及患之已至也又極力以救之則兵常足而邊塵不揚食常足而居民不窮矣尚何兵荒之足慮乎執事發策以西晋兵荒爲問且求其所以處之之術愚不敏何足以知之雖然不敢不有復也且西晋東抵幽燕西抵關陝南抵河汴北抵沙漠考之圖志即古冀州地是已往昔之時邊儲充牣士飽而歌不知烽燧之警閶閻安堵民康而色未聞旱□之灾夫何邇年以來北虜之爲患也狙詐多端士不得息誠有如明問所謂或游騎出入而乘間爲寇者前此朝廷因嘗以不得已之心而剿伐

之矣然或窺伺於陰伏之久而猝生變故則舟中敵國誰其禦之此邊患之不可以不慮也旱魃之爲灾也赤地千里民不聊生誠有若明問所謂老弱轉於溝壑壯者散之四方者前此朝廷亦嘗以不忍人之心而賑貸之矣然或糜費□□胥之手而惠不及下則翳桑餓夫饋其餽之此民窮之不可以不念也噫兵荒之患自古有之惟夫處之有得有失是故因之有成有敗試以古人觀之則知所處矣彼如築城拒秦而秦兵不敢東向者吴起之守西河也破胡拓地而匈奴不敢近塞者趙牧之居雁門也免胄示信而狄人莫敢犯境者薛仁貴之知代州也以至爲雲中守而材氣無雙當時有飛將軍之號者則又有李廣也夫廣與仁貴成功於漢唐盛時固若易爲者若起牧則處戰國之衰亂耳而其功且如此況今全盛之日胡爲而獨慊耶善乎班孟堅之言曰王者之於夷狄來則懲而御之去則備而守之其慕義而來貢則以禮而□之古今論備邊者莫過於此誠使握兵符者一以孟堅之言爲主不輕挑以生事不妄殺以邀賞而又時取起牧輩之可行者仿而行之則邊境足兵而外侮可禦矣尚何邊患之足慮哉君乃撫循百姓而甚得其情者劉琨之刺并州也勸耕建法而公私皆足者張儉之刺代州也勸民出粟而飢民獲濟者司馬旦之知祁縣也以至爲長子令而府□封還富弼有真縣令之嘆者則又有劉絢也夫絢與旦立政於趙宋盛時固若易舉者若琨儉則處晋唐之初興耳而其政且如此況今隆盛之世又胡爲而獨難耶善乎朱文公之言曰自古救荒自有兩説第一是感召和氣以致豐穰其次只有儲畜之計古今論救荒者無出於此誠使□民社者一以文公之説爲法立社倉之制寬雜泛之徭而又時取琨儉輩之可用□仿而用之則郡縣足食而内治可成矣尚何民窮之復念哉愚也生長斯方目擊斯弊展轉於心久矣狂妄之言不自知其覼□執事倘有取於負暄之愚而或聞之於上則豈非平生之至願哉謹對

山西鄉試録後序

山西西北巨藩也即古冀州之域士生其間多學古志道由科目而進者綽有聲譽彬彬乎相後先也成化丙午又當天下大比之秋巡按山西監察御史宋德洎藩臬重臣與凡百執事悉防範慎密以求真才合郡邑就試之士一千有奇三試之得六十五人遵定制也録其名氏及文之尤粹者以獻暢濫竽較文之末宜序于後竊惟三代而上取士之法合德行文藝爲一途故得人

爲甚盛三代而下取士者專事文藝而不知德行爲何物故得人不古若惟我
皇上纘承聖祖神宗右文圖洛以堯舜禹湯文武周公孔子所以授受周程張
朱所以講明之道取而立之爲養士取士之成法使士之務學非徒事乎記誦
訓詁之余割裂裝綴以工文詞而已有禮義廉耻以養其心孝弟忠信以恒其
德前言往行以充其智禮樂文物以飾其躬允蹈而實踐之也以故論秀而升
之士率皆光明俊偉肩摩踵接倍出迭興笙鏞乎治道黼黻乎皇猷不啻麒麟
鳳凰之出而瑞世矣得人之盛治化之隆有非三代而下之所能及者書曰野
無遺賢詩曰濟濟多士此其時也猗與休哉今諸士子養之於學校飽德行而
精文藝登名是録固爲榮矣行將上春官策大廷躋華陟要則又駸駸嚮用盍
思朝廷之所以建學設科養士取士者何意我之所以進取致君澤民者何事
盡推其得於平日者而大設施之懋功業於邦家沛膏澤於黎庶將使天下之
人指而榮之曰名邦所産之士也科目所得之賢也德行文藝之兼有也顧不
偉與若攻文詞以竊儒者之名藉科目以科目爲利禄之媒則乖清議玷士風
矣非主司所願望於諸士子也幸相與勖諸

直隸蘇州府儒學訓導陳暢謹序

弘治五年山西鄉試録

山西鄉試録序

洪惟我國朝稽古賓興之制三歲一大比網羅賢俊以圖治理肆皇上嗣統之五年例當開科取士先是鎮守山西太監劉政巡撫都御史楊澄侯恂巡按御史蔣勛以山西人文之盛視昔加隆士之挾負以待試者霧滃雲集貢院湫隘有弗能容乃闢地以廣之惟時監察御史王表劉紳又皆協心鼓舞而士氣益振守臣祗循令典走幣聘四方儒宿以司校文山與琰濫竽其柄届期蔣勛以憂去適監察御史張泰繼之精白一心期在至公以副皇上求賢之意方鎖院集提調監試左布政使李蕙按察使熊翀副使陳金左參議繆昌同考試官學正龐振治教諭江京劉昱鄭坤訓導翁端喬隆與凡有事於院者焚香矢天靡不駭悚汗慑其防範于外則右布政使陳靖左參政王臣吴櫃右參政王進右參議李儼副使楊光溥胡漢僉事王存禮紀振徐智趙進楊祥許鋭率恪遵成憲莅事惟謹丁未初試庚戌再試癸丑三試合一省之士凡千百有奇皆提學僉事楊文卿所試而來者得其文之中式者六十五人遵制額也故事小録成有序以紀盛山僭序曰惟天佑一代之興必篤生賢才以濟一代之用故世無乏賢之國賢無之效之用顧上之人所以養而致之何如耳詩曰古之人無斁譽髦斯士書曰萬邦黎獻共惟帝臣是則賢才之成以濟世用者必賴上之人造就而作興之致然爾惟我高皇帝創定天下首建辟雍聿新文教一惟賢才是崇是用列聖相承丕光謨列獎勵益至故賢才以科目進者彬彬郁郁後先相望皇上以上聖之資嗣宏冒之祚其所以感發而神化之者又不疾而速人文大勝往古惟山西古冀州域雖帝王肇迹之所自昔亦稱用武之地國家文教覃敷殆一百三十年于兹以故化洽率土人才在在杰出士之就試者皆負雄才奇氣可喜可愕故閲其文之莊整古淡可以想唐堯土硎之制閲其文之雄峙詭出可以想晋文立伯之功閲其文之高深激放可以想太行太河之美閲其文之精純馴熟可以想鹵金屈産之良嗚呼是尚可目爲用武之地邪兹非上之人有養而致之然乎爾諸士登名是録固幸矣行將上春官進對大廷發所學以鋪張太平極盛之治必休聲邁烈光耀史策使天下後世指其

名而歸重於科目庶無負皇明涵育造就之仁諸節鎮闢土容才之雅興主司今日矢天遴選之公山輩亦何幸之大焉庸書此以勸

直隸蘇州府儒學教授宋山謹序

弘治五年山西鄉試

監臨官

巡按山西監察御史張泰（世亨直隸肅寧縣人　戊戌進士）

提調官

山西等處承宣布政使司左布政使李蕙（德馨直隸當塗縣人　己丑進士）

山西等處承宣布政使司左參議繆昌（廷謨直隸無錫縣人　戊戌進士）

監試官

山西等處提刑按察司按察使熊翀（騰霄河南光州人　己丑進士）

山西等處提刑按察司副使陳金（汝礪湖廣應城縣人　壬辰進士）

考試官

直隸蘇州府儒學教授宋山（民止湖廣湘陰縣人　甲午貢士）

山東兖州府曹州儒學學正濮琰（延芳直隸當塗縣人　癸卯貢士）

同考試官

湖廣靖州儒學學正龐振治（弘敷浙江天台縣人　癸卯貢士）

湖廣永州府祁陽縣儒學教諭江京（宗鎬浙江開化縣人　己酉貢士）

四川潼川州射洪縣儒學教諭劉昱（景暘雲南安寧州人　庚子貢士）

江西撫州府宜黄縣儒學教諭鄭坤（文厚福建閩縣人　癸卯貢士）

江西吉安府泰和縣儒學訓導翁端（正夫福建莆田縣人　甲午貢士）

直隸太平府繁昌縣儒學訓導喬隆（克昌山東濱州人　辛卯貢士）

印卷官

山西等處承宣布政使司經歷司經歷章英（廷傑直隸遷安縣人　甲午貢士）

山西等處提刑按察司經歷司經歷翟茂（叢盛直隸欒城縣人　監生）

收掌試卷官

太原府知府徐佑（允吉直隸肅寧縣人　戊戌進士）

平陽府知府杜忠（世臣河南河陰縣人　戊戌進士）

受卷官
大同府同知張逵（九達直隸唐山縣人　丁酉貢士）
汾州介休縣知縣張瓚（器之直隸丹徒縣人　乙未進士）
潞州潞城縣知縣王純（惟一直隸永年縣人　甲午貢士）
平陽府洪洞縣知縣楊光澤（文匯山東沂水縣人　辛卯貢士）
彌封官
潞州襄垣縣知縣王錦（在中陝西醴泉縣人　庚戌進士）
潞州黎城縣知縣金山（仲仁河南夏邑縣人　庚戌進士）
平陽府趙城縣知縣向明（公溥直隸巢縣人　甲午貢士）
謄録官
太原府推官王冠（廷望陝西鳳翔縣人　庚戌進士）
潞州知州馬暾（廷震直隸徐州人　辛卯貢士）
太原府忻州知州王軒（廷冕山東寧海州人　丁未進士）
平陽府蒲州知州許鵬（雲程直隸山陽縣人　乙酉貢士）
對讀官
太原府清源縣知縣胡顯宗（世榮羽林左衛官籍　丁未進士）
潞州長子縣知縣孫璽（國信山東青城縣人　庚戌進士）
平陽府安邑縣知縣朱智（體貞河南滎澤縣人　丁未進士）
澤州高平縣知縣毛忠（廷諫山東掖縣人　辛卯貢士）
巡綽官
太原左衛指揮同知張雲（天秀直隸江都縣人）
太原右衛指揮使吴裕（天宏直隸合肥縣人）
太原左衛正千户王瑜（廷用河南祥符縣人）
搜檢官
太原右衛指揮使陳預（立卿河南儀封縣人）
潞州衛指揮僉事莊静（世謐山東濟陽縣人）
潞州衛正千户李綱（大常直隸盱眙縣人）
潞州衛副千户王錦（文綉河南汝陽縣人）
供給官
太原府陽曲縣知縣王翺（雲程陝西同州人　戊子貢士）
遼州榆社縣知縣李中金（獻之四川内江縣人　監生）
沁州武鄉縣知縣楊本（大本直隸威縣人　監生）

太原府忻州定襄縣縣丞王福（天錫直隸鉅鹿縣人　監生）
太原府陽曲縣典史張玉（廷瑞直隸清苑縣人　吏員）
太原府静樂縣典史齊俊（世英陝西鳳翔縣人　吏員）
太原府陽曲縣臨汾驛驛丞許質（天寶山東汶上縣人　承差）
太原府平定州樂平縣栢井驛驛丞王宗禮(朝儀河南陳留縣人　承差)
平陽府蒲州河東驛驛丞陳涇（元順直隸獻縣人　承差）

第一場

四書

爲人臣止於敬　禮以行之孫以出之信以成之　吾豈若使是君爲堯舜之君哉

易

初九咸臨貞吉象曰咸臨貞吉志行正也　大壯利貞大者正也正大而天地之情可見矣象曰雷在天上大壯君子以非禮弗履　天數五地數五五位相得而各有合天數二十有五地數三十凡天地之數五十有五此所以成變化而行鬼神也　六者非他也三才之道也道有變動故曰爻

書

若濟巨川用汝作舟楫　曰肅時雨若曰乂時暘若曰哲時燠若曰謀時寒若曰聖時風若　天休滋至惟時二人弗戡其汝克敬德明我俊民　以佑乃辟永康兆民萬邦惟無斁

詩

七月流火九月授衣　既優既渥既霑既足　維此王季帝度其心貊其德音其德克明克明類克長克君王此大邦克順克比比于文王其德靡悔既受帝祉施于孫子　喤喤厥聲肅雍和鳴先祖是聽

春秋

齊侯鄭伯盟于石門（隱公三年）齊侯鄭伯盟于鹹（定公七年）齊侯宋公江人黄人盟于貫（僖公二年）　初税畝（宣公十五年）作丘甲（成公元年）取汶陽田（成公二年）叔孫僑如帥師圍棘（成公三年）晋侯使韓穿來言汶陽之田歸之于齊（成公八年）　公伐邾入邾以邾子益來(哀公七年)齊人取讙及闡歸邾子益于邾齊人歸讙及闡(哀公八年)公會吴伐齊（哀公十年）

禮記

悉其聰明致其忠愛以盡之　故學之爲父子焉學之爲君臣焉學之爲長幼焉　揖讓而治天下者禮樂之謂也　王言如絲其出如綸

第二場

論

天子明見萬里

詔誥表（内科一道）

擬訪求前代遺書詔　擬宋以趙普爲太保兼侍中誥　擬冬至群臣賀表

判語（五條）

官文書稽程　立嫡子違法　僧道拜父母　主將不固守　老幼不拷訊

第三場

策（五道）

問　伏睹詔恩霈施追録元勛之裔中外欣欣所謂興滅繼絶天下歸心者也嘗因是竊論之開國元勛中山武寧王而下六王五公一侯皆配饗太廟者也其功烈著於國史圖於功臣廟傳於天下父老之口諸士子亦能言之乎配饗之外亦尚有功烈可絶者乎漢唐之世白馬之所盟雲臺凌煙閣之所圖可謂盛矣其後亦屢廢屢續唐中世功臣之宅爲寺爲園過者傷之然當時文人墨士作爲歌頌若班固范燁吕温之贊不獨侈諸臣之功烈亦以聳漢唐之盛我朝國史事秘自近臣有不得見故開平而下人或莫知其姓名况功烈耶今詔恩宏及宜有化光子厚之儔作爲文詞使元勛偉績照耀今古以揚聖祖駕馭之略今上褒恤之仁非諸士子則誰耶

問　日者元良肇建國本增隆誠億萬年無疆之休也然開之賈誼天下之命懸於太子太子之善在於早諭教故敢咨詢以備采擇古者天子之元子十五入大學十五之前其獨無教乎成王之爲太子也太公爲師周公爲傅召分爲保皆以大臣兼之則燕間侍從獨無人乎唐制宫寮有詹事贊善各有所視而劉洎岑文本馬周又递日往東宫談論豈亦無定職乎劉洎之疏謂當留意篇翰而王旦之責張士遜又若不在是者賈誼欲教以禮誼而晁錯又謂當通術數不知何者爲得乎願備言以聞於上亦或一助也

問　所貴乎聖人之道者非以其得之而可用用之而天下治乎所惡夫

异端者非以其得之而不可用用之而天下亂乎三代而下名臣勛烈莫如韓司徒子房漢武侯孔明言而可用者漢有賈誼唐有魏徵子房之學多出於圯上老人之書孔明在隆中嘗自比於管樂司馬遷之言曰賈誼明申韓而魏徵亦嘗學從横之術後世儒者如王荊公最深於經學用之於宋至今人諱言之何獨荊公耳程朱世號大儒皆用於經筵曾不聞格心之效何也夫所貴者吾道而得之未必可用所惡者异端而用之未必無效其故安在願明言之以祛所惑

問　人之才各有所長亦各有所短善用人者各就其所長而用之而用之專任之久故天下無不可用之人後之用人者异於是故臨事每有乏才之嘆唐虞之世稷不敢自與於知禮契不敢自與於知樂終其身止於一職夫以聖賢之才必專且久况後世乎漢去古未遠居官至長子孫而武宣之世奉使之屬各專一人漢世得人於斯爲盛今人才布列中外上之人患不得才而用之而抱才者又患不得其用用而效者又驟遷之不及見成效而去此世所以争言久任之説而一二大臣亦嘗有意於是是果然歟銓曹必有壅塞之憂人才必有淹滯之嘆然漢之世不聞其有此何也請試言之

問　山西爲西北要藩邊陲所急者兵也財也馬也烽堠相望尺籍具在清理之使三年一遣兵固宜充也屯田肆耕飛輓時至内帑之金不時馳賜財固宜豐也苑馬日滋茶馬歲易而芻牧騎操皆有常法馬固宜多也而每患不足然春秋之時晋强於天下外抗邊夷内有秦楚齊皆爲敵國今無諸侯之憂而有列郡之助昔不聞其不足今不見其有餘何也請試言之我將采之以獻于上

中式舉人六十五名

第一名　張憲　蔚州學生　詩
第二名　孫璋　代州學生　易
第三名　張棻　河東運司學生　書
第四名　儀鳳禎　太平縣學生　春秋
第五名　張夏　太原府學生　禮記
第六名　韓士聰　洪洞縣學生　易
第七名　盧綸　洪洞縣學生　書
第八名　康濟　石州學生　易

第九名　王鋭　代州學生　書
第十名　南溟　河東運司學生　詩
第十一名　馮鉉　大寧縣學生　春秋
第十二名　張璉　絳縣學生　易
第十三名　張蔓　河東運司學生　書
第十四名　周義　翼城縣學生　詩
第十五名　侯卿　朔州學生　禮記
第十六名　牛良　潞州學生　書
第十七名　李堂　潞州學生　詩
第十八名　張仲賢　太原府學生　易
第十九名　王堯臣　忻州學生　書
第二十名　周來鳳　陽曲縣學生　詩
第二十一名　郝芹　安邑縣學生　書
第二十二名　趙嵩　平定州學生　詩
第二十三名　周曾　太原府學增廣生　易
第二十四名　嚴泰　汾州學生　詩
第二十五名　高岱　盂縣人監生　書
第二十六名　孟儒　遼州學增廣生　春秋
第二十七名　梁棋　蒲州學生　易
第二十八名　劉宥　忻州學生　書
第二十九名　謝國表　代州學生　詩
第三十名　王宣　大同縣學生　書
第三十一名　温自修　大同縣學生　詩
第三十二名　鄒理　蔚州學生　易
第三十三名　田天濟　應州學生　詩
第三十四名　任守德　靈石縣學生　禮記
第三十五名　楊文　沁州學生　詩
第三十六名　李壕　潞州學生　書
第三十七名　喬翥　霍州學生　詩
第三十八名　楊謙　聞喜縣學生　易
第三十九名　薛甫　河東運司學生　詩
第四十名　王瀛洲　蒲州學生　書

第四十一名　張鉞　夏縣學生　詩
第四十二名　宋乾　澤州學生　書
第四十三名　胡瀛　澤州學生　春秋
第四十四名　田天澤　應州學生　詩
第四十五名　郭綺　襄垣縣學生　易
第四十六名　劉文表　霍州人監生　詩
第四十七名　高士魁　代州學生　書
第四十八名　合澄　應州學生　詩
第四十九名　李朝宗　岢嵐州學生　易
第五十名　張紹祖　蒲州學生　書
第五十一名　裴繼芳　靈石縣學增廣生　詩
第五十二名　蕭璋　岢嵐州學生　禮記
第五十三名　杜馴　徐溝縣學生　詩
第五十四名　陶溥　絳州學生　書
第五十五名　孔忻　祁縣學生　詩
第五十六名　薛清　石州學生　易
第五十七名　喬遷岐　河東運司學生　詩
第五十八名　喬震　定襄縣學生　書
第五十九名　王志　遼州學生　春秋
第六十名　杜璟　崞縣學生　詩
第六十一名　石瓚　介休縣學生　春秋
第六十二名　賀延年　曲沃縣學生　易
第六十三名　李訥　澤州人監生　書
第六十四名　王楠　潞州學生　禮記
第六十五名　韓文珎　祁縣學生　詩

第一場

四書

爲人臣止於敬

儀鳳禎

同考試官訓導喬批（形容文王爲人臣止於敬處明白切實其視騁浮

詞而無根據者大有徑庭可録）

考試官學正濮批（詞氣侃侃可以驗作者心胸鏖戰中得士如此亦可見人文之盛）

考試官教授宋批（大學一題作者不泛則略惟此篇説文王止於敬處鑿鑿皆實真佳制也允宜高擢）

居人臣之位安所止之善惟聖人然也蓋敬者臣所當止之善也爲臣而不止於敬焉又何以盡爲臣之道哉大學舉文王之事以釋止至善如此謂夫誕膺天命以撫方夏文王之位崇矣然北面於商其分則臣也光於四方顯於西土文王之德著矣然受命於商其職則臣也既處人臣之地自有當止之善善者何敬而已以文王之止於敬者言之肅肅其恭而欺慢之不形翼翼其敬而怠忽之不作三分有二也猶以服事殷而此心之敬恒存西土怙冒也猶祇服厥事而此心之敬罔替伐有罪臣之職也於密而伐之於黎而戡之盡其職而已敬不於是而存乎進有德臣之事也於能而用之於賢而敬之共其事而已敬不於是而在乎堅此敬於周道既昌之時止其所當止也勉强云乎哉隆此敬於殷室將微之日盡其所當盡也矯揉云乎哉聖人之止於至善如此爲人臣者可不知所法哉大抵萬物庶事莫不各有當止之所但所居之位不同故所止之善不一是皆天理人倫之極致發於人心之不容已者衆人蔽於物而失其所止聖人無不敬而安其所止此聖狂之所以分也學者於此誠能取法而緝熙之使其連續光明無少間斷則敬止之功是亦文王矣何不可及之有

禮以行之孫以出之信以成之

張憲

同考試官教諭劉批（此題以禮遜信處合義之事場中作者知之但浮詞纏擾而正意反晦是篇理明詞整允宜高薦）

同考試官學正龐批（此題揭書而出作者往往破講不一唯此篇體認真切行文整健録之）

考試官學正濮批（詞意周悉善處事者之文可敬可敬）

考試官教授宋批（典雅不浮）

以三善而處乎一事君子然也夫處事貴乎曲盡其善也苟能禮行孫出而信成焉則事安有不善者哉且夫人與物接不能以無事也所以處之者可無其道乎故一事之來君子既以義爲質幹而决其可矣然義之體方不有以

文之其不至於徑情者幾希蓋禮有節文度數之詳故必以此行之使義之所決而措之設施者有文可觀而不至於過中失正焉禮之體嚴不有以和之其不至於峻厲者幾希蓋孫有從容不迫之意故必以此出之使禮之所行而見之動作者有和可貴而不至於觸突忤人焉禮行矣孫出矣成之不以信奚可乎蓋信乃誠實無妄之理又必以此成之使禮之所行者鑿鑿皆實而虚假之不形貫始終而一致也孫之所出者一一皆真而僞妄之無有徹首尾而如一也處一事而兼乎三善如此此其所以爲君子也歟考之先儒有曰敬以直内則義以方外是敬爲體而義爲用也此曰義以爲質禮以行之孫以出之信以成之則義爲體而三者爲用也以敬爲體者敬存而後義立以義爲體者義立而後事成聖賢垂世立教之意各有攸當學者宜合而觀之

吾豈若使是君爲堯舜之君哉

孫瑋

同考試官教諭江批（題本平易作者動以堯舜事實入講冗泛可厭此篇一歸伊尹自任之意可録）

考試官學正濮批（本乎理而發之以氣佳作也場中如此義者不多見高薦何忝）

考試官教授宋批（説出當時伊尹堯舜其君氣象宜録以式後學）

欲致君爲大聖之君聖人自任之意重矣蓋致君堯舜聖人之本心也向非君聘之勤安肯幡然而任諸已哉昔伊尹耕有莘之野樂堯舜之道感成湯三聘之勤而幡然改曰大哉帝堯蕩蕩乎其難名也與我誦其詩讀其書樂其道於畎畝之中不過向慕之而已豈若出以此道而左右乎湯使湯爲今日之堯乎君哉帝舜巍巍乎其莫及也與我誦其詩讀其書樂其道於有莘之野不過愛悦之而已豈若出以此道而保乂乎湯使湯爲今日之舜乎于焉以心之所樂者而措之於躬行不堯其湯不已也何必求堯於有唐哉以窮之所慕者而達之於實用不舜其君不止也何必求舜於有虞哉吁伊尹於囂囂自得之餘而幡然以堯舜其君自任如此其不枉道以徇人也可想見矣大抵戰國之時人心陷溺不知有義理之學惟汲汲於功名事業以求富貴利達雖枉己辱身有所不顧故有爲伊尹以割烹要湯之説者豈知聖賢進退出處無非禮義其要歸在潔其身使不汙辱於不義而已孟子歷言而明辯之世之誣聖賢以便已私者寧不爲之惕然

易

大壯利貞大者正也正大而天地之情可見矣象曰雷在天上大壯君子以非禮弗履

孫璋

同考試官教諭江批（題本正大作者於彖象往往講貫不明文復冗雜可厭此作化腐爲新正大之情自勝之强發揮殆盡真杰作也）

考試官學正濮批（得潔净精微之旨可録）

考試官教授宋批（得大壯旨）

釋卦辭言陽之正而著夫造化之用申卦象言陽之盛而示以君子之强蓋造化之用不外乎正大而君子之强惟在於自勝也聖人傳大壯之彖象安得不互明之哉昔吾夫子釋大壯之彖謂夫文王繫大壯之辭而以利貞爲言者蓋以初二陽也大也大者盛長必惟正是持而不使壯于趾焉三四亦陽也大也大者上進必惟貞是守而不使羸其角焉正大之理著於知辭者如此造化之用亦豈外於是乎則由元而亨生意始而通也無私邪無限量一正而大耳天地之情不於斯可見耶由利而貞生意終而復也無偏陂無涯涘一正而大耳天地之情又不於斯可見耶彖傳之旨如此象傳又申之以爲大壯爲卦貞乾而象天悔震而象雷雷在天上鼓元氣於亭毒之表驚百里者在是轟天威於溟漠之中動萬物者在是大壯之象著於易者如此君子可無體易之功乎誠以非禮而履非大壯也君子必充剛大之氣以去夫一己之私使非禮弗履一雷之奮迅焉非禮而爲亦非大壯也君子必奮義理之勇以勝夫一身之欲使非禮弗爲一雷之剛决焉是則天地之情於正大而君子情天地之情於自强而見天人之理豈有二乎哉大抵陰陽之理迭爲羸壯故女而壯者非陰之所宜大而壯者乃陽之常理夫子於彖傳則極言天地之情於象傳則發明君子之强無非扶陽抑陰進君子退小人也參贊之功其大矣哉

六者非他也三才之道也道有變動故曰爻

韓士聰

同考試官教諭江批（易不外畫畫不外理體認到此蓋得理數之學者與）

考試官學正濮批（認理明措辭簡宜置高選）

考試官教授宋批（簡潔）

卦備夫畫而理所由寓理妙於畫而爻所由名蓋卦重六畫即三才之道也然則道有變動則爻不以之而名哉昔吾夫子論易之廣大悉備及此蓋謂

易之爲書三畫已具三才重之故有六也六畫之布豈有他哉誠以五上居上天之覆於上也五則天之陽上則天之陰五上之畫非天之道乎三四居中人之處於中也三則人之仁四則人之義三四之畫非人之道乎以至初二之奠於下乃地之下載也初則地之剛二則地之柔初二之畫則爲地之道焉夫六畫之間一三才之道如此然是道也周流六虛不可爲典要故天道有陰有陽陰陽之分别天道有變動也則五上之爻名焉人道有仁有義仁義之錯陳人道有變動也則三四之爻名焉以至卑而地道不惟有剛而又有柔曰剛曰柔地道之變動也初二之爻又不於此而名乎是則理具三才因卦之重而備爻分六位因理之變而名此易之爲書所以廣大悉備也歟雖然大傳此章論易畫具三才之道推著其占矣他章贊易之廣大則又原其生於乾坤實有以配之天道人事合而觀之則知聖人作易將以順性命之理通幽明之故盡事物之情而示開物成務之道也讀者豈可以易而忽之哉

書

若濟巨川用汝作舟楫

張棻

同考試官訓導翁批（此題似易而難場中作者多□錯□谈令人厭觀此作不贅不滯詞氣燁然真璧經中之巨擘者）

考試官學正濮批（書義似此者蓋不多見録之）

考試官教授宋批（理明詞健無逾此篇高薦何忝）

涉大川而資之以爲具賢王喻望於大臣者切矣蓋巨川非舟楫莫能濟也賢王望大臣納誨輔德之切得不取喻於此哉昔高宗托喻以望傳説及此謂夫納誨輔德相業之所當先望汝納誨我心之所尤切獨不觀夫濟川者乎天大川之在天地間浩浩乎其無津涯濟之誠難矣得舟楫以爲用則千里之間曾不一瞬而難者可濟焉茫茫乎其無畔岸涉之信險矣得巨航以爲用則萬頃之餘曾不崇朝而險者可涉焉今我望汝納誨輔德之切則若濟大川而舟楫賴之汝矣汝必啓乃心而苦口其言使我之德必底於成真若舟楫之利涉大川可也豈可弃之不言而負所賴乎若涉大水而巨航資之汝矣汝必沃朕心而朝夕不怠使我之德必至於聖真若巨航之利涉大水可也豈可弃之不誨而孤所資乎高宗以是而命傳説可謂喻之切資之深而望之重矣抑嘗因是考之高宗明於見道速於進德故於傳説首以金必資礪爲喻此又以濟川舟楫爲喻下文又以大旱霖雨麯蘖鹽梅股肱爲喻可謂所造益深所望益切而善於命相者矣厥後説復于王有曰后克聖臣不命其承又曰惟説不言

有厥咎蓋欲廣從諫之量而責其躬行之實亦善引其君於當道者君臣之間互相勉勵如此明良相逢之盛可想見於千載之下

天休滋至惟時二人弗戡其汝克敬德明我俊民

盧綸

同考試官訓導翁批（答天休在人處盈滿在德此周公留召公之本意體認明白而詞足以發之僅見此篇）

考試官學正濮批（說出周公挽留召公之意宛然讀之令人起敬）

考試官教授宋批（氣充詞健杰作也）

大臣之留同列示以不可去之義勉以所當盡之職蓋天命去留實惟在人而已大臣之留同列得不以不可去之義示之而以所當盡之職勉之哉昔周公因召公求去而留之及此意若曰亦惟純佑受有殷命天休已至於文王矣曁於今日則天休已至而滋至也公與我共承之猶恐其不勝若求去焉我一人豈能獨勝哉命集厥躬尚迪有禄天眷已隆於武王矣至於今日則天眷已隆而益隆也公與我共承之猶恐其弗戡若求退焉我一人豈能獨戡哉且公之欲去或惟以盈滿爲懼耳若有此懼曷若以當盡之職業自勉乎彼臣職莫先於敬德也公當能自敬德而寅畏益加疾於敬德而嚴恭益至使一念之不忽焉臣職莫先於用賢也公當明揚俊民而布列庶位旁求俊彦而服在百僚使一德之不遺焉于以盡大臣之職業可也于以答滋至之天休可也烏可惴惴然而欲去爲哉周公以是爲召公告可謂憂之深而留之切矣抑論周召同事文武至成王時召公欲去者非若後世之擇君以盛滿難居耳周公留之者非若後世之援黨以天民難保耳一書之中憂懼勉留之意懇切詳盡使召公不油然而感幡然而留忠君愛國之心何有哉厥後既相成王又相康王再世猶未釋其政其有味於周公之言也夫

詩

維此王季帝度其心貊其德音其德克明克明類克長克君王此大邦克順克比比于文王其德靡悔既受帝祉施于孫子

南溟

同考試官教諭劉批（此題專言王季之德作者多帶說文王分截不明且於王季受讓處又欠體認惟此篇遣詞簡潔不失本旨蓋嘗用心於學葩者高薦何忝）

同考試官學正龐批（此題場中佳作絶少分截明白講貫切當無逾是

篇宜表而出之）

考試官學正濮批（寫出天命王季受讓開國氣象讀之起敬）

考試官教授宋批（大雅義貴齊莊嚴重此作得之）

詩人叙賢君德本乎天而無憾於後故福受乎天而又及於後蓋王季之德天實命之也然則受福而延及於後者何莫而非天命之所在哉是詩叙太王伯王季之德以及文王伐密伐崇之事此則言天命王季謂夫人之有心鮮能制義也維王季之心帝則度之使有尺寸能制義而受兄之讓靡不宜焉人之德音鮮能清静也維王季之德音帝又貊之使無非間而清静雖受兄之讓不爲泰焉是以王季之德是非以察善惡以分何克明克類也教誨以勤刑賞以公何克長克君也王此大邦慈和以之而遍服何克順乎上下以之而相親何克比乎王季之德能此至於文王生有聖德而王季之德視昔爲有光夫何遺恨邪厥德迄今而益盛又何遺憾邪是以撫馭大邦既受命帝祉矣且延及其子而撫有方夏福之及也何溥哉帝作之邦既何天休矣又延及其孫而奄有九有福之及也何遠哉吁王季以德而受太伯之讓上以繼太王之志下以開無窮之業蓋天實命之而非人力所能及也詩人形諸咏歌不亦宜乎大抵天啓一代之興未有不本於世德之相承也故此詩於太王則曰帝遷明德於王季則曰其德克明於文王則曰予懷明德唯其祖父子孫相傳一德是以天之眷命有隆無替至於武王燮伐大商而有天下以德繼德綿國祚於八百年有道之長天豈私於有周也哉

喤喤厥聲肅雍和鳴先祖是聽

張憲

同考試官教諭劉批（場中詩義不下六百餘卷作此題者不襲舊文又多臆説惟此卷形容作樂合祖之意不啻身際清廟之盛讀之鏗然鏘然不忍釋手其殆善於説詩者）

同考試官學正龐批（理有根據詞善發揮亦學詩能言之士）

考試官學正濮批（説出詩人言外之意可嘉）

考試官教授宋批（形容功德處佳甚可取）

樂音極其美感神極其深蓋樂以和爲貴也周人作樂既和且肅而極其美焉寧不有以感先祖之是聽乎是詩説者以爲始作樂而合乎祖也想周人當治功之成作象功之樂其樂之作也播太平之休於八音之内戛之擊之而迭奏於周庭者莫不喤喤其聲肅然而敬一始終條理之不紊焉宣永清之治

於六律之表摶之拊之而交作於周廟者莫不喤喤其音雍然而和一先後疾徐之有倫焉斯時也祖功之盛播之長言宗德之隆宣之雅韻升歌清廟者歌祖之功也其音之肅肅悠揚於陟降之間大功於是而益彰矣先祖之神寧不來格來饗以聽於九變之際乎所謂神罔時怨者是已樂既入奏者奏祖之德也其聲之雍雍洋溢於昭告之頃盛德於是而益顯矣先王之神寧不是饗是宜以聽於九奏之餘乎所謂神罔時恫者是已吁周人以至和之樂奏於宗廟之中其美盛德而告成功之意不其至歟嗟夫功成作樂自古爲然萬邦協和而堯之大章以作四方風動而舜之大韶以作禹作大夏於府事允修之餘湯作大濩於兆民允殖之後皆所以象功而昭德也有周王者當治定功成之時始作樂以合乎祖如此其所以彰一代功德之盛不於是而可見乎

春秋

齊侯宋公江人黄人盟于貫（僖公二年）

儀鳳禎

同考試官訓導喬批（齊桓結江黄爲制荊楚計制荊楚爲安中國計場中作者功力未到有傳詳而文拙者有文工而傳疏者令人厭觀晚得此傳悉文工理明辭暢麟經魁選舍子誰歸）

考試官學正濮批（江黄楚之羽翼國也桓公本意伐楚而先結之其亦善於安攘者與）

考試官教授宋批（齊桓謀楚慮周義者此作得之）

伯主結遠國以定安攘之謀春秋舉遠國以許安攘之事此齊桓貫澤一盟慮周而義著也春秋得不有以許之哉慨自姬轍不西桓公主伯一旦江黄始服于貫盟焉然諸侯皆在而經獨書遠國何邪蓋當是時荊楚崛强憑陵諸夏桓公有憂厥心以爲江黄者東方之與國苟不結之以攘外則前之角後之掎惡乎可又以荊楚者中原之要害苟不攘之以安内則弱之肉强之食惡乎定於是結江黄之君講貫澤之盟剪羽翼之邦爲腹背之計運籌壇坫一以搗楚之巢穴爲心決勝載書一以免民之左衽爲念是盟也以慮則周矣揆之武王牧野之誓何殊以義則著矣較之宣王南征之伐何愧夫慮焉既周則楚勢已蹙義焉復著則楚勢亦孤故盟以長亂雖君子不取而此則内言宋公以宋爲大國也大者至則小者之從可知外言江黄以江黄爲遠國也遠者乘則近者之悦可想吁齊桓謀楚之善如此聖人於盟約其詞以許之□哉抑考之經曰弗慮胡獲弗爲胡成故謀之□否事之成敗繫焉向使桓公制楚謀不及遠則陘亭一次固無以聳荊楚之帖文告一修又何以致屈完之來邪奈何貫澤

而下葵丘以訖震矜萌而諸侯解管仲没而繩墨放伯事日益替矣此識者所以尚論王道

初税畝（宣公十五年）作丘甲（成公元年）取汶陽田（成公二年）叔孫僑如帥師圍棘（成公三年）晋侯使韓穿來言汶陽之田歸之于齊（成公八年）

馮鉉

同考試官訓導喬批（此篇説出宣成失民心之由明簡可録）

考試官學正濮批（得胡傳意）

考試官教授宋批（允合題意）

望國取民非制無以得既歸之民服民非道無以保既歸之地此可見魯之宣成失君國子民之道也春秋備書其垂戒之意不既深乎且先王盛時其取民也以井田之制其用民也以一成之賦故田以出粟而足食賦以出軍而足兵爲我魯者宜遵行古制重民力以懷之可也夫何宣公末年慮國用之不充初税畝以厚斂成公初立懼齊師之將及作丘甲以備敵税畝一征井田之制以紊丘甲一作一成之賦以乖取民非制如此賦役日益重矣焉能保人心之不叛乎是以汶陽之田雖取而棘民不服之心自如故國之地雖復而棘民不聽之心自若原其所自謂非二公取民非制以致之歟斯時也成公宜輕其税投修德政以來之可也夫何怒棘不服欲討負固之罪遂命僑如大舉圍邑之師絶彼往來不過逞私忿而已非以德而服人也禁厥樵采不過肆威力而已非以善而養人也服民非道如此民心日益涣矣焉能保地利之不失乎是以棘雖圍之終必叛之而背乎魯田雖得之終必失之以歸于齊推厥所由謂非成公服民非道以致之歟吁莫柔於人心不可以利奪也宣成則取民非制以圖其利其何以得民心乎莫强於人心而可以仁結也成公則服民非道以伐其仁其何以保地利乎經曰懷保小民又曰遠人不服則修文德以來之惜乎二公不足以語此

禮記

揖讓而治天下者禮樂之謂也

張夏

同考試官教諭鄭批（題本正大作者於揖讓處皆以遜位立説此卷獨歸之無爲而治深得本旨蓋禮經之巨擘乎）

考試官學正濮批（以無爲而治立説最是）

考試官教授宋批（如此義方是作禮經者）

觀望世無爲之治一禮樂之至也夫禮樂者出治之本也然則聖世無爲而天下自治豈非禮樂之至而何哉記者論禮樂之理而證諸帝世蓋謂聖帝之有天下繼天立極雍雍揖遜於殿陛之間垂拱以聽天下之治嚮仁背藏穆穆謙恭於崇高之上淵默以定四海之民但見治教興隆臣民賓服而兵刑不用藹然淳龐之俗天下自爾其熙熙夫何有所事而然哉風俗淳美五典克從而彝倫攸序怡然禮讓之風天下自爾其皞皞又何有所爲而爾哉夫人從知帝世臻無爲之治而不知有禮樂之理在焉蓋禮所以辨天下之异禮極其至則事得其序人皆安□分而不争所謂至禮不讓而天下治者是已樂所以合天下之和樂極其至則物得其和人皆止其所而無怨所謂至樂無聲而天下和者是已然則帝世無爲之治寧不在於此呼吁禮樂之功不其大哉抑論禮樂之理胚胎於太乙形著於兩間制作於聖人貫通陰陽鬼神而具備人之身心無所往而不在果極其和而不乖得其序而不亂隨感隨應而無往不得况以帝王之德而用於淳龐之世又何待有所爲而後治邪此記者舉帝世之治以證禮樂之極功歟

王言如絲其出如綸

侯卿

同考試官教諭鄭批（此題最爲枯淡作者難於措詞是作以政教德化立説且詞氣含宏有光明俊偉之象故録之以爲來學者□）

考試官學正濮批（詞贍氣充真杰作也）

考試官教授宋批（文理俱優可取）

聖人論王者之言發於上者雖微播於下也則著蓋上者下之倡也王者發言雖微而播之於下則著豈可輕於言乎請申言之古者明王御極任斯民父母之責身億兆君師之寄能無言馭下乎是以將有爲也命令于焉而宣布其玉音之發不過宣明政教以潤澤乎民庶而已□然一絲之細初未嘗赫赫其聲以聳人之聽焉將有行也號令于焉而發越其皇言之布無非播揚德化以鼓舞乎群下而已隱然一絲之微初未嘗肅肅其命以駭人之耳焉然王言雖微降自九重之上雷動八荒之表殆見天覆地載之間凡命之所至有如上天下施之尊嚴雖有高世之才者莫不俯首聽命而奉承之不暇其言之大豈不猶綬乎日照月臨之下凡言之所及不啻天道示教之顯著有絶倫之智者莫不惟命是從而服從之不違其言之大豈不猶繩乎吁王者發言雖微而所

係若此其大豈可輕爲倡率而不致謹也歟大抵上猶盂也下猶水也盂圓則水隨以圓盂方則水隨以方故民之善惡惟上有以倡之耳然一言有物則天下化之而誠實一言不定則天下感之而虚浮可不謹哉故曰大人不倡游言可言也不可行也君子弗言也良有以夫

第二場

論

天子明見萬里

張憲

同考試官教諭劉批（論場務穿鑿者尚奇逞浮詞者昧理妄布古作者又詞澀艱讀惟此作筆勢渾雄議論疊出不啻天機雲錦燦然奪目可快可快）

同考試官學正龐批（論正欲觀士子學識場中作者冗泛可厭此篇詞氣春容筆力者健富學之士也）

考試官學正濮批（筆力高古議論純正如登終南太華步步皆踏實地與凌虚厲空者异矣擢之高第僉曰宜哉）

考試官教授宋批（論以心字立説卓有定見且筆陣滔滔□□變化出奇無窮真可謂倒流三峽水一掃千人軍也有士如此安得不爲之起敬）

居天下之上而有先天下之見明矣哉天子之心也蓋心明則見明見明則智邁群倫而人莫能測其機神游物表而人莫能窺其妙矣不明其心則蔽於欲而昧於理雖近在目前之事尚莫能見況萬里之外乎光武預測竇融之將附遂授璽書於河西以迎之人皆駭异以爲天子明見萬里之外嗚呼光武其真出尋常萬萬者乎夫天子中天下而立定四海之民受天明命而奄有九有膺天曆數而誕受多方九夷八蠻皆臣妾也六服群辟皆藩籬也無一地而不歸於總括之中無一民而不在於範圍之内天地之所覆載日月之所照臨與夫舟車之所至人力之所通何者而非天子之所統乎夫以天下之大如此道里之遠如此山川之間隔疆域之遼邈又如此天子拱五位之上處九重之邃天階其沉沉也君門其遼遼也環堵之外足迹猶有所未至蕭墻之内目力猶有所未及欲見萬里之外豈不難乎見且難況欲察人心向背於未然而應之得其當者豈不爲尤難乎自其難而求其所以易其必有所本矣且人之一心所以具衆理而應萬事者也莅一事不照以此心則無以決可否於一事處一家不照以此心則無以措條理於一家理一國不照以此心則無以判安危於一國況治天下之大者乎是以天子知心不可以不明也存之於至静養之

於至微私欲蔽吾心也而去之聲色蠹吾心也而去之貨利迷吾心也而去之讒佞賊吾心也而去之珍奇玩好又淫蕩吾心也而去之孔子曰操則存吾何爲而或舍孟子曰求放心吾何爲而或失吾之神明也何爲而使其不靈吾之主宰也何爲而使其不正吾之嚴師也何爲而使其不安止水也何爲而使其揚波明鑒也何爲而使其積塵夫然則一理融萬理徹一塵浄萬境新靈臺湛然而此心明矣見其有不明者乎是以智足以審天下之先幾睿足以通天下之萬務是非也而能决之賢否也而能辨之善惡也而能分之安危利害也而能審之向背從違也而能察之咫尺之間萬里之外遠近不同也一明見之流通殿陛之前海隅之地内外不一也一明見之周徹黈纊塞耳不用其聰而聰自周於九圍冕旒蔽目不用其明而明已照於萬里視八荒如朝寧華夏都邑洞然我闥也睹萬里如庭階四海九州瞭然一腔也不必乘輿之遍歷也而生民之休戚皆歸於容光必照之中不必萬乘之四巡也而遠人之叛服皆在於無幽不燭之下蕩蕩乎配天地而咸宜炯炯乎并日月而無二天子何以得此哉亦惟極心體之明耳昌抑觀諸光武之事乎光武以明睿之資振炎劉之運斯時也有若竇融之在河西知其無可注足之地也而歸漢之心以興知其無可事尚之主也而附劉之念以萌光武預覘於未動之先逆料於既萌之後不待覲王庭而敷奏以言也藩垣之寄遂授不待趨帝闕而明試以功也保障之任遂托詔旨親頒肅肅乎帝語之丁寧天恩誕及煌煌乎玉節之炫燿不流眄於萬里而人心之所嚮無不知不揚眉於四方而人心之所從無不見是何也蓋必有以極此心之體無不明故照天下之事而無遠不届耳彼河西之人但見萬里之外事未舉而先知機將萌而遂應爲可駭可愕而已孰知其本於此哉噫此光武所以振中興之治功復高□之故物而謂之明君也歟世之求細故察秋毫照淵魚以爲明者特察察之明沾沾之智逆詐之私耳烏足以語此哉則天地之大輝日月之光極心體之明窮物理之盡智周萬物之微明見萬里之外陋光武於千百年之上者幸見今日之聖天子

表

擬冬至群臣賀表

張憲

同考試官教諭劉批（得駢儷體）

同考試官學正龐批（得臣子頌禱之誠）

考試官學正濮批（表佳）

考試官教授宋批（典雅）

伏以望觀臺以書雲春秋所予登圜丘而舉樂周禮攸存載觀緹室之春式驗璇璣之政四始循環而不已二氣迭運以無窮剥往□來天地之心以見陰消陽長君子之道斯亨萬物彙萌群生歡動兹蓋伏遇聖本天成敬猶日輯紹統緒而正位宸極五載於兹主七鬯而毓德青宫十年之久一德潜孚於上下重光普照於華夷會千載之昌期際一陽之嘉節循舊儀以納貢受履迎祥法大禮以無爲臨朝拱默配天配地廣矣舜之爲君如日如雲大哉堯之爲帝萬類霑恩於回律八荒仰德於垂衣奉歡慶於兩宫載致長春之祝錫燕惠於百辟用歌湛露之恩羲馭轉於亨衢萬方共仰王民席於化國九土咸宜臣等樂生盛世喜際佳辰式瞻亞歲之儀莫罄萬年之慶效倉鶊以鳴卉愧赤日以傾葵伏願任德不任刑用順陽生之義保賢以保國式昌道長之朝臣等無任瞻天仰聖激切屏營之至謹奉表稱賀以聞

第三場

第一問

孫璋

同考試官教諭江批（敷答聖祖駕馭之略今上褒恤之仕詳核無遺允宜録出）

考試官學正濮批（歷叙我朝太祖之創業元勛之佐命處考據得實條達無遺空群騏驥舍子其誰）

考試官教授宋批（鋪張聖朝褒録勛舊之典詞義兼至其强識待問者與）

對昔我聖祖肇闢乾坤汛掃百年之虜神功聖德蓋自古帝王之所未有一時佐命元勛起際風雲芟薙四海之亂奇功偉略亦自昔人臣之所罕見夫人臣有一世之功宜享一世之報有百世之功宜享百世之報今國家有億萬無疆之休則亦宜享億萬世無疆之報者此所以有待於今日之詔恩歟君臣感遇不偶然也漢高起豐沛而蕭曹多豐沛之故人光武起南陽而李鄧多南陽之近親唐太宗起晋陽而房杜多秦府之舊我太祖起淮右而元勛多淮右之人豈一州一邑而有天下之杰哉蓋天生聖人以開萬世太平之業則必生一世之豪杰以輔成其功也世至胡元天地大變其亂也大其平之也難是故漢高之勁敵項羽一人而已光武太宗之所值赤眉王竇亦盜賊之靡耳若元之季群雄并起江西則陳友亮姑蘇則張士誠四川則明玉珎福建則陳有定關陜則李思齊張良弼而北都則元君其餘紛紛籍籍争相割據我太祖自淮

渡江遂都金陵鄱陽大戰而友亮殲姑蘇肆圍而士誠縛水陸并進而明昇降鐵騎長驅而元君遁其余電驅霆擊水消瓦解天生神武固知帝王之有真而一時佐命之功亦有可言者國史所載非外人所得見也然愚嘗遍歷山川考其碑志覽當時戰鬥之所詢之父老亦略得其一二獨未知信否也敢以質於執事蓋聞配享元勛十二人首中山武寧王徐達次則開平忠烈王常遇春岐陽武靖王李文忠寧河順武王鄧愈東甌襄武王湯和黔寧照靖王沐英五公則俞通海張德勝胡大海趙德勝耿□成侯則桑世杰皆開國元勛也削來南服蕩滌中原降王縛將不可勝數其謀略似韓信其仁恕似鄧禹其不伐似馮异其不殺侯曹彬此中山之功所以爲我朝元勛第一也采石先登康郎酣戰單騎衝敵而河南歸疆全師轉戰而開平拓迹開平之功世擬之尉遲敬德者也鏖兵富陽連城來附捴兵應昌重寶獻捷遇敵則智勇輻湊家居則經籍是耽此岐陽之功世擬之祭遵者也滁陽歸義江西累功平南蠻於溪峒追土蕃於崑崙雖更摧挫曾無怨言此寧河之爲將比之馬援者也守常州而士誠不敢西向持尺書而谷珎相率來降略定閩中築城海上結髪相從獨全終始此襄武之功比之曹参者也威振西蕃愛存南詔既歿而父老立祠挺身虹縣作鎮金華既歿而忠魂助陣則沐之忠愛胡之忠烈見於陰騭書矣其余或預建義之功或著死難之節而不預配亨者則有誠意伯劉基帷幄秘謨幾先獨炳上之呼之爲子房者也韓國公李善長豐沛勛舊輯和將士世擬之蕭何者也平蜀之師以傅有德之功爲最鄱陽之戰以廖永忠之勇爲奇於乎鐵券金書山河帶礪雲臺凌煙英姿颯爽千載之下猶想風烈漢唐功臣或以酎金失侯或以細故除國蕭何之後至于絶祀陳平之後迄不得紹封房杜子孫覆亡殆盡魏徵故第質錢於人汾陽之宅爲寺馬□之第爲園此古今之所憖也今聖上念功録舊詔恤其後四海歸心書曰兹予大享於先王爾祖其從與享之詩曰凡周之士不顯亦世豈三代亦以爲盛乎猶恐議者不思大義恩不下究使聖朝之美鬱而不宣杜鄴有言雖難盡繼宜從尤功敢以此聞於廟堂之上至則爲歌頌若吕化光之贊柳宗元之雅鏗鏘炳耀以彰聖朝之盛則有玉堂燕許之筆非愚生所敢聞也

第二問

張棻

同考試官訓導翁批（論教元良關時政切務此篇條對洋洋且以正心正官爲要深得謹始大意可嘉可嘉）

考試官學正濮批（酌古準今指陳切當儻采而獻之于上未必不爲早

諭教之一助）

考試官教授宋批（有考據有定見采而行之必有禆益聖心者得士如此足以驗人文之盛安得不載歌棫樸之章爲聖天子得人賀乎）

天下之事有輕重聖人自其重者而行之有緩急聖人自其急者而圖之何謂重國本是也國本立而天下之志定事固有重於此者乎何謂急早諭教是也諭教早而儲君之德成事固有急於此者乎天祐國家元良篤降三靈慶社稷之無疆四海戴吾君之有子潤加少海光耀前星天下之大本定矣而今日所最急者請得言之人之言曰時方幼冲學固未須講也愚以爲不然今凡人之家愛其子子之幼也擇母以保之少長擇師以教之而況乎神器之所屬天命之所歸宗社係以爲安危生民係以爲休戚者乎古者太子迺生固舉以禮使士負之見乎南郊自爲赤子而教已行矣自其能言而言有教自其能行而行有教成王之爲太子也置三師以職輔導又置三少與之游處抗法則於伯禽游戲則於唐叔所問者必正言所見者必正事侍御僕從皆士人也漢唐以降固已疏矣漢猶詔郡國歲貢賢者以給宿衛授論語則於張禹授尚書則於桓榮所用之人雖有愧於古然當時猶得舉其職也唐制宫寮先儒嘗稱其善詹事視中書省也贊善視諫議大夫也劉洎馬周之徒遞日往東宫談論所言雖有愧於古然猶得效其言也降至近世堂陛尊嚴而上下之情疏禮節繁多而君臣之義闊教者止於供職學者止於備禮循行數墨立解數語人情之邪正不暇辨也民生之疾苦不暇知也義理之淺深不暇問也古今之理亂不暇語也寒暑間數月而見見不交一語而退退而與之游者果何人歟不得而知也所行者果何事歟不得而問也如是則雖有耆儒宿□亦何得於心而何禆於治乎此後世之通弊也若其教之之法則文王世子之篇賈誼治安之疏言之備矣術數非所當用則固非所當學也篇翰非所當嗜亦非所當廢也唐之文皇宋之太宗我朝太祖宣宗奎章睿藻流布中外海内仰星日之光華後世睹雲霞之焕爛夫豈害於道乎但不可篤好乎此耳如生之愚謂當妙選才賢勿拘以地宏開講幄勿限以時更番直日日侍宴閑講讀既罷從容燕語閭閻之□苦古今之理亂間則游意篇翰亦勿拘焉賈誼曰三代之所以長久者以其輔翼太子有此具也兹非當今之所最急者乎

第三問

張憲

同考試官學正龐批（正道難行异端易售自古爲然此作據理答之而辭氣抑揚辨論反復真策乎也）

同考試官教諭劉批（正道未必無效异端未必可行此篇及復辯論卒歸於正必識之士也允宜高薦）

考試官學正濮批（初二場連閲子卷已知爲不凡器矣及觀此策敷叙正道异端卓有斷制益知真爲瑚璉貢于天府必爲清廟之用無疑矣健羨健羨）

考試官教授宋批（論正道异端以天人難易斷之卓有定識）

天下無道外之事其存乎人也有淺深其行於世也有難易淺深存乎人者也難易存乎天者也事有不幸而當邪正疑似之間天人雜糅之際此事功所以參差不齊道之所以難行世之所以難治人之所以難論也嗟夫天下無易事而值事機之會者見其易天下無難事而值事機之去者見其難道固不以是加損也子房之學優爲帝師當其學禮倉海君固未知其所講者何□而博浪狙擊蓋得春秋復仇之義赤松遐舉亦似大易知幾之神追項籍蓋推亡固存之道封韓信蓋有忍乃濟之謀從容帷幄借箸運籌此豈圯下老人之所教哉孔明之才自宜王佐當其游學潁川獨觀大略固已异於曲士之所爲隆中三顧蓋庶乎渭濱莘野之聘出師二表又庶乎伊訓説命之文厲精治蜀人有至死而不怨雜耕渭濱敵有至死而不敢追而惓惓漢賊反覆天人此豈管樂之所及哉賈生於漢道初成之際經營講畫不遺余慮正朔之改制度之定達之仁義禮樂此豈講於申韓者也申韓之書直發其經世之志耳魏徵於太宗求治如不及之時孜孜論諫王伯之别忠良之辨雖未及乎禮樂之任此豈得之從横者也從横之學直發其遇合之機耳若夫王荊公其經學非不深也其行義非不整也其言法先王之意以治天下非不正也而擯斥老成援引凶邪此豈經學之所有哉其初起於執拗之私其終成於紹述之禍前數子以豪杰之才其或未純者功利之累王荊公以功利之説其飾也乃以三代之文今見數子之功業則指爲异端之可用見荊公之相業則指爲吾道之難行其可乎若乃程朱則有可言者蓋二公平日所講者孔孟之微言自諸子以下有不爲所志者堯舜之大道自兩漢以下有不□程子之在經筵以先王之道爲必可行務欲得於涵養薫陶之際而不從取於頰舌辨論之間朱子之再召入也正心誠意之學不肯少貶且欲存養於虚明應物之際以審察夫是非得失之幾此皆可以格君心之非所謂還至而立有效非無用之空言也而黨人之碑僞學之禁道之難行自古而然其所以至此者天也非人也夫諸賢之於道愚固未暇議其所至之淺深獨以子房魏徵值其易伊川晦翁值其難賈生值易而難孔明值難而易而王荊公者固未可以并論也執事其以爲何如

第四問

儀鳳禎

同考試官訓導喬批（自東漢以來争言久任而不知久任固自有要也此策得之）

考試官學正濮批（用人一策有考據有斷制非敷衍問目者比其强學待問者歟）

考試官教授宋批（識此意者可以相天下矣）

善立法者必主於常善用法者不膠於常必主於常故人各安其分而無顗覦之心不膠於常故人得以慰其心而無怠惰之意此昔之相天下者所以鼓舞一世之人才而人樂爲之用歟竊嘗思之今之天下亦古之天下何古者人才之多而今世每有乏才之嘆歟豈天固不生才於今之世歟無亦用之不得其道歟夫用之得其道天下無不可用之人用之不得其道天下無可用之人世之娖娖廉謹者抱守尺寸而有賢愚同滯之譏其自許卓偉者多自爲好惡而有桃李私植之議無乃未識古人立法用法之深意乎唐虞之世重黎世掌天地夔契分掌禮樂而幽明之陟黜乃在九載之後則唐虞亦久任也故鯀之治水九載弗績而後罰一罰之則至殛死禹之治水九州攸同而後賞一賞之則至宅百揆其行久任有道矣下至西漢此意猶存法令則湯禹文章則弘舒奉使則張騫蘇武而倉氏庫氏至長子孫此西漢之久任也故張釋之十年不調然調之則有一歲至太中大夫者楊雄三世不徙然徙之有自太守爲宰相者其久任亦有法矣天下見其委任之有常也故各安其分而不敢望非其所當得見其超擢之不次也皆奮起於事功而無萎靡不振之患東漢以降任人不常守宰數易疲於道路官知易滿則懷遷民知易遷則苟且此牧民者之不常也地形山川不及知軍情士伍不及識此將兵者之才常也然使即行久任之法則後來之人才又將何以處之壅塞之憂淹滯之嘆真有如執事所慮者愚以爲行此必有法也法者何慎擇之於始委任之於中振發之於終慎擇之於始則不才者無以容而無壅塞之憂委任之於中則賢者得以行其志而無苟簡之弊振作之於終則賢者得以慰其心而無淹滯之嘆矣會天下之才而分任之有心計者治財有將略者治兵有政事者司民牧而爲之限或九年或六年其間有非常之績者則不次而拔之其次焉則增秩獎勵而勿奪其效又次焉雖不增秩秩滿而超遷之其不才者亟去之使不得久其惡如是則得之者自喜而奮起於功名不得者亦必争自洗磨以求知於上蓋所守者有常之法所運者法外之意然二者必皆出於天下之公而后天下無异議愚以爲

有天下之公執天下之法而又識法外之意然後可以爲宰相而任天下之賢不識執事以爲然乎

第五問

張夏

同考試官教諭鄭批（備邊策正欲觀士子學識此策以兵馬財三者皆歸重於擇將確然有見真杰士也）

考試官學正濮批（審擇邊將務在得人將得其人則無患兵財馬不足以軍政豈有不舉乎此策區處事宜迥出人表真知本之論）

考試官教授宋批（邊務之急在兵財馬三者此答善於區處鑿鑿可行必有用之才也）

事有自然之勢循其勢而置之得其道則有余逆其勢而置之不得其道則不足置事如奕棋棋一也敗者不足勝者有余敗者据局凝思自以爲無遺慮奕秋從旁爲易置之則勝矣勝者之奕敗者之棋也山西控帶邊陲爲今日北門之鎖鑰雲中第一代州雁門次之邊人所患者曰無兵也無財也無馬也而愚以爲皆有之晋魏之兵嘗强於天下澤潞子弟亦嘗雄於邊矣至於今山河固無恙也昔也有中國之敵今也有天下之助昔以之而有余今以之而不足此愚之所未解也無亦曰措置之不得其道乎今沿邊控弦鳴鏑帶甲百萬兵固□不足也而邊臣有濟師之請朝使□□□之差所以搜輯逃亡者甚嚴然亡□□□土著之兵以東南脵脆之人當西北悍□之虜水土不服險阻不諳廬舍不定追者未到而復亡追者愈嚴亡者愈甚民間有搜捕之擾官府有稽考之煩而邊陲未嘗一賴其用愚以爲沿邊之人驍悍鷙勇便於弓馬鋭於戰鬥召募而用之皆爲精兵今人之所以憚爲兵者何也以尺籍一定世不移外有死亡之憂内有侵刻之患今宜數外别爲尺籍壯勇是募優其賞給壯者已老復募少者補之要有定數而無定名使其無身後之憂而有望外□□則人人樂於應募且自戰其山川自□□家室與客兵相去又萬萬也而勾詰之擾可少減矣屯田所以豐財内帑時賜又所以補其不及也今屯田具在士卒果得其利□名在士卒收在將臣内帑時頒士□□□其賜乎名在士卒克在將臣愚□□□核其實而痛懲之沿邊之地可盡□□□□收其税急則出戰緩則入耕以□□□□贍沿邊之人宜可足也而飛輓□□□□省矣太僕行司所以牧馬西蕃□□□□以補其不及然方養於民民間□□馬之擾及給於軍軍中有陪馬之苦□□人之所以輕視其馬者凡以爲官而□□所有也愚以爲可厚給其直使自市□□□易期使過其期是其善牧也不及□□□

不善牧也官勿預知則人不敢輕□□□矣夫以沿邊之人自戰其地自食□□□乘其馬其視新至之兵何如也夫□□精不在衆兵精則財可省馬可約然□□□□計不患無馬不患無財不患無□□□將耳將得人則統馭有法兵也財□□□□□□爲多不得其人則統馭無法□□□□馬也以多爲少夫籌邊事之成□□□□之賢否將繫邊之安危也大矣□□□□可不加之意乎故曰患在擇將□□□□謹對

山西鄉試録後序

□□大寶之五年當天下大□□時監察御史張泰來按□□□□援例以白泰曰兹□□□不欽予謹莅之至期□□□五州之士試之如故□□□未迄甲子爰刻所取□□□氏名與文之中式而□□□爲録以獻于□□□□□司文衡敢無一言爲□□□□子者勖哉夫科目□□之士由之而出其事重□□□賢才出而建功植業□□□企其風采聞望猶泰□□□□□□□兹其首善之□□□□□□山西比也爾諸□□□□□斯鐘川岳之靈秀□□□□□□□先哲之休風肆掉□□□□蔚皆綳中彪外之文□□□□□□選矣顧以古之人□□□□□□而自處其輕且眇□□□□□也升對□□□□□□□□其必思天之所□□□□□□□以用我□重□□□□□□□我猶饑寒之□□□□□□□榮我猶太虚□□□□□□□毅以任之奮（此處底本缺頁——編者注）

正德二年山西鄉試録

山西鄉試録序

我國家立法定制每三歲開科取士正德丁卯秋天下復當試期仰惟主上憲天體元申肅政令中外臣工遵承惟恪先期山西布政司以故事白巡按監察御史湯沐乃集藩臬二司長佐吏咨度僉同走使聘政暨教諭曹鎧段威武張萬鍾戴儉戴誼俞鼎訓導盧盤爲考試官政等既至遂更相戒勉以求稱事御史湯沐責在監臨凡場屋當理之務當嚴之格悉加修舉慎飭條令秩然尤務爲國得人屢儆率政等同心協德精白毋貳時維鎮守太監朱秀雅重儒術都察院右副都御史崔巖撫靖邊朔士得專意問學監察御史郭東山馬昊周廷徵各奉共王事於斯所至之處輒勸奬德業故一時士氣大倍於昔合省抱藝以就試者一千四百有奇皆提學副使石玠所慎簡者也筮日鎖院提調則左布政使杜忠右布政使胡瑞監試則按察使潘楷副使馮清外而贊襄防範則左右參政沈杰臧麟副使夏景和左右參議吕鏜王濟僉事來天球蕭淵胡希顏時中黄偉下逮諸執事亦選屬吏之可者克之既三試得中式士六十五人遵制額也顧萃其名氏址籍經書與其文之醇則者以成録敬獻於天府而達之四方政竽文柄僭序諸首竊惟自古人才之盛未有不由於氣運亦未有不由於作養易曰天地交而萬物通也上下交而其志同也又曰拔茅茹以其彙征吉是必天地適亨通豫泰之候而後君子有同升彙進之美故謂之氣運詩曰周王壽考遐不作人又曰古之人無斁譽髦斯士是必聖人神道設教之化隆於上而後才猷俊髦之士起於下故謂之作養二者值其一人才固足以資用而備使若兼而有之其盛可勝言哉惟山西乃西北大藩其地固堯舜禹所都也且有恒霍之雄峙汾絳之環匯靈秀鍾衍代多豪杰我祖宗繼天立極掃汛寰宇乾坤清乂列聖相承重熙累洽貞元之氣渾噩復完其運何運也然祖宗受命之始即延訪遺逸用圖治理而尤加意人才設學校以專其居建官師以董其事優廪餼以資其用給五經性理諸書使之誦讀以端其習是又本末不遺巨細畢舉其養何養也百四十年來文化覃被窮荒下邑靡不知學而科目所進之士亦彬彬炳炳茂著勛業而後先相望皇上嗣大歷服順

天理化紀元逾歲首一開科故天下士争先快睹欲其乘風雲而上霄漢者合九有而一致則夫氣運之還於百年仁化之積於必世者寧不有孚於今日也耶矧斯地比近畿輔風聲氣習感召所先而士之陶仁義而漑道術者亦既有日矣今乃以文獲選行將第春官對大廷自一命以至公卿大夫揆宰弼亮殆可馴而至者遭遇若此其亦榮幸矣哉但士不難於得位精義利用行所學而能立乎其位者之爲難不貴於成名德立行修以時出而名實加於上下者之爲貴故書稱伊尹曰予弗克俾厥后惟堯舜其心愧恥若撻于市一夫不獲則曰時予之辜周惇頤曰志伊尹之所志學顔子之所學古之人其成業立志者蓋如此諸士子際國家昌隆之運沐聖世文明之化爲首科甄録之彦則其自處豈可漫焉而無所立哉必俾凡措之謀慮政事之間言行動静之際中正而不偏倚善美而無遺缺上焉可以熙載弘化次焉可以澤物利民又次焉亦可以守法濟事如此庶有以行在己之學以昭國家治道之盛質之古人而不甚遠者苟安於故常文字語言之末而無遠大中正之歸與之位而無所建明食夫禄而不知裨益浮沉遷就自以爲得而甚或僨事厲民無不爲焉此則於名教之罪科目之玷固不足惜然而生斯世也爲斯民也蒙斯養也寧不大有負哉寧不大有愧哉諸士子其省之

河南衛輝府儒學教授曾政謹序

正德二年山西鄉試

監臨官

巡按山西監察御史湯沐（新之直隸江陰縣人　丙辰進士）

提調官

山西等處承宣布政使司左布政使杜忠（世臣河南河陰縣人　戊戌進士）

山西等處承宣布政使司右布政使胡瑞（良禎河南内鄉縣人　甲辰進士）

監試官

山西等處提刑按察司按察使潘楷（以正錦衣衛官籍　丁未進士）

山西等處提刑按察司副使馮清（汝楊浙江餘姚縣人　癸丑進士）

考試官

河南衛輝府儒學教授曾政（以德錦衣衛軍藉　己酉貢士）

河南汝寧府上蔡縣儒學教諭曹鎧（世清湖廣雲夢縣人　庚子貢士）

同考試官

陝西西安府咸寧縣儒學教諭段威武（文振四川銅梁縣人　辛酉貢士）

江西饒州府餘干縣儒學教諭張萬鍾（仕禄廣東海陽縣人　甲午貢士）

直隸淮安府邳州睢寧縣儒學教諭戴儉（尚質河南祥符縣人　丙午貢士）

直隸河間府獻縣儒學教諭戴誼（正夫河南信陽州人　戊午貢士）

陝西西安府乾州武功縣儒學教諭俞鼎（伯器河南河南衛人　戊午貢士）

湖廣荆州府江陵縣儒學訓導盧盤（景新河南儀衛司人　辛酉貢士）

印卷官

山西等處承宣布政使司經歷司經歷康偉（天奇河南鞏縣人　戊子貢士）

山西等處提刑按察司經歷司經歷劉伸（引之陝西膚施縣人　監生）

收掌試卷官

太原府知府鮑瓘（重器山東壽光縣人　癸丑進士）

平陽府同知許莊（德徵直隸灤州人　癸丑進士）

受卷官

太原府同知許慶（應禎直隸武進縣人　庚戌進士）

太原府通判徐英（士傑福建懷安縣人　庚子貢士）

平陽府推官田瀾（汝觀陝西長安縣人　乙丑進士）

彌封官

潞州知州徐麟（仁伯浙江龍游縣人　壬戌進士）

太原府榆次縣知縣蘇民（天秀浙江遂昌縣人　乙丑進士）

太原府忻州定襄縣知縣田登（有年陝西長安縣人　乙丑進士）

謄録官

太原府代州知州邊節（時中山東歷城縣人　丙午貢士）

平陽府襄陵縣知縣李茂元（本貞河南祥符縣人　乙丑進士）

潞州潞城縣知縣史瑭（器之河南偃師縣人　壬子貢士）

澤州高平縣知縣董琦（天粹山東陽信縣人　乙丑進士）

對讀官

太原府忻州知州唐素（希文山東東平州人　己酉貢士）

太原府陽曲縣知縣王冕（宗周河南祥符縣人　癸卯貢士）

平陽府洪洞縣知縣馬馴（德夫山東益都縣人　乙丑進士）

太原府太原縣知縣劉經（天常武驤右衛人　己酉貢士）

巡綽官

太原右衛指揮同知朱綸（時濟山東單縣人）

太原左衛指揮僉事高登（恒頫直隸定遠縣人）

太原左衛前所副千户葛崧（鍾秀山東莒州人）

太原左衛前所百户陳瀞（天典直隸高郵州人）

搜檢官

太原右衛指揮使馬銑（息之直隸嘉定縣人）

太原前衛指揮僉事張羽（翼之山東即墨縣人）

太原右衛中所副千户何俊（世傑直隸壽州人）

太原前衛前所百户孫振（大舉湖廣松滋縣人）

供給官

山西等處承宣布政使司經歷司都事程忠（盡己河南汝陽縣人　吏員）

太原府經歷司知事路嵩（邦鎮山東曹州人　監生）

遼州判官房玘（汝温直隸安州人　監生）

太原府臨縣知縣王永（文博直隸薊州衛人　監生）

太原府徐溝縣同戈遞運所大使陳淮（本淵直隸定州衛人　吏員）

太原府陽曲縣臨汾驛驛丞陳儀（克敬山東長清縣人　承差）

第一場

四書

吾與回言終日不違如愚退而省其私亦足以發回也不愚　國有道不變塞焉强哉矯　人之所不學而能者其良能也所不慮而知者其良知也

易

何天之衢道大行也　順以説剛中而應　苟錯諸地而可矣藉之用茅何咎之有慎之至也夫茅之爲物薄而用可重也慎斯術也以往其无所失矣

發揮於剛柔而生爻

書

以昭受上帝天其申命用休　惟斆學半念終始典于學厥德修罔覺無有作好遵王之道無有作惡遵王之路　王朝步自宗周至于豐以成周之衆命畢公保釐東郊

詩

有敦瓜苦烝在栗薪自我不見于今三年　疆埸翼翼黍稷彧彧曾孫之穡以爲酒食畀我尸賓壽考萬年　思齊大任文王之母　允也天子降于卿士

春秋

春正月己卯烝夏五月丁丑烝（俱桓公八年）　齊人救邢（閔公元年）楚屈完來盟于師盟于召陵（僖公四年）公會齊侯宋公陳侯衛侯曹伯伐鄭圍新城楚人圍許諸侯遂救許（俱僖公六年）　宋師伐陳衛人救陳（宣公十二年）

禮記

故經禮三百曲禮三千其致一也　禮樂皆得謂之有德　大臣慮四方言從而行之則言不可飾也行從而言之則行不可飾也

第二場

論

仁義人主之術

詔誥表（内科一道）

擬漢具親耕桑禮儀詔（文帝十三年）　擬唐以李晟爲司徒中書令誥（興元元年）　擬宋頒戒石銘於州縣謝表（紹興二年）

判語（五條）

嫁娶違律主婚媒人罪　收粮違限　服舍違式　從征違期　織造違禁龍鳳文段匹

第三場

策（五道）

問　自古帝王治天下之道創始必先乎典刑守成則重夫儒術故我太祖高皇帝受命之初即有誥令之頒儀式之定而億萬年太平之基固已端於

此矣我太宗文皇帝纘承大統稽古右文既制爲善陰隲孝順事實二書又命儒臣輯五經四書性理大全布示天下所以成雍熙泰和之治實有在也然我祖宗製作之大指其可仰窺其一二歟列聖相承益崇著述如五倫臣鑒憲綱一統志通鑑諸書奎藻焕發先後一揆是皆天下臣民日用而不可無焉肆惟我皇上嗣統之初克篤前烈乃於是數者聖制間有敕所司以申明之者淵謀宸慮必有攸存遵佩之下亦不可以不知也諸生試敬陳之以彰昭代文明之盛及我皇上繼述之大

問　秦漢而下論理學莫如宋而宋儒論有功莫如程朱氏考之當時其深探明辦用續千載之絶以集諸家之成雖其主張由已然出其門者羽翼之功蓋不可誣焉姑舉其名之最著者言之若號爲四先生若稱爲二士又有力學不倦有篤信踐履然求之闢三畏齋師死而不失其正及學者推爲正宗者在程門孰爲愈耶或以弘名齋或以果名齋如六經究其指歸如師旨多所發明然擬之引用其説以立傳托之吾道無憾者在朱門孰爲賢耶且諸子之中我皇明正統弘治間亦有升爲從祀以列程朱之後者然未與者尚多也不知餘子今果不足并侑否歟抑以義起者或别有所議歟兹欲思重而求崇業儒者當爲道一鳴之

問　宋儒真德秀謂爲人君而不知大學無以清出治之源爲人臣而不知大學無以盡正君之術稽之於古若堯舜禹湯文武之爲君皋陶伊傅周召之爲臣固皆克盡乎是相與以成盛治者也後世若漢之文帝唐之太宗宋之太祖治多可稱不知當時君臣其亦有得於大學之道歟高帝不事詩書而以蕭曹刀筆者爲之佐若大戾乎此者何以能綿曆祚于四百之長神宗勵精求治時有周程諸君子以立朝宜若有可行者何以不能置斯世於隆古之上是必有説也我太祖高皇帝甫定天下即命侍臣書大學衍義於殿廡壁間是知帝王相傳之道天下治平之術皆不外此而聖祖明德新民之學質之堯舜禹湯文武之已行者其有异同否歟而一時佐命之臣亦有如皋陶伊傅周召者歟今欲舉斯世於至治用是道而廣是澤其幾果何所先也諸生童而習之將有用也幸正言之毋忽

問　世論文章大家必推韓柳歐蘇蓋自近代以來追蹤古作莫逾焉故評韓者曰奥衍閎深與孟軻揚雄相表裏評柳者曰雄深雅健侶司馬子長而崔蔡不足多於歐則評其論大道侶韓愈叙事侶史遷於蘇則評其入虚學莊子步驟學賈誼果何所見而云然乎有謂退之自經中來子厚自史中來永叔和氣多子瞻英氣多不知永叔子瞻又從何中來耶又有謂前輩作文各有入

門處不知從何入則少疪從何入則少純耶諸士子績學爲文殆有定見果以何人爲之矜式以何者爲之指歸歟願明言以析之

問　兵食爲政之當務而在邊方尤爲至急者蓋必積蓄有數年之餘簡練有百倍之勝斯緩急有濟而後可以爲國矣今山右之地寔連胡虜歲固無比凶然師旅一興即聞有缺乏之請至出廷臣以經理豈州縣之農賦税有逋而轉輸不繼無事且不給於養兵而何給於用兵乎其弊從何始耶虜固未深入然烽燧一警每聞坐巡瞭之失至發京軍以援救豈邊境之兵守望常虚而策應不及非惟不嚴於曠地而亦不嚴於要地耳其弊又何起耶夫食生之寡而兵用之多虜攻之聚而吾守之散固無怪其然者兹欲使農皆歸於耕而轉輸有所資其術何先士皆奮其氣而戰守有其具其法安在抑外此而更有可足之食可用之兵耶尚相與議之

中式舉人六十五名

第一名　解一貫　交城縣學生　易
第二名　臧福　陽曲縣學生　書
第三名　孟陽　澤州學附學生　詩
第四名　金中夫　榆次縣學生　春秋
第五名　康天爵　平陽府學生　禮記
第六名　張汝淑　太原府學生　易
第七名　麻漳　大同府學生　詩
第八名　王濟民　平陸縣學生　書
第九名　周道　翼城縣學增廣生　易
第十名　吴祥麟　绛州學生　春秋
第十一名　李黼　澤州學生　詩
第十二名　司迪　澤州學生　易
第十三名　焦昇　馬邑縣學生　禮記
第十四名　金禹績　平陽府學生　詩
第十五名　李鏞　曲沃縣學府學生　書
第十六名　孫紹祖　代州學生　易
第十七名　許翔鳳　洪洞縣學生　詩
第十八名　張升　太原府學生　易

第十九名　郭登高　山陰縣學生　書
第二十名　龔諒　蔚州學生　詩
第二十一名　張鍵　石州學生　易
第二十二名　劉尚忠　汾州學生　書
第二十三名　時尚志　清源縣學生　詩
第二十四名　李祺　蔚州學生　春秋
第二十五名　李時憲　太平縣學生　書
第二十六名　李黼　武鄉縣學生　詩
第二十七名　孫明　渾源州學生　易
第二十八名　霍淮　平定州學生　詩
第二十九名　李時達　平定州學附學生　書
第三十名　祁鶴　河東運司學生　詩
第三十一名　楊鏗　代州學增廣生　易
第三十二名　劉鳳鳴　襄垣縣學生　禮記
第三十三名　韓柳　代州學增廣生　詩
第三十四名　郜相　澤州學生　易
第三十五名　宋子隆　平陽府學生　書
第三十六名　郭鉉　代州學生　詩
第三十七名　嚴謹　蔚州學生　易
第三十八名　姚憲　交城縣學生　書
第三十九名　李盛　蔚州學生　詩
第四十名　張廷舉　絳縣學生　易
第四十一名　李崇義　盂縣學生　書
第四十二名　劉芳　襄陵縣學生　春秋
第四十三名　王麟　交城縣學生　詩
第四十四名　李文翰　河曲縣學生易
第四十五名　王大猷　汾州學增廣生　書
第四十六名　謝芝　代州學增廣生　詩
第四十七名　徐讓　陽曲縣學生　書
第四十八名　王天民　應州學生　詩
第四十九名　康宣　朔州學生　禮記
第五十名　王紹　猗氏縣學生　書

第五十一名　李逢春　蔚州學增廣生　詩
第五十二名　司進　澤州學增廣生　易
第五十三名　楊世禎　平陽府學生　詩
第五十四名　郗元深　平定州學生　書
第五十五名　荆晟　猗氏縣學生　詩
第五十六名　盧廷用　蒲州學增廣生　易
第五十七名　郝光　陽曲縣學生　春秋
第五十八名　陳良知　清源縣學生　詩
第五十九名　趙鎧　潞州學生　書
第六十名　董大韶　平定州學生　詩
第六十一名　李克中　懷仁縣學生　禮記
第六十二名　劉從學　吉州學生　詩
第六十三名　竇信　代州學增廣生　書
第六十四名　趙君琰　垣曲縣學生　易
第六十五名　宋朴　潞州學生　詩

第一場

四書

吾與回言終日不違如愚退而省其私亦足以發回也不愚

解一貫

同考試官教諭俞批（題甚平易作者多欠體認理明詞達僅見此篇用録以式來學）

考試官教諭曹批（發聖人深知顔子之意殆盡録之）

考試官教授曾批（講重不愚最是）

聖人於大賢若無與於受教之時而實有與於體教之地蓋大賢之聞道初以默識後以力行也此所以受教見其如愚而體教知其非愚也歟昔夫子因與顔子授受而言此若曰道以言傳有本有末吾嘗爲顔子告也窮日之間曾何倦焉或精或粗亦嘗爲顔子語也盡日之内夫何隱焉然吾固告之而彼則聽之疑焉不質未見毫髮之違吾固語之而彼則受之難焉不問卒無牴牾之意斯時也警敏略不见於久侍之餘即其狀其與蒙昧不通者何异哉啓發竟不聞於諄誨之下據其迹其與庸鈍無覺者何遠哉及夫既退從而察其燕

居之處以觀其體驗之功殆見一動一静罔非吾語之後事而所謂道之本末坦然由之而無疑一語一默莫非所得之服膺而所謂道之精粗毅然行之而不惰斯地也乃知前之不違者實其聰明内蘊而觸處已通初無疑之可質耳夫豈蒙昧不通耶向之不背者由其穎悟中涵而聞言即悟自無難之可問耳夫豈庸鈍無覺耶吁顔子契道於一心之中而體道於一身之際非夫子即所見而言之抑孰知其學之至此哉大抵顔子善學聖人而聖人深知顔子其愚不愚豈待其省而後知耶特因此以表其能學而亦見其有所試也周子曰發聖人之蘊教萬世於無窮者顔子也則顔子之發殆又幾於聖矣是豈特不愚而已耶

國有道不變塞焉强哉矯

孟陽

同考試官教諭戴批（不變正是中庸不可能君子所以爲强處此作獨能發之是用録出）

考試官教諭曹批（理明詞暢篇末尤有警策庸義之佳者）

考試官教授曽批（强哉矯講合注意取之）

際可爲而堅所守其爲勇也大矣夫所貴于勇者以其守之固也君子當世之可爲而所守不易焉其勇不亦大乎昔夫子因子路問强既告以氣習之偏而此則言夫德義之事謂夫君子之勇不特中和二者而已在於治世亦有可見者焉維兹邦國元首明而股肱良上下有協德之休治教隆而風俗美中外極咸寧之盛此其有道之世而君子必用之時也彼其處之見諸行者一㓜之所學辭受取與之際雖曰萬鍾而心常謂於我之何加是蓋處乎富而疇昔所守之操初不淫於富焉施於事者一窮之養出處進退之間雖曰三公而介初不因之爲少易是蓋處乎貴而夙昔所存之志亦不淫於貴焉君子之守若此果孰知其强哉彼逐時好者與時而推遷見其私忘其公矣今守焉不易必其理足以勝欲而於大中之道信乎能知而能行徇世故者與世而浮沉非不明且不立矣今塞焉不變必其氣足以配義而於至正之理真爲能擇而能守挺然特立於血氣之中擬之以果敢爲勝者自見其偏於剛耳能如其强之矯哉超然獨出於風氣之外較之以含忍爲勝者自覺其偏於柔耳又如其强之矯哉夫君子之勇見於治世之所爲有如此子路之所當勉者不在是歟大抵勇有不可有而亦有不可無不可有者血氣之勇是已不可無者義理之勇是已夫子此章之言雖因子路好勇而發然三達德爲入道之門則又當與舜知

顏仁同列并觀矣噫古今具仁知之資者不少也卒無體至道而入聖域者爲不用其勇耳程子曰人之學不進只是不勇而勇顧可少哉

人之所不學而能者其良能也所不慮而知者其良知也

臧福

同考試官教諭戴批（發明二所二良字場中所無宜用録出）

同考試官教諭段批（講良知良能處親切可取）

考試官教諭曹批（詞不繁而意足稚作不能到者）

考試官教授曾批（論性文字似此作亦可傳式）

大賢言人有所能出於性之者有所知出於性之者蓋性者原於天而不假於人也知能出於是焉奚有待於學思爲哉宜孟氏推言之以示人也且其意謂夫天下之事非安行之聖未有不待學而能人學之而未能者亦有矣況不學而能乎若其講習不加而施行於日用者有以合乎天理之正辯問未致而舉動於庸行者有以中乎人情之宜是其所能亦有不待於學矣不學而能其能何能也蓋以天命之真得於有生之初觸之即動感之即應如手之能持如足之能行而本然全具者也是能也不謂之良能而何哉天下之理非生知之聖未有不待慮而知人慮之而未知者亦有矣況不慮而知乎若其不假思惟而理之切於日用者領會於心目之間無容玩索而理之寓於庸行者開明於意見之表是其所知亦有不待於慮矣不慮而知其知何知耶蓋以帝降之衷受於妙合之始聞之即悟感之即通如耳之必聰如目之必明而渾然天成者也是知也不謂之良知而何哉夫所能所知有出於自然者蓋如此則人性之善豈不從可見耶大抵戰國之時人心陷溺而不知性者多矣故孟子舉此良知良能之説下文即証以孩提之愛敬而推極於天下之仁義無非欲人知此性之在我而道無難知難行者他如有曰大人者不失其赤子之心者也又曰堯舜之道孝弟而已矣蓋亦莫非此意也學者宜合而觀之

易

順以説剛中而應

解一貫

同考試官教諭俞批（易之彖傳蓋多本諸卦而推明義理此作無贅詞而發餘意非邃於易者不能薦之何忝）

考試官教諭曹批（破情通志合亦自聚字中來得旨）

考試官教授曾批（詞氣渾成可録）

上下之情通君臣之志合此彖傳釋萃之名義也夫情之與志貴乎合而通也苟或渙散而不一焉是豈天下相聚之義也哉彖傳以卦德卦體釋聚之義厥旨微矣且夫卦之所以名萃者果何所取乎亦惟卦德卦體有聚之義焉爾誠以萃之爲卦貞體坤也陰極於純其德爲順悔體兑也陰見乎外其德爲説順以説焉則是下之順以從君遵王之道遵王之路翕然子來之誠也上之説以使民所欲與聚所惡勿施藹然同胞之愛也傾心向化以四海而仰一人下之情通於上矣推誠布德以一人而撫萬邦上之情通於下矣使或不通霄壤之勢愈爲懸絶是豈相聚而能一天下之情哉九五在上剛健中正實而能信六二在下中正柔順虚而能受剛中應焉則是君以誠實下交謀焉則就諫焉則行一明良之慶會也臣以虚中上應可者則獻否者則替一風雲之際遇也君不負其位而以貴下賤君之志合於臣矣臣不負其能而自内比外臣之志合於君矣使或不合堂陛之分益爲森嚴抑豈相聚而能一天下之志哉吁卦德具上下之聚卦體具君臣之聚萃之所以爲聚者夫豈有外於是義乎嗟夫天下之大臣民之廣千萬其人則千萬其心以一人之身通下情而合臣志豈不亦難矣哉殊不知君民一體也君臣一心也果能積一心之誠以感之雖天地至大可以動之鬼神至幽可以格之金石至堅可以貫之况一體一心者有不爲之合而通者乎不然何以曰唯天下志誠爲能化

發揮於剛柔而生爻

張汝淑

同考試官教諭俞批（題本明白作者體認不真非失於泛則滯於窘是篇詞根於理而分析蓍數明白宜録以式來學）

考試官教諭曹批（發揮二字講説明白可取）

考試官教授曾批（理明詞達可謂用心學易者）

闡陰陽之數成奇偶之畫聖人作易然也蓋易以道陰陽也然非蓍數於陰陽而闡明之則畫之奇偶又何自而成哉説卦傳言聖人作易之妙如此何則易之所有卦爻而已卦既觀變而立爻豈無自而生是故聖人之揲蓍分挂揲扐之往來而四營已畢參伍錯綜之進退而三變已成剛寓于卦之貞悔若未易見也蓍焉既揲則數之或多與寡森乎在目剛以之而發明焉柔具于卦之内外若未易窺也策焉既陳則數之或寡與多炳乎指掌柔以之而昭彰焉或三三而九也或兩二一三而七也體之一而實性之健而動者不于是而顯乎或三二而六也或兩三一二而八也體之二而虚性之順而静者不于是而

著乎剛顯矣奇之老少于焉而自見柔著矣偶之動静于焉而自成九謂之老陽七謂之少陽老不雜於少而秩然之有倫爻之奇不由於剛之發明而成哉六乃陰之動八乃陰之静動不混於静而截然之有等爻之偶不由於柔之昭彰而生哉吁聖人作易其功如此此所以定天下之吉凶成天下之亹亹而大有功於世也歟雖然卦爻固具夫陰陽矣而造化抑豈有外於是哉如大而天地陰陽覆載也明而日月陰陽照臨也以至雷霆鼓舞山川流峙而人物之榮枯得失亦皆陰陽之運動而流通者也説卦此章既言蓍數卦爻而下文又以道德性命爲言無非欲人之因易以契造化也易與造化夫豈有二乎哉先儒曰畫前原有易於斯信矣

書

惟斆學半念終始典于學厥德修罔覺

臧福

同考試官教諭戴批（發揮學半字諸卷所無宜録以式學書者）

同考試官教諭段批（場中作此題者多不知重在教上晚得此卷喜用一録）

考試官教諭曹批（聖學功效如此篇亦能道盡）

考試官教授曾批（傅説論學之意正如此）

大臣欲君因學以爲教必推其不偏之理而著其不息之效焉蓋學無一偏自學固當教人也能於此而不息其功則德有不造其妙者哉昔傅説告高宗之意若曰明君莫急於務學聖學必終於教人彼謙勤以修己固立矣然不推之以爲教則體具而用以虧允懷于兹道固積矣使不因之以垂訓則内完而外以缺故學之有程教人之於自學若中道而兩分者也顧可行一而廢一耶學之有績教人之與自學若同出於一機者也是可累尺而弃尺耶夫聖學不可以不全其功豈容於或間哉殆必始而修己終即推之以教人一念拳拳常在于學故不忍於愛身初焉明德繼即因之以訓世方寸孳孳不忘乎學夫何有於獨善由是功以之而益密效以之而益深德之在我昔固修而來也今則所修者日就乎高明而從容中道泯乎形迹之莫窺矣昔固來而績也今則所得者日崇乎廣大而左右逢原渾乎機緘之莫測矣至是則學之爲道豈復有餘藴哉大抵帝王之學與韋布異蓋以一人而任天下之責以一身而範天下之化固非曲技末習得其一偏安於小成所可擬議者此傅説語高宗諄諄不一必至是而後極焉噫高宗願學之君也傅説非善論學者歟

無有作好遵王之道無有作惡遵王之路

王濟民

同考試官教諭戴批（通篇就理欲上發揮而好惡遵字亦挑剔明白當是作者）

同考試官教諭段批（皇極題本難作如此篇説理亦到取之）

考試官教諭曹批（理致精核書卷中之優者）

考試官教授曾批（得箕子衍疇意）

去人情之加意由天理之當行此皇極敷言之教也蓋情發於心可公而不可私也敷言以是而戒訓之其欲納民於極也至矣且皇極之敷言謂夫人情不免於好惡而好惡有繫於公私自有秉彝之仁孰無好也好一加意則凡出於人欲之私而足以遂吾目前之樂者舉在其取與之中矣若是而於極何如哉故好可有也不可作也不有王之道乎是道也理之所當行而君先之以導衆者其平如砥無險阻焉以吾之所好而一遵之非一人之私好乃天下之公好也故猶芻豢之悦口者實理義之同然如好色之娱目者必至善之自慊皇極之道不於是而得於所好之公耶自有降衷之義孰無惡也惡一加意則雖出於天理之公而若咈吾意向之獨者舉在其屏絶之内矣若是而於極何如哉故惡可有也不可作也不有王之路乎是路也理之所當由而君闢之以指迷者其直如矢無茅塞焉以吾之所惡而一遵之非一人之私惡乃天下之公惡也故遠之如淫聲者必害道之异端畏之如探湯者乃真知之不善皇極之道不於是而得於所惡之公耶夫以好惡公私之間而極天理人欲之辯果能協其音致其意而訓戒之如此則臣民顧有外於皇極者哉大抵皇建其有極以身教也敷言以爲訓以言教也吟咏之間感人易入其助世功用良亦深切矣後世乃有教不本於身而所以爲之言者又不本於教歌頌之侈用誇盛美是何益於人何關於事哉皇極不明有由然矣

詩

思齊大任文王之母

孟陽

同考試官教諭戴批（題本冠冕場中作者不窘則泛此篇詞足以發理而文王德成之由溢于言外子亦可謂善言德行者歟）

考試官教諭曹批（歌咏文王之德而推本之意正如此是用録出）

考試官教授曾批（詞暢理明蓋邃於經學者）

詩人稱聖人母氏之聖以見其德之所以成也蓋聖人之德必有所從來

也詩人歌咏其德而推及母氏之聖焉可謂知所本矣此詩亦歌文王之德意謂惟我文王德之盛也固莫有加而德之成也實有所自獨不觀諸大任乎彼大任者以摯國之仲女爲王季之佳配一心之敬發而爲一身之敬怠慢不設于身體在内之德著而爲在外之德非僻不介乎容儀淫聲不聽耳容齊也惡色不視目容齊也端一誠莊其地道之鎮静乎傲言不出口容莊也非禮不動體容莊也端嚴整肅其坤德之厚重乎然此大任伊誰之母彼文王之生雖曰光嶽氣完也而載生載育由大任一體而分文王之降雖曰真元會合也而形生神發實大任一氣而貫嚴胎教於未生之先其所以培植之者有以鍾文王之美質所謂緝熙敬止者已胚胎于此矣謂非文王之母而何肅家教于既生之後其所以濡染之者有以作文王之懿範所謂徽柔懿恭者已根抵于此矣又非文王之母而何是則母之聖子之聖也一德立而子德因之母爲子之關係大矣詩人推本而言之宜哉嗟夫人之恒性固無不善而德之所就未有不須教而能者故詩人咏文王之德首及大任之聖次及大姒之賢以見上有聖母所以成之者遠下有賢妃所以助之者深矣噫文王大聖人也而蓬麻之益尚所未免如此况其下者乎讀是詩者宜知所警矣

允也天子降于卿士

麻漳

同考試官教諭戴批（此題朱注明解言至於湯得伊尹而有天下作者多於允也天子處實作成湯已有天下而爲君殊戾本旨此作認理真切措詞明達葩經之冠舍子其誰）

考試官教諭曹批（講成湯之足以爲君而天所以錫伊尹之意了然明白）

考試官教授曾批（寫出商人祫祭之意當是作手）

詩人於聖人表其爲非常之君推其得非常之佐夫莫難於爲君尤莫難於得臣也詩人美成湯之宜君而及天下之賚以良弼則夫有商王業之成豈偶然哉是詩爲祫祭而作及此意谓嗟殷商之在昔值中葉之式微肆我成湯應五百年昌期而生天與之人與之允矣不世出之主乘四百年夏衰而出應乎天順乎人誠哉大有爲之君語其質勇知天錫可以君斯世也可以主斯民也以之表正萬邦綽綽乎有餘裕焉語其德聖敬日躋可與天爲子也可與民爲父也以之式於九圍蕩蕩乎無能名焉成湯克稱爲君如此然有一代之君必有一代之臣故天意以弼成大業非臣莫資也乃申眷命伊尹誕生藹然雲龍之相後輔佐大君惟賢是托也乃厚寵綏卿士是降翕然明良之胥慶義旗

將舉而興王之良佐天實爲之不先不後適應我成湯初征之日也虔鉞將秉而輔治之元勛天實畀之不疾不徐適際我湯王代虐之期也是則上有不世之君下有名世之臣此天下之所以一而王業之所由成也商宗廟之祫祭宜其并舉而歌之也歟考之大易地天爲泰天地爲否以上下交與不交之故也使伊尹果以隱爲高固無以致商業之成使湯以崇高自恃尹將卒老莘野與草木同腐矣又肯出而輕任天下之責哉故降伊尹者天也其所以致伊尹之出者湯也故曰帝臣不蔽簡在帝心若伊尹者其上天所簡之先而成湯不蔽之大者歟

春秋

春正月己卯烝夏五月丁丑烝（俱桓公八年）

金中夫

同考試官教諭張批（此題尊時意人率能言至於再丞瀆禮傳意涵蓄古制多有不知此作獨能發之度其必精詳之士也是用一薦）

考試官教諭曹批（於胡傳瀆字意發揮殆盡取冠本房）

考試官教授曾批（二烝意斷制明白故用録出）

春秋遵時制而紀望國之祀禮循古制而罪望國之瀆禮此聖人之作經以周正紀魯事以古制罪魯桓也尊王謹禮之意何如哉今夫時制在所當遵而古制亦所當守瀆古輕今不可以訓春秋之世知此義者誰耶是故夏正建寅周正建子各以其時革命改正則周之正月夏之十一月也周官以夏數爲得天教享烝以後夏故魯也猶於建子之時舉行烝享之禮聖人修經則謂夏雖得天周已革命尺地莫非其有一民莫非其臣彼今周也政教雖弛而號令猶在號令既在則天命未改也可知人心可叛之乎苟於此焉不致其意則人孰知時制之尊耶故於魯之烝也不從夏正之書特以周正爲録者以見周令當行周朔當奉凡有血氣者不可輕君父而起邪心所以示尊王之義也臣子之情何切於世道乎至若春祠夏禴秋嘗冬烝先王禮法萬世無弊遵其法則不過守其制則合宜固不可略亦不可瀆今魯也始烝之壇坫未掃而再烝之享獻又陳聖人修經又謂烝自有其時禮自有其節不時則流于淫溺不節則失於頻煩夫何桓也春烝既享而夏五又行夏五再行則越禮逾制也可知宗廟其享之乎苟於此焉不致其貶則人孰知古法之善耶故於烝之再也先書於正月己卯之下繼書於五月丁丑之辰者以見於時爲弗欽於禮爲不敬凡祭祖先者不可紊法制而慢鬼神所以示謹禮之義也古制之正何快於人心乎噫時制當遵也而聖人紀祀禮以示義古制當守也而聖人貶瀆禮以示法

此春秋非聖人莫能修也歟雖然聖人修經不特尊王謹禮而已他如存天理而正人倫誅亂臣而討賊子内夏外夷命德討罪敦典庸禮褒善貶惡何莫而非一心之妙用哉噫山嶽化工至是尤信

齊人救邢（閔公元年）

吴祥麟

同考試官教諭張批（救邢微齊傳自明甚説者率以凡例善之間有美其用兵有制者尤謬此作獨得聖人恤患微意故録）

考試官教諭曹批（救自是美事齊救邢胡爲不力此作知之且詞亦嚴整録式後學）

考試官教授曾批（發揮微齊處非他作可及）

伯主不盡力以恤患此春秋所以微之也夫恤患不力則不足以致功也今齊桓之救邢如此春秋得不稱人以微之哉昔者我莊終年邢被狄難于時齊桓主伯責任安攘乃用仲父之謀而爲救邢之舉之一役也揆之於義救患分灾亦云善矣春秋于何而微其事耶聖人修經以爲小國恃大國以安靖世道資伯者以維持今也邢有狄難國勢艱危正倒懸望解之秋寔困苦求援之際桓於此時連兵動衆可也親將禦敵可也夫何剛方不振志慮猶疑孤遣一軍之微往蹈不虞之險以將則卑何以遏狄兵於方熾以師則少何以拯邢難於將顛杯水救車薪之火濟乎不濟乎孤狼犯猛虎之群可乎不可乎若謂用兵以制耶然施之於尋常則可此時何時若謂善戰服刑耶然施之於保國則當此患何患有救邢之虚名無救邢之實用聖人有感於此故於此役不揆諸凡救之詞亦不與以稱爵之例而略以人書者所以深惜其將卑師少不足以救邢人之患也噫兵者春秋所甚重獨至於救兵而書法如此聖人此心何心哉天地好生之心也存亡興滅之心也烏可不探聖人之心而遽許齊桓以救耶雖然凡救皆善乃聖人恤患之微意春秋列國之救未有可以足聖人之意者子突以王命爲重處父以非道爲貶狄吴等救以中國爲譏雍揄等救以怯慢爲罪况齊桓伯主救邢未力安有不罪者哉説者不察猶以用兵有制爲善是欲以破碎之事而欲滿聖人之情也烏乎其可

禮記

故經禮三百曲禮三千其致一也

康天爵

同考試官訓導盧批（題目本無主意士子務欲迎合率多牽强理明詞

暢無逾此篇取冠本房宜矣）

考試官教諭曹批（禮本於敬此卷發揮明白録之以示務博而不知要者）

考試官教授曾批（明潔可誦）

舉禮之數雖至博原禮之要則至約蓋禮者敬而已矣故其數雖有三千三百而其致豈外於一敬也哉且夫天地有自然之體而禮之名始立聖人有制作之用而禮之制斯備是故禮有大節而爲曲禮之總者經禮也如冠婚喪祭顯設於常行之間朝覲會同鋪張於廟堂之上舉其數蓋三百也禮有衆目而爲經禮之别者曲禮也如進退升降節乎人事之宜俯仰揖遜嘉乎天下之會推其目蓋三千也然其用雖和而其體未嘗不嚴其行雖泰而其本未嘗不敬故經禮雖有三百之多而皆不能以外乎敬舍是敬則非是禮矣曲禮雖有三千之繁而亦不能以越乎敬外此敬則非此禮矣求至約於至博之中一敬之外無餘事焉要至簡於至繁之内一敬之餘無他故焉是則行禮之由敬猶入室之有户也孰能入不由户則亦孰能行禮而不由於敬也哉記禮者之意深矣雖然學者貴於知要知要則能守約守約則足以盡博矣故禮之三千三百而其要不外於一敬易有六十四卦而其要不外乎一時詩有三百十一而其要不外乎無邪書不外乎一中樂不外乎一和春秋不外乎一公學者誠能從事於此節目雖繁吾固不病其博也不然衹見其愈多而愈難矣有志者尚于此求之

言從而行之則言不可飾也行從而言之則行不可飾也

焦昇

同考試官訓導盧批（題不能作而去腐語爲難此篇融化妥貼其必難遵禮教而謹言行者歟）

考試官教諭曹批（講謹言慎行處止如此）

考試官教授曾批（詞理俱到）

惟言行交致其謹則言行自無其失夫言行君子之樞機也今皆順於理而可用可稱又豈有文飾之弊哉且夫言行固君子之所當謹而文飾尤君子之所當戒是故言者行之表今焉出諸辭氣者鑿鑿乎義理之不違形諸頰舌者斷斷乎道理之是守然後以所言者舉而措之非從爲無用之虚談推而行之必求爲有用之實事夫言從而行之則言之如其所行而其言爲可用所謂有物之言初非無稽之論也夫何文飾之有哉行者言之實今焉踐履由於矩度之中雖庸行而必謹動作循乎準繩之内雖細行而必矜然後以所行者宣

諸答述不傷易而誕施諸論辨不有大而夸夫行從而言之則行之如其所言而其行爲可稱所謂有恒之行殆非不顧之行也又何文飾之有哉吁言行相顧如此非慥慥之君子能之乎載考前經曰可言也不可行君子弗言也可行也不可言君子弗行也亦此之意而於下文又兩引詩以證之無非使人致謹於言行之間而已噫莊生之言非不善也而卒不可施之於天下五霸之行非不美也而終不能傳之於後世言行之飾者如此君子豈可以不戒

第二場

論

仁義人主之術

解一貫

同考試官教諭俞批（題本平易作者動輒數千言大抵皆剽竊仁義及人主字腐語堆積而成然於術字上卒不能發揮一二連日閱之殊爲可厭是作初不求深立异就理敷衍而於術字前後提掇明白詞既爾雅氣亦春容吾知解名故無以先子矣）

考試官教諭曹批（論不難於豐而難於無長語若是題目誰不能掇拾千字然枝辭蔓説無所歸指竟亦何取此篇語既明贍而字字不泛其篤學之士也）

考試官教授曾批（典雅莊重殆有意於變浮靡之習者）

人君欲成天下之治亦惟操仁義以爲之而已矣蓋仁義者吾所得於天之正理而天下所同然者也正吾心以求仁義而不雜於人爲之私則其所操者得非仁無爲而爲必以仁非義無行而行必以義則其所違者順由是仁溥而民無不愛義立而民無不敬民愛且敬而人心自歸天下自服矣爲治之道夫豈不備於此哉先儒羅仲素曰仁義人主之術其亦善言治者與請衍其説人主以一身而居億兆之上天地神人皆其主宰四海九州皆其臣妾群工百辟皆其統理萬里六合皆其表正言之出而無敢違法之制而各有守宜若高拱九重無所假而足以自治者借有之亦何以術爲哉蓋天下之大可易有而不易治也不易治而不操術以治之則終於不治欲其治而爲之不得其術則與不治一耳是故天下之事莫不有術而有小大之不同如醫而必以方書匠而必以繩墨御而必以馳驅射而必以彀率雖下此之技焉亦有不能自用者無術故也況乎天下之大四海之廣臣民之衆政務之繁舉萃於人主之一身苟無其術則雖君堯舜而臣皋禹亦將如之何哉故曰仁義人主之術也然此

謂術雖以術言粹然一出於正而爲天下之要法乃吾之所謂術而非若他拳謀術數之所爲者用之則治悖之則亂守之則久失之則促故人君必操此然後能治天下天下必此然後能成其治也是故以仁言之則仁統萬善而非煦煦之仁如省刑罰薄税斂恤飢寒救疾苦與凡所欲與聚所惡勿施有膏澤以下人者皆是也以義言之則義制萬物而非孑孑之義如信賞必罰令行禁止遏惡揚善崇正黜淫與凡五刑五用五服五章有條格以約民者皆是也然仁一施而足以結天下之心義一明而足以定天下之志必二者并用而不偏廢焉然後治天下之術得矣人主知此必養之於端莊静一之中而發之於臨御有爲之際推之於萬事萬物之廣而斂之於惟精惟一之密以天下爲一家以萬物爲一體而寬裕温柔足以有容矣尊卑各得其所大小各安其分而發强剛毅足以有執矣仁以育而義以正未嘗倚於一偏威以服而恩以懷未嘗舉其一隅惇典庸禮所以復民性也百姓不親五品不遜必董之以常刑制地分田所以厚民生也五十衣帛七十食肉必限之以中制是操之而爲教養之術矣賢者用之欲其福天下也吾則用之必果而優游怠緩之不存邪者去之懼其病天下也吾則去之必决而遲回顧慮之無有是操之而爲用舍之術矣非賞無以報功有功者固當必賞也至於可以賞可以無賞吾從而賞之曰功疑惟重宜也非罰無以懲惡有罪者固當必罰也至於可以罰可以無罰吾從而寬之曰罪疑惟輕宜也則又操之爲賞罰之術矣自日用事物之微推而拯於彌綸參贊之大無非此術之運用自居室之際以極於四海之外無非此術之弛張如此則吾之經綸康濟者有其法鼓舞範圍者得其要語之於近則近而畿内之民莫不愛而敬之也語之於遠則遠而侯甸之民莫不敬而愛之也又極之於四方則天之所覆地之所載日月所照霜露所墜舟車所至人力所通凡有血氣者莫不尊親之矣使非仁義兼隆德威并用則人或知愛而不知畏有畏而忘其愛豈爲治天下之術也哉論至於是則知仁義爲人主治天下之術者本於義理之正而爲帝王相傳之要固非後世之所謂術者與抑論之此雖仲素之言而實古先聖王已行之道故堯仁如天而斷蛇禽豨之不惜舜德好生而征苗罪凶之不貸禹泣囚而行後至之誅湯祝網而躬鳴條之伐文王惠鮮鰥寡而敬止不渝武王建中於民而遠邇無間凡若此者皆仁義兼施而爲有道之長致天下於雍熙垂德澤於後世而臻治功之至者逌夫後世之君能操乎是術者少故其治道亦不古若漢有文帝而恭修玄默近於仁而缺於義宣帝綜核名實近於義而缺於仁則亦僅小康而非善美之盡者矣噫仁覆義修四方愛戴安恬熙洽治教休明有聖天子在上

表

擬宋頒戒石銘於州縣謝表（紹興二年）

臧福

同考試官教諭戴批（畏天命悲人窮讀此表自見）

同考試官教諭段批（寫出當時賜謝本意可嘉）

考試官教諭曹批（語不纖麗取之）

考試官教授曾批（得體）

某年某月某官臣某等欽蒙聖恩頒賜戒石銘者臣誠惶誠懼稽首頓首上言伏以儆於有位萬邦懷允殖之仁訓厥庶官六服承祗勤之德凡欲綏寧乎億兆必先飭戒乎臣工職惟宣化承流事有循名责實仰惟古制忽睹新規銘言方走於使華德意已敷於寰宇章縫慶幸城郭歡騰兹蓋伏遇資稟聖神德崇恭儉大奮中興之志用敕時幾廣推資始之元式符化育聿念群生之休戚實關四海之安危情若同胞誰憐無告吏分六事均有攸司將以引於養恬是宜資乎守令昔我太宗之遺訓嘗摘蜀孟之文而臣廷堅之親書又擅鍾王之法義嚴俸禄鑒切天民顧兹十六字之言可藥千百人之病自天寵錫伐石告鐫緬懷往聖之聰明尤存盤几竊意古人之绶急亦視韋弦臣等叨玷官階濫叨民牧里無愁嘆敢當共此之良宿列清光豈屬非人之應況兹珉刻儼若帝臨彼璽書錫自明廷恩難遍及手札賜於方國勸未久存豈若是綸綍不磨郡邑咸布者也臣等敢不往來顧諟共期若子之親朝夕瞻依永誓如泉之守恒恐己肥而人瘠不忘居高而聽卑踵懸魚留犢之風心非可轉攀渡虎祛蝗之駕志與同堅伏願謙受乎光豫存于介緝熙爲學載求作礪之賢終始勤民益保如磐之業臣等無任瞻天仰聖激切屏營之至謹奉表稱謝以聞

第三場

策（五道）

第一問

解一貫

同考試官教諭俞批（鋪張祖宗敷貽之善與今日繼述之宜鑿鑿可覽其必涵泳聖化而有得者也得士如此可以薦矣）

考試官教諭曹批（五策俱能條答而聖制一篇尤能窺見我皇上今日申明之意蓋不獨知古者矣）

考試官教授曾批（鋪張揚厲此作得之）

觀周禮六典之分職則知定天下不可以無典觀大易人文之化成則知守天下不可以無文蓋典章法度所以繫屬乎民心禮樂文章所以化成乎民俗其實相維而不相悖者自古爲國率由兹道若夫作於前而衍於後取之昔而用之今孰若我祖宗敷貽之大而皇上繼述之善者哉請因明問所舉而條陳之帝王之治天下莫不有典亦莫不有文如堯舜治曆明時命官考績典固立矣文亦寓焉禹湯文武之貽則制刑建官分土皆能承其運而極創造之隆啓及大甲成康亦足以繼其道而成文明之化自古無不然者仰惟我太祖高皇帝欽明啓運甫定天下謂非令則民莫從首頒大明令以立一代之政令非誥則民莫儆繼頒大誥三編以立一代之訓誥非禮則分不明而志不定又頒禮儀定式以立一代之禮制大要欲簡明而易知遵承而毋僭噫宏綱大法範圍兩儀細指微幾旁達萬物我太祖之典何典乎開太平之典也太宗文皇帝體天弘道定鼎兩京慮人不知善之當爲乃作爲善陰隲以勸善慮人不知孝之爲本乃作孝順事實以化俗慮人惑异説而理弗明又命儒臣輯五經四書性理大全以頒示大要欲敦本而厚倫明德而復性噫神道設教切當人心通變宜民發明至理我太宗之文何文乎凝泰和之文也至於列聖相承益崇著述宣宗章皇帝則制五倫書臣鑒録憲綱三書而凡彝倫忠佞風紀之事無不該英宗睿皇帝命儒臣纂成大明一統志憲宗純皇帝命儒臣修成續資治通鑑綱目而凡方輿人物古今之事無不具天葩睿藻日月同輝淵慮宸謀鬼神同妙其所以昭我太祖垂世之典翊我太宗弘世之文者其功不亦至邪洪惟皇上嗣登大寶又以祖宗歷服爲重先皇付托爲艱知非典無以定治然世久而法或渝非文無以化成必法行而文可濟乃於初政即命禮官以申明禮儀欲天下恪守祖宗之定式又敕憲臣申明憲綱欲所司恪遵祖宗之成法是有以深得乎鼓舞振作之道裁成輔相之宜禮正民安法明事舉而我祖宗之道又於是而一新矣太平之基於焉而益固雍熙之化於焉而益隆豈不增光於祖宗而匹休於帝王也哉愚蓋涵泳聖化而不知然感時而鳴亦有所不能已者惟進而教之

第二問

臧福

同考試官教諭戴批（詳悉事實根據理義策場中之所無者薦之）

同考試官教諭段批（從祀一策知考功之議得起義之禮其亦從事於理學而有心於思崇者耶）

同考試官教諭曹批（如此議論於諸儒亦是不負）

考試官教授曾批（得義起之意）

與理學之傳者其功不可泯議追崇之禮者其義有攸存蓋理學之傳有自來矣追崇之禮議者多矣欲周其禮則諸子之與其功者孰可無籩豆之奉然揆之義則功之在諸子者不能無銖兩寸尺之差自有不可得而例論者此國家之大典斯文之重事也愚何人斯而敢妄議邪姑述所聞以對粵昔宋之興也五星聚奎文風以兆而程子出焉紫氣入斗文教以興而朱子生焉程子績正學於千載不傳之後朱子某大成於諸儒异同之間皆能使斯道粲然復明於世可謂有功於聖門而秦漢之擇焉不精語焉不詳者風斯下矣然丘陵突兀而一簣之增者夫豈爲多河海汪洋而涓流之入者未必無補是以二子之深探明辦初非有待於門人而羽翼之功亦不可誣也故若謝良佐游定夫吕大臨楊中立之號爲四先生張繹尹焞之稱爲二士吕大鈞之篤信踐履劉絢之力學不倦皆游程門者也之數子者金春玉應終日講求蕙馥蘭馨同其滋味於程子豈無一得之助乎就中而論尹焞師没居三畏齋而守正不失中立窮達一致而學者推宗則固程門之度越者矣至若李燔之名齋以弘李方子之名齋以果張洽則六經究其指歸輔廣則師旨多所發明皆游朱門者也之數子者僞禁方勤貞志莫奪謫逐不已道誼相親於朱子豈無相長之益乎外此而論有若蔡沈引用師説以立傳與黄榦托之吾道爲無憾則固朱門之翹楚矣夫諸子有衛道之功宜後世有思崇之意故我朝正統中嘗以蔡沈而從祀弘治中又以楊時而進列是皆前代未聞之盛典千古不易之公論也乃若尹黄諸子之不得與者則有説焉載道而南得程子相傳之的孰愈於龜山作書集傳模朱子手澤之真孰賢於九峰是蓋銖之於兩寸之於尺有不可混而一者也雖然祀以承傳爲重著述爲多無容議者然禮有鄉先生没則祭於社之義若和靖輩之於程氏固不得隨祀於學宫使于程子鄉祀之廟通列而侑之能不表一時師友淵源之懿乎勉齋輩之於朱氏固不得同升於廟庭使于朱子鄉祀之廟并取而配之能不慰當日師友篤守之好乎夫然則於禮無遺缺之憾而於義無乖僭之譏斯亦庶乎其可矣若夫潜溪之論迄今猶未定者則豈區區所敢議哉謹對

第三問

孟陽

同考試官教諭戴批（大學一策答者多爲所窘此篇歷叙古人之得失終歸我聖祖之完備其亦讀是書而有會於中者也録而之知無□矣）

考試官教諭曹批（考據不遺而斷制各當策卷中之優者）

考試官教授曾批（語意純正不但能悉事實而已録之）

大學之道行於帝王之世而治隆合於聖祖之心而治一蓋世以道而治道以心而同也三代之上道行於君臣之間治固莫能尚已則夫千載之下道合於我聖祖者而治奚有不同哉執事以大學策諸生蓋以有用待而不以章句待也敢不悉心以對且大學一篇有綱有目乃聖賢立教之大典君臣致治之良圖誠有如西山真氏之所論及者粤自上古若堯舜禹湯文武之爲君相與主斯道於上皋陶伊傅周召之爲臣相與相斯道於下故克明俊德而爲萬邦之協和玄德升聞而爲五教之慎徽是道盡於堯舜矣祗台德先而敷命四海懋昭大德而表正萬邦與夫緝熙敬止受戒丹書而敷大德於天下是道盡於禹湯文武矣當時若皋之邁種尹之咸有周召之篤棐其道無不同焉泰和之在唐虞三代固無容議者奈何一降及漢僅得崇尚恭儉之文帝分嚴父子禮具君臣大綱庶正矣然甚高釋之之論未遑賈生之陳萬目亦未盡舉也曾謂大學之道可舉綱而廢目乎再傳而唐又得撥亂反正之太宗法度昭明品式備具萬目庶舉矣然禁門有蹀血之嫌閨門多慚德之累大綱又未正也大學之道可目舉而綱廢乎迨及宋之太祖家法遠過於漢唐制度□宗於三代然不過得學之梗概而終未純耳當時君固如此臣亦可知無怪乎治不古若也故又溯而論之不學如漢高若無延於四百年之祚殊不知其天命有在質多暗合況得三杰以爲用約三章以爲法昌運之啓不偶然耳可以不學無術爲高帝病乎道學如濂洛宜若能啓宋治之隆殊不知新法一舉諸賢已去故南康之知終身不調而經筵之講未幾亦罷吾道不行良有以也可以道學無用爲諸賢少乎夫以漢唐宋君臣之不相值無以致吾道之行如此我太祖高皇帝龍飛在天統御寰宇其所以端本出治真有以具夫大學之道參之帝王無少歉者故觀其命侍臣書大學衍義於内殿廡壁是知是書乃先聖之傳心爲治之要道以冀朝夕監觀而不服行者也以故神功聖德昭揭天地諸福百祉呈露海宇其與帝王之治夫何殊耶當時輔理之臣宋濂頌曰有濯厥聲耀乎千齡劉基頌曰超黄邁唐越商逾夏是豈虚語也哉若濂基者其亦王者之佐伊周之儔者也恭惟皇明嗣統以祖宗所立之法傳帝王心學之妙其於治平天下固已極於至善矣但持滿守盈于今不易保終慎始自古爲難生亦謬有真氏所言之意欲獻之於上不能不藉執事者爲之一達也

第四問

金中夫

同考試官教諭張批（論文知從振源上説場中作文者所未知也子其能文者耶）

考試官教諭曹批（作文源委此篇獨能盡之其人亦可與論文矣）

考試官教授曾批（不深於道而深於文者未之有也此作殆知此歟）

爲文必本於道非道雖盛而不足傳論文必主於道非道雖工而不足取蓋道者文之根本文者道之枝葉爲文而本於道然後可以爲文之至否則支離怪誕徒悦時好有之無所補無之靡所闕也亦奚以爲文哉知此則可以論古人之文可以復明問之萬一矣且夫六經者聖賢明道經世之書初非有意於爲而千萬世之下之文皆由是出斯固載道之文卓乎不可尚已繼是而往代雖有作則後世之文耳彼唐文莫盛於元和昌黎子厚其尤矣昌黎之文如原道明前聖之統原性揭人心之天師説則著傳道之深功佛表則辯异端之大惑史稱其奥衍閎深與孟軻楊雄相表裏者此也乃若晋問文辭有回山倒海之勢貞符議論能獨出諸儒之表是則子厚之文誠與韓相頡頏也至於中朝幾書哀憤窮屈南嶽諸碑契悟寂滅故韓子謂其雄深雅健似司馬子長而崔蔡不足多蓋有見矣然韓子闢佛老而尊孔孟子厚學國語而參子史邵氏所謂退之文自經中來子厚文自史中來夫豈誣耶宋文莫盛於嘉祐歐陽蘇子其尤矣歐陽之文如五代史法嚴而語易新唐書文省而事增正論二篇則欲修吾道以勝异端春秋三編則欲昭是非以誅諛佞蘇子稱其論道似韓愈叙事似史遷者此也乃若范增論明去就之幾潮州碑有蹈厲之氣是則子瞻之文誠與歐相伯仲也至於凌虚臺記化有而爲無萬言書層見而迭出故精義言其入虚似莊子步驟學賈誼亦有見矣然歐之文學韓而不失爲經蘇之文學柳而亦近於史邵氏所謂永叔和氣多子瞻英氣多顧不信耶嗟夫源者流之漸本者末之基也四子爲文之不同則其入門曾無异乎蓋退之本孟子而永叔亦祖孟子者故其論純正而少疵子厚本國語而子瞻則祖其家學者故其論多疵而少純要之自六經出則源深而流長本固而末茂人但見其正大温粹而不知其養之者有本也然則所習之始其可以不謹耶柳四子之爲文雖若不同其爲有意於文等耳有意於文是專於藝者之所爲而能不叛道者幾希學者誠能虚心養德以孔孟爲矜式以六經爲指歸味聖賢之言以求義理之當察古今之變以驗得失之幾而記誦詞章割裂裝綴之事一切不留於胸中夫然後得於内而發於外作於邇而傳於遠其亦庶幾乎載道之文而可以鳴國家之盛矣出此則周子所謂不務道德而第以文詞爲能者藝而已愚雖不敏亦竊有志於文者惟執事進教之

第五問

解一貫

同考試官教諭俞批（兵食二事問者屢而答者詳夫此篇獨舉今日切弊而欲救之其殆留心於世故者耶）

考試官教諭曹批（行法在得人固書生常談所及者要之事理亦不外是）

考試官教授曾批（時務一策切中利病俊杰之士也）

食貴乎預所以致食之預者在民之務本兵貴乎精所以致兵之精者在將之立法夫兵以衛農農以養兵二者可相有而不可相無者要之在得其本與法耳本不務雖日剥月削祇爲民病蓄積終有於未富法不立雖林立川湧祇爲國蠹邊功終有於未成故務農者足食之本立法者精兵之要也舉而行之自無不效而廟堂之憂可少紓矣執事發策及此誠經國之遠圖也顧予書生何足以知之姑拾所聞以對且食出於農力本以供公家之需義也我朝各省財賦多輸京師而山右一隅特供大同等處得非地相聯屬處置之兩全哉奈何百餘年來法久弊生敲扑日聞于課吏而邊倉經用動每告竭裹粮影從于行道而藩鎮軍需不時内請倉卒之際雖命大臣經理之而事已矣噬臍矣原其所自豈荒蕪之地未盡開逋逃之民未盡復乎何食之空乏如此也兵衛乎民捐生而爲頭目之捍亦義也我朝各鎮之兵迭相調用而山右重鎮特爲坐守得非地當要轄經略之周悉哉奈何承平既久邊備廢弛胡虜方竊發而哨望守卒屢失飛報烽燧已警嚴而策應游兵尚事逗遛危疑之際雖出禁兵以禦之而事已剥膚矣推其所由豈缺籍之兵未盡補坐食之兵未盡練乎何兵之單弱如此也比年以來招撫之詔每頒而有司不職者徒事虚文以增補間有復業者則原有之産已兼并於富室而莫知窮詰原額之税尚根及於來者而苦事征求民將轉而流移矣無怪乎今日之空乏也兹欲理之固在於務農欲農之知務也又在清土地而明賦税苟土地清賦税明則地有所主賦有所歸貧者復其業而兩税自樂於輸納富者從此可知矣何農事之不舉而國用之不充哉所謂積三年之食於九年之耕固其理也外此若游惰之有禁而驅以盡歸屯種之有稽而爲其少省是豈可偏廢者耶經邊之略每下而軍衛不職者徒飾行伍以塞責間有方略者雖勇如頗牧限以品級之分勢不能以自陳雖智如孫吴制於掣肘之難力不能以自逞士則無所激勸矣無怪乎今日之單弱也兹欲理之固在於立法欲法之所以立也莫若選智勇而嚴教習苟智勇出教習嚴則義有所激力有所奮庸者安于習而技藝自至於閑熟能者因之而益勵矣何患兵有不精而功有不成哉蓋必致群策之集而爲群力

之屈亦其勢也外此若申明紀律以杜其占放之奸募召豪良以作其奔趨之氣是又可少緩者耶雖然事各有其法而行法在乎人課吏如兒寬自可以致民之争輸御將如李牧自可以致士之樂戰司兵民者苟不得其人而理之法雖善反爲法之累民本安反爲民之擾也兹固儒生之常談篇末敢贅及之

山西鄉試録後序

我國家以文取士而上下便之其取士則以文也其所以有取於士則非以文也才也文特上之所設以爲進賢之路下之所據以爲進身之階而已矣豈所以可用乎哉有所謂文又有所謂才巧於用智而善於集事已不足謂之才也夫所謂才焉者豈其操筆墨工語言之謂哉此政所謂文耳唐虞之際高辛氏才子八人天下謂之八元高陽氏才子八人天下謂之八愷必如元愷之賢然後可謂之才也蓋有德行以爲之本有事功以爲之用有藝能以爲之輔而文墨其餘事也信所謂才焉矣乎然識才亦甚難矣求人於才而取人則於文斯固其所未合也或者之論以爲醇正之人其文嚴以密剛大之人其文豪以邁慷慨之人其文悲以壯廉直之人其文清以勁温良慈愛之人其文婉以麗清夷簡曠之人其文舒以暢文與才固相須也斯言似矣然亦有大不然者成相之篇其不嚴密矣乎逐客之書其不豪邁矣乎絶命之詞太玄之經其不悲壯而清勁後漢之書臨川之文其不婉麗而舒暢矣乎然則因文以求才未也何則其文如此而其人固可議矣雖然事之不可必者本乎人而事之所當盡者存乎我取之以正求之以正夫安知無是人也亦盡其在我而已矣山西固多士昔亦有如子厚之所謂文者鎧濫與考文於此地尤願考文而有所謂才也於簡末以是勖之

河南汝寧府上蔡縣儒學教諭曹鎧謹序

正德八年山西鄉試録

山西鄉試録序

皇上憲天法祖稽古右文命官論材懋隆繼述正德癸酉秋士當大比山西有司集事如故時維太監孫清鎮靖朔服右副都御史鄭宗仁高友璣綏撫弘化户部右侍郎叢蘭來總邊務攘外安内故士得以卒業于教育中無復顧慮矣若監察御史于鏊張士隆宋廷佐户部郎中鄭選汪彬工部主事韓邦靖皆有政于斯獎厲振作士氣倍增先是巡按監察御史周奎延聘洪偕教諭劉謙趙源潔王宗哲趙中訓導塗駿楊盈鄧璽分經校士洪謙則兼總之士之抱藝而來者一千三百有奇皆提學副使曾大有所簡拔者也屆期代巡按者御史周倫至體國求賢維公維慎猶慮其有未至復謀之都御史鄭宗仁討論精確然後事事仍援例而厘之汰其冗拾其遺緝其舊致其詳以故綱維振刷視昔尤備鎖院之日焚香籲天矢心共事内而提調則左布政使倪天民右參政陳逵監試則按察使胡經副使陳奎綜理于外則右布政使黎民表參政汪獲麟王紹副使張鳳翑吴江參議陳邦器蕭淵僉事杜玧錢俊民魏綸孫經徐暹防範則署都指揮僉事崔璽盧卿陳謹暨百執事舉擇於屬吏之良者充之比撤棘得雋六十有五人縮前科之數二十有五者復舊額也爰次其氏名業里及文之尤者爲録將獻於上而式於四方洪當序諸首簡夫人文之化恒自近以及遠山西古冀州域堯舜禹之都也其民堯舜禹之民也聖天子運文思以立極熙文明以化中敷文命以暨遠薄海内外咸服風化況祖宗以仁厚立國優崇文教浹洽人心而山西密邇畿輔被化尤先故其士瑰奇膚敏淳龐宏厚剩有唐虞夏之遺風而無委靡不振之氣也其氣昌則其文蔚根本乎道德性命之懿而經緯乎易詩書春秋禮樂之緒其典雅莊重如太行擠立而景霍雄峙終古不移也其淵深浩瀚如大河東注而入乎天淵行乎無垠也其法度森嚴如棠溪之工范金大鹵出太白徵蓐收而翕衆靈也其文之盛如此若足以潤身澤物而庶乎先資之言矣由是而浸浸嚮用則所謂拜自獻其身以成其信者可不慎哉在擇所尚而已皋陶傅説陽城司馬光諸賢皆鄉物也仰止景行有餘師焉執是以往與天下士角宜莫有先之者矣然尚友天下之善者必

有天下之誠而後可觀易曰觀國之光利用賓于王此正大觀在上而君子尚賓之秋也仁思義色對越有孚淑問如皋陶啓沃如傅説諫諍如陽城忠正如司馬光一誠立而百化行是君子之能事而主司之望也苟言爲虚文行無定力或懵前經而不耻論當世而解頤則與童觀者何异哉兹則科目之玷諸執事之羞也是用申告于彙征之始勖其志而重以規

山東萊州府膠州儒學學正方洪謹序

正德八年山西鄉試

監臨官

巡按山西監察御史周倫（伯明直隸崑山縣人　己未進士）

提調官

山西等處承宣布政使司左布政使倪天民（秀夫武功中衛籍直隸長洲縣人　丁未進士）

山西等處承宣布政使司右參政陳逵（世道大興縣籍直隸沭陽縣人　甲午貢士）

監試官

山西等處提刑按察司按察使胡經（緯之山東濱州人　丁未進士）

山西等處提刑按察司副使陳奎（文表江西南昌縣人　己未進士）

考試官

山東萊州府膠州儒學學正方洪（宗鈞福建閩縣人　戊午貢士）

陝西西安府同州韓城縣儒學教諭劉謙（益之山東濱州人　己酉貢士）

同考試官

河南開封府原武縣儒學教諭趙源潔（鑒之湖廣麻城縣人　乙卯貢士）

陝西西安府興平縣儒學教諭王宗哲（幾之直隸元氏縣人　庚午貢士）

河南開封府儀封縣儒學教諭趙中（大本山東鄆城縣人　乙卯貢士）

直隸鎮江府儒學訓導塗駿（邦毅江西新建縣人　辛酉貢士）

陝西鳳翔府隴州儒學訓導楊盈（守謙山東章丘縣人　丁卯貢士）

直隸河間府任丘縣儒學訓導鄧璽（信卿廣西守禦融縣左千户所人　辛酉貢士）

印卷官

山西等處承宣布政使司經歷司經歷張文韜（時用湖廣桂陽州人

監生）

山西等處提刑按察司照磨所照磨張玉（德温山東恩縣人　監生）

收掌試卷官

太原府知府劉文莊（寅中武功右衛人　己未進士）

平陽府知府郭桂（時芳陝西咸寧縣人　庚戌進士）

受卷官

太原府同知張冕（朝儀山東東阿縣人　丙午貢士）

平陽府通判韓邦奇（汝節陝西朝邑縣人　戊辰進士）

平陽府推官東郊（希宋陝西華州人　辛未進士）

汾州知州伍箕（朝輝江西安福縣人　辛未進士）

澤州沁水縣知縣王溱（公濟直隸開州人　辛未進士）

彌封官

平陽府解州知州李文敏（惟聰河南汲縣人　壬子貢士）

澤州知州王鍵（文鑰直隸永年縣人　壬子貢士）

太原府文水縣知縣張廣居（仁甫順天府大興縣人　乙卯貢士）

遼州和順縣知縣李岫（景仁錦衣衛籍　戊午貢士）

平陽府太平縣知縣龔進（思忠錦衣衛籍江西高安縣人　辛未進士）

謄録官

河東陝西都轉運鹽司判官吴瓚（□用騰驤左衛人　戊午貢士）

遼州知州石斌（人用直隸藁城縣人　庚子貢士）

沁州知州高鑑（明遠順天府涿州人　庚子貢士）

太原府平定州知州張奎（文曜河南裕州人　乙酉貢士）

平陽府絳州絳縣知縣王一麟（明瑞四川青神縣人　乙丑進士）

平陽府解州平陸縣知縣申綸（廷言直隸永年縣人　乙丑進士）

對讀官

平陽府絳州知州韓轍（良同遼東定遠中衛官籍　丙午貢士）

平陽府隰州知州劉貢（獻臣山東陽信縣人　壬子貢士）

潞州長子縣知縣史紀（國載陝西華陰縣人　乙卯貢士）

澤州高平縣知縣盧鋭（時進陝西咸寧縣人　戊辰進士）

平陽府解州聞喜縣知縣蔣亨（原貞直隸武進縣人　辛未進士）

巡綽官

太原左衛指揮使袁勛（世功直隸武進縣人）

太原左衛指揮僉事譚琮（伯聲直隸穎上縣人）

太原左衛指揮僉事江昌齡（仁甫直隸合肥縣人）

太原左衛正千户郝振（彦揚直隸鳳陽府人）

太原左衛副千户王道（崇正直隸巢縣人）

搜檢官

太原右衛指揮同知朱綸（朝言山東單縣人）

太原左衛指揮僉事李爵（尚仁遼陽儀州人）

太原右衛鎮撫劉鉞（肅卿直隸定遠縣人）

太原左衛正千户汪山（重仁直隸巢縣人）

太原左衛副千户侯經（廷正直隸滑縣人）

供給官

沁州同知張昺（景延河南湯陰縣人　監生）

太原府陽曲縣知縣王龍（天瑞陝西扶風縣人　戊午貢士）

潞州潞城縣知縣史瑭（器之河南偃師縣人　壬子貢士）

平陽府吉州鄉寧縣知縣趙元（宗一河南汲縣人　監生）

平陽府解州聞喜縣縣丞劉永寧（從道直隸任丘縣人　監生）

平陽府絳州絳縣縣丞馬鋐（正音順天府昌平縣人　監生）

太原府清源縣典史魏傑（廷俊山東堂邑縣人　吏員）

遼州和順縣典史羅希善（宗德山東德州人　吏員）

太原府陽曲縣典史張溥（文淵山東長清縣人　吏員）

平陽府解州芮城縣陌底渡巡檢司巡檢許鐸（文振河南襄城縣人　吏員）

太原府陽曲縣臨汾驛驛丞許憲（守道直隸定興縣人　承差）

太原府平定州樂平縣柏井驛驛丞張應（文明河南固始縣人　承差）

太原府代州崞縣原平驛驛丞蔡鐸（文振河南杞縣人　承差）

第一場

四書

民可使由之不可使知之　官盛任使所以勸大臣也　知皆擴而充之矣若火之始然泉之始達

易

乾元者始而亨者也利貞者性情也乾始能以美利利天下不言所利大矣哉大哉乾乎剛健中正純粹清也六爻發揮旁通情也時乘六龍以御天也雲行雨施天下平也　王假之勿憂宜日中　有親則可久有功則可大　有天道焉有人道焉有地道焉

書

夙夜出納朕命惟允　無輕民事惟難　王其德之用祈天永命其惟王勿以小民淫用非彝亦敢殄戮用乂民若有功其惟王位在德元小民乃惟刑用于天下越王顯上下勤恤其曰我受天命丕若有夏歷年式勿替有殷歷年欲王以小民受天永命　簡孚有衆惟貌有稽無簡不聽具嚴天威

詩

知子之好之雜佩以報之　憂心孔疚我行不來彼爾維何維常之華彼路斯何君子之車戎車既駕四牡業業豈敢定居一月三捷駕彼四牡四牡騤騤君子所依小人所腓四牡翼翼象弭魚服豈不日戒玁狁孔棘三后在天王配于京　允文允武昭假烈祖靡有不孝自求伊祜

春秋

莒人伐杞取牟婁（隱公四年）　宋人齊人邾人伐鄭（莊公十有五年）　楚人伐鄭（宣公五年）　晉趙盾衛孫免侵陳（宣公六年）　晉欒書帥師救鄭（成公六年）

禮記

使以德爵以功　其餘無常貨各以其國之所有則致遠物也　樂也者聖人之所樂也而可以善民心其感人深其移風易俗故先王著其教焉　道有至有義有考

第二場

論

萬世相天下之法

詔誥表（内科一道）

擬漢令禮官勸學興禮詔（元朔五年）　擬唐以張嘉貞爲中書令誥（開元八年）　擬宋以富弼爲司空侍中平章事謝表（熙寧二年）

判語（五條）

擅離職役　别籍異財　上書陳言　孳生馬匹　聽訟回避

第三場

策（五道）

問　祖宗列聖既輯武功聿修文治懋隆作述訓諭臣民即古之聖帝明王以人文化成天下也舉其切要而言之則太祖高皇帝大誥三編有得乎書之道太宗文皇帝性理一書有契乎易之理宣宗章皇帝五倫書則易書相表裏也英宗睿皇帝大明一統志則周官之損益也憲宗純皇帝之續通鑑綱目則春秋之權衡也其悉本於禮之經道乎詩之情者亦可繹而言矣聖謨洋洋嘉言孔彰夫豈漢唐宋之君所及哉諸士子佩服聖化有日矣其問所未及者願詳陳之以彰我昭代制作之盛

問　黄鍾爲萬事根本樂由之而作焉古樂之亡久矣兹欲復雲門之和繼伶倫之妙舍黄鍾何以哉黄鍾定而十二律得矣漢唐而下制作紛紛卒未有得其術者今舉其要而摘其疑與諸士子商之微若聲吹而和也其法如何細若氣候而應也其要如何天地之數十而已黄鍾之實何以用九律吕之數九而已黄鍾之長何以用十管員而分方何以容之律正而有變何以通之子爲黄鍾之管寅辰午申戌爲寸分厘毫絲之數子寅辰爲陽是矣午申戌何以屬之陽哉亥爲黄鍾之實酉未巳卯丑爲寸分厘毫絲之法亥酉未爲陰是矣巳卯丑何以屬之陰哉十一律皆得黄鍾之數而成者又有三分損益何歟十一律皆次黄鍾之序而間者又有隔八相生何歟調有六十乘五而得者也可詳言乎聲有八十四乘七而得者也可指陳乎黄鍾至尊不爲他律役變律之意也或者有謂上律役下律通而和下律役上律乖而戾是亦可謂有見矣何者爲歸一之説十二管以候十二氣飛灰之説也或者有謂自冬至而夏至爲氣升灰可飛自小暑而大雪爲氣降灰不可飛是亦不爲無理矣何者爲至當之論載觀前古治定功成而禮樂作焉我列聖相承百五十年大禮與天地同節大樂與天地同和諸士子於律吕之學講之有素矣其詳言之毋略

問　論士者以年少則精敏也而新進者多浮薄年邁則老成也而耄期者多倦勤然考之於古有中興漢室而爲雲臺之冠者有保障江東而成赤壁之功者有定策隆中而談笑以却曹兵者有决策澶淵而博謔以退遼師者或捫虱而談當世之務或建節而負滅金之志或拜御史而人爲之膽落或任招討而賊爲之膽寒是皆年少者也而建立乃如此浮薄果足爲年少累乎有起自渭濱而成伐商之功者有膂力既愆而止伐鄭之舉者有使秦而十數言存

鄭者有擊先零以萬三百餘人屯田者或以狄仁傑之薦而復唐於周或賀陽城之諫而名重天下或以矍鑠示勇而天子稱嘆或以相業顯名而虜使動容是皆年邁者也而勛名乃如此倦勤果足爲年邁累乎將用之於年邁者耶一言成天書之誤者非少年之人也抑用之於年少者耶附會新法之行者非年邁之人也二者何居而後可其明言之毋隱

問　書曰今惟淫舍牿牛馬詩曰駟騵彭彭肆伐大商征伐之資于馬也尚矣其制始於黄帝備於周官漢唐宋各有其法而我國家尤爲詳悉内有大僕寺矣而府州縣設佐吏以專領之外有行太僕矣而苑馬寺設監苑以分領之互市有茶馬也分蕃有圉長也設官何其備歟既有見馬以給軍而又有寄馬以給民既責之以牧養而又責之以孳息印烙以防之也考課以驗之也立法何詳歟若是者宜馬之蕃盛也夫何一遇小警馬即告乏出帑藏之錢遣市馬之使所謂見馬守馬者何在乎經有之學古入官議事以制是準今者必酌乎古今舉古人一二事試與諸士子商確之一馬復三卒内郡之制也令民自畜馬邊塞之制也至於封君而下以次出馬官給牝馬歸息什一不有墜於先烈乎府兵既立給錢而市之府兵既變給馬而用之至於一縑一馬息七十萬别色爲群望如雲錦不有裨於國家乎曰官馬曰户馬曰戎馬法亦善矣及保馬之法行而天下之民困當是時也首倡其議而力稱不便者誰耶騏翼鑾鏘玁狁息整居之禍龍驪駮白匈奴肆平城之圍馬之關於成敗亦重矣然則蕃育之有官歲時之有祭宜也今欲使在内者有有驪有黄之多在外者有既佶且閑之盛其道安在將酌古法而行之歟抑我國家法已詳備今莫若修其廢墜歟二者何居

問　昔先王經國子民必先食貨而重戎兵肆我列聖法古制治以食貨言之既有邊儲矣復有京運存留之設食宜無不足也而何倉禀每至於空乏既有歲辦矣復有丁傭貨榷之例貨宜無不足也而何帑藏每至於匱竭稽之於古二十税一取民何輕也乃有海内庶富之治課役皆免賦民何寬也乃有斗米三錢之效今自山西所急言之邊已云儲而督并之使屢遣乎廷臣禄已云班而告乏之疏累陳於藩室厥咎何由乎所以充足之者抑有道乎夫令有緩急而物有重輕歲有凶穰而穀有貴賤食有所當平也幣重則民不堪幣輕則民亦怨貨所當藿也二者古人已有定制矣而可行於今乎三年耕有一年之積九年耕有三年之積足食之道也千乘之國藏襁百萬萬乘之國藏襁千萬足貨之道也十者當今亦略施行矣其有合於古乎以戎兵言之内有五府也又設衛所以分屬之綜理周矣外有司衛也又設將臣以總率之經略備矣

稽之於古府兵之制不爲不善何以致藩鎮之禍衙厢之制不爲不密何以有金虜之變今自近日之事言之饑民嘯聚流刼郡縣嘗調京軍以捕禦矣而飄忽震蕩過無堅城卒頼邊軍以剿之京軍抑不足恃耶窮虜驕縱侵竊邊關嘗有邊軍以屯戍矣而憑陵斥突陣無勇將復調京軍以捍之邊軍又不足恃耶其弊安在乎所以振揚之者抑有道乎夫潢池弄兵置而不捕較之捕盗朝歌以安民者孰得得是人而用之盜可弭乎備虜數歲戢兵不戰比之兩炬疑虜一戰而取勝者孰㥍得是人而用之邊可備乎夫識時務者在俊杰數者時務之大者也諸士子其詳言之毋以俊杰爲嫌而自讓

中式舉人六十五名

第一名　劉懷仁　太原府學生　易
第二名　陸光祖　代州學生　詩
第三名　王應奎　代州學生　書
第四名　鍾錫　澤州學生　禮記
第五名　賈侃　壽陽縣學生　春秋
第六名　季方　代州學生　易
第七名　姬鵬　蒲州學生　詩
第八名　崔充　代州學附學生　書
第九名　牛澄　太原府學生　易
第十名　郭登庸　山陰縣學生　春秋
第十一名　蔣欽　應州學生　詩
第十二名　張淳甫　河東運司學生　易
第十三名　閻鼎　澤州學生　禮記
第十四名　楊應辰　保德州學生　詩
第十五名　任大倫　汾州學生　書
第十六名　薛大川　長子縣學生　易
第十七名　盧問之　朔州學生　詩
第十八名　蔣卿　代州學生　易
第十九名　賈隱　平陽府學附學生　書
第二十名　周起鳳　陽曲縣學生　詩
第二十一名　李仲賓　蔚州學生　易

第二十二名　王禋之　平定州學生　書
第二十三名　柴選　太平縣學生　詩
第二十四名　郭廷臣　蒲州學生　春秋
第二十五名　劉宗哲　平陽府學生　書
第二十六名　劉鼎　保德州學生　詩
第二十七名　閻尚志　平遥縣學生　易
第二十八名　王禮　雲川衛監生　詩
第二十九名　陶滋　絳州學生　書
第三十名　郭崇仁　太原縣學生　詩
第三十一名　胡鑄　平陽府學生　易
第三十二名　孔瑲　澤州學生　禮記
第三十三名　原應卿　陽城縣學生　詩
第三十四名　李廷禎　太原府學生　易
第三十五名　李春　平定州學增廣生　書
第三十六名　衛卿　蒲州學生　詩
第三十七名　孫璵　榆次縣學生　易
第三十八名　侯漢臣　平定州學增廣生　書
第三十九名　加睿　稷山縣學生　詩
第四十名　張珩　石州學生　易
第四十一名　楊江　陽曲縣學生　書
第四十二名　孟居仁　遼州學生　春秋
第四十三名　王一中　河東運司學生　詩
第四十四名　王鑛　河曲縣學生　易
第四十五名　任繼芳　岢嵐州學附學生　書
第四十六名　郭拱樞　高平縣學生　詩
第四十七名　張廷詔　平定州學生　書
第四十八名　黄雲　代州學生　詩
第四十九名　范昕　絳州學生　禮記
第五十名　梁昂　臨汾縣學生　書
第五十一名　趙汝環　榆社縣學生　詩
第五十二名　楊珉　太原府學增廣生　易
第五十三名　董文奎　汾州學生　詩

第五十四名　閆仲宇　代州學增廣生　書
第五十五名　侯瑞　稷山縣學生　詩
第五十六名　張道　洪洞縣學生　易
第五十七名　王天爵　絳州學生　春秋
第五十八名　趙璡　河東運司學生　詩
第五十九名　景溱　蒲州學增廣生　書
第六十名　王道　絳縣學生　詩
第六十一名　梁綸　曲沃縣學生　禮記
第六十二名　吴琦　潞州學生　詩
第六十三名　宋官　朔州學生　春秋
第六十四名　劉鯨　夏縣學增廣生　易
第六十五名　楊福　太原府學生　易

第一場

四書

民可使由之不可使知之

劉懷仁

同考試官教諭王批（題本似易而實難作者雖能敷演而體認真切者少此篇詞能達意録之）

考試官教諭劉批（文以理爲主而氣輔之此作蓋得之者）

考試官學正方批（説理造詞規格自別）

聖人論民能導之以循夫理雖强之以悟夫理蓋人固有能有不能也由之可使而知之不可使者亦勢耳安能比而同之哉何則聖人之心無窮聖人之教有限是故衆人蚩蚩物欲常交蔽矣若之何而可使之由哉蓋有物有則民之秉彝也爲人上者惟莫使由之耳誠能立法垂訓而匡直輔翼之有方道政齊刑而開導禁止之有法吾知父子由乎親君臣由乎義皆有以順帝之則而鼓舞於不識不知之天夫婦由乎別長幼由乎序朋友由乎信咸有以遵王之道而興起于會極歸極之地治乎己者可以治乎人可使終身由之而不違也教于家者可以教于國可使天下共之而不悖也所謂民可使由之者如此若夫良知良能人所同然也若之何而不可使之知耶蓋昏明强弱天之降才也爲人上者豈不欲使之知哉但其理之出於天者雖曰建學立師也有非家

喻户曉之可以言傳命之賦於人者雖曰耳提面命也必待心領神會而後可以自得父子之所以親君臣之所以義幽深玄遠孰能窺其要領夫婦之所以别長幼之所以序朋友之所以信精微蕴奥孰能測其指歸學問之士或理義之昭著也彼凡民者行之而能著哉豪杰之士或聰明之察識也彼衆人者習矣而能察哉所謂不可使知之者如此是則使之由者非徇民也使其所可能也不使之知者非愚民也不强其所不可能也聖人何容心于其間哉抑論之知之云者窮理至□之事也孔子大聖也猶曰五十而知天命子貢大賢也猶曰性與天道不可得而聞豈可責之民哉雖然是爲凡民言也若夫君子之學必求至乎其極不至於命是爲半途傳曰衆物之表裏精粗無不到而吾心之全體大用無不明此君子之學衆人固不識也

官盛任使所以勸大臣也

王應奎

同考試官訓導楊批（士子講官盛任使處類能措詞於所以勸大臣處則索然矣此作詞氣充然且講出勸字之意必佳士也是宜録出）

同考試官教諭趙批（場中作者率皆蹈襲陳言氣魄亦短如此佳者亦不多見）

考試官教諭劉批（發明所以勸大臣之意綽有餘味）

考試官學正方批（詞理俱佳非苟作者）

備其員而充其用勸大臣之道在是矣夫大臣以道事君者也爲之備其員而充其用焉則以道事君者得以自盡矣非勸大臣之道而何哉昔聖人之意若曰由家以及朝廷有大臣焉彼大臣者倚任之既重禮遇之宜隆是不徒尊之以位也設官分職俾陳力於左右者彬彬乎就列而極體統之尊不徒厚之以禄也辯官論材俾奔走於内外者濟濟乎服役而極眷顧之重錢穀有司兵甲有司一建明也爲之屬者各奉其職而承順之無違政教有司刑獄有司一設施也爲之屬者各執其事而宣達之不後或傅其伍無缺員也或陳其殷無廢官也夫如是則位望已隆而綱維總之于上有不費乎紛更鈞軸已專而體統一之于下有不屑乎區畫忠愛之誠生於感激之餘奮庸之念竭於報稱之□從容於朝著之間而論道經邦得以自效矣優游於廟廓之上而調元贊化得以自盡矣夫勸大臣之道寓於優禮之餘如此人君苟能行之則有君有臣而政烏有不舉者哉大抵圖大者不於其細居尊者不謀乎卑故大臣之佐天子也條其紀綱而盈縮焉齊其法制而整頓焉則相道得而萬國理矣此官

盛任使所以爲勸大臣之道也雖然有堯舜之君而後有稷契臯陶之臣苟無其本而徒曰官盛任使焉慾望政舉之治不亦難哉故曰取人以身

知皆擴而充之矣若火之始然泉之始達

陸光祖

同考試官訓導鄧批（題自知上説若馳騁則涉於行矣極難下手始然始達處尤難發揚此作體認真切辭氣沛然非造理之深者安能到此健羡健羡）

同考試官訓導塗批（文詞温潤理趣分明到衆人窘筆處愈有議論愈有精神使孟子復生亦當稱賞秋闈之冠舍子其誰）

考試官教諭劉批（説理之文自是難做此作得之）

考試官學正方批（源源而來有本者固如是）

大賢論善端之在人也能知夫推極之功難已夫充廣之勢蓋善端在人顧推極之何如耳苟於此而致力焉則充廣之勢其容已乎何則性原於天而情發於性彼善端者人皆有之而不知者衆矣苟能秉吾心之藻鑒真知乎惻隱羞惡之發也原於帝降而爲仁義之端即是端而推廣焉以滿吾本然之量人皆由之而不察者多矣誠能精在我之權度洞識乎辭讓是非之見也根於秉彝而爲禮智之端即是端而擴充焉以弘吾固有之天匪直於孺子也嘑蹴也凡有所感而動于中者知皆推而極之丹府之中恢恢乎仁義之充塞焉不獨於賓主也賢否也凡有所觸而激于中者知皆推而達之靈扃之内蕩蕩乎禮智之充周焉由是良心之發得於此者可以通于彼天機之動發乎邇者可以見于遠仁義之端雖未至於育萬民正萬民也而育之正之之勢自難已于感觸之餘禮智之端雖未至於定萬民察萬民也而定之察之之機自難已於發見之際殆若火之始然者雖焰焰乎至微也而燎原之勢已成自有不假乎吹嘘者善端之發一始然之火也日新月盛孰得而止之邪泉之始達者雖涓涓乎未盛也而赴海之勢已就將有不俟乎疏浚者善端之發一也達之泉也日就月將孰得而禦之邪吁善本人之所固有也而知之者鮮善端雖人之所能知也而充之者尤鮮孟子因論人皆有不忍人之心遂及於此示人之意何其真且切哉嗟夫時乎戰國性學不明人心陷溺异端邪説横行於天下不入于此則入于彼貿貿焉不知善端爲何物擴充爲何事孟子深爲此懼而發爲此言者豈苟然哉噫振金聲于淫哇雜聽之餘支大木于夏屋將顛之際抉世立教之心其盛矣乎先正曰孟子功不在禹下信哉

易

王假之勿憂宜日中

劉懷仁

同考試官教諭王批（此篇反覆辯論盛衰之理皆本色語且文氣雄健嚴整宜冠衆作）

考試官教諭劉批（此作意味深長有擴前聖所未發者）

考試官學正方批（轉折處有關鍵）

王者之處盛也不必慮其變但當守其常夫盛衰相尋理固然也王者處此何益於憂哉能守其常則庶乎其可矣聖人戒豐之占其意謂夫王者處崇高富貴之地當久安長治之時民殷物阜而世道於此乎豐隆不獨晋也升也至此已大有矣天清地寧而氣運於此乎盈成不獨泰也豫也至此已既濟矣行有尚而往有功此其時也夫豈有所憂邪平必陂而往必復此其理也寧能已於憂邪使其憂夫天命之有常而不可以挽回者恒虢虢以窮年不過焦勞乎心思耳憂之竟何益哉憂夫理勢之必至而不可以旋轉者恒乾乾以終日不過疲弊乎精神耳憂之亦何補哉憂之无補固也豈可槃樂怠敖以待其敝耶城復于隍之戒亦當致謹于酒食之餘憂之無益似也豈可縱欲敗度而顧自弃耶有隕自天之理尤當察識乎志命之微素可履也從而履之凡所以出乎身而加乎民者皆由乎公平正大之道如日之中天光被乎四表不過其則可焉章可含也從而含之凡所以□乎邇而見乎遠者不越乎規矩準繩之外如日之當天光格于上下不至於昃可焉是則曰勿憂者不謂其無憂也謂其不必憂也理必然也曰宜日中者不謂其不昃也欲其保之而不至于昃也理或然也王者不憂其必然而勉其或然則人事盡而造化回可憂者祇可樂矣聖人戒豐之占得無意乎雖然履霜之謹終日之惕衣袽之戒周公又何惓惓注意於易書之内以戒占者邪蓋不憂於可憂而憂之於無可憂者至憂也文王不言之意又於周公發之先聖後聖其揆一也學易者其可忽諸

有天道焉有人道焉有地道焉

季方

同考試官教諭王批（此篇主三畫説起束處用八卦開合之妙非疏淺者可到也）

考試官教諭劉批（説理文字便覺枯澀此作暢達宜録）

考試官學正方批（題意精潔文能稱之）

卦成乎三畫而理具乎三才易之爲書然也□三才者天地人之道也易畫成而三才之理兼具焉易之所以廣大悉備者可見矣何則聖人之作易也太極具而兩儀生四象生而八卦列乾坎艮震此陽卦也陽卦之畫有三坤巽離兑此陰卦也陰卦之畫亦三夫三畫之卦其何與於天地人之道哉蓋從上畫而言之當一卦之尊居兩畫之上雖非天之繫星辰也覆萬物也高莫與齊儼然浮上之象尊莫與配昭然覆下之理立天之道不有在於上畫耶從中畫而言之居一卦之内當上下之間不必有知覺也有運動也可仰可俯一混然中處之靈有承有乘一藐然戴履之義立人之道不有在於中畫耶以至言乎下畫也中畫雖近而居上上畫過中而實遠雖無華岳之載也而承順之理居可見矣雖無河海之振也而負載之義斷可識矣立地之道又不有在於下畫乎三畫有變化也天地人之道隨乎變化而皆寓何嘗陽有而陰無哉三畫有推蕩也天地人之道即乎推蕩而皆存何嘗陰有而陽無哉是則曰上曰中曰下畫雖散漫而不齊曰天曰人曰地道則充周而不缺易之廣大悉備當於三畫見之不特此也三畫之卦因而重之道之會也變而爲爻道之動也等而爲物道之形也雜而爲文道之顯也吉凶生而大業成道之徵驗也易之廣大悉備又不有見於此哉後世不知易道之大而以卜筮目之其不知易無足怪者

書

夙夜出納朕命惟允

王應奎

同考試官訓導楊批（作者多破碎獨此篇春容明健宜録之）

同考試官教諭趙批（組織蔡傳成文必明經之士也）

考試官教諭劉批（通篇無冗字佳作）

考試官學正方批（此題須如是作方是）

隨司命之時盡詳察之道聖君命大臣然也蓋出納之允否治忽所關也爲司命之官者可不隨時以盡詳察之道哉帝舜命龍爲納言以此意謂讒説固朕之堲納言實汝之責是故鋪張庶務而命令之涣發經理萬機而政教之敷宣此自上而布於下者也是命也隨事而出夙夜之間時雖無定也而出之之責實在於汝焉群情徹於君門而敷奏有詞衆論陳於殿陛而復逆有章此自下而達於上者也是命也因事而納朝夕之際時固不一也而納之之責實在於爾焉夫命之出而讒説間之非允矣汝必極心思之力致審察之道是果出於君心之斷而非參於誕妄之私言合於道而事合於理也然後從而出之若然則讒説不得行而矯僞無所托矣命之出也何允哉命之納而邪僻得以

乘之非允矣汝必昭衡鑒之明執辯别之道是果出於衆論之真而非由於變幻之詐言非無稽而謀非弗詢也然後從而納之若然則邪僻無自進而功緒有所稽矣命之納也何允哉如此則小人不得肆其欺而君子得以安其位治功之成豈不可保於無窮哉嗟夫納言之官實天子耳目喉舌豈可易視也使用之者疑貳任之者怠忽則投間抵隙之弊作而治亂昭可必矣有虞何時也尚責之專任之切如此其防微杜漸何其至哉萬國咸寧而庶績咸熙良有以也後世出片紙於中宫而外廷莫辯投疏於匭而朝廷不問者其亦不知有虞設官之意也夫

簡孚有衆惟貌有稽無簡不聽具嚴天威

崔充

同考試官訓導楊批（通篇以用刑字面講是究心於尚書者）

同考試官教諭趙批（據蔡傳具嚴天威是如此）

考試官教諭劉批（詞理兩到必佳士也故録）

考試官學正方批（文有法度）

周王告諸侯聽獄也其法异敬天也其心同蓋獄者天下之大命也聽獄者能致謹於天人之際則天下無冤民矣昔穆王之意若曰典獄之官□天下之法以索天下之情不盡其心可乎彼明清於訊鞫之時俾情之麗於五刑者舉無可疑審克於推詰之際俾詞之附於五罰者皆核其實是固當辟者也於是而遽辟之不幾於略乎于以考驗於視聽之間精察於動止之際而貌是稽焉至於五刑不簡而無可入之罪五罰不服而無可論之辜是乃當宥者也於是而不宥之不幾於刻乎于以釋之於縲紲之中縱之於肆赦之地而貌不必稽焉夫簡孚貌而不嚴乎天或無辜而被冤矣必敬忌是盡而殄戮者不敢輕凛凛乎上帝之臨汝也無簡不聽而不嚴乎天或有罪而幸免矣必欽恤是存而開釋者不敢忽昭昭乎天監之在兹也惟察惟法不以法我所有爲可恃而以天討有罪爲多懼豈可有一毫之或怠哉惟從非從不以勢我所有爲可依而以天齊於民爲永畏豈可有一毫之不謹哉是則嚴一心之敬於天人之際則刑期於無刑而刑斯可謂祥矣有民社者尚其□之大抵天下之情無窮而刑之所治有極□天下之吏操有限之法以治無窮之情而不得少議於其間則天下之情將枉於法而失其實矣故先王之時一藋諸人而不專於法雖以穆王之耄荒猶知惓惓於天人之際也深刻之徒乃有變罪而附法失情而合文者亦獨何歟

詩

知子之好之雜佩以報之

陸光祖

同考試官訓導鄧批（親愛之中寓勸成之意如良玉温潤而栗然可謂善説詩者矣取冠群英允愜輿論）

同考試官訓導塗批（親賢友善立説人罔不知講好之處容或可觀至報之處則枯淡無味矣此作詞氣貫充前後一致非熟於葩經者不能特録之以式後學）

考試官教諭劉批（專以相夫進修爲重深得詩人立言之旨可録）

考試官學正方批（模寫出一箇賢婦來讀之令人起敬）

賢婦之語夫也知其所親□賢酬以所佩之物蓋夫所當重而物所當輕也婦人興言及此不賢而能之乎昔詩人述賢夫婦相警戒之詞意謂勤業以宜家固我夫婦之當爲親賢以取善尤爾君子之急務是故賢者弗親無以爲進德之助我苟知子擇其人之賢者而親之克盡乎好德之誠宛若金蘭之相契善人弗交何以爲修業之資哉誠知子擇其人之善者而友之克篤乎好善之心藹然膠漆之是投朝夕相與啓迪其未知而德可進矣出入相友增益其未能而業可修矣然在人有益於夫如此感激之心宜何如哉雖無車馬以贈之也則當解此雜佩以報之曰珩曰瑀一朝與之而無所吝焉雖無幣帛以將之也則當解此飾玩以答之曰琚曰璜一朝畀之而無所惜焉寧使吾身之無佩不可使吾子之無德也假此佩以結賢人之心庶乎陶成其德者益勤矣寧使吾服之無飾不可使吾子之無善也藉此佩以感善人之心庶乎贊成其業者益力矣吁婦人之於夫有忠告善道之益而無情愛狎昵之私其賢於人亦遠矣詩人述之以示人良有以夫嗟夫觀同車同行之言俟巷俟堂之誚則鄭俗之淫謔無度而於先王禮樂教化蕩然矣鷄鳴之篇猶有是賢夫婦焉一詩之中率皆警戒相成之道略無宴昵褻慢之情先王之澤民性之善俱可見矣詩可以觀可以興於此益信

允文允武昭假烈祖靡有不孝自求伊祜

姬鵬

同考試官訓導鄧批（孝與福皆自文武上來此作得之且其造語止就篇内融會不泛不冗可取）

同考試官訓導塗批（魯頌多溢美之詞此篇殆能發之全結處寓不滿

之意良是）

考試官教諭劉批（得魯人頌禱其君之意）

考試官學正方批（詞氣温厚可觀）

全德盡孝而獲福魯人頌禱其君也蓋孝爲德之先而福乃德之應也魯侯全德以盡其孝矣福不由此而致哉昔魯侯□於泮官而詩人頌禱之蓋謂文武未備不足以言德格先未至不足以言孝安得吾君備君德而盡孝道乎何則德音昭著所以涵濡乎人心也有素故講學一行而國人協于邁之從允乎文足以附衆也武備修飭所以攝服乎人心也有具故徒御一興而遠人懷孔淑之心信乎武足以威敵也遠而周公以文武而開國者也我侯文武兼資懋隆紹述之績于以昭格乎周公而無愧夫何有於不孝邪近而魯公以文武而繼體者也我侯德威并用克纘繼承之緒于以對越乎魯公而無疑又何有於不孝邪孝既以德而成福其以德而應殆見純嘏之錫雖無心以求之也德之全者福亦全簡簡乎其大者將不能外之而他往繁祉之介雖無意以干之也德之備者福亦備穰穰乎其多者殆不能舍之而他適保彼東方居然爲有教無類之主虧崩震騰之患無有也獲福何盛哉狄彼東南巍然爲内夏外夷之君龜象南金之獻享有也致福何隆哉吁德之備也有以盡乎孝德之應也有以致乎福魯人頌禱其君如此意何至歟抑論泮宫者教化之源而禮義所從以出者也爲人上者必本之心得之餘而溢於身教之外斯教與而化行矣所謂忠信禮義之威愈於堅甲利兵之鋭而武固寓於文之中也惜乎魯人之所以願望其君者徒爲誇大之詞而躬行之教無聞殆與後世開辟廱而環橋觀者同科噫周公之魯竟不可復也良有以夫

春秋

楚人伐鄭（宣公五年）晋趙盾衛孫免侵陳（宣公六年）

賈侃

同考試官教諭趙批（作者於上一股不知旨趣率多牽合別傳得聖人筆削之意僅見此篇）

考試官教諭劉批（書法透徹）

考試官學正方批（有發揮）

與國從夷而致霸國之兵春秋筆削以正主盟之失此陳楚之平林父之伐盾免之侵有以見晋成無服人之德而失反己之道也昔楚莊争鄭以肆伐陳靈懼楚而結平晋成主霸志在服陳於是先之以林父之伐重之以盾免之侵嘗聞諸孟子曰愛人不親反其仁治人不治反其智則知服天下之心者在

德而不在力主天下之盟者正己而後正人彼晉之於陳嘗命將以逐其門庭之寇矣又連兵以雪其宗社之耻矣陳宜德晉而顧以即楚者無乃晉猶有闕乎爲晉計者反其仁可也反其智可也正己以盡其主盟之道可也顧乃明於責人暗於治己徒曰陳不我親而弗察仁之未至徒曰陳不我治而弗察智之未盡揚聲以伐名不正而言不順潛師以侵火益熱而水益深是其一日之恩不足以縶人之手足頻年之暴徒有以起人之怨諮噫有苗逆命帝舜格之于誕敷之日崇侯亂德文王降之于退修之餘聖如舜文猶謹於自治況霸者乎孽如苗崇猶可以德懷況與國乎向使晉也惟德是修則反側之陳可傳檄而下矣奚至紛紛兵革如是哉故春秋於楚伐鄭之下不書陳平原晉之有闕也不書伐陳見晉之無詞也特書侵陳陋晉之過暴也或筆或削何莫而非示省躬之義正主盟之失歟抑晉之不道固足以失陳然陳之所以自處亦甚可陋也夫負固於成景厲公之世猶無足怪若悼公霸業天下宗之而陳獨不然雖雞澤之盟偶一如會而會鄬之日卒以逃歸自是安於楚宇不復通中國之好矣嗚呼依人以圖存未有不窮者而况失身於虎狼之群乎國滅于楚固其所也然則有國者於從違之際其尚知所擇哉

晉欒書帥師救鄭（成公六年）

郭登庸

同考試官教諭趙批（體悉傳意甚明而文足以發之可録）

考試官教諭劉批（錯綜轉換無一長語）

考試官學正方批（謹嚴）

春秋特著霸臣恤貳國之善因見外夷虐貳國之惡觀救鄭之書而知欒書之安攘多乎道也若楚之悖義之甚不於是而彰乎且鄭之救奚爲也晉欒書因楚兵之加爲是以恤其患焉經書其救説者曰著晉之善因以見楚之惡其意云何自晉言之楚之伐鄭所謂門庭之寇利用禦之者也欒書有見乎此簡書一伸解鄭懸於既倒繞角一遇郤楚勢於方張内以安外以攘蓋知夫親昵不可弃豺狼不可厭之義矣况是時楚出救蔡師遇桑隧軍帥皆樂於一戰少有規利之心者亦必爲之奮然孰能休兵息民韜戈卷甲不計功於己不遷戮於人藹然仁厚之意如欒書者哉是其得救患分灾之宜無好攻樂殺之暴於善之中又有善焉者矣自楚言之鄭之從晉所謂出自幽谷遷于喬木者也嬰齊不鑒乎此示威於溱洧之伐無疵可指藉口於蟲牢之盟無詞可稱名不正言不順蓋懵於裔不謀夏夷不亂華之義矣况是時鄭有重喪君居草土訃

告已及於諸侯少有不忍之心者亦必爲之惻然豈有幸灾樂禍擣虚攻瑕長其惡於已厚其毒於人泯然惻怛之念如嬰齊者哉是其肆禽獸逼人之禍懷落井下石之心於惡之中又惡焉者矣聖人修經至此以謂晋也安夏攘夷而合道居多楚也以夷猾夏而悖義滋甚不書救無以著晋之善不善晋無以見楚之惡故特書救鄭傳曰凡書救者未有不善之也又曰救者善則伐者惡矣然則欒書之善自不容掩而嬰齊之惡亦奚待貶哉抑嬰齊不足道矣若欒書者猶有議焉救患固善然鄭之終携當懷以德乃有親將之伐伯蠲之戮何其恤於前而虐於後歟愛民固善然君之失道當輔以義乃有匠麗之執程滑之弑何其仁於下而忍於上歟雖然功過乘除霸者之常吾於霸佐乎奚尤

禮記

使以德爵以功

鍾錫

考試官教諭劉批（文理通暢允宜録出）

考試官學正方批（題意上下相承經注明白作者多混講此作得旨且措詞整潔讀之令人快意録冠本房）

先王任人而必擇其賢官人而必考其績蓋任人惟賢而爵以顯庸固所當慎也然則先王使人官人舍功德奚以哉且王者之御天下中畿千里環列五服選賢建德式序懋功班爵之制豈苟然哉彼諸侯世子世國大夫不世爵以大夫之受爵視功德之有無耳是故上賢以崇德度德以任使孰爲寅清而使之典禮孰爲博易而使之典樂凡所以服官政者顯設於躬行心得之餘于其敬寬而使之掌教于其淑問而使之掌刑凡所以聽國政者役志於秉彝同得之天日宣三德則以之浚明有家克邁種德則以之寅亮天工彼惡德者焉得而使之乎若夫從事而能勝其任器使而能質其成禮序樂和而職業以起則崇階特進而有析圭儋爵之榮教敷刑措而勛勞以著則命數攸隆而膺發爵賜服之寵爵之於朝而丕視功載之無私禄視附庸云乎哉策之於廟而奮庸熙載之汝嘉爵之再命云乎哉彼無功者烏得而爵之乎是則先王之班爵一視其功德何如耳故大夫不世爵禄而有大功德者亦世之豈可執其常哉抑考王制記先王班爵制禄之法詳矣至於内外等差世爵世禄之分則截然而不可以毫髮僭差者其正名辨分之意嚴矣又曰天子之縣内諸侯禄也外諸侯嗣也豈非視其功德而出入均勞之謂哉此章之旨又舉世子大夫而言之蓋互相發也學禮者宜合而觀之

樂也者聖人之所樂也而可以善民心其感人深其移風易俗故先王著其教焉

閻鼎

考試官教諭劉批（詞理俱到迥出衆作可佳）

考試官學正方批（此題言聖王推樂教以化民成俗作者多逞浮詞又分截失旨令人厭觀偶得此篇説出聖王以樂立教之意詳盡非熟於禮者不能到録之以式）

記者論樂本於心而發於用此所以化乎民也蓋樂本於吾心而感於人心無二理也先王所以彰樂教而化民也良有以夫樂記之旨如此謂夫先王作樂以象其德而必用樂以教其民彼此合其音而播諸樂器樂之聲也動以干戚而飾以羽旄樂之容也聖人所樂有在於是矣想其欣喜之和動於中歡愛之情發於外播於聲音而宣暢其性情形諸舞蹈而動蕩其血脉樂得其道焉耳夫樂固本於心尤必見於用民心有邪正之不同也樂足以善之使奸聲亂色不留聰明淫樂慝禮不接心術其心不亦正乎人有善惡之不齊也樂足以感之使和親和順而優柔平中之自如好善知過而和順英華之自若所感不亦深乎上之所化樂能移焉轉澆漓而爲淳龐下之所習樂能易焉變偷薄而爲敦厚樂之功用如是故先王立之學等廣其節奏而文采之昭宣所以奮至德之光而平天下之情也其樂教之著也何如律其小大比其終始而法象之事行所以合生氣之和而著萬物之理也其樂教之彰也何似吁先王廣樂以成其教人心感而太和焉則樂之象德可見矣雖然化民固莫善於樂其所以節民又在於禮也故先王有大事必有禮以哀之有大福必有禮以樂之此則獨言先王著其教焉而下文極言反情和志廣樂成教之事若無預於禮者何哉蓋禮之儀則易知而樂之情文難明非窮本知變者其孰能得其情哉讀者其致思焉

第二場

論

萬世相天下之法

劉懷仁

同考試官教諭趙批（場中作者於孔明之言不能真知出處間有剽竊一二者又不能體貼發揚令人快快此作事迹分明援引切當孔明之實録了然在目末復歸咎于天有識之士也秋闈之冠吾誰與歸）

考試官教諭劉批（此論有抑揚有關鍵表武侯心事於青天白日之下讀之令人竦然其亦知所斯待者歟拭目以俟）

考試官學正方批（豪邁而不違準繩馳驟而不至窘步蓋學古作而得其要領者矣）

立言有要而相道得焉其垂法也遠矣甚哉相道之難也得其道而垂法於後世者爲其誠也爲其公也爲其樂取於人而不自用也否則矯强於詐力之末固蔽於有我之私訑訑然距人於千里之外適足以病天下矣抑將焉用彼相哉而何以爲萬世相天下者之法哉請申吴氏之言而繹其旨乾稱父坤稱母大君者吾父母之宗子大臣宗子之家相也黄帝堯舜禹之相得其道而天下理固無容議矣伊尹之相湯傅説之相高宗周公之相成王其謨訓功烈亦可以爲萬世法矣後之相者或挾知謀以欺天下或徇私意以愚天下或拒諫飾非以輕天下之數者固不知爲相之體也亦不足爲相之法也孔明之相蜀也以興復漢室爲己任以鞠躬盡瘁而自許豈不謂挾智徇私者可以取天下而不可以服天下拒諫飾非者徒以輕天下而不可以安天下孰若開誠布公會衆善而補吾闕耶激勸者天下之大柄也必開誠心布公道以天下之是非爲去取則循名責實虚僞不齒而有以服天下之心矣自用者天下之至愚也必集衆思廣忠益以天下之耳目爲視聽則以虚受人不自滿假而有以來天下之善矣文過者天下之鄙吝也必以人之忠慮而攻吾之闕失則勞謙終吉噬膚有慶而足以充天下之量矣孔明之所以自盡而布告於人人者蓋如此故盡忠益時者雖讎必賞犯法怠慢者雖親必罰服罪輸情者雖重必釋游辭巧飾者雖輕必戮發乎至誠之心也昭乎至公之道也以是道而相天下萬世可法也慕徐元直之啓誨嘉董幼宰之違反容胡濟之獻納謝楊顒之陳諫謀思之必精也忠益之不遺也以是道而相天下萬也可法也考微勞微壯烈善則稱人過則稱己也引咎責躬布所失於天下善則稱君過則稱己也以是道而相天下萬世可法也是則孔明之功業未究而其言爲相之法萬世可傳必有以得其體要而中其肯綮者矣視彼挾智徇私拒諫飾非適足以病天下者烏可同日而語哉孔明其何以致此耶方其高卧隆中寧静致遠王佐之才固已素定於胸中矣及其起而相蜀也前定之言出而爲籍曰誠也曰公也曰忠益也曰忠慮也是即伊尹修身允德無自廣以狹人之説也是即傅説王忱不艱官不及私昵之説也是即周公作周孚先丕視功載而受人徽言者之説也孔明之言有以該之孰謂其不足爲萬世相天下者之法哉是故孔明之言爲法於萬世固也彼新莽孔光王安石之流吾惑焉自其人之誠心未開也雖

謙恭下士而終不免於僞自其人之公道未布也雖坐語移日而終不免於私自其人之略衆思沮忠益而自處之不廣也雖借口堯舜之道終亦不免於偏而流禍天下兹固未識相體者之所爲也而謂法孔明以盡其道者爲乎哉雖然孔明知爲相之體矣其感楊顒之諫生既謝之死又哀之豈不知其言之忠哉然而食少事繁若不知愛其身者未可以常情窺淺見議也彼大厦栟幪而震風凌雨適與壞會亟假乎一木之支則公輸子必自絜之而躬爲之弗徐徐以鳩衆工矣孔明之時勢何异於是哉遠邇細大靡不究心夫豈可已而不已者三分割據志決身殲天地鬼神實臨之矣噫孔明之所能者人也其所不能者天也然則君子豈可以成敗論人物哉

表

擬宋以富弼爲司空侍中平章事謝表（熙寧二年）

季方

同考試官教諭王批（寓駢儷於渾厚中可録以式後學）

考試官教諭劉批（表佳）

考試官學正方批（典則）

伏以官司邦事治水土而總工虞職典朝儀導輿輅而親帷幄秉鈞當軸論道經邦兹三秩之俱崇乃一時而并拜天心屬眷冰履戰兢戴巨鼇之山未如恩重泛大鯨之海秖覺魂括顧常伯親臣必達周公之訓越冬官重任須資伯禹之才位既極於阿衡人必擇乎亮采伏念臣學惟窺豹才匪屠龍肆惟天聖之朝偶中茂才之選初知制誥贊廟堂無鳳翥之文再使契丹靖沙漠乏鷹揚之武荷帝心之簡在辭樞副而未能竊附仲淹志四海太平之治見傾夏竦忘一身譽毁之私發官廪以賑饑功惟尺寸壓皇華而增秩寵异尋常懇上封章繆有唐子房之論薦超遷相位叨隨文彦博以同升求解樞機止緣一疾幸膺使相得判兩州自分樗材宜置寬閑之野敢懷楓詔荐優遲暮之年兹蓋伏遇謙恭孝友勤儉聰明耿光近麗於祖宗大化遠追乎堯舜畋罔御緝敬止於文王宫室匪崇紹祗台於大禹天章涣汗驚俯畀乎儒紳聖學離明幸親降乎舘閣弟臣力微任大罔知圖報之因而恩重身輕誓守致忠之願運一心以籌衆職竭千慮以攄寸長祠祀惟清出納惟允撫四夷熙庶績期奮百揆之庸亮天地理陰陽冀補九重之衮伏願對揚篤叙宣重光而日新戩穀罄宜荷百禄而天保弘文耀武鞏四海之金甌謹始成終延萬年之寶命臣無任瞻天仰聖激切屏營之至謹奉表稱謝以聞

第三場

策（五道）

第一問

鍾錫

考試官教諭劉批（帝王之道載諸六經垂憲萬世我朝列聖之典與之吻合而無間矣此策鋪張揚厲鑿鑿可見觀其涵泳聖化而善鳴治道者歟）

考試官學正方批（條答不遺自是作手）

前聖立極而治教之迹見於經後聖繼出而作述之功麗於古夫六經致治之迹聖王所以修道之教也我祖宗列聖懋隆作述輝映千古先聖後賢其揆一也詎不信哉知此則可以復明問矣何則結繩之初未有文字也伏羲堯舜之立極而易與書蘿興矣禹湯文武周公之繼出而書詩禮濫觴矣若仲尼者异世同神而易書詩禮春秋蓋金聲而王振矣我太祖高皇帝以武功定天下以文教興太平條成大誥三編頒示天下其曰申明五常即克綏厥猷之旨也其曰爲民造福即輯寧邦家之心也其曰輕生易死復出三誥以示之即勿庸殺之姑惟教之之意也孰謂三編之旨有不同於書者乎太宗文皇帝命儒臣編集性理大全一書首圖説則主太極以著陰陽動静之微次通書則析元亨利貞以著天道通復之妙若西銘則父母之名稱而乾坤之道得若太和則形氣之言立而變化之理在孰謂性理之要不有契於易者乎宣宗章皇帝時則有五倫書謂至誠能贊天地之化育神道設教能致天下之觀化其叙唐虞之事與典謨相合叙三代之事與訓誥相符其於易書之要旨大義固表裏兼該矣英宗睿皇帝時則有大明一統志上志星宿分野下志山川物産則天地之文理著内志京師爲四方之極外志方岳爲列郡之綱則聖人之經畫明其與周官之體國經野蓋損益沿革矣憲宗純皇帝之續通鑑綱目書歲年時月而天地運行之序周書善惡褒貶而聖人好惡之志見蓋與春秋之屬辭比事相蘿衡也大誥得禮之坊而足以安□治民性理得禮之彝而可以著誠去僞五倫書固天叙天秩之典一統志寓卑高以陳之序則列聖作述之書無非禮之貫通矣大誥所以章志貞教而禁民之邪性理則以文武周召爲詩之體五倫之修身理家孰非周南召南之義綱目之褒善貶惡同於緇衣巷伯之情則祖宗垂世之典罔非詩之訓迪矣孝宗敬皇帝篤配天之玄德紹烈祖之耿光大明會典一書備三重之道貫五經之理宗統元會而昭代之制作已兼補闕拾遺而萬世之法程大備是又所謂集大成矣於戲莫爲於前後將何繼莫爲

於後前將曷傳即今日之御製擬前古之遺經聖祖神孫功業相望宸章奎翰日月争光所以人文日盛治道日隆斯民遷善遠罪日趨於蕩蕩平平之域與唐虞三代之化异世而同功也豈區區漢唐宋之治可與言哉愚也得與其進焉願披露以揚厲無前之績謹對

第二問

王應奎

同考試官訓導楊批（求律吕於元聲元氣异乎庸心於黍尺者矣宜録）

同考試官教諭趙批（鋪叙詳明是究心於律學者）

考試官教諭劉批（事有考據而文足以發之允宜高薦）

考試官學正方批（以樂由於律而末復歸之功德可謂知本）

欲定黄鍾者當先求元聲欲得元聲者當先候元氣夫聲無可據而氣有可驗也故截管以候氣應氣以飛灰而元氣得矣元氣得而黄鍾定矣黄鍾定而十二律生矣十二律生而五聲和矣五聲和可以被諸八音而爲樂矣夫如是則凡八音之器其輕重大小長短厚薄多寡盈縮之數皆本之律其體則天地之體其用之和而能感通天地也不亦宜哉粤自黄帝始命伶倫造十二律之管吹陽律以候於鳳者六曰黄鍾太簇姑洗蕤賓夷則無射是也吹陰律以候於凰者六曰大吕夾鍾仲吕林鍾南吕應鍾是也故能協和中聲候氣不爽清濁相符倫理無失而後世之言律者實肇於此唐虞三代弗可尚已自是而下制作紛紛卒未有歸一之論以漢言之相統之法三五不周畸贏之數損益不用京房之見尚如此彼張蒼之輩又何足望也庶幾者其司馬遷乎以唐言之梁陳之音采而雜用周齊之技集而合作祖孝孫之見尚如此彼魏延陵之徒又何足道也庶幾者其張文收乎至於有宋之時雖以司馬光范鎮之賢猶屑屑於黍尺之際而不知聲氣之求獨一蔡西山之正顧乃弃而弗用徒托諸空言而已矣蓋嘗考之聲有五也必以律而和之假令黄鍾爲宫則太簇爲商姑洗爲角林鍾爲徵南吕爲羽大吕爲宫則夾鍾爲商仲吕爲角夷則爲徵無射爲羽其他律吕亦皆以次而和也氣有十二也必以律而候之假令冬至則黄鍾應氣升五分一厘三毫大寒則大吕應氣升三分七厘六毫其他律吕亦皆以時而候也天地之數十而黄鍾之實九用者約體之十以爲九使損益無奇零之積乃黄鍾之用數也黄鍾之數九而黄鍾之長用十者分用之九以爲十使乘積得九九之實乃黄鍾之體數也平置十二分均而方之規而員之有餘不足各四而爲全分者一規外四餘不用而得方分者九此

非管員而分方之説乎仲吕之實以三分之不盡二筭以變律之六而得六三之數因六三之積而乘仲吕之實此非律正而有變之説乎子一者黄鍾之律也其寅九則黄鍾之寸數辰八十一則黄鍾之分數午七百二十九則黄鍾之厘數申六千五百六十一則黄鍾之毫數戌五萬九千四十九則黄鍾之絲數此以一爲一者也亥一十七萬七千一百四十七者黄鍾之實也其酉一萬九千六百八十三爲黄鍾之寸法未二千一百八十七爲黄鍾之分法巳二百四十三爲黄鍾之厘法卯二十七爲黄鍾之毫法丑三爲黄鍾之絲法此以三爲一者也午申戌本陰辰而曰陽者豈非以蕤賓夷則無射三陽律在位耶巳卯丑本陽辰而曰陰者豈非以林鍾南吕應鍾三陰律在位耶黄鍾一分爲九寸林鍾得九之六太簇得九之八南吕得九之五十分寸之三姑洗得九之七十分寸之一應鍾蕤賓得全厘大吕夷則得全毫夾鍾無射得全絲而仲吕則得九之六有五分八厘三毫四絲六忽此十一律之生專主黄鍾而言者也至於黄鍾損一而得林鍾林鍾益一而得太簇太簇損一而得南吕南吕益一而得姑洗姑洗損一而得應鍾應鍾益一而得蕤賓蕤賓損一而得大吕大吕益一而得夷則夷則損一而得夾鍾夾鍾益一而得無射無射損一而得仲吕非以十二律互相生而言之者乎黄鍾而大吕大吕而太簇太簇而夾鍾夾鍾而姑洗姑洗而仲吕仲吕而蕤賓蕤賓而林鍾林鍾而夷則夷則而南吕南吕而無射無射而應鍾此以陰陽長短之序而言之者也至於黄鍾隔八下生林鍾林鍾隔八上生太簇太簇隔八下生南吕南吕隔八上生姑洗姑洗隔八下生應鍾應鍾隔八上生蕤賓蕤賓隔八下生大吕大吕隔八上生夷則夷隔八下生夾鍾夾鍾隔八上生無射無射隔八下生仲吕非以十一律相生之序而言之者乎六十調者十二律盡五聲五聲各得十二律以律之十二乘聲之五共六十調所謂乘五而得者如此八十四聲者十二律盡七聲七聲各得十二律以律之十二乘聲之七共八十四聲所謂乘七而得者如此以變律而言之黄鍾爲君不爲他律役其爲商爲角則受無射夷則之役其爲徵爲羽則受仲吕夾鍾之役黄鍾既變而餘律從之黄鍾林鍾太簇南吕姑洗應鍾爲上六律以上而役下通而和蕤賓大吕夷則夾鍾無射仲吕爲下六律以下而役上乖而戾必少下上律之聲以和下律之音由此觀之則二説之皆是可知矣以飛灰言之自冬至而夏至氣升而灰可飛自小暑而大雪氣降而灰不可飛是亦疑若似矣殊不知陰陽升降有一歲之運自冬至至大雪是已有一日之運自子至亥是已夏至以後固氣降而已辰以前則氣升安得不飛灰應候也由此觀之則二説之是非可見矣嗚呼樂者所以象功而昭德也堯欽明而時

雍則奏大章舜重華而風動則作大韶苟徒極聲容之盛而無和樂之實則樂云樂云鐘鼓云乎哉亦聖人所不取也我列聖相承禮法制而教化修三綱正而九疇叙百姓太和萬物咸若八風之氣宣而天下之情平矣猗歟盛哉

第三問

陸光祖

同考試官訓導鄧批（取士之法及士之自立者是如此）

同考試官訓導塗批（豐縟有餘味不止答問目而已）

考試官教諭劉批（如此策顧不當録耶）

考試官學正方批（齊整）

君子之建功也本於道人主之用人也不拘其迹夫天下之事未嘗不以得人而興不得人而廢天下之士未嘗不以知道爲賢不知道爲不肖然士之於道也有淺深而見於功業有大小彼黯黯焉不知道爲何物者適足以敗天下之事以自僨而已矣人主者操天下之衡以藿天下之士亦惟舉其賢而進之取其不肖者而退之使進之而拘其迹則進賢之路不廣退之而拘其迹則退不肖之法不嚴路不廣則君子或滯於不用法不嚴則小人或幸於苟容是故少而賢也吾進之少而不肖也吾退之老而賢也吾進之老而不肖也吾退之吾有道而已矣年之老少吾何計哉古者登崇俊良與之共政摧折鎮定付之以爪牙之藿咨議論思委之以腹心之寄雖以武王之聖穆公之賢漢唐而下諸君之英武亦必資於太公蹇叔之流或有以興創業中興之烈或有以成治内捍外之功當是時也擇賢而用之隨才而使之初何嘗論其年之老少乎且新法之行舉天下稱其不便而始終附會之者曾布也人將曰年少者之所爲也是豈年少之病哉人自病耳今以一人而盡疑天下之年少者不猶因噎以廢食者乎天書之誤舉朝廷知其不可而一言贊成之者杜鎬也人將曰年邁者之所爲也是豈年邁之病哉人自病耳今以一人而盡疑天下之年邁者不猶因刖而廢履者乎以年少者而言之孝平不造西漢之鼎已移於巨君之手矣鄧仲華杖策之從光武數言之間而天下之大計以定其爲雲臺之冠不亦宜哉獻生不辰東漢之鹿已猗於孟德之手矣周公瑾决策以贊孫藿一炬之火而江東之大勢以張共成赤壁之功不亦奇哉老瞞之下江陵也戰檄一示而群臣失色張昭輩已倡迎降之議合孫吴之勢而却之者亮之所以爲人龍也契丹之冠澶淵也邊書一告而中外震駭欽若輩已建出幸之策得高瓊之助而退之者準之所以爲鎖鑰也桓温既入關中王景略留心江左捫虱而談當世之務可謂三秦豪杰之才矣惜温之不見知金虜既陷中原岳鵬舉唾

手雲燕建節而負滅金之志或謂南渡精忠之將矣惜檜之不見容温造爲御史而劾李祐祐爲之膽落其風力可嘉也韓琦任招討而鎮西夏賊爲之膽寒其威名可畏也數君子者皆年少之人也而建立乃如此豈奸諛皆如布者哉以年邁者而言之周武怒商受之虐爲伐商之舉得太公以爲輔卒成四海永清之功牧野洋洋之頌至今尚昭昭也秦穆信杞子之言爲侵鄭之謀忽蹇叔而不聽卒獲三帥被囚之耻良士番番之戒至今尚耿耿也趙充國以萬三百餘人而屯田其智將之流矣當是時先零倡亂於先罕開脅從於後漢之邊鄙蓋擾擾也卒之罕開既服而先零亦降充國之功不亦多乎燭之武以十數言而存鄭其辯士之流矣當是時晋軍於亟陵秦軍於泗南鄭之社稷岌岌也卒之秦伯既悦而晋侯亦解之武之功不亦茂乎天后革唐之號自立爲帝罪莫大焉廷誅佞幸而復唐於周者張柬之也陽城論列延齡營救陸贄罪莫測焉廷拜言官而名重天下者張萬福也馬援以矍鑠示勇而天子稱嘆其心可謂壯矣文彦博以相業顯名而虜使動容其儀可以象矣數君子者皆年邁之人也而勛名乃如此豈昏庸皆若鎬者哉爲今之計者少不必拘也少而如布之奸諛則斥之如孔明諸人則用之老不必拘也老而如鎬之昏庸則去之如太公諸人則進之進而用之者皆賢也斥西去之者皆不肖也年之老少吾不得而知之也嗟夫下之事功未有不本於道者也事功而不本於道是功利私智而已然求人才於三代之上道純而功亦隆求人才於三代之下則亦隨其分之所得而爲功之所著耳太公不可尚矣孔明可興禮樂蓋天民之未粹者其餘諸君子或得一偏而全體之未虧或資之暗合而造詣之未盡故亦能因事而有成隨試而輒效也其下如布如鎬者得免於王誅亦幸矣何道之足云哉

第四問

劉懷仁

同考試官教諭王批（修復祖宗之法馬政自舉確論也）

考試官教諭劉批（縱横馳騁不拘問目當是策手）

考試官學正方批（祖宗之法爲必可守有識之士也）

經天下之政存乎法行天下之法存乎人故爲治者不患法之不修而患人之未得吾見法具而不得其人者有矣未見得其人而法有不舉者也馬政之制國朝之經畫已備特承平日久怠於吏而玩於民法固未嘗有敝也敝之者人也今能一振而作之其所以經天下者沛乎有餘裕焉苟徒是古非今役役於紛更改革之勞而不知修復之道其爲爲治之累豈小小哉孔子曰文武之政布在方策其人存則其政舉其人亡則其政息不我欺也請因明問而復

之武王之伐商也有駟騵彭彭之詩魯侯之征淮夷也有淫舍牛馬之誓則馬之用於征伐也尚矣玁狁整居焦穫矣而宣王成薄伐之功者以騏翼鑾鏘之盛高帝威加海内矣而匈奴肆平城之圍者以龍驪駮白之多則馬之係於成敗也大矣此歷代以來所以考成分屬有蕃育之官祈休報賜有歲時之祭也以其官而言之其廐有未央承華騊駼騎馬路軨大廐之异其官有三令四令丞五監長之殊而掌之於太僕者漢制也其署有六閑八坊四十八監之類其官有主簿直司圉官牧尉排馬群頭之屬而領之於大僕者唐制也至於騏驥有院天駟有監天厩有坊既置群牧司又置群牧使此在内監牧之法自河北至許州已有十八監兩河陝西有都總管處復置一監太原交城又復置馬監既委群牧司又委守倅兼領此在外監收之法又非有宋之制乎以其祭而言之春祭馬祖夏則祭先牧秋祭馬社冬則祭馬步者周禮也牲用少牢地用大澤四祭之禮同積柴以燔坎地以埋四神之禮异者隋禮也至於筮曰致齋於未祭之先瘞坎燎柴於既祭之後又非開元禮乎肆惟我國家列聖相承立經陳紀參之於往昔之規斷之以聰明之獨其設官不爲不備矣其立法不爲不詳矣是宜馬之蕃盛也邇者青蜀之賊一興邊關之冠少警厩既竭乏馬則玄黄朝廷遣市馬之使帑藏出市馬之錢遂使閭閻之下槽櫪爲之一空價值爲之騰湧此無他良以我國家長治久安百五十餘年以來天下雍容於禮樂文章之化熙皥於富壽安樂之天官雖備也世平則易玩法雖詳也歲久則易湮其欲在内者有有黄有驪之多在外者有既佶且閑之盛不亦難哉策曰準今者必酌乎古將酌古法而行之歟抑我國家法已詳備今莫若修其廢墜歟嗟夫泥古者不通遵先王者無過今舉古人一二事而言之勸民養馬有一匹者復卒三人蓋居閑則免三人之筭有事則當三人之卒此内郡然也縱民畜牧官不爲禁或致馬千匹或致馬數千此邊塞然也是非漢制乎當給馬者官與其直市之每匹錢二萬五千刺史折衝果毅歲周察不任戰者鬻之以其錢更市不足則府供之此給錢以市也府兵漸壞兵貧難致乃給以監牧之馬此給馬以用也是非唐制乎至於有宋之時有曰官馬畜於監牧者也曰民馬散於編户者也曰戎馬市於邊郡者也此皆古人之法執事所欲參酌以行之者而愚生直以爲不可也是何也蓋彼法之善者當今既亦采而用之矣其不宜於時者則又不可行也載考當時之制内有太僕寺矣而府州縣設佐吏以專領之外有行太僕矣而苑馬寺設監苑以分領之互市有茶馬也分蕃有圉長也其設官也擬之漢唐宋豈不爲尤密乎今亦取其賢者而任之取其不肖者而退之耳既有見馬以給軍而又有寄馬以給民既責之以牧養而又責之以孳

息印烙以防之也考課以驗之也其立法也視之漢唐宋豈不爲尤密乎今亦摘其弊而祛之舉其墮而興之耳嗚呼祖宗之法至精至備行之天下而無弊傳之萬世而可法今馬政之未舉者則亦講求之未明修復之未至耳豈可不責之人而惟法之是咎不究乎今而惟古之是圖哉夫以我祖宗精備之法適我聖天子大有爲之日碩俊簡布於朝廷群能分列於外服竭蹇蹇之忠秉明明之節司太僕者寧無張萬歲其人耶司苑馬者寧無王毛仲其人耶誠一振舉於萎薾之餘剗剔乎奸徼之弊則一縑一馬雲錦成群亦何難致之有哉若夫孝武上自封君以次出馬官給牝馬歸息什一王安石信曾孝寬之言忽文彦博之議卒□保馬之法而爲天下之害則漢宋之敝政不敢屑屑爲執事陳也雖然滴腸續骨醫者之技雖妙不如不疾之爲愈焦頭爛額救者之功固多不如不焚之爲貴與其畜馬以爲用不如無事而不用馬也書曰歸馬於華山之陽此又愚生言外之望也不知執事以爲如何

第五問

貫侃

同考試官教諭趙批（就問目中處置而推本於節用愛民可觀）

考試官教諭劉批（墜舉是如此必留心於世務者）

考試官學正方批（整贍可録）

有足國之大本有强國之大本食貨者足國之道也而其本在於節用戎兵者强國之道也而其本在於安民用既節則國不期足而自足民既安則國不期强而自强苟務國之足而不本於節用吾知所入者不能給其所出雖頭會箕斂民力愈竭而用益不足矣務國之强而不本於安民吾知本既先撥而戎狄乘之良民善衆亦且化而爲大盜矣孔子曰節用知而愛人請以是并爲明問復蓋嘗聞之洪範先食貨於八政故知有天下者不可無財用周官列司馬於六卿故知有天下者不可無戎兵昔者先王因地制貢則壤成賦料丁起役而食貨興矣我國家之制既有邊儲矣復有京運存留之設既有歲辦矣復有丁傭貨榷之例其綜理之詳雖夏后之貢成周之徹何以加焉若是者食宜無不足也貨宜無不克也今自山西所急而言之督并之使屢下于邊陲告乏之疏累陳於藩室噫有由然哉輸於邊者有常數而客兵調集每至若林之多供乎禄者有定額而天潢繁衍乃有螽斯之盛况夫窮民之逋欠灾傷之蠲除豪右竊攬代之藋貪夫肆侵漁之利其欲粟陳而不可食貫朽而不可較不亦難哉爲今之計者宜何如邪粟之貴賤所當平也貴則減價以糶之賤則增價以糴之是亦古人備荒之一策也幣之輕重所當藋也幣輕則毋藋子而行幣

重則子蘉毋而行是亦古人救時之一法也今之存積即先王積餘之意修其廢焉非常之周寧不足充乎今之預備即先王藏襁之意舉其墮焉不時之需寧不足給乎夫然後時檢校以閲其實嚴刑罰以禁其奸其庶乎食貨之可足矣雖然究其本而言之不有節用者乎無名之賞賜有度不急之土木不興非時之游觀有節無益之冗費不設如是而已耳先王威夷狄平邦國除盜賊而戎兵興矣我國家之制内有五府也又設衛所以分屬之外有司衛也又設將臣以總率之其經略之備雖商之赫業周之詰揚莫有過焉若此者蠻夷宜率服也盜賊宜屏息也今自近日之事而言之饑民嘯聚流劫郡縣嘗調京軍以捕禦之乃至飄忽震蕩過無堅城而剿之者卒賴邊軍焉是郡縣之變京軍即不足恃矣窮虜驕縱侵竊邊關嘗有邊軍以屯戍之乃至斥突憑陵陣無勇將而禦之者又調京軍焉是邊關之變邊軍亦不足恃矣噫有由然哉武弁以甲胄爲耻而慕文墨軍士以工賈爲業而惡戰鬥况夫坐作進退之未習而卒不知兵敵轂鍜礪之未吊而兵無完器精鋭或隱於蘉門老弱多充於部伍其欲摧鋒陷敵折馘執俘不亦難哉爲今之計者宜何如邪選將以主兵閲卒以實伍而兵之本以立簡器以利用演陣以教戰而兵之用以備治渤海如龔遂長朝歌如虞詡必求是人而任以捕盜以責備北邊如李牧守雲中如廉范必擇是人而付以備邊之任夫然後鼓之以慶賞震之以刑威庶乎戎兵可振矣雖然究其本而言之不有安民者乎生之而不傷厚之而不困扶之而不危節其力而不盡如是而已耳稽之於古度官禄量國用以徵其租出口錢計筭錢以課其丁或至三十税一者漢之取民可謂寬矣而文景乃有海内庶富之效田有租家有調丁有傭既以爲經常之制量事宜度灾變差老少又以爲減除之蘉或至課役皆免者唐之取民可謂輕矣而太宗乃有斗米三錢之效此漢唐食貨之大略也府兵之制不爲不善而卒致藩鎮之禍者府兵之制壞而彍騎之兵興彍騎之兵變而藩鎮之蘉重至其末年朝廷行姑息之政强將擁不制之兵而唐亡矣衙厢之兵不爲不密而卒致金虜之變者藩鎮之蘉失而兵始弱保甲之法行而民始困至其末年主之以非人用之以妖術而宋危矣此唐宋戎兵之大略也或始焉粗備而僅致小康或終焉不戢而卒成大禍漢唐宋之所以爲漢唐宋也如此曷足以爲當時法而執事陳哉

山西鄉試録後序

正德癸酉開科取士聖明繼統之八年也山西列郡之士顒顒昂昂起應時需及鎖院環棘主司登明選公益極其精監察御史周倫綱維内外統紀嚴密論秀於一千三百人中而得士六十有五隋珠和璧可多得乎哉故事有録以獻謙叨厠校文敢僭序於末簡夫人才國家之利器而所以用之不乏者視所以養之何如耳三代之時教法浸備人才杰出降及春秋子產不□鄉校而後世賢之則當時列國之君教化陵夷可想見矣漢唐而下政有污隆教養之法有可議者宜其人才之不古若也今之國學鄉學比隆往古至於懸科設彀必通經學古斯爲入格而非予奪於詩賦聲病之末度越漢唐遠矣士之得舉於鄉者亦榮矣哉然人之才質殊科而所就頓异顧其所以用我者何如而行吾用世之志其感召徯應有不可以强同者今明明天子恭默思道寤寐英賢士之奮庸如茅斯拔固千載之遇也爾諸士盍圖報稱而嚴於義利公私之辯君子小人之分始於誠身終於澤物正其誼不謀其利明其道不計其功上不負天子下不負所學此君子之道也若徒誦數是力纂組是誇徇利忘義而乾没無聞是誠小人之歸也二者其端甚微而相去遂遠可不審哉謙懼知人之惟難而幸遭逢之不偶故昌言之庸以質其成

陝西西安府同州韓城縣儒學教諭劉謙謹序

正德十一年山西鄉試録

山西鄉試録序

山西古冀州之域自唐虞時號爲多賢蓋孔子嘆才難而稱舜臣五人然皆冀州之産焉其盛可知已我朝用堯舜之道治天下政務之舉親賢爲先乃設科目以求之百餘年于兹矣今皇帝之十一年復當試天下士巡按山西監察御史朱鑒實身任之周思曲謀博詢虚納深惟以人事君之義乃以幣走聘諸考校者及期應陽以訓導自秦至而學正張譽教諭蕭來鳳自魯至教授陳徵教諭周尚文蕭珩汪濬訓導李觀皆自歙自楚自燕趙咸至御史嚴飭有司自藩臬而下皆奉職以從始以應陽輩分校經士各以其所業而提學副使林魁選拔之士一千三百有奇亦各以其所業來就校焉凡三試之得士之中式者六十有五人於虖亦可謂歷諸難而選于衆矣夫試士以文懸其式以待之而士之以文就試亦惟有司者之式爲度又循是而進焉則爲士者固各有式而非獨于其文也文以考其言式以驗其可者也嘗觀古人動輒以規矩準繩自式而人亦取其動以爲式若所謂四方作式所謂帝命式于九圍者今皆可考也聖天子在上用堯舜之全德以作式于四方四方之士非堯舜之道與夫堯舜之書則不讀不講焉蓋自孔孟纘堯舜之緒而我朝列聖振孔孟之業則夫式也自堯舜而至今益盛而未泯也今日所選之士其固中是式者乎夫生堯舜之鄉學堯舜之道讀堯舜之書而不知自式焉負其生者也中有司一日之式而用則异觀是倍其式而負堯舜者也負其生則負堯舜負堯舜則負有司然則有司於諸士子能無他日之望乎夫以文觀人則中式者皆是也以式觀人則或有内外始終之憾而與有一日之事者怛焉於其心則應陽之於諸子能無懼乎懼焉而不以告以衆人待諸子也告焉而不知所懼以衆人自待者也苟以衆人自待則何取於今日之中與否哉是則應陽之所爲懼也是舉也安集之所振肅之法崇黜之條皆御史親斟酌之凡視昔益有加焉諸士子宜不負所遭矣維時鎮守太監羅籥夙尚斯文巡撫都御史李鉞王憲才望崇重作興士習巡按御史劉澄甫清戎御史李節義鹽法御史朱裳又皆綱紀文章相與同心以成盛典司禮監太監張淮御馬監太監張忠都察院右都御史

王璟兵部右侍郎兼僉都御史丁鳳錦衣衛都指揮使陸宣皆奉簡命有事兹土一時士氣賴以振揚以至户部郎中陳溥向文璽工部主事楊最大理寺右寺寺正劉經行人李錫各以公事來會内而提調則右參政王崇文右參議孫清監試則副使陳奎僉事徐暹外而防範則右布政使陳逵左參議劉金副使吴江張鳳翀舒晟僉事劉經劉琛孔公才劉澤盛鵬署都指揮僉事崔璽陳謹吴鎰與夫百執事者皆在則皆御史之所授也事既竣録所取士及文之可傳者二十篇及百執事名氏并刻之爲正德丙子山西鄉試録

陝西西安府華州渭南縣儒學訓導李應陽謹序

正德十一年山西鄉試

監臨官

巡按山西監察御史朱鑒（次明武驤右衛籍浙江仁和縣人　戊辰進士）

提調官

山西等處承宣布政使司右參政王崇文（叔武山東曹縣人　癸丑進士）

山西等處承宣布政使司右參議孫清（直卿直隸武清衛籍浙江餘姚縣人　壬戌進士）

臨試官

山西等處提刑按察司副使陳奎（文表江西南昌縣人　己未進士）

山西等處提刑按察司僉事徐暹（晋甫山東歷城縣人　壬戌進士）

考試官

陝西西安府華州渭南縣儒學訓導李應陽（孟饒山東濟寧州人　庚午貢士）

直隸保定府定興縣儒學教諭蕭珩（朝用山東□□□衛籍直隸山陽縣人　庚午貢士）

同考試官

江西南康府儒學教授陳徵（崇恩浙江黄巖縣人　己酉貢士）

山東兖州府沂州儒學學正張謍（本實浙江餘姚縣人　辛酉貢士）

山東濟南府武定州陽信縣儒學教諭蕭來鳳（鳴陽江西泰和縣人　丁卯貢士）

直隸大名府開州長垣縣儒學教諭汪濬（朝宗江西豐城縣人　庚午貢士）

江西南昌府新建縣儒學教諭周尚文（質夫福建閩縣人　庚午貢士）
直隸徽州府婺源縣儒學訓導李觀（國光四川渠縣人　癸酉貢士）

印卷官

山西等處承宣布政使司經歷司經歷喬睿（宗徹河南河内縣人　監生）
山西等處提刑按察司經歷司經歷張元（一之直隸隆慶州人　監生）

收掌試卷官

太原府知府劉文莊（寅中武功右衛籍陝西華陰縣人　己未進士）
平陽府知府閔槐（公父直隸任丘縣人　乙丑進士）

受卷官

河東陝西都轉運鹽使司判官楊士魁（彦夫河南蘭陽縣人　戊辰進士）
大同府應州知州黄卿（時庸山東益都縣人　戊辰進士）
平陽府蒲州知州王俊民（用章湖廣石首縣人　甲戌進士）
澤州同知劉鍾英（汝申山東嶧縣人　戊辰進士）
沁州判官王崇慶（德徵直隸開州人　戊辰進士）

彌封官

太原府陽曲縣知縣張彦杲（明遠陝西三原縣人　甲戌進士）
平陽府臨汾縣知縣王杲（景初山東汶上縣人　甲戌進士）
平陽府曲沃縣知縣葛禬（以誠錦衣衛籍浙江嘉興縣人　甲戌進士）
澤州高平縣知縣劉經（正夫順天府寶坻縣人　甲戌進士）
平陽府汾西縣知縣高福（天錫旗手衛籍直隸無錫縣人　甲子貢士）

謄録官

平陽府同知李滄（德清順天府密雲縣人　戊午貢士）
汾州知州李棠（思德直隸清苑縣人　乙卯貢士）
太原府平定州知州才英（育之直隸遷安縣人　甲子貢士）
潞州襄垣縣知縣張鵬翰（連甫陝西慶陽衛籍直隸沙河縣人　甲戌進士）
澤州沁水縣知縣宋思明（睿夫河南汜水縣人　甲子貢士）

對讀官

潞州知州申綸（廷言直隸永年縣人　乙丑進士）
澤州知州王鍵（文鑰直隸永年縣人　壬子貢士）
潞州長子縣知縣郭田（汝耕陝西西安右護衛籍藍田縣人　甲戌進士）
平陽府襄陵縣知縣劉諭（鳳宣衛輝守禦所籍江西新喻縣人　戊午

貢士）

太原府祁縣知縣田佐（倚衡直隸平山縣人　丁卯貢士）

巡綽官

太原左衛指揮使袁勛（世功直隸武進縣人）

太原左衛指揮使周鳳（來儀直隸儀真縣人）

太原前衛指揮使俞本（立夫直隸江都縣人）

太原右衛後所正千户李瀚（文英直隸泰州人）

汾州衛右所副千户惠璟（潤夫河南南陽縣人）

搜檢官

汾州衛納粟都指揮僉事王禮（克敬直隸盧龍縣人）

太原右衛指揮使馬豸（直夫直隸嘉定縣人）

太原右衛前所副千户趙儒（文臣直隸天長縣人）

汾州衛右所副千户甯樟（大用直隸臨淮縣人）

沁州守禦千户所副千户魏鳳儀（道符平陽府聞喜縣人）

供給官

太原府同知張天錫（惟範順天府霸州人　壬戌進士）

太原府推官李泰（嚴夫河南祥符縣人　甲子貢士）

太原府忻州判官郭愷（舜卿河南新鄉縣人　監生）

太原府太谷縣知縣陳繼昌（世顯陝西慶陽衛籍河南固始縣人　監生）

汾州孝義縣知縣閔以仁（脩之四川渠縣人　監生）

太原府陽曲縣縣丞張佐（經世山東利津縣人　監生）

太原府清源縣典史魏傑（廷俊山東堂邑縣人　吏員）

潞州屯留縣典史左欽（克敬山東滋陽縣人　吏員）

平陽府蒲州河津縣典史馮奎（文煥山東鄆城縣人　知印）

太原府陽曲縣臨汾驛驛丞許憲（守道直隸定興縣人　承差）

太原府平定州樂平縣柏井驛驛丞張應（文明河南固始縣人　承差）

太原府陽曲縣凌井驛驛丞石鼐（宗陳陝西甘泉縣人　承差）

太原府祁縣賈令驛驛丞王縉（朝儀山東武定州人　承差）

澤州高平縣長平驛驛丞田養賢（德夫直隸大名縣人　承差）

第一場

四書

所謂誠其意者毋自欺也如惡惡臭如好好色此之謂自謙故君子必慎其獨也　子在川上曰逝者如斯夫不舍晝夜　流水之爲物也不盈科不行君子之志於道也不成章不達

易

大哉乾元萬物資始乃統天　九二鳴鶴在陰其子和之我有好爵吾與爾靡之　天地設位而易行乎其中矣成性存存道義之門　乾陽物也坤陰物也陰陽合德而剛柔有體

書

於予擊石拊石百獸率舞庶尹允諧　九州攸同四隩既宅几山刊旅九川滌源九澤既陂四海會同　其惟王位在德元小民乃惟刑用于天下越王顯　亦越文王武王克知三有宅心灼見三有俊心以敬事上帝立民長伯立政任人準夫牧作三事虎賁綴衣趣馬小尹左右攜僕百司庶府大都小伯藝人表臣百司太史尹伯庶常吉士司徒司馬司空亞旅夷微盧烝三亳阪尹

詩

鳲鳩在桑其子七兮淑人君子其儀一兮其儀一兮心如結兮　倬彼甫田歲取十千我取其陳食我農人自古有年今適南畝或耘或耔黍稷薿薿攸介攸止烝我髦士　經營四方告成于王　宣哲維人文武維后

春秋

公及邾儀父盟于蔑及宋人盟于宿（俱隱公元年）秋八月庚辰公及戎盟于唐紀子伯莒子盟于密（俱隱公二年）齊侯鄭伯盟于石門（隱公三年）公及鄭伯盟于越（桓公元年）公會齊侯陳侯鄭伯于稷公及戎盟于唐冬公至自唐（俱桓公二年）　冬宋人取長葛（隱公六年）　秋宋大水（莊公十一年）　突歸于鄭鄭忽出奔衛（俱桓公十一年）公伐齊納糾齊小白入于齊（俱莊公九年）荆伐鄭（莊公十六年）吴伐郯（成公七年）

禮記

故人者天地之心也　是故情見而義立樂終而德尊　是故君子服其服則文以君子之容有其容則文以君子之辭遂其辭則實以君子之德　天子立六官三公九卿二十七大夫八十一元士以聽天下之外治以明章天下之男教故外和而國治

第二場

論

聖人能一萬物之情

詔誥表（内科一道）

擬漢令諸儒講五經同异詔（甘露三年）　擬唐以皇甫德参爲監察御史誥（貞觀八年）　擬宋胡安國進春秋傳表（紹興八年）

判語（五條）

選用軍職　禁革主保里長　失儀　私出外境及違禁下海　不應爲

第三場

策（五道）

問　帝王之學與書生异夫以其總攝萬幾之勤而兼涉乎乙夜之業而后可以無愧於曆數之傳故夫帝王之學其自有師承也久矣堯之授舜曰天之曆數在爾躬而告之以執中之要然則堯舜其有師承哉不然則堯典固在也堯不以學自用而以與舜是豈以道相傳者邪雖然嗣是而後亦漸微矣而吾夫子以儒承之然則帝王亦與韋布同學乎不然則至今而未泯者尚賴吾孔氏而後之帝王則非孔氏不與學然則吾夫子亦曆數之傳邪嘗疑夫過魯之祀頓异其溺冠之態釋奠之禮首行於即位之初曲阜之封不遑於紹禪之際若有不能自已者何哉我朝太祖高皇帝勇智之資焕然天錫精一之學偉然性成然自兵戈倥偬之餘即尊崇孔氏之教而遺書之求方於百戰之時拳拳焉孔氏果帝王之學哉祖宗相承聖學昭繼至我孝宗皇帝益加盛焉頃歲闕里之宫盡帑藏之力儒臣之寵解堂陛之嚴孔氏之遭遇至矣爲孔氏之徒者何以自效哉諸生游堯舜之鄉頌法孔氏久矣願相與講之其有以自效焉亦所不廢也

問　天人相與之際甚可畏也夫人之與天遠矣其氣相通者也吉凶禍福之徵往往而應其至遠而至相近也故聖人合天君子事天智者畏天夫苟以畏天之心修事天之職天豈遠乎哉六月之霜三年之旱人無心於天也熒惑之退彗星之消天亦無心於人也而其間有幾焉其幾何如哉夫善論天人之際求其幾而已矣不然則暴尪吞蝗避殿素服皆非所謂幾皆非所以論天人之際天固未嘗以是求人也夫幾之義微矣修省之説弭禳之術皆不與焉

而況不務是者哉苟其幾不在是則必有説矣

問　財賦以土田而豊土田以人力而盛故夫地有不盡之材人無不盡之力也深山廣川鳥獸之所叢則荆榛而已矣一有生齒托居聚廬鎛趙钁平溝塍疆畝而財賦出焉然則人力其殖財之源乎禹貢之書盡萬世財賦之法徐求其故乃在於斟酌地力與人力而已矣而後世則又有不然者何哉嘗疑夫秦并六國殺人如流長平一阬至四十萬繼以項羽則百萬同阬人力竭矣當是時也野有不耕之田而國無不足之財雖未央之宫窮極奢麗亦晏然也而開山通道武帝乃虚耗焉唐承六朝之後干戈相尋至於小兒盤槊江左之墟燕巢林木人力亦甚竭矣而渡海之征諸夷之費應之有餘下迨玄宗以降人力益繁財賦益困至有父子寄命於轉運之來者宋承五季人力已窮而歲供强夷不聞其乏熙寧靖康之間已爲蕭然則其他可知矣夫地力與人力古今不相异也而後世乃异於古豈禹之爲法更有他道以濟之哉財在天地間不在官則在民其勢然也而至於其困也則官已益团民又益困地力無不盡人力亦無不盡思其疑而未得也幸以告我或可爲今日理財之助

問　禦戎無上策久矣夫上策固未嘗廢也以其行之難則亦無策焉耳矣故夫上策者不獨夫干羽之儀與夫欵納之威而已蓋有因時而弛張量力而酬應而談兵之家所謂知己知彼焉者固上策也而迂者泥焉則終於無策而迂者可盡論哉夫世有隆污則夷狄盛衰之會也而七旬有苗之征三年鬼方之伐雖盛世所不免則其無上策也審矣而至於後世匈奴之朝稽落之勝照耀簡書豈其得上策哉自古禦夷之法惟守與戰而守戰之道其法自殊故得其要則雲中之守勝於臨洮之築淮淝之少勝於陳濤之多不得其要而曰吾守是而曰吾戰是則吾知其爲開門獻虜力屈矢窮而已矣故夫迂者不可盡論而亦非易者可輕論也往歲虜賊桀驕乘我不備乃自雲中突入太原烽燧之烟徹于藩會民亦泰甚矣幸而廟堂籌略之謨將士驅除之力桓桓虎貔逐之出境雖不害其爲守而猶恨其酋領之斬獲未多犬羊之網羅尚漏戰之之法有未盡者抑不知夫如是守如是戰古今之事有可以盡言而詳論者邪今者虜賊在邊六師遠出事勢有當亟議者不獨懲往歲之憂而已也

問　居其鄉則思其人故士尚友又尚論其世也河汾之流山西之秀鍾焉諸士子生居其鄉亦思其鄉之人乎夫皋夔之事遠矣三代之下吾於兹得二人焉漢興百年去古未遠文章之氣尚未衰也而司馬氏起自龍門之墟父子相承善於其職觀其吊九疑之山探三吴之穴浩然而歸作書幾數萬言而王伯之略詭絶之緒盡之矣然而議者譏其不盡文章果難爲哉下至開皇之

間王通氏亦起自龍門之墟嘗以其策干當世之主矣奮然而退拾六經之煨燼悼七制之規模而中説作焉慨嘆乎帝王之莫追傷嗟于禮樂之難繼今讀其書者尚憫其志也而議者又相與病之夫通志於道自以爲粹然矣其异於文章矣而亦若是信乎道之高美若登天哉不然則王通氏亦可謂至矣而又何訾邪然自司馬氏而降世之號爲文章者若賦成而擲地有聲才警而梁泥得句柳州之文益勝微山之體皆全者皆三晋之産也雖微司馬氏尚有可數者也而通之後無聞焉然則文章果异於道哉夫果有所异則必有所辯矣

中式舉人六十五名

第一名　汪繼芳　太原府學生　易
第二名　李新芳　潞州學生　書
第三名　杜鏞　襄陵縣學生　詩
第四名　季鎬　潞州學增廣生　禮記
第五名　賈贇　遼州學生　春秋
第六名　趙思忠　太原府學生　易
第七名　馬璟　稷山縣學生　詩
第八名　楊嘉猷　聞喜縣學增廣生　書
第九名　吴璦　代州學附學生　易
第十名　丘東魯　解州學生　禮記
第十一名　高金　石州學生　詩
第十二名　喬遷　洪洞縣學生　易
第十三名　張邦教　蒲州學附學生　書
第十四名　崔巍　河東運司學生　詩
第十五名　揚梅　遼州學生　春秋
第十六名　張四維　陽曲縣學增廣生　易
第十七名　崔金　河東運司學生　詩
第十八名　高鑒　廣昌縣學生　易
第十九名　張玫　夏縣學生　書
第二十名　周官　安邑縣學生　詩
第二十一名　張鳳翔　文水縣學生　易
第二十二名　方綱　太原府學生　書

第二十三名　賈晶　汾州學增廣生　詩
第二十四名　王昱　稷山縣學生　春秋
第二十五名　劉一正　蒲州學增廣生　易
第二十六名　張時亨　河東運司學生　詩
第二十七名　孫紹魁　代州學增廣生　易
第二十八名　衛彦才　安邑縣學增廣生　詩
第二十九名　趙傑　洪洞縣學生　書
第三十名　張經綸　代州學生　詩
第三十一名　吴灝　潞州學生　易
第三十二名　范玹　蒲州學增廣生　禮記
第三十三名　張馨　蒲州學生　詩
第三十四名　張仲良　太原府學生　易
第三十五名　楊澤　解州學生　書
第三十六名　任佐　稷山縣學生　詩
第三十七名　單希性　太原縣學生　易
第三十八名　賈朝相　盂縣學生　書
第三十九名　阿其麟　代州學增廣生　詩
第四十名　趙進　翼城縣學生　易
第四十一名　王中漢　忻州學生　春秋
第四十二名　田經　澤州學生　書
第四十三名　陶情　安邑縣學生　詩
第四十四名　李春芳　太原府學附學生　易
第四十五名　王時雍　垣曲縣學生　書
第四十六名　李壽恒　太原縣學生　詩
第四十七名　宋糖　潞州學生　禮記
第四十八名　張欽　石州學生　易
第四十九名　裴騫　澤州學生　書
第五十名　張宗明　澤州學增廣生　詩
第五十一名　梁榆　蒲州學附學生　書
第五十二名　尹玉　蔚州學生　易
第五十三名　宫潮　陽曲縣學生　詩
第五十四名　竇一桂　武鄉縣學附學生　書

第五十五名　胡希仁　代州學生　詩
第五十六名　李復初　洪洞縣學生　易
第五十七名　張葆　大同府學生　春秋
第五十八名　劉鎬　河東運司學生　詩
第五十九名　王縉　陽曲縣學生　書
第六十名　萬鈞　太原府學增廣生　詩
第六十一名　王治　代州學生　易
第六十二名　劉樂　太原府學附學生　詩
第六十三名　高道　蔚州學生　禮記
第六十四名　鄭本廉　朔州學生　書
第六十五名　張宗儒　大同縣學生　詩

第一場

四書

所謂誠其意者毋自欺也如惡惡臭如好好色此之謂自謙故君子必慎其獨也

汪繼芳

同考試官教諭周批（大學一題觀士子認理之學作者於自欺自謙處體認不真融會精到詞致詳雅無如此篇）

考試官教諭蕭批（詞理醇正）

考試官訓導李批（刻此可以自謙矣）

大學釋誠意詳其求誠之功示以用功之要蓋欲誠其意者莫病於自欺莫美於自謙也知所求矣而於獨知之地不知所謹焉則又安能底於誠意之地哉此大學傳之六章釋誠意謂夫身之主爲心而心之發則意經文所謂誠其意者豈有他哉蓋以善惡之形雖由外以感於中而好惡之情必由中以達於外知爲善矣而有所疑滯焉則自欺也必嚴以自防禁止其自欺之萌知去惡矣而至於二三焉則非誠也必□以斷之遏絶其不誠之念故夫人情莫不有所惡而孰有過於惡惡臭之真者使吾之惡惡者如斯所惡則表裏一致必務決去是惡而後已界限分明毫髪不差也有諸己者何其快且足乎人情莫不有所好而孰有過於好好色之實者使吾之好善者如斯所好則始終一念必務得是善而後已慕樂深至纖微必究也存乎我者何有歉而少乎誠意之

功若是固云至矣然而意念少差於發動之初則誠僞遂分於有感之際故君子於此尤必加慎密之功而致謹於好惡之端倪徇外之萌不使少雜於天理之實用精一之力而審幾於存主之誠僞循理之意不使得亂於爲人之機夫然則自欺之念自不得投間以害吾誠而自謙之美必有以完固而實得諸己誠意之要尚復有加於此耶雖然意不誠固不知所以修身而知不至則亦無以誠意蓋善惡必先於决擇而好惡始不惑於從違非知之至明則本原之地先自亂矣意誠之功亦何所庸力歟故聖經以序爲教而子思子述中庸亦曰擇乎中庸得一善則拳拳服膺而弗失之擇中庸者致知也至於服膺勿失則好惡以誠矣聖學相傳之要學者可不深求其故哉

子在川上曰逝者如斯夫不舍晝夜

李新芳

同考試官教諭汪批（道體著於川流乃可指而易見者此聖人意也此作得之）

同考試官教諭蕭批（語意雍容能寫聖人感嘆之意老筆也）

考試官教諭蕭批（讀其文爽然起敬）

考試官訓導李批（氣和語莊）

聖人於所寓而有見因發道體無窮之警焉蓋流而不息道體之所以無窮也使非聖人發明之抑孰能深知其然哉且夫道莫大於天地之化尤莫妙乎往來之機學者怠於所從也久矣故夫子在川上而因其可指易見而發以示人若曰藏於渾噩而爲斯道之源是固不可得而遽論矣然其流動之機所以顯著於此水者滔然向往而不可遏寓於渺茫而爲是道之根是亦不可得而驟聞矣然其活潑之體所以洋溢於此川者浩然東逝而不能已自今求之孰主張是孰綱維是而有如斯也夫蓋其前者逝矣而後者相因吾見其逝也未見其止也逝者歸矣而來者不盡吾見其往也不見其窮也機括之不息孰非變化之不息晝如是也求之於夜則亦有然者何嘗以晦明而爲代謝乎衍布之無窮是皆充周之無窮夜如斯也求之於晝則亦不可易何嘗以昏旦而有改觀乎吁萬古此天地萬古此道也萬古此晝夜萬古不息也是豈可以淺易之心而輕議之者歟雖然道雖極於天地而實萬於一心之微雖運於無窮而實妙於無息之聖聖人病夫世之學者省察之功不力而企慕之徒施也故於是焉發之苟能反而求之道其在我矣然當時之在聖門者若子路冉求之賢猶不免於愠見之陋而自畫於半途之廢其他可知也已嗚呼斯言也其亦

真有所警也夫

流水之爲物也不盈科不行君子之志於道也不成章不達

杜鏞

同考試官教授陳批（題本平易作者往往成篇至成章處則漫爲数語而已惟此作精潔純粹蓋亦造詣成章者矣）

考試官教諭蕭批（其理邃而真其言温而序所謂風行水而成文者）

考試官訓導李批（理明而辭暢）

大賢即物理漸進之必然喻學者進道之當然夫聖人之道可學而至而亦不容以易至也使學之者不以其漸而欲至道也難矣哉昔孟子既論聖人之道大而有本此則論人所以學之者其意謂夫聖道固有可至之理而學之者必有進爲之序獨不觀之物理乎蓋物之流動者莫如水其進而不止也乃其性之常然其爲物也雖曰奔下之泒不容以少緩必有盈其科而後遂其滔滔之機未至於盈必旋積而不行也雖曰向東之流不可以少遏然必中滿其坎而後决其混混之勢有滯其行必停蓄之未至也夫水之流行有序如此而况於學聖人之道者可以苟然而爲也哉故君子也者知聖道之宏博而思以企其進望道源之深遠而欲以責其成然其所爲也必也漸漬乎義理之淵而英華焕發於和順之餘則行遠之規自邇而漸詣矣否則志之雖力道與我爲二物也欲達於道也得乎優游以歲月之久而光輝顯著於充實之後則升高之矩自卑而日升矣否則爲之徒驟我與道猶兩塗也欲至於道也可乎是何也學道者有不可廢之序用功者當循乎一定之守大賢示人之意不其深哉抑戰國之時人心失正道學失統崇异端者以其荒唐爲大而不究其本拘事爲者以其卑陋爲至而不宏其心故孟子有憂之乃於此章既以山海論聖道之大復以水之瀾日月之明以究其本至此則又拳拳以志道成章爲言其指明道學以振一世之聾瞶也至他日論學堯舜之道而先以徐行後長者之爲其論樂正子自可欲之善而後至聖不可知之神皆是意也嗚呼至矣

易

天地設位而易行乎其中矣成性存存道義之門

汪繼芳

同考試官教諭周批（天地設位而易行易不外於天地也聖人成性而道義出道義不離於成性也惟此篇能道此意刻之）

考試官教諭蕭批（繫辭義體認瑩徹而造語嚴正僅見此篇）

考試官訓導李批（見到故語到）

造化定其體而易所由顯聖人全其性而理所由出蓋天地聖人其理一而已矣變化行於□位豈不猶道義出於存性者乎大傳論聖人以易崇德廣業之事至此謂夫法象莫大乎天地而德業莫過乎聖人所以知崇效天禮卑法地者何爲也哉蓋天以純陽爲體而輕清上浮則高也明也位設於上一定而不移地以純陰爲體而重濁下居則博也厚也位設於下終古而不易天地之位設矣由是太極之理運而爲動静之機悠久之功發而爲推遷之妙知始成物氣質變化於生成之中明生歲成形象變化於流動之内盈天地間變而不已也化而不息也孰謂變化有出於設位之外哉正猶聖人之知崇如天而性原於天者渾淪於心純一而不已禮卑如地而性存於我者完備於内恒久而不變本成之性存矣由是大本既立而萬化經緯一理渾然而泛應曲當履信思順而行已盡當然之實推行變通而方外有特措之宜盈方寸中莫非是道也莫非是義也孰謂道義有出於成性之外哉夫聖人之所以與天地合德如此所以盡德業之大而極效法之功也歟抑易之爲道原於天地而作於聖人易書天地聖人其理之流通一而已矣然聖人之所以範圍不過曲成不遺則天地之所不及者莫不于聖人是賴所以神無方而易無體者又不止效法之功而已雖然聖人用易不可及也中庸曰君子尊德性而道問學道問學知之所以崇也尊德性禮之所以卑也是固聖人之德業也學者有志於易宜潛心於此焉

乾陽物也坤陰物也陰陽合德而剛柔有體

趙思忠

同考試官教諭周批（講乾坤陰陽只從容数語而理致明净至合德有體處則宛轉曲當而聖人之意殆盡矣可敬可敬）

考試官教諭蕭批（易學精微此作其精微之至者與）

考試官訓導李批（詞順而健）

□傳論乾坤各一其物相合而易之體立焉蓋易無定體皆陰陽合德以爲之體也此乾坤所以爲易之門也歟且夫欲求諸卦剛柔之體當觀乾坤闔闢之機乾坤爲易之門豈有他哉蓋易之所有惟陰陽而陰陽之道惟乾坤故體一而實性健而動者乾也乾則成形於奇畫已定之後於物爲陽謂之曰陽物則爲天爲父凡物之屬乎陽者乾有以擬其形容矣體二而虚性順而静者坤也坤則肖質於偶畫既成之餘於物爲陰謂之曰陰物則爲地爲母凡物屬

乎陰者坤有以象其物宜矣乾坤之爲物不同如此然豈各一其德而不相爲用者哉蓋乾坤一陰陽也陰陽一剛柔也相求於老少未定之時因重於體列既成之後乾不專於陽也而陽之德必有以合乎陰相摩相蕩乾之闢者坤之闔而三十有二之陽卦皆確然而不易不有剛之體乎坤不專於陰也而陰之德必有以合乎陽相推相錯坤之闔者乾之闢而三十有二之陰卦皆隤然而不移不有柔之體乎是則卦體不外於剛柔之著形而剛柔實由於乾坤之合德信乎乾坤爲易之門矣抑大傳前篇既曰乾坤易之緼矣此又以乾坤爲易之門者何歟蓋謂之緼者乃聖人立象盡意之微旨而所謂易之門者則又至於體天地之撰通神明之德而聖人之意亦必盡於是矣然下文所言又皆深究卦爻辭義之妙則設卦以盡情僞係辭以盡言又不概見於此乎噫神而明之存乎其人學之者合而觀之可也

書

於予擊石拊石百獸率舞庶尹允諧

楊嘉猷

同考試官教諭汪批（虞廷作樂之盛曠絶千古而此作叙述模寫直使人想見其盛如游其廷而聞其樂者然則子亦虞廷之材也夫）

同考試官教諭蕭批（聞其樂者知其德有虞之德至矣讀子之至文亦知子之德也以子擊石拊石其有難和之樂邪）

考試官教諭蕭批（文理醇正）

考試官訓導李批（能寫有虞氣象）

大臣自言其作難和之樂而有以致人物之感焉夫作樂所以宣人物之情者也擊石拊石則難和之樂和矣人物之感也宜哉昔史臣述后夔之言以見其作樂之盛謂夫樂陳於宗廟固已妙感通之幾樂陳於朝廷亦自有感通之美予嘗於其石之大者而擊之矣擊之既重而鏗鏗然有聲也未嘗有乖戾之疑又於其石之小者而拊之矣拊之既輕而悠悠然相從也乃自有會同之節應之於考循之餘而振動之高下達於衆樂而皆依間之於播合之中而條理之疾舒輔以七音而相入石之擊拊也蓋如此初亦無意於感物也而太和宣泄有以召物性之靈凡百獸之有情者歡忻布體自觸其轉運之幾而莫知其所以爲也舞蹈相形各適其蠢動之宜而不知其所以然也夫百獸雖不足以盡物然物之和也于百獸見之矣亦無心於感人也而至和流通有以導人心之欲凡庶尹之在朝者怡然大順實宣其讓德之容倍戾之氣以之而潛消也沛然協和咸趨於揖遜之風和平之心以之而默化也夫庶尹雖不足以盡

人然人之和也于庶尹見之矣吁物和則天地之感應而化育助其禎祥人和則治理之功成而風俗隨其變易有虞之樂此其盛歟抑論樂以象治者也而治則德之所及也故至德而後至治至治而後至樂樂之至和極矣舜以揖遜之德雍容于上群后以德相成于下而夔復受其職焉此至德之世宜其至和之盛歟不然則三苗之時叙不紀於作樂之先矣雖然干羽之舞亦豈非至樂之應哉

其惟王位在德元小民乃惟刑用于天下越王顯

李新芳

同考試官教諭汪批（召公誥告成王言之委曲若有不能盡其心者此作反覆可嚀能發召公言外之意非苟爲文而已）

同考試官教諭蕭批（文章如正味使知德者嗜之不知者慕之如此作者可嗜可慕矣）

考試官教諭蕭批（善爲告君之言）

考試官訓導李批（其言婉而切可以爲感悟人君之法）

惟德冠于人而位獨尊則德化于人而望益著大臣勉君之言也蓋上之所好下之所趨也然既位在德元以君于天下則人安有不化而德安有不著者邪昔召公因洛邑之成而誥告成王及此若謂人君繫天下之觀瞻而小民視在上之趨向今王嗣曆服之大命當都邑之初成亦惟以德爲儀刑而已矣蓋其履至崇之大位惟在於表全德於萬方居首出之獨尊必欲其作丕式於四海一身之操持人人之視效也而翕然夷夏之同歸一德之振舉元元之仰戴也而卓然矩範之無匹夫王之位在德元也如此吾知閭閻風動悉趨於觀法之同海宇化成自變爲均平之俗近者察之詳而蹈迪于下者無不齊之情遠者及之難而率從于上者無或异之地夫君德寓於民而後著民心洽于德而愈深將見不已之令聞益昭灼而有光卓冠之芳譽遂顯揚而無間觀協和之美則知帝德之旁行炯然日月之照臨也探儀刑之本而知大化之周遍焕然上下之宣著也是則位以德而益尊德以民而益顯吾王新邑之治乃其刑用之初其尚知所務歟噫此召公拳拳之意也嗟夫人臣之道莫貴於勸德而因時以進言則老臣之心也人君之道莫貴於尚德而因人以受言則明君之量也召公營洛之初他未暇及而旅幣錫王乃反覆於勸德之言觀其亹亹之辭若有不能竟其説而惟恐其不悟者而成王亦順受之無疑焉然後嘆其相與之盛也後之巽於言而重以爲諱者亦獨何邪

詩

鳲鳩在桑其子七兮淑人君子其儀一兮其儀一兮心如結兮

杜鏞

同考試官教授陳批（詩人美君子均平專一而托興以言之作者往往於儀一心結處無所明白獨此篇體認親切而詞致精到故録之）

考試官教論蕭批（作詩義葩而有則此作其詩義之最優者）

考試官訓導李批（講儀一心結最是）

詩人托物以興君子著於身者無所雜主於中者無所移蓋均平專一君子之所以用心也然則儀之一而不雜心之結而不移也良有以夫詩人美君子而托興以言之如此蓋謂威儀乃一國之典刑而中心爲衆事之根本維我君子則無不善者焉今夫鳲鳩之爲物也作巢於桑而生育有七子之多飼之以時而朝暮適均平之序微物之性則固有然者矣我淑人君子也著端莊可象之則無渙散不常之心故自其儀之著於外者而言之則惟見其儼然中禮而瞻視之尊嚴整然可法而衣冠之凝肅周旋於一身者守恒度而不失也雖察之以久暫之殊而愈見其隼繩之合顯設於常行者皆定規而可觀也雖測之於巨細之間而不見其紛更之非其儀之一也蓋如此夫不亂其儀則不放其心矣故自其心之主於中者而言之貞純内固惟見其膠結之堅静專有恒初未嘗有二三之雜物交於前随感而自應耳渾融藴蓄之地安定而不摇也幾存於中主一而無適耳神明淵微之舍撿束而不解也其心之一也蓋如此夫一其儀則均以肅而見於外者無不齊結其心則静以恒而存於中者無不一鳲鳩君子所以極用心之善宜詩人有以美之也歟抑心者萬化之原也用之善則爲君子用之不善則爲小人而其所以分則在於毫髮之間耳玩細娱而忘遠慮遠君子而近小人彼非不用其心也而所以用之考非其宜也蜉蝣暮死薈蔚朝隮言者至今愧之彼豈不用其心者哉然則鳲鳩君子其固自拔於流俗者矣讀是詩也尚爲之憮然

宣哲維人文武維后

馬璟

同考試官教授陳批（文王之美至於宣哲文武至矣此作乃舉其實而推其所以盡與備者詳悉無遺善言文王者也）

考試官教論蕭批（發揮維人維后兩言非稚筆可及）

考試官訓導李批（經緯整嚴而規幅宏暢故是作者）

極所思之靈而人道無不盡兼所施之善而君德無不全聖人然也夫聖人盡人之道而備君之德者也然則具宣哲之性而兼文武之善焉何莫而非君人之極哉此武王祭文王之詩而美其德者如此謂夫人性有同賦而盡其道者爲難人君有常德而備其全者爲善惟我文考則無不然者矣是故人皆靈於物者也而文王則又靈於人者也生而明聖通萬變而不遺光若照臨周四方而無蔽念慮之微初起于方寸而瑩然著感應之幾隱伏之妙不待于思惟而豁然皆密察之境是可謂宣哲矣夫宣而不哲則人道或未盡也今焉宣而且哲則盡人之道而凡參贊之常職悉竭盡而無餘賦予之本然自渾融而不悖其於人道也何如其盡邪若夫君以善養人者也而文王則止於至善者也純一之誠繼天命之精微赫然之怒定天下之危亂典章法度有以垂百代之規模而彬彬其可觀征伐討除有以濟一時之艱難而桓桓其獨盛是可謂文武矣夫文而不武則君德尚有偏也今焉文而且武則備君之德而文章之昭著既以爲化成之基武烈之振揚又以樹永清之績其於君德也何如其備邪吁盡人之道則無愧於天作之君師備君之德則無愧於民生之父母文王之德有如是者宜周人歌之以美盛德而告成功也夫雖然人道君德相濟而兼盛者也人道之盡君德之所以崇也君德之全人道之所以著也蓋人道乃儀刑之端君德爲治平之法而天下之人所以趨向讋服而不敢違者二者交相用也故武王之於文王必即是而并頌其美焉不然則人道爲虚器而君德爲彌文矣

春秋

公及邾儀父盟于蔑及宋人盟于宿（俱隱公元年）秋八月庚辰公及戎盟于唐紀子伯莒子盟于密（俱隱公二年）齊侯鄭伯盟于石門（隱公三年）公及鄭伯盟于越（桓公元年）公會齊侯陳侯鄭伯于稷公及戎盟于唐冬公至自唐（俱桓公二年）

揚梅

同考試官訓導李批（書日書至聖人不得已之本心百世之下無能道其實者此篇於謹與危處詞氣整飭真有以見聖之心於隱微之際使魯公聞之當有汗顔而踧踖者矣此春秋之巨擘也與）

考試官教論蕭批（得謹嚴筆法）

考試官訓導李批（似是老筆）

春秋慎防於夷狄而因事以致其謹厚望於夷狄而因事以致其危此盟唐之書日而自唐之書至有以見聖人辯別華夷之分而拯救綱常之心各因

事而著其義也慨自周室不綱諸侯失政而夷狄之僭也冬矣彼徐戎者徂兹并興嘗勤我東郊之役率彼淮土又勞我南國之征魯邦奄宅以來截然貴賤之不逾也隱公欲何爲者乃下比遠夷之列自卑望國之尊結好定盟行李遂陳於外邑損威屈志會同枉合于非人蓋不知亂華之漸爲可憂而忘其异類之醜爲可耻禮義之防自兹壞矣故書日以擊其事而與夫前此于蔑于宿後此于密于石門持异書焉詩曰戎狄是膺此其意歟若夫鍾巫兆逆寫氏無將而壬辰之變也極矣彼桓公者聽讒□□忘己惡之當刑越國出疆尋舊盟於再講輕身率意而行晏然往會而不疑也徐戎雖遠夷者然知識之明未泯君長之分猶存義激于中倘天理之難滅慮非所及亦人事之相尋蓋幾當謹於細微而禍每生於倉卒險虞之迹亦可畏矣故書至以寓其危與夫前此于越于稷特异書焉語曰夷狄之有君此其意歟吁待徐戎以必然之分所以存倫理之常望徐戎以或然之心所以存倫理之變信乎春秋非聖人不能作而盡乎天子之事也哉抑於此而有以見聖人不得已之心也夫隱公已不能謹其防而桓公又無所討其罪遂使惡逆之刑不彰於王朝而沐浴之請莫行於宗國三綱幾于絶矣而不已之心猶有望於夷狄於乎此其心何如邪使無春秋之作則何以寓其世道之憂哉故予於是而重嘆夫聖人之不得已也

秋宋大水（莊公十一年）

賈贇

同考試官訓導李批（魯史舊文孔子有而弗削者以魯猶能恤鄰而宋猶能恤民也場中作者漫無所見類以浮辭成篇則聖人之書法隱矣此篇推出人情質之禮典如斷獄老吏森然可聽也）

考試官教諭蕭批（文有法度）

考試官訓導李批（峻整）

春秋於大國之有灾既以著望國恤鄰之義因以表大國恤民之心夫天之降灾所以示警也今以宋之大水而魯忘其敵國之嫌以相恤宋亦善於罪己之道以自嚴宜春秋并舉而兼善之也歟且魯何爲而有恤鄰之義也蓋自乘丘之戰方旋而于鄑之師繼舉魯之與宋隱然敵國之相持也未幾而宋有淫雨之灾焉宋人懼之以告于魯矣自常情言之盛衰相妬乃憤怨之本心疾痛不關亦彼我之恒態魯也不然懷急難之前盟守交鄰之舊□殷勤遣使不虞於涉境之憂惻怛致辭□吊其□盛之害是可謂忘己私而重交接者矣恤隣之義是非其可善者邪至於宋曷爲而有恤民之心也蓋自次郎之役既行

而侵魯之兵屢屈宋之爲國岌然人心之共沮也未幾而秋有大水之患焉魯人聞之以吊于宋矣自常情觀之委於氣數惟言天道之難知習於宴安不虞民病之無策宋也不然抱引咎之深誠動憂時之遠慮言懼而名禮不勝其戒慎之勞自責而反躬惟務盡修禳之實是可謂盡君道而勤撫字者矣恤民之心是非其可善者邪夫恤鄰則仁而有禮無報復一己之嫌恤民則惠而能明有康濟小民之實春秋直書而紀之義自見矣抑論灾患之來天之所以勸治也積累之妙人之所以奉答也故天亦存乎人而已矣而世之昧者乃遠於天以求焉豈上天降灾之初意而君子事天之常職邪故孔子於魯宋而深著其相與之善以示人其所以警天下後世者至矣□□□封之君視此宜少知愧哉

禮記

故人者天地之心也

季鎬

同考試官學正張批（天地之心以理言而理者天地之心即所謂理以主乎氣而化育行焉者也此作探原推極而天地與人相爲合一之妙發揮明盡豈嘗觀造化之源而有獨見者與三嘆之餘凛然起敬）

考試官教諭蕭批（講心字極妙）

考試官訓導李批（性理之學）

論形質之至靈者即造化之至妙者也夫天地有心而無爲者也然則人之至靈而即天地之心焉此其所以妙於有爲而禮之所由以行也歟記者論禮而推原人之所生及此蓋謂造化含至精之藴而賦予受其常造化運不言之幾而事爲顯其用獨不觀於人之所由生乎是故絪緼之氣既合而範始於覆載之間固已大异於物也動静之體并行而禀質于生成之下是乃所以爲人也聲音發而知覺著焉一身之微參三才而并立也涉於作爲者豈待學而後能邪形色具而嗜好生焉七情之端隨萬感而皆應也達於事物者何其周而不滯邪夫所謂人者如此而何以見其爲天地之心哉蓋夫性真之完具即化育之綱維而默然有以運其機情欲之弛張乃陰陽之畀與而渾然有以通其妙乾坤雖异而理以爲之心也理主於神明之舍而運動有所資孰能外之以有靈乎天地至大而氣以宣其化也氣根於主宰之初而降衷承其性孰能悖之而自立乎是則天地之心托於形質而始著形質之本原於天地而後成則人也者乃天地自然之和而禮乃天地自然之運固宜待人而行也歟雖然此特言其理也而五行之端則又言其氣矣夫理與氣相乘者也故食味別聲

被色而天地之心無不寓焉然則理也者其造化之真邪夫以天地之心而生人以天地之序而生禮則人固所以行禮而禮非虚器矣而世之背禮蔑教者獨何心哉噫惟人□失其心而天地之心荒矣

是故君子服其服則文以君子之容有其容則文以君子之辭遂其辭則實以君子之德

丘東魯

同考試官學正張批（君子成仁之功至於文容遂辭實德然後仁可成也作者非難於成文而錯冗紛雜漫不可讀惟此作詞致和順淺深有倫豈固嘗爲成仁之功者乎録而傳之不但取其文也）

考試官教諭蕭批（明浄）

考試官訓導李批（有筆力）

聖人論君子施于身者有序而存于心者有物也蓋服取於稱容而言貴於實德也然則著于外者漸以文而存于中者無不實焉非君子其孰能之哉聖人論君子之成仁及此謂夫外以占内固貴於可見之文而實以稱華尤貴於有本之德是故君子之服也衣冠整肅適所御之當然佩服尊崇稱其宜而不苟則固服其服矣以爲服不可以徒具也從而文之以容焉文之以容所以潤其身而可觀也威儀之選適形於衣被之餘揖遜之詳不忒於視瞻之下而所服者益以美豈肯取不稱之譏邪及夫容之既著也周旋中矩足以爲一世之典刑法度有常深合乎曲禮之規範則固有其容矣以爲容不可以孤立也從而文之以辭焉文之以辭所以宣其意而不隱也鄙倍之氣不形於交接之間條暢之言每修於賓主之際而其容也益以善曾何有未達之疑邪至於遂其辭則辭之道盡矣德音秩秩悉通夫彼此之情善言雍雍盡露其精微之藴辭之遂也如此若可以遽止也而其心則欲實以君子之德焉蓋其積累於粹然之中而和順自爲之充盛根本於純然之地而英華遂至於昭彰使德有未實則辭之所遂適足爲多言之蔽耳君子肯如是乎夫著於外者漸以盛而非苟且以爲人存於中者實以全而非僞妄以交物君子之成仁此其急務也歟嗟夫仁道之難成久矣習於務外者即心放而德亡泥於守中者或道隱而無要雖孔門之士猶病於日月之有無而况其他邪故聖人於此特反覆以致其意而於君子固厚望焉豈非懲鵜梁之刺而重以爲戒歟夫以其心之不存而至於服之不稱則又何以稱於人哉學者以君子稱服之心而勉於稱人則君子無异道矣

第二場

論

聖人能一萬物之情

汪繼芳

同考試官教諭周批（邵子此言乃觀物之至論自皇帝王伯以至十百千萬無不窮其情狀者乃達人之大觀也邵子固已自神之矣此作搜搜本根縱横上下如決川揚波排山倒海天吴海若各窮其狀雖以邵子更生亦無所更爲之説此文之雄也頃入晋陽壯河汾而瞻太行謂必有天下之士爲山川之奇而晚得此卷讀之不覺其心醉而神奪也秋闈首選無以易子矣）

考試官教諭蕭批（此篇氣豪而語詳見遠而學粹春容英偉之度而發之以宏博雅俊之才譬之鈞天之樂傾耳以聽之不獨忘其聲而亦自忘其身之在鈞天也得士如此可以貢之天子矣）

考試官訓導李批（有變態有抑揚有開闔如馬之行空超逸不羈如水之東下波瀾横出非其學力之純識見之豪則何以至是邪疇昔之夜有光徹于簾内者非子也與）

論曰徇于物而不違盡于物而不遺者也夫物之與人异趨也而人之心通于物者也以其心之通于物而不以我异物則物皆趨于我矣以其趨于我而以我觀物則我皆徇于物矣物趨于我不勝其求也而我觀于物無不盡者也以其觀于物者無不盡而徇于物者無或違而後萬物之情各以其异而歸于一而聖人以心統之聽其紛然而主之以至一非其至一之能盡乎物而凡物之各得其一以自一其情者雖以萬號而不能不一也邵子曰聖人能一萬物之情吾固知夫聖人之能一始于聖人之能觀也夫聖人何爲而能觀也謂其以物而觀物也以物觀物無我而反觀也以其心之澹然而静淵然而虚寂然而安而待夫萬物之來而觀其不一也夫以其澹然以制動淵然以受有寂然以聽感而萬物之情無不趨者無不順者無不得其所者而聖人之心亦無所爲而已矣今夫物無心而有欲者也其爲欲也則其所自受而非其所强爲者也夫以其十百千萬飛走動植聲色臭味并生并育浩然而雜陳犂然而异嗜靡然而相持不可以勢力智巧爲之于其間而聖人乃獨以心應之其來者紛拏而頡頏也不可一也而聖人一之則來者去而息其機矣不見其有所争也其新者廉隅而矯揉也不可一也而聖人一之則新者陳而息于故矣不見

其有所留也其變化者踴躍而雜亂錯綜也至不可一也而聖人一之則變化者自變化而息于無也不見其有所干也夫物以有欲趨聖人而聖人以無心之心平其有欲之欲及其欲之平也物不知其所以爲也聖人亦不知其所以平也粹然而已矣而安知夫所謂一安知夫所謂不一者哉雖然不一者物之常也而至一者聖人之能也聖人非能一其常能一其不一之在于物焉而已不然則取諸彼以與此强其有以爲無矯其同以爲异而拂其惡以爲好則萬物且歡然相扇挺然相角奮然相乘而萬萬不齊是果所謂一乎惟夫以無心一之則在我者空洞寧静而已矣虚靈光明而已矣由是而待夫物物之至也其强弱也以强弱見而吾一之以强弱其大小也以大小見而吾一之以大小其顯幽也以顯幽見而吾一之以顯幽其十百千萬也以十百千萬見而十百千萬者一飛走動植也以飛走動植見而飛走動植者一聲色臭味也以聲色臭味見而聲色臭味者一歲月以遷變爲時而時之序一帝王以隆污爲世而世之統一人生以君子小人爲類而君子小人之各從其類者一夫然後知夫萬物之一萬物之各得其分而已矣能一于萬物能以其分之在萬物者應之使物各付物而已矣而其所以物各付物物無不一者則自我物之而已矣自我觀物則我亦物也自物觀我則物亦我也我不异于物則物與我一矣物不异于我則我與物一矣今夫物孰無好惡者孰無趨避者孰無予奪者孰無上下輕重遲疾者好惡者得其情則愛憎之争不生趨避者得其情則逆順之争不生予奪者得其情則公私之争不生上下輕重遲疾者各得其情則上下不交征輕重不錯置遲疾不倒行而各不知其所以争而皆適夫所謂一所謂一之至矣而聖人何嘗有心也何嘗物物而一之也惟無心以聽之則物物而自物而已矣如元氣之在天地稟受者自得其性也如渴者之飲江河各滿其所受之多寡也是乃聖人之所以爲能一也不然則一物而一之至于萬有不勝其多矣强物而一之則物之至萬有不可勝其强者矣比物而同之則萬物各一其性有不可以人力同者矣惟夫無心之一則有情者之所趨也不一之一則至萬者之所受也聖人固無心而物亦何心也哉是道也宓犧氏得之以類萬物之情堯舜氏得之以秩四時之序神禹得之以抑洪水周公得之以攘夷狄驅猛獸而孔子得之以作春秋蓋萬物之情各止其所而聖人之心不留于物因物而應之固所以一其情物自得其情而聖人之心通于天下萬世而亦惟見其一而已矣而豈惟物哉邵子以内聖外王之學而拳拳于皇帝王伯之論其亟于物也而以其能一萬物之妙歸之聖人嗚呼何其旨意之微哉雖然聖人一萬物之情遺其心者也邵子著聖人之能一遺于物者也故遺于

物而後遺于心遺于心而後一于物聖人之不可見也久矣而萬物至今不异也三復邵子之言其可以感也哉謹論

表

擬宋胡安國進春秋傳表（紹興八年）

張邦教

同考試官教諭汪批（規戒之意寓於稱頌之中可謂善於告君者）

同考試官教諭蕭批（使宋人行此表於紹興之前可以無中原之虞行此表於紹興之後可以無偏安之耻讀此文尚可爲宋人三嘆也）

考試官教諭蕭批（表有忠愛處）

考試官訓導李批（善言安國本意）

紹興八年某月某日臣胡安國謹以所撰春秋傳若干卷進御者伏以魯雖侯國舊文遺紀載之規聖則宣尼心法著綱常之訓歲錯舉四時之運義兼存列辟之疑蓋周自東遷降黍離而亡雅而魯之西狩及麟獲以成書王伯分明是非必録世道大防界限獨嚴於夷狄王朝正律名分尤謹於諸侯托二百四十二年南面之權當一百二十四國中衰之後事因筆削道主中庸予奪特假於片辭善惡并形於互見憂深慮遠雖荆吴之大國每裁其猾夏之心杜漸防危若魯晋之同宗屢責以尊王之義以天自處有罪必誅垂萬世之儀刑信五經之斷例卜子夏親承聖訓而公穀分爲兩家左丘明歷叙事源而虞鐸撮爲數卷各崇師説自立門墻下逮末流遂言灾异董仲舒號爲醇正猶怪誕以談經俊不疑無所發明乃牽引而折獄微言久絶大義斯乖自五始之學不傳而一統之公遂隱雜夾雜伯無父無君結婚姻以賂醜胡而鳥獸之群不愧降堂陛以崇亂賊而冠履之分無聞馴至我朝列爲要典中經仁廟頒賜學官晚遭安石之偏遂黜傳心之教詆爲腐爛莫敢討尋臣本章句凡流衣冠下士蚤承師授粗得藩籬二十年燈火勞心頗著芹芸之業十二公始終行事曾探衮鉞之由恨孤學以無朋每旁求而遠紹過蒙采録特賜甄收始列職於諫垣繼兼資於翰學濟時無策徒慨嘆於艱難講讀有餘遂鑽研於注疏積更歲月涉歷廢閑乃成三傳之折衷可備九重之討閲聖心崇重真天縱之聰明儒運遭逢極人心之痛快事如有待道不虚行兹蓋伏遇法古右文明經好學謹三微於正統承九廟之洪休夷狄未寧命將屢勤於閫外燕幽可復戒嚴每慎於師中悟盟結之難憑則痛治主和之罪恨河山之既缺則恭行失策之誅遥拜大江期遂請朝之願詔勤中土思成恢復之功雪涕枕戈不遑旦夕取殘釁

鼓益奮旌旗誓洗率土之餘腥以還上皇之遠狩虚心群策至勤乙夜之觀决意北征自厲甲兵之氣蓋春秋之本旨華夏當尊而紀載之所書仇讎必報此古今之通義而典册之大綱也伏願聖武布昭永著外攘之績皇靈赫奕早傳内欸之功風塵遂息於四方□威福不移於獨斷臣無任瞻天仰聖激切屏營之至謹以所著春秋傳隨進以聞

第三場

策

第一問

杜鏞

同考試官教授陳批（我聖祖心學之妙遠追帝王真有以軼堯舜而并駕者此篇乃能敷陳揚厲自流溯源蓋嘗莊誦聖祖之訓而仰窺列聖之心於日月照臨之下而有得焉者况其文勢俊逸理致深遠讀之使人有抃蹈不已之意而我朝列聖盛大之治可以見於言辭之表矣然則子善言聖人者邪）

考試官教諭蕭批（此策叙述聖祖精微之學與我列聖統緒之傳皆能舉其要而合其同而末篇又能以孔氏之學知以所效忠愛之士也）

考試官訓導李批（因精一之學以推聖祖獨得之妙尤能仰究其玄微之藴蓋有志於堯舜之道而深求於堯舜之書者録其文以傳之使知堯舜之鄉尚爲有人也）

帝王之學著於書而道統之傳益明帝王之學本於心而道統之傳益盛蓋書以著其可見之文而心以妙其不言之秘先聖後聖其揆一也昔者宓犧神農黄帝之治天下也繼天立極而已矣夫繼天立極則道統之所自始也未嘗言其要也帝堯之治天下也放勛明德而已矣夫放勛明德則道統之所自著也亦未嘗言其要也夫其不言也而道統之傳隱微之訓固已在矣及夫堯之□舜也曰允執厥中舜之授禹也則曰精一執中蓋至是而道統之傳始著也自堯而上得之於建立而其幾甚微自舜而下得之於授受而其法甚備故曆数相因而道統相繼其勢然也不然則帝王無所師承而堯舜亦姑以是相與焉豈理也哉夫精一執中者何也其本原於天命其妙具於人心而其用適於治道者也故宓犧神農黄帝堯舜禹以心相傳者也傳之以心所以久而益明也而帝王之所謂學者心學也惟傳於心者不泯也故自堯舜至於湯五百有餘歲而湯傳之由湯至於文王五百有餘歲而文武周公傳之由文武周公

至於孔子五百有餘歲而孔子傳之夫所謂傳者此心之同此心之學而已矣雖千萬歲之下可也而周孔之不得位則数之窮也非道之病也不然則自夏啓太甲成康而下孰非曆数之正傳而道統不與焉復何疑哉孟子承孔子者也孟氏既歿其傳泯焉然其著於書者則固在也秦不師古無復議矣而漢祖太牢之祀唐初釋奠之行宋室曲阜之封彼非不知尊孔氏也然不知夫孔氏之所以尊也彼方習馬上之治安雜夷之習甘襲取之慙而膠擾於其心彼豈知所謂心學者邪夫以三君者一代之英而猶若此而其他復何望哉雖以濂洛關閩諸儒并生其世而亦莫之省也夫道統之在天地間知元氣也雖千百年之無傳而元氣未嘗絶也我太祖高皇帝生千載之下而統緒之傳獨得於千載之上蓋自孔氏之後而遠窮堯舜之初意氣之所孚精神之所通有不言而默會者矣故於百戰之中首下求書之詔而誦説之意拳拳焉嘗諭禮部侍郎曾魯曰帝王之治莫盛於堯舜然觀其授受其要在允執厥中又曰人君一心治化之本存於中者無堯舜之心而欲施於政者有堯舜之治不可得也於乎心學之傳至是益以盛矣太宗文皇帝曰堯舜相傳惟曰允執厥中帝王之道貴於知要則其傳于心學者亦堯之所以授舜也仁宗昭皇帝親承昭鑒之傳宣宗章皇帝躬對執中之要至於英宗睿皇帝憲宗純皇帝以及於孝宗敬皇帝而統緒益相承焉則舜之授禹禹之及於文武周公孔子無异道也孔氏之後至是爲益顯矣而又豈獨修闕里之宫厚儒臣之寵爲遭遇哉今上皇帝聰睿之姿得之天縱精微之學受於親傳孔氏之徒率履於堯舜之世他無可以自效者矣而執事者猶有厚望焉豈非以堯舜之廷亦有昌言之助邪草茅之臣聞見迂遠然側聞朝廷之學久矣意者經筵之講讀有因言啓沃之幾封疏之條陳有以言贊襄之益是固在於所自盡以爲萬一之效者而不知其可也其他則非愚之所及知也執事者倘更進焉則心學之説尚有可言者而孔氏之書固在也謹對

第二問

汪繼芳

同考試官教諭周批（天人之感其分際最難爲言而此篇引援考據直有以窮其所以然之妙蓋其察識之真體驗之至其於董仲舒古今相及矣五策俱豐贍雄博有百川東注之勢惜不能盡録也）

考試官教諭蕭批（能言人之所以事天而能察於天之所以示人此豈徒爲文而已哉知子有事天之誠畏天之敬矣他日立朝幸勿負斯言以事上哉）

考試官訓導李批（五策皆善答引古則不泥其迹論今則必求其故此

士之素有經濟者刻此策以例其餘）

考天人之所以异明事天之道者也求天人之所以同察事天之幾者也夫天之與人其勢本异也知其所以异則天之怒不可干也甚可畏也而敬心生焉敬則可以事天矣天之與人其氣本相通也知其所以通則天之意或可感也不可欺也而誠心生焉誠則可以事天矣惟敬則自治者嚴而室漏無所羞惟誠則所積者深而神明無不格執事欲講於天人之幾舍是無可論者嘗觀於古人之事天也璇璣以求其度曆書以候其時猶其粗者也而至於某事修則某事應某事否則某事應而諄諄然聽於天若人子之於父師惟喜怒之爲聽惟顔色之爲聽而至其甚也惟意向之爲聽其又不然則先意以迎之順志以求若有不能自釋者此其心何心也敬以畏也積久而誠不衰也故當其時天亦以誠應之蓋嘗聞其應矣日月以明風雨以時甘露以降卿雲以爛農無廢時國無凶歲人無夭札鳥獸魚鱉無不咸若者天亦以誠感也而或者曰堯以水湯以旱夫以水以旱堯湯未嘗不事天也抑孰知夫數之所窮雖天有不可違者而人之所修雖天有不能病者聞堯湯有水旱矣不聞堯湯之民病於水旱也夫數固有適然者也而亦有使之然者也故天道不可以意觀也而後之人不知其不爲堯湯也而獨於灾异也以堯湯自居夫其不爲堯湯也則天者已怒而以堯湯自居也則天以益怒夫不知天之怒爲不可干而益以深其怒焉淫雨也而曰不害農時也天旱也而曰意乾封也則天之怒何時而可解也此不察其幾者也其不然者則若宋閔公之暴尫唐太宗之吞蝗玄宗之素服避殿輒自以爲我事天矣天者其有感於我矣夫天之變不虚生也其既生也不虚去也而感之若是不求其幾者也夫所謂幾者在我也不可不察也使其無幾以攝之則易水之霜六月而飛東海之旱三年未已宋景公有君人之言則熒惑遂爲之徙舍齊景公有修德之禳則彗星遂至於消芒此何爲者哉故察其幾則知所以敬矣求其幾則知共所以誠矣益之告禹曰至誠感神而周人之詩曰上帝臨女無貳爾心於乎率是道也其庶乎者矣雖然猶未盡也蓋聖人先天以合天則天且不違也君子事天以聽天則天鑒其德也智者畏天以順天則天與其心也若是者其進於幾者也進於幾則天與人相隨而應矣由是觀之則敬心安可怠而誠心安可忽哉愚請爲幾之説以復執事曰以智者之心察於未形以君子之心修於將著則積敬而誠而天與我應由應而感而天與我合而後曰吾事天吾事天天者在我我得其幾矣不然則彌文者無益迂於人而遠於天者也此幾之説也倘是幾也以爲事天之助天人之交至矣不然則非書生所敢議也

第三問

李新芳

同考試官教諭汪批（理財之法大學之首務也此策推究本原而詳陳弊端之由與夫救弊之術皆畫一詳細而隱然不欲盡形於言此固有用之材邪擢冠本房允愜輿論）

同考試官教諭蕭批（財賦一策以觀濟時之學子獨能貫串古今斟酌豐歉而望於今日之理財者可謂養之有具者矣獻之九重未必無小補也）

考試官教諭蕭批（其材足以行於時其學足以效于用有識之士也）

考試官訓導李批（策場正以驗士子之用而子乃能於經國之計審其要而處之以可行之法蓋憂時而有見者矣）

財賦繫于地力而豐歉隨乎時財賦繫于人力而豐歉亦隨乎時夫地力有盡否人力有勤否而財賦因之則所繫以豐歉也至於地力無不盡人力亦無不盡而財賦之豐歉乃或异焉則當論其時也時者上之人之所操也故地力人力可强也謂其由於下也時也者不可强也謂其由於上也嗟夫財賦之難論久矣蓋自神禹治水之後任土作貢而以三壤九則之法成賦中邦當是時也荆揚之地土淖塗泥則地有不盡之力而錯出之賦生焉兖州之域土曠人稀則人有不盡之力而貞賦出焉九州之中已去其三矣而當時財賦不聞其有不足者何也朝廷之上同寅協恭無僭濫之賞閭閻之下比屋可封無奢麗之俗而禹也菲飲食惡衣服卑宫室若不自給焉則禹之所以濟財賦之力者其身自爲之也所謂時也禹之事遠矣漢興之初承秦之後干戈百戰之餘人力之所存者無幾矣當是時也巴蜀未效越雋未通桂林象郡未至地力尚有限也而關中之饋百萬相因未央之宫窮極奢美不聞其不足者則高帝節儉休息之故也不然則武帝之時開山通道地無遺力矣而虚耗蕭然雖文景之積不能支焉何哉唐之初興承六朝南北之後江南之墟號財賦所出而淮泗之間燕巢林木人力亦已困矣當是時也中國之人多歸突厥嶺表之地尚未輸臣地力亦有限也而渡海之征頻年不息諸夷之費累萬不貲不聞其不足者則太宗節費裕民之所致也不然則玄宗以降財賦益繁地無遺力矣而轉運不繼德宗父子乃寄命於韓滉之貢焉何哉宋承五季之後人力已爲大困而蜀漢未賓吴越晚屈地力所供者江淮河洛數郡而已然賂遼之費歲且百萬而取之裕然至神宗以降席累朝之餘當仁宗之後可謂盛矣而財力日見不給焉蓋其初也祖宗之節儉未衰而其後也奢濫之經費漸長故雖以王安石窮理財之法而人力益窮財力益窮而况其他哉愚嘗思之財無常業人

心自爲盛衰時無常運人心所爲趨向此理也亦勢也故夫厭亂之民苦於暴矣一有人主與之休息則喜幸之心生焉故其視財賦也盡其力而已矣而上之人又方以節儉則時之趨於豊也久安之民習於常久矣一或在上之人過取其財則顧惜之心生焉故其視財賦也非其心矣而上之人又横取之則時之趨於歉也夫其趨於豊也則上之人有不與也其趨於歉也下之人所不安也而其流益以困焉則上之人其得晏然於心乎故地力已盡矣人力亦盡矣上之費日以不經而下之供日以不給則不待智者而可知而又何疑邪夫求之於時則地力人力無足憂者矣求之於地力人力則可憂者尚未艾也今國家之富盡于海宇而財賦之出誠亦有异於初者則固執事之所憂也憂之如何求其時以爲之而已矣不在其他也故曰其幾在上之人而已謹對

第四問

吴瓊

同考試官教諭周批（禦夷之策以今日之事試諸生之所知耳此策考訂設洽議論正大察於彼我而較之以勞逸蓋知三代之兵而善審夷狄之勢且文氣沛然如車之驅坂而走陸者是固妙於爲文者也他日效用吾以占子矣）

考試官教諭蕭批（論禦戎事有根據有輕重而能因時以量力爲自逸之計此書生中之頗牧也佳士佳士）

考試官訓導李批（策能通達時務扶植根本而又能因夷伙之時以處之可謂俊杰之士矣）

禦夷以法則夷未勝而我益勞禦夷以道則夷可勝而我益逸故夫夷不可不禦也謂其來也而亦不可以專禦也謂其無常也其來者禦之其去者不可追也其無常者則静以待之我不知其勞而彼亦不得以勞我也此禦夷之上策也而或者以爲無上策則傷於激而亦未講其故焉耳請爲執事論之中國之有夷狄久矣不患其有也患其爲中國之害而已蓋自有苗之征三旬逆命而退修文德以召七旬之格其事尚矣非獨當時之君有化夷之幾而當時之所謂夷者猶能奉分背之教叙蹈迪之功其勢有可化者也降而後世與中國之盟結中國之好締中國之婚有中國之地而禽獸之醜乃與衣冠抗衡此豈得爲三苗之舊哉故後世干羽之舞不可用而其勢亦不可以干羽化之也世變然也豈惟後世哉高宗之於鬼方窮三年之力而始克之夫高宗三代之賢君而猶若是而况後世之不如高宗者哉故世變日趨則人心日下而夷狄之習日驕不可以堯舜之時概論也自漢而上不可以盡論也自漢而下則其事有可指者而不可不論也蓋中國之盛則夷狄必衰之候也夷狄之强則中

國中微之時也而亦有不然者則我盛而彼以其盛角我我衰而彼亦以其衰赴我我能審之以時量之以力來則禦之去則謝之以戰則常有餘力以守則常有餘財所謂知己知彼而禦夷之道得矣奈之何此道之不講也漢宣之世去武帝之時遠矣而匈奴來朝當中國之方盛也竇憲之時視武帝之時亦遠矣而稽落大勝當匈奴之中衰也故夫夷狄不可以常法禦之也而可以道禦之也若夫戰與守則道之實也古之人不貴於常勝恃吾有必勝之幾不貴於能攻恃吾無可攻之隙李牧之在雲中也日以犒士而虜之入也則急入收保而已我無大失虜亦無所鈔掠以爲怯也而積勇於一戰匈奴不敢犯趙邊者十餘年牧之守也蓋有道也而戰之善得矣不然則長城之築起臨洮至遼東周回萬里何益於守邪謝玄之禦苻堅也其衆三千而苻堅之衆投鞭斷流矣我以其寡逼淮而陳以爲怯也而反間一呼而苻堅之得還者什一而已玄之戰也蓋有道也而守之善得矣不然則房琯之迂驅兵車赴强敵一敗塗地何益於戰邪故夫迂者泥於變通易者失於持重兵家之大忌也我朝制御夷狄遠超隆古而夷狄之嚮慕也蓋有寢馬欵關而不聽其來者邇年小虜跳梁幸於不備乃自雲中竊近大原而勤勤廟堂之謀桓桓武夫之力褫其游魂遂之出境而亦無大失者可謂戰守有道矣而執事憂之何哉夫憂之則固有道而不可徒也夫所謂戰守之道者將士輯習器械犀利中國之長技必練邊烽之戒候必嚴簡書慎重將無不專之權饋餉絡繹士無不振之氣而又選擇而使之賞罰以行之若是者雖戰與守無不可者也其可以紓執事之憂乎夫若是而猶未釋然則書生無長策矣

第五問

崔巍

同考試官教授陳批（文之與道本自相資而爲文以背道則末世之陋也場中作者類皆惑於所從而子獨能窮合一之源辯兩岐之故且於二子之出處得失權衡輕重錙銖不差然則子之自待者爲有素矣有司以此知子子幸無負於所言哉）

考試官教諭蕭批（二子之事乃諸士尚友之所素講者策之不獨觀其趨向而已也此策委曲條答而末篇以志自見蓋尚友而有得者矣）

考試官訓導李批（此策有灼然之見有確然之守而其文有淵然之光者也）

欲言而不盡知爲文之難者也欲至而不敢知爲道之難者也文與道非二物也而爲之者自相异也各爲其异而至其難則其患同也其難愈同而其

异愈遠矣今夫文以載道者也而道之傳非文則無可托者故道寓於文者也六經皆文也而六經之所載皆道也厘六經之所載而探六經之所文世焉有是理哉故夫文與道不可异觀也而爲之淺者自异之也惟其异之則愈見其難矣是何也文不本於道而支離之辭勝則議者得以發其非道不適於文而隱僻之習多則明者有以致其貶故其愈難也皆其所自爲也而文與道本不難也亦不异也執事以龍門二子之异趨而同難爲山西諸士論之其固進諸士以景行之學乎夫漢武之時去古未遠淳厚之氣尚鬱而未散渾噩之習雖遠而猶存六經之文皆可以誦讀也而司馬遷者寔生於龍門之墟悼虞夏之失官慕春秋之有作耕牧河山之陽南游江湘之際嘗探禹穴而吊九疑矣於是纘述故事尋繹舊聞而史記之書作焉今觀其書也窮天人之分極變化之源運行無窮盛衰并陳藏之名山副在京師遷之於爲文雄矣而班固乃論其非曰先黄老而後六經退處士而進奸雄崇勢利而羞貧賤而後之人遂亦以遷爲然於乎文章而至於遷而猶如此文章可易爲之乎隋之開皇海内始一干戈之争方講而未息夷伯之略益勝而未分六經之道至是無可寄也而王通氏寔生於龍門之墟思太平之成風抱上古之遐想磊落布衣之言反覆王道之説嘗進治策而干世主矣於是退處河汾傳授弟子而中説之書作焉今觀其書也貫大義之錯綜闡教源之依歸預於六經授于門人自主門墻抗衡魯論通之爲道勇矣而宋儒乃議其非曰爲伊周之不終爲仲尼之太高續經書之爲僭而後之人遂亦以通爲然於乎道業而至於通而猶如此道業可易爲之乎夫遷非難於文也難於見道也使遷而見道則褒貶予奪是非曲直聖人之於魯史有成法矣雖以之而通於百世可也而况漢一代之紀乎不然則繼絶麟之筆而爲綱目之書者何其嚴人心而明天理也若夫通亦非難於道者也難於與道爲一也使通而與道爲一則問答叙述討尋議論聖人之於遺書有至義矣雖以之而次於六經可也而况通亦一代之儒乎不然則紹洙泗之傳而發經書之秘者何其載宇宙而并日月也故遷之文病於道而通之道病於學其失者均也然文章一家之習也道業萬世之傳也遷之文著矣而爲之後者若孫綽之以賦薛道衡之以詩柳宗元元微之之以文皆起於其鄉而彬彬以相望而通則無傳焉由是觀之則道其尤難者乎愚也學斯道者也以六經之文而進者也若其尚論則天下之士也而山西之士有不與也必其至也則道寓於文吾孔孟之師乎是在執事有以進之而已吾於遷與通也何議哉

山西鄉試録後序

昔文王布卦以西北爲乾維而山西實主其地夫乾健也陽物也生物之府也而六子受其成焉其於人也爲剛爲高明爲介爲果毅故古之號爲賢將相者多山西之産亦其理然也今年丙子秋鄉試山西之士得其俊者六十有五人將以貢諸天子其奉天子之問者則將布列有位而其他亦將以彙升殿不事事者士之生斯地□□選者可謂榮且重矣夫聖天子龍飛在天當乾元九五之運海隅蒼生孰不有共惟帝臣之心然非科目之選則不與焉而其抱藝不售者亦何可勝數蓋朝廷取士之途惟科目爲重而求之慎且難亦惟科目爲然而可以幸得哉夫以其不可幸得而得之則科目於諸士子亦重矣夫科目之重與輕進士子之身者也若其人之重與輕則存乎諸士子之所自期待非科目之所預也夫以其進身之重而出幽離隱無潛龍勿用之疑則進德修業之功方嚮於利見之始諸士子其將何爲以自重乎夫以其未進也終日乾乾夕猶惕若以養其素矣而進身之初遂异於初心則古之聖賢所以憂勤惕厲至老而益甚者獨何心哉今明良相逢之時所謂聖作而物睹者諸士子既利見之矣其益慎九三之心以共成九五之業則科目得諸士子而益重矣豈獨自重其身而已哉他日昭樹勛庸光映簡册使萬世之下猶企想夫雲龍風虎之盛則又萬世之重也珩不佞然職事有一日之好故不以頌而相與勸重焉

直隸保定府定興縣儒學教諭蕭珩謹序

正德十四年山西鄉試録

山西鄉試録序

我朝三歲取士著爲定制行之百有餘年條式品格愈嚴愈密奉行之者公明正大之意視初始猶一日也法久而無弊者莫善于是乃今正德十四年己卯復當其期于皇上爲五開科而歲星亦一周矣山西布政使司復舉行之如制而巡按御史周宣寔監臨焉先是御史孫孟和敦維盛典禮聘淮等以司考校鎮守太監吴經夙在地方特重文儒巡撫都御史張襘楊志學清戎御史甯欽任洛鹽法御史宋鉞先後風厲士氣益振户部員外郎王濟行人鄧繼曾龐淳亦各以使事至樂觀厥成至期啓院御史周宣集提調左布政使胡玥右布政使汪獲麟監試按察使張璡僉事田汝耔考試官淮教諭成世安同考試官教諭王輔臣王文昌賈琦訓導吕端彭祥張經齊肅以入防範於外則以屬左參政劉澤右參政石昭左參議王承祥右參議汪正副使沙鵬僉事尹京金鯉潘選盛鵬暨都指揮陳謹袁勛劉漢乃合提學副使馬卿所甄拔三府五州士而三試之封扃圍棘樹簾隔座糊名易書按經彙考限日分場咸如制其法維舊其事維新閲二十日事竣揭榜于通衢刻其文之合式者二十篇第其名之中式者六十有五人與諸執事諸條格爲試録夫榜以曉近其事略録以傳遠其體詳故宜有序而淮以職事序諸首昔人有言長材大器往往出於西北蓋以文章望東南也今兹之來履方輿之雄勝固未暇接觀其人品而得先從事於所謂文章焉者窮日夜之力因所疑而致志焉口誦目披則藻繢絢爛之所照映和暢沉渾之所宣揚使人起敬而忘食已恨於不能盡録而録之止於是者固當嘗一臠而知鼎矣持此以往其於吴蜀豈獨异哉然後嘆古人名理之未盡也蓋自古帝王之都多在西北而都於山之西者爲盛惟我聖祖龍飛淮甸奄有區夏而混一之文皇作京密邇三晋列聖繼承重熙累洽佑啓文明鼓舞感孚之妙先及厚被旋斡化工所謂道德齊而風俗一車同軌而書同文者正其時也尚何有於南北東西之云乎然後知古人之局於所見而不見今日之全盛者爲陋也夫材器質也文章文也山西之士不改昔人之所長而兼有往時之所未備其皆彬彬然中行之士矣乎孔子猶以不得中行爲恨而此

六十五人信乃中行之士矣有非中行之士矣乎主司者於是乎不知言矣雖然質本乎性文成乎學學所以文其質也諸士子勿徒曰藉此以仕而已矣則是榮華利禄之資爾又安貴於文章爲哉嗚呼知山西之文章者主司也能使山西之文章重於他日者諸士子也非主司也可不慎哉

湖廣黄州府儒學教授喻淮謹序

正德十四年山西鄉試

監臨官

巡按山西監察御史周宣（彦通福建莆田縣人　乙丑進士）

提調官

山西等處承宣布政使司左布政使胡玥（朝重湖廣襄陽衛人　己未進士）

山西等處承宣布政使司右布政使汪獲麟（仁甫騰驤左衛籍浙江山陰縣人　癸丑進士）

監試官

山西等處提刑按察司按察使張璉（汝器陝西耀州人　壬戌進士）

山西等處提刑按察司僉事田汝耔（勤甫河南祥符縣人　乙丑進士）

考試官

湖廣黄州府儒學教授喻淮（東之廣西藤縣人　乙卯貢士）

江西饒州府鄱陽縣儒學教諭成世安（邦正湖廣藍山縣人　甲子貢士）

同考試官

直隷蘇州府吴縣儒學教諭王輔臣（元忠河南陳留縣人　癸酉貢士）

直隷松江府華亭縣儒學教諭王文昌（道亨順天府平谷縣人　丁卯貢士）

直隷廬州府舒城縣儒學教諭賈琦（希韓山東濟寧衛籍順天府密雲縣人　丙子貢士）

直隷揚州府高郵州儒學訓導彭祥（秉瑞河南光山縣人　庚午貢士）

直隷大名府開州長垣縣儒學訓導吕端（正夫山東濮州人　庚午貢士）

直隷大名府滑縣儒學訓導張經（大倫陝西汧陽縣人　庚午貢士）

印卷官

山西等處承宣布政使司經歷司都事藺天倫（理夫山東德平縣人

監生）

山西等處提刑按察司經歷司經歷吴瑄（廷璋遼東前屯衛人　監生）

收掌試卷官

太原府知府閻讓（伯仁陜西邠州人　辛酉貢士）

太原府同知李錫（天爵順天府東安縣人　壬戌進士）

受卷官

平陽府蒲州知州王俊民（用章湖廣石首縣人　甲戌進士）

平陽府絳州知州李文潔（惟静江西貴溪縣人　辛酉貢士）

太原府代州崞縣知縣雷宗（希曾直隸隆慶衛籍直隸桐城縣人　壬戌進士）

平陽府翼城縣知縣靳顯（養晦直隸滑縣人　丁卯貢士）

平陽府太平縣知縣王致中（約之河南河南衛籍直隸望江縣人　庚午貢士）

彌封官

平陽府隰州知州范初（世元直隸休寧縣人　甲子貢士）

太原府代州知州馬希龍（化之河南鈞州人　丁卯貢士）

太原府榆次縣知縣吴縉（士儀直隸通州右衛人　丁卯貢士）

大同府蔚州廣靈縣知縣宋鑑（德明武功中衛人　丁卯貢士）

平陽府曲沃縣知縣侯秩（季常直隸長垣縣人　丁丑進士）

謄録官

平陽府解州知州朱璟（國信順天府大興縣籍浙江錢塘縣人　辛酉貢士）

平陽府襄陵縣知縣孫源（伯濬陜西咸寧縣人　丁卯貢士）

平陽府吉州鄉寧縣知縣王揚（清宇直隸高陽縣人　甲子貢士）

澤州陵川縣知縣葛會（文亨順天府宛平縣籍江西廬陵縣人　辛酉貢士）

太原府太原縣知縣吴方（向義直隸完縣人　甲子貢士）

對讀官

太原府推官尚堂（來瞻直隸寧津縣人　丁卯貢士）

平陽府霍州知州宇文鏞（仲鳴陜西乾州人　辛酉貢士）

平陽府解州平陸縣知縣李鋭（節之直隸瀋陽中屯衛籍江西新喻縣人　辛酉貢士）

太原府文水縣知縣包得仁（樂夫山東蒙陰縣人　辛酉貢士）
潞州壺關縣知縣張友直（益之陕西同官縣籍三原縣人　辛酉貢士）
汾州介休縣知縣王天祐（受之陕西慶陽衛籍直隸河間縣人　辛酉貢士）

巡綽官

太原前衛指揮使俞本（立夫直隸江都縣人）
太原右衛指揮同知李勲（世臣直隸合肥縣人）
太原左衛指揮僉事榮泰（道亨山西大同縣人）
太原右衛指揮使陳崇（德秀河南儀封縣人）
太原左衛中所副千户侯經（廷正直隸滑縣人）

搜檢官

平陽衛指揮同知吕忱（誠之山東曹縣人）
潞州衛指揮僉事王寵之（君錫湖廣景陵縣人）
太原左衛鎮撫趙儒（宗道山東聊城縣人）
振武衛左所正千户鄭虞卿（廷臣直隸昌黎縣人）
振武衛左所正千户李懷忠（希夔直隸江都縣人）
太原右衛中所副千户何俊（世傑直隸壽州人）

供給官

山西等處承宣布政使司照磨所檢校郝鎣（廷輝直隸河間縣人　監生）
平陽府隰州大寧縣知縣高嶽（民望陕西咸寧縣人　庚午貢士）
平陽府絳州垣曲縣知縣陳標（立之河南真陽縣人　乙卯貢士）
平陽府隰州石樓縣知縣張佐（經世山東利津縣人　監生）
大同府懷仁縣知縣李祥（夢熊直隸青縣人　監生）
太原府壽陽縣主簿劉鉞（德威順天府霸州人　吏員）
太原府盂縣典史智禎（天禎山東德州人　吏員）
太原府陽曲縣臨汾驛驛丞袁邦愛（民瞻浙江桐廬縣人　承差）
太原府陽曲縣凌井驛驛丞石鼐（宗陳陕西甘泉縣人　承差）
平陽府靈石縣仁義驛驛丞臧守廉（介夫山東高唐州人　承差）
太原府盂縣芹泉驛驛丞劉業（宗緒山東文登縣人　承差）
平陽府靈石縣瑞石驛驛丞李經（彦常直隸肥鄉縣人　承差）
澤州高平縣長平驛驛丞田養賢（德夫直隸大名縣人　承差）

太原府代州崞縣原平驛驛丞刑著（汝德直隸壽州籍順天府漷縣人承差）

第一場

四書

因民之所利而利之斯不亦惠而不費乎　故君子尊德性而道問學致廣大而盡精微極高明而道中庸温故而知新敦厚以崇禮　孟子曰許子必種粟而後食乎曰然許子必織布而後衣乎曰否許子衣褐許子冠乎曰冠曰奚冠曰冠素曰自織之與曰否以粟易之曰許子奚爲不自織曰害於耕曰許子以釜甑爨以鐵耕乎曰然自爲之與曰否以粟易之

易

貞固足以幹事　王假之尚大也勿憂宜日中宜照天下也　夫易開物成務冒天下之道如斯而已者也　物畜然後有禮故受之以履履而泰然後安故受之以泰

書

安汝止惟幾惟康其弼直惟動丕應徯志以昭受上帝天其申命用休　若作和羹爾惟鹽梅　申畫郊圻慎固封守以康四海　其審克之五刑之疑有赦五罰之疑有赦其審克之

詩

三之日于耜四之日舉趾同我婦子饁彼南畝田畯至喜　君子至止言觀其旂　於論鼓鐘於樂辟廱鼉鼓逢逢矇瞍奏公　受小球大球爲下國綴旒何天之休不競不絿不剛不柔敷政優優百禄是遒受小共大共爲下國駿厖何天之龍敷奏其勇不震不動不戁不竦是禄是總

春秋

齊侯衛侯鄭伯來戰于郎（桓公十年）戰于宋（桓公十有二年）　諸侯遂救許（僖公六年）　晉侯伐秦（文公四年）秦伐晉（文公十年）　用田賦（哀公十有二年）

禮記

故州閭鄉黨稱其孝也兄弟親戚稱其慈也僚友稱其弟也執友稱其仁也交游稱其信也　東方曰寄南方曰象西方曰狄鞮北方曰譯　鍾鼓干戚所以和安樂也　立愛自親始教民睦也

第二場

論

君子成尊主庇民之功

詔誥表（内科一道）

擬漢却千里馬詔（文帝元年）　擬唐以韓休爲黄門侍郎同平章事誥（開元二十一年）　擬宋蘇軾等進唐陸宣公奏議表（元祐八年）

判語（五條）

制書有違　收養孤老　鄉飲酒禮　從征違期　詐爲瑞應

第三場

策（五道）

問　六經皆帝王爲治之迹也而其要莫切於書先儒蔡沈氏所謂帝王之治本於道帝王之道本於心是已後之言治者舍是心與道何以哉然自漢以來英君誼辟有志於是書者多矣而治效之不古若者何歟我太祖高皇帝聰明天縱聖學日躋御極以來講論治道靡間昕夕治效之隆蓋已匹休帝王而陋漢唐宋於下風矣其在當時安内攘外務本節用恤刑救灾表忠節厚風俗皆致治之法也其有合於帝王之政者可得而言歟敬天勤民親賢務學崇抑畏戒逸欲皆致治之本也揆之帝王傳心之學果异世而同符歟若乃制作之出於宸衷符章之下於方國謨訓之傳於子孫者置之典謨訓誥之間可以并列而無愧歟列聖相承治隆俗美百有餘年其皆有得於聖祖家法之傳歟今日格心之學將舉此而措之抑别有其説歟昔魏相好觀漢興以來故事范仲淹自爲秀才時便以天下爲己任此諸子今日之責也請終言之毋讓

問　賢希聖士希賢儒者事也昔人有言欲學聖人且須學顔子而顔子所以善學聖人者何在又曰傳孔子之道者曾子而已而曾子所以傳孔子之學其實何在又曰曾子以後子思之傳得其宗不知子思之學以何爲要又曰至孟子而聖人之道益尊而孟子之學以何爲主至有以顔子比湯武孟子并禹稷而皆不可知已宋稱周子之學淵源精粹闡發幽秘程伯淳氏負特立之才知大學之要程正叔氏爲天民之先覺聖代之真儒其稱張子厚氏學有本原西方宗之至謂朱子集數子之大成爲中興之豪杰不知諸子所以爲名之實又奚所安至謂明道似顔子伊川似孟子又以横渠與孟子比朱子之功不在孟子下抑又何説也夫仰觀先後賢哲俱底于道要其造詣之力果相同乎否也抑孰於聖人之域

殆庶幾乎諸士子志于聖賢久矣試言將何所法以爲入道之方

問　大學之道自身心以推之家國天下周禮則治天下之大經大法而本諸身心其致一也爲學莫先焉然格物致知爲初用力之地而亡之周禮亦亡冬官先王之制遂不可備見矣格致之章朱子嘗取程子之意以補之不知程子何所取乎夫孔子之修春秋也猶闕文焉而必補之何也漢儒以考工記補冬官之亡夫所載固其事也而疑亦成周之遺書似不爲過而或乃病焉大學出於戴記錯簡多矣有釋本末而無始終蓋亦缺焉而未之補周禮或以爲出於戰國之陰謀則并其全書可疑也而何有於一官或又以俱不亡者是必有見也不知其説可乎夫大學亦堯舜以來相傳之心法非孔曾之私言周禮唐虞稽古建官之遺亦非周公之創制若得其要則不病於亡也然則所謂要者可得而聞乎明體適用之學莫過於是諸士子所嘗究心焉者必有見矣

問　人主以論相爲職宰相以正君爲職上下一體固已三代無論漢稱蕭何定一代規模壯關中根本曹參自恬清静不務變更若稱魏相每進奏言真宰相事丙吉知審陰陽乃宰相職不知諸公相業之名果皆在兹否歟唐稱房玄齡善謀杜如晦能斷同心徇國姚崇應變成務宋璟持正守法協心輔佐然其相業并名止在是歟宋稱韓琦爲相不動聲色處事應變范仲淹大厲名節振作士習至云富弼霜日争嚴鼎鑊不避乃目歐陽脩爲今之韓愈當時之人一曰韓范二曰富韓而不及歐陽子者其意何歟夫遍觀諸代列相大臣其間學術有淺深器識有大小才行有純疵則人品見已其功業之建立相去次第則一時治效隨之不知所謂正君之職果誰其能盡歟其所遭際亦有遇與不遇者歟夫其所遇果皆係于天歟人歟諸生明經博學尚友古人非一日矣願述所聞以觀所志

問　山西古冀方也其土墝瘠故民多貧其俗勤儉故用僅足然堯舜禹嘗都之田中而賦上晋以世霸富强聞焉其何道以致之邪今地闢民聚豈特古之時乎國初因土則賦惟内供藩封外給邊餉其輸京師留郡縣者蓋鮮焉視他省爲優矣而又制鹽利以濟之雖公私羨溢爲不過也而近來歲供常禄度支每缺邊庭小警輒已告乏一有水旱流殍載途而莫之救官民匱竭一至於此意者生齒繁而地力日薄歟天灾流行而歲之不易歟抑勤儉衰而惰靡衆歟抑侵漁逋負之弊積歟或横征妄費之無極歟求其故而不得也兹欲有無變通不加賦而用足嬴歉增减不斂民而備周古有法也其可行否乎抑或别有道乎夫言利與理財异足國裕民今日所宜亟講也諸士子四民之秀必上達經國之務而下悉閭閻之隱矣願一言之將述以獻

中式舉人六十五名

第一名　彭希曾　陽曲縣學生　詩
第二名　賈世祥　代州學生　禮記
第三名　孫轔　石州學生　易
第四名　李嶽鍾　汾州學生　書
第五名　郭鋆　高平縣學增廣生　春秋
第六名　李秉彝　石州學生　易
第七名　白金　平定州學生　書
第八名　李勤　代州學增廣生　易
第九名　魏琦　平定州學生　詩
第十名　朱光祖　陽曲縣儒士　禮記
第十一名　王騰鵬　交城縣學生　詩
第十二名　張鈞　石州學生　易
第十三名　郭大經　平定州學生　書
第十四名　郝文祥　榆次縣學增廣生　詩
第十五名　崔紳　蒲州學增廣生　春秋
第十六名　王寵　陽曲縣學生　易
第十七名　宋應宿　太原府學增廣生　詩
第十八名　鮑德　代州學生　易
第十九名　劉宸　潞州學增廣生　書
第二十名　鍾秀　陽曲縣學增廣生　詩
第二十一名　栗應麟　潞州學增廣生　易
第二十二名　張允中　忻州學增廣生　書
第二十三名　寇天瑞　榆次縣學生　詩
第二十四名　梁承福　絳州學生　春秋
第二十五名　胡體乾　交城縣學生　易
第二十六名　李應時　榆次縣學生　詩
第二十七名　高汝行　太原縣學生　易
第二十八名　杜緻　蔚州學生　詩
第二十九名　党承賜　忻州學附學生　書

第三十名　尋孔樂　陽曲縣學生　詩
第三十一名　馬瓚　太原縣學生　易
第三十二名　李養正　朔州學生　禮記
第三十三名　申備　太原府學增廣生　詩
第三十四名　李煥　代州學增廣生　易
第三十五名　王玟　忻州學生　書
第三十六名　王鍾靈　潞州學增廣生　詩
第三十七名　張定　代州學生　易
第三十八名　段京　定襄縣學生　書
第三十九名　趙綱　蔚州學生　詩
第四十名　張好古　陽城縣學生　易
第四十一名　彭以誠　太原府學生　春秋
第四十二名　王冕　潞州學生　書
第四十三名　謝蘭　代州學生　詩
第四十四名　馮華　石州學生　易
第四十五名　王珂　蒲州學增廣生　書
第四十六名　常秉彝　曲沃縣學生　詩
第四十七名　張瓘　翼城縣學生　禮記
第四十八名　楊士元　聞喜縣學生　易
第四十九名　李騰霄　盂縣學生　書
第五十名　韓瓚　絳州學生　詩
第五十一名　趙□　代州學附學生　書
第五十二名　郭廷冕　文水縣學生　易
第五十三名　葉春　太原府學生　詩
第五十四名　郭綱　平定州學生　書
第五十五名　孫繼先　河東運司學增廣生　詩
第五十六名　張廷璽　蒲州學增廣生　易
第五十七名　姒昂　蒲州學生　春秋
第五十八名　董琛　代州學增廣生　詩
第五十九名　郗元洪　平定州學附學生　書
第六十名　王璧　蔚州學生　詩
第六十一名　楊瞻　蒲州學生　易

第六十二名　穆陳緒　臨縣學生　詩
第六十三名　劉知之　清源縣學生　禮記
第六十四名　李時中　平定州學生　書
第六十五名　安明善　代州學生　詩

第一場

四書

因民之所利而利之斯不亦惠而不費乎

王騰鵬

同考試官訓導張批（利民之事甚多數而言之衹見纏繞此作獨檃括無遺至不費處尤説得精切得士如斯區區之責塞矣）

同考試官教諭王批（渾厚之文得聖人語意）

考試官教諭成批（説聖人惠民之政辭不繁而意自足可取）

考試官教授喻批（平淡中有雋永之味可佳）

君子興自然之利斯爲自然之惠也蓋自然之利即民之所以爲利也於此而興之其爲惠也奚費哉昔夫子答子張五美之問首及於此謂夫爲政莫先於惠民惠民每難於不費於此有道焉思治世以大德而因五方之産以利民知生財有大道而順四時之和以阜物如丘陵墳衍民之所賴以爲生而不能以自遂者也則順以導之而使之各得其情山林沮澤民之所資以爲用而不能以皆平者也則平以處之而使之各得其分夫如是吾見因天分地之制行在在仰生成之惠利用厚生之政舉人人蒙樂利之休是非分吾之所有以子之也蓋天下之利自足以供天下之民吾特從而興之耳奚費之有哉亦非損吾之所藏以益之也蓋天下之財實足以周天下之用吾特從而理之耳何有於費哉吁君子之惠民也如此其甚博而其爲道也如此其甚約所謂五美者此其一也子張能尊而行之則吾夫子之得邦家者可見矣抑嘗因是而有感於聖人之政焉本乎人情出于禮義不立异以爲高不矯情以干譽此所以其體公平正大其用溥遍周悉不但足民而亦可以足國也彼有委道任術自謂可以得民一有不給則暴征横斂以繼之不知枝榦雖蕃而本實先撥矣如爲政何吁禮義不修而誠僞之勢殊固如是夫

故君子尊德性而道問學致廣大而盡精微極高明而道中庸温故而知

新敦厚以崇禮

孫轔

同考試官教諭賈批（講存心致知處體認精切而詞亦不苟必嘗留心於中庸之學者）

考試官教諭成批（修德凝道之功此篇盡之矣而一結尤有功於學者録之以式多士）

考試官教授喻批（説理之文正合如此）

中庸論君子之修德凝道而必詳乎存心致知之事也甚矣道不虚行也君子欲修德以凝道舍是其何以哉此中庸二十七章言人道也其意若曰聖人之道大矣君子修德以凝之果何所從事耶蓋道體極於至大而具之不外乎心入於至小而知之必由於學故德性之本然者所當尊也則敬以持之静以養之使天命之正以全足以爲立本之地事理之當然者所當知也則學以聚之問以辨之使下學之功以盡足以爲上達之基是固修德凝道之大端也而猶未焉彼心體本自廣大也蔽焉則虧矣是必不以一毫私意自蔽以廓其廣大之體於其中所具精微之理則條分縷析不使有毫厘之差焉心體本自高明也累焉則塞矣是必不以一毫私欲自累以極乎高明之域於其間自有中庸之則則周思審處不使有過不及之謬焉得於融會之餘固有所已知者時復思繹而涵泳之功深然理義無窮不可自足則鈎深致遠而日知乎其所未知也由於體驗之後固有所已能者終日服膺而敦篤之力固然節文至衆不可疏略則隨事精察而日謹乎其所未謹也夫致廣大也極高明也温故也敦厚也皆存心之屬也盡精微也道中庸也知新也崇禮也皆致知之屬也非存心無以致知而存心者又不可以不致知修德凝道之君子可不於此而曲盡其功乎抑考此章尊德性道問學之言蓋自子思發之所以著修德凝道之功也至朱子始有存心致知之説所以發明子思之意而示人以入德之方最爲詳盡而雙峰饒氏乃有疑于是説定宇陳氏輩又從而和之别爲之詞以立義其亦异乎朱子之見矣

孟子曰許子必種粟而後食乎曰然許子必織布而後衣乎曰否許子衣褐許子冠乎曰冠曰奚冠曰冠素曰自織之與曰否以粟易之曰許子奚爲不自織曰害於耕曰許子以釜甑爨以鐵耕乎曰然自爲之與曰否以粟易之

白金

同考試官教諭王批（農末相濟之意須於下節見之此處言之則露盡

而無餘蘊矣此作頗得本旨是故録之）

考試官教諭成批（問答之文辭繁而不複當是作手）

考試官教授喻批（明白妥帖）

大賢於時人歷問其師之所事皆有以得其情焉蓋事不可以兼爲宜乎各致其能以相資也然則許行所謂并耕而食者於此可以見其不可爲矣昔孟子因陳相道許行之説欲以陰壞分别君子野人之法故歷設問以發之意謂食以養生而粟乃食之具也許子於粟必自種之而後食乎陳相曰然蓋以不耕不可以得禾許子固種粟而後食也又謂衣以蔽體而布則衣之常也許子於布必自織之而後衣乎陳相曰否蓋以無褐不可以卒歲許子之所衣者褐也若乃冠加於首所以稱乎衣也許子冠乎陳相曰冠是固與人同也然冠製於人或各异其制也果奚冠乎陳相曰冠素蓋從其所尚也又謂許子之冠固有取於素矣其亦自爲之歟曰否以粟易之誠以冠之所自出者工也易而用之亦取諸所有耳冠之爲物可以織而成也奚其不自織歟陳相曰害於耕誠以彼之所專務者農也兼而爲之恐妨其所事耳又謂備物致用人所不免許子爨以釜甑而耕以鐵乎陳相曰然耕之爨之猶夫人也抑以範金合土人所可能許子身執其勞而後利其用歟陳相曰否粟以易之猶夫冠也夫由是數者觀之許子服食器用皆與人同有無相資亦不能少與人异至於治天下也獨爲耕且爲之之説何哉大抵國無君子固不可以爲政國無小人亦不可以爲養上下相成勞逸相濟不易之定理也戰國之時聖王不作處士横議往往騁爲雄辭逸辯以驚動世主君子小人之法撓於許行之并耕堯舜中正之道壞於白圭之輕税而不知其離常叛道卒不可行也非有孟子精析而明辯之吾聖賢經世之道將胥而夷矣吁垂世立教之功豈但闢楊墨而已哉

易

貞固足以幹事

孫轔

同考試官教諭賈批（文言一題作者多入上文仁義禮等字貫講腐冗可厭求其明粹悦心者此篇爲最宜録之作式）

考試官教諭成批（發揮貞固之旨若已有之必其可以幹事者擢諸前列不獨取其文也）

考試官教授喻批（詞潔理精正是易之文字）

惟全夫智之德自立夫事之本文言論君子然也蓋知正之所在而固守之則智之德全矣君子能然事豈有不立者哉文言申彖傳之意及此謂夫天

道非貞無以成萬物君子非智無以應萬事其在天之貞於人爲智固事之幹矣君子體之果何如哉是故廣大光明知貞之所在而持守極其堅權度精切知正之所存而操存極其固本然之正理堅定於心胸他岐不能惑也當然之正道精專於念慮外物不能移也彼見理不真者易於眩惑而事莫振舉守正不固者易於撓亂而事恒叢脞惟夫知貞而持守既堅其所以應酬天下之事中有宰制彼皆依之以立矣豈不足以幹事乎惟夫知正而操存既固其所以綜理天下之事中有主統彼皆倚之以舉矣又不足以幹事乎正理堅定於心胸則大本已安事無大小由是可行一本立而道生也正道精專於念慮則大體已定事無常變由是可處一體立而用行也吁君子以智而幹事是即天道以貞而成物則夫在天者豈不在於人哉抑論之仁義禮智皆天所予之德君子行之仁曰體義曰利禮曰嘉用功於一字而已矣惟智則曰貞固是其用功殆有甚焉者蓋智非貞固則其流弊或爲權謀或爲詐術於事非徒無益而又害之寧不褻天之所予哉世謂疏通者能幹事貞固者不能幹事其知智之旨否也

物畜然後有禮故受之以履履而泰然後安故受之以泰

李秉彝

同考試官教諭賈批（士子至易之末題率多氣餒筆窘獨此篇精健豐暢而旨趣躍如必有學□□□□者也允宜超拔）

考試官教諭成批（講履泰相承之意明盡可愛）

考試官教授喻批（得序卦旨）

人聚而禮始生禮和而心始定此易卦相承之序也蓋禮因人而起以和爲貴也然則小畜履泰相次之義得非有取於是乎且萬物散殊固禮之所自生也使涣而不聚則禮隱矣故物之畜也必親疏少長翕然而畢集尊卑貴賤詵然而萃止然後親疏有殺少長有序而禮制行矣尊卑有分貴賤有等而名分辨矣拜起坐立之節每形於相接之頃否則無從施也品秩儀章之等每著於交會之間否則不可見也是小畜之與履其義相須自不可易履之次於小畜其義良有取於此歟至若禮有定分宜人之所必安也使嚴而不泰則人心離矣故人之行禮也必順其自然無事乎矯飾從容而不迫也行所無事不假於勉强安舒而自得也然後上下各安其分而無携貳之心彼此各得其所而無觖望之念情順意愜從事於畏愛之中怡然而順適也體習心安不越乎禮制之外帖然而厭服也是履之與泰其序相因自不容亂泰之所以次於履其

義端有在於是矣吁易卦相承之序各有一定之理如此信非文王不能定非孔子無以明也歟大抵禮者人之防其要在敬與和而已然樂勝則流固爲用和之弊而禮勝則離亦有過嚴之愆先王制禮體用兼全嚴泰相濟蓋取諸易有子論禮以和爲貴而以一于和爲不可行則又本諸先王之意矣後世爲禮一以嚴峻繩下而俾人勉從殆把持之説耳要其流弊已于先王之制畔已尚可以言易哉

書

安汝止惟幾惟康其弼直惟動丕應徯志以昭受上帝天其申命用休

李嶽鍾

同考試官教諭王批（帝王謹位要以内外交修爲重此篇足以發之蓋善學書者）

考試官教諭成批（講交修協應之間貫串明白視它作支離排比者大相遠矣）

考試官教授喻批（典則平正）

大臣推謹位之意必内外之交修而天人之協應也甚矣自治在君而輔君則在臣也苟能于此而交修焉則夫天人之應蓋有不期然而然者矣昔大禹推所以謹位之意以告于舜其意謂夫君人固以謹位爲先而謹位尤以交修爲要是故人君一心萬化之本也要必順適乎道心之正不陷于人欲之危俾動静云爲無不得所止焉人君一日萬幾之繁也要必將爲而審其事之所發既爲而省其事之所安俾禮樂刑政無不得其宜焉則君德之修于内者密矣然或一念之未善也輔弼之臣又皆繩君之愆以格其非心務有以端天下之本其或一事之未臧也左右之職又皆糾君之謬以引于當道期有以成天下之務則君德之修于外者至矣如是則君道允協于民志聖德克享乎天心是惟無動則已如其動而見于言也匪徒民莫不信而且歆望于未言之先如其動而見于行也匪徒民莫不悦而且預待于未行之始徵之于民民豈我違乎以是昭格于天荷天之休不惟尊爲天子而已天休滋至大寶之位永固而不摇也荷天之寵不惟富有四海而已眷命愈加神器之重永建而不拔也徵之于天天豈我違乎吁人君能盡交修之道其感應之機如此謹位之要孰有加于此哉抑大禹陳謨之時水土平治粒食奏功而舜也惟精惟一庶政維和當時四方風動曆數在躬其宅心處事格天感民如禹所謂謹位者舜何待于儆戒而能之耶易曰危者安其位者也亡者保其存者也古人愛君類如此彼

昏朝末季倡爲豐亨豫大以逢君者其不爲大禹之罪人哉

申畫郊圻慎固封守以康四海

郭大經

同考試官教諭王批（申畫慎固處造語分曉得康王致命本意）

考試官教諭成批（畢公一篇爲殷頑民而發此意隱然見之不獨取其詞而已）

考試官教授喻批（文字峻整可嘉）

賢王告大臣欲新畿内之防以安天下之大蓋王畿天下之本也使非申嚴以爲之防焉其何以安天下也哉昔康王命畢公保厘東郊而告之至此意謂旌别之典固不可以不舉而根本之勢尤不可以不嚴是故郊圻之制規畫于開創之初久矣然歲久則易湮安保其不混淆乎汝必從而申之遠郊百里近郊五十里截然經理之有倫邦圻在内五服布外井然界限之不紊則郊圻再新其在今日猶夫在先世也封域之險規防于締造之始舊矣然世平則易玩寧保其不懈怠乎汝必即而謹之閲巡鑿之有警而振揚紀律以肅其出入之防因壺㰌之有守而修明伍兩以壯其捍衛之威則封守如故其在繼世猶夫在先王也時緝而屢省之如是則内無殷民反側之虞國勢定矣而四海之廣視畿甸以爲安危也會見帖然安枕之不驚近無商民動摇之患國本固矣而天下之大視國都以爲重輕也但見晏然安堵之不擾井疆之殊异兆民之讋服也孰得而震撼之是不可以底于安乎風聲之覃被萬姓之嚮慕也孰得而危疑之豈不可以幾于靖乎向使王畿未嚴而詎求天下之安其可得哉竊觀是篇亦爲化殷而作也是時殷民已化訓矣康王猶欲保厘之畢公繼君陳以成其終其專務治内尤汲汲於王畿究心焉夫頑民之反覆周非化之之難也奪其忠憤之爲難也然則周之頑民得非殷之良民乎要之二代得天下以仁故其效驗與所以安養之者如此後世取天下者蔑視勝國爲仇一切草薙而獸獮之謂非人君之自戕也耶噫

詩

三之日于耜四之日舉趾同我婦子饁彼南畝田畯至喜

彭希曾

同考試官訓導張批（七月一題爲食之始此篇始終發揮再無餘蘊真得周公忠告之心）

同考試官教諭王批（豳風文字作者類多冗厭求其從容明暢無逾于此）

考試官教諭成批（稼穡勤勞意思彷彿目前可喜）

考試官教授喻批（説田畯生喜有情一結尤妙）

農事勤而農官悦豳民爲食之預也蓋農者食之所自出也豳民於是而致勤焉此其所以致農官之悦歟昔周公以成王未知稼穡之艱難故陳后稷公劉風化之所由以教之若曰民資於食而食本於農穫之雖在於西成而播之則始於東作時維三陽正月之日也條風已順而農事將興豳民則往彼中田之廬取其耜而治之缺者致其完敝者復其新及時之用於是乎具矣時至四陽二月之日也土脉已融而農功可作豳民則以彼既備之耜舉其足而耕之每夫治其私八家助其公終歲之勤於是乎始矣少者既出于田炊爨有不暇矣老者則率其婦而往餉之載筐及筥有依于畎畝之間内外服勞而罔或惰也壯者既服于耕饑渴有不免矣老者則率其子而往饁之其餉伊黍致饋于田疇之内少長咸事而無敢嬉也夫治田如是之早用力如是之齊是以田畯之官以勸農爲職固將布上之令以授時也舍止于郊而東作之已動歡忻之意自溢於巡行之時情志之相孚矣何假於督責之嚴乎固將省民之耕以率怠也税駕于野而室家之具在悦懌之心自形於色笑之頃慰勞之不遑矣何有於拂逆之容乎是則民樂於業而自勸官率其職而不煩此先公之重農足食而風化之所由興也後王可不知之哉蓋嘗合無逸之書而觀之始終開陳拳拳乎欲知小人之依何邪蓋人君知其艱難則儆戒常存而不敢怠荒罔知則驕驕則逸而禍亂之所由生故周公以此亟訓於君而蒼姬有道之長有由然矣後世人臣有繪圖以獻者亦此意也然則詩書之訓豈非萬世君人者之鑒哉

於論鼓鐘於樂辟廱鼉鼓逢逢矇瞍奏公

魏琦

同考試官訓導張批（民樂文王之樂難以言喻人人縮筆此文典則明揚殊不費力佳士也）

同考試官教諭王批（於論於樂處分疏簡潔録以式之）

考試官教諭成批（不取更端之説自是高見）

考試官教授喻批（大雅爲文以此絶少）

斯民於聖人之樂嘆美之不已樂聞之不厭也甚矣聖人之德入人之深也不然一作樂之間何以使民嘆美樂聞之若是哉昔文王爲辟廱之樂而民

樂之詩人述其意若曰吾君之樂不獨有臺池鳥獸也而又寓乎音樂焉是故業虡之既設鏞鼓之在縣於乎此鼓鏞也讙動之聲足以綱紀乎群音大小相生成其文而不亂鏗號之韻足以振起夫衆樂始終相成得其數而有常豈不有倫矣乎夫旋丘以爲辟澤水以爲廱於乎此辟廱也大射行禮之區無非群音之流衍太和之形容與人情而相爲怡懌也講學明倫之地罔非衆樂之絪緼咸若之氣象與吾意而相爲歡通也豈不可樂矣乎斯時也吾民之來觀者環立橋門之外聞鼉鼓之聲逢逢然其和咸知雅樂之方興周旋辟水之間聞鼉鼓之鳴逢逢然其美咸知大公之始奏有瞽之矇善聽而審音者也以考以擊合大小以齊鳴吾君以游吾民之心亦以休也一何幸哉無眸之瞍静專以司樂者也載賡載歌總始終而不紊吾君以豫吾民之心亦以樂也又奚斁哉吁及民者君之惠也愛君者民之心也君臣胥慶上下一心此其所以爲聖人之治歟抑考音者生于人心者也樂者通倫理者也古云知聲而不知音禽獸是也知音而不知樂衆庶是也唯君子爲能知樂若然則文王之世果皆知樂之民邪蓋當時王者之民不識不知而其情固樂文王之有此樂也周公制樂以爲朝會之歌文而述之以見先王與民同樂之意垂戒之意深矣此又删詩之意也

春秋

晋侯伐秦（文公四年）秦伐晋（文公十年）

郭鋈

同考試官訓導彭批（講秦晋美惡處寓書法於事實視他作爲優矣）

考試官教諭成批（作春秋義當如此）

考試官教授喻批（明净）

春秋常以待霸國而有深善强國之心重以貶强國而有深許霸國之心此秦之伐晋以爵稱晋之伐秦以狄見聖人所以致意於書法間者有由然矣思昔秦穆在位晋襄適繼霸焉乃今我文之四年晋復有事於秦彭衙之師未幾新城之役踵來晋之心將不謂王官之取我方致憾於秦以是報秦於吾欲不少快哉而不知由君子觀焉秦懲敗殽而誓歸作似也尋復犯之吝耳未至連兵結怨之甚也晋惟威力是尚不知省德而後動則亦妄人而已矣使秦於此狡焉思逞而亦以威力施是亦晋之匹也夫奚臧所幸秦也自夫殽函之挫憣然改悔惡媢嫉而咎既往之失思彦聖以蘄將來之善於是乎見伐而不報亦足以見其終能踐前之言也不亦善乎春秋於晋以爵稱以常情待晋也所以深善秦伯之意不於此見耶至若秦康在位晋靈適繼霸焉乃今我文之十

年秦復有事於晋剄首之敗無何北徵之舉隨至秦之心將不謂子雍之絶我方致憾於晋以是報晋於吾忿不少紓哉而不知由君子觀焉晋舍適嗣而外求君罪也既而悔之正矣非有反道背德之咎也秦惟報復爲事不顧義理之是非則亦夷狄之道耳使晋於此忿焉思戰而亦以報復從是亦秦之儕也夫奚良所幸晋也自夫令狐之戰倏若轉圜背先蔑而用堅遷善之圖立靈公而誓絶怙終之念於是乎見伐而不争亦足以見其終不遂非之誠也不亦美乎春秋於秦以狄見以夷狄待秦也所以深許晋人之意不於此見耶吁美惡存乎其事褒貶惟其所施非聖人其孰能與於此哉抑秦在春秋之初俗混戎翟未嘗與中國通自晋惠之入也資其力至是而遂霸西戎矣吕相歷數而絶之其將能乎厥後卒并三晋有天下舉先王之法而弃之一敗塗地可勝嘆哉詩不云誰生厲階至今爲梗謂非晋有以啓之不可也閲世道者重爲之扼腕

用田賦（哀公十有二年）

崔紳

同考試官訓導彭批（此篇融會胡傳成文發明用田賦意殆盡亦可以觀矣）

考試官教諭成批（文有考據有斷制非苟作者）

考試官教授喻批（得旨）

望國變制以困農春秋所以譏之也夫賦不于田也尚矣哀公重困農民而削其本春秋得不致意於書法間哉且魯哀何以用田賦也蓋當是時强吴外慕自以爲肘腋之援國儲中虚無以爲調度之策於是設爲年饑用不足之問將襲宣公税畝之迹而有加遂發二吾猶不足之言用拒有若盍徹之對而不恤以故捴其東蒙之田計其多寡之數創於什以取二之外歲爲田以出軍之常向也授之以車市廛之所供不過役其人耳今則驅之田以供焉誰敢悖乎向也授之以甲泉貨之所辦不過役其力耳今則責之田以辦焉誰敢後乎權宜于倉卒不辦之時經畫於度支不給之會在當時將以善謀國言矣而不知君子則謂事舉其中斂從其薄先王制土田以力籍而足食賦不與焉賦以里入而足兵田不及焉况夫漆林二十之税舉而措之無不可行里布夫家之征世而守之靡不可取乃今弛力薄征波不及於三時之疲農增賦竭作幸獨免於百技之末作財者民之心傷其財則傷民將何以爲民乎民者國之本虧其本則虧國將何以爲國乎發憤立一言或足以害來世慷慨立一事或足以禍异時哀公謀國之不臧至此極矣春秋書曰用田賦用者不宜用也譏之之

意一何至哉抑魯於田賦之法至是蓋三變宣公初税畝成公作丘甲今又以田賦也作法於凉其弊猶貪作法於貪弊將若何君子安得不歸咎於宣公乎有宋議弛商賈之征達於時政者欲先省國用首寬農民後及商賈知春秋所書譏田賦之意矣

禮記

故州閭鄉黨稱其孝也兄弟親戚稱其慈也僚友稱其弟也執友稱其仁也交游稱其信也

賈世祥

同考試官訓導吕批（文通篇主孝立説且平雅簡净蓋亦少知禮已）

考試官教諭成批（發揮仁慈弟信字歷歷不窘便是佳作）

考試官教授喻批（質而不俚可看）

記者論人子之孝無往而不得其名也甚矣孝之在人實該乎衆善也則夫隨在而人稱焉豈能已哉意昔記者之意若曰爲人子者三賜不及車馬是雖君之有賜所以禮其臣而子之不受不敢并于親是以遠而州鄉近而閭黨得于見聞者莫不稱其人也不欲自尊而上尊乎親不怙自貴而上敬其父其孝矣乎兄弟親戚乃宗族骨肉之會以恩相聯者也則皆稱其衷情惻怛不忍自安于隆顯其慈矣乎其爲僚友乃仕宦名位之交以禮相推者也則皆稱其謙德遜讓不肯自先于體貌其弟矣乎至於執友蓋志意契合之朋以愛相接者也亦皆稱是人也至愛之流行可通乎神明盛德之雍容不遑于授受其仁也夫交游則遠近往來之友以情相孚者也亦皆稱是人也日用之辭受一出于真誠交際之取予皆本于質實其信也夫吁人子一孝克立而衆譽咸歸如此人豈可以弗孝乎哉抑論孝者五常之本百行之原不但該乎仁慈弟信而已推之智者見之謂之智禮者見之謂之禮胥是道耳但恐民無實行苟得其實則無往而不稱之否則雖州閭鄉黨亦難保其無間言矣或言三賜不及車馬不足以盡人子孝之全節夫善觀人者即其一事之實則終身定之矣

鍾鼓干戚所以和安樂也

朱光祖

同考試官訓導吕批（樂記文字士子每每嗇于發敷晚得此篇明快可誦）

考試官教諭成批（説出先王制樂和民之旨非稚作可及）

考試官教授喻批（和安樂字體認良是）

聖人制樂之具一以節民之情甚矣人情莫不好逸樂也使非先王制樂

以節之寧不幾于亂乎記者之意若曰天下之物感于人者無窮而凡民之情誘于外者無節先王於此禮固無所不定樂亦無有不興是故八音之中有金革焉金屬曰鍾革屬曰鼓所以始五音均六律樂之大者也先王設置于筍簴之間而八音無不具矣文舞之外有武舞焉朱干之盾玉戚之斧所以揚功德象刺伐舞之大者也先王分秉于冕冠之手而萬舞無不備矣不惟其器數之全也而凡八音之中條理節奏之章殆與樂而咸齊不惟其儀文之整也而凡萬舞之下俯仰周旋之度亦與舞而并載然此何爲者哉蓋人心有情不能無好惡人情有好不能無逸樂然淫泆一動則天理滅矣故此樂之奏播之閨門邦國者足以淑萬民之情詐僞一萌則成性亡矣故此樂之舉宣之宗廟朝廷者足以通天下之志得于耳聞者欲心以平躁心以釋而納于大中之域夫其安樂乎習于目睹者無理不動無節不作而入于至和之天夫其和樂乎吁先王所以節民之情至矣豈特此哉政以行之刑以防之禮樂刑政四達而不悖王道備矣若夫鄭衛之音亂世之音也桑間濮上之音亡國之音也爲害豈細細邪孔子論爲邦曰樂則韶舞放鄭聲蓋以欲復帝王之治必由古樂而後可復世破陣之作自爲得義而用之無厭其治之不古若也何足怪哉

第二場

論

君子成尊主庇民之功

彭希曾

同考試官訓導張批（君子成功要在用人朱子有定論矣士子每爲其説所使只論求賢却于尊主庇民字不顧似失賓主此篇獨能發揮且源委歸結蔚然成章有用之學也）

同考試官教諭王批（此題易爲文詞而難于精緻若此作者殆不多得）

考試官教諭成批（渾淪中煞有條理可以爲論矣）

考試官教授喻批（首尾古雅自是不凡）

大臣成天下之功則其求天下之賢固不可不預且慎矣夫天下必待賢而後治而任賢以共治者大臣之事也天下未嘗無賢然求之不有其道則豈得而盡用哉倉皇于委任之際眩惑于名實之間而欲望其得賢之效難矣是必求之有素擇之甚精真才萃而庶職舉然後大臣以人事君之道盡而天下之至治可成也朱子曰君子成尊主庇民之功然則豈有外於求賢之預與慎哉嘗觀君相者乾坤之道也乾以始物坤以成之然坤不自成而六子佐其氣

君以出治相以輔之然相不自爲而百官分其職故古之帝王其擇相也不於其才而惟其休休有容者取之以周公之才之美制作有餘用矣而握髪吐哺之不暇以求天下之賢何耶蓋君之所以任相而相之任賢其道當如是耳舜之相堯禹之相舜尹之相湯其道一也故當時成至治之休而至今稱舜禹伊周之功不衰然則爲相者苟非鄙夫具臣抑孰不欲遠慕舜禹伊周以尊主庇民身見其功而後世有稱述耶然其效卒大相遠者則其道之失也有才者多自用以其聰明强力足以辦天下之事而不知任人以益勞而治益遠其知任人矣以旅進常才足以集事而不復顯巖穴之幽搜跅弛之俊一遇有事遂誣天下以無才知擇賢矣或又明之不及每取矜名飾行之徒而反遺抱道韜晦之士用舍爽實雖有任賢之心而卒無得賢之效若是者皆求之不預而擇之不慎之過也夫天下未嘗無才也大臣苟有意於吾君吾民則所以求之者顧可以少緩而苟焉已哉必於天下無事之時而恒以人才爲計咨諏訪問參伍較量觀之以久以考其實察之以静以致其精積之以誠以多其來儲之以素以富其蓄引其自重而幽隱者盡以達抑其干進而巧僞者無所媒則求之無不預而擇之無不慎矣故久而精也則知其才之所宜而不爽多且富也則足以待用而不竭君子進而讜言日聞小人退而讒諛遠迹則吾德益修而士心益附然後可以盡得天下之賢隨才而使之量能而授之内而六官庶職外而岳牧郡縣皆稱其職以至一才一藝之微無不各當其用一有所缺或遭逢多事則待用有餘與之共正君心同斷國論交修其庶政盡天下之聽以爲聰盡天下之視以爲明無所爲而無不爲其道光其化神矣故君心以正而治本立也國論以定而治道舉也庶政以和而治法備也朝廷以正紀綱以肅百官以飭四方以寧蠻夷戎狄罔不賓服功配天地明昭日月而舉吾君于堯舜之上矣生養以遂教化以行刑措不用兵革不試灾害不生含哺鼓腹熙皡于光天化日之下而庇吾民爲堯舜之民矣是固莫非君賢之輔成而皆相之爲也然後君之所以任我而我之所以事君者盡施及後世稱思不忘舜禹伊周不得專美於前矣任賢之功大矣哉夫君相者乾坤之道也坤道無成相之功君之任也人君孰不欲得任賢之相哉而每非其人任相之道亦難矣蓋大臣者道隆德盛堅持固守無求則難進不合則易退非君心無欲以明固不能任之而責以旦暮之效則亦有所不達矣必敬以禮之專以任之優游以待之使得自盡其所謂預與慎者而後可以收得人之功也故人君之職在於任一相相之職在於進衆賢孔子曰爲政在人取人以身任相任賢之道俱盡之矣

表

擬宋蘇軾等進唐陸宣公奏議表（元祐八年）

李勤

同考試官教諭賈批（表格雖在駢麗若一向刻削俳偶亦失其真此篇始終渾涵辭氣融厚一洗尋常蹈襲真可謂峻拔之才觀者是宜拭目若必拘于四六用事則非所以較藝矣）

考試官教諭成批（下筆引用元祐實事不爲浮沉文詞且其檢己望君之心宛如身在當時讀之令人感發歆動非平生以忠愛自許者倉卒之頃安得有此文邪）

考試官教諭喻批（中場撰者或詳于唐人物事則略于宋人情欵及詳于宋又略于唐率其義不備何以文爲如此輕重均停發出蘇子進讀之誠陸公敢諫之氣本房絶少偶得此卷何限慶躍殆非積學之士不能云云高第何忝）

元祐八年五月某日具官臣蘇軾等謹繕唐陸宣公奏議上進者伏以帝王爲善貴在樂取諸人臣庶納忠不心盡出于己道以爲治德無常師竊惟德宗即位適于艱難之時陸贄事君每效匡扶之力始還諫議而謀猷啓沃荷眷注于一人既拜平章其制度經綸罔浮沉于群輩言不離夫仁義論曲盡乎事情養厚推誠冀改過以應天道消兵散利俾罪己以收人心至如治邊馭將之方及于用人聽言之類考其時無不驗措之今而可行彼陸賈之語雖新而道則未叶王通之策雖善而史已失傳縱有微長曷稱乙覽兹蓋恭遇欽文神授睿武天成堯舜臨朝内决危疑之策成康嗣統蚤承詒燕之謨首先召任元臣次第讃除新法斥奸邪抑僥幸朝廷八載清明界疆宇割邊荒華夏累年綏定仰瞻春秋之鼎盛共徯揔攬于乾剛此乃宗社安危之機寔係王室興隆之本陰陽消長自是栽培天人去留適維交際故大臣有懷而必吐聖人方盛而慮衰謂經史會通雖傳心之要典而奏議剴切尤苦口之良方爰求經濟之編用試彌綸之助軾等叨承末學下已負乎平生謬玷崇階上何裨乎天子然建中有失德之累而元祐肇可興之基職列論思愧逮夫陸相治期熙皞豈止并于唐宗伏望常置座惟時垂采録省躬習慣求往迹于古人克己勵精圖更化于今日道已至如未至心雖休而勿休杜漸防微永保金甌之駿業親賢務學共調玉燭之清光軾等無任激切屏營之至謹以所繕陸宣公奏議若干卷隨表上進以聞

第三場

策

第一問

孫轔

同考試官教諭賈批（古帝王致治之迹見于書者士子類能言之至我朝治法與道多所未悉此答條段無遺可謂博古通今者矣視它卷泥于故而不達者奚啻什伯耶）

考試官教諭成批（法祖宗追帝王今日人臣之心也中間對揚明斷殊不退縮且陳時事一一痛切意其所學殆非尋章摘句所可擬者得此俊彦吾于校文之任其少輸于萬一乎）

考試官教授喻批（書生下筆便能條答祖宗帝王之務精通穩當既不失之荒疏又不涉于迂遠蓋嘗留心於經濟之學者歟）

俟百世而不惑者前聖之典也曠百世而相同者後聖之心也夫心外無道道外無治百世之上百世之下有聖人出焉其心同也心同則道同道同則施爲雖有不同而同歸於治故曰先聖後聖其揆一也六經皆帝王致治之迹而莫要於書精一執中之傳堯舜禹相與授受湯武反身修之以建中建極是以唐虞三代之治卓越千古而書其迹矣漢唐宋英君誼辟亦有志於帝王之治者其果得精一執中之傳乎是以治之不古若也洪惟我太祖高皇帝聖明天縱武定天下文致太平其治效固已媲休帝王典謨所稱無以過矣而萬機之暇留神經術恒與儒臣講論精一執中之道則其聖學之日躋又得帝王傳心之要也其見於治者雖愚生謭陋無以敷揚然竊聞其略矣遣將吊伐北定中原分封諸王藩屏宗社而海内安嚴邊將之防絶遠國之貢而四夷服其視永清四海分北三苗之功同也躬籍田歷農畝修堤防種桑棗而富庶之效著衣服經澣濯宫殿去雕麗乘輿服物易金以銅而節儉之風行其視文王之即田功禹之克儉之德一也命治獄以寬厚而遣使録省命旱蝗之必奏而遣官賑貸嘉余闕李黼之忠定鄉飲養老之禮又與夫欽恤允功表殷三賢重民五教無以异焉其見於治法者如此嘗謂侍臣曰朕自起兵以來意向所萌天必垂象常加修省不敢逸豫其欽若昊天之心乎又曰朕夙興視朝日高始退至午復出迨暮乃罷其昧爽丕顯之意乎初下江南即徵儒士即求遺書許存仁劉基宋濂之輩日備顧問尚書大學衍義等書時垂乙覽其親賢務學蓋符於得師與典學矣不受慶雲之賀每憂水潦之灾毁陳氏縷金之床碎元主水晶

之漏其崇抑畏戒逸欲於不自滿假不敢游田者又一道也其見於治本如此蓋我聖祖之心即二帝三王之心固其治道與法即二帝三王之道法也至於制作之盛罔非經濟之文而御製尚書尤究極天人之奥其符章之下郡縣則有大誥三編内如令民各知稼穡之艱申明五常之教及伸善治奸罪人反己之文其謨訓之垂子孫則有祖訓一書内如持守出入之嚴法律職制之備其於典謨訓誥制雖不同而道則相同固今日論世之書矣列聖相承恪守成憲罔不以聖祖之心爲心道法之善不可具述至於不徇貨色不事游田不侈宫室不開邊釁不罪諫諍不輕刑殺則壽國脉之大端亦皆有得於聖祖家法之傳者是以治平之久百有餘年并美成周而陋漢唐宋之小康非偶然矣其在今日天下臣民固將仰睹帝王之治而竊有懼焉比年以來征科煩費徭役紛紜黎民逋逃寇盗滋蔓邊方多事軍旅累興饑饉荐臻灾异迭見上廑宵旰之憂下及閭閻之隱其于祖宗治法與道若望而未見也然廟堂之議固非草茅之所與知而今之所急孰有大於守聖祖之明訓遵列聖之遺規者哉明主致治于未亂保邦于未危此其時矣諸生雖未能如古人以天下爲己任而不勝漆室之憂若夫格心之學則固大人君子之責而狂瞽不敢盡也

第二問

彭希曾

同考試官訓導張批（孔門高弟宋代諸儒其履歷顛末備在册籍士子每聞其略未究其詳若是分疏明白結煞公當非胸中素有定見其一時趨向遽能吻合邪噫學道之文難言也已）

同考試官教諭王批（所答不徒記述諸賢事迹且知古人造道之妙今日入德之方其有志于聖賢之學者未場此卷豈可多得）

考試官教諭成批（先賢人品造詣自有古人論列具在士子不容臆説矣至觀會通體貼歸斷希賢之功的有定見豈口耳之士所企及乎）

考試官教授喻批（士讀聖賢之書貴有身心之學記問涉獵竟無根據欲立本致用難矣連日檢校率坐是病甚爲拂膺僅得此答首尾細看不覺令人忘食若孔孟精神程朱情思洋洋可想于百世之上所學其專用心于内者歟豈意河汾之鄉而道洙泗濂洛之泒當爲國家得人賀也羨服羨服）

聖賢之學其始之所造不必其皆同其終之所至不能以不同何也君子之學以爲道也各隨其氣質之分以爲用力之地則其始也誠難同矣要其成就雖有淺深之殊然皆可至于道是亦無不同者苟有不同非所以爲道矣於乎大哉聖人之道自堯舜以來相傳至于孔子孔子之德行固不可得而名狀

程子嘗曰欲學聖人且須學顔子及考顔子之學有曰不遷怒不貳過以能問于不能以多問于寡有若無實若虚犯而不校夫其所以善學聖人者實在于此卒之所至未達一間孔門弟子莫得而班焉程子又曰孔子没曾子之道日以光大傳孔子之道者曾子而已曾子爲人敦厚質實而其學專以躬行爲主故真積力久得以聞乎一貫之妙記者嘗曰參也魯而竟以魯得之楊龜山曰曾子之後子思孟軻之傳得其宗然其學則先之戒懼慎獨次之以智仁勇而終之以誠至于孟子則先之以求放心次之以知言養氣而終之以擴充故程子亦曰至孟子而孔子之道益尊誠哉是言也三代以降斯道晦盲中間雖有一二見道之人終非醇正之學有可議者至宋儒周子茂叔崛起于千載之後不由師傳默悟道體著太極圖説及通書其學大要以誠爲本以欲爲戒上接孔孟之墜緒南軒張氏稱之是已至程氏伯淳正叔其求道也涵養須用敬進學則在致知卒之所至伯淳才周萬物學濟三才正叔道德純備問學淵源而藍田司馬氏各尊稱之的有所據矣若張子厚氏精思力踐妙契疾書卒之學成德尊窮神知化立大本斥异學吕晦叔稱其學有本原蓋亦有見於此又百餘年紫陽朱子者出其爲學也固云博洽要其指歸主敬以立其本窮理以致其知克己以滅其私存誠以踐其實虞邵菴嘗謂集諸儒之大成爲中興之豪杰蓋雖稱朱子而未盡焉者嗚呼斯文其盛矣乎程子嘗曰顔子優于湯武蓋以顔子造詣純粹渾渾無迹至論孟子與禹稷并蓋要其顯明斯道之功與其安養斯民之功等也朱子嘗以明道比顔子伊川比孟子然謂明道似顔子則可若孟子才高至以天下自任其實伊川不似孟子當時之論有謂横渠似孟子然孟子宏濶平正横渠嚴密高僻又何可同乎魏鶴山有曰朱子之功不在孟子下蓋以朱子接關洛之學顯明斯道于天下若孟子接孔氏之傳于百年之後云爾嗚呼聖人吾不得而見之矣歷觀孔門高弟宋代諸儒志于聖人之道其造詣入門似若殊途而底至實地實爲同歸其間淺深高下不待僭説而自明已世無顔子則曾思孟子其于聖人將庶幾乎而周程張朱其又次之是故士之生于斯世將以學聖賢也周子有曰士希賢賢希聖聖希天然則學之道如何宜必自朱子始或謂朱子之學似涉于博物欲始學于明道以爲入道之方夫天之生人氣質不齊善學者當自量其才而爲之明道渾然天成不犯人力士生有明道之資則可不然則姑從事于朱子主敬窮理之功克己存誠之妙可以由濂洛之流溯洙泗之源升其堂入其室矣末學陋聞極知逾越妄議前輩惟執事進而裁之幸甚

第三問

李嶽鍾

同考試官教諭王批（大學周禮二書士子爲學貴知其要不但究其補缺而已此策獨能發之其亦平日所學知要者歟得士如此可與論學矣）

考試官教諭成批（場中答目于大學旨義聊得彷彿至論周禮則遠甚已求其互相發明鑿鑿可看者秪見此篇録之以式窮經之士）

考試官教授喻批（明體適用之學吾今于子與其進也）

對爲學之道當因書以會其意而不可妄意以病乎書也夫聖人修身之道爲治之法其可見者必徵於書而書有亡焉則聖人之意殆不可見矣然書非皆亡也因其不亡者以求其所亡觀其會通以達其意則凡見於聖人之書者其致一也而何病於亡哉夫大學周禮皆體用之學也而愚生何足以知之請述所聞以對大學孔氏之遺書然非始於孔氏也自伏羲神農黄帝堯舜繼天立極皆是道也而孔子則言之詳耳周禮周公之制作非始於周公也自雲鳥紀官以及唐虞建官維百夏商官倍皆此法也而周公制之備耳夫二書之所由作如此則上自六經下及孔門之問答與子思孟子之書凡言學者雖不同而會其意則未有不同矣上自唐虞三代損益之善下及漢唐宋因循之制莫非其遺凡言治者雖不同而會其意則亦未有不同矣得其意則不必病其亡而朱子乃補格致之章何哉蓋格物致知爲入學之始事而不可有差注疏之陋不足言矣而司馬光爲世大儒乃以格爲扞格之格禦外物而可以知至道是説行則幾何而不入於异端非若釋終始者無損大義而可闕也故朱子取程子之意凡十餘條固皆出於易之學聚問辯中庸之明善孟子之知性而非臆度之説蓋不得已而補之所以有功於大學也至於周禮冬官一篇固先王之制而不可缺秦火之厄爲可恨矣河間獻王購之不獲取考工記以補之則制度之書非若義理之學可推而補也考工記固先秦之遺然其所載皆工匠之事耳而果有富邦國生萬民之意乎故武帝以爲黷亂不經而或又以爲漢儒之附會何休以爲出於戰國之陰謀皆考工記之陋有以啓之耳是不必補而强補焉所以有累於周禮也夫格致之章朱子補之善矣無復可疑也而近世儒者乃欲以知止有定之二節爲釋經本文而謂其不亡則所謂知止者既無所承而本末終始豈足以盡格物之道哉此不通之論也考工記之篇漢儒補之陋矣然猶不亂也而陳氏俞氏之論乃以五官之屬近似者取補其數而謂之不亡夫先王之制其事之相攝皆有深意存焉無所徵而固析之此一偏之見也是皆未聞聖賢爲學之道帝王爲治之法而妄意穿鑿甚矣且今之爲學也其將本於知乎其將不本於知乎若本

於知也則格物之功不可缺而彼知止者安所從耶今之言治者將盡同於古乎亦因時而變通乎如其因時也則先王之意有可推而彼曲爲之補者安所用耶執事所謂得其要則不病於亡者誠確論也而學者患未得其要耳故朱子著大學嘗曰敬者聖學始終之要夫敬之説大矣今姑就其切於格致者言之涵養本原以爲致知之地研窮物理以盡求知之功而無助無忘養之以俟其貫通者一以主敬焉則知無不致而俗學之博聞异端之頓悟者皆可以破六經四書所論求知之方一貫而無遺矣程子曰有關雎麟趾之意然後可以行周官之法度夫仁之説大矣今姑就其切於冬官者言之如何而富邦國如何而生萬民營建不過其制力役不違其時則制雖亡而意存而漢儒之謬補元儒之析經皆可以破設官分職以爲民極者類推而不背矣故學患不得其要耳學之至則道自我出法由我立而彼區區於亡與不亡之説者亦何暇計哉管見如是不識執事以爲何如

第四問

郭鋆

同考試官訓導彭批（五策大抵可觀内論相一策全有斷制且于古人名實歷歷條對無遺録此一篇以例餘作不但取其博聞也）

考試官教諭成批（答此問者爲其人物衆多不言詞堆垛則體格排比殊爲可厭若是文字疏通磊落殆不可以時文目之）

考試官教授喻批（三代以下爲輔相者鮮著格心之功宋儒有定論矣此子獨能悉之蓋嘗留心于忠愛者晚閲此篇喜而不寐）

論相于三代之下可取其隨事之功而難定其格心之學夫人主治天下必資輔相以共成正大光明之業而後天下之政始出于一而其爲輔相者雖每就事建功其所以正君之務殆不可後矣三代而上堯舜禹湯文武之爲君皋陶伊傅周召之爲臣明良相逢上下一體不可見已秦不師古亦不足道漢高帝起自豐沛征伐四方蕭何守關中營緝根本首薦韓信卒定三秦天下既定何秉國鈞盡革秦法定一代規模天下作畫一之歌張南軒稱之宜矣曹參雖不逮何然以摧鋒陷陣勇敢果鋭之氣施之治民乃能盡斂芒角遵何約法其人亦寛裕有識矣故張子并及之魏相之遇宣帝四方有异聞或逆賊灾變輒奏言之及諫伐匈奴一書憂勤獨至而南軒亦嘗取之至若丙吉爲相當時政治之不得刑罰之失中賢否之未辨吉何釋此不慮乃問牛喘以求陰陽不及魏相遠矣但其深厚不伐寛緩從事以宣帝之政尚猛而有矯之之意抑亦太甚乎司馬公非之蓋可知已唐太宗任房玄齡爲相本以文學明達吏事與

杜如晦引拔士類常如不及至臺閣規模多所著定夙夜盡心用法寬平可謂謀斷相資者也然帝定禍亂而不言功王魏善諫而讓其直英衛善兵而濟以文是豈區區尺寸者哉迨玄宗始相姚崇崇即陳十事首舉政先仁恕并時務激切以堅帝意帝皆納之其與宋璟雖志操不同然協心輔帝使賦役寬平刑罰清慎百姓富庶不求邊功不賞邊臣唐世賢相前稱房杜後稱姚宋他人莫比焉有宋韓琦初相仁宗首請建儲大策既相英宗請太后歸政調和兩宫貶斥中侍真安國家定社稷之名臣方仁宗之相范仲淹也仲淹皇恐退上十事類皆切于兵民帝欲以治平責成輔相命仲淹主西事富弼主北事弼陳時務諸條安邊諸策大略以進退賢否裁抑僥幸爲先及弼復相神宗極論變异非數論小人變法所謂學本忠孝先憂後樂有之歐陽脩之在仁宗其調和定策之功可比魏公然以文章自任故其建立不逮三子當時之稱其有意乎蘇子嘗曰歐陽子今之韓愈也蓋述其道術之正歷唐至宋僅接于歐子蓋一節之論也夫鋪觀蕭曹佐高祖之業丙魏輔宣帝之治其才行器識并其功業之所遇前言固已明白若房杜相太宗致貞觀之隆姚宋相明皇成開元之治其詳亦自見矣若韓范富歐之在宋共成慶曆嘉祐之美其器識如彼才行如彼而其功業如彼是豈爲不遇邪然一暴十寒方任即罷使豪杰之士不盡所長則亦豈爲全遇哉究其極至大抵隨時以就功名于古人所謂格正君心之功率有未盡故其治效終不古若也何參惟其不學以高帝之資不能贊助遠追三代之法一時所定如井田封建多襲秦故參當吕氏之禍著萌不能引義以强君心逆爲之慮以折其謀則又何望于格君乎丙魏之于漢宣猶蕭曹之于漢高也以房杜之學而值好名之君姚宋之識而逢中材之主不復過責已若韓范富歐諸公所學皆出于正一時建立大有可觀而惜不以正君爲先務豈非天未欲平治天下哉愚竊論之漢相之不學豈特爲格君之累乎蕭何出私財以助軍費買田宅以自污以此媚上僅免忌刻終取械繫若魏相借托許史進不以正則牽制徇從之必多矣皆未免爲才行之累也若韓琦歐陽脩定議濮王典禮互相失之自取范吕之議胡新安嘗曰歐陽脩倡議以誤韓琦韓琦主議以誤天下始于講學不明終于執以私意是又不免爲二公所學之累也其于平生大節亦不相掩吾獨有望于正君之功非宋之四公不能也而何不爲哉孟子曰人不足與適也政不足與間也惟大人爲能格君心之非君仁莫不仁君義莫不義一正君而國定矣愚以大臣以道事君未必其從自當先盡其在我者故曰責難于君謂之恭陳善閉邪謂之敬吾君不能謂之賊豈可先謂人主不能而曲所學以徇之哉嗚呼天下後世爲人臣者可以鑒矣

第五問

賈世祥

同考試官訓導吕批（考古之迹固驗其識策時之務以試其才若此作者首尾叙説懇切而處置停當信非有用之學不能及之高薦固宜）

考試官教諭成批（言利與理財誠异天理人欲判此一舉終篇先會此義故其一時條答秩然可行可謂以義爲利不以利爲利者）

考試官教授喻批（官民匱竭今日之慮莫先于此士子窮居下筆輒能言之周悉詳盡其平日先天下之憂者乎）

用有常經者足國之道也斂有常制者足民之道也夫天下之財自有定數斂之則聚於上散之則藏於民經制有常則公私之皆足然有至於交困者則費之妄而斂之横也費之妄則耗於無益歸於私門國用缺而斂不得以不横斂之横則民益貧國益急而禍亂之所由作矣今方承平之時而以乏財爲憂愚生有以諒執事不得已之心而亦有不容已之對也且生財之道亦多端矣縱不可以言利而豈無務本阜貨之類乎而愚固曰用有常經斂有常制者不近於迂且狹哉顧以今之急病在於妄費横徵而非生財之道缺焉耳周官以九賦斂財賄以九式均節財用曰九賦則賦外無徵也曰九式則式外無費也古之足國足民之道亦如是而已矣山右土瘠民貧非東南財賦之比然堯舜禹相繼都之茅茨土階菲衣惡食如是之儉也晋之世霸德雖不類而勤儉未衰及築虒祁之宫富趙魏之室而遂以憊矣此古之明驗也今地利所出不減於昔時而賦額之供有寬於别省且濟以鹽之利焉而顧公私之因乏者愚生固亦有所疑也以爲生齒之繁則自古未聞以民多爲患者也以爲天灾之流則堯湯之水旱猶不病也其曰勤儉衰而惰靡衆蓋其有焉然勤儉可率而惰靡可戒也侵漁逋負之弊積蓋亦有焉然侵漁可詰而逋負可追也愚生雖不達經國之計而頗悉閭閻之隱矣無名之徵一下郡邑追呼督促鷄犬不寧累下則幾倍於常賦急徵則有甚於催科富者以貧貧者以竭故一遇水旱非流則死耳然又未聞以供邊儲也未聞以給禄食也况民財有限横徵既多則常賦反累而國用安得以不缺哉故一有警急則束手無策耳是以公私俱困愚以爲横徵妄費之致也執事欲急於足國而曰有無變通不加賦而用足此劉晏制鹽之法也而今之鹽利已無遺矣况行之未善則其害有甚於加賦不敢爲國計取焉切於足民而曰羸歉增減不斂民而備周此耿壽昌常平之法也而今之社倉固虚庾矣况不得其人則其害有甚於斂民不敢爲吾民願焉常觀吾山右之地雖高山深谷無尺寸之曠土地不遺利矣農工商賈各勤其

業而養不贍民無遺力矣復求理財之道豈能天降而神輸哉惟望免其額外之取則吾民雖困猶足以存生去夫不經之費則吾省雖貧猶足以調度愚故以爲用有常經斂有常制今日之所急也大學傳曰生財有大道生之者衆食之者寡爲之者疾用之者舒雖復千萬言蓋無以逾此孔子曰不患寡而患不均不患貧而患不安則今日之所患是有不專於財之乏者而非愚生之敢言也

山西鄉試録後序

正德己卯秋八月山西鄉試事竣録成將以獻世安謹序于末曰夫試士以求才爲國家用也初事御史誓於内外之有職者曰敬兹國典各盡厥責事隳才遺惟厥愆及是則内外綱維終始明肅監臨之責盡矣品式備舉防範周嚴提調與監試之責盡矣協心闡力庶務交修凡諸執事者之責盡矣世安輩謬司文衡竭其不敏静密以觀参互以審猶反覆而後定之亦少盡校文之責焉夫校文以一日之長而欲以得士之才難矣然文者言之精也言者道之形也道者才之實也苟有知言者豈不足以得才乎哉山右古稱多才況今密邇畿甸丕式最先而聖化之漸涵已久故士争自砥礪以自見於時日盛而彬彬焉今觀其文粹乎若皆深於道也含鬱吐發優乎若有諸躬也鑿鑿乎古今得失其若達於政也夫言由中出也固必有其實焉其末也又必有其識焉識則可與進矣善用其識則爲明道爲善治否則爲文奸爲亂政諸士子登薦之初終身之用基焉國家所以求之者何如而自待者將奚擇乎善利之間君子小人之分天下治亂存亡之攸係其幾微矣以識取之而實則違豈獨取之者之責哉夫有其識而不爲僞也爲之不力不勇也識以明之誠以居之勇以行之致終道以達於政斯謂之才斯無負於今日之求與他日之用矣此諸士子之責也所自盡也竊有望焉

江西饒州府鄱陽縣儒學教諭成世安謹序

嘉靖元年山西鄉試録

山西鄉試録序

我皇上自郢藩入承大統明年壬午改元嘉靖秋八月實天下鄉試之期山西省臣舉故事白於巡按御史沈俊俊曰此龍飛第一科鄉試也皇上勵精圖治雖萬幾日至未有急於求賢者求賢以科目庸非聖政第一端邪吾儕盍相與慎之乃以取士必得爲務其司考校并百執事悉惟其人時刑部右侍郎兼僉都御史臧鳳來督軍務亦重求才鎮守山西太監張景昌雅好文事巡撫都御史胡錠楊志學力爲崇奬以風士類清戎御史張英巡鹽御史朱寔昌協贊厥成恤刑刑部郎中李楫亦樂與盛事於是大清與教諭粘燦學正程洪政蔣鉞教諭陳界陳奇林繼顯訓導路中以聘至自四方筦文柄焉内而提調則左布政使楊惟康右參政馬卿監試則按察使孫脩副使陳軾佐理防範于外則右布政使劉澤左參政秦偉右參政李元左參議韓邦靖右參議許雲鵬副使袁擯閔槐田登僉事尹京金鯉谷高張文魁喬岱倪璣以暨都指揮僉事袁勛李鑑御史沈俊實監臨焉合提學副使周宣所選士千四百有奇試之遵制額取六十五人録其姓氏并文之優者獻諸天府傳之天下大清當序諸首簡惟取士之法肇于唐虞敷納以言明庶以功厥惟舊矣士欲自見於世與齊民异舍是奚以哉在後世則文章事業之謂也嘗觀國初以來晋士得人爲盛參政樞者以道學尊任卿孤者以才猷著列侍從者以論思顯居言路者以讜直聞領藩臬者以風節播其他官守雖崇卑不同率剛毅有爲稱其職則嘖嘖嘆曰其事業有是哉屬當大比得遍觀其試卷文取其温純而有則論與其朗暢而能精表嘉其駢儷而不浮判許其援據而有斷策美其博雅而善陳氣之昌識之□才之充養之正皆可見焉又嘖嘖嘆曰其文章有是哉按山西古冀州域當天地之中經以太行緯以黄河名山喬岳次第拱列風水之佳於天下爲第一故堯舜禹以都皋夔稷契輩出其間至於今猶异又地高磽瘠不生物俗尚儉勤雖君臣俱聖猶更相警戒以帥天下惴惴焉惟荒寧是懼人才淬礪實趣之成爲言爲功卓不可尚亦勢所必爾此堯舜禹之見出尋□萬萬誠天下

第一都會□□子剛書斷自唐虞爲後世法學者類欲深造遠詣溯三代以至唐虞爲第一義況産其地鍾其秀憂深思遠猶有遺風其自待顧可淺哉往者權奸竊柄禍我衣冠文運嘗大厄矣今聖明天縱光啓中興登極一詔天下欣然若更生山陵未畢即御講筵拔茅脱距汲汲恐後恢張太平之業比隆唐虞端在於此又天下第一大機會也諸士窮居憂世恒道與時違無階上達爲憾兹以賓興觀光京國固已陟仕進第一階矣嗣是登甲科服官守馴底于極雲龍風虎適逢其會胡忍使失之夫事業如前所云亦盛矣其猶非功之至乎文章如前所云亦佳矣其猶非言之至乎盍求諸皋夔稷契之徒形于敷納者何如驗于明庶者何如堯舜其君者何如堯舜其民者何如彼何人也予何人也有爲者亦若是乃其至爾先正有言以第一等事讓人則爲自弃大清於諸士辱知已敢因地與時重以相勖誠欲其奮庸熙載追踪往哲弼成唐虞之治庶幾免於自弃不愧其産爲天下第一流人物科目于焉有光吾亦藉以塞吾責也顧不韙歟

江西撫州府崇仁縣儒學教諭劉大清謹序

嘉靖元年山西鄉試

監臨官

巡按山西監察御史沈俊（人傑直隸廬州衛官籍揚州府泰州人　辛未進士）

提調官

山西等處承宣布政使司左布政使楊惟康（叔安河南靈寶縣人　己未進士）

山西等處承宣布政使司右參政馬卿（敬臣河南林縣人　乙丑進士）

監試官

山西等處提刑按察司按察使孫脩（用吉錦衣衛籍直隸邯鄲縣人　乙丑進士）

山西等處提刑按察司副使陳軾（子敬湖廣應城縣人　乙丑進士）

考試官

江西撫州府崇仁縣儒學教諭劉大清（思憲福建莆田縣人　庚午貢士）

浙江杭州府仁和縣儒學教諭粘燦（中美福建晋江縣人　辛酉貢士）

同考試官

山東青州府莒州儒學學正程洪政（尚德江西樂平縣人　甲子貢士）

山東兖州府濟寧州儒學學正蔣鉞（廷威福建侯官縣人　己卯貢士）

直隸淮安府安東縣儒學教諭陳界（尚廉河南泌陽縣人　己卯貢士）

山東濟南府泰安州新泰縣儒學教諭陳奇（上特福建晋江縣人　癸酉貢士）

直隸揚州府泰州如皋縣儒學教諭林繼顯（德純福建侯官縣人　癸酉貢士）

山東濟南府濱州蒲臺縣儒學訓導路中（宗堯順天府□□□人　丙子貢士）

印卷官

山西等處承宣布政使司經歷司都事藺天倫（理夫山東德平縣人　官生）

山西等處提刑按察司照磨所照磨李烘（任重陝西隆德縣人　監生）

收掌試卷官

太原府知府閻讓（伯仁陝西邠州人　辛酉貢士）

太原府同知楊士魁（彦夫河南蘭陽縣人　戊辰進士）

受卷官

山西等處承宣布政使司照磨所照磨畢張（宿夫河南裕州人　丁丑進士）

河東陝西都轉運鹽使司判官杜盛（子實順天府寶坻縣人　辛未進士）

平陽府吉州知州史立誠（克明浙江鄞縣人　辛未進士）

平陽府洪洞縣知縣浦鉉（汝器山東登州衛籍直隸嘉定縣人　丁丑進士）

平陽府蒲州臨晋縣知縣丁守中（大本陝西慶陽衛籍山東海豐縣人　丁卯貢士）

彌封官

澤州知州王楊（惟直直隸興州後屯衛籍浙江會稽縣人　辛巳進士）

太原府榆次縣知縣尹倫（天叙河南汝州人　辛巳進士）

平陽府解州聞喜縣知縣張問行（子書直隸内黄縣人　辛巳進士）

澤州高平縣知縣劉儒道（惟中陝西邠州人　辛巳進士）

平陽府解州安邑縣知縣李銳（節之直隸瀋陽中屯□□江西新喻縣

人　辛酉貢士）

謄録官

平陽府蒲州知州高淪（新之直隸江都縣人　丁丑進士）

潞州同知孔廕（德貽南京應天衛籍直隸臨淮縣人　丁丑進士）

平陽府解州夏縣知縣榮察（省夫陜西藍田縣人　丁丑進士）

平陽府蒲州萬泉縣知縣王大節（汝操直隸大名縣人　庚午貢士）

汾州介休縣知縣王天祐（受之陜西慶陽衛籍直隸河間縣人　辛酉貢士）

對讀官

平陽府解州知州朱璟（國信順天府大興縣籍浙江錢塘縣人　辛酉貢士）

太原府代州判官王雄（丈翀錦衣衛籍山東長山縣人　辛未進士）

平陽府翼城縣知縣孫昂（一鶴山東昌邑縣人　辛巳進士）

潞州襄垣縣知縣趙永淳（德厚直隸任丘縣人　辛巳進士）

平陽府絳州稷山縣知縣袁梧（鳳儀陜西醴泉縣人　丁卯貢士）

平陽府解州平陸縣知縣桑仟（宗之陜西安東中護衛籍浙江麗水縣人　丁丑進士）

巡綽官

太原左衛指揮使宫淮（汝宗直隸壽州人）

太原右衛指揮使孟璽（廷信直隸山陽縣人）

平陽衛指揮同知吕忱（誠之山東曹縣人）

太原左衛左所正千户李熙（時雍直隸鳳陽縣人）

太原右衛副千户王經（伯常河南宜陽縣人）

搜檢官

太原前衛指揮使俞本（立夫直隸江都縣人）

太原右衛指揮同知李勲（世臣直隸合肥縣人）

太原右衛中所副千户侯經（廷正直隸滑縣人）

太原左衛中右所千户郝振（參揚直隸鳳陽縣人）

太原右衛後所副千户劉鎮（靖之直隸全椒縣人）

供給官

山西等處承宣布政使司理問所副理問雷瑜（君佩陜西蒲城縣人

吏員）

沁州知州魯鉞（宗儀應天府句容縣人　己酉貢士）

太原府陽曲縣知縣許琦（君佩陝西咸寧縣人　丁卯貢士）

平陽府襄陵縣知縣孫源（伯濬陝西咸寧縣人　丁卯貢士）

太原府樂平縣知縣石翔（鳳來直隸長垣縣人　庚午貢士）

潞州黎城縣知縣楊良臣（舜卿山東即墨縣人　戊午貢士）

太原府祁縣知縣楊本源（叔用陝西膚施縣人　庚午貢士）

平陽府隰州石樓縣知縣王之鄰（虞卿山東登州衛人　監生）

太原府陽曲縣縣丞范正（中之河南登封縣人　監生）

太原府壽陽縣主簿劉鉞（德威順天府霸州人　吏員）

太原府臨縣典史劉孝（承宗直隸蕭縣人　吏員）

太原府陽曲縣臨汾驛驛丞温尚仁（克孝陝西同官縣人　承差）

太原府陽曲縣凌井驛驛丞石鼐（宗陳陝西甘泉縣人　承差）

太原府代州崞縣原平驛驛丞邢著（汝德順天府漷縣籍鳳陽府壽州人　承差）

平陽府曲沃縣蒙城驛驛丞龔璋（清甫福建閩縣人　承差）

第一場

四書

大哉堯之爲君也巍巍乎唯天爲大唯堯則之蕩蕩乎民無能名焉　詩云鳶飛戾天魚躍于淵言其上下察也　君仁莫不仁君義莫不義君正莫不正一正君而國定矣

易

忠信所以進德也　君子之光其暉吉也　天地之道貞觀者也日月之道貞明者也天下之動貞夫一者也　子曰知幾其神乎君子上交不諂下交不瀆其知幾乎幾者動之微吉之先見者也君子見幾而作不俟終日易曰介于石不終日貞吉介如石焉寧用終日斷可識矣君子知微知彰知柔知剛萬夫之望

書

同寅協恭和衷哉　既載壺口治梁及岐既修太原至于岳陽　王來紹

上帝自服于土中旦曰其作大邑其自時配皇天毖祀于上下其自時中乂王厥有成命治民今休　爾有嘉謀嘉猷則入告爾后于内爾乃順之于外曰斯謀斯猷惟我后之德嗚呼臣人咸若時惟良顯哉

詩

蠶月條桑取彼斧斨以伐遠揚猗彼女桑　我有嘉賓鼓瑟鼓琴鼓瑟鼓琴和樂且湛我有旨酒以燕樂嘉賓之心　釐爾女士從以孫子　我將我享維羊維牛維天其右之儀式刑文王之典日靖四方伊嘏文王既右享之

春秋

夏四月丁未公及鄭伯盟于越（桓公元年）三月公會齊侯陳侯鄭伯于稷公及戎盟于唐冬公至自唐（桓公二年）公孫歸父會齊人伐莒秋晋侯會狄于攢函丁亥楚子入陳（宣公十一年）　秋宋公楚子陳侯蔡侯鄭伯許男曹伯會于盂執宋公以伐宋楚人使宜申來獻捷十有二月癸丑公會諸侯盟于薄釋宋公（僖公二十一年）　戊子晋人及秦人戰于令狐（文公七年）夏秦伐晋（文公十年）冬十有二月戊午晋人秦人戰于河曲（文公十二年）　春齊國書帥師伐我（哀公十一年）

禮記

慮之以大愛之以敬行之以禮修之以孝養紀之以義終之以仁　忠信禮之本也義理禮之文也　然後立之學等廣其節奏省其文采以繩德厚律小大之稱比終始之序以象事行　是故君子恭儉以求役仁信讓以求役禮

第二場

論

人主當防未萌之欲

詔誥表（内科一道）

擬漢舉賢良方正能直言極諫者詔（文帝二年）　擬唐以房玄齡爲太傅同中書門下三品誥（貞觀十七年）　擬宋開天章閣引輔臣入對謝表（慶曆三年）

判語（五條）

無故不朝參公座器用布絹不如法見任官輒自立碑從征守禦官軍逃聞有恩赦而故犯

第三場

策（五道）

問　君天下者莫難於創業又莫難於守成史籍所載可考也至於中興之盛惟於商高宗首稱焉其爲責豈易易哉然詩頌高宗必本於成湯之世氐羌來王之盛書説命三篇亦惟以監于成憲爲言則所以爲中興之道固有在矣我太祖高皇帝應天撫運用夏變夷其籌畫經制垂諭方來者莫備於祖訓一書未知其中所列一十二條何者於今日爲要與參之殷武説命諸篇亦各有同與列聖相承益圖治理如文華寶鑒聖學心法周易大義諸篇豳風圖之長咏二典三謨之進覽又皆出入於經書之餘以藻繪夫守成之治者也較之祖訓諸條有互相發明者與□上聰明先物體元居正首取商宗嘉靖之□以涣大號於四方天下臣民固有以仰窺聖謨之宏遠矣則夫正治本答群情以上媲中興之美者舍祖宗成訓其奚以哉狂瞽至微聖人不弃茹芹思獻君子予之諸士子其能無意於斯乎請畢陳之以占他日

問　君子之學以盡性也學以六經爲宗而六經之言性與學蓋無幾也可指而言與孔門自子貢之徒不可得聞而告子之流孟子乃與之反覆論辯何言之易也夫曰性相近曰天命曰性善其旨有同乎曰明明德曰致曲曰擴而充之其功有异乎程子論性之才何以與孟子小异而爲密陸氏論學之道何以與朱子不同而爲差佛老之亂道以言性也韓愈氏歐陽脩氏未嘗知性而闢之也甚嚴謝上蔡游定夫楊龜山親及程氏之門蓋聞性矣後乃皆入于禪豈學之淺深不繫於性耶自漢以下性學不明而名儒間出今初學輒能言性而反不逮古是又何也兹欲究會通之旨辯似是之非著存省之功明體用之實諸士子舍是蓋無以爲學矣其詳著于篇

問　人君修身爲政之要在講學納諫二端而已講學則涵養本原而德日新納諫則匡拂違失而治日進然論議之暇隨事箴規獻替之間因美將順又交益之道也古帝王成至治之效罔不由是而尤莫備於周公之教成王也其詳可得聞與後之英君誼辟有前席問道臨雍執經置弘文之館覽廣記之書皆勤於講學者也止輦受言牽裾聽納賞乞罷上林之諫嘉勸行仁義之效皆善於納諫者也其亦有得失之可言與程伊川之爲説書范祖禹之爲侍講俱有□□學之疏陸贄之於德宗司馬光之於哲宗俱有勸纳諫之疏君子有取焉可舉其略乎夫侍從之臣諫諍之職必在得賢然知人惟難其何術以擇之而格心之學進言之道尤人臣之甚難者必如何而後爲善其敷陳之將有采而獻焉

問　君者民之主天之子也故善安民者必及於天而不常厥德者亦不常厥命相與之際微矣自箕子陳洪範以人之五事配天之五行所感之祥各以其類其論精矣漢劉向著五行傳旁引曲證於洪範似有發明者老泉蘇氏獨深辯其非何耶胡安國氏又以孔子作春秋言灾异而不言事應斷之果然則休咎之理將難指陳而洪範五事之論亦未爲至耶周禮保章氏以九州之星土辨封域之妖祥所應之兆各以其方其説□矣唐太宗述天文志分屬比附於保章氏似有合焉者洪容齋氏又深辯其非何耶鄭漁仲則直以古人封國之初分主祀事言之果然則分野之説尚已難明而洪範五事之修亦何所與耶説者謂吴澂氏救政序事之説訓釋最明不知於天人相與上下交修之理果有所得否與聖天子臨御以來剗除奸弊厘革庶政其爲救政之道詳矣而邇來日蝕火灾風霾地震諸徵猶不免於屢見何與召致之由消弭之方何者而非序事之責乎諸士子其詳陳之以觀待用之實

問　君子學以致用尤在於識時務往者權奸用事天下皆罹其害而山右困弊爲甚聖天子即位之初即剗革奸弊宣布德惠天下引領以望太平之盛而任事之臣夙夜勤惕期著績效以稱上意于兹逾年矣雖困弊少蘇而治安之休尚未盡副臣民之所期望以今山右觀之逋賦蠲矣田租減矣閭閻猶有愁苦之嘆冗食革矣浪費省矣邊腹猶有匱乏之憂冒功剋糧之弊已除而兵威未振且鼓怨以上陵民牧官買之政并舉而馬數未充且耗損之日甚是豈弊久而不可卒振與其奉行之未至與抑有缺而未舉者與或有不可專與時方承平無事而可慮如此萬一有水旱之灾夷狄侵擾之患又不知何以濟也此當道所亟欲聞而有行焉且上達者其盡言無忌

中式舉人六十五名

第一名　楊謨　澤州學生　書

第二名　王命　河東運司學生　詩

第三名　張湘　石州儒士　易

第四名　何尚德　猗氏縣學生　春秋

第五名　苗汝霖　朔州學附學生　禮記

第六名　楊獎　河東運司學生　書

第七名　韓廷偉　洪洞縣儒士　易

第八名　王儒　汾州學生　詩
第九名　張應聘　繁峙縣學生　書
第十名　孫璧　蒲州學附學生　詩
第十一名　楊洛　壺關縣學生　易
第十二名　丁讓　澤州學增廣生　書
第十三名　王炌　代州學附學生　易
第十四名　吉大來　絳縣學生　詩
第十五名　常應文　榆社縣學增廣生　春秋
第十六名　杜緯　蒲州學生　禮記
第十七名　李光先　代州學附學生　詩
第十八名　王璣　靈石縣學生　書
第十九名　任道充　孝義縣監生　易
第二十名　沈民悦　太原府學生　詩
第二十一名　韓廷臣　洪洞縣學生　易
第二十二名　党承美　忻州學生　書
第二十三名　原魁　澤州學生　詩
第二十四名　楊永福　遼州學生　春秋
第二十五名　秦新民　平陽府學生　易
第二十六名　楊惠　太原府學增廣生　詩
第二十七名　楊瓊　安邑縣學生　禮記
第二十八名　張鎮　壺關縣學生　詩
第二十九名　翁汝爲　陽曲縣學生　書
第三十名　鮑龍　潞州學生　詩
第三十一名　袁萬里　壽陽縣學增廣生　易
第三十二名　王雲漢　忻州學生　春秋
第三十三名　張弁　代州學增廣生　詩
第三十四名　楊一奇　□□縣學生　易
第三十五名　王儒　澤州學生　書
第三十六名　吳冠　壽陽縣學生　詩
第三十七名　李如玉　猗氏縣學生　易
第三十八名　劉焯　代州學生　書
第三十九名　郝璋　崞縣學生　詩

第四十名　楊晋亨　聞喜縣學增廣生　易
第四十一名　錢士聰　翼城縣學生　禮記
第四十二名　郝汝舟　安邑縣學生　書
第四十三名　合天鋌　應州學增廣生　詩
第四十四名　郭紘　平定州學生　易
第四十五名　程栻　太原府學生　書
第四十六名　閻世禄　代州學增廣生　詩
第四十七名　王彦賓　太谷縣學生　春秋
第四十八名　郭光　平陽府學生　易
第四十九名　杜漸　猗氏縣學生　書
第五十名　霍鵬　太原府學增廣生　詩
第五十一名　佘龍　太原府學生　書
第五十二名　羅浙　蒲州學生　易
第五十三名　張鵬　沁州學生　詩
第五十四名　白銓　平定州學生　書
第五十五名　張文繡　代州學生　詩
第五十六名　解學禮　交城縣學生　易
第五十七名　李延康　潞州學生　禮記
第五十八名　郭鳴鳳　河東運司學生　詩
第五十九名　翟潤　河東運司學生　書
第六十名　張元哲　臨汾縣儒士　詩
第六十一名　宋繼先　陽城縣學生　易
第六十二名　龐德崇　太原府學生　詩
第六十三名　張雲逵　太原府學生　易
第六十四名　白鎰　平定州學生　書
第六十五名　喬瑞　霍州學生　春秋

第一場

四書

大哉堯之爲君也巍巍乎唯天爲大唯堯則之蕩蕩乎民無能名焉

楊謨

同考試官教諭陳批（揭書出題偶得論語是章場中士子率多講堯獨能如此而於他聖人少貶殊戾本旨此作灼有定見且詞氣春容宜録以範後學）

考試官教諭粘批（摹寫堯德配天民難形容意出）

考試官教諭劉批（文字順整）

聖人贊前聖君德之大必言其所以爲大也蓋至大而不可以言語形容者天也前聖之德同之夫豈人之所能名哉想昔夫子之意以爲人君居天下之大位貴有首天下之大德載觀堯之爲君也以首出庶物之資膺皇天眷命之重誠至大而無以復加焉何以言之哉彼天下之物莫高於山也而天無不覆莫大於地也而天無不容蓋巍巍乎其高且大矣惟堯也欽明文思之德足以代乎天而理物較而言之同一其尊無對也何有於差殊乎允恭克讓之懿足以奉乎天而弘化合而觀之均一其大無外也殆與之齊等乎夫至大惟天堯之德既有以配之矣故其積之盛也有以光被乎四表其流之長也有以昭格乎上下蓋蕩蕩乎其廣且遠矣當時被耕田鑿井休者但付帝力於何有而已欲言德而不能盡其廣猶言天而不能盡其高也孰得而形容之哉沐遷善敏德之化者但囿帝則於不知而已將語德而不能盡其遠猶語天而不能盡其大也孰得而名狀之哉是則天本至大也德同乎天而自難乎其爲大民非不欲名也德協於民而自不知其所以爲名所謂大哉者如此夫嘗觀堯之大固不可名然成功文章亦可見其緒也書言欽明文思而首以欽發義授舜以中之一言則其德或有可知然亦不過敬以行其常道而已而正唯其不可及也敬其體而中其用乎大其極矣夫子祖述於堯而事功過之論者亦擬於天而稱爲時中之聖則是敬爲聖學始終之要而中爲百聖傳心之法希聖者當合而觀之

詩云鳶飛戾天魚躍于淵言其上下察也

王命

同考試官訓導路批（説理文字最難下筆一騁浮詞便不相似此篇詞理俱到作中庸義當如是矣）

同考試官學正程批（此作本或問立説且詞語典實其深於理學者歟）

考試官教諭粘批（見理精深用詞明當録之）

考試官教諭劉批（文有發明）

中庸引詩而釋之所以明道無不在之實也蓋無物不體道之用廣也而其所以然者則至隱存焉中庸發明費隱之意於是至矣昔子思子論君子之道始

於夫婦之能知能行極於聖人天地之所不能盡可謂至矣而猶未盡也故引旱麓之詩曰莫高匪天而鳶之飛戾焉莫浚匪淵而魚之躍出焉詩人言此豈泛焉而無所指哉誠以盈天地之間無往而非物總天下之物無一而非道彼鳶乃凡物之一也鳶之飛必戾于天者豈徒飛哉化育之著於上者于鳶之飛而見之也魚亦凡物之一也魚之躍必出于淵者豈徒躍哉氣機之動於下者于魚之躍而見之也自夫鳶而觀之則凡具聲色貌象而散殊於宇宙之間者何者而非斯道之所在自夫魚而觀之則凡爲屈伸聚散而充斥於坱圠之内者何者而非斯道之所存徹上徹下洋洋乎流動而充滿吾道之全體蓋於是而無遁形矣于彼于此優優乎充塞而無間吾道之妙用蓋至是而無餘蘊矣凡此者皆道之費也而其所以然者則隱而莫之見焉道不可離之意不於是而益明乎抑論之道者率性之謂無物不有無時不然固衆人之所能知能行者也子思子特指鳶魚言之者蓋亦姑借二物以形容其無所不在之實耳然非學者此心之存不至於馳騖高遠而他求則亦目爲麤迹而不知求矣此子程子所以有有事正心之説而朱子喫緊爲人之論深致意也不然則下文誠明之功推而至於聖人天道之極致無以復加矣何以繼之曰下學立心之始

君仁莫不仁君義莫不義君正莫不正一正君而國定矣

張湘

同考試官學正蔣批（題本冠冕作者於仁義正字只主心上泛説殊非孟子本意間有知者又辭不達晚得此卷議論精當噫格心之學端有望於子矣）

考試官教諭粘批（儒先謂此篇主言人臣當以正君爲急此作得之）

考試官教諭劉批（莫不仁義正字内以用人行政貫講良是）

大賢論事君格心之爲大而正君之爲要也夫君心出治之本格心所以正君也知格心之效爲大則知正君之爲要矣孟子言此其示人臣以知要也歟蓋嘗論之君心之非害治之本也大人格心善治之要也是故仁爲君心之固有而欲常蔽焉格之則仁存矣君仁則德愛宣布而用人行政之皆仁豈有違其心而不仁者乎義亦君心之固有而私每勝焉格之則義立矣君義則斷制不爽而用人行政之皆當豈有反所好而不義者乎仁義既純於心則有天理之正無人欲之邪而君正於上矣仁義既達於外則正朝廷以正百官正百官以正萬民而罔不一於正矣大人格心之效如此其大是以人臣不必瑣瑣於紛更也惟在啓心格心以清萬化之源不必屑屑於强諫也惟在正己正君以端庶政之本夫非心未格則理欲相勝而國之治亂未可知也一正君而大

本立無事人之與適也必進君子必退小人有日新月盛之幾君明臣良而治自無不成矣格心未至則始終難保而國之安危未可必也君一正而萬事從不煩政之與間也善政必行弊政必革無朝更夕改之患綱舉目張而國自無不定矣是則欲治國者先正其君欲正君者先格其心爲大臣者可不知其要乎然非有大人之德則亦莫之能正也雖然格君固大人事也然以孔孟而不能行於齊魯之君何哉蓋君無受善之地雖大人亦莫如之何也已矣故臣道在修德而積誠君道當虚心以求益然後上下交而德業成矣孟子言此雖爲大臣發也而君人者亦宜有警也夫

易

忠信所以進德也

張湘

同考試官學正蔣批（題似易而難作忠信二字是進德之目所以進德處又不宜多講知本旨者或窘於詞聘浮詞者或昧於理此篇體認親切敷演詳明無一蔓言蕪語讀之令人起敬噫子其潛心易學而有得者歟）

考試官教諭粘批（忠信二字融會本義成文可嘉）

考試官教諭劉批（講所以進德處無工夫最是）

君子實其心之所主所以益其心之所得也蓋理之得于心者德也心有不實則無地以居之德何由而進乎此君子之進德必以忠信爲主也歟昔文言申乾九三乾乾惕厲之意以爲君子之心固勤於進德而進德之本寔在於忠信蓋忠者盡己而已心有不盡則妄念乘之而起矣故君子之心一主於盡己而他無所適凡志意之所向念慮之所發者一皆出自衷悃而無少僞妄罄厥丹扃而無一隱伏求其自慊也去其自欺也是非忠乎信者以實而已心有不實則真念因之而鑿矣故君子之心惟以實爲主而無時不在凡物之感于外情之應于中者一皆斷斷誠一而虚假不作慥慥篤實而真念常存表裏如一也始終不渝也是非信邪君子之忠信如此豈非所以進德哉蓋天下之理得於忠而失於僞惟忠也則理有所依而立故凡志之所向將駸駸上達可大之勢自不能禦天理日明也人欲日消也忠非所以進德乎天下之道立于信而廢于欺惟信也則道有所據而安故凡力之所致皆鑿鑿有得日新之益自不容已高明可極也廣大可致也信非所以進德乎夫忠信乃實心也德乃實理也以實心而求實理宜無不進矣苟無實心則理與心拂將扞格而難入雖終日乾乾何益於得邪此忠信所以爲進德之本而爲君子之所務也歟竊嘗論之天下之理皆具於易而聖人之立言一取于易觀乾坤二卦之文言殆可

見矣蓋乾之體健而實坤之體順而虚健而實則有主誠兢業之心順而虚則有固執持守之意故聖人於乾之九三則曰忠信以進德立誠以居業於坤之六二則曰敬以直内義以方外是蓋取健順二體之義豈鑿空杜撰之言邪先正以易爲萬世文字之祖詎不信夫

天地之道貞觀者也日月之道貞明者也天下之動貞夫一者也

韓廷偉

同考試官學正蔣批（此題發明吉凶貞勝之義士子亦能言之但於貞字處多不知旨獨此作發揮□□讀其文可以知其藴矣）

考試官教諭粘批（講天人之理明瑩可取）

考試官教諭劉批（潔净精微可與言易矣）

大傳論造化人事之理皆正而有常所以明易之理也夫造化人事即易理之攸寓也合而觀之則易之理居然可見矣昔吾夫子傳易論吉凶之貞勝而推言其理謂夫理妙於卦爻雖隱而難知理見於天人則顯而可驗何則天位乎上地位乎下天地之變化雖不能無通復也而其爲道則一貞觀而已仰觀乎天垂象於高明者確然有常而機緘之畢露俯察乎地效法於博厚者隤然有定而槖籥之自彰萬古此天地萬古此貞觀無變更也豈幽深玄遠而不可測耶日臨乎晝月臨乎夜日月之運行雖不能無盈縮也而其爲道則一貞明而已瞻彼日兮懸象於中天者本體常存赫然其莫掩瞻彼月兮照耀乎下土者清光可掬炯然其自如萬古此日月萬古此貞明無滅息也豈窈冥昏默而不可見耶造化如此而况於人事乎故天下之動或見於物之相感也一物有一物之情萬物有萬物之情物不一而情之所遷亦不一也或見於事之相錯也一事有一事之變萬事有萬事之變事無窮而變之所之亦無窮也然物情雖不一也而物之理有至一者存順之則吉逆之則凶歷千萬世而其揆皆同是順逆者情之异趨理之正而有常宜順不宜逆者則惟一端也與天地之道夫何异乎事變雖無窮也而事之理有不變者在從之則吉違之則凶通千萬人而其應不爽是從違者變之殊途理之正而莫易可從不可違者則固一致也與日月之道又何戾乎吁造化人事正常之理如此此卦爻吉凶所以貞勝而不已者蓋亦理之常也大傳翼易之旨不其至哉抑論有造化之易有人事之易有易書之易天地日月之道造化之易也天下之動人事之易也吉凶之貞勝易書之易也易之爲書原於造化達於人事合天人而一之者也學者明於造化之理而察於人事之故觀夫卦爻之變而玩夫吉凶之占則於易之

理其庶幾乎

書

同寅協恭和衷哉

楊謨

同考試官教諭陳批（皋陶安民之謨其事似涉於粗迹然寅恭皆是自心上作工夫其理至爲精密作者不知率易視之有失經旨此篇獨會傳成文純粹温雅深得皋陶告君本意其壁經中之巨擘乎）

考試官教諭粘批（講和衷處意思甚好）

考試官教諭劉批（文字典則）

君臣一心而民則以正大臣陳安民之謨也夫民則未易正也非君臣敬畏之同其能有所爲哉皋陶陳安民之謨於舜如此謂夫典禮雖出於天而惇庸則在於我使其君臣之間承天意以從事而寅畏有未同則情睽而道不行矣相上帝以綏猷而恭敬有未協則怠勝而事不立□必當同其寅畏而典禮之重常若弗能勝協其恭敬而惇庸之責惟恐罔克盡天命自度君日嚴於上而臣敬順之也敢以易心乘之乎天工人代臣寅亮於下而君率作之也敢以怠心繼之乎夫典禮之在於人即降衷之自乎天者也君臣之敬畏既同則誠一無間融會流通妙存神過化之機而五典之克從倫理無不正恩義無不篤也盡裁成輔相之道而五禮之咸秩品節無不詳等威無不辨也蓋其惇於我者於其叙於天者無所垂庸於我者於其秩於天者無所悖民彝物則各得其正而衷無有不和者矣是則敬畏之心一而後典禮之化行惇庸之責盡而後安民之效著皋陶陳謨於君之意一何至與抑衷降於天而民受之以生者也以人倫則謂之典以尊卑貴賤之品秩則謂之禮其實非二物也敬不至則衷不和衷不和則典禮隳而彝倫斁民不可得而安矣此皋陶陳謨之意而萬世之治法也厥後成湯代夏誕告萬方而降衷綏猷之説蓋本諸此所以成格天之治追唐虞而匹休之也後世有安民之責者其可忽焉而不之講哉

王來紹上帝自服于土中旦曰其作大邑其自時配皇天毖祀于上下其自時中乂王厥有成命治民今休

楊奬

同考試官教諭陳批（此題紹上帝服土中内作者多入敬德講或又分得天得民并講殊悖經旨獨此篇見理精到他卷所不逮也）

考試官教諭粘批（二公作洛心事此作具見）

考試官教諭劉批（寫出老臣惓惓屬望至意可録）

大臣欲君宅中圖治必證以言而期其效也蓋宅中以圖治爲急也大臣於此既引言以證之而復期其效焉意獨至矣洛邑既成成王初政召公作書以達於王至此謂夫洛邑天地之中而誠民則祈天之本王其自鎬而來定都於斯奉天以惠民而寵綏之政服於土中皆自天子出也相帝以佑民而和恒之化弘於新邑惟自乃御事也聞諸旦之言矣作此大邑豈據要會以爲勝而勤民以自奉哉自是乎履至尊而配皇天上下神祇王毖祀之自是乎中天下而君萬邦海宇蒼生王誠和之夫旦之言亦奭之言也使王允若兹焉庶幾文武誕膺之命弗墜於天而治民之休赫然於新造之邦矣夏殷迪保之命常凝於我而宅中之治卓然於守成之世矣蓋紹帝惟以爲民得乎民斯有以得乎天也誠民所以祈天得乎天斯可以驗乎治也是則誠民乃新政所先而圖治非宅中不可成王其知所以疾敬德而亟圖之矣抑召公有陳於王而重之以周公之言者蓋宅中圖治武王之志周公知之秩祀裕民之説周公之誥及焉而以民受命即周公所謂萬邦咸休惟王有成績者其説同也論公於人則謀協事舉其效則易從有周大臣之同心體國忠愛於其君也如此哉

詩

我有嘉賓鼓瑟鼓琴鼓瑟鼓琴和樂且湛我有旨酒以燕樂嘉賓之心

王命

同考試官訓導路批（題本平易場中率多分樂分禮牽强排比作文非是此篇只平平説去而周王燕賓求教之意讀之藹然可掬）

同考試官學正程批（此題人人類能言之至燕樂嘉賓之心處多不明白惟此篇詞理躍然有周明良相慶）

考試官教諭粘批（形容周王欲教示無已之意殆盡）

考試官教諭劉批（文字温雅）

王者自叙燕賓之禮厚而樂賓之意深也蓋所望於賓者深則所以爲燕者自不容於薄矣周王求教之誠亦何懇至也哉此燕饗賓客之詩蓋謂忠告固人臣待用之心而燕饗賓人君待賢之禮故我有嘉賓弁冕衣裳萃而爲王朝之彦聲名文物賁而爲上國之光由是和樂以舉盛燕斯開取瑟而歌則雅韻鏗鏘慶我仁賢之有遇援琴而鼓則清音流麗樂我邦家之得人心融於搏拊之餘喜起之情深而自不知逾時之爲久雝雝焉和而非暫也神游於音律之表明良之誼洽而自不辭永日之爲勞陶陶焉樂而且久也斯時也琴瑟奏而杯斝行旨酒思柔羅醴齊於畢陳歌樂和而獻酬舉清酒百壺衍苾芬於既

載于是而旅飲焉將吾之殷勤而樂彼之衷曲使猜忌之念消而肝鬲之孚應矣則夫今日之燕豈徒養其體而已耶於是而烝饗焉達吾之誠敬而結彼之歡心使危疑之慮釋而腹心之契托矣則夫今日之飲豈徒娱其外而已耶夫如是則求教之誠庶爲少盡而賓之教示者將亦無己也吁周之君臣以道相與固如是夫抑論君之於臣待遇之恩厚則報稱之義隆今觀有周君以禮待臣而所留有非私惠臣以道事君而所事者非容悦真可以媲休都俞吁咈之盛而致周道興隆之美也後世有召燕賦詩好臣其所教而不好臣其所受教此治之所以終不古若也歟

釐爾女士從以孫子

王儒

同考試官訓導路批（詞氣温純而父兄祝願其君之意模寫無遺蓋嘗潜玩經傳而有得者）

同考試官學正程批（一剗尖新冗長之習而歸之温純典雅之詞三復之餘爲之斂衽）

考試官教諭粘批（深得詩人祝頌之意佳士佳士）

考試官教諭劉批（詞豐而意匝）

詩人述神之福君與之以賢配而繼之以賢胤也蓋配匹之賢後胤之所由賢也詩人祝君而致備於是焉忠愛之意何如哉此父兄所以答行葦也其述尸告之辭曰吾君有天下之尊而享天下之禄固也然胤焉非賢禄將誰付乎有賢德之配而生賢德之胤宜也然配非先定胤安從生哉神於吾君其必念嘉止之有期而默定乎俔天之配眷元良之攸屬而預綏乎士行□女位正中宫非徒饋食之脩也敬而能和足以配至尊而奉神靈之統思齊之懿範此其承之焉母儀天下非但象服之宜也貞而且淑足以相君子而理萬物之宜窈窕之微音此其紹之焉夫賢配既釐則所以生賢者有其地矣將見和氣攸鍾簟茀熊羆之吉貞元斯會天潢呈弧矢之祥本之以思齊之懿衍而爲敬止之傳其母既賢其子亦賢矣萬載蒼姬之籙其永承夫景命之休乎始之以窈窕之規繹而爲孝思之訓其子既賢其孫又賢也萬年豊鎬之區其永綏夫天被之禄乎噫父兄祝君福禄而獨以是爲言亦可謂周於忠愛者矣大抵子孫固主暢之托而宫闈實王化之基周自太王姜女以來嗣續之賢固難指屈而太任太姒姜后之助尤有不可誣者是詩所陳雖爲一時報答之辭其亦有見於此與然其所以致是者豈徒然哉行葦之詩曰以引以翼以享壽祺以介

景福則當時之所以望其臣者概可見矣君臣一德内外兼資此其所以綿八百年有道之長也嗚呼盛哉

春秋

夏四月丁未公及鄭伯盟于越（桓公元年）三月公會齊侯陳侯鄭伯於稷公及戎盟于唐冬公至自唐（桓公二年）公孫歸父會齊人伐莒秋晋侯會狄于攢函丁亥楚子入陳（宣公十一年）

何尚德

同考試官教諭陳批（兩傳題本平易場中士子類能言之但不失之略則失之冗殊爲可厭求其辭理明整無逾此篇故録）

考試官教諭粘批（寓剸裁於紀叙蓋邃於經學者）

考試官教諭劉批（聖人惓惓正倫之意發明盡矣）

春秋始罪中國黨惡而望外夷之討繼傷中國縱惡而予外夷之討即是數役而考其書法聖人汲汲於誅亂臣討賊子之意見矣慨自鍾巫構難魯桓負覆載不容之惡吾意中國諸侯方且忿怒不暇豈謂其忻然與之好也鄭伯則首盟于越以定其位齊侯則繼會于稷以濟其奸其同惡如此經已深惡之矣公又遠結徐州之戎再講于唐之信人固有謂其依戎以爲安者殊不知戎雖豺狼未必無秉彝之良心使彼兵車有伏公將授首何由策勛于庭也若或鼓噪并進公已捐軀安能舍爵于廟也是役也殘執之刑公實幸而獲免與前日中國之會大不□矣雖曰返國不亦尚可危邪經於他會不至而獨至乎唐蓋深著我公之危而實以討賊之義望於戎也昔夫子欲居九夷而曰乘桴浮于海意或有激乎此至若平國見戕徵舒爲王法不赦之賊吾意中國諸侯必將致討不暇豈謂其恝然莫之顧也魯爲鄰國方會齊以伐莒晋爲盟主乃要狄以講會其縱惡如此經固重傷之矣未幾楚以徵舒之故遂舉入陳之師人固有爲其縣陳以爲罪者抑不思楚以蠻夷乃能知綱常之大計少西氏之逆敢圖而洿其宫上足以洗平國之冤也夏徵舒之身就戮而轘諸門下足以雪舉國之恨也是舉也紀法之正賊固無所於避視前日中國所爲大相遠矣雖曰縣陳不亦猶可恕邪經於滅陳不書而止書其入蓋減其滅國之罪而欲以討賊之功予乎楚也昔夫子因嘆諸夏而曰夷狄之有君意或有徵於此吁中國不競而進夷狄經雖急於討賊而夷夏盛衰之由亦於是乎可考矣雖然内夏外夷天下之大界限詩曰戎狄是膺荆舒是懲其勢不可使一日而漸長者恐大防之不立也仲尼於此非與詩异傷中國以悲人極蓋有不得已焉爾況公好惡以發詩之情者聖人大用也夷狄猾夏在詩固宜膺懲時乎可進詩亦

不得不公其所好矣謹嚴忠恕并行而不相悖明乎春秋之義者始可與言詩已矣

春齊國書帥師伐我（哀公十一年）

常應文

同考試官教諭陳批（此題作者忽略本傳事實多以陳詞浮語掇拾成文所以自反之意殊欠發揮此作獨得經傳之旨宜在所録）

考試官教諭粘批（叙事嚴正作春秋義是如此）

考試官教諭劉批（筆法謹嚴）

望國受兵有自致之由春秋制法示自省之義蓋魯國見伐其自伐也省躬之戒春秋得不特示於魯哉且自負瑕見囚魯之構齊已久繼而伐齊有役齊之怨魯益深至是齊遣國書帥師伐我以泄其忿焉且諸侯來伐未有不書四鄙者今也師方及我于郊即戰既無城下之盟又無可緯之辱亦書曰伐我何也蓋師直爲壯曲爲老惟其出乎我者有曲直則其用于師者有老壯當時魯先俘益而後齊方奪邑請師曲在我也及我悔懼歸邾而齊亦辭師反邑直在齊矣是曲直自我何與於齊吾意公方斬然自艾卷甲息兵若弗逮者奈何伐國無義而曲直自□師出無名而老壯弗思偕吴一舉遂激齊忿彼固自揣無歉詎肯甘心於于鄎之見陵彼方怒猶未怠寧肯包羞於南鄙而不報將命上卿而問我會吴之由理爲直矣師出大衆而聲我伐齊之故氣爲壯矣吾不知魯於是時内省有疚何以修文告之詞自反不縮何以作三軍之氣以是齊人之師一鼓及清人謂禦諸境也而季孫不能叔孟不可兵非不衆理之曲爾再鼓涉泗人謂可逐齊也而季孫不許孟氏不欲國非不强師之老爾奔者走者人民不遑於啓處死者殯者室家何由以聊生是役也公將歸怨簡公邪然招尤納侮實自爲之盍亦反曰我不仁也我無禮也責己以責人之心而躬自厚焉可矣公將歸罪國書邪而啓釁賈禍實自致之盍亦省曰我不忠也我不智也愛人以愛己之心而薄責於人可矣書曰惟甲胄起戎公既犯之於始又曰惟干戈省厥躬公宜慎之於終經亦曰伐我云者其責魯之厚而望魯之深蓋如此垂訓之義大矣夫抑考国書伐我而孔門之徒如冉求樊須實司軍旅之事次雩門之外獲甲首之功者求也約三刻之信佐車右之軍者須也時又有有功不伐如孟之反者相與左右其間使齊人不至於大逞者皆若人之力也不然而徒如三家所云魯國之辱豈曰城下之盟已乎噫賢者有益於人國也如此

禮記

忠信禮之本也義理禮之文也

苗汝霖

同考試官教諭林批（此題似易實難認理不精者多疑於紛紛异説獨此篇融會傳注詞瑩理足蓋必深於禮者）

考試官教諭粘批（認理精措詞當是之取爾）

考試官教諭劉批（講題意甚是明白）

誠存於人禮之所由立道寓於事禮之所由行夫本不能立於内則文不可行於外也記者并舉之以示人則禮之本末蓋可識矣且先王之以□也以爲禮不可以虚行固有本矣而本非無據人心之忠信是已蓋以發之中心有自盡之誠出於天性無自欺之弊處其實而華不足也居其厚而薄不與也然禮之爲體廣大精微而忠信爲可學有是忠信吾知其本體純全綽乎受善之地德性堅定確乎立敬之本經禮三百此心運之而有餘廣大之體有所承藉而不失之虚曲禮三千一誠體之而無外精微之藴有所存主而不滯於煩猶甘之於和而白之於采也禮之本不在兹乎然禮不可以徑情亦有文矣而文非末節事物之義理是已蓋以處物之義懸權衡於輕重之間而在物之理寓品節於民彝之内盡其變而不拘也體其常而不紊也然禮之爲用纖悉委曲而義理無不在有是義理吾知因時制宜而多寡之稱物隨事順理而彼此之適均經禮之行裁之以權度者文理燦然有從容不迫之美曲禮之用律之以經緯者脉絡分明無太過不及之弊猶五味之相濟□五色之成章也禮之文非謂是乎夫以忠信爲本則内有所主而禮爲可立以義理爲文則外無所昧而禮爲可行先王立禮而本文兼備固有以哉抑論禮之切於人也大矣善於内外而感於神人皆是道也無本不立故以忠信言之無文不行故以義理言之然必先本而後文學者當知序也故曾子之問禮而傳道竟以魯得之魯昭公之多儀君子以爲非禮然則以禮爲忠信之薄而斥爲僞者亦獨何哉

然後立之學等廣其節奏省其文采以繩德厚律小大之稱比終始之序以象事行

杜緯

同考試官教諭林批（此題不難於敷演而難於鋪叙場中士子作者不失之冗則失之拘晚得此卷詞理俱到且鋪叙得宜故録之）

考試官教諭粘批（此題傳注明白作者於繩德厚象事行處往往體認

欠真是篇組織傳注成文而且純正宜録以式）

考試官教諭劉批（氣格整健學禮可以或矣）

先王推樂之教以爲治有所以檢於内者有所以驗於外者夫德具於人而事著於象者也先王推樂之教檢於内而驗於外豈非欲人之歸於化哉思昔先王既作樂而感於天人斯以樂而化於天下以爲敏德遷善教不能以自達也而立之學如樂師掌國學之政大胥掌學士之版凡所以爲之教者無不備也漸進積習學不可以淩節也而爲之等如十三而舞勺成童而舞象凡所以誘之進者有其序也然節爲東聲之止奏爲樂聲之作節奏不廣不能無拘泥之患于以分析其條理而增益學者之習使有所持循而爲之不厭焉文者聲之章采者聲之華文采錯雜不能無淫邪之惑于以省察其音曲使五聲之相和相應如五色之雜以成文采焉此豈所以悦人之耳目哉亦以繩民之德而已蓋民德本厚但拘於氣禀蔽於物欲而薄之者多以此教之欲使聲音養其性情而蕩滌邪穢檢約之以全其固有之善也舞蹈養其血脉而消融查滓收斂之而復其本厚之德也以至宫音至大羽音至小小大失宜清濁混矣必以法度整齊之使羽不得以亂宫而宫不得以亂羽小大之稱各得其理焉終於仲吕之上六始於黄鍾之初九終始不調高下失矣必以次序聯合之使終不得以間始而始不得以間終終始之序各安其位焉此豈徒爲聲音之娱樂哉亦以象事之行而已如宫音爲君宫亂則荒其君驕商音爲臣商亂則陂其臣壞而上下交修之益自不容於不勉也角音爲民角亂則憂其民怨徵音爲事徵亂則哀其事勤羽音爲物羽亂則危其財匱而和民阜物之政自不敢以少忽也吁先王推樂爲教之意如此化民成俗不亦可力致哉大抵古樂之作可以和天地之氣平天下之情其功用固大矣非有中和之德則亦莫之能也後世不復知此而甘心世俗之樂淫佚鄭衛之音無怪乎治之不古若也善乎周子自古以平心今以助欲古以宣化今以長怨其有爲感敢也夫

第二場

論

人主當防未萌之欲

楊謨

同考試官教諭陳批（論場率多纖巧以爲工險怪以爲奇□成説以爲富反而求之心學支離背畔絲爲可厭此獨深於理而達於詞其去人也遠矣

擢冠多士輿論攸歸）

考試官教諭粘批（程子之言場中士子亦能知之但作論率多枝詞蔓語可厭□得此篇議論層見叠出如長江大河沛然有莫禦之勢噫三晋佳士其子也邪）

考試官教諭劉批（此論幾千餘言明道告神宗之意發揮殆盡録而薦之當爲□□之助三晋固多才若吾子者其可以易而得邪）

念之天萬化從出之地也天也者理也而亦何有於欲哉萬慮揺於中百爲勞於外蓋不能不動於欲也欲勝則理微理微則吾之天晦而治化之本乖矣善治天下者其亦防之於未萌之初而已未萌則理無所梏防之則欲無所投而萬化之流皆自吾天而出矣待其既動而防之則擾擾膠膠遞相牽引伏於此而不能不動於彼善於始而難保其終不亦晚乎哉未萌之防其人主窒欲之要乎嘗觀之書曰允執厥中堯之所以授舜也人心惟危道心惟微惟精惟一允執厥中舜之所以授禹也危微之際理欲之分也大上無欲其次制欲其次役於欲無欲者聖人之事執中也制欲者希聖之事精一也役於欲者衆人之事危者愈危微者愈微也危且微求其一身一家之治且不可而况於天下之大乎人主任天下之大者也其尊則天地也其威則雷霆也其耳目之奉心志之娱又極天下之豐腴華美而至可欲也至尊則無畏至威則難犯至可欲則其幾爲易投以易投之欲而入無畏之心以無畏之心而挾難犯之勢自非身有之而身自察之自防之他尚何賴哉防之何以曰未萌而已何謂未萌深宫攸寧不睹不聞之時也夜氣方清平旦未接之時也思慮□起鬼神莫知之時也天下之事顯於已動者易見隱於未萌者難知吾能先其難知者而防之則天下無不可防之事待其已動而後防之則將不勝其防而難乎其爲力矣故必如易之養正於蒙然後謂之防書之不見是圖然後謂之防詩之無射亦保然後謂之防禮之禁於未發然後謂之防聲色雖未動也而不邇之戒常惕然於吾之心貨利雖未形也而不殖之戒常昭然於吾之目邊功雖未開也而自我致寇之戒不敢忘刑罰雖未興也而明罰敕法之戒不敢忘以至於神仙禱祠狗馬土木之類雖未至也而不作無益不寶异物之戒不敢忘如是則環數者之欲雖日攻於吾前而吾心之天自不爲之動况可得而移吾之志荒吾之行而妨吾之治也哉雖然此特言欲之當防於已者耳猶未也蓋人主者所擅者名利也所操者威權也其所頤指而奔走者未必無盗權見利之人也清□之燕悦豫之時安知其無啓我以聲色之李延年乎啓我以言利之權萬紀乎啓我以開邊之卜式乎啓我以嚴刑之商鞅乎啓我以禱祀神仙之林特

乎啓我以狗馬土木如蔡京王黼者乎不知彼之術售而吾之國事非矣然小人亦何意於亡人之國而覆人之家乎蓋彼既思盗吾之權則不得不設爲釣餌以投吾之欲既思規吾之利則不得不張爲機穽以陷吾之躬至於亡人之國而覆人之家則固非彼之所能恤而亦非彼之所暇恤矣可不畏哉雖然此特言欲之當防於人者耳亦未也君子之於小人其勢固不能以相容天理之與人欲其實則不能以并勝益之告舜曰罔游于逸仲虺之誥湯曰以禮制心吕望之始戒於武王曰義勝欲者從夫舜與湯武何如主也而益仲虺吕望猶以是言之者蓋以人臣之戒其君寧過焉以爲非道之防毋寧縱焉以啓乎幸進之路寧急焉以爲機先之戒毋寧緩焉以貽後事之悔人主存如是之戒親如是之人則一暴足以代十寒衆咻不能勝一傅彼小人雖欲一日安其身於朝廷之上且不可得況能爲釣餌機穽以肆其長君之技哉雖然此特言防之勝夫人者耳又未也力行之申公終不如阿世之公孫弘爲可喜峭直之九齡終不如口蜜之林甫爲可悦折柳必諫之程頤終不如巧伺上意之安石爲可親君子之憂時也雖深而其言則苦鯁而難入其慮事也雖遠其術則若迂闊而不適於時使吾之理有未究吾之心有未明將以是爲非以非爲是眩乎莫知適從矣故必隨事而觀理因物而察形深明乎是非之則洞見乎治亂之歸則憂深慮遠若益仲虺吕望者自投乎魚水之會而盗權規利如李延年權萬紀之徒言雖未出而吾已燭其奸矣又何君子之難明而小人之難辨也哉此大學之格物致知所以先於誠正之目也中庸之擇善所以先乎固執之功也堯舜禹精一執中之言意固有先後也請以是而□程子未盡之旨

表

擬宋開天章閣引輔臣入對謝表（慶曆三年）

王命

同考試官訓導路批（此表能道出宋臣意中語）

同考試官學正程批（寓忠愛於駢儷語中奇士奇士）

考試官教諭粘批（得宋臣欲獻言之意）

考試官教諭劉批（得宋表體）

具官臣某等於慶曆三年某月某日伏蒙聖恩引臣某等入對天章閣臣等誠歡誠忭稽首頓首上言伏以善與人同虞帝致無爲之治師能自得商王肇有道之長蓋交泰雖見乎大亨而鳴謙貴持乎貞吉自明良之嚮息言用身危迨奎緯之光呈君明臣直遂于今日益重昌言恭惟寶圖攸屬駿命是膺乃聖乃神配乾坤之體用克明克類并日月之輝光治無忝于祖宗孝克隆于母

后抑瞿曇崇魯叟首翼正而闢邪討鬼理親宗真冀攘夷而安夏聞五鬼則思投之壑進四賢如將置於懷謂天變實仁愛之端求言不嫌乎越職念人才實治化之本賜書屢下於倫魁猶以天階尚隔於九重晝日宜勤乎三接乃開杰閣用聚群英金爵軒如地切紫雲高處震奎炳若光回黄道開時給筆札於尚方陋翠管銀罌之賜協絲綸於中秘參紫樞黄閣之籌彼宣室之問止鬼神空勞前席而瀛洲之人工詞賦奚取弘文臣等巧未逮於斵鏝明猶漸於市骨屢陳狂斐蒙覆宥以多年獨使虞廷瀕顛危者九死何意春回腐草幡然心動寒灰聽湛露於蓼蕭身疑無力賡薰風於殿閣骨已宜鎸雖云才有限而思無窮終是口欲言而行不逮粗酬洪造陳時務一十條豈曰能賢進備邊十三策伏願芻蕘是究海岳爲容略其愚勿謂萬言而萬中矜其直不遺一善與一能則聖武昭布於華夷邊吏無可書之績泰階永調於玉燭農扈蒙不擾之休臣某等無任瞻天仰聖激切屏營之至謹奉表稱謝以聞

第三場

策

第一問

張湘

同考試官學正蔣批（鋪叙祖宗創業守成之事明白詳盡未復以商高宗納諫憲天務學之意并言之可以爲中興明天子之獻矣高薦允宜）

考試官教諭粘批（終篇以法本於道道本於心立意蓋有得於問目之外者胸中所藴可窺矣是故録出）

考試官教諭劉批（寓規益於敷對中可嘉）

制一代之治存乎法立一代之法存乎道惟其道也質之前聖而無弊故其法也準之萬代而可行道以植是法之本法以達是道之用則創於前者有以佑啓乎其後守於後者有以仰成乎其先而成中興之治於重熙累洽之餘者亦不過率循乎此道此法而已執事仰述祖宗創業守成之隆并及今日中興之務以策諸生蓋將鋪張不世之鴻休揚厲無前之偉績以爲裕後光前之助乎愚雖不敏敢舉所聞以對夫自古帝王之治天下多矣而善創業者莫如禹湯文武善守成者莫如啓太甲成王蓋其爲□曰精一曰建中曰建極既極其純故其爲法曰典則曰人紀曰謨訓自極其備而中興之盛獨以商高宗首稱者豈非以殷武説命所稱如不僭不濫憲天聰明有以仰承乎成湯之法納

誨輔德學于古訓有以允協乎成湯之道視之仲康有胤侯之征而不能遏后羿之横宣王有蠻荆之伐而不能免鴻雁之譏其治爲獨盛乎三代尚矣胡元竊據華夏腥膻生民之亂極矣我太祖高皇帝不階一旅仗劍北驅有以掃宇宙所未有之昏霾復帝王所自立之天下其創大業也視禹湯文武爲最正而其功爲最大列聖嗣興繼繼承承恢弘一代之治化藻繪萬載之太平其所以守大業者視啓大甲成王爲最賢而其治爲最盛蓋其存諸心者一精一建中建極之懿施於外者一典□人紀謨訓之餘大豈偶然之故哉□□□太祖高皇帝所著祖訓如持守如謹出入如嚴祭祀如慎國政如禮儀法律内令内官諸條則皆有合乎殷武説命之旨而持守以下四篇則於今日爲要也太宗文皇帝之文華寶鑒聖學心法仁宗昭皇帝之周易大義宣宗章皇帝之豳風圖長咏英宗睿皇帝之日講二典三謨則皆備述乎修身齊家之旨而與祖訓法制内令諸條以謹内治重親親者相發明也我皇上奮起潜藩入繼大統思祖宗創守之艱難首任中興治平之責追商宗恭默之盛美特建嘉靖紀元之號則夫正治本荅群情以弘曠古之觀宜奚先哉竊亦以爲不過近取祖宗之舊章遠法商宗之成訓以致其交修之力而已如祖訓至要於今日者曰持守也則近狎必絶偏聽必察而并法乎商宗啓寵納侮之訓可乎曰謹出入也則服用必審星象必占而并法乎商宗動惟厥時之訓可乎曰嚴祭祀也則郊廟必謹百神必恭而并法乎商宗黷于祭祀之訓可乎曰慎國政也則耳目必廣下情必通而并法乎商宗從諫則聖之訓可乎至於仰列聖之規則必讀文華寶鑒而思允執厥中之傳讀聖學心法而戒申韓黄老之術讀周易大義而并究十翼之微旨讀豳風圖表咏而因思王業之艱難講二典三謨而思治天下之大經大法如商宗之遜志時敏而道積厥躬終始典學而德修罔覺可乎如是則治有光乎創守德無漸於恭默祖宗所貽之道之法與日月同其光明所傳之業與天地同其悠久矣正治本荅群情者孰有大於此哉雖然興祖宗之治在乎法行祖宗之法在乎道體祖宗之道本於心蓋心者治之本而道與法之寓也人惟此心之存則擇之必精守之必固行之必力施之必當所體皆正法自無愆忘之失所慕皆正道自無邪慝之干矣蓋嘗伏聞我太祖高皇帝祖訓録成謂侍臣曰一代定法不可輕改故荒墜厥緒幾於亡夏顛覆典刑幾於亡商又嘗伏聞宣宗章皇帝讀夢卜求賢之篇謂侍臣曰有高宗之心然後可以求賢有傅説之賢然後可以爲相若文帝以夢得鄧通光武以讖用王梁豈不誤哉大哉王言乎一哉王心乎今日欲承佑啓之訓踵夢卜之求其又莊誦祖宗二言以爲正心之箴可乎謹對

第二問

楊謨

同考試官教諭陳批（性學極難言此以善與敬發之無餘藴矣）

考試官教諭粘批（辨吾道异端之分極其精切）

考試官教諭劉批（性學類能言之而鮮有真見此篇獨能發程朱未盡之藴非有卓識者不能）

君子之論性也善而已矣其爲學也敬而已矣夫性也者合理與氣言之也氣禀不同而理則一然氣禀可學而變也故曰善學也者所以復性也遏人欲而存天理動静交養之功也故曰敬知善與敬則聖賢所論性學舉不出此而亦可以辨异端之非矣執事以性學爲問非愚生之所及也姑述所聞以求質焉夫人之生也得天地之氣以成形理亦賦焉氣質有清濁厚薄之不同而理則同合理與氣性之全體理其本也然必附於氣也氣質雖不可不謂之性而不可以名性此孔子所以謂之相近子思謂之天命而孟子謂之性善善者窮源極本之論也有生之後情斯動焉情動則有邪正善惡之不同而性則同合性與情斯謂之道静其體也動其用也動於情而發於善者則道之所由充故子思謂之致曲孟子謂之擴充朱子釋明明德曰因所發而遂明之且以敬爲聖學始終之要也則易言窮理盡性書言危微精一詩言秉彝好德之説皆可知矣孔子之罕言性以學之未至不可驟語孟子之言性善則因告子以氣質名性而不可不辨之耳程子言性之才以兼乎氣質故爲密陸氏論學則專主於尊德性而不知有氣質之雜故爲差若佛老之亂性蓋以忘情見性之説乎愚未嘗深究其書有不能盡知者然程子嘗曰道之不明异端害之也昔之害近而易知今之害深而難辨昔之入人也因其迷暗今之入人也因其高明自謂之窮神知化而不足以開物成務窮深極微而不可入堯舜之道則其學之弊有可知矣韓愈氏以性有三品歐陽脩氏以性非所先蓋皆以氣質言不知性之本矣而何以斥异端之非故原道本論之所著不過闢其迹而未能屈其道孟子曰能言距楊墨者聖人之徒也則其衛道之功豈可少哉謝上蔡游定夫楊龜山皆程門高弟蓋嘗聞性然求之太高則忽於事爲之末是以皆近於禪而亦豈真若异端之爲哉朱子辨之謹其弊耳論其所造則非韓歐所及而瑜瑾之瑕亦豈敢曲爲諱也夫古之學者未嘗知性而趨向造詣之正有暗合於性焉今之學者不過竊程朱之糟粕耳而何以望古人哉若夫豪杰之士則不可以概論矣執事又以會通之旨似是之非存省之功體用之學以觀諸生之識此知性者之所辭讓而愚生何足以及之然前已陳其略矣敢復質所

聞焉孟子曰天下之言性也則故而已矣故者以利爲本此雖爲智而發而所論性善之原蓋出於此程子曰論性不論氣不備論氣不論性不明二之則不是聖賢言性皆不出於此乎程子曰佛氏敬以直内則有之矣義以方外則未也然敬以直内亦不是朱子曰敬有死活只主一敬遇事不濟之以義則不活吾道异端之辨其在於此乎夫佛老之論性也皆以知覺而論學也皆以静虚此與吾之所謂善與敬者何以异哉而似是之非正在於此夫持静之久則心體虚明此吾致知之地而彼遂以爲頓悟其能應變則亦襲取而已而豈泛應曲當者哉故必闢之而後可以入道夫古之論性未嘗分理氣也而其説始於程子蓋不分理氣則無所指而不明古之言學未嘗分動静也而其説始於周子蓋不分動静則體用不辨而無所入皆不得已之論理氣夫豈相離而動静豈二道哉性雖本善也學必就其氣質之所近而去其偏學雖主静也然必謹於念慮之微而察於事爲之著故知性之善則聖人之盡性學者之復性皆此也知學必以敬則静而存養動而省察者皆此也敬以直内義以方外以之修己則窮理盡性以至於命措諸事業則家齊國治而天下平然必先知之真而後所向之正是以大學首格物而中庸先於明善少有毫厘之差鮮不入於异端否則學術之偏亦足以亂天下管見未知是否執事其進教焉

第三問

王命

同考試官訓導路批（敷陳講學納諫非獨考據精詳寓意遠矣）

同考試官學正程批（説講學納諫處叙事中有議論是作筆）

考試官教諭粘批（諸作止論講學納諫此篇先以定志擇賢深爲有見文亦典則）

考試官教諭劉批（博洽之學經濟之才忠懇之意居然可見吾子將來效用幸勿忘斯言）

人君莫先於定志志定而擇賢以輔則德修而治成矣夫定志者以聖學爲必可至王道爲必可行不惑於他岐也而又擇賢以輔則識益明志益正德修於罔覺矣志不先定則所向不專所向不專則知人不明而用賢不篤忠直遠而讒佞進雖强於講學而久必怠强於納諫而中必違德日荒而天下無可爲之治也請復明問君心治之本也講學納諫所以涵養弼直而正君心也堯舜禹大聖也相傳以執中之學而交相儆戒湯武反身皆學於師臣而求言如恐不及傅説之相高宗首以敏學從諫爲訓唐虞三代之治非偶然矣至周而制官大備師氏以媺詔王保氏掌諫王惡公卿至於列士獻詩瞽獻典史獻書

師箴瞍賦矇誦工執藝事以諫近臣進規親戚補察耆艾修之其時則太公爲太師周公爲太傅召公爲太保史佚諸賢相與後先侍御僕從罔匪正人訓戒如詩書之所稱不一而足有過則笞伯禽剪桐之戲必諫是以成王雖以中才而卒成有周之賢王致刑措之治則周公之教也然成王之思孝繼緒延訪群臣則其志之先定亦不可誣矣後世英誼之主如漢明帝臨雍拜老執經問難唐太宗開弘文之館訪問治道可謂知講學矣漢文帝前席賈生乃訪鬼神之事宋太宗日覽廣記徒事博物之書何爲者哉比之荒怠廢政者則有間矣然五更之尊而得桓榮之陋登瀛之選而列許敬宗之奸亦豈得爲盡善哉文帝止輦受言必稱其善唐太宗聽魏徵仁義之説行之有效可謂善納諫矣漢武帝賞東方朔之直諫而卒起上林之役魏文帝納辛毗引裾之諫而卒徙冀州之半諫何益邪比之拒諫飾非者則有間矣然治安之策未行而長沙之謫已遣仁義之效方著而殺田舍翁之心已萌又安在其能用諫乎是以數君雖有英誼之資而無正心之實又無如周公者以輔之是以治之不古若也程伊川范太史嘗勸哲宗以講學矣伊川之疏曰陛下春秋方富而輔養之道不可不至一日之中接賢士大夫之時多親宦官宮妾之時少則氣質變化願選名儒勸講有過隨事獻箴必能養成聖德范祖禹曰今日學與不學係他日之治亂好學則天下君子願立於朝不學則小人皆動其心以求富貴人主之進學莫不在於少時數年之後恐不得如今日之學勸講學者雖多二賢大儒也其論至矣陸贄司馬光皆勸其君以納諫矣贄之言曰人君求直言則其智益大求過行則其德彌光惟暗惑之主諱其過行忿其直言以阿諛爲納忠以諫静爲揚惡光之言曰君降心以訪問臣竭誠以獻替則庶政修治君惡逆耳之言臣爲便身之計則下情壅蔽勸納諫者雖多二公賢相也其言切矣惜乎當時之君俱不能聽也而豈非萬世之鑒哉夫講學納諫莫先於定志莫要於得賢擇賢之道任相而已矣輔相之任求天下之賢而已矣拔縉紳之望顯巖穴之幽淵源醇正者置之侍從忠亮鯁直者列之諫静無拘於常格無蔽於浮名而後可以收得賢之效也勸講之官正己以積誠隨事以規諷不爲迂疏之談不事文藝之末諫静之臣國是必争君過必舉不默默以容不瑣瑣以瀆然後可以成正君之功也執事諄諄以古之講學納諫爲問者豈不欲爲今日之一助乎竊惟聖天子春秋鼎盛厲精方切固已諫行言聽而近日已御經筵天下臣民慶幸然猶望以唐虞三代爲必可師漢唐宋之君爲不足法虚求道之心廣陳言之路勸講之餘有所規獻俯賜延納章奏之入雖有狂直無厭聽覽則社稷幸甚天下幸甚執事與其進也倘獲承對大庭之末猶將執此獻焉

第四問

何尚德

同考試官教諭陳批（格天處該博之士類能言之畏天一意非具夫忠愛之實者或未之及焉此作兼之佳士也）

考試官教諭粘批（說上下交修處隱然有自效之意蓋留心於當世之務者）

考試官教諭劉批（考究斷制俱到非但文字之工也秋闈得子主司寧不自慶）

格天之道固在乎本末之交修畏天之心尤貴乎始終之無問蓋克謹天威者君之責而仁愛人君者天之心也人君德修於身固致治之本而一政一事之未修亦不可以爲末而忽之也治成而祥興固天之示應於終甫治而灾興亦天之所以示警於始也然則格天之道固不容以偏廢而畏天之心又其可以一時而少怠哉請因明問而陳之書曰惟天無親克敬惟親格天之道也詩曰畏天之威于時保之畏天之心也故燕及皇天周文以之興王業厥德靡常尤有以亡夏后以之而自絶於天相與之幾微矣可不畏哉昔箕子陳洪範休徵之疇以人之五行驗天之五事所感之祥各以類應如曰肅時雨若曰乂時暘若曰哲時燠若曰謀時寒若曰聖時風若其爲人君修德之勸至矣至漢劉向傳五行則有謂貌之不肅厥罰恒雨時則有服妖龜孽鷄禍言之不乂厥罰恒暘時則有詩妖之類似於洪範有相發明焉然五事庶徵可條而入而八政五紀之類皆不可通誠有如蘇洵所譏者惟胡安國則直謂孔子言春秋而不言事應而事應在其中蓋以天道雖未嘗或爽而推測則容有未盡推之而不驗則非惟戾聖經之旨而反啓人君慢天之心不若不言之爲愈其論誠得之矣周禮保章氏以九州之星土辨封域之灾祥所應之地各以其方如曰玄枵域星紀爲齊與越之分星實沈大火爲晋與宋之分星娵訾鶉尾爲衛與楚之分星析木鶉火鶉首爲燕與周秦之分星其爲人君救政序事之勸詳矣至唐太宗修晋天文志則有謂自危至奎爲娵訾爲衛之分野屬并州自畢至東井爲實沈爲魏之分野屬益州之類似於保章氏有合焉然衛本受封商墟於并州了不相干魏分晋地於益州亦不相屬則誠有如洪邁所譏者惟鄭樵則直謂古人封國之初命其君以分主祀事蓋以地有不齊而分野之在天則不易以不齊這地配不易之分野於理尤爲難通其論蓋近之也人君誠能修五事於己驗五行於天而留神乎庶徵之訓君救政於上臣叙事於下而詳玩乎吴澂之言則雨暘燠寒風各以其時二十八宿各循其度而上天孚佑之心可

保其必隆矣然禎祥之興固在乎感格之有道灾變之至尤貴乎敬畏之常存仰惟我聖天子因神人之交與應承平之休運臨御之初首誅左右壅蔽之奸次黜侈靡邪淫之技蠲逋負革冒濫抑權豪起遺逸若無致灾之由者而邇來日蝕火灾風霾地震猶未免於屢見何哉愚以爲人君者父天母地而爲之子者也愛而知勞固父母愛子之道勞而不怨尤人子敬畏之心故黄龍負舟天之所以愛乎禹也竭力勞民一言禹之畏天何其至乎七年之旱天之所以愛乎湯也桑林自責數語湯之敬天何其至乎若乃庸君昏主皆自絶於天者天亦厭而弃之矣尚何示戒之有哉伏聞聖天子每遇灾變之臨戰兢惕勵不遑旰夕是固默知天心之有在而存夫畏天之心矣然逋負雖蠲而裕財之道未盡舉冒濫雖革而祈恩之途未盡塞權豪雖抑而罔利者尚存覬倖之心遺逸雖起而進言者或蒙擯斥之譴毋乃畏天之心尚有未至而弭變之道亦未爲盡乎伏願聖天子執數者之政堅如金石守數者之政信如四時平數者之政無私如天地不以有灾而敬畏於始不以無灾而怠忽於終則一念畏天之心即大禹竭力勞民之心成湯桑林請禱之心格天之道亦不外於此而得之矣又何灾變之難弭而至治之難期哉然格天固在於君而輔君尤在於臣蓋君有畏天之心而臣能將順之是引君以道也君無慢天之心而臣先導之是逢君之惡也引君者其心忠逢君者其罪大此李沆灾异之奏所以有聖人之稱而天變不足畏之王安石所以得罪於萬世也愚也負芹曝之懷久矣倘得預序事之列請執是説以往

第五問

苗汝霖

同考試官教諭林批（四事中又提出兵糧爲重語平而意深真善於論事者非胸中素有濟世之具其能爲此言乎是用録出）

考試官教諭粘批（深達時政可以占世用矣）

考試官教諭劉批（論時事有斟酌非徒作者）

爲政之道在於行法亦在於通變法立而不行則爲虚文雖善不足以濟事法窮而不變則爲執一而有不可久也行法在舉其實而厲於初通變在因於時而不悖於法其要又在於任人而已然則今之治效之未著者其行法之未至乎亦猶有當通變者乎聖天子即位之初即蠲逋賦減田租以佐貧民省浮費革冗食以足國用除債帥以恤邊士修馬政以給騎兵法至善也恩至渥也而臣下之竭力從事以期效者亦逾年矣然民貧財乏兵弱馬耗誠如執事之所憂者愚生未達經國之務然以耳目之所及則知其由矣憔悴之餘而繼

以歲之不易是以民之貧也然不可以罪歲不有弊政之未革者乎贜吏之未黜者乎虚耗之後而重以供億之煩是以財之匱也然不可以咎往不有已徵而侵漁者乎當徵而逋負者乎兵之不振以食之不足也然撫恤不可以不至威令不可以不行馬之不充以損失之素多也然羸□不可以不稽而倒損不可以不補此執事所謂弊久而不可卒振與奉行之未至而愚生所謂行法者也慨自先朝人心玩愒其至於今餘風未殄有司以簿書爲職邊將以保守爲功澤壅而不流威褻而不振必率作而飭厲之凡有興革責以實效去闒茸陟賢能然後人知警畏而法行矣然兵糧猶爲今日之所急而復有所當議者竊聞山西歲支之數計凡二百二十六萬歲額所出僅一百九十四萬則已缺二十八萬之正矣昔以邊事之急宣府借支二十七萬迄今公僅反其半則又出十餘萬矣雖有鹽利不能補其十一而又不常是以宗室之禄未敷軍士之糧恒缺借彼移此終無所濟天枝之繁衍日多税糧之制額有限數年之後雖盡山西之財賦不足以供此非有司敢議廟堂之計也至於邊鎮之兵猶有可慮自京營之留操而志頗驕自榆臺之一敗而氣未復以驕悍難御之心而蓄怯懦不振之氣何以禦敵況近者甘肅之兵至戕撫臣而不忌三邊之士恒以缺食繁興怨言漸不可長即今秋成之初宜不拘常格多方儲蓄使邊庾充實人心安固委重大臣經理選擇賢將振其紀綱明其法令庶乎可也況戎虜出没無常邊事甚重且急此廟堂之慮也執事所謂缺而未舉有司之不可專而愚生所謂通變者此矣凡事必在於先幾計當出於早定賈誼之策至武帝而始行唐末之弊至宋初而始革故窮則變變則通通則久前事之得失後事之鑒也祖宗之法無有不善而救偏補弊之道則在因時而不失其初朝廷之德意已至而承流宣化之職則在舉行而必責其效孔子曰爲政在人孟子曰法不能以自行是以又在於得人焉耳夫爲治之道欲速則不達然亦有緩急期月之間固難責以治效然久則玩玩則廢況今天下之勢如以七年之病求三年之艾任事之臣夙夜匪懈猶恐未稱而可以耽歲月乎惟朝廷之上進君子退小人振紀綱明賞罰則何所不肅藩省之臣稽吏弊飭官廉察民隱宣上德則何所不治邊疆之臣厚撫恤明號令勤教練宣威德則何所不勝然取人以身其本又在於君心愚生芹曝之忠非言之可盡也執事幸恕其不諱而進之

山西鄉試録後序

嘉靖壬午山西鄉試事提調以牧職監試以憲職考校以郡縣文學之職

内外群執事以諸屬職之良者制也監臨則御史沈俊自以爲職檢防周慎遴選惟精圍棘之地舊隘以庳葺而新之表揭崇樹至者改觀於制有光焉蓋自我祖宗開創以來列聖相承選士非一而是歲則皇上龍飛第一科也伏睹臨御之初柄用元臣收召遺逸如恐弗逮繼策多士於廷疇咨以中興之務人心已躍焉思奮矣邇復臨視大學禮重儒臣坐講經史所以風示天下者益厚以周治理之會於是一新選士之典亦視昔爲盛率而行之於御史者至矣而服勤報稱之道非諸士子之所宜自勵耶夫言足以發天下之理者文也力足以任天下之重者才也道足以輔天下之治者德也德著而爲才才散而爲文非二物也傳稱山西士淳儉好學蓋有唐虞及皋陶傅説之風教焉兹觀三試之文淡而雋平而婉質而理壯而肅則信有然者是固進德之資非但才焉而已也德以輔世才以充之如皋陶之知人安民以贊重華之治傅説之納誨輔德以致允協之休斯學之全功也若徒詫夫文焉以爲進身之階豈所望於士也哉抑嘗竊聞之治世之氣盛夫北而漸夫南聖人之化由夫近以及夫遠儒者之學勤於己以率於人山西直參井之墟北邇畿甸所謂氣之淑化之純蓋全鍾而厚被者矣會斯道之全以弼成中興之治爲天下先是非諸士子之責耶侈而大之將爲是邦之科第榮則御史求賢意也嗚呼念之哉

浙江杭州府仁和縣儒學教諭粘燦謹序

嘉靖十六年山西鄉試録

山西鄉試録序

嘉靖丁酉山西復當鄉試先是巡按監察御史王杏稽典申令謀協藩臬禮聘考校及期監察御史蘇祐奉命代司監臨文琳暨教諭林應禎謬主試事而同考則教授徐元孝學正孫宗器教諭范大綱杜然毛豸李承節比偕至入簾乃御史既精白簡慎矢心誓衆罔不恪恭以式成憲復進文琳等曰諸執事遠歷徐豫楚越齊衛之疆莅兹晋土登涉周覽其于河山形勢之會精華之著鍾毓靈秀而發之人文將必得之以爲靖獻之助者竊有望也乃相與揖而謝曰實不敏不敢不勉既三試之則證體辯制研思察氣穆如暢如淵如曠如會于道矣殆人文之極盛也已古稱西北其風慓疾其氣勁悍其人疏直豪宕自今觀之充周旁達雄渾閎奥其于風氣若有不盡然者雖于人未之面焉亦概可知矣非深于養者其孰能之是三晋之良也或曰文也藝也勦説者襲取其名附同者强造其道王入霸出夷辭跖迹將何賴焉是故君子要其終也曰雖然吾聞之也先王陳詩以觀風而因以知俗與政是風俗政化咸于詩焉觀之矣詩也者固亦言之成文者也何獨于文疑之今天子神聖垂統建極風動四方維兹多士既已超風氣歸典要以達于辭顧不能充滿剛大之量進德修業以自喻于雲龍風虎之時義而乃外于政化以速于戾不唯不齒于朝廷不齒于鄉而增河山辱矣豈其然乎兹將梓其文以獻孟子曰我知言我善養吾浩然之氣文琳濫竽文柄非知言者養氣之功毋徒以文見焉以免或人之億逆唯爾多士圖之是役也提調則左布政使衛道左参政劉可監試則按察使丁丁汝夔僉事趙廷松就試之士則提學副使章僑所選也總督宣大偏關軍務兵部侍郎兼都御史周敘巡撫山西都御史韓邦奇巡撫大同都御史史道懋振威靈雅崇儒術巡按宣大監察御史閻鄰查盤糧儲給事中吕應祥監察御史黄綬查勘邊情左給事中錢亮兵部主事韓勛整理糧餉户部郎中郭從朴主事高翀許登瀛貞勵士風嘉樂盛典右參政趙錦副使於敖張天性吕阼左參議陸冕右參議盧耿麒僉事方日乾王世爵黄卷郭鏗辛珍行太樸卿郭五

常都指揮僉事鄔祐丘鎮鄭東後先贊襄内外防範法得備書以告成事

直隸鳳陽府宿州儒學學正毛文琳謹序

嘉靖十六年山西鄉試

監臨官

巡按山西監察禦史蘇祐（允吉山東濮州人　丙戌進士）

提調官

山西等處承宣布政使司左布政使衛道（正夫河南葉縣人　甲戌進士）

山西等處承宣布政使司左參政劉可（以中河南羅山縣人　辛巳進士）

監試官

山西等處提刑按察司按察使丁汝夔（大章山東霑化縣人　辛巳進士）

山西等處提刑按察司僉事趙廷松（子後浙江樂清縣人　癸未進士）

考試官

直隸鳳陽府宿州儒學學正毛文琳（良璧浙江江山縣人　壬午貢士）

浙江杭州府新城縣儒學教諭林應禎（國興福建福清縣人　乙酉貢士）

同考試官

直隸淮安府儒學教授徐元孝（子順順天府大興縣籍浙江餘姚縣人己卯貢士）

直隸真定府晋州儒學學正孫宗器（承之浙江蕭山縣人　戊子貢士）

河南河南府盧氏縣儒學教諭范大綱（立之湖廣顯陵衛人　甲午貢士）

山東濟南府臨邑縣儒學教諭杜然（廷俞浙江東陽縣人　辛卯貢士）

河南南陽府唐縣儒學教諭毛豸（文憲湖廣荊州右衛人　丙子貢士）

湖廣永州府東安縣儒學教諭李承節（介卿廣西梧州千户所官籍直隸定遠縣人　乙酉貢士）

印卷官

山西等處承宣布政使司經歷司經歷林憲（守法江西德化縣人　監生）

山西等處提刑按察司經歷司經歷梁經（治常河南上蔡縣人　監生）

收掌試卷官

太原府知府張承祚（懋德河南光山縣人　丙戌進士）

潞安府知府賈應春（東陽直隸真定縣人　癸未進士）

受卷官

太原府同知劉世用（汝賢直隸東鹿縣人　壬辰進士）

河東陝西都轉運監使司副使張雲鵬（九霄直隸河間縣人　己卯貢士）

沁州知州王良輔（汝弼河南獲嘉縣人　癸酉貢士）

平陽府隰州知州黄傑（興之直隸大河衛籍崑山縣人　癸酉貢士）

大同府蔚州知州王師古（克永陝西寧夏衛籍金壇縣人　己卯貢士）

彌封官

潞安府推官魏希佐（以道山東歷城縣人　乙未進士）

平陽府蒲州知州陳崇慶（懋貞直隸武進縣籍江陰縣人　乙未進士）

平陽府臨汾縣知縣趙統（伯一陝西臨潼縣人　乙未進士）

平陽府曲沃縣知縣趙弘（鳴重河南滎陽縣人　乙未進士）

平陽府襄陵縣知縣高節（仲立陝西西安衛籍東禹城縣人　乙未進士）

平陽府洪洞縣知縣昝如思（子學陝西三原縣人　乙未進士）

謄録官

太原府石州知州喬遷（于木山東定陶縣人　癸未進士）

平陽府絳州同知謝紘（章甫浙江會稽縣人　己丑進士）

汾州介休縣知縣劉源澄（仲清山東臨清州籍江西廬陵縣人　壬午貢士）

潞安府長治縣知縣薛騰蛟（時化陝西渭南縣人　乙未進士）

潞安府襄垣縣知縣葛縉（仲榮山東昌邑縣人　乙未進士）

對讀官

太原府代州知州周應龍（雲卿山東博興縣人　乙酉貢士）

太原府清源縣知縣曾光汝（奎河南商城縣人　己卯貢士）

平陽府絳州稷山縣知縣馮應元（體乾陝西咸寧縣人　壬辰進士）

太原府太谷縣知縣張承惠（君錫直隸易州人　己卯貢士）

太原府陽曲縣知縣徐子棟（隆卿山東武城縣人　丙子貢士）

巡綽官

平陽衛都指揮僉事李忠（行恕直隸和州人）

平陽衛指揮僉事崔憲（廷紀山東臨清縣州人）

太原右衛指揮僉事曰（清廉夫雲南歸厚縣人）

太原前衛指揮僉事彭程（萬里湖廣漢陽縣人）

太原左衛千户馮（亨時泰山東滋陽縣人）

搜檢官

太原左衛指揮使朱璣（在衡直隷鳳陽縣人）

太原右衛指揮使王珏（重珍湖廣孝感縣人）

振武衛指揮同知陳綱（立夫直隷江都縣人）

潞州衛指揮同知安邦（定之直隷灤州人）

太原前衛千户劉經（大倫江西金谿縣人）

供給官

山西等處承宣布政使司理問董公善（希舜湖廣黄岡縣人　監生）

太原府照磨所檢校鄭鴻（騰遠陝西臨潼縣人　監生）

汾州衛經歷司經歷趙烈（汝勳陝西朝邑縣人　吏員）

太原府太原縣縣丞李鉞（朝儀陝西陰縣人　監生）

平陽府翼城縣主簿姚秉彜（守德陝西慶陽衛人　監生）

澤州高平縣主簿朱金（仲南遼海衛人　監生）

太原府忻州定襄縣典史楊閏（天澤陝西富平縣人　吏員）

平陽府曲沃縣典史陳轅（仲行山東歷城縣人　吏員）

潞安府潞城縣典史傅安（咸寧河南安陽縣人　吏員）

太原府陽曲縣臨汾驛驛丞郝九齡（子年陝西高陵縣人　承差）

太原府平定州平潭驛驛丞杜鏜（振之陝西咸寧縣人　承差）

平陽府靈石縣仁義驛驛丞胡來貢（獻之陝西甘泉縣人　承差）

平陽府洪洞縣普潤驛驛丞晏鉞（世威陝西寧州人　承差）

潞安府屯留縣余吾驛驛丞馬志義（尚節陝西富平縣人　承差）

太原府徐溝縣同戈驛驛丞彭錫（君賜山東清平縣人　承差）

太原府榆次縣鳴謙驛驛丞楊芳（德馨直隷定興縣人　承差）

太原府祈縣賈令驛驛丞宋清（澄之山東齊河縣人　承差）

汾州平遥縣洪善驛驛丞王沂（浴之山東商河縣人　承差）

第一場

四書

能近取譬可謂仁之方也已　夫婦之愚可以與知焉及其至也雖聖人亦有所不知焉夫婦之不肖可以能行焉及其至也雖聖人亦有所不能焉天

地之大也人猶有所憾故君子語大天下莫能載焉語小天下莫能破焉　人有不爲也而後可以有爲

易

或之者疑之也故无咎　曷之用二簋可用享二簋應有時損剛益柔有時　在天成象在地成形變化見矣是故剛柔相摩八卦相蕩鼓之以雷霆潤之以風雨日月運行一寒一暑乾道成男坤道成女　往者屈也來者信也屈信相感而利生焉

書

肆類于上帝禋于六宗望于山川徧于群神　予其懋簡相爾念敬我衆　四五紀一曰歲二曰月三曰日四曰星辰五曰曆數　惟公德明光于上下勤施于四方旁作穆穆迓衡不迷文武勤教

詩

何彼襛矣華如桃李平王之孫齊侯之子其釣維何維絲伊緡齊侯之子平王之孫　苾芬孝祀神嗜飲食卜爾百福如幾如式既齊既稷既匡既敕永錫爾極時萬時億　或肆之筵或授之几　我受命溥將自天降康豐年穰穰來假來饗降福無疆

春秋

楚人伐鄭（僖公三年）齊人執陳轅濤塗（僖公四年）　夏公會宰周公齊侯宋子衛侯鄭伯許男曹伯于葵丘（僖公九年）　夏叔詣會晋趙鞅宋樂大心衛北宫喜鄭游吉曹人邾人滕人薛人小邾人于黄父（昭公二十有五年）　冬十有二月戊寅楚子滅蕭晋人宋人衛人曹人同盟于清丘宋師伐陳（俱宣公十有二年）　夏楚子伐宋（宣公十有三年）　公會晋師于瓦（定公八年）

禮記

君子耆老不徒行庶人耆老不徒食　天子大蜡八伊耆氏始爲蜡蜡也者索也歲十二月合聚萬物而索饗之也　然後聖人作爲父子君臣以爲紀綱紀綱既正天下大定天下大定然後正六律和五聲弦歌詩頌此之謂德音德音之謂樂　昔者聖人建陰陽天地之情立以爲易

第二場

論

聖人慎重之意

詔誥表（内科一道）

擬漢徵處士太原周黨會稽嚴光詔（建武五年）　擬唐以户部侍郎裴垍爲中書侍郎同平章事誥（元和三年）　擬宋張思訓進新渾儀表（太平興國四年）

判語（五條）

官員襲廕　賦役不均　上書陳言　申報軍務　造作過限

第三場

策（五道）

問　自古聖帝明王祈天永命其問學緝熙淵衷抑畏不遑縱逸以貳爾心不無以也是故几杖有戒盤盂有銘不徒左史右言瞽箴矇誦而已我太祖高皇帝盛德大業不可殫述至于觀心有亭衍義有廡精一執中之傳真足以弘古帝王慎獨之功而非漢唐宋諸君所能彷彿者也列聖相承懋契心學肆我皇上纘述益隆凡所更創延命禮臣定議新名大揭昭示是亦殷宗周武盤几寓警之意也其殿亭齋室所取名義睿思宸翰不徒藻飾是亦臣工恭聞而敬仰者也其鋪張揚厲于篇見聖祖神孫心傳之盛

問　漢儒董仲舒之言灾异也曰天心仁愛人君可以語天人之一體矣至唐臣所論則謂不足懼者五無乃亦三不足之一説歟繼而曰深可畏者六是又成湯自責之遺意也可詳言歟稽之往牒至治之世不無灾變九年之水增堯之憂七年之旱勤湯之禱顧應之如何耳恭惟今上效天法地禮備樂和皇天眷佑有加無已雖禎祥屢臻而灾异亦見邇者謹身殿雷火示警旋即撲滅乃益加抑畏引咎責躬明詔下頒期以實應事天之孝何以加諸凡在臣工秪承德意六可畏之外不知尚有可言者否也試盡言之以爲畏天之助

問　伏義氏仰觀俯察以作易體天地之撰通神明之德大抵一分爲二二分爲四四分爲八八分爲六十四故易成而天下之能事畢矣邵康節内聖外王以作皇極經世内篇達萬物之理外篇顯萬物之數大抵經之以元紀之以會始之以運終之以世故經世成而天地之心契矣然不知同异之旨果可得而詳聞歟

問　詩也者孔子之雅言也孟子曰詩亡然後春秋作詩果亡歟古歌詩多出民間婦人女子亦間能之三百篇可考也后之大夫士顧獨不能删後無詩其信然歟不徒采之以察俗雅而古之禮會亦相賦答以見志時至春秋猶有存者魯衛晋鄭尤盛風流儒雅萃于一時豈亦有音譜相傳耶秦楚僻遠六

月之賦大明之什猶或能之齊宋世家如慶華乃甘受相鼠之譏而不知蓼蕭之賦何也它不暇論至若善答秦賦求釋衛侯稱楚薳罷歷聘侯國皆晋之選也可悉數歟願詳言之亦以見志

問　先儒謂錢穀甲兵皆分内事也若天官之九式傳者之理財若司馬法韜略諸書諸士皆究心而待用者也其曰周禮非周公之書韜略假太公之名固不必論矣試以山西之事言之我祖宗因地制賦因形設兵一方之賦自足以供一方之用一方之兵自足以衛一方以民無容言者但時异勢殊法宜通變是故禄糧困於宗室之蕃衍固矣軍伍日見其消乏軍儲不見其有餘何也近日借鹽課以補禄糧之宿逋扣計尚不足其數天潢日益將何道以處之内衛弱於軍政之因循固矣邊關稱爲强勁羌狄不見其款塞何也胡虜恃桀驁以肆不順至累歲月而後小折其鋒鞭撻四夷將何術以致之諸士子生長近邊籌之素矣請著於篇以觀經濟之學

中式舉人六十五名

第一名　劉廷臣　洪洞縣學生　易
第二名　張淑勵　盂縣學生　書
第三名　孟顔　澤州恩生　詩
第四名　李汝寬　聞喜縣學生　春秋
第五名　楊紹先　高平縣監生　禮記
第六名　郭儒　祈縣監生　詩
第七名　劉夔　代州學生　易
第八名　楊爾中　澤州學生　書
第九名　霍冀　孝義縣學生　詩
第十名　王崇古　蒲州學增廣生　書
第十一名　趙軏　高平縣監生　易
第十二名　張雲路　高平縣學生　春秋
第十三名　晏公朝　汾州學生　詩
第十四名　劉廷相　洪洞縣監生　易
第十五名　楊恒　平定州學生　書
第十六名　司杞　澤州學附學生　禮記
第十七名　張堯弼　代州學生　詩

第十八名　曹自重　平定州學生　書
第十九名　王三重　交城縣學生　易
第二十名　萬化　陽曲縣學生　詩
第二十一名　秦健　平陽府學增廣生　書
第二十二名　孟汝湆　蒲州學生　易
第二十三名　孔天民　汾州學生　詩
第二十四名　楊思忠　平定州學生　書
第二十五名　許遜　曲沃縣學增廣生　春秋
第二十六名　武鎮華　石州學生　易
第二十七名　張良甫　河東運司學生　詩
第二十八名　閻承光　澤州學生　書
第二十九名　李澤　太原府學生　易
第三十名　宋朝紀　壺關縣學生　詩
第三十一名　裴宷　澤州學增廣生　書
第三十二名　段子魯　蒲州學附學生　禮記
第三十三名　李彦金　榆次縣學生　詩
第三十四名　毛凰　代州學生　易
第三十五名　李承華　曲沃縣學增廣生　書
第三十六名　高文卿　繁峙縣學生　詩
第三十七名　李豸　陽城縣監生　易
第三十八名　張艾　孝義縣學生　書
第三十九名　周用中　太原府學生　春秋
第四十名　李敏　榆次縣學生　詩
第四十一名　李應陽　太原府學生　書
第四十二名　雷亨　聞喜縣監生　易
第四十三名　姬輔　榆次縣學增廣生　詩
第四十四名　魏廷　蒲州學增廣生　禮記
第四十五名　張藩　蒲州學生　詩
第四十六名　孫榮先　文水縣監生　易
第四十七名　李彦士　榆次縣學生　詩
第四十八名　田時雨　澤州學增廣生　易
第四十九名　馬寫　安邑縣學生　詩

第五十名　劉雲鴻　朔州監生　春秋
第五十一名　張涵　洪洞縣監生　易
第五十二名　李充善　潞安府監生　書
第五十三名　申去疾　高平縣學生　詩
第五十四名　霍慶芳　應州學生　易
第五十五名　李宜春　朔州學附學生　禮記
第五十六名　汪澍　潞安府學生　詩
第五十七名　郭恬　壺關縣監生　書
第五十八名　崔宗堯　潞安府學生　易
第五十九名　李惟喬　河東運司學生　詩
第六十名　楊綏之　遼州學生　春秋
第六十一名　續繽　翼城縣學生　易
第六十二名　李詡　蒲州學生　書
第六十三名　鮑時馨　潞安府學生　詩
第六十四名　李愚　平陽府學生　書
第六十五名　張九叙　定襄縣學生　禮記

第一場

四書

能近取譬可謂仁之方也已

劉廷臣

同考試官教諭李批（詞理雅正可謂文之式也已）

同考試官教諭毛批（聖人之言最難模擬不事雕飾而渾然成章此作得之）

考試官教諭林批（辭能達意）

考試官學正毛批（簡明）

聖人教賢者盡恕之事而爲仁之術焉夫恕以求仁學者事也能於而勉焉仁其庶幾矣乎昔子貢以博施濟衆爲仁故夫子抑而教之以此蓋謂學者以求仁爲要而其求之之方豈有他哉於己取之而已矣有能一日用力求之在我而自得其同然之情隨事精察取之至近而不昧其本然之度己欲立焉人所同也比而擬之其則不遠凡推以立乎人者隨其勢之所及而不遠以爲

慕焉己欲達焉人所同也知皆擴之而矩斯存凡推以達乎人者視其力之所能而不强以爲至焉夫仁之道大自私者小之也慎斯以往而志不分於多岐其爲道遠有我者限之也强恕而行而力不廢於中道真積久而天理融其視立必俱立而幾由於順應者在乎熟之而已矣欲之則至而豈有他道哉造詣深而人欲净其視達必俱達而用妙於大同者俟其自化而已矣利之而安而豈有多術哉謂之曰仁之方信乎强恕足以近仁而學者當知所從事矣彼徒鶩於高且遠者弊也則何益哉抑孔門諸子之學求仁爲第一義夫子教之不一其旨則固因材而篤也他日又曰賜也非爾所及其所以抑而進之者惓惓焉性與天道之聞天階日月之喻子貢晚年進德蓋極於高遠顔曾之下不多見矣謂非夫子造化之功歟

夫婦之愚可以與知焉及其至也雖聖人亦有所不知焉夫婦之不肖可以能行焉及其至也雖聖人亦有所不能焉天地之大也人猶有所憾故君子語大天下莫能載焉語小天下莫能破焉

張淑勵

同考試官學正孫批（可字亦字猶字發揮殆盡且純正典雅當是作手）

考試官教諭林批（辭不費而構結渾融長題如此者絶少）

考試官學正毛批（體認親切得子思子發明費隱之意蓋潛心於理學者）

中庸詳著道之無盡以見費隱之實也夫遠近大小莫非道也而費隱彰矣君子獨可離斯道乎昔子思子以費隱申明道不可離之意至此意謂道體無往而不在君子無時而不察彼夫婦之愚若無能知者然天機所發自契乎室家之宜推其極也雖聖人智周萬物而或遺于耳目之未逮焉夫婦之不肖似無能行者然物理所孚自安乎人道之常會其全也雖聖人道濟天下而或限于時勢之所拘焉非唯聖人也大如天地而覆載生成不免於化育之偏寒暑灾祥未盡乎時序之正人豈有不致憾于其間者哉夫然是盈天地間皆斯道之寓矣故君子語夫道之大也則廣運無際而充周不窮舉天下之物莫得而載之矣蓋引之而無端也大何有於外耶語夫道之小也則纖悉畢具而毫髮不爽舉天下之物不得而破之矣蓋析之而愈存也小何有於内耶吁遠近相續而道貫焉大小相承而道兼焉可謂費矣其理則隱而莫之見也君子顧可須臾離哉大抵道生天地道者天地之本天地生萬物天地者萬物之本此道之至也非君子體而凝之道不幾于熄耶果能動静交修而中和攸致則天地可位萬物可育而道在我矣雖然天理易見而人欲難防君子尤不可不嚴

慎獨之功

人有不爲也而後可以有爲

孟顔

同考試官教諭杜批（反覆數語七篇仁義該括無遺真其養氣之充者乎）

考試官教諭林批（不爲與後可爲處於孟子不唯得其口氣亦可見其氣象佳士佳士）

考試官學正毛批（學者莫先義利之辨議論嚴正取舍分明此作得之）

大賢論人能定於守方能勇於爲蓋爲與不爲之間義利之辨也欲有所爲非定守者孰能之昔孟子之意謂夫嘗慨夫天下之人每逐利而趨隨風而靡其特然以自振者鮮矣今有人也堅持于波蕩之中而自治之過嚴凡弗率于道者皆勉之而不爲矣挺拔于流俗之表而自防之惟謹凡弗協于極者皆制之而勿動矣方其隱也則非仁無爲非義弗爲事苟辱身非之而不顧也於窮居何損焉及其達也則非王道不陳非王政不舉時未直已援之而不止也於大行何加焉是其擇是非於素養而氣之所至必毅然以任天下之重世之所不能行者彼獨行之分善惡于預定而機之所發必奮然以荷天下之責人之所不敢爲者彼獨爲之未用以尚志爲事而仁義之道日明德業之新固有以聖賢自期者矣豈衆人者之可識耶既用以興治爲能而皇王之政日舉功烈之著蓋有以堯舜致主者矣豈小丈夫之可擬耶是則不患其無所爲於有事之日而患其無不爲于未事之先孟子探本之論固如是夫抑論之戰國之時廉耻道喪而功利方興在上以縱横取士在下以逢迎售身大道之塞無不爲者始紛然矣非孟子開關啓鑰以挽回之則斯民幾何不胥而爲夷耶故曰孟子之功不在禹下

易

曷之用二簋可用享二簋應有時損剛益柔有時

劉廷臣

同考試官教諭李批（模寫聖人用損之道極爲詳明且詞藻整然可愛是用録出以式多士）

同考試官教諭毛批（發揮時字甚有意味）

考試官教諭林批（得旨）

考試官學正毛批（明潔）

彖傳釋損薄祭之隨時必徵諸卦畫以見之也夫祭非所薄而薄焉者時

而已觀之卦畫義不可見乎夫子傳損之彖意謂國之大事莫重於祀祀之盛典宜貴於豐損之辭曰曷之用二簋可用享是果何所見耶蓋當損之時天下之財既匱而國家之用方殷使不節以制度則病於仁矣故二簋之薄亦可以時享于帝豈固以薄爲道哉使或絀焉以舉贏則傷於義矣故至薄之物亦可以時假于廟又豈以儉爲固哉禮之殺者歲使之也勢自不能以强隆非所當損則將爲萃之大牲矣用之節者損爲之也理自不可以過侈時而非損則將爲鼎之大享矣是道也豈唯用享爲宜推之卦畫則亦有然者引卦之體損下卦上畫之陽以益上卦上畫之陰是其剛柔往來之妙未至而莫爲之先陰陽迭運之機既至而莫爲之後剛之損也實益乎柔非人力爲之時之所在進極而退焉耳其消息之變蓋自有不容已者矣柔之益也本損乎剛非私智使之時之所趨退極而進焉耳盈縮之道蓋自有不可遏者矣由此觀之天下之損益盈虚殆與時偕行而舉莫能逃焉二簋之用又豈能違哉抑論天下之道二損與益而已矣是故聖人因時爲治而凡厚下以安宅者無所不用其情豈故自病以益人哉誠隨時救弊之道也不然天下之休戚所關而可不加之意耶然損上益下者謂之益損下益上者謂之損聖人亦何心哉嗚呼觀損益而知易之爲世慮遠矣

在天成象在地成形變化見矣是故剛柔相摩八卦相蕩鼓之以雷霆潤之以風雨日月運行一寒一暑乾道成男坤道成女

劉夔

同考試官教諭李批（潔浄精微易之義也而况變化之道尤難揄揚此篇於造化易書上鋪叙承接殊有條理諒亦素得于易者）

同考試官教諭毛批（足見筆底變化）

考試官教諭林批（簡浄）

考試官學正毛批（純雅可録）

大傳論變化易未作而具于實體易既作而見于實體夫易與天地準也即其變化而實體具焉則易之作也又豈非變化之見乎夫子大傳之意謂夫聖人之作易其始也易書法乎造化其終也造化見乎易書彼輕清上浮者謂之天凡日月星辰之屬固莫不麗天以垂象重濁下凝者謂之地凡山川動植之屬亦莫不本地以效形則夫易之蓍策卦爻陰變爲陽陽化爲陰者其迹雖未陳而其理已先見矣是故聖人得於觀察之餘畫一奇曰剛畫一偶曰柔其剛柔之相摩也而往來不已八卦之相蕩也而貞悔交錯是其引伸觸類而變

化又于是乎昭焉自夫成象者言之陰陽擊薄而爲雷霆和暢而爲風雨以鼓以潤而物無不生矣陰陽精華而爲日月消息而爲寒暑以運以感而歲無不成矣變化之妙不有以燦然于六虛耶自夫成形者言之乾道主陽凡禀陽之氣而確然其健者莫不以成乎男焉坤道主陰凡禀陰之氣而隤然其順者莫不以成乎女焉變化之迹不有以雜出于二體耶吁天地設位聖人成能易其無畫之造化而造化其有畫之易書乎雖然聖人作易以教天下豈故爲新奇秘怪者哉理雖見于天地而用則備于吾人故曰天地之塞吾其體天地之帥吾其性法乎易者法乎天也若非變易以從道而學易以事天則易書者真神化之糟粕聖人之彌文矣噫世豈可以卜筮小之哉

書

肆類于上帝禋于六宗望于山川遍于群神

張淑勵

同考試官學正孫批（類禋望遍异義作者窘之指摘明核僅見此篇）

考試官教諭林批（發明題意殆盡）

考試官學正毛批（理緻）

聖君攝位而舉祀典其義周其禮備也夫人君一身天地百神之主帝舜舉祀典而禮義各盡焉其知務哉史臣紀舜之事如此想其受終文祖首察璣衡而攝位告神遂稱祀典尊而上帝則類之郊祀非其時而圜丘式遵乎舊位陶匏用其質而燔牲無侈于新觀祭帝曰類率其常也然日月星時陰陽水旱六宗皆帝之麗也可獨遺乎明禋休享而夙夜惟清有孚顒若而齋明盡慤癸宗曰禋致其精也夫是凡皆所以事天神也而帝位之攝于是乎祇告矣豈瀆祀乎遠而山川則望之五岳迴峙隨方以盡其文四瀆殊流望秩以崇其典山川曰望無遠弗格也然丘陵墳衍古昔賢群神皆地之祇也可獨後乎紀德紀功而肇稱乎殷稱乎殷禮宗賢宗聖而咸秩乎無文群神曰遍無幽弗通也夫是凡皆所以事地祈也而攝位之事于是乎昭受矣豈徼福乎是則曰類曰禋曰望曰遍之异名義之周也上帝六宗山川群神之具舉禮之備也大舜攝位而首舉此其施爲氣象可概見矣記曰禮有五經莫重於祭蓋人君職以奉天而收放合離所以備百順萃天下之道莫要焉是故舜之攝位首於觀象祀神而覲臣巡守疆理皆次而行之凡皆所以事天也後世謂祭無益矯誣上帝固不足以語格天之治至於封泰山禪梁父從事於渺茫冥昧者惑之甚矣

惟公德明光于上下勤施于四方旁作穆穆迓衡不迷文武勤教

楊爾中

同考試官學正孫批（詞不煩而理明意貫自是作家）

考試官教諭林批（春容典雅）

考試官學正毛批（講穆穆迓衡處痛快）

賢王美大臣德教之盛所以示留洛之意也夫周家德教文武勤之而其所以終成之者周公也此成王歸美於公而深有望其留洛也歟昔洛邑告成周公將有退休之志成王留之若謂莫爲於前雖美弗彰莫爲於後雖盛弗傳公之於我國家也而豈徒哉天地吾知其廣也惟公德明光興禮樂而彰教化焕然昭灼而無遺四方吾知其遠也惟公德勤施兼三王而施四事沛然流行而莫禦德教旁作于覆載之間和敬充周于六合之内蓋至德難言但見其穆穆爾矣泰和創見于成周天休日爲之滋至蓋治平有象若有以迎之爾矣夫如是吾見丕顯謨其所以修和有夏者純一而不已也以公言之久而彌光而厥邦之時叙有以覲文王之耿光矣何失墜乎丕承武烈其所以建極于民者至誠而無息也自今觀之遠而彌昌而庶民之保極有以楊武王之大烈矣何迷失乎是則公之德教加於時者如此洛邑之治方將有賴焉而可以言去哉大抵周公作洛欲成王遷都以宅天下之中而成王之意則未欲舍鎬京而廢祖宗之舊故洛成公退而成王留之夫宅洛遠慮智也公遜碩膚禮也無遺老成義也居周毖祀仁也君臣上下各得其道卒之周公果爲成王留至今稱文武之德不衰噫周家有道之長豈偶然哉

詩

苾芬孝祀神嗜飲食卜爾百福如幾如式既齊既稷既匡既敕永錫爾極時萬時億

孟顔

同考試官教諭杜批（脱去陳腐足見筆力）

考試官教諭林批（温柔敦厚可與言詩矣）

考試官學正毛批（整潔）

詩人叙公卿盡祭之義而并受其福也夫外以盡物内以盡志祭義得之矣則夫神之隨感而應也固其理哉是詩述公卿有田禄者力能奉祭此祝致神意以嘏主人之辭也若曰飲食所以致孝鬼神誠信不昭則享祀者無其具矣今爾牲醴備夙戒之陳而豐潔達苾芬之氣以饗以祀祖考居然歆之矣昭格之下寧無百福之爾卜乎將見不先不後隨心思之所欲而適會其期也不僭不濫肆法制之孔繁而允協於衷也飲食之類應有如此禮容所以假于有

廟莊敬未孚則享祀者無其本矣今爾齊莊儼對越之容而肅敏中升降之節以妥以侑藹然見乎其位矣感格之餘寧不未錫爾極矣乎將見由內達外其旋元吉蓋有無疆惟休者矣萬可稽耶以左以右各協于極蓋有罄無不宜者矣億可計耶禮容之類應有如此夫人以是感而神以是應則報非濫與而祭非諂事也幽明交通也何如哉抑考書曰黍稷非馨明德維馨則德乃事神受福之本也楚茨公卿致力於民者盡故致力於神者詳所謂德盛政修者見之矣後世矯誣其民崇淫祀以徼福者亦獨何哉

我受命溥將自天降康豐年穰穰來假來饗降福無疆

郭儒

同考試官教諭杜批（我受命溥將得人處講殊繁多似涉全節此獨提綴簡明是用録出）

考試官教諭林批（詞不飾而意自足猶可想見尚質氣象）

考試官學正毛批（簡古）

商人于王者受命之隆必言其得天感神之事也甚矣天命難忱而神不易感也商人奉祀而兩得之受命之隆也不可見乎此亦祀成湯之樂也若曰我湯孫也薦大牲以假于祖考駿奔協萬國之歸固得人之助矣藉遺烈而纘茲丕圖錫慶膺皇天之眷則天實鑒之其受命也不亦廣大矣乎乃若冲穆無朕上帝至難祈也今也風以和風雨以甘雨而迄用康年百穀爲之載登清酤和羹足以備時祫之典是亦昭格之不替也我黍與與我稷翼翼而屢臻樂歲人心爲之大和蒸嘗禴祀得以展備物之誠不獨斯民之罔遺也得于天也何如至若精神既散祖考至難格也今也天與祖本同一德既可得矣則夫開清廟以致孝享於昭于天者即來格來饗于思成之際勇智之資可想見矣其感也不遂通耶我與祖本同一氣不但已也則夫歆明德以介景福啓祐我後者自申之重之于對越之餘靈長之祚如一日矣其福也何有窮耶感于神也何如吁降康降福得天感神也如此是皆秩祜之遠及也宜頌者以之美盛德而告成功也歟雖然命不可恃福不可幸也其來也有自其去也有幾德也者固其本乎不然雖豐禮隆典湯亦厭之而命遏其躬膚敏祼將之人可常有乎詩人歌祖德而以烈稱也豈無謂哉

春秋

夏公會宰周公齊侯宋子衛侯鄭伯許男曹伯于葵丘（僖公九年）夏

叔詣會晋趙鞅宋樂大心衛北宫喜鄭游吉曹人邾人滕人薛人小邾人于黄父（昭公二十有五年）

李汝寬

同考試官教諭范批（殊會與無美詞處發揮傳意詳明春秋文字正當如此）

考試官教諭林批（分義嚴明人臣觀之自消希望之心）

考試官學正毛批（詞條義盡宰孔范鞅等有知亦自無辭）

冢宰會霸春秋待之以常列卿勤王春秋待之以正夫莫嚴於君臣之分莫重於君臣之義也春秋於宰孔於列卿之會肯少假溢於其間哉諸侯曷會乎葵丘也齊桓修尋盟之好宰孔將賜胙之命也是役也孔以冢宰上兼三公方之大禹上兼師保周公下行端揆若不异矣曷春秋不殊會之耶蓋先王制禮正分别嫌正以謹嚴等殺也孔也論道啓沃統正百官責任固曰重矣規以大義夫非盡人之臣歟是故以終始則有進退之節以出入則有均勞之義位非世及貴非常尊烏可與王世子等論哉春秋秩分庸禮故不以殊會書之者以互若後世以位加王世子之上者非春秋待宰孔之義矣諸侯大夫曷會乎黄父也范獻子警早圖之策趙簡子布勤王之令也是役也謀輸王粟且具戍人擬之齊桓翼戴世子晋文尊奬王室若同功矣曷春秋無美詞耶蓋先王公天下建侯封國因以藩屏王室也今也宗周弗靖小國之懼大國之憂伯國謀之夫豈异人之任歟是故輸之粟則壤之賦也具之戍力役之征也分所當爲義所當盡豈能逃於天地間哉春秋正誼明道故無美詞者以此後世臣子受當爲之賞而不辭者非春秋待黄父之旨矣是則待以常禮則人臣知分之當守責以常分則人臣知分之當爲春秋教後世之爲人臣者如此也抑春秋之待五霸爲世道計也權也桓非受命之伯又不朝周重臣賜胙止於登拜已耳晋爲盟主宗周有隕不能奔問官守舉義昭職徐徐數年淺言圖會律以先王之法齊晋將能免乎春秋尚美葵丘之盟不貶黄父之會聖人豈得已哉

公會晋師于瓦（定公八年）

張雲路

同考試官教諭范批（詳玩傳文前曰其書公會晋師後曰言晋師而不書士鞅作者類多含糊此作提點明白文亦足以發之有見有見）

考試官教諭林批（義意謹嚴正是明經待用之學）

考試官學正毛批（重衆謹權令人悚息）

春秋於霸臣之將兵示重衆之義寓專兵之戒甚矣民不可易權不可忽也春秋致謹於瓦之會焉意其遠哉昔者晋人嗛叛盟之隙以睨齊人士鞅間西鄙之兵以救魯患我定往逆瓦亭有會兹行也寔以鞅也春秋書會晋師不書士鞅何耶蓋觀容民蓄衆之訓則知軍旅之事君與大夫皆以師爲重也宜矣鞅也入聞晋政出馭三軍其視師徒藐乎微矣殊不知民惟邦本勢切安危之機佳兵不祥事關悔吝之戒大夫敢以貴重少之乎今也輕舉大衆妄興遠役督丘民以犯凶器驅無罪以赴險危借魯仇齊動摇邦本殆見旗旆所指利害伏焉其機其戒不亦爲可懼乎又觀履霜堅冰之戒則知世禄之臣植根膠固其辨之於早也宜矣鞅也席有卿位間晋中微其將兵出會來也久矣殊不知天下大事積於至微夫人常情忽於未兆國家可以尋常忽之乎今也授之節鉞專制車徒兵權在手威福隨之細民習於耳目而不察大幾失於勢重而難反殆見童牛不梏捍格及矣其積其兆不亦爲可憂乎春秋至是義繫於師矣所以書會晋師而不書士鞅也有是哉此義行則人君慎於用衆而忿兵貪兵牛羊其民者可免矣慎於馭臣而公車公徒散復於丘甸者可復矣此春秋垂鑒之意也大抵三綱軍政之本智者察之仁者行之魯昭久寄於晋境魯定受制於世臣晋也既不能急於方伯之義又且沮於貪利之臣今齊之病魯未甚魯之報齊尚力顧因背盟之故假救魯之聲其止也以利其行也以私其機也以臣其君莫之察也軍政之本何在哉宜其失諸侯不能主盟也歟

禮記

君子耆老不徒行庶人耆老不徒食

楊紹先

同考試官教授徐批（就題遺語而化民成俗之意躍如蓋讀禮而得其肯綮者）

考試官教諭林批（不窘不泛互有發明）

考試官學正毛批（雅健）

觀王政之優老而貴賤各得其所焉夫老者安之聖人之政也貴賤各得其所而王道成矣記王制者意謂先王之制養老爲先然其德教之行蓋有化民成俗者焉彼六十曰耆七十曰老耆以君子稱言有爵也服命既列於縉紳名位不同於鄉族有常尊焉是故命駕於朝所以貴德也而行無徒步之勞懸車於館所以賜謝也而出無無輿之嘆體貌尊於齊民冠蓋崇於道路非侈也蓋其分之所當有而義之所當安矣徒行者何有乎耆老以庶人稱言在下也負戴既非其所勤指使惟隨其所願有常養焉是故道其妻子可使貳膳也而

晨昏遂甘旨之歡教之樹畜可使食肉也而口體備珍羞之奉頤養適於引年飲食豐於庋閣非僭也蓋其身之所當得而民之所當爲矣徒食者何有乎是則不徒行老老之化行於貴不徒食老老之化行於賤王道之成可想見矣傳曰上老老而民興孝明王以孝治天下而民興焉虞之燕夏之饗殷之食周人兼而修之皆是也此其治隆俗美而四代之盛所以不可及歟噫不法王道而能言治者否也孟軻氏所以拳拳於齊梁也

然後聖人作爲父子君臣以爲紀綱紀綱既正天下大定天下大定然後正六律和五聲弦歌詩頌此之謂德音德音之謂樂

司杞

同考試官教授徐批（有聖人而後可以制禮禮制而後樂作此篇體認親切足以發明子夏論樂之意）

考試官教諭林批（明暢無長語）

考試官學正毛批（有斷制）

記者即聖樂之所由作著古樂之所由名夫萬物得其理而後和樂之所由作也古樂之名其以是夫子夏答魏文侯問樂至此若謂音與樂异而衆庶昧焉若古之聖人也豈苟焉哉乘夫大當之時作爲斯民之極内則父子外則君臣三綱六紀秩然而有條紀綱既正則百姓以親五品以遜天下四方翕然而順治天下既定則禮備而樂可興焉由是酌元聲以正律參伍乎相生損益之宜比六律以和聲曲盡乎清濁高下之變協之弦歌至德於是乎流通被之詩頌太和以之而宣布所謂德音者非歟是故優柔平中德之盛也極情文之備所以移風易俗者是矣天下化中治之至也兼功德之隆所以平心宣化者是矣不謂之樂而何是則序之以禮和之以樂聖人作樂之始終而古樂見矣彼徒音非樂君何聽焉雖然音樂非二也樂不離乎音而音所以宣樂惟夫音易好樂難知不知則厭而溺音代變正樂日荒此子夏所以有爲而二之也苟知樂如知音則聞韶者忘味觀舞者擬德而古樂復矣故曰今之樂猶古之樂

第二場

論

聖人慎重之意

劉廷臣

同考試官教諭李批（圓融活潑警策自見真一倡三嘆而有遺音者矣

健羡健羡）

同考試官教諭毛批（淵然之光蒼然之争奪于珠璧當爲子斂衽）

考試官教諭林批得（立言本旨）

考試官學正毛批（朗誦動色輕忽自失）

論曰明王欲有以動天下莫難乎其始也始之弗難而終無以應是以聖人憂焉夫以天下之大而欲以一人之身握其樞要運其機栝以奔走天下而使之帖然竦服則非令無以動之也何也勢之散者未可以易合事之异者未可以易同人之睽者未可以易孚聖人者洞察其幾而深曉其故于是乎有命令之説焉蓋王者命令則若進天下之人而與之對談于當寧之上而吾之精神蘊奥亦若有以親授於四海之遠九圍之内者在上無隱情而在下無伏機故王言布而萬國傾心綵綸敷而神道默運其散者异者睽者固已連絡而統屬之矣又何俟乎躬役萬機之勞哉是令者人君所以動天下之微權也然令出之非難而謹始之惟難而聖人者則又欲其慎之而不敢忽重之而不敢輕此其故何哉誠以始發之也乃所以率天下之人以就吾法而俾之我從以歸于極使其擬議未足以合道而弛張未足以中情則人心必不樂于我而事勢或有乖其常起而强爲之將有以鼓天下大難之端而莫吾應矣不得已而亟爲之易則又恐不足以取信于衆而紛更之譏卒不免于天下之口此聖人所以拳拳于其始而明王亦自知所警惕矣元城劉氏之論書曰慎乃出令令出惟行弗惟反易曰涣汗其大號傳曰令重則君尊又曰國之安危在出令凡此皆聖人慎重之意也嗚呼其知命令之道乎夫人君者深居九重之中而欲化萬里之外禮以正分樂以導和刑以懲奸政以廣惠固必慎號令以昭晝一重政令以垂法守新天下之耳目而使之不能懕鼓天下之心志而使之不敢懈而天下之人亦自知所持循以蹈吾法而不亂然後可以厚望於天下之治是以古之善觀人國者不視其勢之盛衰而先察其令之弛張未論其政之醇疵而先審其令之繁簡奈何後之言治者功利之念興而圖治之過鋭務勝之心熾而好名之日急故當其事幾之初動也慮之未暇熟而處之未暇安則皇皇然以速令于天下曰如此而爲禮如此而爲樂如此而爲刑與政冀驅天下一日以入于太平之域及其令甫達而變易頻數遠者一二歳近者期月之間甚者朝行而夕改吏莫知所守民知所從是蓋人情有所未盡事理有所未通或牽于好惡之私或溺于迎合之説故一人言之而遽爲之紛更也是果可以語治平乎哉或者曰法度之廢置吾不必其已見之爲是政事之因革吾不必其已成之難更惟求其義理之所在而徐爲之圖果可易歟則更其所可更而不

嫌于違俗果可守歟則守其所可守而無憚于襲故此亦無不可者而又何以紛更爲議耶吁非後之更者之過也始之不慎者爲之非後之易者之非也始之不重者爲之蓋令而至於更易以求治則亦不得已之計耳而可乎哉君人者茍能澄神于未事之先而周咨于圖事之始慮之既臧謀之既定發之不妄而持以必行則天下之人聞吾之令如聞雷霆之聲傾耳聳聽而不敢有侮易之心信吾之令如信神明之鑒悉心厭服而不敢有違戾之志禮之令于天下也因情以定制順則以立軌而民莫不整然以守曰此明王之所以達吾分也固不必户揭以禮而父子君臣之秩其常上下内外之理其叙僭逾消焉綱維張焉樂之令于天下也本和以正律協律以諧聲而民莫不欣然以承曰此明王之所以穆吾風也固不必家喻以樂而弦歌詩頌之得其章政俗風化之萃其美躁心釋焉欲心平焉刑政之令于天下也欽恤而不濫漸被而不狹而民莫不歡乎以順從曰此明王之所以弼吾違而惠吾疇也固不待綱纖之法煩細之條而閭閻小民已洽好生之德海隅蒼生各遂咸若之願奸宄屏焉大化行焉此豈有他哉令審於始事而機達於莫遏故其鼓舞之餘將有不怒而威不動而變而轉移變化之妙莫知其所以然者天下之人亦將惟吾之禮樂是囿焉耳刑政是服焉耳而亦不能以自已是王者一令之頒有以關天下之安危一命之布有以係生民之休戚而可不思所以慎重之乎此自古帝王之所以兢兢業業而不敢以忽於其令審之而不輕發守之而不輕變以示不惑於觀聽而求成于治功也雖然爲天下主者天也繼天者君也君代天出命者也臣代君行命者也君出命固不可違天之道臣行命亦不可侵君之事人君繼天以出治茍非純心以建極燭理以制欲則出命之際是非或可以淆其中而臣下或可以投其隙威命不免於下移而政權將流於多門矣不亦可懼哉故曰大哉王言一哉王心令也者其天下之機乎心也者其人君之本乎先儒謂人君之心惟在所養可爲有國者鑒矣

同前

萬化

同考試官教諭杜批（詞暢而豐意妥而盡他日從容議論于廟堂之上舍子其誰）

考試官教諭林批（明白正大得立言意）

考試官學正毛批（有源委有發揮有斷制用并録出）

聖人一天下之令而神天下之化者要於其心焉得之心也者令之所從

出也聖人不能與天下相忘於無言而其所恃以爲鼓舞之術者本諸其心而布之於天下君臣上下相與由之而不變焉是故天下之化可成而聖人之心始慰否則徒爲文具而無真誠專愨之意貫徹於其間上無道揆下無法守而其爲令也不足以動天下而適所以病天下將有不勝其弊者矣故曰聖人慎重之意元城劉氏誠有見於時之好繁其令而欲其求端於心也且上古結繩而治無所謂命令者聖人無庸心也綱維世道樹風聲而陳藝極凡以爲天下生民慮者二三聖人豈無所用其心哉天下相忘於道化之中而不知其誰之所使雖謂之忘言可也自是而誓誥諄諄惟恐人之不吾聽且信者於是乎始有疑而叛者矣是非民之疑且叛也淳龐之俗隆而道德之意微聖人於此始有不容已於言者矣聖人不容於言而其所以令之而使行風之而使動蓋有不可以苟焉者是故不求之於下而求之於上不求之於言而求之於心故其所爲説者曰君子以申命行事言乎其善入也曰令出惟行弗惟反喜乎其必行也曰王言如綸其出如綍言乎其末流之甚也此慎重之意也至於所謂訏謨定命遠猷辰告者尤可以見聖人之心焉何也謨之訏也則不便於其身而有天下國家之慮矣命之定也則不疑於其心而有僉謀從衆之長矣猷之遠也則不爲目前而有百千萬年之計矣告之辰也則不爲急遽而無慢令致期之賊矣夫是四者令之所以爲善内而庭除之近外而蠻方之遠細而寢興洒掃之常大而車馬戎兵之變慮無不周備無不飭夫焉有債事者乎傳曰令重則君尊又曰國之安危在出令嗚呼其亦可懼也哉是故不敢以忽心乘之懼其慮之弗熟也不敢以私心參之懼其謀之弗臧也不敢以欺心二之懼其發之或妄也不敢以怠心留之懼其行之弗篤也夫心弗怠而能勇於義矣弗欺而能信於民矣弗私而能公於人矣弗忽而能謹於度矣審令之道何以加此故曰君子出其言善則千里之外應之况其邇者乎由是禮樂明備而天地官刑政修齊而人心服道德合一而風俗同唐虞純懿之美三代有道之長皆是物也而豈他有一説以爲粉飾籠絡之具哉後世之爲令者吾惑焉本於中者無真誠專愨之心而發於外者多二三苟且之説令則益繁而化則益窒紛更之患起數易之弊生遠不過一二歲近或期月甚者朝行而夕改亦有前詔未頒後令蠲除者吏斯眩而民斯疑焉蓋由其不知所慎重之道是非取舍無所折衷君臣上下相與優游而卒無補於理譬之泛江河亡維楫而一任其風波之所之其能免於覆溺之患者能幾何哉雖然忘言之化不可見矣唐虞三代不可及矣知聖人慎重之意而致之天下焉亦可以爲令矣宋之中葉仁宗之休養不足以供神宗之作用哲宗嗣位之初正涵養休息之時也其善者不可

變其不善者亦當以漸而復事體安妥人心帖服而不覺其爲變更斯善之善者斯固元城劉氏之意也非固膠於一定而不知通也要於其當而已故曰聖人久於其道而天下化成又曰其或繼周者雖百世可知也此聖人慎重之説也此老成謀國之慮也噫

表

擬宋張思訓進新渾儀表（太平興國四年）

張堯弼

同考試官教諭杜批（原始要終瑩暢雅麗讀之渾儀在目非達于道器者其誰能之敬服敬服）

考試官教諭林批（駢儷）

考試官學正毛批（典則）

太平興國四年月日司天監學生臣張思訓新渾儀成敬用進呈者臣思訓誠惶誠恐稽首頓首上言伏以堪輿啓秘聖王尚象以明時珠璧懸文昭代稽天而定曆數原七曜儀正三辰步推既竭乎管窺鉛槧聊傳乎表測因緣復古創制維新蓋自庖羲則天觀日月星辰之變而軒轅推筴順陰陽天地之占重黎世掌璣衡羲和始終曆象降觀于後浸失其初宣夜之制莫傳周髀爲術靡驗張衡靈憲妄擬蓋天一行銅游浪傳圭土地難尺度空聞五行之三十三家天不可階徒似陰陽之二十一術是以渾儀之制久爲弃壁之文野獻爲勤杞憂未釋兹蓋伏遇聖祖撫運聰明憲天奎聚河清識太平之有象龍行虎步睹帝德之罔愆治先敬天以勤民道欲登三而邁五稽古定制不廢保章之官觀象玩占尚録司天之後顧臣箕裘末業術數世流嘗因星曆之過差欲究古今之同异仰觀俯察有覺鷄丸計往推來因窺磨蟻木游取則于令瓚銅儀效法乎淳風天體至圓周三百六十五度四分度之一渾儀左運盡一丈九寸五分寸之三設架閣於崇臺運圓機於密室二儀异道七政同觀地隱天中盡地足地輪地軸奩浮水上周中關小關定關值水銀於三樞轉木人于七直循環不息自爲鍾鼓之聲隱見可觀擬作樓臺之狀氣朔具瞻於咫尺乾坤不出于户庭運機物範兩儀范曄昔嘗稱其妙窮天地侔造化崔玉無所容其談是蓋聖世運會之所成豈謂微臣心思之能到閉門數歲僅見一斑抱瑟三投自慚千慮昔晋臣不弃記里之鼓周家獨藏指南之車而况弃龜可以占年飛灰亦能候氣輒忘狂瞽自獻蒭蕘仰垂乙夜之觀用睹五德之運因儀察變定洪範之稽疑觀象授時示豳風之播穀陰陽定而寒暑時九疇叙而三綱正伏願天地定位聖人成能水火金木惟修歲月日時無易昭六文于帝極有穆泰階升

萬國于大猷同歸黄道臣無任瞻天仰聖激切屏營之至謹以所製新渾儀隨表上進以聞

第三場

策

第一問

劉廷臣

同考試官教諭李批（聖學之要在正本審幾子能歷叙湯武建中建極與祖宗丕顯之盛終篇復以洪範五事爲獻蓋涵泳有素而不負所學者）

同考試官教諭毛批（組織事實而規頌之意藹然非特華於文也敬服敬服）

考試官教諭林批（援古證今條答無遺）

考試官學正毛批（考據詳實敷對洋洋三晋之後非子而誰）

聖王之學在正其本而已聖學之要在審其幾而已夫人君一心天下萬之本也本不正則無以建天下之極而作則以昭遠端緒微茫天下萬事之幾也幾不審則無以制天下之動而謹微以成務故帝王之學不在於章句之末而以正本爲先能養其心則端本澄源之道得失聖學之要不待於事爲之著而以審幾爲先能慎其獨則防微杜漸之功密矣是知審天下之幾者能正天下之本者也正天下之本者能致天下之化者也知乎此則自古帝王精一之傳與我聖祖神孫心學源流之妙淵衷敬畏之誠豈不同條而共貫哉敢敬陳之以復明問之萬一嘗謂人主之心天下所視以爲治忽萬幾所視以爲理亂一念之不謹或貽四海之憂一時之未慎或致無窮之患其關係豈小哉書曰人心惟危道心惟微惟精惟一允執厥中是非正心之謂歟然微妙之體易昏而難見衆欲之攻易引而難遏堤防一弛則潰裂四至而莫爲之所此其幾又不謂之至要至要者乎易曰知幾其神乎知微知彰知柔知剛萬夫之望是非審幾之謂歟是以古之聖帝明王莫不祈天永命而問學緝熙廓其大公之量而不牿于形器之小使心之湛然澄一而常爲一身之主本然之體與天地同大者無一理之不明瑩然明凈而超然物欲之表本然之用與天地流通者無一息之不生而又且凝神定慮反已静觀淵衷抑畏不遑縱逸察天理人欲之分致擴充遏絶之力敬畏于是乎崇逸欲于是乎戒是故以湯武之聖而承萬世心學之傳懋昭大德不邇聲色道已至矣而憂勤之念未已不泄不邇克慎明德德已至矣而惕勵之意尚存訂几杖以示義而敬怠義欲之訓翼然于觸

目之餘也銘盤盂以昭警而日新又新之喻竦然于沐浴之際也蓋其動察於理欲之間而辯不可以不早分析於天人之限而幾不可以不防顧諟之誠殆爲緝熙光明之助而嚴師之主籍爲祈天永命之休乃聖人不自滿假無敢暇豫之心也而豈但動則左史書之言則右史書之瞽箴于幾聲矇誦于臨事而已哉嗣是而後心學失傳歷漢而唐而宋英君誼辟各以所見爲學養心慎獨之功寂然無聞忠諫之屏帝範之篇規誨若切也而徇名責實之道或疏丹扆有箴敬天有圖取法若善也而静言庸違之失不免是不過粉餙於太平而無以恢弘乎治理此治功之就所以止於雜夷雜伯而不能以復隆古之盛也仰惟皇天篤生聖祖膺明命于淮甸奮起之餘正綱常于腥穢蕩除之後獨禀全智功高千古盛德大業不可殫述睿資遠邁百王精義尚友先聖兢業恒存而不恥然于幽獨得肆之地嚴畏中切而不怡然于宫闈燕閑之時知人心出入之幾固無其時也則建觀心亭於隙地所以存天理而遏人欲正心之功何極知誠意正心之道固不可間也書衍義篇于兩廡所以崇敬畏而戒逸欲慎獨之功何密其精一執中之傳正心慎獨之學誠足以上匹帝王之美而非漢唐宋諸君之所彷彿矣列聖相承守而弗失懋契心學先後一致肆我皇上以天縱之資纘溥將之緒益隆聖祖之心學遠接帝王之道統注范氏之箴即惟危惟微之旨頒敬一之訓即精一執中之傳天章宸翰曠百世而同符宏詞奥義越萬年而僅見其他几所更創則必定議新名大揭昭示恭舉其所聞之大者言之如成于文華殿者齋則以九五名矣室則以恭默名矣九五乾象也辭曰飛龍在天利見大人是蓋秉剛健不息之强具純粹中正之德而後可以與此誠於此而留神焉則所以奮終日之乾效夕惕之厲以統天凝命者無不至矣至於恭默思道非商高宗之所以中興者乎温温恭人維德之基惟玄惟默守道之極又皆君人者之所當澄神静慮以培其存養之功者也至構于西苑者亭則以豳風名矣殿則以無逸名矣豳風周詩也傳曰事上愛下養老慈幼是蓋有勤儉仁厚之風先王遺澤之遠而後可以語此誠於是而省覽焉則所以知小人之依崇力穡之效以開國重民者無不至矣至於所其無逸非周公所以告成王者乎所其無逸乃有逸民惟邦本本固邦寧又皆君人者之所當存神加志以厚其涵濡之體者也是知聖學淵源而存養省察之精無异於几杖之戒神功溥博而體驗擴充之大不殊於盤盂之銘聖祖神孫心傳之盛豈不有以上追乎隆古天下臣工欽仰之誠豈不有以舞蹈于風動耶然人心易放而難存幾微難燭而易昧伏願讀書以窮理爲先養心以慎獨爲要益嚴祇畏

更切冰兢講明義理之歸閉塞私邪之路奉若天道中心無爲務使貌之恭足以作肅言之從足以作乂視之明足以作哲聽之聰足以作謀思之睿足以作聖然後以八柄馭群臣以八統馭萬民而遠無不至邇無不服矣四方於穆之休萬世太平之治又豈不復見於今日哉謹對

第二問

張淑勵

同考試官學正孫批（水旱堯湯不免貴有以弭之耳此篇叙述詳悉并入漢唐二臣論義殊得章法引經訓歸之力行一言尤爲簡盡蓋熟於策學而可以對揚于大廷之上者）

考試官教諭林批（抑揚取舍卓有定見）

考試官學正毛批（董子觀春秋有見於天人相與之可畏比答良得其意）

對以人驗天善言天者也以人應天善事天者也天人之分雖殊感應之機則一不知人之未始不爲天天之未始不爲人不足以言天不知和氣之足以致祥乖氣之足以致异不足以事天是故人感而天應理之常也灾變之未至修德以格之而已矣人定而勝天數之極也灾變之既生修政以禳之而已矣舍其當爲之事而妄委於或然之數而曰天也非人也數也非政也是豈人君之所以事天而天之所以仁愛之意亦虚矣執事以天變策士而有及乎邇者雷火之警蓋欲講求所以弭變之術而上下同致其憂勤也敢不敬應夫天人相與之際甚可畏也書曰惟吉凶不僭在人惟天降灾祥在德又曰天視自我民視天聽自我民聽夫天之灾祥民之視聽邈處其不相及也而嚮應若此則人君居萬民之上而所以因政以得民因民以得天者其可以易而爲之耶董仲舒之告武帝曰天出灾變見天心之仁愛人君而欲止其亂也雨暘之灾山川之變不見於有道之國而且以爲仁愛蓋變不虚生所以示戒也人君克謹天戒則天意回天意回則治道興而人君致治之德益成然則非天成之耶是之謂仁愛是故九年之水堯非不仁也然而懷襄之勢使禹治之八年于外而九州攸同四隩既宅九山刋旅九澤既陂則所以遺堯之憂而成平成之治者未必非天成之也如此而謂之天之仁愛於堯可也三年之旱湯非不德也然而桑林之禱六事自責曰政不節歟民失職歟宫室崇歟女謁盛歟苞苴行歟讒夫昌歟則所以勤湯之省而致永懷之化者未必非天致之也如此而謂天之仁愛於湯可也仲舒之言蓋取諸此乃若唐康澄之論事於明宗則以三辰失行天象變見小人訛言山崩川竭水旱蟲蝗五者爲不足畏夫五者之爲

灾莫大焉而以爲不足畏豈非啓人君戲豫之心而漫視於天人之際哉然澄之言亦自有見蓋人之所能者人也其所不能者天也聖如堯湯而不能使天下之無水旱而水旱亦不能免地堯湯之世則其所可畏者在天而不在我而我方且恐然以求之於茫渺冥昧之中而不求其實於天下國家之事則亦何益之有是何也畏其所難畏而忘其機之在我耳故曰天作孽猶可違者此也蘇軾所謂星墜木鳴川竭谷湮彼之咎者此也其視王安石所謂天變不足畏人不足恤祖宗法不足守則其虚名實行堅志强辯以釀成新法之禍古人所謂一言而喪邦者也豈君子至當之論哉澄之言又以賢士藏匿四民遷業上下徇廉耻道消毁譽亂真直言不聞六者爲深可懼夫六者之爲害若隱焉而以爲深可懼豈非以其有可懼之實無可懼之形哉然澄之言誠爲知本蓋人君當制治於未亂也保邦於未危也治如堯湯猶且兢業以行道檢身如不及而當時四凶之未去慚德之未釋則其所可懼者在我而不在天而我方且肆然以自足於豐亨豫大之世而忘其憂勤惕勵之心則亦何足爲恃是何也懼其所當懼而盡其道之在我耳故曰自作孽不可逭者此也蘇軾所謂德薄道虧政荒民散我之咎者此也其與湯之六事自責以義制事以禮制心而成有商格天之治者异詞同符又豈得以澄之言而盡廢之哉是則仲舒之言推天以示人康澄之論以人而事天而介甫之辯則弃天褻天之甚者也方今聖明在上禮備樂和其視堯湯之世後先一揆然近日雷火之灾隨發隨滅而益加抑畏引咎責躬明詔下頒期以實應是其上天之所以仁愛於皇上者即堯湯之水旱也而其所以事天之孝即堯湯洚水之儆六事之責也然愚又何贅焉夫爲政不在多言顧力行何如耳書曰敕天之命惟時惟幾又曰先王克謹天戒易曰君子以恐懼修省詩曰天命降監不敢怠豫又曰小心翼翼以事上帝此先王慎重天戒有如此者洪惟我太祖高皇帝立國之初憂思深遠每遇水旱則謂省臣曰豈刑罰失中武事未息宜輔朕修省以消變异又遇星變謂群臣曰四方灾异或匿不以聞或舉不以實今宜以實上聞此祖宗慎重天戒有如此者若今日之事能以堯湯之心爲心六經之訓爲訓祖宗之法爲法躬行於上而責成於下應之以實而不應之以文舉其所當因而厘其所當革如此則可以事天可以弭變董子之所謂正朝廷以正百官正百官以正萬民萬民正遠近莫不一於正而諸福之物可致之祥皆畢至矣公孫弘所謂心和則氣和氣和則形和形和則聲和聲和而天地之和應矣否則可懼者舍之而不懼而不可畏者日見其可畏矣其如弭變何哉漆室之憂野芹之獻執事或不以爲迂而泛焉庶幾土壤細流之足録云謹對

第三問

孟顔

同考試官教諭杜批（易畫經世同者亦异异者本同辨其异而歸之同非用心于内者不能）

考試官教諭林批（筆力雅健不獨達於理數爾已）

考試官學正毛批（誦之心且豁然子其心伏羲之心學康節之學者也）

易畫成而天下之道盡其體經世成而天下之道盡其用夫陰陽消息之變鬼神造化之功天地萬物之理固有渺茫無象而不可測度者非伏羲氏之仰觀俯察而筆之於易畫卦立爻稽實待虚則天下之道何以盡其體耶故奇偶剛柔生而天地之撰神明之德自昭然于畫象之間矣天時人事之始終古今世道之成敗萬事萬物之消長固有盈縮相乘而不可臆料者非康節邵氏之内聖外王而作皇極經世因理推數因數達理則天下之道何以盡其用耶故元會運世著而天地之心天下之故自了然於推步之下矣是天地之秘非羲氏無以明羲氏之精非康節無以闡先天之學其數之體乎皇極之數其易之用乎而又何同异之懸絶哉請因執事之問而敷陳之以終其説天下之道方其始也渾渾噩噩而不可爲方體浩浩蕩蕩而不可爲限量天地之化莫究其端倪萬物之變莫知其朕兆其尊卑之定位卑高之肆陳動静之常度象形之昭布人但見其運行而已爾但見其森列而已爾但見其往來屈伸而已爾而陰之所以爲陰陽之所以爲陽則又孰得而知之天開人文伏羲氏生焉于是乎仰觀于天文俯察于地理畫一奇以象陽畫一偶以象陰剛柔相摩八卦相蕩引而伸之觸類而長之大抵一分爲二一者太極二則兩儀矣二分爲四四則四象所謂太陽太陰少陽少陰者是也四分爲八八則八卦所謂乾兑離震巽坎艮坤者是也八分爲十六十六分爲三十二三十二分爲六十四而其變無窮天下之能事畢矣陰陽動静之道于是乎形焉天地萬物之理于是乎發焉至宋而有康節邵氏者出反覆乎大易之旨默契乎羲氏之心深得於易而數學爲精其於始畫之八卦也則見其陰陽先後之數於八卦之正位也則見其陰陽消息之數於八卦之因重也則見其陰陽流行之數於六十四卦之方圓也則見其陰陽對待之數於陽九陰六之用也則見其萬物之數故作經世以覺天下衍易一圖曰一動一静之間者即易之所謂太極也天地四象圖曰太陽太陰少陽少陰少剛少柔太剛太柔者即易之所謂四象也天地始終之數圖曰元會運世歲月日辰水火土石者即易之六十四卦也六十四卦數圖曰一一起于南八八修於北者即易之八卦之數也至於一元消息之

數圖四象體用之數圖則又何莫而非易之萬物之數耶故總其書而論之其道一本於羲畫但其用字立意自爲一家引經引義别爲一説若其宗要則明道所謂加一倍法也是故由用而之體則自一而二自二而四自四而八自八而十六自十六而三十二自三十二而六十四即體而之用則自六十四而三十二自三十二而十六自十六而八自八而四自四而二自二而一一者太極也所謂一動一静之間也天奇地偶之畫陽九陰六之數四千九十有六之變萬有一千五百二十之策何以加于此哉是其作用雖不同而實則伏羲所畫之卦也夫道生天地而太極者道之全體也太極生兩儀兩儀生四象四象生而後天地之道備焉陰陽變于上而日月星辰生剛柔化于下而水火土石成象動于上而萬時之消長盈虛以變而起體交于下而萬物之動植飛走以類而應然時之與物又皆有數以存乎其間數者何也道之運也理之會也陰陽之度也萬物之紀也定於幽而驗於明藏於微而顯於著原於一而衍之以爲萬窮天下之數而復歸於一推之於天地而後萬物之理昭焉賾之於陰陽而後萬物之數睹焉故其書以日月星辰水火土石盡天地之體用以暑寒晝夜雨風露雷盡天地之變化以性情形體走飛草木盡萬物之感應以元會運世歲月日辰盡天地之終始以皇帝王伯易書詩春秋盡聖賢之事業而陰陽之消長古今之治亂較然可見矣噫天下之道至大也非伏羲氏之畫易則道之體無以見故卦成而斯道之明方如日之中天有以啓萬古之蒙瞶而體盡之矣天下之道至精也非邵氏之經世則道之用無以達故數成而斯道之行方如水之行地有以開萬古之否塞而用盡之矣彼所謂易主卜筮經世主推步者則其形迹之似耳而非邵子用易之本旨也若夫楊氏之太玄八十一首關氏之洞極二十七象司馬氏之潛虛五十五行皆不知而作者也而又何足以語易哉雖然聖人以天地爲一體以萬物爲一身善救而不弃曲成而不遺然後可以成能其中故時不能以違天物不能以違時聖人不能以違物時不違天故天運而必變物不違時故時變而必化聖人不能違物故物化而必順天之時由人之事乎人之事由天之時乎興事而應時者其惟人乎故聖人者雖因數以察時而亦必興事以合天天苟不違而况於人乎况於鬼神乎是易之數雖寓於事物而易之理則具之人心故曰復其見天地之心乎又曰以此洗心退藏于密善學易者能于吾心而求之則天地之道萬物之理固自有機之不可遏者矣觀康節之詩曰思慮未起鬼神莫知不由乎我更由乎誰此非心學之要乎又曰心無妄思足無妄走人無妄交物無妄受此非無妄之道乎噫安得康節之學而與之論易謹對

第四問

李汝寬

同考試官教諭范批（觀子論詩是嘗爲周南召南以意逆志而有得者）

考試官教諭林批（求于野而得情性之自然則風可知矣由于風而昭功化之極盛則雅可續矣吾于子有望焉）

考試官學正毛批（詩以文爲末流之失也能于意興求之其善反者乎）

由記禮温柔敦厚之言則知詩之關於風教也爲甚大由孔子興觀群怨之旨則知詩之切於日用也爲甚詳然有本焉不可以襲取也然有辭焉不可以淫比也然有思焉不可以淺索也然有興焉不可以强寄也然有聲焉不可以厲應也然有調焉不可以弱滯也然有體焉不可以類拘也然有意焉不可以實泥也詩之義大矣哉是故仁義中正其本也温厚和平其辭也閎深雅淡其思也情會神應其興也宫商相宣其聲也高朗暢達其調也感發懲創其體也言近旨遠其意也詩亡久矣果能此焉雖未敢自附於聖人删述之後而於春秋數子或可庶幾矣乎不然强排以爲工牽合以爲奇本體不識意興俱亡而曰我能賦我能賦謂之曰删後無詩也不其然乎道以器離音與心异其與陽刺而漢無所聞顯頌而漫不知答相去也何遠哉執事下策承學而以詩爲問且有取春秋之人蓋亦憫大雅不作而叔季猶存而以遺音絶倡復望於今日也誦毛萇之傳徒得其言檢元凱之編未究其旨誠何足以知之請以所聞爲明閣復可乎嘗讀三百篇之序説而知詩之所由作矣書曰詩言志歌永言聲依永律和聲論樂者祖焉而詩則其章矣此詩之始也三代治化之隆功德之盛有所製作頌以登于清廟雅以奏于朝廷皆達關雎麟趾之意而音響節奏出焉是以皆可被之管弦格之上下至於列國之詩亦陳之巡狩之日以觀政化而行夫黜陟之典以示勸懲此詩之教也夫何東遷以還天子之尊下同列國黍離之什降爲國風而時事可知矣故曰詩亡然後春秋作雖然非詩之亡也雅亡也至於風也者下里曲巷婦人女子情感意會短歌長謡往往達意興而中音節亦足以感人而動物豈唯三代之時教化素洽之所易能情同心同直道而行雖至今猶有存者知者于詩亡而求之野焉亦思過半矣而風豈俱亡哉删後無詩之言豈亦獨見于雅歟若夫端本正辭藴思達興審聲諧調比體逆意以復古雅以備今樂遠以追二帝三王之隆近以宣聖文神武之化政同教同涵育有得于古也又奚難焉使樂正雅頌各得其所亦存乎其人已矣考之孔子所删三百篇之詩乃商周祭祀燕享及房中所歌者其篇章宛然三代之舊也雖取之以寓勸懲其所逸亦多矣豈皆于善惡無所感創哉要之

音節或于律呂弗協故删而去之孔子大聖固不煩師承者音譜相傳不可謂初無有也大戴禮云凡雅二十六篇其八篇可歌晋志亦云漢末杜夔傳舊雅樂有鹿鳴騶虞伐檀文王四曲皆古聲辭其後改作新聲舊曲遂廢至唐開元鄉飲酒禮其所奏樂乃有鹿鳴四牡皇華嘉魚南山魚麗關睢葛覃卷耳鵲巢采蘩采蘋一十二篇而聲已不可得聞宋趙彦肅傳此十二詩之譜叶諸律呂爲開元遺聲朱子疑古樂滅亡已久工師何所考知不謂其然蓋亦史闕文之遺意也程子謂詩如今之歌曲古詩音調不可復見今之歌曲雖出時人之口而亦有所沿襲如向所謂十二詩鹿鳴等六篇詩云黄鍾清宫俗呼正宫關睢等六篇詩云無射清商俗呼云越調雖名目不同誠因今而求之古循俗而入于雅因聲以考律正律以定器古樂或可復見矣亦可謂達于樂之變者也則音譜之亡也雖非一日要之後世失之是故時至春秋去古未遠音譜似有可傳不然則列國君臣雖交相雄長或講信修睦于兩國之交或陳師請盟于時見之會於是乎饗宴以成禮肆樂以盡文陳詞以達意答賦以叙情猶知有取于章句而未肯視爲糟粕也不獨魯衛晋鄭風流文雅萃于一時六月之雅反出于西鄙之秦大明之詩載歌于南荊之楚不可概見乎以至齊之公族如慶封弗虔于飲食之節而甘受相鼠之譏宋世家如華定徒取遄亡之輕而弗知蓼蕭之賦則又學與不學爾矣其曰它不暇論無亦謂誠晋人也知晋之卿大夫已乎景仰之餘亦嘗究心矣若子餘之於秦伯賦黍苗采菽之互答也而使公子降拜受之晋文之佐天子匡王國爲之兆矣不亦善乎若叔向之於衛侯以齊侯鄭伯之求釋也而告趙武請而許之盟主之宣明德正違闕庶乎可矣抑豈私乎以至薳罷楚之良也如晋莅盟拜晋侯之享而賦既醉敏以事君必能養民叔向以是知薳氏之得政于楚也噫可以觀薳罷矣非叔向其誰知之亦可以觀叔向矣韓宣子晋之選也歷聘侯國見易象春秋嘆周禮盡在魯如齊聘衛不辱君命君子以是知韓氏之有利于晋也噫可以觀宣子矣而晋實有之亦可以觀晋矣豈唯是也其它如趙武子觀志于七子賦詩垂隴之地韓宣子獻馬丁六卿載答我將之詩又皆不能以悉舉者也凡若此者雖皆假托一時一事之偶合以濟其權變之私援引一字一句之强同以售其敏捷之技固于雅言大旨概乎未聞先王言志觀風之義猶有不盡泯者殊未可以大經大法責備于叔季之人才而盡少之也何如慶華之多見于後世也哉嗚呼先王之詩昔以導情也而今以寓言昔以垂教也而今以取證昔以觀俗也而今以禦辯要之音譜無正傳而葩藻有餘思此春秋所以止於春秋而成周之盛無復可想見也後之言詩者亦當知所考矣朱子不云乎本之二南以求其端

参之列國以盡其變正之於雅以大其規和之於頌以要其止且又不剖析於章句也而涵濡其大綱不剽竊於近似也而融會其總旨由是性情以之而正風俗以之而同修齊治平之道以之而次第可舉尚何遺音絶倡不見於今日之足患哉惟執事進而教之

第五問

楊紹先

同考試官教授徐批（時務文字不在富麗衹是有益於時政便是敷陳家數此作得之）

考試官教諭林批（今日兵食之弊正救之術條陳已悉子其究心於時事者足驗有用之學）

考試官學正毛批（議論切實有侃侃之風）

安天下之勢者政也宜天下之時者通也上下軍民之謂勢贏絀豐儉之謂時勢以分安匪政曷以事以時宜匪通曷以是故錢穀甲兵歸乎政也斟酌盈縮本乎通也政行而分定則上食於下下食乎上民給乎軍軍衛乎民錢穀甲兵通乎萬世然時有盈虚財有豐約力有盛衰或出於政條畫一之外政或敝於臣工因循之久通變以宜時所以濟乎其政也且性分之與政事非盡乎錢穀甲兵也而錢穀甲兵自不能外也執事憂及二事策及山西承學晋人也敢委之分外乎是故戎祀朝會百官有司國資於錢穀舊矣自天官之法立職貢賦式所以治小人養君子也西山之民儉而能積絳翼之沃澤潞之饒西河之殷盛天下稱其富也我聖祖奄有海宇則壤成賦上給宗藩次給軍伍百官之俸不及十一焉當時官有餘財民有餘力真一方之財足供一方之用也繄及今日百七十年矣地有定畝賦有定數宗枝是蕃禄加千倍宜病其不足矣獨怪夫軍亡過半糧額猶前屯田之入册籍徒存天下根本非淺事也執事憂之無乃欲有聞乎愚嘗熟察其故矣求用之裕究其耗之端可也求財之充省其損之源可也傳曰生之者衆食之者寡爲之者疾用之者舒方之今日豈一人之責乎蓋蠹財之端在宗室有四蝨財之本在軍民有三其在有司軍衛有六焉何則蕃育淆於妾媵之雜進應費糜於奢侈之敗度債負累於引誘之徒過舉惑於投充之輩四者財之蠹也宗室以荒之白并没於豪鄰侵欺僥幸於蠲免逋欠抗違於强暴三者財之蝨也軍民以之徵斂失於及時比并混於無等出納苟於守藏踏荒白之不清核蠲征之不切追逋欠之無法屯租之弊猶之民糧武官不職甚於有司六者其官政之螣歟今日之計不去四蠹財胡以節不治三蝨財胡以充六螣不除如蠹蝨何哉是故媵妾之數正則胤續清而不至冒其禄儉約之風行則舉動中而不至濫其財法

不廢於私債禄可用於中榘例必行於撥置財可免於漏巵如此可謂食之寡而用之舒矣多訪知因以對老册荒白之兼并自明親給糧由以嚴銷注蠲免之侵欺自著徵之及時則民易完比并有等則人知勸出納清弊則財不耗而荒白蠲征逋欠又特加之意焉則生財節財我執其機如此可謂生之衆而爲之疾矣夫區處之方曲盡無遺然後核逃亡之伍會出納之粟執其可質較之將來果有羡餘裒多益寡或有未然仍其舊貫則查解鹽之額扣其歲入之餘復鹽法之初照行引開之地沮壞者有法附餘者必盈雖不能盡足宗室之禄雖不能通給歲歷之久較之往昔其少舒乎此數者皆責之於下者也若夫蠲免酌禄糧之應否灾熟酌禄糧之損益廟堂之議謂之如何或謂教之德藝應試入官如唐宋之故事或謂給之公田制其穀禄如功臣之田土或謂去冗員以移其禄或謂遞禄以寬其民或謂虚絶祀以存其禄均不得已之議也就中折之公田之給不惟不能均其數抑且不能各如其便境内冗官縣去一員歲俸不過數百僅一將軍之禄耳况未可盡去耶世禄已定一旦減禄非重禄同好之謂也何以服衆心乎數者非宜時也執事爲萬世之慮志固遠矣吾恐周官之財賦權不在兹乎争始於民之有欲兵興於訟之不終國資於甲兵尚矣自司馬之法立六軍三軍二軍所以警有衆待暴客也三晋之兵質而能勇晋人用之以遏楚韓趙因之以抗秦李牧將之以逐匈奴天下莫强焉我聖祖俯察形勢建衛置兵外禦胡虜内備不虞制於未亂保於未危也當時軍政嚴明將士用命真一方之兵足衛一方之民也太平歷年百又七十矣前日之衛前日之兵中土因循衰弱不振已可耻矣又重以邊軍精鋭胡虜尚驕况凶狡不恭數年不靖天下大勢非細故也執事憂之無乃欲有聞乎愚嘗熟察其故矣夷之順逆視軍之强弱耳軍之强弱視將之材否耳傳曰君不擇將將不知兵卒不可用器械不利擬之今日豈一人之責乎蓋爲軍之祟在將領有六爲軍之賊在旗卒有三其雷同於里胥盲於有司亦有三焉何則行伍缺於賣閑弓馬疏於安逸貧弱亡於剥削功罪眩於名實升顯起於僥幸退縮長於驕奢六者有一焉軍之祟也况兼於一軍乎畏團練而遺器械投私役而避差遣習頽隋而長委靡三者有一焉軍之賊也况并於一時乎清審蔽於册籍發遣窩於押解回銷埋捺於當房此雷同於吏胥而有司昧於察之其盲有三焉今日之計六祟不驅軍胡以振三賊不殄軍胡以實三盲不明如軍伍之充何哉是攷核實支以查行伍則賣閑者懼矣立賞罰以試藝略則安逸者勤矣拊巡營部虚心引訪剥削者革矣賞不遺賤罰不避貴功罪之狀斯明進以勳給薦以廉能僥幸之門斯杜引之險阻以習其勞試之艱辛以忍其性驕奢之氣斯去矣又勉以大義進以詩禮鼓以廉耻亦將可以責之知兵矣因閲武而展攻戰之具則

不利者有罰明事例以定跟伴之名則私投者可革較材藝有勸懲之方則委靡者可作其氣矣又結以恩信汰其老弱戒其輕逞亦將可以責其用矣按絶户而究其田産埋没者可以得其隙嚴迴銷而并家屬竄解者可以破其奸扣程限以責批收埋捺者可以攻其蔽則新充舊籍營伍可充雷同於里胥當房者可以免其盲矣夫經略大概救敝補偏行之中土之軍未免尺寸之益少復當時之盛轉其軍政之機耳至於談及邊關之事責以安攘之兵首重將帥之選并急芻糧之積馬擇健壯而調士擇能勇而藝堅甲利兵戒□嚴堡好謀而懼觀釁而動進不可測撼不可摇蠢爾豺狼寧無畏乎若夫伸天威於不毛之地著殊勳於不朽之年務勝窮遠未可輕議或謂三關宜大連絡三邊互爲聲援如常山蛇勢可也或謂召募死士養鋭待時東寇則西軍深入以檮其虚西侵則東軍北行以擬其後將必有得志者焉或謂書戰以馬彼之長技也不如夜戰以步誘之於險乘其未騎長槍大劍必有成其謀者焉或謂不與輕合止於把截量用兵軍塞其險隘以逸待勞戰守俱良是固中國之長技也或謂戰勇氣也在倡之耳不一大創不能遠懲决勝奮擊如澶淵故事亦其明驗也均非治内之兵也就中取之互爲聲援列鎮同心縱無大勝亦無小衄矣兵軍塞險盡其險可也有遺險焉膠柱鼓瑟矣乘夜步擊無月有險間諜可用善矣否則虎穴取子矣臨期决機戒之慎之可也不然數者非所以通乎時也執事謂鞭撻四夷志固壯矣愚恐帝王之治夷狄不如是乎抑愚於鹽法將領有餘慨焉祖宗以鹽法助邊思極深長委利於商鼓其飛輓貯積于彼戰守足備客兵有資召募有恃雖有灾傷價值騰踴無所憂之軍士有仰堅其良心軍威自振非惟寬民力已耳近日紛更舊法商人輸價轉運受餘銀之賞邊境受空虚之敝及有水旱開市和糴殊不知商販之粟昔日鹽價之粟也軍士之價近日鹽課之銀也不樂其省顧喜其煩何也况鹽價由運司解之京由該庫轉之邊道途之艱防護之警出納之漁何惡逸而好勞也或謂芻糧易見即有盗冒數月之支居然難掩百兩入囊踪迹寥然矣此爲身家則善矣如國家大事何愚前謂急芻糧之積意以此也近日武舉準文舉開科用之不爲無人然不過險譎利害之徒未聞有忠心體國仇敵忘家者也是果無其人哉作養之政未及也愚以爲處會試中選之士亦仿文舉量撥各部或專本部觀效辦事遇有邊警或各處重大事情各部就事難問因觀其才識亦廣其才識他日用廢人皆知之信之下第之士責之該處兵備之官提調課試充廣材略習演馳射進之文學開發仁義涵養忠愛規其成效不患無其人矣愚前謂重將帥之選意以此也不識司徒司馬謂之如何其審處禄糧雖有舊典也昔周公去文武之時未及百年施文武之事已有不合者仰思繼日後能得之損益其法多矣况今去國初

百七十年矣惟聖天子軫念民艱議及元老多臣斟酌損益則西山之民幸甚天下幸甚不然執事徒憂之已耳

山西鄉試録後序

歲丁酉秋八月山西鄉試事竣録亦遂成應禎作而嘆曰録備四義可以獻矣四者何也曰勞勞者序其秩尚賢者表其氏崇雅者程其辭守常者遵其制遵制則同程辭則式表氏則榮序秩則勸禄備四義可以獻矣自夫鄉舉里選之制廢也乃糊名易書取人以言不亦難乎自監臨以至百執事經畫防範聿嚴以慎猶慮材遺弊滋以貽訾議耳目心思精力無遺至若聊次以昭有事而崇卑殊焉其何以作于後也故曰序秩則勸士之强學待問孰不乘時思奮以致厥身今也修辭獲進則登明選公固宜樹之風聲以示遠詔來亦庶乎得名稱已故曰表氏則榮聖人立法以式九圍繩墨載陳規矩聿設方圓平直者麗焉誰能違之高則厲下則弱弗式弗登則録可知矣故曰程辭則式三晋之士自古在昔豪杰挺生乃今涵育聖化業專藝精彙征并進視昔緊盛顧人以額拘文以制限其如遺于取録何哉蓋上有道揆而下有法守也故曰遵制則同雖然遵制尚矣豈唯山西然哉幅員萬里經國分野不無東西南北之异於是四義罔或异焉所謂車同軌書同文行同倫也於乎盛矣傳曰王天下有三重焉其寡過矣乎咨爾多士幸際昌期爲下不倍亦宜無弗寡過者也應禎從執事之後于兹末簡其何辭以綴歌鹿鳴而賓興之行將有位矣敢賦假樂之卒章以僭著相從之義

浙江杭州府新城縣儒學教諭林應禎謹序

嘉靖二十五年山西鄉試録

山西鄉試録序

聖天子顯道崇化嚮厲材賢思以興致太平甚盛嘉靖丙午天下當復獻賢書維時山西巡按監察御史齊宗道祗慎乃事豫物章軌罔不飭備考試官京學正蔡芝同考試官學正龍興薛緯教諭陳一元何汝璋崔一元彭冀衡以先巡按監察御史陳豪檄聘至於是左布政使張文奎左參政葛守禮司提調按察使戴鱀僉事李蓁司監試偕入院乃進先攝提學事副使李良提學副使俞咨伯分巡僉事江南所遴士二千有奇群而校之登兹録者六十有五人將以上春官對大廷异日爲天子使嗚呼兹六十有五人者是誠助太平者非邪今内自公卿外自藩臬而下小大百執事皆莫不由兹選然求以當上意者蓋僅僅見豈科舉之制非選辟之具抑古者明王所與興理不盡出於文學議論之臣而文學議論之臣固藝焉已邪天地山川之緼蓄靈异也必有所附麗宣暢匪若人其孰當之陽龍二五之會離明章徹高朗四被又必有瑰瑋特達之士象時而出匪斂聚於科目亦曷由致之然士方未遇兀兀擁詩書誦習涸思雕蟲以其藝相高乘時取科第比服有官最下者則萎焉熸焉縻好爵私龍斷效志於凡民不可過庸篤也其能即詩書所稱古今之變皇帝王伯之略抵掌不忘爲世所普賢者豈少哉乃亦或不足於古人之治如宋時士大夫然徒以文學議論嘩然相雜陸沉於獻納授受之間無甚裨時事不亦後人得失檢鏡之林邪然以京所徵考宋人文學議論猶類多可觀乃今士大夫視宋人何如欲求以當上意助太平要必有取誠不專於文學議論徒以飾華溷聽爲也夫爲衣者務以禦寒爲食者務以充腹苟饑寒之弗顧而姑炫玄黄錯鼎俎以誇視於人果何益者哉是故士無尚言方今天下事所需於士大夫者甚厚將借箸更僕終日縷縷而莫之能既也所貴於士大夫必敦尚本實温雅博大通達治體忠鯁有氣質敢於任事不齷齪進退與時浮沉相上下者夫然後舉所需而畀之天下太平可恃不然吾懼其終也山西故多聞人不可殫紀即耳目所睹聽于今之顯融者鮮有浮靡流浪之風其習化則然又地鄰上都介於戎狄頃且多事即齊民若總丱之童猶習聞理亂之因廢興之故矧兹六十有五人

者之生於其鄉非特文學議論炳炳燿流惟德之務侈有令圖將异日爲天子所材助致太平之業也孰御京甚欲觀之語曰平地注水去燥就濕均薪施火去濕就燥言類應也天子擇言用中人思作行不捐弃其德以應名世京不佞尤有望於二三執事者崇實黜浮簡文證履俾能言之士蔑所稱賢而褎然篤行君子相起而彈冠焉斯非所以風之哉是役也總督軍務兵部侍郎翁萬達前巡撫山西今陝西總督軍務兵部侍郎曾銑巡撫都御史楊守謙巡撫大同都御史詹榮耀武覩文嘉樂逢掖巡按直隸監察御史黄如桂巡鹽御史王忬宣猷振雅式貞文教總理糧儲户部郎中張旦主事馬慎刑部員外郎徐文亨籌邊讞獄適觀盛休右布政使吕顒右參政徐守義王楊左參議顧堅右參議蘇志皋李磐副使王崇劉璽張鎬彭大有艾希淳陳耀僉事程綬蒲澤賀惠行太僕寺卿孫鑾署都指揮僉事崔憲吴熹王佐翊襄輸力防範宣勤皆於法得書也書之

直隸滁州儒學學正周京謹序

嘉靖二十五年山西鄉試

監臨官

巡按山西監察御史齊宗道（叔魯遼東廣寧右衛籍山東日照縣人　戊戌進士）

提調官

山西等處承宣布政使司左布政使張文奎（應光陝西洛川縣人　丁丑進士）

山西等處承宣布政使司左參政葛守禮（與立山東德平縣人　己丑進士）

監試官

山西等處提刑按察司按察使戴鱀（時重浙江鄞縣人　丁丑進士）

山西等處提刑按察司僉事李蓁（懋承河南祥符縣人　乙未進士）

考試官

直隸滁州儒學學正周京（民仰福建莆田縣人　庚子貢士）

直隸保定府易州儒學學正蔡芝（卉伯廣西桂林中衛官籍　甲午貢士）

同考試官

直隸揚州府通州儒學學正龍興（子潜廣東海陽縣人　庚子貢士）

河南歸德府睢州儒學學正薛緯（子文湖廣竹山縣籍江陵縣人　丁酉貢士）

直隸保定府蠡縣儒學教諭陳一元（廷春廣東海陽縣人　庚子貢士）

陝西漢中府金州白河縣儒學教諭何汝璋（子重四川璧山縣人　丁酉貢士）

山東濟南府濱州蒲臺縣儒學教諭崔一元（子仁廣西靈川縣人　庚子貢士）

河南開封府許州長葛縣儒學教諭彭冀衡（孟登湖廣江夏縣人　丁酉貢士）

印卷官

山西等處承宣布政使司經歷司經歷潘桂（子芳山東昌邑縣人　監生）

山西等處提刑按察司經歷司經歷黄甲（上卿山東沂水縣人　監生）

收掌試卷官

太原府知府江濬（子泉山東歷城縣人　己卯貢士）

平陽府知府李乘雲（子雨河南鈞州人　壬辰進士）

受卷官

太原府同知甘澧（□衡湖廣蘄州人　辛卯貢士）

平陽府通判賀府（應璧陝西渭南縣人　己丑進士）

太原府石州知州沈弘彝（君叙河南陳州人　壬辰進士）

平陽府蒲州臨晋縣知縣王顯忠（元孝順天府保定縣人　辛丑進士）

太原府陽曲縣知縣趙紳（子縉順天府武清縣人　辛丑進士）

太原府榆次縣知縣俞鸞（應和陝西靈州守禦千户所籍崑山縣人　辛丑進士）

彌封官

平陽府推官趙世奎（啓文神武右衛籍直隸江都縣人　甲辰進士）

澤州知州朱舜民（虞甫山東齊東縣人　辛丑進士）

潞安府壺關縣知縣李用敬（仲學山東益都縣人　辛丑進士）

澤州高平縣知縣韓朝江（順甫陝西醴泉縣人　甲辰進士）

平陽府絳州絳縣知縣嚴天祥（叔善陝西朝邑縣人　甲辰進士）

平陽府曲沃縣知縣石鯨（應聲山東益都縣人　甲辰進士）

謄録官

太原府推官胡邦佐（公甫山東濰縣人　戊子貢士）

平陽府蒲州知州陳臯謨（思贇直隸江陰縣人　甲辰進士）
遼州知州陳實（若虛山東費縣人　壬午貢士）
平陽府襄陵縣知縣尚薰（德馨陝西武功縣人　甲辰進士）
平陽府洪洞縣知縣趙宸（德聰直隸定興縣人　甲辰進士）
潞安府長治縣知縣郝鳴陰（子和順天府寶坻縣人　甲辰進士）

對讀官

潞安府推官牛珠（光甫河南通許縣人　甲辰進士）
平陽府霍州知州劉橘（思孝直隸獻縣人　壬午貢士）
平陽府隰州知州靳東齊（子封順天府順義縣人　辛卯貢士）
平陽府解州夏縣知縣朱儉（祖禹錦衣衛籍陝西渭南縣人　甲午貢士）
平陽府蒲州猗氏縣知縣邢綸（允言陝西南鄭縣人　戊子貢士）
太原府代州五臺縣知縣劉相（漢臣順天府固安縣人　甲午貢士）

巡綽官

太原左衛指揮使劉隆建（汝立直隸休寧縣人）
太原前衛指揮僉事彭程（萬里湖廣漢陽縣人）
平陽衛指揮僉事馮大臣（世勳直隸濬縣人）
太原左衛右所武舉署正千户曾懷忠（希兵江西廬陵縣人）
太原左衛左所副千户張世美（繼芳直隸穎上縣人）

搜檢官

太原右衛指揮使吴瑶（玉甫直隸合肥縣人）
平陽衛指揮同知錢欽（敬之直隸合肥縣人）
潞州衛指揮同知沈應勳（世功直隸沭陽縣人）
太原左衛左所正千户苗剛（克柔直隸山陽縣人）
太原右衛左所副千户鄭臣（朝用河南光州人）

供給官

山西等處承宣布政使司經歷司都事李時彦（景美陝西沔縣人　監生）
山西等處承宣布政使司照磨所照磨汪憲琥（崇璧直隸懷寧縣人　吏員）
山西等處提刑按察司照磨所照磨王翰（文卿山東魚臺縣人　監生）
太原府徐溝縣知縣周誥（仲敷河南汲縣人　甲午貢士）
太原府交城縣知縣鄭鎬（化遠浙江黄巖縣人河南彰德衛官籍　辛卯貢士）

太原府盂縣知縣周夢綵（應明直隸阜城縣人　辛卯貢士）
沁州沁源縣知縣胡萬方（伯義陜西咸寧縣人　乙酉貢士）
山西都指揮使司斷事司吏目夏萬（希兆河南永城縣人　吏員）
太原府照磨所照磨王卓（立夫陜西鎮番衛籍直隸盱眙縣人　監生）
太原前衛經歷司經歷于龍（騰霄陜西三原縣人　知印）
太原府石州吏目劉縉（文華陜西宜川縣人　監生）
太原府太原縣縣丞張夫憲（肅甫山東高苑縣人　監生）
平陽府絳州稷山縣縣丞温季春（時成陜西涇州人　監生）
太原府陽曲縣典史李景茂（時暢直隸隆慶州人　吏員）
太原府河曲縣典史郝九齡（子年陜西高陵縣人　承差）
遼州榆社縣典史何福禄（天賜陜西甘泉縣人　承差）
遼州和順縣典史黄焕文（德□山東曹州人　承差）
太原府陽曲縣臨汾驛驛丞王綬（汝珮陜西扶風縣人　承差）
太原府平定州樂平縣栢井驛驛丞王進孝（尚本山東博平縣人　承差）
平陽府霍州靈石縣仁義驛驛丞尹申梁（宗晋直隸豊縣人　承差）

第一場

四書

夫子循循然善誘人博我以文約我以禮　萬物并育而不相害道并行而不相悖小德川流大德敦化　資之深則取之左右逢其原

易

直其正也方其義也君子敬以直内義以方外　九二利貞中以爲志也　君子之道或出或處或默或語二人同心其利斷金同心之言其臭如蘭　爻也者效天下之動者也

書

好生之德洽于民心　予惟克邁乃訓　皇建其有極斂時五福用敷錫厥庶民　立政任人準夫牧作三事虎賁綴衣趣馬小尹左右携僕百司庶府大都小伯藝人表臣百司太史尹伯庶常吉士

詩

孑孑干旄在浚之郊素絲紕之良馬四之彼姝者子何以畀之　天子命

我城彼朔方赫赫南仲玁狁于襄　有馮有翼有孝有德以引以翼豈弟君子四方爲則顒顒卬卬如圭如璋令聞令望豈弟君子四方爲綱鳳凰于飛翽翽其羽亦集爰止藹藹王多吉士維君子使媚于天子鳳凰于飛翽翽其羽亦傅于天藹藹王多吉人維君子命媚于庶人鳳凰鳴矣于彼高岡梧桐生矣于彼朝陽菶菶萋萋雝雝喈喈　儀式刑文王之典日靖四方伊嘏文王既右享之

春秋

秋公伐邾（隱公七年）夏翬帥师會齊人鄭人伐宋　辛未取郜辛巳取防（隱公十年）　春王正月公會齊侯宋公陳侯衛侯鄭伯許男曹伯侵蔡蔡潰遂伐楚次于陘楚屈完來盟于师盟于召陵（僖公四年）　夏楚人侵鄭（宣公三年）冬楚子伐鄭（宣公四年）　宋公陳侯衛侯曹侯會晋師于棐林伐鄭（宣公元年）公會晋師于瓦（定公八年）

禮記

君子耆老不徒行庶人耆老不徒食　人情以爲田故人以爲奥也　禮樂刑政四達而不悖則王道備矣　仁義接賓主有事俎豆有數曰聖聖立而將之以敬曰禮禮以體長幼曰德德也者得於身也

第二場

論

至仁則天地爲一身

詔誥表（内科一道）

擬漢定振窮養老之令詔（文帝元年）　擬唐以張玄素爲銀青光禄大夫誥（貞觀十三年）　擬宋以范仲淹参知政事富弼爲樞密副使謝表（慶曆三年）

判語（五條）

擅用調兵印信　擬斷贓罰不當　邊境申索軍需　詐欺官私取財　失時不修堤防

第三場

策（五道）

問　帝王之治本於德帝王之德本於學自古若堯舜禹湯文武言治者莫加焉其德其學載於詩書諸士子童而習之其最著且要者能舉而言之乎

漢唐宋諸君有志於古者不可謂無其間若表章六經若能通尚書若鋭情經術若發揮典籍若夜分觀書若專講春秋皆知從事於學矣而其德其治皆不逮古遠甚果何説乎洪惟我太祖高皇帝天縱神聖不思而得其可見若聖政記大明日曆可以觀治祖訓昭鑒録可以觀德觀心亭洪範圖可以觀學其他正大綱而舉萬目交養互發者未易殫述可得言其概乎列聖相承代有制作其著爲文華寶鑒御製帝訓文華大訓名爲教太子而聖德聖學於此具在其旨何居乎仰惟我皇上恢宏祖烈深探道源至德如天誠有以立制禮作樂之本而天下化中矣聖學淵深未易窺測至於發其玄緒如敬一箴心箴解視聽言動箴解遠有以契夫堯舜禹湯文武不傳之秘近有以光夫祖宗列聖之傳所以爲聖子神孫億萬年佑啓之圖者端在於是固嘗刻石學宫諸士子得以莊誦潛心久矣請以所能仰窺者鋪張揚厲之以鳴聖學之盛勿諉之曰不識不知而已

問　經以載道史以載事固學者之所究心而肆力焉者然删述以後諸儒於六經之旨歷代興衰之迹發明論記代有其人景行仰止請以晋之先哲表著者與爾諸士論之於經若王通氏續經中説之作亦有見斯道矣而或譏其僭若僞者或稱其非荀楊所及與高於仲舒者何無定論歟孫復氏尊王發微之著亦有得春秋矣而或譏其淺若刻者或稱其言簡義詳推見聖人之意者何所是正歟至於邵子皇極經世一書則先儒謂自易以來之所未有然又有議其專於數學而上繼孔孟不傳之統乃獨歸之程子何歟於史若董狐孔子稱其不隱亦惟趙盾一事春秋從而書之夫爲正卿而不討賊與首惡當有間矣乃不蒙於末減何歟司馬遷朱子稱其才識亦高今其史記一書盡易編年之法夫創義例而師百代較其功誠杰然矣乃不免於疵議何歟至於温公資治通鑑一書則其君謂荀悦之所未及然又有病其謬於書法而上繼獲麟絶筆之經乃猶待於朱子何歟爾諸士淹貫經史行將奉石渠之對紬金匱之書以專述作之美請發所藴而詳舉厥中毋讓

問　移風易俗爲治者之先務表正風俗亦士君子之所以自待也兹遇諸士大比興賢請以冀方古今風俗與諸士揚榷之可乎夫冀方堯舜禹之故都固比屋可封之地於變時雍之民也三代以還相沿未失迨今士大夫談者猶想望其淳朴之休兹入境觀風因民問俗乃亦有不盡如所聞者好樂無荒見之於詩乃今之人得無有流而爲游惰者乎絶地天通垂之於書乃今之人得無有背而爲誣惑者乎漆器之造古者不以許帝今奇异玩好之器在閭閻間有之何也繁纓之飾古者不以易邑今鈎膺絛革之美於從騎中見之何也

禹之衣服可惡何謂而大袖垂衣不惜全匹堯之土階如舊何謂而假獸刻節僭擬雕墻然則俗漸侈靡有不可長者矣至於鄉鄰有鬥欲其立焚債券難矣豈俗崇禮讓之志非耶兄弟相猶欲其七葉同居難矣豈民尚義信之紀虛耶質成之國弃田爲閑不知今之遜畔猶昨否也争訟之鄉望廬而返不知今之愧罪猶昨否也有違養而被言者較之望雲思舍能無愧乎有反目而肆毒者視之饁敬如賓何太遠乎然則俗漸澆薄有所當戒者矣夫俗以地成今之地固古之地也而民以時變今之人或不如古之人厥咎何由兹欲少變今俗盡復古道是必責之有位者不知作爲之道如何而可諸士子修習三物講道有年必知淳古之盛而思所以化導於其鄉者試著其説于篇固將以徵賢能也

問　夷狄爲患自古有之而制禦之方惟攻與守乃若征戎之策昔人論之詳矣然獨以周爲中策而上策無聞焉抑不知所謂策之上者果何代以有之歟後又有變其説者謂周得其上而惟漢最出其下果信然歟洪惟我太祖高皇帝汎掃腥羶肇造函夏百七八十年來列聖相承創守一致迨我皇上聖文神武超越百王雖絶域窮荒罔弗效順乃者胡虜桀黠屢犯邊隅宣大三關連年告警至厪九重北顧之憂向也籌邊諸臣嘗慮攻守之無策矣仰藉神謀睿慮遠覽兼收發言盈庭群策畢用几所以制禦之道者已無弗備矣然而虜心未見以悔禍膚功未見於宣揚豈所以爲攻守之策夫得其上歟抑兵不足以利戰戰不足以制勝歟説者謂洪武永樂之初九邊制嚴所守不過數處然皆據其總會扼其要害人聚力完易以制勝頃因門户失守堂奥過防堡寨日多分戍日衆編派無度調遣不宜東警西報顧此失彼皆緣衆分則兵數寡兵寡則取勝難其亦有見之説否歟誠欲復國初分守之地據總會要害之區當以何地爲重而守備在所當先何險已失而修復不可無講即攻守二事而酌量之抑又不知孰緩而孰急也子諸士生長三晋嘗親罹其患矣試言之以觀先憂之志

問　孔子曰足食足兵民信之矣夫兵食固爲政之大要至以之備邊禦戎則又不可一日缺焉者也山西兵食之敝兹甚矣顧可以置而不講耶自兵言之沿邊諸鎮伍籍有定數其初兵未嘗不足也然或行伍虛於奸詭之逃亡戰守病於老幼之單弱於是始有兵不足之憂而招民兵之代守矣是非不善也然勇敢未獲而濫充以游手之徒則無事坐費衣糧有事不閑紀律其可得而用之乎自食言之輸賦濟邊餽餉有常額其初食未始不豐也然或逋負累於豪强之兼并辦納歉於年歲之告凶於是始有食不足之嘆而請内帑以濟艱矣是非不可也然糜費不貲而動經以數十萬之運恐東南之財力益匱而内外之輕重失宜其

可得而常繼乎且歲發銀兩或開納例額或挖運通倉國用果皆羡餘之財歲調兵馬或爲延寧或爲遼薊諸鎮果非緊急之地是不可以通慮乎今之議者皆曰大破常格破格之言獨施於宣大三關是果經國之遠猷否乎兹欲求兵强食足有均平專一之制爲經久不易之規果有何道乎二者之外凡禦戎之策當今之務諸士子各盡出所見以觀經世之學將以轉聞於上

中式舉人六十五名

第一名　路王道　屯留縣學生　詩
第二名　王鈗　靈丘縣學生　書
第三名　李希洛　太原府學生　易
第四名　馬出圖　遼州學生　春秋
第五名　仇昃　潞安府學增廣生　禮記
第六名　張洲　平定州學增廣生　書
第七名　衛心　陽城縣學生　易
第八名　張世威　榆次縣學生　詩
第九名　任民望　臨汾縣學生　書
第十名　房韞玉　靈石縣學生　春秋
第十一名　齊塘　榆次縣學增廣生　詩
第十二名　李鐄　高平縣學生　易
第十三名　張大藴　陽曲縣人監生　詩
第十四名　傅希孟　蒲州學附學生　書
第十五名　孟思　澤州學生　詩
第十六名　柳遇春　沁水縣學生　易
第十七名　王里　榆次縣學生　春秋
第十八名　王三聘　代州學生　詩
第十九名　王惟一　屯留縣學生　禮記
第二十名　郭東　高平縣學生　詩
第二十一名　楊世卿　長子縣學生　書
第二十二名　張昪　陽城縣學生　易
第二十三名　劉鳴陽　盂縣學增廣生　書

第二十四名　崔璵　太原府學生　詩
第二十五名　劉源潔　代州學生　易
第二十六名　吕陽　平陽府學生　詩
第二十七名　王緝　汾州學增廣生　書
第二十八名　陳謨　寧鄉縣學生　詩
第二十九名　李先春　太原府學生　易
第三十名　李承弼　大同府學生　詩
第三十一名　盧學韶　平陽府學生　書
第三十二名　任服休　大同府學生　詩
第三十三名　楊枝　陽城縣學生　易
第三十四名　宋良弼　臨汾縣學生　詩
第三十五名　張廷弼　蒲州學增廣生　書
第三十六名　崔璞　澤州學生　禮記
第三十七名　馮時亨　陵川縣學生　詩
第三十八名　王敬　澤州學生　易
第三十九名　姚唐　屯留縣學生　詩
第四十名　崔都　蒲州學附學生　書
第四十一名　李應時　平定州學生　春秋
第四十二名　馮叔奇　汾州學附學生　詩
第四十三名　王道　陽城縣學生　易
第四十四名　鄭朝臣　平陽府學生　書
第四十五名　張詔　澤州學生　易
第四十六名　劉天義　平陽府學生　詩
第四十七名　馬紹賢　河東運司學生　書
第四十八名　賀遇春　石州學生　易
第四十九名　苗敏學　平定州學生　書
第五十名　路柟　河東運司學生　詩
第五十一名　賈公儼　介休縣學附學生　禮記
第五十二名　羅尚德　臨汾縣學生　易
第五十三名　賀溱　臨汾縣學生　詩
第五十四名　任賢　蒲州學附學生　書
第五十五名　姚九功　襄垣縣學生　易

第五十六名　彭宗瑀　潞安府學生　春秋
第五十七名　高官　翼城縣學增廣生　易
第五十八名　王冠　榆次縣學增廣生　詩
第五十九名　羅鳳翱　蒲州學附學生　書
第六十名　田大壯　汾州學生　易
第六十一名　楊柱　石州學生　詩
第六十二名　郭邦驥　潞安府學生　書
第六十三名　馮顗　高平縣學生　春秋
第六十四名　解知幾　稷山縣學生　易
第六十五名　柳世謙　洪洞縣學生　禮記

第一場

四書

夫子循循然善誘人博我以文約我以禮

路王道

同考試官教諭彭批（循循之教正于博約見之士子類多費講惟此作得之宜録以冠多士）

同考試官教諭崔批（夫子博約之旨至微至大惟顔子知求之是篇根極理道其亦學顔子之學者歟）

考試官學正蔡批（博約互見其意得之）

考試官學正周批（講有源委）

聖人之道著於教而必以其序焉夫君子學以致其道也知序則幾矣兹夫子所以爲善教而顔子所以爲好學與且夫道不可以一蹴而至教不容以淩節而施故夫子之道道之極也吾固以其無窮盡無方體而企之也難然夫子之教教之的也吾則見其循循然善誘人而從之也易導其始斯以掖其終施之無所於悖而序不可紊焉見其進必欲見其止求之無所於拂而功不可缺焉何則學有淺深一道也道有體用一原也以其散殊於天下燦然有章謂之文以其統會於吾身渾然有則謂之禮故博我以文而爲約禮之地道之用所以行而莫非體也約我以禮而收博文之功道之體所以立而莫非用也自所博而馴至其極焉蓋凡古今事物以至仰觀俯察無一而非文則亦無一而

非我之所當博者或有所蔽如徑約何夫子所以博我者未已也而我亦將融會貫通於巨細精粗之賾矣自所約而漸底於純焉蓋凡人心之固有出於天理之同然禮即此而無外則約之在我而無他少有所虧如徒博何夫子所以約我者恐後也而我亦將持循固守於大中至正之規矣吁道之難企性非莫我具也教之易從機非莫我殊也忽以爲易者怠畏以爲難者畫斯顔子之所嘆乎抑惟精惟一制事制心帝王之道猶是也春秋之季夫子以博約一貫開萬世聖學之傳而顔曾獨得之穎悟如賜疑且信焉豈非聞性與天道之時乎然仁非賜所及則亦局於知焉爾已爲邦之問斟酌四代禮樂而克己復禮之目直請事焉内聖外王夫子固以與回回亦自任之矣所謂好學而庶幾乎有志於道者當合而觀之

萬物并育而不相害道并行而不相悖小德川流大德敦化

李希洛

同考試官教諭陳批（天道之大最難模擬此作渾然成章再無費詞宜録以式）

同考試官學正薛批（善言天道亦善窺聖人之藴者）

考試官學正蔡批（文氣渾成）

考試官學正周批（詞整意足）

中庸即造化功用之妙而著其德之盛焉甚矣造化之德之盛也于妙用焉見之矣中庸指而言之得非即天道以明聖人歟其意蓋謂聖人者道之會也而天地者道之原也不觀天地則無以見聖人矣天地之道何如彼天之覆焉地之載焉萬物固群然并育于其間矣群則易至于亂而戕也然本乎天者親上而各足其蕃息之願本乎地者親下而咸若其滋長之休大以成大小以成小何相害之有乎四時運焉日月麗焉斯道固紛然并行于其中矣紛則易至于背而馳也然寒極而暑生相禪不已日升而月沉相代無窮明以生明歲以成歲何相悖之有乎若此者抑何以致之哉蓋天地之道以其一體而散殊于兩間則謂之小德是故太極判而爲陰陽陰陽判而爲五行萬物各一其性也四時各一其氣也日月各一其度也蓋浩乎川流脉絡分明而往不息矣此其所以不害不悖者乎否則物有雜揉道有變動而何以若是哉天地之道以其萬殊而統會于一本則謂之大德是故五行一陰陽陰陽一太極妙合而凝者萬物之命也互爲其根者四時之序也互藏其宅者二曜之精也蓋淵乎敦化根本盛大而出無窮矣此其所以并育并行者乎否則物無盡藏道無紀極

而何以若是哉是則大德以爲本一故神也即夫子之一理渾然也小德以爲用兩故化也即夫子之泛應曲當也非天地不足以擬聖人非聖人亦何以配天地哉蓋天地無言之聖人聖人有爲之天地也仲尼配天吾無間然矣獨惜夫世之言天者語小而忘大語聖者尊天而卑人是尚爲能至道也乎雖然聖人不可及已成章後達學者有定法焉循其序則聖人可至而天者可幾矣噫此固子思子憂道之微意也

資之深則取之左右逢其原

王銃

同考試官教諭何批（論理之文辭不煩而意盡真深造自得之學者）

考試官學正蔡批（文不爲題窘善言理者）

考試官學正周批（體認真切）

豫内而利外君子盡心之學也蓋合内外而無間者人心本然之體也君子所以盡其心亦養盛自致而已矣孟子極言其妙如此若謂君子之學所貴乎自得者求之心焉爾夫既深造以道至於自得而居之安矣資之有不深乎夫資之深者非取諸彼以益其所無也道本至足湛而一者適充其量非求在外以强其所難也理本至順静而虚者斯會其全立天下之有以統夫性神明所藴形氣不得而窒焉效天下之動以統夫情天機所藏見聞不得而牿焉此其積之也厚而不窮天下之至精由是以立則其發之也裕而不匱天下之至變由是以通理自内而資於事一本之所以萬殊特寂感之交耳奚事於他求左之右之近取諸身而順應之矣事自外而資乎理萬殊之所以一本特通復之間耳何有於襲取取之左右不離乎心而時出之矣吾心其猶源乎混混而有本矣乎日用其猶委乎沛然而莫禦矣乎吁自得之妙有如此者君子亦復其心之本體而已矣雖然豈易及哉一神兩化天之所以爲天也窮神知化聖之所以爲聖也神不可致思化不可助長則深造以道之極功也是故一理渾然泛應曲當者孔子也集義養氣勿正勿助以不動其心則孟子願學孔子而叙其所自得也噫計功謀利見小欲速不知心體爲何物者又不獨告子而已易不云乎精義入神以致用也利用安身以崇德也蓋内外交相養也夫然後可以希聖夫然後可以同天

易

直其正也方其義也君子敬以直内義以方外

李希洛

同考試官教諭陳批（敬自直義自方緩言之則非惟此作得之）

同考試官學正薛批（夫子即坤道而發明心學道統在是此篇似能窺其旨者）

考試官學正蔡批（發心學明切）

考試官學正周批（是嘗究心於内者）

至德具於人心而君子學以成之焉夫人心之體用直方具矣是故君子安内制外不可無學也文言申坤六二爻之義若曰直方之德惟坤有之惟六二得之也然豈外於人心者哉彼所謂直者非有他也其人心本體之正也真性中存知覺與俱而未發無欲而静有主而虚也太宇寧一未嘗向於一偏何私曲乎故直即此之謂也所謂方者亦非有他也其人心裁制之義也運量在我機括有感而遂通稱物而平順事而恕也權度精切蓋將妙於泛應何弗齊乎故方即此之謂也夫至德之具既不假於外求君子之學知有在於交養且正無作爲之功而敬可守也於焉尊其德性而夙夜惟寅不忘一念於操持顧諟明命而時幾皆敕無容雜慮之妄作由是莊敬强而收斂定神明得以固其靈主一專而性情合物欲不得淆其静無所於回而亦無所於罔也内其自直矣乎義有可審之幾而用則行也於焉隨事而觀會通小大有定辯决協順應之常因時而象物宜行止由之斟酌盡化裁之變由是參伍之不失則舉庶物而得其情錯綜之有制則揔百爲而括於度無所不當而亦無所不一也外其自方矣乎是則合内外而學始全兼體用而德乃大其又有疑其所行者哉言學於六二深矣抑非夫子始言之湯武身之用是道也以義制事以禮制心敬怠義欲之旨昭昭也雖然極言之虞廷之意猶是也而其傳遠矣孔門諸子有得而論著不外是也而其説長矣後之爲定性書而每教人静坐者其亦聖人之徒與論學者不迷於所從可也

爻也者效天下之動者也

衛心

同考試官教諭陳批（諸作者類似推由此篇發得效字義出録之）

同考試官學正薛批（爻辭發揮人事所以可前民用正在此是篇又能發揮爻辭者高薦高薦）

考試官學正蔡批（是玩辭有得者）

考試官學正周批（語意雋永可以言學易矣）

大傳發爻辭之藴一天下之至變焉蓋天下之變動無窮而爻之所具猶

是也是固切於前民用者乎大傳原卦爻之所具以推占筮之由顯其意以爲昔者聖人之作易也固將以前斯民之用也而易之所以作者亦因民用之自然而已且彖以言材周公謂其情僞盡而統體未分是必爻焉有文然後事物該而待虚不匱於是有爻辭之係焉於剛柔之雜居而發揮以彰其藴於陰陽之异位而擬議以盡其詳所以然者是豈外天下之動而爲言耶誠以天下之動一攻百慮其貞勝固無乎常形而會通典禮其至賾皆可以示教故爻也者非他也稱名取類發揮於剛柔者無非事變之紛紜彰往察來擬議於陰陽者要皆物理之散見静躁殊途動固無定用也然物宜昭其象文辭體其撰所以示典常以指險易者雜而不越何莫而非用之所在耶險夷异遇動固無定時也然法象泄其秘時物順其情所以明憂患以决趨避者事肆而隱何莫而非時之所措耶雜物撰德非中爻不備矣而初辭擬之者先事而開其端者也承乘比應以其至一者充之以至不一天下之能事畢矣辯是與非亦非中爻不備矣而卒成之終者即物是究其歸者也遠近愛惡以其所相類者而錯之以所不類言乎天地之間備矣是爻之係也開乎天下者也而爻之所係者放乎天下者也事該而情异此吉凶悔吝之所由以出也雖然爻也者文也動也者迹也所以超於是而妙其用焉者道也故先天立象以盡意不泥文也後天立言以盡變不泥迹也君子學易以獲天玩乎文而不滯於文博乎迹而不拘於迹也不然外道而徒於爻焉動焉求之吾恐粗微晦而典禮荒文也迹也皆物也如妙用何

書

好生之德洽于民心

任民望

同考试官教諭何批（聖德大化最難名言是作不露上下本文體認親切可嘉）

考試官學正蔡批（善言君德者録之）

考試官學正周批（非深沐聖人之化者不能作此）

聖人之心純於仁而天下之心孚於仁大臣歸功之意至矣甚矣仁道至大也聖人之心純矣天下有不孚焉者乎皋陶因舜美其功而不敢居故言此以歸之舜也若曰夫帝德之罔愆不惟其臨下之簡御衆之寬而用刑行賞之仁有非刑賞之所能盡宜其及人者廣而入人者深也何則大道無外以天下爲度故法不可獨任焉曲成不遺以萬物爲體故仁不可勝用焉語其心則天地生物之心語其德則天地好生之德欲立欲達同其好惡而不違至公至神

通乎上下而無間賞足勸也惟其功而恩之所可伸則雖僭有弗恤樂善之誠無少遏焉刑足懲也惟其罪而心之所尤切則雖縱有弗計不忍之實無自狹焉愛必其兼濟分不得而拘之太和元氣之流行而充塞一何盛也惟民歸仁機固相入耳澤必其下究勢不得而限之時雨江河之膏潤而漸濡一何深也惟民有生理實相迎耳至誠惻怛欲使人各協中而略無求備忿嫉之私者純之至也一體相須能使民無不信而咸有覆載生成之托者孚之極也是則君以民之心爲心民亦以君之心爲心運天下於一心通天下爲一身合内外以成其仁斯舜德之罔愆而民自不犯于刑也夫雖然陽舒陰慘仁育義正可偏廢與天地之剥未嘗不復而扶陽抑陰生生之意無時息焉帝王之治可知已虞廷君臣更相嘆美曰無刑曰好生刑措則生遂矣仁至則義盡矣一德同心猶想見當時氣象也孟子有曰三代之得天下也以仁噫唐虞三代之治必本於仁此其所以爲盛與

皇建其有極斂時五福用敷錫厥庶民

王鋭

同考試官教諭何批（君民之福并受本同一理惟子能言之宜録以式）

考試官學正蔡批（講斂福錫民處冲淡有味可録）

考試官學正周批（發明題意殆盡）

盡君道而得天以及民君子衍皇極之疇也甚矣君身萬化之原也君道盡則爲法於天下矣福之得於天而及於民也宜哉箕子演疇以告武王見極之不可不建也如此且神禹以皇極之疇第中五之數何哉數有奇偶而五居陰陽之中疇有常變而皇極乃經權之主君人者誠能取象於數效法於疇以身有常尊而表正之責專道有定矩而統會之功大彝倫之體原於天天下之公理也以先得之則易簡成位而心極於是乎存焉彝倫之用備於人天下之大經也以經綸之則中正爲觀而人極於是乎立焉夫皇極之建雖自盡其道而無心於福之隆也然天人之際甚微而感通之機無間心和則氣無不和也氣和則形無不和也體信達順理之不可誣者耳斂以五福則六極所當避者庶幾其必免矣雖無心於福而不能不有心於民也故君民之勢雖隔而相須之義實殷盡性以盡人之性也立命以立人之命也作善降祥分之所各足者耳錫之庶民則有位而爲臣者亦在所不遺矣吁極建而福自集福以極至皇非有求於天也極建而民自化福與化俱天非有私於民也天人應若影響君民義同休戚皆係於極極其可以不建哉夫皇極建則彝倫叙而治法無餘藴

矣然即繼之以斂福而錫民者見箕子知道之深焉舜以聖人之德禄位名壽各臻其極而當時之民亦風動以治猶齊政命官分州考績兢業勤民天生聖人豈偶然之故哉皇極一疇守常制變實統生成而造就臣民又爲敷言以興起之何其至也孔子論德以北辰而述六經教萬世蓋深有合乎皇極之義矣謂之不得其常可乎彼作五行傳以附會於天人之徵應者其於聖賢之道何如也故曰箕子之言爲傳道也

詩

天子命我城彼朔方赫赫南仲玁狁於襄

路王道

同考試官教諭彭批（以兵家成説敷演最爲親切且歸重王命辭婉意達誠可以鼓三軍而勵今將矣録之冠多士）

同考試官教諭崔批（通篇皆見忠勇氣節讀之足以立頑起懦宜録以式）

考試官學正蔡批（詞語雄健）

考試官學正周批（氣魄高邁）

大將令衆以受命之重而因成靖遠之功焉甚矣王道貴謀而賤戰也大將受命備邊而遠人以服其得禦夷之道也乎此勞還帥之詩至此則南仲傳君命以令軍衆也其意以爲帝王之兵固出於萬全神武之威充在於不殺今者以玁狁之故方擇夫分閫之司而涣汗之頒自扆於戒行之日周天王固嘗親命我矣其所以命我者夫豈以攻討爲計哉蓋欲擇要害以扼其吭而朔方之地則宜有備禦焉者也于此城之以明先王荒服之制將以我之不可勝制敵之可勝而凡此禦戎上策天子其親授矣敢不敬承也哉據險阻以執其樞而千城之寄則所當專任焉者也我其司之以峻外夷出入之防蓋不恃其不來恃吾有以待之而凡此籌邊大略王言其面命矣敢不祗若也哉夫是天子之命將也固不以攻戰爲能而大將之制夷也亦豈必戰而後克吾見此南仲也以有制之兵其紀律夙嚴以必勝之將其威名素著何赫赫如之故夫風聲所至蓋有不戰而屈人之兵者蠢爾群醜莫不憚中國之有人而桀驁不臣之心已潛消默奪之矣夫何嘗假兵車之力而必以善戰爲能也乎威名所加蓋有先聲而奪人之氣者奄彼遐荒罔不服王猶之允塞而畏威懷德之念已感動興起之矣又何有肆憑陵之勢而勤我孔棘之慮也乎夫君命將而得備禦之道於此見内修之具也臣受命而布服遠之威於此見外攘之功也周王之善將將南仲之善將兵不亦兩有足□也哉抑觀夷狄之患自古有之而所恃以無恐者顧我之自治何如耳孟子有曰天時不如地利地利不如人和誠能

設險以守利而又修德以致和則遠人不足服矣何外患之足慮哉故朱子曰其備不在邊境而在朝廷其本不在威疆而在德業斯言得之矣

儀式刑文王之典日靖四方伊嘏文王既右享之

張世威

同考試官教諭彭批（法祖安民形容殆盡可謂善言詩者）

同考試官教諭崔批（語意冲雅仁孝之意藹然是用録出以式）

考試官學正蔡批（能體祭義之作）

考試官學正周批（深得立言之旨）

周人宗祀必言其法祖安民而决聖神之享也蓋君德莫大於法祖也法祖以安民而神歆其德矣夫焉有不享其祀者哉此宗祀文王於明堂以配上帝之樂歌至此謂夫備物以祀天吾固不敢必其享與否也而其祀文王者則有可必焉何以知其然蓋懿典在前王固將望子孫以駿惠而莫爲於後則前王之志拂矣聖德在當世咸足以潤澤乎生民而世德不求則民生之命蹙矣今也仰丕顯之謨以鋭作求之志而凡吾之所以爲綏衆寧民之術者咸奉成憲以周旋以緝熙之敬而勤率由之功於凡我之所以爲乂世康國之仁者皆守故典以勿替故今天下之民各得其所而繼世之後無間於先典法而民亦安矣夫然一氣相爲流通而精神之運用不窮一德相爲後先而吾心之感格有素則此能錫福之文王豈不享我之祀乎吾知嘉嗣續之得人而典章賴以不墜則怨恫黜而思成綏用禴之餘肅乎陟降之在目也慶成法之可久而耿光用以不磨則降監昭而繁祉介牛羊之右儼然聖祖之居歆也是文祖非私諸我也祀不以物而以志則感召之易孚我非有求於文祖也神無常享而享于誠信來假之有本其享我也不有以知其必然也哉噫是可謂能盡理幽之義者矣吾嘗觀於周人明堂之祀將享一詩不獨可以昭祀典也而敬天之誠法祖之義勤民之惠胥得之矣是故畏威敬天也式典法祖也靖四方勤民也君道孰有大於此三事者乎周人一舉而兼盡之周之德可謂至德也已矣噫此周家所以有道之長而凡有天下國家者尚其鑒之

春秋

春王正月公會齊侯宋公陳侯衛侯鄭伯許男曹伯侵蔡蔡潰遂伐楚次于陘楚屈完來盟于師盟于召陵（僖公四年）

馬出圖

考試官學正蔡批（序齊桓伐楚之績處深合傳意是邃於經學者）

考試官學正周批（謹嚴）

春秋序覇主攘夷之績有兵强而用之以律者有敵服而待之以禮者此齊桓仗義服楚仁與禮兼得之矣春秋隨事而序其績也固宜在昔齊桓主覇鋭意安攘當貫穀會盟之餘舉寔征不庭之義爰合八國之諸侯先用奇兵侵蔡而蔡衆以潰繼用正兵伐楚而楚人震恐是兵力可謂强矣斯時也即使肆焉以逞而冞入其阻夫其權固在我也桓則以爲與其殘吾民以事攻伐孰若敷文告而使之憬悟是故次止陘亭蓋將先聲以伐其謀也兹其蓄威持重養鋭休兵固自有奪氣於未戰之先者矣噫自太原伐而王師遠桓其振遺烈者乎春秋於伐楚之下書次於陘傳所謂序其績者此也已而楚人恐懼屈完惠來貢諾於包茅之入好承夫寡君之願是敵人可謂服矣斯時也即使傲焉自處而標諸轅門夫其勢亦在我也桓則以爲與其屈以威而逼之面從孰若接以禮而使之心服是故講盟召陵蓋治之以不治之法也兹其武功之戢文德之修固將有攻心於不戰之外者矣噫自因壘降而王事熄桓其程先民者乎春秋書楚屈完來盟于師盟于召陵傳所謂序其績者此也是則於師强敵服之時得退師待敵之道故曰齊桓節制之兵也雖然桓公攘楚事則善矣然攘夷狄所以尊周室也使其請命于周奉行天討則名正言順而事成善之善也乃擅合諸侯威行江漢豈所謂爲天吏則可以伐人國哉是功雖多道不足尚也説者謂寧無齊桓之功不可蹈齊桓不臣之咎噫權而本之以正此固用兵之法乎

夏楚人侵鄭（宣公三年）冬楚子伐鄭（宣公四年）

王里

考試官學正蔡批（題本平易作者非腐則泛此篇詞嚴義正良史之才也録之）

考試官學正周批（筆力老健）

小夷非義以虐貳國春秋罪之仗義以討貳國春秋予之此楚莊兩加兵於鄭春秋抑揚其詞所以嚴大防而謹大倫也爲何如嘗考鄭居晋楚之衝而從違之間夷夏之盛衰關焉乃宣公三年之夏楚人侵鄭或謂其與後此伐鄭一也其稱人與侵者何蓋夷夏大防也自鄭穆背楚服從於晋人方幸其不遠之復矣是果可以兵脅之也與哉于何莊也知鄭之足以重楚而不知楚之不可以有鄭知勢之足以得鄭而不知理之不可以從楚必欲恃强暴而逼之爲己屬焉其於先王五服之制不亦有乖乎哉夫易畫否泰所以嚴内外之防也楚敢舉其防而決之不謂之敢行稱亂可乎春秋書楚人侵鄭則莊之罪不可

掩而鄭穆惠迪之吉亦因以著矣迨夫四年之冬楚復伐鄭或謂其與前此侵鄭一也其稱爵以伐者何蓋君父大倫也自歸生弑逆諸侯莫討人方慮其彝倫之攸斁矣是果可以幸免之也與哉孰意楚也以疏逖之夷而憂及中國諸侯之事率荆蠻之衆而正其弑父與君之惡雖未執其人而麗之於刑焉其於司馬九伐之法不亦有光乎哉夫禮重殘執所以嚴亂賊之戒也楚能舉其義而振之不謂之禮失求之野可乎春秋書楚子伐鄭則莊之善不容泯而諸侯之罪亦因以明矣觀諸此則春秋謹華夷之辨嚴亂賊之黨一字爲褒貶不亦深切著明也哉雖然楚非能討賊者也特假之以行其私耳聖人與之者抉天常立人紀不得已之意也其後入陳圍鄭敗晋滅蕭矜其威力以恐中國無非以力假仁之事豈誠於爲善者哉君子於此又當知春秋不得已而子楚之意

禮記

君子耆老不徒行庶人耆老不徒食

王惟一

同考試官學正龍批（此題乃王道之成作者類失本旨子能體認用賢賢親親入講深得化民成俗之意是宜録之）

考試官學正蔡批（善形容盛世氣象）

考試官學正周批（莊重古雅）

老者各得其所安而王道成矣夫老者安之王道之所以成也豈可以易而致哉治天下者宜知所務矣記王制者謂夫爲治之道莫備於王政王政之施莫先於養老然天下之老若是其衆也豈家爲之給而人爲之圖哉必有所以致之者矣故當其時有君子之耆老焉齒可尚德亦可尊若人也蓋嘗定之位授之任而以不徒行爲安者也使倫制未盡則賢賢之義隱矣欲其必乘而行得乎王者之世所用惟賢而所好惟德則命車乘馬以别於凡民無行而不遂其心者明有賢也人賢其賢而君子之老得所安者盡天下矣有庶人之耆老焉不惟其德惟其齒若人也蓋雖無常職無常禄而以不徒食爲安者也使教養未備則親親之恩塞矣欲其必羞而食可乎王者之民既厚於生而又敏于行則貳膳常珍以篤於愛敬無食而不順其志者知有親也各親其親而庶人之老得所安者盡天下矣夫君子以行言則可以兼庶人之養庶人以食言則不必并君子之尊理本一也是故凡爲老者皆有安之理焉分則殊也是故几所安者必隨其老之分焉理周於分之外分析於理之中王道之大有如是夫噫推此義也將無一物不得其所矣嘗觀之詩何君子而强仕者賦兔爰之咏庶人而力耕者懷葛藟之憂視王者之民相懸若是孟子稱文王善養老不

過制之恒産教之樹畜道之使自爲養而天下之老以爲已歸其告齊梁實本於此然視民如傷文王何心也豈惠宣所得與哉文王非知民之無傷姑爲是退抑謙冲而已誠慮夫一民之不得其所而弗忍安是故惠鮮懷保以至于咸和豈自以爲足哉夫固所謂聖人之心也是故有聖人之心而後有聖人之仁

禮樂刑政四達而不悖則王道備矣

仇炅

同考試官學正龍批（聖王之節人情禮樂爲本刑政爲輔此作且能聞禮樂之精微非徒習聲容器數之末者宜式多士）

考試官學正蔡批（精確）

考試官學正周批（備字發揮尤盡）

□乎王道者治之至也夫禮樂刑政王者爲治之道也達之天下則天下治矣非純乎道者其孰能與於此記樂者曰天下之不一者人而至一者心不同者事而大同者理感以心未嘗不通觸以理未嘗不應王者慮夫人之物誘深而好惡無節也制爲禮樂輔以刑政其義則因事而异名其究則殊途而同歸見其禮志可道也聞其樂聲可和也感而動者之用管乎人情矣以一其行以防其奸敢或違乎可以合敬器數不與焉可以同愛聲容不與焉生而静者之體準諸四海矣罔干于政不犯于刑何悖之有夫禮樂以致中和之化驗諸刑政而不窮刑政以盡鼓舞之神徵之禮樂而益順是豈法制形迹爲藻飾太平之具耶抑豈聲音笑貌爲取辦小補之功耶道本如是其純而王之所以爲王者也存之則純王之心發之則純王之政雖曰大業富有若不足以盡之然情不可變以統同也理不可易以辨异也禮樂舉而天地昭大人之能事畢矣用休用威亦範圍之中耳治道由是而出何加焉盛德日新似不止於此者然殊時不相沿本無聲也异世不相襲本無體也禮樂備而天地官聖神之功化極矣以懲以勸亦曲成之下耳民心由是而同孰禦焉是則先王之治質之理而當即之心而安有弗感感斯通有弗觸觸斯應信乎治道莫備於此而何以他求爲哉雖然樂著不息爲天禮著不動爲地而大禮與天地同節大樂與天地同和則天地禮樂亦一而已聖人兼明聖之德探述作之原通陰陽之義貫動静之理則裁成輔相以收位育之功取諸心焉耳孰謂古禮之不可復而今樂之不可變哉彼刑政而已者霸之所以霸也周禮在魯韶樂在齊無補春秋之治抑末矣故曰履中正而樂和平

第二場

論

至仁則天地爲一身

路王道

同考試官教諭彭批（格局步驟雋永圓融且引經証傳無支離詖遁真老練之學健羡健羡）

同考試官教諭崔批（通篇明白正大學有源委才能斷制于立論間見之）

考試官學正蔡批（得立言木意）

考試官學正周批（莊重渾融）

聖人之心以己視天下故亦以天下視己以己視天下則必以所以處身者而處天下以天下視己則凡有所歉于天下亦吾身之累也嗚呼聖人之心何其至仁之若是哉蓋其分量固大而察乎天地者固審也何者天地有所不忍于物而亦無所擇于物也聖人合德于天地者也故其心有所不忍于身亦必有所不忍于天下而無所擇于天下者亦猶夫無所擇于其身也聖人者仁之至也仁則公公則無我矣無我則無物矣而天也地也我也一也聯屬以成身而一心之範圍運之而無外矣蓋至是而浩乎莫見其大眇乎莫見其小宇宙内事即吾方寸内事也兹固至仁之量也歟善乎程子之言曰至仁則天地爲一身可謂知聖人之心者矣世之言仁以愛者皆曰愛莫大于吾身言愛則是而言身則非也蓋愛之爲義大而身之爲言有非尺寸之膚之謂也故愛以己專虧仁之體者也尺寸以爲膚自視小者也彼其自小也吾無足异而獨惜夫私之未融而見之未廣也于是乎芻狗世物一膜之外即爲胡越其視天地判乎其不相關而仁之道或幾乎熄矣甚哉小見之不可以言仁也昔者夫子之告子貢曰仁者己欲立而立人己欲達而達人其言博施濟衆也猶病于堯舜夫立必俱立得必俱得達必俱達成不獨成仁之本體則然矣而博施濟衆堯舜之能事也顧以爲病焉豈聖人自歉于力之不能而不足以一身天地哉蓋聖人之心施必博濟必衆而後快也而庸有一夫之不獲則有以病吾天地一體之義而若爲是不能釋然者知堯舜以博施濟衆爲病則至仁之所以體天地者不能已矣何則天地之生物也知以大始作以成物其吹爲風呵爲霧怒爲慘喜爲舒鼓之以雷霆潤之以雨露息之以晝夜而無所不用其極是天地之于萬物若有所不容解于其心者也兹固其至仁也而聖人則踐形惟肖者也故無私如天地而至仁與之并故不以己之一身爲身而以天地之浩乎

莫窮者爲身不便乎己之自安而于物之得所者恒致意也嗚呼聖人之心何其愛之廣而量之大哉聖人于天下誠有所不忍于心焉者也今夫人之于重器也措諸善地而猶藉之茅何者愛器之心始之也而況于其身乎培持之以壽其源粱肉之以育其生藥石之以袪其疾因時致宜以豫其内外之養者靡不至矣故指不若人則求伸不遠于秦楚以吾身所属也手足痿痺而心弗之覺則不仁之甚者矣而非所以言愛身也愛身者無所擇于其身則愛天下者寧有所擇于天下哉今夫天地之間物類至繁動而爲鳥獸植而爲草木靈而爲人有君臣父子夫婦長幼朋友之倫焉有喜怒哀樂居處飽暖之情焉有疲癃殘疾顛連無告之戚焉其衝撞叫號群居雜處交頤頻首而俯仰于兩間者若是其弗齊焉聖人者以其所不忍之心發而爲不忍之政其視萬物固吾之四體百骸也故培持涵養遂吾生也則耳之以時用之以度以遂其生修身履道盡吾倫也則經之綸之品之節之以盡其倫備物致用以順吾情也則爲約束誓戒屋宇衣服以各順其情周恤保愛以去吾身之疾痛痾癢也則使天下有所歸有所養置諸袵席之上而聖人至仁之心始已其所以處己也即所以處天下也蓋不如是不足以盡仁而天地之所以爲天地者冒萬有而不外者也而吾之所以無愧于天地者謂能贊其化育也天地無間于萬物而吾少有間于天地則謂之不肖謂之弃人嗚呼天地之仁無弃物也而聖人之仁寧有弃人哉故造化不雕刻而人物阜至仁不矯强而位育致天地以兩儀範之而不見其有餘聖人以一心運之而不見其不足故曰天施地生非聖人不成天覆地承非聖人不明天神地容非聖人而誰爲貞則聖人之于天地誠不可以形骸擬也是故三皇繼天而道無爲五帝立極而功難言三王體仁而天下化伊周以仁相天下孔孟以仁師天下蓋誠有見天地之即吾身而分量不容于一私小之也是故天地惟不貳也而莫測其生物之功聖人惟不息也而漸著其悠久之用天地之化聖人之心一誠之運也吾獨悲世之談天地者歸諸眇茫之末而不本其生物之功而言仁者舉其煦煦之節而不究其本體之全不病于兼愛則病于爲我使聖人與天地若不相似然而不知純亦不已聖人蓋亦天地矣然則有志于是者奚始亦曰能近以譬而已蓋一命之士苟存心于利物亦足有濟則存者所以存此誠也由怵惕孺子之初之誠而充之以造乎其極則仁可至而天地可幾至子聖人之所不能者吾亦安之而已否則不得其方非子貢之過求則宰我之過慮耳又奚足以知聖人之心而識所謂至仁者哉

同前

張洲

同考試官教諭何批（天地一身之理發明殆盡敬服）

考試官學正蔡批（意有餘而不費辭可録）

考試官學正周批（純全天德之言）

聖人之心無我而其視萬物也無非我夫物我分於有身其形睽仁愛生於本心其理合苟就夫睽之者言之也則亦曰吾愛吾身足矣而於人且物也何有其人且物之各有身吾又能安能一而愛之也此不足以成身者也而害仁甚矣仁之爲文從人從二人其人者謂之仁故有我非也不以物爲我者亦非也聖人仁之至者也豈肯有我以自卑薄其身是必兼萬物而我之合天下以成其身而後聖人之心始慰聖人之身大矣哉聖人之身何身也天地之身也天與地爲身是故日月星辰繫之雨風露雷化之寒暑經緯之山川草木奠麗之禽獸夷狄雜著之猶曰其耳目口鼻毛髮骨血吹嘘喜怒以至四肢百骸之不可一缺焉者觀天地於人質而當近而不誣以其中之所具者名之爲一身其誰曰不然而在於人耳目口鼻毛髮骨血吹嘘喜怒四肢百骸非可相待而有者也謂聖人以衆人爲一身迂而曲判而不屬人則疑矣况乎曰日月星辰雨暴露雷寒暑山川草木禽獸夷狄皆曰聖人之身之所有也支而誕蕩而不情誰其不駭聞乎曰形不同而理同聖人不以形廢理也事不同而道同聖人必以道體事也衆人有見於身無見於天地故不以天下之愛易其身聖人見天地之身即其身也故以其所愛身者通天下若曰天地之有是衆形也欲其并育并行者其心也而至以萬物爲芻狗人猶得而病其不仁少有灾祥寒暑未宜人且將以爲憾矣吾人者得天地之心以爲心者也固天所以使之裁成輔相并力斯仁者也故舉天地之化育皆吾之所當有事而其病且憾者吾亦與有責焉耳是故不敢私其身於我而必通其身於天地也禹思天下有溺者猶己溺之稷思天下有饑者猶己饑之猶曰任其職云爾至於伊尹耕莘之夫乃思天下匹夫匹婦有不與被堯舜之澤者若己推而納之溝中苟無見於一身之義則其狂也聖人何取乎是故私其身於我者自小其身者也指不若人不遠秦楚以求伸尺寸之膚無不愛且養也而戕物以利其身者將必爲之即有此身何取於此身乎公其身於天下者超乎有身之外者也天地不位以爲吾大體之傷萬物不育以爲吾小體之顛瘁也而致中致和之調劑自不能已苟成此身則參天地之身也何其貴乎然小其身者未害也而勢必恣耳目

口鼻之欲人之恣耳目口鼻之欲而喪其身者豈少哉故不仁者有其身未必不亡大其身者必使無一物不得其所而後以爲吾身之安此仰如天好生之仁者乃能使鳥獸草木咸若之堯舜也雖謂之與天地長存可也故至仁者外其身所以爲存嗚呼身一也爲我爲物而公私判焉小大繫焉貴賤存亡關焉識仁者可無辨哉聖人愛身之情與衆人同以其愛身者而愛天下之凡有身故其仁博衆人愛身之情亦與聖人同以其愛身者而厲天下之凡有身故其心忍愛其身以及天下是謂身以天下而品物萬形之不可解於心者無乎其弗賴矣厲天下以愛其身是謂自弃其身卒之手足痿痺且將不知也不仁孰甚焉是聖人之罪人也曰爲我非矣兼愛者仁乎曰楚人不問秦人之肥瘠固無取於仁不愛其親而愛他人者君子謂之悖德是故仁有量不可不充也仁有分不可無辨也孟子曰親親而仁民仁民而愛物言仁精矣然則何從求乎夫子告子貢曰能近取譬可謂仁之方也已

表

擬宋以范仲淹參知政事富弼爲樞密副使謝表（慶曆三年）

衛心

同考試官教諭陳批（立意措詞皆有家數且陳述各相將職守整嚴忠藎之志見於言表宜録以式）

同考試官學正薛批（陳謝之言恪寓忠愛之意亦邃於典故者録之）

考試官學正蔡批（駢儷得體）

考試官學正周批（典則可式）

慶曆三年某月某日具官臣范仲淹臣富弼伏蒙聖恩以臣仲淹參知政事臣弼爲樞密副使者玉鼎分調燮理與鈞衡之寄金符并宥謀謨贊帷幄之籌同時晋貳於元寮异數咸超夫凡格責均任重義激恩深臣等誠惶誠恐稽首頓首上言竊惟明王稽古以建官人臣隨時而效力仲虺之爲左相商衡成一德之功司馬而置列卿周政底四征之績寅恭道遠弼亮風微日下傾葵竟寒盟於白馬軍中呼袒幸驗瑞於蒼龍制匪相沿官不必備三臺禮别霸圖互變於前朝二府權侔皇憲實隆於昭代天迴斗柄倚北閣之文昌星耀宸樞臨中台之武帳省院兼資於論議長貳并筦乎機宜法本無前人惟求舊豈宜下品猥次崇階伏念臣仲淹術未通經乏仁義丘墳之學臣弼才非名世忝賢良方正之科自忘樸陋之無能各以愚忠而相許圖百官弊如視掌條八事言本由衷蹇蹇匪躬矢心鏤骨明明在上妄意批鱗全生荷天地之仁尸禄負生平之願巷遇風雲之會召自龍飛夢協弧矢之辰生逢鶴降足每蹶於千里價敢

待於連城秘館清華曾玷考文之直詞林供奉非邀克讓之名釜魚假息於横山誰之過也牧馬鳴鑣於易水何以身爲焚書安反側之心竊慕興劉之眇緒杖節寒氈裘之氣猶懷返漢之孤蹤豈惟争獻納之儀況復養門庭之寇尚紆顯黜敢冒同升雖大智不遺於采葑而拙工終難於製錦祥非鳳集深慚治郡之功名勇謝鷹揚豈有誓師之韜略叩帝閽於閶闔情竭辭函辱天府之綵綸命申遺檄極知蚊負勉服鴻私恭惟乾元建極離照重熙斂五福而錫庶民覲耿光而揚大烈達孝以天下養問安勤三駕之鸞輿率土爲聖人氓振旅睹兩階之干羽太乙效靈濡於湯野精禋下拂勾陳大官抑禮膳於堯年仁愛上孚穹昊雅樂務中和之本洋洋乎金聲玉振之大成夷殄給唐鄧之田蕩蕩乎天覆地載之無外乘陽氣而乘未南疇瑶册紀三推之令典纘貽謀而建圻北鄙翠華儼六御之清塵書屏揭户牖之銘納諫廣鐸鞀之路節浮發帑挽粟飛芻安若未安聖不自聖牙籤錦軸奎纏東觀之圖書黄鉞白旄霜凛西清之羽衛萊人不戰而屈道已軼於宣尼蔡功惟斷乃成事若資之裴度竊寐憶濟川之舟楫拊髀嘆細柳之旌麾謂政可與知所以弘上公之化而樞必有副庶幾壯元老之猷兵民之本各殊安危所係則一若選于衆豈無其人乃憐臣仲淹罔避險艱俾分日領台階之印且戒臣弼毋敢韋越必刻期綴法從之班揣分既逾受知特异蓋淵衷久注乎西北故睿眷誤濫於芻蕘臣等敢不同心以濟利取斷金直道而行心存匪石集衆思以廣忠益補衮隨鳳沼之鵷鸞求國士以佐時艱登壇肅豹關之鎖鑰但知策駑而附驥敢云好大而喜功廊廟江湖時沛域中之霖雨甲兵俎豆坐銷塞上之烽烟惟徇國以忘家庶先憂而後樂仰禩廟勝寧虚靈武之謡上藉寵靈期報燕然之勒陳魏徵之十漸少展初心勵管子之四維益堅晚節此臣等願效犬馬以忠朝廷之職分而妄希塵露以益河岳之高深者也伏望惟精惟一學躋虞舜以重華乃武乃文德并唐堯而廣運政先内治握君子小人消長之機治底外寧察華夏蠻夷盛衰之理皇道齊尊於北極聖壽比固於南山龜瑞龍祥賨命建九圍之式馬歸牛放金甌保萬世之基臣等無任瞻天仰聖激切屏營之至謹奉表稱謝以聞

第三場

策（五道）

第一問

仇炅

同考試官學正龍批（我皇祖烈聖及我皇上至德淵微心學精奥有未

易窺測者子能鋪張揚厲且忠愛藹然是涵濡聖化而有得者録之以鳴國家之盛）

考試官學正蔡批（道統之言遠有端緒仰窺聖製有得者也佳士佳士）

考試官學正周批（是善闡揚聖學者宜録之以獻）

聖王懋格天之業而其出之也有本端立治之本而其養之也有功篤日新之功而其一之也有要夫人君代天理物莫急於致治而修德乃所以端本善則以神感化之機天下之大本也圖治固在於修德而務學乃所以明理通變以成懋昭之實天下之大功也成德固在於務學而正心乃所以涵養本源以收學問之功天下之大要也不正其心不可以言學不務其學不可以言德不修其德不可以言治是故心以貞學學以成德德以立治此天德王道之端内聖外王之業也顧可以易言哉惟我皇祖造端於前列聖繼承於後我皇上益闡揚於今心學之妙德治之隆真非後世帝王所能彷彿其一二者也愚蓋涵濡聖化而有以得其概矣敢遂言之粤自精一執中之學始傳而欽明温恭之德丕著堯舜之德天下之大德也堯舜之學天下之大學也然皆本之於一心而要其成於厥中之執故德盛治隆而時雍風動之化邈乎無以尚矣自是舜傳之禹禹傳之湯湯傳之文武而祇台而顧諟而無斁而敬勝曰以禮制心也曰日新又新也曰小心翼翼也曰不泄不忘也夷考其治孰不本於德而德孰不本於心學也哉自是一降而漢再降而唐而宋其間願治之君非無懋學之志若漢武帝表章六經矣光武能通尚書矣唐太宗鋭情經術矣玄宗發揮典籍矣夜分觀書有若宋太宗者焉專講春秋有若宋高宗者焉是非不知學也然徒事於口耳章句之末未聞乎精一執中之旨故德不底於純一而治僅止於小康終不免於雜霸雜夷而柔懦之不振也洪惟我太祖高皇帝誕膺天命汛掃胡元揭日月於重明闢乾坤於再造聖神本於天縱道學原於性成奉三無私正已萃百順之美純一不已大心觀萬化之原其作祖訓以貽謀也則正之以大綱析之以萬目曰修身之法也曰齊家之法也曰重民命則肉刑之不施也曰戒黷武則諸夷之不伐也而持守一章又是編之要道創守之規備矣其作昭鑒録以垂訓也則采摭乎前古勾稽於故實欲其明禍福之源焉達吉凶之理焉廣爲善之樂焉杜僭逆之萌焉而善惡備載又觀法之本源行葦之恩篤矣凡此皆聖德之廣運也是德也即堯舜禹湯文武之德也而何者不本於學以成之也哉是故其造觀心亭也則有以探義理之本而語宋濂曰人心虚靈乘氣機出入操而存之爲難朕罔敢自暇自逸此不顯亦臨之心也注洪範圖則有以衍箕禹之疇而又曰天人一理必以類應君能修德則七政順

度雨暘應期灾害不生此應天以實之意也凡此皆聖學之深造也是學也即堯舜禹湯文武之學也而何者不本於心以貞之也哉以是心而爲學以是學而成德以是德而達治蓋有以軼二帝三王而陋漢唐宋於不足言矣伏讀聖政記而有得焉曰大本定矣大分昭矣軍政肅矣幸位杜矣僭侈抑而禮儀正矣内則正而法制嚴矣其經綸之迹乎讀大明日曆而有得焉曰功高萬古也得國之正也獨秉全智也敬天勤民也家法之嚴也兵政有統也其致治之本乎他若宏綱大目備載於諸司職掌之中者其設官分職體國經野則又取法乎周官而區畫其輕重師意不泥其迹酌古必準以今故大綱正而法度森然萬目張而綜理周密有難以概述者凡此皆本於德原於學存於心而致之焉者也其不與堯舜禹湯文武之時雍風動咸和怙冒者同一極盛也哉列聖相承聿隆化理敬守我太祖之心學懋昭我太祖之功德無以復加而獨於教太子之道尤切惓惓在成祖文皇帝則有文華寶鑒之編焉在宣宗章皇帝則有御製帝訓之編焉在憲宗純皇帝則有文華大訓之編焉皆以衍祖訓之傳廣昭鑒之類者也是故君德也奉天也馭外也安内也修治均平之方於是乎悉矣進學也養德也厚倫也明治也盛德大業之本於是乎基矣此其精神内運故章程立純正之規模涵養中深故典則闡淵衷之精蘊孰謂非心學之妙盛德之積而世守之耶是德也即我聖祖之德也是學也即我聖祖之學也是心也即我聖祖之心也而皆同符於古帝王焉者也則其致治之盛固宜無不同者然而昭列聖維則之孝續精一心學之傳達雍穆熙皡之治者則又有賴於我今上也仰惟我皇上天縱聖神日新大德恢弘祖烈深探道原其本之爲德業而發之爲文章則有敬一箴有心箴解有視聽言動箴解焉其叙敬一箴曰敬者存其心而不忽之謂也一者純乎理而不雜之謂也大哉聖言其萬世心學之綱要乎又曰郊則恭誠廟嚴孝趨肅於朝廷慎於閑居省躬察咎儆戒無虞又曰弗叁以三弗貳以二行顧其言終如其始静虚無欲日新不已至哉聖言其主静立極之根源乎其解范氏心箴曰心爲一身之主吾心克正則四肢百骸莫不聽其使令使有一毫不正則被聲色所移物欲所隔便動與理相反斯言也其發范氏所未發而有功於養心之學者乎其解程子四箴曰唯中心安之凡視無不明又曰聽言之際當分别其邪正又曰凡人所言必求合諸道理準諸經傳又曰凡人之所動察其當爲與所不當爲精别而行之斯言也其發程子所未發而默相乎克己之功者乎此皆我皇上至德淵微聖學藴奥而悉本之以純心發之爲制作真有以紹皇祖列聖之緒接堯舜禹湯文武之統千聖一心萬古一揆歟盛哉然聖人之學固得於天性而日新之妙尤懋於修

爲乃若修爲之方舍敬奚以哉易曰君子敬以直内書曰夙夜惟寅直哉惟清言人心敬則直直則一聖學之所以成始成終也故聖製曰匪敬弗聚匪一弗純敬怠純駁應驗頓殊徵諸天人如鼓答桴非所謂萬世不易之定論也歟我皇上身體而力行之是以德極天下之純學極天下之大而嘉靖無疆之治有明徵矣其所以光二祖七宗之烈以開億萬年無疆啓佑之圖者端有在於是也聖子神孫能以我祖宗之心爲心以我皇上之心爲心而獨於所謂敬一者加之意焉則心不患不純學不患不大德不患不修治不患不盛而久安長治之業祈天永命之休要於敬一中得之矣書曰有典有則貽厥子孫我祖宗皇上以之詩曰不愆不忘率由舊章愚於是又有望於聖子神孫焉謹對

第二問

李希洛

同考試官教諭陳批（經史二策正以觀士子淹貫之學此篇以程朱折衷諸子而要歸於道統之傳蓋讀其書而尚友者非漫爲□説也）

同考試官學正薛批（司馬公文中子皆豪杰之士若文正康節又二程之所推尊者其書與六經綱目并行於世子評之各當如此博洽之學也可敬）

考試官學正蔡批（明道積義之學是如此録之）

考試官學正周批（經學史才讀此策可見況前二場文氣雄渾惜不能盡録也）

君子窮經以闡性命之原者深於道者也作史以定是非之極者精於義者也夫聖人之道著於經固理學性命之精微而春秋則因魯史以寓王法筆削之義又萬世是非之權衡也删述而後窮經者各以其學著書以希作述之事然見道或有淺深立言遂有純駁而於聖人精微之藴無所發明作史者各以其才紀志以著理亂之迹然一時之論議或偏千載之是非莫定而於春秋之義多所違繆是以雖其用志之勤而終不免於疵議之及自非大儒者出因遺經以推性命之原爲綱目以定是非之極則道以文晦史以文勝學者貿然莫知取衷而孔孟不傳之緒不幾於遂絕耶然則程朱二子之功豈其微也哉執事舉晋之先哲策諸生而肆論其所爲經史者遂及程朱以溯孔孟蓋欲興景行之思知就正之道以厲承學甚盛愚也嘗讀其書矣敢復隱乎夫六籍仲尼之所以垂教萬世者皆經也而尚書春秋即古左右史之所紀而删之筆削之群聖人相傳之道百王不易之法具於此矣百世之下庶幾乎有能因其遺文而求其志者然漢儒以訓詁窮經而不求諸道性命之精微不可得而聞也以文辭爲史而不揆諸義是非之淆亂不可得而正也道之托於人者固未嘗

亡而士之志於道者則亦有待是故以經學言之王通之講道河汾嘗有志於斯矣程子稱其格言粹處非荀楊所及朱子稱其本領純正論治體處高於仲舒豈非以粗識聖人之用而無申商之雜乎顧不求至善之歸而爲好高欲速之計續經以擬孔子則失之僭中說以方論語則雜之僞其於道亦何得哉孫復之隱居教授嘗著春秋發微矣史臣謂其不惑傳注言簡而義詳朱子亦稱之爲得聖人之意豈非以推言治道不爲權謀之曲說乎然廢傳從經暗於時措之義先儒詆其用法則失之刻論禮則失之淺其於經亦何發明哉若夫康節邵子之學則推先天之易以窮陰陽消長之數舉天地萬物之理皇帝王霸之事而著之於皇極經世一書蔡西山謂命數定象自爲一家秦漢以來所未有者程子至推之曰先生之學純一不雜又曰振古之豪杰内聖外王之道也然程之學實與邵异蓋程子悼聖學之不傳而窮理盡性由學庸語孟以達六經如傳易以明體用之一原傳春秋以明聖人之大用然後性命之微無不章闡而百代之沉迷以振執事所謂上繼孔孟不傳之緒者誠以其深於道也以史學言之董狐之載筆於晋嘗書趙盾之事而斷之矣孔子蓋曰是良史也書法不隱春秋之筆削游夏所不能贊者乃因而不革歸獄首惡而推見其情於是乎大義昭而亂臣賊子懼學者顧以左氏之語而疑焉是信傳而不信經也可乎司馬遷之世職於漢嘗易編年之法而爲史記矣創爲義例而工於述作其文微而顯質而不俚後之爲史者遵其制而弗能改才識之高朱子蓋亦稱焉而班固則譏其先黄老而後六經進奸雄而崇勢利是知議人而不知議己也可乎至於司馬公之奉詔編集則取左氏之體以摠歷代之事舉紀傳表志之所載治亂得失之所由而備著於通鑑一編宋神宗謂其删繁舉要足以資治賢於漢之荀悦朱子亟稱之曰温公之言如桑麻穀粟議論極純但不爲義例耳故綱目之作稍與公异蓋朱子懼春秋之大義不明而提要著統因爲書法以凖聖經如書丞相伐魏以討曹氏之不臣分注周年以明武氏之爲僞然後是非之極得以考定而千載議論之同异以析執事所謂上繼獲麟絶筆之經者誠以其精於義也嗚呼經之所以弗明者學之偏也史之所以弗精者文之勝也蓋訓詁詞章之習沉蔽汩没而道之晦於天下久矣不有先覺孰開我人故孔子删述之功賢於堯舜而孟子至以作春秋比於禹之抑洪水周公之驅戎狄程朱二子興起斯文而繼其微者功豈出孟子下哉抑文中子生隋之季佛老陷溺之餘而獨以其學倡明當世太史公當武帝表章六經之時而退托於史勒成一家之言皆豪杰特起之七而百世之師也特於聖人之道春秋之義未有所聞耳是故六經者學之的也春秋者史之的也學者之志於道猶

射者之志於的程朱二子之所以開示來學者豈有他哉亦曰反躬實踐掩卷深思而已明道精義之功於是爲至愚也佔俾之士竊嘗從事於斯而不知所裁惟執事之教之也

第三問

馬出圖

考試官學正蔡批（禮法防民古今不易之説是篇鋪叙明悉歸重處尤見有本是必留心於移風易俗者取之不徒以文也）

考試官學正周批（以禮法救風俗之敝甚爲切當且言明禮正法處真可舉而行之謂治世之良策非與録之以告長民者）

君子之爲治也其節民欲也定其志其合民散也制其情夫民生有欲各逞則亂是故必定其志而後欲可節人心本屬義失則乖是故必制其情而後散可合定志者其惟禮乎制情者其惟法乎古之風淳俗美也禮行而相安法具而不施者也百姓日用而不知而長民者亦無所見其能今之風靡俗敝也禮具而或未明法行而或未允者也百姓目非而不知而長民者不可不加之意矣執事以三晋古今風俗下詢承學誠欲求轉移之機愚生也晚有慚表正何足以知之雖然亦嘗有概於衷矣願因明問而陳其鄙焉若稽古帝堯有此冀方舜禹因之相守一道其於變時雍之民稱之者以爲比屋可封非虚語也當時熙熙皡皡之氣象與後世赫赫奕奕之遺休不暇悉言矣奢儉之風古今异道固以動執事之問也請遂言之且土階如舊惡衣爲裏漆器重始堯舜禹之德也於宫室衣服器用之間自奉約矣太朴不雕可以想見且恐民之惑於淫祀乃命重黎絶地天通唐民之化於其德職思其居好樂無荒雖至於春秋之世有功如仲叔于奚猶不得以邑請纓節儉有制何其流澤之遠也今去春秋不遠於春秋之去虞夏也乃民間屋宇窮麗衣服詭异娱目有珍奇從馬有繁飾其他縱淫博而蕩家侈賽會以徼福逞心之事未易枚舉奢靡誠不可長矣是雖民之僭擬無涯是亦禮制未明之咎也不知其不得爲何憚不爲乎抑欲民之去奢非示之以禮不可也傳曰民之趨欲如水不以教化堤防之不止也是以先王嘗以五禮防民之僞而　大明會典所載班班可考不可以毫髪僭差也故必於宫室衣服之制車輿器數之度諂神游手之戒三令五申家喻户曉而又歲時會民以考度之家塾設教以童習之俾公卿大夫既得以分安位而農工商賈雖富無所紛華禮制既明民自可守易曰君子以辯上下定民志言履之不疚節民欲之方也子産之爲鄭國都鄙有章上下有服用是道爾其有不褚衣服不減騶從者是豈理之然乎淳澆之氣古今异習又以動執事

之念矣敢卒言之望雲思舍饁敬如賓七葉同居狄仁傑冀缺郭雋之事也於父子兄弟夫婦之間大倫厚矣天性不泯孰非可師其他如虞芮質成聞岐民讓畔而弃田爲閑劉永一持廉因鄉人負債而立焚其券以至衡茅之下有賢如王烈者又能以德止訟信讓不匱何慚堯舜之民乎今視諸賢無异於諸賢之視堯舜也乃民間父訟子逆婦苦夫殘鄉鄰狠於門兄弟鬩於牆其他立僞券而奪人田駕誣詞而騁己辯犯義之事靡所不爲澆薄誠所當戒矣是雖民之情義乖離或亦刑罰未中之由也知其可以幸免誰將遠罪乎抑欲民之止惡非正之以法不可也傳曰小人之德惟草草尚之風必偃是以先王嘗以五刑防民之淫而大明律令所載炳炳爲烈不可以毫髮出入也故必於孝友睦姻恤之違貪婪淫酗亂之犯過失謀故終之别多方雜訊虚己盡人而又歲時讀法以告戒之家藏律誥以實減之俾懷刑君子既得以善安業而殘賊不道雖凶無敢縱恣法理既當人自避罪易曰先王以明罰敕法言噬嗑之亨合民散之道也曹劌之論治軍曰小大之獄必以其情知是義爾其有望火不畏易澗而投者是豈理之有乎雖然此就事而言之爾要之禮所以防民僞然教之而不從則禮有所不及可無輔之以法乎刑所以防民淫然陷之而不知則刑有所不忍可無先之以禮乎故賈生曰禮者禁於未然之前法者施於已然之後偏廢不可也雖然又有説也上所不爲而民或爲之是以教則易從威則易行苟下之所爲上亦或爲之則民從率而不從令爲之固其所也禮何爲乎法何爲乎是必本之以德可也孔子曰道之以政齊之以刑民免而無耻道之以德齊之以禮有耻且格治道之備也執事患三晋之風俗不古思移易之且曰責在有位是導之使言也故愚生敢肆其説雖然折巾效郭動物有徵林宗亦愚鄉人也是又不可專諉有位之責也

第四問

路王道

同考試官教諭彭批（今日之務莫大于禦戎子之敷對詳明方略素定宜録以資邊臣采焉）

同考試官教諭崔批（九邊之險要可據諸鎮之調遣無策非書生能悉者且攻守得失雖老將不知子能言之可以觀志矣）

考試官學正蔡批（其詞壯其氣昌有用之才也）

考試官學正周批（議論源源不竭足占抱負不群）

帝王制禦戎狄之道有不可失之勢有不可逆之機有不可忽之本地利大勢也人心大機也内修大本也是故設險守國以嚴内外之防而使窺伺者

無以乘其間則天下之大勢在我守而不失矣惠德乎民以和天下之志而使效用者罔不輸其忠則天下之大機在我萃而不涣矣先本後末以立修攘之基使在我者所有恃以無虞而在外者舉不得加之我則天下之大本在我慎而不忽矣尚何戎夷之不可制而有疆圉不靖之慮哉執事發策以禦戎之道下詢蓋慨然有安邊之志而且以先憂望承學也雖非其人敢不掇拾以對聞之陸贄曰夷狄爲患自古有之蓋中國之有夷狄猶造化之有陰陽晝夜人類之有君子小人要之雖有内外華夷之辨亦天地并育之不能絶焉者也是故有苗之征在四方風動之域鬼方之伐當萬邦作乂之時自有虞氏以來已不能無兹患矣而感格道化之術征討制禦之方則有不可以一致齊者焉書曰無怠無荒四夷來王又曰明王慎德四夷咸賓此言化之也而未始征之也然荒服之外聲教所不逮聖王所不臣而犬羊之性其去來無定其出没無常雖聖王亦豈能保其不爲我患而無以爲征討制禦之方也哉周宣王時玁狁内侵至于涇陽命將任之盡境而還是來則禦之去不窮追所謂治之以不治而不臣其所不可臣禦戎之策莫加矣自是而秦始皇有長城之築焉自是而漢武帝有攻討之威焉夫疲民力以幸邊功竭中國而樹垣守秦之爲役誠勞矣然居中制外尚足以備禦戎馬之衝而一勞永逸有得夫設險守國之義較之漢武深入遠戍徒稱武於目前克獲成功罔貽謀於日後者其得失豈不昭然也乎劉貺故曰周得上策秦得其中漢無策而嚴尤三策要之非至當之論也洪惟我國家自皇祖開基列聖嗣統臣妾萬國鞭撻四夷百七八十年來以及我皇上盛德大業神武聖文道化窮荒威行海外至治之盛媲美虞周夫何邇年以來黠虜無知敢於犯順故往歲嘗寇宣大矣又寇延綏矣又屢犯遼東矣又長驅太原矣致諸鎮虜掠之苦貽三晋屠戮之灾我皇上望治憂民不皇宵旰圖謀揆策群力并宣雖咸賓之化可期而于襄之績未奏則執事所謂守備之失宜修復之未講者要之誠有見之説而愚不敢謂其必無也丘文莊曰國初之盛所守不過數處然皆據其總會扼其要害人聚力全而虜之來有以待之得以全力制勝而正統以後則有不然者焉夷考其地則曰宣府曰大同曰甘肅曰遼東曰大寧永樂初革去大寧惟存四鎮凡此皆西北邊城立爲重鎮而統之以重兵則所謂總會要害之區莫大於此乃後寧夏守鎮肇於永樂之時榆林控制始於正統之世其餘花馬池等堡又創置於邊境多事之秋制已備矣其後堡寨日多分戍日衆然軍卒之數則固不异於前日而兵分力輕誠有如文莊所慮者然則今日防邊之計無亦於此焉是講可乎且夫兩敵相争恒苦於强弱之相懸而懼夫衆寡之不敵然以堂堂中國百萬之師豈不足以

當蕞爾犬羊烏合之衆而顧致疑於强弱衆寡之間者何哉蓋彼之寇我也常舉國而來而我之禦彼也則無地非守歐陽脩曰吾兵雖多分之而寡彼衆雖寡聚而爲多夫以分合聚散之間而衆寡强弱之勢自較若矣以我散處之卒而禦彼團結之兵則惡可以制勝以彼合衆之多而寇我分備之寡則又惡得以無患也哉此實兵家之大忌而勞逸利害有成筭也誠致審於斯而必使逸常在我勞常在夷利常在我害常在夷則執事所謂復國初分守之地據總會要害之區而九邊重鎮守備之所當先者可弗加之意乎愚請自今遣一知邊事大臣躬臨邊境察山川之險易相地里之遠近曰某城與某城相接某寨與寨相連某爲總會某爲要害某處爲夷虜出没之墟某險爲我兵應援之地某塞堡之設去遠門户而緩急不足以爲虞某寨堡之立適當險要而兵寡不足以致守如是則議其稍緩之處而并歸重於要害如遼東如薊州如宣大偏關以至榆林固原甘肅寧夏九邊重鎮者則城守不可不嚴儲峙不可不富帥領不可不擇兵卒不可不多斥堠不可不修謀慮不可不審毋恃其不來恃吾有以待之毋恃其不攻恃吾有所不可攻使虜雖欲來也而無可通行之徑虜雖欲攻也而無可容足之地虜雖欲窺伺也而無可乘入之機則守備之道周而禦戎之策備矣或曰復故地以列分守是也而河套非中國之沃土乎自河套不復則虜居其内我守其外而内外之制與虜一矣是得爲久安長治之策也哉執險阻以爲要害固也而大寧非中國之籓離乎自大寧弃則遼東折右臂宣府折左臂而山川形勝與虜共矣是得爲久安長治之策也哉愚竊以爲二地信不可弃也然必欲復之以爲我有顧有利害交於中大勢阻於外而有難以成功者則未可輕議焉借曰天下無不可爲之事亦無不可變之勢二地在所必取也取之在所必得也愚又以爲今非其時焉何也王制一年耕而有三年之積三年耕而有九年之積語曰千里饋糧士有飢色樵蘇後爨師不宿飽言財貴以給用也今邊方財貨果有三年九年之積而可以給用否乎陸贄曰剋敵之要在乎將得其人將非其人者兵雖衆不足恃故必有李齊而後成巨鹿之功必有李牧而後固雁門之守必有周亞夫而後著細柳之聲言將貴於得人也今邊方將領果有頗牧亞夫之賢而可以任大事否乎必二者之兼備則每事不足爲矣倘二者有一之未至則復地之謀未可以輕動也而况有所謂難以成功者哉蓋不得復者圖久安長治之策也不能遽復者審一時利害之勢也必欲圖久安之策而免後患之貽則實邊選將以圖夫執險修復之利者誠不可不講也况舉大事者存乎豫不蓄則不得二者之議愚請自今日豫而蓄之可也抑又聞之禦戎無上策守備爲良圖以是知古帝王制禦戎夷未

嘗不貴守而賤戰也乃若選將練兵之法討逆制勝之師則亦有不可盡廢者焉要之可攻可守之勢不在於夷而必攻必守之具則存乎我使能擇要害以據天下之大勢和人心以順天下之大機嚴内治以立天下之大本則其具在我而舉動自無不宜是故守可也攻亦可也攻則克而夷技無以恃其長守則固而虜黠無以乘其間事無不集而功無不成中國常尊而四夷遠遁矣尚何外患不寧之足患哉蘇洵曰中國内也四夷外也憂在内者本也憂在外者末也聖人先本而後末非顯用心於内而忘有事於外也蓋内寧而外不治者未之有也噫此執事事也執事責也於愚生何有焉

第五問

王銃

同考試官教諭何批（兵食二字莫弊于無經久之視子之反覆辯論肯至要良圖胷中有數萬甲兵于此可驗他日于誠之選舍子其誰）

考試官學正蔡批（謀國要言僅見此篇）

考試官學正周批（子之經學經世務如此真有先憂之志者當留心以需大廷之對）

善謀國者與其妙權宜以濟一時之變孰若定經制以立萬世之規蓋經者法之一定而不可易者也權者所以趨天下之急而輔法之所不及焉者也隨時應變君子固不能無行權之術而法立可守尤貴於有經久之規圖萬世之治安者苟不立經久不易之規而但爲達權濟變之術遂執其術以定國是襲其故以經大猷狃其近利以爲不可復易其不至於滋天下之弊而誤國家之事者幾希是故弊而知其利者然後可與論經也利而知其害者然後可與論權也即利害之兩端而劑量其輕重有所謀也有所爲也必使有利無害可行之萬世而無弊然後爲經久不易之法也噫知此則所以爲足食足兵之道而其施爲措置之宜有勝筭矣夫非食無以聚人非兵無以禦敵夫子之告子貢者雖從政之大端要之體國經世之方安内攘外之績莫能或之先也周禮以鄉遂出兵以九法制兵而復以六卿將其兵制則易矣然民不廢業而兵益强以九職貢民以九賦斂民而復以九式節其財制則簡矣然財不告乏而用益富揆厥所自無亦以用之有節而不耗之以冗食之徒選之有要而不縱之以驕惰之習故能致强富之盛也如是哉我國家承平日久法制漸更理治之端殆有不容於不講者向因北虜寇邊山西告警以戰則未足收全勝之功以守則未見有籓離之固其籌邊諸臣每諉之兵食不足而所以計畫區處之者已無所不用其謀矣然卒之議論多而成功少者無他大率所以爲足食足兵

之道皆一時達權濟變之術而非所謂萬世經久不易之規欲要其成功也不亦難矣哉自兵言之翼翼天朝雄據上游之地沿邊有定守而武備以實編發有定籍而行伍以充夫固無兵不足之說也乃今邊鎮疲羸不當一面而奸詭逃亡之弊老幼單弱之形始大有可憂者焉於是憂兵不足者則議招募民兵與調遣分布以足其所不足矣此一時應變之機夫固未嘗有不可者然不知歲調皆重鎮之兵顧此有失彼之慮況民兵之招募未必得勇敢之夫而皆濫充以游手之輩夫強弩之末不能穿魯縞衝風之衰不能振羽毛況以不習之兵當方張之虜而望制勝以成功也可得哉愚竊以爲足兵之方當自守要者始昔人有言曰兵分備寡兵家之大害言濫守則兵分也又曰以逸待勞兵家之大利言擇險以坐守也今日之事曷亦致審於斯乎夫三關堂奥之區也宣大門户之地也入堂奥者必自門户以發軔今不固守於門户之外而徒過防於堂奥之間則吾之戍衆兵分而調布日見其不足矣焉得無缺兵之慮耶爲今之計莫若增大邊之築以固籓離并三關之兵以守宣大補逃亡之軍以復故數汰老幼之卒以易精健一遇行伍缺人即於邊地選補蓋其生長邊陲通曉地利習經戰陣夙知虜情非若内地之兵但可以爲聲援而不可驅以剋敵者比一遇黠虜内侵即能捐軀捍患務使我之門户肅嚴而堂奥鎮定則執樞據險戍守不分於堡寨之多健卒精兵軍威益張於萃合之後而又嚴清勾之法申鬻放之律罷貪鄙之將重賞罰之科則兵不求足而自足諸鎮之兵可不必調而游食之民可不必招也此非經常之慮乎自食言之堂堂中國坐享萬方之供田糧有定則有輓輸以時年例有定額而接濟有度夫固無食不足之說也乃今邊儲虚耗支給不敷而豪强兼并之私歲事告凶之歉又有大可議者焉於是議食不足者則請頒給内帑挖運通倉以足其所不足矣此一時權宜之術夫固未嘗有不是者然不思帑藏係國儲之本通倉亦有待之需況民兵與調遣奚直數十萬之徒而動經夫不貲之費夫山林之材不能供野火江海之派不能實漏巵況以有限之積給無窮之用而欲淵源之不竭也可得哉愚竊以爲足食之方當自去兵者始昔人有言養軍十萬五萬可去言冗兵之糜財也又曰屯兵十年五年無益言玩愒之蠹國也近時之弊無亦坐此之故乎夫額辦主兵之費也客兵犄角之資也固主守者雖藉犄角以張勢然以主兵之坐派而分給於客兵之浩繁則吾之人多食寡而餽餉益見其不敷矣焉得無缺食之患耶爲今之計莫若增外邊之守以執險阻萃散處之卒以壯軍威罷内地之參游以省芻糧掣四方之招募以去無用獨以精練之兵充實要害之地其餘各路軍騎非大舉不得調援近邊土兵團操各處姑令分番代守

凡權豪影射不閑弓馬之夫舉不得蠹吾之財而食吾之粟務使我之行伍既充而邊儲亦裕則兵皆精壯挽輸不養夫無用之人用有常經度支不給乎無名之費而又責逋負之償嚴掊剋之罪修屯田之制禁無益之作則食不求足而自足帑藏之財可不必請通倉之粟可不必輸也此非久大之謀乎或曰并守禦以合兵於兵足矣而三關非我地之險要耶置而不守未見爲完策也愚則以爲不然夫自古守封疆者必據險阻然不守其險之險而必守乎險之外是以古人之守江也必守淮而唐人之禦突厥也始以河爲界其後張仁愿建三城于河外以扼其吭而折其脅自是朔方不敢逾山牧馬而朔方益以無虞歲省費億計減鎮兵數萬此守在外而不在内之明驗也若即險而守則險與敵共矣然則守大邊而三關之防益固夫孰以爲非策之完也哉或又曰減冗兵以省食於食足矣而寡弱非兵家之大忌耶減而不增未見爲至計也愚竊以爲不然夫所貴於兵者以其禦盗賊則弭奸宄戎敵則制勝非徒張皇人數也故光武以六千人而敗王尋百萬之師符堅以百萬衆而不能當東晋八萬之卒曹操以三十萬師而敗於吕布其後以二萬破袁紹四十萬兵此兵在精而不在多之故轍也若兵不足恃則與無兵同矣然則選軍徒而行伍之實益精夫孰以爲非計之至也哉雖然猶有説也嚴武備以敦攘外之基固有賴於兵食總兵食之柄而要其成功則大將之任也今之將領果得其人乎吾不得而知也果非其人乎吾不得而知也然竊計夫選將者咨衆會薦之實未修而債帥無耻之徒尚在故夫平居坐食但知剥削以肥家逐隊趨營未聞閑兵而識律聞虜寇之名則掩耳驚心論戰鬥之事則縮頸股粟以是望其能馭兵善戰以收全勝之功萬萬不可得也然則選將非今之急務耶故任一將也必公之以會薦廣之以咨謀若有不得已者而不敢以輕授必欲其智勇兼全才德并著得若人而任之而又要之以久任之法使兵將相識上下情通則庶乎將足以馭兵兵足以利用而區區小虜無難制矣噫此固所謂經久不易之規而非徒爲達權濟變之術者執事倘不以爲迂幸進而教之爲我聖天子告

山西鄉試録後序

嘉靖丙午秋八月山西鄉試事峻録亦遂成芝以執事從諸大夫後乃昌言曰夫山西者平陽蒲坂之墟而陶唐有虞之遺民也昔堯舜立極開統爲執中精一之傳通變神化之治率先被焉皇上敬一傳心遠紹聖統道化殷盛流

布海隅山西則嚮邇畿甸漸漬浸灌獨深且厚矧士生其間又民之秀而穎者乎故其爲人沉毅剛直公廉節儉最爲近道發於文章精深邃密昌大閎博辨而不詭華而不浮則典謨稱堯舜往往能窺敬一之奥以及夫執中精一之旨然後知聖人之化作人之神也於乎盛哉按晋之疆大河委注太行拱護恒霍鎮立昔人所謂表裏山河者精氣融結靈秀鍾毓泄于人文寧無丕應昌辰翊贊昭代若皋夔稷契在唐虞之際者乎夫堯舜之道布在方策不以是而事其君非忠也不以是而治其民非良也凡爲士者耻焉矧二帝之後人矣乎夫二三子去聖人之居若此其近也被聖人之化若此其久也頌其詩讀其書嘉樂其道羹牆蚤夜寧無親見之願哉今皇上聖神文武協德勳華二三子又行將有民社之寄其惠疇若采陳力宣猷必爲德與民以皋夔稷契自待丕襄熙盛躋美唐虞斯無忝於二帝之後人爾矣若昧自獻之義爽成身之信以蹈於非忠與良者豈惟二三子之羞抑亦執事者之耻也先是北虜匪茹侵犯三晋皇上眷言西顧屢降德音申勵將率慎固封守山西守臣敬共武服肅將明威宵烽晝燧神機火鏃扼三關而守之武備既飭文事告成執事者有私幸焉二三子登進之始遘兹嘉會經文緯武樹勳揚烈有基兆矣乎夫應龍驤首則雲雨霈流雷電皆至聖王拊髀則豪俊奮興群策畢舉機使之然也唐虞之世分北孔昭文德丕洽象刑祗叙亦惟諸臣是庸二三子願學皋夔稷契者也執事者有厚望焉夫采薇之什出車之篇聖人以次鹿鳴此乂外寧内之道仁義并施之術也芝於試事之竣敢忘是規二三子其懋哉二三子其懋哉

直隸保定府易州儒學學正蔡芝謹序